临安竹文化志

《临安竹文化志》编纂委员会　编

杭州市临安区竹文化研究会
HANGZHOU LINAN BAMBOO CULTURAL INSTITUTE
LBCI

方志出版社
Publishing House of Local Records

图书在版编目（CIP）数据

临安竹文化志 / 《临安竹文化志》编纂委员会编 .—
北京 : 方志出版社, 2022.10
ISBN 978-7-5144-4973-0

Ⅰ. ①临… Ⅱ. ①临… Ⅲ. ①文化史—临安 Ⅳ.
①K295.54

中国版本图书馆CIP数据核字(2021)第265504号

责任编辑：刘方圆
责任校对：刘玉霞
封面设计：葛华平
责任印制：梅中英
出 版 者：方志出版社
地 址：北京市朝阳区潘家园东里9号（国家方志馆4层）
邮 编：100021
网 址：http://www.zgfzcb.cn
发 行：方志出版社图书营销中心（010-67110500）
排 版：浙江通志文化发展有限公司
印 刷：杭州富阳正大彩印有限公司
开 本：889毫米×1194毫米 1/16
印 张：51.25
字 数：1155千字
版 次：2022年10月第1版
印 次：2022年10月第1次印刷
定 价：380.00元

於潜绿筠轩公园内的苏轼铜像（石磊一玮摄）

宋熙宁六年（1073年）春夏间，苏轼观政於潜县（今属杭州市临安区），由於潜僧慧觉等陪同，游治南绿筠坪绿筠轩，作咏竹名诗《於潜僧绿筠轩》。

1996年和2006年，临安两次获评“中国竹子之乡”。

金晓海画作《高风

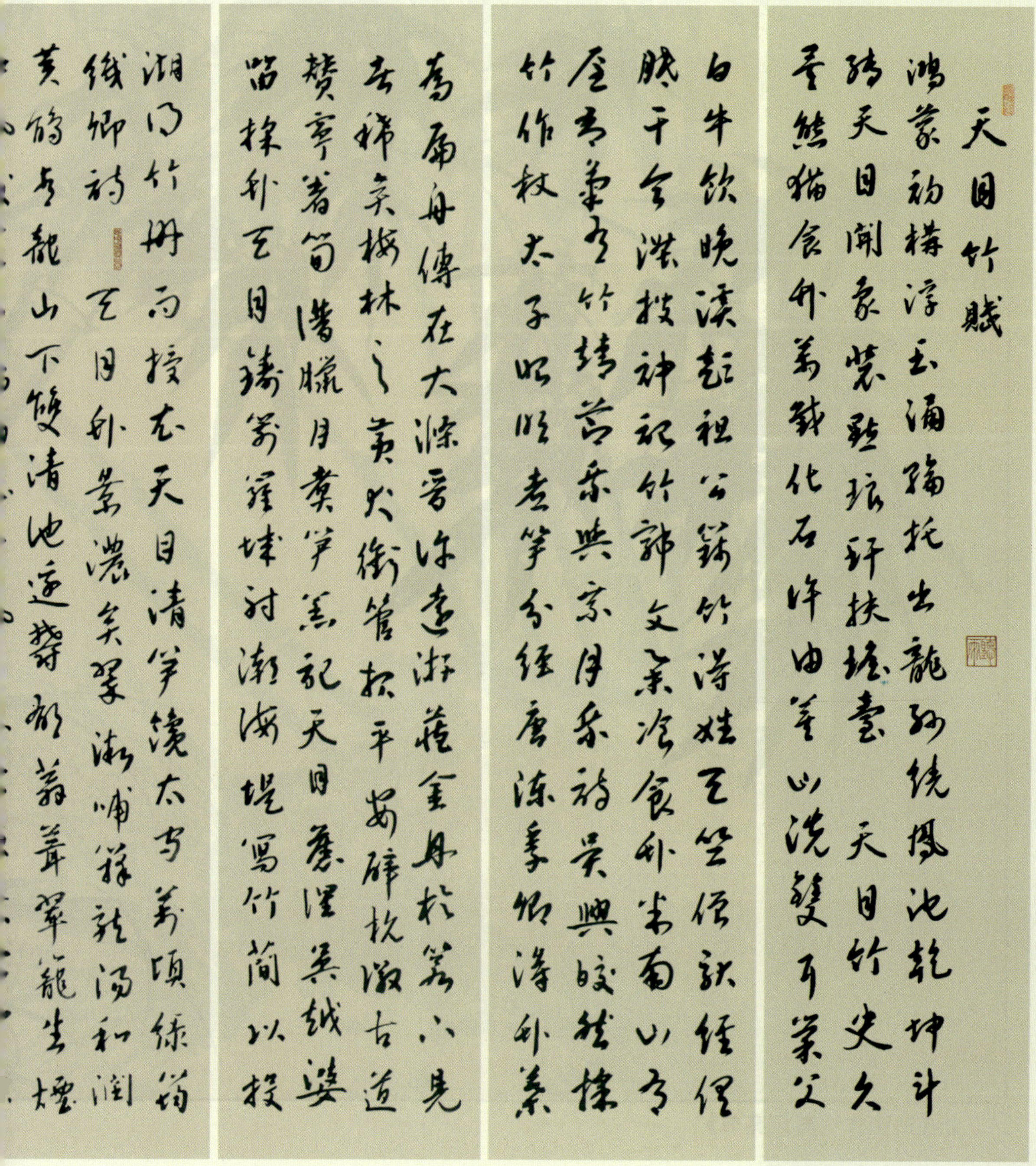
天目竹赋
鸿蒙初构浮玉涌瑞托出龙翔绕凤池乾坤升

序　一

春秋三度，《临安竹文化志》付梓成书，这是临安文化建设中的一件大事，引人注目。

临安位于浙江省西北部，史尊“吴越古邑”。天目双峰北峙，苕、紫二溪东流，山连属而秀拔，水逶迤而清嘉。境域属亚热带季风气候，雨量充沛，温度适宜，光照充足，土壤肥沃，修篁遍野，一碧万顷。1996 年 3 月、2006 年 10 月，临安两次获评“中国竹子之乡”，2015 年 11 月又被确认。临安成为江南最大的菜竹笋基地，全国最大的水煮笋和天目笋干加工销售中心。竹，宁静而典雅，身居天目山大地，养育子民，奉献丰厚。富饶的生态资源与得天独厚的竹文化相得益彰，从古到今，临安自有一种灵秀风雅的情致。

临安竹产业历史悠久，一直是域内传统优势产业。“春雷一夜打新篁，解箨抽梢万尺长”，这在临安历代史志中有明确记载。中华人民共和国成立后，特别是改革开放以来，在生产关系、产业发展上，全面改革竹业经营管理体制，放宽山林政策，搞活竹区经济；调整产业结构，发展效益竹业；消灭宜林荒山，实现全面绿化；重视因地制宜，讲究经济效益，给竹业建设带来了新的生机和活力，临安竹业由此发生一系列深刻变化。

20 世纪 80 年代起，历届临安县、市、区党委、政府大力推进发展竹产业，加快竹农增收致富，方向明确，矢志如一，蹄疾步稳，成效明显。1996 年 7 月 2 日，《中国林业报》以“临安竹子甲天下”的通栏标题，推介临安竹业建设。至 2019 年，全域拥有竹林面积 96.5 万亩，竹产业年产值 35.2 亿元。其中，竹笋总产量 25.75 万吨，产值 15.44 亿元。临安成为全国最大的竹笋生产加工销售基地，临安竹农 60%的收入来自竹笋，竹笋业成为临安农村经济的第一大产业。临安崛起，书写一个激荡人心的“春天的故事”；临安变迁，浓缩一个波澜壮阔的改革时代，震古烁今，灿烂辉煌。

一部临安竹产业发展史，也是一部竹文化史。境内天目山曾发现生活在 2 万多年前的大熊猫化石，佐证天目山区当时就有竹子生长。临安历代史志中，有许多关于竹的记载。宋代僧人赞宁《笋谱》中记述天目笋和天目山的竹风俗。苏轼在於潜留下咏竹千古名句“可使食无肉，不可居无竹。无肉令人瘦，无竹令人俗”，成为中华传统文化中的一种极为重要的人格符号。南宋於潜县令楼璹绘《耕织图》两卷并配诗，图中多绘竹乡环境、竹制农具，诗中记述竹农具的使用过程。历代文人墨客托物言志、咏物抒怀，在临安留下许多竹意象的诗文书画，从各个角度展示出竹的动、静、声、色，表现出竹的俊秀柔美与高风亮节。同时，竹谚、竹谜、竹联、竹歌、竹谣、竹舞、竹戏、竹传说、竹故事的创作，也大大丰富了民间文化生活。

任何伟大的时代，都离不开文化的奠基。盛世修志，彰显后人。2019 年始，由临安市竹文化研究会担纲，政府职能部门大力支持的《临安竹文化志》，经三年修纂隆重面世，以竹产业、竹文化为主线，全方位、多层次叙述有关临安竹子的地理环境、资源开发、产业发展、法规管理、古今历史、乡土风情、文化底蕴等，客观、全面、系统地记录天目山人开发与培育天目竹子的艰辛历程和取得的可喜业绩，体例完备、结构合理、资料翔实、图文并茂。这是一部忠实、公正的竹文化发展史，同时也是千余年竹史资料的珍贵集成，既具有地方特色，又具有时代特征，无论对资治、教化、存史，还是对指导实践、壮大产业，均有借鉴作用。“治天下者以史为鉴，治郡国者以志为鉴”，希望这部志书能让更多的人汲取天目传统竹文化中奔腾不止、自强不息的进取意识，希望有更多的人了解天目竹，品味天目笋，与竹结缘，以竹养性，让文明兴盛，助社会融合。

天目绵亘，翠竹盎然，这就是我们的家乡临安。竹已融入我们的灵魂，竹已成为我们的生活和精神专注追逐的目标。为临安竹文化修纂志书，立言传世，就是为了知往鉴今，经世致用。我们应一如既往地加强文化的发掘与传承，注重保护具有深厚底蕴的历史文化，努力提高文化品位，使之服务当代，惠及后世。

临安古韵悠然，生机勃然，大气浩然。如今，临安大发展蓝图业已绘就，创大业序幕业已开启。让我们鼓发展之劲，谋发展之策，求发展之效，以超越自我的胆识面对竞争，以团结拼搏的士气再攀新高，开放融合，实干创新，谱写更加辉煌美丽的新篇章。

《临安竹文化志》历时三载，数度修缮，几次审改，迭经辛劳，凝聚了编纂工作者的心血和深情，倾注了各部门、各单位的关注与支持，也融入了广大竹业工作者的智慧与汗水。在此，一并谨致以深切的谢忱！

杭州市临安区农业农村局局长

2022年4月

序 二

纵观临安竹文化的发展历史，无论是古代先民种竹食笋、用材编篮、削简制笔寄情抒怀，还是今天作为绿色经济、生态家园、吴越文化的重要组成部分，可以说，没有哪一种植物能够像竹子一样对我们的物质文明和精神文明产生如此深远的影响。

在几千年的历史长河里，在天目山麓、太湖源头的青山绿水间，临安这片土地上孕育了丰富的竹资源，发展出蓬勃的竹产业，传承着独特的竹风俗，凝结为浓厚的竹情节。生生不息、无处不在的竹元素积淀融合，形成了独具魅力的临安竹文化。

临安地处浙西山区，山清水秀，人杰地灵，是“中国优秀旅游城市”“中国最美乡村旅游目的地”，百万亩连绵竹海犹如一幅深蕴诗意乡愁的江南画卷；临安生态优良，空气清新，是“中国天然氧吧”，全球首个毛竹林碳汇项目就落户临安，临安农户森林经营碳汇交易模式在2014年联合国气候大会向全世界展示；临安大地历史悠久，吴越文化底蕴深厚，优秀传统文化源远流长，宋代大文豪苏东坡曾在临安的於潜、昌化写下“可使食无肉，不可居无竹”“饱食不嫌溪笋瘦，穿林闲觅野芎苗”的诗句；临安素有“九山半水半分田”之称，人均耕地仅0.8亩，正是依靠丰富的竹资源和临安人民的勤劳坚韧，祖祖辈辈“靠竹吃竹”，培育竹笋、烘制笋干、加工竹材、发展竹旅游，把竹子的资源优势、生态优势、文化优势转化为发展优势，竹产业成为临安农业第一大产业，竹经济成为临安农民最重要的收入来源。

临安人培育加工笋竹的传统传承千余年，竹产业发展历史悠久。中华人民共和国成立之初，临安竹产业基础薄弱。之后三十年，以毛竹产销和传统竹制品加工为主。改革开放犹如春雨润沃土，临安竹业迎来了大发展。20世纪80年代初，在临安农业区域规划的基础上，林业科技工作者向临安县委、县政府提出“临安经济翻两番，竹子挑重担”的建议，由此县委确定把竹笋作为开发农业的主攻方向，在山林定权、划定自留山与责任山的基础上，提出“上促青山、下稳良田、主攻中间（开发低丘缓坡）”的“三线作战”方略。广大农民纷纷在低丘缓坡、房前屋后种竹育竹，并迅速增产增收。以藻溪蔡山村“庭园经济”为样本，带动起横塘等一批竹笋市场，“好竹连山觉笋香、户户织机彻夜响”，重现了一幅於潜现代《耕织图》，临安域内乡镇纷起仿效，省内外争先前来取经学习。

90年代初，随着雷竹早出高产技术的推广，竹笋大量生产，县委、县政府将竹笋加工提到农业发展的突出位置，先后提出“山上建基地、山下办工厂、山外拓市场”和“主攻加工、前促生产、后活流通、协调发展”的“新三线”发展方略，建起高虹、青云、於潜三大竹笋市场，临安竹笋畅销全国各地。大力推动竹笋加工业兴起，以“企业＋基地＋农户”的经营模式，加快产业化进程，笋农生产效益跃上一个新台阶，出现一批十万元户、百万元村、千万元乡镇。临安成为全国最大的竹笋生产加工销售集散地、“江南最大的菜竹园”，1996年3月，被林业部命名为“中国竹子之乡”。

至20世纪末，临安农业基本形成“东竹西果”的产业格局。

进入新世纪，临安率先延长农民山林承包期，颁发林权证，进一步稳定和调动农民营林育竹的积极性。在临安生态市建设理念的引领下，竹子成为临安生态环境建设的一道亮丽风景线。临安建起万亩天目笋竹丰产栽培科技示范基地和一大批雷竹丰产高效园区，在竹笋专业合作社和竹笋、竹材加工龙头企业的带动下，临安竹业再创辉煌，2006年10月，临安再次被国家林业局命名为“中国竹子之乡”。

此后，临安提出“科技创新、优质高效、生态安全”的竹业发展战略，重点开展退化竹林改造、高品质雷笋开发和品牌建设，天目雷笋、临安山核桃、天目笋干三个农产品区域公用品牌价值列入全国百强。“天目笋干”荣获农业农村部授予的国家农产品地理标志称号。2018年临安制订《竹产业振兴三年行动计划》，提振竹产业，推动转型升级。临安竹产业已发展成为一个由资源培育、加工利用、出口贸易，再到竹林生态旅游的颇具活力和潜力的产业。临安竹产业经过一代代人的努力，誉满中外，天目笋干“清鲜盖世”，天目雷笋被誉为“江南第一笋”，《中国林业报》称“临安竹笋甲天下”。改革开放以来临安竹产业的发展历程，犹如春潮涌动千帆竞，春泥沃土育新机。

习近平总书记在中共十九大报告中指出：“文化是一个国家、一个民族的灵魂。文化兴国运兴，文化强民族强。没有高度的文化自信，没有文化的繁荣兴盛，就没有中华民族伟大复兴。”《临安竹文化志》广泛收集整理了从上古到当代的有关文献史料、民间传说、农事风俗、人物轶事和艺术作品，全面诠释了临安人民保护竹资源、钻研竹科技、弘扬竹文化、发展竹经济、提升竹价值、贡献竹智慧的时代精神。身为临安人，我们为拥有如此源远流长、灿烂多彩而又与我们的日常生活息息相关、与我们的精神世界紧紧相连的文化财富感到自豪。挖掘传播地域特色文化，弘扬发展优秀传统文化，增强文化自信，坚定理想信念，正是我们编纂出版这部志书的初衷。

创修《临安竹文化志》工程宏大，史料纷杂，是一项系统而浩繁的文化工程。编纂工作历时三年，数度打磨，几经审改，终成精品。参与编纂者大多是退休多年仍不离竹业的老专家、老学者、老同志。他们了解临安竹业历史和现状，具有深厚的研究功底和修志经验，虽然年事已高，但对编纂工作一丝不苟，付出了极大的心血和精力，为后人留下了宝贵的精神文化财富。在此，谨向为《临安竹文化志》作出贡献的专家学者以及广大竹业工作者表示崇高的敬意，向为编纂、校审、出版中付出辛勤劳动的各界人士表示衷心的感谢。

历史是过去的现实，现实是未来的历史，瞻往可以察来。我们必须正确地吸收和运用历史经验，充分认识和尊重竹业发展的自然规律与经济规律，结合当地实际情况，把今后的工作做得更好。这就需要温故而知新，很好地发挥《临安竹文化志》的借鉴、资政作用，汲取营养，悟出真谛，增长智慧，增进才干，从而以更加饱满的热情、更加昂扬的斗志，投身于建设秀美山川、营造绿色家园的伟大实践中去，再创21世纪临安竹业灿烂辉煌的新篇章。

杭州市临安区竹文化研究会会长

2022年2月

序 三

我怀着非常钦佩的心情，细读了翔实记载临安从远古至今的竹文化竹产业发展历史的《临安竹文化志》。这部百万字厚重的地方竹子专业志，全方位、多层次地叙述了临安悠久深厚的竹文化，其发展和利用的完整历史、乡土风情、资源培育、产业发展、法规管理、科学技术和中外交流等内容，为弘扬中国竹文化、推动产业发展完成了一件有重要历史价值的大事，开创了我国竹文化研究的新局面。

竹子是一类神奇的植物，没有哪一类植物能够像它那样对人类的物质文明和精神文明产生如此深远的影响。英国著名生物和科学史专家、中科院外籍院士李约瑟在他的《中国的科学与文明》一书中说“东亚的文明乃竹子文明”，这是对竹文化最深刻、最高的评价。历来人们称颂竹、菊、梅、兰为“四君子”（为人的楷范），竹、梅、松、兰为“四友”（人们的真诚朋友），竹、梅、石为“三清”（在清静的环境中低调生活），竹、松、梅为“岁寒三友”（经得起艰难考验的朋友），都是把竹比作人，拟人化地颂扬竹子所具有的高尚品德。其中包含有四季常青，永葆青春，身姿优美；虚心有节，宽容自律；刚毅正直，富于弹性；生长快速，活力旺盛；本是同鞭生而多代同堂，和谐共荣；全身皆宝，无私奉献等等。宋代大文豪苏东坡在临安於潜留下赞美竹子的不朽诗篇《於潜僧绿筠轩》，其中诗句“可使食无肉，不可居无竹。无肉令人瘦，无竹令人俗”，是竹子对人类物质文明和精神文明所作巨大贡献的最生动的诠释与褒赞。

竹子具有他类植物所无法拥有的独特性，人们对它的认识与归类，至今在国际上尚没有完全统一。大部分科学家把它归类为草本植物，但是我认为我国古代竹子专家已经给出了更合理、更易为广大群众所接受的定义。中国第一本，也可能是全世界首部有关竹子的专著，是南朝戴凯之所著的《竹谱》，其第一句话就是：“植类之中，有物曰竹，不刚不柔，非草非木。”又说：“若谓竹是草，不应称竹，今既称竹，则非草可矣……”“竹是一族之总名……植物中有草、木、竹……”从现今科技发展来看，竹完全可以代替木，但是很多竹产品，很难用木来制造生产，如竹编制品，所以国际上把竹制品归属于非木质林产品。竹子有很强的自我更新能力，一年种植，年年都有新的产出，竹林是最易可持续经营的森林。随着科技不断创新，竹子开发有着广阔的空间，竹子对人类的贡献将会越来越超越人们的想象。

《临安竹文化志》的出版，工程浩大，是一项系统的历史资料的整理和抢救工程，其潜在价值和深远影响无法估量。该志凝聚着一批老专家、老干部组成的编纂人员的三年心血。我作为一位从事竹子研究的老科技人员，谨向志书编纂者致以深深的敬意。他们有着丰厚的人生阅历，渊博的社会、历史、文化、竹业知识，过硬的写作功夫和古文功底，他们旁搜远绍，据实指陈，潜心写作，默默耕耘，始于心诚，成于精湛，以至山川增色，志苑生辉，这是一件功在当代、利在千秋的大事，值得庆贺。谢谢《临安竹文化志》全体编纂人员，再次致以衷心的谢忱！

国际竹藤组织原副总干事
暨 终 身 资 深 研 究 员

2022 年 2 月

序 四

“可使食无肉，不可居无竹。无肉令人瘦，无竹令人俗。”苏轼在杭州临安留下的《於潜僧绿筠轩》，世人耳熟能详，划过千年，成为临安乃至中国竹子最响亮的名片。

勤劳朴实的临安人民在种竹、育竹、用竹和爱竹的过程中，创造了源远流长的竹文化，也哺育了萧统、苏轼、道潜等大批文人墨客，共同创造了光辉灿烂的临安竹文化。

临安竹文化历史悠久。晋代郭文和许迈曾在第三十四洞天临安大涤山修道，以竹米为实，从此每到灾荒来临，山上的箭竹便会开花结实，助灾民度过饥荒。吴越王钱镠取天目山之竹制作神箭，射退江潮，并在竹笼里填石块建成第一条竹笼石塘，史称“捍海塘”，唐最后一个皇帝李柷（904—907在位）为此还授予钱镠竹册。宋於潜知县楼璹绘《耕织图》，广为流传，其中就有竹农具、竹用具、竹玩具、竹建筑和竹景观等70多处，并记有竹农具的使用过程。宋虚竹和尚携带“尺八”东渡日本，作品《虚灵曲》《铃慕曲》，今为日本吹箫艺人必修的古代乐曲。元赵孟頫奉敕并书《天目山大觉正等禅寺记》，留“翠竹黄花尽真如体”句，后又为中峰国师作墨竹《秀出丛林》。1983年，在西天目山严华洞发现以竹为食的熊猫化石，更是把临安竹林分布推前到了2万年前的晚更新世。

临安竹文化丰富多彩。雷竹、毛竹、高节竹、哺鸡竹、石竹、箬竹、箭竹、水竹等众多竹种，物华天宝；竹筷、蒸笼、竹榻、竹篮、竹椅、篱笆、扫把、竹帘等生活用具，举不胜举；簸箕、箩筐、晒簟、竹匾、水车、竹笕、竹筛、扁担等生产工具，琳琅满目；竹农事、竹信仰、竹传说、竹谜语、竹对联、竹歌谣、竹娱乐、竹谚语等民事民俗，争奇斗艳；竹塔乡、竹林村、苦竹岭、毛竹坞、金竹坪、石竹园、竹环路等历史地名，星罗棋布；抚育、采伐、运输、收购、销售、市场、税收、奖励等经管制度，一应俱全。

临安竹文化独领风骚。“若要不俗与不瘦，除非天天笋烧肉。”笋，是临安农民的“第一棵摇钱树”。写出中国第一部《笋谱》的宋代赞宁不仅记载了天目笋，还与天目僧共勉，“我本无根株，只将笋为命”；写下食笋诗最多的诗人宋代杨万里，说“临安人食笋自十月至（次年）四月”；清《临安县志》载：“笋。万历旧志：‘春曰早笋，夏曰鞭笋，冬曰冬笋，其余茅笋、石笋、广笋，称名甚多，四时不乏味，特甲于诸蔬。’”清代袁枚《随园食单》告诉人们如何挑选天目笋，并将“天目笋、冬笋、问政笋，煨入鸡汤，号‘三笋羹’”。乘着改革开放的东风，1984年葛银万成为临安第一个竹笋万元户，1986年临安食品厂出口青汁笋全国第一，1989年鲍子潮用竹叶覆盖成为掌握雷笋冬出技术的第一人，1996年、2006年临安被两次授予“中国竹子之乡”称号。

更值得庆贺的是，《临安竹文化志》终于修纂问世，创我国竹文化专业志之先河。志书以竹文化

为主线，全方位、多层次叙述临安竹子的古今历史、地理环境、资源开发、产业发展、法规管理、乡土风情、文化艺术、中外交流等，是一部忠实、公正的临安竹文化史，也是千百年临安竹史资料的珍贵集成。

《临安竹文化志》记述了临安人民筚路蓝缕，以启山林的奋斗实绩，是竹业发展十分宝贵的经验结晶。志贵在用。总结过去，是为了正确地认识今天，也是为了更好地筹划未来。《临安竹文化志》的出版，必将对“资治、教化、存史”，对开发竹资源、发展竹产业、弘扬竹文化产生深远的影响。业绩昭彰，史册永垂。

中国林学会竹子分会会长
浙江省林业厅原总工程师
2022 年 2 月

凡　例

一、本志编纂以马克思列宁主义、毛泽东思想、邓小平理论、“三个代表”重要思想、科学发展观、习近平新时代中国特色社会主义思想为指导，坚持辩证唯物主义和历史唯物主义的立场、观点和方法，坚持实事求是、存史致用、述而不作的原则，全面、系统、客观地反映临安竹文化的历史与现状。

二、本志立足当代，通贯古今，力求突出临安竹文化的地方特色、行业特色和时代特色。

三、记叙以杭州市临安区行政区域（含历代临安县、市行政区域）为界。

四、本志“竹文化”是指历代临安地域范围内，人类生产生活实践中与竹有关的文明成果的总和。

五、首设概述、临安竹文化纪事，末设丛录。依编、章、节、目四层结构编排。以文为主，表随文出，视内容酌附图照。

六、记事上限不等，因事而异，尽力追溯事物在临安之发端；下限断至2019年年底，个别篇目记事略有延伸。

七、根据《〈浙江通志〉行文规范》（浙地通〔2011〕1号），采用古代（远古至1840年）、近代（1840—1949年）、现代（1949—2019年）历史分期法。

八、民国及民国以前的纪年，使用中国传统的帝号或年号纪年，同时括注公元纪年。1949年10月1日后统称“中华人民共和国成立后”，使用公元纪年。志中所称“解放前（后）”指1949年5月临安、於潜、昌化三县解放之日前（后）。

九、特定名称使用约定俗成的简称：初级、高级农业生产合作社简称“初（高）级社”，农村人民公社简称“公社”，生产大队简称“大队”，村民委员会简称“村委会”，居民委员会简称“居委会”，区（县市）、乡镇人民政府简称“区（县市）、乡镇政府”，浙江省简称“省”。在同一个节、目中首次出现用全称，之后用简称。凡1996年12月28日之前，临安称“县”；之后至2017年8月12日称“市”；2017年8月12日临安撤市建区。凡1996年12月28日临安撤县建市之前称“市”者，均指杭州市，之后则分别标明“杭州市”“临安市”。

十、人物以名人传略形式收录有突出贡献的已故临安籍和在临安工作过的客籍竹界人士，其他人士则略记事迹归类于“名人名事”。

十一、现行计量单位采用1984年国务院颁布的《中华人民共和国法定计量单位》，农田土地面积计量单位一律用“亩”。中华人民共和国成立前的计量单位，仍保留历史计量单位名称；中华人民共和国成立后，个别之处仍保留历史计量单位名称，后括注换算为法定计量单位的量和单位。数字用法按《中华人民共和国国家标准出版物上数字用法》(GB/T 15835—2011)执行。

十二、根据新修订的《中华人民共和国国家标准·标点符号用法》（GBT15834-2011）有引号、书名号的并列成分之间通常不用顿号。若有其他成分插在并列的引号、书名号之间（如引号或书名号之后还有括注），宜用顿号。如《红楼梦》《三国演义》《西游记》《水浒传》，是我国长篇小说的四大名著；办公室订有《人民日报》（海外版）、《光明日报》《时代周刊》等。请酌情使用，不能混淆。

目 录

概　述

杭州市临安区位于浙江省西北部，居北纬29º56′—30º23′、东经118º51′ — 119º52′。东邻杭州市余杭区，南连富阳区和桐庐县、淳安县，西接安徽省歙县，北界安吉县和安徽省绩溪县、宁国市。境域系原临安、於潜、昌化三县地，总面积3126.8平方公里，拥有天目山、清凉峰两个国家级自然保护区和青山湖国家森林公园，2019年年底森林覆盖率81.93%。山川巨丽，风物清嘉，丰富的生态资源与绿竹相得益彰，充满天目山沃野的古韵今风。

临安属亚热带季风气候区，濒临东海，受东南季风影响，温暖湿润，光照充足，雨量丰沛，四季分明。暖湿气流入境，恰遇天目山脉阻滞抬升，生云致雨。5—6月梅雨季节与7—8月台风雨季形成两个降水高峰，雨热同步，与竹笋生长节律相吻合，竹子生长气候条件得天独厚。域内笋期主要分布在3—6月，高峰期在4—5月。所产天目雷笋、高节笋笋体饱满，色泽白嫩，气味清香，口感清鲜。

域内主要分布红壤土类中的黄红泥、红砂土与黄壤土类中的山黄泥土、山黄泥砂土，土层较厚，多呈酸性或微酸性，有机质和氮磷钾含量较高，是毛竹、天目雷竹、天目笋干竹主产区。复杂的地貌类型，多样的土地结构，有利于以竹木为主的林特产品和多种经营的发展。

一

临安自古盛产竹子，种竹、食笋、赏竹，源远流长，蕴含丰富的竹文化。据省自然博物馆鉴定：1983年在西天目山华严洞出土的大熊猫、中国犀、东方剑齿象等15种古动物化石骨，距今约2万年，说明临安至少在此之前即已产竹。而中国古代竹子分布最早的记载见于《尚书·禹贡》，距今有4700多年历史，可见临安竹子历史之悠久。

我们的祖先衣、食、住、行及其他方面的物质财富创造与文化生活发展都同竹有关。北宋诗人苏轼赞曰："食者竹笋，庇者竹瓦，载者竹筏，爨者竹薪，衣者竹皮，书者竹纸，履者竹鞋，真可谓不可一日无此君也耶。"临安大地，"春雷一夜打新篁，解箨抽梢万尺长"，绿竹遍地，修篁参天，这在临安历代史志中有明确记载。明代黄汝亨《天目游记》载："行六七里许，从西北磴道上十余里，曲折盘薄，大都以竹居胜。绿阴翠霭，时时拂披襟带。""从院背小径，仍行竹间，翠阴郁浓，林林千立，天光从竹隙入。余从来看竹，无此地幽畅也。"明万历四十二年（1614），徐嘉泰（1610—1615年任於潜县令）编纂《西天目山志》，录有明代著名诗人陈继畴的《从西化城寺望天目》诗："不浅登临兴，蓝舆伤晚晴。村村皆竹色，日日是山程。屏足双天目，林标两化城。春风如有意，吹遍百花明。"可见其时临安境内修篁指云、翠竹盎然。

历史上临安自然乡土竹种资源丰富而稳定。据明万历《临安县志》载，有竹种22种。临安、於潜、昌化旧县志记载，三县合计有竹种28种。临安丰富的竹种资源中，大部分为刚竹属中可以食用的优良笋用竹种，春有雷笋、高节笋、毛笋、石笋、早笋、青笋、红壳笋、刚笋、五月季笋，夏、秋有鞭笋，冬有冬笋，四季不乏，味甲诸蔬，货畅其流。

《临安林业》1985年第1期刊发《临安县竹种资源及分布》一文，经林业专家调查鉴定，初步认定临安有竹种10属57种（包括变种）。1991年11月，据浙江省竹类资源与开发利用研究课题成果鉴定材料，临安竹种为11属63种。2021年4月，通过调查整理统计，临安有竹种27属285种，其中临安乡土竹种10属59种，引种竹种26属226种。

二

悠悠千万年，修竹绿如盖，养育临安先民，助推社会进步。中华人民共和国成立后，经济社会发展对竹需求增长，政府发动和组织农民发展竹子生产，并从20世纪70年代开始走上基地化规模经营之路。80年代农村实行家庭承包经营制后，顺应农民发展生产和活跃城乡市场的需求，政府组织开发低丘缓坡资源，规划发展食用笋生产，竹子生产规模逐步扩大。改革开放以后的40年，是临安竹业发展最好的历史时期。

在生产关系上，1981年11月，在西天目乡开展稳定山权林权、划定社员自留山、落实林业生产责任制的林业“三定”试点。1982年2月开始推行包产到户，历时三年，分两步将农田、山林全面承包到户，成为全国最早实施集体林权制度改革的县。同年12月“三定”工作结束。此后6年内，相继实行较大规模山林承包到户和稳定、完善山林责任制工作。

在产业发展上，竹产业作为传统产业，在农业农村经济中发挥着重要作用。大力发展竹产业，提升竹产业附加值，是加快农民增收致富最直接、最有效的途径。1983年3月，县委农村工作会议提出“今后一个时期，要把发展各类竹子生产和竹子综合加工作为一条重要措施来抓”。1984年2月，县委确定把竹笋生产作为开发性生产的主攻方向之一，提出“临安经济翻两番，竹笋挑重担”的规划目标。1985年，县委、县政府确定“上促青山、下稳良田、主攻丘陵缓坡”的三线战略，提出“经济翻番，山挑重担，竹肩一半”和“建设10万亩菜竹笋基地”的要求，竹林尤其是菜竹种植面积成规模性发展。1986年，县委、县政府因地制宜，提出并大力实施“上促青山、下稳良田、主攻中间（丘陵缓坡）”的发展战略（“老三线”方略），积极开发丘陵缓坡。1991年，县委提出“前促生产，后活流通，主攻中间（加工）”方略（“新三线”方略）。其基本内容为：生产、加工、流通三者同步开发，以加工促进流通，以流通带动生产，逐步形成三者协调发展的新机制。

1996年，县委、县政府提出“山上建基地，山下办工厂，山外拓市场”的发展思路，使开发农业在产加销一条龙、农工贸一体化经营模式上进一步得以明确和深化，从而稳定地走上良性循环轨道。同年7月2日，《中国林业报》以《临安竹子甲天下》的通栏标题，介绍临安竹业发展情况。商品性生产进而推动技术进步，雷竹笋早出高产技术、毛竹丰产林栽培技术、由世界银行贷款造林项目引入的毛竹丰产林技术标准和毛竹低产林改造技术等得到推广应用。

进入21世纪，临安实施包括竹子在内的林业特色基地建设，竹子生产纳入林业产业化经营格局。2002年9月版《浙江省林业志》记载："天目山区的东西苕溪流域是杂竹最集中分布区，杂竹林面积43.4万亩，资源均超过全省一半。"又载：1993年，临安县建成菜竹基地15万亩，年产竹笋5万吨，产值2.4亿元。菜竹已成为临安农村经济的支柱产业，临安成为江南最大的菜竹园。全境竹林实行区域化布局，丘陵缓坡发展菜竹，低山近山是毛竹，中山陡山为笋干竹，边远高山则是工艺用竹。

2004年1月15日，浙江省委书记习近平到临安天目山调研生态浙江建设，充分肯定天目山村民用荒山种竹"既保护了生态，又增加了收入"的做法。他叮嘱一定要把绿水青山保护好，让更多的绿水青山变为"金山银山"，并强调"临安要继续在生态建设上发挥示范、龙头和领跑作用，走在全省前列，为生态省建设作出贡献"。

2006年开始，临安进行以明晰产权、勘界发证、放活经营权、落实处置权和保障收益权为主要内容的集体林权制度改革，继续完善林业产权制度，2012年基本完成。中央媒体纷纷报道。临安集体林权制度改革工作走在全国前列。

竹子是临安人民的重要生活来源，可食用的鲜竹笋有20多个品种，其中以雷竹笋为代表的竹产业已经成为域内农村第一大支柱产业。竹子被誉为临安农民的第一棵"摇钱树"，在竹农心中，竹子不仅是美丽家园的象征，更是富裕生活的来源。

1996年3月，林业部授予临安县"中国竹子之乡"称号。2006年10月，临安市再次被命名为"中国竹子之乡"。2015年11月，国家林业局评选30个单位为"中国竹子之乡"，临安市榜上有名。临安素有"中国竹笋看浙江，浙江竹笋看临安"之美誉，2019年竹林面积达96.5万亩，占有林地面积24.66%。其中毛竹33.8万亩，以雷竹为主的菜竹面积40余万亩，笋干竹21万亩。竹业总产值达35.2亿元。产区15万名竹农60%的收入来源于竹产业，临安也是全国最大的水煮笋和天目笋干加工销售中心。

自20世纪80年代开始，临安应用农业、林业和水利区划成果，发展竹业，绿化荒山、退耕还林速度加快，森林资源蓄积量和森林覆盖率上升。临安山水秀丽，风貌独特，是国家级生态市、国家森林城市、中国优秀旅游城市、国家环保模范城市、国家卫生城市、全国科技进步先进市和全国首个碳汇林业试验区。生态旅游为临安的一大特色。"绿色家园、富丽山村"建设居全省前列，其中竹业发展和建设贡献甚巨。尽管时代不断变迁，工艺几经优化，天目雷笋、天目笋干始终在精益求精中追求优越天然的品质，成就卓越的品格。

三

竹林资源是竹产业发展的物质基础，是其多功能利用价值的载体。临安最为亮眼的是以人工栽培、食用鲜笋为主的竹子，俗称菜竹。从总体生产经营进行分类，临安竹子可以分为三大类：大径竹毛竹、中小径笋用竹、观赏绿化特用竹。

（一）大径竹毛竹 刚竹属中材、笋两用的优良竹种。临安生产的毛竹粗大，节长，韧性好，有“关刀竹”之誉，历来畅销于长江三角洲。

其笋俗称毛笋、冬笋、潭笋。清乾隆《临安县志·卷四·物产》云：“冬笋，俗名潭笋，茅竹所生。产南乡者美，质坚味鲜，不似钱江法华山者，质脆而味淡。苏人每岁必至此买之。”清宣统《临安县志》卷二食货志·物产也有记载。

中华人民共和国成立初期，毛竹自由购销，多渠道流通。1954 年国家加强竹材购销的计划管理，将毛竹列为省供销社统一管理、平衡的商品。1956 年开始实行计划收购、计划分配，由供销社垄断经营。1957 年全县毛竹林地 16.53 万亩，立竹 114 万株。1962 年实行派购。当年，临安被列为全省 16 个毛竹林重点县之一。

自此至 1984 年，一直实行由国家确定毛竹收购数量、收购规格和收购价格的派购制度。临安作为毛竹主产区，被浙江省列为毛竹调出县。自 1971 年起，还承担起沿海渔用大毛竹供应任务。从 1982 年开始，毛竹购销放开。

1983 年 3 月，县委农村工作会议提出要发展各类竹子生产和竹子综合加工。1984 年 2 月，县委确定把竹笋生产作为开发性生产的主攻方向之一，提出“临安经济翻两番，竹笋挑重担”。据当年调查，全县竹子面积 43 万亩，其中毛竹 23 万亩，小杂竹 17 万亩。1986 年域内毛竹山全面推广疏笋养竹，同时实施毛竹用材林改造为笋竹两用林，增加经济效益。

80 年代中后期起，临安积极调整毛竹林产业结构，重视毛竹山培育管理，在经营方式上改粗放经营为集约经营，改单一生产原竹为深度加工利用，改以生产竹林为主为笋竹两用。全县兴办毛笋水煮笋加工厂，外贸引领发展笋竹两用林热潮。竹子的利用从单纯出售原竹，转变到加工增值、笋竹并举上来。笋、竹综合利用，为县域毛竹生产打开新的销路。

1994 年，县政府提出兴建“三竹（雷竹、笋干竹、笋材两用竹）工程”，建立三个示范点：高虹乡雷竹示范点、临目乡天目笋干示范点、上甘乡毛竹笋材两用林基地。大力实施“三竹”并举、“三产联动”发展战略，实行毛竹低产林改造，新增毛竹造林基地，促进竹林资源的稳步增长。

至 1996 年，全县有毛竹林地 27 万亩，毛竹蓄积量 4039 万株。此后，随着竹编胶合板、刨花板、竹材层积板、竹浆等产品不断开发，竹材被广泛用于包装、建材、家具、车厢板、造纸、竹纤维利用等生产领域。市场进一步开放，原有的购销模式已被厂农联营、直接购销方式替代，供销社随之退出竹业经营。

21世纪开始，毛竹面积、毛竹笋材两用林改造面积继续增加。临安加大基地建设投入，实施标准化生产，促进产业化发展，提升主导产业生产水平和产品质量。

2015年，全市有竹林面积97.4万亩，其中毛竹33.8万亩，毛竹林分株数稳定在5700多万株，年采伐量增至1000万株。通过结构调整，低丘缓坡经济效益好的菜竹与毛竹面积持续稳定地增长。全市通过退化竹林改造与可持续示范基地建设，促进竹林资源的稳步增长。

2018年2月17日，区林业（农业）局组织专家学者和企业代表研讨“临安竹产业振兴三年（2018—2020）行动计划”。2019年4月，“毛竹林定向培育关键技术示范推广项目”启动。当年临安毛竹面积33.8万亩。

（二）中小径笋用竹 主要是生产中所指的菜竹与笋干竹。

菜竹 是以生产鲜笋为主的中径笋用竹，主要指雷竹、高节竹等哺鸡类竹。

雷竹为中国优良的笋用竹种，以临安、余杭和德清为最多，而临安种植面积则有30余万亩。由于临安独特的气候条件与地理环境，出产的天目雷笋笋体饱满，壳薄肉肥，清香松脆，其味鲜美，被誉为“江南第一笋”，《中国林业报》称“临安竹笋甲天下”。

雷笋栽培历史悠久，但因多种因素制约，难以形成规模。直到20世纪80年代开始，随着市场经济的发展，重视因地制宜，讲求经济效益，面积迅速扩展，产业规模趋大。

1983年3月，县委农村工作会议提出要发展各类竹子生产和竹子综合加工。次年2月，把竹笋生产作为开发性生产的主攻方向之一，发动千家万户种竹，并实行经济扶持。全县出现种竹热潮，其中最具地域特色、经济效益最高的就是迅速崛起的笋用雷竹。

80年代中期后，境内雷竹林生产规模逐步扩大。笋用竹林商品性生产促进技术进步。20世纪90年代初，及时推广雷竹笋早出高产培育技术，形成巨大生产力，创立一条建设特色林业的成功之路。“小竹笋闯出大名气，小竹笋进入大市场，小竹笋获得大效益，小竹笋形成大产业”。临安的菜竹笋形成生产、加工、流通一体化的产业化新格局，在调整农村产业结构、实现山区农民增收过程中发挥重要作用。

从1984年开始，临安县连续三届县委、县政府领导始终如一抓农业开发，抓丘陵缓坡地开发利用，其中把10万亩以雷竹、高节竹为主的菜竹基地建设作为主攻方向，作为开发商品生产的先导。与此同时，掀起一个科学育笋的热潮，出现一大批竹笋亩产值超万元高效益的典型。临安菜竹笋产值约占全县鲜笋总产值的80%，小竹笋闯出大事业。

其间，临安注重调整菜竹品种，早、中、迟合理布局，县域竹笋能四季见鲜。采用传统的春季种竹，也推广梅季种竹和秋季种竹，改一年只有一季种竹为一年四季都能种竹。提高经营水平，出现雷竹亩产2吨，高节竹亩产3吨，以及提早出笋、亩产值超万元的典型实例。促进城乡交流，沟通与大中城市的往来。

1990年后的三年又是一个飞跃，菜竹面积每年以平均1万亩的速度继续发展。1994年，县政府提出兴建“三竹”工程，1996年临安市被列入全国“科技兴林示范市”。

以雷竹为主的食用菜竹是临安农村经济的支柱产业，至1999年已建成20万亩菜竹基地，并带出一支营销队伍，催生一批加工企业，单一的种植转向市场产业化。普遍推广应用雷竹早产覆盖技术、两季出笋技术等科技成果，使雷竹“春笋冬出”、秋季二次出笋，产品填补淡季供应量，提高经济效益。1999年，高虹镇获省“雷竹之乡”称号。

2000年，全市竹林总面积86万亩，其中菜竹面积约17万亩。竹笋年收入超千万元的乡镇有11个，超百万元的村有100多个，超万元的笋农有7000多户，有4户连续6年超10万元。全市15万农户中，60%以竹为业，4000多人从事竹产业购销，竹业年总产值7.5亿元，占全市农业总产值的48.9%，并涌现出一批笋竹制品加工龙头企业、雷竹丰产高效园区和专业合作社。

2012年5月，临安启动退化雷竹林改造示范区建设工作。市林业局在太湖源镇、高虹镇、青山湖街道、於潜镇建立4个退化雷竹林改造科技示范园区。园区实施不同的改造模式，取得初步成效。

“天目雷笋”与“天目笋干”是临安竹笋两大区域品牌，2009年经国家工商行政管理总局商标局注册为证明商标。2011年1月，“天目雷笋”“临安山核桃”“天目笋干”3个农产品区域公用品牌价值均被列入全国百强。其中“天目雷笋”品牌价值15.85亿元，列第61位。2013年“天目雷笋”品牌价值为18.98亿元，2018年为22.62亿元。2019年9月24—26日，完成天目雷笋中国特色农产品优势区的申报工作。

高节竹又名洋毛竹、哺鸡竹，为中国优良笋材两用竹种。竹笋粗大，肉质肥厚，鲜中带甜，产量高，适应性强。出笋期在4月下旬到5月底，是雷笋采收后的接力品种。

临安历来都种高节竹，竹农一般自用。中华人民共和国成立后，特别是中共十一届三中全会以后，农村产业结构开始调整，许多开垦山、晒煞田都停垦种竹。1989年、1990年，全县食用菜竹每年新种1万亩。调整菜竹品种，早、中、迟合理布局。全县以雷竹为主的早熟品种占30%，以高节竹为主的中熟品种占50%，刚竹、桂竹等迟熟品种占20%，县域竹笋能四季见鲜。

1993年后，全县重点发展雷竹和高节竹。1995年全县高节竹笋产量1.2万吨，产值2000万元。2005年11月，高节竹高山栽培及鞭笋生产试验项目通过验收。该项目试验重点是进行高节竹高山丰产栽培试验、夏笋冬出覆盖试验、高节竹鞭笋生产试验研究，首次采用废旧覆盖材料进行夏秋季薄覆盖，生产高节竹鞭笋，挖掘方便，节约成本，在方法上有创新，在技术上有突破，为全市高节竹丰产高效、农民增收提供科学示范。

2010年，临安高节竹笋产量5.15万吨，产值7313万元。2019年，产量5.29万吨，产值5237万元。

笋干竹　笋干竹是以生产加工天目笋干为主的中小径笋用竹，主要竹种有石竹、尖头青竹、红壳竹、天目早竹、刚竹、桂竹、篌竹、水竹等，竹笋以加工天目笋干为主，故称笋干竹。省内以天目山区的临安等毗邻山区为最集中分布区。

长期以来，除了食用鲜笋外，临安人还将石笋、早笋、红壳笋等制成笋干。天目笋干是临安传统名产，历史久远。明正德、嘉靖年间，天目笋干已为江南士民称道，至今逾四百余年。至清康熙、雍正、乾隆年间，每年产量不下三四千担，盛况持续两百余年。近代又将之与天目云雾茶、昌化山核桃同称“天目三宝”，延续至今。民国19年（1930）销往新加坡及中国香港地区，1956年首次在广交会展出，以其色泽青绿黄亮、香气清馥芬芳、滋味鲜嫩可口、包装古朴典雅的独特风格，一时轰动港澳，当时香港《经济导报》称颂“天目笋干以清鲜盖世，名噪海内外”。

中华人民共和国成立后，天目笋干生产得以复苏并稳定增长。中共十一届三中全会以后，落实山林承包责任制，自主经营，笋干竹面积不断扩大，产量不断提高。一些乡村开始注意竹林的集约经营。但是，由于多种因素，天目笋干在竹林经营和笋干制作方面都还存在一定不足。1987年后，天目笋干质量得以逐步恢复，加工企业开始实施标准化生产。全县笋干产量由1987年的826吨，增至1996年的1349吨。

90年代，政府重视引导开发天目笋干资源，提高质量，恢复传统声誉，实行科技兴竹，进行低产林改造，实现笋干产品加工系列化，确立政策保证与服务保证，将天目笋干产业推上一个新台阶。

天目笋干竹低产林改造符合广大竹农利益。西天目全乡形成村村有基地、户户有竹园、家家产笋干的兴旺局面，笋干成为西天目乡主导产业。该乡武山村是域内笋干生产重点村。全村215户631人，竹林面积6622亩，其中笋干竹林5760亩，占竹林面积87%。1998年，全村自产淡笋干75吨，加上收购并加工临安域外笋干150吨，总产值360万元；人均笋干产量350千克，产值6000元，户均笋干收入超万元。

1996年3月，临安被林业部评为“中国竹子之乡”。同年底，全县竹林总面积74万亩，其中笋干竹22.4万亩。临安市被林业部列为全国“科技兴林示范市”。

1997年12月7日，临安笋干竹低产林改造项目通过专家鉴定。推广面积、产量、产值和增幅均超过杭州市科委下达的指标，被列为当年杭州市重大农业科技成果推广项目。

2001年始，临安建立万亩天目笋干竹丰产栽培科技示范基地，进行科学管理、标准化生产，推动竹产业化建设。有的企业采用“专业市场+公司+农户”及联合体等经营模式，专营天目笋干，成为浙江省、杭州市农业龙头企业。“天目山”牌、“天目峰”牌笋干获评省品牌产品，远销美国、澳大利亚等国际市场。

2005年产天目笋干4400余吨，年产值5000万元，居全国之首。2008—2010年，全市笋干竹面积分别为18万亩、18万亩、16.2万亩，笋干总产量为4500吨、4400吨、4167吨，产值为1.58亿元、1.22亿元、1.38亿元。2010—2019年，全市笋干林面积稳定在16万亩左右，年产量4000多吨，其中2017年达5500吨，2019年则为5000吨，大部分为雷笋干，石笋干约200吨。

2019年5月24日，在杭州召开天目笋干鉴评会。同年，天目笋干获评国家农产品地理标志。

2011年1月，“天目雷笋”“临安山核桃”“天目笋干”3个农产品区域公用品牌价值均被列入全国百强。其中，“天目笋干”11.72亿元，排在第80位。2017年品牌价值14.3亿元。2018年，“天目笋干”被评为2016年度中国果蔬百强品牌。2019年9月24—26日，临安报送的天目笋干在当年第一次农产品地理标志登记专家评审会上通过评审。

（三）绿化观赏特用竹　竹子是林业资源的组成部分，也是园林绿化重要植物。除大径竹毛竹、中小径笋用竹以外的各类竹种，临安当地乡土竹种中优良的绿化观赏竹种有斑竹、紫竹、方竹、罗汉竹、龟甲竹、花毛竹、凤尾竹、孝顺竹等，引种竹种有佛肚竹、黄秆乌哺鸡、金镶玉竹、红秆寒竹、筇竹、美丽箬竹等，地被类竹种有翠竹、铺地竹、菲黄竹、菲白竹等，特用竹种有苦竹、箬竹等。

四

临安对竹子的传统加工利用，即是以农业生产用竹和居民生活用竹、传统竹笋鲜食与加工为主，一直持续到20世纪80年代。改革开放后，引入韩国、中国台湾的竹加工设备与技术，竹产业进入大规模工业化利用阶段，竹加工业技术水平大幅提升，经济规模迅速扩张。竹材利用呈现出由传统利用向现代化利用、单一利用向综合利用、手工和半机械化生产向机械化生产、粗加工向精深加工、单一产品向系列产品以及低附加值向高附加值全面发展的态势，形成具有一定规模和经济效益的竹笋、竹材加工业体系。

竹笋加工　中华人民共和国成立前，竹笋加工以单家独户分散进行。之后，由于生产力低下，无论是个人还是集体的竹笋加工，仍然是小而分散，产量不高，效益低下。临安竹产业大规模发展起步于1983年。随着菜竹大面积种植，产量剧增，于是临安竹笋加工业形成较大规模。至2019年近40年间，临安竹笋加工业经历四个发展阶段。

1983—1990年为起步阶段。20世纪90年代初，县委、县政府先后提出“主攻加工、前促生产、后活流通、协调发展”的新三线开发方略和“山上建基地、山下办工厂、山外拓市场”的发展思路，促进农业产业化进程和效益农业的发展。临安开拓竹笋加工业的新产品是利用毛笋加工的清汁笋（水煮笋）。继临安罐头厂之后，毛竹资源较为丰富的乡镇也设厂加工生产清汁笋，出口量逐年增加。1988年全县清汁笋加工6000多吨，其中临安罐头厂加工1741吨，出口创汇120万美元，全厂人均创汇2万多美元。

1991—2000年为初步发展阶段。20世纪90年代以来，春笋冬出，雷竹面积迅速扩大。针对“笋贱伤农”的新情况，90年代初，县委、县政府将竹笋加工摆上农业发展的突出位置。1992年，台商张丰超等在杨岭创办杭州益华农畜产品有限公司，对雷笋、高节笋的初加工产品“清汁笋”进行二次加工。此后，全县水煮笋、笋丝加工业发展迅速，从而促进域内竹笋加工整体水平迈上新台阶。至2000年，临安兴办各类笋加工企业60多家，产品形成十大系列500多个品种，加工增值1亿元，产品销往欧美日及东南亚各国。其中，毛笋、菜竹笋加工的水煮笋加工量3.29万吨，天目笋干加工量2243吨，临安逐渐成为中国水煮笋主要加工基地。

2001—2010年为龙头企业带动产业蓬勃发展阶段。2002年，临安已成为全国水煮笋加工销售集散中心，生产量和出口量均占全国20%。2003年，毛笋水煮笋经营总量持续增长，占全国总量25%，主要集中在松友、康鑫、裕隆3家公司，占全市总量的81%。松友公司销售160万罐，居全国之首。裕隆公司小罐头笋发展迅速，年加工出品180个集装箱，为全国之最。2004年4月12日，《中国食品报》刊发《临安竹笋加工业逆风飞扬》一文，报道临安许多竹笋加工企业拥有精加工先进设备，竹笋制品质量得到提升，企业效益也有较大幅度提高。2005年7月25日，《浙江林业》刊发《临安竹笋加工向精深发展》一文，报道临安竹笋加工企业取得的骄人业绩。

境内竹笋加工业的兴起，使笋农获得实实在在的利益。尤其是实施"企业+基地+农户"的经营模式，提升产业档次，加快产业化进程，实现企业与农民双赢，企业与笋农结成利益共同体。作为全国最大的竹笋生产加工销售集散地，至2010年，临安共有加工企业与加工点160家，其中省级竹笋加工龙头企业4家、杭州市级竹笋加工龙头企业2家，全市年加工竹笋能力超过10万吨。作为全国林业标准化建设示范市，临安市主持或参与制定的国家级、省级、市级等竹笋行业标准达15个。

2011—2019年为环保政策促使竹笋加工业转型升级阶段。2010年以后，笋竹加工业受到巨大挑战。由于多种因素制约，一些中小企业关停、整顿。为此，临安市提出"科技创新，优质高效，生态安全"的发展战略，针对雷竹林老化退化现象进行重点改造，并提倡高效生态的竹林经营和笋竹加工新理念。至2019年，全市有竹笋加工企业32家，其中年产值超1000万元以上的规模企业7家。

竹材加工 临安竹材加工利用历史悠久。中华人民共和国成立前，竹子加工一般都是日用品，种类繁多，之后相当长时间仍是如此。改革开放后，临安竹材加工利用进入快速发展时期。发展初期主要以生产竹胶板和竹地板为主，到产业发展壮大以后，以生产竹胶板和竹工艺品为主，产品逐渐从初加工制品转为精深加工产品，从竹丝、竹片的加工到板材制品，再到竹胶板、竹家具和竹工艺品等产品，产业链逐渐拓宽，初加工企业和精深加工企业形成对接，带动产业链整体发展，竹子综合利用水平居于全国前列。

2005年，全市有竹材加工企业185家，年加工毛竹700多万支，竹材加工率在78.6%以上，加工产值9.78亿元。2007年，竹材企业全年销售收入3.878亿元。创新成为企业发展的驱动力，创新型企业不断增加。2015年，全市有竹材加工企业19家。竹材加工企业中年产值超过1000万元的规模企业8家，以生产竹胶板和竹工艺品为主。2016年，竹材加工企业年产值1.37亿元，年税收519.2万元，年利润2126.64万元，其中初加工企业占42.11%，深加工企业占52.63%。

在长期的历史过程中，临安原竹销售一直属于自由购销。中华人民共和国成立之初，原竹自由购销以私营为主。1957年实行派购。这一集中管理的体制，持续到1984年。从1985年起，木、竹市场全面放开，价格随行就市。个体竹材贩运户经营活跃，成为毛竹经销生力军。以后，竹子利用从单纯出售原竹，转变到加工增值、笋竹并举上来。

在市场经济环境下，广大竹笋经营户一手推广高产高效栽培技术，一手开拓竹笋市场，抓好销售环节，以销促产，从而实现菜竹致富。全域参与竹笋贩销近4000人，建有鲜笋交易收购网点300多个，较大规模的竹笋交易市场有11个。

1978年全国科学大会以后，林业科研和技术推广工作步入全面发展的新阶段，陆续建有临安县（市）林业科学技术研究所、临安县（市）竹笋开发研究所、临安县（市）现代竹业科技服务中心等林业科研机构、林业技术服务总站等推广机构，乡（镇）则建立林业工作站，拥有一批林业科技人员、农民林技员。全域基本形成科研与推广相结合的科技网络体系。尤其是从1992年开始，县林业部门在试验研究的基础上，对已取得的单项科研成果进行筛选和组装配套，在全县推广毛竹笋材两用林培育技术、雷竹早出高产技术、笋干竹复壮高产技术等13项实用技术，先后建成十大林特产品基地，面积达250万亩，其中以食用笋为主的名特优经济林基地近百万亩。上述几种培育技术、改造技术，均处于全省乃至全国前列。临安共获得各级林业科技奖励成果548项，一批先进实用的科技成果得到推广应用，科技成果转化率为30%，林业科技对经济增长的贡献率为31.66%。此外，对外竹业科技交流与合作活动也蓬勃开展，促使加快培养人才，提高竹业科技水平。

临安县依靠科技促进林业综合开发，笋、竹效益在生态林业建设中发挥重要作用，经济效益、社会效益、生态效益都取得明显成效。

五

自20世纪80年代以来，临安竹业飞速发展，无论是在竹林面积、竹林产量，还是在笋竹加工和竹业科技水平方面，均居国内前列。竹业已成为临安竹农脱贫致富奔小康的支柱产业，在经济社会建设中发挥重要作用。

经济价值 竹子生长周期短、见效快，种竹成为农民致富的一大财源。20世纪八九十年代，临安约有15万户农户，60%以上全部或部分从竹林、竹笋和竹子产品加工中获得生活费用，其中部分人直接从事竹林培育、竹笋和竹材加工业，竹区农户的年经济收入中有一半以上来自竹业。80年代以来，随着市场经济发展，在科技进步和科技兴竹理念推动下，临安竹产业得到迅速发展，竹林面积不断增加，资源利用不断拓展，培育水平不断提升，经济效益显著提高，已形成一个由资源培育、加工利用到出口贸易的新兴产业。至2019年，临安年产竹笋24.3万吨，竹笋一产产值13.48亿元，竹业总产值达35.2亿元。竹笋产业在农村经济、社会发展和农民增收中的地位举足轻重。

文化价值 竹子在丰富人们物质生活的同时，也丰富着人们的精神文化生活。竹子为创造这两种财富作出巨大贡献。我们祖先的衣、食、住、行及其他方面的物质财富创造和文化生活发展，都与竹有关。自古以来，临安人种竹、爱竹、用竹、画竹、咏竹之风长盛不衰，形成内容丰富、内涵独特的竹文化，影响着人们的审美观和道德观。如今，临安竹文化教育推进至中小学甚至幼儿园，每年临安都要举办各种形式的竹文化节，“文化搭台，经济唱戏”，正显示出新时期竹文化的强大生命力与影响力。这对致富山乡，促进社会经济发展，助推社会主义新农村建设，美化净化环境，密切城乡关系，都具有重要意义。

生态价值 竹子因其独特的生物学、生态学特性而具有极高的生态价值：与其他树木和植物相比，竹子生长速度快，无性繁衍周期短，在其适生区域能迅速恢复森林植被；竹子地下鞭根系统庞大，枯落物丰富，具有强大的水土保持功能；竹林培育中多采用择伐，每年都可采收笋竹产品而不破坏林相，生态功能稳定，因而具有良好的涵养水源、保持水土、固碳释氧、调节气候以及休闲健身等生态功能价值；竹子用途广泛，“以竹代木，以竹胜木”，能减少木材消耗，有效降低对木材的过度依赖，从而达到保护森林植被、保护生态环境的目的。竹林还为众多动物和植物提供生存和繁衍的场所，维护生物多样性。

当前，临安经济竹类以其经济效益、文化效益和生态效益集一体的特性，对新世纪生态环境建设与林业的可持续发展，将发挥越来越重要的作用。临安山更青、水更蓝、林更茂、景更美，发展成果更多惠及竹乡人民。

六

“文化”是指人类在社会历史发展过程中所创造的物质财富和精神财富的总和，特别指精神财富，而竹子在临安社会发展过程中，为创造这两种财富作出了不可磨灭的贡献。临安人的祖先衣、食、住、行及其他方面的物质财富创造与文化生活发展都与竹有关。劳动创造历史，历史积淀文化。

临安自古盛产竹子，种竹食笋赏竹，蕴含丰富的竹文化。在境内天目山，曾发现生活在两万多年前的熊猫化石，由此佐证天目山区当时即已产竹。在有关临安的历代史志中，有许多关于竹的记载。宋代赞宁《笋谱》中记述天目笋和天目山的竹风俗。苏轼为於潜绿筠轩留下咏竹名句“可使食无肉，不可居无竹。无肉令人瘦，无竹令人俗”，成为中华传统文化中的一种极为重要的人格符号。南宋於潜县令楼璹绘《耕织图》两卷并配诗，图中多绘竹乡环境、竹制农具，诗中多记竹农具的使用过程。此外，历代文人墨客托物言志、咏物抒怀，在临安留下许多竹意象的诗文、书画，从各个角度展示出竹的动、静、声、色，表现出竹的俊秀柔美与高风亮节。史志中也记载了关于竹的美丽传说和故事，有许由、巢父和洗耳滩、彭祖洗炭乌排弄、俞烈秉公判竹案、胡忠宪与杭徽古道等。同时，竹谚、竹谜、竹联、竹歌、竹谣、竹舞、竹戏的创作也大大丰富了民间竹文化生活。

临安人历来喜欢虚心劲节、枝叶扶疏、四季常青、凌霜不凋的翠竹，不论山上、地角、庭前、墙边，广为布植，无不意态洒然，流溢着恬淡宁静之美，与中国传统文化提倡的道德品质、人格素养交相融合。自古以来，特别是改革开放以来，临安大地保存着厚重丰富的竹文化，并发扬光大，守正创新，形成新时期的竹歌谣、竹诗文、竹书画、竹工艺、竹旅游、竹美食，以及关于竹的非物质文化遗产代表性项目。临安竹文化与竹产业组成互为补充的两翼，共同成就临安竹业的发展壮大。正是在这种韧性生命的岁月中，临安这方壮美丰盈的地脉，历朝历代里，群彦翘楚，人才辈出，清溪如歌，大地如诗。

竹是东方美的象征，代表中华民族的品格和情操。临安的地域文化更是深深浸透竹的印痕。2012 年 12 月成立临安市竹文化研究会，创刊《天目竹韵》，以乡村振兴和农业现代化为目标，坚持“咏（竹）”“塑（竹）”“研（竹）”并举，深入挖掘临安种竹、食笋、赏竹的历史文化，开展中外竹产业、技术与文化交流，引导竹文化进校园，协助举办临安“竹笋美食节”“百笋宴”等活动，着力提升临安竹笋的品牌文化，促进文化与产业有效融合，开创了竹产业、竹文化研究工作的新局面。

“却忆江南风景好，修修纤竹翠连坡。”临安竹产业已发展成为一个由资源培育、加工利用、出口贸易，再到竹林生态旅游的颇具活力和潜力的产业。但近年来，随着经济社会发展、国内外市场需求结构以及宏观经济政策的变化，临安竹产业尤其是笋、竹加工业的发展呈现出新的问题，急需破解资源性、结构性和市场性等诸多矛盾，提振临安竹产业，推动转型升级。临安竹产业遭遇前所未有的林农之伤、转型之痛和发展之困，进而引发全区上下对竹产业发展的前景之忧、破题之惑和存废之争。

时序更迭，千载悠悠。临安竹业在天目山高天厚土的体恤中一鸣崛起，奋力突破，一路高歌，成为临安的地域标志，进而成为中华竹文化风雅厚重的一道独特风景。而今，为了及时有效地找准短板、切准问题，2018 年 1 月以来，区委、区政府以及区政协开展多次调研。同年 1 月 30 日制订《临安竹产业振兴三年行动计划》，3 月 22 日下发《临安区竹产业振兴三年行动建设项目实施细则》。2019 年 4 月 21 日，公示於潜镇杨洪村天目石笋文化产业基地等七个项目为 2019 年临安区竹产业振兴三年行动计划建设项目（第一批）。改革从来不是一句空话，总是要向最难处攻坚。山河岁月谋新篇，人间正道是沧桑。临安竹业正把握历史大势，破解时代之问，动力不竭，航向不偏，蹄疾步稳，壮阔前行。

临安竹文化纪事

◆ **西晋永嘉五年（311）**

郭文举到天目山、大涤山、临安山一带修道，以竹米为食。临安山中有郭文举墓。清陆文焕《八景图记》："郭文举处山中，葛巾鹿裘，采竹叶木实，尝赴王导之迎，颓然箕踞，旁若无人。"

◆ **晋**

干宝（？—336）迁居临安，著《搜神记》，多记与竹相关的故事。

许迈（300—349）在临安天目山、洞霄宫、九仙山、箕山一带修行，以竹米为食。传后在天目山羽化登仙。清乾隆《洞霄宫志》载："无骨箬　洞霄宫山多生绀箬，晋许远游真君上升，语弟子曰：'吾有金丹一剂，藏山中无骨箬下，他日有缘者遇耳。'后人采薪或带箬归，往往临爨始得之，采时不见无骨箬者。"

陶渊明（365—427）隐居天目山，因有脚疾，出行多乘竹舆，拄竹杖，曾留《问来使》诗一首。陶渊明的第四个儿子陶佚后定居天目山，为天目山陶姓之祖。

◆ **梁天监七年（508）**

萧统隐于天目山，编纂《文选》，分《金刚经》。在天目山流传有他不经意间发明天目笋干的故事。《文选》中有许多竹故事。

◆ **梁大同年间（535—546）**

位于临安石镜镇西面的寺院额"竹林寺"，宋大中祥符元年（1008），改额为"海会寺"。"竹林"之名是纪念释迦牟尼在古印度讲经的"竹林精舍"而来。

◆ **唐**

天目山诗僧皎然（760—840），写有诗《采实心竹杖寄赠萼李侍御》。

诗人姚合（777—883）《题僧院引泉》诗，有"架空横竹引，凿石透渠飞"句，所记是最早的竹制引水设备。

◆ **唐天祐三年（906）**

唐授钱镠吴王竹册。

◆ **唐末**

诗人罗隐（833—909）祖居昌化，曾写有一首《竹》诗："篱外清阴接药阑，晓风交戛碧琅玕。子猷死后知音少，粉节霜筠漫岁寒。"

◆ **北宋初**

僧赞宁（919—1001）著中国历史上最早一部竹笋专书——《笋谱》，其中记到天目笋，并记载他与一位天目山老友的交往和天目山的竹风俗。

◆ **北宋康定元年（1040）**

蔡襄偶到临安，游海会寺（竹林寺），作《海会寺记》："临安县海会寺，梁大同中始作，号竹林……竹林最得山水佳处，因大治之，益广前制。"宋治平二年（1065），蔡襄以端明殿学士、尚书、礼部侍郎知杭州，任期又到海会寺游访，传题苕溪竹林桥"山水佳处"四字。

◆ **北宋熙宁六年（1073）**

春，苏轼到於潜观政，与县令刁璹以及慧觉禅师、道潜禅师等在绿筠坪绿筠轩中品茶，东坡作《於潜僧绿筠轩》，其中"可使食无肉，不可居无竹。无肉令人瘦，无竹令人俗"已成为咏竹诗中的千古绝唱。传又留《墨竹图》一幅。其时，於潜人道潜和尚也题上一首《慧觉孜师绿筠轩》，诗中有句："壁间但有谪仙词，声名自到江湖外……会待龙孙添夏荫，借君此地眠春风。"

九月，苏轼访问临安海会寺，写有一首《竹》诗："今日南风来，吹乱庭前竹。低昂中音会，甲刃纷相触。萧然风雪意，可折不可辱。风霁竹已回，猗猗散青玉。故山今何有，秋雨荒篱菊。此君知健否，归扫南轩绿。"

◆ **北宋熙宁七年（1074）**

苏轼再次访问临安海会寺，欣赏寺院收藏的蔡襄《海会寺记》墨迹，并题《跋蔡君谟书海会寺记》于后。

◆ **北宋元祐四年（1089）**

清明刚过，杭州知府苏轼访智果寺道潜禅师，道潜撷新茶煮泉炖笋招待苏东坡。情景适符东坡九年前所梦，因作《参寥泉铭》。又作诗《参寥上人初得智果院会者十六人分韵赋诗轼得》，其中有句："茶笋尽禅味，松杉真法音。"

◆ **南宋绍兴八年至十二年（1138—1142）**

於潜县知县楼璹绘《耕织图》两卷并配诗，进呈宫廷，后由翰林院精摹流传。图中所绘多有竹制农具蚕具，诗中也记述竹农具蚕具的使用过程。

◆ **南宋嘉泰四年（1204）**

临安县西墅人俞烈（？—1213）因秉公办理伐竹之案，得罪奸臣韩侂胄，被革除官职，后获平反。

◆ **南宋开禧元年（1205）**

昌化县令章伯奋在芳洲亭之右建造筇笋亭，另有桃竹轩、绿筠轩等古迹，清康熙十二年（1673）《昌化县志·古迹》中有载。

◆ **南宋宝祐二年（1254）**

西天目山莲花峰无门慧开弟子虚竹，带4名吹箫居士随同日本僧人心地觉心东渡日本，携带"尺八"箫管长1尺8寸而得名）浪迹日本。其所作《虚灵曲》《铃慕曲》，今为日本吹箫艺人必修的古代乐曲。

◆ 约从宋始

天目山区有各种民间灯彩，如龙灯、狮子灯、马灯、鱼灯、花灯等，用竹篾扎成。主要在春节、元宵节期间跳灯。

◆ 元至元二十六年（1289）

在天目山学法的中峰（1263—1323）听民间讹传官府选童男女，问老师高峰（1238—1295）："忽有人来问和尚，讨童男女时，如何？" 高峰说："我但度竹篦子与他。"中峰听了，"言下洞然，彻法源底"。此事记于《中峰三时系念全集》一书起首。

◆ 元大德四年（1300）

大书法家赵孟頫（1254—1322）奉敕撰并书《天目山大觉正等禅寺记》，文中有句："翠竹黄花尽真如体，白云青嶂咸大觉场。"

◆ 元大德九年（1305）

邓牧（1246—1306）著《大涤洞天记》："洞霄宫青檀山多紫竹。《万历临安县志》关于洞霄宫紫的记载有：（洞霄宫紫竹）可为箫管，细者又宜笙。"《大涤洞天记》又载："山周围百里，多生绀箬，叶大无骨，樵者往往临爨得之。有好事者攀缘，幽讨终年不可得。"

◆ 元延祐年间（1314—1320）

中峰弟子天如惟则在天目山作诗《登西林》，其中有句："沉郁难自居，偶思散遐瞩。拄杖登西林，断崖依修竹。"作诗《和韵天目一峰云外庵四景》，其中有句："竹屋茶香满涧烟，绿杉深处响流泉。"

◆ 元至治元年（1321）

八月十二日，赵孟頫为天目山中峰国师作墨竹《秀出丛林》。

◆ 元至正二年（1342）

中峰弟子天如惟则从天目山到苏州，弘传天目高峰、中峰临济宗风，由其俗家弟子在吴城东北隅买地，修建寺院，寺中种竹万株，并广求怪石，以轩堂亭阁冠绝一时。元顺帝赐名为"狮子林菩提正宗禅寺"。

◆ 明洪武年间（1368—1398）

朱元璋（1328—1398）在昌化白果村作《雪竹》诗："雪压枝头低，虽低不着泥。一朝红日出，依旧与天齐。"

刘基（1311—1375）作《钱王箭头篇》诗。

高启（1336—1374）作《游幻住精舍》："寒扉斜向竹间推，此日重来是几回。"

◆ 明成化十七年（1481）

夏五月，昌化一带箭竹生花，次年结实如麦。清康熙十二年（1673）《昌化县志·灾祥》中有记载。

◆ **明嘉靖十七年（1538）**

八月，昌化一带竹生穗，结实如小麦，民采食之。清康熙十二年（1673）《昌化县志·灾祥》中有记载。

◆ **明嘉靖二十年（1541）**

百丈山及马筱山箭竹开花结实。采之而舂得黑色碎米，食之泻痢。清康熙十二年（1673）《昌化县志》第九卷中有记载。

◆ **嘉靖年间（1522—1566）**

颊口申明竹制马灯起源于明代宫艺。

◆ **明嘉靖三十三年（1554）**

胡宗宪（1512—1565）任浙江巡按监察御史，曾将书信装入竹筒，让犬代传家书。犬抄近路从马啸翻到龙川。后胡宗宪依此修成一条新杭徽古道。

◆ **明嘉靖三十五年（1556）**

箭竹生花结实。清康熙十二年（1673）《昌化县志·灾祥》中有记载。

◆ **明**

徐渭（1521—1593）有《天目山三首》诗，其一《瓦观音》："铁镕罗汉已成尘，瓦铸观音又一新。见说前村披木叶，青裙夜降紫姑神。"请紫姑在天目山一带十分流行，主要道具为畚箕和竹米筛。又有一首《立玉亭》："山当崖断孤亭立，竹树回环翠万层。"

◆ **明万历二十二年（1594）**

临安观音寺出现数株瑞竹，均为一本二枝。古人认为瑞竹是稀罕物，出现此竹，当有吉兆。明万历《临安县志》有载。

◆ **明万历三十五年（1607）**

昌化一带箭竹生花结实，时昌化县民赖之以济饥馑。清康熙十二年（1673）《昌化县志》第九卷中有载。

◆ **明**

陶望龄（1562—1609）、袁宏道（1568—1610）共游天目山，乘篮舆上下山。陶望龄诗《登天目绝顶》有句："一步一惜别，倒坐篮舆下。"袁宏道在其《天目山游记》中记述天目七绝，其中有句："头茶之香者远胜龙井，笋味类绍兴破塘，而清远过之，七绝也。"

◆ **明万历四十二年（1614）**

徐嘉泰（1610—1615 年於潜县令）编纂《西天目山志》，录有明代著名诗人陈继畴的一首诗《从西化城寺望天目》，诗云："不浅登临兴，篮舆伤晚晴。村村皆竹色，日日是山程。屏足双天目，林标两化城。春风如有意，吹遍百花明。"可见其时境内竹之多。

◆ **明万历年间（1573—1620）**

据清乾隆二十四年（1759）《临安县志》载，"万历旧志：罗汉竹出九仙山"。又载，"洞霄宫山多生绀箬”。

◆ 明天启元年（1621）

张之采编纂的《东西天目山志·考》中，有“径山乃天目之东北峰，分东西两径，多野竹，间以青松”句。该志中载有竹雕笔筒的图案。

◆ 明

嘉兴人李日华（1565—1635）所著《紫桃轩杂缀》记载：“洞霄宫生曲竹，可为杖。林次麟《题安隐院曲竹》诗：‘直节棱棱是此君，耳孙却以曲为名。首阳山下知难种，只可斜封向管城。’”

天目山区遭遇自然灾害，禅源寺僧人为百姓祈福，每年除夕举行烧烽篷活动，附近村民都来参加，争抢竹炭，以辟邪求福。

◆ 清顺治十三年（1656）

於潜县奉布政司颁行《赋役全书》，礼部项下折色，有箓笋银六钱二分三毫一丝；猫紫竹价银六两二钱八分四厘九毫八丝；箭二百二十五支。清乾隆三十一年（1766）《於潜县志·财赋志》中有记载。

◆ 清顺治十七年（1660）

冬，昌化一带竹子生实。

◆ 清顺治十八年（1661）

清康熙十二年（1673）《昌化县志·灾祥》中记载：夏旱，民饥，赖采竹实及锄蕨、葛根杵粉以济。

◆ 清顺治年间（1644—1661）

天目山区的畲族流传跳茶篮灯的舞蹈，并有《天目茶歌》流行。

◆ 清康熙十二年（1673）

清康熙十二年（1673）《昌化县志》卷三《赋役》中记载：箓笋银五钱六厘九毫两丝五忽；毛紫竹价银五两三钱五分一厘七毫；笔管银八钱九分三厘两毫两丝四忽；箭银一十九两六钱。

清康熙十二年（1673）《昌化县志》卷三《物产》中记载：竹之属，金、石、水、苦、猫、广、箬、罗汉、孝顺。

◆ 清康熙十六年（1677）

礼部尚书、保和殿大学士加三级宛平王熙撰《玉林国师塔铭》，其中有句：“山乃武林发源，古木阴森，最为幽胜。兵燹后不轨徒妄加斫伐。师举古德‘千株竹，万株松，动着无非触祖翁’之语以禁之。不数年而丛林顿还旧观矣。”

◆ 清康熙年间（1662—1722）

传东西天目寺僧烘制笋豆以款待香客。笋豆干制易带，青翠可爱，佐餐助茶，满口清香，余味无穷。

◆ **清康熙二十八年（1689）**

胤禛（清世宗雍正）命宫廷画家焦秉贞仿南宋於潜令楼璹《耕织图》刊本绘制御制耕织全图，图为册装，46 页，耕织各 23 页。每幅图上端有雍正的题词，其中多有竹具。

◆ **清雍正二年（1724）**

徽州绩溪竹匠郑明善在汤家湾一带务业，涉昌北溪时被溺又得救。遂削发为僧，矢愿募建石桥，后建成太平桥，共为七孔。桥头立有经幢等。

◆ **清乾隆二十四年（1759）**

清康熙二十四（1759）《临安县志》卷四《物产》中记载："竹类，茅竹、斑竹、金竹、旱竹、广竹、笙竹、哺鸡竹、苦竹、孝顺竹、罗汉竹、紫竹、淡竹、木竹、水竹、石竹、方竹、凤尾竹、箭竹、篌竹、慈竹、胎竹、观音竹。"又载，"春曰早笋，夏曰鞭笋，冬曰冬笋，其余毛笋、石笋、广笋，称名甚多，四时不乏，味特甲于诸蔬"；"冬笋产南乡者美，质坚味鲜，不似钱塘法华山者质脆味淡，苏人每岁必至此买之"。

◆ **清乾隆年间（1736—1795）**

高宗皇帝八旬寿辰，群臣敬献上一座用翡翠制成的竹子盆景，其中竹材为天目山提供。至今为北京故宫博物院收藏。

◆ **清嘉庆年间（1796—1820）**

竹刻名家吴之幡以东晋谢安指挥淝水之战为题材，刻制《东山报捷图》竹笔筒。东山位于临安锦城之东，谢安曾在此隐居。

《西天目祖山志·仙乐》载："古记，常时风清月朗，绝顶有笙箫声；又云欲霁欲雨，夜则闻空中丝竹俱举越旦。"《西天目祖山志》卷八《生殖》载："竹类　青笋、木竹、匾竹、方竹、猫竹、斤竹、箬竹、紫竹、广竹、四季。"

◆ **清代中晚期**

龙岗镇汤家湾村有造纸作坊，以桑皮、竹子、废纸为原料，制作元书纸等，至 20 世纪 80 年代停止。毛山、双石村则生产毛长纸。

◆ **清咸丰元年至同治十二年（1851—1873）**

《唐昌方氏宗谱·世选方公传》载：清咸丰年间，申明竹制马灯遭毁。同治十二年（1873），申明村方以钰考中第一名拔贡，重兴申明竹制马灯灯艺。村人方世通出生于清道光己亥（1839），其弟方世选出生于清道光乙巳（1845），两兄弟为跳竹制马灯主演，后传于子方国恩及孙方正生。每逢闰月年春，"竹马戏游，迎灯焕彩"，后定每 8 年出一次灯。

◆ **清光绪十八年（1892）**

太湖源镇举足里金家村的金庭芳在杭州开设以销售笋干为主的"金杏记"山货行；清光绪二十二年（1896），又在上海小东门开设第二家以销售笋干为主的"金杏记"山货行，20 世纪 80 年代该店被上海市政府列为百年老字号店。金家当时有四五千亩笋竹山，在浪岭周围有 12

个笋干加工坊。

◆ **清光绪二十四年（1898）**

临安县知县颁布告示，严禁窃取昭明禅寺山场竹木茶笋，“倘敢故违，即许该寺僧扭送或指名禀县，以凭究惩，决不姑宽”。

◆ **清光绪二十四年（1898）**

清光绪二十四年（1898）《临安县志》记载：“青笋干，产黄洞（今横渡）、东坑者佳，即早笋、石笋所制。和咸（盐）煮晒为脯，经年不坏，维扬、姑苏以为蔬中珍品。”

清光绪二十四年（1898）《於潜县志》卷十八《食货志》载：“竹之属，猫竹（俗名茅竹）、金竹、紫竹、水竹、凤尾竹、青竹、石竹、方竹。以下皆出天目，匾竹、广竹、四季竹、木竹（可作杖）、箬竹。”又载：“青笋、石竹生荒山，细而长，山民取以售值。”又载：“若高山深谷离村较远，就山设厂，采笋煮之，曝之，为笋干，贮以篓，虽久不坏。”

清光绪二十四年（1898）《於潜县志》载：“笋竹名猫竹笋，大而味薦。冬掘泥底者为潭笋。金竹笋肥而清，植于园林，足资家食。市中所鬻者，青笋、石笋居多。”民国年间，临安县西乡乌龟背（今横溪乡境）所产哺鸡笋以其肉白、肥嫩在沪杭颇负盛名。中华人民共和国成立后，笋竹有很大发展。20世纪80年代起，随鲜笋加工业兴起，农民积极发展笋竹，鲜笋产量不断增加。

清光绪二十四年（1898）《於潜县志》载有斑竹坞地名。古时安徽歙县登科状元郑生荣赴杭州路过该地，用山上斑竹做成笛子，吹出优美动听的乐曲，引来百鸟和鸣。

◆ **清光绪二十八年（1902）**

杭州临安县正堂发给天目山告示：“寺内山场田地无论有无施主，均照定例，由该寺僧管业收花，外人不得霸占，寺僧不准盗卖；寺山培养竹木，为荫庇丛林及修筑本寺之用，不准寺僧无故砍斫予人，并不准远近居民盗砍及强斫柴薪。”

◆ **民国元年（1912）**

9月天目山住持僧禀求政府下文保护竹木，浙江都督特发告示：“悉天目山为浙右名刹，载在省志，列代保护。迄今而替民国建始业，奉大总统通令各庙，统由各该长管按照约法，切实保护，俾佛教人民得享约法保障等因，由内务部行知到浙在案，据禀前情，应如所请。”

◆ **民国4年（1915）**

浙江巡按使公署通饬各县振兴林业文告中，将竹子列为荒山造林主要树种之一。

◆ **民国元年至9年间（1913至1920）**

明信片中印有中国北方集市照片，出现“天目笋尖”的店面招牌。同时，出现“余杭周泳丰老店天目笋干”和“余杭周泳丰老店天目早挺”的宣传广告。

◆ **民国13年（1924）**

民国13年（1924）《昌化县志·物产》载：“竹之属　金、石、水、苦、猫、广、箬、罗汉、孝顺、紫、早。”

《昌化县志·艺文志》载有进士孙应龙《咏竹实》诗："凶岁人皆凤，聊分竹实餐。天心多惠爱，民力正艰难。拟作嘉禾颂，何如麦穗欢。史书休纪瑞，绘作郑图看。"

◆ **民国 14 年（1925）**

民国《杭州府志》载："天目出广竹，临安出胎竹"；"临安九仙山出罗汉竹"。

◆ **民国 19 年（1930）**

天目笋干销往新加坡、中国香港地区。

临安有千余家笋干厂，於潜亦有千余家，昌化有数十家。大厂每年出货约百担，小厂出货三四担。

◆ **民国 22 年（1933）**

《中国实业志》记载：民国二十二年（1933），临安县有菜竹林 2000 亩，年产鲜笋 1.4 万担；昌化县菜竹林 2500 亩，年产鲜笋 1 万担。

临安县产笋干 6000 担，於潜县 5500 担，昌化县 100 担。时每担笋干约可换大米十石。

◆ **民国 23 年（1934）**

天目山一带遭荒，上海富商陈孝子因受恩于於潜西菩寺的孝子竹匠施友烟，得知消息，调拨救济物资，组织医疗队，到天目山实施救济事宜。施友烟和於潜县政府及邑人国民党要员罗霞天等亲往上海迎接。救济团到於潜各地赈饥施医，使许多天目山民得救。黄绍竑为施友烟题额"孝子居"。同年，《浙江省建设月刊》刊出《临安的笋干》一文。

◆ **民国 20 年至 29 年（1931 至 1940）**

青山洞霄宫拱秀坊村出现一支拱秀坊高跷队。高跷以竹制成，高一丈六（约 5 米），村民在一个毛竹围成的圈子中练习，用竹梯上高跷。常到余杭去表演，颇受欢迎。

◆ **民国 29 年（1940）**

申明竹制马灯按户自愿资助，更新服饰道具。1946 年出灯两次，1949 年后停止出灯。

◆ **民国 31 年（1942）**

临安县产笋干 3400 担，於潜县产笋干 300 担。

◆ **民国 33 年（1944）**

7 月 4 日，《民族日报》刊文，於潜党部函县府，依据各笋户实际产量征收，未制笋干，请免收捐。

◆ **抗日战争时期**

以士兵戴笠帽为表征的国民革命军陆军第 28 军转战天目山区，抗击日本侵略军。

◆ **民国 35 年（1946）**

临安县政府提倡乡镇农村在房前屋后、四旁隙地种竹，供观赏、防风和产笋食用。

◆ **民国 37 年（1948）**

南京艺术学院教授、临安玲珑籍画家沈涛创作国画《龙岗冬色》，画中妇幼各执一个竹火熜。著名画家潘天寿题款："浙西昌化诸县，每至冬令，以竹火熜取暖，妇人孩子亦均人手一只，为浙西山村之特殊风习也。”

《临安县经济概要》载：笋干产于西区之永安乡、天目乡，北区之山川乡和古城乡及南区之南屏乡，而以西北二区出产最多。

临安县全年销售笋干约1000担，於潜县2000担。

◆ 20世纪40年代末

慧定法师在玲珑山卧龙寺内讲经，恰逢灵隐寺的方丈释大悲（1891—1971）到玲珑山，赠慧定法师一联：“两个空拳握古今，握住后还须放手；一条竹杖担风月，担到时也要息肩。”

◆ 民国时期

临安板桥芦山建立“毛竹班”，在余杭城里演越剧，笙箫管笛、竹管琴鼓样样在行，小有名气。1949年后正式成立芦山越剧团。

◆ 中华人民共和国成立后

1949年

於潜创办国营造纸厂，用材主要为草、木、竹浆。

11月始，浙江省手工业联合社在临安设立专门机构，向山民直接收购毛竹。浙江企业公司、余杭山货行、瓶窑竹行、杭州南星桥竹行也通过县域山货坐商向山民收购毛竹。一般以15支毛竹扎成一帖竹排，通过苕溪放运至余杭和瓶窑。

◆ 1950年

20世纪50年代，昌化县文化馆和於潜县文化馆举办花竹棍舞培训班。昌化县龙岗镇群干村建立一支业余花竹棍表演队，常至附近村庄表演，60年代初参加昌化地区文艺会演并获奖。

同年，临安、於潜、昌化三县产笋干460吨，毛竹4677支。

◆ 1951年

省农林厅林业局组成森林调查队临安分队，对临安专区山区县进行森林资源调查。临安县森林面积40.8045万亩，其中竹林面积10.31万亩。於潜县森林面积17.614万亩，其中竹林面积1.2362万亩。昌化县森林面积76.5542万亩，其中竹林面积23.9908万亩。

◆ 1952年

临安县竹木等林业总产值952万元，占农业总产值的22.6%。

临安有竹匠1100多人。

◆ 1953年

1月，临安、於潜、昌化县分别建立竹业、制伞等生产合作小组。临安竹业合作小组后为临安光明竹器厂。70年代，临安雨伞厂并入临安光明竹器厂。

◆ 1954年

临安三县有篾竹合作社32家，主要集中于临安、於潜两镇。

同年，临安、於潜、昌化三县产笋干700吨，毛竹25.5万支，毛料82.1吨。

◆ 1955 年

临安县竹木等林业总产值 1.13 亿元，占农业总产值 38.2%。

◆ 1956 年

颊口乡方文金制作竹制赤兔马一匹，参加嘉兴专区民间艺术会演获奖。

天目笋干首次进广交会展出，轰动港澳，受到消费者青睐，香港《经济导报》称“天目笋干以清鲜盖世”。

天目笋干符合出口标准的焙熄运销中国香港地区和东南亚等地，国家对产地有粮票、布票奖励。

◆ 1955—1956 年

浙江省林业厅林野调查大队对临安、於潜、昌化三县的森林资源和宜林地进行全面调查。临安县林业用地 105.46 万亩，其中竹林 12.2805 万亩；毛竹 2509 万株。於潜县林业用地 105.6135 万亩，其中竹林 3.6115 万亩；毛竹 118.4 万株。昌化县林业用地 169.5075 万亩，其中竹林 2.9445 万亩；毛竹 207.6 万株。三县合计：林业用地 380.5815 万亩，其中竹林 20.64 万亩；毛竹 2835 万株。西天目林区总面积为 1.425 万亩，有林地 9090 亩，其中毛竹林 825 亩，毛竹量 122530 立方米。

◆ 1957 年

笋干列为三类点名商品，由供销社统一收购运销，禁止自由贩运，年收购量稳定在 8000—9000 担之间。

全县有毛竹 16.53 万亩，杂竹 4.12 万亩。

同年，临安三县各地有竹器社、组数十家，从业人员数千人。

◆ 1958 年

6 月，中共建德地委决定与省林业厅共同筹办天目林学院，校址设在临安县城，是一座专业林业竹业教育高等院校。

同年，对竹器社、组进行升级合并，至 1965 年尚存竹器社、组 8 个，从业人员 290 人。

◆ 1959 年

7 月，浙江省委决定将温州林学院并入天目林学院。

◆ 20 世纪 50 年代后期

著名作家茹志鹃创作小说《百合花》，记述 1946 年天目山竹乡一位小战士的感人事迹。《百合花》曾入选全国高中语文课本。

◆ 1960 年

临安、於潜、昌化三县产笋干 375 吨，毛竹 89.1 万支，毛篙竹 2.81 万支，毛料 230.7 吨。

◆ 1962 年

浙江省政府下达文件，贯彻“林粮并举”方针，扶持恢复毛竹生产。当年，全县毛竹蓄积量 968 万支，年收购量 26.8 万支，篙竹 7.47 万支，列选全省毛竹重点产区。

◆ 1960—1962 年

竹林面积减少 3.5 万亩，亩立竹量从 114 株减至 60 株。1961 年 12 月至 1962 年 4 月，杭州市林业水利局会同临安县林业局对毁林严重的昌北区进行林、粮矛盾调查和森林资源清查，全区毛竹从 1955 年的 74.08 万株减少为 46.06 万株。

正值灾荒之年，天目山区的箬竹大面积开花结实，年产竹米 100 万—150 万千克。

◆ 1963 年

中共临安县委贯彻全国竹子生产会议精神，由国家贷款扶持竹林生产。

◆ 1966 年

50 年代被列为省级文物保护单位的海会寺（原竹林寺）青石浮图（经幢），在“破四旧”中被毁。寺址上建临安陶土矿和临安丝厂。

◆ 1963—1966 年

全县 4 年年均种竹 3051 亩，竹林获恢复和发展。

◆ 1968 年 9 月

9 月，昌西民间艺人陈祥璋等用篾丝编出一幅毛泽东主席像，向国庆献礼，并被选中专程送北京参展。

◆ 1969 年

千洪民间造纸艺人重新挖掘传统技艺，恢复以竹子为主要材料的桃花纸制作技艺。

◆ 1970 年

临安光明竹器厂为扭亏为盈，尝试开发无线电管壳、管帽，成立临安无线电元件厂。

全县产笋干 357 吨，毛竹 16.1 万支，毛篙竹 2.6 万支，毛料 505 吨。

◆ 1971 年

12 月至次年 5 月，临安县抽调 55 名农林科技人员，组成山区建设调查规划组，逐队逐山进行山林资源复查。其数据：1972 年全县林业用地 374.7327 万亩，其中竹林 34.3893 万亩；毛竹 1905 万株。

◆ 1972 年

2 月建横畈镇林场。

同年，创建三口工艺竹编厂，职工 80 人，固定资产 30.8 万元，主要产品为各种飞禽走兽造型，花篮、花盆套等共 50 余个品种，产品销往美国、日本、法国、意大利及中国香港等地。

◆ 1973 年

11 月，建白牛林场（后改名昌化镇林场）。林场面积 1 万亩，其中竹林 1 千亩，毛竹蓄积量 1 万支。

◆ 1974 年

1 月，建三口公社（镇）林场，其中毛竹 1500 亩，笋干竹 300 亩。

同年，三口工艺竹编厂 6 件竹编工艺品为上海市进出口公司选中。

◆ 1975 年

7 月至 1976 年 3 月，浙江省林业勘测设计队和浙江农业大学林学系合作，调查森林资源。其数据：1975 年全县林业用地 360.88 万亩，其中竹林 30.0791 万亩；毛竹 1789 万株。

◆ 1976 年

三口工艺竹编厂竹编卡通工艺鸭作为中国工艺品总公司香港交易会吉祥物，分送各国商界要人。

◆ 1977 年

临安县被列为全国丰产毛竹基地之一。

同年，三口竹编鹰钟获轻工业部创新奖。创新工艺品达 1800 多种，有动物造型竹编、插花器、花盆套、盘、盒、箱等，主要销往日本及东南亚市场。三口竹编厂设总厂和珠坞、葱坑、秋口三个分厂，在东阳和海宁设有两个加工点。省委书记王芳等多次专程到厂视察。

◆ 1978 年

1 月建玲珑山林场，其中有毛竹林 1000 亩，高节竹 170 亩，雷竹 50 亩。

同年，横畈、板桥、三口、玲珑山、上甘、石门、马山、龙井桥 8 个公社被列为省丰产毛竹基地。

同年，上甘竹编厂、龙岗渔具厂成立。

◆ 1979 年

林业局干部杨元龙参加林业部举办的竹子栽培技术培训班。

千洪造纸厂开始生产以竹浆为主的书画宣纸，产品销于北京、天津、上海、杭州、广州等地。

同年，临安县商业局从日本引进技术，创办临安第一家毛竹笋加工厂，由陈仲德任厂长。

◆ 1980 年

11 月 10 日，全省农业区划试点县工作会议在富阳召开，临安县为全省四个试点县之一。

全县毛竹林 22 万亩，蓄积量 2200 万支，亩株量达到百株水平。

同年，浙江林学院在林学系 77 级中单独设置竹子班，为全国首例。

同年，全县有渔用大毛竹基地 2.5 万亩，柄竹基地 5000 多亩。建立毛竹堆场，面积共 7050 平方米。

全年产笋干 414 吨，毛竹 24.7 万支，毛篙竹 1.2 万支，毛料 2275.3 吨。临安食品厂毛竹水煮笋加工量 111 吨。

◆ 1981 年

10 月，临安全面贯彻落实中共中央、国务院《关于保护森林发展林业若干问题决定》精神，在西天目乡开展稳定山权林权、划定社员自留山、落实林业生产责任制的林业“三定”试点。

◆ 1982 年

1 月 1 日，《中共中央批转全国农村工作会议纪要》颁发。2 月，临安开始推行包产到户，历时三年，分两步将农田、山林全面承包到户，为全国实行集体林权制度改革中最早实施的县。临安竹产业以及竹文化的培育与兴起，成为临安农村改革的一大成果。

4 月 22 日，《浙江日报》刊登谢渭文《家家养雷竹，户户有雷笋——天目雷笋产地吴马村访问记》一文。

12 月“三定”工作结束。此后 6 年内，相继实行较大规模山林承包到户和稳定、完善山林责任制工作。

毛竹、笋干购销放开经营，允许竹农进入市场，自主运销，长途贩运。基层供销社与县土特产公司联营，开展分购联销。

同年，青山、横畈、临天、三口、玲珑山、上甘、横溪等 10 多个公社 50 多个大队发生竹螟灾害，受灾毛竹、菜笋竹、杂竹面积 4 万多亩。

◆ 1983 年

1983 年 5—6 月，浙江博物馆张明华等专家在西天目山华严洞发掘出晚更新世以竹为食的大熊猫化石，经鉴定，化石距今约 2 万年。由此推断，这一时期在天目山一带拥有充足的竹林资源。

6—11 月，由浙江省林业勘察设计院指导，组队 139 人调查全县森林资源。其数据：全县林业用地 374.4302 万亩，其中竹林 41.1323 万亩；毛竹 2868.54 万株。同年，全县产笋干 394 吨，毛竹 85.4 万支，毛篙竹 1.3 万支，毛料 3808.4 吨。

10 月 22 日，浙江《经济生活报》刊登谢渭文《中秋时节竹笋肥》一文。

12 月 17 日，王安国《对临安县实现翻两番，竹子挑重担可行性的探讨》一文在杭州市农业区划研讨会上宣读，引起强烈反响。

1983—1986 年，何钧潮参加了浙江林学院主持的国家“六五”攻关项目《罐头儿童食品》的一个子项目——“罐藏竹笋良种筛选及加工技术研究”课题，由他负责临安罐藏竹笋良种的筛选与提高发笋率的研究。

◆ 1984 年

1 月 17 日至 2 月 10 日，相继三次大雪，城内积雪 48.2 厘米，昌北、西天目、市岭等深山区积雪 60—100 厘米，雪压毛竹 195 万枝。

春，中共浙江省委副书记陈法文等到横塘乡蔡山村考察竹业生产情况，用餐时对农家的鲜笋煲赞不绝口。

7 月，建立县木竹资源联合开发总公司。

10 月，县委县政府根据横塘乡蔡山村试点经验，提出“上促青山、下稳良田、主攻丘陵缓坡，多种经营综合开发”的三线作战思路。临安县农林部门提出“临安经济翻两番，山上挑重担，竹笋肩一半”的口号。

11 月 8 日，《杭州日报》刊登谢渭文《临安千家万户种菜竹》一文。

12 月，县林业局王安国、何钧潮、杨元龙、李华、沈裕耕的科研成果《临安县竹子生产技术论证》获县政府三等奖。

同年，《临安文艺》第三期刊登县文化馆创作干部王连生的小说《大学生与小篾匠》，王连生后为杭州市作家协会副主席，国家一级作家。

同年，横溪乡金头村农民马良宝办起竹子家庭林场，经营 50 亩毛竹，3 亩雷竹，1 亩哺鸡竹。

同年，进行竹子分类普查，全县有竹子 10 属 61 种，为浙江省散生竹中心产区。

同年，全县产笋干 473 吨，毛竹 89.9 万支，毛篙竹 2.5 万支，毛料 1609 吨。

◆ 1985 年

1 月，成立临安县竹笋服务中心。

2 月 10 日，临天乡吴马村葛银万第一批雷笋 17 市斤（1 市斤=0.5 千克）上市，以每市斤 1 元价格出售。

2 月 12 日，《临安竹讯》创刊，为竹农提供技术、加工、流通上的信息。

3 月 30 日，县委组织农、林、水系统农艺师等到横塘乡蔡山村讲课，竹笋服务中心何钧潮作技术指导。

4 月 29 日，成立临安县竹业协会，选举李顺海为理事长，王安国、杨元龙、俞光喜为副理事长，何钧潮为秘书长。

同月，西天目乡西河村农民周立强竹荪人工栽培试验开始进行原种接种，并进行室内木箱、瓶装和室外竹林、圃地四项试验。

5 月 11 日至 15 日，杨元龙出席在江苏省宜兴县举行的中国竹业协会第一次代表大会。

5 月 29 日，杭州市农业区划委员会通过《临安县综合农业区划报告》验收。

8 月 26 日至 9 月 8 日，中国竹业协会在南京举办“中国竹制品展销会”，临安县石门笋厂派代表参加。参展产品有清汁毛笋、清汁雷笋、瓶装石笋焙熄、石笋条、毛笋头、光笋尖等笋制品。

10 月，板桥公社书记俞岳成在杭州市农村工作会议发言，题目是《板桥乡抓好经营大户带动了千家万户》。

11 月，马山乡建立临安县木竹开发实验厂，1987 年与县林业局联营，又名县林业局人造板厂，主要产品为竹胶板，产品销往上海、江苏、北京、山东、江西、浙江等地。

12 月 7 日至 13 日，中央林业部科技公司在浙江省富阳县召开全国竹林丰产培育和综合利用技术开发协作会，临安杨元龙向会议介绍临安县发展竹子生产的情况。

同年，《临安县综合农业区划报告》获部级全国农业区划成果三等奖，浙江省农业区划成果一等奖，临安县科技先进一等奖，该文由尉进主笔。

同年，县委、县政府确定“上促青山、下稳良田、主攻丘陵缓坡”的三线战略，提出“经济翻番，山挑重担，竹肩一半”和“建设 10 万亩菜竹笋基地”的要求，竹林尤其是菜竹种植面积成规模性发展。

同年起木竹市场放开，允许多渠道经营。全县有乡（镇）村竹器加工厂 18 家，职工 739 人。

◆ 1986 年

1 月，《浙江经济研究》第一期刊登谢渭文《靠山致富有道——龙上村调查》一文。

2 月，中国竹业协会主编的《竹业信息》第一期刊登临安板桥乡西村吴龙福亩产竹笋 3000 千克高产纪录的主要经验。同月，三口乡界头福利厂与山东省泰安市财东街服务商行建立竹制品联营业务。

5 月，《浙江经济研究》第 5 期刊登谢渭文《庭院经济在开发丘陵山地中的强大作用——蔡山村调查》一文。

同年，县委、县政府总结蔡山经验，提出“上促青山、下稳良田、中间主攻丘陵缓坡”的三线作战方略，带动全区“五小”（小竹园、小茶园、小桑园、小果园、小牧场）庭院经济向规模化发展。

同年，县竹业协会派员到上海与部分菜市场挂钩，销售竹笋。

同年，临安食品厂生产出口清汁笋 1260 吨，位居全国第一。

◆ 1987 年

元旦，中央电视台播放《大学生与小篾匠》。该电视剧由临安籍八一电影制片厂编剧鲍梦梅根据王连生小说改编和导演，1986 年完成拍摄。

2 月 19 日，中央顾问委员会委员、农牧渔业部顾问林乎加和国务院贫困地区开发领导小组办公室主任杨永誓、农经学院党委书记许林枫，在杭州市委书记厉德馨陪同下，参观以竹业为特色的横塘乡蔡山村和玲珑山乡牢山村的庭园经济。

5 月 31 日，中国生态经济学会常务副会长、部长级顾问石山到横塘乡蔡山村考察竹笋生产情况。

6 月，中共临安县委办公室主任谢谓文带队到绍兴县文山村，学习以毛竹林改为笋竹两用林的经验。

8 月 5 日，省重点技改项目临安造纸厂万吨竹浆技改工程破土动工。

同日组织抽样调查。全县林业用地 374.8852 万亩（1 亩=1/15 公顷），其中竹林 44.5926 万亩，毛竹 2796.06 万株。

10 月 22 日，《浙江日报》刊登谢渭文《颂“第二森林”》一文。

同月，《杭州市农经委简报》刊发尉进《三口竹编厂实行三大转变，增强创汇能力》一文。

12 月，何钧潮《竹笋罐藏新品种筛选及加工技术研究》项目获国家轻工业部三等奖。

同年，全县贯彻中共中央、国务院《关于加强南方集体林区森林资源管理 坚决制止乱砍滥伐》的指示，森林资源得到恢复和发展。

同年，县政府修订《临安县木材采伐、购销、运输管理实施细则》，规定出运原木、木制品和半成品以及毛竹、柄棍、柴、炭和家具须凭有关出运证明办理出运手续。

同年，区划办《天目笋干立地条件调研课题》获县政府科技成果三等奖。

同年，临安有竹种40多个，竹林近50万亩，其中毛竹林、笋干竹林、雷竹和哺鸡竹林40多万亩。

◆ 1988年

2月10日，何钧潮在《临安农科报》上发表《你想叫雷竹提早出笋吗？不妨试一试这些办法》的文章，首先提出竹笋覆盖技术。

2月下旬，昌北区和马啸、临目等乡海拔400—800米地区连降冻雨，受灾毛竹29万多株。

9月21日至23日，何钧潮参加在浙江省嵊县召开的全国竹类产品学术讨论会；10月10日至13日，何钧潮参加在福建崇安召开的全国竹林资源开发利用学术交流会；11月16日至19日，杨元龙参加浙江省竹子专业委员会在遂昌召开的第三次学术讨论会。参加交流的论文有《从马良宝的家庭林场看办绿色企业是大有作为的》《浅谈合理开发竹林资源》《临安县筹建十万亩菜竹系统工程可行性报告》。

10月，《中国林业》第四期刊登谢渭文《浅谈竹笋资源开发问题》一文。

同年，王安国、何钧潮、杨元龙等撰写的有关竹笋生产的文章《发展临安竹子商品生产的前景和途径》《刚竹属几个主要竹种产量有关因子的分析》《一支竹的效益》《吴龙福经营竹笋亩产6000斤》《毛竹笋用林丰产技术考察报告》由中国林业科学研究院科技情况研究所竹类情报中心编入《中国竹类文献题录》，中文本国内发行，英文本在国外发行。

同年，临安有乡镇村竹器加工厂18家：洪岭竹器厂、龙岗渔具厂、板桥竹编厂、上甘竹编厂、上甘甘山竹制品厂、上甘周家竹签厂、玲珑卫生筷厂、三口工艺竹编厂、三口花桥尺厂、横畈上潘竹制品厂、横畈立塔工艺制品厂、青山棒冰棒厂、牢山纺织品厂、三口大横冰棍厂、板桥竹胶板厂、临安竹木开发实验厂、太阳竹木制品厂、鱼跳竹木厂。还有以竹为管的夏禹桥毛笔厂。

同年，全县有清汁笋罐头厂9家：临安罐头厂、临安罐头食品厂、杨岭乡笋罐头厂、石门乡笋罐头厂、白牛乡食品罐头厂、洪岭乡笋罐头厂、夏禹桥镇化龙村笋罐头厂、西天目乡老庵笋罐头厂、於潜酿造厂。

◆ 1989年

1月26日，三口乡小学教师鲍子潮利用竹叶覆盖0.18亩雷竹林，比一般竹林提早出笋一个半月。

5月17日，三口乡成立竹协分会，会员共61人。

11月7日，西天目乡政府在俞家村进行卷竹移植栽培试验。卷竹（桂竹，五月季）原为野生状态，其笋鲜美，7月为出笋旺期，零星分布在天目山海拔500—800米处。

县林业局小班复查，全县毛竹总株数比1987年略有增加。

同年，由中国竹业协会主编的《中国竹制品生产厂家名录》，收入临安木竹开发实验厂、杭州临安渔具厂、三口竹编厂、三口花桥竹尺厂、临安罐头厂等，向国内外介绍。同年，於潜昔口村张祝健栽培竹荪成功。

◆ 1990 年

3 月，杨岭乡成立乡竹业协会。

5 月 19 日，浙江省委书记李泽民带领省级机关 20 余人在泉口参加抚育竹林劳动。

8 月，临安开始完善山林责任制工作，历时一年。

10 月，何钧潮、杨元龙、谢渭文、王安国科研技术成果《毛竹用材林改笋用林推广试验》获县政府三等奖。

11 月，丁兆秀、王锡武、孙培金、何炎忠、何钧潮、余琳、金正法等的科研技术成果《杭州市毛竹材用林改建笋材两用林技术推广》获杭州市政府三等奖。

同年，堰口乡堰口村朱世荣兴办竹衣厂，以竹枝、竹鞭等为原料，生产竹衣、竹鞋、竹包、门帘等系列产品，销往日本、法国、德国、美国等国家。

同年，全县竹林面积 54 万亩，竹笋产量 32225 吨，竹笋产值 4135 万元。生产加工笋干 845 吨；雷竹投产面积 21800 亩，雷竹自然笋 12355 吨，毛竹 3.4 万支，毛料 4289.2 吨。

◆ 1991 年

1 月 21 日至 22 日，临安县竹业协会在临安镇召开二届一次会员代表大会。

4 月，横塘乡蔡山村生态农业建设示范试点通过省级鉴定。

5 月 14 日至 15 日，中国竹业协会副理事长兼秘书长、南京林业大学竹类研究所所长、著名竹子专家周芳纯教授等一行 7 人到临安考察竹子生产情况。

6 月 21 日至 26 日，南京市科技中心举办全国第三届竹业学术、竹业新技术、新产品交流展销大会，临安板桥乡珠西村天竹笋干厂、临安竹艺厂、横畈工艺竹编厂、横畈庙下竹器厂、藻溪镇临安竹笋精制总厂、河桥造纸厂、马山临安竹木实验厂、临安镇西墅经营部共 8 家单位参加。

7 月，县区划办完成《临安县 1991—2000 年农业综合开发规划》编写，10 月通过省级鉴定。

11 月 6 日至 8 日，杨元龙参加在温州市平阳县召开的浙江省第五次竹子学术讨论会，其论文《提高临安竹业效益若干问题的探讨》参加交流。

11 月 27 日，“第四次国际竹子研讨会”在泰国清迈市举行，临安向大会提交《临安笋用林经营》的书面报告，并在会上举办“临安笋用林经营图片展览”，县林业技术服务总站工程师王安国应邀出席会议。

同年，县委、县政府健全完善县乡林业生产考核责任制，将严格执行木竹限额采伐计划、制止乱砍滥伐、查处林业行政案件作为考核的重要内容。

同年，县委、县政府提出“前促生产，后促流通，主攻加工”的发展战略，将竹笋加工摆上农业发展的突出位置，积极扶持竹笋加工业。

◆ 1992 年

3 月 9 日，占地约 6667 平方米的临安竹笋交易市场开业，至 5 月 10 日，成交额超过 500 万元。

县木竹运输管理总站成立，全县木竹流通管理进一步加强。下设昌化、於潜、乐平、横畈、青山、三口 6 个基层检查站。

同年，方伟、蒋永祥、何钧潮、叶致云、祝舍仁等 7 人的科研技术成果《浙江省竹类资源与应用研究》获省政府三等奖。

同年，汪祖潭、方伟、何钧潮、唐明荣编著的《雷竹笋用林高产栽培技术》由中国林业出版社出版。

同年，台商张丰超等在杨岭乡陈家村创建杭州益华农畜产有限公司，开发以高节笋、雷笋等中小径竹笋为原料的精加工系列产品。

◆ 1993 年

12 月，临安县竹笋服务中心王安国、何钧潮、杨元龙、谢渭文、贾金良、李华的科研技术成果《食用竹笋高产技术推广》获临安县政府一等奖、杭州市星火三等奖。

同年，何钧潮、鲍子潮、杨元龙、陈立强、王安国的科研技术成果《雷竹提早出笋及高产栽培试验》获临安县政府二等奖、杭州市政府三等奖。

同年，三口乡秋口村周世忠把雷竹早出高产技术运用于哺鸡竹，取得较好的经济效益。

同年，东天目乡兴办“农函大”竹笋班。

同年，俞荣林、杨士德、何钧潮、黄婉芳、崔学喜等的科研技术成果《杭州市优良食用竹笋高产栽培技术推广》获省政府三等奖。

同年 11 月，省林业厅规定临安等 13 个重点产竹县（市、区）运输毛竹（含制品）出县的数量，不得超过省批准下达毛竹采伐限额的 95%，二次起运不超过控制总量。

◆ 1994 年

县政府以东天目乡梅家村、紫水乡城后村为试点，在全县 90%以上乡村林场推行林业股份合作制以促进林业经济发展。

3 月，县区划委员会、县区划办制订《临安县十大商品基地示范点建设计划》，其中有上甘乡毛竹点、高虹乡菜竹点、临目乡笋干点。

4 月 21 日，高虹乡召开竹笋万元户群英会。

同年春，临安的雷竹林大面积遭受竹小蜂的危害。

8 月，杭州西马克食品有限公司创立，主要加工毛笋、高节笋等。

9 月，《临安县供销合作社志》出版，内记“毛竹、毛篙竹、毛料”和“天目笋干”共两节。

同年，杭州市优良食用笋高产栽培技术推广协作组的科研技术成果《杭州市优良竹笋高产模式栽培技术推广》获林业部三等奖。

同年，富阳县科委、富阳县林业局、余杭县林水局、临安县林业局的科研技术成果《十万亩菜竹笋综合配套技术开发示范及其全程服务合作协会试点》获杭州市政府一等奖，省政府星火二等奖。

◆ 1995 年

5 月 9 日至 15 日，中共中央宣传部组织 20 家电视台，拍摄新闻专题片《今日杭州》，其中山东潍坊电视台和福建电视台拍摄专题为临安“江南第一菜竹园”，先后赴板桥、三口、高虹、杨岭、临目等地，拍摄了菜竹园的生产、加工、销售，并采访竹业协会会长王安国，高虹乡乡长冯树林，高虹乡陈家坎五组村民孙林平，高虹乡陈家坎村谢国良，板桥珠西村村主任朱常胜，三口乡鲍子潮、三口乡樟坞村民周来虎。

9 月 1 日，俞志平创作农民画《山高水长拖竹图》在北京中国历史博物馆展出，获中国农民书画研究会“中国农村巾帼书画”三等奖。

9 月 24 日，全国山区林业综合开发战略及农林业复合经营模式学术讨论会在临安召开。9 月 26 日上午，专家们实地考察了高虹乡陈家坎村雷竹林。

11 月，县政府命名上甘竹编总厂、马山竹木实验厂为临安县首批农业龙头企业。

12 月 14 日，东天目乡成立竹笋协会，共 49 名会员。

12 月，临安县林业局王安国、刘微、邢汝汉、贾金良、唐明荣、杨元龙、葛华平、钱华春、何钧潮、柴世民的科研技术成果《乡村户绿色企业综合开发》获临安县政府一等奖、省政府星火二等奖。

同年，县委、县政府提出“主攻加工，前促生产，后活流通”的新三线方略，营林生产重点从以用材林为主向竹林、经济林发展。通过“三竹”综合开发工程的带动和抓点做样，“三竹”生产潜力得到挖掘。

同年，临安县竹业协会被评为 1995 年度浙江省十佳专业协会，受到浙江省科技协会的表彰。

◆ 1996 年

3 月 1 日，林业部授予临安县“中国竹子之乡”称号，临安成为全国“十大竹子之乡”之一。全县有各类竹林 82.95 万亩，占全县林用地的 20%以上。

4 月 11 日，以日本福岗县森林业技术中心管理部部长村奂佳为团长的竹类考察团到天目山考察。

5 月 14 日，中组部、农业部组织沿海经济发达地区领导干部一行 29 人，到临安考察以雷笋生产为代表的特色农业开发情况。

7 月 2 日，《中国林业报》以“临安竹子甲天下”的通栏标题介绍临安竹业建设。

7 月 19 日，联合国科教文组织驻中国代表处主任白诸沙，在国际农用林培训中心主任竺肇华等陪同下，到临安考察农用林业综合模式的开发情况。

12 月，临安撤县设市。

同年，县委、县政府提出“山上建基地，山下办工厂，山外拓市场”的发展思路，使开发农业在产加销一条龙、农工贸一体化经营模式上进一步得以明确和深化，从而稳步走上良性循环轨道。

同年，县政府发布《临安县木竹管理暂行办法》，其中对毛竹的采伐和经营作如下规定：毛竹采伐限额划分为商品竹、农民自用竹；商品竹由林业局及下属四个林政管理站发放采伐许可证，农民自用竹由乡镇林业工作站发放采伐许可证；毛竹经营加工须由林业局核发浙江省木竹经营加工核准证。

◆ 1997 年

1 月 14 日，市政府及林业局领导将临安冬天里的春笋送往北京中南海。

5 月 31 日，林业部副部长王志宝等一行 6 人在省林业厅厅长程渭山、杭州市林水局局长洪吉报等陪同下，先后视察高虹镇竹笋基地、杨岭乡竹笋加工企业等。

7 月，浙江省《农村经济导刊》第 12 期刊登尉进、俞锦章《理顺行业关系，形成集团优势——竹笋产业展现新的希望》一文。

9 月，非木质林产品开发国际培训班在临安举办。加拿大自然资源部林务局工业经济与计划司司长到临安考察林业可持续发展建设情况。

11 月中旬，锦城街道崇阳村竹笋大户蒋长富将 800 多株雷竹苗空运至云南省，支持西部地区发展竹林。

11 月 26 日至 28 日，何钧潮参加浙江省林学会竹类专业委员会在嘉兴平湖召开的二届二次学术讨论会，并进行论文交流。

12 月 15 日，发布省级 DB33／T211—1997《雷竹笋早出丰产栽培技术规程》，标准起草人为何钧潮、袁祥海、俞荣林、周华英。

同年，王安国、杨元龙《优良食用笋早出高产技术推广》项目获省星火奖二等奖。

同年，临安林业局的科研技术成果《优良食用笋早产技术推广》获省林业厅一等奖、杭州市政府二等奖、省政府星火奖二等奖。

同年，方伟、何钧潮、沈德文、卢学可、刘力、黄群超、蒋永祥的科研技术成果《笋用竹二季高产经营技术研究》获省林业厅二等奖、林业部三等奖。

◆ 1998 年

1 月 18 日，发布省级 DB33／T 223—1998《临安菜竹竹种》。

同日，发布省级 DB33／T 224—1998《临安菜竹丰产栽培技术规程》。标准起草人为何钧潮、朱丽萍、唐明荣。

3 月，市政府在河桥乡首益村开展建立和完善山林流转机制试点，推进集体统管山流转，使集体统管山和农户手中闲置林地进入市场。

8 月 18 日，发布杭州市级 DB3301／T 002—1998《天目笋干竹林丰产栽培技术》。11 月，浙江省政府颁发证书，天目雷笋被评为浙江省优质农产品金奖，该奖项由临安市林业技术服务总站申报。

12月11日，临安引种到四川的1015株菜竹（雷竹、高节竹各半），其中西充县成活率98%。南充县成活率96%，至1999年春已出笋。

12月，国际竹藤董事会组织的考察团考察临安竹笋和竹制品生产情况。

同年，王安国、杨元龙、何士华、何钧潮、陈小忠、郑晓林、柴世民的科研技术成果《天目笋干低产林改造技术推广》获临安市政府一等奖，省林业厅二等奖，省人民政府二等奖。

◆ 1999年

4月18日，上海恒大天目山竹笋特产市场对外营业。

6月1日，市政府发出紧急通知，在全市范围内禁止批发销售和使用呋喃丹农药，严禁在竹笋、蔬菜、瓜果、茶叶和中草药材生产中使用高毒、高残留农药。

6月16日，唐明荣参加中国竹产业协会在北京召开的“竹产业化、经济、社会、市场研讨会”，提交论文《临安二十一世纪竹产业的发展与对策》参加研讨。

11月，锦城街道崇阳村竹笋大户蒋长富应邀赴湖北咸宁市崇阳县，帮助建立140亩雷竹早出高产基地，并成立县竹业科研院。

11月，以天目山的竹资源和竹文化为景观主体的临安白水涧景区开张营业，是距沪、宁、苏、锡、杭等大城市最近的生态旅游区。

12月9日至12日，上海展览馆举办农产品展销会，临安天目雷笋、郭氏竹笋系列产品等参加展销。

12月11日至12日，市林业总站副站长周骋、高级工程师何钧潮及玲珑分站高级工程师刘微参加浙江省竹类专业委员会召开的第二届四次学术交流会。唐明荣、何钧潮撰写的《临安市二十一世纪竹产业发展与对策》在会上作了交流。

同年，临安青山镇一带发现雷竹的一个新栽培变型——“雷山乌”。浙江林学院竹子分类专家方伟教授鉴定为雷竹（早竹）的一个新栽培变型。

同年，杭州森瑞竹业有限公司成立。

◆ 2000年

10月，竹子可持续经营及竹子加工技术国际培训班在临安举办，25个国家60余名中外代表到青云、横畈、三口等乡镇实地参观竹子栽培和加工技术。

同年，临安市生产加工笋干2243吨；全市雷竹投产面积13万亩，其中覆盖2.8万亩，生产早出覆盖笋24144吨，自然笋39680吨。

◆ 2001年

1月3日，发布临安市级DB330124／000.1—2001《天目笋干（加工技术标准）》。

6月10日至15日，亚太区域示范林和指标国际研讨会在临安举行，参加会议的有中国、菲律宾、缅甸和泰国等国代表，日本林野厅、国际示范网络秘书处、美国林务局、国际林业研究

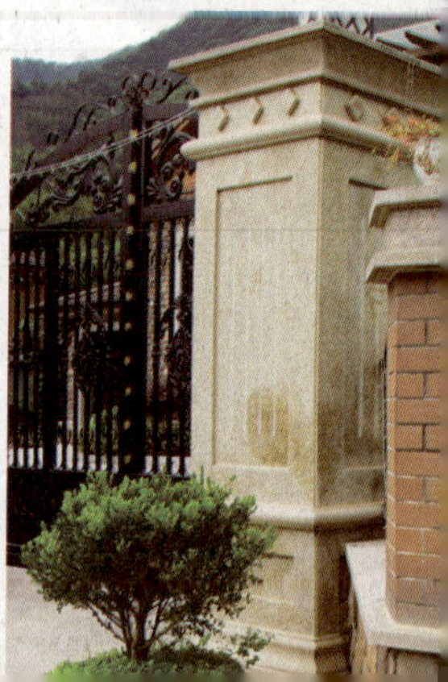

中心、国际热带木材组织和日本海外顾问协会也应邀派代表出席。

11 月 8 日，发布省级 DB33 / 333.1—333.3—2001《无公害竹笋》2006 年 1 月 5 日修订。

同年，衣锦小学《竹乡欢歌》在杭州市少儿舞蹈大赛中分获创作和表演一等奖。

同年，启动“百公里绿色经济长廊（农业）项目”工程，沿线栽植雷竹 600 余亩，落实万亩亿元雷竹工程等科技示范点。

同年，临安市加工水煮笋罐头 218 万罐，计 39636 吨，占全国水煮笋加工量的 1/5。

◆ 2002 年

3 月 7 日，发布临安市级 DB330124 / 000.1—2002《天目笋干技术要求》。

3—4 月，何钧潮等编著的《笋用竹丰产培育技术》一书由金盾出版社出版，何钧潮《竹笋高效生产关键技术》一书由中国农业出版社出版发行。

同年，圣鹤山庄厨师娄峰制作的“清风竹宴”在中国第三届美食节中被评为“中国名宴”。

同年，临安市制定的《无公害竹笋》标准，获省林业局科技兴林二等奖。临安市在主产区建立万亩无公害竹笋标准化示范基地，并参加国家标准《雷竹笋栽培技术规程及质量等级》的起草。

同年，玲珑街道姚家村姚国成与浙江林学院合作，开发出 30 多个具有保健作用的竹炭产品，使每吨毛竹比原竹增效 200 余元，产品销往中国台湾、香港地区和内地 10 多个省市，并出口日本、韩国、马来西亚等国。

◆ 2003 年

2 月，市委、市政府就加快农业八大产业发展出台扶持政策，提出总体奋斗目标和任务。市林业局制定《毛竹、山核桃、杨桐柃木产业化基地建设实施细则》，同时落实相应的管理办法和措施。

3 月，国家林业局在浙江省率先开展森林食品认证试点。当年临安 10 万亩竹笋森林食品基地建设项目获杭州市农村经济发展一等奖，“天目笋干”通过原产地标记认证。

同月，由藻溪供销社牵头建立天目竹笋合作社，拥有竹笋基地面积 492 亩，年产竹笋 31.5 万千克。有竹笋加工企业 3 家，年加工鲜笋 75 万千克。其开发生产的篓装“天目焙熄”在中国天目山第二届森林博览会上被评为优秀旅游商品。

6 月 16 日，临安山核桃、天目笋干通过国家质量监督检验检疫总局专家组原产地标志审核。

7 月，郭氏农副产品合作社成立，主要经营竹笋、山核桃等林产品。

9 月，第八届中国竹子之乡联谊会在临安举行，来自全国十大竹子之乡的 130 余名代表与会。

同年，何钧潮《雷竹可持续经营原理和技术研究》获省科技进步二等奖。

同年，太湖源观赏竹种园建立，从国内外引植栽培观赏竹种 100 余个，采用园区化管理培育，并开展耐寒园艺用竹和夏秋季优良笋竹的筛选和推广。

同年，方伟、金爱武、黄坚钦、黄必恒、何钧潮、林新春、付顺华、余学军、郑炳松的科研技术研究成果《雷竹可持续经营原理和技术研究》获省教育厅一等奖，省政府二等奖。

◆ 2004 年

1 月 16 日，中共浙江省委书记习近平、杭州市市长茅临生一行视察临安市西天目乡天目村竹产业基地。

3 月 7 日，发布临安市级 DB3301 / 000.1—2004《天目休闲笋干加工技术要求》。

4 月 15 日，国家环保总局特聘环境使者、香港地球之友总干事吴方笑薇考察临安太湖源雷竹生产基地。

11 月 26 日，《杭州日报》第 6 版刊登在北京发现方克猷亲自制作的瓷笔筒，其一面有题联和款识：“隔竹见笼疑有鹤，卷帘看画静无人。小唐老师大人清供，癸巳春，门下方克猷谨制于天目书房。”方克猷是於潜方元人，清末进士，几何大家。

同年进行资源调查，全市竹林总面积已从 1984 年的 43.5 万亩增至 98.7 万亩，其中 5 万亩以上的乡镇街道有太湖源、高虹、板桥、锦城、西天目和千洪。

同年，市政府改毛竹限额采伐为毛竹计划采伐。

同年调查，天目山自然保护区内毛竹立竹量达 37.8 万立方米，增加 25.55 万株，毛竹林地 1215 亩，增加 390 亩。

◆ 2005 年

5 月 12 日，国际竹藤组织竹业代表团一行 22 人到临安考察访问。

同年起，市政府将经济扶持重点转向退化竹林改造、优良竹种推广和高效园区建设，竹林发展逐步从量的扩张向质的提高过渡。竹子产业已成为农村经济的支柱产业，竹林收入已成为农民一项重要经济来源。

同年起，市政府从扶持千家万户搞基地转为重点扶持园区建设，着力提升基地建设品位，鼓励产区竹农开展退化竹林改造，带动全市产业化建设，实现从量的扩张向质的提高转变，实现产业的可持续经营。

同年，锦城街道崇阳村村主任蒋长富，因带领村民发展雷竹生产获评省劳动模范、全国劳动模范。

同年，临安承办和协办国际竹子培训班 4 次，28 个国家 153 名官员、学者参加培训。

同年统计，全市竹林面积 98.4 万亩，其中毛竹 27.75 万亩，毛竹采伐 1480 万株（含调入），竹材产量 26.7 万吨，其中毛竹材 14.7 万吨，小竹材 12 万吨，竹材产值 1.2 亿元。有竹材加工企业 185 家，年加工毛竹 700 多万株，竹材加工率在 78.6% 以上，加工产值 9.78 亿元。竹笋总产量 19.13 万吨，生产加工笋干 3900 吨；雷竹投产面积 21.41 万亩，其中覆盖 6.41 万亩，生产早出覆盖笋 59443 吨，自然笋 97512 吨。临安三峰实业有限公司等七大竹材加工龙头企业年竹地板加工用竹 152.21 万株，总产值 2.21 亿元，其中创汇 1911 万美元。

◆ 2006 年

2 月 25 日至 28 日，中央电视台 CCTV-2“科技先进新农村”栏目摄制组，到临安拍摄科技致富笋农专题片。

4 月 6 日，中国科学院国家基因研究中心研究员余蔽亮及中国林业科学院林业研究所花卉中心研究员李潞滨一行，在天目山开展“亚热带毛竹林遗传基因研究”项目的野外调查、采样工作。

4 月 29 日，在临安人民广场举行杭州世界休闲博览会临安分会场中国名茶点评选展示会，杭州临安华易食品实业有限公司休闲笋豆获金奖，三宝食品有限公司天目手剥笋获银奖。

7 月，汪奎宏、华锡奇、何奇江、李琴、童晓青、周文伟、何钧潮、肖新方、王健锋、李雪涛、张培新的科研技术研究成果《竹笋绿色栽培及其配套技术研究》获省林业厅、省林学会二等奖。

同月，发布临安市级 DB3301 / 000.1—2006《天目手剥笋加工技术要求》。

10 月 12 日，由竹笛、竹大鼓、竹小鼓、竹竿棒、竹背筒、竹长号等组成的《临安响竹》，参加临安森博会“华夏一绝”民族民间广场鼓乐舞蹈邀请赛全国鼓乐舞蹈大赛，获评金奖。

10 月，在福建南平召开的第五届中国竹文化节上，国家林业局再次命名临安市为“中国竹子之乡”。全国共 30 个县（市）获此殊荣，浙江省有 5 个。

11 月 8 日，发布临安市级 DB330185 / T 014—2006《天目手剥笋加工技术规程》。

同年，河桥白下鱼灯、潜川乐平蚕龙、潜川伍村青龙灯被列入临安市非物质文化遗产代表性项目名录。

◆ 2007 年

3 月 20 日，临安市举办首届天目百笋宴大评选活动。活动分天目百笋宴席套餐展示评选和竹笋特色菜评选两个项目，12 家餐饮企业参加，59 个笋类菜参加特色菜评选，评出金奖 8 个，银奖 4 个，特色菜 15 只。

5 月 23 日，中、德两国森林、土壤学专家教授 40 余人，调查研究天目山农村竹林的生长情况和固碳能力。

7 月 3 日，国际竹藤组织下达（INBAR 文件号 07–S–085）《国际竹藤组织关于同意将临安列为国际竹藤组织培训基地的函》。

7 月 16 日，发布临安市级 DB330185 / T020—2007《天目手剥笋（产品标准）》。

同日，发布临安市级 DB330185 / T 021—2007《天目笋干（产品标准）》。

同日，发布临安市级 DB330185 / T 022—2007《天目雷笋（产品标准）》。

11 月 4 日，来自古巴、厄瓜多尔、加纳、卢旺达等国家的林业部部长及其夫人、大使馆一等秘书、国际竹藤组织副总干事等官员 20 余人，到太湖源风景区实地考察。国际竹藤组织是 1997 年成立的第一个总部设在中国的非营利性政府间国际组织，现有 34 个成员国。该组织重点讨论和关注生态保护、竹林碳汇、扶贫和乡村可持续发展等问题。太湖源生态景区是具有典范性的生态型风景区，具有较高的知名度，自开发以来受到国际竹藤组织的密切关注。

11月13日，首届中国杭州竹笋节开幕式在浙江林学院东湖校区举行。首届中国杭州竹笋节由杭州市政府主办，杭州市农办、林业局、临安市政府承办。竹笋节包括开幕式、经贸洽谈、竹笋推介、产业论坛、竹乡风情摄影比赛、竹乡农家生态游、竹产品展示展销等内容。来自国际竹藤组织、中国林业科学院及美国、日本等国家的150名专家，就竹笋产业发展和现状作学术交流。

11月14日，杭州竹笋产业高端论坛暨2007年竹子研讨会在浙江林学院举行。

12月21日，发布杭州市级DB3301／T 118.1—T 118.4—2007《雷竹笋(系列标准)》。

同年，湍口镇塘溪源村神兽花灯被列入浙江省非物质文化遗产代表性项目名录。

同年，昌西民间艺人陈祥璋等用竹篾编成“毛泽东头像”“中国一代伟人(毛泽东、周恩来、刘少奇、朱德)”各一幅，并配有文字对联。

◆ 2008年

4月1日，15家竹笋、茶叶龙头加工企业赴北京参加中国杭州(北京)竹笋名茶推介会，介绍临安的优质竹笋和茶叶产品，展示以竹笋为主要原料的美味佳肴，邀请当地30余家业务单位参加交流。

4月7日，中国工程院院士、浙江农林大学校长张齐生主持的《竹炭生产关键技术、应用机理及系列产品研制和应用》获浙江省科学技术奖一等奖。

同年，於潜南山红毛狮子、白沙鳌鱼灯被列入临安市非物质文化遗产代表性项目名录。

同年，昌化竹编、天目笋干制作技艺被列入杭州市第二批非物质文化遗产代表性项目名录。

◆ 2009年

1月，由杭州市农办、杭州市质量技术监督局、杭州日报社联合举办的“杭州七宝”大型优质农产品评选活动公布结果，临安竹笋被列为“杭州七宝”，天目雷笋、郭氏笋干、绿一笋干商标获“杭州七宝”品牌产品称号。

2月14日，天目山遭遇特大冻雨灾害，自然保护区52%面积受灾，损失林木3000多立方米、毛竹8000余株。

3月，在杭州吴山广场举办2009杭州·临安百笋宴开幕式。临安餐饮企业在吴山广场推出10桌宴席套菜和60个竹笋特色单品菜肴。

6月，何钧潮主编的《图说食用笋竹高效安全栽培》由浙江科学技术出版社出版。

11月25日，修订省级DB33／T 224－2009《无公害菜竹栽培技术规程》。

12月25日，临安山珍美食火锅节在人民广场举行。

同年，昌化竹编手工艺、马啸滚灯两项被列入浙江省非物质文化遗产名录。

同年，三口竹编、九狮双狮、湍口犛灯被列入临安市非物质文化遗产代表性项目名录。

4月16日，临安市竹文化研究会名誉会长、临安县委原书记管竹苗到天目山镇对石小学考察竹文化进校园工作。

4月25日，临安市竹文化研究会会刊《天目竹韵》创刊，共设7个栏目。

4月，中央电视台纪录频道《舌尖上的中国》摄制组在天目山镇九思村和天目山景区进行为期四天的取景拍摄，主要反映当地竹笋产业发展和以竹笋为原料的美味佳肴。

5月8日，《今日临安》开辟竹文化专版。

5月28日，天目山镇对石小学举办首届竹文化节。

6月9日，市竹文化研究会副会长庄鸿章、王安国、尉进等一行10人赴安吉文化馆考察学习竹乐团的组建工作。

6月18日，临安市竹文化研究会在太湖源竹种园召开“东坡竹文化园”规划汇报会。

同日，临安市竹文化研究会在太湖源举行挂牌仪式，太湖源竹种园被列为竹文化示范基地。

6月28日，浙江省委副书记、省长李强，省委常委、杭州市委书记黄坤明，副省长熊建平，省环保厅厅长徐震等考察太湖源观赏竹种园。

8月18日，临安市竹文化研究会在临安大世界酒店举行“临安市竹笋餐饮文化示范点”挂牌仪式。

8月28日，中国科协副主席陈章良实地考察太湖源观赏竹种园。

9月3日，市竹文化研究会在杭州森瑞竹业有限公司举行临安市竹工艺品示范点挂牌仪式，博士生导师竺肇华、国际竹藤组织总干事吕智勇以及15个国家50位外宾参加活动。

9月26日，天目山镇对石小学建成学生劳动基地绿筠园。绿筠园占地600平方米，竹苗由太湖源竹种园提供，有翠竹、菲白竹、白缟椎谷笹、龟甲竹、橄榄竹、唐竹、茶秆竹等23种。

10月31日至11月10日，临安市竹文化研究会顾问、中国人民大学博士生导师、著名环境经济专家张象枢教授到临安调研指导“三生共赢”、生态文明建设。市委常委李赛文会见张象枢教授。张象枢教授考察了市观赏竹种园、白沙村、高山村、对石小学、森瑞竹业公司等单位。

11月26日，发布企业联盟标准 Q / ZSLM 0001 S—2013《笋制品（蔬菜干制品）》。

同年，昌化竹编参展杭州市文博会，拍摄《昌化竹编》专题片。

同年，青柯鸟笼参加杭州市传统手工技艺展。

同年，青柯鸟笼制作地被临安市确定为青少年教育基地。

同年，古事神灯被列入临安市第六批非物质文化遗产名录。

◆ 2014年

3月31日，杭州市委原副书记沈者寿考察对石小学和森瑞竹业公司。

同月，浙江农林大学教授王长金所著《中国竹文化通论》由江西人民出版社出版。

4月22日，《杭州竹文化园规划》通过专家评审。

5月，举行2014中国·临安“百笋宴”美食节。

同月，中央电视台《舌尖上的中国》（第二季）播出临安笋肴。

同月，天目笋干制作工艺、板桥竹编制作工艺、横畈竹盐制作技艺、昌化竹制作工艺被列为临安市第六批非物质文化遗产代表性项目。

同月，昌化竹编制作技艺、天目笋干制作技艺、青柯鸟笼制作技艺、临安竹盐制作技艺被列为第五批杭州市非物质文化遗产代表性项目。

6 月 5 日，由中国绿色碳汇基金会、国家大剧院、北京竹乐团主办，浙江安吉、临安，福建永安，四川长宁四县市政府承办的首届中国绿色碳汇节绿韵——竹乐器暨竹文化艺术展在北京开幕。

6 月 6 日举办“天目竹韵，翠竹摇金”为主题的宣传活动。森瑞竹木业公司的竹皮画、竹皮图书，钱高潮的竹根雕等引起广泛关注。

6 月 28 日，天目山镇对石小学举办第二届竹文化艺术节，以“竹”为题材，分竹文化小报比赛、书画比赛、竹文化知识竞赛、小制作作品比赛、故事比赛、诗歌朗诵赛、文艺节目表演等七个部分。

8 月 15 日，《天目山国家级自然保护区采伐管理改革试点实施方案》通过专家评审，鉴于毛竹林的疯狂扩张，天目山常绿阔叶林及常绿落叶混交林等地带性自然森林植被正遭到逐年蚕食，经国家林业局和省政府批准同意，允许采伐自然保护区内的毛竹。

9 月 6 日，钱高潮文化艺术公司的竹根雕、白水涧旅游景区的竹文化和青柯村竹鸟笼合作社的竹鸟笼被批准列为临安竹文化示范点，在白水涧举行授牌仪式。

9 月 8 日，来自澳大利亚、印度、喀麦隆、哥斯达黎加、哥伦比亚、加纳等 15 个国家的外宾考察天目山镇对石小学的竹文化展示。

同月，青柯鸟笼制作技艺、湍口镇凉溪村青毛狮子被列入杭州市非物质文化遗产代表性项目名录。

11 月 9 日至 10 日，市竹文化研究会顾问、著名环境经济专家、中国人民大学博士生导师张象枢教授与夫人一行，到市竹文化研究会调研，在竹种园举办的座谈会上作辅导报告。

同年，湍口马灯、湍口青毛狮子被列入临安市第六批非物质文化遗产名录项目。

◆ 2015 年

3 月 16 日，浙江电视台采访临安市校园竹文化示范点——对石小学竹文化活动。对石小学竹竿舞和天目山下种文化的大型文艺表演亮相浙江电视台“流动大舞台”。

5 月 17 日，中纪委原副书记刘锡荣夫妇一行参观太湖源观赏竹种园，并看望王安国。

5 月 28 日，临安市校园竹文化示范点——板桥镇中心幼儿园举行授牌仪式。

6 月 16 日，2015 年发展中国家 ITTO 成员国竹产业发展培训班来自 13 个国家的 33 名学员，在太湖源镇竹种园和板桥幼儿园学习、参观和互动。

8 月 5 日至 6 日，临安市竹文化研究会在太湖源竹种园举办“竹韵笔会”。市文联主席黄贤权、副主席楼佳忠应邀出席并讲话。

8月18日至19日，以“天目竹韵、翠竹摇金”为主题的“临安市竹子摄影征集活动”在太湖源竹种园开展座谈和创作活动。由研究会秘书长赵庆元主持，副会长王安国、副秘书长杨菊三致辞，临安摄影网黄丁宁、葛华平讲话。参加活动的有临安摄影群首和摄影爱好者共10余人。

8月25日至9月13日，由临安市现代林业科技服务中心和国际竹藤组织共同组织、科技部支持的“2015山区非木质林产品与竹产业可持续发展国际培训班”在临安等浙江数县（市）举办。科技部国际合作司领导、浙江省科技厅国际合作处领导、临安市副市长俞灵君、喀麦隆驻华大使出席开班式。培训班有来自15个国家的35名学员和代表参加，主要由王安国和国际竹藤组织资深终身研究员竺肇华授课。学员们还赴太湖源镇、潜川镇、太湖源竹种园和对石小学（竹文化）、玲珑小学（国学文化）学习和参观。

9月16日至22日，市竹文化研究会顾问竺肇华教授，在韩国达阳县参加由世界竹子组织和达阳县联合举办的第十届世界竹子大会。大会授予竺肇华教授“竹子开拓者奖”。

9月19日，杭州市委原副书记沈者寿、杭州市政协原副主席管竹苗到竹种园调研指导竹文化建设。临安市政协副主席张亚联、太湖源镇党委书记高吉亚、镇长李浙峰等参加活动。

9月25日，在竹种园举办“高品质竹笋种植大户培训班”，全市部分镇街30余名竹农参加培训。

11月，中央电视台CCTV-10科教频道《味道》栏目摄制组到青山湖森林公园、湍口温泉、湍口镇三联村等地拍摄素材，记录临安自然环境、冬笋菜肴等。

12月6日至10日，王安国赴海南白沙县指导雷竹种植。2012年，白沙县开始雷竹引种试验，经过5年努力，试种成功。2015年引种临安雷竹2250株，扩大了种植。

12月31日，《天目竹之语》《竹器百吟》举行首发仪式。市竹文化研究会副会长庄鸿章、王安国，市文联主席黄贤权，《浮玉》杂志主编潘庆平等出席并讲话。

◆ 2016年

2月8日至14日，中央电视台CCTV-10科教频道播出《味道——记忆中的年味》专题片。临安市笋肴在正月初六“寻鲜专辑”年味秘籍专题中播出。

3月10日，在青山湖街道朱村文化礼堂，研究会副会长王安国向朱村村“临安市竹文化竹乐示范点”授牌，朱村村民自编自演“天目竹颂”歌舞。

3月16日，省委副书记王辉忠、杭州市副市长戚哮虎调研省级农业示范园区——太湖源竹种园，临安市领导张振丰、吴春法等陪同。

4月25日，为期一年的“天目竹韵、翠竹摇金——首届临安竹子摄影征集活动”结束，共收到40多位作者的700余幅作品。经评选，一级收藏作品5件、二级收藏作品10件、三级收藏作品20件。

4 月 27 日至 30 日，青柯鸟笼制作技艺、三和园园竹盐制作技艺参加第 11 届中国(义乌)文化产品交易会、浙江省“美丽非遗”进文化礼堂活动。

4 月 29 日，“好家风 好味道”2016 中国·临安百笋宴暨临安市餐饮五项职业技能大赛在市人民广场举行。

5 月 18 日至 6 月，太湖源竹种园先后接待非洲“加纳竹子育苗和种植栽培技术”“ITTO 成员国竹产业发展”“发展中国家热带森林可持续管理”三个国际竹业技术培训班学员。接待和培训 21 个国家的 112 名学员。参加培训的学员还参观临安竹笋专业合作社、竹笋加工企业和对石小学校园竹文化。

5 月 28 日至 30 日，青柯鸟笼制作技艺、三和园竹盐制作技艺参加长江三角洲城市非物质文化遗产技艺南通展。

7 月 1 日，“2016 中国观赏竹培育与园林化应用高峰论坛”在浙江农林大学举行。全国 38 家科研院校、企事业单位近 100 位代表参加本次论坛。省林业厅总工程师蓝晓光作“跟着乐天学竹艺”专题报告，太湖源竹种园董事长陈奇梁在论坛上作“浅谈观赏竹在园林绿化中的应用”发言。

9 月初，G20 杭州峰会上，竹文化研究会顾问、著名画家金晓海的《高风亮节》等 7 幅画作，在会议大厅、酒店会议室等亮相。

9 月，横畈竹笋专业合作社罗德法在市工程师协会技术团队支持下，试制成功实用方便、吸放效率高、自走式的“竹林砻糠吸放机”。

10 月 11 日至 15 日，“第九届中国竹文化节”在四川省眉山市青神县召开。市竹文化研究会秘书长赵庆元，副秘书长杨菊三、胡月耕，市林业局张有珍和竹种园陈奇梁出席会议和活动，会上发表《竹与人类生活·青神宣言》。《天目竹韵》作为大会资料进行交流，陈奇梁在分会论坛“第六届竹种园联席会”上作发言。

10 月 24 日，浙江省文化厅公布，青柯鸟笼制作技艺、三和园竹盐制作技艺两项被列入浙江省非物质文化遗产代表性项目名录。

10 月 6 日，临安市校园竹文化示范点——对石小学 18 名师生带着作品，参加浙江省“第二届音乐竹竿舞”和“2016 杭州市中小学生文化艺术节”。

11 月 14 日，杭州植物园、杭州低碳科技馆与竹种园协商开展科普教育基地合作。

11 月 27 日，由杭州日报社主办、杭州市科普教育基地联合会协办的“科学松果会”一行到太湖源竹种园开展科普活动。

同年，临安水龙、潜川手狮被列入杭州市非物质文化遗产代表性项目名录。

同年，“天目雷笋”品牌被评为 2016 全国果菜产业百强地标品牌。

◆ 2017 年

1 月 19 日，杭州市委副书记俞东来在临安市领导卢春强、章登峰、吴春法等陪同下，到太湖源观赏竹种园调研，市林业（农业）局长周军、太湖源镇党委书记雷新钱一起参加调研活动。

2月27日，湖北咸宁市政协一行13人到临安考察雷竹产业和太湖源竹文化园。

2月，中央党史办《改革开放实录》一书收录尉进撰写的《“三线作战”方略的提出及丘陵缓坡全面开发》一文。

3月22日，省林业厅副厅长胡侠等3人考察太湖源竹种园竹文化、竹子种质资源保护和种苗培育情况。

4月27日，由临安市政府主办、市商务局承办、市竹文化研究会协办，以“美丽竹乡 幸福味道”为主题的第八届好家风百笋宴暨竹文化节在青山湖中都大酒店隆重举办。由竹文化研究会牵线，西马克竹笋加工企业和重庆火锅协会、勺天下火锅食材企业现场签订300万千克火锅笋的产销合同。

5月18日，临安市文化广电新闻出版局公布，锦源竹编器具制作技艺、锦源村竹枝笤帚制作技艺被列为第七批临安市非物质文化遗产代表性项目。

5月19日，杭州市人大常委会副主任郑荣胜带领各县市区人大领导参观考察竹文化园。

5月21日，中央农村工作领导小组办公室副主任吴宏耀，在省农办蒋伟峰副主任陪同下，到太湖源竹种园专题调研田园综合体建设。

5月27日至28日，由喀麦隆驻中国大使马丁·姆巴纳率领的国家代表团，考察临安竹产业竹文化。竹文化研究会顾问竺肇华作了“竹子产业可持续发展”专题讲座。喀麦隆代表团一行还到竹文化示范点白水涧、森瑞竹业、太湖源竹种园参观和交流。喀麦隆驻中国大使表示，喀麦隆的竹业经济发展，非常需要临安的引路和指导，希望与临安建立长期合作关系。

5月28日，在太湖源竹种园举行西马克、三和园竹盐、青云中学、乐平幼儿园4个竹文化示范点的授牌仪式。

6月15日，湖北咸宁市政协副主席熊登赞率领6个县市区领导和市林科院院长一行9人到临安考察雷竹产业和竹文化研究情况。

6月至9月，太湖源竹种园先后举办高品质竹笋、香榧、山核桃，新农村建设、美丽田园、绿色经济等培训班12期，培训学员1471人次。

9月25日，市竹文化研究会顾问、中国工程院院士、浙江农林大学名誉校长张齐生教授逝世。副会长王安国、秘书长赵庆元前往灵堂沉痛悼念。

10月25日，国家林业局《联合国森林》示范单位建设工作会议与会代表在太湖源竹种园参观考察。

11月14日，国际竹藤组织傅金和博士陪同埃塞俄比亚农业部长参观太湖源竹种园。

同年，临安12家竹材、竹笋企业参加在福建永安举办的世界竹博会。

◆ 2018年

2月17日，区林业（农业）局组织专家学者和企业代表在农业技术中心研讨“临安竹产业振兴三年行计划”。

4 月 18 日上午，区竹文化研究会在太湖源竹种园召开 2018 · 竹文化研究笔会，讨论《临安竹文化志》编纂领导小组和编委会组成人员建议名单，征集编纂意见和建议。

4 月 26 日，由区政府、杭州市商务委主办的“美丽竹乡 幸福味道——2018 临安好家风‘百笋宴’暨中国临安竹文化节”在苕溪时代广场举行。区领导李赛文、罗石荣，杭州市商务委副主任郑永标，临安区商务局黄浙挺，临安区林业（农业）局周军，区文明办沈向荣，区竹文化研究会王安国、赵庆元等出席活动。

4 月，藻溪小学举办第二届对石竹笋文化节。

5 月 8 日，国际生态联盟执行秘书长姚军一行到太湖源竹种园考察，区竹文化研究会王安国、赵庆元向来宾介绍临安竹产业、竹文化和生态文明建设情况。

5 月 24 日，板桥镇中心幼儿园举办第二届竹文化节。

5 月 29 日至 30 日，由商务部主办、国家林业局竹子中心承办“2018 年‘一带一路’产竹发展中国家竹子技术培训班”在临安太湖源竹种园举行。来自“一带一路”沿线东南亚、非洲、拉丁美洲 10 个国家的 31 名学员参加培训。

6 月 14 日，国际竹藤组织原副总干事竺肇华由区竹文化研究会王安国、尉进、赵庆元陪同，考察太湖源镇白沙村。

6 月 15 日，太湖源镇召开“天目水果笋”标准研讨会。研讨会邀请国际竹藤组织前总干事竺肇华、中国林科院亚林所教授陈双林、浙江大学教授刘志强、浙江农林大学教授叶正钱、区林业（农业）局科技人员和区竹文化研究会与会。

9 月 8 日，2018 年中非合作论坛北京峰会期间，由商务部主办、国家林业局竹子研究开发中心承办的 2018 年非洲法语国家竹子种植与加工技术培训班，有刚果（金、布）、阿尔及利亚、马达加斯加、卢旺达、几内亚、喀麦隆等 7 个国家的 43 名学员，到太湖源观赏竹种园参观培训，为期两天。

9 月 30 日，区竹文化研究会组织志书专家、学者和科技人员在区农办会议室召开《临安竹文化志》编纂工作会议，研讨《临安竹文化志》纲目初稿。

11 月 14 日，埃塞俄比亚农业部竹产业考察团一行 15 人，由塔费拉司长率领，到太湖源万亩雷竹基地和太湖源竹种园参观考察。竹文化研究会王安国、赵庆元陪同，并作专题介绍。

12 月 19 日，竹种园举办重庆火锅节。由重庆商务委火锅协会带领重庆火锅十位厨王到临安锦城摆“千人长桌火锅宴”，火锅中配临安“笋美人”笋品火锅料，实现产业交融，将临安竹笋推向重庆火锅。

同年，临安五家生产企业结成“临安竹产业振兴战略联盟”，应邀参加在北京国家会议中心举办的首届国际竹藤大会，临安竹文化元素惊艳亮相大会论坛，引起国内外与会嘉宾关注。

◆ 2019 年

1 月 11 日，在新五洲大酒店召开临安区竹文化示范点座谈会。对新增的於潜镇杨洪村、锦南街道横岭村竹文化示范点进行授牌，围绕竹文化示范点建设工作开展交流座谈。

2 月 23 日，召开《临安竹文化志》编写组成员会议，讨论“竹文化志纲目”第二稿。

3 月 8 日，在区农林技术推广中心召开《临安竹文化志》编纂全体成员会议。

4 月 29 日，在贵州省黔东南州雷山县乌流村，杭州市东西部扶贫协作考察团与当地群众共同栽下扶贫竹苗。临安区政府向雷山县政府捐赠 1 万株高节竹竹苗，为东西部对口扶贫工作树立“杭州样本”。

6 月 1 日，秘书长赵庆元等 4 人到於潜镇杨洪村，与村书记吴乾坤等商讨竹文化示范点建设事宜。

6 月 16 日至 17 日，国际竹藤组织在临安举办国际“竹资源价值增值和产业战略规划培训班”，亚非拉 17 国 25 名学员参加培训，并参观太湖源竹种园。

8 月 16 日下午，王安国应邀赴安吉，为“2019‘一带一路’国家、竹藤资源可持续开展与管理研修班”学员作临安竹笋产业发展讲座。

8 月 19 日至 22 日，国家林业与草原局竹子研究开发中心“2019 年非洲法语国家竹子种植与加工技术培训班”在临安举办，非洲 8 个国家的政府官员、科研人员和企业代表共 28 人参加。

8 月 22 日至 24 日，国际竹藤组织“2019 · 厄瓜多尔国家竹子加工技术培训班”23 名学员到临安参观考察和学习交流。

8 月 25 日，商务部“2019 ·‘一带一路’产竹国家竹业技术培训班”5 个国家 10 名学员到临安竹文化示范基地参观学习。

9 月 18 日，叶志达所著记述全国劳模蒋长富赴湖北育竹扶贫事迹的《雷竹潇潇》一书出版。

9 月 24 日至 26 日，2019 年度第一次和第二次农产品地理标志登记专家评审会在北京召开，临安区“天目笋干”获国家农产品地理标志。

10 月 11 日，哥伦比亚佩雷拉大学校长、农林科技学院院长参观考察临安竹笋产业、森瑞竹业有限公司和太湖源竹种园。

10 月 24 日，秘书长赵庆元、副会长顾晓波和常务理事张有珍等到於潜镇杨洪村，与村班子商讨“天目笋干产业文化基地”项目建设。

11 月 6 日至 9 日，由太湖源竹种园承办的杭州市竹笋栽培与生态化经营研修班在临安举行，四川南充、江西弋阳、浙江江山和天台及临安当地的 11 位竹笋经营大户参加。

第一编　历史与社会

钱高潮竹雕作品
笔筒《弈棋》
（12厘米×9厘米×15厘米）

1. 2012年在天津举办的“中国杭州竹笋节”上的大型广告牌（布智明摄）
2. 楼琦《耕织图》中使用竹制工具脱穗的场景
3. 龙岗镇五星村木竹坪（程益鹏摄）
4. 岛石镇苦竹岭晨曦（程益鹏摄）
5. 以销售笋干为主的山货行—上海百年老店金杏记（清代）
6. 发掘于西天目山华严洞内的熊猫牙齿化石（杨淑贞摄）
7. 岛石镇新二村竹坞自然村（程益鹏摄）
8. 杨洪村居民别墅—竹都别院（布智明摄）
9. 杨洪村天目竹都牌坊（布智明摄）

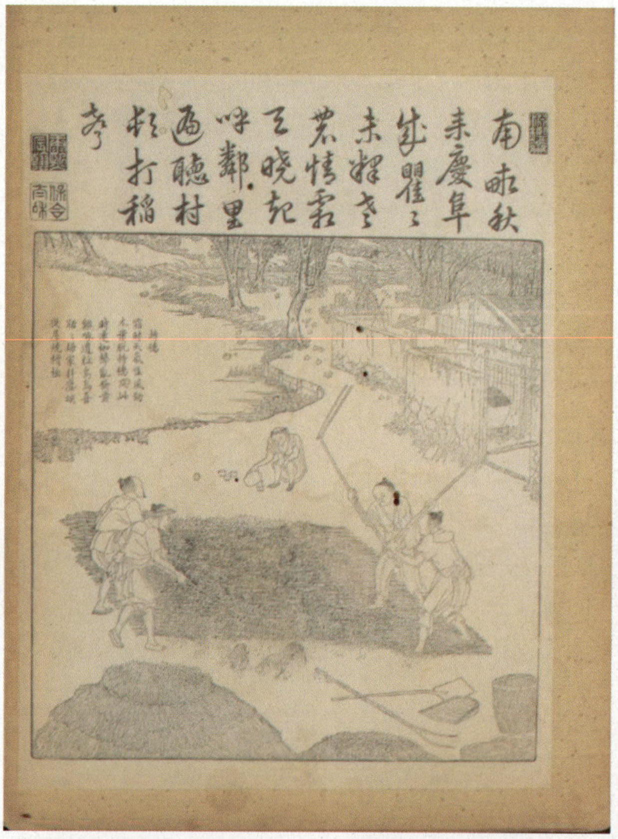

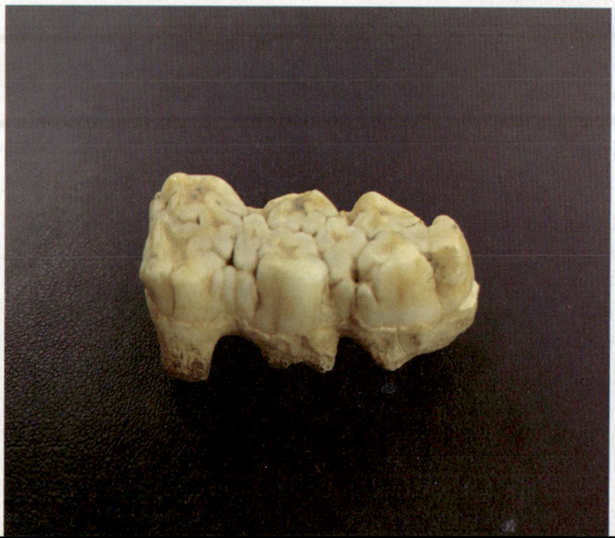

临安
之鄉
临安竹笋
清鲜盖世
干 天目手剥笋

花筑
竹都别院

杨洪村
天目竹都
杨柳舞风华夏无处不生意
山间明月人共醉

1. 太湖源水果笋现代农业园竹乡客厅
2. 太湖源水果笋现代农业园超级巨“笋”
3. 锦南街道周家村竹艺馆
4. 指南村竹景观建筑“鸟巢”（周玉龙摄）
5. 浙西大峡谷竹长廊

（1、2、3、5布智明摄）

第一编　历史与社会

第一章　临安竹业发展简史

临安竹类资源丰富。据明万历《临安县志》载，有竹种 22 种。临安、於潜、昌化旧县志载，三县合计有竹种 28 种。1984 年全县进行竹子分类普查，有竹子 10 属 61 种，为全国散生竹中心产区。《临安林业》1985 年第 1 期刊发《临安县竹种资源及分布》一文，初步认定临安有竹种 10 属 57 种（包括变种）。1991 年 11 月，据浙江省竹类资源与开发利用研究课题成果鉴定材料，临安竹子种类为 11 属 63 种。2011 年 4 月 28 日，公布临安乡土竹种名录及分布计 10 属 56 种（39 种 9 变种 8 变型）。

临安竹种主要是毛竹、石竹（灰竹）、早竹（雷竹、早园竹）、天目早竹、红竹、淡竹、刚竹、水竹、木竹、箬竹、广竹、篌竹、高节竹、乌哺鸡竹、白哺鸡竹、红壳竹、枪刀竹、尖头青竹、毛金竹、五月季等 20 多种，基本形成“中山陡山笋干山、好山低山毛竹山、丘陵缓坡菜竹山、边缘高山工艺用竹山”的种植格局。各类竹子尽占地理优势茁壮生长，临安成为中国散生竹中心产区之一。主要笋产品有毛笋（冬笋）、天目雷笋、天目笋干、手剥笋、水煮笋、调味笋等六大系列。2019 年竹笋总产 24.3 万吨，年加工竹笋 10 万吨。临安成为全国竹笋生产、加工、销售的集散中心。

毛竹是境内分布最广的竹种，其集中分布区位于临安东北部，多属低山丘陵，很少位于中山、高山，分布上限见于西天目山自然保护区海拔 900 米处。临安除毛竹之外，还有其他各类竹种，如各地所谓中径竹、小径竹、实心竹、小竹、杂竹等。广为分布的早竹，临安习称雷竹。其地域分布和垂直分布因不同竹种而异：刚竹、石竹、淡竹、苦竹等一般分布在海拔 300—600 米的低山丘陵，以天然林为主；早竹（雷竹、早园竹）、高节竹、花哺鸡竹等一般分布在低丘缓坡及村边宅旁，多为人工栽培；箬竹分布范围较广，从低山丘陵直至海拔 1100 米高山均有分布，构成林下灌层；华箬竹、玉山竹分布于临安清凉峰、天目山等处海拔 1100 米以上高山。

据省林业局林野调查队进行的森林资源“一五”清查数据，20 世纪 50 年代中期，省内竹林面积超过 5 万亩的县：临安 12.28 万亩、於潜 5.42 万亩。1958—1962 年“大跃进”和人民公社化期间，竹林经历一次过量消耗、资源下降过程。据“四五”时期（1971—1975）森林资源调查数据，20 世纪 70 年代，临安有竹林面积 30.15 万亩。“九五”时期（1996—2000）有竹林面积 83.6299 万亩，其中毛竹 27.1107 万亩，杂竹 56.5192 万亩。2019 年全区有竹林面积 96.5 万亩，鲜笋产量 25.75 万吨，实现产值 15.44 亿元，约占农业总收入 1/5。竹笋产业一直是临安农业经济第一大支柱产业。

中华人民共和国成立后，经济社会发展对竹材需求增长，政府发动和组织农民发展竹子生产，并从 20 世纪 70 年代开始走上基地化规模经营之路。80 年代农村实行家庭承包经营制后，顺应农民发展生产和活跃城乡市场的需求，政府组织开发低丘缓坡资源，规划发展食用笋生产，竹子生产规模逐步扩大。商品性生产进而推动技术进步，雷竹笋早出高产技术、毛竹丰产林栽培技术、由世界银行贷款造林项目引入的毛竹丰产林技术标准和毛竹低产林改造技术等得到推广应用。进入 21 世纪，临安实施林业特色基地建设，竹子生产被纳入林业产业化经营格局。

第一节　古代竹业

天目山华严洞　（杨淑贞 1999 年摄）

古时临安县境林茂兽多。据省自然博物馆鉴定：1983 年 5 月在西天目山华严洞出土大熊猫、中国犀、东方剑齿象等 15 种古动物化石骨，距今约 2 万年。由此推断，这一时期在天目山一带拥有充足的竹林资源。

据《吴越备史》记载，五代时，“吴越保障东南，人民安居乐业，百年不知兵革，而又大兴农桑”。又大量有关临安竹的诗文，都真实反映古时竹茂粮丰的情景。

北宋咸平年间（998—1003），曾被吴越王钱俶任为两浙僧统的杭州祥符寺僧人赞宁（919—1001）著《笋谱》。书中记载竹笋凡 95 种，列举其别名，并记述竹笋栽培、保存与调治方法。《笋谱》是中国最早的竹笋专著，其中记天目笋：“五月生，尽六月。其笋色黄，出天日山。端午后方采鬻，早岁则无。”并记载他与一位天目山故旧的交往和天目山的竹风俗。

北宋苏东坡《於潜僧绿筠轩》诗有“可使食无肉，不可居无竹。无肉令人瘦，无竹令人俗”的名句千古传诵。

其后，南宋咸淳《临安志》中涉及临安、於潜、昌化三县内容，都有竹子以及竹笋种类、性状、分布之记载。

三县旧志载有以下史事：

清乾隆二十四（1759）《临安县志》载：“万历旧志：春曰早笋，夏曰鞭笋，冬曰冬笋，其余毛笋、石笋、广笋，称名甚多，四时不乏，味特甲于诸蔬。”清光绪二十四年（1898）《於潜县志》载有“笋竹名猫竹笋，大而味蔫。冬掘泥底者为潭笋。金竹笋肥而清，植于园林，足资家食。市中所鬻者，青笋、石笋居多”。

清光绪十三年（1887），於潜县知事颁发保护天目山禁规：“所有寺中山场，蓄养竹木，或为屏障，或为观瞻，或备寺用，或藉收殖。山脚远近居民，暨在寺僧俗人等，均不准私擅砍斫，分割枝苗。”

清光绪二十八年（1902），杭州府临安县正堂发布天目山告示：“寺内山场田地无论有无施主，均照定例，由该寺僧管业收花，外人不得霸占，寺僧不准盗卖；寺山培养竹木，为荫庇丛林及修筑本寺之用，不准寺僧无故砍斫予人，并不准远近居民盗砍及强斫柴薪。”

民国21年（1932），浙江省政府“令饬於潜、临安两县切实保护西天目山森林，以保障古迹而重林政”。尔后，於潜县公布《保护森林实施办法》，并在天目山区配备森林警察3名，负责林政工作。民国三十五年（1946），昌化县将原禁山会改为护林会，继续专事护林工作。翌年，临安县还开展“一保一林”运动，各乡设置森林警察，保林防灾，从而使森林保护队伍更趋健全。

民国《杭州府志》有“天目出广竹，临安出胎竹，余杭出筷竹，临安九仙山出罗汉竹，武林法华山出刚竹，临平黄犊岭下生曲竹，余杭文山出文武竹”之记载。

民国期间，政府开始重视林业立法工作，并在学者的帮助下，制定公布了多部保护与发展森林的法规。

临安产竹历史悠久，品种齐全，据明万历《临安县志》记载的品种有茅竹（毛竹）、斑竹、金竹、红竹、雷竹、淡竹、水竹、木竹等22种。清乾隆重刻康熙十二年（1673）《於潜县志》载：“竹之属，曰茅竹、金竹、紫竹、水竹、凤尾竹。”民国十三年（1924）《昌化县志》卷五《版籍·物产》：“竹之属。金、石、水、苦、猫、广、箬、罗汉、孝顺、紫、早。”“蔬之属。笋。”

临安产毛竹粗大，节长，韧性好，畅销长江三角洲，有“关刀竹”之称，主产于横畈、石门、青山、板桥、三口、上甘、玲珑、临目、马山、洪岭、湍口、龙井桥等山区。

毛篙竹是毛竹中特殊规格的专用竹，用作撑船篙子。据记载，有船即有篙竹，其史至少有两千多年。改革开放前，临安全县平均年产篙竹十多万支，是苏南、苏北、杭嘉湖、浙东内河与沿海船户的主供货源，为全省重点产区之一。

临安农家素有利用房前屋后、丘陵坡地种植菜竹之习。天目菜竹是天目山区以人工栽培、食用鲜笋为主的一批中小径笋竹，有二三十个品种。由于水土、气候适宜，其笋壳薄、肉肥、色白、质嫩，清香松脆，甲于诸蔬，早在汉唐就有蔬“以笋为佳”的记载，尤其是雷笋、高节笋，以鲜食为主，肉白味美，驰名大江南北。

传统天目笋干以青笋、石笋、红壳笋为主，经用火炭焙烘加工而成，与茶叶、山核桃并称为临安“天目三宝”。天目笋干历史悠久，自宋以来，至明正德、嘉靖年间就已为人称道。清光绪十一年（1885）《临安县志》载：“青笋干，产黄洞、东坑者佳，即早笋、石笋所制。和咸煮晒为脯，经年不坏，维扬、姑苏以为蔬中珍品。”清康熙《於潜县志》载：“青笋、石竹生荒山，细而长，山民取以售值。”又载：“若高山深谷离村较远，就山设厂，采笋煮之，曝之，为笋干，贮以篓，虽久不坏。”

天目笋干分为“焙熄”“扁尖”“秃挺”“肥挺”“小挺”“直尖”等类，“清鲜盖世，甲于诸蔬”。至清康熙、雍正、乾隆年间，随着西天目禅源寺兴起，香客游人纷至沓来，天目山笋干成为寺院待客之主菜。善男信女争相购买，声誉广布，驰名不衰，直至抗战前，盛况维持两百余年。清末民国初传至中国港澳、日本及东南亚地区，深受喜爱。

专记 1　赞宁《笋谱》与天目山

赞宁（919—1001），佛教史学家。俗姓高，祖籍渤海，出生于吴兴德清（《钱塘塔记》说“宁生杭州临安县”）。后唐天成年间（926—930）在杭州祥符寺出家。后唐清泰二年（935）入天台山受具足戒，精研三藏，后住杭州灵隐寺。他精于南山律，“辞辩纵横，人莫能屈”，时人尊其为“律虎”。五代吴越时，赞宁与钱氏一族中的忠懿王，宣德节度使钱湛，奉国节度使钱亿，越州刺史钱仪，金州观察史钱俨，工部侍郎钱昱都交往亲近，此外与卫尉卿崔仁冀、工部侍郎慎知礼、内侍致仕杨恽等互相唱和应酬诗文。吴越国王钱俶信奉佛法，在孤山广化寺重建时，邀其住持该寺弘传律法。

赞宁除了内学之外，还兼儒道百家之言，博闻强记，擅长诗文，声望甚高。吴越国王钱俶封他为“两浙僧统”，赐号“明义宗文大师”。在与大宋的关系上，他极力支持“纳土归宋”，避免吴越国陷入战争，维护中国统一。

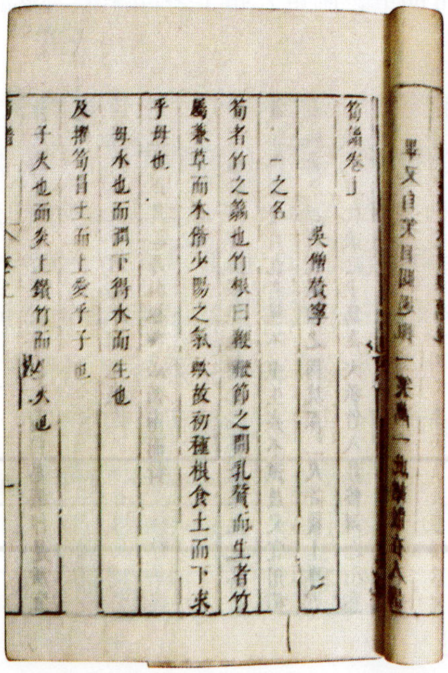
筍譜卷上
吳僧贊寧
一之名
筍者竹之萌也竹根曰鞭鞭節之間乳贅而生者竹
屬兼草而木備少陽之氣數故初種根食土而下求
乎母也
母水也而潤下得水而生也
及擢筍自土而上愛乎子也
子火也而炎上鐵竹而火也

赞宁《笋谱》书影
（图采自《杭州竹笋图考》）

宋太平兴国三年（978），他随吴越国王钱俶奉版图到汴京开封，驻锡于左街天寿寺。此时他已 60 岁。宋太宗赐号“通慧大师”，并多次在滋福殿召见，赐予紫衣。太平兴国六年（981），宋太宗准其任右街副僧录，掌右街教门之事。次年奉诏回杭州编纂《大宋高僧传》，历时 7 年，成书 30 卷，受到宋太宗褒奖，命僧录司将其编入大藏流通。

端拱元年（988）70 岁再度入京。淳化元年（990）授左街讲经首座，淳化三年（992）兼翰林史馆编修，受诏撰《大宋僧史略》3 卷，《三教圣贤事迹》100 卷，还有《内典集》《外学集》等。至道元年（995）掌洛京教门事。咸平元年（998）升右街僧录，次年升左街僧录。时人称赞其“释子谓佛学为内典，谓儒学为外学，工诗则众，工文则鲜，并有四者，其唯大师”。

传说他学识渊博，可与西汉的东方朔相匹。他的一些传说也很神奇。当时在南唐任职的徐铉至飞虹桥头时，身下坐骑驻足不前，任是鞭打依然如此。徐铉感到奇怪，向赞宁讨教。赞宁回书告诉他，一定是飞虹桥头埋有海马骨头。此骨不惧水煮，不惧火烧，但用腐糟一点即朽。徐铉令人挖掘，至一丈多深时，果然发现一根大兽骨，上胫长五尺，膝下长三尺，烧了三天仍不见损毁，便依赞宁之言，浇上腐糟，一会儿就烂了。徐铉还得到一幅神牛图，白天牛在栏外吃草，晚上牛则在栏内卧歇。徐铉以为神物，献给李煜，李煜又将它献给宋太宗。宋太宗让大家探其中奥秘，众人不知，而赞宁对宋太宗说，沃焦山有山崖崩落至海中，海水长期浸染岩石，以此石粉制颜料作画，白天呈现，晚上隐没；南沃的海滩有蚌蛤，其分泌物和上颜料作画，则白天隐没，晚上呈现。这幅画以此两种颜料画牛，即得此神奇效果，宋太宗和众人才恍然大悟。

赞宁不仅知识渊博，反应也特别灵敏。都官郑谷轻视僧官，有曰“爱僧不爱紫衣僧”。有一个叫安鸿渐的借此作一上联嘲笑赞宁：“郑都官不爱之徒，时时作对。”赞宁当即应了下联：“秦始皇未坑之辈，往往成群。”安鸿渐无言以对。

欧阳修在《归田录》中记载：“太祖皇帝初幸相国寺，至佛像前烧香，问当拜与不拜，僧录赞宁奏曰：‘不拜。’问其何故，对曰：‘现在佛不拜过去佛。’赞宁者，颇知书，有口辩，其语虽类俳优，然适会上意，故微笑而颔之，遂以为定制。至今行幸焚香，皆不拜也。议者以为得礼。”

《笋谱》全书1卷，约1万字，共分5章。“一之名”章，除列举笋的别名之外，还记述栽培方法。“二之出”章，记载全国各地所产98种笋的名称、形态特征、生长特性、产地、出笋时间等。其中也记到天目笋：“天目笋：五月生，尽六月，其笋色黄，出天目山，端午后方采鬻，旱岁则无。”“三之食”章，记各类笋的性味、补益及调治、加工、保藏方法，具有较高的实用价值。“四之事”章，记载历代有关人与笋之事。“五之杂说”章，叙述竹的历史文化知识，以及自己的一些观点。

在他的这部《笋谱》中，引用晋代陆云《笑林》中的一则故事《北人煮箦》：“汉人有适吴，吴人设笋。问是何物，语曰：‘竹也。’归，煮其床箦而不熟。乃谓其妻曰：‘吴人䡾辘，欺我如此。’”

这个吴人也实在太“䡾辘”人了，不说是竹笋，或者叫竹萌、竹箬、竹胎、竹苞、笋羔，或者说竹子的嫩芽也可以，却偏偏说是竹子，害得那个汉中人拿篾席拆开来煮，不但吃不到，且又坏了一条好席，两头落空，岂不恼人。

在《笋谱》中，还记载了赞宁与一位天目山旧友的交往：“愚著《物类相感志》，常寄书问天目旧友，问山中所出。伊僧嗜笋，却回诗云：‘山中人事违，天眼中修定。我本无根株，只将笋为命。’”

信中友人还告诉他一个流传于天目山的关于笋的故事：“谚曰：腊月煮笋羹，大人道便是。昔有新妇，不得舅姑意，凡所须索，必背时而逆意。其妇善承须不违，所要皆巧图，与夫求变而副舅姑，无以取责。姑一日岁暮而索笋羹，妇答即煮供上。妯娌问之曰：今腊月中何处求笋？

妇曰：且应为贵，以顺攘逆责耳，其实何处求笋？姑闻而后悔，倍怜新妇。故又谚曰：恭敬不如从命，受训莫如从顺。”

赞宁曾到临安，夜宿洞霄宫，留有《居天柱山》诗一首：“四野豁家庭，柴门夜不扃。水边成半偈，月下了残经。虽逐诸尘转，终归一念醒。未知斯旨者，万般尽劳形。”他可能也到过天目山看望他的老友。

北宋咸平四年（1001），赞宁在杭州祥符寺圆寂，享寿八十二，塔葬于杭州龙井。数十年后，於潜人高僧辩才也驻锡龙井，留下许多佛教文化故事。

专记 2　楼璹与《耕织图》

楼璹，字寿玉，又字国器，浙江四明（今宁波）人。据其侄楼钥在《玫瑰集》记述，南宋绍兴年间（1131－1162），楼璹时为临安府於潜县令，后又累官至扬州军事淮东制置使。其耕织图从器具、房屋背景观察，都展现了江南水乡的竹笋情景。又据宋景濂记：“图出於潜县令楼璹。璹获召见，以图上进。”楼璹《耕织图》问世之后，南宋嘉定三年(1210)，其孙洪、深等“虑其久而湮没，欲以诗刊诸石；钥为之书丹，庶以传永久”。可见这一《耕织图》是宋高宗时楼璹的进本，图成后几十年就有了刻石。

楼璹《耕织图》中使用竹制工具打穗情形片

（图自《杭州竹笋图考》）

楼璹《耕织图》的选材和表现手法对后世有较大影响，临摹、翻刻的不少，见于著录的有：明代万历间刊本《便民图纂》将楼璹《耕织图》稍加修改全部收入，但五言诗未收。清康熙三十五年（1696）命焦秉贞绘耕织图。焦据楼璹所作图而有所改变。耕图部分增加《初秧》《祭神》两图；织图部分删去《下蚕》《喂蚕》《一眠》三图，增加《染色》《成衣》两图，次序也有不同，其余画目都按原图。

清乾隆三十四年（1769），据元程棨摹本所刻石，因楼璹《耕织图》宋本已不可得，程摹本也已佚失，这一组刻石可以认为最接近真迹之作。

刻石按原图二卷，分为耕 21 图、织 24 图。图横长 53 厘米、纵高 34 厘米，阴刻。各图右方署画目，系五言律诗一首，都是篆书旁附正楷小字释文。各图空处另有清高宗用楼璹原韵所题诗一首，行书。图前有石一方刻清高宗题识，略谓；乾隆间画家蒋溥进呈《耕织图》，此图曾被附会为南宋刘松年的《蚕织图》而编入《石渠宝笈》，实则是楼璹《耕织图》的程棨摹本。图二卷，存圆明园多稼轩之北的贵织山堂。乾隆三十四年命画院双钩临摹刻石，置多稼轩。中国历史博物馆收藏乾隆间《耕织图》刻石拓本，墨色浓润，拓工极精。

日本延宝四年（1676）狩野永纳翻刻明天顺刻本，300年来在日本流传珍藏。

第二节　近代竹业

民国时期，县境竹林大多是竹木混交。山路崎岖，砍伐困难，除山民自用外，每年毛竹商品量在40万—50万支，主要是扎成竹排由水路放运至余杭、瓶窑、杭州销售，且以多品种混交经营居多，即竹排上放木柴、木炭，与竹一起运销，也有单一的竹材运销。抗战胜利后到解放前夕，因经济萧条，毛竹销路大降，竹木商户基本绝迹，只有竹农有少量自行运销。

民国元年（1912）9月，天目山住持僧禀求政府下文保护竹木，浙江都督特发告示：

“悉天目山为浙右名刹，载在省志，列代保护。迄今而替民国建始业，奉大总统通令各庙，统由各该长管按照约法，切实保护，俾佛教人民得享约法保障等因，由内务部行知到浙在案，据禀前情，应如所请。”

民国4年（1915），浙江巡按使公署关于各县振兴林业的文告中，把竹子划为荒山造林的主要树种之一。

民国21年（1932），於潜县政府下颁《於潜县保护森林实施办法》，含竹木。

旱竹（雷竹、早园竹）、高节竹由于出笋早、产量高，受沪杭市民欢迎，称为“江南第一笋”。雷竹在所有竹笋中出笋最早，一般三月初出笋。高节竹适应性强，产量产值高，笋味美。临安西乡乌龟背（今属锦城新溪）所产高节笋，以其肉白肥嫩，在沪杭颇负盛名。据《中国实业志》记载：民国22年（1933），临安县有莱竹林2000亩，年产鲜笋1.4万担；昌化县莱竹林2500亩，年产鲜笋1万担。民国35年（1946），临安县政府提倡各乡（镇）在房前屋后、四旁隙地种竹，供观赏、防风和产笋食用。

笋干是临安传统名产，主产于天目山周围的西天目、千洪、临目、石门等地。1930年，天目笋干销往新加坡、中国香港。1948年，临安县销售笋干约1000担，於潜县2000担。据记载：民国22年（1933），天目笋干产量已达6200担，其中於潜县产量5500担，临安县600多担，昌化县100多担。抗战期间，因食盐紧缺，运销困难，天目笋干基本停产。据民国二十三年（1934）《浙江省建设月刊》“临安的笋干”绪言中载称：“观察近年天目笋干产销状况和商业情形，（折合人民币产值）最少当不下三十余万元。”当时每担笋干平均价为60元左右，推算销售总量约为5000担。每担笋干除工本外，可得净利25元，总利值约为12.5万元，是当时林农的一项重要经济来源。抗战前，临安县年产笋干稳定在两三千担；抗战期间无法外运，产量陡减至二三百担。抗战胜利后，因兵革连年，政局动荡，物价居高，成本大增等原因，全县产量仅能维持在一千担左右，比战前减少一半多。

第三节　现代竹业

一、缓慢发展时期（1949—1977）

中华人民共和国成立后，经济社会发展对竹材需求增长，政府号召农民发展竹子生产，并从20世纪70年代后开始走上基地化规模经营路子。

1951年，省农林厅林业局组成森林调查队临安分队，对临安专署山区县进行森林资源调查。当年临安县森林面积40.8045万亩，其中竹林面积10.31万亩。於潜县森林面积17.614万亩，其中竹林面积1.2362万亩。昌化县森林面积76.5542万亩，其中竹林面积23.9908万亩。

1955—1956年，由省林业厅林野调查大队对三县森林资源和宜林地进行全面调查。临安县林业用地105.4605万亩，其中竹林12.2805万亩，毛竹2509万株。於潜县林业用地105.6135万亩，其中竹林54150亩，毛竹118.4万株。昌化县林业用地169.5075万亩，其中竹林2.95万亩，毛竹207.6万株。三县合计林业用地380.5815万亩，其中竹林20.64万亩，毛竹2835万株。

1952年，临安县竹木等林业总产值952万元，占农业总产值22.6%；1955年增至1.13亿元，占38.2%。1952—1957年，全县共栽竹2.35万亩。1957年全县有毛竹16.53万亩，杂竹4.12万亩。1960—1962年因毁竹种粮，竹林面积减少3.5万亩，亩立竹量从114株减至60株。1963年，县委贯彻全国竹子生产会议精神，由国家贷款扶持竹林生产，截至1966年止，4年间全县年均种竹3051亩，竹林生产又开始恢复和发展。玲珑山公社锦绣大队每年劈山抚育1600亩，毛竹总株数从8万株增至17万株。板桥公社珠西大队400亩毛竹山，年年劈山，留笋养竹，合理砍伐，蓄积量从1961年的2.6万株增至3.9万株。此后受到极“左”路线干扰，林业总产值明显下降。至1975年，全县林业总产值仅464万元，只占农业总产值6.1%；1978年虽略有回升，但仍只有952万元，占农业总产值7.7%。

临安毛竹品种分为三类：渔用大毛竹、毛篙竹、一般性毛竹。中华人民共和国成立后，政府即重视毛竹生产，板桥、玲珑山、横畈、上甘等乡普遍垦复荒山丘陵，积极种竹。政府对毛竹生产每年都实施扶持补助政策。

从1949年11月开始，由省手工业联合社在临安设立机构，向竹农直接收购毛竹、柄竹。后来浙江企业公司以及余杭、瓶窑、杭州南星桥等私营竹行，均通过县境代理坐商向竹农收购毛竹，每15支扎成一帖，250千克左右，集帖成排，通过苕溪放运至余杭、瓶窑、杭州。这是自由运销时期。

从1952年开始，随着国民经济的恢复发展，竹类用途、用量大增，尤甚是基本建设大规模开展，毛竹成为搭脚手架的主要材料，货源紧缺，政府指示由供销社开展毛竹收购。从1953年9月开始，临安县供销社全面开展毛竹、毛篙竹收购运销，改原来的以帖（每帖15支）计数为按支计数。该年冬至次年春，全县供销社收购毛竹、毛篙竹30.5万支，至1955年达36.8万支。

1956年开始，国家对毛竹、毛篙竹实行计划收购、计划分配，由供销社统一经营，不允许私人运销，包括县内手工业社所用毛竹也由供销社收购供应，分设收购点，实行定点收购。随后至 1958—1959 年“大跃进”期间，出现极“左”思潮，违反自然规律，竹林资源遭受严重损失。有鉴于此，1960 年 2 月 27 日，省人民委员会（省人民政府，下同）发出通知，规定毛竹由供销社制订砍伐计划，统一收购，统一分配，凭证运销，即出县须由县供销社开具出运证明。县内销售自用毛竹由县计划委员会下达计划调拨，从而使毛竹生产伐、育、管走上政府管理的轨道。

1959—1961 年三年困难时期，发生毁林种粮现象。1961 年 12 月至 1962 年 4 月，杭州市林业水利局会同临安县林业局，对毁林严重的昌北区进行林、粮矛盾调查和森林资源清查，全区毛竹从 1955 年的 74.08 万株减至 46.06 万株。

1962 年，省政府下文贯彻“林粮并举”方针，扶持恢复毛竹生产。当年，全县毛竹蓄积量 968 万支，年收购量 26.8 万支，篙竹 7.47 万支，临安被列为全省毛竹重点产区之一。

1971 年 12 月至 1972 年 5 月，全县抽调 55 名农林科技人员组成山区建设调查规划组，逐队逐山进行山林资源复查。其数据：1972 年全县林业用地 374.7327 万亩，其中竹林面积 34.3893 万亩，毛竹 1905 万株。

从 1972 年开始，全县乡镇大搞以杉木为主的用材林、经济林、竹林基地建设，1972 年 2 月建横畈镇林场。1973 年 11 月建昌化镇林场（原名白牛林场），其中竹林占 10%，毛竹 1 万支。1974 年 1 月建三口公社林场，其中毛竹 1500 亩，笋干竹 300 亩。1977 年，临安县被列为全国丰产毛竹基地之一。1978 年 1 月建玲珑山林场，其中有毛竹林 1000 亩，高节竹 170 亩，雷竹 50 亩。同年，横畈、板桥、三口、玲珑山、上甘、石门、马山、龙井桥 8 个公社被列为省丰产毛竹基地。

1980 年起，为缓解毛竹、毛篙竹供应紧缺，县供销社根据省供销社指示，重点加强毛竹生产基地扶持，配备毛竹专管员，同基层供销社一起，帮助横畈、龙门、板桥、上甘、玲珑、洪岭、湍口等产区留笋养竹、合理砍伐，恢复发展竹子生产。同年，全县毛竹生产有了恢复性发展，森林面积和蓄积量都有明显增长。毛竹林面积达 22 万亩，蓄积量 2200 万株，平均亩株量达到百株。全县有渔用大毛竹基地 2.5 万亩，柄竹基地 5000 多亩。山区林道共计 12 条，总长 75 千米。建立毛竹堆场，面积共 7050 平方米。

毛料、杂竹的收购工作每年由县计委下达计划，县供销社负责执行，县土产公司调拨经营、指导生产。各公社把计划分解到大队，基层供销社负责统一收购。收购规格和价格由省供销社统一下达。

毛竹、篙竹属二类物资，收购均奖励化肥、粮票、布票。小杂竹也属二类收购，主要分布在河桥、湍口、东天目、西天目、千洪、横路以及横畈的塘楼、立塔一带，总面积 3000 多亩，年收购量从一千多担到三四万担不等。临安是重点产地，同样实行定点生产扶持、补助奖励政策。1981 年 10 月，临安全面贯彻落实中共中央、国务院《关于保护森林发展林业若干问题决定》精神，在西天目乡开展稳定山权林权、划定社员自留山、落实林业生产责任制的林业“三定”试点。

天目笋干主产西天目、千洪、横路等乡，临目、杨岭、东天目、龙门、马啸、颊口、石瑞、白牛、上甘、三口、板桥等乡也有生产，年总产量一般在400—500吨。

解放初期，政府采用“铺底供应食盐”的扶持办法，力图恢复笋干生产，成效明显。1950年全县产笋干460吨，收购量235吨。1952年起，产区供销社开始为农民代购代销笋干。1954年起，供销社全面开展笋干购销业务，货畅价扬，笋农收益颇丰。该年笋干产量高达700吨，收购量370吨。1956年，在外贸部门支持下，天目笋干在广交会展出，轰动港澳，香港《经济导报》赞誉“天目笋干以清鲜盖世，名噪海外”。天目笋干中符合出口标准的焙熄主要运销东南亚等地，产地获政府粮票、布票奖励。1957年起，笋干列为三类点名商品，由供销社统一收购运销，禁止自由贩运，年收购量稳定在400—450吨。直至1982年，笋干实行自由运销，其间一度因价格高升，导致粗制滥造，咸苦不堪，以致积压霉变，经营亏损。为此，县供销社再次进入生产环节，西天目、千洪等供销社自行收笋烘制加工，以此带动市场，恢复天目笋干质量。随后，供销社逐步退出笋干经营，笋干全面实行自由购销。

二、快速发展时期（1978—2019）

1983年、1987年，全县两次进行抽样调查。其数据：1983年全县林业用地374.4302万亩，其中竹林43.45万亩，毛竹2868.54万株。1987年全县林业用地374.8852万亩，其中竹林44.5926万亩，毛竹2796.06万株。

20世纪80年代农村实行家庭联产承包责任制后，临安竹产业经历四个发展阶段，即资源扩张、加工提升、市场拓展、转型升级阶段。

1983—2019年临安区竹林面积及竹业产值一览表

表1-1-1

年度	竹林面积（万亩）	竹业总产值（亿元）	年度	竹林面积（万亩）	竹业总产值（亿元）	年度	竹林面积（万亩）	竹业总产值（亿元）
1983	43.45	0.20	1996	74.00	5.00	2009	95.50	27.56
1984	44.29	—	1997	78.00	5.10	2010	95.60	29.09
1985	44.55	—	1998	82.00	6.00	2011	96.00	31.20
1986	46.69	—	1999	85.00	6.50	2012	96.60	31.84
1987	48.57	—	2000	86.00	7.50	2013	97.40	32.63
1988	49.59	—	2001	88.00	10.50	2014	97.40	30.47
1989	50.59	0.88	2002	91.00	12.80	2015	97.40	27.50
1990	54.05	0.72	2003	93.00	15.80	2016	97.70	29.80
1991	55.54	—	2004	96.30	17.30	2017	97.50	31.63
1992	57.98	—	2005	96.30	19.20	2018	97.10	31.87
1993	60.97	—	2006	96.40	24.10	2019	96.50	35.20
1994	70.27	—	2007	95.70	26.30			
1995	70.60	4.10	2008	95.60	27.95		—	

（一）资源扩张阶段（1981—1990）

1981年10月，临安全面贯彻落实中共中央、国务院《关于保护森林发展林业若干问题决定》精神，在西天目乡开展稳定山权林权、划定社员自留山、落实林业生产责任制的林业“三定”试点。1982年1月1日颁发《中共中央批转全国农村工作会议纪要》。同年2月，临安开始推行农村家庭联产承包责任制，即包产到户，历时三年，分两步将农田、山林全面承包到户，临安由此成为全国实行集体林权制度改革中最早实施的一个县。其间快速发展的临安竹产业以及竹文化的培育与兴起，成为临安农村改革的一大成果。

1982年12月“三定”工作结束。在此后6年内，相继实行较大规模山林承包到户和稳定、完善山林责任制工作。1990年8月，临安开始完善山林责任制工作，历时一年。1994年，县政府以东天目乡梅家村、紫水乡城后村为试点，在全县90%以上的乡村林场推行林业股份合作制，以促进林业经济发展。1998年3月，市政府在河桥乡首益村开展建立和完善山林流转机制试点，大力推进集体统管山流转，使集体统管山和农户手中闲置林地进入市场。

20世纪80年代承包制落实后，拥有生产自主权的广大农民因地制宜，调整生产结构和布局，种植和培育经济效益良好的作物，于是“蔡山典型”应运而生。80年代起，横塘乡蔡山村带头在就近的丘陵缓坡上发展小竹园、小茶园、小桑园、小果园、小牧场等“五小”庭园经济。这种模式生产方便，管理安全，投入成本低，经济效益好，深受农民欢迎。全村划给农户作自留山的300多亩丘陵山地，经过三年努力，有210多亩得到开发，营造竹、梅等林木。1984年全村工农业总产值22.6645万元，比1983年增长85.1%。其中以竹、梅为主的庭园经济收入14.3525万元，户均2760元，比1983年分别增长74%和74.6%。1988年，蔡山村成为省级生态农业建设示范试点。

1984年10月，县农业资源区域规划工作基本结束后，以如何应用区划成果持续发展县域农村经济，提高经济、生态、社会三个方面的效益为主课题，由县委办、区划办组成工作班子，到蔡山村进行调查研究，提出“上促青山、下稳良田、主攻丘陵缓坡，多种经营综合开发”的“三线作战”思路。县委、县政府对此十分重视，1986年，要求在及时总结蔡山经验基础上，因地制宜，提出并大力实施“上促青山、下稳良田、主攻中间（丘陵缓坡）”的发展战略，积极开发丘陵缓坡，带动全区“五小”庭园经济向规模化发展，推动“大户”“联户”的合作，逐步建立一批规模化经营的商品生产基地。1986年全县农业综合开发规划即“七五”（1986—1990）规划中，县委、县政府正式提出“三线作战”思路，要求在“七五”期间，把全县丘陵缓坡建设为布局合理、立体开发、综合经营、集约程度高、规模效益好的商品基地，使之成为振兴临安经济的重要支柱产业之一。尤其是要利用丘陵缓坡地发展竹笋生产，主要品种是雷竹、高节竹，一年种竹一万亩，年年种竹不间断。截至1994年，全县菜竹面积发展到15.5436万亩。

临安竹产业随之由个体经营逐步走向集体经营，竹子加工从粗放经营逐步走向精加工集约化经营，经营规模逐步由小到大，产品从以自产自给为主逐步走向商品市场，销售从国内逐步走向国外。1983年，全县竹林面积43.45万亩，竹笋产量7284吨，竹笋产值226万元，农民人均收入 323 元。

1987 年，临安已有 40 多个竹种，竹林 48.57 万亩，主要是毛竹、雷竹、哺鸡竹、笋干竹林，一年四季见鲜，深受市场欢迎。1990 年，竹林面积发展到 54.05 万亩，竹笋产量增至 32225 吨，竹笋产值增至 4135 万元，农民人均收入达 1023 元。

（二）加工提升阶段（1991—2000）

1989 年 10 月至 1991 年 7 月，县区划办编制完成《临安县 1991—2000 年农业综合开发规划》，1991 年 10 月通过省级鉴定。规划提出深化农业开发的“三线作战，主攻中间（加工），前促生产，后促流通，形成合力，协调发展”的战略方针，县委将之概括为“前促生产，后活流通，主攻中间（加工）”，简称为“新三线”方略，将 1986 年提出的“三线”方略简称为“老三线”方略。“新三线”方略的基本内容：生产、加工、流通三者同步开发，狠抓加工；以加工促进流通，以流通带动生产，逐步形成贸工农新运行机制；合力提高综合生产能力，达到生产、加工、流通三者协调发展。该举措标志着全县农业综合开发从以自然资源为主，发展到农村经济全面的立体开发，从广度开发发展到深度开发、系列开发，体现了生产、加工、销售三者结合的产业化发展思路。

1992 年，台商张丰超等到杨岭乡陈家村创办杭州益华农畜产品有限公司，以高节竹笋、雷竹笋为原料，开发具有台湾风味的系列鲜味笋丝，被列为中国美食营养委员会的推荐产品，为国内第一家小竹笋精加工企业。在益华带动下，全县竹笋加工产业尤其是笋丝加工系列产品蓬勃发展，先后兴办水煮笋厂 26 家，年加工水煮笋 65 万罐。菜竹笋精加工企业 9 家，品种有油焖笋、辣油肉笋、糖醋笋、雪菜笋、酱笋、咸笋等。

1992 年前后，临安发展“一优两高”农业。这是开发农业向纵深发展，开发质量进一步提升的具体体现，也是“新三线”方略中“前促生产”向深度发展的体现。1994 年 3 月，县区划委员会、县区划办制订《临安县十大商品基地示范点建设计划》，分别选定具有代表性的乡镇作为高标准建设示范点，其中有上甘乡毛竹点、高虹乡雷竹点、临目乡笋干竹点。政府特别强调要贯彻“新三线”方略，坚持生产、加工、流通三大环节并举，主攻农特产品加工，逐步形成“贸工农”融合一体、协调发展的新型机制。至 1995 年，全县已建成菜竹 15.5 万亩，天目笋干竹 22 万亩和毛竹 26.9 万亩，加上工艺用竹，全县竹林总面积达 70.3 万亩，比 5 年前净增 20 万亩。同年，全县国民生产总值为 52 亿，其中竹业收入 4 亿元。全县农民人均生产性纯收入 2915 元中，竹业收入达 932 元，占 32%。仅竹笋单项，全县就涌现出 10 个年收入超千万元的乡、50 个超百万元的村、3400 多个超万元的户。竹业特别是竹笋产业的发展，为临安县连续两届跻身“全国农村综合实力百强县”和“浙江省首批小康县”作出重要贡献。

1996 年，市委、市政府又提出“山上建基地、山下办工厂、山外拓市场”的发展思路，使开发农业在产加销一条龙、农工贸一体化经营模式上进一步得以明确和深化，从而稳步走上良性循环轨道。

两个“三线方略”的实施，促使临安农业产业发生六大变化：

优化农业产业结构，培育主导产业。改革开放20年来，以市场为导向，对百万亩丘陵缓坡进行调整，一方面使得茶叶、笋干、山核桃等传统主导产业产品保持稳定发展态势，另一方面推动竹笋等新兴主导产业产品后来居上，呈现强劲发展势头。竹林和经济林（主要是干果）种植的比例，从原来占比10%左右，逐年上升到70%—80%。菜竹林面积1997年比1980年增加4.5倍，成为临安农业最大的主导产业。境域东部玲珑片形成北笋干、中菜竹、南毛竹的三大商品竹生产格局；中部於潜片形成东笋、西木（材）、北竹（笋干）、南果格局；西部昌化、昌北片建成木材、干果（山核桃和白果等）、高山蔬菜和萸肉等四大支柱产业。

建立商品生产基地，提高规模经营水平。20年来，全域开发和培植毛竹林、菜竹林、笋干竹林等十大商品生产基地，同时孕育一批“一乡一业”和“一村一品”的区域特色农业，基本上形成乡乡有支柱产业、村村有拳头产品的农业开发格局，诸如高虹镇、太湖源镇的雷竹，西天目镇的笋干等。由于商品基地的专业化生产、规模化经营，许多农户注重采取集约经营措施，使规模效益不断增长，土地产出率、资源转化率显著提高。全市百万亩丘陵缓坡地平均亩产值，从1980年的32元升至1997年的381元。按产业分，菜竹居首，涌现出一批千万元乡镇、百万元村、十万元户。

开发名优特产品，提高农产品科技含量。临安组织科技人员对竹笋高产栽培技术进行攻关，先后获得“雷竹早出高产技术”“天目笋干竹复壮技术”“毛竹笋材两用林改造技术”等10多项科技成果，并且迅速转化为生产力。率先实施春笋冬出和四季笋开发，以及对雷竹退化的有效改造等。1990年以来，县林业部门大力推广鲍子潮雷竹覆盖早出高产技术，全面推广“种、肥、水、土、密、温、青、防”八项高产高效栽培技术，经济效益明显提升。县竹笋服务中心、县竹业协会引导科学种竹，进行四项改革：改正月种竹为四季种竹；改二、三年生竹苗种植为当年新竹种植；改平面种植为立体种植；改单一毛竹为多品种，早中迟合理搭配，四季见鲜。

2000年，全市竹林总面积86万亩，其中雷竹覆盖面积2.8万亩，产笋2.4144万吨，产值1.8372亿元，平均亩产760千克，亩产值6561元，最高亩产鲜笋3800千克，亩产值5.46万元。显著的经济效益激发广大农民科学种竹、孵竹的积极性。针对雷竹长期覆盖后产生退化、笋产量下降这一现象，临安太湖源观赏竹种园较早采用测土配方施肥措施，於潜镇农技站采用水旱轮作法改造退化竹林，各地经试点总结出“深耕更新”“带状深垦”“添加客土”“浅耕荒芜”等多种技术手段改造衰败雷竹林。

开拓加工和市场，推进一体化经营。20年来，通过实施以主攻加工的“新三线”方针，逐步改造和建立竹材、竹笋等八大加工体系。同时注重采用高新技术，开发多种系列优质产品，提高产品附加值。菜竹哺鸡笋初加工的产品水煮笋，经精加工，开发成多个小包装美味香笋（笋丝）系列产品，比初级产品增值1—1.5倍。以家庭经营为主的笋干，再加工成小包装多味笋脯产品，1997年有20多家，年销售收入400多万元，比初级产品增值2—3倍。竹材加工起步较早，从70年代竹农具、竹脚手架、竹签等初级产品，到第二代的竹垫、竹席、竹胶板、竹胶地板等，再发展到竹衣、竹鞋、竹帽等工艺品，经济效益明显提高。

随着加工业深入发展，涌现一批有市场带动力的龙头企业。1997 年，全市固定资产 500 万元以上、销售收入 1000 万元以上的农业龙头企业 11 家，企业固定资产 1.42 亿元，1997 年总值 3.34 亿元。这些企业有一定生产规模，自身实力较强，前有稳固的销售渠道和较大市场覆盖面，后有稳定的原材料基地，形成市场牵工厂、工厂带基地、基地联农户的良性运作机制，从而为加强广大农民与市场连接的紧密度，为确保其经济利益发挥重要作用。同时，这批龙头企业还发挥外向带动作用，扩大农产品的出口创汇。

伴随加工业兴起，农产品市场发展较快。1997 年，全市农产品初级市场 26 个，全年成交额 6.66 亿元，其中竹笋专业市场 11 个，遍及全市各地的收购网点 300 多个，农民购销队伍 4000 多人。全年运销鲜笋 6 万吨，销售额 2.5 亿元。市场的发展带动农村小城镇建设。全域从历史上形成的 3 个城镇，逐步发展到 16 个城镇。

改善生态环境，促进经济、生态的协调发展。竹林被称为“第二森林”，生态、经济、社会三大效益明显。20 年来，菜竹作为改革开放后的新兴产业，与传统产业山核桃形成临安“东竹西果”的大产业格局，成为农民收入主要来源。由于在开发农业资源的同时，注重将开发利用与保护发展、工程措施与生物措施有机地结合起来，使山区农业生态步入良性循环轨道，森林覆盖率逐步提高，林相有较大改观，竹子成为绿化荒山荒土的先锋林种。竹林开发除绿化国土外，还因为竹子鞭根发达，对涵养水源、保持水土具有奇特的生态功能。

菜竹笋异军突起，面向市场，对金融业产生积极作用。增加农村信用回笼。1992 年以后，全县现金呈逐年大投放，而农村信用回笼则一直处于稳定上升状态，农村金融部门工作者称竹笋为“绿色银行”。

竹笋成为行社新的信贷投入点。传统的农副产品信贷投入以茶叶和蚕茧为主，随着竹笋业的发展壮大，行社对竹笋的信贷投入从无到有，逐步成为新的信贷投入方向，促进竹笋生产和加工业发展。

扩大现金流通量。一方面是拉长现金流通时间。全域竹笋收入 80%来自早期雷笋。由于“雷笋早出高产技术”的推广应用，使雷笋出笋期提前到 1 月（春节前）上市，使整个竹笋期拉长两个月，从而拉长现金流通时间。另一方面是增加现金流通量。竹笋除县内交易外，大部分是销往江浙沪，运出鲜笋，从而增加现金流通量。

弥补家庭个体经营性资金不足。笋农竹笋的生产性收入，除用于生活消费及存银行外，很大一部分资金投向家庭其他经营。

临安竹产业的发展，从 20 世纪 80 年代初开始，从开发丘陵缓坡地入手，以发展食用竹笋为突破口，大力实施“三竹”并举及“三产联动”“三线作战”“三山”战略，经过 20 年努力，实现了“临安经济翻两番，山挑重担，竹肩一半”的历史重任，成绩显著。

1998年全市竹子总面积82万亩，其中菜竹发展到20余万亩，毛竹30余万亩，笋干竹24万余亩，工艺用竹6万余亩。至2000年，全市竹林面积达86万亩，竹笋产量6.09万吨，竹笋一产产值3.14亿元，农民人均年收入达4568元。

临安县政府及部门相关领导在北京领取“中国竹子之乡”证书及奖牌　（布智明 1996年摄）

1994年，临安被列为国家持续农业和农村发展试验区。1996年与2006年，临安两次获评“中国竹子之乡”，同时获得“浙江省首批小康县”“全国绿化造林先进单位”“全国经济林建设先进县”等荣誉称号。

（三）市场拓展阶段（2001—2010）

1997年，全市第一轮土地承包普遍到期。1998年3月，市政府在河桥乡首益村开展建立和完善山林流转机制试点，推进集体统管山流转，使集体统管山和农户手中闲置林地进入市场。同年7月30日，临安市委、市政府下发《关于切实做好第二轮土地承包工作的意见》。同年10月至11月，二轮土地承包考核验收，1999年年底基本完成。2001年7月，临安开展延长山林承包期50年不变、核发“林权证”工作。2002年12月基本完成。

2008年，市委、市政府根据中共中央、国务院《关于全面推进集体林树制度改革的意见》精神，开始新一轮林权制度改革，临安被列为全省集体林权制度改革示范区。2009年，临安正式实施新一轮改革。通过三年努力，至2011年年底基本结束。当年全市林业总产值首次突破100亿元，成为全省八个“林业产业百亿强县”之一。2012年，临安明晰山林产权工作基本完成，集体林权制度改革工作走在全国前列。时任国家林业局局长贾治邦、各司局负责人等先后多次到临安调研并给予高度评价。中央电视台、中央人民广播电台、新华社以及《人民日报》《光明日报》《经济日报》《科技日报》《中国青年报》《农民日报》《法制日报》等中央媒体纷纷报道临安林权改革工作，临安还在全国集体林权制度改革百县经验交流会上作大会发言。

临安市把握发展机遇，即时提出并实施“山上建基地，山下办工厂，山外拓市场”与“三竹”并举，“三产”联动的竹业发展战略，临安竹业发展进入市场拓展阶段。具体而言，分六个方面：

扩大竹业规模，实施区域化布局。进入新世纪，临安竹业规模持续扩大。政府继续实施“三竹并举、三产联动”“优化一产、深化二产、强化三产”的战略决策。在一产方面，优化林种结构，扩大竹林面积。调整低丘缓坡地二代杉木用材林结构，大力发展毛竹，采用间伐杉木套种毛竹的方式，将杉木林逐步改建成毛竹林。调整农田产业结构，大力发展农田种竹，每年以2万亩速度继续扩大优良食用笋雷竹面积。根据临安山区的地理气候与环境条件，抓区域化布局，实施分类经营，将临安竹类分成四大类：丘陵缓坡及农田菜竹山，低山近山毛竹山，中山陡山笋干、小竹山，边远高山工艺用竹山。各类竹子各占地理优势，地尽其力，竹尽其用，分类经营，相得益彰。各类基地依靠科技进步和技术创新，推广设施栽培，提高竹园产出率。在二产、三产方面，临安建成全国最大的竹笋加工基地与竹笋制品交易集散地。

做深竹笋加工，实施产业化经营。临安竹笋产品加工已具有一定深度，并拥有一批名牌新产品，在国内外消费市场享有信誉。进入新世纪后，竹笋加工从粗加工向精加工转变，并根据新的市场需求，改变过去粗制作、低档次重复局面，实施产业化经营，进行系列化生产，生产出各类适合都市人口味与消费习惯的小包装休闲食品。

杭州西马克食品有限公司以临安的高节笋为原料，加工生产高档调味笋丝。郭氏绿色食品有限公司的小包装多味笋干系列，成为沪杭等地市场抢手货。杭州临安罐头食品有限公司扩大经营规模，在外省竹笋产区建立18家分厂，加工生产规格统一、包装精美的小包装保鲜笋，获准直接进入日本超市。杭州裕隆食品公司开发加工的油焖笋、清汁笋小型罐头等畅销亚欧美洲20多个国家。尤其是杭州益华农畜产公司，引进台商技术和资金，对高节笋的初加工产品清汁笋进行二次深加工，开发生产7种小包装“美味香笋”笋丝系列产品，经济效益增值4倍以上。

2004年始产手剥笋，2007年总产达86.7万箱。天目笋干积极开发新产品天目直尖、天目扁尖、天目多味笋干丝系列等，并注重加工质量，创建优质品牌。

竹材加工主要产品有竹企口地板、竹丝、竹席、竹签、牙签、竹衣、竹盐、竹酒、竹炭等，其中以竹地板加工为主，畅销国际市场。实现竹子加工从低档竹产品向高档竹精品转变。最有代表性的是在北京国家大剧院举办的首届中国绿色碳汇节竹文化艺术展上，杭州森瑞竹业公司、钱高潮文化艺术公司等展出30多件精美高档的竹皮画、竹皮图书和其他各类竹编竹制工艺品，以及青柯村的各式精美竹鸟笼等。

做强龙头企业，实施持续化发展。临安重视培育竹业龙头企业，建设竹笋加工企业强队，促使企业上规模，产品上档次，管理上水平。临安竹笋加工企业具有一定规模，在全国也有较高知名度。笋加工企业按年产值50万元以上统计有70多家。参加竹笋加工企业协会47家，其中年产值上百万元的有30家。就年销售收入而言，1000万元至5000万元的有13家，上亿元的有2家。浙江松友食品公司总资产1.75亿元，年销售收入1.59亿元，出口交货值1.57亿元，成为国家级农业龙头企业。

加工产量主要集中在临安罐头食品有限公司、临安工贸食品有限公司和杭州康鑫食品有限公司，三家年产水煮笋140万罐，占全市总产量77%。竹材加工大小企业近百家，主要集中在玲珑片，以生产企口竹胶地板为主的临安三峰实业总公司和临安青峰实业总公司两家规模最大，年产值均在3000万元以上。至2007年，全市竹笋竹材企业中共有省级以上农业龙头企业3家，省林业重点企业2家，省名牌产品3只，杭州市名牌产品3只。

推广丰产技术，实施科学化管理。临安竹林面积中 70%为中低产林。同是竹林，而产出率高低相差 10—20 倍。为此，临安大力推广丰产栽培技术，实施科学化管理，提高经营效益。市林业局组织百名科技人员“三下乡”，研究推广的竹业项目有国家星火项目临安市竹业工程、林业部推广项目毛竹周年采伐、杭州市优良食用竹笋产业化科技示范基地项目与雷竹持续丰产经营管理研究项目等。继续实施“三竹”低产林改造。为进一步提高雷竹笋的品质效益，起草编制《无公害竹笋》浙江省级地方标准。建立万亩雷竹无公害竹笋标准化示范基地，积极推广无公害竹笋栽培技术。通过提高竹笋品质，从数量效益向质量效益转变。注重环境保护，推广平衡配方施肥，改良土壤，培植地力。2001 年开始，临安建立万亩天目笋竹丰产栽培科技示范基地，实行科学管理，标准化生产，全面提高笋干竹产量、质量和效益。

增大竹笋流量，拓展山外市场。跨入新世纪，全市竹笋流量增大，产业规模扩展。全市建起有一定规模的竹笋市场 12 个，拥有竹笋流通队伍 6000 多人，将临安鲜笋销往国内各地，东至上海、南京、苏州、无锡等大中城市，北到北京、哈尔滨，西抵西安、兰州，南通港澳。全市每年上市的菜竹笋有 6 万—7 万吨，年产天目笋干 2000 多吨基本畅销。西天目乡则是全国最大的笋干集散地之一，年销笋干 1600 吨，销售额 1600 万元。临安不仅拓展国内市场，还打入国际市场，“西湖”牌清汁笋享誉日本，临安三峰实业公司生产的竹胶板 80%远销法国。

1999 年，从外省流入市域的竹笋 3.64 万吨，占全市总加工量 58.6%。其中仅从外地流入的毛笋即达 2.69 万吨，占毛笋加工总量 80%。流入加工笋干的鲜笋 7500 吨，笋干 2000 吨（折鲜笋 1 万吨）。近年来，全市在外省加工的水煮笋达 1.96 万吨。

1999 年，市委主要领导先后两次带领有关职能部门和重点竹产区领导到上海考察市场，了解行情，并促成在上海建立恒大天目山竹笋交易市场。选送天目雷笋、竹胶地板、山珍玉笋等名特优竹产品在省内及上海、昆明等地展示。

税源增加。据测算，全市竹业仅农业税、产品税、增值税等足额征收，可达 3600 万元，相当于当时全市实际年财政收入 20%左右。临安三峰实业公司年产品销售达 1000 多万元，年上缴财政税收上百万元；全市水煮笋年出口 1.4 万余吨，创汇 6300 多万元。

临安竹业闻名国内外。2000 年 10 月 4 日至 10 日，竹子可持续经营及竹子加工技术国际培训班在临安举行，25 个国家的 60 多名中外代表实地参观青云、横畈、三口等乡镇竹子栽培和笋、竹加工技术。2005 年，临安承办和协办国际竹子培训班 4 次，28 个国家 153 名官员、学者参加培训。《中国林业报》以《临安竹子甲天下》的通栏标题，介绍临安竹业建设经验。

2004 年，市林业局在太湖源镇千亩雷竹示范基地基础上，扩大建立万亩雷竹示范园区。园区范围面积 3.1 万亩，核心区 5000 亩。核心区主要由盛村坞、夏村、黄岗、横路 4 个村的雷竹林组成。示范园区内建有竹笋加工企业 11 家，以及竹笋贸易市场、竹笋产业协会与竹笋生产专业合作社。2007 年 8 月，园区被省林业厅命名为“临安省级雷竹现代示范园区”。2009 年 12 月，该项目通过验收。

2010 年，全市竹林面积 95.6 万亩，竹笋产量 18.45 万吨，竹笋一产产值 7.99 亿元，实现竹

产业总产值29.09亿元，占林业总产值33.7%。农民人均纯收入达12012元。同年，太湖源镇雷竹、高节竹投产面积9.65万亩，产鲜笋5.3万吨，居全市第一，产值1.42亿元。仅此一项，农民人均收入达4500元，成为当地农业一大支柱产业。2010年，省级竹子现代示范园发展项目通过验收，退化竹林改造1.35万亩，“天目雷笋”成为地理标志。

（四）转型升级阶段（2011—2019）

2011年，全市竹产业总产值上升到31.2亿元，成为临安历史新高。然而，自2011年后数年，外地毛竹水煮笋加工量减少，临安境内天目笋干加工量下降，退化竹林面积增多，劳动成本增加，竹林经营实际效益与竹农经营积极性受挫，竹笋产值增长难度加大。此外，投入不足，基础设施落后，竹农劳动强度大，抗击自然风险能力弱；竹笋经营方式仍以分散、细小的单家独户为主，缺乏市场竞争力和自我保护能力；大部分合作社力量较弱，组织化程度较低；临安有年加工10多万吨竹笋的加工能力，但大企业原料与工厂都在外地，大量需要加工的小竹笋主要仍以农户与小企业加工为主，竹笋加工能力与技术均不配套；尽管临安“天目雷笋”与“天目笋干”在江浙沪有一定的知名度，但竹笋品牌建设与管理相对滞后。上述种种情况表明，临安大规模发展竹林面积、增加竹笋产量的阶段已告结束。

从2011年开始，临安竹笋产业进入现代林业发展阶段中的转型升级阶段（又名质量提升阶段）。2012年，市政府下发《临安市竹笋产业转型升级五年行动计划》的通知，指明这个时期的总体思路是：产业规模化，经营生态化，生产标准化，产品品牌化，管理规范化，全面推进竹笋产业转型升级。发展战略是：生态安全，优质高效。目标任务是：实现年产竹笋30万吨，竹笋产值40亿元。

其间，临安借助2018年制定的《临安竹产业振兴三年行动计划方案》的实施，继续加大政策扶持力度，狠抓产业转型升级，延长笋竹加工链，以激活经营，推进竹笋标准化生产，引导企业创优品牌。具体而言，分四个方面：

扶持企业做大做强。（一）整合全系统各类资源，有效发挥规模效应。以竹笋加工龙头企业为重点，在目前集团化雏形的基础上，充分发挥加工企业的设备、技术、产品、市场等优势以及购销企业在仓容、资金、收购网点等方面的资源，采取多种形式，进行规模化生产和集约化经营。（二）鼓励企业做强。至2019年，临安有多家各级林业（农业）产业化龙头企业，销售额占全行业销售总额的50%以上，成为推动行业经济发展的中坚力量。（三）积极评选优质林产品，提升企业软实力。连续九年组织有关企业参加中国义乌国际森林产品博览会，借助第九届至第十一届中国（天目山）森林旅游资源博览会金奖评选活动之机，在全行业开展评选活动。

打造产业链以激活经营。多年来，着力打造产业链，开展无公害林产品和森林食品生产基地的申报认定、基地种竹资源培育等工作；配合企业完成优质林产品生产基地订单种植工作。另外，围绕发展主题，组织多种形式的行业内合作，推动行业经济持续、稳定发展。

开展专项调查，参与修订行业标准。开展食品安全生产、经营情况专项调研，产业基础情况调研，全市竹笋、竹材加工和种植、贩销情况调研。在此基础上，撰写《临安市雷竹林经营状况调查》《临安竹笋传统产业的转型、创新与提升》《转型升级促进竹业持续发展》《雷竹笋低价原因调查分析及对策建议》等多篇报告，为市委、市政府实施宏观决策提供相对准确可靠的依据。参与起草《竹笋安全加工技术示范与推广》《优新经济竹类产业化开发关键技术集成与推广》，制定国家林业行业标准《早竹笋生产技术规程及产品质量等级》，修订省级标准《菜竹栽培技术规程》等。由临安市主持或参与制订的国家级、省级、市级等竹笋行业标准 15 个，主持和参加完成的竹笋科研项目获省部级奖 12 项。临安获评全国林业标准化建设示范市。

引导企业创优品牌。努力通过各种途径和方式，做强做大区域品牌。临安区域品牌“天目雷笋”获评 2016 全国果菜产业百强地标品牌，2018 年品牌价值近 22.62 亿元。“天目笋干”品牌价值超过 15.3 亿。同时帮助企业、合作社开展知识产权保护工作，及时申请注册自己的商标和品牌，建立自己的网站网店，从而提升品牌影响力。2016 年，帮助 1 家竹笋合作社成功申请注册商标，牵头、组织和帮助 3 家合作社设计天目雷笋包装盒，帮助多家企业和合作社对天目笋干商标的使用进行规范和外包装的更新设计。2017 年，组织 12 家竹材、竹笋企业参加在福建永安举办的世界竹博会。2018 年，组织临安最具代表性的 5 家生产企业，结成“临安竹产业振兴战略联盟”，应邀参加在北京国家会议中心举办的首届国际竹藤大会，临安竹文化元素惊艳亮相大会论坛，引起国内外与会嘉宾的极大关注。重点做好“天目笋干”申报农业农村部的地理标志登记保护工作。

上述工作促进了临安竹产业质量提升、转型升级期的可持续发展，成效明显，表现在如下六方面：

竹林资源持续增长。全域竹林面积从 2010 年的 95.6 万亩增至 2019 年 96.5 万亩。其中毛竹面积增至 33.8 万亩，毛竹林分株数稳定在 5700 多万株，亩立竹量约在 170 株。雷竹、高节竹等菜竹 40 余万亩。建成省级竹子现代示范区 1 个、杭州市级园区 9 个、临安本级园区（基地）82 个，经营辐射面积近 60 万亩。通过结构调整，高山交通不便的笋干竹林面积减少，演变恢复为生态效益好的阔叶林；低丘缓坡经济效益好的菜竹与毛竹面积持续稳定地增长。全市通过退化竹林改造与可持续示范基地建设，竹林资源仍有稳步增长。

竹农收益持续增加。全域竹笋产量从 2008 年的 17.398 万吨增至 2013 年的 18.268 万吨；毛竹采伐量从 700 万株增至 1000 万株，增长 42.86%；竹业总产值从 27.95 亿元增至 32.63 亿元，增长 16.74%，其中一产产值从 7.12 亿元增至 9.38 亿元，增长 31.7%。2014 年竹笋总收入超过 10 亿元；竹农人均收入从 2008 年的 9680 元增至 2013 年的 17561 元，增长 81.42%。2013 年，全市涌现出竹笋万元户 14366 个，5 万元户 466 个，超 10 万元户 59 个。2014 年竹笋一产产值首次突破 10 亿元，达 10.6488 亿元，产区 13 万户竹农近五成的收入来源于笋竹产业。2019 年，临安竹笋总产 24.3 万吨，一产产值达 13.48 亿元。

产业与文化有效融合。临安自古盛产竹子，种竹食笋赏竹，历史悠久，源远流长，蕴含丰富的竹笋文化。北宋苏轼歌咏於潜绿筠轩竹名句曰“可使食无肉，不可居无竹”。清代郑板桥推崇“百节长青之竹”，与“四时不谢之兰，万古不败之石，千秋不变之人”为“四美”。临安人喜欢虚心劲节、枝叶扶疏、四季常青、凌霜不凋的翠竹，不论山上、地角、庭前、墙边布植，无不意态洒然，流溢着恬淡宁静之美，与中国传统文化提倡的道德品质、人格素养交相融合。临安竹文化与竹产业组成互为补充的两翼，共同成就临安竹业的发展壮大。改革开放以来，临安做大做强竹产业，适时开展“竹笋美食节”“百笋宴”等具有竹乡特色的文化活动，吸引游客到竹乡观光旅游，赏竹景、挖竹笋、剥笋壳、尝笋鲜、乘竹筏、坐滑竿、睡竹床、玩竹乐、购竹品，更多体会到竹子的神韵，拓宽竹笋产业发展空间，进一步开发竹林的生态、文化、旅游等多种功能。

2012 年 12 月成立临安市竹文化研究会，创刊《天目竹韵》，以乡村振兴和农业现代化为目标，坚持“咏（竹）”“塑（竹）”“研（竹）”并举，深入挖掘临安种竹、食笋、赏竹的历史文化，开展中外竹产业、技术与文化交流，引导竹文化进校园，协助举办临安“竹笋美食节”“百笋宴”等活动，着力提升临安竹笋的品牌文化，促进文化与产业有效融合，开创竹产业、竹文化研究工作的新局面。

至 2019 年，临安有竹林面积 96.5 万亩，占林业总面积 25%。年产竹笋 25.75 万吨，竹笋一产产值 15.44 亿元，竹业总产值达 35.2 亿元。临安是“中国竹子之乡”“江南最大菜竹园”，国内天目笋干最大的生产、加工、销售集散中心，也是全国水煮笋加工出口最多的区（县、市）。竹笋产业已经成为临安农村第一大支柱产业，是农民收入的主要来源，在农村经济社会的发展和农民增收中的地位举足轻重。

为了促进竹笋产业的健康持续发展，根据临安区“十二五”林业发展规划及产业发展实际，结合《杭州市人民政府关于推进杭州市“十二五”期间“菜篮子”工程建设的实施意见》精神，制定临安区竹笋产业转型升级五年行动计划。“十二五”期间，临安竹笋产业转型升级的重点是实施以下重点建设工程：竹笋基地持续丰产能力提升工程、竹笋高品质生产标准化推进工程、竹笋新产品开发和加工能力提升工程、竹笋产业品牌培育工程、竹笋生产科技创新支撑工程。

竹产业在临安多年的经济社会发展中，其地位、贡献、作用之大是显著的。但近年来，临安竹产业遭遇前所未有的林农之伤、转型之痛和发展之困，进而引发全区上下对竹产业发展的前景之忧、破题之惑和存废之争。

为了及时有效地找准短板、切准问题，2018 年 1 月以来，区委、区政府、区政协开展多次调研。同年 1 月 30 日制订《临安竹产业振兴三年行动计划》。3 月 22 日，临安区竹产业振兴三年行动计划领导小组办公室下发《临安区竹产业振兴三年行动建设项目实施细则》。2019 年 4 月 21 日，公示於潜镇杨洪村天目石笋文化产业基地、於潜镇潜东村涌村畈退化雷竹改造、於潜镇泗洲前田畈竹改稻模式示范基地建设、板桥镇过溪畈退化雷竹修复改造示范基地项目、临安天目山笋业有限公司年产 400 吨竹笋产品提升项目、杭州临安博创农业科技有限公司竹笋精加工产能整合提升工程、临安昌化远丰食品有限公司竹笋加工改造提升项目等七个项目为2019年临安区竹产业振兴三年行动计划建设项目（第一批）。

自改革开放初始至2019年，40年来，临安坚持以市场为导向，科技为先导，企业为依托，政策为动力，从丘陵缓坡开发着手，大力实施新老三线战略以及“三竹”（菜竹、毛竹、笋干竹）并举，“三产”联动的竹业发展战略，探索出一条具有临安特色、以发展竹业促进山区致富的新路子，经济社会获得迅猛发展。继1996年、2006年两次获评“中国竹子之乡”后，临安又相继获得“中国竹笋美食之都”“国家生态市”“中国最佳养生休闲旅游城市”“国家园林城市”“中国最美城镇”“全国县域经济100强”“全国第一批国家级生态文明建设示范区”“全国山区综合开发试点县（市）”等荣誉称号。

专记3　1988—1994年蔡山村生态农业建设试点

横塘乡蔡山村位于临安县中部丘陵地区，全村由5条坞36条山岙组成，91户，282人，田地总面积1744亩，其中山地1346亩，水田155亩，园地和旱地142.3亩，是个“八山一田一地”的小山村。1988年被列为全省生态农业建设示范试点。该村以户为单位，以庭院为中心，就近连片划分田、地、山承包到户，并宣布长期不变。农民放手开发利用自己经营的土地，发展“五小”（小竹园、小茶园、小桑园、小果园、小牧场）庭院经济。在田里解决温饱的同时，山上利用母树飞播封山育林，迅速绿化山地，在房前屋后坡地上广种适生高产优质高效的笋用竹，促进了山村经济的迅猛发展。该示范点“五小”庭院经济发展项目于1988年由省科委立项，1991年通过鉴定验收。

该村通过发展笋用竹和梅树，1994年森林覆盖率达到71%，创造了一个良好的生态环境。

发展山区经济，效益显著提高，人均收入达到1941元，比全县1009元高出82.5%，并在全县逐步推广，对省内外也发挥了示范作用。

蔡山村生态示范点的建设，适合当时农村家庭联产承包责任制的体制，对全省以及南方山区建设作出示范，研究成果达到省内先进水平。该课题于1992年获县科技进步三等奖。

课题验收后，蔡山一方面继续发展竹笋，由1990年的280亩，增加到1994年的575亩；产值从1990年的98155元，增加到1994年的58万元；竹笋人均收入2056元；森林覆盖率达81%。另一方面积极发展家庭绸厂，支持和鼓励农民大胆务工经商。

蔡山村的91家小庭园，大多兼营农林牧工，涉及三大产业，形成了小庭园大经济的格局。蔡山村以缓坡地上的竹笋、青梅为起动产业，积累资金，又反过来用工业盈利促进林、农、牧业的发展，走上上促青山、下稳良田、全面发展、良性循环的生态农业路子，得到省内外各界人士的关注。到1994年年底，全国共有900多个县、1万多人次慕名前来参观取经。国务院、农业部、林业部以及中国农科院的领导、专家考察蔡山，给蔡山的生态农业建设以高度的评价。

专记 4　临安第一个雷笋收入万元户

临安第一个雷笋收入万元户是谁？临安历来有多种说法。

“临安竹笋之最”中有载：临安第一个雷笋收入万元户是锦北袁家村查正旺。1987 年，6 亩雷竹产笋 6493.5 千克，产值超 1 万元，平均每千克笋价 1.54 元。

临安第一个雷笋收入超 10 万元户是高虹陈家坎村孙林平。1995 年，12 亩雷竹产笋收入 10.2 万元，其中覆盖 4 亩，收入 8.8 万元，成为临安第一个竹笋年收入超 10 万元的大户。

又一说：1984 年，葛银万仅以 0.7 亩雷竹园，就收获雷笋 2065 千克，产值 3158 元。当年在县农业农村工作会议上被授予“临安县竹笋万元户”奖状。

那么临安第一个雷笋收入万元户到底是谁呢？2019 年 9 月 26 日，林业局何钧潮翻出锦北街道吴马村葛银万 1983—1986 年的竹笋采收与销售记录：雷竹面积 0.7 亩，1982 年，笋产量 1206.65 千克，产值 1206.39 元；1983 年，笋产量 1039.75 千克，产值 1337.1 元；1986 年，笋产量 1253.25 千克，产值 1924.9 元。葛银万是全县雷笋单位面积产量最高户，故称“雷笋大王”，而不是雷笋实际收入的第一个万元户。

专记 5　临安第一个用毛竹叶覆盖雷竹林的人——鲍子潮

鲍子潮所在的三口珠坞村两山夹一弄，日照短，出笋迟。他住在一个小山坡上，竹林在住房四周，有雷竹园 4 块，面积共 0.38 亩，1984 年收入只有 20 元，1985 年 60 元，1986 年 200 多元，1987 年产笋 477.5 千克，收入 652 元。1988 年他的竹园已成林投产，产笋 686 千克，收入 1450.25 元。但由于早期笋与末期笋的价格有较大差别，鲍子潮总想要使自己的竹园提早出笋。该村有冬季做毛料的习惯。1988 年冬，鲍子潮发现村民在做毛料的路旁小溪边，有成堆的毛竹叶，碰到溪水腾腾地冒着热气，于是他想到是否可用竹叶覆盖雷竹保暖增温。

三口乡珠坞村鲍子潮（蹲者）正在收获“冬天里的春笋”雷笋

（布智明 1990 年摄）

1988 年 12 月下旬，鲍子潮把废弃的竹叶一担一担地从山下挑进自家竹园。先覆盖两块地，面积 0.19 亩。覆盖前，竹园施入猪圈垃圾等肥料，竹叶覆盖厚 1 市尺（1 市尺≈0.33 米，下同）。一个月左右，到 1989 年 1 月 26 日开始第一次产笋，共挖笋 6 千克，每千克 6 元；到春节（2 月 6 日），12 天总共挖笋 3 次，计 39.5 千克，收入 290.5 元；到 2 月 12 日，18 天总共挖笋 5 次，计 84.5 千克，收入 650.5 元，最高价是每 500 克 4 元。这样的产量与效益在当时已是非常可观。

到 3 月 19 日，共计产笋 322.5 千克，收入 2109.5 元。3 月 19 日以后，未覆盖的自然笋已批量出土，竹林产笋到 4 月 23 日结束。鲍子潮的 0.38 亩竹园，当年合计产量 893.5 千克，产值 3523.3 元，比未进行竹叶覆盖的前一年收入翻一番多。

鲍子潮是真正发现毛竹叶是雷竹的一种很好保温材料，并第一个使用竹叶覆盖提早雷竹出笋的人。

1990 年 0.38 亩全部覆盖，2 月 1 日开始出笋，产量 1130.25 千克，收入 4296 元；1991 年 0.42 亩全部覆盖，1 月 8 日开始出笋，产量 1568.9 千克，收入 7211.9 元。

1991 年，县林业局何钧潮带领科研组，对鲍子潮的雷竹竹叶覆盖技术总结鉴定，并及时向周边村民推广。鲍子潮连续 7 年用竹叶覆盖，直到 1994 年因调任临安锦城工作，才把竹园交给其弟管理。

第二章　竹与三教文化

第一节　儒家与竹文化

从东汉始，竹的儒家文化精神逐步定格，代表了士大夫文人所崇尚的君子理想人格。唐刘岩夫《植竹记》有言：“君子比德于竹焉：原夫劲本坚节，不受霜雪，刚也；绿叶萋萋，翠�浮浮，柔也；虚心而直，无所隐蔽，忠也；不孤根以挺耸，必相依以林秀，义也；虽春阳气旺，终不与众木斗荣，谦也；四时一贯，荣衰不殊，常也；垂蕡实以迟凤，乐贤也；岁擢笋以成干，进德也；及乎将用，则裂为简牍，于是写诗书象象之辞，留示百代，微此则圣哲之道坠地而不用闻矣，后人又何所宗欤？至若镞而箭之，插羽而飞，可以征不庭，可以除民害，此文武之兼用也；又划而破之为篾席，敷之于宗庙，可以展孝敬；截而穴之，为篪为箫，为笙为簧，吹之成虞韶，可以和神人，此礼乐之并行也。夫此数德，可以配君子。”将竹赋予刚、柔、忠、义、谦、贤、德等品格。

临安儒家竹诗　历代儒家人士崇尚竹，留有众多竹意象的诗词。据不完全统计，民国前临安每首古诗词中含两个以上竹意象的有 160 余首。

少康与笤帚　传大禹曾多次到临安治水，留下诸多传说与地名。大禹的后裔、夏代中期君主姒少康（前 1972—前 1912）偶见受伤野鸡拖身爬行，得到启发，用鸡毛扎成掸帚，后来又换成竹枝，从而发明了笤帚。据清康熙《於潜县志》记载，少康将於潜一带封给他的一个支脉，于是其子孙遂将笤帚文化带到境内。

蔡邕与柯亭笛　晋寓居临安的干宝所撰《搜神记》记载：“蔡邕尝至柯亭，以竹为椽。邕仰盼之，曰：‘良竹也。’取以为笛，发声嘹亮。一云邕告吴人曰：‘吾昔尝经会稽高适亭，见屋东间有第十六竹椽，可为笛。’取用，果有异声。”蔡邕曾经到绍兴柯亭，该亭以竹为椽。蔡邕偶尔抬头仰视，眼睛一亮，说：“这中间有一根良竹。”就将其拆下来，制作成一笛，发声嘹亮。又有一说，蔡邕对吴人说：“我过去曾路过会稽的高适亭，见屋东间第十六根竹椽，是制笛的好材料。”因而取用，果然有神异之音。

大明山竹叶鱼 传说一个孝子为躲避战火，背母亲爬上大明山牵牛岗。母亲身体虚弱想吃鱼。在山上，孝子找不到鱼，坐在山石上伤心。这时，来了一位白发老婆婆，问孝子为何事伤心。孝子告诉她母亲想吃鱼，却无法得到。老婆婆带他前去，到一处小水潭，清澈见底并无一条鱼。老婆婆抓把竹叶往水潭一扔，念道：“竹叶竹叶快快变，孝子母亲要吃鲜。”竹叶立即变成形如竹叶的小鱼。孝子回头道谢，已不见人。孝子向天跪拜。母亲吃了形如竹叶的鱼，身子慢慢恢复。从此，这大明山牵牛岗山坑里就有了这种鱼，人们称“竹叶鱼”。

东海孝妇蒙冤 寓居临安的干宝《搜神记》中所记：“汉时，东海孝妇，养姑甚谨。姑曰：‘妇养我勤苦。我已老，何惜余年，久累年少。’遂自缢死。其女告官云：‘妇杀我母。’官收系之，拷掠毒治。孝妇不堪苦楚，自诬服之。时于公为狱吏，曰：‘此妇养姑十余年，以孝闻彻，必不杀也。’太守不听。于公争不得理，抱其狱词哭于府而去。自后郡中枯旱，三年不雨。后太守至，于公曰：‘孝妇不当死，前太守枉杀之，咎当在此。’太守即时身祭孝妇冢，因表其墓。天立雨，岁大熟。长老传云：‘孝妇名周青。青将死，车载十丈竹竿，以悬五幡。立誓于众曰：‘青若有罪，愿杀，血当顺下；青若枉死，血当逆流。’既行刑已，其血青黄，缘幡竹而上极标，又缘幡而下云。”

第二节　佛教与竹文化

古代，中国称印度为“天竺”，因此竺也指佛教，竺法即佛法，竺书即佛经。《广雅》载：“竺即竹也。”王念孙疏证：“竺、竹同声字。方言有重轻，故又谓竹为竺也。”竹是佛法写照，直挺、中空、气节、常绿、柔韧与佛法契合。“竹径通幽处，禅房花木深”，“青青翠竹尽是法身，郁郁黄花无非般若”，佛教、竹子常在诗文中不期而遇。元赵孟頫奉敕撰并书《天目山大觉正等禅寺记》中就有句：“翠竹黄花尽真如体，白云青嶂咸大觉场。”历代僧人多以竺为姓。《西天目祖山志》和《东天目山志》记载：“汉明帝永平中，摩腾、竺法兰以佛经西至天目。”东晋竺法旷为西天目开山祖师。

由于竹意象与佛教相应，故临安寺院中多栽竹，历代僧人、文人多有描绘。临安、於潜、昌化的旧志上都有产紫竹的记载：明万历《临安县志》中记载县域产紫竹，可制箫笙；清乾隆《临安县志》卷四《物产》中记载有紫竹，还有观音竹；清光绪《於潜县志》卷十八《食货志》中记载有紫竹；西天目山上也有紫竹。

临安佛家竹诗 临安境内有天目山、龙塘山等诸多佛教名山，历代僧人、居士等留下较多咏竹诗词。唐释皎然（760—840），有诗《采实心竹杖寄赠李萼侍御》。诗人姚合（约779—855）《题僧院引泉》诗云“架空横竹引，凿石透渠飞”，所记为最早的竹制接水设备。宋苏东坡《自净土寺步至功臣寺》中有句“松间野步稳，竹外飞桥转”。元中峰禅师在他的《梅花百咏·僧舍梅》中有句：“紫竹林中艾衲寒，净瓶晓折供金仙。”

清代僧人东天目山邵明寺住持松华所编《东天目山志》卷之一记：“环翠峰 在寺后坐山，其形如椅，左右垂肩，苍松翠竹，罗列森然，寺藏其中。”有诗云：“苍松翠竹隐僧门，世上遥看但绿云。”霍林汤宾尹有《宿天目山房》诗，其中有句云：“月上松台依白石，云移竹笕护丹泉。”又有《东天目铠公至辄别》中云：“行行语语总无情，修修寺竹空相对。”空境中夹着几分愁思。

天目山仙乐 传风清月朗或欲霁欲雨时，东天目山大仙顶、西天目山仙人顶上经常有箫管琴瑟之仙乐。明万历四十二年（1614）徐嘉泰编纂《西天目山志》卷首《天目山纪略》：“相传天台雁荡临安，往往多玉室金堂，灵仙瑶草，汉魏诸得道者在焉。其山多产文鸡、翠鸟、角鹿、麀麋，奇松、秀竹，仙人白猿、玉瓶、沉香三宝藏于岩下，丝桐箫管奏于空中。”明王亮《游东天目山记》：“按石而坐，对将军峰、钟磬堂，清风明月之夜，时复闻箫管琴瑟之声，如天乐浮空然，真罕有也。”又清嘉庆《西天目祖山志》中记有“仙乐”一段：“古记，常时风清月朗，绝顶有笙箫声；又云欲霁欲雨，夜则闻空中丝竹俱举越旦。”清张记有天目山诗《宿狮岩》：“云楼千丈跨压端，独宿挥杯坐所欢。玉柱倒悬新月暗，箕潭遥枕碧霄寒。高僧幻化空留钵，羽客逍遥自炼丹。夜半忽闻天乐动，不知四大在仙坛。”

以竹命名的寺院建筑 临安寺院中以竹命名的楼堂甚多。在西天目山上，元代高峰、中峰时所建的狮子正宗禅寺周围，有许多以竹命名的楼堂院等。明万历四十二年（1614）徐嘉泰编纂的《西天目山志》载：“会景堂，亦称四禅竹院。竹隐堂，会景堂之西南隅。翠筠楼，松隐楼前。绿筠居，会景堂前。”明代扬州张之采《西天目志》天启元年（1621）杭州刻本中也有相同的记载。明代须之彦有《雨宿水竹山房》诗：“揉却空中翠，顷将下界分。窗明千竹雨，水冷一溪云。树色低还合，钟声湿不闻。山僧能爱客，烧烛意殷殷。”明代黄汝亨有《宿西目竹房》诗：“为问山藏寺，因过竹隐僧。翠华纷几席，云气下棱层。函丈分初月，巢经朗一灯。坐深清籁寂，相对得心澄。”

竹林寺（海会寺） 位于临安锦北苕溪北畔，因纪念释迦牟尼佛圣迹而冠名。宋苏轼曾游并题诗，蔡襄曾撰《临安海会寺殿记》：“杭州临安县海会寺，梁大同中始作，号曰竹林。及五代贞明之初，吴越王又新之……竹林最得山水佳趣，因大治之，益广前制。当是时，吴中浮图居虽百千数，无是伦者。大中祥符间，例易天下寺名，遂今赐额。”蔡襄曾在旧竹林寺旁题碑“山水佳处”。

瑞竹寺（殊胜院） 位于锦城街道青山湖西岸瑞竹湾，又名殊胜院。南宋咸淳《临安志》载：“殊胜院，在县（县治在西墅）东一十里，旧名瑞竹，天福四年（939）建，治平二年（1065）改今额。”又据清乾隆二十四年（1759）《临安县志》卷四载：“殊胜寺，万历旧志：去县东七里安义乡，晋天福赐额瑞竹，宋治平改额，洪武初重建。”清乾隆（1759）《临安县志》卷四《祥异》载："（万历）二十二年，泮池开瑞莲，观音寺生瑞竹。"为吉祥之兆。青山水库建成后，库水淹没道路，庙宇遂废。八百里风景区开发后，道路重新开通，原有庙址恢复建筑。

竹隐寺 位于锦城街道硖石村大王山顶，山上有一大片翠竹丛林，寺院在竹林中若隐若现，故名。大王山海拔 429 米，原建有韦驮殿、大雄宝殿及左右厢房。大殿面阔五间，毁于 1966 年，现遗存石坎、墙基和部分石构件。韦驮殿毁于 1978 年。寺内原有一口大铁钟，抗战时去向不明。

竹箭箴言 宝志公为佛教东天目山开山之祖，俗姓朱，建康（今南京）东阳人，是生活在南北朝时期的一位高僧。7 岁时即随钟山僧出家，住江东道林寺，修习禅学。宝志公一生有许多神奇传说，其中有"竹箭箴言"。《洛阳伽蓝记》记载：后魏时有宝公和尚，能通晓过去和预见未来三代的事。说的话像谶言符咒，无法理解，事后则被证明句句属实。有洛阳人叫赵法和，请宝公占卜什么时候能有爵位，宝公说："大竹箭，不用羽，东厢屋，急手作。"当时人不解其意。过了一个多月，赵法和的父亲亡故，所谓"大竹箭"者，指丧杖；"东厢屋"者，指东侧守丧之屋。

倒却门前刹竿 天目山僧无门慧开《无门关》中共选了四十八则公案，其中第二十二则是《迦叶刹竿》。迦叶因阿难问："世尊传金襕袈裟外，别传何物？"叶唤云："阿难！"难应："诺！"叶云："倒却门前刹竿着！"

竹篦子 竹篦一说竹制梳头用具，一说为竹片，寺院高僧常用之以启发徒众。北宋於潜僧辩才曾写《金刚篦》稿，竹篦成为佛法金刚之代称。

天目山僧无门慧开《无门关》第四十三则有一个"首山竹篦"的公案。首山和尚拈竹篦示众云："汝等诸人，若唤作竹篦则触，不唤作竹篦则背。汝诸人且道：唤作什么？"无门曰："唤作竹篦则触，不唤作竹篦则背。不得有语，不得无语。速道！速道！"颂曰："拈起竹篦，行杀活令。背触交驰，佛祖乞命！"

元天目僧高峰弘法时，常用竹篦。《中峰三时系念全集》起首载，中峰和尚听民间讹传官府在选童男女，他就问他的老师高峰禅师："忽有人来问和尚，讨童男女时，如何？"高峰禅师说："我但度竹篦子与他。"中峰听了，"言下洞然，彻法源底"。曾有人问及高峰原妙禅师关于座下弟子之优劣，高峰原妙禅师道："如义首座（断崖了义），固是茎老竹，其如七曲八曲；惟本维那（明本禅师当时为维那师），却是竿上林新篁，他日成材，未易量也。"

高峰尝笋 《西天目祖山志》中记有一则高峰"尝笋"的故事：高峰原妙寓居南天竺寺时，误踏折一根笋，便取而食之。后来他典卖衣服来偿还，方始心安。

竹杖示禅 竹杖是佛门中常见的法器，又叫香板，原木是竹制成。高峰常以竹杖向学人示佛心要。据记载，天目山一带有筇竹、实心竹、曲竹、方竹、紫竹、观音竹、罗汉竹等，都是制作竹杖的上品之材。清乾隆（1759）的《临安县志》卷四《物产》记载："杭州府志：临安出罗汉竹。万历旧志：罗汉竹出九仙山。"在清凉峰国家级自然保护区中，现有野生状态的罗汉竹。宋释维琳《大明山慧照寺题壁》一诗中有"手里筇竹七八节"之句，唐释皎然有诗《采实心竹杖寄赠李荨侍御》，林次麟有《曲竹》诗："直节棱棱是此君，耳孙却以曲为名。首阳山下知难种，只可斜封向管城。"

竹杖担风月联　20世纪40年代末，有慧定法师在玲珑山卧龙寺内讲经，恰逢灵隐寺方丈释大悲（1891—1971）到玲珑山，赠慧定法师一联："两个空拳握古今，握住后还须放手；一条竹杖担风月，担到时也要息肩。"

第三节　道教与竹文化

道教中诸多故事与竹相关，故临安道教宫观中多栽竹。《大涤洞天记》载："洞霄宫青檀山多紫竹。"

临安道家竹诗　清代《西天目祖山志》记载约为明代的无名氏的一首竹诗《题天目下百椽竹二首》，其二："黄冈竹楼名古今，柯亭椽笛无知音。安得登楼跨黄鹤，倏然吹笛凌元英。"

成化《杭州府志》记有无名氏《晚溪许由滩》诗的一残句："葛井许滩今古传。"《明一统志》记有郑作肃《晚溪洗耳滩》诗一首："滩声汹涌几春秋，洗耳还须一枕流。耳畔是非无有尽，故庭流水不知休。"南宋钱时也有《许由亭其来远矣，名以名之，非便也，下有白牛桥、洗耳滩，皆当时事，宜揭之以洗耳》一诗："尧舜相传自执中，一瓢赢得迈高风。白牛桥下沧浪水，应洗人间万古聋。"清代昌化的章凤喈有诗《箕山寻古》："欲觉高踪何处是，缘涉扳磴到层巅。疏林不辨悬瓢树，小涧犹流洗耳泉。凤翥云霄成已事，鹤归华表竟何年。箕山千顷浑无定，一忆遗编一喟然。"进士孙应龙在昌化也曾写下《洗耳滩吊望许由庙》一诗："何年来许迈，此地侣巢由。遂有箕山迹，难寻颖水幽。危滩鸣断壁，落日冷荒丘。为仰高风在，瓢悬古树头。"清道光《昌化县志》载陈凤书诗《洗耳泉》："四山云翳净，万壑松涛弥。形象悉空明，耳根何必洗。"

无骨箬　后梁乾化三年（913），许迈被封为归一真君，今在大涤山中峰有升天坛遗迹。宋政和年间（1111—1118），传许迈吹着仙箫往来于大涤山中峰升天坛。宋邓牧《洞霄图志》"无骨箬"一目中记载："宫山周回（围）百里，多生绀箬。昔晋许远游真君上升，语弟子曰：吾有金丹一剂，汝等功行未圆，非可遽服，已藏山中无骨箬下，他日有缘者遇。尔后，役夫采薪，或带箬归，往往临爨得之，采时不见无骨者。有好事者攀缘幽讨，终年不得。盖仙人所藏，非宿生缘契，安可侥幸致哉。"《洞霄图志・归一许真君》中有赞："阴德育德，笃生真材。结神明交，葆毓圣胎。十载天坛，功圆道赅。不有帝乡，吾何归哉。白鹿无迹，金丹久埋。隐隐箫吹，卿云往来。"

竹米　在天目山一带修道的许迈、郭文举等都曾以竹米为食，最后羽化登仙。清陆文焕《八景图记》："郭文举处山中，葛巾鹿裘，采竹叶木实。尝赴王导之迎，颓然箕踞，旁若无人。"1960年至1962年，天目山一带箬竹都结了"箬竹米"，许多人依靠这种竹米度过艰难岁月。古人又视竹汁为“神水”，有《神仙传》云：“离娄公服竹汁饵桂，得长生。盖竹汁性寒，以桂济之，亦与用姜汁佐竹沥之意相同。”李时珍《本草纲目》中记载：“苦竹亦有二种：一出江西、闽中，本极粗大，笋味殊苦，不可啖；一出江浙，肉浓而叶长阔，笋微有苦味，俗呼甜苦笋是也。今南人入药烧沥，唯用淡竹一品，肉薄，节间有粉者。”

第三章 竹与历史名人

第一节 苏轼与竹

宋苏东坡一生嗜竹、赋竹、画竹，并研究竹子，留下许多竹诗竹文竹画，并著有《格物粗谈》一书，对中国历代竹子的分类、分布、形态、习性、用途，以及竹子栽培技术、竹林经营技术、竹产品加工技术等都有较为详尽的记述。苏轼与天目山有缘，与天目山竹子有缘。苏轼与於潜的两位高僧辩才、道潜交往甚深，留下诸多与竹相关的诗词和故事。苏轼两次在杭任职时，与临安、於潜、昌化三县县令及其下吏相交甚密，也留下诸多与竹相关的故事和诗词。

苏轼《墨竹图》

苏轼吟诗绿筠轩 苏轼倅杭时题诗《於潜僧绿筠轩》，绿筠轩因而名满江湖。绿筠轩在金鹅山巅，五亩余。原在寂照寺中，即今於潜中学校园山后。《咸淳临安志》：“寂照寺在於潜县南二里丰国乡，寺旧有绿筠轩，后迁县斋。宝庆初避理宗讳，易以‘此君轩’。”苏轼诗友於潜人道潜留下一首《慧觉孜师绿筠轩》：“绿筠萧萧含爽籁，幽姿冷落人难爱。壁间但有谪仙词，声名自到江湖外。当年创轩非壮观，局促帘栊日亏蔽。一朝经画有底难，推倒墙头了无碍。坐挹西南十里山，彩翠浮空屹相对。开池凿圃增气象，佳致真为一方最。鸟声鸣春春渐融，兰芽蕙茁初蒙茸。我来正值新雨定，弄日吹香闻座中。主人散策邀我步，池南池北聊从容。会待龙孙添夏荫，借君此地眠清风。”南宋天目山人洪咨夔《此君轩记》：“旧俪寂照精舍，东坡以倅杭行县为赋，隆兴初徙於县治衮绣堂之东，开禧间重建。宝庆初避上名，县令方侯熙改名‘此君轩’。仍用坡诗，晋王徽之语也。”君者，谓有德位者之尊称。清查慎行《苏诗补注》谓原是惠觉孜师绿筠轩。与苏轼同行的道潜有诗《慧觉孜师绿筠轩》。历代多有题咏绿筠轩诗。宋张镃《绿

�轩》序中言：“旧在於潜寂照寺，今移立县治之东竹间，凿小池植莲。”诗中有句“一把香茅千个玉，不妨邂逅揖苏仙”。宋韩淲诗《绿筠轩观坡翁诗刻》有句“窗前有疏竹，大嚼对吾侪”。明章皞有诗：“潜溪兰若傍，绕户森修竹。每到秋风生，清音满轩屋。”清何鲲有文《绿筠轩赋》。后被列为“潜阳八景”之一，称“绿筠秋籁”。清冯培元《潜阳八景诗》中有《绿筠秋籁》诗：“一碧净于洗，西风飒飒寒。阶泉响琴筑，庭树缀琅玕。凉信来萧寺，秋声满夜坛。柯亭今有约，应截两三竿。”清郑伯埙有《绿筠秋籁》诗：“金鹅山上眺，数亩绿筠坪。坡老题诗处，清风拂袖生。追踪无俗客，入耳有秋声。竹径茶烟起，扬州鹤亦惊。”轩久废，光绪二十三年（1897）改建文昌宫，遂于其旁重构此轩。亦已废。

苏轼与道潜　於潜诗僧道潜，曾著诗《临平道中》，为苏轼所欣赏。宋熙宁七年（1074）八月，苏轼观政於潜，由县令毛宝和县尉方武陪同，到於潜县治西十五里的西菩山灵济寺中拜访诗僧道潜，随后又与道潜一起在绿筠坪吟咏，留下竹诗之绝唱《於潜僧绿筠轩》，道潜也留下诗《慧觉孜师绿筠轩》。清光绪二十四年（1898）《於潜县志》载：“绿筠坪在金鹅山巅，平五亩余。宋苏轼倅杭时行县至此，建绿筠轩于上。”元丰二年（1079），苏轼知湖州仅数月，因“乌台诗案”入狱。数月后出狱，谪居黄州团练副使。其时道潜不远两千里前往探视，相随一年余。道潜离开后，有一夜，苏轼梦见道潜携诗来见，醒来后只记得两句：“寒食清明都过了，石泉槐火一时新。”梦中苏东坡问：“火固新矣，泉何故新？”道潜答道：“俗以清明淘井，固言泉新。”元祐四年（1089），苏轼知杭州，时道潜居住在杭州智果精舍中。智果寺中有一石泉，道潜按当地习俗在清明节前作了清理，泉水更为清冽。刚过寒食节和清明节，苏轼来访，道潜便撷新茶，钻火煮泉；又知东坡嗜竹笋，遂又煮上一锅新鲜竹笋招待苏东坡。此情此景，适符九年前所梦，苏轼感慨作《参寥泉铭》，后并刻以记。铭曰：“在天雨露，在地江湖。皆我四大，滋相所濡。伟哉参寥，弹指八极。退守斯泉，一谦四益。予晚闻道，梦幻是身。真即是梦，梦却是真。石泉槐火，九年而信。夫求何信，实敝汝神。”又作一诗《参寥上人初得智果院会者十六人分韵赋诗轼得心字》：“涨水返旧壑，飞云思故岑。念君忘家客，亦有怀归心。三间得幽寂，数步藏清深。攒金卢橘坞，散火杨梅林。茶笋尽禅味，松杉真法音。云崖有浅井，玉醴常半寻。遂名参寥泉，可濯幽人襟。相携横岭上，未觉衰年侵。一眼吞江湖，万象涵古今。愿君更小筑，岁晚解我簪。”苏轼在《书参寥诗》中记有其事：“仆在黄州，参寥自吴中来访，馆之东坡。一日，梦见参寥所作诗，觉而记其两句云：‘寒食清明都过了，石泉槐火一时新。’后七年，仆出守钱塘，而参寥始卜居西湖智果院。院有泉出石缝间，甘冷宜茶。寒食之明日，仆与客泛湖，自孤山来谒参寥，汲泉钻火，烹黄檗茶，忽悟所梦诗兆于七年之前。众客皆惊叹，知传记所载非虚语也。”

道潜题诗桃竹轩　於潜人诗僧道潜到昌化，曾在桃竹轩小憩，记下旅途感受。诗题为《唐昌王悦道桃竹轩》，其中有句：“迩来杖策到君家，始觉溪山逢骨髓。”“主人韵胜无尘埃，翠竹红桃相映栽。”

苏轼题诗天目山　熙宁六年（1073），苏东坡作天目山诗《唐道人言，天目山上俯视雷雨，每大雷电，但闻云中如婴儿声，殊不闻雷震也》："已外浮名更外身，区区雷电若为神。山头只作婴儿语，无限人间失箸人。""失箸人"引三国典故：曹操看出刘备有大志，对寄居幕下的刘备说："方今天下英雄，唯你我二人。"刘备大惊，手中筷子脱落于地。适逢空中惊雷，巧以掩饰。苏轼此诗是对唐子霞之言的一番感受，富有情趣和哲理。如果对身和名都置之度外，区区雷电又有什么威神。立于山头，但闻云中雷电如婴儿之语，可是有几个人可以这样呢？世间多是闻雷而丧胆，或是借雷而算计之人。诗非咏竹，而以竹筷为喻。

风篁岭访问辩才 辩才和尚是天目山人，在西天目山南的西菩寺出家，后到杭州，在杭州天竺寺中驻锡二十余年，请辞后回龙井山寿圣院中。寺院原已十分破败，辩才到龙井不久便焕然一新，尤其是自己住的一庵，取名方圆，修竹森然，苍翠夹道，十分幽静。

辩才为了清静修行，免却俗夫打扰，遂拟一告示，贴于龙井寺内："山僧老矣，精神衰惫，不能趋承。谨以两则预告：殿上闲谈，最久不过三炷香时间；出门送客，最远不过虎溪。垂顾大人，伏乞相谅。山僧元净叩白。"虎溪是龙井寺前不远的一条小溪，因溪中有巨石状如猛虎而得名。订下清规后，辩才数年竟未越过虎溪一步。

一日，杭州太守苏东坡穿过满是翠竹的风篁岭到访。寒暄之后，东坡问道："闻之和尚戒律精严，不知戒的是些什么？律文是哪几条？"辩才应答："戒只戒心之一件，律只律心之一条，哪里更有几件几条？"东坡言道："活泼泼的一个心，受此戒律，不几死乎？"辩才释道："死而后活，方才超凡入圣。"东坡听了，点头赞羡，言道："辩才法师妙论入微，令人敬服。"

这一晚，苏东坡便在龙井寺中住下，两人促膝长谈，直至鸡鸣。第二日，辩才又引东坡到寺院各处游玩，题诗觅句，彼此唱和。东坡辞行，辩才便携手相送。看来辩才也是性情中人，既遇知己，一路谈笑风生，竟忘了自己的规矩。小和尚急了，一旁叫喊，辩才醒悟过来，转身一看，早过虎溪桥，已是风篁岭脚了，忍不住大笑起来："学士误我，学士误我！"东坡抚掌而笑："我误远公（以辩才比作慧远），不过是戒律，远公今日死心活了，超凡入圣，却又是谁之功？"妙语对答，众人皆笑。辩才又说："杜甫有诗，与子成二老，来往也风流，今日之谓也。"东坡点头并吟诗一首："此生暂寄寓，常恐名无实。我比陶令愧，师为远公优。送我过虎溪，溪水常逆流。聊使此山人，永记二老游。"

有此佳话，于是就将"虎溪桥"改名为"过溪桥"，并建亭于桥上。

海会寺吟诗 宋熙宁五年至七年（1072—1074），苏东坡任杭州通判时，曾四次到临安。其中熙宁六年（1073）曾两次到临安，一次在五月间，一次在九月间。

九月间，苏轼第三次到临安。苏舜举于县界外的太平寺相接，宾客一行从高虹到西墅，访察海会寺，并选择在寺院下榻。是夜，苏东坡题诗《宿海会寺》，有句："篮舆三日山中行，山中信美少旷平。""篮舆"乃是一种竹轿，不同于滑竿，四边以篾编，两侧有窗，半截门帘，横搁木板，可置纸笔。东坡曾游临安锦城之东的东山，写下《游东西岩》诗，有句："正赖丝与竹，陶写有余欢。"东山是东晋谢安的隐居之处，旧临安十景中有"谢傅东山"。

咏竹昌化双溪馆 宋熙宁六年（1073）春夏间，苏轼观政巡行昌化，留诗《自昌化双溪馆下步寻溪源，至治平寺，二首》，其中有句："乱山滴翠衣裘重，双涧响空窗户摇。饱食不嫌溪笋瘦，穿林闲觅野芎苗。"

东坡金丝竹　天目山区金丝竹是棕竹的一种，别名黄金碧玉竹、青丝金竹、大琴丝竹、挂绿竹、金丝挂绿竹，是竹子中之上品。在它的绿色竹竿中嵌有金黄色的纵纹，非常漂亮。研究竹子的专家认为这种竹子是泰山竹的变种。

北宋熙宁五年至七年（1072—1074），苏东坡任杭州通判时，曾四次到临安。留下《自净土寺步至功臣寺》《宿临安净土寺》《宿海会寺》《海会寺清心堂》《陌上花三首并引》《山村二首》《将军树》《锦溪》《石镜》《宿九仙山》等十几首诗。熙宁六年（1073）九月，苏东坡第三次观政临安时，曾与同年苏舜举畅饮，作《与临安令宗人同年剧饮》诗："我虽不解饮，把盏欢意足。试呼白发感秋人，令唱黄鸡催晓曲。与君登科如隔晨，敝袍霜叶空残绿。如今莫问老与少，儿子森森如立竹。黄鸡催晓不须愁，老尽世人非我独。"到玲珑山，写下《登玲珑山》诗："何年僵立两苍龙，瘦脊盘盘尚倚空。翠浪舞翻红罢亚，白云穿破碧玲珑。三休亭上工延月，九折岩前巧贮风。脚力尽时山更好，莫将有限趁无穷。"

传说苏东坡在玲珑山脚，见到漫山遍野的竹子，忽然画兴大发，于是便挥毫泼墨。画到一半，一支笔正在蘸金色时，有一只鸟飞过来，聒噪不休，便挥笔一甩，满毫金色都洒在了竹竿上，于是，这些竹子便成了金丝竹。

在元代李衎的《竹谱详录》中载："金丝竹生湘潭间，一名白丝竹，一名刷丝竹，本筀竹之类。以其易活，人多植于盆槛中，久久不瘁。竿上细黄数道如刷丝然，故名。"其实天目山一带也有此种金丝竹。

苏舜举诗谜竹灯笼　北宋熙宁年间，苏东坡同年苏舜举任临安县令。这一年元宵，地方士绅与洞霄宫道长约定，在金碧辉煌的洞霄宫中举办"元宵灯会"，观灯猜谜，并邀请苏县令来主持。苏县令到洞霄宫后，正愁自己还没有制作一个好灯谜。恰在此时宫门外有一个喊冤的姑娘被带进来，她说家住宫外，名叫红烛，父母早亡，而兄嫂对她看管甚严，一向关在家中不准随便外出。今天是元宵佳节，忍不住走到大门口张望，恰逢有人上前问路，她照实回答。这本是平常之事，谁料她嫂子挑拨，向丈夫添油加醋地说她和陌生男子勾勾搭搭不成体统，害得她挨了兄长一顿打。苏县令听了，一边劝慰姑娘，一边让人把她兄嫂唤来训斥一番。等此讼判毕，苏县令灵机一动，诗谜已成："红烛被竹围成庙，谁料背后有人挑。若问为何出门来，只为指点路一条。"（谜底：竹灯笼）士绅们都称赞苏县令的这条谜语构思巧妙，谜味浓郁。

第二节　历史名人与竹

昭明太子和天目笋干　萧统（501—531），字德施，南兰陵（今江苏常州西北）人，梁武帝萧衍长子，谥昭明，世人皆称昭明太子。史载一日泛舟后池，大臣建议召美女相伴，萧统以左思的《招隐诗》“非必丝与竹，山水有清音”作回应，足见其精神境界。梁天监七年（508），萧统之母丁贵嫔薨，因葬母的事情遭到鲍邈之的陷害，不能自明，遂与崔、张二丞游历天下名胜。后隐于天目山，编纂《文选》，分《金刚经》。天目山一带流传着昭明太子不经意间发明天目笋干的故事。一次，他见有一僧人在念《金刚经》，没有分节，不便停顿。于是，他便取来经卷，一边煮笋，一边帮着分经。分着分着，将煮笋一事给忘了。灶洞里的火已经熄灭，剩下一点点火炭烤着，锅里的水干了，只是还没有烤焦。等到萧统发觉，一锅鲜笋已变成笋干。一尝，这笋干却别有风味，比那鲜笋更胜一筹。从此，天目山就有了分成三十二节的《金刚经》，还有就是鲜美的笋干。至今，东天目有分经台的遗迹，传说就是昭明太子当年分经煮笋之处，而笋干则成为天目山特产。昭明太子在天目山留有诗作《登天目西山赋示云麾弟》《西峰貌雪》《有所思》等。今西天目山有太子庵、文选楼、洗眼池、双清庄旧址；东天目山有分经台、洗眼池等慈庵遗迹。

《昭明文选》竹故事两则

袁公竹剑　《昭明文选》卷五收有左思的《吴都赋》，其中有句：“其上则猿父哀吟，犴子长啸。狖鼯猓然，腾趠飞超。争接县垂，竞游远枝。惊透沸乱，牢落翚散。”其中用典“袁公试剑”。晋刘渊林注释引《吴越春秋》曰：“越有处女，出于南林之中，越王使使聘问以剑戟之事。处女将北见于越王，道逢老翁，自称素袁公，问处女：‘吾闻子善为剑术，愿一观之。’女曰：‘妾不敢有所隐，唯公试之。’于是袁公即跳于林竹，槁折堕地，处女即接末，袁公操本以刺处女，女应节入，三入，因举枝击之，袁公即飞上树，化为白猿，遂引去。”刘渊林释：“篠荡，是袁公所与越女试剑竹者也。”后代文学作品屡用此典。

墨子竹鹊　《昭明文选》卷十八收有东汉马融的《长笛赋》，其中有句：“于是乃使鲁般宋翟，构云梯，抗浮柱。”有竹典故。刘渊林释：“《论衡》曰：‘鲁班刻木为鸢，飞三日不下。为母作木车，木人为御，机关一发，遂去不还，人谓班母亡。’翟，墨子之名也。墨子曰：‘公输般为云梯，垂成，大山四起，所谓善攻具也，必取宋。’于是墨子见公输般而止之。张湛列子注曰：‘云梯可以凌虚。甘泉赋曰：抗浮柱之飞榱。’按：墨子削竹以为鹊，鹊三日不行。韩子云：为大鸢三年不飞，一日而败。”

《钱王射潮》等故事

钱王射潮　钱镠割据吴越国后，致力于兴修水利，其中最伟大的莫过于修筑海塘。他亲手撰写《筑塘疏》，上奏中央朝廷，言钱江潮“每昼夜两次冲激，岸渐成江。近年以来，江大地窄，溯自唐贞观以前，居民修筑不费官帑，塘堤不固，易于崩坍。迨后兵革顿兴，民亦屡迁，遂废修塘之工。海飓大作，怒涛掀簸，堤岸冲啮殆尽。自秦望山东南十八堡，数千万亩田地，悉成江面。民不堪命，群诉于臣。臣目击平原沃野，尽成江水汪洋……民为社稷之本，土为百物所生，圣人曰有土斯有财，塘不可不筑……”

后梁开平四年（910）八月，钱镠调集20万兵民在候潮门、通江门外，开始修筑捍海石塘之工程。他命人去天目山，选取上好之竹数百根，并用鸿鹭之羽做箭翎，用罡火精铁做箭镞，制成三千支神箭。在动工前，他先举行一个“射潮”仪式。

八月十八日，汹涌的钱江之潮向海塘工地扑来。钱镠率先弯弓搭箭，一箭射向潮头。五百犀甲兵也跟着施放强弩，众兵民摇旗擂鼓，呐喊放铳。说也奇怪，那潮头中箭以后，威风顿挫，狼狈而退。等到弓箭手射完五根箭，那江潮已经掉头，慢慢向西陵方向涌去。钱镠遂下令将剩余的箭装在铁幢里，铁幢上铸有“铁坏此箭出”五个字。把装了箭的铁幢埋在石塘下面。如今杭州仍有“铁幢浦”“箭道巷”等地名，是为当年钱镠埋箭之地。

潮水退下，钱镠就亲自指挥修筑捍海石塘。海塘共有六层，其中有一层为装满石头的篾笼，称为“泥塘”。用篾笼装石头来阻挡潮水，这是钱镠借鉴他人成功经验的功绩。1985 年在修建江城路立交桥时，还发现当年修筑海塘时使用过的篾笼的遗迹。

俞烈判竹　俞烈（？—1213），字若晦，号盘隐居士，锦城西墅人。宋孝宗淳熙八年（1181 年）进士。十五年（1188 年），迁升太常博士。光宗绍熙元年（1190），进国子博士。宁宗庆元三年（1197），为秘书郎，出知嘉兴府。嘉泰元年（1201），除起居舍人。四年（1204 年），以忤韩侂胄除中书舍人。嘉定元年（1208），起为沿海制置使，改知镇江府。五年，为吏部侍郎兼中书舍人兼侍读。著有《盘隐诗编》《北征集》等，已佚。南宋《咸淳临安志》卷六七有传。

嘉泰四年（1204），在永州祁阳县韩侂胄的祖墓地，有人在邻近韩墓禁内砍伐十五根竹子盖了个墓篷。负责审案的法司先根据法律“盗人墓木者杖一百”来判决，然后等待观望，看韩侂胄的态度。韩侂胄嫌判决太轻，要求从严判决。法司就引“持杖窃盗法”这条来判决，要此人坐牢。案件上报给俞烈，俞烈将其驳回。韩侂胄使了手脚，革除俞烈的官职，让他回临安老家。过了四年，俞烈才重新得到起用。又过了五年才官复原职，担任吏部侍郎兼中书舍人兼侍读的职位。《戒庵老人漫笔·卷三》有一篇《伐侂胄祖陇竹》也有详细的记载。

铁笛道人杨维桢　杨维桢（1296—1370），浙江诸暨人，文学家、书画家、戏曲家。号铁崖，因擅竹笛，又号铁笛道人。书法以行草最工，笔势宕开，传世作品有楷书《周上卿墓志铭》，行书《真镜庵募缘疏卷》《鬻字窝铭》，草书《梦游海棠城诗卷》《竹西草堂记卷》等。元泰定年间（1324—1328），杨维桢与妻隐居天目山。

施友烟赈饥　20 世纪初至 20 年代，有一位竹匠叫施友烟，人称“施孝子”。信佛，住在於潜的西菩寺里，虔诚茹素。其身材矮小，出门常穿青灰粗布长衫，外罩黑粗布马褂，鞋袜齐足，黑白分明，天寒则头戴瓜皮小帽，衣冠整洁，行八字步。遇人必是笑面相迎，拱手为敬。施友烟的祖籍在浙江东阳县，因母亲亡故，回原籍守墓三年，期满回於潜西菩寺重操竹业。再说上海有一位陈孝子，是富商，母亲生病久治未愈，一夜得梦，有神人告知：以孝子身上未洗之衣煎水服之可治愈，孝子便在浙江。陈氏遂与母亲来浙寻访，找到施孝子。施友烟推说服孝尚未期满，陈氏说明原委，施友烟便脱衣相赠。陈氏授之以银，施友烟坚拒不受。陈母以神人相授之法治疗，果然病愈。此后陈氏则每年正月来看施友烟，并赠以钱钞礼品等以答谢治愈母病之恩，施氏仍坚拒。两人交谊渐深，并同榻而卧。一年初夏，施友烟清除床上稻草，发现稻草中有银元二百，知为陈氏相赠。施氏乃专程送往上海归还。二人推让，施氏总算穿了一套新布衣回来。临别时，陈氏对施说，如有什么事，请来信联系。至民国二十三年（1934）夏秋之间，天目山一带遇大旱，七十二日不雨，饥民遍野，吃树皮草根以求生。施友烟见此情景，写信给上海陈氏。陈氏接信后，立即调拨救济物资，并组织医疗队，亲自来天目山实施救济事宜，事先并以电报告知施氏。施氏文化不高，便请方元铺乡绅方天麟、方幼壮兄弟二人阅读，知事关重大，即向县政府及邑人、国民党要员罗霞天反映。为表示敬重，罗霞天和施孝子等亲往上海迎接。救济团来到於潜各地，赈饥施医，共捐给於潜县灾民救灾款 3 万元，折稻谷 1 万担，使许多天目山民得救。民国二十四年（1935）春，浙江省政府主席黄绍竑曾赐予"孝子居"匾额一方。於潜镇方元村的方幼壮曾题诗《西菩寺访施孝子友烟》，诗曰："友烟孝道久闻名，哭母归来一访行。愧我显亲违素愿，羡君立德竭精诚。恣蚊吴猛知心苦，刻木丁兰笃性情。世道陵夷今已极，几人孺慕死如生。"

天目尺八　　（王建华 2019 年摄）

虚竹与天目尺八　尺八是中国古老的吹奏乐器，因长一尺八寸而得名。管身竹制，正面开五个按孔，背面开一个按孔，并有膜孔，吹奏方法与箫相似。宋代尺八与箫相近，宋之后，尺八逐步为箫、笛等乐器所取代。至今仍流行于闽南和台湾，仍是福建南音的主要乐器之一。

虚竹为天目山僧人，擅吹奏尺八。南宋理宗淳祐九年（1249 年，日本建长元年），日本法灯派开山祖师觉心和尚到中国，由虚竹和尚相陪，分别到天目山、径山、杭州、天台山、阿育王山等地，参访无门慧开等禅师。觉心回国，虚竹携同四位"尺八"居士东渡日本，来到歌山县的由良兴国寺，帮助觉心创办禅宗道场。兴国寺是日本名刹，寺后的山峰和天目山极为相似。在传道同时，虚竹还传授"尺八"技艺。觉心圆寂后，四位"尺八"居士相继去世，虚竹则携一管"尺八"浪迹四方。后在京都创办明暗寺，为日本普化宗开山祖师，因此这种尺八也称为"普化尺八"。虚竹借尺八之音，在日本传播佛法。他创作的《虚灵曲》《铃慕曲》成为日本学习尺八的必修教本。19 世纪，"普化尺八"传于民间。日本现在使用的尺八由"普化尺八"演变而来。虚竹圆寂后，塔于京都宇治九江庵之遗址，墓前立有一块极具中国特色的、竖在龟形基石上的硕大墓碑，以纪念其对日本佛教文化和音乐艺术的贡献。

1999 年 9 月，日本尺八界的艺术家们曾与中国的演奏家在杭州宋城景区举行一场尺八音乐会，并举行中日尺八交流国际研讨会。2004 年，为纪念虚竹，天目山旅游公司按照古代形制定制一批尺八。

2012 年 12 月，8 位日本僧人在西天目山开山老殿内举行小型尺八音乐会，以纪念日僧心地觉心和从天目山去日本传道的僧人虚竹。

苏曼殊（1884—1918）曾作《本事诗》，以怀念虚竹携带尺八东渡日本："春雨楼头尺八箫，何时归看浙江潮。芒鞋破钵无人识，踏过樱花第几桥。"

水上勉与尺八 水上勉（1919—2004），日本当代作家。1979 年 6 月初，水上勉与日本京都大学佛学系教授柳田圣山、日中文化交流协会事务局次长木村美智子同访西天目山。水上勉因作《天目山行》，发表于日本《潮》杂志 1979 年 9 月号，译作刊于 1991 年版《西天目山志》。文章叙述天目僧人虚竹将尺八传至日本之事。

第四章 竹文化历史遗存

第一节 竹地名

临安地名富含大量文化信息。从临安有关竹地名蕴含的由来、演变等信息，可以窥见千百年来，临安竹类品种、竹园布局以及竹业生产、加工、销售等的历史变化。临安有关的竹地名，已成为反映临安特定地域品格的特殊信息载体，有着丰富而深刻的文化内涵。

一、古代与民国史志竹地名

历史上临安、於潜、昌化三县政区地名中较多乡村以"竹"命名，试以若干年份为例说明。

清乾隆二十四年（1759）临安县政区地名中有大云二图（图相当于乡），含西墅、竹林二村。

清嘉庆十七年（1812）於潜县政区地名（以乡管庄）中有丰国后乡，含竹林村。有潜川前乡，含苦竹村、竹村。

民国 21 年（1932）於潜县政区地名中有七贤乡，含竹林村。有竹塔乡，含竹村。

民国 24 年（1935）於潜县政区（实行乡镇保甲制）设 26 个乡镇。乡镇名含竹塔等 24 个乡。

民国 30 年（1941）临安县政区地名（以乡辖村、保）中有谷昌乡，共辖六保，第三保有竹园里村。

民国 34 年（1945）至解放，昌化县政区共有 11 个乡镇、92 保，其中仁溪乡辖白竹村（保）。

以下是古代与民国史志中关于山川、水利、桥梁、古迹中的竹地名。

（三）住宅区竹地名

紫竹苑 位于锦城街道，属锦潭社区范围。以紫竹定名。2009年12月命名。

竹林新村 位于锦北街道，属竹林居民区范围。以竹林居民区命名。竹林村安置房。2005年6月13日命名。

竹林风华园 位于锦北街道，属竹林居民区范围。以竹林居民区命名。2011年3月8日开工建设。

竹林家园 位于锦北街道，属竹林居民区范围。地处竹林街，故名。2007年11月22日命名。

锦竹苑 位于锦北街道，属马溪社区范围。由锦北街道、竹林村首字组合而成。2006年3月16日命名。

绿筠家园 位于於潜镇，属自由村范围。因位于绿筠街南侧，故名。2005年12月16日命名。

（四）街路里弄竹地名

1978年实行改革开放后，经济社会快速发展，市镇人口激增，旧城进行大规模改造，街路里弄发生巨大变化。至2010年年末，全市18个镇、街道共有街88条、路210条、里弄小巷133条。锦城街道有街16条、路47条、里弄小巷38条，其中有的以“竹”命名。

竹林街 位于锦北街道。以竹林村得名。2001年竣工。1994年1月命名。

竹环路 位于锦北街道。因地处竹林桥头，路呈环形得名。2002年建。2012年6月命名。

绿筠街 位于於潜镇。以昔有绿筠坪、绿筠轩得名。1996年建。1998年10月命名。

（五）山、岭、谷、峰、畈竹地名

据临安民政局组织的地名普查，境内地理实体的标准地名有1367条，其中山439座、岭235条、峰尖89座、坞谷519条、畈地4个、自然保护区和森林公园3个、溪流79条，上述山、岭、谷、峰、畈中含有大量竹地名。

石竹山 位于青山湖街道潘联村。海拔451米。山多石竹，故名。表土为黄壤，植被以石竹林、灌木林为主。

小竹窝（山） 位于太湖源镇上阳村。海拔503米。山长小竹，故名。表土为黄壤，植被灌木林、小竹丛为主。

金竹坪（山） 位于天目山镇武山村。主峰海拔911米，相对高程736米。山顶有一平地，多金竹，故名。表土为黄壤，植被以松杉为主。

竹鸡山 位于高虹镇龙上村。海拔620米。山上多竹鸡，故名。表土为黄壤，植被以石竹林、灌木林为主。

广竹窠（山） 位于天目山镇西游村。主峰眉云岗海拔1254米，相对高程1079米。山中有广竹，面积较大，故名。表土为黄壤，植被以松杉林和灌木丛为主。

毛竹坪（山） 位于天目山镇西游村。主峰海拔834米，相对高程659米。山中毛竹较多，地势平坦，故名。别名毛竹棚。表土为黄壤，植被以毛竹林为主。

副竹山 位于河桥镇云浪村。海拔244米。以昔有副竺寺而得名，后改为副竹山。别名副竺山。表土为黄壤，植被以灌木丛为主。

野竹岭　位于太湖源镇夏村。海拔 276 米。山岭野竹丛生，故名。表土为黄壤，植被以茶园、灌木林为主。

竹岭　位于於潜镇逸逸村。海拔 383 米。山岭两侧杂竹丛生，故名。表土为黄壤，植被以竹林为主。

竹木岭　位于太阳镇桃源溪村。海拔 673.5 米。森林资源丰富，竹木成荫，故名。表土为黄壤，植被以乔木林为主。

水竹岭　位于太阳镇桃源溪村。岭多水竹，故名。别名水竹坞。表土为黄壤，植被以灌木丛为主。

箬岭　位于昌化镇虞溪村。海拔 242 米。因生长箬竹而得名。表土为黄壤，植被以松林为主。

水竹岭　位于昌化镇朱穴村。海拔 260 米。因地处水竹坞而得名。表土为黄壤，植被以松林为主。

水竹湾岭　位于河桥镇学川村。海拔 1024 米。山湾前有水竹，故名。表土为黄壤，植被以灌木丛为主。

竹坞岭　位于岛石镇新二村。海拔 711 米。岭以竹坞村得名。别名竹午岭。表土为黄壤，植被以山核桃林为主。

小竹坞　位于锦城街道钱王铺村和横街村两村范围。坞狭窄，山中有小竹，故名。别名小作坞。表土为黄壤，植被以毛竹林为主。

水竹湾　位于青山湖街道庆北村。湾多水竹，故名。表土为黄壤，植被以松林为主。

畚箕坞　位于高虹镇龙上村。形如竹畚箕，故名。表土为黄壤，植被以灌木丛为主。

竹同坞　位于太湖源镇高云村。山中盛产毛竹，故名。别名葱同坞。表土为黄壤，植被以毛竹林为主。

水竹坞　位于太湖源镇白沙村。坞生水竹，故名。表土为黄壤，植被以灌木丛为主。

大竹坞　位于於潜镇英公村。表土为黄壤，植被以灌木丛为主。

金竹坞　金竹坞位于高虹镇龙上村范围。相传坞内昔有陈家居住，出“陈太子”。家富，有一把金铸酒壶。后陈家迁往余杭黄湖

龙上村金竹坞　　（布智明 2019 年摄）

但金酒壶仍留山坞，后人于该坞开山种竹，取名金竹坞。

古竹坞 位于於潜镇属古竹村。别名苦竹坞。表土为黄壤，植被以灌木丛为主。

毛竹园 位于於潜镇千茂村。以盛产毛竹而名。表土为黄壤，植被以灌木丛为主。

金竹湾 位于於潜镇杨洪村。以产金竹得名。由石灰岩构成，表土为黄壤，植被以灌木丛为主。

竹子坞 位于天目山镇长六村。坞内杂竹丛生，故名。表土为黄红壤，植被以杉木林、雷竹林为主。

金竹庵 位于太阳镇属上太阳村。昔有金竹庵，故名。表土为黄壤，植被以灌木丛为主。

水竹坞 位于昌化镇朱穴村。坞多水竹，故名。表土为黄壤，植被以松林为主。

水竹塘 位于昌化镇后葛村。以水竹得名。表土为黄壤，植被以灌木丛为主。

篢竹源 位于河桥镇秀溪村。《康熙字典》："篢音公，笠名；又音感，箱类。篢竹，制笠、篋之小竹。"表土为黄红壤，植被以松杉为主。

老竹坞 位于河桥镇聚秀村。昔坞多老竹，故名。表土为黄壤，植被以松杉为主。

竹毛坞 位于湍口镇童家村。坞两侧毛竹林立，故名。表土为黄壤，植被以毛竹林为主。

水竹坞 位于岛石镇黄川村。以坞谷盛产水竹而得名。表土为黄壤，植被以松杉为主。

毛竹坪岗 位于锦北街道西墅居民区。海拔 322 米。昔多毛竹，故名。表土为黄壤，植被以毛竹林为主。

皇竹尖 位于天目山镇严家村。海拔 669 米。山多竹，故名篁竹尖，谐称皇竹尖。表土为黄红壤，植被以灌木林为主。

（六）溪河竹地名

临安属浙西中低山丘陵区，天目山脉横亘全境，峰峦起伏绵延，溪沟纵横切割，水系流向复杂，溪流众多，源短流急。南苕溪、中苕溪、天目溪、昌化溪和分水江为主要溪流。境域东南部三口水独流入渌渚江，西南部青坑溪独流入分水江。

天目溪纵贯市境中部，为分水江主要支流，发源于西天目山北与安吉县交界的桐坑岗。全长 58 千米，流域面积 761.5 平方千米。有两条水以"竹"命名：

古竹水 发源于太阳镇与於潜镇交界的菠萝岭。因溪岸古多苦竹，故名。全长 8.9 千米。

竹岭水 发源于於潜镇逸逸村竹岭。全长 5 千米。

昌化溪古名紫溪，又名赤濑，最早见于《水经注》，称紫溪。昌化溪位于境内西北部，为分水江主源，发源于安徽省绩溪县前州乡笔架山。纳天目溪后至七坑段，为境内分水江段。全长 79.9 千米，流域面积 1440.2 平方千米。有一条水以"竹"命名：

白竹溪 发源于岛石镇新二村孙家岭。流经白坑、竹坞而得名。全长 7 千米。

（七）名胜古迹竹地名

临安为吴越国王钱镠的出生地和归葬地，历史文化底蕴深厚，有国家重点文物保护单位 4 处，省级文物保护单位与省级历史文化保护区 10 处，临安区（市县）级文物保护单位 27 处，区文物保护点 72 处。区文物保护点内有古遗址 9 处，古墓 4 处，古建筑 24 处，古桥 18 处，石刻造像、摩崖题记 4 处，近现代重要史迹与代表性建筑 13 处。

以“竹”命名的古遗址有：

竹隐寺遗址　位于锦城街道钱王铺村硖石自然村。

竹林寺（海会寺）　位于临安锦北苕溪北畔，因纪念释迦牟尼佛圣迹而冠名。

瑞竹寺（殊胜院）　位于锦城街道青山湖西岸瑞竹湾，又名殊胜院。青山水库建成后庙宇遂废，八百里风景区开发后，原有庙址恢复建筑。

（八）街镇公路、村级公路（村道）竹地名

原三县境内第一条公路杭徽公路始建于 1924 年。抗战时期，仅有的几条公路亦屡遭破坏，公路运输陷于停顿，抗战胜利后逐步修复。至 1949 年，三县境内有公路 8 条，长 185.79 千米。中华人民共和国成立后，境内道路建设逐步加快，1977 年全县实现社社通公路。至 2010 年，全市公路总里程 2845.42 千米，公路网密度为每百平方千米 91 千米，居全省之首。

至 2010 年，临安街镇公路计 152 条，均为沥青路面。以“竹”命名的有：

太（太阳）斑（斑竹坞）公路　位于太阳镇，起自太阳，止于斑竹坞。取起讫点首字组合得名。1979—1985 年建，全长 15.212 千米。

至 2010 年，临安村级公路（村道）计 795 条，均以起讫点首字组合得名，沥青路面。以“竹”命名的有：

亭竹路　位于於潜镇，亭子边—竹岭桥，长 869 米。

逸竹路　位于於潜镇，逸坞—竹岭脚，长 1088 米。

竹竹路　位于龙岗镇，竹岭脚—竹岭，长 674 米。

竹竹路　位于岛石镇，竹坞口—竹坞，长 1084 米。

（说明：这是两条路，起止不同，都叫竹竹路。）

毛（毛竹窠）茶（茶叶村口）路　位于岛石镇，毛竹窠—茶叶村口，长 669 米。

下竹路　位于岛石镇，下许—竹坞岭，长 1506 米。

（九）桥梁竹地名

据旧县志记载：全县明代有桥 150 座，清代增至 487 座。从清咸丰三年（1853）起，太平军与清兵大小数百战，清末桥梁仅剩 228 座。民国期间军阀混战，兵革不息，石拱桥毁多建少，渡口则增至 60 多处。中华人民共和国成立后，公路不断延伸，桥梁不断增加。改革开放后，桥梁建设步伐大大加快，至 2010 年年底，全市共有桥梁 948 座。其中古桥 60 座，杭徽高速公路桥梁 120 座，公路桥梁 601 座，其他道路桥梁 165 座，廊桥 2 座。

杭徽高速公路临安境内段计有大桥 23 座，中桥 39 座，小桥 58 座。其中以“竹”命名的有：

木竹湾大桥　位于龙岗镇五星村，以木竹湾得名。长 488.2 米，宽 20.5 米，连续箱梁。2004 年 12 月建成。

公路桥以“竹”命名的有：

水竹坞桥 以水竹坞而名，位于太湖源镇白沙村，1989年建成。跨西坑溪，长14.1米，宽10.0米，高4.5米。

竹岭坞桥 以竹岭坞而名，位于於潜镇的祈祥村，2010年建成，跨藻溪，长24.8米，宽5.3米。

苦竹湾桥 以苦竹湾而名，位于潜川镇的中间桥村，1985年建成，跨马山溪，长16.0米，宽6.3米。

箬建桥 以原箬建村而名，位于昌化镇的虞溪村，1991年建成，跨虞溪，长17.0米，宽6.0米，高3.3米。

其他道路桥以“竹”命名的有：

紫竹桥 以紫竹自然村而名，位于於潜镇的凌口桥村，1987年建成，跨虞溪支流，长40.5米，宽5.2米，高4.5米。

竹坞桥 以竹坞而名，位于岛石镇的新桥村，1982年建成，跨后溪，长49.0米，宽5.5米，高5.5米。

（十）水库、山塘竹地名

至2010年年底，全市有大型水库1座，中型水库5座，小（1）型水库15座，小（2）型水库123座，共144座，总库容5亿立方米，受益面积20325公顷。蓄水5万立方米以上山塘109座，总蓄水量717万立方米。全市小（2）型水库123座，蓄水量3365万立方米，受益面积5933公顷。

水库以“竹”命名的有：

斑竹坞水库 以位于太阳镇太源村斑竹坞而名。1985年4月建成，坝高32.12米，集雨面积0.65平方千米，正常蓄水量58.5万立方米，受益面积133公顷。

蓄水5万立方米以上山塘以“竹”命名的有：

竹毛坞山塘 1959年建成，以位于玲珑街道桥岭村竹毛坞而名，蓄水量7.4万立方米。

竹坞山塘 1972建成，以位于潜川镇海龙村竹坞而名，蓄水量8万立方米。

（十一）故事传说中的竹地名

苦竹岭（八百里） 位于锦北街道潘山村。相传阎罗王属下掌管“生死簿”的判官一时粗心，漏写彭祖姓名，彭祖遂于苦竹岭生息，八百岁寿终，后人改苦竹岭为“八百里”，又名八百山、百家岭、百江岭。清宣统《临安县志》卷一“山川”载：“八百山，治东北十里，高五十丈，周九里，以彭祖居此，故名。”明万历旧志又云：“以彭祖居此寿八百得名，上有三峰，中立大将，西曰紫藤，东称八百，有彭祖庙，今圮，有墓。”

扁担岭 位于玲珑街道宏渡村。村处岭上，形似扁担，故名。从乌渡里析出。传说八仙之一吕洞宾乐于相助，一日，兴冲冲拎起一座小山岭当扁担，挑起两座小山，一座是石镜山，一座是华石岩，刚到西瓜厂，脚底一滑，络头滑脱，小山落地，一座落于大官山下，一座落于畔湖岭口，而扁担甩到乌渡，化为扁担岭。原属乌渡村。

绿筠坪、绿筠轩 位于於潜镇。北宋神宗熙宁四年（1071），苏轼倅杭。熙宁六年（1073），巡行属县於潜，下榻于金鹅山（今於潜中学后山）绿筠坪绿筠轩中。此处绿竹婆娑，风景优雅。

斑竹坞　位于太阳镇太源村。清光绪《於潜县志》载有斑竹坞地名。相传古时安徽歙县登科状元郑生荣赴杭州路过该地，用山上斑竹做成笛子，吹出优美动听的乐曲，引来百鸟和鸣，原名斑竹坞。

金竹坞　位于清凉峰镇顺溪村。相传顺溪坞有一凤形湾，金雉凌空飞舞，并在此栖息，故名金雉坞，后改为金竹坞。

临安、於潜、昌化三县古代典籍“艺文志”中，保存大量诗词文赋，其中部分辞章或直接咏竹，或涉及竹的内容，详见本志第八编《竹与艺文》。

（十二）中华人民共和国成立后撤销的乡、镇、村竹地名

中华人民共和国成立后，1950 年 7 月划乡建政，临安、於潜、昌化三县共划分行政村 406 个。1956 年农业合作化运动兴起，三县撤区并乡，部分行政村并建农业社。1958 年 10 月公社化初期撤并行政村 94 个，1981 年 4 月至 1984 年 4 月公社化后期恢复原名 49 个，实际撤销行政村 45 个。

1950 年 6—7 月划乡建政至 1958 年 10 月建立人民公社期间，撤销的乡镇 71 个。其中涉及的竹地名有西林乡，1950 年 7 月建立，属临安县玲珑区。乡政府驻地竹林桥。西林，取西墅、竹林二村各一字得名。撤销的行政村有原属昌化县河东乡的毛竹坪村，1958 年 10 月因并入泥骆村而撤销。

2007 年 12 月村规模调整，撤销的行政村名涉及竹地名的有：

竹林村　原村委会驻地锦北街道竹林新村自然村，以竹林桥得名。辖竹林新村、湖塘下 2 个自然村。2002 年 9 月撤村改设竹林居委会，属锦城街道。

紫竹村　原村委会驻地於潜镇紫竹自然村，以驻地得名。辖紫竹自然村。2007 年 12 月并入凌口桥村。

竺村村　原村委会驻地潜川镇上潘家自然村。考其名来自竹岭，并有竺溪，昔时统称竺家庄，竹、竺谐音。辖上潘家、下潘家 2 个自然村。2007 年 12 月并入海龙村。

毛竹坪村　原村委会驻地太阳镇太阳岙自然村，以盛产毛竹得名。辖太阳岙自然村。2007 年 12 月并建太阳村。太阳镇还有斑竹村，原村委会驻地方家自然村，以境有斑竹坞得名。辖方家、斑竹、茶叶坪 3 个自然村。2007 年 12 月并建太源村。

竹岭村　原村委会驻地龙岗镇竹岭自然村。昔时岭多筱竹，村落建于岭上，故名。辖竹岭自然村。2007 年 12 月并入上溪村。

竹溪村　原村委会驻地清凉峰镇大家里自然村，以境有竹溪得名。辖大家里、梅林干 2 个自然村。2007 年 12 月并建林竹村。

竹坞村　原村委会驻地岛石镇竹坞自然村。昔时坞中筱竹丛生，故名。辖竹坞、三亩塔 2 个自然村。2007 年 12 月并入建新二村。

中华人民共和国成立后，至2010年12月底，共撤销自然村729个，其原因主要为：建造水库迁移，经济开发区用地征用，城镇、大学、房地产、农田基本建设用地征用，因山高路险、居住人口过少、遭遇各种自然灾害而进行扶贫开发迁移，2004年11月门牌编制时合并等。被撤销的带“竹”的自然村名众多，此处从略。

第二节 竹建筑及其轶闻

旧时，在山区农家建有少量的竹楼竹屋，至于竹门扉则十分普遍。天目山寺院中多有竹殿、竹楼、竹房、竹院等，除了盖顶用草排以外，其余柱子、大梁、小梁、椽子、楼板、挡板等，以及竹楼上的用具都是竹制。旧时建房脚手架均为竹子扎成，上面铺的脚手片均为竹制，后逐步用钢管代替。农村过去许多房屋马头墙墙角、沿口、门头、窗台等处都要绘上黑色的粗细线条，在转角处门头顶、窗户的四周除粗细线条外，还要绘上一些吉祥图案，以梅、兰、竹、菊为主。山区习俗，上梁时，在新房门口须立新竹两株，竹上扎上红绸带，以讨“竹报平安”“生活节节高”的彩头。逢年过节，村镇多搭建竹牌楼。接戏班子，也以竹搭建戏台。改革开放进行旅游开发后，景区多建竹楼竹亭等，雅趣顿生。21世纪后采用现代技术建设竹楼，布局精巧，结构复杂，牢固度和美观度都有改观。2010年，临安援建四川省青川县金子山乡的临金竹楼，全部采用新型竹材料建成。临安从事竹建材生产企业较多，临安三峰实业有限公司等生产竹地板。2005年，七大竹材加工龙头企业年竹地板加工用竹152.21万株，总产值2.21亿元，其中创汇1911万美元。

清乾隆《临安县志·卷四·祥异》载：“（明万历）二十二年（1594），泮池开瑞莲，观音寺生瑞竹。”后遂改额为瑞竹寺，今在八百里养生园内。旧时认为瑞竹是吉祥之兆。《邵氏闻见后录》载：“（宋）仁皇帝嘉祐七年（1062）十二月庚子，幸天章阁，召两府以下观瑞物13种。其一为瑞竹一节，有二弦并生其中。”

一、竹建筑与竹建材

竹殿 旧时东西天目山寺院中有竹殿。唐杜光庭《登天目山》诗有句“盘空蹑翠到山巅，竹殿云楼势逼天”。

竹桥 旧时临安山区多小型竹桥，以几根圆竹穿起，如竹筏一般，架于小溪之上，以便通行。现青山街道有地名竹桥横头，因昔时以竹搭桥，因而得名。20世纪90年代后竹桥渐少，以钢筋水泥桥取代。旅游景区则多建竹桥。白水涧旅游景区建有一座竹木结构悬桥，长15米，宽1.2米，距水面约30米，依山而筑，横跨溪流。

竹屋 临安山区居民自家住房也有用竹子建造，竹屋的墙、楼、柱、梁、檩条、椽子、斜撑均用毛竹，屋面为人字披，用竹片夹住茅草的草扇，由下而上逐层覆盖；也有采用竹瓦，将毛竹对剖，凿去竹内囊节，一俯一仰盖在屋面上，一般可用十年以上。竹楼开窗小而少。室内多用毛竹片分隔，外间作堂屋，里间作卧室。也有以竹条编织，刷稻草黄泥浆纸筋石灰作隔墙。南宋於潜县令楼璹《耕织图》诗云“吴蚕一再眠，竹屋下帘幕”。在天目山一带的寺院里，常建有竹屋。唐顾况《赠西峰僧》诗句“独在西峰顶，年年间竹房”。元释天如《和韵天目一峰云外庵四景》诗有句“竹屋茶香满涧烟，绿杉深处响流泉”。明代黄汝亨有《宿天目竹房》诗。龙岗百丈寺旧有竹所，南宋钱时有《百丈寺竹所》诗。据记载，历代竹建筑有：临安九仙俞君竹屋、昌化百丈寺竹所、西天目竹房、西天目竹院。旧时横畈泉坑奚氏族人常以竹楼为居。多为二层，底层架空，以竹子或竹片编排作围护，作农具间或牲畜、家禽棚，上层为住房。改革开放旅游业发展后，各景区建有多个竹宫、竹馆、竹楼、竹舍、竹阁等。1999 年，白水涧旅游景区也建有竹屋、竹廊等。

杭州临安观赏竹种园内的竹屋　　（杨菊三 2019 年摄）

茅草披　即茅屋。20 世纪 70 年代前，境内农村多有此类建筑，以泥或石筑墙，在夯筑的泥墙中，往往夹入毛竹片，以增强墙体的整体性能。上盖以竹片夹成的茅草片或箬叶片等，有的也用竹作椽子，内墙之芯也往往编以竹条，再用黄泥纸筋石灰粉刷。此类建筑冬暖夏凉，成本低，但抗风雨性能差，每隔一两年秋后要翻盖一次。80 年代后逐步淘汰，仅保留在少数牛羊猪棚中。21 世纪以来一些景区内建造茅草披，意在取得特殊山野效果。临安太湖源观赏竹种园内建有数十幢竹构小楼和竹屏、竹牌坊等。

竹亭竹轩　临安乡村多有竹亭、竹轩，旧时寺院中尤其多。有记载的有：於潜慧觉孜禅师绿筠轩，於潜轩，昌化王悦道桃竹轩，於潜苍玉轩，於潜环翠轩等。清康熙十二年（1673）《昌化县志·古迹》中记载：南宋开禧元年（1205），昌化县令章伯奋在芳洲亭之右建造筇笋亭。20 世纪 90 年代后，各景区建有多种竹门楼、竹亭、竹廊、竹轩、竹斋等。高虹镇林家塘村建成竹构建筑小品十余处，天乐农家乐门前，建起一幢毛竹构建的双屋顶敞轩。

临金楼　位于四川省青川县金子山乡政府所在地，建设资金 287 万元，由临安市全额援建。竹楼面积 428 平方米，屋顶标高 8.932 米。建筑为两层，一楼为商贸中心，二楼为

杭州临安观赏竹种园内的竹屋　　（杨菊三 2019 年摄）

而少。室内多用毛竹片分隔，外间作堂屋，里间作卧室。也有以竹条编织，刷稻草黄泥浆纸筋石灰作隔墙。南宋於潜县令楼璹《耕织图》诗云“吴蚕一再眠，竹屋下帘幕”。在天目山一带的寺院里，常建有竹屋。唐顾况《赠西峰僧》诗句“独在西峰顶，年年间竹房”。元释天如《和韵天目一峰云外庵四景》诗有句“竹屋茶香满涧烟，绿杉深处响流泉”。明代黄汝亨有《宿天目竹房》诗。龙岗百丈寺旧有竹所，南宋钱时有《百丈寺竹所》诗。据记载，历代竹建筑有：临安九仙俞君竹屋、昌化百丈寺竹所、西天目竹房、西天目竹院。旧时横畈泉坑奚氏族人常以竹楼为居。多为二层，底层架空，以竹子或竹片编排作围护，作农具间或牲畜、家禽棚，上层为住房。改革开放旅游业发展后，各景区建有多个竹宫、竹馆、竹楼、竹舍、竹阁等。1999 年，白水涧旅游景区也建有竹屋、竹廊等。

茅草披　即茅屋。20 世纪 70 年代前，境内农村多有此类建筑，以泥或石筑墙，在夯筑的泥墙中，往往夹入毛竹片，以增强墙体的整体性能。上盖以竹片夹成的茅草片或箬叶片等，有的也用竹作椽子，内墙之芯也往往编以竹条，再用黄泥纸筋石灰粉刷。此类建筑冬暖夏凉，成本低，但抗风雨性能差，每隔一两年秋后要翻盖一次。80 年代后逐步淘汰，仅保留在少数牛羊猪棚中。21 世纪以来一些景区内建造茅草披，意在取得特殊山野效果。临安太湖源观赏竹种园内建有数十幢竹构小楼和竹屏、竹牌坊等。

竹亭竹轩　临安乡村多有竹亭、竹轩，旧时寺院中尤其多。有记载的有：於潜慧觉孜禅师绿筠轩，於潜轩，昌化王悦道桃竹轩，於潜苍玉轩，於潜环翠轩等。清康熙十二年（1673）《昌化县志·古迹》中记载：南宋开禧元年（1205），昌化县令章伯奋在芳洲亭之右建造�童笋亭。20 世纪 90 年代后，各景区建有多种竹门楼、竹亭、竹廊、竹轩、竹斋等。高虹镇林家塘村建成竹构建筑小品十余处，天乐农家乐门前，建起一幢毛竹构建的双屋顶敞轩。

临金楼　位于四川省青川县金子山乡政府所在地，建设资金 287 万元，由临安市全额援建。竹楼面积 428 平方米，屋顶标高 8.932 米。建筑为两层，一楼为商贸中心，二楼为

临金楼　　（杨天勇 2015 年摄）

文化展示区，周边建小广场等配套设施。采用中国工程院张齐生、吕志涛两院士的科研成果，由北京龙安华诚建筑设计有限公司承接设计，杭州市城市监理有限公司监理，杭州临安荣大建设有限公司施工。建筑采用新型竹材料，共 47 根竹柱子、362 根竹梁、208 个钢连接件，是世界上第一幢竹结构建材抗震建筑。2010 年 1 月 30 日开工，同年 6 月 5 日通过主体结构验收，7 月 22 日通过质量评审并交付青川县国资局、旅游局使用。2013 年 4 月 20 日 8 时 02 分，四川雅安市芦山县发生里氏 7.0 级地震，波及临金楼，而建筑安然无恙。

竹牌楼　逢年过节，临安村镇以竹子、柏枝为主材料，多搭建竹牌楼以贺节。进入 21 世纪后逐步淡化，以塑料等其他材质替代。临安太湖源观赏竹种园、横畈白水涧景区中搭有多个竹牌楼。

竹戏台　旧时，临安村庄氏族祠堂中没有戏台，如要接戏班子，则多以竹子为主材料，在道坦处搭建临时戏台，邀请演戏，或自编自演。20 世纪 90 年代前电影下乡，多以毛竹搭设银幕架。

竹帘　以竹片或竹珠串联，挂于门窗，具有阻隔、遮阳、装饰等功能。旧时境内多采用，大户人家所用竹帘更为精致。进入 21 世纪，酒店、商务、住宅装潢多选用竹帘，质量尤其讲究。

竹篱笆　临安农村居屋常以竹篱圈围一小院子。《全宋诗》中宋李曾伯诗《壬午昌化道中》有句“箬笠芒鞋今古道，竹篱茅店短长亭”。苏轼诗《山村五绝》有句“竹篱茅屋趁溪斜，春入山村处处花”。20 世纪 90 年代后，有缩微的竹篱笆作为工艺小摆件放置茶桌和几案上。

竹笕　为引水竹筒，将整支毛竹凿通竹节后，用于建筑施工和山区生活引水。

竹石笼　为圆桶形竹笼，用毛竹篾片编成，笼内填塞大小卵石，惯称“天目石笼”。用于修筑溪河堤岸，防止洪水侵蚀，也用于河道拦水堰坝。竹石笼长 6—10 米，直径 60—80 厘米，旧时苕溪两岸、甘塘堰、郎山堰等，都以石笼垒砌。唐末五代钱镠建造捍海石塘时曾使用竹石笼以挡钱江潮水。

竹胶板　为竹质人造板，包括竹材胶合板、竹编胶合板、竹材拼花板、行木复合板、竹旋切单板、竹装饰板、竹纤维板、竹丝板、竹刨花板、竹丝木屑胶合板等种类，用于房屋装隔，天花板、地板和家具制作，也有用作铁道垫片、齿轮、轧辊、管子等。境内生产企业主要有杭州百孚竹制品有限公司、杭州意向竹业有限公司、临安三峰实业总公司、临安青峰实业总公司。

纸花篾　又名嫩竹篾，采用嫩毛竹剖开后在石灰水池中浸泡，并经高温蒸煮而成，作绑扎材料，多用于搭设毛竹架、谷箩络、扫帚扎等。

竹脚手架　20 世纪 80 年代前，建造房屋、桥梁等建筑物的脚手架都以毛竹为材料，用嫩竹篾绑扎，搭成架子，用以施工。毛竹脚手架可分为外架、内架、满堂架等类。外架由立杆、大小横杆、斜撑、脚手片等构件组成，用嫩竹篾绑扎成长方形整体，并与建筑物拉接稳固，供建筑工人砌筑、浇砼、装修用。毛竹脚手架须按照国家制定的脚手架安全操作技术规程搭建，有垂直度、平整度、稳定性等标准，技术含量高，一般每平方米可承载 270N 荷载。后逐步为钢管等金属材料替代。

竹销钉　用毛竹剖削制成长 5—6 厘米的方形细竹条，用于木板拼接和圆木制品的圆木板拼接。

竹筋混凝土　以毛竹条代替钢筋浇筑混凝土，浙江农林大学前身天目林学院西大楼曾采用竹筋混凝土浇筑楼面。

二、竹建筑轶闻

瑞竹寺　青山湖旁八百里养生园中有瑞竹湾，湾中有瑞竹寺，又名殊胜院。据南宋咸淳《临安志》载：“殊胜院，在县（县治在西墅）东一十里，旧名瑞竹。天福四年（939）建，治平二年（1065）改今额。”又据清乾隆二十四年（1759）《临安县志》卷四载：“殊胜寺。《万历旧志》：去县东七里安义乡，晋天福赐额瑞竹，宋治平改额，洪武初重建。”明万历二十二年（1594），临安观音寺出现数株瑞竹，均为一本二枝。古人认为瑞竹是稀罕物，出现此竹当有吉兆。明万历《临安县志》有此记载。

桃竹轩　於潜人诗僧道潜到昌化，曾在桃竹轩小憩，记下旅途感受。诗题为《唐昌王悦道桃竹轩》，其中有句：“迩来杖策到君家，始觉溪山逢骨髓。”“主人韵胜无尘埃，翠竹红桃相映栽。”

竹桥神话　《明皇杂录》载：罗公远引唐明皇游月宫，掷一根竹于空中为桥，其色如白金。两人行数里，至一大城阙，罗公远告诉唐明皇：“此月宫也。”《洞霄图志》《广德神异录》《唐叶真人传》《拍案惊奇》中记为洞霄宫道士叶法善与唐玄宗游月宫：唐开元初年（713）八月中秋夜晚，皓月当空，叶法善曾与玄宗一起游玩月宫，聆听和欣赏仙女演奏的月中天乐。美妙的仙乐让唐玄宗深深陶醉，玄宗就问其曲名，答道：“乃《紫云曲》。”玄宗通晓音律，此时默记其曲，回殿后就将其记录下来，名之为《霓裳羽衣曲》。从月宫回来途中，经过潞州城上空，玄宗俯视，见城郭悄然，而当时月光如昼。叶法善就请玄宗在云中用玉笛吹奏一曲，玄宗说：“玉笛尚在寝殿之中。”叶法善就命人去取，顷刻之间笛子送到。玄宗吹完一曲，还将袖中金钱投了几个在城中。十日后，潞州刺史有奏本并附金钱上达：八月十五夜晚，有天乐临潞州城，并有金钱从天空撒落。

宝函弩箭 唐先天元年（712），吐蕃遣使者到京城，呈上一封宝函，对玄宗说："请陛下亲自打开，不要让他人知晓宝函中的机密。"文武大臣皆不知其中凶吉，并未阻止。洞霄宫道士叶法善则立即上前，对玄宗说："这是一封凶函，请陛下不要自己打开，宜让吐蕃使者亲自打开。"唐玄宗听从建议，命吐蕃使者打开函封。这位吐蕃使者也不知内情，打开宝函时，突然触发到函中的毒弩机关，弩箭飞发，吐蕃使者中毒箭而亡，唐玄宗由此逃过一个生死关口。

第二编　环境与资源

钱高潮竹雕作品
笔架《盘松》
（15厘米×4厘米×5厘米）

1. 竹林冬雪（陈卫国摄）
2. 竹乡云雾（程益鹏摄）
3. 雷竹林
4. 毛竹林
5. 高节竹林
6. 笋干竹林
7. 太湖源镇万亩菜竹基地

（3–7布智明摄）

1	2
3	4
5	6

1. 佛肚竹
2. 蛇形竹
3. 美丽箬竹
（顾李俭摄
4. 菲白竹
5. 黄金嵌碧
6. 斑竹
（1、2、4、
6 布智明摄）

第二编 环境与资源

第一章 自然环境

临安区地域面积 3126.8 平方千米，其中山地丘陵 2693.7 平方千米，占总面积的 86.15%。临安处于中亚热带季风气候区南缘，濒临东海，受东南季风影响，四季分明，热量适中，雨量充沛，空气湿润，光、热、水组合较好。冬夏季风交替显著，暖湿气流与冷空气活动频繁。气候条件在总体上有利于竹林生长和生物物种的多样性。

在高温多湿条件下，临安众多的山地丘陵有利于成土母质的风化分解，形成呈微酸性的红壤、黄壤，适合竹子生长。

第一节 地形地貌

一、纬度

临安位于浙江西北部天目山地区，居北纬 29°56′—30°23′、东经 118°51′—119°52′，是位于北纬黄金线上对竹林生长各项气候因子最适宜的地带。年平均气温 16.2℃，年无霜期 237 天，年平均日照时数 1768 小时，年平均降水量 1463.6 毫米，年雨日 158 天，年相对湿度 78%，竹子生长有着得天独厚的自然条件。

二、海拔

境内海拔悬殊，气温受海拔高度的影响较明显。一般来说海拔每升高 100 米，平均气温递减 0.41℃。气温同时也受山体的侧向和坡向影响，南北坡向型每上升 100 米，平均递减 0.34℃，南西坡向型则递减 0.47℃。

根据主导指标（积温）等值线，参照辅助指标及自然景观的地区差异，将临安全境从立体上划分为农业气候四个区，即农业气候冷区、农业气候凉区、农业气候温区和农业气候暖区。海拔 250 米以下为气候暖区，年平均气温 15℃—16℃，适合竹子生长。海拔 250—1000 米属气候温区，年平均气温 12℃—15℃，年降水量比河谷平原多 400 毫米。同纬度平原丘陵区 7 月、8 月为高温干旱期，而该区水热同步，降水量占全年 23%以上，有利于竹林生长发育。海拔 1000 米以上，年平均温度 12℃以下，山高风大，热量不足，属气候凉区，不太适合竹子生长。

散射辐射为主，直接辐射与散射辐射的比值小于1，竹笋主要成分含量高，持嫩性好。

海拔200米—600米的一层最为湿润，2—3月平均相对湿度有80%—85%，4月平均相对湿度有76%—80%，春天经常云雾环绕。据统计，2—4月雨日或雾日的出现概率达70%。由于阴雨天气多，云雾重，湿度高，竹子的光照条件得到一定改善，减少直射强光，增加散射光，这是形成天目山春笋优良性状的重要生态条件。6月上旬至7月初为梅雨季节，雨湿条件类似春季。7月中旬至8月底是容易发生干旱的季节，雨量不足80毫米出现的概率为十年四遇。同时，由于温度偏高，蒸发量较大，湿度小，空气干燥，光照强烈，对竹子生长有一定影响。

临安空气相对湿度一览表

表2-1-4

项　目	1月	2月	3月	4月	5月	6月	7月	8月	9月	10月	11月	12月	年均(%)
平均（%）	78	77	77	75	76	81	79	81	82	79	77	74	78
最大平均（%）	87	90	87	87	88	91	89	92	90	89	87	87	84
最小平均（%）	57	62	58	56	63	65	56	63	72	63	63	59	69
极小值（%）	1	9	9	9	7	17	21	15	14	13	10	4	—

五、风向

境内北部、中东部河谷平原和海拔1000米以上山区，盛行风向具有显著的季风性特点。随夏、冬季节转换，每年2月至3月（冬春之交）风向开始由偏北转为偏东，继而又转向偏南；6月（初夏）起盛行南—西南风；8月（盛夏）东风增多；9月（入秋）至次年2月，乃至整个冬季偏北风占优势，其中1月前后北—西北风尤为盛行。低山、丘陵和河谷平原，受局部地形影响，盛行风向具有地方性特点。昌化全年盛行偏东风，临安东部春季以东北风为最多，夏秋冬三季基本以西南风为主。各地月平均风速在1.1米/秒—2.7米/秒，通常冬季风速较大，夏季较小。各地年最大风速和月最大风速，一般在10米/秒—20米/秒。

六、降雪

临安气象局观测站测定：全域年平均降雪日数11.4天，降雪初日最早是2010年的11月16日，降雪终日最晚是1983年的4月16日。降雪大多出现在冬季1—2月，年降雪最多为1984年的30天，年降雪最少为2001年的1天。年平均积雪日数为6.8天，年积雪日数最多为1984年的31天，年积雪日数最少为0天，即1971年、1975年、1993年、2001—2002年、2007年全年无积雪。临安观测站测定最大积雪深度为1984年1月30日的近1米。

受北方寒潮袭击，竹木易受雪害。1984年1月17日至2月10日，3次大雪造成雪灾。昌化、西天目、市岭等深山区雪压损坏毛竹195万株，损坏杂竹、茶园等近7.7万亩。1988年2月26—29日，昌北区和马啸、临目等乡海拔400—800米地区连降冻雨，全县受害毛竹29.8万株。2008年冬遇大雪，竹子遭灾。2015年12月开始，出现连续暴雪、寒潮及低温霜冻灾害天气，雷竹受灾，损失严重。市林业局对6个镇街10个村46个农户雷竹林冻害状况、产量效益、经营管理进行调查，林业局何钧潮撰写调研报告《雷竹冻害及高效生态经营发展对策》，市委书记张振丰作重要批示。

七、蒸发

临安观测站测得域内年平均蒸发量（小型蒸发器，下同）1225.8毫米，年最大蒸发量是2004年的1483.0毫米，年最小蒸发量是1975年的999.9毫米；月最大蒸发量是1994年8月270.5毫米，月最小蒸发量是1977年1月15.9毫米。临安观测站测得域内蒸发量夏季最大，春季次之，冬季最少。7—8月蒸发量最大，故该时期影响竹子生长；又因常伴雷阵雨，故能缓解旱害或不易受害。

八、自然灾害

由于季风进退，年际、季际的不稳定性，境内每年都有不同程度的自然灾害发生。

（一）旱热害　旱热害包括干旱和高温两个方面，强烈的日照和长期无雨是形成竹林旱热害的主要因素。由于太平洋副热带高压影响，7—8月日平均气温35℃高温日数在40.8—45.8天，而同期蒸发降水差在120—340毫米。中华人民共和国成立后，以1953年、1966年、1967年、1971年和1976年干旱时间最多，其次是1956年、1961年、1964年；高温日数最少的是1955年、1972年、1973年和1975年。高温干旱是伴随发生的，干旱重的年份往往高温日数多，促使蒸发量加大，加重干旱。

（二）旱害　境内竹区每年7—9月间虽有200—350毫米的雨量，但由于常受太平洋副热带高压控制，晴天多，日照强，气温高，雨量少，蒸发量大，这是竹区的高温干旱期，俗称伏旱，也有伏秋连旱时。

有的年份虽然旱期长，即无雨日多，但阴天多，日照少，因而高温日数不一定多，这样的年份竹林受害相对较轻。而高温日数多，旱期又长的年份对竹林的危害较重。

中华人民共和国成立后至2019年70年间，境内旱灾以1967年、1978年、1994年、2000年、2003年、2004年最为严重。1967年7月8日至10月12日连旱无透雨。1978年6月23日至9月10日，只有8月降水21.3毫米，蒸发量189.9毫米，伏旱连秋旱。1994年6月25日至8月21日，晴热无透雨，35℃以上连续高温44天，10座水库、503个山塘干涸，17条溪断流，横畈、板桥、於潜、堰口、湍口、顺溪、马啸等乡镇为重旱区。2000年春夏干旱，至7月，39个乡镇不同程度受灾。2003年6月30日至8月10日，持续高温。2004年出现严重伏旱，持续高温33天。

生态环境与水灾危害也有关。清代后期至民国时期，以及中华人民共和国成立后的50年代后期至60年代初期，临安开山种粮，林木采伐过量，水土流水严重，洪旱灾害频发。1962年后，政府开始注重保护生态环境。80年代应用农业、林业和水利区划成果，绿化荒山、退耕还林速度加快，森林资源蓄积量和森林覆盖率上升，至2019年，全域森林覆盖率达81.93%。

境内大多在6月上旬入梅，7月上旬出梅。梅雨持续时间约一个月，雨量为200—350毫米，相当于常年降水量的 1/5 或 2/5。梅雨对竹子生长有利，但由于雨量过于集中，易造成内涝与竹园积水，影响竹子正常生长。

（三）汛害　中华人民共和国成立后至 2019 年 70 年间，境内汛害以 1956 年、1969 年、1996 年、2005 年最为严重。1996 年 6 月 30 日至 7 月 2 日暴雨，总雨量 304 毫米，局部 635 毫米，山洪暴发，俗称“6 · 30”洪灾。2005 年 7 月 18 日，受台风“海棠”外围环流影响，普降暴雨和大暴雨，累计雨量 158 毫米，并出现瞬间每秒 20.1 米的大风。2005 年 8 月 4 日至 7 日，受台风“麦莎”影响，普降暴雨和大暴雨。同年 9 月 3 日，受强降雨云团发展滞留影响，中西部地区先后出现境内有气象记录以来罕见特大暴雨天气。9 月 11 日，台风“卡努”继“海棠”“麦莎”影响后第三次对临安造成较为严重的灾害，直接经济损失 1160 万元。2019 年，总体降雨偏多，入出梅偏晚，梅雨期偏长，梅雨量明显偏多，呈典型梅雨特点。以上汛害对域内竹园均造成一定影响。但临安竹林大多种植在山坡梯坎上，竹子根系能深入土层，保土性能较好，至 2014 年，尚无竹林被严重冲毁记载。

（四）台风　夏秋之交，域内受台风影响频繁。由台风带来降雨量，一般山地多于平原，迎风坡多于背风坡。1956 年 8 月 2 日在浙江登陆的一次台风，天目山区降雨量多达 700 毫米。2019 年 8 月 8 日 20 时至 11 日 8 时，受超强台风“利奇马”影响，临安区普降暴雨，杭州市降水量 400 毫米以上的 5 个站点全部集中在临安。其中龙岗镇照君岩降水量 544 毫米、龙岗镇天池降水量 487 毫米、天目山镇东关降水量 473 毫米、太湖源镇市岭降水量 470 毫米、龙岗镇上溪降水量 426 毫米。全区受灾人口 140826 人，直接经济损失 16.53 亿元。受灾最严重的为非竹笋重点产区岛石镇和龙岗镇，而竹笋重点产区基本不受影响，可见竹林对于抗风固土起到重要作用。

（五）冻害　冬季侵入境内的冷空气，平均每月有 3—5 次，其中比较强大的冷空气只有 1—2 次，达到寒潮标准的更少。

天目山区遭雪压的竹林

（杨淑贞 2008 年摄）

竹子冻害一般发生在冬春，分冰冻和倒春寒两种。冰冻大多发生在初春 1—2 月，是全年最冷的时期，连续下雪，最低气温下降到-13℃，容易产生冰冻。倒春寒大多发生在 3—4 月，是在春季天气转暖，开始大量采掘春笋时，突然受强冷空气影响，气温由 15℃以上下降到 4℃左右或零下，春笋容易受冻害。从域内现有气象资料分析，倒春寒比冬季冰冻对竹子的冻害更重，新种植的竹子受害就更为严重。

民国 24 年（1935）3 月 23 日《东南日报》载：“入春以来，气候宛如初夏，有时日着夹衣，汗流浃背。不料至 20 日，天气转变，变化异常，不啻严冬。入晚西北风怒吼，兼降冰雹，鹅毛大雪纷飞，翌晨屋瓦积雪，厚约2寸。”（寸即市寸，1寸≈3.33厘米，下同）

2009年12月版《西天目山志》记载：“1969年2月，西天目山大雪过后出现雾凇、雨凇，压倒压断林木200余立方米。1988年2月，西天目山连续出现阴雨、飘雾、冰冻天气，林木大片被压倒、压断。”毛竹、茶树也受害严重。

据临安站气象资料，历史上1977年1月6日气温-12.3℃，同年1月31日气温-13.1℃。

1984年1月17日至2月10日，相继三次大雪，锦城积雪48.2厘米，昌北、西天目、市岭等深山区积雪60—100厘米，雪压毛竹195万株。

1988年2月下旬，昌北区和马啸、临目等乡海拔400—800米地区连降冻雨，受灾毛竹29万多株。

1991年12月29日气温-13.4℃。1992年冬春遭受严重冻害，菜竹普遍减产。1998年“3·20”（3月20日）寒潮，日平均气温降至0℃以下，深夜降冰粒，并伴有雷电大风，20日至22日出现冰冻天气，农作物受严重冻害。

2005年3月11日至12日受北方强冷空气影响，出现寒潮暴雪天气。2008年冬季遇大雪，竹子遭雪灾，在太湖源镇东天目和指南、高虹镇龙上、青山湖街道研口村分别建立雷竹、高节竹、笋干竹、毛竹四个雪灾后恢复重建试点。2009年2月14日，天目山遭遇特大冻雨灾害，自然保护区52%的面积受灾，损失林木3000多立方米，毛竹8000余株。

2015年12月5日，临安发生橙色预警暴雪，雪厚13厘米，压得原本生长茂盛的竹子连蔸翻起，竹秆折断，损失惨重。2016年1月20日至1月23日，临安出现第二次黄色预警暴雪，雪厚22厘米。2016年1月24日至1月25日，暴雪后出现极端低温冻害天气，临安气象观测站数据为-11.3℃，太湖源镇跑马岗与昌化龙岗站数据为-13.7℃，雷竹出现大面积冻害，随后竹叶出现失水，发白，然后枯黄，冻死。2016年3月10日至11日寒潮，临安气象观测站数据为-2.3℃，太湖源镇跑马岗站-3.4℃，竹林冻害严重，覆盖竹林3月初母竹提前留养，所有生长于海拔较高的笋种全部遭受冻害。据调查：当年未冻害竹株占19.42%，轻度冻害占31.38%，中度冻害占32.17%，重度冻害占5.58%，冻死竹株占11.46%。镇街各冻害指数从高到低排列：龙岗镇冻害指数52.8%，高虹镇46.7%，太湖源镇41.4%，於潜镇33.9%，青山湖街道32%，太阳镇30.8%。全域各镇平均冻害率39.57%，龙岗镇冻害最重。受冻害影响，2016年各调查农户平均竹笋亩产量897.54千克，比上年减少7.78%。除上述重大灾害天气以外，还出现过较小级别的大雪、寒潮、低温霜冻天气，对竹笋生产均有不良影响。

竹林冻害是各种因素共同作用的结果，除气温因素以外，过量施肥、过度覆盖经营也是主要因素，宜实施标准化生产，按照高效生态经营模式进行竹林培育，合理施肥，科学覆盖。

第三节 土 壤

竹子具有喜温、喜湿、喜微酸性土壤的生态特征，土壤是竹子生存最基本的条件。临安竹林多分布在海拔50—800米的丘陵地和台地上。丘陵经长期风化侵蚀而形成的残丘，土层深厚，坡度平缓，最适宜种竹。

一、土壤种类

据1984年临安县第二次土壤普查资料，全县有6个土类，12个亚类，36个土属，75个土种。其中山地土类3个、亚类9个、土属21个、土种30个。6个土类是：

红壤 域内以红壤土为主，分布在海拔650米以下低山丘陵地区，面积17.53万公顷，占山地总面积的58.94%。含硅率2%—2.2%，pH值4—4.5，呈酸性，土层较厚，质地黏重。其中黄泥土、黄红泥、红砂土含腐殖质较为丰富，透水、透气性尚好，适生经济林、竹林。

黄壤 分布在海拔650米以上的中低山地，面积4.05万公顷，占山地总面积的20.23%。土层深厚，含有机质3%以上，pH值4.5—5.5，以山地黄泥土为优，适生毛竹、杉木和各类阔叶树。

岩性土 分布在海拔650米以下低山丘陵地区，面积3.27万公顷。为非地带性土壤，成土母质是石灰性紫色砂岩和砂页岩风化物，pH值6—8.5，油黄泥呈中性或微酸性反应，植被覆盖较好。

山地草甸土 主要分布在千亩田、道场坪等中山夷平面上，面积66.67公顷，是因腐殖质积累和潴育过程而形成的半水成土。母质以花岗岩、千枚岩为主。pH值5.5—6，核粒状结构，速效磷钾含量高。

水稻土 是由多种成土母质形成，经人类长期种水稻的农业土壤，主要分布在河谷平原，面积2.87万公顷。呈酸性或微酸性反应，pH值5.8—6.1。

潮土 主要分布在昌化溪、天目溪、苕溪等中下游河谷平原区，面积266.67公顷。母质为溪流冲积或洪积物，地势平坦，土层深厚，质地以轻壤、中壤为主，有洪积泥砂土、清水砂土、培泥砂土3个土属和土种。

从上述地貌类型、土地利用现状和土壤分析，全域土地利用率较高，用于农、林、牧、渔业生产的占80.46%。其中林地比重大，耕地、林地、水面三者的比为1∶7.53∶0.25。

临安区域主要分布红壤土类中的黄红泥、红砂土与黄壤土类中的山黄泥土、山黄泥砂土，土层较厚，多呈酸性或微酸性，有机质和氮磷钾含量较高，是毛竹、天目雷竹、天目笋干竹主产区。而广泛分布于中山、低山或丘陵地带的岩性土，有机质含量低，经过人工开垦种植，科学管理，也可种竹。复杂的地貌类型，多样的土地结构，有利于竹木为主的林特产品和多种经营的发展。

二、土壤特性

临安居浙西北丘陵山地，地势自东南向西北逐步抬高，最低海拔青山湖街道石泉 9 米，最高海拔清凉峰 1787.4 米。境内有 50 多座海拔千米以上的高山。自南部的马山经西部的昱岭折向北缘，经龙塘山、天目山向东，环持围抱，延绵 200 余公里，形成一个向东南开口的山谷地貌，中山环抱于其中，低山丘陵连绵起伏，地形地势复杂，海拔 600 米以下的丘陵山坡非常适宜植竹，竹园成片，积翠盈眸。

丘陵坡地之上是台地，之下是坡地，成土母质大多为花岗岩，另有页砂岩，也有少量的石灰岩。花岗岩成土大部分为黄壤土、红壤土，黏性偏重，土壤团粒结构差，理化性能（水、肥、气、热）、土壤肥力均差。页砂岩发育的土壤质地较前者轻，多数为砂质红黄壤土，也有少量的香灰土和乌砂土，pH 值 5—6.5，呈酸性反应。页砂岩发育的土壤理化性能、团粒结构、肥力等都比花岗岩发育的黄、红壤土好。境内还有少量以石灰岩成育的土壤，遍及地稀少，大多在昌北地区，为石灰岩砾砂土，pH 值 5.7—6.7，微酸性反应，海拔较高，坡度较陡。对于占竹林栽植面积 75%的黄壤土、红壤土，竹农在春笋生产结束后进行劈山复耕，施有机肥，改良土壤。

1986 年，由县农业区划办向县科委申报《天目笋干竹的立地条件》课题，认为天目笋干竹的立地条件是：1.土壤类型。以山地黄泥土和黄泥土两种土壤最适宜。究其原因：山地黄泥土和黄泥土的土层深度在 10—30 厘米，土层含有丰富的有机质和氮、磷、钾养分，土内的水、肥、气、热状况比较协调，适宜笋干竹类的生长繁衍。2.气候条件。笋干竹集中区东西天目山的年雨量都在 1485.7—1808.3 毫米。其对土温的要求除因品种不同外，与温度条件有很大关系。如早笋出土需旬平均气温 14℃，石笋出土需旬平均气温 16℃。3.地形条件。适宜在山坳和山坡缓斜地，因其土层深、肥水条件好，又可避免风袭，竹林生长茂盛。

第四节　区　划

从 1981 年年初开始，临安聘请浙江林学院师生搞专题调查，于 1982 年年初完成县林业区划工作专题调查和粗线条林业区划。从 1983 年开始至 1984 年 3 月底，完成山地土壤、土地资源概查、生物资源和森林资源二类详查及细线条林业区划。以下乡、镇、村均按照当年行政区划名称。

一、林业区

全域划分为五个林业区，即昌北低山山核桃、水源林区，昌西南中低山用材林、山核桃、山茱萸林区，昌化低山丘陵用材林、经济林区，临北中低山竹林、水源林区，临南丘陵笋竹、毛竹、薪炭林区。

与竹有关的三个林业区分别是：

确定，临安竹子种类为11属63种（包括变种变型及引种）。2021年4月，通过调查整理统计，临安有竹种27属285种（含131个变种变型），其中临安乡土竹种计10属59种（含20个变种变型），临安引种竹种计26属226种（含111个变种变型）。

第一节 史志记载

临安竹子种植历史悠久，历代临安史志载有临安竹类，按记载地域和时间先后记叙如下：清康熙十四年（1675）《临安县志》卷六《田赋志·物产》云："竹类。方竹、笙竹、金竹、早竹、水竹、苦竹、猫竹、紫竹、斑竹、石竹、凤舞竹、罗汉竹、慈竹、胎竹。"

清乾隆二十四年（1759）《临安县志》［光绪十一年（1885）重印本］卷四物产云："竹类 万历旧志：茅竹、斑竹、金竹、早竹、广竹、笙竹、哺鸡竹、苦竹、孝顺竹、罗汉竹、紫竹、淡竹、木竹、水竹、石竹、方竹、凤尾竹、箭竹、篌竹、慈竹、胎竹、观音竹。""瑞竹 万历旧志：万历二十二年，观音寺出瑞竹，俱一本二枝。""曲竹《紫桃轩杂缀》：洞霄宫生曲竹，可为杖。林次麟《曲竹》诗：直节棱棱是此君，耳孙却以曲为名。首阳山下知难种，只可斜封向管城。""胎竹《杭州府志》：临安出胎竹。""紫竹《大涤洞天记》：洞霄宫青檀山多紫竹。万历旧志：可为箫管，细者又宜笙。""罗汉竹《杭州府志》：临安出罗汉竹。万历旧志：罗汉竹出九仙山。""筏竹，即猫竹，可以结筏，东南乡俱产，惟出径山者极茂而大。邑无舟楫，香纸薪炭结筏转输，斯竹利用甚普。黄汝亨《天目游记》：径山从西北磴道上十余里，曲折盘薄，大都以竹居胜。绿阴翠霭，时时拂披襟带。天光从竹隙入，从来看竹，无此地幽畅也。"当年径山属临安管辖。又载："春曰早笋，夏曰鞭笋，冬曰冬笋，其余毛笋、石笋、广笋，称名甚多，四时不乏，味特甲于诸蔬"，"冬笋产南乡者美，质坚味鲜，不似钱塘法华山者质脆味淡，苏人每岁必至此买之"。

清光绪年间（1875—1908）《临安县志》记载："青笋干，产黄洞（今临目横渡）、东坑者佳，即早笋、石笋所制。和咸（盐）煮晒为脯，经年不坏，维扬、姑苏以为蔬中珍品。"

清宣统二年（1910）《临安县志》卷二《食货志·物产》载："竹类。曲竹，产洞霄宫，可为杖。胎竹。紫竹，产青檀山，可为箫管，细者又宜笙。罗汉竹，产九仙山。猫竹，一名毛竹，可结筏，东南乡俱产，惟出径山者极茂而大，邑无舟楫，结筏转输，利用甚广，嫩竹可造白纸。斑竹，可制器。苦竹，笋苦不可食，叶能疗口疮。淡竹，色青翠，叶可为药。木竹，中实。水竹，为簟最佳。"

2012年4月版《玲珑山志》（杭州清平山人徐映璞著）卷四物产云："竹之属，雷竹、水竹、斑竹、毛竹、金竹、早竹、紫竹、淡竹、慈孝竹、观音竹、罗汉竹、箬竹、筱竹。"

清乾隆重刻康熙《於潜县志》点校版："竹之属，曰茅竹、金竹、紫竹、水竹、凤尾竹。"

清乾隆二十四年（1759）《於潜县志》："猫竹、紫竹、木竹、凤尾竹、青竹、石竹、方竹、匾竹、广竹、四季竹、木竹、箬竹。”

明僧广宾撰、清僧际界增订的《西天目祖山志》卷八《生殖》载：“竹类。青笋、木竹、匾竹、方竹、猫竹、斤竹、箬竹、紫竹、广竹、四季竹。”

清康熙十二年（1673）《昌化县志》：“竹之属，金（竹）、石（竹）、水（竹）、苦（竹）、猫（竹）、广（竹）、箬（竹）、罗汉（竹）、孝顺（竹）。”

民国13年（1924）《昌化县志》卷五《版籍·物产》：“竹之属，金（竹）、石（竹）、水（竹）、苦（竹）、猫（竹）、广（竹）、箬（竹）、罗汉（竹）、孝顺（竹）、紫（竹）、早（竹）。”并把鲜笋归在“蔬之属”。

民国14年（1925）《杭州府志》载：“天目出广竹，临安出胎竹”，“临安九仙山出罗汉竹”。

第二节 临安竹种资源

一、临安乡土竹种资源

临安有竹林面积近100万亩，乡土竹种竹林面积占全区竹林99%以上。在10属59种乡土竹种中，刚竹属竹种最多，有43种（包括变种变型），占乡土竹种数量的72.88%，面积占全区竹林的95%以上。除刚竹属外，面积较大的竹属有箬竹属竹种，在於潜、昌化都有大面积分布；其次苦竹属竹种，在石门冷坞顶有上千亩大面积天然苦竹林分布；其他竹属玉山竹属的扫帚竹，在清凉峰的龙塘山及岛石的上溪有成片上千亩竹林的自然分布。业平属、赤竹属、少穗竹属、倭竹属的竹种为零星自然分布。簕竹属竹种，寒竹属竹种，为观赏栽培竹种，在乡村庭院及城镇公园都有零星栽培，面积不大。

临安乡土竹种名录

一、簕竹属

1. 孝顺竹，庭院观赏栽培，清乾隆二十四年《临安县志》有记载。

1a. 凤尾竹，庭院观赏栽培，清乾隆二十四年《临安县志》有记载。

二、寒竹属

2. 方竹，观赏栽培，清乾隆二十四年《临安县志》有记载。

三、箬竹属

3. 阔叶箬竹，野生分布，标本86560采于石门龙上村。天目箬竹为异名。

4. 箬竹，临安广布，野生。

四、少穗竹属

5. 四季竹，标本86556采于青山石亭子桥头。

五、刚竹属

6. 尖头青，板桥有分布栽培。

7. 白壳竹，板桥有分布栽培。

8. 黄古竹，石门乡有野生分布，标本 86536。

9. 罗汉竹，标本 86008 采于龙塘山自然竹林。

10. 石绿竹，野生分布，标本 86555 采于板桥珠西。

11. 桂竹，别名五月半、五月季、花壳竹、箸竹、卷竹、麦黄竹，清乾隆《临安县志》谓筀竹。石门、堰口、临目、千洪等有天然分布，出笋迟。

11a. 斑竹，优良观赏竹种，清康熙《临安县志》有记载。

12. 美竹，别名老竹、硬壳竹、白皮淡。石门汪家坞海拔 780 米的石竹林中有野生分布，标本 86415。

13. 白哺鸡竹，优良笋用竹种，人工栽培，标本 86552 采于板桥牌头。

14. 花哺鸡竹，零星人工栽培。

15. 水竹，於潜、昌化、临安均有野生分布，标本 86525。

15a. 实心竹，别名木竹，石门、天目山、堰口等有野生零星分布，标本 86541。

16. 毛竹，临安各乡镇俱产，自然分布或栽培，面积最大，分布最广，标本 86410。

16a. 龟甲竹，别名观音竹，零星自然分布或庭院观赏栽培，标本 86003。

16b. 绿皮花毛竹，石门龙上、木公山等有零星分布。

17. 毛毛竹，别名紫壳竹、毛壳竹，异名姬淡竹，零星自然分布，标本 86553 采于板桥珠西。

18. 红竹，别名红哺鸡竹、红壳竹，临安天目山自然分布与栽培，标本 86411。

19. 浙江淡竹，别名红壳石竹、毛环竹、淡竹，於潜堰口有自然分布，横畈塘楼、市地有栽培，标本 86526。

20. 篌竹，别名花竹、龙刀竹、枪刀竹、节节老，野生广布，标本 86405。

20a. 光箨篌竹，野生分布，标本 86545。

21. 富阳乌哺鸡竹，板桥栽培。

22. 紫竹，临天、青山、石门等均有栽培，优良观赏竹种，标本 86408，《临安县志》有记载，产青檀山。

22a. 毛金竹，别名鸡毛竹、金毛竹。石门、临目、天目山、堰口有自然分布，标本 86531。

23. 石竹，别名灰竹。西天目、千洪、临目等有大面积自然分布，是加工天目笋干的最佳竹种，标本 86515。

23a. 紫蒲头石竹，别名紫蒲头灰竹。零星自然分布，用途同石竹。

24. 雷竹，别名早竹、褐纹早竹、土早竹。栽培，出笋早。本种早在 1864 年就自中国引入法国。本种在长期栽培过程中，产生了许多优良栽培类型。

24a. 花秆早竹，为竹秆变型，零星自然分布。

24b. 花叶雷竹，订名何钧潮、林新春，零星分布，在於潜堰口发现。

24c.弯秆雷竹，临安大面积栽培分布，标本 86001、86002。临安雷竹即细叶乌头雷竹，部分竹秆呈之字形弯曲，又称蛇形竹，为雷竹良种。

24d. 雷山乌，订名林新春、何钧潮，在青山湖朱村发现。

24e. 安徽早竹，横路有栽培。

24f. 花壳雷竹，订名林新春、何钧潮，零星分布。

24g. 余杭早竹，栽培分布。

24h. 青壳雷竹，栽培零星分布。

25. 高节竹，别名洋毛竹、哺鸡竹，分布广，板桥、上甘、太湖源、於潜、昌化大面积栽培，标本 86550。

26. 囡儿子竹，别名油竹、青竹，西天目、堰口乡有分布，清乾隆《於潜县志》有青竹记载。

27 金竹，清乾隆《昌化县志》、清光绪《於潜县志》均有记载，昌化、於潜零星自然分布。

27a. 刚竹，别名广竹、光竹、柄竹、台竹、胎竹，横畈、石门等有较大面积自然广布。民国 14 年《杭州府志》载：“天目出广竹，临安出胎竹”，广竹、胎竹即刚竹的别名。

27b. 黄槽刚竹，石门、板桥等有零星分布。

27c. 黄皮绿筋竹，有零星分布。

28. 天目早竹，别名早竹、早笋竹，加工天目笋干的优良竹种，西天目、千洪等有自然分布和栽培，标本 86505。

29. 乌哺鸡竹，板桥零星栽培，标本 86551、86541。

30. 云和哺鸡竹，零星栽培，标本 86542。

六、苦竹属

31. 苦竹，石门冷坞顶有近千亩大面积分布，标本 86561 采于石门冷坞顶。

32. 秋竹，别名笔竿竹，野生分布，标本 86540 采于堰口烂田坞。

33. 衢县苦竹，野生零星分布，标本 86559 采于青山桥头。

34. 斑苦竹，野生零星分布，标本 86563 采于石门冷坞顶。

35. 宜兴苦竹，野生零星分布，标本 86548 采于临天新联。

七、赤竹属

36. 华箬竹，野生成片分布，标本 86512 采于天目山老殿。

八、业平竹属

37. 短穗竹，野生广泛分布，标本 86409 采于临天余村，笋极苦，国家三级保护植物。

37a. 毛环短穗竹，野生零星分布，标本 86417 采于临天泥山湾。

九、倭竹属

38. 鹅毛竹，别名鸡毛竹，野生分布，标本采于玲珑山塘边。

十、玉山竹属

39. 扫帚竹，别名鄂西玉山竹。野生成片分布，主要分布于龙塘山海拔 1000 米以上高山，标本 86004 采于昌化龙塘山。

以上计有乡土竹种 10 属 59 种（包括 20 个变种变型），其中孝顺竹、凤尾竹、方竹三种竹种为庭院观赏竹种，虽疑是古时引种竹种，但因在临安旧志有记载，栽培历史较长，作本地乡土竹种处理栽培。

二、临安引种竹种资源

浙江农林大学竹类园种植竹类植物有 16 属 122 种，临安太湖源观赏竹种园种植竹类植物有 26 属 256 种。除去重复的竹种和本地乡土竹种，确认临安引种的竹种有 26 属 226 种（其中 111 个变种变型）。此外，太湖源观赏竹种园内还有未确认引种竹种 16 个。临安引种竹种数量较多，种植面积不大。

上述引种的竹种，簕竹属、慈竹属、绿竹属、牡竹属等为合轴丛生竹种，大部分都需要采取特殊的保温保护措施越冬，在自然条件下基本上不适宜栽种。刚竹属、大节竹属等单轴散生竹种都能在自然条件下生长。苦竹属、箬竹属、唐竹属等复轴混生竹种中除方竹属个别不适宜在自然条件下越冬外，其他都能生长。

临安引种竹种资源

合轴型竹种

一、簕竹属

1. 花竹，太湖源观赏竹种园，浙江农林大学竹类园。

2. 妈竹，太湖源观赏竹种园。

3. 粉单竹，太湖源观赏竹种园。

3a. 天鹅绒竹，太湖源观赏竹种园。

4. 破篾黄竹，太湖源观赏竹种园。

5. 东兴黄竹，太湖源观赏竹种园。

6. 长枝竹，太湖源观赏竹种园。

7. 青丝黄竹，太湖源观赏竹种园。

8. 银丝大眼竹，太湖源观赏竹种园。

9a. 斑入凤凰竹，浙江农林大学竹类园。

9b. 凤凰竹，浙江农林大学竹类园。

9c. 蓬莱小町竹，浙江农林大学竹类园。

9d. 绿红凤凰竹，浙江农林大学竹类园。

9e. 大小町竹，浙江农林大学竹类园。

9f. 桃枝竹（石角竹），浙江农林大学竹类园。

9g. 正小町竹，浙江农林大学竹类园。

9h. 凤翔竹，浙江农林大学竹类园。

9i. 红凤凰竹，浙江农林大学竹类园。

10. 花眉竹，太湖源观赏竹种园。

11. 细单竹，太湖源观赏竹种园。

12a. 观音竹，太湖源观赏竹种园。

12b. 银丝竹，太湖源观赏竹种园。

12c. 小琴丝竹（花孝顺竹），太湖源观赏竹种园。

12d. 小叶琴丝竹，太湖源观赏竹种园。

12e. 河边竹，太湖源观赏竹种园。

13. 木竹，浙江农林大学竹类园。

14. 信宜石竹，太湖源观赏竹种园。

15. 油竹，太湖源观赏竹种园。

16. 青皮竹，太湖源观赏竹种园。

16a. 紫秆竹，太湖源观赏竹种园。

17. 鼓节竹，太湖源观赏竹种园。

18. 小佛肚竹，太湖源观赏竹种园，浙江农林大学竹类园。

18a. 金明小佛肚竹，太湖源观赏竹种园。

19a. 大佛肚竹，太湖源观赏竹种园，浙江农林大学竹类园。

19b. 黄金间碧玉竹，太湖源观赏竹种园。

二、空竹属

20. 糯竹，太湖源观赏竹种园。

三、绿竹属

21. 绿竹，太湖源观赏竹种园，浙江农林大学竹类园。

21a. 花秆绿竹，太湖源观赏竹种园。

四、牡竹属

22. 马来甜龙竹，太湖源观赏竹种园。

23. 梁山慈竹，太湖源观赏竹种园。

24. 麻竹，太湖源观赏竹种园。

25. 黄竹，太湖源观赏竹种园。

26. 吊丝竹，太湖源观赏竹种园。

26a. 花吊丝，太湖源观赏竹种园。

27. 歪脚龙竹，太湖源观赏竹种园。

五、镰序竹属

28. 爬竹，太湖源观赏竹种园。

71c. 黄槽斑竹，太湖源观赏竹种园。

71d. 金桂竹，太湖源观赏竹种园。

71e. 邹竹，太湖源观赏竹种园，浙江农林大学竹类园。

71f. 翁竹（花叶桂竹），太湖源观赏竹种园，浙江农林大学竹类园。

71g. 对花竹，太湖源观赏竹种园。

71h. 寿竹，太湖源观赏竹种园。

72. 蓉城竹（白夹竹），浙江农林大学竹类园。

73. 嘉兴雷竹，太湖源观赏竹种园。

74a. 碟毛竹，太湖源观赏竹种园。

74b. 麻衣竹，太湖源观赏竹种园。

74c. 厚皮毛竹，太湖源观赏竹种园。

74d. 绿槽毛竹，太湖源观赏竹种园，浙江农林大学竹类园。

74e. 黄槽毛竹，太湖源观赏竹种园。

74f. 黄皮毛竹，太湖源观赏竹种园，浙江农林大学竹类园。

74g. 金丝毛竹，太湖源观赏竹种园，浙江农林大学竹类园。

74h. 佛肚毛竹，太湖源观赏竹种园。

74i. 黄皮花毛竹，太湖源观赏竹种园。

74j. 安吉锦毛竹，太湖源观赏竹种园。

74k. 油毛竹，太湖源观赏竹种园。

74l. 斑毛竹，太湖源观赏竹种园。

74m. 安吉紫毛竹，太湖源观赏竹种园。

74n. 孝丰紫筋毛竹，太湖源观赏竹种园。

74o. 圣音竹，太湖源观赏竹种园，浙江农林大学竹类园。

74p. 花秆金丝毛竹，太湖源观赏竹种园。

74q. 花秆龟甲竹，太湖源观赏竹种园。

74r. 强竹，太湖源观赏竹种园。

75. 甜笋竹，太湖源观赏竹种园，浙江农林大学竹类园。

76. 角竹，太湖源观赏竹种园。

77. 曲秆竹（甜竹），浙江农林大学竹类园。

78. 奉化水竹，太湖源观赏竹种园。

79. 淡竹，太湖源观赏竹种园，浙江农林大学竹类园。

79a. 筠竹，太湖源观赏竹种园。

80. 黑水竹，太湖源观赏竹种园。

81a. 燥壳竹，太湖源观赏竹种园。

9i. 红凤凰竹，浙江农林大学竹类园。

10. 花眉竹，太湖源观赏竹种园。

11. 细单竹，太湖源观赏竹种园。

12a. 观音竹，太湖源观赏竹种园。

12b. 银丝竹，太湖源观赏竹种园。

12c. 小琴丝竹（花孝顺竹），太湖源观赏竹种园。

12d. 小叶琴丝竹，太湖源观赏竹种园。

12e. 河边竹，太湖源观赏竹种园。

13. 木竹，浙江农林大学竹类园。

14. 信宜石竹，太湖源观赏竹种园。

15. 油竹，太湖源观赏竹种园。

16. 青皮竹，太湖源观赏竹种园。

16a. 紫秆竹，太湖源观赏竹种园。

17. 鼓节竹，太湖源观赏竹种园。

18. 小佛肚竹，太湖源观赏竹种园，浙江农林大学竹类园。

18a. 金明小佛肚竹，太湖源观赏竹种园。

19a. 大佛肚竹，太湖源观赏竹种园，浙江农林大学竹类园。

19b. 黄金间碧玉竹，太湖源观赏竹种园。

二、空竹属

20. 糯竹，太湖源观赏竹种园。

三、绿竹属

21. 绿竹，太湖源观赏竹种园，浙江农林大学竹类园。

21a. 花秆绿竹，太湖源观赏竹种园。

四、牡竹属

22. 马来甜龙竹，太湖源观赏竹种园。

23. 梁山慈竹，太湖源观赏竹种园。

24. 麻竹，太湖源观赏竹种园。

25. 黄竹，太湖源观赏竹种园。

26. 吊丝竹，太湖源观赏竹种园。

26a. 花吊丝，太湖源观赏竹种园。

27. 歪脚龙竹，太湖源观赏竹种园。

五、镰序竹属

28. 爬竹，太湖源观赏竹种园。

六、箭竹属

29. 箭竹，太湖源观赏竹种园。

七、梨竹属

30. 梨竹，太湖源观赏竹种园。

八、慈竹属

31. 慈竹（钓丝竹），太湖源观赏竹种园。

31a. 金丝慈竹，太湖源观赏竹种园。

九、泰竹属

32. 大泰竹，太湖源观赏竹种园。

中国竹种

十、酸竹属

33. 黄甜竹，太湖源观赏竹种园，浙江农林大学竹类园。

34. 橄榄竹，太湖源观赏竹种园。

35. 福建酸竹，太湖源观赏竹种园。

36. 黎竹，太湖源观赏竹种园。

十一、巴山木竹属

37. 巴山木竹，太湖源观赏竹种园。

十二、寒竹属

38. 寒竹，太湖源观赏竹种园，浙江农林大学竹类园。

38a. 银明寒竹，浙江农林大学竹类园。

38b. 红秆寒竹，太湖源观赏竹种园，浙江农林大学竹类园。

39. 刺黑竹，太湖源观赏竹种园，浙江农林大学竹类园。

40a. 花秆方竹，太湖源观赏竹种园。

41a. 纵缟方竹，浙江农林大学竹类园。

十三、阴阳竹属

42. 白纹阴阳竹，太湖源观赏竹种园，浙江农林大学竹类园。

十四、箬竹属

43. 髯毛箬竹，太湖源观赏竹种园，浙江农林大学竹类园。

44. 美丽箬竹，太湖源观赏竹种园。

45. 峨眉箬竹，太湖源观赏竹种园。

46. 广东箬竹，浙江农林大学竹类园。

47. 粽巴箬竹，太湖源观赏竹种园。

48. 黄条阔叶箬竹，太湖源观赏竹种园。

49. 半耳箬竹，太湖源观赏竹种园。

50. 矮箬竹，太湖源观赏竹种园，浙江农林大学竹类园。

51. 尖子竹，太湖源观赏竹种园。

52. 胜利箬竹，太湖源观赏竹种园，浙江农林大学竹类园。

十五、大节竹属

53. 摆竹，太湖源观赏竹种园，浙江农林大学竹类园。

54. 大节竹，太湖源观赏竹种园。

55. 橄榄竹，浙江农林大学竹类园。

56.毛算盘竹，太湖源观赏竹种园。

57. 江山浦竹仔，太湖源观赏竹种园。

57a. 七彩红竹，太湖源观赏竹种园。

58. 棚竹，浙江农林大学竹类园。

59. 倭形竹，太湖源观赏竹种园。

十六、月月竹属

60. 月月竹，太湖源观赏竹种园。

十七、少穗竹属

61. 肿节少穗竹，太湖源观赏竹种园，浙江农林大学竹类园。

62. 糙花少穗竹，太湖源观赏竹种园。

63. 斗竹，太湖源观赏竹种园。

64. 少穗竹，太湖源观赏竹种园。

十八、刚竹属

65. 糙竹，太湖源观赏竹种园。

66. 黄槽黄古竹，太湖源观赏竹种园。

67. 黄槽石绿竹，太湖源观赏竹种园，浙江农林大学竹类园。

68. 乌芽竹，太湖源观赏竹种园。

69a. 黄槽罗汉竹，太湖源观赏竹种园，浙江农林大学竹类园。

69b. 绿槽罗汉竹，太湖源观赏竹种园，浙江农林大学竹类园。

69c. 黄皮罗汉竹，太湖源观赏竹种园。

70. 黄槽竹，太湖源观赏竹种园，浙江农林大学竹类园。

70a. 黄秆京竹，太湖源观赏竹种园。

70b. 金镶玉竹，太湖源观赏竹种园，浙江农林大学竹类园。

70c. 金条竹，太湖源观赏竹种园。

70d. 京竹，太湖源观赏竹种园，浙江农林大学竹类园。

71a. 金明竹，太湖源观赏竹种园。

71b. 银明竹，太湖源观赏竹种园。

71c. 黄槽斑竹，太湖源观赏竹种园。

71d. 金桂竹，太湖源观赏竹种园。

71e. 邹竹，太湖源观赏竹种园，浙江农林大学竹类园。

71f. 翁竹（花叶桂竹），太湖源观赏竹种园，浙江农林大学竹类园。

71g. 对花竹，太湖源观赏竹种园。

71h. 寿竹，太湖源观赏竹种园。

72. 蓉城竹（白夹竹），浙江农林大学竹类园。

73. 嘉兴雷竹，太湖源观赏竹种园。

74a. 碟毛竹，太湖源观赏竹种园。

74b. 麻衣竹，太湖源观赏竹种园。

74c. 厚皮毛竹，太湖源观赏竹种园。

74d. 绿槽毛竹，太湖源观赏竹种园，浙江农林大学竹类园。

74e. 黄槽毛竹，太湖源观赏竹种园。

74f. 黄皮毛竹，太湖源观赏竹种园，浙江农林大学竹类园。

74g. 金丝毛竹，太湖源观赏竹种园，浙江农林大学竹类园。

74h. 佛肚毛竹，太湖源观赏竹种园。

74i. 黄皮花毛竹，太湖源观赏竹种园。

74j. 安吉锦毛竹，太湖源观赏竹种园。

74k. 油毛竹，太湖源观赏竹种园。

74l. 斑毛竹，太湖源观赏竹种园。

74m. 安吉紫毛竹，太湖源观赏竹种园。

74n. 孝丰紫筋毛竹，太湖源观赏竹种园。

74o. 圣音竹，太湖源观赏竹种园，浙江农林大学竹类园。

74p. 花秆金丝毛竹，太湖源观赏竹种园。

74q. 花秆龟甲竹，太湖源观赏竹种园。

74r. 强竹，太湖源观赏竹种园。

75. 甜笋竹，太湖源观赏竹种园，浙江农林大学竹类园。

76. 角竹，太湖源观赏竹种园。

77. 曲秆竹（甜竹），浙江农林大学竹类园。

78. 奉化水竹，太湖源观赏竹种园。

79. 淡竹，太湖源观赏竹种园，浙江农林大学竹类园。

79a. 筠竹，太湖源观赏竹种园。

80. 黑水竹，太湖源观赏竹种园。

81a. 燥壳竹，太湖源观赏竹种园。

81b. 黄条爆壳竹，太湖源观赏竹种园。

82. 红壳雷竹，太湖源观赏竹种园，浙江农林大学竹类园。

83. 花秆红哺鸡竹，太湖源观赏竹种园。

84. 假毛竹，浙江农林大学竹类园。

85. 瓜水竹，太湖源观赏竹种园。

86. 台湾桂竹，太湖源观赏竹种园，浙江农林大学竹类园。

87. 小叶光壳竹，太湖源观赏竹种园。

88a. 实肚竹，太湖源观赏竹种园。

88b. 黄槽白夹竹，太湖源观赏竹种园。

88c. 绿槽白夹竹，太湖源观赏竹种园。

88d. 金黄白夹竹，太湖源观赏竹种园。

89. 胡麻竹，太湖源观赏竹种园。

90a. 芽黑竹，浙江农林大学竹类园。

90b. 芽白竹，浙江农林大学竹类园。

90c. 翁黑竹，浙江农林大学竹类园。

91. 白叶灰竹，太湖源观赏竹种园。

92. 安吉金竹，太湖源观赏竹种园，浙江农林大学竹类园。

93. 灰水竹，太湖源观赏竹种园，浙江农林大学竹类园。

93a. 白壳灰水竹，太湖源观赏竹种园。

94. 遂昌雷竹，太湖源观赏竹种园。

95. 早园竹，浙江农林大学竹类园。

95a. 望江哺鸡竹，太湖源观赏竹种园。

96. 河竹，太湖源观赏竹种园。

97. 芽竹，太湖源观赏竹种园。

98. 红后竹（安吉水胖竹），太湖源观赏竹种园。

99. 衢县红壳竹，太湖源观赏竹种园。

100. 绿槽刚竹，太湖源观赏竹种园。

101. 乌竹（光壳竹），太湖源观赏竹种园。

102. 长沙刚竹，太湖源观赏竹种园。

103a. 黄槽雷竹（黄条早竹），太湖源观赏竹种园。

103b. 黄皮雷竹，太湖源观赏竹种园。

104. 东阳青皮竹，太湖源观赏竹种园。

105a. 黄秆乌哺鸡，太湖源观赏竹种园，浙江农林大学竹类园。

105b. 黄纹竹，太湖源观赏竹种园。

105c. 绿纹竹，太湖源观赏竹种园。

106. 浙江甜竹，太湖源观赏竹种园。

十九、苦竹属

107. 光箨苦竹，太湖源观赏竹种园。

108. 金明护基竹，浙江农林大学竹类园。

109a. 白纹东根笹，太湖源观赏竹种园。

109b. 长叶苦竹，太湖源观赏竹种园。

110. 大明竹，太湖源观赏竹种园，浙江农林大学竹类园。

110a. 螺节竹，太湖源观赏竹种园。

111. 寒山竹，浙江农林大学竹类园。

112. 黄条金刚竹，太湖源观赏竹种园，浙江农林大学竹类园。

113. 琉球竹，浙江农林大学竹类园。

114. 异叶川竹，太湖源观赏竹种园。

115. 实心苦竹，浙江农林大学竹类园。

二十、矢竹属

116. 茶秆竹，太湖源观赏竹种园，浙江农林大学竹类园。

116a. 薄箨茶秆竹，太湖源观赏竹种园。

117. 短箨茶秆竹，太湖源观赏竹种园。

118. 彗竹，太湖源观赏竹种园。

119. 矢竹，太湖源观赏竹种园，浙江农林大学竹类园。

119a. 辣韭矢竹，太湖源观赏竹种园，浙江农林大学竹类园。

119b. 花叶矢竹，太湖源观赏竹种园，浙江农林大学竹类园。

二十一、筇竹属

120. 筇竹，太湖源观赏竹种园。

二十二、赤竹属

121. 大笹竹，太湖源观赏竹种园。

122. 铺地竹，太湖源观赏竹种园，浙江农林大学竹类园。

123. 菲黄竹，太湖源观赏竹种园，浙江农林大学竹类园。

124. 菲白竹，太湖源观赏竹种园，浙江农林大学竹类园。

125. 掌叶笹（积古丹竹），太湖源观赏竹种园。

125a. 积丹竹，浙江农林大学竹类园。

126. 粽笹，浙江农林大学竹类园。

127. 翠竹，太湖源观赏竹种园，浙江农林大学竹类园。

127a. 无毛翠竹，太湖源观赏竹种园。

128. 日本矮竹，太湖源观赏竹种园。

129. 青氏赤竹（曙伊吹笹），太湖源观赏竹种园，浙江农林大学竹类园。

130. 熊笹，太湖源观赏竹种园。

131. 青业平竹，浙江农林大学竹类园。

132. 夜叉竹，浙江农林大学竹类园。

132a. 金明夜叉竹，浙江农林大学竹类园。

二十三、东笆竹属

133. 白缟椎谷笹，太湖源观赏竹种园。

134. 多枝笹竹，太湖源观赏竹种园。

二十四、业平竹属

135. 白纹短穗竹，太湖源观赏竹种园。

135a. 无毛白纹短穗竹，太湖源观赏竹种园。

136. 夜叉竹，太湖源观赏竹种园。

136a. 金明夜叉竹，太湖源观赏竹种园。

二十五、倭竹属

137. 黄条纹鸡毛竹，太湖源观赏竹种园。

138. 芦花竹，太湖源观赏竹种园。

139. 倭竹，太湖源观赏竹种园，浙江农林大学竹类园。

140. 狭叶倭竹，太湖源观赏竹种园。

141. 南平倭竹，太湖源观赏竹种园。

二十六、唐竹属

142. 井冈唐竹，太湖源观赏竹种园。

143. 晾衫竹，太湖源观赏竹种园。

144. 肾耳唐竹，太湖源观赏竹种园。

145. 胶南竹，太湖源观赏竹种园。

146. 花箨唐竹，太湖源观赏竹种园。

147. 唐竹，太湖源观赏竹种园，浙江农林大学竹类园。

147a. 铃子唐竹，浙江农林大学竹类园。

147b. 满山爆竹，浙江农林大学竹类园。

147c. 花叶唐竹，太湖源观赏竹种。

147d. 光叶唐竹，太湖源观赏竹种园。

148. 宜兴唐竹，太湖源观赏竹种园。

白粉圈，秆环显著隆起而高于箨环，部分秆基部呈“之”字形曲折。箨鞘淡红褐色，部分笋具明显的颜色条纹，密被白粉，下部箨鞘密被斑块；无箨耳和繸毛；箨舌发达，先端平截。石竹普遍处于野生状态。笋较细长，适度采收的长 35 厘米，基径 2—3 厘米，单株重 50—100 克。4 月中旬为收获初期，5 月上、中旬为盛期，5 月底为末期，历时约 40 天。亩产竹笋 150—200 千克，最高可达 500 千克。笋壳薄，肉厚，是临安加工天目笋干的最佳原料。临安临目、石门、西天目、千洪等有成片几万亩自然石竹林分布。

石竹 （杨淑贞 2017 年摄）

（十四）毛环竹 又名浙江淡竹，刚竹属竹种。单轴散生。8—11 米，径粗 6—7 厘米。4 月中旬至 5 月中旬出笋，笋期 30 天左右。笋箨淡紫红色，密被褐斑，基部有一圈淡色细柔毛，故称毛环竹。无箨耳，箨叶三角状披针形。笋棒状细长，先端尖，长约 30 厘米。单株笋重 100—175 克，大的也有重 250 克。笋肉稍硬，笋味甘淡，故又有淡竹之名。一般亩产鲜笋 350—500 千克，高的 750 千克以上。竹材材质坚韧，常作优良用材竹种，可作笋用林开发。临安横畈有栽培。

三、绿化观赏特用竹

除大径竹种毛竹、中小径笋用竹以外的各类竹种，主要有庭院绿化、观赏竹种，如斑竹、紫竹、方竹、罗汉竹、龟甲竹、花毛竹、凤尾竹、孝顺竹、佛肚竹、黄秆乌哺鸡、金镶玉竹、红秆寒竹、筇竹、美丽箬竹、翠竹、铺地竹、菲黄竹、菲白竹等。还有生态保护水土涵养竹种，如扫帚竹及阔叶箬竹、苦竹等特用竹。

紫竹 （何钧潮 2007 年摄）

（一）斑竹 为刚竹属桂竹的变型，竹秆节间都随机生有紫褐色或淡褐色的斑点或斑块。晋代张华《博物志》载：相传该竹斑痕是由舜帝两妃即娥皇、女英的泪血染成，故又名“湘妃竹”。秆高达 12 米，径粗 10 厘米。笋期迟，5 月中、下旬竹笋可食用。竹秆有漂亮的斑点，特别适宜制作书架、椅子等日用家具，或作为手杖等，典雅宜人。

（二）紫竹 又称墨竹或黑竹，刚竹属，单轴散生。秆高 4—7 米，径粗 2—4 厘米。

当年生新秆黄绿色至深绿色，有细柔毛；秋季开始，自基部向中部节间逐渐出现紫斑，并逐渐变无毛，次年全秆变紫褐色。紫竹秆紫叶绿，别具风姿，常与寺观、庭观为伍。紫竹宜作盆景，也可制作家具，或制成箫笛、手杖、伞柄等。笋期 4 月中下旬，笋味独特。

（三）**方竹** 以秆方独特著称，为寒竹属竹种，被誉为“竹海珍珠”。秆高一般 3—4 米，高的达 10 米，径粗 1—6 厘米。新秆淡绿或浓绿色，老后呈紫铜色。节上有刺或棱角，秆略呈正四方形。枝秆刚健，俊秀挺拔，是良好的观赏竹种，有人曾以“行知方圆，虚怀若谷，劲草可风，潇洒不俗”的词句赞美。方竹秆壁较厚，韧性超过毛竹，产区艺人常依势造型，施加刀凿，制成形态各异、意韵生动的工艺美术品，如手杖、烟杆等，也可劈篾编织成上等竹席。笋期 9—10 月，味道鲜美，为优良笋用竹种。因其不耐严寒，仅在特定的小气候环境中生长良好，临安境内鲜有自然栽植分布。

（四）**罗汉竹** 又称人面竹，刚竹属竹种。秆高可达 8 米，径粗 2—4 厘米，基部或中部以下数节呈畸形缩短，秆环交互歪斜，节间肿胀或缢缩。形似老人脸、孩儿面、罗汉袒肚，相向面笑，生动有趣，既有审美价值，又是制作工艺品的珍宝，可制成姿态生动的花瓶、笔筒、衣架等，或用粗大的人面竹雕成挂屏，屏上雕刻咏竹诗词，或雕刻竹画，竹上咏竹，竹上雕竹，别有风趣。

（五）**花毛竹** 秆高 6—15 米，胸径 6—15 厘米。为毛竹变型，又有黄皮花毛竹和绿皮花毛竹多种。黄皮花毛竹又名黄皮绿筋竹。秆、枝呈黄色，节间有纵向多条宽窄不同的绿色条纹，竹鞭露地部分也有同样情况。绿皮花毛竹又名绿皮黄筋竹。秆、枝呈绿色，上有纵向黄色条纹。

（六）**凤尾竹** 簕竹属合轴丛生竹种。株高 1—3 米，径粗 0.5—1 厘米，具叶小枝下垂，如同凤尾，颇为美观，故名。叶片小型，线状披针形至披针形。利用其枝纤叶小、低矮密集丛生的形态，适宜园林栽培，也可制作盆景。

（七）**孝顺竹** 簕竹属合轴丛生竹种。秆高 2—8 米，径粗 1—4 厘米，梢端稍弯，节间长 20—40 厘米，圆柱形。每小枝具叶 5—10 枚，叶片披针形。竹材坚韧，可劈篾编织，也是造纸的好原料；丛态优美，可作绿篱或庭院观赏栽培。

（八）**苦竹** 秆高 3—5 米，粗 1—2 厘米，节间长 25—30 厘米。幼秆淡绿色，厚被白粉，每节有 3—5 分枝，叶片披针形。鞘环有 1 圈褐色箨鞘基部残留物，箨鞘厚纸质至革质，淡黄绿色，被淡棕色刺毛，基部密生棕色刺毛；箨耳很小，有直立棕色䍁毛；箨舌截平，长 1—2 毫米；箨叶细长披针形。笋期 4—6 月，笋味苦，煮熟漂洗后食用，别有风味，有清热利尿、消渴明目之功效。亩产竹笋可达 750 千克以上。长江流域各省均有分布。临安苦竹属竹种本地乡土竹种有苦竹、衢县苦竹、斑苦竹、宜兴苦竹、秋竹等，有成片较大面积的自然分布。苦竹秆形通直，材质柔韧致密，抗压抗拉，用途广泛，是制作笛、箫、笙、管等民族乐器的上好材料。

（九）**龟甲竹** 别称龙竹或观音竹，为毛竹变型。枝叶同毛竹，竹秆中下部的一些节间

龟甲竹　　（布智明 2010 年摄）

极度短缩并一侧肿胀，相邻的节交互倾斜而于一侧彼此上下相接，形似“龟甲”。可供观赏，或制作工艺品。以往神庙皂隶（“二百五”）手执此竹，故又名“皂隶竹”。龟甲竹可制作衣架、对联等，古朴典雅。2011 年 8 月，中央电视台《致富经》栏目组曾专程来到临安太湖源竹种园录制了一期“从变异竹子引发的财富”的专题节目，指的就是龟甲竹。

（十）箬竹　一般秆高 1—2 米，径粗 0.5—1厘米。临安箬竹属本地乡土竹种，主要有阔叶箬竹、箬竹。阔叶箬竹的叶片最大，可长达 30 厘米，宽约 10 厘米。临安自古以来就有用箬竹叶包裹粽子的习俗。箬叶中富含黄酮、多糖、维生素 C 和叶绿素，用来裹粽或食品包装，清香沁人；含有箬叶多糖类，具有杀菌、防腐和防癌等功效。箬叶还可用作船篷、车棚、笠帽和包装材料。竹材坚韧，茎秆细小，近似实心，可作笔杆、箭杆、竹筷等。

临安引种箬竹属竹种较多，有美丽箬竹、峨眉箬竹、髯毛箬竹、粽巴箬竹、胜利箬竹、箬叶竹、半耳箬竹、矮箬竹、广东箬竹等。美丽箬竹丛形美丽，在园林美化中有较多应用。

（十一）小佛肚竹　簕竹属竹种，合轴丛生。具两种秆形，常生长于野外，分布于广东、广西、福建。秆高 8—10 米，径 5—7 厘米，节间长达 20—30 厘米。引种小佛肚竹为畸形秆，常用于盆栽，秆高 0.5—0.8 米，径 0.5—2 厘米，节间短缩呈花瓶状，长 2—5 厘米。该竹种是优良庭院盆栽观赏竹种，在临安冬季宜放在保暖大棚内过冬。

（十二）黄秆乌哺鸡竹　刚竹属竹种，乌哺鸡竹的栽培变型。秆高 6—12 米，径 8—10 厘米。笋期 4 月中下旬，笋味鲜美。竹秆为黄色，有不规则绿色纵条纹，竹叶较大，呈簇叶状下垂，外观醒目，姿态优雅，为优良观赏竹种。

（十三）筇竹　筇竹属竹种。秆高达 6 米，径 1—3 厘米，节间长达 10—25 厘米。基部数节近实心，秆环强烈隆起如二盘扣合状。笋期 4 月，笋肉厚，质脆味美。秆节奇形，枝叶纤细，为优良观赏竹种。秆是制作手杖和工艺品的上等原料，筇竹手杖远销海外。一般适生于 1500 米以上的高海拔区域，临安鲜有引栽，仅在浙江农林大学校园内有引栽。

（十四）翠竹、铺地竹、菲黄竹、菲白竹等均为赤竹属矮小竹种。翠竹秆高 0.2—0.4 米，竹叶绿色，呈羽状排列；铺地竹秆高 0.3—0.5 米，竹叶绿色，偶具黄或白色纵条纹；菲黄竹秆高 0.2—0.8 米，叶片嫩叶黄色，具绿色条纹；菲白竹秆高 0.2—0.9 米，叶片绿色具明显白色或淡黄色条纹。以上均为园林地被类或盆栽观赏竹种。

（十五）金镶玉竹　刚竹属竹种，黄槽竹的栽培变型。秆高 4—6 米，径 2—3 厘米。笋期 4 月，笋可食用。该竹种耐寒，繁殖和适应性强。竹秆为黄色，节间分枝一侧纵沟槽为绿色。优良观赏竹种。

金镶玉竹　　（何钧潮 2010 年摄）

（十六）红秆寒竹　寒竹属竹种，寒竹的变型。秆高 2—3 米，径 0.5—2 厘米，笋期 9—10 月，竹秆红色。为优良观赏竹种，在临安冬季需放在保暖大棚内越冬。

（十七）扫帚竹　为临安乡土竹种，在昌西龙塘山与昌北上溪海拔 1000 米左右高山有上千亩成片自然分布，是良好的生态保护水土保持水源涵养林，竹秆可为箭杆，秆枝可扎扫帚。

竹子种类较多，大小不一，用途各异。长期以来，竹子的开发利用主要是利用竹材与竹笋的经济价值。21 世纪以来，随着时代发展和人民生活水平提高，临安正在不断地开发竹子的生态观赏价值及竹文化元素，引种不少新的观赏竹类植物，丰富了临安的竹种资源和文化内涵。

专记 6　靠竹致富　管竹有方　用竹有术——夏禹桥镇殷家山毛竹林调查

夏禹桥镇殷家山村是临安有名的“毛竹村”。全村 130 户，492 人，耕地 194 亩，山 3086 亩。其中毛竹山 2407 亩，人均 5 亩。1988 年全村工农业总收入 102 万元，其中毛竹（包括竹材加工）收入 62 万元，占总收入 60.58%，仅竹一项，全村人均收入 1284 元。

殷家山毛竹基地　　（楼中宏 2019 年摄）

靠竹致富。20 世纪 60 年代初，殷家山村民曾毁竹种粮。中共十一届三中全会以后，全村重新恢复毛竹生产，组织村民先后到安吉、宁波、绍兴等地学习毛竹丰产技术和四季挖笋技术，将毛竹用材林改为笋材两用林，不仅把过去毁掉的500亩毛竹山全部恢复，而且立竹量由过去的每亩120株升至180株，平均眉围由过去的26.6厘米左右提高到33.3厘米左右。毛竹年采伐量由2万支到4万支，年产竹材1000多吨，还办起竹器加工厂，生产脚手片、打纱板、出口肉签、扫帚等。殷家山村通过开发利用毛竹资源，带领村民实现致富梦，户户有余粮，吃饭用钱两不愁。现在80%多的农户盖起钢筋混凝土结构新楼；50%的农户买了彩色电视机，4户农民还买了汽车，现代化家用电器已经普及。农民高兴地说："殷家山富起来，全靠十一届三中全会路线好，全靠毛竹山这棵摇钱树。"

管竹有方。殷家山人经多年来的实践，在毛竹生产、管理上，自有一套办法。早在1980年，这里就开始实行大队统一经营、分户承包管理、定额计酬的联产奖赔生产责任制。毛竹的发展、砍伐、销售、收益分配等由大队计划安排和经营，社员只承包种造、抚育、采伐等劳务，根据产量实行奖励，这个办法初步解放了生产力。到1984年，进一步作了完善，给农民以更多自主权。规定承包者必须完成两条指标：一、完成留笋养竹，保证立竹基数。二、上交提留积累，其余一切生产经营活动，均由各户自主，村里只对各户提出养竹指标数，并掌握三权统一：砍伐毛竹审批权；出运毛竹签证权；按照护林制度检查，执行奖罚权。1989年春，全村留养新竹9.6万多株，挖笋200多吨。

殷家山毛竹生产责任制落实以后，农民爱竹、管竹的思想进一步提高。1987年学习绍兴县文山乡毛竹笋用林经验以后，全村又一次全面掀起培育毛竹山热潮，一是深挖；二是除去石头、柴蒲头、竹蒲头；三是有机肥上山，从而带来笋多、竹也多的丰硕成果。

用竹有术。从简单的使用原竹，逐步走上加工利用和笋竹两用等深度开发。殷家山村对竹林资源的开发利用经历了三个阶段。

（一）原竹利用阶段。殷家山毛竹历来以株粗、节长著称。制作竹筏运载承重大，很早以来就以"关刀竹"盛名，很受长江三角洲地区和富春江两岸渔民青睐。20世纪70年代，舟山渔区捕鱼必用大毛竹。县林业局和土产公司在殷家山建立2000亩丰产毛竹和渔用竹基地。以1977年为例，该村向国家提供商品竹2.3万支，其中大毛竹5600支。当年毛竹总收入11万多元，占全村总收入70%以上。

（二）深度利用阶段。十一届三中全会以后，殷家山从出售原竹转移到加工增值上来。村里兴办竹器厂，一支毛竹从蒲头到梢头全部利用起来。从蒲头起截六节做挡纱板；往上五节做肉签、竹枪；再截一部分做育秧用的毛竹片；梢头做扫帚柄；锯下来的废节做棒冰棍、板刷坯。1988年全村以毛竹为原料的加工业收入共24.5万元，其中毛料加工收入9万元，老枝加工出口扫帚10.5万元，加工肉签收入5万元，合计收入49万元。

（三）笋竹两用阶段。1980年开始，县林业局和外贸公司就在该村搞试验，利用毛竹疏笋促产规律合理疏笋。经1980—1982年的探索与1977—1979年的实绩相比较，毛笋产值从亩产2.77元提高到22.08元，每亩养竹由33.3支增加到43.4支。在疏笋养竹的基础上，1987年又学习绍兴县文山乡毛竹笋用林建设经验，全村首批建成笋、竹两用林900亩。经过消除

“三头”、深挖、施肥等措施，毛竹山的面貌又有新改观。1989 年全村仅毛笋一项就收入 12.84 万元，人均 300 元，比 1988 年毛笋收入 47724 元，人均 97 元，增加两倍多。不仅挖笋多，养竹也多，一年养竹 9.6 万支，史所罕有。殷志会 3 亩毛竹山挖笋 1250 多千克，收入 1000 多元，还养新竹 150 多支。

殷家山村靠竹致富、管竹有方、用竹有术，尝到毛竹生态经营的甜头，农民把毛竹林称为“绿色金库”。

专记 7　千顷竹林杨洪村

在杭州市“绿竹神韵 · 扮靓 G20——寻找杭州最美竹乡活动”中，於潜镇杨洪村以千顷丰富的竹资源、谷深幽长的蝴蝶峡谷、纯朴民风乡宿旅游，一举从 20 个候选单位中脱颖而出，荣获“杭州市十大最美竹乡”称号。

荣获“杭州市十大最美竹乡”称号的於潜镇杨洪村竹山晨景　　（舒升东 2010 年摄）

杨洪村隶属临安区副中心城市於潜镇，东连国家级自然保护区天目山，北接安徽宁国云梯畲族乡茅坦村，从村驱车约 10 公里便到茅坦“大野洼”将军关漂流风景区。村后的天目山脉龙王山，海拔 1587 米，大有“会当凌绝顶，一览众山小”的气势。龙王山孕育的数公里长的蝴蝶谷（也称十八弯），大小谷流汇成甘溪，甘溪伴杨洪村数里，汇入天目溪，为天目溪源头主要支流之一。杨洪村就镶嵌在这省际边界的高山林海之中，地理位置得天独厚。杨洪村辖区 27.3 平方公里，农田 750 亩，山林 3.68 余万亩，地少山多，平均海拔 600 多米，森林覆盖率 95%以上，具有适宜竹子生长的气候条件，满山遍野生长着石竹、早笋竹、毛竹、雷竹等。全村拥有石竹 1.3 万余亩、早笋竹 1 万亩、菜竹 5000 余亩、毛竹 2000 余亩，还有五月斑、水竹、刚竹等，是名副其实的千顷竹村。全村 426 户竹农，1331 人，家家户户主要靠育竹营竹谋生，主要产品有鲜笋罐头笋、石笋干和休闲笋制品。村里年生产鲜笋、石笋干、罐头笋、笋味旅游食品等绿色食品 3000 多吨，产值 7000 万元。2015 年村民人均收入 23196

元。杨洪村自古是临安三宝之一天目笋干的正源产地之一，家家户户都精细加工制作天目笋干，质量上乘，一般年产天目笋干 300 吨以上。杨洪村的天目石笋干，以天然石笋纯手工制作，原汁原味，多次荣登杭州电视台生活频道《开心大玩家》栏目空中超市，市场声誉好，享有“天目竹都”之美誉。

第四节　竹子价值

一、经济价值

竹子生长周期短、见效快，种竹成为农民致富的一大财源。20 世纪八九十年代，临安约有 13 万农户，60%以上全部或部分从竹林、竹笋和竹子产品加工中获得生活费用，其中部分人直接从事竹林培育、竹材和竹笋加工业，竹区农户的年经济收入中有一半以上来自竹业。20 世纪 80 年代以来，随着市场经济发展，在科技进步和科技兴竹理念引导下，临安竹产业得到迅速发展，形成一个由资源培育、加工利用到出口贸易的新兴产业。

竹林面积不断增加。据 1983 年调查，全县竹林面积共有 43.45 万亩，其中毛竹 22.96 万亩，小杂竹 17 万亩，菜竹 3.3 万亩。1990 年，全县已拥有毛竹 24 万亩，菜竹 10 万亩，年提供毛竹 320 万支，鲜笋 2.14 万吨，天目笋干 1000 吨。全县发展食用菜竹，每年新种 1 万亩。2000 年，全市竹林面积 86 万亩，竹笋年收入超万元的有 7000 多户，其中有 4 户连续 6 年超 10 万元。从事竹产业购销 4000 余人，竹业总产值 7.5 亿元，占全市农业总产值 48.9%。2010 年，全市竹林面积 95.6 万亩，竹业总产值 29.09 亿元。至 2019 年，全市竹林面积 96.5 万亩，竹业总产值 35.2 亿元。

种质资源利用不断拓展。20 世纪 90 年代以来，临安以雷竹为代表的中小型笋用竹培育快速发展，成为竹类经济利用新的增长点，已形成种植、加工、观光等生态竹林综合发展的新格局。

培育水平不断提升。从竹林培育技术发展看，大致可分为三个阶段。一是对竹林的自然利用阶段，以收获竹材为主，间或采收竹笋。“重采收，轻管理”，对林地基本无任何管理措施。二是 20 世纪 70 年代开始，临安实施推广材用林和笋竹两用林丰产培育。在此阶段，大力推广深翻垦复、护笋养竹、适当追肥等技术要点。三是从 20 世纪 80 年代开始，笋用、笋材两用等分类经营和定向培育成为热点，在笋芽分化、水肥管理、产品采收等竹林培育的理论和技术上都有较大的创新发展。经济效益显著提高。受益于培育技术水平的提升，与传统的材用林培育相比，笋用、笋材两用林培育效益得到显著提高。“七五”时期起，临安县委、县政府先后作出“经济翻番、山挑重担、竹肩一半”和“建设十万亩菜竹笋商品基地”的科学决策，树立“大竹子”观念，做到既抓大竹（毛竹）又抓小竹（雷竹、高节竹、石竹等）；既抓竹林，又抓竹笋；既抓竹笋生产，又抓竹笋加工。树立产品系列开发观念，把竹子、竹笋由过去传统的、简单的“原”字号出售，转为综合利用，深度加工，实行一条龙生产，开发出门类齐全的新产品，以适应市场、致富农民。至2019年，临安年产竹笋25.75万吨，竹笋一产产值15.44亿元，竹业总产值达35.2亿元。竹笋产业成为临安农村第一大支柱产业，是农民收入的主要来源，在农村经济社会发展和农民增收中的地位举足轻重。

二、社会价值

竹子与人们的生活密切相关，在丰富人们物质文化生活的同时，对促进社会经济发展、美化净化环境也起着重要作用。

竹子丰富人们的物质生活。竹子的传统用途达1500余种，与人们的日常生活密切相关，满足人们衣、食、住、行、用等各类需求。随着竹子现代物理化学利用技术的快速进步，竹子新产品不断涌现，临安已开发出包括竹笋、竹家具、竹工艺品、竹炭、竹纤维、竹提取物、竹材人造板等七大类多种竹产品，丰富人们的物质生活。

竹子丰富人们的精神生活。自古以来，临安人种竹、爱竹、用竹、画竹、咏竹之风长盛不衰，形成内容丰富、内涵独特的竹文化，陶冶人们的审美观和道德观，对文学、绘画、工艺美术、园林、音乐、教育、民俗等文化发展起着重要的促进作用。如今，临安人种竹、用竹、赏竹，竹文化教育推进至中小学甚至幼儿园，每年举办各种形式的竹文化节，显示竹文化的强大生命力与影响力。

致富山乡，促进社会发展。原竹资源体量大，不宜长距离运输，适合就地加工，有助于解决农村就业。竹材从原竹到加工成产品，通常可增加附加值5—8倍，有的甚至可增加10倍以上。竹资源主要分布于临安山区，山区经济社会发展水平通常较为落后，因此，发展竹产业，对于全民迈向小康，致富山乡，促进社会主义新农村建设，具有重要意义。

竹林养禽　（程益鹏 2013年摄）

提供良好的休闲与教育场所。竹子四季常青，其秆挺拔多姿、独具内韵；林内空气清新，怡人养性，为现代人类生活提供良好的休闲场所。当游客置身于竹海之内、竹岛之上、竹山之巅、竹谷之中，在观竹、戏竹、食竹、用竹、购竹时，既得到充分的放松，又满足人们“返璞归真，回归自然”的愿望。竹林也是一个良好的教育场所。在感受竹林美好生态文化的同时，游客爱护自然、保护自然的主动性得到激发，其环境保护意识得以增强。

繁荣经济，密切城乡关系。从雷笋到冬笋，一年四季都有鲜笋上市，为城市居民提供大量美味佳肴。特别是1月、2月开始上市的雷笋，肥嫩鲜美，正值春节前后，正可成为佐餐佳蔬。上海每年有 80 余家菜场到临安采办竹笋。通过竹笋作媒介，有利于繁荣临安经济，密切城乡关系。

美化环境。古往今来，人们都喜欢虚心劲节、枝叶扶疏、四季常青、凌霜不凋的翠竹。竹把山光水色打扮得秀丽宜人，在园林造景和新农村建设中，具有独特的地位，不论庭前、墙边、院内、池畔布植，无不意态潇洒，流溢着恬淡宁静之美。

三、生态价值

竹子因其独特的生物学、生态学特性而具有极高的生态价值：与其他树木和植物相比，竹子生长速度快，无性繁行周期短，在其适生区域能迅速恢复森林植被，且固碳能力强；竹子地下鞭根系统庞大，枯落物丰富，具有强大的水土保持功能；竹林培育中多采用择伐，每年都可采收笋竹产品而不破坏林相，生态功能稳定；竹子用途广泛，“以竹代木，以竹胜木”能减少木材消耗，有效降低对木材的过度依赖，从而达到保护森林植被、保护生态环境的目的。

（一）碳汇潜力

竹林固碳能力强大，甚至远超亚热带的其他林木。1 公顷毛竹的年固碳量为 5.09 吨，是杉木的 1.46 倍、热带雨林的 1.33 倍，因而，竹林在整个森林碳汇功能中占有重要地位。

集约经营，包括去除林灌杂草、垦复、施肥、灌溉、笋竹产品采收等措施，会对竹林的植株、枯落物和土壤的碳汇量产生不同程度的影响。集约经营使竹林植株数增加，显著提高生物量固碳能力。

应对全球气候变化。竹子种植后可快速成林，其固碳优势在新造林中也可得到发挥。2008 年，由浙江农林大学主持的全球首个毛竹碳汇项目——中国绿色碳基金毛竹林碳汇项目在临安实施。该项目计划营造毛竹碳汇林 50 公顷，在项目实施的 20 年内可以固碳 5000 多吨。2011 年，由国际竹藤组织出资，中国绿色碳汇基金会和浙江农林大学共同营建、管理的毛竹碳汇林项目，也在临安实施。这是首个国际组织出资在中国境内营造的毛竹碳汇林，将用以抵消该组织因旅行交通产生的 CO_2 排放，对于引导其他组织、企业参与营造碳汇林，以实际行动缓解气候变化有积极作用。

竹乡晨景　（舒升东 2016 年摄）

（二）水土保持

竹类植物种类繁多、生态适应性强，具有成林早、生长速度快、根系发达、常年茂绿、枯落物丰富等优点，一般丘陵缓坡地、庭旁、溪边、堤岸都可以种植。竹子地下竹鞭盘根错节，有很强的固土功能。竹鞭寿命长达 10 多年，对固土作用相当持久，在有竹林的地方，很少有水土流失现象，因而是很好的水土保持植物。

竹类植物的水土保持功能主要表现在以下三个方面：一是林冠的降雨截留。竹林冠层通过对降水的截留，使林内降水量、降水强度和降水分布等发生显著变化。二是竹林涵养水源。竹林枯枝落叶和土壤保水蓄水能力强。散生竹鞭根系统发达，纵横交错，有很好的透水性和持水固土能力。三是防治土壤侵蚀功能。竹林良好的降雨截留功能，加之强大的根系网络和丰富的枯落物，使得竹林土壤结构良好，土壤抗蚀性能增强。

20世纪80年代，临安境内玲珑山、上甘、板桥、三口、横畈等5个竹乡育有10万余亩竹林，成为水土保持的先进单位。竹林还可防风、防暑，确保各种农作物、农业基础设施以及村庄、人畜的安全。

（三）森林资源保护

竹子可再生性强，采伐更新速度快，竹资源的开发利用在替代木材、保护森林方面发挥极其重要的作用。中国已实施天然林保护工程，每年木材总供给量减少2亿立方米，而其他各国也纷纷限制木材出口。以竹代木，减少木材消耗，缓解木材供需矛盾已成为一种趋势。

竹材因物理力学性能优于一般的木材，其抗拉、抗压、抗弯等指标均可为一般木材的1—3倍，除民间传统广泛利用外，工业化加工生产的许多新型竹质材料，已在很多领域部分或完全替代木质材料。临安加工销售竹材人造板、镶嵌板、墙面装饰板、复合板等，已形成一个具有相当规模的新兴加工业。

四、文化价值

“文化”是指人类在社会历史发展过程中所创造的物质财富和精神财富的总和，特别指精神财富。而竹子在中国社会发展过程中，为创造这两种财富作出巨大贡献。我们的祖先衣、食、住、行及其他方面的物质财富创造和文化生活发展，都与竹有关。从新石器时代开始，中国关于竹的记载便不绝于史，源远流长，既包括以四书、五经等为代表的儒家经典，也包括《山海经》《述异记》等为代表的野史杂记，甚至《太平御览》《初学记》等综合性典籍，也从不同角度描绘中国竹的种类、形状、分布和特性等自然属性，以及竹在中国古代人民日常生活和社会生产中的广泛用途。

关于竹文化，本志第六、七、八编有专章记叙。第六编竹与旅游，记叙竹生态旅游，竹生态旅游景区景点（包括太湖源观赏竹种园、白水涧和其他景区竹文化旅游），竹笋食品餐饮（包括竹笋旅游食品、百笋宴）。第七编竹与风俗，记叙竹与农事（包括竹农活、竹农具、竹家具），竹俗与文艺（包括竹信仰、竹娱乐、竹歌谣、竹谚语、竹谜语、竹对联）。第八编竹与艺文，记叙竹诗文（包括竹散文、竹诗词、竹故事），竹与艺术（包括竹书画、竹艺术品），非物质文化遗产代表性项目，竹业文宣（包括竹报刊、影视摄影）等，充分展示竹子的文化价值。

伴随着商品经济大潮，竹文化的经济价值正日益凸显。每年临安都要举办各种形式的竹文化节，“文化搭台，经济唱戏”，显示出新时期竹文化的强大生命力。

第五节　竹子利用

中国是世界上开发利用竹类资源最早和最为广泛的国家。中国古代对竹子利用的确切记载源于仰韶文化。1954年在西安半坡村发掘距今约6000年的仰韶文化遗址，其中出土的陶器上可辨认出“竹”字符号，说明中国人民研究和利用竹子的历史可追溯到五六千年前的新石器时代。竹子用途广泛，东晋酷爱竹子的文人王徽之早有“何可一日无此君”的赞叹。北宋诗人苏轼则谓：“食者竹笋，庇者竹瓦，戴者竹笠，爨者竹薪，衣者竹皮，书者竹纸，履者竹鞋，真可谓不可一日无此君。”在1985年首届全国竹制品展览会上，展出品种达1200多个。

临安对竹子的传统利用，即是以农业生产用竹和居民生活用竹、传统竹笋鲜食与加工为主的利用，一直持续到20世纪80年代。改革开放后，引入中国台湾地区、韩国的竹加工设备与技术，竹产业进入大规模工业化利用阶段，竹加工业技术水平大幅提升，经济规模迅速扩张。竹材利用呈现出由传统利用向现代化利用、单一利用向综合利用、手工和半机械化生产向机械化生产、粗加工向精深加工、单一产品向系列产品以及低附加值向高附加值全面发展的态势，形成具有一定规模和经济效益的竹材加工业体系。

竹在人类生产、生活及各项建设等方面有着广泛的用途，历来受到人们重视。

一、工业与建筑业利用

中国以竹子建造房屋已有2000多年历史，以竹为梁、柱、椽、壁等建造房屋，历来在临安被普遍应用。古代临安有竹亭桥、竹林桥、绿筠轩、桃竹轩等地名，其建筑或以竹材建成，或与竹密切相关。20世纪80年代后，随着旅游业兴起，临安风景区和新农村的竹制景观如竹厅、竹阁、竹廊、竹亭、竹楼等富有乡土气息，把竹竿、竹节、竹编巧妙地熔于一炉，运用镶、嵌、斗、拼等工艺处理，制成俗雅共赏的造型图案，给人以清丽和谐的感受。

竹子打通竹节，向来是山民现成的引水管道，虽然现在村村通自来水，但至今仍有农户应用。竹筒浮力大，利用大毛竹制成竹筏，是溪滩上理想的交通工具。用竹子制成竹船，轻盈如叶。竹筏、竹船现今只保留在风景区内作为渡载游览器具。

砍下大竹编成竹笼，塞满卵石，筑成大堤，至今，这种竹笼仍在临安溪流中得到应用。竹材抗拉力强，可劈篾编成竹索，用来筑成竹索桥。用竹制成竹钉，可拼接板壁、桌面、圆木等。

竹材坚韧，原始社会先民用竹子制成矢箭，作为狩猎和攻防的武器。到了现代，人们利用竹筋有很好抗拉强度，用来代替钢筋，浇铸竹筋混凝土建筑材料。

竹子为重要的造纸原料，浙江早在东晋时已用嫩竹造纸。迨至唐代，竹纸浆生产驰名于世。由于竹纸的普及，木板印书业也相应盛行起来，这对发展文化事业作用重大。清宣统二年（1910）《临安县志》卷一·舆地志·祥异，即有“立春日日出而雨则生虫，春笋多虫主笋干贵，毛笋带笠主纸贵”的记载，说明古代临安即以竹笋造纸。

竹子人造板是用竹子的次材、废料破碎热压而成的各种板材，临安生产的有竹材胶合板、竹编胶合板、竹材拼花板、竹木复合板、竹材旋切单板、装饰板、竹纤维板、竹丝板、竹刨花板、竹丝木屑胶合材料等。这些竹质人造板用于制作家具、精壁板、天花板和地板，大方美观，经久耐用，价格适宜。

竹编胶合板和竹质层压板可用来做铁道垫片、齿轮、轧辊、管子等，其产品具有质轻、耐磨等优点。用旋切竹片可制家具贴面板和飞机油箱。

二、农业与日常生活利用

油纸伞伞骨 （姜永水 2019 年摄）

竹子在农业方面应用更为广泛，从种子播种、中耕、除草、施肥、收割、贮藏等，多数要使用竹制工具，如箩、筛、扁担、晒垫、簸箕、竹笊、鱼篓等。

饲养牲畜、家禽，养蚕，水产养殖、海洋捕捞等都离不开竹子及竹制品。水利工程、防汛抗旱需用竹材、竹编石笼及其他竹制品。

竹子在人们日常生活中也起着重要作用，如竹筷，竹碗、竹椅、竹榻、竹席、竹箱、竹火笼、食盒、灯笼、针线盒、竹车、船篷、水勺、竹扫帚等。

《杭州竹笋图考》（赵大川著）中有“晚清民国小学教科书上的竹笋”内容，说：“竹笋是中国人民，特别是长江以南人民生产、生活中须臾不可缺少的元素。”普通的农舍，多以可就地取材的毛竹做屋架、隔墙，以稻草盖屋顶，成为冬暖夏凉的茅舍。以杂竹做竹篱，以竹片制门扉，窗前挂竹帘，这些独具江南风情的竹居屋和竹制品，无数次地出现古代文人墨客的诗歌里、剧本中，再现在许多小学课本的课文和插图中。还有那竹竿做的毛笔，竹造的纸，春天放飞用细竹扎就的风筝（纸鸢）；生活中使用的各种竹制器具，如畚箕、拖把、笤帚、竹凳、竹箸（筷子）；竹制的吹奏乐器如笛、箫、笙；渔翁以竹制的扳网捕鱼，以竹竿钓鱼；农妇以竹架、竹竿晒衣；居家大量使用的竹编器具，如篮、筐、篋、笼、篓、箩、箱等，这些竹制用具，上面都冠以“竹”字头。以竹和笋单独成文的课目更为生动，图文并茂地将家乡的风情，频频灌输给百年前的莘莘学子。

三、食用与药用

（一）竹笋食用

竹笋是十分鲜美的山珍。竹笋味甘鲜脆，营养丰富，是中国的传统佳肴，尤其是冬笋、雷竹笋、早竹笋等更享盛誉。

竹笋常作各种菜肴中配料，如临安常见的红烧肉笋片、蘑菇肉笋片、油炸笋丁、笋丁烧鸡、冬笋鲤鱼、火腿笋汤等。临安推出竹笋宴，有兰花笋、凤尾笋、油焖笋、文武笋、麻辣笋、糖醋笋、炒雪笋、鲈鱼笋等佳肴，色、香、味、形皆备，令人齿颊生津。

随着科技的进步，竹笋已成为重要的食用商品，不但鲜食，也能加工成多种制品，可食用的笋竹种类、数量亦逐渐增加。改革开放后，临安的笋干与笋罐头已成为重要出口物资，誉满东南亚及日韩。

竹笋的营养成分：鲜笋肉含蛋白质 2.65%，脂肪 0.49%，总糖 2.5%，可溶性糖 1.53%，粗纤维 0.68%，还有磷、镁、铁、钙等元素以及维生素 B1、B2 和维生素 C 多种氨基酸等成分。竹笋的蛋白质中含有 17 种氨基酸，其中 8 种为人体所必需。

（二）竹笋药用

在古医书《纲目拾遗》中记载：竹笋有“开九窍，通血脉，化痰涎，消食胀”等功效。《本草求原》中记载：“竹笋同肉多煮，益阴血。痘疹血热盛不起者，笋尖煮汤及入药，俱佳。”煮汤服用，能清热消炎，减轻孕妊头晕，治疗小儿惊悸。和粳米煮粥，调入适当佐料，可治久泻、久痢、脱肛和便结难通。同鲫鱼煮汤服用，能治小儿麻疹、风疹和水痘初起，有通透早愈之功。和水煮汤，代茶饮用，可以醒酒。民间常用竹笋衣晒干烧灰，搽鹅口疮溃烂处，连续每日数次即可痊愈。经虫蛀过的笋干，洗净切段入药，可治腹水肿胀和小便不利。

竹笋被认为是减肥和预防肠癌的健身食品。因笋内纤维素、半纤维素能促进肠蠕动，增进消化腺的分泌，有利于消化和排泄，能减少有害物质积留和吸收，可减少中毒症和肠癌的发生。近年还发现，竹笋内多糖类物质具有抗癌作用。纤维素和脂肪酸结合能防止血浆中胆固醇的形成。竹笋中酪氨酸能治疗甲状亢进，抑制癌细胞扩散。常吃竹笋，能防止致癌物质亚硝胺产生，并可降低血液中胆固醇及甘油三酯水平，对肠癌、食管癌和高血压等都有一定疗效。

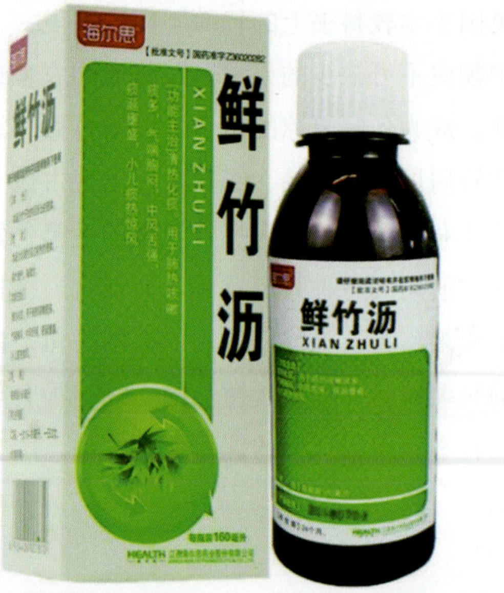

鲜竹沥口服液　　（图自互联网）

以竹材制作药物与保健食品历史悠久。用毛竹及中小型竹子可制作嫩竹糖浆、竹汁、竹酒及鲜竹沥等。

嫩竹糖浆是经糖化处理，分解成葡萄糖与低多糖，具有通便、降压、治疗痔疮等功效，并含有机锗、硅等，能活化人体细胞功能，被称为“神水”。

竹汁是由嫩竹片或碎屑，经 80—90℃热水中煮成，可加入茴香、薄荷等调料，制作面包、饼干、糕点，成为别有风味的食品。

竹酒是嫩竹片切碎，投入含乙醇10%以上的白酒中，在常温中浸渍10—15天即成，每晚临睡时饮用50—100毫升，可治痔疮与高血压。20世纪90年代初问世的“竹汁神酒”，由浙江林学院和临安於潜酒厂联合研制开发，用毛竹的天然竹汁，和以糯米、蜂蜜酿制而成，有保健、清肠热、止血消痔、降血压、镇咳祛痰、治癌等功效。白水涧养生鲜竹酒竹香氤氲，色如琥珀，甘醇诱人。

药用的鲜竹沥是在春季竹子生长盛期，将竹秆切成40厘米左右的竹段，置火中烧炙。随时砍竹烧炙，竹段受热后两端流出汁液，用盛器收取即成鲜竹沥。鲜竹沥味甘性寒，是常用中药，清热化痰、镇惊通络，治肺热咳嗽、气喘胸闷、中风昏迷、小儿惊风等症。临安天目山药厂精制成瓶装的“鲜竹沥口服液”，能长期保存，随时服用。

四、竹材综合利用

竹制工艺品是浙江著名的传统工艺产品，有竹编、竹雕、乐器、翻簧四大类。其中尤以竹编、竹雕产品技艺精湛、造型美观，是艺术欣赏精品，被国际友人誉为东方艺术的明珠，产品畅销欧美及东南亚各国。竹编、竹雕、竹扇、竹席、竹帘画等竹制工艺品，都是临安民间艺术的瑰宝。

竹编以毛竹、金丝竹、红竹、水竹、石竹或青皮竹等作原料，通过艺人精心编织，作品竞相吐艳。20世纪70年代后，临安三口竹编艺人用缕缕竹丝编成造型优美、栩栩如生的雄鹰、仙鹤、天鹅、孔雀、鸳鸯等竹编动物，呼之欲出，新颖别致，畅销一时。2014年5月，锦城街道青柯鸟笼、昌化竹编制作技艺入选第五批杭州市非物质文化遗产代表性项目名录。

魏晋时期，江南出现竹雕，发展到明代中后期，形成竹雕流派。所刻作品，既极古雅，又富趣味性。至清代，各地竹雕艺人辈出，技法日臻完美。临安竹雕艺人吸收贝雕、镶嵌、牙雕等长处，制成茶叶盒、文具盒、屏风等翻簧竹雕。在嫩黄雅润的竹簧薄面上雕出山水、花鸟、人物，经喷漆、上蜡、擦光等工序，显得雅丽脱俗。临安鸡血石雕刻大师钱高潮竹根雕工艺品，施艺奏刀，匠心独运，在全国竹工艺品博览会上获金奖。

20世纪50年代浙江吴兴钱山漾距今四五千年前的新石器时代遗址中，发现有竹席等遗物，且有一定工艺水平。临安竹席艺人要经过剖、起、分、杆、撕、煮、刮、编、扭、收等20多道工序，方能编制成柔软光滑的人字纹、回字纹等几何图案的竹席。

其他竹制工艺品有竹帘画：用水竹劈丝织成竹帘，画上各种彩画，成为竹帘画。竹贴画：利用紫竹劈成薄片，把竹片削成各种形状，加以适当搭配，再将黄古竹的黄竹片贴在竹帘上，幽雅古朴，令人欣羡。竹丝画：用水竹劈成篾丝，加上塑料泡沫、化学混土等，堆制成竹丝盆景画。

此外，各地艺人还利用竹枝、竹节、竹根等材料，制成别出心裁的各种竹艺术品，无不呼之欲动，令人叫绝。

竹梢、竹屑、竹蔸、竹刨花等碎料，通常都当柴烧。20世纪60年代以来，通过新工艺、新技术进行深加工，制成竹丝胶板，作为天花板、复合门板、包装板或建筑模板等。再进行二次深加工，用塑料或竹材旋切片贴面，还可制作家具、门窗和装饰板料。把竹材碎料碾成粉末，作为塑料工业原料，可制成电木、电料器材和玩具等，或作为吸收剂、造纸工业上的装饰剂。

笋壳，昔日多作为包扎材料，或制作草鞋之用。20 世纪 70 年代以来，用以加工成精美的地毯、门垫等价廉物美、备受人爱的日用品。笋壳还可制成沙发垫料毛丝、人造纤维等。

竹叶，可用来提取绿色素。箬竹叶还可提取一种叫箬竹多糖的药物，具有杀菌、防腐、抗癌的功效。

利用竹子碎屑，经 200℃高温汽蒸，加工成活性炭，可作为除臭剂。

竹乡人民还用金竹筒装入粗盐，在火中煨烤，将烧尽竹筒后的盐块碾成粉末，即成味道鲜美的“金竹盐”。吉林延边朝鲜族人金成燮创办的杭州三和园竹盐食品有限公司，位于青山湖街道洪村，年产竹盐数千吨，年消费当地毛竹数十万千克，产品畅销国内外。其制作技艺入选第五批杭州市非物质文化遗产代表性项目名录。利用竹筒煮饭，更是临安山区人民喜食的野餐，现已是白水涧等多个景区的旅游项目。

第三编　竹业行政管理与生产方式

钱高潮竹雕作品
《双螭》
（7厘米×7厘米×3厘米）

1. 山区非木质林产品与竹产业可持续发展国际培训班学员在秋田弄竹笋专业合作社留影
2. 浙江省雷竹现代示范园区
3. 浙江松友食品有限公司外景
4. 2003年临安市领导毛竹笋材两用林建设示范点
5. 杭州森瑞竹木业有限公司外景
6. 绿竹掩映的漂亮农居
7. 浙江省现代毛竹示范园区
8. 西马克食品有限公司外景（公司提供）
9. 康馨食品有限公司外景

（1-7、9 布智明摄）

現代示范園區
技术支持单位：浙江林学院
七年八月

浙江松友食品

临安市毛竹产业化十亿元工程
市委书记王坚毛竹笋材二用林建设示范点
积：1000亩
措施：松土施肥、合理留养、合理采伐等八项丰产技术
标：亩产竹材1750公斤、竹笋250公斤、产值1000元
责人：何钧潮高级工程师
单位：临安市林业局、青山湖街道办事处
临安市林业局
二00三年五月

森瑞竹木業

西马克食品
杭州西马克食品有限公司

浙江省毛竹現代示范園區
建设单位：临安市人民政府　技术支持单位：浙江林学院
二〇〇七年八月

康鑫食品

1. 天目笋干加工基地杨岭乡一车间（周骋摄）
2. 全国双学双比女能手叶琼（右）
3. 规范化农民专业合作社理事长、农民技术带头人、受国家林业和草原局聘任的林草乡土专家、竹园砻糠吸放机发明人之一罗德法
4. 第一个利用竹叶覆盖获得雷竹早出高产的鲍子潮
5. 临安市现代竹产业科技示范户、受国家林业和草原局聘任的林草乡土专家邵观夫
6. 竹笋交易大户甘银海（中）
7. 雷竹种植大户、全国劳模蒋长富（2-7布智明摄）

第三编　竹业行政管理与生产方式

第一章　竹业行政管理

第一节　竹产业发展管理

一、清至民国

清光绪二十四年（1898），临安县知县颁布告示，严禁窃取昭明禅寺山场竹木茶笋。

清光绪二十八年（1902），杭州临安县正堂发给天目山告示："寺内山场田地无论有无施主，均照定例，由该寺僧管业收花，外人不得霸占，寺僧不准盗卖；寺山培养竹木，为荫庇丛林及修筑本寺之用，不准寺僧无故砍斫与人，并不准远近居民盗砍及强斫柴薪。"

民国元年（1912）9月，天目山住持僧禀求政府下文保护竹木，浙江都督特发告示："悉天目山为浙右名刹，载在省志，历代保护。迄今而替民国建始业，奉大总统通令各庙，统由各该长管按照约法，切实保护，俾佛教人民得享约法保障等因，由内务部行知到浙在案，据禀前情，应如所请。"

民国4年（1915），浙江巡按使公署通饬各县振兴林业文告中，将竹子列为荒山造林主要树种之一。

民国33年（1944）7月4日，《民族日报》文章，於潜党部函县府，"依据各笋户实际产量征收，未制笋干，请免收捐"。

民国35年（1946），临安县政府提倡乡镇农村在房前屋后，四旁隙地种竹，供观赏、防风和产笋食用。

二、中华人民共和国成立至改革开放前

中华人民共和国成立之初，竹木由多家经营，尚缺乏管理制度，滥伐情况比较普遍。1951年，临安、於潜、昌化三县政府发布《关于执行华东区及省人民政府森林采伐管理办法的命令》。1952年，临安县政府发布《关于林业生产的布告》。1953年，临安县政府下达《关于林业工作的指示》。1956年，昌化、於潜县人民委员会发布《关于木材、木柴、毛竹生产与收购规格的通知》规定：对生长6年以上的毛竹才可砍伐收购。全县木、竹生产和流通渠道逐步纳入计划轨道。

1956年6月21日，《临安报》头版刊发《发展多种经济　增加社员收入》的社论，指出今

后要发展多种经营，除粮食生产外，还应发展茶叶、蚕桑、笋干等生产，以增加社员收入。1958年11月14日，临安公社在基本结束抢收抢种后，“一手抓粮、一手抓钱”，开展打簟皮、打谷箩等25个竹业生产项目，抓竹业多种经营，其他各有关公社也开展类似活动。同年11月17日，亭子公社部署开展多种经营突击周活动，砍伐细竹2500担、毛竹36.5万支。

1959年1月8日，亭子公社对春节前如何开展多种经营作出部署，要求年前开展毛竹、小竹、毛竹枝、毛竹秧、冬笋、毛料等小宗生产活动。该公社石泉、上钱二大队也相继开展竹业多种经营活动。同年7—8月，临安公社甘山、横岭、周家生产队发动群众打竹簟、谷箩、畚箕、扫把等，增加社员收入。天目山公社盛产竹、木等，全社安排40%的劳力搞多种经营，开展的项目有100多个。

1959年9月，全县出现农副产品投售新高潮。玲珑公社锦绣生产队出售农副产品达4万余元，其中毛竹7万余支。县商业局积极组织收购大宗土产毛竹、毛料、小竹。为确保笋干生产，上甘周家头实行“三定”责任制：一定分工，二定质量，三定成本。

1960年2月25日，县人民委员会下发《关于做好留笋养竹促进竹林生产发展的通知》，肯定几年来县域竹林生产的迅速发展，每年均有近400万支毛竹和20万担小竹支援国家建设。要求做好留笋养竹工作，大力促进竹林生产发展。

1958—1961年，由于炼铁烧炭、种粮毁林，境内森林资源急剧下降。1962年起，采取停垦还林措施，对山区农民调减征购粮食557.5万千克，并调减木竹派购任务，至1971年，森林资源渐有回升。1972年森林蓄积量379.05万立方米，比1956年增加36.4%；毛竹立竹量回升至1905万株。

1961年6月26日，中共中央发出《关于确定林权保护山林和发展林业的若干政策规定（试行草案）》，即“林业十八条”，落实山林所有制。

1962年，省政府下达文件，贯彻“林粮并举”方针，扶持恢复毛竹生产。当年，全县毛竹立竹量968万株，年收购量26.8万支，篙竹收购量7.47万支，临安被列入全省毛竹重点产区。

1963年，临安县委贯彻全国竹子生产会议精神，由国家贷款扶持竹林生产。

为进一步贯彻执行国务院《森林保护条例》，1965年，县人民委员会发出《关于民用材管理问题的通知》，全县木、竹采伐进一步纳入正规。

1971年，省革命委员会召开全省山区工作会议后，杭州市开始建设以杉木林为主的用材林基地，后逐渐发展到营造毛竹等经济林基地。

据1992年版《临安林业志》记载：1971年12月至1972年5月，全县组织农林科技干部逐块落实山区规划，采取经济和粮食扶持政策，建设毛竹等五类林业基地，造林成绩显著。

1972年1月，临安县召开以林业生产为主要内容的全县农业学大寨会议。会后，生产大队一级普遍建立林业专业队，横畈、河桥兴办公社林场，全县开始有计划地建设以杉木、毛竹、油茶为主的林业商品基地。

同年临安竹林面积34万多亩，其中毛竹17.2077万亩（1905万株），小竹（含笋干竹）17万亩。当时临安林业生产以杉木用材林为主，竹林生产则以毛竹用材林为主。然而单一的杉木用材已不能适应经济、社会发展，不能满足农民致富需求，临安工作重心转向调整林种树种结构、加大经济林与竹林比重。通过发展经济林竹林，致富农村。

1974 年 2 月，省政府将临安县列为重点小竹产区之一。

同年 3 月 23 日，省商业局、省农林局联合下发《关于切实做好护笋养竹工作的联合通知》，要求尽快发展省内竹子生产。充分发动群众，制订护笋养竹规划，建立护笋养竹和联防组织，整顿和加强管山队伍，完善、健全管山护笋养竹制度。

三、改革开放至 2019 年

1978 年 12 月中共十一届三中全会以后，全党工作重心转移到经济建设上来，重视因地制宜，讲求经济效益。建立和完善集体林地农民家庭经营制度，推进商品林基地建设，及时解决木材放开经营后一度出现的用材林过量采伐问题。消灭宜林荒山，推行森林分类经营，森林资源稳步增长，森林生态功能增强。

1977—1981 年，毛竹造林共 12000 亩。1977—1982 年，毛竹丰产基地建设共 52273 亩，渔用大毛竹基地建设 13862 亩。毛竹丰产基地标准：清除三头（柴蒲头、竹蒲头、石头），深挖 8 市寸，每亩立竹 160 株，年留 40 株。毛竹丰产基地建设，经劈山开垦后，由林业局测量面积，验收上报，每亩补助 3 元、粮食 3 市斤（1 市斤=0.5 千克）。对县定的重点产竹乡收购毛竹，每百市斤奖售成品粮 3.5 市斤。1978 年 5 月 5 日，省革委会批转省林业局、省供销合作社《全省毛竹生产和收购工作会议纪要》，要求临安等 12 个县建立小杂竹商品生产基地，1980 年发展到 4 万亩，1985 年发展到 15 万亩。

20 世纪 80 年代起，临安县委、县政府充分运用农业区划成果，提出“上促青山、下稳良田、主攻中间”战略，鼓励农民利用丘陵缓坡地种植菜竹，主要是雷竹、高节竹。

1982 年，毛竹、笋干购销放开经营，允许竹农进入市场，自主运销，长途贩运。基层供销社与县土特产公司联营，开展分购联销。

同年开始进行疏笋养竹试点。1983 年 3 月，县委农村工作会议分析县域实际，提出“今后一个时期，要把发展各类竹子生产和竹子综合加工作为一条重要措施来抓”。号召全县农村要重视毛竹，也要重视各种笋竹，树立“大竹子”观念，进行产业结构的合理调整。同年，由于各级领导的重视，竹子生产出现新的转机。落实责任制，划分自留山，农民爱竹护竹，发展竹子生产的积极性高涨，当年冬次年春全县种竹 10532 亩。此外，国营林场、农场也考虑其经济收益，大力种竹。据 1983 年调查，全县竹林面积 43.45 万亩，其中毛竹 23 万亩，小杂竹 17 万亩，菜园竹 3.3 万亩。

1984 年 2 月，县委农村工作会议确定把竹笋生产作为开发性生产的主攻方向之一，确立临安“经济翻两番，竹笋挑重担”的战略决策，并实行经济扶持，县域由此出现种竹热潮。全县每年种竹万余亩，形成规模，形成基地，大量鲜笋源源不断运往大中小城市供应市场。特别是上海市，有 80 多家菜场前来购笋，临安成为上海市民食用笋采购基地。传统名优特产雷笋、天目笋干成为拳头产品，清汁笋、天目笋干远销日本、东南亚及中国港澳地区，而最具特色的就是迅速崛起的笋用雷竹。

同年7月16日，县政府下发《关于林业工作若干政策的规定》。文中说，要认真贯彻“山上管严、山下放宽、中间搞活”的方针，进一步改变思想上不够解放，政策上统得过死，经济效益很差，林农实惠不多的状况，走出一条山权和林权一致，造林义务与用材权利一致，保护森林与发展林业一致的新路子，尽快实现木竹产值1亿元的目标。为此，县委、县政府决定：以乡为单位，建立林业管理站，主要职责是负责审批乡村竹木加工厂（须经工商行政管理部门核发营业执照），核定乡村竹木加工厂的加工计划。

同年9月12日，临安县木竹资源联合开发总公司成立，确定开发境内丰富的木竹资源，鼓励农民搞精加工，走贸工农新途径，把实现年木竹产值1亿元作为振兴临安经济的一个战略重点，引导农民走出一条新路子。

同年9月20日，全国人大会常委会通过《中华人民共和国森林法》，1985年1月1日起正式实施。

同年12月23日，县政府下发《关于加快林业发展若干政策的补充规定》，对有关林业政策规定如下：一、营林生产应当以家庭经营为主要经营形式。二、大力支持林业专业户进行开发性生产，并作经济补助。

同年推广毛竹疏笋养竹，把毛竹用材林改为笋竹两用林。

1984年后，大部分山林分包到户经营，但因林业改革具体政策尚未完善，森林一度过伐。据县林业局抽样调查，1987年比1983年森林蓄积量减少9.2%，毛竹亩均立竹减少11株。1987年，各乡、村实行联合护林、采伐、造林，木、竹生长量开始回升。1989年林业用地分类：竹林面积50.59万亩，占林业总用地13.1%。

1985年1月，县政府下文批准林业局成立竹笋服务中心，其任务是帮助农民发展生产，利用资源，梳理流通，搞活经济，在生产技术、市场信息、资金和物资调剂等方面进行服务。

同年4月10日，县林业局发出护笋养竹通知，提倡采用“统一疏笋日期”。

同年4月15日至22日，县林业局在《湖州宁波二市毛竹笋用林考察报告》中提出建议：毛竹笋用林面积要大力发展，毛竹林的产业结构要调整，要建立毛竹笋用林商品基地，竹笋品种要多样化、系列化，要有一支庞大的技术队伍。

同年4月30日，县林业局就县域竹业生产形势和任务指出：由于各级领导重视，全县竹子生产形势喜人；出现一大批竹笋高产和致富典型户、典型村，为县域发展竹子生产做出榜样；种竹大村、大户开始涌现，并向专业化、林场化方向发展；农村产业结构开始调整，许多开垦山、晒煞田都停垦种竹；竹子的利用从单纯出售原竹，转变到加工增值、笋竹并举上来。玲珑山乡殷家山村疏笋养竹法推广至全县，亩产值从十几元，提高到百余元；上甘乡周家、甘山等村利用毛竹加工出口肉签；横畈乡潘村洪中发利用老毛竹丫枝生产出口扫帚；板桥乡板桥村利用黄篾加工铁路填板，豆川村利用毛笋壳加工沙发材料；石门、杨岭、玲珑山化龙、西天目山老庵等乡、村利用当地竹笋资源加工罐头笋等。笋、竹综合利用，为县域竹子生产打开新的门路。

同年8月16日，全县林业工作会议指出，林业产业结构调整要大力发展竹林、经济林。要发动群众，充分利用荒山杂地、房前屋后、溪滩河岸扩种雷竹、旱竹、广竹、洋毛竹和红壳竹等。据青云、临天、板桥、高虹、横溪、太阳、白牛等13个乡统计，1985年，栽种各种笋竹14万株。

1986年，根据县域农业系统工程种植业最优模型，肯定发展竹笋生产是经济效益最高的一条途径。为此，县、乡、村各级多方集资，扶持农民发展竹笋生产。

同年，县竹笋服务中心在青山镇朱村、横溪乡金头村建立毛竹笋用林技术推广示范试点，面积17.99亩，1988年平均亩产竹笋287.1千克，亩产值216.25元，平均每亩新竹留养74.1株。按上报数，1988年全县毛竹笋用林改造面积5230亩，毛竹笋用林试点初见成效。

同年，县竹笋服务中心提出改造笋干竹林的意见：全县有天目笋干竹林17万亩，年产笋干500吨左右。为了恢复县域传统特产，要从改造天目笋干竹林着手，开展集约经营，加强培育管理。推广石门乡林家塘村竹林改造经验，使笋干产量翻一番。

1986年县统计局公布，域内竹笋收入同茶叶收入相当，并大有超越之势。

1987年10月18日，县委、县政府作出关于《今冬明春丘陵缓坡开发的部署》。指出：积极管理好现有毛竹、菜竹、笋干竹，同时继续新造各类菜竹1万亩，改造现有毛竹用材林为笋竹两用林1万亩。整顿提高现有的鲜笋、笋干和竹材加工企业加工能力，发挥“龙头”作用。进一步疏通渠道，提高竹、笋产品在上海、杭州等市场的知名度。

进一步落实和完善的几项政策：对承包山、自留山，在稳定经营权的前提下，继续贯彻统一规划、定期开发、谁种谁有、长期不变的方针；对长期不治的，原则上应收回，或分包给他人。对竹、茶、桑、果园，承包后不培育管理，造成荒芜或掠夺性经营的，给予经济处罚，直至收回承包地。对发包方和承包方权利义务不清的合同要予以完善，承包者必须按承包合同要求上交承包款。

1988年6月8日至10日，县政府召开由乡镇长参加的专题性的菜竹会议，这在临安历史上是第一次。县委、县政府领导带队参观现场，分管副县长作《临安竹笋生产情况和任务》的报告。会后，全县出现梅季种竹热潮。

1988年9月18日，临安县委发出《关于“七五”期间综合开发利用丘陵缓坡地的意见》。总要求是坚持改造与开发并举，以发展竹果等经济林为主，用材林、薪炭林为辅的方针，主攻杭徽、於分、藻西三条公路两侧的低丘缓坡，充分利用房前屋后土地，大力发展笋竹和其他经济林，并对“七五”期间分年提出具体要求。文中指出：全县有坡度25度以下的缓坡地94.2万亩，其中分布在海拔250米以下的低丘陵坡地64.7万亩；海拔250米以上的缓坡地29.5万亩。中共十一届三中全会以来，全县开发利用丘陵缓坡的进度进一步加快，到1986年，共有70%左右得到开发利用，经济收益达5500多万元，占农业总产值24.5%，并涌现一批分层次利用、立体布局、集约经营、综合开发、效益显著的经营模式，还初步建立一批具有一定规模效益的商品基地，同时提出到1990年的具体发展要求。

同年9月25日，临安县委、县政府下发《关于今冬明春开发丘陵缓坡的若干政策规定》。进一步促进开发农业向纵深发展，作出如下规定：一、坚持土地公有制，搞活土地使用权。二、继续稳定和完善经济作物承包制。三、拓宽横向联合，实行多层次形式的合作开发。四、面向开发农业，发挥科技优势。五、继续实行对开发丘陵缓坡的经济扶持。

同年，昌化镇竹笋生产出现好势头。《临安情况反映》第 15 期介绍，该镇当年新发展雷竹、高节竹等 375 亩，是 1984 年以来种竹最多的一年。主要是领导重视、讲求科学、规模适度、政策优惠。

1988 年、1989 年两年，县财政和农业、林业及其他有关部门继续拨出 100 万元资金支持丘陵缓坡开发。继续鼓励和支持科技人员下乡，对丘陵缓坡开发项目进行技术承包。

1989 年县政府决定，对垦复毛竹山，符合笋竹两用标准，经林业部门验收合格者，作经济补助。同年，在菜竹生产带动下，全县推进毛竹用材林改为笋竹两用林，当年全县垦复毛竹山 1 万亩。计划建成 3 万亩毛竹笋用林基地，并全面推广疏笋养竹。

20 世纪 80 年代，临安推行以家庭联产承包责任制为主体的一系列改革，实施县委、县政府提出的“三线（田、地、山）作战、主攻中间（丘陵缓坡），上促青山、下稳良田，综合开发农业资源”的战略，大大调动农民的生产积极性和创造性，农村经济建设取得重大成就。自 1984 年至 1990 年的 7 年间，菜竹面积由 1984 年的 3.3 万亩发展到 10.05 万亩，产量从 0.14 万吨增至 2 万吨，产值从 42.4 万元至 3300 万元。但当年全县未经开发利用的荒山尚有 43 万亩，亩产仅 5 千克的低产笋干竹林有 10 万多亩，临安竹业仍有较大发展空间。

1991—2000 年，临安提出农业综合开发的奋斗目标，主要内容是：开发竹笋资源，建设三大竹林基地工程，即毛竹基地、菜竹基地、笋干竹基地；实施竹笋和竹材系列化加工项目。

20 世纪 90 年代始，林业部门推广鲍子潮等雷竹覆盖早出高产技术，春笋冬出，价格倍升。

1990 年，县政府下发《1991—2000 年临安县农业综合开发规划纲要》，规划并引领县域竹产业继续发展。关于菜竹基地，至 2000 年，新增面积 2 万亩，累计达 12 万亩，其中以临安东部地区为主的早熟雷竹 4 万亩，以於潜地区为主的中熟高节竹等 5 万亩，以中西部地区为主的迟熟刚竹等 3 万亩，并在玲珑和於潜两片逐步建立万亩高产、早熟基地。

1990 年以后，全县重点发展雷竹和高节竹，推广雷竹人工覆盖雷笋早出高效技术，菜竹笋开始快速发展，年均以 1 万亩的速度继续发展。至 1993 年年底，全县菜竹面积达 13 万亩，菜竹产量 3.55 万吨，产值 7145 万元。

1991 年，县委、县政府提出“前促生产，后促流通，主攻加工”的发展战略，将竹笋加工摆上农业发展的突出位置。1992 年，台商张丰超等在杨岭乡陈家村创办杭州益华农畜产品有限公司，为国内第一家经营竹笋的精加工企业。在益华带动下，全县竹笋加工产业尤其是笋丝加工系列产品蓬勃发展，先后兴办水煮笋厂 26 家，菜竹笋精加工企业 9 家。

1993 年，县政府向省政府报告，建议立项建设年产 10 万吨竹笋“菜篮子”工程。同时要求全县人民，从 1994 年到 2000 年，竹林面积再扩大 10 万亩。

同年，根据县委、县政府的战略部署，临安加强十大农产品（木、竹、粮、畜、桑、茶、果、菜、药、鱼等）基地示范点建设，其中竹子示范点建设要求是：重点抓好科学育竹，提高单位面积产量、竹笋质量以及经济效益。为此，要抓好 3 个示范乡、6 个示范村、180 个示范户建设。

1994 年，县政府提出兴建“三竹”工程，建立“三个示范点”：高虹乡雷竹示范点、临目乡天目笋干示范点、上甘乡毛竹笋材两用林基地示范点。

同年 10 月 15 日，根据杭州市《10 万亩天目笋干竹低产林改造技术推广项目》的实施要求，临安召开天目笋干低产林改造技术推广会。

1994 年后，雷笋早出高产技术进一步推广，产销两旺，农民种植菜竹积极性空前高涨。同时，为解决竹笋销路，县政府及时提出“前促生产，后促流通，主攻加工”的发展战略，积极扶持竹笋加工业发展。

1995 年 5 月 30 日，省政府授权省财政厅、省林业厅，与临安等 15 个县（市）政府签订《执行国际开发协会“森林资源发展和保护项目”协议书》。该项目是浙江省引进世界银行贷款的造林项目，确定自 1994 年 8 月至 2000 年 8 月，在省内营造集约经营的高标准速生丰产用材林及幼林抚育 52.5 万亩，毛竹 7.5 万亩。经 5 年实施，临安县造林 11.6778 万亩。

1996 年 3 月，临安被国家林业局命名为“中国竹子之乡”。

同年，县计委下达《临安市“九五”期间竹林、经济林发展目标的通知》。

同年，临安市获评全国“科技兴林示范市”。市委、市政府十分重视，确定十个领导分别负责科技示范点，其中“三竹”项目占 9 个。次年，根据“三竹”工程项目，重点抓好乡级示范基地 3 个、市领导示范点 10 个、科技示范点 300 个。

1997 年 2 月 16 日，省世行贷款、造林项目领导小组办公室发送《关于 FRDPP 项目“竹林丰产技术推广”调查建议的通报》，要求各县（市）切实采取措施，搞好竹林丰产技术的推广、应用，主要内容：竹林垦复技术、竹林新造技术、毛竹造林地选择和安排。

同年 4 月 28 日，市林业局《关于印发临安市毛竹发展技术标准的通知》中，对毛竹新造林、杉木成熟林林地套种毛竹、垦复毛竹林作出技术规定，林业部门在 9 月底组织验收。

同年，市农办调查发现，全市竹笋总产量比上年大幅度增产，但企业与竹农却增产不增收，主要原因是全市多数竹笋加工企业生产规模小、设施简陋，“作坊式”经营，企业机械作业水平与科技含量较低，致使销售价格下跌。还有，企业之间存在无序低价竞争，降低了产品质量。市委、市政府及时提出“强化行业管理，形成集团优势”的要求。

1998 年年初，市竹笋加工企业协会成立，帮助竹笋加工企业及时传递市场信息，制订和督促竹笋精加工技术标准，重视企业维权，组织参加竹笋产品推介会和产品展销会，宣传国家和省级农业龙头企业的经验等，尤其是着力为竹笋加工企业的融资服务。

至 2000 年，毛笋、菜竹笋加工的水煮笋出口销量达 2.02 万吨，比 1997 年猛增 4 倍多。

2001 年 3 月 13 日，市林业局、市财政局联合印发《关于下拨毛竹造林、垦复奖励资金的通知》：根据临安市政府《关于扶持毛竹生产发展的几项政策规定》，给予资金补助。同年 12 月 14 日，市林业局印发《关于加快百公里绿色经济长廊建设 落实万亩雷竹亿元工程项目的实施意见》，出台经济扶持政策。

2002年6月26日，省林业局办公室下发《关于开展全省竹产业基本情况调查的通知》。临安市上报的竹产业调查情况如下：竹林总面积87万亩，其中毛竹林28万亩，笋用竹林53万亩；竹业总产值11.5亿元，其中第一产业4.5亿元，第二产业6亿元，第三产业1亿元。毛竹蓄积量3177万株，年砍伐量500万支，年加工量566万支。竹笋年总产量15万吨，年加工量11万吨。

2003年，市政府发布《关于下达毛竹等七个农业产业化项目2003年度基地建设指导性计划的通知》。要求当年新发展毛竹1万亩（其中人工基地林500亩），毛竹笋材两用林建设2万亩。

2004年3月11日，省林业厅《关于印发〈浙江省毛竹低改项目技术规范〉的通知》的附件中，就适用范围、毛竹低产低效林的界定、毛竹低改项目的选择条件、项目实施年限、改造目标、实施方案、技术措施要求、基础设施、效益监测及档案管理、检查验收等十个方面作出规范。

2005年，临安启动10万亩退化竹林改造工作，采用深翻泥土、重新造林、加工改造、退竹还林、覆盖轮作等形式进行改造。

2006年2月7日，市政府下发《关于加快竹产业发展的若干实施意见》。总体目标是到2010年，建成高产高效“三竹”基地100万亩，竹产业一产产值达到7亿元。市财政每年安排资金扶持竹产业发展。

同年2月22日，市林业局制发《关于加快竹产业发展的实施细则》，推进毛竹笋材两用林园区、雷竹丰产高效园区、毛竹新造林基地、退化雷竹林改造基地、笋干竹丰产基地、优良竹种引进推广基地建设，明确立项条件。根据市政府政策，经验收合格，给予一次性补助或奖励，同时推荐先进单位和个人，给予一定奖励。

同年，市林业局规划2006—2010年“十五”农业和农村经济发展的思路和重点，一要体现生态经济的特征。二要大力发展绿色农业。在稳定粮食生产，确保粮食生产储备能力的前提下，主攻竹业等六大农业支柱产业。突出抓好“三竹”和茶叶、山核桃等特色农产品基地建设。按照“毛竹抓发展，菜竹抓提高，笋干竹抓培育”方针，重点建成一批高标准的早出丰产雷竹基地、笋干复壮改造基地和毛竹低产林改造基地。

2006年10月，临安市再次被国家林业局命名为“中国竹子之乡”。

同年，全市完成毛竹低产林改造1.21万亩，雷竹退化竹林改造1.07万亩。省财政农业产业化以奖代补资金项目和林业贷款项目11个，申请资金1.42亿元，落实以奖代补资金85万元。验收合格各类林业示范园区12个，其中，毛竹笋材两用林示范园区5个，雷竹丰产高效示范园区3个。建成高产高效示范基地50个，其中，退化雷竹林改造示范基地10个，毛竹高产高效示范基地5个，笋干竹丰产示范基地5个，优良竹种引进推广示范基地4个，新增毛竹造林基地1836.2亩。

2007年8月17日，省林业厅、省财政厅下发《关于加快竹木业发展的实施意见》，就发展思路、工作目标、实施措施三个方面提出具体意见。当年全市共申报省、杭州市级林业项目28个。

2008年3月31日，市政府下发《关于加快竹产业发展的实施意见（试行）》，提出明确发展目标，到2010年，新建各类、各级示范园区10个，示范基地30个。加快优良竹种引种示范推广，建成优质高效“三竹”基地100万亩，竹产业一产年产值达到10亿元。实行政策扶持。

2011 年，启动实施全国雷竹标准化示范与推广项目，完成测土配方施肥面积 10995 亩，新申报森林食品基地 7500 亩、无公害基地 2 万亩、无公害产品 9 个。同年启动实施世界银行贷款林业综合发展项目，总投资 6800 万元，其中利用世界银行贷款 500 万美元。项目建设期 4 年。主要建设内容有杉木与阔叶林、毛竹林混交等技术模式。2012 年，全市共完成世界银行贷款林业综合项目纯林生态修复小班 479 个，面积 44910 亩；共种植毛竹苗 23.4 万株。

2012 年，制订实施《临安市竹笋产业转型升级五年行动计划》，退化雷竹改造 2.1 万余亩。同年 5 月，临安启动退化雷竹林改造示范区建设工作。建立 4 个退化雷竹林改造科技示范园区，示范面积 700 亩。园区根据退化竹林不同成因、不同经营情况，实施不同的改造模式，取得初步成效。同年 8 月，太湖源镇实施菜竹改造项目，总投资 360 万元，占地面积 4000 余亩。

2013 年 1 月 22 日，市政府下发《关于加快雷竹退化林改造的实施意见》，要求到 2016 年，完成雷竹退化林改造 10 万亩，建成高效雷竹覆盖基地 10 万亩，新建雷竹高产高效示范区 8 个，雷竹退化林改造示范基地 40 个。加快优良竹种引种示范推广，竹产业一产产值达到 15 亿元。实行政策扶持。同年实施"全国雷竹标准化示范区建设"项目，建立 100 个农户雷竹林生态经营动态监测观察点。开展新型林技推广体系建设，推进品牌、标准化和食品安全建设。

2014 年 7 月 15 日，市林业局报送《关于要求审批临安市退化竹林改造和山核桃生态化经营项目可行性研究报告的请示》。涉及竹的项目建设规模及内容：雷竹退化林改造 2.5 万亩。项目总投资 5000 万元，建设资金由财政补助和农户自筹相结合的办法解决。项目建设从 2014 年 6 月至同年 12 月，总建设期为 7 个月，由市林业局承担具体的建设统筹管理工作。

当年全市拥有竹林 97.4 万亩，其中毛竹 32 万亩，雷竹 48 万亩。竹笋总产量 23.40 万吨，产值首次突破 10 亿元大关，达到 10.62 亿元，比 2013 年增加 7.17%。

2015 年 1 月 14 日，市林业局给市政策性农业保险工作领导小组发送《关于要求开办林木（毛竹）综合保险的报告》，以政策性林木（毛竹）保险分摊、抵御自然灾害与意外火灾造成的损失，切实保障林农灾后恢复生产。

同年 6 月 9 日，市政府办公室发送《关于加快竹产业可持续发展的实施意见》，要求到 2017 年，实施退化竹林改造面积 7.5 万亩，建成竹笋高效示范区 3 个，竹林可持续经营示范基地 30 个，竹产业一产产值达到 12 亿元，并实行政策扶持。

2016 年，临安市开展雷竹退化竹林改造及可持续经营技术推广等工作。

2017 年 10 月，《关于临安竹产业发展存在问题和几点建议》在《临安农林》第一期"难点直击"版刊出后，由临安市政府办分别将情况反映到省政府和杭州市政府，副省长孙景森和杭州市副市长王宏作重要批示。

2018 年 2 月 17 日，区林业（农业）局组织专家学者和企业代表研讨"临安竹产业振兴三年行动计划"。临安区委、区政府、人大、政协领导相继考察竹产业。全面启动农村集体产权制度改革全国试点。改造退化竹林 30156 亩，实现综合产值 35 亿元。

同年 3 月 22 日，临安区竹产业振兴三年行动计划领导小组办公室印发《临安区竹产业振兴三年行动建设项目实施细则》。

2019 年 3 月 25 日，临安区竹产业振兴三年行动计划领导小组办公室印发《临安区竹产业振兴三年行动建设项目实施细则》（2019 年修订稿）。内容为：管理职责分工；项目扶持领域，包括扶持对象、扶持重点；重点管理环节。其附件 1 是《临安竹产业振兴三年行动计划重点项目实施指南》（2019 年修订稿），内容有产业发展引领区建设、笋竹加工转型集聚园建设、竹文化示范点建设、竹林休闲观光示范点建设、科技示范基地建设、竹林流转补助、笋竹加工生产企业建设、新产品研发奖励、产销新型模式示范点建设、品牌建设共十个方面。

第二节　扶持、补助、奖励政策

中华人民共和国成立后，百业待兴。随着大规模进行经济建设，竹类作为工农业建设的重要生产和生活资料，受到国家重视。计划经济年代，竹被视为生产资料和生活必需的紧俏物资。笋、竹生产与收购过程中，国家实行扶持、补助、奖励政策，以粮票、布票、购货券给予奖励，并又以毛竹等产品奖励给从事粮食、茶叶、蚕桑生产的其他行业。改革开放后，政府在资金、技术、信息等方面，对毛竹、雷竹、天目笋干生产以及笋、竹加工业加大扶持、补助、奖励力度，引领竹业生产，壮大产业规模，致富一方百姓。

1953 年，临安县政府下达《关于林业工作的指示》。同年 9 月起，县供销社全面开展毛竹、毛篙竹购销业务。同年 11 月 19 日，政务院命令实行粮食统购。竹笋生产地区，竹农的粮食全部或部分由国家按人头发放粮票购买粮食。同时，食油与棉布也纳入计划供应，由国家发放油票和布票。

1954 年，国家加强竹材购销的计划管理，省人民委员会（省政府，下同）将毛竹列为省供销社管理、统一平衡的商品。从 1954 年至 1992 年，竹农的粮、油、布部分或全部均由国家供应。毛竹及其基地的竹笋由国家按计划收购。超额向国家投售的竹笋产品，国家按规定奖励竹农粮票、布票或其他工业品。

天目笋干是临安传统名产，近代，又将之与天目云雾茶、昌化山核桃同称“天目三宝”，延续至今。中华人民共和国成立后，政府一直关注并扶持天目笋干生产。1956 年，上甘乡周家头农业社笋干只顾烘燥，不顾整体质量。次年即吸取教训，确保质量，挽回声誉。1957 年，天目乡社员砍伐做笋干的小竹出售，政府干预而后止。

1956 年开始，全县木、竹生产和流通渠道逐步纳入计划轨道，由供销社统一经营。毛竹被作为重要的生产资料和生活资料，用来作为奖励统购粮食，以及统购茶叶、油料等生产中的奖励物资。

1962 年，省政府下达文件，贯彻“林粮并举”方针，采取停垦还林措施，扶持恢复毛竹生产。同年 1 月 12 日，省手工业管理局、省商业厅、省粮食厅、省供销合作社联合行文《关于统购粮食奖售木材、毛竹拨交手工业生产部门的联合通知》，下发各专署与杭州市商业局、粮食局、手工业局、供销社。该文件揭示政府统购粮食，曾奖励毛竹，发放木材票、毛竹票的往事。农民不喜欢木材票、毛竹票，更需要手工业制成品，政府又发给工业品选购票，其中竹壳热水瓶最受欢迎。

同年6月12日，下发《浙江省人民委员会关于1962年度收购粮食和主要经济作物奖售办法的通知》，行文各专员公署和各市、县人民委员会。文件写道：国务院规定，1962年度，国家在收购粮食和主要经济作物、畜产品的时候，继续实行奖售的办法。实行收购奖励的有粮、棉、油、麻、烟、糖、松脂、生漆、棕片、柑橘、毛竹、毛篙竹等12种农副产品，其中收购毛竹每百支奖售成品粮5千克，棉布2市尺（1市尺≈0.33米，下同）；毛篙竹每百支奖售成品粮10千克，棉布7市尺。

同年6月15日，省人民委员会办公厅以《关于收购农副产品实行购货券奖售办法的规定（草案）》行文省委办公厅以及省计划经济委员会等十个单位。其中涉及收购的竹类农副产品有毛竹、篙竹、小竹、竹木粉、毛竹壳、柄竹、什竹、青竹竿、重点产区竹筷、雨伞柄、紫花篾、玉竹等竹类和竹制品。

在毛竹实行派购制度期间，国家对林农投售毛竹实行奖售粮食和其他计划管理物资的鼓励政策。奖售标准：1961年规定，收购毛竹每百支奖售粮食5千克，毛篙竹为10千克。1962年，收购毛竹加奖棉布2市尺，毛篙竹为7市尺。1963年，调整为收购毛竹每百元奖售粮食20千克、棉布3.2市尺、胶鞋1双；毛篙竹为每百元奖售粮食17.5千克、棉布2.3市尺、胶鞋1双。1964年，改为收购毛竹每百元奖售粮食20千克、棉布8市尺，毛篙竹为奖售粮食17.5千克、棉布5市尺。1968年，改为收购毛竹每百元奖售粮食20千克、棉布4市尺，毛篙竹为奖售粮食17.5千克、棉布2市尺。该奖售标准执行至1984年，1985年毛竹取消派购制度后终止。

毛竹、篙竹属二类收购物资。当时毛竹每百市斤的收购价为1元多。收购均奖励化肥、粮票、布票。渔用大毛竹、毛篙竹和其他毛竹的奖励标准有区别。小杂竹也属二类收购物资，临安是重点产地。菜架竹实行定点生产补助奖励政策，每亩补助50元，前后共实施近10年。

1963年贯彻全国竹子生产会议精神，国家贷款扶持竹林生产，收购量有所回升。

1965年4月12日，省供销合作社、省商业厅、省粮食厅联合发文至各专署、县、市的供销社、商业局、粮食局，文件规定对毛竹等13种农副产品奖售物资的额度。收购竹和竹制品主要是奖售布票、粮票以及化肥票。

1971年，省革命委员会召开全省山区工作会议后，杭州市逐渐发展到营造毛竹等经济林基地。1972年，省农林局、省财政局联合发出《浙江省营造杉木、油茶、毛竹商品基地的试行规定》，对符合用材林基地标准的，由省每亩补助6元，其中造林3元，连续抚育3年的，每年补助1元。据1992年版《临安林业志》记载：1971年12月至1972年5月，全县组织农林科技干部逐块落实山区规划，采取经济和粮食扶持政策，建设毛竹等五类林业基地，造林成绩显著。

从1972年开始，为缓解毛竹、毛篙竹供应紧缺状况，县供销社根据省供销社指示，重点加强毛竹生产基地扶持，主要采取三条措施：留笋养竹、合理砍伐、节约用竹。此后，供销社又出资帮助建设临东毛竹基地。同年起，凡列入林业基地建设的毛竹林经验收合格，每亩补助10元。

为适应经济建设的需要，政府制订鼓励政策，扶持大毛竹生产发展。从1974年冬季开始，规定每垦复 1 亩大毛竹生产基地，经验收合格，每亩给予 50 元现金和化肥补助。至 1984 年的十年间，全县由点到面建立大毛竹生产基地 3 万余亩。以后又逐步建立毛竹生产基地，总面积超过 10 万亩。毛竹丰产基地建设，经林业局面积测量、验收，每亩补助 3 元，粮食 3 市斤。对县定的重点产竹乡收购毛竹，每百斤奖售成品粮 35 市斤。当时规定，渔用毛竹收购价比同等毛竹收购价番一倍计算，眉围超过 12.5 市寸的圆蒲头，每支价再翻一番。按当时的比价，一支眉围 12.5 市寸的圆蒲头大毛竹收购价，相当于 100 市斤大米的价格，广受竹农欢迎。1977—1982 年，全县毛竹丰产基地建设共 52273 亩，渔用大毛竹基地建设 13862 亩。

1977 年，贯彻全省毛竹生产经验交流会议精神，县革命委员会决定在毛竹重点产区建设一批毛竹丰产基地，规定以公社为单位，垦复毛竹林挖山面积不少于 2000 亩，每片不少于 100 亩，每亩立竹达到 180 株，平均眉围在 8 市寸以上的为毛竹丰产基地，并要求做到全面实现留三度竹砍四度竹。验收合格者，每亩补助经费 3 元、原粮 1.5 千克（1980 年起提高到原粮 5 千克）、标准化肥 1.5 千克。对县定的重点产竹乡收购毛竹，每百斤奖售成品粮 17.5 千克。

20 世纪 80 年代起，临安县委因地制宜，发动千家万户在自留地、自留山种竹，并实行经济扶持。

至 1980 年，全县建成毛竹基地林 1.81 万亩。根据省林业基地建设标准规定：一个大队新建毛竹基地，面积须在 200 亩以上，最多不超过 4 块，2—3 年建成，全垦或大块状整地，栽种每亩不少于 15 株，成活率在 85%以上，连续抚育 3 年，经检查验收合格者，每亩补助经费 10 元，1979 年增加补助每亩原粮 17.5 千克，1980 年提高到 25 千克，1982 年开始取消粮食补助。

1984 年 2 月，临安县委农村工作会议确定振兴临安经济、发展商品生产的主攻方向是竹笋生产，对种竹实行奖励补助。凡 1984 年秋季种竹，一户面积超过 1 亩，植株 40 株以上者，县林业局给以奖励补助，每亩 10 元。当年全县受到奖励性补助的竹农共 454 户，面积 858.63 亩，补助金额 8586.3 元，由县竹笋服务中心验收付款。

1972—1983 年全县毛竹基地验收合格面积及国家扶持一览表

表 3-1-1

年份	验收合格面积（亩）	补助经费（元）	补助粮食（千克）	年份	验收合格面积（亩）	补助经费（元）	补助粮食（千克）
1972	779	1440	—	1979	4348	43480	126090
1973		3534	—	1980	6226	62260	248136
1974	380	2280	—	1981	1250	12500	110002
1975	191	1146	—	1982	877	8770	—
1976	681	2894	—	1983	466	4660	—
1977	837	3819	—	合计	18084	162012	484227
1978	2049	15530	—				

同年 12 月 23 日，县政府下发《关于加快林业发展若干政策的补充规定》，要求有关部门在资金、技术、信息等方面给予扶持。同年冬次年春，凡在自留山或责任山造林 1 亩以上的农户，

不论造用材林还是含竹的经济林，由林业部门验收合格，均可一次补助每亩6元；补息贷款每亩20元。以上两种扶持办法可由林农自行选择一种。凡连片造林在50亩以上的大户或联户，两种扶持办法可同时享受。育苗基地经林业部门验收合格，每亩补助100元。

1985年竹笋加工业有所发展。同年8月29日，县委农工部、县科委等单位联合召开"发展食品工业战略研讨会"。同年12月1日，县委、县府办公室联合召开"恢复老三宝深度加工座谈会"，从技术层面引领临安竹笋加工业的发展。1985年11月，县政府召开家庭林场会议，竹子专业户马良宝受到表彰，林业局领导宣布发展竹笋享受经济林补助政策。

1985—1988年，政府给予发展菜竹的笋农每亩补助20元，引导发展菜竹生产。

1986年，根据县域农业系统工程种植业最优模型，肯定发展竹笋生产是经济效益最高的一条途径。为此，县、乡、村各级多方集资，扶持农民发展竹笋生产。县林业局投入20万元扶持种竹，宣布农民种竹以半亩为起点，每亩补助20元；按支数计算，每种一支竹，补助人民币0.5元。玲珑山乡政府从乡财政中拨款6万元用于丘陵缓坡地的开发利用，扶助农民种竹。紫水乡政府帮助农民贷款3.8万元，用以购买竹苗，乡、村两级又规定种竹每亩各补助10元。凌口乡周潭村除县、乡补助外，村里对种竹户再补30元，即每亩可得60元经济补助。

同年，县竹笋服务中心提出改造笋干竹林的意见，认为应从生产方法和加工焙制上提高质量，争取市场。发展新产品如小包装油焖笋、怪味笋等，采取多种方法加工利用，促进笋干生产。推广石门乡林家塘村实施笋干低产林改造的经验，落实改造意见。1987年后，加工企业实施标准化生产，天目笋干质量逐步恢复，产量增加。

1987年10月18日，县委、县政府作出关于《今冬明春丘陵缓坡开发的部署》，主要任务：在积极管理好现有毛竹、菜竹、笋干竹的同时，继续新造各类菜竹，改造现有毛竹用材林为笋竹两用林。对承包山、自留山，要在稳定经营权的前提下，继续贯彻统一规划、定期开发、谁种谁有、长期不变的方针。县、乡（镇）两级对去冬今春开发丘陵缓坡的补贴资金要尽快兑现。1987年、1988年县财政和农业、林业及其他有关部门继续将拨出100万元左右的资金支持丘陵缓坡开发，其中县财政每年安排落实30万元。

1987年，昌化镇竹笋生产出现好势头，镇政府规定新种1亩菜竹补助40元。

1988年9月25日，县委、县政府下发《关于今冬明春开发丘陵缓坡的若干政策规定》，进一步促进开发农业向纵深发展，保持原来扶持政策的连续性。种竹以村为单位，新种菜竹50亩为起点，以户或联户新种菜竹20亩以上为起点，每亩补助20元。竹子等凡具有一定规模的商品基地，农业银行贷款给予优先安排，及时发放。

同年，县政府下文规定：特产经济林（含菜竹、毛竹笋用林、天目笋干林等）以村为单位，新种经济林30亩为起点，单块面积半亩以上，经验收，每亩补助25元。

1988年、1989年两年，县财政和农业、林业及其他有关部门继续拨出100万元资金支持丘陵缓坡开发，其中县财政每年安排落实30万元，并要逐步改无偿支持为有偿支持，以提高投资效益。

1989年推进毛竹笋用林建设，县政府决定对垦复毛竹山，符合笋竹两用标准，经林业部门验收合格者，每亩补助20元，由地方财政和林业局共同负担。全县垦复毛竹山面积9906亩，其中两个村超过千亩。夏禹桥镇补助垦复毛竹山。三口乡大青村鼓励农民发展笋、竹两用林。村委决定，农民垦复毛竹山，除县政府每亩20元补助外，村里再补助5元，当年该村开垦毛竹山500亩。

90年代初，开始大力推广“雷竹早出高产技术”，丰厚的经济效益刺激广大农民种竹的积极性，无须政策补助，凡是能种竹之地普遍种竹。至2000年年底，全市已建立菜竹25万亩、毛竹30万亩、笋干竹27万亩。

90年代以来，临安雷竹面积迅速扩大。由于鲜笋销售具有较强的时间性，故如何及时进行加工成为突出问题。针对“笋贱伤农”的新情况，1991年，县委、县政府及时提出“前促生产，后促流通，主攻加工”的新三线开发方略和“山上建基地、山下办工厂、山外拓市场”的发展思路，将竹笋加工摆上农业发展的重要位置。

1997年4月29日，市政府印发《关于扶持毛竹生产发展的几项政策规定》：

扶持内容。1.新造毛竹林，每块起点面积30亩以上，实施全垦或块状整地，栽种成活率90%以上，验收合格后，每亩发放贴息贷款150元，贷款使用期三年，到期一次性归还本金。2.杉木人工林套种毛竹，每块起点面积30亩以上，每亩套种毛竹20株以上，栽种成活率95%以上，验收合格后，每亩发放贴息贷款100元，贷款使用期三年，到期一次性归还本金。

奖励政策。1.新造毛竹林，以乡（镇）为单位，每年完成新造毛竹林200亩以上或杉木林套种毛竹300亩以上，给予乡镇每亩5元的奖励。2.毛竹林垦复，完成市计委下达的年度毛竹垦复的乡镇，按验收合格的毛竹垦复面积，给予乡（镇）每亩2元奖励。

市委、市政府积极扶持竹笋加工业的发展，及时提出强化行业管理、形成集团优势的要求。1998年2月9日成立临安市竹笋加工企业协会，就加工企业急需融资的问题向市政府主要领导汇报，分管副市长主持召开有人民银行、信用联社负责人和7家规模较大企业参加的银企座谈会，各加工企业取得银行支持。人民银行协调各家银行，当年新增贷款536万元，为企业解决燃眉之急。

2001年3月13日，市林业局、市财政局联合印发《关于下拨毛竹造林、垦复奖励资金的通知》。文中说，根据临安市政府《关于扶持毛竹生产发展的几项政策规定》，对造毛竹林，以乡镇为单位，每年完成新造毛竹林200亩以上或杉木林套种毛竹300亩以上，给予乡镇每亩5元的奖励；对毛竹林垦复，完成市计委下达的年度毛竹垦复的乡镇，按验收合格的毛竹垦复面积，给予乡镇每亩2元的奖励。2000年，在毛竹新造、毛竹套种、毛竹垦复达到文件规定标准的，共计应发奖金68103元。

同年12月14日，市林业局印发《关于加快百公里绿色经济长廊建设　落实万亩雷竹亿元工程项目的实施意见》。市政府出台经济扶持政策，即在杭昱线两旁各100米范围内的田、地、山上种竹，经验收合格，每亩一次性补助150元。

2003年2月11日，市政府下发《关于加快毛竹产业化发展的若干意见》，其中要求：搞活机制，加大投入，充分调动发展毛竹产业的积极性。要进一步稳定和完善竹林承包经营责任制。各乡镇和有关部门要按照“多予、少取、放活”的原则，取消毛竹生产经营中的一切不合理收费，让利于农。市金融部门每年要安排一定的信贷资金，扶持毛竹资源培育和笋、竹加工企业发展。加大对竹产业的扶持力度。三年内，市政府每年统筹安排 100 万元专项资金用于扶持毛竹产业发展。对当年毛竹新造林、连片面积 10 亩以上，经市林业局验收合格，每亩补助 80 元；对毛竹低产林改造，连片面积 20 亩以上，经市林业局验收合格，每亩补助 50 元。对笋竹加工龙头企业，享受市财政贴息政策，笋竹加工企业获得省级以上名牌产品（或著名商标）的，由市政府按政策给予奖励。

同年 3 月 7 日，市林业局《关于下发毛竹产业化十亿工程项目（基地建设）实施细则的通知》中，制订本项目实施细则。主要内容是确定至 2003 年、2005 年、2007 年实现竹业总产值的发展目标以及毛竹项目的补助政策：1.毛竹新造补助政策：新造林每亩补助 80 元。分两年：第一年造林验收合格，每亩补助 50 元；第二年抚育验收合格，每亩补助 30 元。2.毛竹笋材两用林改造建设补助政策：验收合格者，每亩一次性补助 50 元。

2004 年 5 月 28 日，省林业厅、省财政厅下颁《关于印发浙江省毛竹低产林发行补助资金项目指南的通知》。文中说，2004—2007 年，省财政设立毛竹低产林改造项目补助资金。各县（市、区）申报的项目不超过 2 个，每个项目申请省级补助资金的额度一般不超过 20 万元。

2005 年，全市有雷竹林 40 万亩，其中新造竹林 10 万亩，年轻竹林 20 万亩，退化竹林 10 万亩。同年起，政府将经济扶持重点转向退化竹林改造、优良竹种推广和高效园区建设，竹林发展逐步从量的扩张向质的提高过渡。全市启动 10 万亩退化雷竹林改造工作，采用深翻泥土、重新造林、加工改造、退竹还林、覆盖轮作等形式进行改造，延长产笋期，增加竹农收入。

2006 年 2 月 7 日，市政府下发《关于加快竹产业发展的若干实施意见》。要求到 2010 年，建成毛竹笋材两用林园区 20 个，雷竹园区 20 个；建成毛竹新造林示范基地（点）100 个，雷竹退化改造示范基地 50 个，笋干竹丰产示范基地 10 个。实行政策扶持：市财政每年安排 150 万元资金，用于扶持竹产业发展。1.加快园区建设。每年建设毛竹笋材两用林园区 3—5 个，安排补助资金 30 万元；雷竹园区 3—5 个，安排补助资金 30 万元。2.加快基地建设。每年建设毛竹造林示范基地（点）20 个，安排补助资金 30 万元；建设雷竹退化改造示范基地 10 个，安排资金 30 万元；建设笋干竹丰产示范基地 2 个，安排资金 10 万元。

同年 2 月 22 日，市林业局下发《关于加快竹产业发展的实施细则》。落实扶持政策：发展竹子生产经验收合格，给予一次性补助或奖励，同时推荐先进单位和个人，给予一定奖励。毛竹笋材两用林园区：每个 5 万—10 万元。雷竹丰产高效园区：每个 5 万—10 万元。毛竹造林基地：每亩补助 100 元。退化雷竹改造基地：每个补助 2 万—4 万元。优良竹种引进推广基地：每个补助 2 万—4 万元。

涉及天目笋干的主要内容有：

立项条件：笋干竹丰产基地以村为单位，集中连片，面积 300 亩以上；竹种以石竹或天目早竹为主，亩立竹量 800—1200 株；坡度 30 度以下；交通方便。

笋干竹丰产基地验收标准：通过劈山清理林地，进行垦复施肥；合理留养母竹，亩立竹量 800—1200 株；竹林亩产值达到 1000 元以上。

扶持政策：经验收合格，给予一次性补助或奖励，同时推荐先进单位和个人，给予一定奖励。笋干竹丰产基地每个补助 2—4 万元。

同年，省财政农业产业化以奖代补资金项目和林业贷款项目 11 个，申请资金 1.42 亿元，落实以奖代补资金 85 万元。验收合格各类林业示范园区 12 个，建成高产高效示范基地 50 个，其中，笋干竹丰产示范基地 5 个。

同年，全市完成雷竹退化竹林改造 1.07 万亩。省财政农业产业化以奖代补资金项目和林业贷款项目 11 个，落实以奖代补资金 85 万元。

2007 年 8 月 17 日，省林业厅、省财政厅下发《关于加快竹业发展的实施意见》。当年全市共申报省、杭州市级林业项目 28 个，争取各类补助资金 1530 万元。

2008 年 3 月 31 日，市政府下发《关于加快竹产业发展的实施意见（试行）》，就加快竹产业发展提出实施意见。其中关于实行政策扶持的内容：从 2008 年起，市政府每年安排 80 万元专项资金，扶持竹产业发展。竹产业高效示范园区、基地：安排补助资金 50 万元，每年建设高效示范园区 2—3 个，示范基地 5 个。退化雷竹改造示范基地建设：安排补助资金 20 万元，每年建设退化雷竹改造示范基地 5 个。优良竹种引进推广和竹笋新产品开发：安排补助资金 10 万元，加快优良竹种引进示范推广，优化调整竹笋产品结构。

2008 年，中国绿色碳基金临安毛竹林碳汇项目启动，世行贷款给临安林业综合发展项目进入准备阶段。

2009 年 12 月，中央财政设立的现代农业发展基金项目“临安省级竹子现代示范区建设”通过验收。同年，杭州市出台政策，对种植 5 年以上、面积 100 亩以上、亩立竹数 90 株以下、年亩产竹材 300 千克或笋 100 千克以下、年亩产经济效益 300 元以下的毛竹林实施低改，以奖代补，完成低改任务，每亩补助 120 元。

2010 年，全市新建省级现代农业生产发展资金项目两个，其中有康鑫省级现代毛竹示范园建设项目。同年完成杭州市毛竹低产林改造以奖代补项目 4000 亩。

2011 年，全市发放林木采伐许可证 2544 份。采伐毛竹 289 万支，竹材运输 193 万支。政策性保险费 106 万元。其中，临安市财政补助 27%为 28.6 万元、省财政补助 18%为 19 万元、中央财政补助 30%为 31.8 万元、农户自交保费 25%为 26.5 万元。

同年，全市建成千里富民林道 198 千米，涉及 13 个镇（街道），受益农户 1.5 万户以上。市财政安排林道补助资金 250 万元，根据建设难易程度和投资额大小，给予每千米 1 万—2 万元的资金补助。林业部门向上争取省级林道补助资金 450 万元、杭州市级林道补助资金 100 万元。

2012 年 5 月，临安启动退化雷竹林改造示范区建设工作。市林业局投入 70 万元，在太湖源镇、高虹镇、青山湖街道、於潜镇建立 4 个退化雷竹林改造科技示范园区，示范面积 700 亩。

同年，市林业局按照市政府林道建设任务要求，加快林道建设。争取临安市财政补助 686 万元，争取省级林道补助 345 万元。全市 4 年累计完成“富民林道”建设 873.6 千米，受益山林 2.33

万公顷，完成林道总体规划目标的 87.4%。

同年，临安市共完成世界银行贷款林业综合项目纯林生态修复小班 479 个，面积 44910 亩，共种植毛竹苗 23.4 万株。同年完成杭州市毛竹低产林改造以奖代补项目 4500 亩。

2013 年 1 月 22 日，市政府下发《关于加快雷竹退化林改造的实施意见》，实行政策扶持。同年起，市政府每年安排 300 万元专项资金，重点扶持雷竹退化林改造项目建设。1.雷竹退化林改造示范基地：每年安排补助资金 130 万元。2.雷竹高产高效示范园区：安排补助资金 50 万元。3.雷竹退化林改造基地镇（街道）建设任务：每年下达 2.5 万亩雷竹退化林改造建设任务，分解落实到镇（街道），年终经考核验收后，安排 60 万元资金实行以奖代补。4.测土配方施肥，有害生物防治和林产品质量安全监测：每年安排补助资金 30 万元。5.优良竹种引进推广：每年安排补助资金 30 万元。同年实施“全国雷竹标准化示范区建设”项目，建立 100 个农户雷竹林生态经营动态监测观察点。

2015 年 1 月 14 日，市林业局给市政策性农业保险工作领导小组发送《关于要求开办林木（毛竹）综合保险的报告》。文中说，临安市是浙江省 9 个重点林区县（市）之一，毛竹资源丰富，但每年雨雪冰冻等自然灾害，造成严重经济损失。为此特要求开办临安市林木（毛竹）综合保险，切实保障林农灾后恢复生产。按保额每亩 800 元、保费每亩 4.48 元的标准，全市 70%毛竹林参保率测算总保额 18960 万元、保费 106 万元。其中，市财政补助 27%为 28.6 万元、省财政补助 18%为 19 万元、中央财政补助 30%为 31.8 万元、农户自交保费 25%为 26.5 万元。

同年 6 月 9 日，市林业局发送《关于印发临安市竹产业、山核桃产业和香榧产业扶持政策实施细则的通知》。文中说，《临安市竹产业可持续发展实施细则（试行）》就项目申报、项目实施、项目验收、资金兑现、项目管理等五个方面作出具体规定。对照市林业局项目申报建设内容，经考核验收合格的，市财政安排 200 万元专项资金予以补助。同日，市政府办公室发送《关于加快竹产业可持续发展的实施意见》，明确规定从 2015 年起，市财政每年安排 200 万元产业扶持资金，扶持竹产业发展。1.示范区园区建设：建成笋竹高产高效示范园区 3 个，连续实施 3 年，每年补助资金 20 万元/个。2.示范基地建设：每年实施 10 个退化竹林改造和毛竹“一竹三笋”示范基地建设，每个补助资金 8 万元。3.竹产业科技创新服务，开展测土配方施肥、林产品质量安全监测、有害生物防治、优良竹种选育、竹林机械研发、竹文化建设等，每年补助资金 60 万元。

2016 年实施“千里富民林道”建设。新建林道 146 条，修复林道 115 条，总长 335.5 千米，累计补助资金 1190 万元。

2018 年 3 月 22 日，临安区竹产业振兴三年行动计划领导小组办公室印发《临安区竹产业振兴三年行动建设项目实施细则》的通知。

2019 年 3 月 25 日，临安区竹产业振兴三年行动计划领导小组办公室印发《临安区竹产业振兴三年行动建设项目实施细则》（2019 年修订稿）。其附件 1 对产业发展引领区建设、笋竹加工转型集聚园建设、竹文化示范点建设、竹林休闲观光示范点建设、科技示范基地建设、竹林流转补助、笋竹加工生产企业建设、新产品研发奖励、产销新型模式示范点建设、品牌建设等，均提出扶持标准。（一）产业发展引领区建设：建设年限3年。扶持标准：500万—800万元，分3年按建设进度拨付。（二）笋竹加工转型集聚园建设：建设年限2年。扶持标准：补助资金不超过投资额的50%，最高不超过每个300万元。（三）竹文化示范点建设：建设期限3年。扶持标准：不超过投资额70%，最高每个不超过80万元。（四）竹林休闲观光示范点建设：建设期限2年。扶持标准：不超过投资额50%，最高每个不超过100万元。（五）科技示范基地建设：建设期限1—2年。扶持标准：基础设施补助不超过投资额的50%；每个基地补助额不超过30万元。（六）竹林流转补助：补助期限为2年内流转。扶持标准：补助工作经费每亩200元。（七）笋竹加工生产企业建设：1.科技型生产企业建设：建设期限1—2年。扶持标准：不超过投资额50%，最高不超过每个100万元。2.企业提升改造：建设期限1—2年。扶持标准：不超过投资额50%，最高不超过每个100万元。（八）新产品研发奖励：建设期限3年。扶持标准：根据新产品销售、研发投入、产品获奖情况、对产业发展贡献度等综合考虑，一次性奖励每个5万—10万元。（九）产销新型模式示范点建设：建设年限1年。扶持标准：每个奖励10万—15万元。（十）品牌建设：1.商标奖励：当年获得驰名商标或省著名商标，每个奖励10万元。2.展会补助：根据参加企业数量、展位面积补助每个5—10万元；国外展会由企业自主参加，根据举办国家地，每个企业补助1万—3万元。3.标准奖励：当年发布，给予单位奖励，国家、省级标准每个10万元，杭州市级标准每个5万元，企业行业标准每个2万元。4.品牌奖励：联合开展生产、经营、加工，突出打造品牌产品，产品市场销售量达1000万元以上的示范性主体，根据品牌影响力奖励5万—10万元。

2019年4月，由区竹产业团队主持申报的“毛竹林定向培育关键技术示范推广项目”启动。该项目为省林业发展与资源保护计划项目，获省林业局林业科技推广示范资金资助150万元，实施期限为2019年4月至2020年12月。

第三节　收调供计划管理

一、毛竹

（一）民国时期

临安毛竹历来为自由购销。民国时期（1912—1949），木竹均由私营山货行经营，大多木、竹、柴、炭兼营。竹材多以制作农具、家具、凉席等各类竹制品，境内销售，也有部分竹材销往外县农区、蚕区。除竹农自用外，临安每年毛竹商品量在40万—50万支，水运至县外余杭、瓶窑、杭州等地。抗战胜利后到解放前夕，经济萧条，毛竹销路大降，竹木商户基本绝迹，只有竹农尚有少量自行运销。

（二）中华人民共和国成立至改革开放前

中华人民共和国成立初期，毛竹自由购销，多渠道流通。1949年11月，浙江省手工业联合社在临安设立经营机构，收购毛竹、柄竹。浙江企业公司、余杭山货行、瓶窑竹商、杭州南星桥竹行曾委托县内山货坐商收购毛竹。

从1952年开始，政府指示，由已经建立且成系统的供销合作社开展毛竹收购。1953年9月起，县供销社全面开展毛竹、毛篙竹购销业务，改原来以帖（每帖15支）计数为按支计数。同年冬至1954年春，全县供销社收购毛竹、毛篙竹30.5万支，至1955年达36万支。

1954年，国家加强竹材购销的计划管理，省人民委员会（即省政府，下同）将毛竹列为省供销社管理、统一平衡的商品。省供销社组织县供销社与竹农购销直接挂钩，其后，供销社系统毛竹收购量稳步上升。1955年，毛竹业私商户均需向供销社进货后"二级批发"经营。1956年开始，国家对毛竹、毛篙竹实行计划收购、计划分配，由供销社统一经营，不允许私人运销，包括县内手工业社所用毛竹也由供销社收购供应，当年收购量达121.9万支。收购方式是分设收购点，实行定点收购。至此，竹材购销均归供销社系统管理。

1956年2月6日，浙江省嘉兴专员公署商业局颁发《关于下达竹、木、柴、炭及成品半制成品管理办法的通知》，对毛竹（包括毛料、二黄、竹笆条、纸竹篾、竹浆）、毛篙竹、青竹（包括青竹秆、白料）、小竹（包括淡竹、柄竹、石竹、台竹、王古竹、杜竹、厘竹和其他杂竹）、竹制品（包括热水瓶竹壳、煤箒、火柴篾、挡纱板、扛棒、扁担、土埭）、竹篾和木材（包括木制成品和木制半成品）、木柴、木炭，一律由专署计委下达收购、外调、供应计划，其余物资由主管部门专署商业局下达计划，各县必须严格执行。

1958—1959年"大跃进"期间，砍伐过量，购销失衡。

1960年2月27日，省人民委员会发出通知，规定毛竹由供销社制订砍伐计划，统一收购，统一分配，凭证运销（指外运出县须由县供销社开具出运证明）。县内销售自用毛竹由县计委下达计划调拨，从而使毛竹生产伐、育、管走上统管的轨道。

1962年，省政府下达文件，贯彻"林粮并举"方针，扶持恢复毛竹生产，实行派购。当年，临安被列入全省16个毛竹林重点县。

1962—1984年，实行由国家确定毛竹收购数量、收购规格和收购价格的派购制度。临安作为毛竹主产区，被省列为毛竹调出县。自1971年起，还承担供应沿海渔用大毛竹任务，每年按计划调拨供应。

1963年贯彻全国竹子生产会议精神，国家贷款扶持竹林生产，毛竹收购量有所回升。

"文化大革命"期间，农民自销量增加，收购量减少。60年代后期，全县贯彻停垦还林方针，毛竹采伐量有所减少，年均收购量为33.48万支。1966—1976年，年均收购毛竹28.3万支，最少年份1970年16.1万支。

从1972年开始，为缓解毛竹、毛篙竹供应紧缺，临安县供销社根据省供销社指示，重点加强毛竹生产基地扶持，帮助横畈、龙门、板桥、上甘、玲珑山、洪岭、湍口等产区恢复发展竹林生产。

1977—1984年，玲珑山、板桥、三口、横畈、上甘、石门、龙井桥、马山、洪岭等9个公社建成毛竹丰产林基地5.5万亩，眉围1市尺以上渔用大毛竹林基地1.39万亩。政府和产地采用经济补助、留竹养笋、合理砍伐、节约用竹等措施，收购量逐年上升，1977—1984年，年均收购毛竹53.8万支，最高年份1984年89.9万支。

（三）改革开放后至2019年

1978年中共十一届三中全会以后，农村推行农民家庭经营体制改革，毛竹购销政策也随之逐步调整。

1980年，浙江省调整毛竹收购量，改为确定派购基数，派购任务逐级包干到队，一定6年不变。派购基数内的毛竹，实行牌价和议价按7：3比例计价收购（70%牌价、30%议价）。超出派购任务生产的毛竹，由生产者自行处理。1981年，又调整毛竹收购、调拨任务包干办法，实行按每度（2年）总算，分年安排派购任务，任务内的由供销社统一收购统一经营，超过派购任务的，可由供销社代购代销。

上甘乡村民正将自家毛竹背到附近市场去交易
（冯益民 1982年摄）

从1982年开始，毛竹购销放开经营，允许竹农自主运销，长途贩运。基层供销社则与县土特产公司联营，开展分购联销，利用原有的销售渠道优势，因而经营尚稳定。1984年，省政府调减毛竹派购任务总量，限于在省内24个重点县（含临安）实行派购，并允许生产者边交售、边自销。同年临安供销社收购毛竹89.89万支，毛篙竹2.5万支。

1985年1月1日，中共中央、国务院发出《关于进一步活跃农村经济的十项政策》，决定“集体林区取消木材统购，开放木材市场，允许林农和集体的木材自由上市，实行议购议销。”杭州市各产材县随之取消木材统购统销、毛竹派购制度，实行国家、集体和个人多渠道经营，价格随行就市。

1990年，全县拥有毛竹山24万亩，年提供毛竹320万支。1992年全县收购毛竹98.54万支，其中供销社收购仅1.98万支。

1991年6月15日，县供销合作社给县政府呈送《关于加强毛竹购销管理意见的报告》。提出如下意见：一、恢复尊重历史以来的林商两家分工办法，在生产管理上，砍伐计划以林业部门为主，供销社服从林业部门的砍伐计划。在经营上，明确规定供销社为毛竹经营主渠道，其他单位和个体户经营毛竹要服从供销社管理。各林政、税收检查站统一加强检查，杜绝偷漏税费，开展公平竞争。二、恢复行之有效的“四抓一利用”办法，即春抓护笋养竹，夏抓防治病虫害，秋抓竹林抚育，冬抓合理砍伐。近山、远山、深山根据资源情况统一安排采伐、收购、加工，综合利用竹林资源。确定毛竹由供销社统一收购，加工单位只准运销成品，不准运销原材料。原竹（含毛笋竹、竹制半成品）运销出县、出省的出运证，由林业部门委托县土特产公司签发，经营单位和个人应交纳的各种税费由县土特产公司统一代收、代扣、代征。三、针对毛竹市场疲软状况，注意市场动态，采取“薄利多销”办法，及时调整价格，扩大销售量。在供销社内部实行“分购联销、内联外争”办法，调动各方面积极性，逐步复苏毛竹市场。

随着市场进一步开放，再加上以毛竹为原材料的成品生产，如胶合竹板、刨花板、竹材层积板、竹浆、竹丝、竹签等多种产品开发，原有的购销模式已被厂农联营、直接购销方式所替代，供销社随之逐年减少毛竹收购，直至退出竹业经营。

至1996年，全县年均发展毛竹林3050亩，毛竹林资源回升。当年全县拥有毛竹林地27万亩，毛竹蓄积量4039万株。此后，随着竹编胶合板、刨花板、竹材层积板、竹浆等产品不断开发，竹材被广泛用于包装、建材、家具、车厢板、造纸、竹纤维利用等生产领域，竹材需求继续增长。

1998年，毛竹蓄积量4039万株，采伐量96万支，杂竹6109吨，毛料9011吨。

2014年、2015年，全市竹林面积均为97.4万亩，其中毛竹分别为32万亩、33.8万亩。

2016—2019年，全市毛竹采伐量分别为700万支、800万支、750万支、600万支，为临安带来巨大的经济效益。

二、渔用大毛竹

20世纪70年代，省内沿海渔业生产从以往的拉网作业发展到张网作业和近海养殖业，急需用一种支架张网和围捕，毛竹韧性特殊、浮力强大、不易腐蚀，成为渔民首选的生产资料，而且要求毛竹越粗越长越好。省有关部门命其名为“渔用大毛竹”，列入专项计划收购、调拨、分配。临安是省第一批渔用大毛竹生产基地示范点。县土产公司统一负责，开展如下工作：广泛宣传发动，制订奖励政策；提高价格，激励投售；落实责任，学习先进；增加交通、储存的配套设施，以适应毛竹产销需要。

经过多年努力，县域渔用大毛竹基地发展到10万余亩，其中达到省定验收标准3万余亩，每亩蓄积量超过120株，最高的样品试验山达到亩均300株以上。

到80年代中期以后，随着生产与科学技术的发展，渔用大毛竹逐渐被塑料有机化工工业产品取代，退出销售市场。

第四节　竹税管理

一、古代竹税

元代马端临《文献通考·征榷》记载，唐德宗时开始征收竹木茶漆税。德宗建中三年（782），在各地商道河流渡口，对过往竹木茶漆货物按值十分之一抽税。此为竹笋抽税最早之记载。

据《文献通考》，宋代赋税分四类，其第四类为物产类，有六个品类，其中有竹木、麻草等品类，竹木在征税范围之内。

《宋史·食货志》：宋太祖建隆元年（960）定《商税则例》，规定由专设的“商税务”负责征收商税。凡行商运销货物，每千钱课税二十；凡城市商人销售货物，每千钱课税三十。其中，也含竹笋和竹笋制品。神宗元丰元年（1078），滨州、棣州、沧州的竹木、鱼果、炭箔税不及百钱者蠲免之。

明初，各处设竹木局，对竹、木材和薪炭课税。宪宗成化七年（1471），在杭州、芜湖、沙市设分竹木局，由工部派官收税，税款归工部，用于缮造船舶之费。其时竹木局归工部管，所收之税为工税，明代竹木局因此也成为最早专设的竹税局。

太平天国时期，对竹木等物品及一般商品，或从量计税，或从价征税。在太平天国各地水陆要冲设立关卡，对通过关卡的货物征收关税。太平天国关税分内地贸易关税和对外贸易关税两种。内地贸易关税又有水道关卡和陆地关卡之分。水道关卡多设于长江沿岸和运河重镇。征税方法，初无一定制度，仅以商船的容量和载货类别为依据，粗货船长一丈，抽税钱三千，细货加倍。竹笋及其制品属粗货。

清光绪二十四年（1898）八月二十一日，光绪帝谕内阁云："中国向本重农，惟尚无专董事者以为倡导，不足以鼓舞振兴，着即于京师设立农工商总局。"并派端方、徐建寅、吴懋鼎三人为负责官员，总局的一切事务均由三人商定。后更指定徐主工、吴主商、端方主农，规定农业方面的事情都由端方裁决，因此端方也就成为最早掌管农林业和竹笋业（含征税）的官员。

变法维新虽为守旧派所推翻，但清政府已远不能应付当时所面临的形势，必须设立新机构，以适应时代的需要。为此，光绪二十九年（1903）三月，决定成立商部掌管全国农、工、商各业。商部内设四司，其中一司为平均司，掌管"开垦、农务、蚕桑、山利、水利、树艺、畜牧等一切生殖之事"。所以平均司是当时掌管全国农政，也即山利、竹笋业的最高机关。光绪三十二年（1906）起，将商部更名为"农工商部"，商部的平均司，亦更名为"农务司"，农务司职掌全国农政、山利、竹笋业，含征税。

清末税收归度支部管。宣统元年（1909）七月十三日《汇报》刊各种税收，有各省关拨补的田赋、漕粮、盐课税厘、茶课税厘、土药税（鸦片税）、关税、杂税、厘金、杂捐、捐输、官业、杂款等12个大项，近70个小项，其中，厘金中征收有竹木厘金。

1908年各省设劝业道，各厅、州、县设劝业员。辛亥革命后，撤销劝业道和劝业员等。各省设实业厅，各县设实业科，管理农、工、商、矿等实业，小县不设实业科的则由县教育科兼管。此时各省、道、县竹笋业（含征税）由劝业厅和实业部门管理。

二、近代竹税

辛亥革命，清王朝被推翻。1912年1月，中华民国临时政府在南京成立，设实业部掌管农、工、商、矿各业。实业部内设农务司主管农政，竹笋业归于农政司管辖。同年4月，民国临时政府被撤销，袁世凯将临时政府的实业部分为农林、工商两部。农林部设农务、垦牧、山林、水产4司，竹笋业归农务和山林两司管辖。一年后又将农林、工商两部合并为农商部。农商部设立农林、渔牧两司，竹笋业归农林司管辖。

民国政府时期，中央设农矿部主管竹笋业，省主管农业和竹笋业的机关为农矿厅。

抗战期间，后方各省农业机关有很大调整。农政工作归入新成立的经济部。经济部农林司主管农林渔等和竹笋业。

1940年，民国政府成立农林部，部内有20个左右的司、处、局及各委员会，部外的直属单位增至80个左右，比北洋政府初所设的农林部扩大多倍。林业司管辖竹笋业。

1943 年，民国政府开征竹木、皮毛、瓷陶、纸箔等货物税。

抗战中，把统税扩大为货物税后，课税范围异常广泛，竹木也正式列入征课对象。1943 年，民国政府实业部长吴鼎昌在其《花溪闲笔》续编中记述道：“扫帚一把收一元，草鞋一双收三角，畚箕一只收五角，锅刷一包收三角。”表明其时税收奇重。政府也予以管理。民国 33 年（1944 年）7 月 4 日《民族日报》文章，於潜党部函县府，依据各笋户实际产量征收，未制笋干，请免收捐。

三、现代竹税

中华人民共和国成立后，建设伊始，百业待兴，政府关注竹笋业发展，在大政方针中确定下来。

中华人民共和国成立初期，规范制定完备的税收政策，竹笋业按销售额纳税。1951 年 1 月，中央人民政府财政部税务总局编印《税工手册》，内有 1950 年 1 月 27 日政务院 17 次政务会议通过、1 月 30 日公布的《货物税暂行条例》，分有“矿产品及竹木类”，其中规定竹木税的税率为 5%。同时颁布《工商业税暂行条例》，征收条目有 104 项，其中涉及竹笋业的有：以竹为原料的第（25）造纸工业，税率为 1.5%；第（52）建筑器材业，竹的税率为 2%；第（55）干鲜杂货业，其中的山货也包含笋干、箓笋，税率为 3%；第（64）竹木制品业，其中的竹器税率为 3%。

1952 年 8 月，华东军政委员会财政部税务管理局印发《城镇税收专户管理资料》（第一辑），书中有“行业调整初步意见”，其中：第（35）南北货糖商业，包括笋干、箓笋；第（40）林竹商业，包括木行、竹行；第（53）竹藤器业，包括竹藤器、箬、茶叶篾包等；以竹为原料的第（68）骨伞棕刷业。嫩毛竹和毛竹货物税税率为 5%。其时，嫩毛竹用以造纸，而浙江省养殖公司采购之毛竹，则用于渔场渔箔等生产用。

1956 年 1 月 23 日，中共中央政治局提出《1956—1967 年全国农业发展纲要（草案）》，其中第二十一条写道：从 1956 年开始，在 12 年内，绿化一切可能绿化的荒地荒山，在一切宅旁、村旁、路旁、水旁以及荒地上荒山上，只要是可能的，都要求有计划地种起树来。种树除了种用材林（包括竹林）以外，应当尽量发展竹、木等经济林木。

同年 4 月 29 日，於潜县人民委员会下发通知，决定该年笋干农业税实行“随售随征”，林木、毛竹则加征正税 7%附加。

同年 6 月 30 日，第一届全国人民代表大会第三次会议通过《高级农业生产合作社示范章程》，其中第十八条，对竹子等经济作物明确规定：大量成片的果园、茶村、桑树、竹林、桐树、漆树和其他经济林，根据今后收益的大小，经营难易，本主所费工本和所得收益的多少，作款归合作社所有，价款从林木收益中分期付还。在合作社初建时，对于这种经济林，也可以暂时仍属社员私有，由合作社统一经营，从这些林木的收益中付给本主一定比例的报酬。

1994 年 8 月 27 日，县竹笋服务中心杨元龙刊发《收好用好毛竹育林基金是开发笋材两用的重要措施》文，认为建设毛竹笋材两用林是临安开发农业的一项重大课题，一定要收好用好育林基金。临安每百支毛竹可收育林费，包括林政管理费和林区建设费，共为 85.25 元。1993 年来，县域毛竹砍伐量以每年 400 万支，商品毛竹每年以 300 万支计，应收取育林费 250 多万元。

2006年1月1日起，全面取消农业税。

第五节　采伐运输管理

一、采伐管理

（一）计划采伐

民国时期，县内竹林大多是竹木混交。山路崎岖，砍伐困难，需以人扛、肩背为主，或通过山涧小溪单根散漂（或叫“赶羊”流送）至大河口集中，从小溪放至大河口起岸，或扎大木排转运。抗战胜利后到新中国成立前夕，经济萧条，毛竹销路大降，竹木商户基本绝迹。

中华人民共和国成立初期，毛竹自由购销，多渠道流通，滥伐山林情况比较普遍。1951年，临安、於潜、昌化三县政府发布《关于执行华东区及省人民政府森林采伐管理办法的命令》。1952年，临安县政府发布《关于林业生产的布告》。1953年，临安县政府下达《关于林业工作的指示》。1956年，昌化、於潜县人民委员会发布《关于木材、木柴、毛竹生产与收购规格的通知》指出：对毛竹生长6年以上才可砍伐收购。临安、於潜、昌化三地木、竹生产和流通渠道逐步纳入计划轨道，由供销社统一经营。

1958—1959年“大跃进”期间，一度砍伐过量。1960年2月27日，省人民委员会发出通知，规定毛竹由供销社制订砍伐计划，统一收购，统一分配，凭证运销（指出县须由县供销社开具出运证明）。县内销售自用毛竹由县计划委员会下达计划调拨。

1962年，县人民委员会发出《关于立即制止乱毁林开山的通知》和《关于农户用材若干问题的通知》，强调认真处理山林所有制和落实山林政策，立即制止乱开垦。为进一步贯彻执行国务院《森林保护条例》，1965年县人民委员会发出《关于民用材管理问题的通知》，全县木竹采伐进一步纳入正规。

“文化大革命”期间，森林资源再次遭受严重破坏。1973年3月1日，省革命委员会发布《关于保护山林，加强木材、毛竹管理的布告》，严禁乱砍滥伐山林。

1978年，中共十一届三中全会后，县域林业经济体制改革逐步展开，县革命委员会发出《关于对木材、毛竹及其制品生产和管理办法试行意见》。

1980年12月5日，省人民政府发布《关于坚决制止破坏山林的布告》规定：“所有林业生产单位，都要根据采伐量低于生长量的原则，合理制订年度的木材、毛竹采伐计划。”并由林业行政部门发给采伐证，凭证采伐。同年，临安印发的省人民政府《关于保护森林，制止乱砍滥伐，加强木竹管理的通知》指出：木材、毛竹应严格实行计划采伐。

1981年9月13日，国家多个部门决定，从1984年开始，实行全国木竹生产“一本账”制度。同年9月16日，省委、省政府发出《关于加强林业建设全面发展山区经济的意见》，要求各地坚决执行省政府关于木、竹生产实行“统一计划，凭证采伐”的规定。

1977—1984年，政府和产地采取经济补助、留竹养笋、合理砍伐、节约用竹等措施，收购量逐年上升，临安年均收购毛竹 53.8 万支，最高年份 1984 年 89.9 万支。

1985 年 6 月，县人民政府转发省人民政府《关于林业政策的补充规定》中通知，取消木材、毛竹派购，开放木、竹交易市场，提倡产销直接见面，允许多渠道经营。采伐竹、木应征收乙种育林费，木材每立方米 3 元，毛竹每百株 3 元。

1996 年规定毛竹采伐、经营须有许可证、核准证。同年，县政府发布《临安县木竹管理暂行办法》。

2014 年 2 月 14 日，浙江省人民政府令第 320 号《浙江省林木采伐管理办法》第十九条规定，下列情形不需要办理林木采伐许可证：（一）农村居民采伐自留地和房前屋后个人所有的零星林木；（二）林木种子生产经营者采挖苗圃地苗木；（三）竹子的抚育采伐；（四）采伐胸径 5 厘米以下薪炭林的林木；（五）采伐经济林、用材林内的胸径 5 厘米以下非目的树种；（六）法律、法规、规章规定的其他情形。

2019 年 12 月 28 日，第十三届全国人大会常务委员会第十五次会议修订通过《中华人民共和国森林法》，2020 年 7 月 1 日起施行。第五十六条规定，采伐林地上的林木应当申请采伐许可证，并按照采伐许可证的规定进行采伐；采伐自然保护区以外的竹林，不需要申请采伐许可证，但应当符合林木采伐技术规程。

（二）限额采伐

1979 年 2 月 3 日，全国人大常务委员会颁布《中华人民共和国森林法（试行）》，规定对森林实行限额采伐。1984 年 9 月 20 日，第六届全国人大会常务委员会七次会议通过经试行后的《中华人民共和国森林法》。同年 8 月 19 日，省政府按照《森林法》和党中央、国务院及林业部有关规定的精神，制定《浙江省森林采伐管理办法》。该年，省林业厅组织各市（地）县逐级测算，经全省汇总，省政府审核，制定 1986—1990 年全省森林年采伐限额为 380 万立方米、毛竹年采伐限额为 8000 万株的计划，分解下达到各市（地）、县政府及有关单位执行。

1985 年后，取消农副产品统购派购制度，木、竹放开经营，出现森林乱砍滥伐屡禁不止现象。

1987 年 6 月 30 日，中共中央、国务院为此发布《关于加强南方集体林区森林资源管理 坚决制止乱砍滥伐的指示》。同年 7 月 23 日，浙江省召开全省各市、地市长，专员和重点产材县县长会议，贯彻中央文件精神，严格执行森林采伐限额制度；整顿木、竹流通渠道，确定商品材占全省总数 80%以上的临安等 8 个重点产材县，由林业部门统一管理和进山收购；开展打击森林资源违法犯罪的专项行动。

1990 年 12 月 5 日，国务院通知核定浙江省“八五”期间年森林采伐量限额为 600 万立方米，毛竹年采伐限额为 8000 万支。1991 年 2 月 16 日，省政府将分项限额指标下达各市（地）、县政府，全省年毛竹采伐限额 7600 万株。

1991 年，县委、县政府健全完善县乡林业生产考核责任制，将严格执行木竹限额采伐计划、制止乱砍滥伐、查处林业行政案件作为考核的重要内容。

1992 年，省林业厅制定《浙江省森林采伐全额管理实施办法》，对限额管理、采伐管理、汇

1988年6月20日，省政府办公厅发出《关于加强毛竹产销管理的通知》，明确规定：凡毛竹（含毛篙竹、竹片、竹杠）运销出县、出省的，必须向县及县以上林业主管部门出示运输证明。其中临安等重点产竹县（市）供销社经营毛竹的出运证，可以由林业主管部门委托当地县（市）供销社签发；其他产区供销社经营毛竹出运证签发，由县（市）人民政府确定。同年7月20日，省林业厅发出《关于统一使用浙江省毛竹运输证的通知》，决定从1988年10月1日起统一使用浙江省毛竹运输证。

1989年9月30日，省林业厅制定《关于出省木材运输证发放与管理的若干规定》，规定自1989年10月1日起，运输木材出省，10月15日起运输毛竹出省，均由省林业厅资源林政管理处签发出省木材运输证。毛竹（含毛篙竹、竹片、竹杠）等，都必须办理出省木材运输证，实行一车一证，证货同行。竹材的外运总量暂不控制。

1992年成立县木竹运输管理总站，下设昌化、於潜、乐平、横畈、青山、三口6个基层检查站。全县木竹流通管理进一步加强。

1993年11月11日，省林业厅发出《关于加强毛竹运输管理的通知》，自1994年1月1日起，对毛竹运输出县（包括出省）实行运输总量控制，各县（市）运输毛竹（含制品）出县的数量，不得超过省政府下达毛竹采伐限额的90%；临安等13个重点产竹县（市、区）不得超过采伐限额的95%，二次托运不超过控制总量。

（二）检查监督

1953年11月以前，浙江省没有专门的木材运输检查监督机构。省人民政府于1953年11月19日颁布《浙江省木材管理办法》，开始实施对木材运输的检查监督。各县木材检查站由各县人民政府林业部门和省林业厅双重领导。

1973年3月1日，省革命委员会颁发《关于保护森林，加强木材、毛竹管理的布告》，规定凡违反布告而查扣的木材和木制品，应交给当地林业（森工）部门研究处理。

1985年1月1日，中共中央、国务院发布《关于进一步活跃农村经济的十项政策》（简称1985中央1号文件）发布后，取消木材统派购任务，实行议购议销，多渠道经营。

为加强木材检查站的管理，实行木材运输检查监督制度化、规范化，林业部制定《木材检查站管理办法》，于1990年11月1日颁布施行。

1992年成立临安县木竹运输管理总站，下设昌化、於潜、乐平、横畈、青山、三口六个检查站，查处案件共3200起。

1993年9月25日，省八届人民代表大会常务委员会六次会议通过《浙江省森林管理条例》，自1993年11月1日起施行。规定：“木材检查站是林业执法的基层单位，未经省人民政府批准，不得设立或撤销。”木材运输检查监督机构的建设进入法制化轨道。

三、市场管理

中华人民共和国成立后，1950年10月，中国煤业建筑器材公司（简称中国煤建公司）杭州分公司成立，开始经营木竹采伐、购销业务，形成国营、私营并举，互相竞争的木、竹市场。

1953 年 7 月 1 日起，全国木、竹产销业务全部划归林业部门统一经营管理。

1979 年，国务院〔1979〕102 号文件规定，社队集体和社员个人的竹木、竹木制品，在非集中产区，允许上市。在集中产区，集体的竹木不能上市，竹木制品允许上市，社员个人的竹木和竹木制品都可以上市。

1985 年 5 月 16 日，省政府为贯彻中发〔1985〕1 号《关于进一步活跃农村经济的十项政策》文件，发布浙政〔1985〕42 号文，规定取消木材、毛竹派购，开放木材交易市场，提倡产销直接见面，允许多渠道经营，允许农民合伙或个人开设木行、竹行和木竹加工厂，允许长途运销，价格由产销双方自行议定，按质论价。林业部门和供销社要积极参与木材市场调节，按购得进、销得出、薄利经营的原则，搞活木、竹经营。可以直接向林农挂牌收购，也可以为林农代销。

1988 年 6 月 20 日，省政府办公厅发布《关于加强毛竹产销管理的通知》，规定如下：根据各产区的实际情况，毛竹可以由供销社统一收购，也可以实行供销社为主的多渠道经营。对经营毛竹购销的个体户，要认真进行一次清理、验证，根据当地资源情况，严格控制经营户数。

第二章　生产方式

第一节　组织方式

自东晋以后，封建社会长期存在土地、山林国有制和私有制并存局面，以私有制占主导地位，并以个体经营为主。中华人民共和国成立后，经历土地改革和合作化，逐步实现农村土地、山林集体所有制，由集体统一经营。人民公社化初期，集体林权的具体形式一度频繁变动，造成木、竹资源过量消耗。改革开放后，经过林业“三定”、实行农民家庭承包经营、推进林地使用权和木、竹经营权流转等集体林权制度的改革，林地、木竹等生产要素向着市场机制转变，林地与山林权属管理各类法规渐趋健全完善。

一、山林权属管理

1951 年开始，全省开展农业互助合作运动。1952 年开始创办社会主义性质的农业生产合作社，至 1957 年，全省实现高级农业合作化。1958 年实现农村人民公社化，完成农民个体土地所有制向集体所有制的过渡。

中共十一届三中全会前，临安林权制度虽历经多次变化，但仍然存在林权不稳等问题。

改革开放后，自 1981 年 5 月开始，全省开展稳定山权林权、划定自留山和确定林业生产责任制的林业“三定”工作，并在“三定”基础上核发山权、林权证书。同年 10 月，临安全面贯彻落实中共中央、国务院《关于保护森林发展林业若干问题决定》精神，有县、区、乡、村各级干部 1200 人参加林业“三定”工作。当年 11 月，先在西天目乡开展稳定山权林权、划定社员自留山、落实林业生产责任制的林业“三定”试点。

1982 年 1 月 1 日，《中共中央批转全国农村工作会议纪要》颁发。2 月，临安开始推行包产到户，历时三年，分两步将农田、山林全面承包到户，成为全国实行集体林权制度改革中最早实施的县。同年 12 月，“三定”工作结束。此后 6 年内，相继实行较大规模山林承包到户和稳定、完善山林责任制工作。

从 1983 年春起，进行林业“三定”复查补课，补划自留山和落实林业生产责任制。

同年 3 月，县委农村工作会议提出，“今后一个时期，要把发展各类竹子生产和竹子综合加工作为一条重要措施来抓”。由于落实责任制，划分自留山，农民爱竹、护竹、发展竹子生产的积极性高涨，出现千家万户种竹热潮。

林业“三定”基本完成后，从 1984 年起，临安继续进行林业的明晰产权、推进农民家庭经营、林地使用权和林木经营权流转等探索。兴办家庭林场和林业专业户；开展集体统一经营山林（简称“统管山”）折股联营试点；推进林地使用权和林木经营权流转。

1984 年 2 月，临安县委农村工作会议分析县域实际，将竹笋生产作为开发性生产的主攻方向之一，确定“临安经济翻两番，竹笋要挑重担”的战略决策，发动千家万户在自留地、自留山种竹，并实行经济扶持。该年冬次年春，全县种竹 10532 亩，出现种竹热潮，每年种竹万余亩，自然地形成规模，形成基地，大量鲜笋运往大中小城市供应市场。

1987 年 10 月 18 日，县委、县政府作出关于《今冬明春丘陵缓坡开发的部署》，其中规定：对承包山、自留山，要在稳定经营权的前提下，继续贯彻统一规划、定期开发、谁种谁有、长期不变的方针。对发包方和承包方权利义务不清的合同要予以完善。县、乡（镇）两级对去冬今春开发丘陵缓坡的补贴资金要尽快兑现。1987 年、1988 年两年县财政和农业、林业及其他有关部门继续拨出资金支持丘陵缓坡开发。继续鼓励和支持科技人员对丘陵缓坡开发项目进行技术承包。

1988 年 9 月 25 日，中共临安县委、县政府下发《关于今冬明春开发丘陵缓坡的若干政策规定》：坚持土地公有制，搞活土地使用权；继续稳定和完善经济作物承包制；拓宽横向联合，实行多层次形式合作开发；面向开发农业，发挥科技优势。

1990 年 8 月，临安开始完善山林责任制工作，历时一年。

1994 年，县政府以东天目乡梅家村、紫水乡城后村为试点，在全县 90%以上乡村林场推行林业股份合作制，以促进林业经济发展。

1998 年 3 月，市政府在河桥乡首益村开展建立和完善山林流转机制试点，大力推进集体统管山流转，使集体统管山和农户手中的闲置林地进入市场。

2001 年 7 月，临安在全市农村开展稳定和完善山林责任制、延长山林承包期 50 年、核发“林权证”工作，2002 年 12 月基本完成。这是临安继大田二轮承包后又一重大农村改革举措。

2006 年开始，临安进行以明晰产权、勘界发证、放活经营权、落实处置权和保障收益权为主要内容的集体林权制度改革，继续完善林业产权制度。

2008 年，市委、市政府根据中共中央、国务院《关于全面推进集体林树制度改革的意见》精神，开始新一轮林权制度改革，临安被列为全省集体林权制度改革示范区。

2009年，临安正式实施以明晰产权为核心、规范流转为重点、林权抵押贷款为突破的新一轮改革。通过三年努力，至2001年年底，改革工作基本结束，并取得显著成效。当年全市林业总产值首次突破100亿元，成为全省8个“林业产业百亿强县”之一。

2012年，临安明晰山林产权工作基本完成，累计完成集体林地确权19.49万公顷，换发林权证10万余本。林业金融服务不断完善，新增林权抵押贷款1.7亿元，累计发放贷款金额5.7亿元。6家金融机构投入金融服务，受惠农户4600余户，呈现出覆盖面广、贷款模式多、金融机构优势互补的局面。推进林木林地流转，优化林业要素配置，累计流转集体山林2.67万公顷。国家林业局局长贾治邦、各司局负责人等先后到临安调研林改工作并给予高度评价。中央电视台、中央人民广播电台、新华社以及《人民日报》《光明日报》《经济日报》《科技日报》《中国青年报》《农民日报》《法制日报》等中央媒体纷纷报道临安林改工作。临安林改经验在全国集体林权制度改革百县经验交流会上作交流发言。临安集体林权制度改革工作始终走在全国前列。

2016年新增林权抵押贷款1.05亿元，累计11.3亿元，贷款余额4.2亿元。核准林权抵押贷款财政贴息资金382万元。公益林火灾险、商品林和毛竹林综合保险投保面积8.7万公顷。完成林地流转面积377.93公顷。累计完成集体林地确权19.49万公顷，完成发放林权证换发10万余本。推进林木林地流转，优化林业要素配置，累计流转集体山林2.67万公顷。

二、林地权属管理

（一）国有林地

东晋以前，山林湖泽等自然资源全属封建国家所有。司马睿于东晋建武元年（317）七月开始“弛山泽之禁”，默许各阶层开发国家所有的山泽。

至南朝宋大明元年（457），诏令颁布《占山法》，允许各阶层均可占有数量不等的山泽。《占山法》颁布后，促进山林资源开发，也产生私有土地买卖兼并。此后，历代封建社会延续山林国有制和私有制并存的局面。宋代土地私有制占据主导地位。明代中叶以后，江南官田开始私有化过程，其中大部分逐渐被官僚豪绅据为私有。清代延续封建土地私有制转化的趋势。雍正、乾隆朝以后土地兼并加剧，土地占有呈现两极分化。私有山林经营形式一直延续到民国时期。

民国元年（1912）5月，北洋政府农林部通令各省，“凡山林，除已属民有者由民间自营并责成地方官监督保护外，其余均定为国有”。民国三年（1914），北洋政府公布《国有荒地承垦条例》及《森林法》《狩猎法》。至民国十四年（1925），在临安等县建立较大规模承领公有荒山造林的林木公司。民国十八年（1929），省政府公布《浙江省管理森林暂行规则》《浙江省各县市保护森林实施办法》等法规。民国二十五年（1936），省建设厅训令各县市长保护森林，实施伐木申请许可证办法。但在该时期，因战乱频繁，上述法规难以贯彻实施，收效甚微。

中华人民共和国成立后，1950年6月，中央人民政府颁布《土地改革法》规定：“大森林、大水利工程、大荒地、大荒山等均归国有，由人民政府管理经营之。”1950年11月，省政府公布《关于执行中华人民共和国土地改革法实施补充办法（草案）》。1951年6月10日公布《浙江省土地改革中山林处理办法》。

1958 年 2 月 8 日，中共浙江省委、省人民委员会发布《关于清理山权林权问题的具体规定》，明确国有和集体所有山林权属的划分及使用管理权限。

1978 年 12 月中共十一届三中全会后，开始农村经济体制改革进程。1981—1982 年，临安开展林业“三定”，部分集体山林开始实行家庭承包经营，初步确立农民经营主体地位。1984 年后，继续进行明晰山林产权、推进农民家庭经营、林地使用权和林木经营权流转等集体林权制度改革和探索，逐步完善林业产权制度。1984 年 9 月 20 日，全国人民代表大会通过《中华人民共和国森林法》，规定森林资源属于全民所有，由法律规定属于集体所有的除外。

1987 年 6 月 30 日，中共中央、国务院发布《关于加强南方集体林区森林资源管理坚决制止乱砍滥伐的指示》，坚决依法保护国有山林权属不受侵犯。至 1989 年年底，全省有国营林场和自然保护区 130 个。为全面完成国有山林定权发证工作，1990 年 1 月 3 日，省林业厅和省国有林定权发证办公室向省政府提出《关于抓紧完成我省国有山林定权发证工作意见的报告》，对解决国有山林定权发证工作有关政策提出十条意见。

1991 年 1 月 4 日，国务院发布《中华人民共和国土地管理法实施条例》，规定三类土地属全民所有即国家所有。

1993 年 8 月 30 日，林业部发布实施《林地管理暂行办法》。省人大常委会根据《中华人民共和国森林法》《中华人民共和国森林法实施细则》规定，结合浙江实际，于 1993 年 9 月 25 日通过《浙江省森林管理条例》，并于 1993 年 11 月 1 日起施行。条例规定，任何单位和个人不得擅自改变国有林场、苗圃的隶属关系，不得侵占国有森林资源，不得侵犯其经营管理权。

1994 年 4 月 8 日，省长万学远签署浙江省人民政府第 43 号令，发布《浙江省林地管理办法》，国有林地管理走上法制化轨道。

（二）集体林地

1951 年 6 月 10 日，省政府公布《浙江省土地改革中山林处理办法》，对土地改革中没收和征收的山林分配，集体山林权属和使用，作出明确规定。

1956 年 3 月 17 日，全国人大常委会公布《农业生产合作社示范章程》，规定社员的土地必须交给农业合作社统一使用。需要经常投入大量劳动的竹林等，应该交给合作社统一经营，由合作社支付合理的报酬。

1958 年 2 月 8 日，省委、省人民委员会《关于清理山权林权问题的具体规定》中，有关公有山林的处理政策有：凡是面积在 500 亩以下的用材林和特种经济林山，原则上应该分配给当地林业生产合作社集体所有。1958 年以后的人民公社化运动中，普遍出现“一平二调”共产风，严重地破坏以生产队为基础的公社三级所有制。

1960 年 11 月 3 日，中共中央发出《关于农村人民公社当前政策问题的紧急指示信》。

1961 年 3 月 29 日，中共中央发布《农村人民公社工作条例（草案）》（“六十条”）。同年 6 月 26 日，中共中央发布《关于确定林权，保护山林和发展林业的若干政策规定（试行草案）》。

规定原有归高级社所有的山林，一般应该归生产大队所有，小片的和零星的林木，也可以由大队分给生产队所有。高级合作社时期，划归生产队所有的山林，仍然归生产队所有。山林归谁所有，林木的产品和收入就归谁支配，任何单位和个人都不得侵犯。

1962 年 9 月 27 日，中共中央公布的《农村人民公社工作条例修正草案》，规定山林的所有权和经营权，定下后长期不变。

1981 年 3 月 8 日，中共中央、国务院颁布《关于保护森林发展林业若干问题的决定》中规定："国家所有、集体所有的山林树木，或个人所有的林木和使用的林地，以及其他部门、单位的林木，凡是权属清楚的，都应予以承认，由县或县以上人民政府颁发林权证，保障所有权不变。"

1984 年 9 月，全国人大通过的《中华人民共和国森林法》规定，全民所有的和集体所有的森林、林木和林地，个人所有的林木和使用的林地，由县级以上地方人民政府登记造册，核发证书，确认所有权和使用权。

1986 年 6 月 25 日，全国人大常委会通过的《中华人民共和国土地管理法》规定，农村和城市郊区的土地，除法律规定属于国家所有的以外，属于集体所有；宅基地和自留地、自留山，属于集体所有。

1993 年 8 月 30 日，林业部发布实施《林地管理暂行办法》。同年 9 月 25 日，省人大常委会通过《浙江省森林管理条例》。

1994 年 4 月 8 日，省人民政府发布《浙江省林地管理办法》。

第二节 示范点、区、园与基地建设

竹子是临安农业十大主导产业之一。发展竹产业，有利于培育和壮大农村经济，调整农村经济结构，拓展农村经济发展空间，对带动农民致富、提高农村生活质量具有重要作用。临安县、乡、村政府重视加快建设竹子示范点、示范区、示范园，优化配置土地、资本、技术、劳动力等资源要素，努力把示范点、区、园与基地建设成"一优两高"农业的典范，并以样板经验向全县推广，逐步使县域农业和农村经济迈上新的台阶。

一、示范点（户、村）

改革开放后，竹笋生产发展势头迅猛，从 1983 年到 1993 年，全县已建成菜竹基地 10 万亩，毛竹 24 万亩，天目笋干竹 18.5 万亩，其他工艺用竹 2 万亩，合计 54 万余亩。全县竹笋总产值超过 1 亿元，比十年前增加 10 倍。但当时尚未形成生产、加工、销售一体化，集约程度低，经营粗放。全县天目笋干平均亩产不到 5 千克，24 万亩毛竹平均亩产值不到 150 元，10 万亩菜竹经济效益不平衡，特别是 3.3 万亩高节竹平均亩产值还不到 100 元。

1986 年，县竹笋服务中心在青山镇朱村、横溪乡金头村建立毛竹笋用林技术推广示范试点，面积 17.99 亩。1988 年，县毛竹笋用林试点初见成效，当年平均亩产竹笋 287.1 千克，亩产值 216.25 元，平均每亩新竹留养 74.1 株，其中王正林户亩产竹笋 540.4 千克。当年全县毛竹笋用林改造面

杨松良（西天目乡武山村）、陈金火（西天目乡后院村）、姜云法（昌化镇朱穴村）、廖红卫（昌化镇二村村）。

2005 年 5 月 25 日，市林业局下发《关于表彰全市竹笋生产十佳示范户的通知》。受表彰的 2005 年度临安市竹笋生产十佳示范户分别是：徐小军（高虹镇陈家坎村）、俞生根（青山湖街道研口村）、蒋长富（锦城街道崇阳村）、段小平（横畈镇全胜村）、张炳海（太湖源镇横路村）、陈华明（太湖源镇杨桥村）、何钧成（於潜镇堰口村）、张泽斌（千洪乡乌浪村）、徐成旺（千洪乡人民政府）、廖红卫（昌化镇二村村）。

2006 年 5 月 29 日，市林业局下发《关于表彰 2006 年度全市竹笋产业建设先进单位（户）的通知》。受表彰的 2006 年度全市竹笋产业建设先进种植户分别是：邵观夫（太湖源镇横路村）、刘孝培（千洪乡潘家村）、俞生根（青山湖街道研口村）、余兴荣（高虹镇石门村）。先进贩销户是：姚晓华（千洪乡朱湾村）、甘银海（横畈镇横南村）。先进竹笋加工企业是：杭州西马克食品有限公司、杭州康鑫食品有限公司、杭州临安天目山绿色食品有限公司、杭州临安三宝特产加工厂。

2007 年 6 月 25 日，市林业局下发《关于表彰 2006 年度全市竹笋产业建设先进单位（户）的通知》。受表彰的 2006 年度全市竹笋产业建设十佳竹笋生产示范户分别是：丁树明（千洪乡潘家村）、周财洪（横畈镇下潘村）、徐文忠（太湖源镇指南村）、王正坤（青山街道锦里村）、王长法（於潜镇南山村）、千洪乡潘家村、太湖源镇横路村、太湖源镇指南村、西天目乡武山村、潜川镇马山村。十佳竹笋营销大户分别是：金雪成（太湖源镇浪岭村）、程华明（太湖源镇杨桥村）、程生华（太湖源镇下爿村）、盛连忠（高虹镇拜节村）、章荣（高虹镇陈家坎村）、甘银海（横畈镇横南村）、周金生（於潜镇畔山村）、张小芬（於潜镇龙潭村）、太湖源镇青云竹笋市场、於潜镇鲜笋交易市场。十佳竹笋加工企业分别是：杭州西马克食品有限公司、临安万丰绿色食品有限公司、杭州临安天目山绿色食品有限公司、临安天野罐头食品厂、杭州康汇食品有限公司、临安绿旺食品有限公司、杭州临安三宝特产加工厂、杭州临安顶顶鲜绿色食品厂、杭州临安万利绿色食品厂、杭州临安菜篮子食品有限公司。

2008 年 3 月 31 日，市政府下发《关于加快竹产业发展的实施意见（试行）》，就加快竹产业发展提出实施意见。要求到 2010 年，新建各类、各级示范园区 10 个，示范基地 30 个。加快优良竹种引种示范推广，建成优质高效“三竹”基地 100 万亩，竹产业一产年产值达到 10 亿元，并为此实行政策扶持。

同年 4 月，国家林业局批准的首批中国绿色碳基金（中国石油）碳汇造林项目在浙江等 7 个省市试点实施，其中全国唯一的毛竹林碳汇项目基地建在临安藻溪镇严家村。该项目由临安市林业局、浙江林学院、临安富德宝农林开发有限公司合作实施。

2009 年 6 月 20 日，市林业局下发《关于命名临安市现代竹产业示范村和科技示范户的通知》，决定命名玲珑街道锦球村等 10 个村为临安市现代竹产业示范村，王德鑫等 50 户（企业）为临安市现代竹产业科技示范户（企业）。

2009年临安市现代竹产业示范村一览表

表3-2-2

序　号	乡镇（街道）	村　名	示范竹种	序　号	乡镇（街道）	村　名	示范竹种
1	玲珑街道	锦球村	毛　竹	6	太湖源镇	横徐村	雷　竹
2	青山湖街道	朱村村	毛　竹	7	於潜镇	堰口村	雷　竹
3	三口镇	秋口村	毛　竹	8	西天目乡	一都村	雷　竹
4	高虹镇	崇阳村	雷　竹	9	千洪乡	千茂村	雷　竹
5	太湖源镇	指南村	高节竹	10	湍口镇	童家村	毛　竹

2009年临安市现代竹产业科技示范户（企业）一览表

表3-2-3

序号	示范户（企业）	所在乡镇（街道）	所在村	示范竹种	序号	示范户（企业）	所在乡镇（街道）	所在村	示范竹种
1	王德鑫	锦城街道	上东村	雷　竹	20	楼其良	太湖源镇	横徐村	雷　竹
2	董立跃	锦城街道	龙马村	雷　竹	21	李溪杨	太湖源镇	横徐村	雷　竹
3	李良华	锦城街道	龙马村	雷　竹	22	向金泉	太湖源镇	指南村	雷　竹
4	张　勤	玲珑街道	上泉村	毛　竹	23	刘华忠	太湖源镇	指南村	雷　竹
5	俞生根	青山湖街道	研口村	毛　竹	24	黄苗忠	太湖源镇	指南村	雷　竹
6	黄正坤	青山湖街道	锦里村	毛　竹	25	毛运华	太湖源镇	青云村	雷　竹
7	胡国伟	青山湖街道	锦里村	毛　竹	26	孙水强	太湖源镇	青云村	雷　竹
8	周国宝	三口镇	秋口村	毛　竹	27	范松泉	太湖源镇	光辉村	雷　竹
9	蔡志仁	横畈镇	庆南村	雷　竹	28	何钧成	於潜镇	堰口村	雷　竹
10	陈妙法	横畈镇	庆南村	雷　竹	29	王苗其	於潜镇	逸逸村	雷　竹
11	周财洪	横畈镇	潘联村	雷　竹	30	张德生	於潜镇	潜东村	雷　竹
12	蒋长富	高虹镇	崇阳村	雷　竹	31	王树良	於潜镇	南山村	雷　竹
13	方建生	高虹镇	崇阳村	雷　竹	32	练强生	於潜镇	南山村	毛　竹
14	张国兴	高虹镇	高桥村	雷　竹	33	陈银根	於潜镇	南山村	雷　竹
15	潘全培	高虹镇	龙上村	笋干竹	34	张坤根	太阳镇	浪山村	雷　竹
16	陈水木	太湖源镇	夏　村	雷　竹	35	徐冬根	太阳镇	桃源溪村	雷　竹
17	朱有山	太湖源镇	夏　村	雷　竹	36	王炳华	太阳镇	景　村	雷　竹
18	蔡炳行	太湖源镇	夏　村	雷　竹	37	娄益忠	潜川镇	塔山村	毛　竹
19	邵观夫	太湖源镇	横徐村	雷　竹	38	胡宝龙	西天目乡	一都村	笋干竹

2014年7月,市竹文化研究会确立临安市鸡血石文化艺术公司为“竹根雕工艺品文化示范点”,公司董事长为钱高潮。

2015年3月16日，浙江电视台采访临安市校园竹文化示范点对石小学的竹文化活动。对石小学的竹竿舞和“天目山下种文化”的大型文艺表演亮相浙江电视台“流动大舞台”。

同年5月28日，临安市校园竹文化示范点板桥镇中心幼儿园举行授牌仪式，100多位学生、家长参加活动。

2016年，经市竹文化研究会批准，秧田弄竹笋合作社、佳良竹笋合作社、横畈竹笋合作社为市竹文化竹笋专业合作组织示范点。

同年3月10日，青山湖街道朱村村被确立为“临安市竹文化竹乐示范点”。在授牌仪式上，朱村村民自编自演“天目竹颂”等歌舞。

2017年5月28日，市竹文化研究会在太湖源竹种园举行授牌仪式，对西马克、三和园竹盐、青云中学、乐平幼儿园四个竹文化示范点授牌。

2019年1月11日，区竹文化研究会召开区竹文化示范点座谈会，并对於潜镇杨洪村、锦南街道横岭村竹文化示范点进行授牌。

自2013年至2019年，临安共有17个竹文化示范点，分别是：太湖源观赏竹种园、森瑞竹业、钱高潮竹根雕工艺品、西马克、三和园竹盐、秧田弄竹笋合作社、佳良竹笋合作社、横畈竹笋合作社、朱村、杨洪村、横岭村、白水涧景区、青柯鸟笼、青云中学、对石小学、板桥幼儿园、乐平幼儿园。2020年12月24日又增加杭州意向竹业、金诺农业、天目水果笋3个示范点，共20个竹文化示范点。

二、示范园区与示范基地

民国五年（1916），於潜业户垦荒造林40亩。临安县先后建有茂森、振森、安北三家私营营林公司，嗣后三公司在县东、南、北乡分别造林17000亩、3000亩、3300亩。民国二十三年（1934），昌化县颊口乡株柳村建私营联山造林场。民国三十一（1942）至38年（1949年9月30日止），三县历届县政府提倡造林，但实绩甚微。

中华人民共和国成立后，临安县人民政府鼓励造林。1958—1959年，浮夸成风。1960—1962年，粮食歉收，山区普遍毁林种粮。1963年起，实行停垦还林，林业生产恢复和发展。1972年，全县开始建设杉木、毛竹、油茶基地，开创大规模林业商品基地建设新局。1981年，调整林种、树种结构，实行国营、社队、联户、专业户四级办林业，至1988年造林4504亩，其中笋用竹发展尤快，从1983年的3.8万亩增加到1988年的7.96万亩。

（一）毛竹示范园区与示范基地

临安县系全省16个林业重点县之一。然而，单一的杉木用材林已不能适应经济、社会发展和满足农民致富需求，临安开始调整林种树种结构，加大经济林竹林比重。

1972年临安竹林面积34万多亩，其中毛竹17.2077万亩，小竹（笋干竹）17万亩。同年始，毛竹发展被列入林业基地建设。当时临安竹林生产以毛竹用材林为主。据临东、於北、昌城、昌南、马山、昌西、滴水岩7个林业基地（含联办单位公社22个、大队262个）1972—1980年造林面积统计，其中毛竹6754亩。

1977年，贯彻全省毛竹生产经验交流会议精神，县革命委员会决定在毛竹重点产区建设一批毛竹丰产基地，规定以公社为单位，垦复毛竹林挖山面积不少于2000亩，每片不少于100亩，每亩立竹达到180株，平均眉围在8市寸以上的为毛竹丰产基地，并要求做到全面实现留三度竹砍四度竹。大面积垦复后，转入正常管理，每年或隔年深铲挖山一次，每隔7—8年复垦一次，清除毛竹蒲头。验收合格者，予以补助。

1978年，临安的横畈、板桥、三口、玲珑山、上甘公社被列为省毛竹丰产基地。次年，龙门、马山、龙井桥、洪岭公社也被列为省毛竹丰产基地。

1977—1984年，上述9个定点公社共建成毛竹丰产基地5.5万亩，建成眉围1市尺以上的渔用大毛竹基地1.39万亩，同时，积极发展鲜笋竹基地，共获扶持经费17.8万元、原粮162.56吨、化肥82.5吨。

1977—1984年9个定点公社毛竹丰产基地建设面积一览表

表3-2-4　　　　单位：亩

年　度	1977	1978	1979	1980	1981	1982	1983	1984	合　计
面　积	3343	4481	9807	11284	15938	7880	2356	378	55467

至1980年，全县建成毛竹基地林1.81万亩。根据省林业基地建设标准规定：一个大队新建毛竹基地，面积须在200亩以上，最多不超过4块，2—3年建成，全垦或大块状整地，栽种每亩不少于15株，成活率在85%以上，连续抚育3年，经检查验收合格者，补助资金、原粮，1982年开始取消粮食补助。

1989年，临安县有毛竹山23万亩，是全国毛竹重点产区县之一。全县积极调整毛竹林产业结构，重视毛竹山的培育管理，在经营方式上改粗放经营为集约经营，改单一生产原竹为深度加工利用，改以生产竹林为主为笋竹两用。

1997年4月29日，市政府印发《关于扶持毛竹生产发展的几项政策规定》，对新造毛竹林基地、杉木人工林套种毛竹基地建设进行奖励。

2001年3月13日，市林业局、市财政局联合印发《关于下拨毛竹造林、垦复奖励资金的通知》，对新造毛竹林、毛竹林垦复进行奖励。

2003年2月11日，市政府下发《关于加快毛竹产业化发展的若干意见》，就加快毛竹产业化发展提出意见。

2004年6月18日，市林业局、市财政局给省林业厅、省财政厅呈送《关于上报临安市毛竹低产林改造项目申报材料的报告》。文中说，临安市认真组织毛竹增长潜力较大的三口镇和湍口镇两个低产林改造项目，计划通过两年改造，培育出具有较高经营水平的毛竹示范基地，辐射并带动周边地区的生产经营，以全面提升市域毛竹产业化水平，推进农村现代化建设。

同年，杭州康鑫食品公司毛竹笋森林食品示范园区与杭州西马克公司雷竹笋森林食品示范园区均为杭州市都市农业示范园区项目。在示范园区建设中，两家公司加强基础设施建设，修建高标准林道、蓄水池等，推广设施栽培，采用无公害标准化丰产技术，提高科学管理水平与组织化程度，项目取得显著经济效益与示范效益。同年9月，两个项目通过杭州市级验收。

2006年2月7日，市政府下发《关于加快竹产业发展的若干实施意见》，市财政每年安排资金用于扶持竹业发展。

同年2月22日，市林业局下发《关于加快竹产业发展的实施细则》，规定毛竹笋材两用林园区立项条件：以村为单位，集中连片，面积300亩以上；亩立竹量150株以上；土壤疏松、肥沃、透气、厚50厘米以上；坡度25度以下；交通方便；当年投入较大。规定毛竹新造林基地立项条件：集中连片，面积50亩以上；土壤疏松肥沃，厚50厘米以上；坡度25度以下；海拔600米以下；交通方便。扶持政策：经验收合格，毛竹新造基地每亩补助100元。同时推荐先进单位和个人，给予一定奖励。

同年9月，杭州市都市农业示范园区——临安毛竹笋项目（位于板桥乡畚里村和青山街道锦里村，面积2100亩）通过验收。

同年，全市共建成毛竹笋材两用林、雷竹丰产高效园区8个。千洪乡潘家村、岛石镇小川村2个村为杭州市级都市林业专业村，青山湖街道宫里村、潜川镇马头山村、西天目乡盛村、於潜镇观村、新桥乡下许村、大峡谷镇太平村、岛石镇桐坞村、清凉峰镇竹川村共8个村为临安市级都市林业专业村。

同年，全市完成毛竹低产林改造1.21万亩。验收合格各类林业示范园区12个，其中，毛竹笋材两用林示范园区5个。建成高产高效示范基地50个，其中毛竹高产高效示范基地5个，优良竹种引进推广示范基地4个，新增毛竹造林基地1836.2亩。

2007年，全市共申报省、杭州市级林业项目28个，争取各类补助资金1530万元。其中，毛竹笋材两用林示范园区5个。建成竹子高产高效示范基地47个，其中，毛竹高产高效示范基地12个，优良竹种引进推广示范基地2个。

2008年3月31日，市政府下发《关于加快竹产业发展的实施意见（试行）》，就加快竹产业发展提出实施意见。明确发展目标：到2010年，新建各类、各级示范园区10个，示范基地30个，同时实行政策扶持。

同年4月，国家林业局批准的首批中国绿色碳基金（中国石油）碳汇造林项目，在浙江等7个省市试点实施。其中全国唯一的毛竹林碳汇项目基地建在藻溪镇严家村，规划建造毛竹碳汇林50公顷。

同年，全市新建市级林业示范园区10个、示范基地115个。杭州菜篮子食品有限公司、杭州意向竹业有限公司成为省级林业龙头企业。乐平乡上沃村观光园区成为省级林业观光园区。三口镇秋口毛竹园区、太湖源镇指南山高节竹园区成为杭州市都市农业示范园区。中国绿色碳基金临安毛竹林碳汇项目启动，世行贷款临安林业综合发展项目进入准备阶段。浙江省临安竹子现代示范区开始建设。

2009年12月，中央财政设立的现代农业发展基金项目“临安省级竹子现代示范区建设”通过验收。项目在太湖源镇、青山湖街道、板桥乡、三口镇、玲珑街道、锦城街道、锦南街道完成示范区建设2.25万亩。

同年，杭州菜篮子食品有限公司申请建立杭州市毛竹高效经营都市农业示范园区。

2010年9月14日，省林业厅下发《关于公布第二批省级现代林业示范区和精品园创建点名单的通知》。第二批省级现代林业示范区创建点名单中有临安市康鑫省级现代毛竹产业示范区。

2011年，全市实施竹林等生态化治理2.6万亩。全面完成康鑫省级现代毛竹产业主导产业示范区和红叶、武村两个特色林业精品园建设。

2019年4月，由区竹产业团队主持申报的“毛竹林定向培育关键技术示范推广项目”启动。项目通过优化定向培育技术，建设毛竹示范基地1200亩，辐射推广2万亩，提高毛竹林经营的经济、社会和生态效益。

（二）雷竹示范园区与示范基地

十一届三中全会以后，全党工作重点转移到经济建设，重视因地制宜，讲究经济效益。1983年3月，县委农村工作会议提出，“今后一个时期，要把发展各类竹子生产和竹子综合加工作为一条重要措施来抓”。

1984年开始，连续三届县委、县政府领导坚持不懈抓丘陵缓坡地的开发利用，其中把10万亩菜竹基地建设确定为主攻方向，作为开发商品生产的先导。1988年7月6日正式列题报告，引起省科委及中央有关部门的重视。该工程计划从1988年开始到1990年10月完成。建成后，临安将成为国内外县级最大的菜竹基地，亩产竹笋500—750千克，亩产值以1000元计，总产值可达1亿元，相当于全县农业总收入的60%。

1985年8月29日，县委农工部、县科委等联合召开“发展食品工业战略研讨会”。尉进、何钧潮分别作《充分发挥资源优势　振兴山区食品工业》和《竹笋食品与原料基地建设》的主题发言。

1986年，县竹笋服务中心提出六条发展竹笋生产的建议，其中第三条是建设好一个商品基地，即“竹笋基地”。

1984—1990年的7年时间，全县菜竹面积由1984年3.3万亩发展到10.05万亩，实现当初预定的“建设10万亩菜竹基地”战略目标。产量从0.14万吨增至2万吨，产值从42.4万元增至3300万元。

1993年，为加快竹笋基地建设，提高产量产值，科技人员进行四项技术改新：改传统的正月种竹为四季种竹，改用二、三年竹苗种植为当年新竹种植，改单层种植为复层立体配置种植，改单一品种种植为适地适竹多品种种植。同时推广雷竹笋高产技术，采用“种、肥、水、土、密、温、青、防”八项技术措施，经济效益显著。

1994年，县政府提出兴建“三竹”工程。

90年代临安最大的雷竹户是锦城镇崇阳村蒋长富，拥有雷竹基地70亩，连续五年年收入超10万元。1998年8月4日，杭州市林水局确定在蒋长富家庭林场建立雷竹早出丰产栽培技术规程标准化示范园区。1999年，其经营的雷竹基地被杭州市林水局确立为“雷竹丰产栽培技术标准化生产示范基地”，其家庭获评省级“科技示范户”。

1999年，杭州市重点农业技术推广项目“优良食用竹笋产业化科技示范基地”开始落实，计划面积1万亩。

太湖源镇耕地面积2.79万亩，山地面积30万亩，其中竹林面积9万余亩，森林覆盖率83%。镇党委、政府以实现“农业增效、农民增收、农村稳定”为目标，建设万亩无公害竹笋示范基地，推广雷竹早出覆盖技术，提高市场竞争力，取得显著成效。

2003年，太湖源雷竹笋基地被列为省特色优势林特产品基地。

2005年，临安市竹业协会1万亩雷竹笋基地获“浙江省森林食品基地”称号。

2006年2月7日，市政府下发《关于加快竹产业发展的若干实施意见》。到2010年，建成雷竹园区20个，雷竹退化改造示范基地50个。市财政每年安排补助资金用于扶持竹产业发展。

同年2月22日，市林业局下发《关于加快竹产业发展的实施细则》，规定雷竹丰产高效园区立项条件：以村为单位，集中连片，面积300亩以上；土壤疏松透气，适宜高产培育；坡度15度以下；交通方便；有灌溉条件；当年投入较大。退化雷竹林改造基地：以村为单位，当年改造退化雷竹为优良竹种，面积100亩以上；土壤疏松，厚50厘米以上；坡度15度以下；交通方便，适宜高产培育。实行扶持政策，同时推荐先进单位和个人，给予一定奖励。

同年，全市完成雷竹退化竹林改造1.07万亩。验收合格各类林业示范园区12个，其中，雷竹丰产高效示范园区3个。建成高产高效示范基地50个，其中，退化雷竹林改造示范基地10个，优良竹种引进推广示范基地4个。加快雷竹秋笋栽培、雷竹退化林地改造技术集成和推广，建立迟熟夏秋笋示范点870亩。

同年，完成省林业厅招标项目“无公害菜竹栽培与加工推广示范”，并通过验收。杭州临安三宝特产加工厂竹笋森林食品基地4895亩通过论证。

2007年8月8日，省林业厅、省财政厅联合下发《关于印发〈浙江省竹子现代示范区建设实施意见（试行）〉的通知》。文中说，根据省政府《关于加快发展农业主导产业推进现代农业建设的若干意见》精神，以及“十一五”期间林业发展目标，要在全省建立一批符合现代林业发展要求的竹子示范区，带动全省竹产业又好又快发展，促进兴林富民和社会主义新农村建设，并就建设竹子现代示范区制定、颁发实施意见。

同年11月9日，天目雷竹笋示范区和太湖源珍稀观赏竹、优良笋用竹繁育示范园区等3个杭州市都市农业示范园区通过验收。

同年建成临安市竹子示范园区7个。毛竹高产高效示范基地、退化雷竹改造基地、笋干竹丰产基地、优良竹种引进推广示范基地27个。

2008年3月31日，市政府下发《关于加快竹产业发展的实施意见（试行）》，就加快竹产业发展提出实施意见。到2010年，新建各类、各级示范园区10个、示范基地30个。加快优良竹种引种示范推广，建成优质高效“三竹”基地100万亩，竹产业一产年产值达到10亿元。实行政策扶持，从2008年起，市政府每年安排专项资金扶持竹产业发展。

同年建成临安市竹子高效示范园区4个。竹产业高效示范基地、退化雷竹改造基地、优良竹种引进推广示范基地23个。杭州菜篮子食品有限公司、杭州意向竹业有限公司成为省级林业龙头企业。太湖源镇指南山高节竹园区成为杭州市都市农业示范园区。

2009年12月，中央财政设立的现代农业发展基金项目“临安省级竹子现代示范区建设”通过验收。项目在太湖源镇、青山湖街道、板桥乡、三口镇、玲珑街道、锦城街道、锦南街道完成示范区建设2.25万亩，并修建竹林道、蓄水池，埋设输水管，安装喷滴设备、杀虫灯。建立合作组织5个，评选示范户100户，推广实用技术6项，培训农民2047人次。通过建设示范区，实现增效5179万元，农民人均增收797元。

高虹镇农民在经过退化竹林改造后的雷竹林中喜挖“冬天里的春笋”　（许雪珍 2013年摄）

同年建成临安市竹子高效示范园区4个。竹产业高效示范基地、退化雷竹改造基地、优良竹种引进推广示范基地12个。

2010年1月，省级竹子现代示范园区项目通过省林业厅专家验收。全年建成临安市竹子产业化示范园区5个，退化雷竹改造基地2个。

2011年，启动实施全国雷竹标准化示范与推广项目，完成测土配方施肥面积万余亩，新申报森林食品基地7500亩、无公害基地2万亩、无公害产品9个。

2012年5月，临安启动退化雷竹林改造示范区建设工作，在太湖源镇、高虹镇、青山湖街道、於潜镇建立4个退化雷竹林改造科技示范园区，示范面积700亩。园区根据退化竹林不同成因、不同经营情况，实施不同的改造模式，取得初步成效。

同年实施退化雷竹改造2.12万亩。制订实施竹笋产业转型升级五年行动计划，建立4个雷竹退化林改造示范区。推进省级现代农业示范园区项目建设工作。太湖源观赏竹精品园建成。完成全国雷竹标准化示范与推广项目，申报绿色食品5个，认证森林食品基地5000亩，复证万余亩，复证无公害基地11.1万亩。

2013年1月22日，市政府下发《关于加快雷竹退化林改造的实施意见》。文件规定，从2013年起，市政府每年安排专项资金，重点扶持雷竹退化林改造示范基地项目建设，并要求切实加强管理。2013年完成4个雷竹退化林改造示范园区和18个示范基地建设。2014年完成3个示范园区和15个示范基地建设。

同年，国家林业局科技司在临安的项目“全国雷竹栽培标准化示范区”通过验收。

2015年6月9日，市林业局发文，对笋竹高效示范园区建设、笋竹高效示范基地建设，就项目申报、项目实施、项目验收、资金兑现、项目管理等五个方面作出具体规定。对照项目申报建设内容，经考核验收合格的，市财政予以补助。

2015年9月6日，临安“林业主导产业（雷竹）示范区”通过省林业厅和省农业厅联合验收。示范区位于太湖源镇横徐村、夏村、青云村、畈龙村，建设面积1.2万亩，总投资1100万元，其中核心区2050亩。

同年，实施“全国雷竹标准化示范区建设”项目，建立农户雷竹林生态经营动态监测点100个。

2016年，临安开展雷竹退化竹林改造及可持续经营技术推广等工作。建立笋竹高效示范基地8个，面积690亩；建立雷竹种质资源库20亩，雷竹良种种苗繁育基地80亩，收集雷竹主要栽培类型15种以上；建立雷竹退化林改造及可持续发展集成推广示范基地700亩，辐射推广面积3.5万亩；开展竹林高温灾后恢复技术示范与推广，建立不同受灾程度竹林恢复示范林1000亩，其中雷竹700亩、毛竹300亩；总结竹林灾后恢复技术，在全市推广；开展雷竹林减肥增效试验研究，编写《雷竹冻害及高效生态经营发展对策》调研报告。

（三）特产经济林示范园区与示范基地

临安历来强调留笋养竹，对竹笋的综合利用不足。1982年开始进行疏笋养竹试点。1984年全面疏笋养竹，把用材林改变为笋竹两用林。

1986年，县林业局下达建立经济林示范基地计划，有关乡（镇）立即落实和行动，建立一批示范林基地。

县竹业协会在《1987年临安县竹笋生产情况》一文中说，临安要在“七五”期间做到商品基地化、产品系列化、主产名牌化、流通多渠道、机构服务化，大力扶持发展竹笋专业户，逐步形成竹笋村、竹笋乡。政府部门要在技术、资金、化肥、流通等方面优先予以支持。

1988年，县政府下文规定：特产经济林（含菜竹、毛竹笋用林、天目笋干等）以村为单位，新种经济林30亩为起点，单块面积半亩以上，经验收，每亩补助25元。到1989年，仅用2年，全县即建立特产经济林1.5万亩。

1988年临安县特产经济林（竹林）示范基地一览表

表3-2-5

项　目	所在乡、镇、场和面积（亩）	预拨经费（元）
菜竹	玲珑林场10亩，临天林场20亩，紫水乡50亩，昌化林场20亩，合计100亩	5000
毛竹笋用林	玲珑林场50亩，三口林场50亩，合计100亩	5000
天目笋干	石门乡20亩，千洪乡50亩，太阳镇30亩，白牛林场80亩，合计180亩	4500

1995年，继续把雷竹、笋干竹、笋材两用竹列入“三竹工程”。

2003年，浙江省被列为全国森林食品认证试点省。当年全省有53个基地、20个产品通过首次认证。杭州临安天目山绿色食品有限公司“郭氏”牌天目笋干与3万亩天目笋干基地均通过浙江省森林食品基地认证。同年，康鑫公司6万亩毛竹笋基地被列为省森林食品基地。

天目石笋干是天目笋干中品质最好最具优势的品种。2003年，由临安市森林科学研究所组织实施的“天目石笋干特色示范基地”，通过两年的基础设施建设、品牌建设、科技推广和产业化建设，其经营水平和经济效益达到省内领先水平。基地单位面积产值和效益名列全省前列，为笋干竹经营提供良好示范。天目石笋干基地被授予“杭州市十佳都市农村示范园区”称号。

2005年，康鑫公司4万亩毛竹笋基地、市竹业协会1万亩雷竹笋基地、万丰公司2020亩笋干基地，获“浙江省森林食品基地”称号。

2006年2月7日，市政府下发《关于加快竹产业发展的若干实施意见》。要求到2010年，建成毛竹笋材两用林园区20个，笋干竹丰产示范基地10个。市财政每年安排补助资金用于扶持发展。

同年2月22日，市林业局下发《关于加快竹产业发展的实施细则》，规定立项条件，对笋干竹丰产基地、优良竹种引进推广基地实行扶持政策。

同年，全市验收合格各类林业示范园区12个，建成高产高效示范基地50个，其中，笋干竹丰产示范基地5个，优良竹种引进推广示范基地4个。

2007年8月8日，省林业厅、省财政厅联合下发《关于印发〈浙江省竹子现代示范区建设实施意见（试行）〉的通知》。文中说，要在全省建立一批符合现代林业发展要求的竹子示范区，带动全省竹产业又好又快发展，促进兴林富民和社会主义新农村建设，并就建设竹子现代示范区制定、颁发实施意见。

同年，市委、市政府出台《关于加快竹产业发展的若干意见》。全市共申报省、杭州市级林业项目28个。建成高产高效示范基地47个，其中，笋干竹丰产示范基地8个，优良竹种引进推广示范基地2个。

2008年4月，国家林业局批准的首批中国绿色碳基金（中国石油）碳汇造林项目，在浙江等7个省市试点实施，其中全国唯一的毛竹林碳汇项目基地建在临安藻溪镇严家村。该项目由临安市林业局、浙江林学院、临安富德宝农林开发有限公司合作实施。项目规划建造毛竹碳汇林50公顷。在项目实施期间，科研工作将从毛竹林碳汇计量技术研究、毛竹采伐利用的碳平衡及碳转化研究等多个方向开展。

2010年9月14日，省林业厅下发《关于公布第二批省级现代林业示范区和精品园创建点名单的通知》。名单中有临安市西天目省级特色林业（天目笋干）精品园。

2013年6月18日，杭州临安太湖源观赏竹种园挂牌。

2015年6月9日，市林业局发送《关于印发临安市竹产业、山核桃产业和香榧产业扶持政策实施细则的通知》，就项目申报、项目实施、项目验收、资金兑现、项目管理等五个方面作出具体规定。

第三节　生产企业与专业合作社

一、竹业企业

（详见本志第四编第三章第三节竹笋加工企业、第四节竹材加工）

二、竹业龙头企业

临安竹产业龙头企业都是生产加工企业，肩负有开拓市场、创新科技、带动农户和促进区域经济发展的重任，能够带动农业和农村经济结构调整与商品生产发展，推动农业增效和农民增收。

1980—1986年，临安食品厂收购毛笋加工毛竹水煮笋，出口日本，产值、利润可观。1986年，该厂生产出口清汁笋1268吨，当年全国超千吨出口笋厂独此一家。1987年2月15日至3月4日，县竹业协会理事、临安罐头厂陈仲德应邀考察日本竹笋生产，认为临安发展竹笋生产是农民致富之路。

2002年，青山湖科技城产业化区域横畈竹制品工业功能区建立，位于青山湖街道雅观村，总规划面积312亩。功能区基础设施累计投入4200万元，具备完善的道路、给水、排水、污水处理、通信、供气、供电等市政设施。区内有竹制品临安市级农业龙头企业3家，其他企业多家。

2004年年底，全市竹笋加工企业占地面积749.7亩，建筑面积292.3亩。资产总量达4.42亿元，较上年增长19.3%，其中固定资产实现2.62亿元，增长21.9%。资产总额100万元以上的企业增至38家，增长31%，共有9家企业通过ISO 9000认证。西马克、康鑫、松友、裕隆等4家企业通过HACCP食品安全管理体系认证。松友公司水煮笋在日本获得有机食品认证。杭州康鑫食品有限公司、天目山绿色食品有限公司两家林产品加工企业获评省级农业龙头企业，杭州康鑫食品有限公司获评第一批浙江省农业科技企业。松友公司实施“走出去”战略，以福建“三和集团”的名义被授予“国家级农业龙头企业”称号。

2006年，杭州康鑫食品有限公司获评全国经济林产业化龙头企业。新增杭州深宝绿色食品有限公司杭州市级农业龙头企业1家，杭州意向竹业有限公司、杭州临安菜篮子食品有限公司、杭州临安林佳食品有限公司、临安杭之宝绿色食品有限公司、杭州临安昱岭食品有限公司、临安山妹子食品有限公司、杭州临安大地食品有限公司、临安太湖源观赏竹种园等临安市级农业龙头企业11家。

2013年笋、竹加工农业龙头企业一览表

表3-2-6

企业名称	法定代表人	企业名称	法定代表人
浙江省级龙头企业（3家）		杭州天目生物科技有限公司	徐春根
浙江松友食品有限公司	赵逸平	杭州临安家乐竹业有限公司	赵如福
杭州康鑫食品有限公司	汪素莲	临安天竹竹制品有限公司	丁德生
杭州临安天目山绿色食品有限公司	郭昭辉	杭州康汇食品有限公司	杨国茂
杭州市级农业龙头企业（9家）		杭州临安亚克西食品有限公司	徐金根
杭州临安三峰实业有限公司	陈官金	临安九仙食品厂	李尧忠
杭州大禾置业竹木有限公司	陈官金	临安昌化远丰食品有限公司	郑爱蓉
杭州临安茂林食品有限公司	谢茂林	杭州临安华易绿色食品有限公司	郭希晨
杭州意向竹业有限公司	王海浜	杭州森瑞竹木业有限公司	赵正治
杭州百孚竹制品有限公司	陈其东	临安市万丰绿色食品有限公司	陈鑫星
临安市高虹竹笋交易市场	赵夏威	杭州临安姚氏炭业有限公司	姚国成
杭州临安食品工贸有限公司	陈建华	杭州临安大地食品有限公司	彭根田
杭州裕隆食品有限公司	许忠义	临安太湖源观赏竹种园	童良斌
杭州临安菜篮子食品有限公司	罗春媖	临安市浙昌食品有限公司	章爱文
临安市级农业龙头企业（22家）		临安市七姐妹辣味食品厂	罗延寿
杭州青峰竹制品有限公司	许水森	杭州临安三宝特产加工厂	余松海
杭州西马克食品有限公司	俞传梅	临安天目竹业有限公司	朱军泉
杭州立德竹制品有限公司	叶宝荣	临安市西天目食品加工厂	张永强
杭州临安万春竹制品有限公司	贺金华	—	

2012 年，青山湖科技城产业化区域横畈竹制品工业功能区入驻企业共 12 家，其中规模企业 7 家。完成工业性投入 1.57 亿元，工业总产值 4.38 亿元，实现税收 280 万元。

2016 年 1 月 14 日，市政府公布第十七批临安市级农业龙头企业，其中有天目山笋业有限公司。

三、竹业专业合作社

（一）发展概况

临安竹业专业合作社是在改革开放后农村家庭承包经营基础上，竹产品的生产经营者或者竹业生产经营服务的提供者、利用者，自愿联合、民主管理的互助性经济组织。竹业专业合作社是独立的市场经济主体，具有法人资格，享有生产经营自主权，受法律保护，任何单位和个人都不得侵犯其合法权益。

2003 年 3 月，由藻溪供销社牵头建立天目竹笋合作社，拥有竹笋基地面积 492 亩，年产竹笋 315 吨。有竹笋加工企业 3 家，年加工鲜笋 750 吨。其开发生产的篓装“天目焙熄”，在中国天目山第二届森林博览会上获评优秀旅游商品。

2003 年 7 月，郭氏农副产品合作社成立，主要经营竹笋、山核桃等林产品。

2004 年 8 月 17 日，临安市天目绿叶笋干专业合作社在西天目山成立。

2006 年 3 月 28 日，太阳竹笋专业合作社成立。该合作社由高拔村等 98 户竹笋种植户组建，拥有竹笋种植基地 2500 亩，年产鲜笋 1000 吨，年加工鲜笋 100 余吨。

同年新增三林毛竹合作社、大同竹笋合作社、协禾杨桐柃木合作社 3 家。

同年，千洪乡潘家村、岛石镇小川村成为杭州市级都市林业专业村，青山湖街道宫里村、潜川镇马头山村、西天目乡盛村、於潜镇观村、新桥乡下许村、大峡谷镇太平村、岛石镇桐坞村、清凉峰镇竹川村等 8 个村为临安市级都市林业专业村。

2007 年，新增於潜兴民竹笋专业合作社、浙昌石笋专业合作社两家。

2008 年，中国可持续竹加工企业发展项目在汶川地震后启动，旨在帮助四川地震受灾群众通过竹制品的生产和加工，恢复正常生产和生活。该项目由花旗集团基金会出资，国际竹藤组织主持实施，其间探索出一条绿色、经济、高效的可持续经济发展模式，并成功推广到浙江临安，取得良好的经济和社会效果，为世界各地因灾而面临重建、发展问题的国家和地区提供可借鉴的范例。2013 年，临安市横畈竹笋专业合作社通过与花旗基金会合作，依托浙江农林大学和临安市林业局的技术支持，在社员的 100 亩竹林使用雷竹早出覆盖和退化林改造技术，取得明显的示范效果。由于该项技术具有可持续的特点，间接经济效益巨大。2014 年，合作社在总结上年成功经验的基础上，推出“花旗基金会帮扶脱贫能力建设计划”，利用花旗基金会基金，运用浙江农林大学和市林业局的雷竹生态、高效、可持续经营技术，开展示范户及合作社核心人员与 10 户贫困社员结对帮扶活动，每户最高投入不超过 1 万元，以一对一的帮扶方法，对贫困户的竹林进行科学和持续管理，经 3—5 年运作，实现贫困社员脱贫致富。临安市“运用合作社平台推广使用林业实用新技术为社员服务”的成功案例和科技推广模式，引起举办方、与会代表及媒体的广泛关注，并在中国经济网、凤凰财经、《经济日报》等 10 多家主流媒体作宣传报道。

同年，大同竹笋合作社获评省级林业示范性专业合作社。

2011年11月29日，省示范性农民专业合作社认定领导小组下发《关于公布2011年省级示范性农民专业合作社名单的通知》，其中有临安太湖源竹笋专业合作社、临安市绿叶天目笋干专业合作社。

2013年2月15日，时任省委常委、杭州市委书记黄坤明到太湖源竹种园调研，提出要大力做强做优临安竹产业，通过组建专业合作社，推广科技成果，引导农民创业致富。

同年，太湖源镇横徐村秧田弄竹笋专业合作社19户农户，年雷竹覆盖76.3亩，亩产竹笋1600.75千克，亩产值2.6万元；2014年雷竹覆盖90.1亩，亩产竹笋2249.6千克，亩产值4.2万元。

2014年，横畈竹笋专业合作社第一次凭借50万元的农发资金，理事长罗德法在竹园修建林道，实施水肥一体化灌溉项目，开垦荒山40亩。出笋率由往年的30%，提高到90%以上。

2015年，横畈竹笋专业合作社第二次享受到60万元农发资金扶持，用以兴建生产用房，置办自卸车和砻糠输送带，大大降低劳动力成本。

同年，全市有竹笋专业合作社45家，但大部分实力较弱，竹笋产品以市场鲜销为主，尚未建立起有效调节竹笋供求关系的机制，标准化生产、组织化程度、技术指导都有待提高。

2016年3月25日，新增太湖源镇徐横村秧田弄竹笋合作社、太阳镇佳良竹笋合作社、青山湖街道横畈竹笋合作社为竹文化竹笋专业合作组织示范点。

（二）主要竹笋专业合作社

横畈竹笋专业合作社

2008年12月成立，位于青山湖街道横畈洪村，理事长罗德法。合作社为临安市农村科普示范基地、临安市竹文化竹笋专业合作社示范点。2012年获评杭州市规范化农民专业合作社，2013年获评浙江省林业示范性专业合作社，2015年获评临安市模范集体，2016年度获评市竹文化研究会先进单位，并获临安市委、市政府颁发的“规范化农民专业合作社”称号。

横畈竹笋专业合作社理事长罗德法被聘任为国家林业和草原局林草乡土专家

（图片由合作社提供）

创建当初只有7户农户、100余亩雷竹林。至2016年，发展到102户，经营雷竹林1800余亩，占全村竹林的60%，其中标准化生产示范点150余亩。2010—2018年，全社返利48万余元，户均4800余元。该合作社具有以下五个创新特色：

组织管理创新：合作社实行“四有三公”。“四有”指有理事会、监事会、章程、议事规则，“三公”指公正、公平、公开。实行民主管理，所有生产、经营活动皆惠及竹农。

基地建设创新：合作社不断开垦荒山，培育新竹园。对雷竹基地进行园田化建设，改造荒芜竹园。大坞坪150余亩竹园内建设标准林道、防火通道。设置作业通道，旁有排水沟。在高处建造蓄水池，使喷水浇灌、施肥、施药一体化。林区安装诱虫灯、监控器，配有生产管理用房。

生产模式创新：制订实施雷竹笋有机食品标准化生产模式，坚持“三不施”，即不乱施农药、化肥、除草剂；实行六个绿色统一标准化：统一病虫害防治，统一退化林改造，统一反季节采购农资，统一培训，统一标准化二次覆盖，统一收购鲜笋。实施科学施肥，并统一采购，分发到户。

经营理念创新：打出“忆笋鲜”品牌，申报省级绿色食品标识。挑选嫩白质好的鲜笋，统一包装，远销长江三角洲各大中城市。2016 年竹笋亩产值 3.3 万元，全社总产值达 326 万元。合作社趁砻糠跌价时大量进货屯仓，降低生产成本。

科学技术创新：普遍采用“砻糠覆盖技术”，出笋率由以往 30%提高到 90%以上。成功研究发明砻糠吸放机，降低成本，减轻劳动强度。与浙江农林大学一起，对竹园土壤取样化验，指导竹农选择适合雷竹生长的土壤。推广种植“细叶乌头雷竹”优良品种，提高雷笋产量与质量。

佳良竹笋专业合作社

2012 年 4 月成立，位于太阳镇上庄村，理事长章佳良。2016 年 3 月，被市竹文化研究会确定为竹笋专业合作社示范点。

合作社与杭州佳稷农业开发有限公司是两块牌子一套班子，主要为竹笋等农业产业引进新品种、新技术，开展技术培训、技术交流和信息咨询服务，开发现代农业、休闲农业、乡村旅游。拥有水稻田 880 亩、雷竹山地 230 余亩、红壳竹及夏毛竹山地 600 余亩。

佳良笋专业合作社理事长章佳良（左二）正在向社员传授竹笋高产栽培技术　（朱伟 2019 年摄）

章佳良把传统农业、传统竹业与现代农业有机结合，重视科技创新。虚心学习他人育竹及覆盖孵笋技术，开创雷竹田暗沟排水的科学方法，亩产雷笋 3000 千克左右。合作社已形成种竹、育竹、产笋、收购、销售、加工一体化与规模化的现代竹笋生产发展体系。

秧田弄竹笋专业合作社

2013 年 12 月成立，位于太湖源镇横徐村。有竹农 14 户，经营竹园 220 余亩，理事长邵观夫。合作社系全国绿色小康户、浙江省优秀林业科技示范户、临安市林业生态经济双赢示范户、市现代竹产业科技示范户、市竹笋产业建设先进单位、市竹文化竹笋专业合作社示范点、浙江农林大学试验林基地。邵观夫系国家林业与草原局林草乡土专家、浙江省林技师、浙江省农民高级技师（林业）、临安市农民技术带头人、临安天目“金牛奖”获得者、首届“最美太湖源人”获得者。

邵观夫与妻张华娟潜心经营雷竹生产 30 余年，科学管理，精心经营，总结的育竹技术有选地择竹、控制密度、防病治虫、合理施肥、改良土质、调控水分、科学覆盖、适时轮作、生物改良等。2016 年全社覆盖竹林 57 亩，产值 190 余万元，平均亩产值 3.33 万元，所产鲜笋较市场价每市斤高出 0.5—1.0 元。

邵观夫进行雷竹林水肥一体化技术改造。合作社在浙江农林大学指导与帮助下，开创雷竹林水肥一体化喷施新技术。其配套工程由水井、溶肥水池、管道三部分组成。运作原理是借助压力系统，将可溶性肥料兑成肥液，与灌溉用水一起通过水管进行喷灌或滴灌，以达到均匀、定时、定量、湿润雷竹根系之作用。省工、省肥、省农药，提高雷竹抗病虫害能力，实现雷竹林的高效、生态培育。

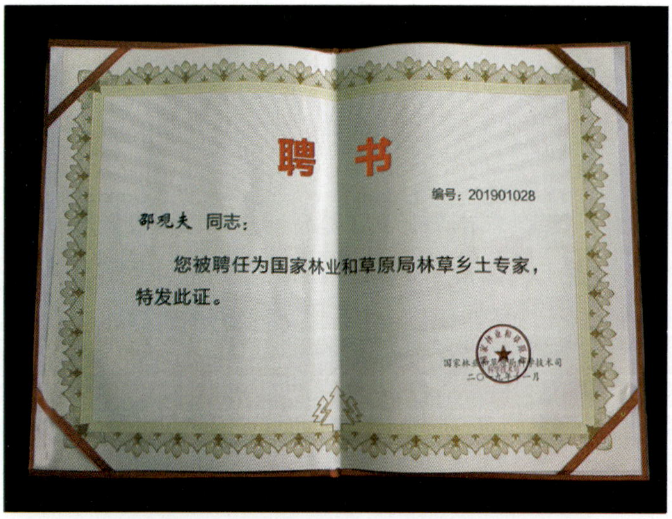

国家林业与草原局颁发给邵观夫的“林草乡土专家”聘书（赵庆元 2019年摄）

他引进雷竹新品种进行对比实验。合作社原引进细叶乌头雷竹品种，即“吴马种”，系葛银万培育推广。其特点是出笋早、鲜笋肥壮、产量高，缺点是易退化、易开花，抗冻性差。合作社继而引进东天目小门坞雷竹种，抗冻能力强，适合于气温较低的山区种植，发展100余亩，成活率94%以上。

他把育竹孵笋经验毫无保留地介绍给国内外笋农，上门参观取经达上千人次。

邵观夫夫妇与合作社全体社员精心育竹，高效高产，声名远扬，先进事迹先后在临安市广播电台乐活广播、浙江电视台1818黄金眼、中央二台、中央七台播映，刊用于《浙江农民信息报》《今日临安》《天目竹韵》《临安竹业》等。省、杭州市及所辖区县市领导前来参观考察，常年接待国际竹藤组织及亚非拉美多个国家友人来访。

临安千洪潘家竹笋专业合作社

专业从事竹笋种植培育、加工销售，有社员25人，其中具有专业从事经营管理和产品研发技术人员3人，市场营销人员2人。合作社每年加工储存的鲜笋原料超过500万千克，有利于稳定当地笋价，促进竹农致富。主要产品有天目腌笋、天目笋丝系列等，年销售额2000万元。

千洪潘家竹笋专业合作社雷竹林一隅（朱伟 2019年摄）

第四编　生产、加工与贸易

钱高潮竹雕作品
《二童放牧》
（8厘米×7厘米×8厘米）

1.青云竹笋交易市场　2.雷笋丰收　3.晾晒篾丝
4.松友出口笋包装车间　5.西马克罐头笋生产车间
6.康鑫水煮笋生产车间
7.哥伦比亚大学专家在森瑞竹木业考察刨切微薄竹片生产情况
8.竹地板生产车间
9.待加工的毛竹段

1	2	3
4	5	6
7	8	9

（1–9布智明摄）

1. 临安竹笋产品深受上海市民青睐（2007年）
2. 临安绿色产品展销会在上海展览馆举办（2016年）
3. 临安市政府在苏州举办天目雷笋推介会（2017年）
4. 天目雷笋当天收购当天发往沪杭大城市
（1—4布智明摄）

第四编　生产、加工与贸易

第一章　竹子生产

第一节　毛　竹

毛竹，又名猫竹，亦称茅竹、楠竹。禾本科，秆形高大，枝繁叶茂，圆筒形。竹纤组织细密、坚韧，富有弹性。种植适应性强，繁殖易，生长快，成材早，伐期短，收益长，用途广，是刚竹属中材、笋两用的优良竹种。

毛竹竹材分为三类：一是最粗壮的渔用大毛竹，规格是离地 5 市尺（1 市尺≈0.33 米，下同），眉围 10.5 市寸（1 市寸≈3.33 厘米，下同）以上。二是毛篙竹，规格是眉围 3 市寸以上至 9 市寸以下。三是一般性毛竹。临安为省竹材重点县之一，临安产毛竹粗大，节长，韧性好，畅销长江三角洲，有“关刀竹”之誉。

临安毛竹主产于横畈、石门、青山、板桥、三口、上甘、玲珑山、临目、马山、洪岭、湍口、龙井桥等山区肥沃的酸性土壤，资源丰富。

一、毛竹用途

华夏竹文化，上下五千年，衣食住行用，与竹紧相连。人们的日常生产、生活都离不开毛竹。

竹篾菜罩　　（冯益民 2019 年摄）

生产生活离不开毛竹。一日三餐，国人就餐用的竹筷，农家人上山下地戴的竹笠，居家用的竹椅、竹凳，炎热夏天的竹凉席。采摘蔬果的竹篮，采茶采桑的竹茶篮或竹背篓，蒸米饭、馒头的竹蒸笼、竹蒸架，挑担的竹扁担、竹箩筐、竹畚箕，建房的竹制脚手架，渔业的大毛竹，水上运输的竹筏和撑船的竹篙，引山泉水的竹水槽，护堤御洪的竹笼填石，竹枝做的扫帚，竹根做的洗帚，用来造纸或加工成沙发丝的笋箨等，都是竹的衍生品。在钢铁短缺的年代，还可以竹代钢浇筑建筑物。

毛竹林四季产笋。冬有冬笋，春有春笋，夏秋有鞭笋。特别是冬笋，鲜美可口，被誉为“山珍”。

古人曾把毛竹看成是最重要的战略物资。古代作战，弓箭在先，以竹制成。早在殷商时代，先民就利用毛竹做箭矢，抵御外敌，保卫疆域。

先民在毛竹片上刻字为书。从春秋战国开始，创造竹简记录史事，相传秦始皇一天要读300斤竹简的奏折。毛竹还是造纸的主要原料，竹浆造纸大约是在西晋开始，至今延续1700余年。从竹简到竹纸，古代辉煌灿烂的文化得以流传至今。

以竹代木。竹胶板、竹家具、环保竹炭等，均利用竹材生产而成。

毛竹竹纤维的开发，一直享有“会呼吸的生态纤维”美誉，是继“棉、毛、丝、麻”之后的第五次纯天然纺织品革新。目前已上市的竹纤维产品包括内衣、毛巾、浴巾、袜子、T恤、家居服饰、床上用品等。

森瑞竹木业有限公司生产的刨切微薄竹片贴面茶具（图片由该公司提供）

利用高科技将竹材刨薄。近年来，浙江农林大学与杭州森瑞竹木业有限公司等共同建立大幅面薄竹装饰材料生产产业化示范基地，大幅面化生产广泛应用于家具制造、建筑装潢、工艺品、旅游产品、滑雪板、玩具、包装盒、家具等，相关产品出口欧美。

以毛竹为基材，采用缠绕工艺制成复合材料，可用以制造高铁车厢，建设样板房、水利和管廊工程，应用范围很广。2015年1月，全国林业厅局长会议提出，竹缠绕复合管道的应用，为维护国家能源安全和资源安全开辟一条新渠道。同年9月，水利部门推荐使用竹缠绕复合管道，并颁布应用指南。12月，竹缠绕复合压力管技术入选《国家重点推广的低碳技术目录》。2016年4月，竹缠绕复合管道项目被列为“十三五国家重点研发计划”项目。根据国家林业局编制的《竹缠绕复合压力材料发展规划（2014—2020）》，计划到2020年，在全国建成竹缠绕材料规模化生产单元500个，年产量达1000万吨，由此提高竹子和竹材附加值，有效带动竹子基地建设和农民增收。

三和园竹盐食品有限公司生产的竹盐系列产品（布智明 2019年摄）

制造竹盐精品。竹盐的传统制作技艺依据中医阴阳五行之说。选取3—5年生的壮年毛竹，将食盐装入毛竹筒，以黄泥封口，置入特制炉子，经过松柴高温煅烧，鲜竹的精华成分融入盐晶成为竹盐。盐在高温煅烧中不仅会促使有害物质分解逸出，还能中和化解重金属毒素，所以常食竹盐可以起到良好的排毒作用。

毛竹对美化环境、净化空气、涵养水源贡献巨大。毛竹根系发达，宜于水土保持。据监测，1公顷毛竹林的年固碳量为5.09吨，是杉木林的1.46倍、热带雨林1.33倍。2014年10月15日，临安境内有42户林农总计交易碳汇4285吨，交易额12.855万元，这是国内首批进入林业碳汇自愿交易体系的农民群体。该项目在确保竹林碳汇能力的前提下，正常的生产经营不受影响，又可获得额外的碳汇收入。

二、毛竹产销

（一）古籍记载

临安产竹历史悠久，品种齐全，据明万历《临安县志》记载的品种有茅竹、斑竹、金竹、早竹、广竹、笙竹、哺鸡竹、苦竹、孝顺竹、罗汉竹、紫竹、淡竹、木竹、水竹、石竹、方竹、凤尾竹、箭竹、篌竹、慈竹、胎竹、观音竹等二十余种。清康熙十二年（1673）《昌化县志》卷五·版籍·物产："蔬之属。笋。竹之属。金（竹）、石（竹）、水（竹）、苦（竹）、猫（竹）、广（竹）、箬（竹）、罗汉（竹）、孝顺（竹）。"清乾隆重刻康熙《於潜县志》点校版卷之三·财赋志·土产："竹之属，曰茅竹、金竹、紫竹、水竹、凤尾竹。"清嘉庆《於潜县志》载："货殖传所称，千亩竹与千户侯等也。"邑中"毛竹随处有之，材巨而性劲，为竹筏利于行溪，农家杂物及蚕筐皆资之"。清宣统二年（1910年）《临安县志》卷二·食货志·物产："猫竹，一名毛竹，可结筏，东南乡俱产，惟出径山者极茂而大，邑无舟楫，结筏转输，利用甚广，嫩竹可造白纸。"《玲珑山志》（杭州清乐山人徐映璞著 2012年4月第一版）卷四之中·物产："竹之属：雷竹、水竹、斑竹、毛竹、金竹、早竹、紫竹、淡竹、慈孝竹、观音竹、罗汉竹、箬竹、篠竹。"

其笋俗称毛笋、冬笋、潭笋。清乾隆二十四年（1759年）《临安县志》［光绪十一年（1885）重印本］卷四·物产："冬笋，俗名潭笋，茅竹所生，产南乡者美，质坚味鲜，不似钱江法华山者，质脆而味淡。苏人每岁必至此买之。"清乾隆重刻康熙《於潜县志》点校版卷之三·财赋志·土产："蔬之属凡三，一曰园蔬，其中有笋（种类甚多，出天目者佳）。"清宣统二年（1910年）《临安县志》卷二·食货志·物产："笋。春早笋，夏笾笋，冬冬笋，其茅笋、石笋、广笋，称名甚多，四时不乏，味特甲于诸蔬。冬笋，俗名潭笋，产治南者质坚味鲜，不似产钱塘者质脆而味淡。"

（二）民国时期

临安竹材历来为自由购销。民国时期，县内竹林大多是竹木混交。竹木均由私营山货行经营，经营者多为木、竹、柴、炭兼营，单一经营竹材的很少。竹材多用以制作农具、家具等各类竹制品，在境内销售，也有部分竹材销往外县农区、蚕区。山路崎岖，砍伐困难，需拖至溪边，编扎成排筏，待天雨水涨之时运出。除竹农自用外，临安每年毛竹商品量40万—50万支，水运销往余杭、瓶窑、杭州等地。抗战胜利后至新中国成立前夕，因经济萧条，毛竹销路锐减，竹木商户基本绝迹，只有竹农有少量自行运销。

（三）中华人民共和国成立至改革开放前

中华人民共和国成立初期，毛竹自由购销，多渠道流通，其经营者有私营山货行、个体商贩、农民自销及生产单位自行采购等，以私商经营为主。1949年11月，浙江省手工业联合社在县内设立经营机构，向竹农收购毛竹、柄竹。浙江企业公司、余杭山货行、瓶窑竹商、杭州南星桥竹行委托县内山货坐商收购毛竹，集帖成排通过苕溪、天目溪放运至县外。这是自由运销时期。

从1952年开始，随着国民经济的恢复发展，竹类用途、用量大增。尤其是基本建设大规模开展，毛竹成为搭脚手架的主要材料，供应紧缺，政府指示由供销合作社开展毛竹收购。1953年9月起，临安县供销社全面开展毛竹、毛篙竹的购销业务。同年冬至1954年春，全县供销社收购毛竹、毛篙竹30.5万支，至1955年达36万支。

1954年，国家加强竹材购销的计划管理，省人民委员会（即省政府，下同）将毛竹列为省供销社管理、统一平衡的商品。省供销社组织县供销社与竹农购销直接挂钩，其后，供销社系统毛竹收购量稳步上升。1955年，毛竹业私商户均需向供销社进货后“二级批发”经营。1956年开始，国家对毛竹、毛篙竹实行计划收购、计划分配，由供销社统一经营，收购方式是分设收购点，实行定点收购。

1956年，三县（临安、於潜、昌化，1958年於潜划归昌化，1960年昌化划归临安）竹林面积扩大到20.64万亩。1957年临安县毛竹林地16.53万亩，立竹114万株。该年国务院将毛竹列为二类农产品，由供销社统一收购。手工业社所需农具、家具修制用竹，由供销社供应。当年三县收购毛竹139.2万支、毛篙竹3.9万支。

1957—1960年，眉围5市寸毛竹每支收购价0.95元，5月15日起调整为1元。由于毛竹购销价格较为混乱，1963年11月毛竹市场开始整顿，规定毛竹收购最低保护价每支0.35元。1964年5月，市场收购价总水平上升0.37%。1966—1979年，国家三次调整收购价格。

1958—1959年“大跃进”期间违反规律，一度砍伐过量。这两年毛竹收购量分别为120万支和137万支。由于收购过量，加之1960—1962年粮食紧缺，毁竹种粮，亩立竹不到60株，毛竹蓄积量减少。

1960年2月27日，省人民委员会发出通知，规定毛竹由供销社制订砍伐计划，统一收购，统一分配，凭证运销（指出县须由县供销社开具出运证明）。县内销售自用毛竹由县计划委员会下达计划调拨，从而使毛竹生产伐、育、管走上轨道。

1962年，省政府又下达文件，贯彻“林粮并举”方针，扶持恢复毛竹生产，实行派购。当年，全县毛竹蓄积量达968万株，年收购量26.8万支，毛篙竹7.47万支，临安列为全省16个毛竹林重点县之一。自此至1984年，一直实行由国家确定毛竹收购数量、收购规格和收购价格的派购制度。临安作为毛竹主产区，被省列为毛竹调出县。自1971年起，还承担供应沿海渔用大毛竹任务。

1963年贯彻全国竹子生产会议精神，国家予以贷款扶持竹林生产，收购量有所回升。1964年收购毛竹33.07万支、毛篙竹8.7万支。

“文化大革命”期间，农民自销量增加，收购量减少。60年代后期，全县贯彻停垦还林方针，毛竹采伐量有所减少，年均收购量为33.48万支。1966—1976年，年均收购毛竹28.3万支，最少年份1970年16.1万支。

1972 年进行山区规划调查，临安毛竹面积为 17.2 万亩。从当年开始，为缓解毛竹、毛篙竹供应紧缺，县供销社根据省供销社指示，重点加强毛竹生产基地扶持，帮助产区恢复发展竹林生产。主要采取三条措施：留笋养竹、合理砍伐、节约用竹。“按需砍伐，竹尽其用。”此后，供销社出资帮助建设临东毛竹基地。同年起，凡列入林业基地建设毛竹林，经验收合格，每亩补助 10 元。

1977 年，临安县被列为全国丰产毛竹基地之一。1980 年 11 月 10 日，全省农业区划试点县工作会议在富阳召开，临安县为全省四个试点县之一。全县毛竹林达 22 万亩，蓄积量为 2200 万支，亩株量达到百株水平。1977—1984 年，玲珑山、板桥、三口、横畈、上甘、石门、龙井桥、马山、洪岭等 9 个公社建成毛竹丰产林基地 5.5 万亩，眉围 1 市尺以上渔用大毛竹林基地 1.39 万亩。因毛竹林经营周期短，经济效益高，竹农经营竹林积极性普遍高于用材林。

从 1970 年开始，山区林河道采取民办公助办法，即民间出劳力，供销社出资金，修建玲珑站至殷家山、龙上至大山、湍口大坞至洪岭、横畈至湖山、高虹长春至下峰、太阳至富源、西天目至大有等共计 12 条简易公路，总长 75 千米，投资 48.425 万元。建立毛竹堆场的有石门的大山，湍口的塘溪、叉口，洪岭，板桥的祝家、牌头，上甘的深坞，玲珑山的殷家山等面积共 7050 平方米，计投资 52875 元。1980 年，全县毛竹生产有恢复性发展，毛竹林面积达 22 万亩，蓄积量 2200 万株，平均每亩达百株。

（四）改革开放后至 2019 年

1978 年中共十一届三中全会以后，全党工作重点转移到经济建设上来，重视因地制宜，讲究经济效益。农村推行农民家庭经营体制改革后，毛竹购销政策也随之逐步调整。

1980 年，浙江省调整毛竹收购量，改为确定派购基数，派购任务逐级包干到队，一定 6 年不变。派购基数内的毛竹，实行牌价和议价按 7∶3（70%牌价、30%议价）比例计价收购。超过派购任务生产的毛竹，由生产者自行处理。1981 年，又调整毛竹收购、调拨任务包干办法，实行按每度（2 年）总算，分年安排派购任务，任务内的由供销社统一收购统一经营，超过派购任务的，可由供销社代购代销。

从 1982 年开始，毛竹购销放开经营，允许竹农进入市场，自主运销，长途贩运。基层供销社则与县土特产公司联营，开展分购联销。

1983 年 3 月，县委农村工作会议提出，“今后一个时期，要把发展各类竹子生产和竹子综合加工作为一条重要措施来抓”。1984 年 2 月，县委农村工作会议分析县域实际，确定把竹笋生产作为开发性生产的主攻方向之一，提出“临安经济翻两番，竹笋挑重担”。由于各级领导重视，竹子生产出现新的转机。

1984 年 7 月 16 日，县政府颁发《关于林业工作若干政策的规定》：为实现木竹产值 1 亿元的目标，提出“山上管严，山下放宽，中间搞活”方针，撤销昌化、於潜、石亭子、横畈 4 个县设木材检查站，建立县木竹资源联合开发总公司。同年，省政府调减毛竹派购任务总量，限于在省内 24 个重点县实行派购，临安在列，并允许生产者边交售、边自销。

1985 年，中共中央、国务院发文规定，“南方集体林区取消国家统派购木材任务，开放木材市场，价格随行就市，实行多渠道经营”。据此，毛竹生产和流通实行市场调节，多渠道经营，农民自销量增加，供销社收购量减少。同年，多数毛竹从论支收购改为以分量计价，每50千克5.5—6元。

当年临安全县有23万亩毛竹山，毛竹蓄积量3500多万株。每年采伐300多万株，产值却只有700多万元，再加上毛料、毛笋等收入，总产值不过2000万元，每亩产值不到100元。而80年代中后期投产的5万亩菜竹，面积仅占毛竹的1/5，产值却超过50%。为提高毛竹经济效益，在菜竹生产带动下，全县开展把用材林改为笋材两用林的工程建设。此后，竹子的利用从单纯出售原竹，转变到加工增值、笋竹并举上来。笋、竹综合利用，为县域毛竹生产打开新的销路。

1986年，县竹笋服务中心提出六条发展竹笋生产的建议，要求在“七五”期间每年扩大竹林面积5000亩，毛竹山全面推广疏笋养竹，每亩平均产笋由42千克，提高到75千克，同时每年改造毛竹用材林为笋用林3万亩，到1990年全县毛竹笋产量达5万吨。各地争相创办毛笋加工厂，各乡留养新竹数超过以往任何一年。

1987年，全县毛竹面积23万亩，其中17万亩大年、6万亩小年。17万亩大年山毛笋产量为4862吨，6万亩小年山毛笋产量为387吨。全县毛竹笋总产量为5249吨，产值293.94万元，当年新竹留养839万株。笋竹两用林建设初见成效。

1988年9月25日，县委、县政府发出《关于今冬明春开发丘陵缓坡的若干政策规定》，对发展竹笋生产规定了扶持政策。

1989，全县垦复毛竹山面积9906亩，其中两个村超过千亩：三口乡大青村1500多亩，板桥乡豆川村1700多亩。三口乡有毛竹山1.2万亩，小竹山8000多亩。1989年仅毛笋一项收入达200多万元，全乡人均200多元。

80年代中后期，临安积极调整毛竹林产业结构，重视毛竹山培育管理，在经营方式上改粗放经营为集约经营，改单一生产原竹为深度加工利用，改以生产竹林为主为笋竹两用。全县兴办毛笋水煮笋加工厂14家，年产7000多吨，外贸引领发展笋竹两用林的热潮。

1989年12月1日，由县科委邀请中国林科院亚热带林业研究所、省林科所、浙江林学院以及富阳县林业局等单位的竹类研究专家，对临安毛竹用材林改笋竹两用林推广试验进行现场鉴定，一致肯定临安该项试验在全省同类推广试验中达到先进水平。鉴定委员会主任马乃训签署鉴定意见书。

1991年1月，县竹业协会二届一次会议确定当年建立3万亩毛竹笋材两用林建设任务，出现科学养竹挖笋热潮，普遍推广挖前后期笋、留中期笋，挖边缘笋、养空地笋，挖密林笋、养稀林笋，挖病虫笋、养粗壮笋的生产方式。一年中养新竹500万株，挖鲜毛笋600多吨，生产水煮笋2000余吨。全年采伐毛竹242.7万支，砍伐量低于生长量。

随着市场进一步开放，再加上以毛竹为原材料的成品生产，如胶合竹板、刨花板、竹材层积板、竹浆、竹丝、竹签等多种产品开发，原有的购销模式已被厂农联营、直接购销方式替代，供销社随之逐年减少购销量，直至退出竹业经营。

20世纪90年代，毛竹采伐量逐年增大，而毛竹林资源也持续增加。随着竹编胶合板、刨花板、竹材层积板、竹浆等产品不断开发，竹材被广泛用于包装、建材、家具、车厢板、造纸、竹纤维利用等生产领域，竹材需求继续增长。

1994 年，县政府提出兴建“三竹工程”，建立三个示范点：高虹乡雷竹示范点、天目笋干示范点临目乡、毛竹笋材两用林基地上甘乡。上甘乡有毛竹 1.16 万亩，人均毛竹山 2.43 亩，毛竹年收入 500 万元，全年增育毛竹林 600 亩。同年临安成立毛竹笋材两用林技术推广项目协作组，项目负责人王安国等。

1995 年着力建设“三竹工程”。推广培育毛竹笋材两用林 7 项技术，当年毛竹 27 万亩，菜竹 15.5 万亩，笋干竹 22 万亩，工艺竹 5.9 万亩，全域基本形成“中山陡山笋干山，好山低山毛竹山，丘陵缓坡菜竹山，边缘高山工艺用竹山”的竹子生产新格局。

1996 年 3 月，临安被国家林业局命名为“中国竹子之乡”。同年，临安被列入全国“科技兴林示范市”。临安市委、市政府确定十个领导的科技示范点，其中有关毛竹的有毛竹丰产材用林示范点、毛竹低产休改造示范点、毛竹笋材两用林示范点、毛竹新造林示范点、毛竹低产林改造示范点、毛竹新造休示范点。至年底，全县竹林总面积 70 余万亩，其中毛竹 27.4 万亩。

1997 年 4 月 28 日，市林业局下发《关于印发〈临安市毛竹发展技术标准〉的通知》，对毛竹新造林的起点面积、整地、挖穴、种苗质量、密度、抚育，以及对杉木成熟林林地套种毛竹、垦复毛竹林均作出具体规定。同月 29 日，市政府印发《关于扶持毛竹生产发展的几项政策规定》，包括扶持内容、奖励政策。

2001 年、2003 两年，新增毛竹 1435 亩、4470 亩，毛竹笋材两用林改造面积分别为 1.9 万亩、2 万余亩。

毛竹、菜竹是市域主导林产品，为此临安加大基地建设投入，实施标准化生产，促进产业化发展，提升主导产业生产水平和产品质量，得到省林业厅的重视和支持。2003 年，康鑫 6 万亩毛竹笋基地被列为省森林食品基地。

板桥乡的竹山、竹材和篾丝

（布智明 2003 年摄）

2004 年，新增毛竹 4500 亩，完成毛竹复垦 2 万亩。

2006 年，完成毛竹低产林改造 1.21 万亩新增毛竹造林基地 1836.2 亩。同年 10 月，临安市再次被国家林业局命名为“中国竹子之乡”。

2007 年，全市共申报省、杭州市级林业项目 28 个，争取各类补助资金 1530 万元。其中，毛竹笋材两用林示范园区 5 个。建成高产高效示范基地 47 个，其中，毛竹高产高效示范基地 12 个。

2010 年，全市新建省级现代农业生产发展资金项目两个，其中有康鑫省级现代毛竹示范园建设项目。2011 年，启动实施世界银行贷款林业综合发展项目，建设期 4 年，主要建设内容有毛竹林混交等技术模式。2012 年，临安共完成世界银行贷款林业综合项目纯林生态修复小班 479 个，面积 4.5 万亩。其中种植毛竹苗 23.4 万株。

2015 年，全市有竹林面积 97.4 万亩，其中毛竹 33.8 万亩，毛竹林分株数稳定在 5700 多万株，亩立竹量控制在 170 株，毛竹年采伐量增至 1000 万株。竹产区 15 万竹农近六成的年收入来源于竹业。通过结构调整，高山交通不便的笋干竹林面积减少，演变恢复为生态效益好的阔叶林；低丘缓坡经济效益好的菜竹与毛竹面积持续稳定地增长。

2018 年 2 月 17 日，区林业（农业）局组织专家学者和企业代表研讨“临安竹产业振兴三年（2018—2020）行动计划”。

2019 年 4 月，“毛竹林定向培育关键技术示范推广项目”启动。当年临安有毛竹 33.8 万亩。

1991—2019 年临安竹材生产情况表

表 4-1-1

年　度	毛竹立竹量（万株）	毛竹采伐量（万支）	毛料（吨）	杂竹（吨）	年　度	毛竹立竹量（万株）	毛竹采伐量（万支）	毛料（吨）	杂竹（吨）
1991	3569	242.70	11221	3461	2006	—	750.00	18160	26584
1992	3569	214.00	9416	2615	2007	—	900.00	27087	28032
1993	3569	219.00	6957	2262	2008	—	700.00	26919	27537
1994	3569	166.00	3505	2272	2009	—	900.00	24279	33110
1995	3569	305.00	10429	3715	2010	—	700.00	24270	47208
1996	4039	271.00	7660	7958	2011	—	900.00	24279	42921
1997	4039	239.00	6685	4993	2012	—	800.00	24719	43102
1998	4039	96.00	9011	6109	2013	—	1000.00	25722	46119
1999	4039	370.00	15006	6729	2014	—	800.00	28673	260000
2000	4039	295.00	10271	8394	2015	—	750.00	28445	277480
2001	4039	520.00	11404	8426	2016	—	700.00	27968	310475
2002	3177	471.53	13470	9941	2017	—	800.00	27968	323966
2003	—	645.00	13088	13475	2018	—	750.00	—	—
2004	—	901.00	11481	11562	2019	—	600.00	—	—
2005	—	700.00	19592	14674	—	—	—	—	—

三、渔用大毛竹、毛篙竹

（一）渔用大毛竹

20 世纪 70 年代，省内沿海渔业生产从以往的拉网作业发展到张网作业和近海养殖业，急需一种支架用以张网和围捕。当时塑料工业、钢铁工业还很不发达，毛竹由于韧性特殊、浮力强大，尤其是在海水浸泡中不易腐蚀的特性，成为海洋渔民首选的生产资料，而且要求毛竹越粗越大越好，命其名为“渔用大毛竹”。它分为两种规格：离地 5 市尺、眉围在 10.5 市寸以上，全梢，下留半个蒲头，称为渔用毛竹；眉围超过 12.5 市寸，留圆蒲头，称为渔用大毛竹。在商业规格上统称为“渔用大毛竹”，列入专项计划收购、调拨、分配。省土产公司负责牵头发展和经营全省的渔用大毛竹，选择重点产区建立大毛竹生产基地，临安为省第一批生产基地示范点。

殷家山渔用大毛竹　　（楼中宏 1978 年摄）

当时县政府确定由县土产公司统一负责渔用大毛竹的生产辅导、收购、储运和调拨工作，并采取如下措施：1.选聘招收 6 名毛竹专管员。其中临安片 3 名、於潜片 1 名、昌化和昌南片各 1 名，列入县土产公司编制专司渔用大毛竹生产。2.开展广泛的宣传发动工作。1974 年 11 月中旬在板桥牌联村召开第一次培育大毛竹生产动员大会。以后，基本上每两年召开一次生产现场会，广泛发动和宣传。3.制定鼓励政策，扶持大毛竹生产发展。从 1974 年冬季开始，规定每垦复 1 亩大毛竹生产基地，经验收合格，每亩给予 50 元现金和化肥补助。至 1984 年的十年间，全县由点到面建立大毛竹生产基地 3 万余亩，分布在板桥的牌联、里桃、豆川，上甘的甘山、周家村，玲珑山的殷家山、锦绣，横畈的泉坑、立塔。以后又逐步在三口、青山、石门、马山、洪岭、湍口、龙井桥等公社都建立毛竹生产基地，总面积超过 10 万亩。当时规定，渔用毛竹收购价比同等毛竹收购价翻一倍计算，眉围超过 12.5 市寸的圆蒲头，每支价再翻一倍。按当时的比价，一支眉围 12.5 市寸的圆蒲头大毛竹收购价，相当于 50 千克大米的价格，因此广受欢迎。4.表扬先进，推广先进经验。在重点生产基地村落实毛竹基地责任人，他们都是当地当年毛竹生产先进分子和带头人，在生产现场现身示范。县土产公司还多次组织生产基地村干部、专管员到奉化石门、安吉港口以及舟山渔区现场参观取经，沟通产销。5.增加交通、储存的配套设施，以适应毛竹产销需要。先后在板桥的油车头、牌头，三口的秋口，玲珑的殷家山、锦秀坎上、化龙，横畈的泉坑、立塔、庙下，石门的龙上等地建立毛竹专用堆场，投入资金超过 100 万元，同时还向上级有关部门争取林道建设资金，在马山、洪岭、湍口、白牛、横畈立塔等地建设山区公路，总投资也在 100 万元左右，山区交通面貌由此出现新变化。

经过多年努力，县域渔用大毛竹基地发展到 10 万余亩，其中达到省定验收标准的有 3 万余亩，每亩蓄积量超过 120 支，最高的样品试验山达到亩均 300 支以上。渔用大毛竹生产为当时壮大集体经济、增加农民收入发挥重要作用，涌现省内外闻名的玲珑山殷家山村、板桥牌联村、横畈泉坑村等先进典型，得到政府、业务主管部门表彰奖励。

到 80 年代中期以后，随着生产与科学技术的发展，渔用大毛竹逐渐被塑料有机化工工业产品取代，退出产销市场。

（二）毛篙竹

毛篙竹是毛竹中的一种特殊规格专用竹，其形态特征、生长规律、培育管理等方面，与毛竹基本相同，主要是用作撑船的篙子，故名。毛篙竹与航运事业的发展相随而生，约有 2000 年的悠

久历史。临安县年产毛篙竹 10 万多支，是杭嘉湖、苏南、苏北、浙东内河与沿海船户的主供货源，被列为全省重点产区县之一。1981 年，毛篙竹收购量 25087 支，创历史最高纪录。

毛竹、篙竹属二类收购物资。收购均奖励化肥、粮票、布票。如每百株眉围 6 市寸以上毛竹奖粮票 20 市斤、布票 2 市尺。1981 年，毛竹每百市斤的收购价为 10 多元。渔用大毛竹、毛篙竹和其他毛竹的奖励标准有区别。

第二节　菜　竹

自古以来，临安竹类资源非常丰富，春有春笋，夏、秋有鞭笋，冬有冬笋，四季不乏，味甲诸蔬，价昂货畅。1983年，临安从笋干竹中，以生产食用鲜笋为主的一类中径笋用竹，称为“菜竹”。主要为哺鸡类竹种，有雷竹（早哺鸡竹）、高节竹（哺鸡竹）、尖头青竹（青哺鸡竹）、红壳竹（红哺鸡竹）、白哺鸡竹、乌哺鸡竹、花哺鸡竹、富阳乌哺鸡竹、云和哺鸡竹等。1998年，制定《临安菜竹竹种》（DB33 / T 223—1998）与《临安菜竹丰产栽培技术规程》（DB33 / T 224—1998）省级地方标准。

民国二十二年（1933），《中国实业志》记载：临安县有菜竹林 2000 亩，年产鲜笋 1.4 万担（1 担=50 千克，下同）；昌化县菜竹林 2500 亩，年产鲜笋 1 万担。从 1984 年起，临安县政府根据林业区划提出的意见，积极种植发展雷竹、高节竹等优良食用笋竹，开发商品菜竹。据 2017 年森林资源调查，全域有菜竹林 43.86 万亩，其中林地菜竹林 31.98 万亩，非林地菜竹林 11.88 万亩。改革开放以来，临安菜竹笋产业一直是临安农业农村经济发展最快、效益最好的第一大支柱产业。

一、雷竹

雷竹，因雷响笋动而得名，又名雷公竹。临安气候温和，雨量充沛，有明显的春雨期和秋雨期，很适宜雷竹生长。天目雷笋原产地域范围为临安行政区域，种植面积为 30 余万亩。由于独特的气候条件与地理环境，临安出产的天目雷笋笋体饱满，壳薄肉肥，色白质嫩，鲜中带甜，清香松脆，无论生炒，烤煮、油焖、做汤，或制成罐头食品，清爽可口，其味鲜美，被誉为“江南第一笋”，《中国林业报》则称誉为“临安竹笋甲天下”。据测定，雷笋蛋白质含量为 2.74%，为大白菜蛋白质含量的 2 倍多，脂肪含量高于常见蔬菜，总糖低于一般蔬菜，粗纤维含量较常见蔬菜低，磷含量丰富，还含有 18 种氨基酸，为健康绿色食品。

“天目雷笋”与“天目笋干”是临安竹笋两大区域品牌，2009 年经国家工商行政管理总局商标局注册为证明商标。2011 年 1 月，浙江大学 CARD 农业品牌研究中心发布 2010 年中国农产品区域公用品牌价值评估报告，“天目雷笋”“临安山核桃”“天目笋干”3 个农产品区域公用品牌价值均入选全国百强。其中“天目雷笋”品牌价值 15.85 亿元，列第 61 位。2013 年品牌价值为 18.98 亿元，比 2010 年提升 19.75%。2018 年品牌价值为 22.62 亿元。

（一）品种

据临安雷竹良种试验研究，雷竹栽培类型有细叶乌头雷竹、黄皮早竹、青壳雷竹、黄条早竹、安徽早竹、弯秆雷竹（蛇形竹）、花壳雷竹、花叶雷竹、花秆早竹、雷山乌等，其外形、笋期、产量等有很大差异。从中筛选出临安的细叶乌头雷竹与弯秆雷竹为良种，临安发展栽培的绝大部分雷竹均为此类良种。

雷笋栽培历史悠久。临安农家素有利用房前屋后、丘陵坡地种植菜竹之俗。民国期间，临安县政府提倡农村在房前屋后、四旁隙地种竹，供观赏、防风和产笋食用。

（二）形态特征

雷竹地下茎单轴散生，2分枝。秆高5—9米，径2—4厘米，初时深绿色，被白粉，无毛；秆环与箨环均中度隆起。箨鞘长圆形，外面及边缘均无毛，略被白粉，褐绿色或淡黑褐色，被褐色斑点；箨耳与鞘口缝毛缺如；箨舌褐绿色或紫褐色，弧形或近三角形，两侧明显下延或微下延，先端有细汗毛；箨片狭带状披针形，强烈皱褶，反转，绿色或紫褐色。末级小枝2—6叶；鞘口被缝毛，叶片长6—18厘米、宽8—22毫米。笋期2月下旬至4月中旬。

雷竹在刚竹属中出笋最早，笋味鲜美，持续时间长，产量高，是中国特有的优良笋用竹种。雷竹林亩产竹笋一般750—1000千克，集约经营水平高者亩产可达3000千克以上。通过覆盖栽培，雷竹可提前至春节甚至元旦左右出笋，为江浙沪一带早春喜食的时令蔬菜之一，经济效益显著。

（三）产销

临安竹农经营竹笋历史悠久，而直到20世纪80年代以后，随着市场经济的发展，重视因地制宜，讲究经济效益，雷竹面积始迅速扩展，产业规模始逐渐壮大。

1982年，临天公社吴马大队在县域第一个设立雷笋收购点，收购雷笋88吨，产值10.09万元，每500克平均价0.57元，其中78.5吨运销上海，首次打开临安雷笋销往上海的大门。

1990—1998年高虹镇雷笋产量、产值统计情况表

表4-1-2

项　目	1990年	1991年	1992年	1993年	1994年	1995年	1996年	1997年	1998年
产量（吨）	690	810	1050	1260	1960	3024	4133	5838	6002
产值（万元）	180	230	350	580	860	1700	2618	2132	2535

1983年3月，县委农村工作会议提出“今后一个时期，要把发展各类竹子生产和竹子综合加工作为一条重要措施来抓”。次年2月，县委农村工作会议分析县域实际，把竹笋生产作为开发性生产的主攻方向之一，确定“经济翻番，山挑重担，竹肩一半”的战略决策，发动千家万户在自留地、自留山种竹，并实行经济扶持。于是，全县出现种竹热潮，其中最具特色、经济效益最高的就是迅速崛起的笋用雷竹。人工栽培笋用雷竹成本低，周期短，产量高，见效快。临天乡吴马村葛银万0.7亩雷竹年产鲜笋1206.65千克，收入1206.39元，誉称“雷笋大王”。千家万户放开经营，大量雷笋随之形成规模，形成基地，源源不断运往上海等大中城市供应市场，满足居民之

需，同时也迅速促成农民致富。全县雷竹栽培面积以每年万亩的速度递增。

1985年1月设立竹笋服务中心。1985年4月成立临安县竹业协会，其职能主要是向竹农传授雷竹提早出笋高产栽培技术。1984年冬到次年春，全县种竹1.05万亩，主要竹种有雷竹、哺鸡竹等。广大竹农从实践中形成发展笋竹生产的自觉性，认为栽培笋用雷竹最适合家庭经营，土地、劳力、资金、技术得到最有效的组合和配置，是一条致富奔小康的康庄道。

1986年是“七五”计划第一年，全县农民利用房前屋后、自留地、自留山、沙丘堤岸种植雷竹、哺鸡竹等各种笋竹6647亩。横塘乡蔡山村利用石头山种竹，第四年起实现商品化，户均竹、笋收入500元。临安各级政府多方集资扶持竹笋生产，全县竹、笋人均收入达70.2元。县统计局于当年11月17日发表一份调查资料，题为《又一拳头产品在临安山区崛起　竹、笋经济收入已与茶叶收入并驾齐驱》。

1987年，全县雷笋生产主要表现在“一早二高”。一早，就是上市季节早。1986年吴马收笋点最早开秤收购时间是3月4日，1987年是2月16日，提早半个月。二高，就是价格高、产量高。1986年最早开价是每500克1.2元，几天后即降至1元，而1987年最早开价是1.5元，一直稳定到3月19日，中途还上升到1.70元。直至三月底，收购价仍在1.1元以上。

1988年7月6日，临安县向省科委报告筹建10万亩菜竹基地系统工程课题，引起省科委及中央有关部门重视。该工程由县农业区划研究学会和县竹业协会承担，拟于1988年至1990年10月完成。建成后，临安将成为国内县级最大的菜竹基地，亩产竹笋500—750千克，亩产值以1000元计，总产值可达1亿元，相当于全县农业总收入60%。

县域广大农村按照“建设10万亩菜竹基地”的工程规划，充分利用低丘缓坡、溪滩荒山以及四旁宅地种植食用笋竹。1988年冬1989年春种植雷竹、高节竹、早竹、石竹等各种食用笋竹面积6770亩。全域10万亩菜竹基地工程，至1989已建成8.6391万亩。

临安县从1984年开始，连续三届县委、县政府领导坚持不懈、始终如一抓开发农业，抓丘陵缓坡地开发利用，其中把10万亩以雷竹、高节竹为主的菜竹基地建设作为主攻方向，作为开发商品生产的先导。至1990年的6年来，菜竹面积从3.3万亩发展到10.05万亩，鲜笋产量从1420吨增至2万吨，产值由82万元增至3300万元。

在建成10万亩菜竹基地的同时，出现一个科学育笋的热潮。县域科技人员通过多年探索，掌握竹笋早出高产科学技术，做到边研究，边推广，在全县范围内出现一大批竹笋亩产值超万元高效益的典型。1987年，横溪乡金头村竹笋大户马良宝采用地膜覆盖，雷笋产量、产值明显增加，科技引领，率先示范。继而1990年，三口乡珠坞村鲍子潮经营0.38亩雷竹园，当年雷笋产量1074.25千克，收入4165元。平均每500克单价1.95元，折成亩产2826.95千克，亩产值11025元，是当年全县雷笋单产最高、出售单价最高、亩产值最高的“三高状元”。其提早出笋技术，使雷竹出笋由3月初提早到1月初。1991年，该项技术应用于县域5000亩竹林中，为竹农创值462万元，由此全县掀起一个学科学、用科学的群众性热潮。临安菜竹笋产值约占全县鲜笋总产值80%，小竹笋闯出大事业。

其间，临安注重调整菜竹品种，早、中、迟合理布局。全县以雷竹为主的早熟品种占30%，以高节竹为主的中熟品种占50%，刚竹、桂竹等迟熟品种占20%，县域竹笋能四季见鲜。采用传统的春季种竹，也推广梅季种竹和秋季种竹，改一年只有一季种竹为一年四季都能种竹。提高经营水平，出现雷竹亩产2吨，高节竹亩产3吨，以及提早出笋、亩产值超万元的典型实例。促进城乡交流，沟通与杭州、上海、无锡等大中城市往来。上海市有80多家菜场与临安竹农建立起流通关系。

1991年10月31日，由中国林科院亚热带林业研究所等单位专家组成的鉴定委员会，对临安县林业技术服务总站“雷竹提早出笋及高产栽培试验”作出鉴定意见，认为“该试验数据准确，技术路线可行，超额完成了课题计划目标，在国内同类技术研究中达到领先水平”。建议上级主管部门积极组织该项技术的推广应用。

1992年9月，全县近4万亩雷竹秋季二度出笋，日产鲜笋2吨左右，其中三口、临天、高虹、杨岭、青云、横塘等乡镇达5000余亩，普遍获得较好收益。

1990年后的三年，又是一个飞跃，菜竹面积每年以平均1万亩的速度继续发展。全县重点发展雷竹和高节竹。1993年，全县雷笋收入普遍在去年基础上翻一番，超过5000万元。县域2万亩投产雷竹，亩产量平均为750千克，每500克均价1.88元。当年县域出现千万元的乡镇是锦城镇，百万元的村是三口乡樟坞村，7万元的户是高虹乡高乐村陈大量。全县约有3万户雷竹农户，每户平均雷笋年收入1666元。

1993年，县政府向省政府报告，建议立项建设年产10万吨竹笋“菜篮子”工程。同时，要求全县人民以市场经济为导向，以服务为纽带，以基地建设为依托，以加工为重点，增加农民收入，实现小康目标。全县人民积极响应，立即掀起建设热潮。

1994年，县政府提出兴建“三竹工程”，建立“三个示范点”：高虹乡雷竹示范点，临目乡天目笋干示范点，上甘乡毛竹笋材两用林示范点。1995年全县有10万亩菜竹投产，年产值1.5亿元。推广菜竹笋早出高产技术1万亩，总产值增加5000万元。

1996年年底，全县竹林总面积74万亩，竹业总产值5亿元，其中竹笋2.7亿元。涌现出竹笋产值超千万元的乡镇11个，万元户6334户，超3万元2589户，超5万元64户，超10万元4户。同年，临安市被列入全国“科技兴林示范市”。市委、市政府确定10个市级领导的科技示范点，其中“三竹”项目占9个，涉及雷竹的有“雷竹中低产林改造示范点”“雷竹持续发展示范点”。

1997年，推广雷竹、毛竹、笋干竹高产高效技术1.527万亩，产笋1.5万吨，产值1.2亿元，项目获省林业厅科技进步一等奖、省政府科技进步二等奖。根据“三竹工程”项目，重点抓好3个乡级示范基地、10个临安市级领导的示范点、300个科技示范点。市林业技术服务总站编写“雷竹笋早出丰产栽培技术规程”“菜竹竹种”“菜竹丰产栽培技术规程”“笋干竹林丰产栽培技术”4个标准，其中前3个为浙江省地方标准，笋干竹为杭州市地方标准。

1998年，全市雷竹投产面积8.5万亩，雷竹笋总产量4.1万吨，产值2.124亿元。其中雷竹提早出笋2万亩，产量1.5万吨，产值1.5亿元。亩产量750千克，亩产值7500元，每千克笋价10

元。与上年相比，投产面积增加，亩产量下降，总产量减少，总产值增加。高虹镇竹笋产量、产值一直领先全市。该镇统计站对1990—1998年竹笋产量、产值的调查数据显示，该镇从1990年起，竹笋产量、产值跳跃式上升。由于领导重视，三级科技网络齐全，实行科学育竹，服务配套，即使是在特大自然灾害竹林惨遭损害的情况下，仍能达到增产增值。

以雷竹为主的食用菜竹是临安农村经济的支柱产业，至1999年已建成20万亩菜竹基地，并带出一支营销队伍，催生一批加工企业，单一的种植转向市场产业化。普遍推广应用雷竹早产覆盖技术、两季出笋技术等科技成果，使雷竹“春笋冬出”、秋季二次出笋，产品填补淡季供应量，提高经济效益。1999年，高虹镇获省“雷竹之乡”称号。

临安最大的雷竹户锦城镇崇阳村蒋长富，拥有雷竹基地70亩，连续5年年收入超10万元。他刻苦钻研种竹技术，与浙江林学院、市林业局专家一起，开展配方施肥、地下竹鞭和竹龄结构研究，科学经营，成效显著。其经营的雷竹基地，1998年8月被杭州市林水局确立为“雷竹早出丰产栽培技术规程标准化生产示范基地”，其家庭获评省级“科技示范户”。太阳镇枫树岭村薛红星5.4亩雷竹园，采用科学经营方法，连续6年高产却无衰败迹象。1999年产雷笋14吨，收入10多万元，4年来共收入42万元。

2000年，全市竹林总面积86万亩。竹笋年收入超千万元的乡镇11个，超百万元的村100多个，超万元的笋农7000多户，薛红星、蒋长富等4户连续6年超10万元。全市13万户农户中，60%以竹为业，4000多人从事竹产业购销，竹业年总产值7.5亿元，占全市农业总产值的48.9%。

为了促进临安林业标准化建设工作，以市林科所为主的标准起草小组，2001年先后参加省、杭州市和临安市的四个地方标准的编制，其中《无公害竹笋》是浙江省第一个省级无公害林产品系列标准。2003年，太湖源雷竹笋基地被列为省特色优势林特产品基地。2004年，市林业局参与行业标准制订工作，与中国林科院合作，承担制订国家林业行业标准2003－LY－006《雷笋生产技术规程及产品质量等级》。

2005年，全市有雷竹林30万亩，其中退化竹林10万亩。雷笋产量15.6955万吨，总产值5.2323亿元。同年启动10万亩退化竹林改造工作，延长产笋期，增加竹农收入。当年秋季覆盖雷竹1万亩，实现秋笋收入5000万元。

临安从20世纪80年代初起步，根据山区实际，从开发丘陵缓坡地入手，充分运用农业区划成果，大力发展毛竹、菜竹、笋干竹。经过20多年的努力，依托资源优势、区位优势和科技优势，实施“三竹”并举、“三产联动”发展战略，取得显著成效。全市竹林面积从1996年的74万亩增至2006年的96.4万亩，雷笋产量从2.8万吨增至17.0283万吨，农民人均竹业收入从1200元增至2200元，并涌现出一批笋竹制品加工龙头企业、雷竹丰产高效园区和专业合作社。

2007年，市委、市政府出台《关于加快竹产业发展的若干意见》。全市完成杭州市农发项目“雷竹秋季覆盖技术推广”、杭州市科技局重点农业科技推广项目“雷竹秋笋错季栽培技术推广”与“雷竹退化竹林改造”星火培训项目。共申报省、杭州市级林业项目28个，其中雷竹丰产高效示范园区2个。建成高产高效示范基地47个，其中退化雷竹改造示范基地7个。2008年，杭州市科技局科技项目“雷竹（早竹）秋笋错季栽培技术推广”通过验收。

1994—2019 临安历年竹笋产量、产值万元户情况表

表 4-1-3

年　度	笋干产量（吨）	竹笋总产量（吨）	一产产值（亿元）	万元户（户）	5 万元户（户）	10 万元户（户）	最高产户（万元）
1994	943	40700	1.20	3600	30		陈大量（7.5）
1995	1579	43500	1.50	3400	30	2	孙林平（10.4）
1996	1330	44700	2.70	6334	64	4	朱有荣（13.5）
1997	2102	52600	3.00				
1998	1986	52000	3.00	—	—	—	—
1999	2403	55000	3.20	—	—	—	蒋红星（14.0）
2000	2243	60900	3.14	7000	70	4	—
2001	3418	88600	3.45	9000	95	5	—
2002	3394	134000	4.00	12000	131	7	—
2003	14532	181000	5.20	15300	180	6	徐方正（20.0）
2004	17418	50203	5.37	18500	315	10	张炳海（18.0）
2005	19389	56228	5.60	128700	259	14	蒋长富（25.0）
2006	21910	63542	—	—	—	—	—
2007	20071	60212	—	12002	115	15	—
2008	17398	68440	—	13855	161	12	李忠顺（50.0）
2009	16699	72998	—	15100	202	13	张小平（22.0）
2010	18452	79854	—	12890	176	10	—
2011	17714	83100	—	14876	287	28	—
2012	16474	90431	—	13960	349	30	—
2013	18268	93256	—	14366	466	59	—
2014	24000	106488	—	12803	871	136	邵观夫（32.0）
2015	22340	109801	—	14366	466	59	—
2016	22000	117798	—	—	—	—	—
2017	22280	129863	—	—	—	—	—
2018	25020	142814	—	—	—	—	—
2019	24300	134800	—	—	—	—	—

2009 年 12 月，中央财政设立的现代农业发展基金项目“临安省级雷竹现代示范园区建设”通过验收。项目在太湖源镇、青山湖街道、板桥乡、三口镇、玲珑街道、锦城街道、锦南街道完成示范区建设 2.25 万亩。

2010 年，全市雷笋总产量 16.53 万吨，总产值 6.856 亿元。有雷笋万元户 1.51 万户，同比增加 1245 户；5 万元户 202 户，增加 41 户；10 万元户 13 户，增加 1 户；100 万元户 2 户。其中，千洪乡朱湾村吴柏木经营竹林 100 亩，竹笋收入 110 万元；高虹镇崇阳村蒋长富竹笋收入 104.8 万元。

2012 年 5 月，临安启动退化雷竹林改造示范区建设工作。市林业局投入 70 万元，在太湖源镇、高虹镇、青山湖街道、於潜镇建立 4 个退化雷竹林改造科技示范园区，示范面积 700 亩。同

年8月，太湖源镇实施菜竹改造项目，应用农家肥、生物肥、无公害病虫防治技术，实施加客土措施，建立深翻垦复改良示范基地。同年全市实施退化雷竹改造2万余亩。制订实施竹笋产业转型升级五年行动计划，建立四个雷竹退化林改造示范区。推进省级现代农业示范园区项目建设工作。浙江省林业厅科技处的“笋壳减量化及资源化开发利用”和苕溪流域综合区主导产业（雷竹）示范区通过验收。完成全国雷竹标准化示范与推广项目。

2013年开展新型林技推广体系建设，推进品牌、标准化和食品安全建设。国家林业局科技司“全国雷竹栽培标准化示范区”通过验收。

2014年，全市竹林面积97.4万亩，其中毛竹32万亩，菜竹48万亩，产值共达10.62亿元，首次突破10亿元大关。竹业为临安带来巨大的经济效益。当年有竹笋万元户12083户，5万元户871户，超10万元户136户。建立雷竹退化林改造示范区，改造退化雷竹林2.5万亩。

2015年7月22日，市人大代表农业专业组视察退化雷竹林改造工作，详细了解退化雷竹的改造方式、改造效果以及改造后产量、产值等情况，随后召开汇报会，听取相关情况汇报。

2016年，临安市开展雷竹退化竹林改造及可持续经营技术推广等工作。建立雷竹种质资源库19.5亩，雷竹良种种苗繁育基地79.5亩，收集雷竹主要栽培类型15种以上；建立雷竹退化林改造及可持续发展集成推广示范基地700亩，辐射推广面积3.5万亩；开展竹林高温灾后恢复技术示范与推广，建立不同受灾程度竹林恢复示范林1000亩，其中雷竹700亩；总结竹林灾后恢复技术，在全市推广；开展雷竹林减肥增效试验研究。

2017年，同余杭区合作，共同完成浙江省地方标准《退化早竹林更新改造技术规程》和杭州市地方标准《覆盖出笋早竹林种竹留养技术规程》。同年，在《临安农林》第一期“难点直击”版刊出《关于临安竹产业发展存在问题和几点建议》，副省长孙景淼和杭州市副市长王宏作重要批示。

2018年，区政府主要领导专题调研竹产业。区政协与区委办调研临安竹产业，形成调研报告呈送区委、区政府。2019年12月30日，省级现代林业生产发展资金项目《竹林砻糠吸放机的研发及示范推广》和临安区科技项目《碱性竹笋专用配方肥料研究与示范推广》通过验收，其中竹林砻糠吸放机开发通过成果鉴定，达到国内同类研究领先水平。

由于千家万户栽培，产地环境和栽培方式各不相同，对统一打雷笋品牌难度很大。但随着产业和市场的转型升级，临安从竹笋专业合作社基地建设着手，对雷竹进行标准化生产，组织化管理，减少化肥使用，推广生物有机肥料，改善环境，改良土壤，提高地力，提高竹笋品质，由此打响了“天目雷笋”品牌。2019年，全域竹林面积96.5万亩，其中雷竹30多万亩，产量11.32万吨，产值10.6408亿元。

二、高节竹

高节竹，又名洋毛竹、黄露头、钢鞭哺鸡竹等，刚竹属，优良的笋用竹种，具有产量高、笋味美、效益好、适应性强等特点。一般亩产1000—1500千克，最高可达3500多千克，亩产值3000多元。1986年，板桥乡西村吴根华户亩产高达3704千克。出笋期在4月下旬至5月底，是雷笋采收后的接力品种，深受笋农和消费者喜爱。竹材可供搭棚架、围栏等。

（一）形态特征

高节竹地下茎单轴散生，2分枝。秆高7—10米，径4—7厘米，节间长18—24厘米，除基部数节外，近似等长；新秆深绿色，无白粉，后转绿色；秆环强烈隆起，箨鞘淡褐黄色，或略带淡红色，边缘褐色，密生斑点，近顶部尤密，呈黑褐色，疏生白毛，下部斑点成块状，黑褐色；箨耳发达，长圆形或镰刀状，长可达15厘米，紫黑色，先端波状，疏生长纤毛；箨片带状披针形，橘红色或绿色而有橘黄色边缘，强烈皱褶，反转。叶片长8.5—18厘米，宽1.3—2.2厘米。笋期4月下旬。适应性较强，在海拔800米以下、坡高25度以下的山坡平地生长良好，可耐-13.3℃极端最低温。笋肉白色，质脆味鲜。单株笋重250—300克。

（二）产销

临安历来都有种高节竹之习，竹农一般自用。中华人民共和国成立后，特别是中共十一届三中全会以后，高节竹种植规模逐渐扩大。板桥乡西村吴根华房前屋后的高节竹林，面积0.42亩，1976年为了防风栽种母竹6支，1979年开始投产，1982年竹笋收入580元，1986年产量1635千克，收入1442.65元，折亩产鲜笋3892.85千克，亩产值3434.90元。

1983年3月，县委农村工作会议提出“今后一个时期，要把发展各类竹子生产和竹子综合加工作为一条重要措施来抓”。1984年2月，县委农村工作会议分析县情实际，确定把竹笋生产作为开发性生产的主攻方向之一，提出“临安经济翻两番，竹笋挑重担”。此后，农民爱竹、护竹，发展竹子生产的积极性高涨，出现千家万户种竹热潮。

贯彻中央1985年1号文件以后，农村产业结构开始调整，许多开垦山都停垦种竹。玲珑山乡高山村400亩停垦山全部栽种高节竹。板桥乡豆川村十里荒山变竹山，雷竹、高节竹面积3000多亩。

1987年高节竹平均亩产459千克，平均每500克0.53元，亩产值486.54元。全县2万亩高节竹，竹笋产量9180吨，产值973.08万元。

1989年，县域广大农村按照“建设十万亩菜竹基地”的工程规划，充分利用低丘缓坡、溪滩荒山以及四旁宅地种植食用笋竹。全县1988年冬季至次年春种植雷竹、高节竹等各种食用笋竹面积6770亩。

1990年，全县发展食用菜竹，每年新种1万亩。同年调整菜竹品种，早、中、迟合理布局。全县以雷竹为主的早熟品种占30%，以高节竹为主的中熟品种占50%，刚竹、桂竹等迟熟品种占20%，县域竹笋能四季见鲜。重视提高经营水平，出现雷竹亩产2吨、高节竹亩产3吨，以及提早出笋，亩产值超万元的典型实例。

1991年，全县菜竹总投产面积6.5万亩。据分析：高节竹等其他中、迟熟菜竹单位产量比去年增产，价格与上年基本持平。

1993年，全县重点发展雷竹和高节竹。高虹乡高乐村陈大量6.6亩竹园（雷竹5亩多，高节竹1亩多），当年产鲜笋8.584吨，产值7.6万元。

1995年，全县高节竹笋1.2万吨，产值2000万元。

笋1350吨，产值1215万元；经销秋笋占全市50%，且最早销到重庆；空运当地秋季出产的大竹笋、方竹笋到杭州、上海鲜销。2002年，获评“杭州市十佳营销大户”。

18.临安雷竹笋亩产值最高的户。青云乡夏村朱有荣，1996年雷竹1.5亩，产值8.2万元，折亩产值54666元。

19.高节竹小竹材经销第一人。板桥乡株西村余光喜，1986年开始经销高节竹小竹材，年销小竹材3000多吨，主要销往山东、辽宁、湖北等省。

第三节　笋干竹

笋干竹指以加工天目笋干为主的一类中小径笋用竹，主要有石竹、天目早竹、浙江淡竹、水竹、木竹、篌竹、黄古竹、石绿竹、白壳竹、美竹、刚竹、桂竹等30多个竹种，以石竹笋、天目早竹笋加工的天目笋干为佳。

由于水土、气候适宜，其笋壳薄、肉肥、色白、质嫩，鲜中带甜，甲于诸蔬。长期以来，除了食用鲜笋外，临安人还将石笋、早笋、红壳笋等制成笋干。天目笋干是临安传统名产，历史悠久，宋代僧赞宁《笋谱》即有天目笋干“日干甚，耐久藏”，“以备蔬食，尤妙者也”的记载。明万历二十五年（1597），文学家袁宏道游天目，作《天目两则》，文中称赞天目山的笋味“类绍兴破塘，而清远过之”。意即天目笋味比闻名于世的绍兴破塘竹笋味还要清鲜。清宣统《临安县志》记载，明正德、嘉靖年间，天目笋干已为江南士民称道，至今逾四百余年。至清康熙、雍正、乾隆年间，西天目山禅源寺香火炽盛，天目笋干成为寺院待客的主菜。善男信女争相购买，声誉远播，盛况持续二百余年。近代又将之与天目云雾茶、昌化山核桃同称“天目三宝”，延续至今。

天目笋干味美可口，助食开胃，营养价值高，乃佐餐佳品。香港《经济导报》称“天目笋干以清鲜盖世”。据科学分析：含有蛋白质2.5%—3%，脂肪0.2%—0.3%，糖2.4%，还有钙、磷、铁等微量元素，有16—18种氨基酸。民国十九年（1930），天目笋干出口新加坡并销往中国香港。1956年，天目笋干首次展销于广交会，随之畅销全国10多个省、市及港澳地区，出口南亚诸国。

据民国《於潜县志（草本）》记载：“诸笋均可和盐煮烘为干，以早笋、石笋制者较佳。北区笋多之处，就山设厂，采笋煮之，曝之为笋干，贮以箬篓，久藏不坏，每年产量不下三四千担，运销杭、沪。”昌化县的马啸、颊口、白牛、石瑞等乡也有少量生产。抗战前，临安县年产笋干稳定在二三千担；抗战期间无法外运，产量陡减至二三百担。抗战胜利后，因政局不稳，物价高涨，成本大增等原因，产量仅能维持在一千担左右，比战前减少一半多。中华人民共和国成立后，特别是中共十一届三中全会以后，大力开发低山缓坡，笋竹面积迅速扩大，全县笋干产量每年都有明显增加。

一、产地

民国三十七年《临安县经济概要》载：天目笋干主要产于天目山周围的原临安县永安乡（今太湖源镇临目、杨岭、夏村等），天目乡（今太湖源镇东天目、碧淙、射干村等），山川乡（今属安吉县），古城乡（今高虹镇高虹、石门村等），南屏乡（今板桥镇板桥、三口村等），而以西、北二区出产最多；原於潜县西天目乡（今天目山镇西天目村等），千洪乡（今於潜镇千洪村等），横路乡（今太阳镇横路村等）；原昌化县的马啸、颊口、石瑞、白牛也有少量生产。中华人民共和国成立后，临安行政区划时有变更，但主要产地未变。

二、品种

天目笋干以天目山区的中小径竹笋加工焙制而成，主要笋干竹种有石竹、早竹、青笋竹、红竹等。石竹，在临安的临目、石门、西天目、千洪有大面积自然分布的石竹林。石竹笋，鲜笋肉质略硬，蛋白质含量高，制作天目笋干，味特鲜美，为笋干最佳。2003 年，杭州临安大地食品有限公司彭根田在於潜千洪建有 5000 亩石笋干示范基地，生产以“原乡人”为品牌的石笋干，为临安打响天目笋干精品——“石笋干”。早竹，在临安加工优质天目笋干被称为“早笋”的早竹，不是雷竹的早竹，应称为天目早竹，以浙西天目山一带栽培最盛。据载，早在 1300 多年前的唐武后时期已有栽培。早笋干肉质肥厚，笋味鲜美，而清鲜略输石笋干。雷竹的早竹以生产鲜笋为主，雷竹的早竹笋笋干与天目早竹笋笋干有较大的差别，所以还没有人来打造“早笋干”的天目笋干品牌。

据清光绪《临安县志》记载：“青笋干，产黄洞（今临目横渡）、东坑者佳，即早笋、石笋所制，和咸（盐）煮晒为脯，经年不坏，维扬姑苏，以为蔬中珍品。”“捋笋煮之，曝之为青笋干，贮以篓，虽久不鮿。老嫩兼半者谓之摘头，嫩者谓之笋尖，极嫩者谓之尖上尖，味美尤贵。”史载，天目笋干以“天目尖”为优，尤以临目、杨岭、东天目所产“早园风尖”为最，焙制考究，蜷如虾形，青绿黄亮，鲜嫩脆爽，并具特有的炭烤咸香。“天目挺尖”又称“白蒲头”，产于三口、上甘等地，长不逾 4 市寸，新笋采制，连蒲带尖，粗若拇指，翠黄肥嫩，清香扑鼻，食之无渣，堪称“山珍”。民国时期，笋干佳品有“早园风尖”“天目挺尖”。

中华人民共和国成立后，天目笋干被列为省管三类物资，由供销社统一收购经销，产品种类分为焙熄、肥挺、秃挺、小挺、统挺、直尖六档。笋干经盐水复汤浸软，摘下的笋尖，烘干即为“焙熄”；摘去笋尖余下的笋坯，按大小老嫩分类、搓成圆形，使之结实成只，以木槌击扁，再烘干，笋形肥壮者为“肥挺”，笋形较小者为“秃挺”，笋形细长者为“小挺”，不分者为“统挺”；不复汤直接烘干的毛坯笋干为“直尖”，直尖就是扁尖，在产区叫直尖，在销区叫扁尖。

自 20 世纪 80 年代后，笋干购销多渠道经营，为追求经济效益，一度出现低价竞销，天目笋干质量下降，“名特产品”声誉受到一定影响。1985 年后，各方重视，笋干质量重又回升。随着竹笋产业的发展，出现了几十家有一定规模的笋干加工企业，笋干产量大幅增长，笋干市场不断拓展，同时有不少天目笋干的知名品牌，如“天目”牌天目焙熄、“原乡人”牌石笋干、“绿叶”牌天目笋干、“天目峰”牌天目笋干、“乡竹弯”牌天目笋干、“乐吃”牌野笋干、“郭氏”牌天目笋干等。从笋干加工产品类型可分为天目焙熄、天目圆尖、天目直尖、天目扁尖、天目弯尖等。天目笋干加工历史悠久，自宋至明，为江南士民所称道。临安有丰富的大面积的笋干竹林资源，而天目笋干加工是以农户家庭作坊进行，在天目笋干产区，几乎家家户户都会加工，在实际生产中，手把手代代相传，其加工工艺深深扎根于临安笋干产区大地。历史上从宋至清很少有天目笋干品牌与加工工艺文字记载。民国时期临安有笋干佳品“早园凤尖”“天目挺尖”，有资料认为这两个品牌均已失传，并深感惋惜。其实不然，临安的天目笋干加工工艺得到广泛传承并有新的发展，“早园凤尖”“天目挺尖”笋干佳品并未失传，只是不称该名或名称不同而已。现在的“天目圆尖”“天目团尖”与“早园凤尖”，“天目直尖”“天目嫩尖”与“天目挺尖”，其加工工艺基本相同。并且民国时期的笋干佳品，至今少则70多年，最多也只有100多年时间，不会突然失传。

焙熄、肥挺、秃挺、小挺、统挺、直尖等笋干，均是按传统工艺进行加工，这仅仅是20世纪50年代至70年代较短一段时期的加工产品类型，是根据县供销社收购经销要求进行这样的分类。焙熄是摘下的嫩尖头，肥挺、秃挺、小挺是根据大小肥厚进行分类，其内在的加工工艺是相同的。20世纪80年代笋干购销多渠道经销后，除保留焙熄外，肥挺、秃挺等挺类笋干已基本无人再生产加工经营，主要原因：一是费工费力成本高。每支笋干复汤后，要摘去嫩尖，将余下的部分揉搓成球，使之结实成只，再用箬篓包装。二是不适应市场需求。没有笋尖的余下部分笋干，市场难以接受。

1949年11月17日，杨德惠著《中国著名土产目录》一书，列有中国著名土产50种，其中涉载临安的有：扁尖，为青笋干的别名，乃是青笋经盐汤煮熟后所焙干。青笋为浙江特产，散布于天目山脉的各县，如临安、孝丰、於潜、昌化，其中以临安、孝丰两县所产为最多，而品质亦优。夏天，茹素菜佳肴里常有扁尖，质嫩味鲜，为茹素人们所乐道。

三、采制

一般从立夏前后开始采拗，5月中旬为旺期，5月底前后结束。清光绪《於潜县志》载：“青笋，石竹生荒山，细而长，小民取以售值。”男女老少带着吃、穿、用品和采制工具上山，先后20多天夜以继日穿行在荆棘丛生的竹林之中，抢季节突击采收。采下来的鲜笋便立即送进加工棚（俗称厂），务必在当夜剥、削、焙制完工，做到鲜笋加工不过夜，以保证笋干鲜嫩。“若高山深谷离村较远，就山设厂，捋笋煮之、曝之为青笋干，储以篓，虽久不黰。”民国十九年（1930），笋干厂临安、於潜各有千余家，昌化数十家。大厂每年出货约百担，小厂只有三四担。天目山一带大厂约占二成，其余皆小厂。中华人民共和国成立后，由于山林所有制及交通等条件的变化，笋干厂减少。

天目笋干的传统制法是将鲜笋剥壳，切除蒲头，洗净入大木桶锅，笋、盐交错叠放，每50千克鲜笋笋肉加食盐不超过3千克，每锅煮笋300千克，加水15千克，旺火煮4至5小时后取出，沥尽盐水，置于焙笼，以文火烘干，温度以40℃—60℃为宜，并经常翻动，此为笋干毛坯，又称“直尖”。焙干后的笋干一般暂时堆放在焙房阁楼上，称为“上堆”，使笋干内外干湿均匀，等笋期结束后再进行复汤加工。将直尖笋干用煮沸的含10%的盐水复汤浸软，待笋干把复汤盐水全部吸净后，捞起堆于竹垫上压实，上用塑料膜封盖，经复汤后 3 — 5 天的笋干最软，易于搓团。剪去笋尖烘干即为“焙熄”；余下之笋坯，用手工搓成圆形，使之结实成支，重新烘焙，当七成干时，取出置于石板上，以木槌击扁，再上焙笼，烘干成型；再按笋干嫩度、色泽分等，笋形肥壮者为“肥挺”，笋形较小者为“秃挺”“小挺”，分等装入箬篓。制作过程有几十道工序，每 50 千克鲜笋可制笋干约 5 千克。

现今规模化天目笋干加工企业，按天目笋干加工工艺进行标准化生产，减去复汤、摘头工艺，传承加盐蒸煮、揉制等工艺，而在烘焙上采用热风炉烘房进行烘焙，使笋干加工速度更快，色光更好，质量更可控。而在农户家庭作坊，还有不少采用炭火烘焙。

四、产销

游人争相购买，声誉鹊起。其间每年产额不下三四千担，运销沪杭。

太湖源镇夏村金家头、浪岭一带是天目笋干主产地之一，当年临目、安吉通往临安都要翻越浪岭，金家头、浪岭脚遂成为农副产品主产地和山货集散地。金家头金庭芳，小名金杏生，看准商机，弃学从商，清光绪十八年（1892）在杭州开设第一家以销售天目笋干为主的山货行，取其小名中“金杏”二字为店名。光绪二十二年（1896），又在上海小东门开设第二家“金杏记”，当年以良好的商业信誉和产品质量蜚声商界。20 世纪 80 年代，《新民晚报》曾刊登广告，寻访上海老字号店，金杏记被上海市政府列为百年老字号店。

民国初，沪杭私商适时涌入天目山区收购笋干，直接运抵沪杭市场销售，收购数额多在 4000 担上下。20 年代，明信片中印有中国北方集市照片，出现“天目笋尖”的店面招牌。同时，出现“余杭周泳丰老店天目笋干”和“余杭周泳丰老店天目早挺”的宣传广告。

民国 19 年（1930）笋干销往中国香港，并出口新加坡。民国 22 年（1933），沪杭私商在临安县收购笋干 6000 担，於潜县 5500 担，昌化县 100 担。当时每担笋干可换大米 10 石左右

1929 年，《西湖博览会总报告书 · 西湖博览会出品给奖一览》记载，临安夏时风制作的天目扁爪圆肥挺笋干获优等奖。

还有一种箓笋，是用毛竹嫩笋烘干或晒干，为江浙沪人喜好。上海箓笋行有的是上海当地人开设的，有的则是杭州、福建一带产地商家开设的。杭州临安一带大量出产的天目笋尖在上海菉笋行可以买到，有的在南货店也可以买到。

抗战期间，食盐紧缺，运销困难，产量骤减，年产仅 1000—2000 担。民国 31 年（1942），临安县产笋干 3400 担，於潜县 300 担。民国 33 年（1944）7 月 4 日，《民族日报》文章，於潜党部函县府，依据各笋户实际产量征收，未制笋干，请免收捐。1948 年，临安县销售笋干约 1000 担，於潜县约 2000 担。至临安解放前夕，笋干产量一度中落，除农民自用和馈赠亲友外，少有客商进山贩运。

中华人民共和国成立后，天目笋干生产得以复苏。1950 年，临安、於潜、昌化三县产笋干 460 吨。1952 年，域内供销合作社开始为笋农代销天目笋干，开拓沪、杭、苏市场。

1954 年全面开展天目笋干收购业务，笋产量倍增，达 700 吨，创历史最高纪录。严格掌握收

购质量标准：每50千克鲜笋用盐不超过1.5千克。白蒲头，无乌节，粗笋干长1.5市尺，细笋干长1市尺。笋农选取其中之优者，提供外贸出口。

1956年，天目笋干首次在广交会展出，以其色泽青绿黄亮、香气清馥芬芳、滋味鲜嫩可口、包装古朴典雅的独特风格，备受国内外客商青睐，一时轰动港澳，当时香港《经济导报》称颂“天目笋干以清鲜盖世，名噪海外”。天目笋干符合出口标准的焙熄远销东南亚等地，国家对产地有粮票、布票奖励。

1957年，天目笋干被列为省管三类物资，由供销社统一经营禁止自由贩运，年收购量稳定在8000—9000担之间。至1977年，20年时间内年均收购量450吨上下，除部分供外贸出口外，大多销往沪、杭、苏等地。1950—1988年，全县年均产笋干451吨，其中1987年产笋干826吨。

计划经济年代物资匮乏，笋干是比猪肉、鲜鱼更紧俏的高档副食品。由于生产增长跟不上消费增长速度，到货少，销量大，库存薄弱，供求矛盾突出。篆笋库存空虚，进货困难，节日供应不足，是最紧俏的第三类副食品。据杭州副食品市场供应计划安排，其中篆笋一项，1958年春节供应仅372.155千克，1959年春节计划供应175千克，紧俏之极。

20世纪70年代，杭州市购货证上对购买笋干须加盖印鉴，证明货物的计划供应更严格。篆笋、笋干作为高档食品，除凭居民购货证购买外，大多用副食品购货券购买。

临安副食品购货券可用以购买笋干及其他高档食品。计划经济年代，华侨向国内同胞汇款，按侨汇数额发放一定的侨汇券，也可购买篆笋、笋干等紧俏物资。

据2002年《杭州物价志》，计划经济年代，凭票、凭证购买的社会商品中，笋干供应如下：1960年4季度，笋干开始凭证供应。

1961年1月13日公布，杭州市场商品供应有八票、二卡、三证。笋干凭购货证限量供应。同年9月，计划凭证限量供应28种商品，其中第8种为主要干菜，包括笋干等。

十一届三中全会以后，落实山林承包责任制，自主经营，笋干竹面积不断扩大，产量不断提高。一些地方开始注意竹林的集约经营，做到年年劈山或隔年劈山，施肥培育。但是，由于种种原因，天目笋干在竹林经营和笋干制作方面都还存在一定不足。首先是竹林的经营水平低。全县除30%为一、二类竹林外，70%均为三类竹林。由于长期以来采笋多，培育少，立竹稀少，竹秆细小，竹林荒芜，产量很低，1991年全县笋干大年平均亩产只有4.8千克。其次是制作。1978年起，在购销十分活跃的市场经济大潮中，一些笋农盲目图利，制作粗放，质量下降。更有一些商贩商德缺失，在已烘干的成品笋干中掺水掺盐，出现“咸、老、潮”的严重质量问题，信誉受损，销路受阻。1982年，临安果菜公司进仓笋干250吨，24个签约要货单位有15个单位拒收，6个单位减去合同数，因积压霉变，对方索赔，临安供货方亏损10万元。

20世纪80年代初，杭州市、临安县人民代表多次提交关于提高笋干产品质量问题的提案，劣质笋干一事引起政府高度关注。1986年，县竹笋服务中心推广石门乡林家塘村劈山抚育实施笋干低产林改造经验，要求开展集约经营，加强培育管理，使笋干产量翻一番。1987年后，天目笋干质量得以逐步恢复，加工企业开始实施标准化生产。全县笋干产量由1987年826吨，增至1996

年 1349 吨。当时全县有笋干竹林 17 万亩，其中 3 万亩为刚竹林，14 万亩为石竹、篌竹、天目早竹林等。

市场经济大潮中，活跃一批笋干营销专业户。1986 年，西天目乡武山村张永强开始营销笋干，1993 年自筹资金创办第一家私营加工企业，面向本乡与千洪、横路一带的农户收购笋干，实行精制加工。收购、拣选、分级整理、小包装、装箱等各道工序，均按技术操作规程严格把关，精心制成“天目峰”焙熄、嫩尖和豆笋等高档产品，达到规格标准后投放市场。1997 年正式向国家申请“天目峰”品牌商标，第一次在上海国际超市立住脚，后又进入上海最大的农工商超市，系列产品畅销上海 130 多家超市和 300 多家商店。同时，产品相继进入泰国、德国、法国等国的大型超市以及澳大利亚、新西兰、南非、日本等国，产品供不应求。1999 年销量达 365 吨，产值 440 万元。“天目峰”被上海市旅游服务推广委员会评为上海国内企业品牌和旅游服务指定品牌。

1989 年，全县笋干竹面积 18.51 万亩，笋干总产量 959 吨，产值 1000 多万元。

90 年代，政府重视引导开发天目笋干资源，提高天目笋干质量，恢复天目笋干传统声誉，实现《1991 年至 2000 年临安县农业区划综合开发总体规划》的要求，即笋干竹面积扩大 2 万亩，产量、产值各增加 80%。为此，决定加强宏观指导，实行科技兴竹，突出抓好两件大事：一是进行低产林改造。技术措施是劈山抚育，清理林地，控制鸟兽为害；垦复抚育，改良林地结构；适当施肥，促使发鞭、发笋，提高产量；及时挖笋，减少营养消耗，增加发笋量；合理留养母竹，适当提高密度。二是实现笋干产品加工系列化：传统系列即焙熄、肥挺、秃挺、直尖、小挺、统挺等；旅游食品系列即竹笋蜜饯、多味笋干、礼品笋干等；混合加工系列即与多种蔬菜食品混合，生产雪菜笋干、黄豆笋干、笋烧肉、腌笃笋等。振兴天目笋干，必须要有政策保证，包括责任制政策、经济扶持政策、税收政策、奖励政策等。必须要有服务保证，包括科技服务、流通服务、资金物资服务、信息服务，由此把县域天目笋干产业推上一个新台阶。

1993 年，临目乡政府分发《告全乡农户、村民书》，指出“若要临目富，竹山下功夫”。乡政府决定大力发展笋干生产，劈山护竹，经过三至五年的努力，力争笋干产量翻一番，人均达 50 千克。

1994 年，县政府提出兴建“三竹工程”，建立“三个示范点”，其中天目笋干示范点临目乡 2.8 万亩笋干山，原来亩产笋干仅 1.9 千克。当年抚育笋干山 2.5 万亩，年产笋干 100 吨。

同年，临安县竹笋服务中心通过多年调查和试验，掌握一套低产林改造技术，主要是劈山抚育、垦复松土、适当施肥、及时挖笋、合理留养、竹林保护等六项技术措施，其增产幅度之大，经济效益之高，被杭州市科委、杭州市农经委作为重大科技推广项目，计划推广规模达 10 万亩，平均亩产达到 10 千克，新增产值 1000 万元。根据杭州市《10 万亩天目笋干竹低产林改造技术推广项目》，1994 年 10 月 15 日，县政府召开天目笋干低产林改造技术推广会。参加会议的有临目、石门、千洪、西天目、高虹、东天目等 6 个乡镇 12 个村的领导、林管站负责人和示范户代表，以及天目笋干竹低产林改造技术推广协作组成员。项目负责人王安国作《开展天目笋干低产林改造 加快山区农民奔小康步伐》的报告，详细介绍 10 万亩推广项目的指导思想和 1994—1996 年三年实施方案，由县竹笋服务中心、县科委、玲珑林业分站和於潜林业分站协作，实施方案、各项计划分别落实到乡、村。县林业局科技人员及时跟进进行技术辅导，提出科学管理措施。

1995年后继续实施“三竹工程”，推广天目笋干林低产林改造6项技术。当年全县笋干竹22万亩，基本形成“中山陡山笋干山，好山低山毛竹山，丘陵缓坡菜竹山，边缘高山工艺用竹山”的竹子生产新格局。天目笋干低产林改造技术推广取得显著成效。同年，全县笋干产量首次突破千吨，达1579吨，创最高历史纪录。笋干产量大幅增长的主要原因，除竹林面积增加，部分小径菜竹笋加工成笋干之外，最主要的原因是推广笋干竹丰产栽培技术，改造低产林。

天目笋干竹低产林改造符合广大竹农利益。西天目乡有22个村，1.3万余人口，山林面积15万亩，其中竹林4.9万亩。竹林中87%为笋干竹，约4.3万亩，是天目笋干主产地。1994年后，该乡每年新发展面积均在1000亩以上。管理也逐步走向集约化，做到年年劈山，清除杂草，松土施肥，对远山、高山竹林留养母竹，实行更新复壮。全乡自产笋干1991年只有150吨，1994年增至350吨，产值1000余万元，占全乡农民人均收入的50%，每年上缴农特税15万元。1998年拥有笋干竹林5万多亩，年产笋干1200多吨。全乡农业总收入7966万元，其中竹笋占55%；农民人均收入3800元，其中竹笋收入占70%；4000多户农户，从事竹业生产者占95%以上。全乡形成村村有基地，户户有竹园，家家产笋干的兴旺局面，笋干成为西天目乡主导产业。

该乡武山村是全市笋干生产重点村。全村215户，631人口，竹林面积6622亩，其中笋干竹林5760亩，占竹林面积87%。1998年，全村自产淡笋干75吨，加上收购临安市域外笋干150吨，总产值360万元；人均笋干产量350千克，产值6000元，户均笋干收入超万元。

天目笋干竹低产林改造大有可为，笋干产量增加直接带动工贸业发展。1996年后，西天目乡武山村从事笋干经营，走贸工农致富之路，全村竹笋总收入达500万元，其中本村笋干、竹笋收入230万元，加工小笋罐头，经销外地笋干净收入270万元，走出一条贸工农致富之路。

临安市绿叶天目笋干专业合作社由武山、吴家、老庵等3个村及61个营销大户组成，有竹林基地1万余亩，笋干加工点8个。2005年收购鲜笋5000多吨，加工笋干3000多吨，产值2500余万元，产品畅销长三角大中城市和澳大利亚、新西兰、南非、日本等国家。该合作社里的武山村崛起一批加工和贩销大户，年加工笋干2500千克以上者有20多户，其中最大的加工户年加工鲜笋125吨。专业从事笋干销售20多人，在上海、杭州等城市都有稳定的销售渠道，还远出外省市加工和收购笋干粗制品，运回武山，经精加工后贩销，增加经济收入。

笋干加工规模不断扩大。全乡具有一定规模并起“龙头”作用的竹笋加工企业有8家，其中多味、美味笋干厂2家，加工笋干达2500千克的户办企业超过200家。另外，还采用传统的贮藏方法，贮存大量笋干原料，变一季加工笋干为四季均可加工。加工品种不断增多，加工质量不断提高。除继承和恢复传统的“天目焙熄”“天目秃挺”等品种外，还新开发出“天目直尖”“天目多味笋干”“天目笋干蜜饯”“天目美味酱笋”等系列产品。随着加工能力增强和品种质量提高，做到前促生产，后活流通，其产业链不断得到延伸。

笋干的销售渠道不断拓宽。全乡形成白鹤、告岭、大有等三个较大的笋干批发市场，年销售笋干2500吨。拥有两支阵容较强的加工销售队伍：一支是有一定技术和资金的加工队伍，全乡有200余人。另一支是有一定经验和资金的贩销队伍，全乡约有500人，除营销本地笋干，还出省、出县去收购笋干，贩回本乡，再经精加工后又销售外地。这两支队伍贩运外地笋干每年达1000多吨，再加上本乡自产笋干1200多吨，全乡年销售笋干共达2200吨，销售额4000多万元，对西天目乡形成笋干集散地起到重要作用。

1996年年底，全县竹林总面积74万亩，其中笋干竹22.4万亩。临安市被列入全国“科技兴林示范市”，市委、市政府确定10个领导负责的科技示范点，其中“三竹”项目就占九个，含市委常委孙关昌的“笋干竹低产林改造示范点”。

1989—2019年，国家每年收购天目笋干量如下表。1997年后，笋农自产自销。

1950—2019年临安县笋干产量和收购量一览表

表4-1-4　　　　单位：吨

年份	产量	收购	年份	产量	收购	年份	产量	收购
1950	460	235	1974	390	354	1998	1986	—
1951	436	250	1975	425	385	1999	2405	—
1952	425	312	1976	468	312	2000	2243	—
1953	465	342	1977	600	486	2001	3418	—
1954	700	370	1978	340	334	2002	3394	—
1955	550	446	1979	534	299	2003	5060	—
1956	475	366	1980	414	59	2004	4333	—
1957	395	244	1981	350	280	2005	4400	—
1958	475	367	1982	429	408	2006	4333	—
1959	400	330	1983	394	107	2007	4833	—
1960	375	311	1984	473	237	2008	4500	—
1961	385	182	1985	600	208	2009	4400	—
1962	365	320	1986	535	243	2010	4167	—
1963	400	336	1987	826	396	2011	4533	—
1964	410	333	1988	520	247	2012	4500	—
1965	575	469	1989	959	207	2013	4700	—
1966	400	334	1990	845	149	2014	4600	—
1967	314	299	1991	891	138	2015	3680	—
1968	250	214	1992	653	182	2016	4780	—
1969	270	243	1993	949	67	2017	5500	—
1970	357	325	1994	943	59	2018	4500	—
1971	330	303	1995	1579	91	2019	5000	—
1972	600	369	1996	1349	70	—	—	—
1973	475	402	1997	1738	—	—	—	—

说明：2002年前由临安市统计局统计，2003年后由市竹产业协会统计

1997年12月7日，临安笋干竹低产林改造项目通过专家鉴定。该项目从1994年开始实施，全县建立9个示范村，66户示范户，至1997年推广面积11.85万亩，平均亩产笋干12.25千克，比推广前1993年的亩产量增8.34千克。推广面积、产量、产值和增幅，均超过杭州市科委下达的指标，被列为1997年杭州市重大农业科技成果推广项目。市竹业协会编写“笋干竹林丰产栽培技术”标准，被确立为杭州市地方标准。

有机天目笋干产地不施化肥，不用农药，是一种无污染、纯天然、高品位、高质量的健康食品，目前国际市场上销售量增长速度最快。临目乡有山林10万亩，被国家认定为生态示范乡，生产有机食品自然条件独特。1997年9月，该乡成立杭州临安有机资源开发研究所，编印“有机天目笋干生产标准”等3份有机生产科技资料，举办临目乡绿色证书培训班。先后编制“有机天目笋干”等4个产品的企业质量标准。申报有机食品颁证和项目，有关部门对天目笋干等两个有机产品与基地以确认颁证。加强国际交往与国内合作。1998年，该所被国际有机农业运动联合会（IFOAM）接纳为会员。此后，全乡按照有机笋干标准，每年生产40吨带有传统风味的有机天目笋干供应市场。

2001年始，临安建立万亩天目笋竹丰产栽培科技示范基地，进行科学管理、标准化生产。西天目食品加工厂、临安绿色食品有限公司采用“专业市场+公司+农户”及联合体等经营模式，专营天目笋干，成为省、杭州市农业龙头企业。“天目山”牌、“天目峰”牌笋干获评省品牌产品，销往美国、澳大利亚等国际市场。

2005年，产天目笋干4400余吨，年产值5000万元，居全国之首。2007年，全市建成高产高效示范基地47个，其中，笋干竹丰产示范基地8个。

2008年，全市笋干竹面积18万亩，笋干总产量4500吨，产值1.58亿元。2009年，全市笋干竹面积18万亩，笋干总产量4400吨，产值1.22亿元。2010年，全市笋干竹面积16.2万亩，笋干产量4167吨，产值1.38亿元。

2010—2019年，全市笋干林面积稳定在16万亩左右，年产量4000多吨。其中，2017年达5500吨，大部分为雷笋干，石笋干约200吨。

2016年4月25日，中央电视台《味道》栏目总导演张涵冰等人到临安采风，对天目笋干制作的全过程进行考察拍摄。

2019年5月24日，在杭州召开天目笋干鉴评会。同年9月23—25日，朱永军、张有珍、卢秋红、朱伟赴北京通过天目笋干地理标志登记答辩，天目笋干获国家农产品地理标志称号。

五、价格

中华人民共和国成立后，逐步转为集体和国营经营。1953年，由供销社为农民代购代销笋干。1954年，供销社全面购销笋干，价格每千克0.9元至1.1元。

1978年实行多渠道经营，鼓励产销直接见面。因鲜笋价格上涨，笋干收购价也随之上升为每千克2.6元。1980年，鲜笋价格继续上涨，与笋干收购价格倒挂，鲜笋直接外销，笋干制作原料大量流失，供销社收购量也随之减少。供销社以贷款扶持生产，建立笋干生产基地。1982年，收购量回升。1983 年，笋干质量下降，为适应变化，提高天目笋干声誉，曾改收成品笋干为收鲜笋自行加工。1984 年以后，笋干收购量逐渐上升。

中华人民共和国成立后，每 50 千克秃挺统货收购价格：1952 年 55 元，1953 年 55—58 元，1954—1956 年 54—60 元，1957—1960 年 57—63 元，1961 年 85—90 元，1962 年 69—75 元，1963 年 57—63 元，1964—1972 年 59—68 元，1973—1978 年 70—76 元，1979—1981 年 90—100 元，1982—1983 年 105 元，1984 年 110 元。1985 年后，笋干收购多渠道，销地慕名去产地直接购买的数量增加，笋干价格上涨。90 年代，政府重振天目笋干声誉，质量有所好转，市场价格每 500 克 10 元上下。1997 年后，完全由笋农自产自销。

西天目乡荣获“省天目笋干竹之乡”称号
（布智明 2000 年摄）

专记 9　“天目笋干”第一村——武山村

西天目武山村位于天目山脚，208 户 623 人，山林 9000 余亩，其中红壳竹、石竹、早竹、高节竹、雷竹、毛竹“六竹”面积占 63.3%。长期以来，全村靠山吃山。改革开放后，村党支部、村委会引导农户齐心协力开发和加工天目笋干，武山村成为“天目笋干”加工采集地，加工量逐年增多，销售量随之增大，“天目笋干”名扬省内外，成为临安“天目笋干”第一村。其成功在于：

靠一基地。村两委会把靠竹致富作为农民增收的一个重要方面来抓，尤其加强培育制作“天目笋干”竹林。自 1988 年以来，村两委会一手抓笋干林培育管理，一手抓 400 亩雷竹高效技术推广，帮助农户学会覆盖技术。分批分期改造低产笋干林，推广天目笋干高效栽培技术，采取留养母竹、挖除老竹、科学施肥等一系列技术措施，使笋干亩产从 10 千克提高到 50 余千克；笋干总产量从 10 余吨增加到 75 吨，经济收入达 100 多万元。2003 年推广雷竹覆盖面积 200 亩，获得良好经济效益，最高亩产值 3 万元。覆盖雷笋收入 160 余万元，200 亩自然雷笋收入 40 多万元，仅雷笋收入就达 200 万元，再加上笋干收入 100 万元，全村竹笋收入 300 余万元，仅此一项，人均收入达 4800 元。

打一品牌。“天目笋干”是老祖宗传下来的老牌产品，古人利用“天目”之名取天目直尖、天目焙熄、天目肥挺、天目小挺等多种名目。现代人为适应生活需求，还开拓“天目峰”、天目多味笋干丝、天目笋片、天目扁尖和天目嫩尖等系列产品。尽管名目众多，但在操作上都离不开传统工艺制作方法，肉质橙黄，味道鲜美。武山村就是靠这种传统工艺精制优势打响天目笋干品牌，占领市场，增加收入。1993 年，村民张永强投资 10 万余元办加工厂，职工 20 多人，开发“天目峰”系列产品，畅销上海 130 多家超市、300 多家商店，年销量 400 吨，还销往澳大利亚、新西兰、南非、日本等国家，产品供不应求。

就地建厂。随着“天目笋干”知名度越来越高，许多跨地区生产或半成品笋干涌进武山村，经武山笋农分门别类、巧制加工，打造天目牌产品销往大城市，武山村由此成为天目笋干加工采集地。村两委会因势利导，鼓励一批经营大户就地兴办加工厂，先后办起浙江临安西天目食品加工厂、临安市食品有限公司、西天目竹笋开发公司、浙江临安天目扁尖精制厂、杭州临安西天目山特产实验厂、临安超奇食品厂等12家笋干加工企业，实行规模化经营。随着加工业兴起，村里共安排400多个劳力就业，占总劳力80%以上。由于加工业崛起，涌现出一批运销户，购买货车11辆，随叫随到，及时运输。每年从江西、福建、湖南、安徽等省运进半成品笋干2000多吨，经精加工后运往大城市销售，提高加工附加值。每百市斤以50元计，全村净利300多万元，户均1.5万元。

一支队伍。随着“天目笋干”加工量增多，村里一批有经济头脑的人干起经销，把“天目笋干”推销到大城市。先是几个人牵线搭桥，后是一大批人进城促销。李金木落脚杭州开设门市部，产品畅销长三角城市，年销约50吨。许多经商能人走出山门，到上海、杭州等地建立办事机构。继张永强、李金木打开营销局面后，又有33个营销户立足城市开设门市部和办事处，年加工销售天目笋干3000余吨，户均加工15吨，成为临安“天目笋干”第一村。杭州市林业水利局在该村建立万亩天目笋干基地，带动周围村民开发天目笋干名牌产品。武山村业已形成山上建基地、山下办工厂、城市有市场、中间有运输的天目笋干生产格局，小笋干创出大产业。

第四节　其他竹子生产

小杂竹　主要用于菜地棚架设施，属二类收购物资。县域分布在横畈塘楼、立塔，河桥、湍口、东天目、西天目、千洪、横路一带，总面积3000多亩。小杂竹年收购量从1000多担到3万—4万担，临安是全省重点产地。菜架竹实行定点生产补助奖励政策，每亩50元，实施近10年。

柄竹　即做锄头、铁耙柄的竹子。1980年，全县有柄竹基地5000多亩。

毛料　毛料为毛竹之副产品，是北方不可或缺的农业生产资料，主要用于扎打场扫把。当年生毛料叫金枝，隔年生的叫二簧，三年以上叫老枝。金枝、二簧属二类物资，由省供销社统一管理，实行计划调拨。老枝属三类物资。毛料主要运销东三省和山东、河北等省。全县20世纪50、60年代年均产量615.6吨，70年代1299吨，80年代2788吨。县土产公司还独创毛料打包机，提高货车装载率达30%—40%，由此节约火车车皮用量，提高装载运输量，受到上海铁路局表彰。当时按规定将60千克毛料打成一件，金枝平均收购价为每件3.6元。1993年，全县毛料6957吨，产值300万元；杂竹2262吨，产值160万元。

毛料、杂竹的收购工作，每年由县计委下达计划，县供销社负责执行，县土产公司调拨经营、生产指导。各公社把计划分解下达到大队，基层供销社负责统一收购。收购规格和价格由省供销社统一下达。

箬叶　临安乡民素有用箬叶裹粽子、制箬篓箬帽、盖箬房的传统。民国《於潜县志》有“笋干采制，贮以箬篓”的记述。民国《昌化县志》也有箬竹的记载。县境箬叶野生资源丰富，分布较广。

中华人民共和国成立后，箬叶属三类点名商品。由省供销社下达调拨计划，县供销社统一收购，分类管理，主要销售杭州、嘉兴一带。箬叶分为两种规格，每年8月前收获的叫伏箬，8月以后收获的叫秋箬。供销社只收购伏箬，不收购秋箬。伏箬每担收购价20元。1950—1988年，全县箬叶购销量年平均311.3吨。自1974年起，每年有箬叶销往日本、东南亚国家。

纸花篾　又名嫩毛竹篾。1952—1982年，有资料统计的30年间，年均产量为0.37万件（1件=60千克）。其后，纸花篾基本停产。

1952—1988年临安县毛料、纸花篾收购情况表

表4-1-5

年　份	毛料（吨）	纸花篾（万件）	年　份	毛料（吨）	纸花篾（万件）	年　份	毛料（吨）	纸花篾（万件）
1952	—	0.01	1965	1015	1.17	1978	1110	0.09
1953	—	0.06	1966	875	0.48	1979	1450	0.45
1954	80	0.08	1967	675	0.24	1980	2275	—
1955	1000	0.48	1968	425	0.04	1981	1805	0.26
1956	245	0.21	1969	955	0.51	1982	2550	0.11
1957	485	0.81	1970	505	0.17	1983	3810	—
1958	180	0.02	1971	1155	0.73	1984	1610	—
1959	455	0.55	1972	785	0.05	1985	3885	—
1960	230	0.03	1973	1745	0.88	1986	3165	—
1961	425	0.38	1974	880	0.08	1987	2380	—
1962	815	0.01	1975	1360	0.65	1988	3640	—
1963	1145	1.22	1976	2075	0.17	合计	47990	11.11
1964	545	0.73	1977	1955	0.44	—		

竹质土纸　史载，早在晋代，临安与余杭二县交界的由拳村即产藤纸。至于竹质土纸，是指以嫩毛竹为原料，用传统的手工及设备制作的纸张，在临安具有悠久历史。现存资料可考证的是明万历年《临安县志》记载：“严北乡以竹浸之灰，水中碓成纸，祭祀焚以代帛，名竹烧纸”，即今尚存的祭祀用黄表纸。清代中晚期，龙岗镇汤家湾村有造纸作坊，以桑皮、竹子、废纸为原料，制作元书纸等，至20世纪80年代停止。毛山、双石村则生产毛长纸。中华人民共和国成立后，於潜兴办国营造纸厂，用材主要为草、木、竹浆。1969年，千洪民间造纸艺人重新挖掘传统技艺，恢复以竹子为主要材料的桃花纸制作技艺。1979年，千洪造纸厂开始生产以竹浆为主的书画宣纸，产品销于北京、天津、上海、杭州、广州等地。

以竹制纸，工艺精细，全以手工操作，从备料到成纸要经过十几道工序。其主要原料是当年生毛竹。当年春笋成竹，在入冬后砍伐，用刀削出外层青皮，晒干成捆，称为“纸花篾”。因其复水浸润后韧性极好，用于捆扎毛竹脚手架，工艺简单且强固，在铁丝匮乏的年代不可或缺，因之被列入计划管理，统一收购，计划分配。每年由产地供销社按照政府下达的计划，向产区按定购计划安排砍伐，剥下青皮晒制成纸花篾。而剥皮留下的竹簧部分，便是用来生产土纸的原料。这个过程称为“削竹备料”。临安毛竹主产区如板桥、青山、三口、玲珑、横畈等地都是纸花篾及竹质土纸的主产区。

由于竹质具有韧性，纸张强度较好，逐步改进制作工艺成为文化用纸，称为“元书纸”。其用途十分广泛，大部分用于学生的练字本、广告纸甚至机关单位的公文用纸，少部分用于包装茶叶、烟丝、土产食品，称为包装用纸。据记载，在抗战时期，浙江某专署在临安老虎桥头设厂用竹簧为原料制作土纸，充作印报用的新闻纸，故又将元书纸称为白报纸、黄报纸。直至1949年以后，由于当时的机制纸如油光纸、道林纸等非常紧缺，一般机关单位根本得不到供应，就用当地产的元书纸代替用作公文纸，而当时都用油墨印制文件，元书纸吸墨性极好，故印成的文件也相当清晰，现今不少单位的档案文卷中都还保存着当年用竹质纸印成的文件资料。

由于元书纸用途广泛，销量年年激增，价格年年攀升，有利可图，所以20世纪五六十年代，全区土纸生产活跃。据统计资料，1956年临安土纸产量2161吨，达历史峰值。以元书纸为标准换算，每件元书纸是50刀，每刀有纸100张，即每件有纸5000张。两件纸为1担，产量达86440件。

由于产量过大，超出竹林极限，随后几年，元书纸产量不断下滑。至1966年“文化大革命”开始，元书纸成为写“大字报”的主要用纸，价格倍增，供应紧缺，竹质土纸产量又回升到年产三四万件，一直保持到1976年。

据资料记载，1952年，由浙江省手工业改进所临安办事处将土纸经营移交给供销社时，全县有土纸槽户279家，槽场262个，从业工匠1800余人。每年每槽约可生产土纸80件，产竹大年可产纸3万件左右，小年约2万件，主要品种是元书纸。到20世纪70年代，纸花篾使用被铁丝替代，削竹备料这一历史过程也告终结。竹浆纸生产槽户改用麦草、稻草、树藤等为原料生产卫生纸、黄表纸、包装纸等，元书纸这一竹质纸的代表品种基本终止。

第五节　杭州临安太湖源观赏竹种园

一、发展概况

杭州临安太湖源观赏竹种园位于太湖源镇杨桥村溪东畈，是临安首家以竹子种苗生产为主的特色苗木基地，2002年2月由太湖源镇杨桥村陈奇梁、里畈村童良斌共同创办。其发展可分三个阶段。

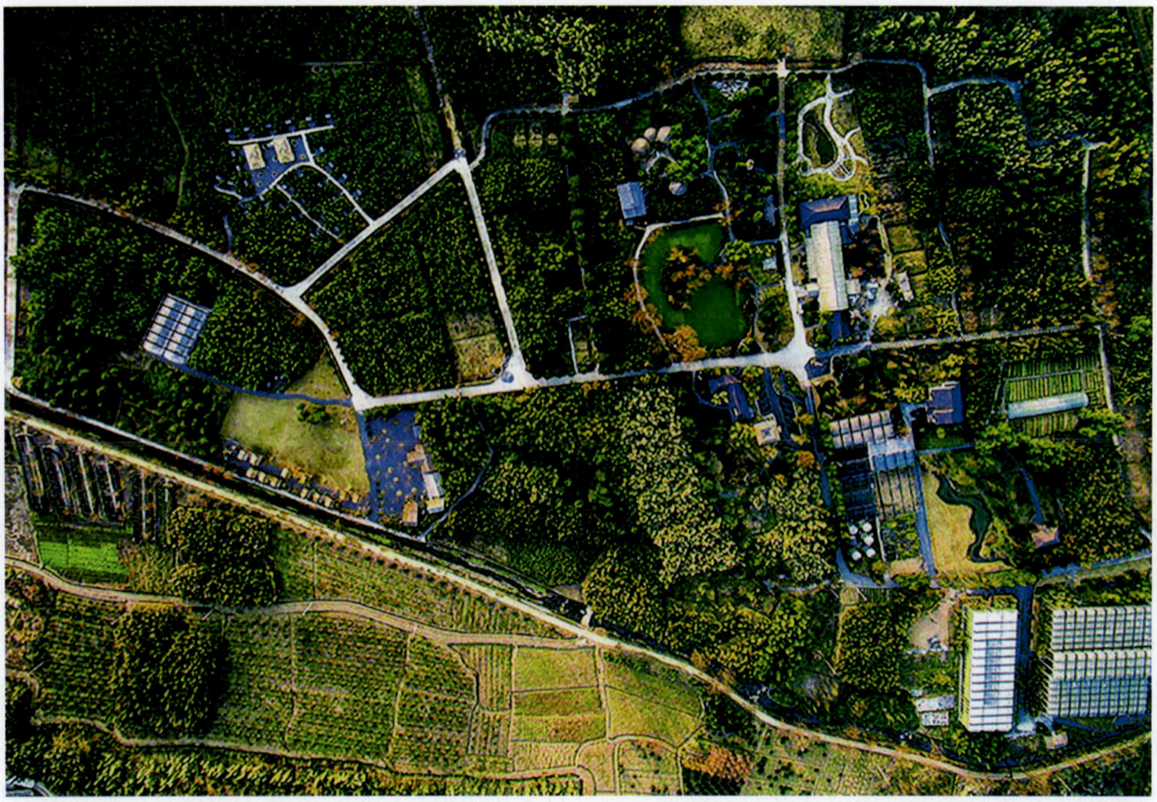

杭州太湖源观赏竹种园鸟瞰 （刘传山 2015年摄）

第一阶段：2005 年 6 月，被杭州市科技局、农办确认为杭州市农业科技示范园区。2006 年 2 月，被临安市政府确认为市农业龙头企业。2007 年 9 月，被杭州市科技局确认为杭州市科技企业孵化器。2008 年 6 月，被杭州市农办确认为杭州地区首批农村实用人才示范实训基地。2009 年 4 月，被科技部确认为国际科技合作基地。同年 9 月，组建由竹笋种植大户、贩销户参与的临安高云竹笋专业合作社，探索“基地+合作社+农户”的农业新型合作模式。

第二阶段：2010 年 1 月至 2014 年 12 月，是竹种园转型升级的关键阶段。其生产、科研、社会服务及国际交流能力与水平都得到进一步提升，经营重心由一产逐步向三产服务转变，奠定竹子种苗生产、科技培训、科普教育、休闲观光与文化展示并举的产业融合发展新格局。2012 年 8 月，由竹种园负责组建以竹文化为特色的临安竹里馆农家酒店，并正式对外营业，三产服务逐步成为企业建设重要组成部分。2013 年 10 月，2100 平方米智能玻璃温室大棚（热带风情园）建成并投入使用，成为开展青少年竹文化科普教育的重要场所。2014 年 8 月，新建 6 间不同风格的全竹结构小竹屋，以展示中国传统竹建筑文化。2014 年 10 月，第二幢 960 平方米玻璃温室（天目竹博馆）开始筹建。2014 年 12 月，竹种园与临安天马旅游正式签订合作协议，以竹文化为载体，共建针对青少年学生的校外科普教育基地。

2010 年 4 月，被临安市政府评为市模范集体。同年 9 月，参与承办国际山区综合可持续发展研讨会，并发表“中国临安宣言”。2011 年 6 月，被中国科协确认为全国科普惠农兴村先进单位。2012 年 6 月，被临安市竹文化研究会确认为市竹文化研究示范基地。同年 11 月，被农业部、共青团中央评为全国青少年农业科普示范基地。2013 年 1 月，获“临安市首批休闲农业观光园”称号。同年 6 月，被浙江省生态办、环保厅评为省生态文明教育基地。同月，时任浙江省省长李强和时任杭州市委书记黄坤明在调研园区建设时，对园区以竹子为抓手，服务于竹产业和发展特色休闲旅游的做法给予充分肯定。同年 12 月，组织编制“杭州东坡竹文化园”整体规划与可研究性报告，打造以竹文化为引领的现代农业产业园。

第三阶段：2015 年 1 月至 2019 年，是竹种园转型升级后快速发展的重要阶段，基础硬件设施及社会知名度均得到进一步提升，其中以三产服务业为主的竹里馆年营收突破 200 万元，成为临安现代农业三产融合发展的成功范例。

2016 年 7 月，参与承办由中国林学会竹子分会主办的“2016 中国观赏竹培育与园林化应用高峰论坛”。同年 11 月，被杭州市科协确认为杭州市科普教育基地。2017 年 1 月，被国家林业与草原局竹资源培育工程技术研究中心确认为观赏竹繁育示范基地。同年 4 月，园区被浙江农林大学集贤学院确认为大学生创业实践基地。同年 8 月，参与组建临安市第一家竹笋专业合作联社杭州临安清源竹笋专业合作社联合社，陈奇梁任理事长。同年 9 月，经临安区农业技术推广基金会推荐，被杭州市农技推广基金会确认为杭州市级首家以竹笋栽培为特色的民办农技推广服务平台。同年 10 月，园区被浙江农林大学确认为博士研究生产业实践基地，成为浙江农林大学首个博士学位点的重要实践基地。2018 年 4 月，以提升园区竹文化示范点内涵、服务于当地竹产业发展为目标，围绕“知竹、竹居、竹食、竹具、竹娱、竹艺”，“竹与人类精神寄托”，以及“临安竹产业”等八大主题，开展天目竹博馆的内部设计、施工以及相关竹类制品的补充工作。同年 5 月，被杭州市社科联确认为临安区首批非物质文化遗产杭州竹子文化宣传展示基地。

2019 年 2 月，受全国大棚房整治影响，配合政府拆除包括竹里馆在内的所有餐饮、会务及休闲场所设施。但是，竹种收集、农民技术培训、竹子技术研发、国际合作交流等仍继续开展。截至 2020 年 5 月，园区竹子品种达 26 属 254 种，累计提供优质竹子种苗 1200 万株，接待国内外专家、学者、市民、学生近 25 万人次，包括前来考察、培训、学术交流、科研合作的 102 个国家外宾 3000 多人，承办、协办国际培训班共 80 余次。

杭州临安太湖源观赏竹种园主要从事竹种资源收集、竹林培育的是陈奇梁、顾李俭。陈奇梁在本志第九编“人物”章节中有介绍，以下为顾李俭的事迹：

顾李俭，1981 年 9 月出生，一级花卉园艺师。2005 年 6 月毕业于浙江农林大学（原浙江林学院）林学专业，入职临安太湖源观赏竹种园，主要从事竹种资源收集、竹林培育、技术研发、农村实用人才实训及竹文化研究等。16 年来，先后与中国林科院亚林所、国家林草局竹子研发中心、浙江农林大学等科研院校合作，组织实施国家、省（部）、市级“竹类资源保护”“竹林高效培育”“科技兴林”等方面 20 余个项目，累计为临安当地竹农举办竹业技术培训 80 余次，培养临安市级农村实用人才、科技示范户（职业农民）60 多人。获评浙江省科技兴林二等奖 2 次、省科技兴林三等奖 6 次、杭州市科技进步二等奖 1 次。2009 年，获临安市级“青年星火带头人”称号。

二、实施项目清单

2003 年 7 月，与浙江林学院共同实施《珍稀观赏竹引种繁育技术研究及推广》项目，收集珍稀观赏竹种 50 多个。

2004 年 7 月，主持实施《杭州地区夏秋季优良笋用竹筛选及丰产栽培技术研究与推广》项目，筛选出四季竹、五月季竹等夏秋季优良笋用竹种。

2005 年 7 月，主持实施《耐寒园艺用竹筛选及工厂化育苗技术研究》项目，筛选出金镶玉竹、紫竹、黄纹竹、美丽箬竹等适合北方生长的耐寒园艺竹。

2006 年 1 月，参与实施《高品质笋用竹种质资源发掘以及开发利用关键技术的研究与示范》项目，获杭州市科技进步二等奖、省科技兴林二等奖。

2007 年 7 月，主持实施《紫竹种苗扩繁及多用林高效培育技术研究与示范》项目。

同年 10 月，参与实施《环境与产品安全的笋用林栽培技术集成与示范》项目。

2008 年 12 月，主持实施《退化雷竹林改造为高品质竹笋示范及推广服务》项目。

2009 年 4 月，参与实施《笋用竹林地存留有机覆盖物促腐及 POPS 降解技术研究》项目。

2010 年 6 月，参与实施《日本珍稀观赏竹类引种驯化及快繁关键技术》项目，引种白缟椎谷笹、夜叉竹、花秆方竹等多个珍稀观赏竹种。

2011 年 1 月，主持实施《退化竹林土壤生态修复以及土壤营养补充技术推广与示范》项目。

同年 4 月，参与实施《笋用竹林退化和有机农药污染特征及生态恢复技术》项目。

同年 7 月，主持完成“四季竹丰产栽培技术”“雷竹林土壤生态修复及营养补充技术”临安市级技术标准。

同年 9 月，主持实施《珍稀富阳乌哺鸡竹种质繁育》项目。

同年 10 月，主持实施《苕溪流域现代农业综合区林业园区观赏竹精品园建设》项目。

同年 10 月，主持实施中央农业科技推广《高品质竹笋生态高效经营技术推广示范》专项，通过生态、优质、安全、高效经营技术的辐射带动，促进临安当地竹笋产业健康可持续发展，为临安当地林农增收 4300 多万元。

同年 11 月，主持实施《临安太湖源竹子休闲农业观光园》项目。

2012 年 1 月，参与实施“十二五”时期浙江省十县百万亩竹产业效益提升工程项目。

同年 6 月，主持实施《临安市苕溪流域省级现代农业综合区林业园区观赏竹精品园》项目。

2013 年 6 月，主持实施国家农业综合开发《高品质四季笋用林示范基地建设》项目。

2016 年 6 月，主持实施《园艺竹盆景生产及展销平台建设》和《优良笋用竹种质资源收集及示范应用》项目。

同年 6 月，参与实施《竹子优良种苗规模化扩繁技术集成示范》项目。

2017 年 1 月，参与实施《笋用林减肥减药生产技术研究》项目。

同年 6 月，参与实施《浙江省林木新品种选育》项目。

2018 年 1 月，参与实施《困难立地土壤修复新技术与地力维持机制研究》项目。

2019年6月，参与实施《竹子水分生理整合特征及其脱落酸调控机制》项目。

三、现有竹类资源

至2020年5月，杭州临安太湖源观赏竹种园已收集各类珍稀观赏、优良笋用竹种26属256种。2021年4月，通过调查整理统计，临安有竹种27属285种（含131变种变型），其中临安乡土竹种计10属59种（含20变种变型），临安引种竹种计26属226种（含111变种变型）。详见第二编第二章第二节临安竹种资源。

第二章　竹子培育技术

第一节　毛　竹

一、培育历史

历史上有关栽竹技术的记载以西晋《永嘉记》为最早，以后北朝贾思勰的《齐民要术》，宋代沈括（1031—1095）于辽道宗大安九年（1093）撰写的《梦溪忘怀录》，元代王祯于仁宗皇庆二年（1313）撰写的《农书》，明初俞宗本的《种树书》、明末王象晋于熹宗天启元年（1621）撰写的《群芳谱》、徐光启于思宗崇祯元年（1628）撰写的《农政全书》、戴羲于思宗崇祯六年（1633）撰写的《养余月令》等，都有关于竹类栽培技术的记载。其中，王象晋将栽竹技术分为移竹、择竹、审时、别地、伐竹共5项，分别进行叙述。明、清古籍中，均有竹子栽培的记载。中华人民共和国成立之前，除浙北和浙东少数毛竹产区为人工栽培的毛竹纯林外，其他产区毛竹林及所有杂竹林，几乎都是天然混交林，人工经营活动少，荒芜竹林面积多，竹林生产力水平低。

中华人民共和国成立后，各级政府重视发展竹子生产。经过土地改革和农业合作化运动，调动了广大农民培育竹林的积极性。1956年6月5日，国务院发出《关于保护和发展竹林的通知》，要求各级政府采取有效措施，保护和发展竹林，并且要求各地农业生产合作社制订发展规划，扩大竹林面积，不准毁竹开荒。1959年，安吉县双一合作社总结毛竹丰产“保、抚、肥、改、钩、扩、砍、管”八字经验。从1965年开始，临安学习推广安吉经验，加快荒芜毛竹林垦复抚育。省政府有关部门积极安排毛竹抚育专项补助资金和生产用布，并从1965年10月6日开始大幅提高大毛竹收购价格。1972年，省农林局、省财政金融局联合在全省主要竹产区实施毛竹商品基地建设，临安在列。80年代以后，为适应市场对竹材、竹笋的大量需求，竹林经营类型和方式发生深刻的变化，出现毛竹笋用林、笋竹两用毛竹林、小杂竹笋用林等新的专用竹林经营类型，并涌现出一批高产典型。1994年，浙江省委、省政府确定1995—2000年实施建设经济林、竹林“四个一百万亩”工程，其中建设毛竹丰产林基地100万亩，毛竹笋竹两用林基地100万亩，改造毛竹低产林 100 万亩。

二、培育技术

（一）毛竹冬笋型笋用林定向培育技术

1.“冬笋小年，春笋大年”年份

（1）立地条件选择。

毛竹林主要分布在山地丘陵，立地条件较差，建立毛竹笋用林应选择在山谷平地、土壤深厚肥沃、水湿条件良好和通气排水优良之地。笋用林要有一定的规模，相对集中的竹林面积应不少于 50 亩，便于经营管理。通过主道路和林道建设，在林地建立较好的交通条件，以利生产资料和竹笋运输。若有较好的水源条件，则努力实施人工灌溉。

（2）竹林结构动态管理（3月25日至4月15日）。

毛竹冬笋型笋用竹林结构因事因地有一定变化。经营集约度越高，竹林密度可越大，年龄结构更趋向年轻化。一般笋用竹林密度以每亩 140—180 株为宜，平均胸径 9—10 厘米，年龄结构一般为 1 度：2 度：3 度=1：1：1 较佳。对于原有竹林密度较小的，应通过 2 度的留养，逐渐提高立竹密度。

立竹结构的形成是通过留笋成竹和合理采伐完成的。留笋成竹主要技术为：①保留适当的密度：一般较上一大年留养新竹数量增加 30%，最大数量不超过每亩 65 株。②留养时间：在发笋盛期留养，其余的笋全部采收。③留养粗壮竹笋：分布要均匀，空地里要早留多留。

（3）科学施肥（5月10日至5月31日）。

施肥重点在 5—6 月。留养新竹发枝展叶后，林地因发笋消耗大量养分。此后，新竹加固生长进入增进期，竹子内含物逐渐充实，干物质量增加，养分消耗量大；同时，竹株的生长为当年和次年地下鞭生长奠定基础，地下鞭生长进入快速期，因此，5—6 月的养分管理对下一年度竹笋生产有重要作用。

测土施肥：受经营习惯的影响，土壤养分状况失调，土壤严重缺磷，部分缺钾，进行肥培管理时，应增施磷肥。通过平衡施肥，改善林地养分状况。用肥量按氮磷钾的比例 5：1：2，45% 有效量计算，施肥量为每亩 45—50 千克。

施肥方法：一般有沟施、穴施、撒施 3 种。

肥培管理技术要点：长竹肥（4—6 月）应采用沟施法或穴施法，严禁使用撒施法，推荐使用沟施法。笋芽分化肥采用撒施法，结合削草松土，翻入土层；孕笋肥采用有机肥撒施，可利用有机物发酵，提高土壤温度和释放缓解肥。

（4）土壤管理（10—12月）。

将低产毛竹林改造为高效笋竹两用林的初期，应进行深翻、除草等土壤管理工作。由于笋用林立竹较稀疏，林内光照条件较好，林下易滋生杂草。为防止水分和养分消耗，并给予竹林在笋芽分化期有良好的土壤条件，在冬笋大年的 8—9 月，结合施肥，须对林地进行浅耕除草管理。随着经营集约度的提高，林地深翻管理通过竹笋采收和施肥等栽培措施代替。

2.“春笋小年，冬笋大年”年份

（1）立地条件选择，同“冬笋小年，春笋大年”年份。

（2）科学施肥（4月20日至5月20日）。

施肥重点为4—5月发鞭肥和8—9月笋芽分化期。

发鞭肥用肥量按氮磷钾的比例5∶1∶2，45%有效量计算，施肥量为每亩55—60千克。

施肥方法：一般有沟施、穴施、撒施3种。笋芽分化期按尿素46%有效含量计算，施肥量为每亩15千克。

测土施肥：同“冬笋小年，春笋大年”年份。

肥培管理技术要点：发鞭肥（4—5月）应采用沟施法或穴施法，严禁使用撒施法，其余同“冬笋小年，春笋大年”年份。

（3）土壤管理（8月15日至9月15日）同“冬笋小年，春笋大年”年份。

（4）冬笋采收技术（11月至次年2月）。

全面翻土挖笋：可结合冬季松土进行，细翻30—40厘米，切忌大块翻土，以防鞭根损伤和折断。如见有冬笋，则可一次性挖掘。

沿鞭翻土挖笋：选择3—4年生的壮龄母竹中枝叶浓密、叶色深绿而又带有数片黄叶的孕笋竹（笋农称“笋金黄”），在其附近浅挖。待找到黄色或棕色壮鞭后，沿鞭跟踪，发现节上须根发达，再继续向前，竹鞭向下伸的地方，大多可找到冬笋。此外，发现断鞭，附近可找到它的对座笋。

开穴挖笋：地表泥土松动或开裂的地方，并有一个中心，向四周发展，踏时有松软之感，则地下有冬笋，挖开即可取冬笋。

挖掘冬笋应注意的问题：要做到及时，即看天（温度）看地（肥力）。①凡是初冬温暖的年份可早挖，每株0.25千克则可挖；进入休眠状态，笋体小也可挖。②挖掘冬笋不可或尽量减少对地下鞭的损伤。

（5）水分管理（9—11月）。

水分管理关键时期：笋芽分化期（8—9月）和孕笋期（10月—次年2月）；连续干旱25—30天进行1次灌溉，用水量每亩8—12吨。

（二）毛竹笋材两用林定向培育技术

1.“春笋大年，冬笋小年”年份

（1）留养新竹（3月25日至4月15日）。

定时：在出笋高峰后期的一个星期内，选留健壮的竹笋长竹。

定点：新竹在竹林中分布均匀。

定量：每度每亩留养胸径9—10厘米的新竹60—70株。

号竹：秋末冬初号新竹。

（2）科学施肥（5月10日至5月31日）。

进行平衡施肥，即根据毛竹生长节律、土壤养分结构，科学配方，合理施肥，均衡地给毛竹提供必需的营养元素，提高肥料利用率，保护和改良土壤环境，改善笋竹产品品质。

测土施肥：受经营习惯影响，土壤养分状况失调，土壤严重缺磷，部分缺钾，在使用上述肥料组成进行肥培管理时，应增施磷肥。用肥量按氮磷钾的比例 5：1：2，45%有效量计算，施肥量为每亩 35—40 千克。

施肥方法：一般有沟施、穴施、撒施 3 种。

（3）竹林地管理（7—10月）。

劈山：7—8 月进行。

松土：9—10 月浅削松土一次，深度 6—10 厘米。

（4）采伐（10—12月）。

竹林结构：合理的竹林结构每亩立竹保留密度 2400—2700 株（每亩 160—180 株）；1—3 度的立竹组成株数比例 1：1：0.9；母竹分布均匀，大小较整齐；叶面积指数应在 5—6 之间。

采伐量：采伐量应不高于留养量，结构合理的竹林以不改变竹林密度为准。结构尚不合理的竹林通过 2—3 个大年的培育，达到合理状态。

采伐对象：遵照砍老留幼、砍密留稀、砍小留大、砍弱留强的原则，留 3 砍 4，择伐 6 年以上老竹，同时清理病虫竹、风倒竹、雪压竹。

采伐季节：除竹林孕笋和发笋长竹期外，其他季节皆可采伐。

采伐方式：齐地面伐或带蔸伐，伐后即打通伐蔸节隔。

2.“春笋小年，冬笋大年”年份

（1）科学施肥。

进行平衡施肥，即根据毛竹生长节律、土壤养分结构，科学配方，合理施肥，均衡地给毛竹提供必需的营养元素，提高肥料利用率，保护和改良土壤环境，改善笋竹产品品质。

重点为 4—5 月发鞭肥和 8—9 月笋芽分化期。

发鞭肥用肥量按氮磷钾的比例 5：1：2，45%有效量计算，施肥量为每亩 45—50 千克。

施肥方法：一般有沟施、穴施、撒施 3 种。笋芽分化期按尿素 46%有效含量计算，施肥量为每亩 15 千克。

（2）竹林地管理（7—10月）。

松土：9—10 月浅削松土一次，深度 6—10 厘米。

劈山：每年 7—8 月进行一次。

（3）水分管理（8—12月）。

干旱时进行竹林灌溉，特别是 8—9 月笋芽分化期要浇透水。

（4）挖笋。

冬笋挖至立春前 15 天，春笋全程挖。

按市场商品笋规格要求挖活笋、挖全笋，并及时挖去虫笋、弱笋，注意不损伤竹鞭、鞭芽和鞭根，挖后覆土。

（三）毛竹大径竹材定向培育技术

毛竹的秆、枝、叶等器官（构件）之间具有显著的异速生长关系，并随着生长环境的改变表现出一定的可塑性。利用毛竹构件的异速生长和可塑性规律以指导制定生产措施，实施竹林定向培育大径竹材，满足加工业或渔用等对竹材的特殊需求，以竹材的“提质”增加竹材的经济效益。

大径材定向培育的主要技术为：立地选择、施肥促进、留养择伐。

1.立地选择

以大径材目标培育对应毛竹生长级的立地类型为基础，根据对秆高等其他要求，进一步确定最适宜区块。将土层深厚、水热条件良好的毛竹林作为大径竹材培育基地。

2.施肥

由于竹笋在出土前主要是横向生长，大竹养粗鞭，粗鞭孕大笋（竹），因此，施肥诱导竹鞭下行有利于培育更大的竹笋（竹材）。施肥采用非均一穴施法结合沟施，技术要点是深穴施肥，即挖深穴，长 80 厘米 × 宽 20 厘米，穴深要达到 30 厘米以上，每亩挖取施肥穴 90 个至 120 个为宜。非均一穴施在改善竹鞭生长的同时，持续的营养供给能保证早期笋竹的成活率，间接地促进竹林胸径增长。

3.留养择伐

毛竹林的一个发笋周期，早中期的笋大，末期的笋小，因此，培育胸径较大的竹子要及时合理留养早中期竹笋。而从竹子高度来看，相同胸径大小的竹子，中后期竹笋成竹更高，要培育同胸径较高的竹子，就应留养中后期竹笋。毛竹林母竹与新竹（子代分株）间胸径大小为等速生长关系，也即具有更大母竹的林分，其新竹的胸径也更大。因此，在保证立竹结构和数量的基础上，竹材采伐时尽量择伐小的竹子，提高竹林整体的胸径大小，孕发大笋成大竹。经营立竹度保持每亩 180—200 株，林分平均胸径可以达到 12 厘米以上。概括留养择伐，就是“大笋长大竹，去小留强笋；母大子亦壮，砍小留大竹”。

（四）毛竹低产林改造技术

主要解决两个方面的问题：一是根据林分状况和立地条件改善优化竹林结构，更大发展竹林生产力。二是通过土壤管理，为竹林生长提供良好的生长环境和养分条件。其主要技术环节包括：

1.竹林清理

清除竹林中低值乔木、灌木和对毛竹生长有妨碍的“霸王树”，适当保留价值高或对林地肥力维护效果好的落叶阔叶树，为竹林生长创造良好空间环境。

2.劈山抚育

将竹林内杂草灌木用割灌机、刀劈或镰刀刈倒，平铺在地面使其自然腐烂，为竹林提供养分。

3.深翻垦覆

对林地实施带垦或块状垦覆，深度在 25—30 厘米，将林地中树蔸、伐蔸和老龄鞭挖除，为孕笋长竹创造疏松的林地空间。

4.适时追肥

通过施肥补充林地养分，改善土壤养分状况和土壤质量，提高竹林生产力。

肥料组成和用量：以测土推荐配方为基础；在土壤养分中庸的林地，氮磷钾的比例为 5：1：2，按 45%有效量计，亩用量在 40—45 千克。

施肥时间：结合林地深翻垦覆的施肥，以垦覆时间为准，一般在春笋大年新竹展枝发叶之后进行；其他的施肥最佳时间，均为春笋小年的幼叶期。

施肥方法：第一次施肥可以结合林地深翻垦覆进行，将肥料撒施在条带状垦覆带上，通过深翻将肥料和劈山的杂草灌木一同埋入土中。也可以采用株穴施配合鱼鳞坑施（笋材两用林定向改造）、沟施法配合鱼鳞坑施（笋用林定向改造）和鱼鳞坑施（材用林定向改造）等方法施肥。

施肥量控制：沟施法，坡度在 20 度左右的山地，按照 2—2.5 米间距开沟，则每亩总沟长在 320 米左右，如施肥量为每亩 45 千克，则开设长度为 1 米的水平沟内，施肥量为 0.15—0.17 千克。株穴施法，按照立竹数量计算，如立竹量为每亩 140 株，施肥量为每亩 45 千克，则每株穴施肥量为 0.33 千克。

5.护笋养竹和合理采伐

按照“早期疏笋、中期选留、后期挖笋”的方法进行留笋养竹。按照毛竹林的发笋节律，在发笋盛期的 5 天左右时间内，选留长势旺盛、大小适宜的竹笋；为保证种竹在林中分布相对均匀，林中的空阔地块可通过早期疏笋提前留养；后期笋可全部采挖。

（五）毛竹林下多花黄精仿野生栽培技术

多花黄精为百合科多年生植物，具有养阴润肺、补脾益气、滋肾填精功能的药食两用山珍良药。近年来，多花黄精原料的需求量越来越大，价格不断上扬，致使野生多花黄精无计划采集量加大，导致资源枯竭加速，产量逐年下降，人工种植势在必行。

1.选地

选择湿润荫蔽环境，土层较深厚，疏松肥沃，排水和保水性能较好，透风，透光，坡度在 35 度以下或平缓地带，远离污染源并未施用化学除草剂的毛竹林地。

2.种栽选择及处理

黄精可用种子或根茎繁殖，但种子繁殖周期长，现多以根茎繁殖。在黄精采收时，选择健壮、颜色润黄、无病虫害、无破皮、具有顶芽的根茎作种栽。将先端幼嫩部分截成数段，每段 2 节，有 1—3 个芽眼，切口需待晾干收浆后再进行栽种。也可用 1：800 多菌灵溶液或 1：800 甲基托布津溶液浸泡 45 分钟左右再进行栽种。

3.整地

结合竹林秋季劈草除灌进行。毛竹林下整地需依山势、坡度及林内毛竹生长的疏密度依势进行，或开横沟，或挖穴，同时将杂草和枯枝落叶埋入土中进行沤制以作基肥。

4.种植

栽种在春秋两季进行，春栽 3 月，秋栽 10—11 月。在竹林地进行沟栽或穴栽，株行距 20—

雨季，久雨不晴，土壤积水，需清沟排水。

5. 钩梢：6月份进行钩梢，留枝12—16档，防止风雪危害。

6. 施肥：亩产竹笋1000千克的竹林，2月施出笋肥。每亩施尿素20千克，雨后撒施。6月施发鞭肥，每亩施竹笋专用肥40千克，厩肥1500千克，深翻入土。8月施发芽肥，每亩施竹笋专用肥25千克，采用撒施，浅翻入土。11月施孕笋肥，每亩施腐熟厩肥1500千克，浅翻入土或加土覆盖。

7. 抑制减缓雷竹开花：及时挖去开花竹，增施氮肥，加强肥水管理，促进竹林更新复壮。

8. 病虫害防治：综合应用营林、物理、生物、化学防治等各种防治措施，有效控制病虫为害。

（四）早出高效可持续经营技术

1. 覆盖增温：选择成林丰产竹园，采用竹叶、谷壳、稻草、麦壳、杂草等有机物料，覆盖时间在11—12月，厚度20—25厘米。覆盖时，竹园中心部位薄，四周可稍厚。采用双层覆盖法，下层用竹叶、稻草、杂草等，厚15厘米，上层用谷壳，厚10厘米，控制地表温度15℃—20℃。

2. 平衡施肥：5—6月，每亩施有机竹笋专用肥100千克，生物菌肥2千克，深翻入土中，厚度20—25厘米，促进竹鞭生长。8—9月，每亩施有机竹笋专用肥60千克，雨后撒施或浅削入土，促进笋芽分化。11月上旬覆盖前20天，每亩施有机竹笋专用肥100千克，厩肥2000千克，生物菌肥2千克，促进地下笋芽膨大生长。12月至次年2月，亩施尿素30千克。挖笋后每穴施尿素10克左右，提高产量，延长笋期，提高成竹率。

3. 浇水保湿：在8—9月干旱季节，应多次浇水，每亩浇水10吨，促进笋芽分化。在覆盖前，每亩浇水20吨左右，视天气降水情况增减，以浇透为宜，再进行覆盖。

4. 清除覆盖物：3月中下旬时，应逐渐搬去覆盖物；到4月中下旬，全部清除覆盖物，以控制地下鞭上浮。

5. 六年四覆盖：在六年中连续覆盖四年，自然出笋休闲两年，使竹林休养生息，恢复生长势。

6. 加客土：连续覆盖经营四年，加土一次，加土厚6—10厘米。

7. 环境保护：保护周围的生态环境，保护生物多样性，促进竹林可持续经营。

（五）秋笋覆盖培育技术

1. 早施重肥：对覆盖早出的竹园，3月中下旬搬尽砻糠、稻草，立即砍去老竹，进行施肥，每亩施尿素50千克；5月中下旬再进行松土施肥，每亩施竹笋专用肥100千克；7月可再进行施肥100千克；覆盖前再施肥125千克。

2. 早留母竹：3月中下旬搬去砻糠、稻草后，提早进行母竹留养。此时偶有寒潮或晚霜天气，注意幼笋的防冻保护，促进竹林提早恢复。

3. 水分管理：7月、8月、9月三个月是发鞭与笋芽分化的重要季节，此时常干旱，因此水分管理是关键。干旱时每半个月应浇水一次，保持竹园土壤一定的湿度，促进竹林提早发鞭，提早笋芽分化。覆盖前竹林浇透水，充分满足竹笋生长对水分的需要。

4. 提早覆盖：提早在秋季10月上中旬进行覆盖，进行错季栽培，提高竹林经营的经济效益。

覆盖温度控制在20—25℃。

5. 竹林选择：由于秋季10月外界气温尚高，宜选择在山区秋季冷得早，日夜温差大，竹林湿度大，竹林培育好，具有一定小气候的高产竹林首先进行推广。一般中低产林，平时管理不及时，缺少水分灌溉条件的不宜推广秋笋覆盖技术。

（六）雷竹退化竹林改造技术

近年来，雷竹林出现大面积退化，严重影响雷竹产业发展。雷竹退化主要表现在：竹林林相参差不齐，地下老鞭纵横交错，竹鞭上浮，鞭根腐烂，竹林普遍开花；土壤酸化，磷钾大量残留；竹笋产量与品质下降。

1. 轻度退化竹林加土改造技术

（1）合理留养母竹，控制竹林密度每亩1000株左右，保证竹林结构合理。

（2）5—6月，深翻松土20—30厘米，挖去老鞭、老莸；结合垦复，加施生石灰100千克。

（3）连续覆盖四年，加客土一次，厚度6—10厘米，在6月或12月进行。

（4）控制化肥用量，推广使用有机肥、生物肥。

退化雷竹林改造成天目水果笋项目

（布智明 2019年摄）

（5）控制竹林覆盖时间与温度，采用六年四覆盖或三年二覆盖技术，及时搬除、清理覆盖物。

2. 中度退化竹林垦复改造技术

（1）合理留养母竹，控制竹林密度每亩1000株左右，保证竹林结构合理。

（2）在6月或12月，全面垦复深翻竹林土壤30—40厘米，挖去老竹、老鞭、老莸，保留1—2年生健壮母竹每亩200—300株。或间隔进行条状垦复深翻改造，分两年进行。

（3）结合垦复，每亩施生石灰100千克。控制化肥用量，推广使用有机肥、生物肥。

（4）控制竹林覆盖时间与温度，采用六年四覆盖或三年二覆盖技术，及时搬除、清理覆盖物。

3. 严重退化竹林更新改造技术

（1）全部挖去竹子，重新更新造林。

（2）深翻土壤50厘米，把表土翻下去，心土翻上来，开深排水沟。

（3）结合深翻土壤，每亩施生石灰100千克。控制化肥用量，推广使用有机肥、生物肥。

（4）选用不开花优良种源，重新造林。

（5）对于立地条件较差，确实不适宜再发展雷竹的，可改种其他经济作物。

第三节　高节竹

一、培育历史

高节竹又名洋毛竹、黄露头、钢鞭哺鸡竹等，刚竹属，为中国优良笋材两用竹种。竹笋粗大，肉质肥厚，鲜中带甜，产量高，适应性强。一般亩产1000—1500千克，最高可达3500多千克，亩产值3000多元。出笋期在4月下旬到5月底，是雷笋采收后的接力品种。

临安历来都种高节竹，竹农一般自用。中华人民共和国成立后，特别是中共十一届三中全会以后，农村产业结构开始调整，许多开垦山、晒煞田都停垦种竹。玲珑山乡高山村400亩停垦山全部种上高节竹。板桥乡豆川村十里荒山变成竹山，雷竹、高节竹面积共3000多亩。1989年，县域广大农村按照“建设十万亩菜竹基地”的规划，充分利用低丘缓坡、溪滩荒山以及四旁宅地种植食用笋竹。1990年，全县发展食用菜竹，每年新种1万亩。同年调整菜竹品种，早、中、迟合理布局。全县以雷竹为主的早熟品种占30%，以高节竹为主的中熟品种占50%，刚竹、桂竹等迟熟品种占20%，县域竹笋能四季见鲜。1993年后，全县重点发展雷竹和高节竹。2005年11月，高节竹高山栽培及鞭笋生产试验项目通过验收。经覆盖，可使高节竹夏笋冬出，或开发利用高节竹鞭笋，在海拔600—800米高山种植，能显著提高经济效益。2010年，临安高节竹产量68560吨，产值7313万元。2019年产超过10万吨，产值5237万元。

二、培育技术

（一）高节竹夏笋冬出高效经营技术

1. 竹林选择：选择交通方便、土壤深厚、光照充足、靠近水源的成林竹园，在丰产培育的基础上进行，亩立竹量600—800株。

2. 竹林改造：高节竹覆盖早出与鞭笋生产首先要经过两年的土壤改良，培肥竹林。可在10—11月每亩施入7000—8000千克厩肥，以改良土壤。

3.四次施肥：第一次5月施长鞭肥，每亩施100千克竹笋专用有机复合肥；第二次8—9月施催芽肥，每亩施100千克复合肥；第三次11月覆盖前施孕笋肥，每亩施5000千克厩肥、100千克尿素；第四次2—3月，每亩施50千克尿素。

4. 水分管理：5—6月，雨水较多，不必浇水，7—10月，根据降水情况及土壤的干旱程度，每半个月浇水一次。覆盖前，浇透水。

5. 早出覆盖：选用竹叶、砻糠等，采用二次覆盖，第一次在11月下旬进行，20天后进行第二次覆盖。二次覆盖厚40—50厘米。控制地表温度达到25—30℃，出笋后保持在20℃左右。

6. 竹笋采收：出笋后及时采收竹笋，3月底4月初进行母竹留养，笋期结束后，及时搬去覆盖物。

（二）高节竹鞭笋生产高效经营技术

1. 竹林选择：选择高产高效高节竹林，在夏笋冬出覆盖的基础上进行。

2. 覆盖材料：可以采用竹叶、稻草、谷壳等，以上年覆盖过的陈谷壳、旧竹叶为最好。夏秋季气温较高，覆盖是为了保湿。一般1亩雷竹覆盖过的谷壳、稻草、竹叶材料可以进行高节竹鞭笋覆盖2亩，1亩高节竹覆盖过的材料可以进行高节竹鞭笋覆盖3亩。

3. 覆盖时间、厚度与方法：5月中旬进行覆盖；覆盖厚5—6厘米；覆盖时如土壤湿润，可不必浇水；如土壤干燥，可适当补充水分。覆盖前先进行施肥。覆盖物干的或湿的均可。

4. 鞭笋采收：覆盖后半个月，即可进行鞭笋采收，扒开覆盖物，发现鞭笋，截去鞭梢25—30厘米长。一般6—7天采收一次。

5. 可持续经营：覆盖物不宜太厚；连续经营3—4年后应进行加土，然后自然经营休息2年，调整竹林的地上地下结构。其他措施，如松土、除草、留母竹、更新、防病治虫等结合进行。

第四节 石 竹

一、培育历史

石竹在临安的临目、石门、西天目、千洪等地有大面积天然石竹林分布。长期以来，石竹林多呈野生、半野生状态，竹笋产量很低，每亩笋干产量仅3千克左右。从20世纪80年代开始，临安林业科技人员先后开展石竹笋干竹林改造复壮试验研究，采用砍杂改纯、劈山抚育、合理留养与采伐等培育措施，提高竹笋产量与质量。临目乡2.85万亩石竹笋干竹林，1991年（大年）产笋干53吨，平均每亩产笋干仅1.86千克。经过抚育改造，1993年（大年）产笋干100吨，平均亩产3.51千克，比1991年翻一番。1994年为小年，产笋干35吨，比1992年小年增产75%。西天目乡武山村采用改拗笋为挖笋、因地制宜分类经营、合理留养、劈山抚育、松土施肥六项丰产技术，改造低产笋干竹林3490亩，1996年平均亩产由1993年的5.95千克提高到21.45千克。其中，集约经营的1500亩笋干竹林，平均亩产笋干50千克。该项技术在临安的推广面积达11.85万亩。随着天目笋干加工产业的发展与市场的拓展，石竹栽培经营具有较好的经济效益，因此荒山、丘陵、坡地也开始进行较大面积的人工栽培种植。通过人工培育的丰产石竹林，亩产石笋干25—75千克，亩产值750—2250元。石竹林既是一种具有较好经济效益的经济林，又是一种具有良好生态效益的水源涵养林。

二、栽培技术

石竹对栽培环境具有较强的适应性，在临安等天目山区，年降水1500毫米、海拔800米以下的大部分地区，普通红壤、黄壤都适宜栽培，以乌砂土为最好。

（一）造林技术

1. 造林地选择：造林宜选择土层深30厘米以上，pH值5—7，土壤疏松透气，排水良好。海拔800米以下，坡度30度以下。

2. 林地整理：对荒山进行劈山，清理林地，劈去柴草、刺藤，可保留少量乔木树种以防雪压。坡度15度以下采用全垦整地，15度以上采用带状或块状整地，整地深度25厘米。

3. 造林密度：石竹造林一般采用移母竹造林，每亩种植 100—120 株。

4. 造林季节：可以选择在秋冬季 10—11 月、春季 2 月进行种竹。

5. 母竹质量：母竹年龄 1—2 年生，胸径 2—3 厘米，生长健壮，无病虫害。母竹来鞭长 10—15 厘米，去鞭长 20—25 厘米，留枝 4—6 盘，带土 5 千克左右，母竹细小较密的，也可以 2—3 株相连作为一丛，一起掘起。

6. 栽植：种植穴长 50 厘米，宽 40 厘米，深 30 厘米，栽植时，竹鞭平置，鞭根舒展，适当浅栽，鞭土密接，下紧上松，分层踏实，浇水保湿。

（二）幼林管护

1. 水分管理：母竹栽种后，由于母竹鞭和根受到损伤，吸收水分能力减弱，故造林后的第一年，水分管理尤为重要。如十天半月不下雨，土壤干燥缺水，必须及时浇水，并一次浇足，不宜少量多次。浇后可用杂草、秸秆、稻草等进行覆盖，以减少水分蒸发，保持土壤的湿度。在造林后的第二年、第三年，若遇干旱，也应进行浇水。

2. 除草松土：新造林密度较稀，林内光照充足，容易滋生杂草。削草松土，可疏松土壤，减少水分蒸发，促进地下鞭生长，加快成林速度。一般新造林每年应松土除草 2 次。第一次 6—7 月宜深翻，深 25 厘米左右，疏松土壤。块状整地的竹林，应向四周外围深翻扩展，促进新鞭向外发展。第二次 9—10 月可浅挖，深 15 厘米左右。松土时应注意保护竹鞭和鞭芽。在新鞭未到达的外围，可进行深翻，引导竹鞭向外发展。松土一般与施肥结合进行。

3. 施肥：一般每年进行 2 次，结合松土除草进行，时间分别在 6 月与 9 月。第一年栽后 3 个月可施第一次肥，每株母竹可施竹笋专用肥 50 克；3—6 个月后进行第二次施肥，施肥量加倍。第二年、第三年施肥量逐年增加，第四年施肥按成林标准。宜多施生物有机肥。

4. 母竹留养：新造林一般春季 2 月种竹，部分母竹当年就会出笋，可不留或少留。第二年每株母竹可留养新竹 1—2 株，第三年可养 3—5 株，第四年按成林留养。在 1 平方米内留养新竹不超过 2 株。新竹留养往往不合理，因此从第二年起就可进行疏笋，提高母竹留养质量，促进地下鞭生长，提早成林。成林立竹量控制在每亩 1200 株左右，每年每亩留养新竹 300—350 株。

5. 竹林保护：母竹栽后至郁闭成林这一段时间，注意对竹林的保护。特别是种竹当年，应禁止牲畜入内，并有专人管护。如遇雨水冲刷，露根露鞭，要及时培土。母竹被风吹歪斜，要及时扶正或予以固定。此外应注意防治病虫害，特别是食笋害虫和食叶害虫。

（三）成林培育

石竹林大部分为天然竹林，主要分布在海拔 300—1000 多米。由于海拔高低、土壤深浅肥瘦、坡度坡向等差别较大，难以按照一个标准进行生产，故野生石竹笋干竹林宜进行人工改造，实施分类经营。根据立地条件与产量目标要求，可分为三个经营类型：一类竹林，海拔 500 米以下的丘陵缓坡地，坡度 25° 以下，土壤疏松肥沃，土层深 50 厘米以上，亩产石笋干 50 千克左右。二类竹林，海拔 500—800 米，坡度 30° 以下，土层 30 厘米左右，亩产石笋干 20 千克左右。三类竹林，海拔 800 米以上，坡度 30° 以上，土层深 20 厘米左右，亩产石笋干 5 千克左右。人工栽培竹林与一类石竹林全面实施六项丰产栽培技术，二类竹林不进行松土，施肥量减半，三类竹林不松土施肥。六项丰产栽培技术：

1. 松土除草：松土一般一年一次，6—7 月新竹成林后结合施肥进行。松土深度在 15—20 厘米，此时新的鞭根尚未生长，对竹鞭根的损伤较少。深翻松土时应挖去老鞭竹蔸，保护好壮龄鞭。竹子为浅根性植物，竹鞭、鞭根密布地表，松土特别是深翻垦复时会对鞭根造成一定程度的损伤。为保持疏松的土壤，除松土以外，应采取多施有机肥、加土等措施，改良土壤，使土壤疏松透气。

2. 合理施肥：丰产石竹笋干竹林一般一年可进行 2 次施肥。2 月施长笋肥，每亩施竹笋专用生物有机肥 50 千克，下雨前后撒施；6—7 月施行鞭肥，亩施竹笋专用生物有机肥 50 千克，结合松土进行。二类竹林一年施肥一次，2 月份进行。

3. 劈山抚育：每年劈山一次，7—8 月进行。劈去林中柴、草、刺、藤及老、废、病、死小竹。劈山抚育可改善母竹生长环境，有利于母竹进行光合作用。劈去的柴草腐烂后，可提高土壤肥力，提高竹笋产量。此外劈山抚育可减少病虫害发生，并有利于竹笋采收。

4. 母竹留养：每亩每年留母竹 300—350 株。母竹留养在 5 月中旬进行，具体时间以出笋高峰期稍后为好。过早留养母竹会影响竹笋产量，留养过迟则影响留养母竹的质量，故母竹留养应在出笋的盛期后进行，该时笋体肥壮，行鞭也深。为使竹林年年丰产，必须每年均匀留养一定数量的母竹，以利光合作用与母竹新老接替。

5. 竹笋采收：石竹等笋干竹的竹笋采收，目前大多仍采用拗笋方法，对于人工种植培育的丰产竹林可以采用挖笋方法。加工直尖笋干，竹笋采收长度控制在 30 厘米；加工弯尖笋干，长度控制在 40 厘米左右。在 5 月中旬留养母竹前，应及时采收早期竹笋；母竹留养时，及时进行疏笋，除留养母竹外，多余的竹笋全部挖去；母竹留养后，还要及时采收后期出土的竹笋。

6. 老竹采伐：亩立竹株数量以 1200 株为宜。土壤肥沃、母竹高大，密度可略稀；土壤浅薄、母竹细小，密度可略大。竹林母竹保留 4 年，且各年龄结构比例以 1∶1∶1∶1 为宜，5 年生以上的老竹基本上不保留。5 年的老竹，所连竹鞭已趋于老化，鞭上的芽大部分早已萌发，竹鞭及根系的生理活动大幅下降，可在寒露后的 10—11 月采伐清理。

此外加强竹林的保护，注意灾害天气与病虫、野兽的危害。

第三章　笋竹加工

天目竹笋栽培历史悠久，食用笋资源丰富。为便于竹笋的贮藏和运输，历代临安人总结丰富的竹笋加工方法，各地名品迭出，尤以天目笋干为最。改革开放后，随着以雷竹、高节竹为主的菜竹大面积种植，竹笋保鲜和加工技术的改进，临安的天目笋干、手剥笋、水煮笋以及油焖笋、辣笋丝、干菜笋丝等调味笋制品大量应市，畅销大中城市，远销欧美、日本、东南亚以及中国港澳地区。竹笋产业一直是临安农业经济的第一大支柱产业，临安已成为全国竹笋生产、加工、销售的集散中心。

第一节　竹笋加工

一、历代竹笋加工

从历史文献记载看，腌酸笋可能是最早的竹笋加工方法。先秦文献《诗经》中已有“加豆之实，笋菹鱼醢”“其簌伊时，惟笋及蒲”之句。《周礼》中也有“箈菹雁醢”“笋菹鱼醢”等记载。“笋菹”“箈菹”，即是经过腌制的竹笋。

北宋咸平年间（998—1003），杭州龙兴寺高僧赞宁著《笋谱》，记载有两种竹笋加工方法。第一种称“菹法”，又可分三种制作法。第二种为干制法，又可分四种制作方法。

明清时期，干笋加工技术进一步提高，文献中有关记载颇多，有咸干、淡干两种加工方法。当时南方竹产区均有大宗干笋加工，各有名品，其中尤以浙江名品最多。清代赵学敏《本草纲目拾遗》（1765）记载有多种浙江笋干名产：“青笋干，即青竹笋，盐汤煮晒干者，出余杭、临安、天目者最佳，色如鹦哥绿，有‘尖上’‘尖毬子’‘二尖’等名，味咸干，性平，爽胃清痰。”“盐笋干，以春笋盐汤煮晒而成，有‘泥黄’‘乌尖’‘直脚’等名，味咸干，情平，行气清痰。”清嘉庆十九年（1814）《於潜县志·物产》记载干笋制品有“老嫩兼半的‘摘头’、嫩的‘嫩尖’、极嫩的‘尖上尖’”等。浙江的笋干，以天目山所产最著盛名，不仅有环境因素，更因加工历史悠久，技术精湛。

二、竹笋加工发展阶段

中华人民共和国成立前，竹笋加工为单家独户分散进行。中华人民共和国成立后，由于生产力低下，无论是个人还是集体的竹笋加工，仍然是小而分散，产量不高，效益低下。较有名的社办企业是临安石门罐头食品厂。该厂成立于 1976 年，位于今高虹镇石门村，先期主要加工生产咸、淡毛笋，包装为 40 千克塑桶简装，按笋与冰块 7：1 的比例盛置。产品主要为上海益民食品厂初加工，经对方精加工和包装后运销全国各地，少量经上海外贸局销往日本等国。毛竹大年时，旺季日收购鲜笋约 50 吨，每年初加工 400 吨；小年年初加工 150 吨，平均年产值 50 多万元。因毛笋加工有淡季，该厂相继开发凤尾鱼、杨梅、雪梨、黄桃、橘子、银耳等 20 余种罐头食品，产品大多经上海益民食品厂销往国内外，在北京长安街也设有销售门市部。1992 年，该厂由汪志刚个人承包经营。

临安市竹产业大规模发展起步于 1983 年，起初主要以发展雷竹、高节竹等中小径竹为主，农村经济依然薄弱。随着菜竹大面积种植，产量剧增，临安竹笋加工业方形成较大规模。至 2019 年近 40 年间，临安竹笋加工业经历四个发展阶段：

（一）起步阶段（1983—1990 年）

20 世纪 80 年代起，临安县委、县政府充分运用农业区划成果，提出“上促青山，下稳良田，主攻中间（丘陵缓坡）”的发展战略，鼓励农民利用丘陵缓坡地种植菜竹，主要是雷竹、高节竹。1985—1988 年，政府给予菜竹笋农经济补助。普遍推广当时临天乡吴马村葛银万种雷竹、板桥乡西村吴龙福种高节竹的竹笋高产经验，引导发展菜竹生产。1992 年以后，全县推广雷竹早出高产技术，菜竹面积以每年万亩的速度递增。

临安开拓竹笋加工业，利用毛笋加工成清汁笋（水煮笋），是当时的开发性新产品。县境毛笋资源丰富，清汁笋加工也较简便，从剥壳、切老头、弹笋衣、对剖、预煮、保温、漂洗、修正，再到装罐、消毒等，大部分工序以人工操作为主。该产品富含蛋白质 1.9%、脂肪 0.1%、糖类 4.2%，还有多种维生素和磷、钙、铁等微量元素，营养丰富，且用罐头包装，可久贮保鲜，深受日本、东南亚国家及中国港澳市场欢迎。

国营临安食品厂是县商业局所属全民所有制企业，时任厂长陈仲德是临安出口毛笋清汁笋罐头的开拓者。1979 年筹建临安食品厂罐头车间。试产期间，日商技术员全程监控，实施标准化加工与清洁型生产同步。产品达标以后，1980 年 3 月正式投产，首次生产清汁笋 111 吨出口日本，创汇 6.66 万美元。为保证原料供应，在玲珑乡殷家山建立第一个出口毛竹笋培育基地。1986 年，该厂生产出口清汁笋 1260 吨，全国超千吨出口笋厂独此临安一家。

1987 年 1 月，罐头车间从国营临安食品厂析出，单独建立国营临安罐头厂。1988 年生产清汁笋 2395 吨，出口创汇 121 万美元，人均创汇居全省同行之首。1987 年获评全省商业办工业经济效益优胜单位，1988 年获杭州市人民政府颁发的创汇“金龙杯”。

继临安罐头厂之后，毛竹资源较为丰富的乡镇也开始设厂加工生产清汁笋，出口量逐年增加。至 1988 年，全县有临安罐头厂、临安罐头食品厂、杨岭乡笋罐头厂、石门乡笋罐头厂、白牛乡食品罐头厂、洪岭乡笋罐头厂、夏禹桥镇化龙村笋罐头厂、西天目乡老庵笋罐头厂、於潜酿造厂共 9 个厂家生产清汁笋罐头。竹笋效益高，销路好，调动了农民种竹与育竹的积极性。杨岭乡竹笋罐头加工厂使附近农民的竹笋找到销路，1985 年全乡近 7000 亩竹山得到抚育，史所未有。竹子专业户郎瑞林溪滩改地，投资 8000 多元，营造笋竹 12 亩。洪岭乡罐头食品厂生产出口笋 180 吨，毛利 6 万多元，当年留养新竹数超过以往任何一年。据对该乡 15 户 198 亩竹林调查，共留养新竹 1.87 万支，亩均留养 94.5 支。

1986 年，县竹笋服务中心提出六条发展竹笋生产建议，其中有建设好一个商品基地，即竹笋基地；恢复一种名牌产品，即天目笋干，以及发展小包装的油焖笋、怪味笋等。临安旅游食品厂生产的一批笋脯，在临安、杭州等市场试销，12 元 1 千克，供不应求。当年全县竹、笋人均收入 70.2 元，已与茶叶收入相等。

1987 年 3 月 9 日，全省水煮笋布置会对临安县 1990 年度出口笋作出计划安排，从 1986 年的 1700 吨增至 2500 吨。县政府要求全县人民共同努力，积极发展竹笋生产。

1988 年，全县清汁笋加工 6000 多吨。其中临安罐头厂清汁笋加工 1741 吨；出口创汇 120 万美元，全厂57名职工，人均创汇2万多美元。

（二）初步发展阶段（1991—2000年）

20世纪90年代以来，县林业部门推广鲍子潮等雷竹覆盖早出高产技术，春笋冬出，人称“冬天里的春笋”，价格几倍乃至十几倍提升，雷竹面积迅速扩大。县域笋期主要分布在3—6月，高峰期在4—5月。竹笋为竹子幼芽，不耐存放，早期笋存放3—4天仍可食用，而中期笋由于气温渐高，存放24小时后就会影响食用品质。由于鲜笋销售具有较强的时间性，故市场销售范围受限。再加上随着竹笋生产面积拓展，产量逐步上升，在竹笋高峰期，高节竹笋最低价每千克不到0.6元，笋农担心鲜笋销路问题，育竹积极性受挫。发展竹笋加工业已迫在眉睫。

县域食用竹笋可分三大类，即毛竹笋、菜竹笋与笋干小竹笋，其时加工现状与存在问题：

毛竹笋加工：始于1979年，十几家加工厂主要产品为外贸出口的水煮笋罐头。1988年，全县水煮笋罐头四分之三原料来自江西、福建等外省。在临安的外商要求利用本地的原料加工，由于县内原料不足，1990年外销毛竹笋罐头仅为1300吨，1991年只有1200吨。县域毛竹笋加工主要存在的问题是加工原料不足，加工产品单一，加工设备与加工能力过剩。

菜竹笋加工：1991年全县菜竹面积10万亩，鲜笋年产量2.4万吨，是1983年的17倍。而当时县域菜竹笋加工只有几家乡办、村办的小厂，主要产品为水煮笋、油焖笋和部分保鲜笋，加工量约为全县菜竹笋产量的2%，菜竹笋还得以鲜销为主。中期笋产笋旺季，竹笋堆积，交通拥堵，笋价暴跌。菜竹笋加工存在的主要问题是加工能力太弱、加工企业数量太少，品种单一，与县域菜竹笋生产迅速发展的形势不相适应。

天目笋干加工：天目笋干长期以来年产在250—500吨之间。后来笋干产量增加，1990年达845吨。笋干竹分山到户以后，缺乏指导管理，部分竹农、商贩加盐加水，以次充好，笋干质量下降。此后政府正确引导，笋干加工质量开始恢复，而存在的问题是：千家万户各自加工，优劣混杂，没有质量规格标准，没有龙头加工企业。

根据以上竹笋加工现状与存在问题，县竹业专家建议：一是要加强行业领导管理，建立菜竹笋加工厂，而且要有产品名称、商标、质量规格、产品说明。二是要提高加工能力，建立具有一定规模的龙头企业及其品牌产品。三是开发竹笋系列加工产品，历史上，天目笋干加工有焙熄、肥挺、秃挺、直尖、小挺、统挺等品种，还应开发更多如小包装多味笋干系列、汤料系列、配料系列等新产品，以及竹笋罐头加工系列、旅游竹笋食品系列、竹笋与其他食品混合加工系列等。

90年代初，县委、县政府在认真总结前十年实施“上促青山、下稳良田、主攻中间（丘陵缓坡）”三线开发成功经验的基础上，针对“笋贱伤农”的新情况，临安县委、县政府先后提出“前促生产、后活流通、主攻加工”的“新三线”开发方略和“山上建基地、山下办工厂、山外拓市场”的发展思路，提出由单一的种植业向种养和加工、销售综合经营转变，由初加工向深加工转变，由粗放经营低效益向集约经营高效益转变，将竹笋加工摆上农业发展的突出位置，促进农业产业化进程和效益农业的发展。

主要抓三方面工作：

一是深入实施“新三线”方略，把深化农产品加工作为产业化经营主攻点。20世纪90年代后，全市对农业资源的利用，进入一个全面开发和二度开发结合，平面开发与立体开发结合的新阶段，加工企业不断涌现。台商张丰超等在杨岭乡陈家村创办杭州益华农畜产品有限公司，1993年初建，1994年11月投产，利用当地高节竹笋、雷竹笋为原料，开发具有台湾风味的系列鲜味笋丝，被列为中国美食营养委员推荐产品，是国内第一家中小径食用竹笋精加工企业。在益华带动下，全县竹笋加工产业尤其是笋丝加工系列产品蓬勃发展。90年代初先后兴办水煮笋厂26家，年加工水煮笋65万罐。其中菜竹笋精加工企业9家，品种有油焖笋、腊油肉笋、糖醋笋、雪笋、酱笋、咸笋等。参与菜竹笋营销3000余人，鲜笋收购点300多个，鲜笋专业批发市场10个。至1998年，全市有各类农产品加工企业500余家，其中竹加工企业100多家，鲜笋、笋干加工企业60余家。

二是培育龙头企业，把壮大农产品深加工载体作为产业化经营中心点。全域涌现的加工型和营销服务型各类大小农业龙头企业20余家，其中固定资产在500万元以上、销售额1000万元以上从事竹笋、笋干等六大系列产品加工的龙头企业11家，获省级农业龙头企业称号3家，省级先进农业龙头企业1家，列入全省行业最大企业2家。5家企业产品出口创汇，1998年创汇达1866.8万美元。杭州康鑫食品有限公司是国际示范林中国网络临安伙伴委员会伙伴，自1998年建厂以来，年竹笋加工出口量不断增加，每年需毛竹笋为主的竹笋3万吨。该公司与临安其他厂家加工毛笋罐头的原材料80%来自福建等地。2003年，公司董事长汪素莲主动向林业部门提出与临安竹笋产地共建竹笋基地的建议，得到市委、市政府以及有关乡镇、林业部门的大力支持。公司先后与板桥、三口、玲珑、上甘等有关村、农户签订共建协议。

三是增加科技投入，加强科学管理，将提高深加工经营水平作为产业化经营的立足点。临安水煮笋厂从刚开始的水煮笋初加工，发展到初、精加工结合，严抓产品质量管理和岗位责任制。该厂水煮笋加工有十几种系列产品，从原料选择到分流作业，从开头切成笋片、笋条、笋丝到最后包装封口，都有严格制作工序和技术规范，销售各地的小包装多味笋丝系列产品从未发生一起质量事件和退货纠纷，在市场确立良好的企业形象。杭州天目山绿色食品有限公司是一家笋干精加工企业，在临安同行业中规模第一。该厂从1994年投产以来，逐步确立以质取信的企业形象，从1994年到1998年，5年年产值猛增8.3倍，以产品优质而连续获得中国食品饮料保健品博览会金奖、省消费者购物首选品牌、省质量服务双优品牌和质量信得过产品等荣誉。

在菜竹笋加工业发展史上，全县最有闪光点的是菜竹笋精加工创新。1992年，台商张丰超等在杨岭乡陈家村创办杭州益华农畜产品有限公司，对雷笋、高节笋的初加工产品“清汁笋”进行二次加工。此后几年内，全县水煮笋、笋丝加工业发展迅速。1992年3月19日，临安镇竹笋交易市场开业。1994年建成高虹雷笋专业市场，年销鲜笋3000吨，成交额1800多万元。其间，17个国家（地区）117名官员和全国27个省、市、自治区800多个县（市）6000多人次到临安考察竹业生产。

1.8万罐。休闲笋干系列销售大增，产值突破2000万元。

2003年6月15日至16日，国家质量监督检验检疫总局专家组对市竹笋协会提出的“天目笋干”原产地认证申请进行实地评估和认证。8月25日，颁发原产地标记注册证，这是临安市首次通过认证的原产地标记林产品，增强了产品市场竞争力，扩大了市场和出口。

2003年，毛笋水煮笋经营总量持续增长，占全国总量25%，主要集中在松友公司、康鑫公司、裕隆公司3家，占全市总量81%。松友公司销售160万罐，居全国之首。康鑫公司在福建建瓯和顺昌各投建一厂，还在浙江德清县收购越菱公司，在北京、天津、杭州设立3个办事处，在日本神户、茨城设立2个销售公司。裕隆公司小罐头笋发展迅速，年加工出品180个集装箱，为全国之最。

“郭氏”牌天目笋干获评2003年浙江省农业博览会优质农产品金奖
（布智明 2003年摄）

同年浙江省被列为全国森林食品认证试点省。全省有53个基地、20个产品通过首次认证，杭州临安天目山绿色食品有限公司的“郭氏”牌天目笋干榜上有名。天目石笋干基地被授予“杭州市十佳都市农村示范园区”称号。市域3万亩天目笋干基地、郭氏天目笋干生产基地通过浙江省森林食品基地认证。

2004年，继盒装油焖笋开发之后，临安又开发加工附加值较高的“手剥笋”产品，市场销路好。全年共计生产手剥笋12.5万箱，主要集中在菜篮子、三宝、益峰三家公司生产。手剥笋面市，使市域秋笋增收50万元。2005年，全市有17家企业加工手剥笋，加工量40.1万箱，销售额2000万元。“馅用笋干粒”“汤用笋干末”“炒用笋干片”等新产品相继面市，改变笋干形状，方便食用，进入快餐行业。

同年，经农业部农产品质量安全中心认证，康汇公司的爽口圆笋心、大地公司的“原乡人之恋”石笋干、天目绿色食品公司的郭氏笋干、市竹业协会的天目山菜竹笋、西马克公司的西马克笋丝、临宝公司的临宝天目鲜笋、西天目食品加工厂的天目峰笋干等14家企业15个林产品获“国家绿色农产品”称号，准予在产品或产品包装上使用无公害农产品标志，有效期为2004年4月至2006年11月。

同年，天目绿色食品有限公司“郭氏”牌笋干获评浙江省名牌产品，“郭氏”商标获评浙江省著名商标；康鑫公司的“文同”牌水煮笋获评杭州市名牌产品；桃源绿色食品有限公司的“世外桃源”牌野笋干获评杭州市著名商标。

至同年底，全市竹笋加工企业近300家（含大户），其中有一定规模的加工企业43家。资产总额100万元以上的企业增至38家，共有9家企业通过ISO 9000认证。西马克、康鑫、松友、裕隆等4家企业通过HACCP食品安全管理体系认证。松友公司水煮笋在日本获得有机食品认证。

杭州康鑫食品有限公司、天目山绿色食品有限公司获评省级农业龙头企业，杭州康鑫食品有限公司被评为第一批浙江省农业科技企业。松友公司实施“走出去”战略，以福建“三和集团”名义获评国家级农业龙头企业。

2004年4月12日，《中国食品报》刊发《临安竹笋加工业逆风飞扬》文，报道临安许多竹笋加工企业拥有真空包装机、灭菌锅、热风式烘干机、茧灶式烘房、配送车等精加工先进设备，企业不仅可以开发多种产品，还可以提高产品品质。由于竹笋制品质量得到提升，竹笋加工企业的效益也有较大幅度提高。2005年7月25日，《浙江林业》刊发《临安竹笋加工向精深发展》文，报道临安竹笋加工企业取得的骄人业绩。2010年版《临安市志》也有相同内容记载。

2005年，全年鲜笋加工总量11.7万吨，总收入5.7785亿元，分别比上年增长18%、6.5%。其中出口量达4.29万吨，比上年增长1.94%。

1989—2005年临安竹笋产品加工量一览表

表4-3-1

年　度	竹笋产量（吨）	水煮笋（吨）		其中出口		笋干丝（吨）	小包装笋（万箱）	手剥笋（万箱）
		一次加工	二次加工	数量（吨）	交货值（万元）			
1989	18130	—	—	3114	—	—	—	—
1990	21000	—	—	1292	—	—	—	—
1991	21411	—	—	3005	—	—	—	—
1992	27350	—	—	3017	—	—	—	—
1993	36890	—	—	3459	—	—	—	—
1994	40720	—	—	4086	—	—	—	—
1995	43579	5000	—	266	—	—	—	—
1996	44799	6000	—	1278	—	—	—	—
1997	52640	11730	4545	4000	2761	—	30.0	—
1998	52000	12500	7000	9000	4500	—	35.0	—
1999	65067	25200	10900	15500	6680	—	40.0	—
2000	60973	32900	—	20227	10000	—	26.5	—
2001	88669	39600	27600	30200	12655	—	32.0	—
2002	134000	44818	33500	32180	15067	7.5	49.3	—
2003	181000	49100	30900	39872	19710	829.0	40.6	—
2004	165000	49872	39800	42036	30080	916.3	64.5	12.5
2005	191300	50300	45300	42854	25365	880.0	82.0	40.1
合计	1243382	327020	184100	255386	124057	2632.8	399.9	52.6

产业发展的主要特点：

行业规模扩大，企业实力增强。截至2005年年底，全市竹笋规模以上加工企业从上年47家增至55家，其中全国林业龙头企业1家，省级林业龙头企业3家，企业资产总额45700万元。在55家企业中，资产总额在500万元以上的从上年的12家增至15家，资产总额数从3.47亿元增至3.81亿元。

产品市场扩大，全国夺冠增多。竹笋产品在国内外市场覆盖面进一步拓展，销售量进一步上升。临安三宝特产加工厂产品销往北方20多个城市，远至哈尔滨，销售收入比上年猛增77.8%。市竹笋加工业分别有8家厂家的8个产品质量优良，年产居全国首位，分别是：松友公司年产出口水煮笋3.09万吨，康鑫公司年产香米笋30万罐，裕隆公司年产小罐头笋20万罐，郭氏公司年产天目笋干500吨，顶顶鲜公司年产油焖笋13万箱，万丰公司年产休闲笋干280吨，西马克公司年产调味笋丝小包装3.3万罐，三宝公司年产带壳笋13万箱。笋干加工销售总量为4400吨，与上年持平，其中天目笋干2000吨，比上年增长11%。

精加工量扩大，内销产品增加。由于市场经济规律制约和日元汇率下调，影响出口水煮笋经济效益。对此，不少企业注重适时调整经营策略，从产品精加工着手，加强内销力度，国内销售趋旺。带壳笋创新加工方法，销售异军突起，增加加工新品，扩大国内市场占有率。

2005年，市竹笋加工企业协会与市林科所合作，先后制定《天目笋干加工技术要求》《天目休闲笋干技术要求》，2006年6月3日正式实施。同年11月8日，《天目手剥笋加工技术规程》由市技术监督局发布实施。

2006年，全市共加工鲜笋12万吨，其中临安本地鲜笋6.48万吨，年销售收入共6.675亿元，增长20%。

2006年产业发展态势：

加工企业规模继续扩大，软硬件投入增加。会员企业从2005年的55家发展到60家，企业占地面积、建筑面积、固定资产均有增加。松友、康鑫、西马克、三宝、康汇、九仙、郭氏、天目生物等企业通过市场准入证QS认证。

水煮笋产销与低谷年持平，企业利润下降。手剥笋发展迅猛，但有的企业只顾销量而忽视质量，频现低价竞争。

小包装产品持续增长，差异化竞争已露头角。真空小包装产品主要是调味笋、油焖笋等，经过近几年市场洗礼，企业在竞争中寻找差异，发展特色产品。西马克公司一直坚持以山珍玉笋和小罐装油焖笋的高品位高价位领跑市场；顶顶鲜食品厂研制盒装油焖笋，占临安总产量80%以上。

天目笋干持续畅销，石笋干品牌响亮。历年来，“天目笋干”货畅其流，加工户积极性高，当年共加工4333吨。可是许多店家销售的“天目笋干”都是“三无”产品，消费者难以认可。大地公司开发石笋干，质优价高，受到市场青睐，有利于提升临安“天目笋干”品位。

红壳笋加工腌笋过剩，休闲笋干加工增产。当年共加工腌笋7000吨，为历史之最，部分产品积压。而临安三宝特色加工厂生产的天目手剥笋、康鑫公司的水煮笋、临目“东坑”牌有机笋干、菜篮子公司的有机健脚笋，均畅销市场。

在市技术监督局支持帮助下，市竹笋加工企业协会与临安林科所合作制定的《天目笋干加工技术要求》得以具体实施，天目笋干质量普遍提高，市场行情看好。在此基础上，协会再次和临安林科所合作制定《天目休闲笋干加工技术要求》，2006 年 6 月 3 日正式发布实施。同时，协会先后帮助松友、康鑫、西马克、裕隆、菜篮子等 5 家企业进行 HACCP 食品安全管理体系认证；帮助菜篮子公司进行 ISO 9001 和 9550 亩丰蕾笋、健脚笋的有机生产与加工认证。2005 年，西马克率先进行 QS 市场准入制认证，接着先后有 28 家企业进行 QS 认证。2006 年，针对手剥笋新产品出现的质量问题，协会着手制定《天目手剥笋加工技术规程》，同年 11 月 8 日发布实施。2006 年，全行业投资新建或改建车间、厂房，改造或新建化验室，为竹笋加工纳入清洁型、标准化生产轨道打下坚实基础。

同年新增深宝公司为杭州市级农业龙头企业，意向竹业、菜篮子公司、林佳公司、杭之宝绿色公司、昱岭公司、山妹子公司、大地公司、太湖源观赏竹种园 11 家为临安市级农业龙头企业。新增三林毛竹合作社、大同竹笋合作社、协禾杨桐柃木合作社等林业专业合作社 3 家。新增"文同"牌水煮笋为省名牌产品，"浙福"牌水煮笋和"竹片"竹地板为杭州市名牌产品。康鑫公司获评全国经济林产业化龙头企业。

2006 年 5 月 29 日，市林业局下发《关于表彰 2005 年度全市竹笋产业建设先进单位（户）的通知》。先进竹笋加工企业分别是：杭州西马克食品有限公司、杭州康鑫食品有限公司、杭州临安天目山绿色食品有限公司、杭州临安三宝特产加工厂。

2007 年，全年加工各类鲜笋 7.5 万吨，销售收入 6.9 亿元。市竹笋加工协会所属规模企业从 1997 年 26 家发展到 55 家，全年加工鲜笋总量和销售收入一直保持全国领先地位。新增"三峰"竹地板、"浙福"水煮笋 2 个省名牌产品。完成"天目笋干""天目雷笋"2 个证明商标和"天目手剥笋"集体商标的申报工作。通过 QS 认证的竹笋、山核桃加工企业 82 家。新增於潜兴民竹笋专业合作社、浙昌石笋专业合作社 2 家林业专业合作经济组织。

2007 年产业发展态势：

企业不断引入资金、人才、技术和先进设备等要素，促使龙头企业迅速崛起。至 2007 年年底，市域竹笋加工企业（含大户）近 300 家，其中有一定规模的加工企业 43 家，年销售收入 500 万元至 900 万元的从 2001 年 1 家发展到 11 家，1000 万元至 5000 万元的 13 家，亿元以上的 2 家。松友公司总资产达 1.5 亿元，实现销售收入 1.59 亿元，出口交货值 1.57 亿元，成为全国龙头企业、国家级农业龙头企业。西马克、康鑫、松友、裕隆、菜篮子 5 家企业通过 HACCP 食品安全管理体系认证，松友公司水煮笋在日本获有机食品认证。菜篮子、康鑫、天目山绿色食品有限公司获评省级农业龙头企业，菜篮子、康鑫获评第一批省农业科技企业。

企业普遍重视推行标准化生产和食品安全卫生标准，加强质量检测体系建设，提高生产加工水平和产品质量。2007 年 9 家企业通过 ISO 9000 认证。各企业同时注重产品二次加工，形成多元化、系列化产品链。2007 年二次加工产品总量从 1997 年的 4545 吨升至 4.35 万吨，增加 9 倍；占一次加工总量的比重从 0.6%上升到 90%。毛笋和菜竹笋加工的水煮笋产品规格分别有 20 多种，品种结构也更适应市场需求。2004 年开始生产的手剥笋，2007 年总产 86.7 万箱，比上年增长 15.9%。

出口量的四分之一。

2014 年，全市竹产业面临出口订单下降、市场销量萎缩、经营和生存压力加大的严峻形势。各企业以转型升级为根本，以调整产品结构为抓手，以提高企业竞争力为着力点，以求生存、谋发展为目标，通过加强内部管理、节约成本开支、调整产品结构、优化市场布局、创新营销模式、强化差异化竞争等举措，保持一定的发展势头。

制定标准，规范生产。由市竹产业协会联合市林业科技推广总站，修订“菜竹可持续栽培技术规程”，成为浙江省地方标准。开展“杭州市社会化服务”项目与“花旗基金扶贫”项目工作。

同年 3 月，由临安市蓉华食品有限公司研制的全自动联合剥笋机在西马克公司试用。该机提高剥笋效率十倍以上，竹笋损伤率小于 5%，获发明专利。

2015 年继续做好品牌建设工作。天目双品牌是全市竹产业的行业形象，市竹产业协会将之作为一项重要工作，组织参加各类展会进行展示，推进产品研发和优化，提升品牌的硬实力和软实力。协会积极进行鲜竹笋、竹林地监督检测抽样工作，以保障食品安全生产。全年抽样检测 8 个镇（街）鲜笋 45 份、土壤 100 份，检测结果均达标。

2016—2019 年，全市菜竹面积为 40 余万亩。2016 年笋干产量 4780 吨，产值 1.98 亿元。当年生产水煮笋（当地）38.46 万罐，产值 3076.8 万元。

2016 年，市竹产业协会完成与政府职能部门脱钩工作，厘清政府、市场、社会三者关系。2017 年撤市设区后，协会更名为杭州市临安区竹产业协会。至 2019 年，协会组织竹产业相关企业、经营单位、种植与销售大户等，多次召开产业发展研讨会、座谈会、现场会，开展调研走访活动，掌握国际国内市场现状与发展趋势等重要信息，提供产业经营交流信息、开展合作的平台，为当地政府和产业主管部门提供咨询决策服务。

2017 年 8 月底至 9 月初，临安竹产业团队分成三个组，历时 15 天，开展一次全区竹加工和贩销户调查，剖析临安区竹加工业发展存在的问题，提出对策建议，形成《临安笋竹加工业发展调研报告》。

2018 年 2 月 17 日，区林业（农业）局组织专家学者和企业代表研讨“临安竹产业振兴三年行计划”。

至 2019 年，全市有竹产业协会会员企业 32 家，其中年产值超 1000 万元以上的规模企业 7 家，产品包括水煮笋、罐头笋、休闲笋、油焖笋、笋干及其制品等。

第二节　竹笋加工类别

竹笋加工分类，从加工、贮存、食用等不同角度有不同分法。一般认为，临安竹笋加工产品可以分成八大类，即天目笋干类、水煮笋类、腌制笋类、脱水笋干类、速冻笋类、调味笋类、手剥笋类和休闲笋类，产品近百个。从加工的历史发展来看，天目笋干为临安传统特产，加工历史技术要求》得以具体实施，天目笋干质量普遍提高，市场行情看好。在此基础上，协会再次和临安林科所合作制定《天目休闲笋干加工技术要求》，2006年6月3日正式发布实施。同时，协会先后帮助松友、康鑫、西马克、裕隆、菜篮子等5家企业进行HACCP食品安全管理体系认证；帮助菜篮子公司进行ISO 9001和9550亩丰蕾笋、健脚笋的有机生产与加工认证。2005年，西马克率先进行QS市场准入制认证，接着先后有28家企业进行QS认证。2006年，针对手剥笋新产品出现的质量问题，协会着手制定《天目手剥笋加工技术规程》，同年11月8日发布实施。2006年，全行业投资新建或改建车间、厂房，改造或新建化验室，为竹笋加工纳入清洁型、标准化生产轨道打下坚实基础。

同年新增深宝公司为杭州市级农业龙头企业，意向竹业、菜篮子公司、林佳公司、杭之宝绿色公司、昱岭公司、山妹子公司、大地公司、太湖源观赏竹种园11家为临安市级农业龙头企业。新增三林毛竹合作社、大同竹笋合作社、协禾杨桐柃木合作社等林业专业合作社3家。新增“文同”牌水煮笋为省名牌产品，“浙福”牌水煮笋和“竹片”竹地板为杭州市名牌产品。康鑫公司获评全国经济林产业化龙头企业。

2006年5月29日，市林业局下发《关于表彰2005年度全市竹笋产业建设先进单位（户）的通知》。先进竹笋加工企业分别是：杭州西马克食品有限公司、杭州康鑫食品有限公司、杭州临安天目山绿色食品有限公司、杭州临安三宝特产加工厂。

2007年，全年加工各类鲜笋7.5万吨，销售收入6.9亿元。市竹笋加工协会所属规模企业从1997年26家发展到55家，全年加工鲜笋总量和销售收入一直保持全国领先地位。新增“三峰”竹地板、“浙福”水煮笋2个省名牌产品。完成“天目笋干”“天目雷笋”2个证明商标和“天目手剥笋”集体商标的申报工作。通过QS认证的竹笋、山核桃加工企业82家。新增於潜兴民竹笋专业合作社、浙昌石笋专业合作社2家林业专业合作经济组织。

2007年产业发展态势：

企业不断引入资金、人才、技术和先进设备等要素，促使龙头企业迅速崛起。至2007年年底，市域竹笋加工企业（含大户）近300家，其中有一定规模的加工企业43家，年销售收入500万元至900万元的从2001年1家发展到11家，1000万元至5000万元的13家，亿元以上的2家。松友公司总资产达1.5亿元，实现销售收入1.59亿元，出口交货值1.57亿元，成为全国龙头企业、国家级农业龙头企业。西马克、康鑫、松友、裕隆、菜篮子5家企业通过HACCP食品安全管理体系认证，松友公司水煮笋在日本获有机食品认证。菜篮子、康鑫、天目山绿色食品有限公司获评省级农业龙头企业，菜篮子、康鑫获评第一批省农业科技企业。

企业普遍重视推行标准化生产和食品安全卫生标准，加强质量检测体系建设，提高生产加工水平和产品质量。2007年9家企业通过ISO 9000认证。各企业同时注重产品二次加工，形成多元化、系列化产品链。2007年二次加工产品总量从1997年的4545吨升至4.35万吨，增加9倍；占一次加工总量的比重从0.6%上升到90%。毛笋和菜竹笋加工的水煮笋产品规格分别有20多种，品种结构也更适应市场需求。2004年开始生产的手剥笋，2007年总产86.7万箱，比上年增长15.9%。

2007年有3家企业3种产品获有机食品认证，28家企业通过QS认证。

竹笋加工市场竞争力提升。各企业毛笋、菜竹笋加工的水煮笋，绝大部分畅销日本等国际市场。十年来出口数量稳步上升，1997年只有4000吨，2007年为37840吨，毛笋水煮笋销售总量一直蝉联全国冠军。临安与香港合资兴办的杭州裕隆食品有限公司，从1999年开始以菜竹笋、小笋为原料，开发加工油焖笋、清汁笋小型罐头等绿色食品新产品，在临安尚属首家，90%产品覆盖亚洲、欧洲及美国、加拿大等20多个国家的市场，2007年出口交货值达1200多万元。全年加工鲜笋总量和销售收入一直保持全国领先地位。

老产品提高质量的主要着力点，在于小包装系列产品质量的优化，尤其是调味笋、油焖笋等真空小包装产品，销量三年翻一番多。各企业总结以往产品质量方面的经验教训，寻找差距，走以质取胜之路。西马克公司一直坚持以山珍玉笋和小罐装油焖笋高质量、高品位、高价位的“三高”优势领跑市场。顶顶鲜食品厂生产有自己特色的盒装油焖笋，市场销量占临安总量80%以上。万利公司的雪菜笋丝，康汇公司的烤笋、榨菜笋丝、四季鲜调味笋丝，九仙食品厂的配餐笋等，都在产品特色、质量品牌和降低成本等方面下功夫，提升市场竞争力和经济效益。

企业在优化老产品质量的同时，把开发新产品列为自主创新的重要内容。继盒装油焖笋、手剥笋之后，“馅用笋干粒”“汤用笋干末”“炒用笋干片”等新品改变传统笋干形状，方便食用。毛笋和菜竹笋加工的水煮笋规格达20多种，品种结构更适应市场需求。“天目峰”系列笋干获得较好声誉，产品畅销上海130多家超市和300多家商店，并出口澳大利亚、新西兰、南非、日本等国。

结构调整步伐加快，创新能力不断增强。面对瞬息万变的市场变化，各企业积极主动调整产品结构，以开发新产品掌握市场主动权，占领市场制高点。松友、康鑫针对日本市场水煮笋行情，果断调整市场布局和产品方向，加大市场推销力度。当年10月，松友推出雪菜春笋、老农咸笋系列产品，到年底销售额达200多万元。康鑫的水煮笋真空包装系列产品被列为2008年奥运会推荐产品。

市场营销新招迭出，发展空间进一步增大。松友、菜篮子等公司主动与上海石化、宝钢、胜利油田、上海民航等大企业攀亲联姻，加速建立大市场。菜篮子公司在上海烹饪协会办公地设立产品展示厅，设立销售网点34个，覆盖全上海。乐吃、茂林公司利用自己的品牌优势设立精品馆，开出连锁店，市场份额迅速扩大。茂林公司在杭州开发6家连锁店。

制订技术标准，推进标准化建设。天目雷笋、天目笋干、天目手剥笋是临安的特色产品。市加工企业协会会同市质量技术监督局、市林业局、市林科所起草“天目雷笋”“天目笋干”“天目手剥笋”技术标准，2007年7月16号发布实施。在产品标准化基础上，协会通过杭州钱江商标事务所上报国家商标局，申请“天目雷笋”“天目笋干”证明商标、“天目手剥笋”的集体商标注册登记，国家商标局受理上述注册申请。协会受杭州市有关部门委托，主持起草“雷竹笋”系列标准，经专家评审后获得通过。

1997—2007年，市加工企业协会抓好企业与生产基地连接，营造为农民增收的良好载体。协会推行“公司+基地+农户”的经营模式，支持帮助企业选好竹笋原料生产基地，为企业与农民结成利益共同体出谋划策。到2007年年底，已有松友、康鑫、郭氏、西马克、裕隆、菜篮子、天野等企业共建立紧密型或松散型竹笋基地30多万亩，联结农户5万多户。协会连续获评临安市先进社会团体和杭州市农村专业经济协会先进集体，秘书长俞锦章获评先进个人。

2007年6月25日，市林业局下发《关于表彰2006年度全市竹笋产业建设先进单位（户）的通知》。十佳竹笋加工企业分别是：杭州西马克食品有限公司、临安万丰绿色食品有限公司、杭州临安天目山绿色食品有限公司、临安天野罐头食品厂、杭州康汇食品有限公司、临安绿旺食品有限公司、杭州临安三宝特产加工厂、杭州临安顶顶鲜绿色食品厂、杭州临安万利绿色食品厂、杭州临安菜篮子食品有限公司。

同年10月13日，杭州竹笋节在临安开幕。中央电视台军事·农业频道台现场采访种植户邵观富、西马克公司董事长俞传梅、市林业局高工王安国，回顾临安竹笋发展历程，颂扬竹笋为富民兴林所作的贡献，展望新时期竹笋的明天。临安竹笋在中央电视台播映尚属首次。

2008年，全市笋干产量4500吨，产值1.58亿元。水煮笋产量39.85万罐，产值2460万元。

同年春，浙江省《农村信息报》以《临安小竹笋打造大品牌》为题刊发一则报道："临安有13家竹笋加工企业，带着手剥笋、油焖笋、腊肉烧笋等'全笋宴'前往北京，商场、超市、餐饮界数百名人士举箸品尝，赞不绝口。一客商当场与杭州西马克食品有限公司签订购销合同。一次成功的推介会，使临安竹笋搭上了'奥运快车'。"

境内竹笋加工业兴起，为笋农增收致富获得实实在在的利益。尤其是实施"企业＋基地＋农户"的经营模式，提升产业档次，加快产业化进程，实现了企业与农民双赢，企业与笋农结成利益共同体。至2007年年底，已有松友、郭氏、康鑫、西马克、裕隆、菜篮子、天野等企业共建立了紧密与松散型竹笋基地40多万亩，联结农户5万多户。如康鑫公司在全市7个乡镇40多个村建立13万多亩竹笋基地，涉及8791户笋农。公司对他们实行保护价收购竹笋，同时还在板桥、青山、玲珑等地建立了3000亩毛竹科技示范基地，并投资建设高标准林道2公里，便道5公里，建立20立方米蓄水池6只，为农民增收打下了良好基础。同年开展天目雷笋品牌推广和营销网络建设，组织企业参加无锡、北京竹笋推介会和义乌（国际）森林产品博览会，均获成效。

2009年，全市笋干产量4400吨，产值1.22亿元。水煮笋产量48.48万罐，产值3400万元。竹笋企业共加工本地鲜笋6.08万吨；有关企业在外地加工水煮笋127.6万罐，计鲜笋3.8万吨。以上两项合计加工鲜笋9.88万吨。

龙头企业创建、品牌建设及新产品开发取得新成绩。菜篮子、天目山竹业两公司被命名为省林业龙头企业，亚克西、九仙食品两公司成功申报临安市农业龙头企业。菜篮子公司的"丰蕾"牌产品获评杭州市著名商标和名牌产品。同年5月27日，市林业局召开"天目笋干"证明商标推广使用启动仪式，授予天目山竹业、绿叶公司等五家企业为首批使用单位。

管理水平和市场竞争力进一步提高，产品形象进一步提升。十余家竹笋企业改进包装和产品设计，提升内在质量，扩大销量。14家企业通过第三方电子商务平台开展电子商务应用。

产业化建设和项目申报取得新进展。菜篮子公司小竹笋项目被列为"2009年杭州市新一轮十大工程重点建设项目”。公司申报的“国家农业综合开发项目”正式立项，获得政府资助 180 万元。

反映企业诉求，促进企业整改。当年第三季度，杭州市质监部门抽检临安笋干，15 批次有 10 个批次不合格。市竹产业协会多次向市质监局反映实际问题和企业诉求，指导企业修订笋干标准，提出整改意见，笋干抽检中的问题得到妥善解决。

2010 年，全市菜竹面积 42 万亩，鲜笋产量 24.01 万吨，产值 8.13 亿元。笋干竹面积 16.2 万亩，笋干产量 4167 吨，产值 1.38 亿元。水煮笋产量 46.95 万罐，产值 3756 万元。竹笋企业共加工本地竹笋 5.827 万吨；有关企业在外地加工水煮笋 82.7 万罐，计鲜笋 2.48 万吨。以上两项合计加工鲜笋 8.307 万吨。当年竹业总产值 29.09 亿元，共实现销售产值 12.251 亿元，其中竹笋企业 7.82 亿元。

同年，市林业局选择横畈竹笋专业合作社作为天目雷笋试点单位，帮助指导该合作社从生产源头抓起，控制化肥使用，推广生物有机肥，提高竹笋品质，以打造“天目雷笋”品牌。

同年推进“天目笋干”两个证明商标的使用管理。当年新增 4 家，共有 9 家企业使用“天目笋干”证明商标，产量达 460 吨，占全市笋干总量的 13%。4 月底，中央电视台《农广天地》栏目组到临安拍摄专题片《天目笋干》，以绿叶食品有限公司武山基地为拍摄场地，天目笋干名扬全国。

作为全国最大的竹笋生产加工销售集散地，至 2010 年，临安有加工企业与加工点 160 家，其中省级竹笋加工龙头企业 4 家、杭州市级竹笋加工龙头企业 2 家，全市年加工竹笋能力超过 10 万吨，主要有水煮笋、笋干、调味笋、手剥笋、休闲笋、腌笋等系列产品。作为全国林业标准化建设示范市，临安市主持或参与制定的国家级、省级、市级等竹笋行业标准达 15 个。

（四）竹笋加工业转型升级阶段（2011—2019 年）

2010 年以后，笋竹加工业受到巨大挑战。由于市内年收购加工能力达 5000 吨的较大规模企业甚少，临安仍以毛竹水煮笋加工和农民作坊式笋干、腌笋加工为主，产业科技储备不足，龙头带动能力不强，缺乏足够的增长动力；初加工企业产品附加值低，应对“环保政策”整改的能力差，并且由于笋竹加工未脱离传统的加工方式，产业链较短，现有笋竹加工企业产品同质化现象严重；企业较为分散，企业之间的联合兼并重组难度大，且众多笋竹加工企业综合成本上涨。同时，笋竹加工企业受生态制约因素加重，笋竹加工企业“低小散”的现状和生产方式，与环保部门设定的标准存在一定距离，一些地方将竹材和竹笋加工列为污染企业和农村“脏乱差”的源头，列为“五水共治”“三改一拆”的重点整治对象，一些中小企业因无法达标而关停、整顿。板桥镇原有 62 家竹材加工企业和加工点，受“三改一拆”环保政策影响全部被关停。为此，临安市提出“科技创新，优质高效，生态安全”的发展战略，针对雷竹林老化退化现象进行重点改造，并提倡高效生态的竹林经营和笋竹加工新理念。

2011 年，继续推广“天目笋干”证明商标。标有“天目笋干”证明商标的笋干 385 吨，使用单位 10 家。加强对商标使用的管理和监督，所有使用单位的笋干内外包装有新的改进，以提高笋干的附加值和市场美誉度。

临安腌笋存在添加剂焦亚超标问题，导致 2010 年新笋上市时，之前的产品仍积压严重。只要控制住添加剂，腌笋无论是消化鲜笋销售压力，还是丰富市场供应，都有积极意义。为此，市竹产业协会同腌笋大户、经销商共同探索，妥善解决问题，稳定腌笋生产。

为了消除笋干用内置式炉房带来的质量隐患，市质监部门先后对西天目、千洪主产区的内置式烘房进行整治。市竹产业协会会同锦北街道，对袁家坞加工点调查摸底，市质监局对加工点50余农户内置式烘房着手进行改造工作。

2012年受国际金融危机和宏观经济趋紧、经济下行的持续影响，市场需求疲软，出口受阻，成本上升，效益下降，对竹产业造成一定影响。市域竹笋加工企业在产品结构调整、新产品开发、市场拓展、品牌建设、食品安全等方面仍取得新进展，竹产业仍保持一定的发展势头。

全市取得QS证的企业66家，季节性加工点200家（户），共加工各类鲜笋9.027万吨，其中本地笋7.023万吨。主要产品为毛笋水煮笋、调味笋、手剥笋、笋干等。全市竹笋加工类产值比去年减少。

由于受2011年秋冬干旱、次年春低温多雨天气影响，2012年竹笋产量比去年减少，但产值增收，主要是雷笋覆盖，笋价抬升，其中1月中旬（春节前）每500克最高价达27元左右，创历史新高。

加工用鲜笋收购价上升。鲜笋收购期自3月下旬开始，该时段笋价较低。每年都有7—10天上市高峰期，笋价更低。2012年高峰期笋价虽然与上年持平，但平均价比上年高。

市场竞争更趋激烈。2012年，临安水煮笋出口数量和价格基本稳定。除水煮笋外，各厂家产品基本雷同，而且往往是在同一销售市场里低价竞争。所有产品中手剥笋竞争最为激烈，企业只能微利或保本。

笋干质量明显提高。市质监局通过季节性笋干加工规范和集中培训，以及淘汰内置式烘房，笋干质量好于上年，销价上升。笋干中的精品是石笋干，因石竹林生长在海拔较高地区，培育管理难，采收成本高，劳动强度大，产量越来越少。

产品结构调整亮点颇多。西马克公司长期来注重质量和诚信经营，回报丰厚。2012年公司的调味笋系列产品供不应求，产量增加20%，占临安调味笋总量23.6%。菜篮子公司当年收购笋肉3600吨，脱水笋干产量达100吨，占临安笋干总量30%。

继续推进两个证明商标应用推广。2012年5月21日召开“天目笋干”证明商标工作会议，11家使用单位交流经验和做法，分析笋干生产和市场形势，肯定天目笋干证明商标应用的积极推动作用，也找出待改进、提高之处，尤其是品牌宣传、市场推介的深度和广度尚待加强。2011年，“天目雷笋”证明商标的试点工作在横畈专业合作社展开。2012年，太湖源裕生竹笋专业合作社加入试点，探索“天目雷笋”证明商标的运作经验。经中国农产品区域公用品牌价值评估，2011年“天目雷笋”“天目笋干”品牌价值均有提升。

2013年，全市竹笋加工企业185家，其中年产值超亿元的4家，千万元以上的25家，加工产品共14个系列500多个品种，年加工产值近20亿元，出口创汇9000多万美元。临安成为全国最大的水煮笋和天目笋干加工销售中心。仅浙江松友食品公司一家企业，出口的水煮笋就占全国出口量的四分之一。

2014 年，全市竹产业面临出口订单下降、市场销量萎缩、经营和生存压力加大的严峻形势。各企业以转型升级为根本，以调整产品结构为抓手，以提高企业竞争力为着力点，以求生存、谋发展为目标，通过加强内部管理、节约成本开支、调整产品结构、优化市场布局、创新营销模式、强化差异化竞争等举措，保持一定的发展势头。

制定标准，规范生产。由市竹产业协会联合市林业科技推广总站，修订“菜竹可持续栽培技术规程”，成为浙江省地方标准。开展“杭州市社会化服务”项目与“花旗基金扶贫”项目工作。

同年 3 月，由临安市蓉华食品有限公司研制的全自动联合剥笋机在西马克公司试用。该机提高剥笋效率十倍以上，竹笋损伤率小于 5%，获发明专利。

2015 年继续做好品牌建设工作。天目双品牌是全市竹产业的行业形象，市竹产业协会将之作为一项重要工作，组织参加各类展会进行展示，推进产品研发和优化，提升品牌的硬实力和软实力。协会积极进行鲜竹笋、竹林地监督检测抽样工作，以保障食品安全生产。全年抽样检测 8 个镇（街）鲜笋 45 份、土壤 100 份，检测结果均达标。

2016—2019 年，全市菜竹面积为 40 余万亩。2016 年笋干产量 4780 吨，产值 1.98 亿元。当年生产水煮笋（当地）38.46 万罐，产值 3076.8 万元。

2016 年，市竹产业协会完成与政府职能部门脱钩工作，厘清政府、市场、社会三者关系。2017 年撤市设区后，协会更名为杭州市临安区竹产业协会。至 2019 年，协会组织竹产业相关企业、经营单位、种植与销售大户等，多次召开产业发展研讨会、座谈会、现场会，开展调研走访活动，掌握国际国内市场现状与发展趋势等重要信息，提供产业经营交流信息、开展合作的平台，为当地政府和产业主管部门提供咨询决策服务。

2017 年 8 月底至 9 月初，临安竹产业团队分成三个组，历时 15 天，开展一次全区竹加工和贩销户调查，剖析临安区竹加工业发展存在的问题，提出对策建议，形成《临安笋竹加工业发展调研报告》。

2018 年 2 月 17 日，区林业（农业）局组织专家学者和企业代表研讨“临安竹产业振兴三年行计划”。

至 2019 年，全市有竹产业协会会员企业 32 家，其中年产值超 1000 万元以上的规模企业 7 家，产品包括水煮笋、罐头笋、休闲笋、油焖笋、笋干及其制品等。

第二节　竹笋加工类别

竹笋加工分类，从加工、贮存、食用等不同角度有不同分法。一般认为，临安竹笋加工产品可以分成八大类，即天目笋干类、水煮笋类、腌制笋类、脱水笋干类、速冻笋类、调味笋类、手剥笋类和休闲笋类，产品近百个。从加工的历史发展来看，天目笋干为临安传统特产，加工历史悠久，自宋以来，为江南士民所称道。其他加工类型都是改革开放后发展起来的。竹笋按加工方式分类如下：

一、天目笋干类

（一）宋至清代

天目笋干加工历史悠久。据宋代僧人赞宁的《笋谱》记载："日干甚，耐久藏，以备蔬食，尤妙者也。"当时笋干是经太阳晒干而成。清光绪《於潜县志》记载："青笋、石竹生荒山，细而长，山民取以售值。""若高山深谷离村较远，就山设厂，采笋煮之，曝之，为笋干，贮以篓，虽久不黦。老嫩兼半谓之摘头，嫩者谓之笋尖，极嫩者谓之尖上尖，味美价尤贵"。自宋至清的历史时期内，对笋干加工工艺的史籍记载均很少。笋竹在4—5月出笋季节，常遇阴雨天气，大量竹笋采收蒸煮后一时难以晒干，山区多木炭，笋农便使用炭火烘焙，这应该是简单之事，但旧志中没有用炭火烘焙的文字记载，笋干加工仍然是日晒曝之。

（二）民国时期

民国时期质量上乘的天目笋干产品主要有"早园凤尖"与"天目挺尖"。"早园凤尖"产于临目、杨岭和东天目等地，焙制考究，蜷如虾形，色黄亮滋润，味清香鲜美。"天目挺尖"又称"白蒲头"，产于南乡的三口、板桥和上甘等地，长不逾4寸（1寸≈3.33厘米，下同），粗若拇指，翠黄肥嫩清鲜，食之无渣。其时天目笋干加工已采用炭火焙制，但无详细的加工工艺记载。

（三）中华人民共和国成立至改革开放前

中华人民共和国成立后至改革开放之前30年间，临安的笋干归属国家三类点名商品，即属实行计划管理的三类物资，由省下达调拨计划，按计划分配到销售区及口岸。农村的笋干生产由村、生产大队集体生产加工，笋干产品由生产大队统一交售供销社的收购站。天目笋干的产品有焙熄、肥挺、秃挺和小挺，这是天目笋干的商用成品。焙熄是笋尖头肥嫩部分，是天目笋干产品中的极品。肥挺、秃挺和小挺是根据竹笋大小肥瘦进行分类，然后摘去嫩头而剩下的部分，使之结实成只，再烘干成型。摘下的笋尖嫩头加工成焙熄，烘干成型后，用竹篓箬叶进行包装；分类分级后的肥挺、秃挺和小挺也用竹篓箬叶进行包装，既透气又不受潮，可长期保存，长途运销。现在肥挺、秃挺等挺类笋干已无人加工，因为已摘去6—8厘米的嫩头，不受消费者喜欢。而秃挺、小挺类笋干较长且老，允许带一个青节，摘去嫩头以后长度还有30多厘米，仍可食用。

天目笋干分类如下：

1.焙熄　笋干经上堆、复汤发酵后，摘下笋尖头肥嫩部分，长度6厘米左右，烘干成型，是天目笋干之极品。

2.肥挺　笋干经上堆、复汤后，用人工揉捻搓成球形，焙干，再用木槌敲打成扁圆形，使之结实成只。笋形肥大壮实的称为肥挺。要求肉质肥厚、整株嫩、无青节，单株笋干长为24厘米—30厘米，干燥。

3.秃挺　比肥挺略小者为秃挺，要求肉质肥嫩的笋占80%—90%，带一个青节的笋干占比10%左右，单株笋长在30厘米以下，干燥。

4.小挺 比秃挺更瘦小，肉质较薄，带一个青节的笋干占比不超过20%，单株笋干长度在30—36厘米，干燥。

5.直尖 笋经蒸煮烘干后的初制成品，或叫半成品笋干，是未进行复汤再加工分类的统货毛坯笋干，价廉而又有市场，一般都用大麻袋装，极易受潮变质。

6.扁尖 在产区称直尖，在销区称扁尖。在上海、苏州和杭嘉湖一带，把未进行分类的直尖毛坯统货笋干都称为扁尖。

（四）改革开放后至2019年

改革开放后，天目笋干加工工艺有较大改进，基本不采用复汤发酵与摘头加工工艺。在烘焙工艺方面，大部分笋干加工单位从用焙笼炭火烘焙转为用烘房热风烘干，烘干速度更快，笋干色彩更好。在天目笋干产区，家庭式农户笋干加工大多依然采用炭火烘焙。在产品包装贮藏方面，基本上采用食品袋包装与冰箱冷库贮藏。产品品种主要有天目焙熄、天目直尖、天目扁尖、天目弯尖（天目尖）、天目潮笋干等。

1.天目焙熄（天目嫩尖） 当笋干烘焙至六七成干时，剪下笋尖的6—10厘米嫩头，经揉搓烘干成型。

2.天目直尖 每支笋干带嫩尖。当笋干烘至六七成干时，经过揉搓，然后拉直成直条状，再烘干成型。

3.天目扁尖 每支笋干带嫩尖。当笋干烘焙至六七成干时，用木榔头敲打代替传统揉搓，把笋干敲打成扁平状，然后再烘干成型。

4.天目弯尖（天目尖） 每支笋干带嫩尖。当笋干烘焙至六七成干时，经揉搓成弯曲状，再烘干成型。

5.潮笋干 这是按天目笋干传统工艺经蒸煮、烘焙至半干的笋干新产品。由于含水量较高，所以必须在冰箱或冷库保存。

天目笋干的加工传承了加盐蒸煮、炭火烘焙等传统工艺，省去“发汤”“摘头”工艺。工厂化生产采用烘房热风烘干，提高了生产效率。产品沿用直尖与扁尖的名称。天目直尖是带有笋尖的直条状笋干，天目扁尖是带有笋尖的扁平状笋干，与原来的含义已有所不同。

二、其他竹笋加工产品

（一）水煮笋产品

毛竹水煮笋主要出口日本，有大罐、中罐及丝、丁、片、条等各种软包装。高节竹水煮笋的加工工艺来源于毛竹水煮笋，主要是企业自己加工贮存的原料罐，为全年调味笋加工进行原料贮存，因此，高节竹水煮笋产品大部分为18升的大罐。

（二）调味笋类

主要用水煮笋、腌制笋为原料，进一步精加工为各种调味笋，也可用鲜笋直接加工。产品种类较多，开袋即食，有罐装、盒装、袋装等。主要加工产品有油焖笋、山珍玉笋、风味烤笋、泡椒脆笋、麻辣香笋、雪菜笋丝和香菇笋尖等几十个品种。

（三）脱水笋干类

采用剥壳取肉、清洗、煮熟和烘干的方法，不添加盐等任何调味品的纯淡脱水笋干，是一种干制蔬菜型食品，适合工厂化规模生产。目前临安加工数量不多，产品有待进一步开发。

（四）速冻笋类

采用剥壳取肉、加盐杀青、冷却和速冻的方法进行加工。杀青是使竹笋中的酶失去活性，并瞬间速冻后，在-18℃冷冻保存，是新开发的一个加工产品类型。也可采用液氮快速冷冻法，但其成本较高。

（五）手剥笋类

是一种带笋壳的产品，经加盐蒸煮、调味焖煮、杀菌、检验和包装等十几道工序加工而成，风味独特，用手剥去笋壳后即食用，故称“手剥笋”。

（六）休闲笋类

用鲜笋、腌制笋和笋干为原料进行加工，是一种消闲类食品，开袋即食。产品种类较多，主要有多味笋丝、花生笋干和黄豆笋干等。

（七）腌制笋类

临安腌笋，也名盐渍笋，由雷笋、高节笋腌制而成。腌笋就是将春笋经水煮后，沥干水分，一层笋一层盐进行腌制。投资较省，简便易行，一家一户均可操作。

由于春笋大量上市，许多加工户收购本地与邻县鲜笋进行腌笋加工。此加工法始于 1996 年，1999 年 8000 吨，最多时 2007 年达 1.09 万吨，2011 年减至 0.35 万吨，其中近 70%为企业原料储备。腌制笋能很好地保存竹笋加工原料时间长达 1 年以上，具有竹笋原有的独特风味，而且食用安全。腌制笋可用作进一步加工的原料，也可作为产品在蔬菜市场销售。

由于价格下跌，腌笋一时滞销。市政府专门召开腌笋销售会议，协调各方关系，减免税费，想方设法拓展销路，鼓励部分厂家收购腌笋进行精加工，终使腌笋得到转化销售。临安腌笋存在添加剂焦亚超标问题，导致产品积压严重。为此市竹产业协会同腌笋大户、经销商共同探索，妥善解决问题，稳定腌笋生产。

腌制笋在产品销售中仍沿用天目笋干产品的名称，有天目笋干、天目扁尖、天目尖、天目直尖等，宜重新规范命名进行区分。

（八）多味笋干

临安农家多味笋干的制作过程：先在土灶上将鲜笋煮熟，把笋撕成细条，再下锅加水，放入适量茴香、桂皮、辣椒等调料，熬煮 2 小时。入味后，捞出笋丝，和煮好的青豆、花生一起摊放在笋笼上用炭火烘烤。烘烤时需要不时检查炭火，翻动笋丝，直至烘成需要的干度，浓缩成家乡的滋味。杭州临安天目山绿色食品有限公司独家开发、生产、销售天目笋干等“郭氏”系列产品，闻名全国。

（九）野笋干

临安锦城周边、青山湖畔、余村、市坞、横溪、高虹一带，盛产野生小竹笋。野笋性喜同灌木、藤条、荆棘杂生在一起，特别是土质深厚肥沃的向阳山坡，野小竹粗壮茂盛，一般在25厘米以下制作的笋干为最佳。

拗回鲜笋，剥去笋壳，切去根部较老部分，放入煮沸的热水中，放点食盐。煮好的竹笋冷却后，将陶缸洗干净，一层笋一层盐，然后在笋上面压上大石头，静置，第二天、第三天取出石头尝尝味，便知腌得浓淡如何。

笋干的口感、质量和能否长久保存，关键在于烘烤阶段。农家沿袭传统制作笋干的工艺，用炭火慢慢烘烤，使野笋内在物质发生缓慢变化，慢慢地干透。现在许多制作野笋干的厂家都用上剥笋机械，采用电烤箱烘烤，这样制作出来的笋干，要比农家传统方式制作出来的味道略逊一筹。

揉捻是制作笋干的最后一道工序。通过利用外力作用，使笋干体积缩小变紧。经充分揉搓，可增加笋干美味。野笋干烘干后，笋干表面呈黄色，会有白色细小的盐结晶。梁实秋在《雅舍谈吃》一文中写道："无竹令人俗，无竹令人瘦，若要不俗又不瘦，餐餐笋煮肉。"他还在《闲情偶寄》中云："用笋伴荤，非但要用猪肉且须专用肥肉。"由于"肉之肥者能甘，甘味入笋，则不见其甘，但觉味至鲜。"笋烧肉，但"人只食笋而遗肉"，可见野笋之味至美。

第三节　竹笋加工企业

一、竹笋加工第一乡——杨岭乡

1998年，杨岭乡竹林面积从1993年的4000亩发展到1.1万亩。全乡竹笋收入1500万元，人均1700元，占农户全年收入40%。13个行政村，竹笋收入超百万元村占60%以上，50%的农户靠竹笋致富，竹笋成为全乡的支柱产业。

杨岭乡竹笋生产势头还得益于大力发展竹笋加工业。1993—1998年，该乡竹笋加工企业累计加工鲜笋13500吨，加工产值达5000万元以上，有力地推动竹笋生产和经济发展。

引进台商，确立加工强乡地位。1983年兴办杨岭罐头食品厂，利用毛笋原料加工成清汁笋罐头，产品全部销往国际市场。20世纪90年代，杨岭乡竹笋生产发展迅猛。1993年引进台商张丰超，投资200万美元，创办益华农畜产品有限公司，运用竹笋加工最新技术，开发生产调味笋丝、笋尖、笋片等系列产品20多种，畅销国内外市场。由此不仅确立杨岭乡加工强乡地位，还为后来发展的全市20多家调味笋丝厂输送骨干和技术力量，从而促进市域竹笋加工整体水平迈上新台阶。

发挥群体优势，提升加工实力。杨岭乡竹笋加工业除益华公司外，还有西马克公司、万里绿色食品厂、素云罐头厂、永丰罐头厂4家颇具规模的加工企业，1999年共加工鲜笋2500吨，鲜笋收购值300万元以上，形成调味笋丝、清汁罐头、油焖笋三大类数十个规格品种，当年加工产值近千万元。西马克公司的调味笋丝畅销上海各超市，120克包装的出厂价格始终保持在2元以上，高于同行80%，在'99中国国际农产品博览会上获得"名牌产品"称号。素云罐头厂的清汁罐头全部出口日本与欧洲，在国际市场上享有盛誉。

杨岭乡加工企业还千方百计克服资金困难，大量收购、就地消化鲜笋，缓解“卖笋难”问题。竹笋加工企业发展带动当地经济发展，为农村劳动力的转移创造条件。全乡有300多人进厂务工，年务工总收入在200万元以上。

临安主要笋制品生产企业一览表

表4-3-2

序　号	企业名称	负责人	所在地	主要产品
1	浙江松友食品有限公司	赵逸平	青山湖街道工业园区	清水笋、水煮笋罐头
2	杭州西马克食品有限公司	俞传梅	太湖源镇杨桥村	易拉罐、软包装调味笋
3	杭州乐吃食品有限公司	单希雄	玲珑街道庆仙路267号	天目笋干、休闲笋
4	杭州康鑫食品有限公司	汪素莲	板桥镇静堂弄村	清水笋、水煮笋
5	杭州临安茂林食品有限公司	谢茂林	天目山镇武山村吴家	笋干、笋丝系列
6	临安四季鲜土特产有限公司	王　屹	太阳镇太阳村	天目休闲笋
7	天目山笋业有限公司	梁金荣	天目山镇武山村	笋干、速冻笋、休闲笋
8	临安西天目超琦笋干加工厂	陈贤良	天目山镇武山村	笋干系列、罐头笋
9	临安千茂竹笋专业合作社	潘霞珍	於潜镇千茂村	笋干系列、多味笋丝
10	临安远丰食品有限公司	郑建政	昌化镇白牛村	水煮笋、调味笋
11	临安小馋仙食品有限公司	郑小平	於潜镇昔口村	调味笋、佐餐笋系列
12	临安市东茂食品厂	黄永才	於潜镇北门	调味笋系列、罐头笋
13	杭州临安顶顶鲜农业开发有限公司	胡伟平	太湖源镇众社村	油焖笋、调味笋
14	临安市泽华罐头食品有限公司	俞一涛	太湖源镇金岫村	调味笋、多味笋丝
15	杭州临安忆鲜食品有限公司	潘健儿	於潜镇千茂村	调味笋、佐餐笋系列
16	杭州临安兴旺食品有限公司	吕　欣	太湖源镇众社村	多味笋丝、休闲笋
17	临安市七姐妹辣味食品厂	罗延寿	太阳镇太阳大街	手剥笋、调味笋系列
18	临安祥味源食品厂	黄永胜	天目山镇武山村	手剥笋、调味笋系列
19	临安市西天目食品加工厂	吴建民	天目山镇交口村	手剥笋、调味笋系列
20	杭州于乔商贸有限公司	于思藤	天目山镇郜岭村	速冻笋、笋干系列
21	临安市宝良食品厂	王宝良	太湖源镇高云村	笋干系列
22	杭州临安横军竹笋加工	陈志军	太阳镇横路寨村	腌制笋干
23	临安横塘笋干厂	沈雪忠	天目山镇横塘村	腌制笋干
24	临安太湖源王氏食品厂	王国良	太湖源镇众社村	多味笋丝系列
25	临安青云笋干加工厂	柳伟强	太湖源镇青云村	笋干系列
26	临安皓轩竹笋专业合作社	余良友	天目山镇武山村老庵	腌制笋及笋干系列
27	临安武山忠宝竹笋专业合作社	韩忠宝	天目山镇武山村	笋干系列
28	杭州临安湘茹竹笋专业合作社	王文舜	潜川镇海龙村	腌制笋及多味笋丝
29	临安越宝食品有限公司	章月民	於潜镇千洪干溪水库	笋干系列、冻笋
30	杭州临安大地食品有限公司	彭根田	锦城街道沙地路122号	石笋干
31	千洪潘家竹笋专业合作社	杨竹钢	於潜镇千茂村	腌笋及笋干
32	临安石笋专业合作社	方智龙	於潜镇杨洪村	石笋干、雷笋干
33	金家竹笋加工厂	金　敏	於潜镇杨洪村	早笋干、石笋干
34	临安天目山绿源食品厂	肖洪华	天目山镇武山村老庵	笋干系列
35	临安天目山建成土特产精制厂	王建成	天目山镇武山村坦上	笋干系列
36	临安市超洋食品厂	陈观荣	天目山镇武山村	笋干系列
37	临安天目山宴会笋干厂	吴水潮	天目山镇九思村	笋干系列
38	临安市跃龙笋制品厂	黄克跃	太阳镇英公	水煮笋、腌笋
39	临安市天目特产食品技术研究所	戎炎君	太阳镇上庄村	多味笋丝系列
40	浙昌食品有限公司	廖红卫	昌化镇联盟村	石笋干
41	袁家坞笋干加工厂	陆贤武	锦北街道上东村袁家坞	雷笋、高节笋、红壳笋干

二、竹笋加工企业概况

2019年，临安有竹笋加工企业32家，其中年产值1000万元以上的规模企业7家，产品包括水煮笋、罐头笋、休闲笋、油焖笋、笋干及其制品等，其中休闲笋、油焖笋和笋干占比75%。竹笋加工企业中，初加工企业占比56.25%，深加工企业占比43.75%。从企业区域分布来看，太湖源镇和天目山镇竹笋企业较多，均为6个，且企业注册时间大多在20世纪90年代末至21世纪初。从年产量和年产值来看，於潜镇和青山湖街道年产量最多。年产值最多的是青山湖街道和天目山镇，分别为9192万元和7620万元，年税收达125万元和300万元。从年总利润来看，青山湖街道最多，为873万元，原因是街道内松友食品有限公司主要生产水煮罐头笋出口日本，利润相对内销市场为高。

龙头企业对于区域的产业发展至关重要。龙头企业的规模决定产业是否可以实现长远的发展。临安有2家省级龙头笋加工企业和7家市级龙头笋加工企业。竹笋类龙头企业杭州西马克食品有限公司和浙江松友食品有限公司，通过“企业+农户”的组织模式，生产即食休闲笋和水煮罐头笋，年产值达1.17亿元，辐射带动农户近5000户。

临安笋干总产量与产值平稳增长，直接带动笋干加工业的发展，规模不断扩大，加工质量不断提升，产品美誉度不断增长，在全省业界始终处于前列。

2005年，天目休闲笋干全年加工销售980吨，产值3136万元，比上年增6.5%。同年，竹笋加工业有8家厂家的8个产品产量居全国首位。其中郭氏食品的天目笋干年产500吨，顶顶鲜农业开发有限公司年产油焖笋13万箱，万丰绿色食品有限公司年产休闲笋干280吨，西马克食品有限公司年产调味笋丝小包装3.3万罐，三宝食品有限公司年产带壳笋13万箱。

2006年，涌现出一批笋竹制品加工龙头企业、竹业精品示范区和专业合作社。其中，临安三宝特色加工厂生产的天目手剥笋、康鑫有限公司的水煮笋、临目“东坑”牌有机笋干、浙江菜篮子有限公司有机健脚笋等均享誉市场。杭州西马克食品有限公司主要产品于1999年获得’99北京农博会金奖后，多次获评省市农博会产品金奖、银奖。2018年11月，该公司笋产品在浙江农业博览会上又获金奖。

三、主要加工企业（以创办时间先后为序）

1. 杭州临安罐头食品有限公司

1993年创办，位于锦城街道钱王街，法定代表人张立民。拥有初制厂7个、深加工厂2个，固定资产总值600多万元，固定职工120余人。

公司创办后，水煮笋每年加工总量一直徘徊在20万罐左右。从1998年开始，公司生产经营突破性发展，实现由竹笋加工小户向出口创汇大户、由粗放加工向精深加工、由省外加工向省市内加工转变，水煮笋加工总量1998年为25万罐，1999年40万罐，2000年70万罐。2001年110万罐，计2.2万吨，销售收入8065万元，上缴税金380万元，出口交货值7500万元，创汇910万美元，产品外销率达95%，走上一条贸工农一体化的兴业之路，名列全国同行业水煮笋出口量的第一位，成为杭州市最大的竹笋加工创汇龙头企业。1998年被临安市政府评为农产品加工先进企业，进入全市“小强人”企业行列；1999年获评全市出口创汇先进企业；2000年全面实施ISO 9002质量体系标准，2001年2月通过认证，成为全国唯一一家通过国际质量体系认证的水煮笋出口企业。1998年完成产品商标注册，打出“浙福”品牌。

1998年以来，公司坚持走“公司+农户”的产业化之路，迅速发展成为临安农产品加工龙头大企业。公司与33家福建竹笋加工企业建立合作联营关系，与浙江省内20多家竹笋加工企业建立稳定的订单式协作供货关系。与市域挂钩的企业主要有於潜恒丰罐头食品厂、洪岭乡罐头厂、东天目制罐厂等。2001年，上述企业为公司加工半成品水煮笋罐头达12万罐。初制产品运回公司总厂后，再进行深加工和精加工，提高产品附加值和经济效益。与公司合作的省内外50多家竹笋加工企业连接1万多农户，兴建2万多亩竹笋原料供应基地，为广大农户尤其是贫困地区农户开拓一条致富道路。

公司在产品开发创新上增强竞争力。国际市场水煮笋的主要客户在日本。公司先后开发出笋块、笋片、笋条、笋丝、笋丁等新品种30余种，比出售整支“水煮笋”的附加值提高50%。在质量管理创优方面增强竞争力。坚持“人有我优”原则，把牢产品质量关，确保原料竹笋的鲜嫩度。在生产管理方面采取“分散生产、统一管理、集中销售”的措施，形成“小生产、大销售”的经营格局。统一制定的质量管理制度，从选料、分级、杀菌到包装等各道工序严格把关。公司还从日本引进一套国际先进的真空包装设备，确保产品质量，提高笋价1—2倍。公司建立企业信誉，重视抓好超常规及时供货和处理好互惠互利关系。客户突击要货，按公司生产常规无法实现时，都千方百计给以满足。一包真空包装的精加工产品如在日本加工费要2.5元，而公司只收一半加工费，另一半让利于日本客户，在日本同行企业中增强竞争力和吸引力，密切双方的经销关系。

2. 浙江松友食品有限公司

1993年创立，位于青山湖工业园区，法定代表人先是王步明，后为赵逸平，是专业生产水煮笋和真空包装系列产品的出口企业，固定职工300余人。现有六条进口真空包装生产流水线，年生产18升水煮笋约130万罐，主销日本。据国家海关公布，松友公司年生产、销售及出口量在全国同行业中名列第一，外销出口量占全国同行外销量的20%。2016年年产量近2万吨，产值9192万元，实现利润873万元，上缴税金125万元，直接辐射带动农户2000多户。

浙江松友食品有限公司生产车间

（布智明 2000年摄）

企业先后获评临安市出口创汇先进企业、临安市农副产品加工先进企业、临安市重点骨干企业、临安市“5818”工程企业、杭州市农业龙头企业，同时企业享有自营进出口经营权，为金融系统AAA级企业。

1988年，郭昭辉大学毕业后就职于杭州食品研究所，1994年8月辞职创办杭州临安天目山食品厂。经艰苦努力，年加工鲜笋达2600吨，产品开发加工走在同类企业前列。1998年改名杭州临安天目山绿色食品有限公司。至2019年，已开发生产天目扁尖笋干、天目直尖笋干等笋干系列十余个品种，其中郭氏多味笋干属国内首创。公司被列为临安市农业龙头企业。

该公司求名品、出精品，从上海、杭州等地延聘技术人员，为产品创新提供信息、技术服务。为了使天目笋干真正达到“安全、营养、无公害”要求，从选料入手，与当地300余农户签订联姻加工笋干初制品合同，规定以略高于市场价收购农产品。按照干燥、色泽、长短粗细均匀等方面的要求，在无杂、无焦、无异味、无笋壳、无老头等质量标准上下功夫，建立健全每道工序的操作规程，严格控制食盐投放量；要求加工人员从收购鲜笋到投料加工直至成品出厂都要按规程操作，严把质量关。同时，按国际标准分档定名，推出不同系列、不同规格的包装。“郭氏”笋干系列食品先后获1997年中国食品饮料保健品博览会金奖、浙江省消费者购物首选品牌、1998年浙江省质量服务双优品牌、1999年中国国际农业博览会金奖等荣誉。2000年，“郭氏”牌天目笋干、“天目”牌天目焙熄获杭州市政府金奖。“老毛”牌笋干系列、天目笋干豆获杭州市政府银奖。

注重开拓市场。确定立足杭州，拓展江苏，踏实经营，稳步推进的营销策略。1998年10月又相继开拓无锡、上海市场，并在上海成立郭盛贸易有限公司，与上海市大型连锁超市和大型卖场建立良好的业务关系。公司已在国内大中城市设立近千个销售网点，年销售额突破1000万元。

6. 杭州临安市天野罐头食品厂

1998年创办，位于横路乡大溪村，法定代表人黄中强，是一家以加工当地鲜笋为主的竹笋加工企业。现已建成自办原料基地3000多亩，形成“市场牵企业、企业带基地、基地连农户”的产加销一条龙经营体系。2005年投入批量生产，年产值180多万元，2006年为305万元，2007年升至600万元。企业发展壮大，也为当地农民脱贫致富作出有益贡献。

大溪村是黄中强故乡，毛竹等山林资源丰富，但村民疏于管理，开发不力，经济效益较低，生活较贫困。他承包村里毛竹山1500亩，同时承包邻村寺坑村荒芜毛竹山600亩，分别签订20年承包合同。基地建设完成三件事：一是分三年对毛竹山进行一次全面劈山整地；二是分别于每年4月和10月给毛竹合理施肥，加快生长，提高成竹率；三是新种和发展毛竹900亩。山上毛竹资源一改往日旧貌，竹径从原来的二三市寸长至七市寸以上，林相美观，出笋率显著提升。连续多年毛笋年产量稳定在250吨左右，产值33万元。

坚持一手建基地，一手抓加工和促销，产加销紧密结合。竹笋加工实行精、初加工并举，毛笋、小笋加工相结合。2002年开始投产加工，主要产品有毛笋、菜竹笋等水煮笋，有手剥笋、油焖笋、烤笋、水笋和笋干等。近几年每年加工毛笋400多吨，雷笋、高节笋、石笋、红壳笋、白壳笋和鳗笋等小笋1650多吨。年产毛笋水煮笋1.5万罐，高节笋水煮笋3.5万罐，手剥笋1万罐，油焖笋3.5万罐，烤笋2万罐。加工的毛笋和小笋原料大部分来源于横路各村和市域乡镇的竹笋产区，收购价高于别处收购价，形成相对固定的产销关系，每年收笋量达700多吨，确保加工所需。企业坚持以内销为主，奉行的是诚信至上、质量为本的理念，产品畅销江苏、安徽等省以及亩。每年给村民带来直接收益达 585 万元。

不断形成产业链，打响产品品牌。两年来，建设高山蔬菜基地 100 亩，茶叶养护基地 500 亩，菊花种植基地 350 亩，果园 550 亩。每年制作“石缝野茶”2500 千克，“金丝皇菊”2000 千克，并自制“天目笋干”、“龙门秘酱”、团圆粿、粽子、杜公豆腐等农副产品。

杭州金诺农业发展有限公司的生态旅游项目——竹林小木屋　（布智明 2019 年摄）

竹业和竹文化建设方面：“龙门秘境”所涉的石门、龙上、大山、木公山，地域面积 53.9 平方千米，有山林面积 78167 亩，占总面积 96.68%，早在 1977 年就被列为省丰产毛竹基地和万亩以上毛竹林的公社（乡）。公司开辟竹笋种植基地 800 亩，每年生产优质笋干 2500 千克。在公司拥有的“一万年”“草山岗”“龙门秘境”等七项自有品牌中，笋干、冬笋、春笋和竹制工艺品均为主要产品。笋干制作严格把关，精心挑选石笋作原料，白炭烘制，质量上乘。

公司综合打造“竹文化”“红色文化”“茶文化”“古树古桥文化”“古道古碑文化”“古民居文化”“民宿文化”。制订发展规划，在金竹坞建设最美竹文化园及其他文化体验项目。

帮助当地农家乐、民宿农户，按政策规范，营建竹轩、竹亭、竹廊，用作餐饮、游乐场所，也用以美化环境，全村竹构建筑小品计有 10 余处。林家塘天乐农家乐门前建有一幢双屋顶敞轩，全用毛竹构建，占地约 70 平方米。

第四节　竹材加工

竹子与人们的生活关系十分密切。北宋苏轼《东坡集》载：“庇者竹瓦，载者竹筏，书者竹纸，戴者竹冠，衣者竹皮，履者竹鞋，食者竹笋，爨者竹薪，真所谓不可一日无此君也。”道出竹子与人们生活的密切关系。临安竹子加工利用历史悠久，中华人民共和国成立前，竹子加工一般都是日用品，种类繁多，之后相当长时间也仍是如此。改革开放后，从竹胶板和竹地板的初加工，转至竹家具和竹工艺品的精深加工，竹材加工业产业链逐渐拓展，竹子综合利用水平居于全国前列。

一、竹材加工利用特点

竹材直径小，壁薄中空，尖削度大，其结构与木材有较大差异。因此，在加工利用方面有其特点：1.加工过程中劳动生产效率低，竹材利用率低，生产成本较高，所以竹材加工的产品不能简单地“以竹代木”，要达到“以竹胜木”。2.竹材强度和密度都高于普通木材，适合作为结构材使用，可用较小尺寸的竹材产品替代较大尺寸的木材产品，以取得工艺上和经济上的成效。3.竹材易于漂白、染色和炭化等处理，可制成竹材集成材、竹材地板、竹装饰材，替代珍贵阔叶材，在家具、竹制品和室内装饰等领域有广阔的应用前景。4.竹材纹理通直，韧性大，劈裂性好，易于劈篾编织，通过简单的剖、冲、刨、磨等加工即可制成各种竹制品。5.同一竹种的小直径竹子，其直径差异不大，可对整竹进行加工处理，制造各种用途的竹材制品。6.竹材内含相对较多的淀粉和蛋白质等营养成分，易霉变，耐虫耐磨性能差，不加处理，其耐久性不如木材。

改革开放后，临安竹材加工业取得长足发展，无论在产品质量和数量上，还是在企业规模和技术先进程度等方面均具较高水平。竹材机械加工利用已从单纯的重视大径级毛竹的加工，到重视利用各类中小径级的竹材开发。竹材人造板也从车厢底板和水泥模板两大系列产品，发展到车厢底板、水泥模板、竹材集成材和竹材地板四大系列产品，特别是竹材集成材和竹材地板系列产品，其生产技术先进，生产工艺精良，产品质量上乘，堪称竹材加工产品的精品。

二、竹材加工种类

竹子日用品种繁多，可归纳为日用品、竹子造纸、工业品、工艺品四大类。

（一）日用品

大致分为生产用具、家庭生活用具和文化体育卫生用品三大类。

生产用具主要有建筑用的竹房子、竹框架、脚手架、脚踏板、竹筋混凝土、土木结构、搭农村茅屋的梁架、桁条、椽子、竹骨墙体、竹瓦、沙石筐等；编织用的打梭板、织针、打绳器；农业生产用的抬杠、农具柄、扁担、晒簟、板箩、淘箩、刀篰、簸箕、谷筛、谷圈、五爪耙、调叉、烟叶夹、蚕匾、蚕架、茶篮、笋干篓、箬壳蓑衣、箬壳草鞋、扫把、砖瓦垫等；捕鱼用的钓竿、渔帘、渔栅、倒须笼等；狩猎用的竹吊、竹夹、苦竹枪、竹箭，驱赶野兽的竹梆等；交通运输用的竹桥、竹筏、竹轿、竹木船、竹篙、竹缆、船篷、马鞭、马嘴套等。

外贸产品竹制毛线针　　　　（周玉龙 2016 年）

家庭生活用具种类主要有竹椅、竹沙发、竹榻、竹床、竹凉席、坐车、帐竿、梳妆台等坐卧器具；竹圆桌、竹架橱、竹茶具、竹茶几、蒸笼、蒸垫、菜罩、茶筒、筷、勺、瓢、洗帚、竹签（肉签）、竹热水并壳、竹水管等炊具、食具；笼、箱、篓、柜等藏置用具；竹门、竹窗帘、竹衣架、晒竿、各式竹篮、竹梯、火熜、灯笼、灯具、刷帚、竹屐、竹扇、伞骨、竹手杖、扫帚、鸡毛掸帚、竹罐、笔筒、旱烟竿、竹篦箕等生活用具；以及竹马、竹笛、竹刀、竹水枪等儿童玩耍用品。

文化体育卫生用品主要有标枪杆、羽毛球拍、胡琴、笙、箫、笛、筝、旗杆、笔杆、算盘桥杆、字纸篓、竹纸、博古架、花架、竹麻将坯、竹叶、天竺黄、金竹衣、竹茹、竹沥、竹荪等。2014 年 6 月 5 日世界环境日，由中国绿色碳汇基金会、国家大剧院、北京竹乐团主办，浙江安吉、临安以及福建永安、四川长宁四县（市）政府承办的首届中国绿色碳汇节·绿韵——竹乐器暨竹文化艺术展在北京开幕。市林业局、市竹文化研究会和3家相关企业共11人赴京参加展演活动。

临安竹子日用品生产在20世纪50年代以农具、蚕具为主，其中以谷箩、蚕匾、晒簟为大宗。60年代与70年代，以建筑材料为主，其中以脚手架、抬杠、沙石筐为大宗。80年代后，传统竹制品受钢、塑等新型材料制品的冲击，市场日渐萎缩。竹材加工业为生存与发展，开始应用现代科学技术开发新产品。各地兴建一批竹制品"三资"企业，并促进竹木加工机械制造业的发展，先后形成机制竹凉席、竹卫生筷、竹靠垫、竹签、竹胶地板等新产品投放市场，重新扩大市场销售份额。1995年，竹制日用品以机制竹凉席的发展速度最快，产品畅销国内市场，并销往日、韩、美、欧洲各国。竹凉席、竹签、竹筷成为继水煮笋之后最大宗的创汇产品。

（二）竹子造纸

东汉时期蔡伦总结前人造纸的经验，发明用树皮、毛竹、破布、旧渔网等作为原料造纸，大大降低纸的成本，从此纸开始进入人们的日常生活。纸历来是临安的传统竹制品，以嫩竹为原料生产的土纸，古称竹纸。到清代，县域生产的土纸产品种类多，总称为"毛边纸"，其中绝大多数以竹子为原料，少量以藤楮、桑皮、稻草作原料。清宣统二年（1910）《临安县志》"卷一·舆地志·祥异"载："立春日日出而雨则生虫。春笋多虫主笋干贵，毛笋带笠主纸贵。"

据1932年《中国实业志》（浙江省卷）载："各县所出纸，可大致分为竹造纸、皮造纸、草造纸三类。竹造纸之主要原料为竹，浙江省产纸之地皆有之，而尤以富阳、萧山、诸暨、余杭、临安及旧温属、处属、台属各县为最；皮造纸之原料为桑皮、楮皮、山麻皮、笋壳、稻草等，产地有余杭、临安、新登、永嘉、松阳、遂昌、建造等"；"全浙所产之纸，就其每年产值而论，则竹造纸占多数，在70%以上；草造纸居次，占26%；皮造纸最少，仅2%有余。"抗战爆发后，交通阻隔，销路不畅，全省土纸生产日趋萎缩。至中华人民共和国成立前夕，竹纸滞销，各地纸厂大多歇业停产。

中华人民共和国成立后，土纸生产得到恢复和发展。1956年农业实现合作化后，个体槽户和大部分私营企业先后成为农业合作社的集体副业，从业人员成为社员，纸业和农业统一核算和分配。据1954年资料，全省竹料纸产量占土纸总产量60%以上，产区有30多个县，含临安。到1985年，土纸生产基本上实现机械化，结束千百年来传统的手工作坊生产方式。

（三）工业品

临安竹材工业品生产始于20世纪70年代，80年代后开始得到迅速发展，其中以竹质胶合板为大宗，主要产品包括竹编胶合板、竹材层压板、竹帘吊胶合板、竹材胶合板、竹胶地板等，被广泛应用于汽车和火车车厢底板、包装箱板、电缆交货盘、建筑模板、家具装饰、家庭地面装饰。此外还有竹炭、竹醋液、竹纤维等。据《临安市志（1989—2005）》记载：临安竹材加工业经历由粗加工到精加工、加工规模由小到大的发展过程，2005年竹业产值达19.2亿元，占林业总产值54.45%，产区15万户竹农近六成年收入来自竹业。其中，杭州临安三峰实业有限公司、杭州百孚竹制品有限公司、杭州青峰竹制品有限公司、杭州森瑞竹木业有限公司、杭州临安家乐竹木业有限公司、杭州临安万春竹制品有限公司和临安立德竹制品有限公司7家竹材加工龙头企业，主产竹板、竹装饰板、竹家具等产品，年产值2.21亿元。这7家企业与当地及外地11.33万户竹农形成利益联合体，拥有竹子生产基地2.3万余亩。至2019年，临安有竹材加工会员企业17家。

竹材主要产品：

1. 竹编胶合板：竹编胶合板是将传统的竹编工艺和胶合工艺相结合的产品。其生产工艺简单，建厂投资少，是竹质胶合板中最早问世（20世纪70年代初）、生产厂家最多、产量最大的一个品种。临安的产品主要作建筑模板和包装材料。

2. 竹篾积层胶合板：竹篾层积材是由等厚等宽的竹篾为其构成单元胶合而成的产品，是一种纵向强度特别高、刚性好的结构材料。产品具有显著的方向性，其结构近似于单板条层积材，主要用作车厢底板和建筑结构材。

3. 竹帘胶合板：竹帘胶合板是将黄篾用经线织成竹帘后胶合而成的板材。该产品因不编织成竹席，其生产成本低于竹编胶合板，外观质量、二次加工性能和产品性能优于竹编胶合板，可作为各种车厢板、集装箱底板，二次加工后可生产高档建筑水泥模板。

竹胶地板　　（布智明 2000年）

4. 竹编竹帘胶合板：竹编竹帘胶合板是竹编胶合板与竹帘胶合板生产方式的混合。一般是在组坯时，上下各放一张，经热压胶合而成。

5. 竹材胶合板：竹材胶合板是将竹材经软化展开后胶合而成的产品。因无须剖篾和织席，具有强度高、刚性好的优点。开始作为汽车车厢底板，后作为高档建筑水泥模板的基材。

6. 竹胶地板：竹胶地板是一种高档地面装饰材料。与木质地板相比，具有质硬、韧性好、耐磨耐腐不虫蛀、表面光洁、色泽淡而温和、亮而均匀、格调清新高雅、结构别致新颖的优点。该产品是改革开放以来，在引进台资与技术的基础上发展起来。2005年据临安七大竹材加工龙头企业统计，年竹地板加工用竹152.21万支，产值2.21亿元，其中创汇1911万美元。

7. 竹材制花板：又称竹材碎料板、竹丝胶合板，是将竹材加工的下脚料，经切片、压碎、去尘、拌胶、铺装、热压等工序加工而成的胶合板。该产品的力学强度较好，生产的薄型竹丝板不易翘曲变形，有利于作表面装饰，外观质量可与木材刨花板相媲美，经二次加工的成品可用于制造高档家具、建筑材料、门板窗料、装饰板及天棚等。

临安天目源实业有限公司生产的竹醋液
（布智明 2003年摄）

8. 竹炭、竹醋液：竹炭是竹材在无氧或缺氧条件下高温热解得到的产品，在生产竹炭的过程中还能得到副产品竹醋液，是竹材加工领域中利用率最高、附加值最大的科技产品之一。自 20 世纪 90 年代开始，经过十多年的发展，目前已经开发出竹炭竹醋液七大系列 300 多种产品，出口日本、韩国及欧美等国家和地区，国内销售遍及 20 多个省份及中国台湾地区。2002 年，玲珑街道姚家村姚国成与浙江林学院合作，开发 30 多个具有保健作用的竹炭产品，使每吨毛竹比原竹增效 200 余元，产品销往全国 10 多个省、市和台湾、香港地区，以及日本、韩国、马来西亚等地。

9. 竹纤维：以竹子为原料提取的纤维有两类：一类是天然竹纤维，又称竹原纤维，是采用物理、机械、生化相结合的方法直接制取的天然纤维。另一类是先将竹子制成竹浆粕，再在浆粕中加入化学填料喷丝而成的可纺纤维，即竹浆纤维或黏胶竹纤维，是一种再生纤维素纤维。当前，市场上出现的“竹纤维”均为竹浆纤维。应用领域较广，尤其是在非织造材料、复合材料中的应用研究日益广泛。

（四）工艺品

临安竹制工艺品制作历史悠久，品种繁多，技艺精湛，具有浓郁的地方色彩和独特的艺术风格。主要工艺产品有竹编、竹雕、竹乐及其他竹制工艺四大类，其中尤以竹编、竹雕产品为制作精湛、造型美观的艺术精品，被国际友人誉为“东方艺术的明珠”。中华人民共和国成立后，竹木工艺迅速发展，产品畅销欧美、东南亚各国及中国港澳地区。

1. **竹编**　太湖周围是原始社会竹编的重要生产地。春秋战国时期，竹编已逐步向工艺方面发展，竹编制品的装饰气味越来越浓，工艺也日见精细。明清时期，竹编品种渐趋繁多，做工更为精致。清末民国初，竹编工艺品远销欧美国家。竹编工艺真正得到发展是在中华人民共和国成立以后。1972 年后，临安相继兴办三口、昌化工艺竹编厂，竹编工艺品频频参加国内外大型展览会且获奖。

临安竹编以精巧细腻、造型美观、高精产品迭起、花色品种繁多而著称。竹编品种中器具类包括篮、盘、瓶、罐、箱、盒、席、帘、扇等；欣赏类有动物、人物、仿古建筑等；屏风类有立屏、挂屏和折叠屏等。

2. **竹雕竹刻**　竹雕技艺始于唐宋，至明清，达到鼎盛时期。用废弃的竹根、竹蒲头作为材料形成竹根雕，是竹雕中的重要一部分。用竹子制造器物，加以雕刻，以供欣赏，谓之“竹刻”。竹刻所用素材为竹根、竹筒。用竹根制成的有人物、酒盏、果实、蟾蜍、蟹等。用竹筒制成的有笔筒、诗筒、香筒、臂格（又称秘阁）等用具。此外还有竹制扇骨。竹刻家对于素材的选择非常审慎，临安产的竹材好，是必选之材。取材的标准是要求竹质紧密，竹面平滑，纹理细致。竹面看不出立纹的，

竹雕笔筒　（由王建华制作并拍摄）

是最好的素材，称为玉竹。有立纹，比较细的也还可用。竹子经过长期的人工摩试，能够保持光润的色泽。明清竹刻家将之比作黄玉，比作琥珀。当今临安竹雕竹刻工艺水平以钱高潮艺术大师为代表。

3. **竹乐** 丝竹乐是以弦乐器合竹管乐器演奏，用轻打乐器压板击拍，是临安民间器乐中的一个重要类型。丝竹乐中常用的竹乐器是笛、箫、笙，其中笛是主乐器之一。临安对石小学有竹乐队，多次为外国友人演奏。

4. **其他竹制工艺** 近年来，将竹子作为建筑材料，用于室内装潢及制作家具等，在临安有较大发展，这是运用竹子天然、质朴、和谐的色泽，把现代的室内装潢与自然美融为一体，用排列的圆竹作墙面，用竹丝篾片编织起来的图案作装饰，用竹枝、竹节拼镶起来作框架门窗，再加上竹制的屏风、家具、竹具和竹雕、竹编工艺品，使室内装饰构成竹的艺术世界。竹屏风、竹家具在临安的使用也非常普遍。一般选用材质坚韧的毛竹、刚竹、桂竹、茶秆竹、荆竹、紫竹、水竹等竹种，对竹秆经卷节、火烤、弯曲、熏蒸、打穴、凿孔、开槽、榫合、竹条或竹片拼面等工序后，制成桌、椅、床、橱、茶几、茶架等多种家具。

改革开放后，临安还生产竹衣。它是取嫩竹尖上的细小竹管为原料制成的，其表面呈网格状，穿着凉爽又富新意。1990 年，堰口乡堰口村朱世荣兴办竹衣厂，以竹枝、竹鞭等为原料，生产竹衣、竹鞋、竹包、门帘等系列产品。1995 年生产竹衣 6000 余件，竹鞋、竹包、门帘万余件，产值 150 余万元。产品除国内销售外，还销往日本、欧美，当年创利 30 多万元。

其他竹制工艺品还有竹画、竹杖、竹扇、竹玩具、风筝、灯彩等。

三、竹材加工发展阶段

（一）古代和民国

临安竹子加工，历来以竹匠走乡串村、上门加工为主。商品性竹子作坊加工始于清末。民国时期，竹子加工作坊逐步发展。古代志书中记载用竹加工的器具有焙笼、刺箩、匾、篁、栈条、簸箕、竹筏等。民间也以竹为材建造房屋。用竹削筏，充当水运工具；以竹搭桥，方便行人；至于竹子生产和生活用具更是品种繁多。

民国时期临安竹器业行当多、分工细，有匾篾作、圆竹作、细篾作、竹篷作、天竺筷作、藤器作、竹筬作、梳篦作等。所谓匾篾作者，制作煤箩、蚕匾、储谷用匾、行贩篰、淘米箩、摇篮、粗网篮、土箕及包装用之竹篾等；圆竹作者，制作竹床、竹椅、竹橱、竹榻等；细篾作者，制作香篮、盖篮、蒸笼、菜罩、饭篮等；竹篷作者，制作竹篷、竹帘、篾席等；天竺筷作者，则专制竹筷；梳篦作者专制梳篦；竹筬作，专制竹筬。“筬”，即竹“筘”，是竹制控制织物经密和纬纱推向织口的织机附件。晚清民国初年，杭城丝绸业纺织业发达，也成就了诸多竹筬作。一直到 20 世纪 80 年代，藻溪、西天目一带的丝绸纺织业也还是用竹筬。

（二）中华人民共和国成立后

中华人民共和国成立后，临安竹材加工利用大致经历三个发展时期。

1. **中华人民共和国成立后至 20 世纪 60 年代** 以手工竹制工艺品和竹制日用品为主要产品，

50年代谷箩、蚕匾、晒簟为大宗；六七十年代，以建筑材料如脚手板、抬杠、沙石筐生产为大宗。中华人民共和国成立前，临安民间待客茶水是现烧的，一般用不起热水瓶。以后，随着人民生活水平的提高，竹壳热水瓶开始进入千家万户，既是竹业产品，也是奖励物品。1962年1月25日临安县《关于城镇和非农业人口中试行凭购货券供应部分商品的通知》中，就有“竹壳暖水瓶”一项。

中华人民共和国成立初，竹匠仍以上门加工为主。1952年，全县有流动木匠1200多人、竹匠1100多人。据1954年统计：全县有木器作29家、箍桶作7家、篾作32家，集中于临安、於潜、河桥三镇，临安镇最多，於潜镇次之，河桥镇仅两家木器作。随着社会主义建设的发展，县域木竹商品加工企业有国营、集体、个体三种经济成分。

1953年1月，临安、於潜、昌化三县分别建立竹业、制伞等生产合作小组，临安竹业合作小组后名为临安镇城关竹器社、临安光明竹器厂。70年代，临安雨伞厂并入临安光明竹器厂。1954年，临安三县有篾竹合作社32家，主要集中于临安、於潜两镇。1957年，临安三县各地有竹器社、组共28个，职工1100余人，产品有320种。1958年“大跃进”时期，随意进行升级合并，1964—1965年间尚留竹器社、组8个，从业人员290人。

20世纪50、60年代，竹材除制作各类传统生活生产竹器外，加工领域有新的拓展。其时钢材供应紧缺，于是竹材替代钢筋用于房屋建筑。浙江林学院建有两幢东、西对称布设的三层砖混结构教学楼，其中西大楼为竹筋替代钢筋的建筑，使用至今。建筑业则广泛使用毛竹片制成脚手架。

2. 20世纪70年代 农村社队竹器加工业开始兴起。1972年创建三口工艺竹编厂，职工80人，固定资产30.8万元，主要产品有飞禽走兽、水上动物等工艺制品，以及各种面包篮、花盆套、花篮等50个品种，远销美国、日本、法国、意大利及中国香港等10多个国家和地区。建厂16年，累计创汇540万元，上缴税金30余万元，实现利润15万元，是县内最早出口创汇的竹材加工企业。1978年，龙岗渔具厂、上甘竹编厂先后建成。1985年11月，在马山乡建立临安县木竹开发实验厂，1987年与县林业局联营，又名县林业局人造板厂，是县域生产竹编胶合板产品的第一个厂家，年产竹胶板30万张、夹板门8万扇，销往省内外各地，1988年总产值240万元，创利税34万元。至1988年，全县有乡（镇）村竹器加工厂18家，职工739人，总产值526.69万元。全县竹器加工厂情况见表4–3–3。

70年代至80年代中期，开始利用竹材生产竹编胶合板和铁道垫片。80年代后，传统手工竹制品受到钢、塑等新型材料制品的冲击。竹子加工业为生存与发展，摒弃传统手工作业，应用现代科学技术和先进工艺设备，开发出机制竹凉席、竹卫生筷、竹靠垫、竹签、竹地板等新产品，重新扩大市场销售份额。其中以机制竹凉席的发展最迅速，占竹子日用品总产值的70%，产品畅销国内市场，并销往日本、韩国、美国及欧洲各国。

1988年临安县乡（镇）村竹器生产企业一览表

表 4-3-3

企业名称	产值(万元)	职工人数(人)	企业名称	产值(万元)	职工人数(人)
洪岭竹器厂	5.66	115	横畈立塔工艺制品厂	6.43	30
龙岗渔具厂	38.46	35	青山棒冰棒厂	0.78	10
板桥竹编厂	6.79	25	牢山纺织用品厂	23.15	45
上甘竹编厂	94.92	160	三口大横冰棍厂	2.50	14
玲珑卫生筷厂	17.63	28	板桥竹胶板厂	2.70	5
三口工艺竹编厂	38.00	53	临安竹木开发实验厂	188.47	130
三口花桥尺厂	4.54	19	太阳竹木制品厂	24.28	30
横畈上潘竹制品厂	11.38	40	鱼跳竹木厂	61.00	—

3. 改革开放至2019年 1985年毛竹放开经营后，竹材由计划供应转变为市场配置资源，加工广度和深度继续拓展，逐步形成有地域特色的竹子产业。全县有乡（镇）村竹器加工厂18家，职工739人。

该时段竹材加工利用进入快速发展时期，其主要标志是竹卫生筷、机制竹凉席、竹胶地板和高强度竹质胶合板的工业化生产迅速发展，产品层出不穷。竹质人造板生产快速发展，产品广泛应用于汽车和火车车厢底板、包装板材、建筑模板、家具和家庭地面装饰等。

板桥乡豆川村章知道一家利用当地毛竹资源办起笋壳加工厂，产品畅销江苏省常熟、昆山、南通、泰兴等中小城市沙发厂。1984年共生产笋壳丝5万多千克，收入3万余元。章知道带动村民致富，有50多户农民也紧随加工笋壳丝，当年全村仅笋壳丝加工一项收入就有10多万元。

东天目乡天目村天目编织综合厂办厂11年，利用当地丰富的毛笋壳资源，加工笋壳丝和门毡，畅销国内外市场。笋壳丝是做沙发的重要原料，市场需求量很大。笋壳丝加工，设备简单，操作方便，按照当时笋壳收购价可返利四倍。

自从开展笋壳丝加工以来，笋壳增价数倍，但还是不能满足加工所需。据调查，1985年每亩笋壳产量27.1千克，收获比例为85.8%。根据以上推算，全县笋壳年产量为4430.5吨，通过加工，全县毛笋壳年收入为265.83万元。

1985年，吉林等北方城市对南方生产的竹扫帚十分欢迎，1元左右的扫帚需求量很大。据当年《浙江日报》报道："竹制品在北方有广阔市场。"长江以北买竹制品难，要求南方提供竹椅、竹床、竹沙发等竹藤制品。

1988年全县有乡镇村竹器加工厂18家：洪岭竹器厂、龙岗渔具厂、板桥竹编厂、上甘竹编厂、上甘甘山竹制品厂、上甘周家竹签厂、玲珑卫生筷厂、三口工艺竹编厂、三口花桥尺厂、横畈上潘竹制品厂、横畈立塔工艺制品厂、青山棒冰棒厂、牢山纺织品厂、三口大横冰棍厂、板桥竹胶板厂、临安竹木开发实验厂、太阳竹木制品厂、鱼跳竹木厂。还有以竹为管的夏禹桥毛笔厂。

1989年，由中国竹业协会主编的《中国竹制品生产厂家名录》向国内外介绍的首批名单中，县内五家竹制品厂入编：临安木竹开发实验厂、杭州临安渔具厂、三口竹编厂、三口花桥尺厂、临安罐头厂。

至1990年年底，全县有竹材加工企业25家，职工1210人。多数厂以手工操作为主，辅以小车床等简单设备，年加工毛竹110万支。当年产值585万元，出口创汇115万元。经乡镇企业加工竹签、竹编等竹制品用竹50万支，产值350万元；以家庭加工脚手片为主的基建用竹60万支，产值235万元。另有农民加工农具及生活用品自用竹20万支，加工竹胶板用竹20万支，全年临安共加工毛竹150万支。

加工的竹材主要产品有竹签、竹编、竹椅、竹筷、竹尺、竹粉、竹扫把、竹衣架、竹书架、竹胶板、竹座椅、竹凉席、竹箩筐、笔杆、渔具、日用竹制品、纺织器材等。竹签、竹编、卫生筷、竹扫把为出口产品。

1991年6月21日至26日，全国第三届竹业学术暨竹业新技术、新产品交流展销大会在南京市科技中心召开，来自全国各地60多家竹业厂家参展，有160多名专家、学者、科技人员参加学术交流。临安县板桥乡珠西村天竹笋干厂、临安竹艺厂、横畈工艺竹编厂、横畈庙下竹器厂、藻溪镇临安竹笋精制总厂、河桥造纸厂、马山临安竹木实验厂、临安镇西市经营部等8家单位25人参加展销大会，县竹业协会和三口乡竹业协会代表参加学术交流。

1995年，竹子的利用从单纯出售原竹转变为加工增值、笋竹并举。上甘乡周家、甘山等村利用毛竹加工出口肉签。横畈乡潘村洪中发利用老毛竹丫枝生产出口扫帚，板桥村利用黄篾加工铁路填板，豆川村利用毛笋壳加工沙发材料，石门、杨岭、化龙、老庵等利用当地竹笋资源加工罐头笋等。笋、竹综合利用，为全县竹子生产打开新的门路。

1996年，加大“三竹工程”建设力度。上甘乡12个行政村中有8个以开发毛竹加工为主，户户设工场加工筷子、肉签等出口产品，初步形成内联920多农户生产加工、外联国内外市场、贸工农相结合的生产经营新格局。

1998年2月9日，市竹笋企业加工协会成立。同年2月26日，市计划与经济委员会给省计划与经济委员会呈送《关于上报“竹材开发加工贸工农一体化项目建议书”的请示》，介绍杭州临安三峰实业总公司生产竹胶地板和竹制工艺品发展壮大的经历。至2005年，据三峰公司等七大竹材加工龙头企业统计，年竹地板加工用竹152.21万支，总产值2.21亿元，创汇1911万美元。同年，三峰公司生产的“三峰”牌竹胶地板获浙江省级金奖。“竹浴”牌竹衣系列产品获省级银奖。

1999年，青峰公司“青峰”牌竹地板获评’99中国文化节国际竹业博览会金奖。“青峰”牌竹地板、“竹浴”牌竹衣和竹装饰品系列获杭州市政府银奖。

2000年，三峰公司“竹牌”竹制无尘企口竹地板获杭州市政府金奖。

2003年9月21日，第八届中国竹子之乡联谊会在临安召开，来自中国十大竹乡的130名代表与会，回顾总结“发展竹业生产，致富竹乡农民”的成功经验，规划富裕竹乡未来。

2005年，全市竹林面积96.3万亩，其中毛竹27.75万亩，毛竹采伐1480万支（含调入）；竹

三峰实业有限公司内用“三峰”牌竹胶地板做成的楼梯　　（布智明 2005 年摄）

材产量 26.7 万吨，其中毛竹材 14.7 万吨、小竹材 12 万吨，竹材产值 1.2 亿元。有竹材加工企业 185 家，年加工毛竹 700 多万支，竹材加工率在 78.6%以上，加工产值 9.78 亿元。

2007 年，竹材企业全年销售收入 3.878 亿元，其中地板企业生产地板、装饰板、刨切板 240 万余平方米，比上年增长 11.63%；销售收入 3.15 亿元，比上年增长 12.6%。竹半成品加工、小竹贩销、竹炭经营情况都好于上年。

创新成为企业发展的驱动力，创新型企业不断增加。百孚公司的平板式可拆装家具、天目山竹业的出口厨具、金源竹业的装饰板相继开发成功，成为企业新的经济增长点。当年新增“三峰”竹地板、“浙福”水煮笋两个省名牌产品。

组织企业积极参展，扩大产品交流和拓展市场。2007 年 9 月 22 日至 24 日，在广州举行 2007 中国（广州）国际竹藤博览会，市竹产业协会组织三峰、百孚、森瑞、立德四家企业共五个展位参展竹地板、刨切板、竹家具等，均获奖。同年 11 月 13 日，首届杭州竹笋节开幕式及高端论坛在临安举办。协会组织 18 家企业参加 11 月 15 日在杭州举行的经贸洽谈会，组织百孚、森瑞、天目山竹业 3 家竹材企业进行产品展示。

加快竹材加工强市建设步伐。市域虽有三峰、意向等大企业，但整体实力、加工总量、竹材深度开发、产品附加值等方面与先进地区相比差距较大，要在保持现有产品稳定增长的同时，调整和优化产品结构，提高产品的科技含量和附加值。重点是引导横畈、板桥两个乡镇竹材产业集聚的规模经营和带动作用，提高临安竹材经济总量和竞争力，力争跨入加工强市行列。

通过企业升级和争创名牌，提高全市竹产业的竞争力。至 2007 年，全市竹笋竹材企业共有省级以上农业龙头企业 3 家，省林业重点企业 2 家，省名牌产品 3 只，杭州市名牌产品 3 只。但总体而言，龙头企业和名牌产品数量仍然偏少，带动力还不够大。

2009 年，竹材企业共加工各类地板 251 万平方米。意向竹业成功开发彩色竹地板，天目山竹业与浙江林学院合作进行竹指节技术攻关。竹材企业管理水平和市场竞争力有一定提高。竹产业行业属微利行业，尤其是遭遇金融危机冲击，各项成本上升，几乎无利可图，只有通过加强管理，压缩成本，达到增收增效。

2010 年，竹材企业共加工各类地板、装饰板 250 万平方米，销售小竹 5.2 万吨。开展林产品区域品牌提升年活动，组织参加浙江笋竹产品西北行、中国义乌国际森林产品博览会等活动。

2011 年，竹材企业共生产销售各类地板 195 万平方米，各类板材 1.055 万立方米。竹材加工类销售产值 4.49 亿元，比上年增加 30.3%。

2012 年，全市具有竹材加工许可证企业 91 家，其中歇业或转产 15 家，尚有 76 家正常生产，其中地板类6家，初加工类70家。地板类企业生产地板181万平方米，板材1.03万立方米，家具4.1万套件。全市竹材加工类产值6.1亿元，比上年增加8500万元，增加16.2%。

同年地板、板材国际市场需求下降。地板价格基本稳定，板材价格略有下跌。竹丝产品滞销，价格下跌，效益差于去年。百孚公司通过购买锁扣地板专用权和新上木板地板线，地板出口增加12万平方米。天目山竹业研发的麻将桌成为专利产品，在同类产品中位居全国第一，产值达2500万元。森瑞公司原生产竹皮（刨切板），后利用竹皮研发竹皮异型产品，开发为工艺品、包装盒、拉杆箱、保温杯等，产值达3000万元。

2013年8月18日、9月3日上午，市竹文化研究会先后在锦城大世界酒店和森瑞竹业有限公司，举行"临安市竹笋餐饮文化示范点"和"临安市竹工艺品文化示范点"挂牌仪式。国际竹藤组织副总干事李智勇，市竹文化研究会顾问、国际竹藤组织终身资深研究员竺肇华及由他带队的14个国家的官员、专家、学者近50人与会。

2014年7月，钱高潮鸡血石文化艺术公司被市竹文化研究会定为"竹根雕工艺品文化示范点"，钱高潮兼任市竹文化研究会理事。

同年，临安争取到中国可持续竹加工企业发展项目中的分项目，通过竹子种植经营等技术手段快速扶贫、脱贫、致富，并取得良好的经济和社会效益。市竹产业协会和横畈竹笋专业合作社作为实施推广示范先进单位，受邀参加2014年9月24日在四川宜宾召开的世界竹藤大会，并在会上作经验介绍，为世界各地因灾面临重建、发展问题的国家和地区提供可借鉴的范例。该项目由花旗集团基金会出资，国际竹藤组织主持实施，探索出一种绿色、经济、高效的可持续经济发展模式。

同年8月22日，市竹文化研究会2014年第4期《天目竹韵》会刊刊登《一竹通天下》文，写临安市森瑞竹业公司的竹皮工艺品和钱高潮文化艺术公司的竹根雕工艺品，于6月上旬参加在北京国家大剧院举办的中国绿色碳汇节——竹文化艺术展的情况和成果。该文还被国家林业局的《生态文化》杂志第5期、《浙江林业》杂志第10期采用。

2015年，全市有竹材加工企业19家，其中板桥镇5家、青山湖街道5家。竹材加工企业中年产值超过1000万元规模的企业8家，大多以生产竹胶板和竹工艺品为主，产品包括竹丝、竹片、竹工艺品、竹胶板、竹家具、竹炭、竹签等。2016年，市竹材加工企业年产值1.37亿元，年税收519.2万元，年利润2126.64万元，其中初加工企业占42.11%，深加工企业占52.63%。

龙头企业对于产业发展至关重要，其规模为农户持续经营竹林提供重要动力，决定产业是否可以实现长远发展。龙头企业临安三峰实业有限公司通过生产竹地板和竹装饰板，2016年销售额达2500万元，带动5个村3143农户共建毛竹林基地1.3万余亩和粗制加工点72个。

临安市竹材产业发展初期主要以生产竹胶板和竹地板为主，到产业发展壮大以后，以生产竹胶板和竹工艺品为主，产品逐渐从初加工转为精深加工，从竹丝、竹片的加工到板材制品，再到竹胶板、竹家具和竹工艺品等产品，产业链逐渐拓宽。竹材加工余料如竹粉，经过高科技处理成生物质燃料，使得初加工企业和精深加工企业形成对接，由此带动产业链整体向前发展。

2017年8月底至9月初，全区开展一次竹加工和贩销户调查，全面分析市域竹笋、竹材加工业以及贩销户状况，形成近2万字的《临安笋竹加工业发展调研报告》，以建立临安竹产业信息数据库。同年10月25—27日，临安12家竹材、竹笋企业参加在福建永安举办的世界竹博会。同月《关于临安竹产业发展存在问题和几点建议》在《临安农林》第一期难点直击版登出后，副省长孙景淼和杭州市副市长王宏均作批示。同年11月20—22日，在安吉举行的第十三届中国竹业大会学术大会上，临安的《苏浙皖毗邻区中小径竹笋产业创新发展的思考》《关于临安区竹制品加工业发展的调研与思考》《临安笋竹加工业发展现状、问题与对策探究》三篇文章参加交流。

2019年，临安有竹材加工会员企业17家，年产值5亿元。

四、主要竹材加工企业（以创办时间先后为序）

1. 上甘竹器厂

1968年创办，位于锦南街道办事处驻地，前身是上甘公社手工业社。主要产品是菜篮子、筐子、盆子、热水壶外壳等竹制品，主销杭州、上海。

上甘竹器厂一车间　　（布智明 2000年摄）

1983年上甘乡政府建立后，由周玉献担任乡竹器厂书记兼厂长，产品延伸到竹制工艺品，销往欧美等国家。当时实行计划经济体制，产品都通过县、市、省的外贸公司出口，年产值200万元左右。随着业务扩大，成立上甘竹器总厂，下设周家头、甘山村、沈家村、玲珑殷家山村、姚家村等分厂，主要产品是烧烤棒，一个人一天可以制作四五千根，年产在四五千万支。起先是手工制作，后来从日本引进半自动化生产线，每天可加工毛竹1万千克，节约了劳动力，提高了生产效率。80年代末，从安吉买来仿造日本的半自动生产线，每天加工毛竹10—15吨，竹加工半成品80%销往安吉，20%销往东阳。

1995年，周玉献病重。2003年，由其儿子周群接替，迁址于横岭村。周群加入阿里巴巴网络，改进产品结构，从粗放型企业向深度加工转型，做精细工艺产品。2006年，竹器总厂开始做大小不同规格的各式毛衣针等，针绣花圈出口日本、欧美国家。

2016年，周群投资2000多万元组建浙江恩大施福软件科技有限公司，身兼董事长。利用软件科技公司的优势，开发制造出自动竹吸管机，自动一次性竹刀、叉、勺等设备。他捕捉到欧盟市场“禁塑令”的商机，开发竹制吸管、刀叉勺餐具、笔管、绣花圈等十几个环保产品，销往日本与欧洲，2018年、2019年产值均达2000多万元。

2. 杭州青峰竹制品有限公司

1978年创办，位于青山湖街道横畈，前身为临安竹艺厂。

公司引进中国台湾地区竹地板生产机械设备，选用横畈当地优质毛竹材，主要生产竹凉席、竹地板、竹家具、竹办公用具等系列竹制产品，后兼营生产电信电缆线。竹制产品出口欧美各国及加拿大、澳大利亚、新加坡等国家，入展美国、法国举办的国际商品展销会，受到国际竹藤组织等国际友人及中国林科院、浙江省林科院好评。

公司相继获浙江省、杭州市、临安市（区）多项荣誉，为杭州市农业龙头企业，产品获国家商品博览会金奖。2003年，公司在安徽宁国创办宁国青峰竹制品厂。2010年，公司停办，由意向竹业有限公司收购。

临安青峰竹制品有限公司厂长兼党支部书记、临安意向竹业有限公司顾问许水森，1950年生，横畈人。曾多次参加由中国林科院、浙江省林科院组织的竹业学术会议，参加国际竹藤组织赴厄瓜多尔的竹业考察。他刻苦钻研电力知识、电工、景观设计、土建施工等技术，获产品专利、发明专利共四项。

3. 临安木竹开发实验厂（马山乡竹胶板厂）

临安县木竹开发实验厂又名马山乡竹胶板厂，1985年11月创办，位于马山。1987年与县林业局联营，名县林业局人造板厂，是县域生产竹编胶合板产品的第一个厂家，年产竹胶板30万张、夹板门8万扇，销往上海、江苏、北京、山东、江西及省内各地，1988年总产值240万元，创利税34万元。1994年，全厂年产竹胶板15万张，向农民收购竹席30万张。全部竹席用竹量1650吨，仅此一项，全乡4609人平均每人直接增收69.3元。农民养竹育竹积极性也随之高涨，1994年全乡毛竹山11329亩，每亩平均养竹80株，总留养量90.6万株。每年竹材收入360万元，再加毛料收入45.3万元，加工增值69.3万元，总收入为474.6万元，全乡每人平均竹材收入1029.72元。

竹编胶合板是以毛竹为原材料，将其劈成篾片，再编成席，干燥后涂上胶水经热压而成。幅度有3市尺×6市尺与4市尺×8市尺两种，厚度根据需要分2层、3层、4层、5层不等。竹材具有一般木材所不及的优点：收缩量小，有高度的抗裂性、弹性和韧性。该厂还生产圆桶包装箱，供上海外贸公司盛装标准件出口。竹编胶合板、竹材胶合板等系列产品深受用户青睐。上海机床厂、杭州机床厂、山东紧固件厂等都签订要货合同。杭州市科委将其列入“星火计划”，获杭州市科技进步二等奖。

4. 杭州临安三峰实业总公司

1992年创办，厂址横畈。由杭州礼遥竹制品有限公司、杭州临安三峰塑料厂、杭州临安三峰节能灯厂三方总投资100万美元组建而成，是当时浙江省内建办的第二家竹地板企业。2002年又投资130万美元，与台商合资创办杭州大禾志业竹木有限公司，引进台湾设备，主要生产竹地板、竹装饰板、竹家具以及竹工艺品，其中“精竹王地板”于2004年获得“中国名优产品”称号。下属有两个分厂，以毛竹为原料，主产竹企口地板（护墙板）和高级竹凉席等10多个产品，年产地板6000多平方米，护墙板3000多平方米，竹凉席40万平方米，以外销为主。为该厂提供原料的

杭州礼遥竹制品有限公司竹地板生产车间

（布智明 2000 年摄）

小型竹丝厂有 30 多家，年加工竹丝 5480 万根，竹片 500 万条。主导产品有无尘企业竹胶地板、竹胶护墙板和各种高档竹席、竹坐垫等，其中无尘企业竹胶地板等在 1995 年获全国第二届建筑装饰材料博览会金质奖。1996 年，在全省同行业 4 万多家企业中，经营规模、经济效益排名均第 26 位，主导产品畅销北京、上海等城市，远销欧美及中国港台等地。

1996 年，该公司被省计经委等四部门列入浙江省同行业最佳经济效益和行业最大工业企业序列，每年以 50%速度扩大生产，产品仍供不应求。为更好地开发山区竹材资源，公司在通过大量市场调研的基础上，决定扩大企业竹胶地板和竹制工艺品生产，利用当地丰富的毛竹资源，建立基地 1.5 万亩，适时引进具有国际先进水平的进口设备和日本最新生产工艺，开发生产无尘企口竹胶地板、竹胶墙板以及各种规格的高档凉席、竹坐垫等系列竹制产品，使毛竹价值每百千克猛增到 200 元左右。1997 年总产值 3917.4 万元，出口交货值 2095 万元，创利税 397.95 万元。

1998 年，公司又投资 283 万元，引进国外先进侧压机、涂漆机各一套，进一步提高竹胶地板产品质量。公司生产的“竹牌”无尘企口竹胶地板，1995 年获评全国第二届建筑装饰材料博览会金质奖，1998 年评获浙江省优质农产品金奖，“竹浴”牌竹衣系列产品获评省级银奖，并连续数年被评为浙江省行业最大工业企业，1998 年被列入省级“百龙工程”农业龙头企业。

2016 年生产竹地板、竹装饰板 10 万平方米，销售额 2500 万元，产销率 98%，产品 75%以上销往美国、法国、日本、韩国、俄罗斯等国家和中国港台地区。企业以“企业+基地+农户”的组织模式，辐射带动全市及周边地区共同发展竹产业，在临安的横畈、三口两个乡（镇）及富阳区的永昌、春建等 5 个乡（镇），带动 3143 农户共建 1.3 万余亩毛竹林基地及 72 个粗制加工点。

企业先后被评为浙江省农业龙头企业、浙江省农副产品加工农业龙头企业、浙江省质量诚信明星企业、浙江省林业重点龙头企业，标准化良好行为达到 AA 级，全面通过 FSC 国际森林体系认证。

5. 杭州立德竹制品有限公司

1998 年创办，位于潜川镇青山殿，法定代表人叶宝荣。2002 年更名为中韩合资企业杭州立德竹制品有限公司，2011 年转为个人独资企业。

企业起初以生产竹地板为主要产品，由于市场需求变化，2010 年开始转型生产竹装饰板和竹托盘、竹工艺品等，增加产品附加值，将利润率提高至 10%—20%。企业通过自主研发，生产符合并满足国外客户尤其是欧洲消费者需求的高科技竹工艺制品。为了拓展市场销路，企业专门建立一支营销队伍。2016 年，企业在网上销售额占总销售额 60%—70%。同时，为减少生产损耗和综合成本，企业实行“订单制”生产，产量和销量直接挂钩，最大程度降低损耗。

6. 杭州森瑞竹木业有限公司

1999年创办，位于临安经济技术开发区青山湖街道天柱街，法定代表人赵正治。当年生产竹地板，产品成功远销到欧美等地，创收200多万元。经营四五年后，森瑞竹业开始转型升级，建立最现代化的竹刨切单板和竹地板生产基地，产品从实竹板材、重竹板材、复合板材到竹刨切单板和竹皮多层复合板，一应俱全。为满足欧美市场对竹皮和竹板材的特殊需要，公司还开发出2500毫米、2850毫米、3050毫米、4000毫米的超长尺寸的竹板材和竹皮，具有良好的强度和韧性。产品广泛应用于包装盒、工艺品、家居用品、时尚电子产品等，很快打入国外市场。经多年潜心经营，公司已形成一条完整的产业链，在浙江、福建、江西等全国最主要的毛竹产区拥有自己的生产基地，年产各类竹板材200多万平方米。

国际竹藤组织举办的国际培训班代表在森瑞竹木业有限公司参观　　（杨菊三 2013年摄）

面对巨大的国内竹消费市场，公司深度挖掘中华传统竹文化，结合现代科技，开发出一系列实用、环保的竹工艺礼品、装饰等居家用品，涉及日常生活的方方面面，均获国家专利号。

公司竹创意产品已经有200多种，其中专利产品36种，90%以上远销欧美等36个国家和地区。公司竹制礼品套装在第四届中国义乌国际森林产品博览会上获中国创意林业产品大赛优秀奖。森瑞新型竹质复板材获得德国汉诺威IF设计奖。公司的竹宝宝高档礼品笔和竹制名片盒，在2008年临安森林博览会上被指定为馈赠来宾的绿色礼品。2012年6月17日，在第四届成都国际礼品展会的现场，森瑞公司以其独具创意的竹木制品引人注目。

公司实现竹资源的综合开发利用，年产值超5000万元，成为一家集研发、加工、仓储、销售一体化的绿色竹产品生产基地，其中“刨切微薄竹技术”获2008年教育部“大幅面装饰微薄生产技术研究与应用”科技进步二等奖，并以“竹导潮流”为品牌文化，引领环保、健康的竹消费新潮流。

7. 杭州意向竹业有限公司

2002年创建，位于青山湖街道横畈竹制品工业园区，法定代表人王海浜。公司投资5000万元，采用先进生产工艺，从德国和中国台湾地区引进成型加工生产线、UV油漆自动生产线等一流制作设备，以毛竹为原材料，主导产品为各类高品质竹材桌面板，辅助产品有竹材家具、竹材办公桌、竹材工艺品等，年产竹面板80余万平方米，2019年产值达1亿元。产品除内销外，还远销欧美及澳大利亚、日本等国家，在国际市场享有很高声誉。

意向竹业本着诚信、创新的原则，坚持产品质量第一，客户满意第一。公司严格执行入厂检验、过程控制、出厂成品检验程序和其他相关品质保证的技术、工艺规定，生产过程中一律采用符合欧洲E1级环保标准的胶水和德国产高耐磨UV油漆，制造出具有绿色环保特色、各项质量指标均高于国家LY/T 1573 2000的高品质环保产品。公司连续四年被评为企业信用等级AAA级，先后通过ISO 9001质量管理体系认证、ISO 14001环境体系认证、欧盟CE认证和FSC体系认证。系阿里巴巴五年陈会员单位，并相继获得由浙江省科技厅、省财政厅、国税省税务局联合颁发的浙江省高新技术证书，以及由省科技厅颁发的浙江省科技型中小企业证书。

公司相继获2007年浙江省农业博览会金奖、2008年杭州市十佳农产品加工企业、浙江省省级农业龙头企业、2010年杭州市出口名牌产品、2011年杭州市著名商标、2012年杭州名牌产品、2014年度杭州市外经贸运行调查监测点先进样本企业、2015年安全生产标准化三级企业、2018年杭州市创建和谐劳动关系先进企业、2019年杭州市级农业龙头企业等荣誉。

临安主要竹笋、竹制品生产企业一览表

表4-3-4

企业名称	法定代表人	年产值（万元）	产品类别	品　牌	地　址
杭州西马克食品有限公司	俞传梅	2500	即食类	“山珍玉笋”，省十佳妇字号龙头企业	太湖源杨岭村
浙江松友食品有限公司	赵荣平	9000	水煮笋	“浙福”牌水煮笋，国家级农业龙头企业。	青山工业园区
杭州康鑫食品有限公司	汪素莲	3000	水煮笋	“文同”牌水煮笋，省级农业龙头企业	板桥镇静堂弄
杭州乐吃食品有限公司	单希雄	2500	笋干	“乐吃”牌笋干	玲珑工业园区
杭州临安茂林食品有限公司	谢茂林	6000	笋干系列	“天目茂林”牌	天目山镇武山村
杭州兴旺食品厂	胡　剑	1000	多味笋干	“太湖源”牌	太湖源镇众社村
临安祥味源食品厂	黄永胜	1000	多味笋丝、手剥笋	“祥味源”牌	天目山镇武山村
临安天目山笋业有限公司	梁金荣	1000	多味笋丝系列	“莲峰”牌，临安市农业龙头企业	天目山镇武山村
杭州立德竹制品有限公司	叶宝荣	1400	竹装饰板	“竹青春”牌，省级林业龙头企业、省级农业科技型企业	潜川镇青山殿村
杭州意向竹业有限公司	王海浜	3000	竹胶板	杭州市农业龙头企业	青山湖横畈工业园区
杭州微步竹制品有限公司	陈其东	2000	竹地板竹家具	—	板桥镇
杭州森瑞竹木业有限公司	赵浩迪	3000	竹刨切板	省农业科技企业，临安市农业龙头企业	青山工业园区
临安绿意竹制品厂	殷岳明	1000	空心圆棒、竹胚板	—	玲珑街道夏禹街6号
临安宝月能源科技有限公司	董　华	2000	竹粉生物颗粒燃料	“宝月”牌	板桥镇灵溪村
杭州临安富竹雅竹制品有限公司	吴锡山	1000	竹工艺品	—	横畈庆林街46号
群兰竹制品厂	周　群	1500	竹毛衣针、竹绣圈	—	锦南街道横岭村周家头许家1号

8. 临安上源竹制品有限公司

2004年4月创立，位于青山湖街道横畈竹制品工业园区，法定代表人钟建勤。公司生产竹胶板，属竹胶板中段半成品加工。2019年总产值850万元，上缴国家税收37万元。

第四章 采运购销

第一节 采 伐

民国时期（1912—1949），临安除竹农自用外，每年约有45万支毛竹水运销往余杭、瓶窑、杭州等地。中华人民共和国成立后的20世纪50年代，三县（指合并前的临安、於潜、昌化）年均采伐毛竹96.78万支，60年代71.61万支，70年代94.86万支。80年代至1996年，年均采伐323.92万支，比50年代增加2.35倍。

竹子采伐兼有竹材利用和竹林抚育两方面作用。

竹子为异龄林，宜用择伐方式，伐除达到伐龄的老龄竹。为便于日后采伐时鉴别竹龄，竹农有“捏油”号竹的悠久历史。新竹长出在竹身上书明字号，俗曰“捏油”。50年代开始，普遍改用公元某年字样。以往捏油，采用烟煤与食油拌匀后，以白布包裹，手捏油煤包书写。1984年生产松香固体捏油笔，书写更为简便流利。

一、伐龄

毛竹生产有大小年之别，二年为一度。产地长期以来实行“存三去四莫留七”的习俗，就是指留养3度（5—6年生）、4度（7—8年生）以上毛竹方可采伐，7度（13—14年生）以上老竹不能留养。

临安历来有砍伐当年嫩竹作土纸原料的习惯。因新竹留养太少，而致竹材产量不高。研究结果表明，遵循采育兼顾原则，砍伐5—6年生竹子，保留1—4年生竹子，每亩立竹保持150株以上，纸浆材产量大幅提高。80年代以来，各地陆续推行花年毛竹林经营方式。由于每年均等留养新竹，竹林立竹密度要比大小年竹林增加近1倍，应在不影响新竹产量和材质的前提下，适当降低伐龄，以确保竹林始终保持较高的叶面积指数和新竹产量。

二、采伐季节

大年的春、夏两季，是竹笋萌发和长成新竹时期，依赖母竹养分供给，即所谓“留母以荫子”。白露以后，新竹枝放叶，新根入土，已能独立吸收营养，逐渐脱离母竹依靠，所以立秋以后方可采伐老竹。小年虽不萌笋长竹，但入春后，竹鞭笋芽开始萌发，更需母竹养分供给。所以，毛竹采伐的最佳时期在大年的立秋以后、小年立春之前的冬季进行。造纸原料的纸浆竹林，一般于五六月份杨梅成熟时砍伐当年生嫩竹，竹农习称为“杨梅红”毛竹。

三、采伐方法

有齐地伐、带蔸伐两种。齐地伐是用砍刀沿竹株秆基砍5刀，竹蔸呈梅花形，称“梅花伐”或“梅花刀”。近几年也有用割灌机采伐，需2人配合，从竹株基部锯断，使桩呈“O”形。一般材用竹林采用齐地伐，伐后立即将竹隔打通，灌以碳酸氢铵，加土封盖，既增加林地肥力，又可促进竹蔸腐烂。带蔸伐是将竹株连蔸挖出，近几年笋用竹林也逐渐采用该法，以增加林地有效利用面积。

1952—1996若干年份临安毛竹采伐情况表

表4-4-1　　单位：万株

年　份	毛竹采伐量	年　份	毛竹采伐量	年　份	毛竹采伐量	年　份	毛竹采伐量
1952	9.30	1964	47.20	1976	80.00	1988	426.00
1953	38.20	1965	59.50	1977	51.25	1989	357.00
1954	31.60	1966	93.00	1978	49.00	1990	168.00
1955	47.80	1967	83.83	1979	331.00	1991	242.70
1956	146.20	1968	82.10	1980	300.00	1992	214.00
1957	165.00	1969	96.77	1981	2520.00	1993	219.00
1958	157.70	1970	85.46	1982	282.00	1994	166.00
1959	178.40	1971	88.89	1983	353.00	1995	305.00
1960	115.80	1972	106.00	1984	406.50	1996	271.00
1961	40.00	1973	50.00	1985	454.00	合计	7945.80

杂竹林长期采用“倒漾”获取竹材。倒漾为较原始的皆伐作业，一般每5年倒漾1次。自民国29年（1940）始，将倒漾改为“删漾”，即择伐，按竹种不同，留养1—2度母竹，砍伐其余老竹。因删漾比倒漾优越，民国三十五年（1946）大力推广删漾，按竹龄逐年砍伐老竹，留养新竹，从而提高竹材产量与质量。此后，倒漾逐渐被删漾所取代。60年代后，倒漾基本上被废止。杂竹的删漾，应体现采育结合的原则，一般采伐量不能超过当年新竹留养量，在确保竹林丰产稳产必需的立竹量和合理的竹龄结构前提下，实行砍密留稀、砍小留大、砍弱留壮，林中空堂的老竹，暂作保留，以提高林分的质量。

50年代后期，竹山入社后，社员自用砍竹也须经审批。1979年《中华人民共和国森林法（试行）》颁发后，实行毛竹采伐审批、凭证限额采伐。1985年《中华人民共和国森林法》正式颁布实施后，全省各竹产区实行毛竹凭证限额采伐。采伐前由省计划委员会将采伐限额指标下达到各县，由各县人民政府根据各乡（镇）竹林资源情况，将采伐限额一次分配到乡，由乡分到村，由村分配到小组或户。林业部门按采伐限额，开具采伐证，凭证限额采伐。

第二节　运　输

一、水运

古代临安即重视船簰竹木运输通畅，严明条律，不得抗违。清宣统二年（1910）《临安县志》收录魏象枢《水利碑记》（碑竖县署二门），文中说："临邑各处堰坝，向章四月封堰，蓄水灌田。八月开堰，运放竹木。封堰期内，船簰竹木等项，历今禁止放运，详明各大宪在案。乃有不法之徒，日久玩生，胆敢封堰期内谎称洪水涨发，强运船簰，闯毁堰坝，只知利己，不顾农田，实属昧良已极。兹据士民吴翰章等联名公请，示禁前来，合亟出示，勒石永禁。为此，示仰合邑商民及船簰各户知悉。自示之后，如遇封堰，期内无论水势大小，一切竹木船簰，以及柴炭木植各色货物，一概遵章停运，仍俟开堰以后，再行照常放运。倘敢抗违，一经访闻或被告发，定即按名严拿，从重惩办，决不宽贷。"

民国时期，采运十分落后，临安所产竹材向来以扎筏水运为主，从山场集运到小溪边，待到春水发动，即顺水单漂或扎成小排辅以人工疏运至余杭、瓶窑，然后转运；於潜、昌化则沿钱塘江水系到达杭州等地。一般来说，小溪放运的有利时节在3月、4月、5月、9月、10月共5个月。民国十九年（1930），浙江省政府公布《修正浙江省取缔河道停泊竹木排规则》，对河道竹木排停泊或起卸作出规定。

中华人民共和国成立后，结束长期以来包头承包承运的历史。钱塘江为省内第一大河流，设有衢州、金华、临安3个办事处。临安办事处有昌化、於潜两个收购站，过桐庐转运至杭州。

竹筏以帖为计量单位，20支起撬，叫"式面"。每加10支一挡，每帖20支、30支、40支、50支、60支不等，以60支为限，叫"关梢"。每帖重量300—600千克。每50—100帖为一串，扎成蓑衣帖（也称鱼鳞筏）于溪流筑坝拦溪，提高水位。待坝内溪水蓄满，然后将竹坝砍倒，借溪水冲力，使数十帖至百余帖竹材串成的竹筏顺流而下，运到收购站或中转集散地投售。

水运中转站需将竹筏重新编制，以增加撑运效果。筏型有"方拖"和"叠堆"两种。方拖又称"言头筏"，是将各单排竹排排列为长宽相等的筏形，然后头尾重叠，扎成高2—3米，入水深1米的大筏。大的方拖竹材有450吨，小的225—300吨，1人可以撑运，每日航行8—10千米。叠堆又称"篓头筏"，适于河道较窄而水深的航道。方法是将竹筏彼此重叠起来，中央高起，形如屋脊。因叠堆大小而异，每叠竹材多寡不等，小的225吨，大的7755吨，需3—5人撑运。若用汽轮拖运，运费可节省3/4。

水运具有运量大、不耗能源、运费较低等优点，但运期长，常受气候、季节限制，弊在竹材损耗多、易变质。水运中转点有瓶窑、余杭。天目山区是主要的商品竹产区，水陆交通四通八达，运费低、运期短，是毛竹运销的一大优势。

放运毛竹，若遇洪水，极易冲损堰堤，平时也易遭偷盗，所以历代当政者都十分重视水运安全，协调砍运竹筏与农田水利之间的矛盾。

二、陆运

民国时期，竹产区无汽车运输。中华人民共和国成立初期，各产地尚不通公路，极少量陆运仅限于杭徽公路。有的产区遇溪河枯水，竹材无法水运，唯赖独轮车、双轮车和人力肩背。1958—1959年，大力推行技术革新和技术革命，昌化县林业局先后在龙塘山至山脚，大明山至公路，洪岭至岭脚等地分别架设钢丝竹片索道、木竹滑道等多项木材集运革新工具。全县架钢丝索道9处1640米，竹片索道10处3440米，竹片滑道9处4980米，竹木滑道11处2540米，自动双轨爬犁3处1500米，利用山坡建土滑道677处6.63万米。各种索道、滑道集材工具大部分只能当年使用，竹木设备不能回收复用，加上迁址重装投资大、花工多，此后未能继续推行。

1974年11月，在昌化林场龙塘山林区至十八弯脚，安装“反修”牌动力运材钢丝索道973米，无动力转弯运材索道2088米，一次可吊运竹木1立方米，日运载20余立方米。

随着山区交通条件的改善和溪流变道，毛竹运输逐渐由传统的水放为主改为陆运（汽车、手拉车、拖拉机等）为主。50年代末，林道开发逐步深入，乡村交通逐渐改善，独轮车、双轮车集运木材渐为普遍。到60年代推广和完善安吉的“四定”装车法，即定收购员、定车型、定吨位、定堆号，消灭汽车运输亏吨现象。各毛竹主产区都建有毛竹运输专业车队。70年代后逐渐形成以陆运（汽运）为主的运材方式，繁重的人扛肩背集材大为减少。改革开放后，随着社会车辆增加，林业系统车队运输业务渐少，到1995年已名存实亡，境内大量竹材运输转向依靠社会车辆。

为开发深山区毛竹，省供销合作社和省林业厅提出山区林道河道建设方案，并付诸实施。改革开放后，政府每年都下达计划，下拨补助资金，在毛竹产地辅助建设山区公路，山区交通面貌出现新变化。

三、贮存

竹材贮存的方式主要有陆上贮存与水上贮存两种。

民国时期，竹商收购的竹材，大多先运至当地河口、溪边扎排，待丰水时放运，无固定堆放场地。

1950年10月，中国煤业建筑器材公司杭州分公司（简称“中煤公司杭州分公司”）成立，设立江干经营处，负责临安、於潜、昌化等县竹木收购。经营处属下的收购站（组、点）征用或租用土地设立贮竹场。贮竹场是国家竹材仓库，竹材在该地根据国家计划向需材单位支拨调运。中华人民共和国成立初，临安为便于竹农投售，先后在板桥的油车头、牌头，三口的秋口，玲珑的殷家山、锦秀坎上、化龙，横畈的泉坑、立塔、庙下，石门的龙上等地建立毛竹专用堆场，即贮竹场，投入资金超过100万元。20世纪70年代后，各贮竹场进行改善堆场设施建设。1985年竹木放开经营后，林业部门经营单位竹木购销量逐年减少，贮竹场地随之缩减或改作他用。

水上贮存即在春夏季丰水期，竹排集中到达，受起水、装卸、堆仓能力和场地限制，需要水上停排贮存。临安各大溪水流湍急，非遇特殊情况，一般不作水上贮存。

第三节 收 购

一、收购政策

毛竹、毛料、箬叶等农副产品是临安农民收入重要来源。中华人民共和国成立前，竹材由私营山货行经营。中华人民共和国成立以后，毛竹生产逐步发展，面积不断增多，规模不断扩大，生产基地从无到有。当时县里每两年召开一次发展毛竹生产动员大会，部署工作，交流经验，表彰先进，下达毛竹产销计划和奖励政策。

1950—1953 年，毛竹实行自行购销，多渠道流通。经营者有供销合作社、私营山货行、个体商贩、农民自销、生产单位采购等，但以私商经营为主。

1954 年开始，毛竹列为省供销合作社管理、统一平衡的商品。省内购销由县供销社将购销直接挂钩，省外购销则由省供销合作社安排外调。

1957 年，随着经济建设的发展，毛竹供不应求，国务院将毛竹列为二类农产品，由供销合作社统一管理。1957—1960 年，5 市寸毛竹每支 0.95 元，5 月 15 日起调整为 1 元。由于毛竹购销价格混乱，销价高，质量差，1963 年 11 月毛竹市场开始整顿，规定毛竹收购最低保护价每支 0.35 元。1964 年 5 月，杭州市场收购价总水平上升 0.37%。1966—1979 年，国家 3 次调整收购价格。

1962—1984 年改为派购。省内毛竹的收购、销售、调拨指标，均由省计委统一管理，由供销社统一收购、分配、调拨、供应。

1974 年 11 月，临安首次毛竹生产、购销会议在板桥公社牌联大队召开，会后掀起培育大毛竹、垦复毛竹基地的热潮。与此同时，由县土产公司牵头，每两年召开一次全县培育大毛竹基地现场会，先后在板桥牌联、里桃，玲珑山的殷家山、锦秀，横畈的立塔、泉坑等实地召开，学习推广举办地的先进经验。组织重点产区干部赴奉化、安吉等重点毛竹产区和舟山岱山、嵊泗列岛等渔场参观取经。经过十多年重点产区毛竹生产基地的培育管理，毛竹蓄积量从每亩平均不足百株发展到百株以上，其中较好的样板基地达到每亩 200 株以上，殷家山渔用毛竹每亩达到 300 株以上。殷家山、牌联、泉坑等大队成为享誉省内外的先进典型而受到表彰。

1952—1982 年玲珑山收购点毛竹收购价格一览表

表 4-4-2　　单位：元/支（9 市寸）

年　份	收购价	年　份	收购价	年　份	收购价
1952	0.42	1957—1958	0.58	1965	0.62
1953	0.45	1959—1961	0.58	1966—1971	0.62
1954	0.42	1962	—	1972—1978	0.76
1955	0.58	1963	0.60	1979—1980	1.00
1956	0.58	1964	0.62	1981—1982	1.30

1979 年以后，根据放宽政策、搞活经济的要求，调整毛竹购销政策。1980 年，实行收购、调拨任务包干，派购任务逐级包干到队，一定 6 年不变。供销合作社对派购任务内的毛竹收购价，实行牌价和议价按照 7 : 3 比例同时收购，即 70%牌价，30%议价。超过派购任务的毛竹，由生产

三、竹制品市场

随着农村经济体制改革的深化，以家庭作坊为主的竹制日用品加工业蓬勃发展，竹制日用品交易市场应运而生。

1985 年 7 月，县竹笋服务中心在锦城衣锦街 109 号开设竹制品门市部。同年《浙江日报》报道："竹制品在北方有广阔市场。"长江以北买竹制品难，要求有关部门能提供竹椅、竹床、竹沙发等竹藤制品，临安竹制品开始批量销往广阔的北方市场。

1986 年 2 月，三口乡界头福利厂与山东省泰安市财东街服务商行建立竹制品联营业务。

自 1993 年开始，余杭县沿 104 国道瓶窑至彭公段两侧，逐渐形成全省最大的竹制品交易市场，主要经销竹躺椅、竹凉席两大类竹制品。2018 年开始，竹制品交易逐步搬入专业市场，经营品种扩大为竹日用品、工艺品等系列产品。产品除来自临安、余杭、安吉、德清等附近传统产地外，还有省内的丽水、宁波等地区生产的竹制品，主要销往山东、江苏、安徽及省内各地。

第五编　科研与教育

钱高潮竹雕作品
《鸳鸯》
（9厘米×5厘米×4厘米）

ENHANCING REGIONAL NETWORKING OPPORTUNITIES BETWEEN MODEL FORESTS
IMFNS
FAO
CAF
REGIONAL MODEL FOREST NETWORK FOR ASIA-PACIFIC
WORK PLANNING
2004

01年3月3日，国际示范林伙伴
议与会人员野外考察
04年9月22日，国际示范林伙伴
太湖源镇参观临安市雷竹笋
林食品基地
00年1月1日，国际示范林伙伴
太湖源景区合影留念
04年9月20日，亚太地区示范林
略和运营工作计划会议在临
钱王大酒店召开
04年9月9日，加拿大电视台在
安采访拍摄竹笋产业
17年7月28日，临安市第九期农
技术带头人培训班开班
安市森防站开展竹笋夜蛾防
试验（吴继来摄）
民喜挖“冬天里的春笋”
江农林大学专家实地讲解雷
高产技术要领
6、8、9布智明摄）

1 2 3
4 5 6
7 8 9

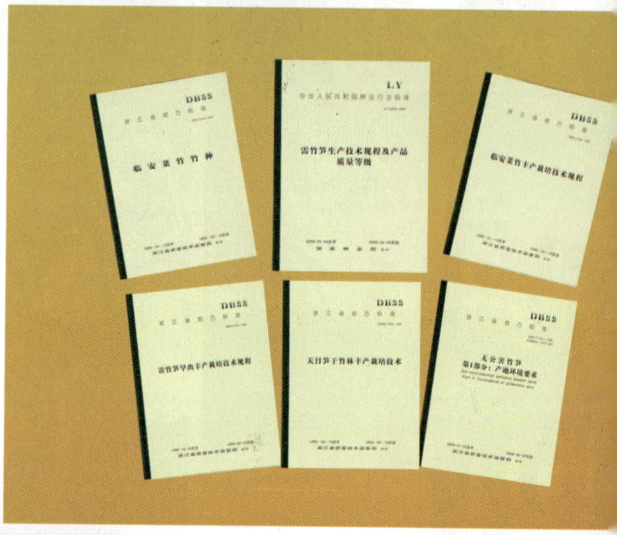

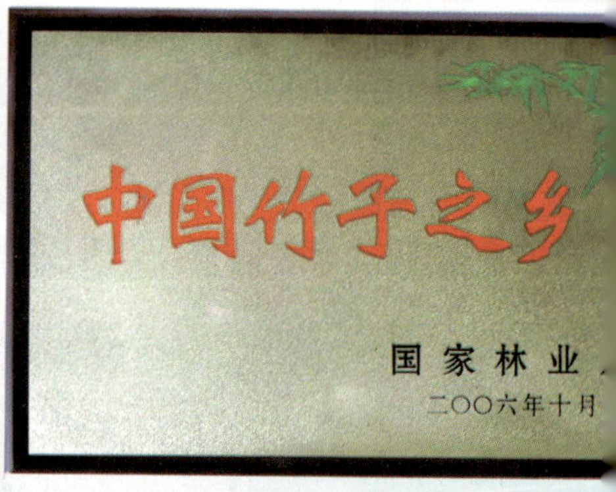

1. 部、省级科研成果奖
2. 由临安制定的部、省级竹笋生产行业标准
3. 国内最早探索竹笋早出覆盖技术并获得成功的人——何钧潮（中）
4. 继1996年后，2006年临安再度获得"中国竹子之乡"称号
5. 天目雷笋获评'98浙江省农展会"金奖产品"
6. 王安国（左）、鲍子潮（中）、杨元龙（右）在鲍子潮竹园中测土温（何钧潮摄）

（1-5布智明摄）

第五编　科研与教育

第一章　科研与推广

民国时期，曾先后建立浙江省农林改良场和浙江省农业改进所，开展林业科学技术的试验研究和示范推广。但由于政局动荡，经费支绌，设备简陋，人员无几，林业科技工作处于停顿状态。中华人民共和国成立后，林业科技工作得到重视。自1958年以后，相继成立林业科学研究所和林业科技推广总站，林业科研和林业技术推广工作得到加强。1978年全国科学大会以后，林业科研和技术推广工作步入全面发展的新阶段，陆续建有临安县（市）林业科学技术研究所、临安县（市）林业技术服务总站、临安县（市）竹笋服务中心、临安市竹笋研究所、杭州临安有机资源开发研究所、临安市现代林业科技服务中心等林业科研机构、林业技术推广机构。乡（镇）则建立林业工作站，拥有一批林业科技人员、农民林技员。全域基本形成科研与推广相结合的科技网络体系。尤其是雷笋早出高产技术、毛竹笋材两用林培育技术、雷竹退化林改造技术等，均处于全省乃至全国前列。临安共获得各级奖励科技成果548项，一批先进实用的科技成果得到推广应用，科技成果转化率为30%，林业科技对经济增长的贡献率为31.66%。此外，对外竹业科技交流与合作活动也蓬勃开展，促进了人才的培养和竹业科技水平的提高。

第一节　科研与推广机构

临安竹业科研与推广机构以创办先后为序。

临安市林业科学技术研究所

1978年5月成立，始建于天目山林场，同年12月迁址于禅源寺。林场书记宋永增兼任所长，徐荣章任副所长，事业编制6人，其中有科技干部2人。1979年，所址迁至西天目山鲍庄，科技人员增至6人。1983年宋永增离休，徐荣章任所长。建所最初十年，通过办小型养鹿场、化工厂、招待所等自筹科研经费10万元，先后承担的科研课题有国家级1项、部级2项、省级3项、市级4项、县级2项。到1989年，科研课题获奖5项，通过鉴定3项，另有获奖散文、摄影作品。

1992年，林科所搬迁至临安县城，副所长周骋主持林科所工作。1998年，并入临安市林业技术服务总站。

2000年7月，市林科所与市林业技术服务总站分开并成立临安市竹笋开发研究所，市林科所、市竹笋研究所两块牌子一套班子，周骋任市林科所与市竹笋开发研究所所长，何钧潮、丁立中任副所长。2004年，周骋调乡（镇）后，由副所长何钧潮主持工作，2005年何钧潮任所长。从2000年7月开始，市林业技术服务总站竹笋、山核桃二大产业科技推广人员划入市林科所，从此，市林科所成为市林业局下的一家林业技术服务与推广应用的事业单位，承担临安近100万亩竹林、50万亩山核桃林生产经营的技术推广和服务工作。

2007年，何钧潮调任林业局总工程师，胡国良任所长，丁立中、张有珍任副所长。市林科所积极开展竹笋、山核桃两大产业的科技推广工作，重点抓产业园区建设与基地建设，推广标准化栽培、生态化经营与可持续经营，改善基地的基础设施与生态环境，提高经济效益，做好项目的申报立项与验收，促进林业可持续发展。现有教授级高工2名，高工3名，工程师（经济师）5名。

2012年，林科所又与林业技术服务总站合并，成立临安市林业科技推广总站，林科所的竹笋、山核桃两大产业的科技推广工作全部由市林业科技推广总站负责。

主要工作：

抓好科技推广、技术培训与服务工作。技术人员进村入户，采用多种形式，推广先进、成熟的实用技术，包括毛竹低产林改造、雷竹退化林地改造、雷竹早出覆盖技术、雷竹秋笋生产技术、竹笋无公害标准化生产等，建立迟熟夏秋笋示范点，在各项目基地内建立科技示范户，带动、引导应用新技术、新信息，提高科技水平。推广“一竹（毛竹）三笋（春笋、鞭笋、冬笋）”技术，开展冬天里孵毛笋试验，与浙江林学院一起开展毛竹碳汇研究。通过“临安林业网”“农民信箱”建立信息发布平台，及时发布菜竹笋生产信息，开展生产技术服务，指导和推行“雷竹笋用林现代生态高效技术”“平衡施肥技术”“农药安全使用技术”“退化竹林改造技术”“灾后恢复重建技术”等。举办生产、科技、信息培训班，强化农民科技素质，普及林业科技知识。

开展科技项目示范试验，加快推进科技成果转化。2011年，加快开展笋壳减量化及资源化利用与开发试验。在太湖源西马克公司对熟制笋壳，在千洪对鲜笋壳进行放线菌微生物减量化处理，取得初步成效。同年，进行立竹量与产量关系试验。同年，加快退化雷竹林改造试验，全市退化雷竹林改造面积1.3万余亩，完成市级考核任务。推行测土配方施肥工作，在湍口、大峡谷等竹笋基地测土216个样方，实现面上测土配方面积2.1万余亩。

建立以首席专家、林技指导员、责任林技员为核心的新型林技推广体系，完善市、镇、村、户四级新型科技服务推广体系，建立竹笋产业转型升级技术服务团队，提升服务能力。

组织产区乡镇和有关竹笋大户赴外地参观考察学习。2010年，到余杭、安吉等地考察学习后，召开临安市竹笋转型升级现场会，以基地修复、秋笋培育为重点，从垦复抚育、肥水管理、信息化服务等方面加强指导与推广。

完成省林业厅有关招标项目，并通过验收；完成杭州市农发项目、杭州市科技局重点农业科技推广项目、毛竹杭州市都市农业示范园区项目等，并通过验收。承担并管理天目雷竹笋示范区、太湖源珍稀观赏竹与优良笋用竹繁育示范园区，并通过验收。申报实施杭州市农业财政项目“临安市退化雷竹林定向改造技术集成和示范推广”和“临安竹笋产业现代可持续经营技术集成与推广”。申报完成杭州市农业社会化服务项目天目雷笋品牌建设推进服务项目，并通过验收。申报完成杭州市毛竹低产林改造实施项目，并通过验收。在太湖源东天目和指南、高虹龙上、青山研口等村分别建立雷竹、高节竹、笋干竹、毛竹雪灾后恢复重建试点。2012 年，继续做好国家林业局科技司“全国雷竹栽培标准化示范区”、浙江省林业厅科技处“笋壳减量化及资源化开发利用”和苕溪流域综合区主导产业（雷竹）示范区等项目以及杭州市科技局下达的科技项目“笋壳减量化及资源化开发利用”。该项目于 2009 年启动，通过收集不同竹笋加工类别的笋壳废弃物，进行不同的发酵处理，成为良好的有机肥，并分别在雷竹林和蔬菜上开展试验，为笋壳利用提供理论基础。

推进示范园区建设。落实各乡镇街道申报成功省厅科技项目和“临安市竹子现代示范区”项目、“临安市退化雷竹林定向改造技术集成和示范推广”等省市科技、生产项目。2009 年，该所直接承担省市县项目 10 个，其中社会化服务项目 2 个，园区建设项目 2 个，低改项目 1 个，科技推广项目 5 个，做到“科产”结合，“科园”结合。2014 年，市林业局在太湖源镇横徐村、高虹镇活山村、青山湖街道洪村、於潜镇朱湾村建立四个雷竹退化竹林改造科技示范园区，市林科所加大技术指导力度，确定加土改造、荒芜改造、更新改造、垦复改造四种模式。示范面积 700 亩，项目投资 70 万元。

修订完成省级标准《无公害雷竹早出丰产栽培技术规程》、杭州市级地方标准《无公害菜竹系列标准》，完成编制国家林业标准和临安市地方标准，积极推广标准化生产。

开展林产品质量安全建设工作。为确保林产品质量安全，明确专人分管，定好监管目标，在竹笋、山核桃产区选择 10 个点，聘请 10 名食品安全信息员，记录当地生产过程中施肥、防病防虫、产量等情况，做到产地有人监管，信息有人反馈，平时有人检查，质量有人抽检，严格执行农业投入品管理标准。2009 年完成无公害基地换证 9.4 万亩，无公害产品换证 11 只，新认证无公害基地 1.81 万亩，森林食品基地 1.54 万亩，无公害产品 4 只。2012 年 3 月，配合省级市场抽检要求，随机抽检竹笋样品 16 批次，指标合格。4 月鲜笋旺季，在青云、於潜竹笋市场进行农残快速定性检测 10 次，无残留农药发现。在雷笋生产旺期，技术人员奔赴竹笋重点乡镇竹园取样检测，分析农药残留，务使质量全部合格。

先后承担林业部和浙江省“林业标准化示范市建设”、杭州市“竹笋早出技术推广”等一系列项目。在太湖源镇建立万亩无公害竹笋基地、天目山镇天目笋干竹丰产示范基地以及锦城、青山、板桥等镇街建立毛竹（笋）丰产栽培基地 12 个，并制定相关丰产技术地方标准。优良食用竹笋高产技术推广、毛竹低产林改造技术推广、早竹笋早出丰产技术推广三个项目分别于 1991 年、2001 年、2003 年获杭州市政府农业丰收奖一等奖。完成“中国竹子之乡”第二次申报工作，2006 年，临安再次被命名为“中国竹子之乡”。研究所科技人员论文和专著成果累累。其间，还承担杭州市结对四川省南充市扶贫项目，为南充市（含下属西充县）提供食用竹笋 1 万株，并派技术人员跟踪指导，目前临安食用竹已在南充市形成基地。

临安县竹笋服务中心

1985 年 1 月，县政府批准林业局成立竹笋服务中心，其任务是帮助农民发展生产，利用资源，梳理流通，搞活经济，在生产技术、市场信息、资金和物资调剂等方面进行服务。

同年 2 月创刊《临安竹讯》。4 月 30 日成立临安县竹业协会。

1986 年 4 月，县竹笋服务中心提出六条发展竹笋生产的建议：统一思想，把临安建设成为“竹笋县”；明确竹林“面积翻一番，产值翻两番”的奋斗目标；建设好竹笋商品基地；配备好竹笋生产技术队伍；实现一年四季有笋吃的目标；恢复名牌产品天目笋干。同年提出改造笋干林的意见。在青山镇朱村、横溪乡金头村建立毛竹笋用林技术推广示范试点，当年全县毛竹笋用林改造面积 5230 亩，县域毛竹笋用林试点初见成效。

1987 年，对新造竹林提出七条管理措施。1990 年，提出竹林“八五”发展规划设想。主攻单产，适当发展，稳定面积，通过科学手段，促其早产、高产，提高经济效益。同年临安县基本建成十万亩菜竹基地。

1994 年，临安县竹笋服务中心获评杭州市人民政府 1994 年技术服务（承包）奖。

临安县林业技术服务总站

临安县林业技术服务总站　（布智明 2012 年摄）

临安竹笋产业是临安林业的一个重要部分，一直以来由林业局林业股负责管理。1984 年，撤销县林业局林业股，设立临安县营林技术服务公司。1985 年，成立临安县竹笋服务中心，隶属于营林公司。1986 年，撤销营林公司，又改设林业局林业股。1988 年撤销林业股，建立县林业技术服务总站。临安县竹笋服务中心不是一个独立的事业单位，只是隶属于县技术服务总站。1998 年，林科所与林业总站合并。2000 年 7 月，林科所与林业总站分开，原林业技术服务总站负责管理的竹笋生产科研技术推广职能由林科所承担，并成立了竹笋研究所，至此竹笋服务中心已基本淡出。2012 年，林科所又与林业技术服务总站合并，建立临安市林业科技推广总站。2016 年 2 月，市林业局与农业局合并为市林业局（农业局），撤销林业科技推广总站，成为市农林技术推广中心下的林业特产站，负责全市（区）竹子、山核桃、香榧和木本油料等技术研发和推广。

杭州临安有机资源开发研究所

1997 年 9 月，建立杭州临安有机资源开发研究所，为全国首家民营科技机构。研究所设在临目乡。至 1999 年，集中财力、物力、人力用于有机食品基地建设、生产设施与研究开发。一是抓宣传和培训。编制印发“有机天目笋干生产标准”等三份有机生产科技资料，在有关乡镇开展宣传。1997 年 12 月，举办临目乡绿色证书培训班。二是制定产品质量标准。先后编制“有机天目笋干”等四个产品的企业质量标准，是临安第一例有机产品的企业质量标准。三是申报有机食品颁证和项目。1998 年 4 月，经国家环保总局有机食品发展中心（OFDC）严格的检测审查，对天目笋干等两个有机产品与基地确认颁证。1999 年经德国（BCS）、瑞士（IMO）两个国际有机颁证机构严格的检测审查，颁发 BCS、IMO 有机食品证书。四是加强国际交往与国内合作。研究所应邀于 1999 年 2 月 18 日至 21 日参加在德国纽伦堡举办的国际有机产品展览会。1999 年 3 月，协助南京新大陆生态产业开发研究中心，在临安举办全国第一期有机食品国内外市场开发培训班。1998 年，该所被国际有机农业运动联合会（IFOAM）接纳为会员。

杭州临安市竹笋开发研究所

1998 年 7 月，成立杭州临安市竹笋开发研究所，所长罗春媖。

该所前身为台商独资企业杭州益华农畜产有限公司新产品研发部，负责人为公司副总经理罗春媖，研发人员有公司董事长台商张丰超、中国竹子专家王安国、工程师俞丁平、长期从事竹笋技术开发的盛开云和刘伟华、烹饪师李明和叶马春。罗春媖具体负责并参与新技术引进与新产品研发。1992—1997 年，主要是研发水煮笋软包装竹笋精加工技术，1994 年批量生产，市场前景看好。1997 年下半年因公司停产，罗春媖离开公司，自筹资金成立杭州临安菜篮子食品有限公司，并出资 15 万元成立杭州临安市竹笋开发研究所。研究所吸收原杭州益华农畜产有限公司研发部及其实验室的科技骨干，继续进行水煮笋软包装精加工技术及竹笋加工新技术引进研发和新产品开发，主要产品有丰蕾笋、健脚笋、脱水笋干笋茸等。1999 年开始，水煮笋软包装一般技术在临安市全面推广，全市有 46 家竹笋加工企业应用该项技术，生产水煮笋软包装精加工产品。

2001 年，杭州益华绿色产业有限公司成立，罗春媖应邀加盟。罗春媖继续负责竹笋加工新技术、新产品开发。当时的益华公司与技术开发的主要技术骨干张丰超签订了技术转让合同，规定每开发一个新产品，由公司出资 50 万元认购。后因多种原因，杭州益华绿色产业有限公司又停产。2003 年，罗春媖又重新整顿、恢复杭州临安菜篮子食品有限公司，继而又出资 3 万元投入杭州临安市竹笋开发研究所。杭州临安市竹笋开发研究所对竹笋加工新技术、新产品研发一直未停顿，从 2001 年开始根据研究所顾问张丰超的意见，应用生物发酵原理，成功研发竹笋加工发酵工艺，并用该工艺开发出不加防腐剂保鲜竹笋加工产品新技术。

杭州临安市竹笋开发研究所现有教授级高工 1 人，特聘台湾竹笋加工技术顾问 2 人，从事竹笋加工技术开发 10 年以上的技术骨干 5 人，并与国际竹藤组织、中国竹子中心、中国人民大学食品系、浙江林学院竹类研究室等建立长期合作关系，为国际示范林网络临安合作伙伴。从 2003 年开始，先后承担杭州市科技局和临安市科技局的重大农业科技项目。

临安市现代林业科技服务中心

2006 年 3 月创办，是一家民办非企业科技服务单位。该中心以“两山”理论为指导，以促进山区富民兴林为宗旨，为发展新林业开展技术研究与推广，为广大林农、农业龙头企业开展非营利的技术服务、技术咨询，为国内外科研院所、大专院校的科技成果转化开展中介服务。

该中心拥有一批林业、生态、竹子、园艺、农业区划、园林设计、经济管理等领域专家。中心主任王安国，教授级高工，中国竹子专家。参加工作以来，完成 54 项林业科学研究和推广项目，其中国际林业科技项目8项，获省政府科技进步奖二等奖1项，省政府星火奖二等奖3项，获评浙江省农业科技突出贡献者、全国农业科技推广先进工作者，享受国务院“政府特殊津贴”。中心还有一批农民科技带头人和示范户，在林业各个领域引领示范。

临安市现代林业科技服务中心

（布智明 2016年摄）

中心成立后，以太湖源观赏竹种园和白沙村为平台，与临安市农业农村局、中国林科院亚林所、国家林业与草原局竹子中心、中国人民大学、浙江农林大学、国际竹藤组织、国际示范林网络紧密合作，主要开展以下工作：

为培育生态、生产、生活“三生”共赢山区可持续发展、推进新农村建设示范典型服务。主要以临安太湖源镇及白沙、东坑村为示范乡、村，辐射带动有关乡、村。一是为太湖源、白沙等25个乡村编制生态村、新农村、生态文明村等规划。二是为编制乡村规划举办80多期培训班。三是为示范镇、村引进人才提供信息与技术，帮助白沙村建立教授级智囊团。

为林业产业发展服务。主要有竹林、经济林栽培，竹子种质资源收集和优良种苗繁育，高品质竹笋、山核桃、香榧丰产栽培和加工，竹材加工、竹工艺品开发，森林生态旅游，林下经济、中草药、鸵鸟产业发展。中心建立以来，围绕上述产业，先后主持和参与完成技术研究和推广项目25项，举办技术培训班125期，进村入户下乡指导320多次，接受培训和指导农民万余人。

开展山区扶贫服务。对临安、杭州和浙江欠发达村、户，特别是残疾农民开展服务。对广西、海南、四川、重庆、陕西等中西部革命老区、少数民族地区和贫困地区开展科技扶贫。采取走出去到贫困地区调查研究、提出发展建议、帮助制订规划、建立示范点、举办培训班，请进来参观竹种园、白沙等示范点，在临安为贫困地区举办现场培训班25期。

承担调研项目，为各级领导开展决策服务。中心先后为临安市、有关乡镇领导以及贫困山区县领导提供决策建议35份，完成调研项目12个，绝大部分被采纳，有的形成政府文件。

承建科技部国际合作司“太湖源国际科技合作基地”，拓展国内外学术交流与合作开发领域。2006年创办以来，中心承办科技部国际培训班8期，国际会议2次。2010年与国际竹藤组织共同承办“国际山地林区综合可持续发展研讨会”，发表有24个国家签名的“中国临安宣言”。与国家林业与草原局竹子中心合作协办以竹子为主的国际培训班45期。先后接待101个国家2000多名外宾培训、考察和学术交流。

竹种园实施项目清单，详见第四篇第一章第五节“杭州临安太湖源观赏竹种园”。

第二节　科研活动

中华人民共和国成立后，林业科研工作得到重视。1958 年 6 月 27 日，中共浙江省委决定各专区、县建立林业科学研究所。1963 年，浙江林学院建立林业科学研究室。到 20 世纪 80 年代初，全省先后建立 43 个地（市）、县级林科所，临安在列。1983 年保留临安等 10 个县级林科所，明确各个林科所的研究方向和任务；将其余林科所改为林业技术推广站，专职从事林业科技示范、推广、培训工作。

20 世纪 80 年代起，临安利用丘陵缓坡地种植菜竹（主要品种雷竹、高节竹），积极推广当时临天乡吴马村雷竹笋示范户葛银万与板桥乡西村高节竹笋示范户吴龙福的竹笋高产高效经验，引导农民积极发展菜竹生产，菜竹面积每年以 1 万亩的速度递增。2019 年，菜竹面积 40 万余亩，鲜笋产量 25.75 万吨，鲜笋产值 15.44 亿元，竹产业实现产值 35.2 亿元。

从 1981 年开始，按照自然规律和经济规律，完成县级林业区划和综合农业区划工作。1985 年完成林业系统结构优化模型群研究，完成农、林、牧、副生产优化研究，取得数万个科学数据。

1982 年，临天公社吴马大队第一个设立雷笋收购点，收购雷笋 88 吨，产值 10 万余元，平均每 500 克价 0.57 元，其中 78.5 吨长途运销上海，首次打开临安雷笋销往上海的大门。该村葛银万 0.7 亩雷竹林产笋 1206.65 千克，收入 1206.39 元，被称为“雷笋大王”。

1983 年，县林业局何钧潮通过对临天公社吴马大队雷竹生产的调查，总结葛银万等农户雷竹生产的七大优点与六项丰产技术，撰写文章介绍“高产笋用竹林雷竹”，并参加 1983 年 9 月省林业厅竹子丰产技术经验交流会。同年，何钧潮参加浙江林学院“竹笋罐藏新品种筛选及加工技术研究”国家重大项目，项目组要求临安县林业局完成竹笋新品种筛选及雷竹高产试验项目的研究任务，在临天公社吴马大队建立雷竹试验基地，开展雷竹笋高产、提高发笋率等一系列试验研究，由葛银万等 19 个农户参加，试验面积 5 亩。同年 4 月至 5 月，临安采集完成雷竹笋、淡竹笋、石竹笋、水竹笋、高节竹笋、篌竹笋、花哺鸡笋、甜竹笋等笋样的送样任务。项目组对中国 27 种竹笋进行营养成分分析，根据竹笋的糖分、脂肪、蛋白质、氨基酸等营养成分及产量效益、加工指标等，筛选出优良笋用竹种雷竹、高节竹、毛竹等。项目组经过 4 年努力完成项目，1987 年获轻工业部科技成果三等奖。

1984 年，县林业局王安国、何钧潮、杨元龙、李华、沈裕耕完成“临安县竹子生产技术论证”课题。对临安竹类资源进行调查，初步摸清临安有竹种 10 属 57 种。分析临安发展竹子生产的优势，提出“临安经济翻番，山挑重担，竹肩一半”，对临安竹子生产进行广泛调查与技术论证。该项目获 1984 年临安县人民政府三等奖。

1985 年，县林业局科技人员调查统计，县域 23 万亩毛竹山可产毛笋 9473 吨，收入 381.51 万元。由此提出疏笋养竹、调整毛竹林产业结构的理论，认为疏笋与养竹可以统一，关键是要掌握毛竹林的生物学特性。该理论为以后建设毛竹笋材两用林奠定理论基础。

1986年，县竹笋服务中心提出六条发展竹笋生产的建议，其中第六条是恢复一个名牌产品，即天目笋干，要从生产方法和加工焙制上提高质量，恢复名誉，争取市场。临目、杨岭等地的“早园凤尖”，上甘、三口等地的“天目挺尖”，於潜等地的“天目焙熄”均可恢复发展，还可发展小包装油焖笋、多味笋等新产品，采用多种方法加工利用，搞活流通，促进竹笋生产发展。

中国竹业协会主编的1986年第一期《竹业信息》，刊登临安县板桥乡西村吴龙福亩产雷竹笋3000千克高产纪录，其主要经验是：留养母竹，结构合理；科学施肥，加土覆盖等。

同年，县竹笋服务中心在青山镇朱村、横溪乡金头村建立毛竹笋用林技术推广示范试点，面积17.99亩。1988年平均亩产竹笋287.1千克，亩产值216.25元；平均每亩新竹留养74.1株；竹林亩产值632.84元，为一般用材林的2.5倍。其中王正林户亩产竹笋达540.4千克。1988年，临安县毛竹笋用林试点初见成效，改造面积计5230亩。

1986年，县竹笋服务中心提出笋干林改造意见。当时全县有天目笋干竹林17万亩，年产笋干500吨左右。由于长时期来采多育少，竹林衰败，亩产只有3千克。为了恢复传统特产，要求从改造笋干竹林着手，开展集约经营，加强培育管理。根据石门乡林家塘村经验，笋干林改造可使笋干产量翻一番，为此提出：1.在1987年产笋以前，全面进行一次劈山抚育，以改变荒芜状态。2.改拗笋为挖笋，加速笋芽分化，多出一两批笋，以增加产量。3.在产笋旺期，合理留养粗大、健壮、边缘、空堂的母竹笋，每亩养竹500株，立竹不少2000株，以改变竹林结构，增加叶面指数。4.母竹保留4年，砍除5年以上老竹，使竹林年轻化。5.产笋后，竹林进入行鞭期，进行一次松土、施肥。6.防治病虫害。

1987年，竹笋服务中心对新造竹林提出以下管理措施：1.对于竹叶枯黄或落叶的母竹，如果枝条翠绿，应予继续管理。2.春季雨水多，应及时开沟排水。3.天晴后及时进行松土、培土，清除杂草。4.适当补施肥料，促进新竹发鞭生根。掌握少量多次原则。5.及早防治病虫害。6.清明过后，天气转暖，对新造竹林的小笋视实际情况或留养，或删疏，以提高成竹率。

同年，县林业局技术员何钧潮刊发《疏笋养竹 以养为主》文，提出1987年毛竹用材林的疏笋养竹必须提早注意母竹留养，防止挖笋过量；新竹留养量应有所增加，疏笋的强度适当减弱，疏笋量一般掌握在出笋量的50%，每亩新竹留养应保证在40株以上；在笋期可适当施用速效肥。及早预防病虫。

同年冬，县林业局技术员何钧潮在横溪乡金头村竹笋大户马良宝的0.262亩竹园里采用地膜覆盖法，为林地保暖、保湿，雷笋产量、产值明显增加。在91天中，覆盖后每天早、晚6点钟测量覆盖塑料薄膜棚内外的地表温度，比外面只提高了2℃。试验结果，用地膜覆盖的竹园比对照地每亩增产376.3千克，亩产值增加637.14元。同时在马良宝的雷竹园中进行稻草覆盖试验，面积0.19亩，1988年2月21日开始出笋，合计产笋201.6千克，收入390.98元，出笋期比对照竹林提前24天。首次采用稻草覆盖取得较好的提早出笋效果。

1988年2月10日，《临安农科报》上刊登何钧潮《你想叫雷竹提早出笋吗？不妨试一试这些办法》的文章，提出在6月施一次肥，10月施1000千克猪厩肥，促进笋芽分化，积累养分；

冬季铺盖厚草，提高土壤温度，保暖防寒，促进竹林提早出笋。

同年，临安县委、县政府先后三次组织到绍兴县文山乡文山村参观毛竹笋用林建设经验后，在夏禹桥镇殷家山村搞点做样。至1989年，全县已改建笋竹两用林9613亩。

1989年，夏禹桥镇殷家山毛竹进入笋竹两用阶段。该村有毛竹山2407亩，毛竹收入占全村总收入60%以上。农民祖辈种竹致富、管竹有方、用竹有术。1987年改造900亩笋竹两用林，1989年毛笋收入12.84万元，比上届毛笋收入4.77万元增加两倍多。挖笋多，养竹也多，每亩平地留养新竹40株以上。

由县竹笋服务中心何钧潮负责的毛竹笋材两用林推广试验，从1986年起至1989年，经过四年的科技研究，产量指标超14.83%，产值计划增加10.8%，每亩年产值增加208.58元。边试验、边推广，全县毛竹笋用林已达16576.7亩，成效显著。1989年12月1日，由临安县科委邀请中国林科院亚热带林业研究所、浙江省林科所、浙江林学院以及富阳县林业局等单位的竹类研究专家进行现场鉴定，一致肯定该项推广试验时间短，推广面积大，效益明显，在省内同类推广试验中达到先进水平。

1989年，县林业技术服务总站申报“雷竹提早出笋及高产栽培试验”课题，在三口乡珠坞村设立试验地，面积4.04亩，参与试验者有鲍子潮等13个农户，课题组人员有何钧潮、鲍子潮、杨元龙、陈立强、王安国。

1990年1月31日开始挖笋，到2月2日已挖笋62.5千克。1990年2月2日，县科委邀请有关专家、科技人员，对县林业技术服务总站承担的“雷竹提早出笋及高产栽培试验”进行实地验收。其中抽样42.6平方米竹林，挖笋69支，重15千克，证明该项试验成功，具有推广价值。

1990年，鲍子潮经营的雷竹园雷笋实产1074.25千克，收入4165元，平均每500克单价1.95元，折合成亩产2826.95千克，亩产值11025元，是当时全县雷笋单产最高、出售单价最高、亩产值最高的“三高”种植户。1993年获临安县科学技术特别奖3000元。

1991年，完成“雷竹提早出笋及高产栽培试验”课题。项目系统地总结雷竹早出覆盖丰产高效技术方法，在丰产培育的基础上，采用一年四次施肥、两次浇水、冬季覆盖三大技术措施，而且提出了温、肥、水三大技术措施要有机结合，覆盖物用竹叶，覆盖时间12月上旬，覆盖厚度30厘米。其中试验示范户鲍子潮0.41覆盖雷竹林，1月8日开始出笋，竹笋亩产量达3876.6千克，亩产值达17590元。至此，雷竹早出覆盖技术初步成为可推广易操作的一项生产实用技术。项目完成后通过鉴定，1992年获临安市科技进步二等奖，杭州市科技进步三等奖。获奖人员是何钧潮、鲍子潮、杨元龙、陈立强、王安国。

同年，临安雷竹早出高产试验虽然取得成功，但在技术上尚有许多问题没有解决，特别是量化问题。在三口珠坞试验中，各农户雷竹提早出笋的时间、产量、效益差别很大。如何在临安快速推广，必须要解决诸如覆盖材料、覆盖厚度、覆盖时间等问题。如要大面积推广，竹叶从哪里来？其他材料行不行？1991年年底在高虹乡高乐村建立试点，边试验，边推广，采用竹叶、谷壳、稻草3种覆盖材料，3种不同覆盖厚度，3种不同覆盖时间及不同肥料的设计试验，同时参加浙江林学院“雷竹可持续经营原理和技术研究”“笋用竹两季高产经营技术研究”等多种研究。通过不断地试验研究，发现雷竹地下鞭侧芽三大分规律，提出笋四季分化理论，撰写发表多篇论文，取得一系列研究成果。在覆盖材料上，总结选用稻草与谷壳砻糠；在覆盖技术方法上，采用双层覆盖法，下层为增温层，用稻草、竹叶等，上层用谷壳砻糠，为保温层。覆盖材料与技术方法一直沿用至今。“笋用竹二季高产经营技术研究”项目，1997 年获省林业厅科技进步奖二等奖，林业部科技进步奖三等奖。“雷竹可持续经营原理和技术研究”项目，2003 年获省人民政府科技进步奖二等奖、省教育厅科研成果奖一等奖。

县竹业协会继 1987 年度、1989 年度连续被评为县科协系统先进集体后，1991 年度又一次获评县科协系统先进集体，杨元龙、何钧潮、陈立强获评先进科技工作者。1991 年度县级农业丰收奖揭晓，县林业技术服务总站和临天乡林管站共同完成的“优良食用竹笋高产栽培技术推广”项目获一等奖，县林业局申报的“毛竹笋材两用林建设”项目获三等奖。

临安雷笋早出高产技术推广，1991 年推广面积 90 亩，产量 90 吨，产值 45 万元。

1992 年，县竹业协会工作重点在于科学技术的研究和推广应用，主要任务三项：全面推广应用雷竹早出高产技术、大力推广毛竹笋用林建设技术和天目笋干丰产技术，对笋干低产林实施改造。此外，还要研究竹笋和竹制品的加工利用等。

同年，临安县在建成 10 万亩菜竹基地的同时，出现科学育笋热潮，在全县范围内出现一批竹笋亩产值超万元的高效益典型。三口乡珠坞村鲍子潮成为全县科学育笋典范。全县各乡、村和农户个人参观“雷笋状元”鲍子潮高产竹园者达 1300 多人次，由各乡、村出面举办培训班 16 期，受训 2200 余人次。

同年遭受长期秋旱和严重冻害，县域菜竹生产普遍减产，但推广早出高产技术措施的地域产量和收入同比都有增加。县竹笋服务中心要求抓住有利时机，大力开展竹园产后抚育管理，主要措施是松土施肥。亩产鲜笋 1000 千克的竹林，每年施肥最低量应是：有效氮 7.5 千克，有效磷 1.5 千克，有效钾 2.5 千克。在行鞭施肥期，也就是一年四次施肥法的首次施肥时，可施全年总施肥量 35%。如施用竹笋专用化肥，每亩应施 35 千克。施肥的方法，可以同松土结合进行，将肥料撒于林地，然后深翻入土。五六月份是深翻竹园的最佳时期，同时去除六年以上老竹，使竹林结构年轻化。对于新造竹林，应结合松土除草进行施肥，6 月份是关键的一次。每支母竹可施人粪 25 千克，或竹笋专用化肥 1 千克。化肥可适当远施撒在母竹周围，深翻入土。注意做好虫害防治工作。

县林业总站和县竹业协会合编《临安县竹笋栽培实用技术》，其中包括雷竹早出高产栽培技术、高节竹笋丰产栽培技术、毛竹笋材两用林建设技术、天目笋干复壮技术、梅季种竹技术等。雷竹早出高产技术推广到哪里，哪里就获得显著效益。广大竹农真正认识到科学技术是第一生产力，全县出现学科学用科学热潮，纷纷举办培训班，请科技人员讲授技术，边培训，边运用，1992 年雷竹早出高产覆盖技术推广面积 1530 亩，产量 920 吨，产值 450 万元。

1993 年，全县重点发展雷竹和高节竹。该类竹适应性强，投资少，成本低，周期短，产量高，效益好，雷竹早出高产覆盖技术推广面积4545亩，产量3750吨，产值2250万元。

同年，为加快竹笋基地建设，提高产量产值，科技人员进行四项技术革新：改传统的正月种竹为四季种竹；改用两、三年竹苗种植为当年新竹种植；改单层种植为复层立体配置种植；改单一品种种植为适地适竹多品种种植。同时研究推广雷竹笋早出高产技术，经济效益显著。

同年，三口乡秋口村周世忠把雷竹早出高产技术运用到哺鸡竹，经济效益显著，最高价每500克15元。该乡樟坞村冯根水在哺鸡竹的出笋时间上下功夫。他大胆试验，在哺鸡竹园里套用雷笋早出法，提早用毛竹叶覆盖林地，竹叶厚度达30厘米，同时又做好水、肥管理，终获成功。由于哺鸡竹个体大，分量重，价格与雷笋相同，0.15亩哺鸡竹园收入4500余元，折成亩产值3万元，创造哺鸡笋高效新纪录。

1993年，雷竹主产区锦城、三口、高虹、横塘等乡镇推广雷竹早出技术，利用竹叶、砻糠、稻草等覆盖竹林“孵笋”出现热潮。

同年，县竹笋服务中心何钧潮提出雷竹早出高产技术——双层覆盖法。技术要点：1.覆盖物的选择。上层覆盖物宜选择透水、透气、疏松、保温、保湿的覆盖物，如竹叶、砻糠、麦壳等。下层覆盖物宜选择有机质含量丰富，易发酵产生热量、增温的覆盖物，如稻草、杂草、厩肥、垃圾等。竹叶、砻糠、麦壳等也可作为下层覆盖增温材料。2.覆盖物含水量的控制。上层覆盖物宜干、宜疏松，在自然环境中，主要选择质地致密、不易吸水的覆盖物以实现自我调控。下层覆盖物宜湿，但不宜过湿。其湿度一般采用在覆盖前对竹林地大量浇水，在竹林地水分蒸发过程中，下层覆盖逐渐吸收水汽而发酵产生热量，达到增温目的。雷竹早出高产技术是一项综合性科学技术，双层覆盖法仅为其中一项主要技术，须与施肥、浇水、病虫防治等技术结合进行。

同年，天目笋干林实施低产林劈山抚育改造取得成效。临目、石门都是临安天目笋干重点产区乡，1992年秋冬，两乡各劈山抚育万余亩。1993年春，笋干产量、产值比上番大年（1991年）增加60.87%和144.52%。

1991年、1993年春临目、石门两乡笋干产量、产值一览表

表5-1-1

乡　名	笋干山面积（亩）	产量（千克）			产值（万元）		
		1991年	1993年	增长（%）	1991年	1993年	增长（%）
临　目	28800	53000	100000	88.68	58.3	160	174.44
石　门	28900	62000	85000	37.1	55.8	119	113.26
小　计	57700	115000	185000	60.87	114.1	279	144.52

1993年，县政府提出兴建“三竹（雷竹、笋干竹、笋材两用竹）工程”，建立三个示范点：一是雷竹示范点高虹乡。全乡有雷竹8600亩，1994年新发展900亩，雷笋年收入860万元，涌现年收入超百万元的村3个，超60万元的组1个，超万元的竹农228户。二是天目笋干示范点临目乡。全乡笋干山2.8万亩，年产笋干仅53.2吨。1994年抚育笋干山2.5万亩，年产笋干100吨。

三是毛竹笋材两用林示范点上甘乡。全乡有毛竹 1.16 万亩，人均毛竹山 2.43 亩，毛竹年收入 500 万元。全年增育毛竹林 600 亩。1985 年以来，临安县大力发展笋材两用竹，每年增万余亩。到 1994 年，笋材两用竹从 3.3 万亩增至 13 万亩，鲜笋产量从 1400 吨增至 3500 吨，产值从 82.4 万元增至 1.02 亿元。

1994 年，临安县成立毛竹笋材两用林技术推广项目协作组，参加单位有县林业总站、玲珑林业分站、上甘乡政府和龙井桥乡政府。

根据杭州市重大科技推广项目——《10 万亩天目笋干竹低产林改造技术推广项目》，1994 年 10 月 15 日召开“天目笋干低产林改造技术推广会”，临目、石门、千洪、西天目、高虹、东天目等 6 个乡镇 12 个村的有关人员与会。项目负责人王安国作《开展天目笋干低产林改造 加快山区农民奔小康步伐》的报告，详细介绍 10 万亩推广项目的指导思想和实施方案。

天目笋干是县域名优特产。全县共有笋干竹林 18.5 万亩，大年产笋干 900 吨左右，收入 1000 多万元，是山区农民的一项支柱产业。但是，技术落后，管理粗放，单位产量很低。县竹笋服务中心通过几年的调查和试验，掌握一套低产林改造技术，主要是劈山抚育、垦复松土、适当施肥、及时挖笋、合理留养、竹林保护等六项技术措施，能提高产量 1—5 倍，被杭州市科委、杭州市农经委列入科技产业化计划，作为重大科技推广项目，计划推广 10 万亩，平均亩产达 10 千克，新增产值 1000 万元。项目由县竹笋服务中心、县科委、玲珑林业分站和於潜林业分站共同协作实施。

同年，县林业局高工何钧潮推出高节竹夏笋冬出高效栽培技术。高节竹出笋期在 4 月中旬至 5 月下旬，为中熟竹种。笋期集中在立夏前后，平均每千克笋仅 1 元左右。为提高高节竹笋经济效益，县林业局科技人员在三口、板桥两乡高节竹主产区，对周世忠、张明华等 6 农户竹园进行夏笋冬出高效栽培试验，取得显著成果。该技术主要是在丰产高产栽培技术基础上采用两次双层覆盖增温法、四次施肥法及浇水保温等技术：1.覆盖物：下层采用发热增温效果好的稻草、杂草，加部分猪牛厩肥，上层采用保温效果好、保温期长的覆盖物，如竹叶、谷壳。2.覆盖时间：采用两次覆盖，第一次在 11 月下旬进行，隔 20 天后进行第二次覆盖。3.覆盖厚度：两次覆盖厚各 25 厘米，总 50 厘米。4.覆盖方法：覆盖前施足肥料，浇透水，并选择晴天进行。覆盖后至出笋前使地表温达 25℃—30℃，出笋后保持在 20℃。5.四次施肥：6 月、9 月、11 月、次年 2 月共进行四次施肥。每 1000 千克竹笋施入氮 30 千克、磷 10 千克、钾 20 千克，四次施肥比例为 35∶15∶40∶10。6.其他措施，如松土、留母竹、更新、治虫等结合进行。高节竹夏笋冬出试验取得成功，效益显著，县域竹农积极推广。

1995 年，推广毛竹笋材两用林 7 项技术、天目笋干林低产林改造 6 项技术、食用菜竹高产 8 项技术。同年推广食用笋早出高产技术 1 万亩，面积比上年增加 1 倍，总产值增加 5000 万元，其中示范面积 600 亩，产笋 445 吨，实现产值 672 万元。

同年，县域天目笋干产量首次突破 1000 吨，达 1579 吨，比上 943 吨增 67.44%，创历史最高纪录。大幅增产的原因，除了竹林面积增加，部分小菜竹笋加工成笋干之外，最主要的原因是推广笋干竹丰产栽培技术，对低产林进行改造。1994 年，笋干竹低产林改造项目被列入杭州市级重大推广项目。临安县成立笋干竹低产林改造技术推广小组，开展技术培训，推广丰产栽培技术。在笋干竹重点产区乡建立示范村、示范户，涌现一批笋干收入万元户和高产典型户。西天目乡武山村王文豪创县域亩产笋干最高纪录，为全县开发笋干竹林作出典型示范，其主要经验为：1.选用红壳竹，壳薄肉肥、出肉率高，天目山区非常适宜生长。2.笋干竹林分布在丘陵缓坡地，土壤深厚肥沃，立地条件较好。3.出笋旺期坚持天天挖笋。在高峰期6天挖笋4300千克，最多一天900千克。4.坚持每年对竹林进行削山松土、母竹更新、科学施肥。

高节笋覆盖是继雷笋覆盖成功之后的又一次探索，是竹笋早出高产技术的又一次深化。板桥乡板桥村张明华从1992年下半年开始，在高节竹园搞30平方米的稻草加猪栏的覆盖试验，取得成功，当年收入500多元。此后，他在0.3亩的高节竹园里进行小规模竹叶覆盖，取得良好效益。1993年、1994年，该竹园收入分别达0.8万元和1.5万元，比覆盖前增加效益600%和1300%。1995年，又从板桥乡高墙村一农户手中承包一块高节竹地搞覆盖，0.6亩竹园收入1.6万多元，除去成本3600元，承包费3800元，净收入近9000元。张明华高节笋生产技术要点：竹园管理以6年生左右竹园为好；覆盖温度要高于雷笋覆盖温度，地表温度不低于20℃；覆盖材料以竹叶为宜。高节笋覆盖技术的试验成功，为全县5万亩高节竹园找到新的经济生长点。

1996年3月，林业部命名临安县为“中国竹子之乡”。县竹业协会获评1995年度浙江省十佳专业协会，受到省科技协会表彰。

同年临安市被列入全国“科技兴林示范市”，临安市委、市政府确定十个市领导负责的科技示范点，其中“三竹”项目占九个，分别是“毛竹丰产材用林示范点”“毛竹低产林改造示范点”“毛竹笋材两用林示范点”“雷竹中低产林改造示范点”“笋干竹低产林改造示范点”“毛竹新造林示范点”“毛竹低产林改造示范点”“毛竹新造林示范点”“雷竹持续发展示范点”。

从1996年开始，省林业厅厅长程渭山在高虹镇陈家坎村五组谢国良等14个农户130亩雷竹林地搞丰产示范点，通过组织农户学科学、用科学，在每个生产环节抓好关键技术的科技培训，为示范点农户释疑解难掌握技术要点。1997年春笋投产面积共91亩，总产量103.1吨，平均亩产1.133吨，比上年平均亩产0.585吨增产93.67%，接近翻一番。其中30.3亩雷竹进行双层覆盖，达到早出高产要求。从经济效益上看，双层覆盖的竹笋每500克平均价为3.35元，而未搞覆盖的露天笋每500克平均价只有1.7元。1997年3月14日，省林业厅厅长科教兴林临安示范点实施小组在陈家坎村进行技术、信息、市场等方面的经验交流与座谈。3月24日，程渭山到临安检查示范点工作。以此为样板，市域广大竹农积极投入竹林培育管理，提前采购覆盖材料，为来年春笋丰产丰收做好准备。

1997年12月7日，临安笋干竹低产林改造项目通过专家鉴定。这个项目从1994年开始实施，全县建立9个示范村、66户示范户，至1997年推广面积11.85万亩，平均亩产笋干12.25千克，比推广前的1993年增8.34千克。项目总产量1451.5吨，总产值1547.4万元，比1993年增产988.16吨，增值1027.28万元。推广面积、产量、产值和增幅，均超过杭州市科委下达的指标，被列为1997年杭州市重大农业科技成果推广项目。

1998年，王安国主持完成“笋干竹低产林改造技术推广”项目，获浙江省科技星火二等奖。同年8月4日，杭州市林水局确定在锦城镇重阳村蒋长富家庭林场建立雷竹早出丰产栽培技术规程标准化示范园区。

同年，何钧潮向竹农介绍“菜竹培育施肥技术”。一是认识肥料。包括肥料分类、肥料对竹笋生长的作用。二是施肥技术。主要介绍菜竹高产四次施肥法，即根据一年四季菜竹生长的行鞭期、笋芽分化期、孕产期、出笋期等四个生长期，采用四种不同的施肥方法进行四次施肥。具体介绍施肥量与配方施肥、几种施肥方法、四次施肥法、竹园施什么肥料、施肥应注意事项。

1999年，雷竹早产覆盖技术、两季出笋技术等科技成果普遍推广应用，使雷竹“春笋冬出”，高节竹“夏笋冬出”，雷竹秋季二次出笋，笋产品填补淡季供应，经济效益提高明显。同年，高虹镇和西天目乡分获省“雷竹之乡”和“天目笋干之乡”称号。

临安最大的雷竹户蒋长富拥有雷竹基地70亩，连续5年年收入超10万元。他刻苦钻研种竹技术，与浙江林学院、市林业局教授专家一起开展配方施肥、地下竹鞭和竹龄结构研究，科学经营，成效显著。其经营的雷竹基地，被杭州市林水局确定为“雷竹丰产栽培技术标准化生产示范基地”，其家庭获评省级“科技示范户”。

同年，市委书记谢春山位于青山镇岳山的毛竹示范点，面积86亩。通过科技培育，当年平均亩产鲜笋142.85千克，竹笋亩产值173.36元。每亩留养新竹108株，平均眉围9.7市寸。其中重点培育的25亩毛竹笋材两用林，平均亩产鲜笋272.4千克，竹笋亩产值320.22元。每亩留养新竹130株，平均眉围9.6市寸。

同年，市林业局何钧潮提出临安应调整种植结构，多发展夏秋季出笋的品种。从临安当地竹种资源看，发展秋笋，宜从下列四方面思考：第一可利用雷竹秋季二次出笋的习性，加强肥水管理，进行秋季覆盖，使雷竹秋季二季出笋。第二是在海拔800—1000米高山上发展当地迟熟竹种刚竹与桂竹（五月季）。第三是开发利用毛竹鞭笋。第四是引种夏秋季出笋较耐寒的适宜当地发展的方竹笋、黄甜竹等。

同年，何钧潮提出毛竹、雷竹留笋养竹技术。他分别从毛竹材用林的留养、毛竹笋材两用林的留养、雷竹新造林母竹的留养、雷竹笋用林的母竹留养、覆盖雷竹林母竹的留养五个方面进行科学解说。

同年，何钧潮提出雷竹笋用林连续覆盖对竹林的影响与持续丰产经营技术。雷竹早出高效覆盖技术于1989年试验成功，该技术在全市推广已被农户接受并掌握，雷竹生产效益显著。由于连续进行覆盖，加速雷竹林退化与衰败，在栽培技术上必须进行相应的调整。他从连续覆盖对于立竹结构、开花、地下鞭、增温效果的影响，以及病虫害、施肥过量等六个方面进行科学解说。

2000年3月，成立市现代林业科技服务中心，为民办非企业单位，主要开展科技项目技术培训、科技示范户培养等技术服务。

同年，毛竹覆盖丰产试验在临安首获成功。该项试验由玲珑林业分站、板桥乡林业工作站、板桥乡林场共同承担，试验面积0.5亩。经一年实施，2月17日首次出笋，比普通竹地早出笋2

个月。第一次挖笋8支计9.5千克，最大单株笋重4.8千克，当时市价每千克8元。

同年继续推广“雷竹早出高产技术”，探索“退化竹林改造”“竹林持续高产”等深层次研究课题。“食用竹病虫害防治”课题通过鉴定，达国内领先水平。

2002年，全市竹农在做好冬季雷笋覆盖的基础上，积极培育笋竹，促使雷竹林两季出笋。全市推广雷笋竹两季出笋面积2万亩，努力提高雷竹林单位面积产量。

2003—2005年，市林业总站、临安太湖源竹种园、天目书院园艺竹研究中心共同开展野生珍稀观赏竹资源调查，珍稀野生观赏竹驯化及整杆通梢栽培技术研究，优良观赏竹引种及繁育技术研究，观赏竹类庭院绿化盆栽和盆景制作技术。通过三年努力，建立观赏竹苗繁育示范基地2万亩、推广基地500亩，完成观赏竹盆栽盆景3万盆。项目成果经杭州市专家鉴定达国内领先水平。

2004年，临安继盒装油焖笋开发以后，又加工开发附加值较高的手剥笋产品，全年生产12.5万箱。手剥笋面市，为全市竹笋增收50万元。“馅用笋干粒”“汤用笋干米”“炒用笋干片”等新品种方便食用，被快餐企业看中。

2005年，启动10万亩退化竹林改造工作，采用深翻泥土、重新造林、加工改造、退竹还林、覆盖轮作等形式进行。

同年，稳步推行延长产笋期，增加竹农收入。全市秋季覆盖雷竹1万亩，实现秋笋收入5000万元。

高节竹高山栽培及鞭笋生产试验重点是进行高节竹高山丰产栽培试验、夏笋冬出覆盖试验、高节竹鞭笋生产试验研究。采用竹叶进行冬季覆盖，使高节竹夏笋冬出，提早出笋期3个月，亩产值达14298元。临安首次采用废旧材料进行夏秋季覆盖，生产高节竹鞭笋，挖掘方便，成本节约，在方法上有创新，在技术上有突破。3亩试验地亩产鞭笋340.8千克，亩产值3323.7元，效益可观。在西天目乡鲍家村、太湖源镇龙须山村、高虹镇木公山村等3个乡镇推广高山高节竹笋用林丰产培育技术3050亩，推广区竹笋总产量达1867吨，产值392.54万元，成效明显，为全市高节竹丰产高效、农民增收提供科学示范。2005年11月，该项目通过验收。

同年，先后在太湖源、西天目、千洪等竹笋重点乡镇取样检测30批次鲜笋，对农药残留进行检测分析，并对结果跟踪指导。在雷竹退化林地和秋笋示范点取土样48个，检测土壤氮磷钾有效养分，分析土壤理化性质，对土壤养分进行评价。指导竹农合理施肥，推广平衡配方施肥，提高竹笋品质。此外，还对全市菜竹、笋干竹都市林业示范园区及各类示范基地定点跟踪监测和检测，大力推进标准化生产，确保食用林产品的质量安全。

2006年，全市完成毛竹低产林改造1.21万亩，雷竹退化竹林改造1.07万亩。杭州地区夏秋季优良笋用竹筛选及丰产栽培技术研究与推广，由临安市竹笋开发研究所等单位完成，获浙江省农业科技成果认定。完成省林业厅招标项目“无公害菜竹栽培与加工推广示范”并通过验收。

2007年，完成杭州市农发项目“雷竹秋季覆盖技术推广”、杭州市科技局重点农业科技推广项目“雷竹秋笋错季栽培技术推广”与“雷竹退化竹林改造”星火培训项目。

2009年，省林业厅的“一竹三笋毛竹林配方施肥管理技术研究与推广”项目，杭州市农办的

"临安竹笋产业现代可持续经营技术集成与推广""退化雷竹林改造技术的研究与示范推广"等3个科技推广项目通过验收。其中后一个项目获2009年度杭州市农村经济发展奖三等奖。同年在青山湖研口村开展冬天里毛竹覆盖出笋试验。在青山湖街道、太湖源镇开展产学研竹林碳汇研究。

2010年10月，由临安市林业局和浙江农林大学共同建设的雷竹林碳汇通量观测塔，在太湖源雷竹园区建成并投入使用。该塔是全球首个雷竹林碳汇通量观察塔，装备辐射传感器、光三维超声风速仪、二氧化碳水汽分析仪等科学探测设备，能全自动全天候采集竹林下不同冠层的二氧化碳浓度等竹林生态系统的信息，观测、记录雷竹的固碳功能。

同年，临安市德发家庭农场的罗德法自筹资金，请人帮助制作第一代砻糠吸放机以及一台带电机的风机、两根输送管。因出现砻糠被粉碎、风机堵塞等情况，无法实际应用，研制工作被搁置。2015年5月，成立临安市林业科技推广总站、市工程师协会、德法家庭农场、生产厂家组成的攻关组，继续进行试验研究。2017年，临安竹产业团队获得省林业厅省林业发展和资源保护专项资金60万元经费的支持，研制出样机1台，应用机3台。

竹林砻糠吸放机　　（朱伟 2016年摄）

2011年4月，市政府召开笋壳专项治理研讨工作会议，组织考察市内7家企业，并赴宁波考察学习，基本形成集中堆放、及时覆盖、畜禽饲料、沼气原料、回归竹园、有机肥料、科学填埋等治理笋壳污染的思路，下达《关于我市科学治理笋壳污染治理工作的通知》，指导各镇（街）治理笋壳污染问题。这是全市首次尝试治理笋壳污染。同时开展笋壳减量化及资源化利用与开发试验，在太湖源镇杭州西马克食品有限公司对熟制笋壳、在千洪对鲜笋壳进行放线菌微生物减量化处理。在青山湖街道洪村开展山核桃蒲壳直接用于覆盖雷竹试验示范。覆盖后雷竹笋的品质有明显提高，地下害虫、笋上虫斑均减少。完成杭州市"食用竹笋病虫害综合防控技术应用与推广"项目，获杭州市农业丰收奖三等奖。

同年，杭州临安太湖源观赏竹种园有限公司承担杭州市设施农业配套项目《优良竹种繁育基地设施化建设》。

同年，临安市雷竹品种研究取得进展，新发现并重新定名5个雷竹栽培新变型，分别是花叶雷竹、弯秆雷竹、雷山乌、安徽旱竹、花壳雷竹。其中，花叶雷竹在於潜镇堰口村发现，竹叶有黄白绿三色条纹，具重要观赏价值；弯秆雷竹在高虹镇崇阳村发现，出笋最早，产量也高，为优良笋用竹种；雷山乌在青山湖街道朱村发现，出笋在3月底、4月初，是雷竹中出笋最迟的品种；花壳雷竹在太阳镇横路村发现，竹叶大而下垂，竹箨有黄白杂色直条纹，笋期稍迟。

2012年5月，临安启动退化雷竹林改造示范区建设工作。市林业局投入70万元，在太湖源镇、高虹镇、青山湖街道、於潜镇建立4个退化雷竹林改造科技示范园区，示范面积700亩。园区根据退化竹林不同成因、不同经营情况，实施不同的改造模式，分别采用带状深垦林农间作模式，全垦更新改造模式，荒芜竹林施石灰、生物肥模式与加土改造模式，实施退化雷竹改造21232.5亩。在於潜朱湾村实施“退化竹园带状深垦林农间作模式与技术试验”，并召开全市退化竹林改造现场会。

同年8月，太湖源镇实施菜竹改造项目，总投资360万元，占地面积268公顷，应用农家肥、生物肥、无公害病虫防治技术，实施加客土措施，加土厚度8—10厘米，建立深翻垦复改良示范基地。年底完成项目，平均亩产从500千克提高到600千克，亩产值从4500元提高到6500元，当年实现总产值1800万元。

同年11月3日，由临安市和浙江省林业调查规划设计院共同编制的《临安森林可持续经营规划》通过评审。该规划在综合分析临安森林资源特点和经营现状基础上，提出临安未来10年森林可持续经营的指导思想、经营原则和经营目标，对临安森林培育、森林采伐、非木质资源经营与林木游憩、森林健康与生物多样性保护、基础设施与经营能力建设进行具体规划。

同年，省林业厅科技处“笋壳减量化及资源化开发利用”和苕溪流域综合区主导产业（雷竹）示范区通过验收。

同年，临安市现代林业科技服务中心、杭州临安菜篮子食品有限公司、杭州临安太湖源观赏竹种园有限公司、中国林业科学研究院亚热带林业研究所共同参与的《高品质笋用竹种资源发掘与开发利用关键技术的研究示范》项目，获2012年度杭州市科技进步奖二等奖。

2013年1月22日，市政府下发《关于加快雷竹退化林改造的实施意见》。从当年起，市政府每年安排专项资金扶持改造项目建设。

同年5月，《今日临安》记者刊发《退化雷竹林改造要长效管理》文，认为退化竹林改造，需要更有针对性和长效性的“改”和“创”，要改理念、改模式、创品牌。

同年，由浙江菜篮子食品有限公司承担的《利用竹笋加工剩余物生产竹笋膳食纤维粉技术产业化》列入国家星火计划。

2014年，由浙江菜篮子有限公司承担的“小竹笋热风干燥脱水技术推广与示范”项目，列入国家星火计划项目。

2015年，何钧潮、沈振明刊发《临安市雷竹退化竹林改造调查报告》，从科学研究的角度综述临安雷竹林退化与原因、雷竹退化改造产业化项目与成效、退化竹林改造产业项目主要工作。

同年，何钧潮刊发《增强科技推广力量 促进竹业持续发展》文。其中涉及竹子与竹业科研的内容有：“由临安市主持或参与制订的国家级、省级、市级等竹笋行业标准15个”“临安是全国林业标准化建设示范市，主持和参加完成的竹笋科研项目获部、省级奖的有12项。”“实施科技厅项目2012T 201—07竹产业效益提升工程，实施‘竹材深加工关键技术示范与推广’‘雷竹等中小径笋用林高效生态栽培技术示范与推广’‘竹笋安全加工技术示范与推广’‘优新经济竹类产业化开发关键技术集成与推广’。实施竹笋标准化生产，制订国家林业行业标准LY/T 2138—2013‘早竹笋生产技术规程及产品质量等级’，修订省级标准DB33/T 224—2014‘菜竹栽培技术规程’。每年推广雷笋早出覆盖5万多亩，推广雷竹可持续生态化经营技术，科技推广成效显著。2014年，雷笋早出覆盖5.4万亩，雷竹笋产值7.35亿元，提高竹笋经济效益十倍，为临安农民增收3亿元以上。”

同年，临安市蓉华食品有限公司研发制造自动化联合剥笋机，由运送、振动、剥笋三个部分组成，提高剥笋效率10倍，竹笋损伤率小于5%，获发明专利1项，并成功申报杭州市农业科研攻关项目。

2016年7月1日，由中国林学会竹子分会、浙江省竹产业科技创新服务平台主办，杭州临安太湖源观赏竹种园有限公司、中国林科院亚林所、浙江农林大学等单位承办的“2016年中国观赏竹培育与园林化应用高峰论坛”在浙江农林大学举行。来自中国林科院亚林所、南京林业大学、浙江农林大学、浙江省林业厅、江西林科院、安徽林科院、湖南林科院、安徽广德林业局、福建农林大学、国际竹藤中心、四川农业大学、四川沐川林业局、重庆林科院及江苏扬州个园、大禹风景竹园、杭州天香园林、四川长宁世纪竹园等38家科研院校、企事业单位近100位代表与会。论坛以“观赏竹培育与园林化应用”为主题，与会代表们从观赏竹种苗产业化、园林应用、种苗培育及产业链条构建等多个方面进行深入的交流和探讨。省林业厅总工程师蓝晓光作“跟着乐天学竹艺”专题报告，临安太湖源观赏竹种园董事长陈奇梁作“浅谈观赏竹在园林绿化中的应用”的发言。

同年7月21日，临安竹产业团队主持完成中央财政林业科技推广示范资金项目《雷竹退化竹林改造及可持续经营技术集成推广示范》和浙江省林业科技项目《临安市竹林高温干旱灾后恢复技术示范与推广》，并通过验收。

同年建立雷竹高效示范基地8个，面积690亩；建立雷竹种质资源库19.5亩，雷竹良种种苗繁育基地79.5亩，收集雷竹主要栽培类型15种以上；建立雷竹退化林改造及可持续发展集成推广示范基地700亩，辐射推广面积3.5万亩；开展竹林高温灾后恢复技术示范与推广，建立不同受灾程度竹林恢复示范林1000亩，其中雷竹700亩、毛竹300亩；总结竹林灾后恢复技术，在全市推广；开展雷竹林减肥增效试验研究，撰写《雷竹冻害及高效生态经营发展对策》调研报告。

同年，针对2016年早春雷竹冻害严重的现状，通过对市域6个镇街10个村的46户农户雷竹林的冻害状况、产量效益、经营管理的调查，何钧潮牵头撰写调研报告《雷竹冻害及高效生态经营发展对策》，市委书记张振丰作重要批示。

同年，竹产业团队联合浙江农林大学、安吉县林业技术推广中心，申报获批中央财政林业科技推广示范资金项目《竹林综合效益提升关键技术集成与示范推广》，实施年限为2016年9月至2018年12月。

同年，竹产业团队针对去冬今春雷竹冻害严重的现状，通过对临安市6个镇街10个村46个农户雷竹林的冻害状况、产量效益、经营管理进行调查，由何钧潮牵头撰写调研报告《雷竹冻害及高效生态经营发展对策》。

同年，由临安竹产业团队和市工程师协会、德法家庭农场、生产厂家联合成立的攻关组，经过一年多的研制，砻糠吸放机形成一个比较理想的样机，申报专利，进行5次实地试验。拍摄砻糠吸放机研制的专题片，参加2016年浙江省、杭州市在桐庐县举办的科技周活动。参加省林学会竹类专业委员会五届一次学术研讨会，两篇论文入选，临安竹产业首席农技推广专家张有珍在会上交流《雷竹覆盖砻糠吸放机应用初报》。

2017年3月，《雷竹退化竹林改造及可持续经营技术集成推广示范》获浙江省林业厅（林学会）第十七届科技兴林奖三等奖。

同年4月，临安竹产业团队撰写《关于临安竹产业发展存在问题和几点建议》，在《临安农林》第一期刊出后，由市府办将情况分别反映到省政府和杭州市政府，副省长孙景淼和杭州市副市长王宏作重要批示。

同年5月15日和9月21日，分别组织召开市竹产业团队工作研讨会和竹产业融合发展研讨会。

同年8月底至9月初，临安竹产业团队分成三个组，历时15天，开展一次全区竹加工和贩销户调查，剖析临安区竹加工业发展存在的问题，提出对策建议，形成《临安笋竹加工业发展调研报告》。

同年，主持开展中央、省、区四个林业科技项目的试验研究和推广示范。四个项目分别是《竹林砻糠吸放机的研发及示范推广》《竹林综合效益提升关键技术集成与示范推广》《雷竹林减肥增效生产技术研究与应用》《碱性竹笋专用配方肥料研究与示范推广》。

2018年2月17日，区林业（农业）局组织专家学者和企业代表研讨“临安竹产业振兴三年行动计划”。

同年6月15日，太湖源镇召开“天目水果笋”标准研讨会。研讨会邀请了国际竹藤组织前总干事、资深研究员竺肇华，中国林科院亚林所陈双林教授，浙江大学刘志强教授，浙江农林大学叶正钱教授和临安区林业（农业）局、区竹文化研究会有关人员与会。会议主要研讨“天目水果笋”标准，要求打响品牌。

同年组织实施的项目有“竹林减肥增效技术集成及示范推广”“竹林砻糠吸收机的研发及示范推广”“碱性竹笋专用配方肥料研究与示范推广”。

2019年4月12日召开临安区农村工作会议，总结2018年工作，公布全区改造退化竹林计3万余亩。

同年10月29日，召开雷竹林土壤养分及平衡施肥学术研讨会，针对雷竹林地土壤质量劣变的现状提出改造方案。总体上就是选好肥料种类、最适宜的用量和配比，发挥肥料最大利用率，从而改善雷竹的养分状况，提升竹林经营效益。

同年，由邵香君主持的省级现代林业生产发展资金项目《竹林砻糠吸放机的研发及示范推广》、临安区科技项目《碱性竹笋专用配方肥料研究与示范推广》以及中央财政项目《竹林综合效益提升关键技术集成与示范推广》通过验收，其中竹林砻糠吸放机开发通过成果鉴定，达到国内同类研究领先水平。邵香君、周菊敏和徐萌参与研究的两个竹制品和砻糠吸放机获得实用专利证书。

组织实施2018年的省级现代林业生产发展资金项目《竹林减肥增效技术集成及示范推广》和2019年的省级现代林业生产发展资金项目《毛竹林定向培育关键技术示范推广》。

与浙江农林大学共同完成《临安区竹产业高质量发展战略规划》《雷竹笋芽萌发的温度要求及控制技术研发》《覆盖经营雷竹林竹鞭上浮原因及防控》等项目。临安区科技局《优良笋用竹引种栽培与示范》项目完成立项。

同浙江农林大学、余杭区竹业协会联合申报的《竹林衰退及冰雪灾害早竹林生产恢复关键技术研究与应用》，获梁希林业科学技术奖三等奖、浙江省科技兴林奖一等奖。

第三节　科研成果

临安自承担林业科研任务以来，至2019年，已通过大量科技鉴定，获得大量科研成果奖项。以下是1984—2018年临安竹业科学技术成果获奖项目，1987—1994年临安县农业区划完成、鉴定时间与获奖成果，1998—2013年临安农业丰收奖获奖项目，临安竹子研究主要创新技术，省部级以上刊物录用的科研论文，其他科研论文存目（部分），竹业专著等。

一、科技成果获奖项目

1984—2018年临安竹业科技成果获奖项目一览表

表5-1-2

编号	获奖项目	获奖单位	获奖人员	获奖时间	颁奖单位及奖项	奖级
1	临安县竹子生产技术论证	临安县林业局	王安国、何钧潮、杨元龙、李　华、沈裕耕	1984年12月	临安县人民政府科技进步奖	三等奖
2	竹笋罐藏新品种筛选及加工技术研究	浙江林学院	其中临安获奖人员为何钧潮	1987年12月	轻工业部科技进步奖	三等奖
3	毛竹用材林改笋用林推广试验	临安县林业局	何钧潮、杨元龙、谢渭文、王安国	1990年10月	临安县人民政府科技进步奖	三等奖
4	杭州市毛竹材用林改建笋材两用林技术推广	项目推广协作组	丁兆秀、王锡武、孙培金、何炎忠、何钧潮、余　琳、金正法等	1990年11月	杭州市人民政府科技进步奖	三等奖
5	雷竹提早出笋及高产栽培试验	临安县林业技术服务总站协作单位：三口乡林站	何钧潮、鲍子潮、杨元龙、陈立强、王安国	1992年12月	临安县人民政府科技进步奖 杭州市人民政府科技进步奖	二等奖 三等奖
6	浙江省竹类资源与应用研究	浙江林学院协作单位：富阳、临安、德清、武义、金华五县林业局	方　伟、蒋永祥、何钧潮、叶致云、祝舍仁等7人	1992年	浙江省人民政府科技进步奖	三等奖
7	食用竹笋高产技术推广	临安县竹笋服务中心	王安国、何钧潮、杨元龙、谢渭文、贾金良、李　华	1993年12月	临安市人民政府科技进步奖 杭州市星火奖	一等奖 三等奖
8	杭州市优良食用竹笋高产栽培技术推广	杭州市优良食用笋高产栽培技术推广协作组	俞荣林、杨士德、何钧潮、黄婉芳、崔学喜等	1993年	浙江省人民政府科技进步奖	三等奖

续表 5-1-2

编号	获奖项目	获奖单位	获奖人员	获奖时间	授奖单位	奖级
9	杭州市优良食用竹笋高产栽培技术推广	杭州市优良食用笋高产栽培技术推广协作组	俞荣林、杨士德、黄婉芳、何钧潮、崔学喜等	1994年	林业部科技进步奖	三等奖
10	十万亩菜竹笋综合配套技术开发示范及其全程服务合作协会试点	富阳县科委、富阳县林业局、余杭县林水局、临安县林业局	徐生根、蒋永祥、杨士德、王安国、俞铭荣、杨元龙、何钧潮等	1994年	杭州市人民政府科技进步奖 省人民政府星火奖	一等奖 二等奖
11	“雷竹早产高产技术”电视片	临安县林业局	朱霞生、葛华平、何钧潮、朱福康、王　瑾	1996年6月	省农村工作办公室、浙江电视台	科技兴农节目一等奖
12	优良食用笋早出高产技术推广	杭州市林水局、临安县林业局、余杭县林水局、富阳县林业局	俞铭荣、王安国、俞荣林、孙培金、杨元龙、蒋永祥	1997年	省人民政府星火奖 省林业厅、杭州市人民政府科技进步奖	二等奖 一等奖
13	笋用竹二季高产经营技术研究	浙江林学院临安县林业局、德清县林业局、余杭市林水局、富阳市林业局	方　伟、何钧潮、沈德文、卢学可、刘　力、黄群超、蒋永祥	1997年	省林业厅科技进步奖 林业部科技进步奖	二等奖 三等奖
14	天目笋干低产林改造技术推广	临安市林业技术服务总站，协作单位：临安市林业局玲珑林业站、於潜林业分站	王安国、杨元龙、何仕华、何钧潮、陈小忠、郑晓林、柴世民	1998年12月	临安市人民政府科技进步奖 省林业厅科技进步奖 省人民政府星火奖	一等奖 二等奖 二等奖
15	笋干竹林丰产栽培技术的情报服务	临安市林业总站、於潜林业分站	何钧潮、郑晓林、唐明荣、朱丽萍、王安国	1998年8月	杭州市委 科技情报成果奖	三等奖
16	退化竹地改造的技术和社会经济手段综合研究	浙江林学院、临安市林业局	周国模、王安国、沈月琴、李明华、余树全、韦新良、楼　涛、金爱武、唐明荣	1999年	省人民政府科技进步奖 省林业厅科技进步奖	二等奖 一等奖
17	临安市地方标准制订	完成单位：临安市林业局、临安市林科所，协作单位：临安市林业服务总站、临安市标准化所	唐明荣、周　骋、何钧潮、刘　微、朱丽萍	2000年	临安市人民政府科技进步奖 省林学会科技进步奖	二等奖 二等奖
18	无公害竹笋标准技术研究及制定	浙江省林业厅、临安市林业科学研究所	陈天霞、周　骋、陈建寅、何钧潮、胡国良等	2002年	省林业局、省林学会科技兴林奖	二等奖
19	无公害竹笋标准技术研究及制定	临安市林业局	周　骋、何钧潮、汪智勇、张　慧、汪雪飞	2003年10月	临安市人民政府科技进步奖	二等奖

续表 5-1-2

编号	获奖项目	获奖单位	获奖人员	获奖时间	授奖单位	奖级
20	雷竹可持续经营原理和技术研究	浙江林学院	方　伟、金爱武、黄坚钦、黄必恒、何钧潮、林新春、付顺华、余学军、郑炳松	2003 年	省教育厅科研成果奖 省人民政府科技进步奖	一等奖 二等奖
21	雷竹林分衰败和反季节出笋的调控技术研究	浙江林科院	汪奎宏、何奇江、华锡奇、童晓青、李　琴、何钧潮、张培新、彭华正	2004 年	省林业厅科技兴林奖	二等奖
22	万亩菜竹笋无公害生产技术示范	杭州市林水局	翁逸锋、周　骋、孙培金、郭新保、何钧潮、江志标、俞建新、叶　洪、张　慧	2005 年	省林业厅、省林学会科技兴林奖	三等奖
23	竹笋绿色栽培及其配套技术研究	浙江省林科院、临安市林科所、安吉县林业局	汪奎宏、华锡奇、何奇江、李　琴、童晓青、周文伟、何钧潮、肖新方、王健锋、李雪涛、张培新	2006 年 7 月	省林业厅、省林学会科技兴林	二等奖
24	林业专业合作经济组织的作用与发展对策研究	浙江林学院、临安市林业局、浙江省林学会、临安市竹业协会、临安市竹笋加工企业协会	沈月琴、徐秀媄、吴伟光、程云行、刘　微、周晓丽、杨丽霞、李兰媄、何钧潮、俞锦章	2006 年 7 月	省林业厅、省林学会科技兴林奖	三等奖
25	珍稀观赏竹引种繁育技术研究及推广	临安市林业总站、浙江林学院、太湖源竹种园	王安国、余学军、王为宇、陈康民、陈奇梁、杨绍中、童良斌、於琼花	2007 年 8 月	省林业厅科技兴林奖	三等奖
26	带壳加工烹饪型有机罗字丰蕾笋新产品开发	杭州菜篮子食品有限公司 临安市竹笋开展研究所	罗春媄、王安国、王照君、王为宇、程金跃、盛开云、刘伟华、俞丁平	2007 年 12 月	杭州市经济委员会、杭州市科技局、杭州市财政局新产品开发奖	三等奖
27	笋用竹林退化和有机农药污染特征及生态恢复技术	中国林科院亚林所、临安市现代林业科技服务中心、临安市林业局	陈双林、杨清平、郭子武、李迎春、王安国、王为宇、顾李俭、曹永慧、萧江华、赵伟民	2011 年 5 月	省林业厅科技兴林奖	三等奖
28	高品质笋用竹种资源发掘与开发利用关键技术研究与示范	临安市现代林业科技服务中心、杭州菜篮子公司、太湖源竹种园、亚热带林业研究所	王安国、陈双林、童良斌、罗春媄、杨清平、郭子武、顾李俭、王为宇、李迎春	2012 年 11 月	杭州市人民政府科技进步奖 省林业厅科技兴林奖	二等奖 一等奖
29	雷竹可持续经营利用研究与示范推广	浙江农林大学，宁国市林业局，余杭区林水局，临安市林业局等	桂仁意、方　伟、徐慧琴、刘　军、张有珍、刘振勇、庄舜尧、李国栋、林新春	2015 年 11 月	国家林业局梁希林业科学技术奖	二等奖
30	覆盖雷竹林劣变土壤生态恢复技术研究与示范	中国林科院亚林所、临安市现代林业科技中心	陈双林、郭子武、王安国等	2016 年 6 月	省林业厅科技兴林奖	二等奖
31	雷竹退化竹林改造及可持续经营技术集成推广示范	临安市农林技术推广中心	何钧潮、张有珍、邵香君、沈振明、周菊敏、张　慧、林新春等	2017 年 4 月	省林业厅、省林学会科技兴林奖	三等奖

续表 5-1-2

编号	获奖项目	获奖单位	获奖人员	获奖时间	授奖单位	奖级
32	竹笋综合利用关键技术的研究与产业化	浙江大学、浙江农林大学、临安区竹产业学会	罗自生、宋丽丽、朱　伟等	2018 年 7 月	国家林业和草原局、中国林学会梁希林业科学技术奖	二等奖

二、1987—1994 年临安县农业区划完成、鉴定时间与获奖成果

1987—1994 年临安县农业区划完成、鉴定时间与获奖成果一览表

表 5-1-3

序号	名　称	完成单位	主要完成人	鉴定时间	颁奖单位	获奖等级
1	天目笋干竹立地条件调查	临安县区划办	骆贻产、汪江有、俞锦章	1987 年 5 月	临安县人民政府	三等奖
2	临安县农林牧副渔业生产结构优化研究	临安县区划办	冯祖安、王胜令、刘　宇、范家栋、洪航勇	1987 年 9 月	浙江省人民政府	三等奖
3	关于“三线”作战综合开发丘陵缓坡地的建议	临安县区划办	谢渭文、俞锦章、戎康民、刘　宇、汪江有、王安国、何士华等	1990 年 10 月	浙江省科协	一等奖
4	临安县蔡山村生态农业试点研究	临安县区划办	戎康民、谢渭文、徐荣森、汪江有、孙信根等	1991 年 4 月	临安县人民政府	三等奖
5	临安县丘陵缓坡地资源调查与开发利用研究	临安县区划办	杜晴洲、俞锦章、姚烈强、汪江有、戎康民	1991 年 10 月	浙江省农业区划委员会	三等奖
6	天目笋干系列产品开发研究	临安县区划办 浙江省电子能所	华粉妹、戎康民、汪江有	1994 年 12 月	临安县人民政府	四等奖

三、农业丰收奖获奖项目

1998—2013年临安农业丰收奖获奖项目一览表

表5-1-4

编号	获奖项目	获奖人员或获奖单位	获奖时间	授奖单位	授奖等级
1	笋干竹林丰产栽培技术的情报服务（杭州市科技情报成果奖）	何钧潮、郑晓林、唐明荣、朱丽萍、王安国	1998年8月	杭州市科委	三等奖
2	雷竹笋用林高效技术成果推广	何钧潮、郑晓林、周　骋、王安国、唐明荣、俞欢群	1999年1月	杭州市人民政府	三等奖
3	优良食用竹笋高产栽培技术推广	王安国、何钧潮、杨元龙、陈余仁、朱常胜、俞光喜、丁立忠、俞岳成	1991年1月	临安市人民政府	一等奖
4	优良食用竹笋高产栽培技术推广	王安国、何钧潮、杨元龙	1991年3月	杭州市人民政府	三等奖
5	笋干竹丰产示范林技术推广	郑晓林、唐明荣、陈亚德、翁逸丰、何钧潮、周　骋、程益鹏、何吉庆、俞欢群、刘金海、吕秋萍、宣子灿、潘伟华、黄柏顺、胡亚芬	2000年2月	杭州市人民政府	一等奖
6	毛竹低产林改造技术推广	王春华、周　骋、何钧潮、方培泉、蔡忠明、陈亚德、翁逸锋、章兆福、沈建强、程洪宝、孙雪忠、吕丰旻、章建德、蒋汉挺、盛建立、俞欢群、汪智勇、高海卿、江志标、施宇昕	2001年1月	杭州市人民政府	一等奖
7	早竹笋早出丰产技术推广	杭州市林水局、余杭县林水局、临安县林业局	2003年1月	杭州市人民政府	一等奖
8	天目笋干精加工技术开发应用	周　骋、何钧潮、林福平、翁逸丰、汪智勇、汪雪飞、张　慧、宣子灿、丁立忠、陈继红、郭昭辉、胡亚芬、周建金	2005年1月	杭州市人民政府	二等奖
9	十万亩竹笋森林食品基地建设	朱永军、何钧潮、詹森梁、张　慧、邱炳生、王安国、刘　微、童祝平	2001年	杭州市人民政府	一等奖
10	雷竹秋季覆盖高效培育新技术推广	沈振明、丁立忠、詹森梁、何钧潮、梅爱君、邵香君、王为宇、李瑞君、潘伟华、张　慧	2007年1月	杭州市人民政府	二等奖
11	临安市雷竹错季栽培技术推广	张有珍、张　慧、周菊敏、吕秋萍、王国杜、梅　晖、许卫平、陈春寿、祝　霞、王丽臻、吴金铨、刘金海、徐成旺、奚中雷、何钧潮、胡国良	2009年1月	杭州市人民政府	一等奖
12	临安市退化雷竹林改造技术的研究与示范推广	张有珍、周菊敏、潘伟华、祝　霞、胡国良、汪智勇、俞　遴、方卫国、瞿成法、郑庆林	2010年1月	杭州市人民政府	三等奖
13	食用竹笋病虫害综合防控技术应用与推广	张有珍、胡国良、汪智勇、郑惠君、张　惠、瞿成法、陈继红、李瑞珺、方卫国、於琼花	2012年1月	杭州市人民政府	三等奖
14	早竹林更新改造综合技术示范与推广	余兆根、刘　军、何钧潮、余　方、徐昱昱、刘琦鑫、任含发、陈　军、唐凯明	2013年2月	杭州市人民政府	一等奖

四、临安竹子研究主要创新技术

临安竹子研究主要创新技术，是从 1982 年以来，在改革发展中，临安广大竹农与科技人员紧密结合临安本地实际共同创造出来的各项新技术。几十项创新技术中，多项成果达到国内外领先水平。通过推广实施，改变千百年来竹子生产的传统习惯，扩大临安竹林面积，提高竹笋产量与经济效益，改善临安生态环境与人民生活，为全省与全国竹笋产业发展作出了积极贡献。

（一）雷竹丰产栽培技术

雷竹是出笋最早的优良笋用竹种。1983—1986 年，通过对雷竹提高发笋率等丰产栽培技术试验，临安最早对雷竹的丰产栽培技术进行研究总结与推广。

雷竹笋用林栽培的八大优势：出笋早，价格好；笋期长，产量高；年年出笋，无大小年；笋味鲜美，营养丰富；成本低，投入少，效益高；周期短，见效快；销路宽广，供不应求；一年种竹，多年利用。雷竹适应性强，临安大部分地方都适宜栽培。

雷竹笋用林栽培的八项丰产技术：母竹留养、削草松土、施肥加土、排水浇灌、清除老竹、竹林保护、病虫防治、开花控制。

技术来源：

1. 何钧潮：《高产笋用竹林——雷竹》，1983 年 9 月省林业厅毛竹用材林、笋用林经验交流会材料。

2. 何钧潮：《雷竹丰产栽培技术》，刊于 1984 年 3 月临安县科委《临安科技》。

3. 何钧潮：《雷竹栽培》，刊于 1987 年 4 月临安县林学会编《经济林栽培手册》。

4. 何钧潮：《优良笋用竹种——雷竹》，刊于 1987 年 7 月浙江省竹协《论文选编》。

（二）四季种竹技术

为加快竹笋产业的发展，扩大竹林面积，临安突破传统春季种竹习惯，进行秋季、梅季种竹试验与推广，加快竹林发展速度，从一年种竹数千亩到一年种竹万余亩，使临安雷竹、高节竹面积从改革开放之初的 3 万多亩发展到 2019 年的 40 多万亩。

临安为季风气候，在春季、梅季、秋季均有丰富的降水，一年中有两个降雨高峰。临安通过试验研究与推广实践，分析四个季节种竹的优缺点及应注意事项，总结完善了四季种竹技术。

技术来源：

1. 何钧潮：《秋季种竹技术措施》，刊于 1985 年 9 月 10 日《临安农科报》。

2. 何钧潮：《春季种竹注意事项》，刊于 1988 年 3 月 15 日《临安农科报》。

3. 何钧潮：《谈谈梅季种竹》，刊于 1988 年 6 月 15 日《临安农科报》。

4. 何钧潮、杨元龙：《种竹宜在“旧笋已成竹，新根未行时”——临安县积极推广梅季种竹》，刊于 1988 年 6 月 22 日《浙江科技报》。

5. 何钧潮：《梅季种竹好》，刊于《浙江林业》1989 年第 2 期。

6. 何钧潮：《正月种竹莫如梅季种竹好》，刊于 1991 年 12 月 12 日《浙江日报》。

7. 汪祖潭、方伟、何钧潮、唐明荣：《雷竹笋用林高产栽培技术》，中国林业出版社，1993

年4月出版。

（三）四次施肥技术

四次施肥技术又称四次施肥法，是根据笋用竹林一年四季四个不同的生长期，进行四次不同的施肥技术：5—6月施“长鞭肥”，采用翻施（结合松土进行）；8—9月施“催芽肥”，采用浇施或雨后撒施；11—12月施“孕笋肥”，采用铺施；2—3月施“长笋肥”，采用穴施或雨后撒施。根据竹笋产量目标、土壤中养分的含量、竹子生长需要的养分施肥量，氮、磷、钾合理配比，有机肥、化肥、生物肥结合使用，做到准确、合理、科学。

技术来源：

1. 何钧潮：《竹笋高产四次施肥法》，刊于1991年6月《临安科协》。

2. 何钧潮：《竹笋高产早出四次施肥法》，刊于1992年4月《竹子研究汇刊》第11卷第2期。

3. 汪祖潭、方伟、何钧潮、唐明荣：《雷竹笋用林高产栽培技术》，中国林业出版社，1993年4月出版。

（四）雷竹早出覆盖技术

从1983年到1987年，临安雷竹面积从3000亩发展到3.2万亩，雷笋产量与效益大幅增加。雷笋销售市场虽已打开，然早期笋与末期笋价格有较大差别，雷竹提早出笋时机已成熟。

1987年冬季，何钧潮在横溪金头村马良宝农户竹园中进行薄膜与稻草覆盖试验，使出笋期提早24天。1989年，横溪金头村马良宝用稻草、三口珠坞村鲍子潮用竹叶、临天石桥村徐志松用杂草，使雷竹提早出笋取得成功。

1989年10月20日，“雷竹提早出笋及高产栽培试验”课题组在三口珠坞村建立早出覆盖试验地，试验面积4.04亩，13个农户参加。通过两年多试验，出笋期最早户提早64天；最高竹笋亩产量达3876.6千克，亩产值1.75万元。课题组总结雷竹三大早出覆盖技术，项目获得1991年临安市科技进步二等奖、杭州市科技进步三等奖。获奖人员分别是何钧潮、鲍子潮、杨元龙、陈立强、王安国。

技术来源：

1. 何钧潮：《你想叫雷竹提早出笋吗？》，刊于1988年2月10日《临安农科报》。

2. 何钧潮：《雷竹早出笋高产的奥妙》，刊于1990年3月28日《临安农科报》。

3. 何钧潮：《雷竹提早出笋及高产栽培试验研究报告》，课题试验总结，1991年8月26日。

4. 何钧潮、俞勤民：《食用雷竹早出笋高产栽培技术》，刊于1992年《中国林业》第7期。

5. 何钧潮、方伟等：《雷竹早产高效栽培技术》，刊于1994年11月《浙江林学院学报》。

（五）双层覆盖技术

雷竹早出高产技术双层覆盖法，指利用多种覆盖物材料进行覆盖，形成相对的双层结构，上层为保温层，采用谷壳等保温效果好的材料，下层为增温层，主要采用稻草，也可用杂草、猪牛厩肥、药渣、竹叶、麦壳等。采用双层覆盖技术，既改变单一利用竹叶原材料不足的状况，又取得更好的保温增温效果，加快早出覆盖技术的推广。该项实用技术从开始总结推广，一直沿用至今。

技术来源：

1. 何钧潮：《雷竹早出高产技术——双层覆盖法》，刊于《临安竹讯》1993 年第 7 期。

2. 何钧潮、金爱武、周骋：《笋用竹丰产栽培技术》，金盾出版社，2002 年 3 月。

（六）雷竹二季出笋技术

1989—1991 年，临安雷竹提早出笋虽然取得成功，但要大面积推广，还有许多技术问题需要研究解决，如覆盖材料、覆盖时间、覆盖厚度、覆盖方法等。如何使雷竹两季出笋，1991 年冬开始，由浙江农林大学方伟教授指导，在高虹镇高乐村陈大量户雷竹园建立正交设计试验，进行一系列的试验研究，取得显著成效，临安雷竹早出覆盖技术进一步得以完善。

技术来源：

1. 何钧潮、方伟等：《雷竹笋用林两季丰产高效栽培技术的研究》，刊于 1995 年《福建林学院学报》。

2. 方伟、何钧潮、黄必恒、井出雄二：《雷竹早出栽培技术的研究》，日本《竹子》杂志，1995 年（13）期。

（七）雷竹四季出笋技术

通过对雷竹提早出笋的试验研究与雷竹双季丰产高效笋用林的地下结构调查，临安科技人员总结雷竹地下“鞭侧芽三大分布规律”，即活芽二分之一分布规律、垂直分布规律、年龄分布规律，加强对雷竹高产笋用竹林的养分、水分、温度等综合管理，促使竹林提早出笋，并及时进行竹笋采收。雷竹林在秋季 8—9 月笋芽分化以后，进行春季二次分化，并使芽分化的时间逐渐延长并衔接，形成芽四季分化，从而达到四季出笋。

技术来源：

1. 何钧潮、方伟等：《雷竹双季丰产高效笋用林的地下结构》，刊于 1995 年 12 月《浙江林学院学报》。

2. 何钧潮、梁建迎、方德才：《雷竹四季出笋高效经营技术研究》，刊于《竹子研究汇刊》1997 年第 16 卷第 1 期。

（八）高节竹夏笋冬出经营技术

高节竹夏笋冬出经营技术主要是应用雷竹早出高产覆盖技术，两者主要区别：一是覆盖时间比雷竹覆盖要迟一个月；二是覆盖温度要高 10℃左右；三是采用二次覆盖，要求增温保温时间更长。

高节竹夏笋冬出主要覆盖方法：在 12 月下旬至 1 月上旬进行第一次覆盖，20 天后进行第二次覆盖，控制覆盖温度在 30℃，不超过 35℃。

高节竹高产高效经营最高亩产量 4000 多千克，最高亩产值 4 万多元。该技术使高节竹出笋时间比对照提早 126 天，一般在春节前后即可上市。

（九）高节竹鞭笋覆盖技术

2004—2005 年，在板桥镇板桥村雉鸡湾进行高节竹鞭笋培育试验，亩产高节竹鞭笋 339.8 千克至 542.9 千克，亩产值 3142.7 元至 4342.9 元。

高节竹鞭笋覆盖一般是在夏笋冬出覆盖过的竹林中进行，利用覆盖后旧竹叶、陈谷壳进行薄覆盖，并进行施肥与浇水保湿，促进竹林提早发鞭，在5—10月进行采收。

雷竹、高节竹覆盖结束后的旧竹叶、陈谷壳都要进行搬除，正好用于高节竹鞭笋覆盖，一般1亩高节竹夏笋冬出覆盖，结束后的旧竹叶可进行3亩鞭笋覆盖。高节竹鞭笋粗壮，色白，出肉率高，笋味特别鲜美，价格好，经济效益高。

技术来源：2005年“高节竹夏笋冬出与鞭笋生产技术”课题项目总结。

（十）高节竹山地迟熟培育技术

高节竹山地迟熟培育技术是利用山地海拔上升、气温下降的原理，在海拔500—800米的山地种植高节竹，使高节竹出笋更迟，避开平地高节竹及其他哺鸡竹类出笋的高峰，在竹笋价格回升时大量出笋，提高竹林的经济效益。

临安太湖源镇指南村、高虹镇木公山村、天目山镇鲍家村等推广山地高效优质培育，都取得较好的经济效益。出笋期可以延迟半个月，每千克笋价可以提高1元左右。

太湖源镇指南村发展山地高节竹面积计2000多亩。该村气候适宜，土壤深厚，2007年竹笋总产量1650吨，总产值280.5万元。最好的竹林亩产值可达8000元，最高竹笋价格每千克5.2元。2011年全村高节笋产值540万元。

技术来源：2005年“高节竹高山栽培及鞭笋生产试验研究”课题项目总结。

（十一）笋干竹丰产栽培技术

长期以来，临安笋干竹林处于野生、半野生状态，1986年，18万亩笋干竹林平均亩产笋干不到3千克。为此县林业局在千洪乡杨洪村花谷岭建立48亩笋干竹林示范基地，进行低产林改造，推广劈山抚育、留养母竹、亩施尿素6.5千克三条丰产技术，通过三年培育管理，平均亩产笋干24.6千克。

1998年8月，制定“天目笋干竹林丰产栽培技术”杭州市级标准。主要技术是实施分类经营：一类竹林推广松土施肥、劈山抚育、合理留母、竹笋采收等四项高产技术，二类竹林主要采用劈山、合理留母、竹笋采收、不松土少施肥等丰产技术，三类竹林主要采用适当劈山、竹木混交、不松土施肥，以涵养水源、生态经营为主。劈山主要是劈去林中柴、草、刺、藤及老、废、病、死小竹。竹笋采收改拔笋为挖笋。

技术来源：

1. 1986年千洪杨洪花谷岭48亩笋干竹林示范基地项目总结。
2. 1998年8月制定“天目笋干竹林丰产栽培技术”杭州市级标准。
3. 1998年实施“天目笋干低产林改造技术推广”项目报告。项目获省人民政府二等奖。

（十二）毛竹笋材两用林经营技术

长期以来，临安毛竹生产都是用材林，不挖春毛笋已成为习惯，而且大部分乡镇禁止挖笋，毛竹林经营效益较低。80年代初，临安发展毛竹水煮笋加工，毛竹笋资源不足。虽然经营毛竹笋用林具有较高的经济效益，政府职能部门也多次组织技术人员与竹农到宁波、绍兴参观学习，但一直没有改变经营习惯。1990 年，通过毛竹用材林改笋用林试验及笋材两用林推广，确立适合临安本地的毛竹笋材两用林经营技术。

毛竹笋材两用林主要是选择具有较好立地条件的毛竹用材林，通过垦复深翻、消除“三头”、施肥加土、开沟排水等措施，将毛竹用材林改建成笋材两用林。推广毛竹笋材两用林生产技术：实施科学挖笋，采用“挖两头留中间”“养大笋、挖小笋；养好笋、挖次笋；养空堂笋，挖并生笋；养壮笋，挖虫笋；养边缘笋，挖青头笋；养远笋，挖近笋”等疏笋技术。以及埋霉鞭，挖伏鞭；留养小年笋成竹，把大小年竹林改造成桃花年竹林等技术。

技术来源：

1. 1990 年毛竹用材林改笋用林推广试验总结报告，临安县林业局何钧潮、杨元龙、谢渭文、王安国。

2. 1990 年杭州市毛竹材用林改建笋材两用林技术推广总结报告，杭州项目推广协作组丁兆秀、王锡武、孙培金、何炎忠、何钧潮、余琳、金正法等。

（十三）雷竹退化竹林改造可持续经营技术

雷竹早出覆盖技术从 1991 年开始在临安推广，到 2009 年，通过调查发现，退化竹林面积已达到 30%。分析竹林退化的原因，主要为竹林老化开花，立地立地条件不宜，过量施用化肥，连续多年过早、过热、过度覆盖。

通过对雷竹退化改造的试验研究，根据退化程度建立四种退化竹林改造模式。

1.对轻度退化竹林实施加土改造模式。

2.对中度退化竹林实施垦复改造模式。

3.对严重退化竹林实施更新改造模式。

4.对失管荒芜竹林实施培育改造模式，并建立八项雷竹可持续经营技术：适地适竹、结构调控、病虫防治、合理施肥、改良土壤、水分管理、科学覆盖、轮作休息。（说明：八项雷竹可持续经营技术已补充完整）

通过对鲍子潮的雷竹林调查发现，鲍家竹林是临安最早进行覆盖的竹林，过了 20 年，该竹林如同没有覆盖过一样，依然青翠茂盛，没有任何退化迹象。太湖源横徐村邵观夫的一块雷竹园，已连续覆盖 15 年，竹林长势仍然很好。由此可以认为，采用雷竹可持续经营技术，竹林可以持续经营。

技术来源：

1.王丽臻、何钧潮、胡国良《雷竹退化竹林改造与可持续经营研究》，2007 年 10 月，浙江省竹类专业委员会三届二次学术研讨会交流论文。

2.何钧潮、沈振明、张有珍《雷竹笋用林高效生态化经营实践与思考》，刊于 2013 年 9 月《浙江省林学会竹类专业委员会四届三次学术研讨会论文集》。

3.《雷竹退化竹林改造与可持续经营技术模式》，2015 年 3 月，临安市林业局。

（十四）珍稀观赏竹种引种繁育技术

“珍稀观赏竹种引种繁育技术研究及推广”项目由临安市林业技术服务总站、临安太湖源观赏竹种园、浙江天目书院园艺竹研究中心共同完成，经杭州市科技术局组织专家鉴定，项目居国内同类研究领先水平。

主要技术：珍稀野生观赏竹就地或异地保护、开放技术，五种育苗方式进行观赏竹规模化繁育，造景技术、全秆通梢竹子大面积一次成景栽培技术。技术资料来源：杭州市科技局2005年4月16日“珍稀观赏竹引种繁育技术研究及推广”技术成果鉴定证书。

五、省（部）级以上刊物录用的科研论文

（见表5-1-5）

省（部）级以上刊物录用的科研论文目录一览表

表 5-1-5

序号	论文题目	出版时间	出版刊物	作者
1	刚竹属几个主要竹种产量有关因子的分析	1982 年、1983 年	《亚林科技》1982 年第三期、《竹类研究》1983 年第二卷第二期	马乃训、何钧潮、马灵飞
2	优良笋用竹种——雷竹	1987 年 7 月	中国竹业协会浙江省分会《论文选编》	何钧潮
3	浅论合理开发竹林资源	1989 年 3 月	《竹类研究》1989 年第八卷第一期	何钧潮
4	关于进一步发展竹笋生产的几个问题	1990 年 4 月	《竹子研究汇刊》第 9 卷第 2 期	何钧潮
5	食用雷竹早出笋高产栽培技术	1992 年	《中国林业》第 7 期	何钧潮、俞勤民
6	竹笋高产早出四次施肥法	1992 年 4 月	《竹子研究汇刊》第 11 卷第 2 期	何钧潮
7	雷竹笋用林高产栽培技术	1993 年	《中国林业》	何钧潮
8	对竹林大棚覆盖技术问题的探讨	1994 年	《浙江林业》第三期	何钧潮
9	雷竹早产高效栽培技术	1994 年 11 月	《浙江林学院学报》第 11 卷第 2 期	何钧潮、方　伟等
10	雷竹笋早出高产栽培技术	1995 年	《经济林研究》第 13 卷第 1 期	何钧潮、王安国、杨元龙
11	高节竹夏笋冬出经营技术的研究	1995 年 4 月	《竹子研究汇刊》第 14 卷第 2 期	何钧潮、陈立强
12	雷竹孵笋的八大技术问题	1995 年 6 月	《浙江林业》第三期	何钧潮
13	雷竹笋用林二季丰产高效栽培技术的研究	1995 年 8 月	《福建林学院学报》第 15 卷第 3 期	何钧潮、方　伟等
14	雷竹双季丰产高效笋用林的地下结构	1995 年 12 月	《浙江林学院学报》第 12 卷第 3 期	何钧潮、方　伟等
15	雷竹早出栽培技术的研究	1995 年	日本《竹子杂志》1995（13）	何钧潮、方　伟等
16	雷竹四季出笋高效经营技术研究	1997 年	《竹子研究汇刊》第 16 卷第 1 期	何钧潮、梁建迎、方德才
17	覆盖保护地栽培措施对雷竹笋用林丰产性能的影响	1999 年	《中南林学院学报》第 19 卷第 2 期	周国模、金爱武、何钧潮等
18	临安市中小径食用竹丰产栽培技术	2001 年 1 月	《中国社会林业工程实用技术》	何钧潮
19	高节竹丰产经营技术	2002 年	《林业科技开发》第 16 卷第 1 期	方　伟、何钧潮、凌申坤等
20	临安市毛竹产业化发展对策	2003 年	《浙江林业科技》第 23 卷	何钧潮、唐明荣、朱永军
21	天目竹文化初探	2003 年 7 月	《竹子研究汇刊》第 22 卷第 3 期	何钧潮、张　慧、朱永军

续表 5-1-5

序号	论文题目	出版时间	出版刊物	作者
22	临安市天目笋干原产地域保护与标准化生产	2003 年	《竹子研究汇刊》第 22 卷第 3 期	张　慧、何钧潮、盛恩浩
23	临安竹产业实现跨越式发展的目标和对策	2003 年	《竹子研究汇刊》第 22 卷第 3 期	朱永军、程爱兴、何钧潮
24	高节竹出笋高峰日的回归预测	2003 年 11 月	《农业系统科学与综合研究》第 19 卷第 4 期	何钧潮、过婉珍、孙亚俊、孙小平、吕荣高
25	雷竹生物肥料施肥试验	2004 年	《中国林学会首届竹业学术大会论文集》2004 年	何钧潮、张　慧、汪智勇
26	雷竹二个栽培新变型	2008 年 8 月	日本：富士竹类植物园报告第 52 期	林新春、何钧潮、方　伟
27	临安竹产业发展对策	2009 年 6 月	《浙江林业科技》第 29 卷	王丽臻、何钧潮、祝　霞
28	集约经营下雷竹种植对土壤性质的影响	2009 年	《土壤》第 41 卷第 5 期	孙　晓、庄舜尧、刘国群、李国栋、桂仁意、何钧潮
29	雷竹种下等级的修订	2010 年	日本《竹子杂志》第 27 期	林新春、何钧潮等
30	紫竹 4 种栽培类型出笋成竹规律研究	2010 年 8 月	《世界竹藤通讯》第 8 卷第 6	杨　浩、张有珍、何钧潮等
31	皱竹出笋成竹规律研究	2010 年	《世界竹藤通讯》第 5 期	刘倩倩、张有珍、何钧潮、林新春、方　伟
32	肥料种类及施肥深度对覆盖雷竹林的影响	2011 年 5 月	《浙江林业科技》第 31 卷	张有珍、何钧潮、郑惠君
33	雷竹笋秋季高产高效技术	2011 年	《林业实用技术》第 5 期	张有珍、郑惠君、俞　遴、李瑞君
34	铺地竹试管快速繁殖研究	2012 年	《浙江农林大学学报》第 1 期	张有珍、刘倩倩、何冬冬、樊　琳、宋李玲、林新春
35	笋壳微生物腐熟肥料利用的研究	2012 年	《世界竹藤通讯》第 1 期	张有珍、马嘉伟、姚　芳、胡国良、叶正钱
36	雷竹不同栽培变种遗传多样性分析	2011 年 9 月	《植物学综述》，施普林格出版社，第 77 卷第 3 期，223-232	林新春、娄永峰、张有珍、袁晓亮、何钧潮、方　伟
37	临安市雷竹林经营状况调查与分析	2016 年	《福建林业科技》第 1 期	张柯柯、沈振明、何钧潮等
38	雷竹覆盖砻糠吸放机应用初报	2016 年	《世界竹藤通讯》第 6 期	邵香君、楼理敏、周菊敏、张有珍、沈振明、陈钢山

续表 5-1-5

序号	论文题目	出版时间	出版刊物	作者
39	麦灰和砻糠用量及用法对雷竹林地土壤增温及产量的影响	2017 年	《世界竹藤通讯》第 3 期	邵香君、周菊敏、童志鹏、万　钢、许卫平、张有珍
40	退化雷竹林改造方式转变的一种新模式	2017 年	《世界竹藤通讯》第 6 期	周菊敏、杨　虹、邵香君、张有珍、沈振明
41	三种不同地下茎形态竹子氮含量及积累特性	2018 年	《世界竹藤通讯》	临安市竹产业团队
42	杭州市临安区 28 年降水量变化及对雷竹笋产量的影响	2018 年	《浙江农业科学》	周菊敏、邵香君、童志鹏、万　刚、张有珍
43	碱性竹笋专用配方肥研发及肥效试验初报	2019 年	《世界竹藤通讯》	临安市竹产业团队
44	气温变化对浙江临安区雷竹笋产量的影响研究	2019 年	《世界竹藤通讯》	周菊敏、邵香君、李绍进、童志鹏、张有珍、吴家森

六、竹业获奖论文（部分）

1. 蒋永祥、黄海焦、何钧潮：《毛竹笋用林技术考察报告》，杭州市科协1986年度优秀论文三等奖，1987年4月。

2. 何钧潮：《毛竹笋用林技术考察报告》，临安县科学技术协会1987年度三等奖。

3. 何钧潮：《浅论合理开发竹林资源》，杭州市科学技术协会1990年度优秀论文三等奖，1991年2月。

4. 何钧潮、方伟等：《雷竹早产高效栽培技术》，中国林学会竹子分会第一次青年学术研讨会论文二等奖，1994年3月。

5. 王安国、柴世民、唐明荣：《试论竹笋在农村经济中的作用》，杭州市科委、人事局优秀论文三等奖，1995年3月。

6. 何钧潮、方伟：《雷竹双季丰产高效笋用林的地下结构》，临安县科学技术协会1993—1995年度优秀论文一等奖，1996年10月。

7. 何钧潮、陈立强：《高节竹夏笋冬出经营技术》，临安县科学技术协会1993—1995年度优秀论文三等奖，1996年10月。

8. 何钧潮、王安国、杨元龙：《雷竹笋早出高产栽培技术》，临安县科学技术协会1993—1995年度优秀论文三等奖，1996年10月。

9. 唐明荣、何钧潮：《临安二十一世纪竹产业的发展与对策》，杭州市林学会21世纪杭州林业发展战略研讨会优秀论文三等奖，1999年9月。

10. 唐明荣、何钧潮：《临安二十一世纪竹产业的发展与对策》，临安市科学技术协会1996—1999年度优秀论文三等奖，2000年8月。

11. 何钧潮、梁建迎、方德才：《雷竹四季出笋高效经营技术研究》，杭州市科学技术协会1998年度自然科学优秀论文二等奖，1998年12月。

12. 何钧潮、梁建迎、方德才：《雷竹四季出笋高效经营技术研究》，临安市科学技术协会1996—1999年度优秀论文三等奖，2000年8月。

13. 王安国、童祝平、王为宇：《浅谈临安竹笋产业面临的挑战与可持续发展对策》，中国林学会竹子分会二等奖，2002年6月。

14. 何钧潮、周骋、俞锦章：《临安市竹笋产业现状及市场竞争调研报告》，临安市农经2002年度优秀论文三等奖，2003年1月。

15. 王安国、吕秋萍、赵亚威、陈钊明、黄美珍：《临安市竹笋产业可持续发展的思考》，中国林学会竹子分会三等奖，2003年10月。

16. 何钧潮、过婉珍、孙亚俊、孙小平、吕荣高：《高节竹出笋高峰日的回归预测》，临安市人民政府科技优秀论文二等奖，2004年6月。

17. 张慧、何钧潮、盛恩浩：《临安市天目笋干原产地域保护与标准化生产》，临安市人民政府科技优秀论文一等奖，2004年6月。

18. 何钧潮、张慧、朱永军：《天目竹文化初探》，临安市人民政府科技优秀论文二等奖，2004 年 6 月。

19. 金海燕、何钧潮：《临安市竹产业发展的调查与思考》，临安市科协 2007 年学术年会优秀论文二等奖，2007 年 11 月。

20. 何钧潮：《临安竹笋传统产业的转型、创新与提升》，临安市科协 2011 年学术年会优秀论文三等奖，2011 年 9 月。

21. 张有珍、何钧潮、郑惠君：《肥料种类及施肥深度对覆盖雷竹林的影响》，杭州市第二次自然科学学术成果优秀论文三等奖，2012 年 11 月。

22. 张有珍、马嘉伟、姚芳、胡国良、叶正钱：《笋壳微生物腐熟肥料利用的研究及若干思考》，获 2011 年临安市科协学术年会优秀论文三等奖。

23. 邵香君、王明芳、周菊敏、张有珍、朱伟：《临安笋竹加工业发展现状、问题与对策探究》，获临安市科协学术年会优秀论文二等奖，2018 年 10 月。

24. 张有珍、邵香君、周菊敏、桂仁意、罗德法：《雷竹集约经营对土壤养分限制因子分析研究》，获临安市科协学术年会优秀论文三等奖，2018 年 10 月。

25. 邵香君、周菊敏、童志鹏、万刚、许卫平、张有珍：《麦灰和砻糠用量及用法对雷竹林地土壤增温及产量的影响》，获首届杭州市两山理论实践成果学术研讨会论文二等奖，2017 年 10 月。

七、竹子专著

1. 汪祖潭、方伟、何钧潮、唐明荣编著：《雷竹笋用林高产栽培技术》，中国林业出版社，1993 年 4 月出版。

2. 何钧潮、金爱武、周骋编著：《笋用竹丰产培育技术》，金盾出版社，2002 年 3 月出版。

3. 何钧潮主编，张慧、盛恩浩副主编：《图说食用笋竹高效安全栽培》，浙江科学技术出版社，2009 年 6 月出版。

4. 金爱武、吴鸿、傅秋华、何钧潮、徐华潮编著：《竹笋高效益生产关键技术》，中国农业出版社，2002 年 4 月出版。

5. 何钧潮任副主编：《雷竹》，中国农业科学技术出版社，2004 年 2 月出版。

6. 何钧潮任副主编：《哺鸡竹》，中国农业科学技术出版社，2004 年 2 月出版。

7. 竺肇华、金薇：《竹产业可持续发展》，2018 年 2 月，国际应用生物科学中心（CABI）出版。

8. 张有珍主编，何钧潮、邵香君、仇智灵、周菊敏副主编：《食用竹笋可持续栽培经营技术》，浙江科学技术出版社，2018

各种竹笋实用技术出版物　　（布智明 2019 年摄）

年5月出版。

第四节 科普与推广

中华人民共和国成立后，政府即着手建立林业技术推广机构。1987年，省人大常委会颁布《浙江省农业技术推广暂行条例》。1989年，贯彻落实国务院总理办公会议精神，开始加强基层林业工作站的建设。1993年7月2日，通过《中华人民共和国农业技术推广法》，并于当日公布实施。1994年12月19日，省人大常委会颁布《浙江省实施〈中华人民共和国农业技术推广法〉办法》。同年8月13日，省林业厅提出《关于加强林业科学技术推广工作的意见》，全县林业技术推广工作开始进入有法可依、有章可循、健康发展的新阶段。

一、推广与辅导

1985年3月30日，县委组织农、林、水系统农艺师、科技人员到横塘乡蔡山村进行技术推广，何钧潮讲授竹笋培育技术。同年5月，农艺师汪祖潭考察横溪乡金头村马良宝的四季种竹，证实可以种鞭、种笋、种嫩竹，既可以伏天种，也可以寒冬种。同年11月，浙江普陀县向临安引种雷竹110支。

1986年6月上旬，紫水乡组织村干部与专管员到蔡山村参观竹笋生产，邀请县竹笋服务中心科技人员讲课。

1987年2月20日至23日，横溪乡金头村竹笋专业户、县竹业协会理事马良宝，前往杭州市牛奶场传授种竹技术，并介绍竹园管理经验。

中共十一届三中全会以来，全县在竹林基地建设中，实行分户经营管理责任制，并推广玲珑山乡殷家山村疏笋养竹、板桥乡牌联村集约经营毛竹、青山乡村与村联合管护竹山、千洪乡杨洪村种笋干竹、临天乡吴马村葛银万种雷竹、板桥乡西村吴龙福种高节竹、三口乡珠坞村鲍子潮雷笋早出丰产经验，推广学习横溪乡金头村马良宝大户承包、适度规模经营竹林的经验，加快进行全县竹林建设。

由临安县竹笋服务中心承担的毛竹用材林改笋用林推广试验，从1986年起至1989年，经过4年的科学研究，社会效益和经济效益显著，产量指标超14.83%，产值计划增加10.8%，每亩年产值增加208.58元。边试验、边推广，1989年全县毛竹笋用林达16576.7亩。1989年12月1日，由县科委邀请中国林科院亚热带林业研究所、浙江省林科所、浙江林学院以及富阳县林业局等单位的竹类研究专家进行现场鉴定，一致肯定该项推广试验在省同类推广试验中达到先进水平。

1990年2月2日，县科委邀请有关科技人员、专家，对县林业技术服务总站承担的“雷竹提早出笋及高产栽培试验”进行实地验收。三口乡珠坞村鲍子潮竹园0.178亩，1989年亩产2500多千克，亩产值1.2万多元，出笋期比通常提早一个多月，证明此项试验成功，推广价值大。

临安雷笋早出高产技术的研究获得成功，全国领先。1992年，全县在三口、临天、高虹、杨岭、青云、横塘等乡（镇）推广应用5000余亩，普遍获得较好收益。临天乡1991年推广面积1200亩，平均每亩增产100千克，增加收入240元。该项技术为全乡增收28.8万元。同时，大力推广毛竹笋用林建设技术，积极推广天目笋干丰产技术，对笋干低产林进行改造。研究竹笋和竹制品的加工利用，开拓新的流通渠道。县竹业协会进行产前、产中、产后的全程服务，迅速掀起科学育笋的群众性热潮。全县各乡、村和农户个人到三口乡参观“雷笋状元”鲍子潮高产竹园，各乡、村主要领导亲自请科技人员前往讲授竹笋早出高产科学技术，20个乡（镇）举办不同形式培训班，3900多人次通过培训，基本掌握雷竹笋早出高产原理和主要技术，边培训，边运用，推广面积由原来的5000亩扩大到1万亩左右。县竹业协会继1987年度、1989年度连续获评县科协系统先进集体后，1991年度又一次获评为先进集体。杨元龙、何钧潮、陈立强获评先进科技工作者。

1993年，科技人员进行四项技术改新：改传统的正月种竹为四季种竹；改用二、三年竹苗种植为当年新竹种植；改单层种植为复层立体配置种植；改单一品种种植为适地适竹多品种种植。同时研究推广雷竹笋高产技术，鲍子潮竹笋高产技术取得显著成绩，1993年获临安县科学技术特别奖，获奖人民币3000元。

同年县域出现“孵笋”热潮。雷竹主产锦城、三口、高虹、横塘等乡镇推广雷竹早出技术，农户利用竹叶、砻糠、稻草等覆盖竹林。高虹的陈家坎村、三口的樟坞村、横畈的孝村、藻溪的蔡山村，几乎家家户户“孵笋”。高虹、蔡山、横畈还专门召开“孵笋”现场会。昌化山区也育出“冬天里的春笋”，1994春节前后，昌化镇市场就有当地雷笋应市。

1994年10月15日，根据杭州市重大科技推广项目“10万亩天目笋干竹低产林改造技术推广项目”，临安县召开天目笋干低产林改造技术推广会。与会者有临目、石门、千洪、西天目、高虹、东天目等6个乡镇12个村的相关成员。项目负责人王安国作《开展天目笋低产林改造 加快山区农民奔小康步伐》的报告，详细介绍10万亩推广项目的指导思想和实施方案。

同年，县竹协根据“三竹”工程推广项目，重点抓好三个示范点建设：高虹乡雷竹早产高效示范点建设、上甘乡毛竹笋材两用林示范点建设、临目乡天目笋干低产林改造。以上均被杭州市列入重大科技推广项目。

高虹乡陈家坎村五组孙林平，从1984年起在自留山上开荒种竹，截至1995年，雷竹面积达20亩，雷笋收入10多万元，成为全县首屈一指的科技示范户，雷笋总收入的“状元”户，被杭州市人民政府评为1995年度“种养大户”，获农业丰收奖。孙林平种竹致富的消息迅速传遍大江南北，一年来，来自全国10多个省、200多个县、2000多人次上门参观学习，美国、德国的林业专家前往考察，对他在有限的土地上使林业的三大效益得到有机统一甚为赞赏。

2008年，杭州市科技局科技项目“雷竹（早竹）秋笋错季栽培技术推广”通过验收。并获年度杭州市农村经济发展一等奖。

2009年，浙江省林业厅“一竹三笋毛竹林配方施肥管理技术研究与推广”及杭州市农办“临安竹笋产业现代可持续经营技术集成与推广”“临安市退化雷竹林改造技术的研究与示范推广”等3个科技推广项目通过验收。其中后者获该年度杭州市农村经济发展三等奖。

2010年10月21日，在横畈洪村举办2010雷竹秋笋培育现场会。

2011年，完成杭州市“食用竹笋病虫害综合防控技术应用与推广”项目，获杭州市农业丰收三等奖。

2014年，中国可持续竹加工企业发展项目成功推广到浙江临安，取得良好的经济和社会效益，为因灾而面临重建、发展问题的国家和地区提供可借鉴的范例。

2016年，成立临安市竹产业首席农技推广专家团队，张有珍任竹产业首席农技推广专家。

同年7月21日，中央财政林业科技推广示范资金项目“雷竹退化竹林改造及可持续经营技术集成推广示范”和浙江省林业科技项目“临安市竹林高温干旱灾后恢复技术示范与推广”通过验收。

2017年3月，“雷竹退化竹林改造及可持续经营技术集成推广示范”获浙江省林业厅（林学会）第十七届科技兴林三等奖。

2019年12月30日，省级现代林业生产发展资金项目“竹林砻糠吸放机的研发及示范推广”和临安区科技项目“碱性竹笋专用配方肥料研究与示范推广”通过验收，其中竹林砻糠吸放机开发通过成果鉴定，达到国内同类研究领先水平。

二、支援与帮扶

1997年，何钧潮参加杭州市林水局组织的赴四川南充考察笋用竹发展与对口帮扶工作。确定雷竹、高节竹为发展项目，在南充市、西充县、嘉陵江区三地建立试验基地。同年11月，首次从临安至3000多公里远的帮扶地进行引种、技术指导与示范种植。1999年5月实地检查，存活率达96%—98%，长距离引种成功。何钧潮三年共到实地帮扶三次。以后几年，临安连续四次对西充县的对口帮扶项目进行技术指导，每年提供种苗，助推当地雷竹、高节竹迅速发展。

同年，蒋长富应湖北省崇阳县邀请到那里指导雷竹生产。2000年，蒋长富的妻子叶琼不远千里到崇阳安家落户，承包荒山230亩，并通过传、帮、带帮助村民种竹脱贫致富。她联合省有关部门共建雷竹基地3.7万亩，帮助县有关部门建立雷竹“试验区”，被当地干部群众称为“临安专家”“浙江专家”“雷竹之母”。2005年，蒋长富的儿子蒋国庆赴湖北崇阳县桂花村，引进科学技术，组建崇阳县菜篮子工程有限公司和雷笋雷竹产销一条龙产业链，创建全县首个雷竹小镇。蒋国庆创办的崇阳县长富雷竹专业合作社有社员46户，雷竹6000余亩，年收入达2300万元；2018年，该合作社获“咸宁市楚菜食

蒋长富妻子叶琼（左一）在湖北省咸宁市崇阳县桂花泉雷竹小镇带领当地竹农进行雷竹砻糠覆盖

（沈星星 2018年摄）

材企业（基地）”称号，并被湖北省林业局授予“林业产业化省级重点龙头企业”称号。蒋国庆被增选为咸宁市人民代表，被崇阳县委组织部聘为中共桂花村党总支第一书记。

海南省白沙县是革命老区、少数民族县、国家级贫困县。2003 年 11 月 8 日开始，临安市林业总工程师王安国应海南省竹藤项目办事处和白沙县政府邀请，对该县开展竹子科技扶贫，帮助编制竹产业发展规划，指导建立 6 万多亩麻竹笋用竹林基地，培育该县元门乡翁村竹笋专业合作社示范点和一批示范户。2012 年开始，在该县开展雷竹引种试验，通过五年努力，试种成功。2015 年 12 月 6 日至 10 日，王安国赴海南白沙县指导雷竹种植。为进一步扩大试验，2019 年与白沙县林业局合作，又引种雷竹 2250 株，帮助当地农民脱贫致富。

2004 年 8 月 2 日至 7 日，王安国应邀赴海南儋州市开展竹业调研，并提交《海南儋州市发展竹产业前景、优势条件、制约因素和发展对策调研》报告。

2007—2010 年，临安笋干加工和销售大户胡英雄等，在重庆忠县白石镇等地种雷竹 6 万多亩，并邀请临安市现代林业科技服务中心的王安国四次赴忠县指导，被聘为忠县科技特派员。该县有关人员分四批到临安参观，发展雷竹 20 多万亩。

2008 年 5 月 12 日四川汶川特大地震后，临安市对口支援青川县金子山乡。该乡总面积 38.1 平方千米，人口 2691 人，是川北地区贫困乡、地震重灾乡。以临安市林业局干部马力等组建的市对口援建指挥部进驻该乡，继而何钧潮等前往分析当地土壤、水利等条件，认为发展雷竹和高节竹切实可行。

同年 9 月 28 日，金子山乡派员考察太湖源镇万亩雷竹示范园区，引进第一批雷竹母竹抵达该乡金院村 2 组。至 2010 年 4 月，共从临安调运优良品种雷竹和高节竹母竹 38905 株，以 108 国道绵广高速金子山段两侧为种植带，先后两次引种栽植。其间，金子山乡先后 5 次组织乡、村、组干部和农民代表 44 人次到浙江临安、浦江以及四川西充等地考察学习，组织发动当地 458 户农户完成 468 亩笋用雷竹和高节竹种植，举办农民笋用竹栽培培训班 3 期，培训 200 人次，农民科技示范户 6 户；购买水泵 5 台，向种植户发放化肥 27 吨。2010 年春，雷竹和高节竹竹苗成活率 99%，有 30%竹园开始出笋。

四川省青川县金子山乡金院村由临安援建的雷竹林
（杨天勇　2019 年摄）

2008—2010 年两年多的对口援建中，由临安市牵头援建的项目 12 个，共安排援建资金 6388 万元，青川县金子山乡临金楼是其中的建设项目之一。

2009 年 3 月，金子山乡优质竹笋基地建设启动，总投资 187 万元，其中临安市提供援助资金 110 万元。2010 年 7 月通过验收，获评青川县优良产业援建项目。雷竹基地覆盖 3 个村，受益农户 458 户，占全乡农户 59%。

同年12月24日至29日，何钧潮再次赴金子山乡进行笋用竹现场培训，安排运送竹苗到当地。2010年4月22日，金子山乡优良竹笋基地通过验收。验收组认为：该项目为青川县灾后特色农业产业发展和农民增收提供示范经验，具有推广价值。四川108国道绵广高速金子山乡两侧的低山缓坡和农田里，从临安引种的雷竹、高节竹90%已成活出笋。2012年，大部分竹农开始受益。

2010年3月19日至21日，何钧潮参加四川彭州市小鱼洞镇地震灾区雷竹培训项目。该项目由民政部国家减灾中心承办，李嘉诚基金会资助，通过研讨细叶乌头雷竹种植的日常管理、病虫害防治、雷竹加工和市场状况，帮助解决该镇江桥村、董坪村、大楠村细叶乌头雷竹发展规模定位、经营主体模式、经营管理技术三大问题。

同年9月，王安国、陈奇梁应湖南长沙市岳麓区邀请，赴该区莲花塘镇考察，帮助选择发展雷竹示范点。同年10月21日至23日，该镇组织20多人赴太湖源观赏竹种园培训。

2013—2015年，王安国应邀5次赴陕西汉中汉台区和南郑、城固、宁强等县指导种竹。

2014年开始，王安国应四川青神县邀请，前往指导发展雷竹生产，被聘为该县顾问，提交《对四川青神县发展竹笋产业的几点建议》。经三年努力，青神发展雷竹万余亩。

王安国（中）在海南白沙县指导雷竹种植

（陈奇梁 2015年摄）

2015年，王安国、陈奇梁应邀赴广西田东县扶贫，通过调研提交《关于广西百色田东县发展竹笋产业的建议》，并举办500多人参加的报告会。根据该县要求，以王安国为主任，由临安市现代林业科技服务中心承办，临安市组织部协办，在临安为田东县举办有35名干部、种竹大户参加的培训班。培训班结束后，部分田东干部留在临安挂职学习。

2017年6月以来，区竹文化研究会副会长王安国、秘书长赵庆元、理事陈奇梁等四次前往广西巴马开展科技扶贫工作。该县是瑶族自治县、革命老区县、国家级贫困县。王安国等开展竹子科技扶贫，与有关乡、村商讨选择发展的竹种、树种，现场指导种竹，帮助编制巴马竹产业发展规划等。

2019年4月29日，召开杭州市对口帮扶贵州省黔东南州雷山县笋用竹产业发展座谈会，临安区政府向雷山县政府捐赠高节竹竹苗1万株，杭州市林水局赠送《高节竹栽培技术手册》，浙江农林大学承诺为当地竹产业发展提供技术支持。为加大产业帮扶力度，杭州市安排2019年东西部扶贫协作资金440万元，在黔东南州雷山县郎德镇乌流村、也利村打造高节笋用竹产业基地。

三、推广方法

（一）推广网络

1956年，临安等34个县建立林业工作站，27个县建立林业技术指导站。1959年以后，临安作为重点林区县设立林业科学研究所，开展林业技术试验、示范、推广、培训工作。20世纪60

年代，县内各公社设有林业科学实验站，生产大队设林科队，生产队设林科员，形成以县林科所牵头的四级林业技术推广网络。至70年代后期，统一组建为县林业技术推广中心。

1965年以后，临安等山区县普遍设立县级林业技术推广站。1983年进行调整，保留临安等10个县级林科所，办成各具特色的林业科研机构，将其余县的林科所改为林业技术推广站，专司林业技术推广工作。与此同时，基层乡镇林业工作站得到巩固与发展。自1993年开始，对乡镇农林技术推广机构实行"四定"，即定性、定编、定职、定员，并开展林业工作站达标活动。各乡专门成立林业科教领导小组，由乡人大主席具体抓这项工作，科技副乡长协助抓，乡林业站、乡竹笋协会和村级"雷笋早出高产技术推广"小组具体抓。

临安县是1994年全国林业工作站建设合格县。至1995年，全县逐步形成以林业科技推广机构为主体，乡镇林业工作站为基础，与林业科研、教学单位以及群众性科技组织、农民技术人员相结合的县林业科技推广网络服务体系。

（二）试验示范

中华人民共和国成立后，临安、於潜、昌化三县陆续开展林业技术培训，传授采种、育苗和造林技术。1958年以后，采用现场观摩和举办社会主义建设展览馆的形式，传播林业生产经验和新技术。自1985年开始，有计划地开展全县性林业科技成果和新技术的推广应用。

20世纪80年代后，在社会主义市场经济中，科技成果和先进技术作为潜在意识的商品，推广方法也趋向多样化。临安重点是推广毛竹笋材两用林建设、雷竹丰产栽培、天目笋干林抚育方面的技术与经验，县、乡、村政府重视加快建设竹子示范点、区、园和基地，优化配置土地、资本、技术、劳动力等资源要素，努力把示范点、区、园、基地建设成"一优两高"农业的典范与农民致富的样板，并以样板的经验向全县推广，逐步使县域农业和农村经济迈上新的台阶。

1995年，林业部批准临安县为科技兴林示范县，要求为探索大面积、大范围内促进科技成果转化的运行机制，在成果配套推广、大面积推广、兴办科技产业等方面，为同类地区树立示范样板，并且有效地促进科技与生产紧密结合，加快科技成果推广应用，推动科教兴林工作的深入开展。

1996年开始，省林业厅领导率先在临安县等地兴办科教兴林示范点，由此带动林业系统各级领导层层兴办科教兴林示范点。

同年，各乡镇适时推出示范户、组、村，立榜样，树典型。相继推出的有高虹镇高乐村陈大量雷笋早出高产示范户，陈家坎村谢国良、盛雪祥、孙林平和卦川村徐建中等20户高产高效示范户。当年各示范户雷笋收入都在5万元以上，其中孙林平、徐建中、谢贤土均超10万元。陈家坎村五组被推为示范组，22户102人，当年雷笋收入110万元，人均1.1万元。推出高虹镇陈家坎、泥马等一批高产高效示范村，当年上述两村雷笋收入分别达到385万元和382万元。通过示范户、示范组、示范村的带动，高虹镇1.2万亩雷竹已投产7000亩，其中运用早出高产技术达2300多亩。

同年，林业部授予临安市昌化林业工作站等14个站全国先进林业工作站称号。《临安市林业地方标准制定》获2001年省林学会第一届科技兴林奖二等奖；《无公害竹笋标准技术研究及制定》获2002年省林业局、省林学会科技兴林二等奖；《天目笋干精加工技术开发应用》获2002年度

杭州市农业丰收二等奖；《雷竹可持续经营原理和技术研究》获2003年省政府科技进步二等奖；《雷竹可持续经营原理和技术研究》获2003年省教育厅科研成果一等奖；《雷竹林分衰败和反季节出笋的调控技术研究》获2003年省林业厅科技兴林二等奖；《十万亩竹笋森林食品基地建设》获2004年度杭州市农村经济发展奖（农业丰收）一等奖。同时历年都有一批先进个人受到表彰。

四、推广效益

临安县依靠科技，促进林业综合开发，竹笋效益在生态林业建设中发挥重要作用，取得明显成效。经济效益：全县菜竹面积从1983年的3.3万亩扩大到1989年的9.1万亩，改建毛竹笋材两用林1万余亩，竹笋产值由226.5万元一跃而至4595.75万元（不包括竹材产值），其中菜竹笋产值从82.4万元上升到3388万元。1989年和1983年相比，经济效益提高40倍。据调查分析，全县春笋+竹材+加工+外贸创利共达8700万元，为“临安经济翻两番”挑起重担。社会效益：从雷笋到冬笋，从年初到年底，一年四季都有鲜笋上市，为城市居民提供大量美味佳肴。通过竹笋这一媒介，密切城乡关系，增进其他农副产品和工业品的交流，对繁荣临安经济发挥重要作用。生态效益：竹笋生产具有投入少、产出快、适应性强的优点，一般丘陵缓坡地、溪边、堤岸都可以种植，荒山变成竹山，对保持水土、防护堤岸、荒山绿化、环境美化有特殊功能。

从1992年开始，县林业部门在试验研究的基础上，对已取得的单项科研成果进行筛选和组装配套，在全县推广毛竹笋材两用林、雷竹早出高产技术、笋干竹复壮高产技术等13项实用技术，先后建成十大林特产品基地，面积达250万亩，占全县土地总面积60%，其中以食用笋为主的名特优经济林基地近100万亩。1995年林特产品基地创产值3亿元，占全县农业总产值60%。为加速雷竹早出丰产技术的推广，1985年成立临安县竹业协会，对竹农提供产前、产中和产后的全程技术服务，通过举办培训班、印发会刊和现场指导等方法，使80%以上的竹农掌握雷竹早出高产栽培技术，有力推动笋产业的迅猛发展。全县菜竹面积从1983年的3.3万亩，增加到1996年的15万亩；菜竹笋产值从82.4万元，增加到1996年的2.4亿元；平均亩产值3500元，最高亩产值近5万元。单菜竹一项，全县就涌现出年收入超千万元乡3个，超百万元村12个，超万元户3400多个。

2006年，全市完成毛竹低产林改造1.21万亩，雷竹退化竹林改造1.07万亩。2007年，全市共申报省、杭州市级林业项目28个。其中，毛竹笋材两用林示范园区5个，雷竹丰产高效示范园区2个。建成高产高效示范基地47个，其中，退化雷竹改造示范基地7个，毛竹高产高效示范基地12个，笋干竹丰产示范基地8个，优良竹种引进推广示范基地2个。

2012年5月，临安启动退化雷竹林改造示范区建设工作。2013年，完成退化竹林改造2.86万亩，完成任务114.56%；2014年完成改造2.65万亩，完成任务106.2%。同时积极推进雷竹退化改造示范园区和示范基地项目建设工作。2013年完成4个示范园区和18个示范基地建设；2014年完成3个示范园区和15个示范基地建设。2015年9月6日，“林业主导产业(雷竹)示范区”通过省林业厅和省农业厅联合验收。实施“全国雷竹标准化示范区建设”项目，建立农户雷竹林生态经营动态监测点100个。2016—2019年，市域开展雷竹退化竹林改造及可持续经营技术推广等工作。

第二章　交流 考察 访问

第一节　科技交流

古代和民国时期，临安竹业内外交流均无文字记载。中华人民共和国成立后，国内科技交流渐次开始。50年代苏联援华林业专家曾到浙江指导工作，但未专门涉及竹业。60—70年代，科技交流活动时断时续。中共十一届三中全会以后，竹业科技交流活动开始复苏，逐渐活跃。1986年贯彻国家科委、外交部《关于参加国际科技组织的若干规定》等文件精神后，林业科技国际交流与合作全面开展。竹业国内外交流合作的形式有培训、考察、互访、情报互享、学术交流、科技展览和出国留学、研修等，后来发展到合作研究、共同开发、技术转让以及引进智力、人才和设备等。国际交流合作的对象从经济发达国家扩大到发展中国家，从国际机构和政府发展到国际援助机构，从大学、科研单位延伸到企业和民间组织。

一、学术活动

1983年3月，县林业局在临天公社吴马大队建立雷竹提高发笋率试验地，涉及农户19户，面积共5亩，进行立竹量、施肥量、产量、胸高断面积指数调查，总结高产笋用竹林雷竹的七大优点与六项丰产技术，并参加当年9月省林业厅召开的毛竹用材林笋用林经验交流会。

同年12月，杭州市农办在临安召开农业区划研讨会，临安县林业科技人员王安国在会上作《临安经济翻两番，竹子挑重担可行性探讨》主题发言。

1984年3月，《雷竹丰产栽培技术》刊于临安科委《临安科技》。同年12月，县林业局王安国、何钧潮、杨元龙、李华、沈裕耕《临安县竹子生产技术论证》一文获县政府三等奖。

1985年10月7日至13日，林业部科技公司在富阳县召开全国竹林丰产培育和综合利用技术开发协作会，临安县林业局杨元龙参加，并作《临安县发展竹子生产的情况》大会发言。

同年10月，县林业局何钧潮《竹笋食品与原料基地建设》文收录于《临安县商品生产发展战略研究资料选编之二（食品加工业部分）》。

同年，县林业局何钧潮刊发临安县竹木加工业发展战略研讨会征文《发展我县竹林生产建议——调整我县竹业生产结构，到20世纪末，竹林面积实现80万亩，产值可以实现二亿元》。

1988年4月，县竹业协会获评1987年度县科协系统先进协会，李顺海、王安国、何钧潮、余光西、陈仲德、马良宝、葛银万、鲍妙根被评为优秀会员和先进科普工作者。4月6日，杭州市科协领导到临天乡吴马村实地调查后，对县竹协工作予以肯定。中国竹协浙江省分会在《浙江竹讯》第1期以《临安竹协工作有成绩》为题，肯定临安竹协在组织建设、科普宣传、学术活动等方面的工作成绩。

同年9月21日至23日，何钧潮参加在浙江嵊县召开的全国竹类产品学术讨论会。10月10日至13日，何钧潮参加在福建崇安召开的全国竹林资源开发利用学术交流会。11月16日至19日，杨元龙参加省竹子专业委员会在浙江遂昌召开的第三次学术讨论会。参加交流的论文有《从马良宝的家庭林场看办绿色企业是大有作为的》《浅谈合理开发竹林资源》《临安县筹建十万亩菜竹系统工程可行性报告》。

同年，王安国、何钧潮、杨元龙等撰写的有关竹笋生产的文章《发展临安竹子商品生产的前景和途径》《刚竹属几个主要竹种产量有关因子的分析》《一支竹的效益》《吴龙福经营竹笋亩产6000斤》《毛竹笋用林丰产技术考察报告》等，由中国林业科学研究院科技情况研究所竹类情报中心编入《中国竹类文献题录》，分中、英文本。

1991年6月21日至26日，全国第三届竹业学术、竹业新技术、新产品交流展销大会在南京市召开。临安县参展单位有板桥乡珠西村天竹笋干厂、临安竹艺厂、横畈工艺竹编厂、横畈庙下竹器厂、藻溪镇临安竹笋精制总厂、河桥造纸厂、马山临安竹木实验厂、临安镇西市经营部等，与会25人，县竹业协会和三口乡竹业协会代表参加学术交流。

1995年9月24日，全国山区林业综合开发战略与农林业复合经营模式学术讨论会在临安县召开。全国29个省、市、自治区的100多位林业、生态专家与会。中国生态经济学会常务副理事长石山，全国政协常委、林业部原副部长刘广运，中国森林学会秘书长李葆珍，中国森林生态分会主任盛炜彤，省林学会理事长沈璇等参加会议。9月26日，专家实地考察高虹乡陈家坎村五组雷笋收入人均1万元的现场，评价"了不起""不可思议"。

1997年11月26日至28日，何钧潮参加省林学会竹类专业委员会在嘉兴平湖召开的二届二次学术讨论会，进行论文交流，并参加省林学会在义乌召开的第九次会员代表大会。

1999年6月16日，省林学会竹子专业委员会委员、临安市林业局副局长唐明荣参加中国竹产业协会在北京召开的竹产业化、经济、社会、市场研讨会，交流的论文是唐明荣、何钧潮合撰的《临安二十一世纪竹产业的发展与对策》。

同年12月11日至12日，省竹类专业委员会召开二届四次学术交流会，市林业总站副站长周骋、高级工程师何钧潮和玲珑分站高级工程师刘微参加。与会代表63人，交流论文28篇，《临安二十一世纪竹产业的发展与对策》在会上交流。

2000年4月12日至22日，王安国参加德国技术合作组织与国际竹藤组织在海南省海口市和云南省昆明市举办的竹藤研讨会，在会上作"临安竹业概况及竹笋加工利用经验、问题和对策"的交流。

2001年9月，王安国参加在吉林省延边市举办的中国农业经济学会2001年会，作"浅谈临安农民增收经验、问题和对策"的交流。楼涛"从小山村走向大世界——临目乡白沙村社会经济调查报告"作书面交流。两文均被编入《论增加农民收入的成功之道》一书，由中国农业出版社2002年1月出版。

2006年11月20日，王安国参加在广东怀集召开的中国林学会竹子分会五次全委会暨中国（怀集）竹子发展研讨会。

2009年9月，何钧潮、张有珍、胡国良参加省林学会竹类专业委员会三届四次学术研讨会，论文《临安竹产业培育现状与发展对策》参加交流。同月，在青山湖街道、太湖源镇开展产学研竹林碳汇研究。在青山湖研口村开展冬天里毛竹覆盖出笋试验。

2010年，国际竹藤组织中国临安市承办"国际山区综合可持续发展研讨会"，来自美国、加拿大等百余位专家参加。会议发布"中国临安宣言"，希望将临安利用竹子经营致富的模式应用于全球更广泛的地区。临安太湖源观赏竹种园与智利、哥伦比亚、菲律宾、喀麦隆、尼日利亚等国签订协议，开展技术、人才等多方面交流。

2012年11月22日至24日，王安国参加在浙江诸暨市召开的中国林学会竹子分会第八届中国竹子学术大会。会上交流论文《退化雷竹林改造为高品质笋用竹林研究初报》，会后该文入编《第八届中国竹业学术大会论文集》。

2013年5月31日至6月3日，临安市林业局与省林业技术服务总站举办"浙江省新型林技推广体系建设试点暨临安市农民技术带头人培训班"。该体系建设为全国林业系统科技推广新模式的试点和首创，被评为2016年度浙江省第十六届科技兴林奖二等奖。2013—2018年共举办10期，参加培训林技人员和农民1200余人，培养出合格的农民技术带头人200多名，其中竹产业96名，其中又有邵观夫和罗德法两人获得国家级林草乡土专家称号。此模式现已在全国林业系统被广泛推广应用。

同年5月26日，余杭区林水局组织余杭区竹笋产业52名代表，到临安太湖源万亩雷竹基地实地考察学习雷竹种植经营管理技术，临安市林业科技推广总站教授级高工何钧潮实地讲解，并解答现场提问。市竹产业协会提供全程服务。

同年6月19日，余杭区林业技术服务总站刘军带领的余杭区部分竹笋合作社、竹笋生产企业及科研人员一行6人，由临安市林业科技推广总站沈振明、何钧潮及竹产业协会工作人员带领，到天目山镇交口的畈龙农业公司竹笋气调保鲜库现场，学习竹笋气调保鲜技术，并与公司技术负责人探讨交流有关竹笋保鲜的技术问题。

同年8月31日，临安市林业科技推广总站教授级高工何钧潮受邀出席余杭区竹笋栽培新标准新模式技术暨测土配方施肥技术示范与推广活动，并现场授课"雷竹竹林退化与测土配方施肥技术"，临安横畈合作社、秧田弄合作社及部分企业代表20余人应邀参加技术交流。

同年10月11日，余杭区竹笋合作社代表8人，在余杭区林业技术服务总站刘军站长带领下，到横畈竹笋合作社学习交流竹笋种植技术。合作社理事长罗德法与大家分享雷竹经营管理技术要点，临安市林业科技推广总站何钧潮、朱伟陪同参加交流活动。

2014年5月16日，临安市竹产业协会组织召开市2014年笋干加工和市场销售工作研讨会，由协会副秘书长黄贤根主持，协会秘书长何钧潮出席，参加研讨会的有乐吃、茂林、绿叶、大地、杭派、香味园等市域主要笋干生产企业和销售单位的负责人。

同年8月15日，由横畈、秧田弄等竹笋合作社以及大户组成的竹产业代表团一行20人，应邀参加余杭径山镇政府举办的余杭早竹测土配方施肥技术与丰产栽培优化模式培训、交流活动，何钧潮代表临安竹产业在会上作“雷竹早出高效覆盖生态化经营技术”的交流报告。

同年8月22日，杭州市第六届林业科技周活动启动仪式在桐庐拉开序幕，市林业局何钧潮、朱伟出席，何钧潮被推选为科技周活动竹产业专家服务团成员。

同年9月2日至4日，由临安市竹产业协会朱伟带队参加在四川宜宾举办的“花旗资助中国可持续竹加工企业项目”经验推广与成果报告发布会，临安横畈竹笋专业合作社理事长罗德法在会上做竹产业技术扶贫成果经验交流。竹产业协会代表临安接受花旗银行与国际竹藤组织联合授予的“竹中小企业培训中心”荣誉。

2015年9月16日至22日，市竹文化研究会顾问竺肇华教授，在韩国达阳县参加由世界竹子组织和达阳县联合举办的第十届世界竹子大会。大会授予其“竹子开拓者奖”。

2016年7月1日，由中国林学会竹子分会、省竹产业科技创新服务平台主办，杭州临安太湖源观赏竹种园有限公司、中国林科院亚林所、浙江农林大学等单位承办的“2016中国观赏竹培育与园林化应用高峰论坛”在浙江农林大学举行。来自中国林科院亚林所、南京林业大学、浙江农林大学、浙江省林业厅、江西林科院、安徽林科院、湖南林科院、安徽广德林业局、福建农林大学、国际竹藤中心、四川农业大学、四川沐川林业局、重庆林科院及江苏扬州个园、绍兴大禹风景竹园、杭州天香园林、四川长宁世纪竹园等38家科研院校、企事业单位近100位代表与会。论坛以“观赏竹培育与园林化应用”为主题，与会代表们从观赏竹种苗产业化、园林应用、种苗培育与产业链条构建等多方面进行深入探讨。临安太湖源观赏竹种园董事长陈奇梁作“浅谈观赏竹在园林绿化中的应用”交流发言。会议期间，全体代表参观临安太湖源观赏竹种园，基地科技总负责人王安国详细介绍竹种园现状及其发展定位。

同年，何钧潮、张有珍等参加省林学会竹类专业委员会五届一次学术研讨会。何钧潮《雷竹冻害及高效生态经营发展对策》与张有珍《雷竹覆盖砻糠吸放机应用初报》作大会交流。

2017年9月20日至21日，市农林技术推广中心联合市竹产业协会共同举办临安区农民技术带头人进修班暨临安区竹产业融合发展研讨会，临安竹产业一、二、三产的企业代表20多人参加。2014—2018年共举办10期，培训90余人。

同年11月20日至22日，何钧潮、张有珍、沈振明、邵香君、周菊敏参加在安吉举行的第十三届中国竹业大会学术大会，《苏浙皖毗邻区中小径竹笋产业创新发展的思考》《关于临安区竹制品加工业发展的调研与思考》《临安笋竹加工业发展现状、问题与对策探究》参加会上和书面交流。

2018年11月1日至3日，张有珍、邵香君、陈奇梁参加在义乌举行的中国竹业大会。

同年11月14日至16日，吴丽娟、张有珍、陈奇梁参加在湖南益阳举行的第十届中国竹文化节。

同年11月27日至28日，张有珍、邵香君参加浙江省林学会竹类专业委员会五届三次学术研讨会。

2019年5月30日至31日，张有珍、朱伟到安吉参加全省竹产业情况分析座谈会暨协会换届大会筹备会。

同年6月23日、7月4日，区竹文化研究会王安国、赵庆元、张有珍、陈康民，先后到浙江农林大学访问、交流，特聘方伟、王长金、任敬军三位学者为研究会顾问。

同年9月23日至25日，朱永军、张有珍、卢秋红、朱伟到北京参加并通过“天目笋干”地理标志登记答辩，“天目笋干”获“国家农产品地理标志”称号。

同年10月17日至18日，张有珍、邵香君参加在浙江长兴举行的省竹类专业委员会五届四次学习研讨会。

同年11月26日至28日，张有珍、沈振明、邵香君、顾李俭到福州参加全国竹业大会学术交流会。

省（部）级及以上学术活动交流论文一览表

表5-2-1

序号	文章题目	交流时间	交流活动	作　者
1	雷竹生物肥料施肥试验	2004年	中国林学会首届竹业学术大会（2004年论文集）	何钧潮、张　慧、汪智勇
2	高节竹夏笋冬出与鞭笋生产试验研究	2005年9月	浙江省林学会学术交流	何钧潮、唐明荣
3	临安市竹产业现状与发展设想	2006年10月	浙江省竹类专业委员会三届一次交流	何钧潮、吕秋萍
4	雷竹退化竹林改造与可持续经营研究	2007年	浙江省竹类专业委员会三届二次交流	王丽臻、何钧潮、胡国良
5	田力宝生物肥料作主施肥应用试验报告	2008年4月	浙江省竹类专业委员会三届三次学术交流	何钧潮、王丽臻、袁军凌、王秀玲
6	临安竹产业培育现状与发展对策	2009年9月	浙江省林学会竹类专业委员会三届四次学术研讨会	胡国良、张有珍、周菊敏
7	临安市竹笋产业转型升级的实践与思考	2010年9月	浙江省林学会竹类专业委员会三届五次学术研讨会	张有珍、何钧潮、唐明荣、胡国良
8	发展现代林业　建设富丽山村	2010年	2010森林生态学术研讨会交流	何钧潮、唐明荣
9	临安竹笋传统产业的转型、创新与提升	2011年8月	中国竹子分会，省竹子专业委员会（安徽霍山）	何钧潮
10	传统产业的转型、创新与提升	2011年11月	《浙江省林学会竹类专业委员会四届一次学术研讨会论文集》	何钧潮、唐明荣
11	雷竹退化及可持续经营典型技术分析	2012年8月	省林学会竹类专业委员会四届二次学术研讨会	何钧潮、沈振明、汪智勇
12	退化雷竹林改造为高品质用竹林研究初报	2012年11月	中国林学会竹子分会第八届中国竹业学术大会论文集	王为宇、王安国
13	雷竹笋用林高效生态化经营实践与思考	2013年9月	省林学会竹类专业委员会四届三次学术研讨会（浙江衢州）	何钧潮、沈振明、张有珍
14	雷竹早出覆盖温差规律	2014年9月	省林学会竹类专业委员会四届四次学术研讨会	何钧潮、林新春
15	雷竹早出覆盖技术探究	2015年2月	苏浙皖中小径竹笋协作组论文交流	何钧潮

续表 5-2-1

序号	文章题目	交流时间	交流活动	作　者
16	临安百户竹农雷竹林经营状况调查	2015 年 9 月	省林学会竹类专业委员会四届五次学术研讨会（浙江湖州）	何钧潮、林新春、朱　伟
17	雷竹冻害及高效生态经营发展对策	2016 年 9 月	省林学会竹类专业委员会五届一次学术研讨会（浙江武义）	何钧潮等
18	《苏浙皖毗邻区中小径竹笋产业创新发展的思考》《关于临安区竹制品加工业发展的调研与思考》《临安笋竹加工业发展现状、问题与对策探究》	2017 年	《第十三届中国竹业大会学术大会交流论文集》	何钧潮、刘　军、赖广辉、邵香君、周菊敏、张有珍、沈振明、方秋爽、邵香君、周菊敏、沈振明、张有珍、朱　伟

二、情报信息

1957 年 8 月，省林科所创办不定期内部情报刊物《林业科技情报》。自 1966 年 8 月起，受“文化大革命”影响而停刊。1972 年 6 月，省林科所设立林业科技情报资料室，创办《浙江林业科技》。历年来临安农业局和林业局创办的报刊有《临安农科报》。1979 年 12 月成立临安县林学会，创办刊物《临安林业》。

1982 年，由省林科所主办，省科技出版社出版国内首家竹子研究专业刊物《竹子研究汇刊》，国内外发行。

1984 年 8 月 8 日，省政府编制委员会批准建立省林业科技情况报中心，制定《浙江省林业科技情报中心工作条件》，创办该中心的情报刊物《浙江林业信息》。自 1987 年开始，《浙江林业信息》并入《浙江林业科技》。

1985 年 1 月，县政府下文批准林业局成立县竹笋服务中心。2 月创刊《临安竹讯》，为竹农提供技术、加工、流通方面的信息。同年 4 月 30 日临安县竹业协会成立，其职能是向政府职能部门提供决策咨询服务；通过搞栽培试验，办示范点，办技术培训班以及办《临安竹讯》月刊等形式，向农民提供信息、技术服务；组织运销，开辟市场等。

中国竹业协会主编的 1986 年第一期《竹业信息》，刊登板桥乡西村吴龙福亩产竹笋 3000 千克高产信息，介绍其主要经验。

1986 年《临安竹讯》在省级以上刊物刊出信息一览表

表 5-2-2

文　章　标　题	刊　物	时　间	性　质
吴龙福夺亩产竹笋六千斤纪录	竹业信息	1986 年第 1 期	全国
临安竹业动态	竹业信息	1986 年第 2 期	全国
临安发现毛竹开花	浙江林业信息	1986 年第 3 期	全国
小年毛竹山出笋多	竹业信息	1986 年第 3 期	全国
临安今年种竹六千六百亩	竹业信息	1986 年第 3 期	全国

续表 5-2-2

文 章 标 题	刊 物	时 间	性 质
霉季种竹效果好	竹业信息	1986 年第 3 期	全国
霉季种竹效果好	浙江林业信息	1986 年第 7 期	全国
吴龙福哺鸡笋再创高产纪录	竹业信息	1986 年第 4 期	全国
葛银万雷竹笋亩产超 2 吨	竹业信息	1986 年第 4 期	全国
林家塘笋干产量翻一番	竹业信息	1986 年第 4 期	全国
种好一支竹等于养了一头大肉猪	竹业信息	1986 年第 2 期、5 期	全国
临安种竹掀高潮	竹业信息	1986 年第 5 期	全国
种竹经济效益	竹业信息	1986 年第 5 期	全国
因地制宜发展优良笋竹	竹业信息	1986 年第 5 期	全国
林家塘笋干产量翻一番	浙江林业信息	1986 年第 3 期	全国
石门乡抚育笋干山	竹业信息	1986 年第 6 期	全国
玲珑山乡秋季种竹 2 万支	竹业信息	1986 年第 6 期	全国
普及科学技术　振兴临安竹业	竹业信息	1986 年第 6 期	全国

1987 年，何钧潮刊发《疏笋养竹 以养为主》文，提出该年毛竹用材林的疏留养竹注意事项。

1988 年《临安统计分析》第 53 期公布当年全县竹笋产量、产值等信息。《临安情况反映》第 15 期介绍昌化镇竹笋生产态势良好。

1993 年，国家级杂志《竹类研究》1993 年 2 期（总 49 期）刊登《浙江省临安县竹业协会调查访谈录》，作者姚监复（农业部农村经济研究中心）。主要访谈人物有县竹业协会副理事长杨元龙、原县林业局副局长李顺海、科协主席何士华，蔡山村代表和示范户鲍子潮、郎水林。

1996 年 4 月 1 日，林业部造林绿化和森林经营司编辑造林经营简报“中国竹子之乡专辑（一）”，在“中国竹子建设成就”栏中，专门以“临安——江南最大菜竹园”为题介绍临安竹产业。

1996 年开始，省林业厅厅长程渭山在高虹镇陈家坎村五组谢国良等 14 个农户、130 亩雷竹林地上搞丰产示范点，通过组织农户学科学，用科学，了解每个生产环节有关信息，抓好关键技术培训。1997 年 3 月 14 日，实施小组有关人员与 14 个科技示范户进行技术、信息、市场等方面的经验交流与座谈。3 月 24 日，程渭山到临安检查示范点工作情况。

1997 年，市竹业协会会员参加市政协、市农经委对临安竹业产业化进行的调查研究。撰写《天目笋干产业化现状及持续发展对策》《理顺行业关系形成集团优势是竹笋希望之所在》等关于全市水煮笋加工情况的调查报告，提出解决问题的建议。

2010 年 7 月，市林业局专门编印《临安竹笋产业转型升级座谈会资料汇编》，内容有青山湖街道充分发挥资源优势，努力打造毛竹产业；於潜镇雷竹笋产业的优势、问题和措施；西天目乡竹笋产业的情况介绍；昌化镇竹笋生产经营情况汇报等。并编印安吉竹产业发展现状、余杭区竹产业介绍、德清县早园笋产业发展情况介绍、吴兴县毛竹笋用林覆盖经营推广成效介绍等。

2013年4月25日，市竹文化研究会创办会刊《天目竹韵》，设“工作研究”等七个栏目，每期约5万字。

2016年，拍摄砻糠吸放机研制的专题片，组织专题片和农业智能直通车参加2016年浙江省、杭州市在桐庐举办的科技周活动。

2017年8月底、9月初，开展全区竹加工和贩销户调查，全面分析区内竹笋、竹材加工业和贩销状况，为建立竹产业信息数据库提供数据和信息，形成近2万字的《临安笋竹加工业发展调研报告》。

2018年3月22日，中国江苏网《时节》摄制组前往太湖源镇横徐村取景拍摄《食雷笋》纪录片。

同年4月20日，区政协成立临安竹产业调研小组，开展多层面调研，广泛听取和征求意见，并前往安吉、龙泉、福建开展竹产业调研，完成调研报告，呈送区领导。

同年11月22日，由区林业局主办的农林信息化业务培训班在太湖源观赏竹种园开班，来自全区各乡镇、街道及村50余位信息员参加为期两天的培训，内容涉及农民信箱、万村联网、信息进村入户、农林信息网与惠农微信平台信息发布等方面。

第二节　国内考察访问

一、领导考察

1984年春，省委副书记陈法文考察横塘乡蔡山村竹业生产情况。

1987年春，省委副书记陈法文考察横塘乡蔡山村。该村是临安“以庭院为中心，就近连片承包田、地、山”的首创村。

杨岭乡临安罐头食品厂厂长俞传梅（左三）向前来考察的省委副书记陈法文（右一）介绍情况

（杨菊三 1987年摄）

同年2月19日，中央顾问委员会委员、农牧渔业部顾问林乎加和国务院贫困地区开发领导小组办公室主任杨永訾、北京农经学院党委书记许林枫，考察横塘乡蔡山村和玲珑山乡牢山村。

同年5月31日，中国生态经济学会常务副会长、部长级顾问石山考察横塘乡蔡山村竹笋生产情况。

同年9月28日，林业部部长高德占在省林业厅厅长范福生陪同下，考察横畈临天林场和竹笋生产。

同年，省委副书记陈法文考察杨岭乡临安罐头食品厂。

1988 年 3 月 20 日，省委书记薛驹、副省长许行贯等考察临安菜竹生产，指出“临安发展菜竹潜力很大，这条路走对了”。

1989 年开始，省委书记李泽民连续五年到横畈镇四林场植树造林和种竹。

1992 年 3 月 15 日，省人大常委会主任陈安羽视察临安竹笋等开发农业。

1994 年 3 月 2 日，省委原书记铁瑛到高虹乡卦川村视察雷竹生产，与竹笋大户徐建中全家合影，并祝愿他成为年收入 10 万元的科技示范户。

1995 年 4 月 28 日，省委常委、副省长刘锡荣在高虹镇陈家坎村考察雷竹基地。

1996 年 5 月 14 日，中组部、农业部组织沿海经济发达地区领导干部一行 29 人，考察临安以雷笋生产为代表的特色农业开发情况。

同年 9 月 24 日，省委副书记王金山，省委常委、杭州市委书记李金明，走访高虹镇陈家坎村竹笋大户孙林平。

1997 年 1 月 14 日，市政府及林业局领导将临安冬天里的春笋送往北京中南海。

同年 5 月 31 日，林业部副部长王志宝一行 6 人，在省林业厅厅长程渭山、杭州市林水局局长洪吉报等陪同下，考察高虹镇竹笋基地、杨岭乡竹笋加工企业和天目山自然保护区等。

同年，中国林科院院长江泽慧考察临安竹业。

1998 年 12 月，全省山区开发现场会在临安召开，省长柴松岳、副省长章猛进出席会议，会后考察高虹雷竹示范基地。

1999 年 4 月 13 日，杭州市委副书记于辉达考察天目山郭氏绿色食品有限公司。

林业部副部长王志宝（前排左一）在高虹考察

（布智明 1997 年摄）

同年 6 月 2 日，杭州市副市长叶德范考察天目山郭氏绿色食品有限公司。

2000 年，省委副书记、杭州市委书记李金明以及杭州市委组织部长王建满实地察看山峰实业公司竹胶板生产过程和企业情况。

2001 年，省委副书记周国富、省委副秘书长王良仟、杭州市委副书记于辉达考察临安竹笋等农业基地。

2002 年 6 月 8 日至 12 日，临安举办中国首届森林资源风景资源博览会，国家林业局副局长祝列克考察临安竹笋生产。

2003 年 10 月 17 日，省长吕祖善考察临安生态建设与竹笋基地。

2005 年 9 月 21 日，林业部原副部长蔡延松考察临安竹笋生产。

2006 年 3 月 17 日至 18 日，国家林业局局长贾治邦、副局长张建龙考察临安竹笋产业和白沙村等生态建设。

2008年1月30日，副省长茅临生等考察临安竹笋等产业。

同年2月12日，省人大常委会副主任程渭山考察临安竹子冻害情况。

2009年7月16日，省政协主席周国富、副主席陈艳华考察临安生态建设、竹笋基地。

2010年5月11日，省林业厅副厅长邢最荣到临安调研竹笋、山核桃等产业。

国家林业局局长贾治邦（中）到临安考察

（黄丁宁 2006年摄）

2011年，省林业厅长楼国华考察临安竹产业。

2012年，临安明晰山林产权工作基本完成，累计完成集体林地确权19.49万公顷，换发林权证10万余本。林业金融服务不断完善，新增林权抵押贷款1.7亿元，累计发放贷款金额5.7亿元。6家金融机构投入金融服务，受惠农户4600余户，呈现出覆盖面广、贷款模式多、金融机构优势互补的局面。推进林木林地流转，优化林业要素配置，累计流转集体山林2.67万公顷。国家林业局局长贾治邦、各司局负责人等先后到临安调研林改工作并给予高度评价。

2013年2月16日，省委常委、杭州市委书记、杭州市人大常委会主任黄坤明等考察杭州临安太湖源观赏竹种园，提出要大力做强做优临安竹产业，通过组建专业合作社，推广科技成果，引导农民创业致富。

同年4月16日，临安市竹文化研究会名誉会长、中共临安市委原书记管竹苗到天目山镇对石小学考察竹文化进校园工作。

同年6月18日，市竹文化研究会在太湖源观赏竹种园召开“东坡竹文化园”规划汇报会。杭州市委原副书记、研究会顾问沈者寿，杭州市政协原副主席、研究会名誉会长管竹苗，临安市人大常委会主任、研究会名誉会长吴苗强等参加会议。市竹文化研究会正副秘书长、规划团队成员等参加会议。浙江农林大学俞益武教授介绍“东坡竹文化园”规划与编制情况，并为市竹文化研究会示范基地——临安太湖源观赏竹种园挂牌。

同年6月28日，浙江省委副书记、省长李强，省委常委、杭州市委书记黄坤明，副省长熊建平一行，考察太湖源观赏竹种园生态建设，听取园区近年来关于改善竹林环境、加快竹笋产业转型升级和促进农民增收等方面的汇报。

同年8月28日，中国科协副主席陈章良考察太湖源观赏竹种园，调研科普惠农工作。

2014年3月31日，省林业厅原副厅长、省竹文化促进会会长邢最荣在临安市竹文化研究会年会上讲话，要求将竹文化与竹产业融合，产生和形成新的竹文化。

同日，杭州市委原副书记、临安市竹文化研究会顾问沈者寿考察对石小学、森瑞竹业。

同年11月9日至10日，市竹文化研究会顾问、著名环境经济专家、中国人民大学博士生导师、教授张象枢与夫人一行，到市竹文化研究会调研，在竹种园举办的座谈会上作辅导报告。

2015年5月17日，中纪委原副书记刘锡荣夫妇一行视察太湖源观赏竹种园并看望王安国。

同年7月22日下午，市人大农业专业组代表视察市域退化雷竹改造工作。市人大常委会主任吴苗强、副主任朱霞生，市人大农业专业组成员及部分市人大代表，先后视察横畈竹笋专业合作社和太湖源横徐村秧田弄专业合作社退化雷竹改造现场，详细了解退化雷竹的改造方式和改造后产量、产值情况，听取相关情况汇报。

同年9月19日，杭州市委原副书记沈者寿、杭州市政协原副主席管竹苗到竹种园调研指导竹文化建设，临安市政协副主席张亚联、太湖源镇党委书记高吉亚、镇长李浙峰等参加活动。

2016年3月16日，省委副书记王辉忠、杭州市副市长戚哮虎等，调研省级农业示范园区太湖源观赏竹种园。

2017年1月19日，杭州市委副书记俞东来等调研太湖源观赏竹种园。

同年2月27日，湖北咸宁市政协一行13人考察临安雷竹产业和竹文化园。

同年3月22日，省林业厅党组成员、副厅长胡侠带领省种苗站站长洪兆龙、杭州市林水局副局长陈琴娟等，到太湖源观赏竹种园基地，就竹子种质资源保护与种苗培育等情况开展专题调研。

同年3月29日，中国林科院李忠魁、省林科院宋绪忠到临安调研竹产业标准化工作。

同年5月19日，杭州市人大常委会副主任郑荣胜与杭州各县市区人大领导参观考察太湖源观赏竹种园。

同年5月21日，中央农村工作领导小组办公室副主任吴宏耀，由省农办蒋伟峰副主任陪同，到太湖源观赏竹种园专题调研田园综合体建设。

同年6月15日，湖北咸宁市政协副主席熊登赞带领咸宁所辖六县市区领导和市林科院院长一行九人，考察临安雷竹产业和竹文化研究情况。

同年10月25日，国家林业局《联合国森林》示范单位建设工作会议与会代表参观考察太湖源观赏竹种园。

2018年1月12日，临安区副区长楼秀华专题调研竹产业情况，2月26日区委书记卢春强、3月区委办、4月20日区政协临安竹产业调研小组、11月22日区长骆安全等专题调研竹产业，广泛听取和征求意见。

同年6月7日江西人大、11月8日四川泸州政协考察临安竹产业。

2019年1月2日，省林业局局长胡侠调研临安竹产业。

二、专业人士考察互访

1985年4月，杭州市林学会组织有关人员考察湖州市、宁波市毛竹笋用林建设，何钧潮参加，撰写《湖州、宁波两市毛竹笋用林考察报告》，刊于县委办公室《临安情况反映》。

同年12月7日至13日，林业部科技公司在富阳县召开全国竹林丰产培育和综合利用技术开发协作会，临安杨元龙向会议介绍《临安县发展竹子生产的情况》。

1987年，临安县委、县政府先后三次组织有关村村民组长以上骨干，到绍兴县文山乡文山村参观毛竹笋用林建设，而后在夏禹桥镇殷家山村搞点做样。两年来，全县改建笋竹两用林9613

亩。第一个毛竹大年初见成效。

1991 年 5 月 14 日至 15 日，中国竹业协会副理事长兼秘书长、南京林业大学竹类研究所所长、中国著名竹子专家周芳纯教授，以及蓝宁竹业公司总经理成年喜、南京玄武区商业局副局长刘显平等一行七人，参观考察板桥乡竹笋基地和天目笋干加工厂。

1995 年 9 月 24 日，全国山区林业综合开发战略及农林业复合经营模式学术讨论会在临安召开。9 月 26 日上午，专家们实地考察高虹乡陈家坎村雷竹林。

同年 11 月 17 日至 18 日，县林业局副局长唐明荣带领林业总站和 4 个分站有关人员，赴安吉县考察毛竹生产。以后，县竹业学会 4 次组织对中国竹子之乡安吉等县的参观考察。

同年 12 月 11 日至 13 日，县林业总站和玲珑分站组织由王安国、柴世民带队的 9 人小分队，赴龙游县考察毛竹低产林改造。

1996 年 9 月 22 日至 27 日，县委、县政府组织毛竹重点乡（镇）领导，四片工委负责人，林业分站站长，县农委、科委、财政、林业等有关部门领导，一行 45 人，赴浙江龙游县、福建建瓯市考察学习毛竹生产的经验。

同年，临安市竹业协会接待到临安参观的市内外专业人士计 2000 多人次。

1998 年 6 月 10 日至 17 日，市竹业学会秘书长何钧潮参加杭州市林水局组织的赴四川南充笋用竹发展考察与对口帮扶活动。

同年 6 月 11 日至 13 日，市林业局副局长唐明荣带领毛竹生产领导示范点的部分联络员、实施人员和村支书共 12 人，赴绍兴县、余姚市考察毛竹生产。

2006 年 4 月 6 日，中国科学院国家基因研究中心研究员余蔽亮及中国林业科学院林业研究所花卉中心研究员李潞滨一行，在天目山开展“亚热带毛竹林遗传基因研究”项目的野外调查、采样工作。

2010 年，临安开展林产品区域品牌提升年活动，组织参加浙江笋竹产品西北行活动。同年 7 月 13 日，临安组织产区乡镇和有关竹笋大户到余杭、安吉等地参观考察，并在安吉召开临安市竹笋转型升级现场会。

同年 10 月 21 日在横畈洪村举办雷竹秋笋培育现场会。

同年 11 月 1 日至 4 日，临安组织 27 家林产品加工企业参加第三届中国义乌国际森林产品博览会。

2013 年 3 月 6 日，市竹文化研究会顾问、中国工程院院士张齐生，市竹文化研究会顾问、中国林科院首席科学家萧江华考察太湖源竹种园。

同年 6 月 9 日，市竹文化研究会副会长庄鸿章、王安国、尉进等一行 10 人，赴安吉文化馆考察学习竹乐团组建工作。

同年 10 月 31 日至 11 月 10 日，市竹文化研究会顾问、中国人民大学博士生导师、著名环境经济专家张象枢教授，到临安调研指导“三生共赢”建设，考察太湖源观赏竹种园、白沙村、高山村、对石小学、森瑞竹业公司等。

2014年4月22日，举行《杭州市竹文化园规划》评审会，副市长俞灵君出席。省政府咨询委、省林业厅、中国林科院亚林所、省休闲观光农业协会、省生态文化研究中心、杭州市旅游委等领导和专家，以及有关部门负责人与会。通过该规划评审，建议尽早修改报批。

同年6月5日是世界环境日。由中国绿色碳汇基金会、国家大剧院、北京竹乐团主办，浙江安吉、临安，福建永安，四川长宁等四县（市）政府承办的首届中国绿色碳汇节·绿韵——竹乐器暨竹文化艺术展在北京开幕。由市林业局局长方锐根带领的临安市林业局、市竹文化研究会和3家相关企业共11人，赴京参加展演活动。6月6日上午，在国家大剧院竹文化艺术展览厅举办临安竹文化主题活动日活动，常务副会长王安国代表临安市致辞并介绍临安竹文化发展情况，副会长尉进与会。

竹文化研究会常务副会长王安国（左一）在首届中国绿色碳汇节上向参观者介绍临安情况

（杨菊三 2014年摄）

同年11月9日，市竹文化研究会顾问、中国人民大学博士生导师、著名环境经济专家张象枢教授与夫人一行到临安指导工作。11月10日上午，张象枢教授赴太湖源镇白沙村调研，下午参加在竹种园举办的“白沙村转型升级暨森林文化”座谈会。张教授作辅导报告。

2016年7月1日，“2016中国观赏竹培育与园林化应用高峰论坛”在浙江农林大学举行。全国38家科研院校、企事业单位近百位代表参加。省林业厅蓝晓光总工程师作“跟着乐天学竹艺”专题报告，太湖源竹种园陈奇梁董事长作“浅谈观赏竹在园林绿化中的应用”发言。

同年10月11日至15日，“第九届中国竹文化节”在四川省眉山市青神县召开。市竹文化研究会秘书长赵庆元、副秘书长杨菊三、胡月耕，市林业局张有珍和竹种园陈奇梁与会。《天目竹韵》作为大会资料进行交流，陈奇梁在分会论坛“第六届竹种园联席会”上发言。

同年11月27日，由《杭州日报》主办、杭州市科普教育基地联合会协办的“科学松果会”一行到太湖源观赏竹种园开展科普活动。

2017年3月7日，重庆忠县派员考察临安竹产业。

同年7月4日至5日，张有珍、沈振明参加上海竹产品博览会。

同年10月25日，国家林业局“联合国森林”示范单位建设工作会议与会代表参观考察太湖源观赏竹种园。

2018年6月15日，太湖源镇召开“天目水果笋”标准研讨会。研讨会邀请国际竹藤组织前总干事竺肇华、中国林科院亚林所教授陈双林、浙江大学教授刘志强、浙江农林大学教授叶正钱以及区林业（农业）局科技人员、区竹文化研究会有关人员与会。

同年8月30日至31日，竹产业从业人员30多人到安吉考察学习。

同年10月23日，贵州铜仁县派员考察临安竹产业。

同年11月1日至3日，张有珍、邵香君、陈奇梁参加在义乌举行的中国竹业大会。

同年11月27日至28日，张有珍、邵香君参加省林学会竹类专业委员会五届三次学术研讨会。

同年12月4日至5日，贵州雷山县派员考察临安竹产业。

同年，临安五家生产企业结成“临安竹产业振兴战略联盟”，应邀参加在北京国家会议中心举办的首届国际竹藤大会，临安竹文化元素在大会论坛展示。

2019年，临安组织竹产业从事人员到富阳、遂昌、龙游等地考察学习毛竹林下经济等内容三次，接待重庆、江西、四川宜宾、贵州雷山县、湖北恩施等外省和省内温州、衢州开化、余杭等竹产业考察团十余批次。

第三节　国际交流

一、国际人士考察

1992年6月26日至27日，菲律宾环境和自然资源部三位专家在中国林科院竺肇华研究员陪同下考察临安农用林业模式。

1995年，由国际林业研究组织联盟（IUFRO）主席M. N. Salleh博士带领的7人专家考察团，受中国林科院邀请访问北京和浙江临安。时任中国林科院外事处处长的竺肇华教授陪同访问临安白沙村、高虹乡，并参观竹笋和竹材加工厂。

1996年9月19日至20日，国际发展研究中心（IDRC）总部秘书长R.Auger财务主任A.Hawara和高级项目官员C.B.Sastry一行三人，在中国林科院外事处处长竺肇华陪同下考察临安竹林生产。

同年，联合国科教文组织官员本诺沙在中国林科院教授竺肇华陪同下考察白沙村，提出发展生态旅游建议，并出资支持王安国参加国际生态旅游培训班。

同年10月，由联合国粮农组织资助的、由中国林科院国际农用林业培训中心组织的“国际非木质林产品国际培训班”代表团全面考察临安林业和社会经济情况。代表团包括联合国粮农组织官员和南非国家林研所所长。

联合国粮农组织与德国林业大学师生25人考察玲珑林场农用林业模式　（布智明 1997年摄）

1997年5月8日至5月10日，由竺肇华等陪同，德国Cottbus大学硕士和博士非木质林产品培训班师生25人考察玲珑林场农用林业模式，参观白沙村、临目非木质林产品利用和竹林丰产基地。

同年5月12日，国际竹藤组织竹业代表团考察临安。

1997年9月17日至19日，根据林业部国际合作司和林科院的协调，竺肇华教授负责接待以加拿大自然资源部林务局工业经济与计划司司长 Doug Ketchesson 为团长的加拿大林务局代表团。代表团参观以杉木人工林为主的玲珑山林场和横畈林场、以高产笋用林为主的高虹乡雷竹专业户、以生产开发非木质林产品为主的对次生林森林资源进行合理开发和保护的临目乡白沙村、天目山自然保护区以及以生产竹地板为主的加工厂。代表团希望中国参加国际示范林网络。1998 年 7 月 30 日，中国正式启动国际示范林网络项目的申请工作，由竺肇华教授任首席顾问，王安国高工和人民大学张象枢教授任技术顾问，林科院张守攻院长任国家代表，林科院国际农用林业培训中心研究员姜春前任项目负责人，与临安市林业局、浙江农林大学开展合作。

1998 年 11 月 20 日，国际竹藤组织董事会成员和职工一行访问临安，了解竹产业发展状况，参观杭州青峰实业有限公司。

1999 年 4 月，科技部协同国际竹藤组织和中国林科院国际农用林培训中心联合举办的“竹藤利用、生物多样性保护和技术交流”国际学术研讨会代表团一行 35 人考察临安，代表团分别来自 15 个国家和 5 个国际组织。培训班由国际竹藤组织副总干事竺肇华总负责，其助理金薇女士协助。

2000 年，时任国际竹藤组织总干事的 Ian Hunter 博士访问临安，考察白沙村、杨岭村，访问农民画家和笋加工厂等。

同年 9 月 28 日，国际竹藤组织（INBAR）组织亚洲、非洲、拉丁美洲、大洋洲地区 13 个国家的 22 名外宾，考察临安横畈青峰实业有限公司和临安罐头食品有限公司。

国际粮农组织首席顾问唐洪太（左一）率领亚、非、拉 13 个国家的外宾在横畈青峰实业有限公司考察　（布智明 2000 年摄）

同年 11 月，印度东北部三个邦的官员考察中国农用林和竹产业发展，代表团考察北京、华北，经临安南下广东。在临安期间访问了白沙村。

2001 年 3 月，国际示范林代表团共 7 人考察临安，林业部沈素华，林科院竺肇华、姜春前陪同。

2002 年 9 月 14 日至 28 日，由智利 INTEC 研究机构竹子研究和开发项目负责人 Jorge Campos 先生带领的代表团一行 5 人，访问中国竹产区，竺肇华教授带团参观访问临安和安吉等地的竹产业发展状况，并帮助 INTEC 同中国有关竹子加工科研机构和企业建立合作关系。

2004 年 6 月，国际竹藤组织和中国林科院国际农用林培训中心组织协调缅甸林业部国家竹子开发项目办代表团一行 6 人考察中国竹产业，学习中国竹产业发展技术和经验。代表团由竺肇华教授带团访问临安。

同年 9 月 11 日至 12 日，由科技部主办，中国林科院国际农用林培训中心和国际竹藤组织共同承办的“日用小竹制品加工技术机器机械设备国际培训班”考察临安，12 个发展中国家的 22 人参加，由竺肇华带队。

2005 年 4 月 19 日至 22 日，由巴西、印度、尼日利亚、缅甸等 12 个国家及联合国工业发展组织官员计 25 人参加的“竹业发展与扶贫、政策、战略和利益相关者”国际培训班，在临安新五

洲大酒店举办。

同年5月12日，国际竹藤组织竹业代表团考察临安。

同年12月22日至23日，由商务部主办，国际竹藤中心和国际竹藤组织共同组织的“发展中国家竹业可持续发展管理研修班”考察临安。来自20个国家的39名高级政府官员和研究人员参加。

2006年1月15日至17日，发展中国家竹业技术考察团32人，在国家林业局竹子中心丁兴翠教授陪同下考察临安竹产业。

2006年9月9日至12日，由中国科学技术部支持、中国林科院农用林业培训中心与国际竹藤组织共同承办的“竹子工业化加工技术及其设备国际培训班”参观考察临安，竺肇华带队，有来自亚非拉发展中国家以及美国等15个国家30位代表参加。

2007年5月23日，中德两国森林、土壤学专家、教授40余人，调查研究天目山农村竹林的生长情况和固碳能力。

同年7月3日，国际竹藤组织下达《国际竹藤组织关于同意将临安列为国际竹藤组织培训基地的函》（INBAR文件号07-S-085）。

同年11月4日，来自古巴、厄瓜多尔、加纳、卢旺达等国家的林业部部长及其夫人、大使馆一等秘书、国际竹藤组织副总干事等20余人，考察太湖源风景区。

同年，临安市现代林业科技服务中心在竹种园接待智利国农业部林业研究所主任考察，签订竹子科技合作和竹种交换合作协议。

2008年7月21日至25日，Prosperity Initiative （繁荣计划）的湄公河竹子项目6名官员考察浙江竹产业及其对当地扶贫、就业和农林业发展的作用，竺肇华教授作为顾问参与考察。

同年8月2日至6日，由美国温洛克基金会支持的亚洲生物多样性项目，经国际竹藤组织协调，组织来自越南的项目所在地12名官员和技术人员访问浙江，考察浙江竹产业，目的地包括临安和安吉。

同年11月26日，印度“国家竹子计划”领导小组一行12人访问、考察临安。浙江林学院院长、院士张齐生陪同。

同年，中华人民共和国科学技术部国际合作司到临安太湖源观赏竹种园、万亩雷竹基地、白沙村等调研考察后，将太湖源镇定为“国际科技合作基地”。

2010年5月，来华参加上海世博会期间国际竹藤组织荣誉日活动的12个国家27名国际代表，由国际竹藤组织协调，考察中国竹产业现状。代表团访问浙江和四川两个省六个竹产区，其中包括临安，主要考察竹笋产业发展和对当地环境、社会经济的影响。同年7月14日至15日，亚洲开发银行大使、执行董事玛丽塔一行8人赴浙江省进行工作访问，了解中国竹产业发展情况。竺肇华教授及其助理金薇（女）全程陪同。

同年11月，应国际竹藤组织和临安现代林业科技服务中心邀请，马来西亚科学院副院长、前国际林联（IUFRO）主席Salleh Mohd Nor博士访问临安，为浙江农林大学作两场学术报告，并在10月通过的《临安宣言》上签字。竺肇华、王安国陪同参观临安竹产业等。

2011年3月28日至4月1日，菲律宾Ahon Movement Inc代表团由竺肇华带领，考察浙江竹产区，了解竹业发展对扶贫和当地经济发展的作用。

同年10月31日至11月2日，尼泊尔亚太森林恢复与可持续管理网络项目考察团一行8人，考察临安白沙村、万亩雷竹园、太湖源竹种园、菜篮子公司。

2012年5月19日至22日，泰国农业大学Dr. Songkram Thammincha率泰国农业考察团，考察临安竹产业发展现状及其对农业农村发展的作用。竺肇华教授作为考察团总顾问陪同考察。

同年7月17日至19日，中国人民大学与南澳大利亚大学联合国考察团7位专家，专程赴临安考察村和乡镇社区发展，重点考察临安太湖源镇和白沙村。

2013年3月15日，卢旺达农业部长一行8人考察太湖源竹种园。

同年5月28日，来自非洲的肯尼亚、南非、乌干达和亚洲的印度、缅甸、泰国等11国20位专家，以及同年9月的比利时、喀麦隆等14国42位专家，考察对石小学竹文化，听取竹文化专题汇报，欣赏师生们葫芦丝、竹笛等表演，参观学生作品陈列室。

同年6月17日至21日，由菲律宾总统办公室秘书Edgardo Manda组织的由地方政府官员、研究人员和企业家组成的14人代表团访问临安，了解中国竹产业现状。竺肇华教授带队。

同年9月3日，国际竹藤组织资深研究员竺肇华、副总干事李智勇及其带队的44个国家的专家、学者近50人，考察杭州森瑞竹业有限公司。

2014年2月26日，尼泊尔竹业考察团一行8人到临安太湖源国际科技合作基地参观考察，并接受竹子栽培技术培训。

同年4月17日，巴西圣保罗农业研究所Fernando、Moises等到临安太湖源国际科技合作基地参观考察，并与临安市现代林业科技服务中心负责人就有关“巴中竹子品种互换项目”达成初步合作意向，巴方计划从基地引种24个优良观赏竹种，中方则从巴方引入5个品种，并开展南美竹种在中国的适生性研究。

同年5月13日，由国家林业局竹子研究开发中心承办的非洲娱语国家竹业技术培训班学员，到临安太湖源观赏竹种园国际培训基地开展现场交流、技术指导。24位学员来自喀麦隆、埃塞俄比亚、肯尼亚、毛里求斯、马拉维、塞舌尔、坦桑尼亚、乌干达、津巴布韦等9个国家。

同年5月21日，26位国际履行《国际森林文书》暨森林可持续经营官员研修班学员到太湖源国际科技合作基地考察学习，国家林业局管理干部学院、国家林业局项目中心人员陪同考察。

同年6月25日，印尼林业部官员一行16人，由国际竹藤组织和中国林科院领导陪同考察太湖源万亩雷竹基地，并走访雷竹大户邵观夫。

同年7月8日，由国家林业局中国竹子研究开发中心组织的国际培训班，到临安太湖源国际科技合作基地考察实践。27名培训班学员来自14个国家，在基地听取国合基地技术总负责、教授级高工王安国就竹子品种、栽培及市场应用等所作的介绍，并实地参观。

同年8月1日，花旗基金会执行部主管8人，考察临安横畈竹笋专业合作社竹笋基地，并与合作社社员进行交流，了解竹产业技术扶贫工作的具体实施情况和效果。

同年8月11日，由国家林业局中国竹子研究开发中心承办的2014年非洲法语国家竹子种植与加工技术考察团，到临安太湖源国合基地参观考察。培训学员分别来自塞内加尔、科特迪瓦、刚果（布）、中非、几内亚、突尼斯、塞舌尔、贝宁、马里、刚果（金）、布隆迪、马达加斯加、乍得和尼日尔等14个国家，学员25名。太湖源国际合作基地安排为期五天的竹子种植技术专题培训和外出考察内容。

同年9月2日，由科技部国际合作司主办，临安市现代林业科技服务中心承办的2014国际竹业技术培训班，到太湖源国际合作基地竹种园参观考察。15个国家25位学员参观竹种园的智能温室、竹子种质资源收集库，听取有关竹子特性、用途与历史典故的介绍，随后在基地技术人员指导下参与散生竹的移栽与地被竹的容器育苗生产。

同年9月6日晚，市竹文化研究会在白水涧景区举行钱高潮文化艺术公司竹根雕、白水涧旅游景区竹文化和青柯村竹鸟笼合作社的竹鸟笼等三个竹文化示范点授牌仪式。国际竹藤组织竺肇华教授带领的16个国家25位官员应邀参加。

同年9月8日中秋节，来自澳大利亚、印度、喀麦隆、哥斯达黎加、哥伦比亚、加纳等15个国家组成的国际竹藤组织成员国代表考察对石小学，共度节日。

同年9月18日，由国际竹藤组织傅金和博士带队的四国29名学员参加的国际竹业技术培训班，参观考察国际合作基地太湖源观赏竹种园。

同年12月3日，由国家林业局干部培训学院和亚太地区社区林业研究中心联合举办的社区林业支持者论坛在临安召开，来自不丹、柬埔寨、老挝等国家的17人参观临安太湖源观赏竹种园，听取临安市现代林业科技服务中心主任王安国教授关于临安竹笋产业的发展的回顾，同时邀请县、镇、村三级有关领导与科技种植大户进行交流。

2015年4月，亚太社区林业培训中心老挝代表团一行9人，到浙江（含临安）和云南两省参观考察竹产业。代表团由老挝林业部规划与合作司司长带队。

同年5月29日，越南林业部竹产业考察团一行22人考察参观临安竹产业发展，并在林业局会议室召开产业交流对接会议。

同年6月16日，发展中国家国际热带木材组织13个国家33名学员到临安培训和交流，参观太湖源镇、太湖源观赏竹种园和板桥幼儿园。

同年8月18日至20日，国际有机运动联盟认证机构执行部官员大卫一行5人，在农林大学相关领导带领下，考察临安竹产业会员企业西马克公司、泽华罐头食品厂、横畈竹笋专业合作社，并在农林大学碳汇楼召开有机工作研讨会，会议还邀请四川长宁县政府、国家林业局及部分竹笋加工企业代表25人参加。

同年8月26日，喀麦隆驻中国大使马丁·姆巴纳一行10人到临安太湖源观赏竹种园参加培训。

同年9月9日下午，国际竹藤组织竺肇华教授带领巴西、喀麦隆、哥伦比亚、印度、马达加斯加、尼日利亚、莫桑比克、乌干达、秘鲁等15个国家的专家与政府官员20余人，考察对石小学。

同年9月22日，由国家林业局林业干部管理学院组织的国际竹业技术培训班一行学员，考察太湖源国际合作基地太湖源观赏竹种园，来自巴布亚新几内亚等多个国家的环境与自然部、林业部的50多位官员、专家参观学习。

同年9月，由菲律宾议会农业主席带领的20人代表团访问临安，学习临安通过生态经济、经济生态的方式达到农村地区消除贫困、改善环境的经验。

同年10月29日，由国家林业局林业干部管理学院组织的“亚太地区林业行业人力资源开发研讨会”人员，到太湖源国合基地太湖源观赏竹种园考察学习。参加本次研讨会的13位成员，主要来自马来西亚环境和林业人力资源教育培训中心、渔业与林业部、林业与土壤保护部等。

2016年5月，肯尼亚GreenPot竹业公司总裁一行4人，在国际竹藤组织和临安林业科技服务中心共同协调下，考察浙江、四川、广东、湖南等地的竹产业。

同年5月16日，由商务部主办、国家林业局竹子研究开发中心承办的“2016年加纳竹子育苗与种植栽培技术培训班”学员，到太湖源国际科技合作基地太湖源观赏竹种园考察学习，20位来自加纳农业部、林业部及研究所的学员在基地接受竹子育苗及栽培方面的专题培训。

同年5月18日，国际竹藤组织成员国加纳的专家与政府官员一行19人，考察对石小学校园竹文化。同日至6月，太湖源观赏竹种园先后接待非洲“加纳竹子育苗和种植栽培技术”“国际热带木材组织成员国竹产业发展”“发展中国家热带森林可持续管理”三个国际竹业技术培训班21个国家的112名学员。培训班学员还参观临安竹笋专业合作社、竹笋加工企业和对石小学校园竹文化。

同年5月25日，由中国竹子中心组织的非洲“加纳竹子育苗和种植栽培技术培训班”一行14人，考察太湖源镇徐横村秧田弄竹笋专业合作社。

同年6月12日，由商务部主办、国家林业局竹子研究开发中心承办的国际竹藤组织成员国竹产业发展培训班32名学员，到太湖源国际科技合作基地参观考察。

同年6月16日，欧盟有机联盟标准执行部官员，在临安市林业局、农林大学和竹产业协会人员陪同下，检查指导横畈合作社和西马克公司执行欧盟有机ROM标准情况，并现场提出整改意见和建议。

同年7月18日至19日，欧盟有机联盟工作人员考察竹协会员企业西马克公司及公司在临安指南山的高节笋基地。

同年9月19日，国家林业局、国际竹藤中心承办“2016国际竹藤组织成员国竹藤绿色产业发展研修班”，11个国家的46名学员到太湖源国际科技合作基地参观考察。在竹种园基地，学员们听取关于竹种园基本情况的介绍，沿途参观热带风情园、竹种识别长廊、竹主题院落，并在竹里馆座谈交流、合影留念。

2017年5月24日，巴西竹产业协会主席黄莆义与阿克里州技术部一名研究员，在国家林业局竹子研究开发中心主任、研究员吴志庄陪同下，到太湖源国际科技合作基地开展学术交流。在竹种园基地，到访者与当地竹笋科技种植户进行座谈交流。

同年5月27日至28日，由喀麦隆驻中国大使马丁·姆巴纳率领的国家代表团考察临安竹产

非洲朋友在秧田弄竹笋专业合作社考察
（杨菊三 2017 年摄）

业、竹文化。竺肇华教授作“竹子产业可持续发展”专题讲座。喀麦隆代表团一行到竹文化示范点白水涧、森瑞竹业、太湖源竹种园考察和交流。

同年 5 月 29 日，巴西戈亚斯联邦大学 Thiago S.Ornellas、Cris 教授等在中国林科院亚林所张玮、郭子武两位研究员陪同下，到太湖源国际科技合作基地参观考察，双方就竹种资源保护、种苗繁育及出口等事宜进行深入交流。

同年 10 月 25 日，国家林业局“联合国森林”示范单位建设工作会议与会代表参观考察竹种园。

同年 11 月 14 日，国际竹藤组织傅金和博士陪同埃塞俄比亚农业部长参观竹种园。

2018 年 3 月，国际竹藤组织应乌干达大使请求，委派副总干事竺肇华的助理金薇陪同大使一行考察浙江临安和安吉竹产业。

同年 5 月 8 日，国际生态联盟执行秘书长姚军一行考察竹种园。

同年 5 月 29 日至 30 日，由商务部主办、国家林业局竹子中心承办的“2018 年‘一带一路’产竹发展中国家竹子技术培训班”在临安太湖源竹种园举办。参加培训的有来自“一带一路”沿线的泰国、东帝汶、肯尼亚、坦桑尼亚、乌干达、墨西哥、哥伦比亚、阿根廷、巴西、秘鲁等 10 个国家 31 名学员，主要考察中国如何走绿色发展之路，学习中国竹产业发展的经验和做法。王安国教授授课。培训班学员参观并考察临安竹制工艺品制作现场、太湖源万亩雷竹基地、竹笋种植专业户邵观夫竹园、青山森瑞竹业企业，观看竹刨切装饰纸、竹包瓷咖啡杯等的制作流程。

同年 6 月 27 日，菲律宾考察团考察临安竹产业。

同年 7 月 11 日，由商务部主办、国家林业局竹子研究开发中心承办的“2018 年国际热带木材组织成员国竹业高附加值利用官员研修班”学员 22 人，参观考察太湖源国际科技合作基地，听取基地负责人王安国教授有关临安竹产业发展以及基地发展情况的介绍，参观基地的竹子品种园、竹制品博览馆、竹子科研基地等，了解临安竹产业在推动区域经济发展中所起的重要作用，并就有关加强国际竹业技术交流合作的议题开展座谈交流。

同年 9 月 8 日至 9 月 9 日，在 2018 年中非合作论坛北京峰会期间，由商务部主办、国家林业局竹子研究开发中心承办的 2018 年非洲法语国家竹子种植与加工技术考察团，考察了太湖源国际科技合作基地太湖源观赏竹种园。43 名学员来自刚果（金）、刚果（布）、阿尔及利亚、马达加斯加、卢旺达、几内亚、喀麦隆等 7 个国家。学员听取关于基地发展情况的介绍，实地参观热带风情园、天目竹博馆、科学实验区、竹子建筑展示区及竹类种质资源库；王安国教授介绍临安竹产业发展情况；竹种园有关人员演示丛生竹及混生地被竹的繁育流程。

同年 11 月 14 日，埃塞俄比亚农业部塔费拉司长率各州农业官员组成的 15 人竹产业考察团，参观考察太湖源万亩雷竹基地和太湖源观赏竹种园。

同年12月21日至23日，由国际竹藤组织、中国林学会和中国林科院三方共同资助组织的老挝、柬埔寨和牙买加代表团一行7人，考察竹种园、白沙、森瑞、西马克等示范点。国际竹藤组织培训协调员金薇等4人陪同。

2019年4月28日，缅甸政府代表团26人，在国际竹藤组织带领下分别考察竹种园公司、西马克公司、农林技术推广中心、天目山笋业公司、乐吃公司，在天目山笋业公司，代表团成员与相关企业代表进行交流互动。

同年6月16日至17日，在国际竹藤组织金薇等4名培训官员带领下，国际“竹资源价值增值和产业战略规划研讨班”的亚非拉17个国家25名学员，参观、考察杭州太湖源观赏竹种园、青柯鸟笼合作社、太湖源镇万亩雷竹基地、秧田弄竹笋合作社、青云中学和白沙村。

同年8月19日至22日，由国家林业与草原局竹子研究开发中心承办的“2019年非洲法语国家竹子种植与加工技术培训班”8个国家28名学员，参观考察临安，就中国当前林业产业、竹子培育及开发利用等方面开展交流。

同年8月22日至24日，23名“2019年厄瓜多尔竹子加工技术培训班”学员在国际竹藤组织项目官员陪同下，参观考察临安。学员们先后参观太湖源观赏竹种园和杭州西马克食品有限公司，并进行竹种的识别和竹苗繁育实习。

同年8月25日，由商务部主办、国家林业与草原局竹子研究开发中心承办的2019年“一带一路”产竹国竹业技术培训班，参观临安太湖源观赏竹种园，10位来自尼泊尔、坦桑尼亚、乌干达、巴基斯坦、布隆迪的学员首先听取王安国教授有关竹种园以及临安竹产业发展情况的介绍，参观以丛生竹科普展示为主的热带植物园，并就有关国际竹业合作议题开展座谈交流。

同年10月11日，哥伦比亚佩雷拉大学校长一行3人到万亩雷竹基地访问，并就种苗培育、出口等事宜开展交流。

二、国际培训

（一）2000年10月4日至10日，由科技部主办，国际竹藤组织和中国林科院国际农用林培训中心承办，世界粮农组织和联合国工业发展组织资助的“竹林可持续经营及乡村小企业竹加工技术国际培训班”在临安青山湖圣鹤山庄举办。来自亚洲、非洲、拉丁美洲、欧洲、大洋洲等25个国家的60余人与会，主要培训竹林经营利用经验与加工技术，实地参观青云、横畈、三口等乡镇竹子栽培和加工。

（二）2001年10月，由科技部主办，由国际竹藤组织和中国林科院国际农用林培训中心承办，热带木材组织、联合国工业发展组织、热带木材组织、德国技术合作项目、美国国际发展机构和印度政府共同资助的“竹手工艺及小型加工机械国际培训班”，共有来自16个发展中国家和国际组织的49名代表参加。2001年10月7日至11日在临安开班，进行授课、交流和参观考察。项目负责人竺肇华和金薇。

（三）2005年4月19日至20日，由巴西、印度、尼日利亚、缅甸、不丹、尼泊尔、比利时、

竺肇华带领“小日用竹制品加工技术与机械国际培训班”学员在上甘参观　　（布智明 2005 年摄）

奥地利、澳大利亚、中非、印度尼西亚、菲律宾共 12 个国家及联合国工业发展组织的官员共计 20 余人，参加“竹业发展与扶贫政策、战略和利益相关者”国际培训班。培训班在临安新五洲大酒店举办，由联合国工发组织资助，中国林科院国际农业林业培训中心承办，临安林业局协办，项目负责人竺肇华。

同年 9 月 7 日至 13 日，由中国科学技术部支持，中国林科院农用林业培训中心与国际竹藤组织共同承办的“小日用竹制品加工技术与机械国际培训班”在临安举办，共有来自亚非拉发展中国家以及美国等 12 个国家约 30 名代表参加。项目负责人为竺肇华和金薇。

（四）2006 年 4 月 18 日至 22 日，第二届“竹业发展与扶贫、政策、战略和利益相关者”培训班在临安举办，来自印度、卢旺达、坦桑尼亚和越南四国的 7 名代表参加。项目负责人竺肇华和金薇。

（五）2007 年 9 月，第一届国际非木质林产品开发和利用培训班在临安开办。培训班由科技部国际合作司举办，科技部科技交流中心组织实施，中国林科院农用林国际培训中心承办，国际竹藤组织、浙江省临安市和安吉县林业局协办。来自 8 个国家的 18 位代表参加。9 月 10 日至 17 日在临安授课、参观考察和交流。项目负责人竺肇华和金薇。

（六）2008 年 9 月 5 日至 19 日，国际非木质林产品开发和利用培训班在临安举办，举办单位为科技部国际合作司，浙江省临安市林业局、安吉县林业局协办，承办者为临安市现代林业科技服务中心、国际竹藤组织项目负责人竺肇华。来自孟加拉国、智利、哥伦比亚、加纳、埃塞俄比亚、印度尼西亚、伊朗、肯尼亚、尼泊尔、尼日利亚、菲律宾、印度、澳大利亚、美国共 14 个国家的 33 位代表参加。培训班采用课堂教学和现场实习相结合的教学法，17 位学员代表提供论文 19 篇。

（七）2009 年 8 月 27 日至 9 月 16 日，由科技部国际合作司主办，临安市现代林业科技服务中心和国际竹藤组织承办，浙江省临安市和安吉县林业局、磐安县农业局、桐庐县畜牧局协办的“国际非木质林产品工业化和商业化”培训班在临安举办，项目负责人竺肇华。来自比利时、不丹、加拿大、智利、加纳、印度、印度尼西亚、肯尼亚、墨西哥、尼泊尔、尼日利亚、巴基斯坦、菲律宾、卢旺达、苏丹、瑞士、泰国、中非、荷兰、刚果（布）、越南共 21 个国家的 37 位代表参加。联合国粮农组织派高级林业官员参与培训。

培训班采用课堂教学、参观实习和组织专门论坛集体讨论相结合的教学法。联合国粮农组织高级官员 Paul 博士在发言中说：“看来应该承认世界上存在两种制度模式。中国所实行的是另一种模式。这种模式有很多优点，至少适合于中国实际，中国 NTFPS（非木质林产品）的开发和利用成果，也是这个模式的产物。”

尼泊尔前农业部长 KesharBistar 在总结会上说：“我虽然研究过中国地理和文化，并且跟国王多次访华，但对中国真正了解是这次培训班。这次我真正接触到了中国基层，特别是临安通过发展竹产业使农民由穷变富的事实，使我认识到中国成功的主要原因在于政府政策得到了人民的支持。”

（八）2010 年 9 月 7 日至 9 月 27 日，“国际非木质林产品开发和利用培训班”在杭州开办，野外参观分别在临安市、桐庐县、安吉县进行。培训班由科技部国际合作司主办，科技部科技交流中心组织实施，临安市现代林业科技服务中心和国际竹藤组织承办，浙江省科技厅、临安市政府、临安市林业局、安吉县林业局、桐庐县政府协办，项目负责人竺肇华。来自巴西、法国、印度、印度尼西亚、墨西哥、尼泊尔、尼日利亚、苏丹、瑞士、菲律宾等 10 个国家的 28 位代表参加培训。

（九）2013 年 8 月 25 日至 9 月 13 日，由科技部国际合作司主办、临安市现代林科技服务中心和国际竹藤组织承办的“非木质林产品工业化和商品化与竹产业可持续发展国际培训班”在杭州、临安、安吉等地举办，项目负责人竺肇华。孟加拉国、智利、哥伦比亚、加纳、埃塞俄比亚、印度尼西亚、伊朗、肯尼亚、尼泊尔、尼日利亚、菲律宾、印度、澳大利亚、美国共 14 个国家的 33 位代表参加培训。培训班除课堂教学、野外考察外，还举办五次专题讨论。

（十）2014 年 8 月 26 日至 9 月 14 日，由科技部国际合作司主办，临安市现代林业科技服务中心和国际竹藤组织合作承办的“非木质林产品与竹子产业化和山区可持续发展国际培训班”在杭州、临安、安吉等地举办，项目负责人竺肇华。来自印度、尼日利亚、菲律宾、泰国等国家的 24 位学员参加培训。除课堂教学和野外实习外，还组织学员开展“竹业可持续发展和竹子扶贫”的专题讨论。

（十一）2015 年 8 月 25 日至 9 月 13 日，由科技部国际合作司主办，临安市现代林业科技服务中心和国际竹藤组织共同承办的“山区非木质林产品与竹产业可持续发展国际培训班”在杭州举办，科技部国际合作司综合计划处处长庄嘉、中国科学技术交流中心调研处处长王仲成、省科技厅国际合作处处长曾肖芃、临安市副市长俞灵君、喀麦隆驻华大使马丁·姆巴纳出席开幕式，

山区非木质林产品与竹产业可持续发展国际培训班成员在太湖源观赏竹种园考察

（布智明 2015 年摄）

项目负责人竺肇华。来自巴西、喀麦隆、哥伦比亚、埃塞俄比亚、加纳、印度、印度尼西亚、马达加斯加、莫桑比克、尼泊尔、尼日利亚、秘鲁、菲律宾、乌干达、越南共15个国家的35名学员参加培训。本次培训重点介绍临安山区可持续发展主要经验，临安竹产业发展回顾等。

三、国际会议

乡村森林资源可持续利用与临安发展生态旅游专家研讨会

1997年12月举办。研讨会由联合国教科文组织［联合国（UN）专门机构之一，是各国政府间讨论关于教育、科学和文化问题的国际组织］资助，竺肇华主持。国务院参事、森林生态分会会长盛伟彤以及林业部林勘院院长徐孝庆、中南林学院徐国祯教授、临安市副市长郑柏松、UNESCO项目官员张士峰出席。浙江林学院周国模、沈月琴、楼炉焕、李明华，中国林科院李玉珍、郭泉水，临安市林业局王安国、天目山管理局柳兴根、旅游局王文斌分别作专题报告。会议对森林可持续经营、如何发挥森林生态系统多功能性、如何多方参与发展生态旅游和乡村休闲游等提出建议。

中国示范林项目国际研讨会

1999年3月29日至4月2日举办。会议由国际示范林网络和中国林科院主办，国际农用林培训中心和临安市林业局承办。来自中国、国际示范林网络秘书处、加拿大示范林网络、联合国粮农组织、国际竹藤组织、国际热带木材组织等国际组织以及德国（GTZ）等国家的60名代表参加会议，就建立中国示范林进行讨论。中国专家有张象枢、张金马、程渭山、张建华等参加。会上，加拿大国际示范林网络秘书处对示范林的基本理念、理论依据和项目实施作系统介绍，竺肇华、姜春前、朱春前、程渭山、刘微、周国模、沈月琴、李玉珍等全面介绍具有中国特色的国际示范林和临安白沙村的发展经验。临安正式被确定为国际示范林网络中国唯一的成员。

亚太区域示范林项目启动会

2000年5月21日至26日，由联合国粮农组织（FAO）和日本国政府主办的“亚太示范林项目启动会”在临安召开。国际示范林网络秘书长Frederick Johnson和联合国粮农组织（FAO）亚太办事处首席技术顾问邓康达与会。该项目由中国、日本、缅甸、越南、菲律宾、泰国、老挝、新加坡、马来西亚等国家参与，由FAO协调实施。

亚太区域示范林和指标国际研讨会

2001年6月10日至15日，亚太区域示范林和指标国际研讨会在临安举行。参加会议的有中国、日本、缅甸、越南、菲律宾、泰国、老挝、新加坡、马来西亚的代表，以及日本林野厅、国际示范网络秘书处、美国林务局、国际林业研究中心、国际热带木材组织、加拿大使馆代表等。

山地林区综合可持续发展国际研讨会

2008年9月14日至19日举办。会议由科技部国际合作司、国际竹藤组织、浙江省科技厅主办，联合国粮农组织森林产品处、杭州市科技局和临安市政府协办，中国国际科技合作协会、临安市现代林业科技服务中心、国际竹藤组织和中国科学院国际农用林培训中心承办，项目负责人竺肇华。

主要议题：多方参与保护森林生态系统和森林可持续经营；竹子等非木质林产利用和产业化；

生态旅游可持续发展与经营；乡村能源与水资源开发。

与会代表：来自孟加拉国、智利、哥伦比亚、埃塞俄比亚、法国、加纳、印度、印度尼西亚、伊朗、肯尼亚、老挝、尼泊尔、尼日利亚、菲律宾、英国、美国共16个国家的42位国外代表。来自浙江、云南、四川、福建、广西、贵州、湖南、新疆、江苏、北京等10个省市区的61位代表，共计103人。会议收到代表论文56篇，其中国外24篇，国内32篇。

会议成果：提高对山区问题重要性认识；交流各国山区发展成功案例；代表们高度重视中国尤其是临安山区建设成就和经验；多位代表希望在中国临安建立一个定期山地论坛。

国际山区综合可持续发展研讨会

2010年9月20日至24日举办。会议由科技部国际合作司主办，国际竹藤组织、亚太森林恢复和可持续发展管理网络、临安市政府协办，中国国际科技合作协会、临安市现代林业科技服务中心承办，项目负责人竺肇华。

主要议题：山区产业可持续发展；森林可持续经营和生态系统建设；山区经济建设——非木质林产品和生态旅游产业；山区综合发展和山区人民生活改善；政策支持体系。

参会代表：来自澳大利亚、孟加拉国、巴西、加拿大、哥伦比亚、厄瓜多尔、法国、印度、印度尼西亚、马来西亚、墨西哥、尼泊尔、荷兰、尼日利亚、巴基斯坦、苏丹、瑞士、泰国、菲律宾、乌干达、英国、美国、中国等23个国家115位代表，其中国外代表61位，国内代表54位。

会议成果：研讨会重点是考察浙江省临安市山区综合可持续发展模式，对该模式的重要意义及其可推广性进行评估，并形成一致意见，为未来的相关行动提出纲领性建议。24日，所有代表一致通过《临安宣言》。宣言主要内容为对临安山区综合可持续发展模式的评估意见、对临安模式重要定义的描述以及对今后要开展的相关活动提出的建议。研讨会为来自世界各地代表提供分享和交流经验的平台，共有14个国家17名代表分别作相关课题报告。

“南方低山丘陵区森林恢复和可持续经营示范项目”启动会

2017年4月24日至26日由亚太森林恢复与可持续管理组织在临安举办，项目负责人姜春前。

与会人员有：亚太森林组织董事长主席赵树丛、亚太森林组织秘书长助理夏军、中国林业科学研究员林业研究所研究员姜春前、安徽省林业厅厅长程中才、浙江省林业厅厅长林云举、浙江农林大学教授余树全、临安市政府市长骆安全、临安市政府副市长楼秀华、临安市林业局局长周军、临安市现代林业科技服务中心高工王安国等56人。

四、国际示范林

（一）临安示范林项目背景和组织机构

示范林是森林可持续经营的创新实践。其核心特征之一是指在较大规模的林业区域内，所有利益群体之间组成一种自愿的伙伴合作关系。示范林全体合作者坚持在示范林区发展和应用中具有创新性的森林资源经营思想。

1999年3月，示范林国际研讨会在临安召开，有来自中国、德国、国际示范林网络秘书处、加拿大示范林网络、国际热带木材组织等国家和国际组织的60名代表与会，就建立中国示范林进行讨论。会后，中国林科院和相关单位将临安列为中国第一个示范林基地。

2000年5月，由中国、缅甸、菲律宾和泰国参与的亚太区域示范林项目在临安正式实施。该项目得到日本政府资助，并由联合国粮农组织负责协调。

2000年5月21日至26日，首次亚太区域示范林项目正式会议在临安召开

（布智明 2000年摄）

2001年6月，中国、菲律宾、缅甸、泰国、美国、加拿大、尼泊尔等国代表在临安商讨如何在实地水平制定和应用森林可持续经营的标准与指标。

临安示范林项目组织机构：

1. 临安示范林项目领导小组

组　　长：张守攻

联合组长：翁东潮、周国模

小组成员：姜春前、周玉祥、唐明荣

总 顾 问：竺肇华

2. 临安示范林项目秘书处

秘书处主任：唐明荣

联合主任：姜春前

秘书处副主任：刘　微、沈月琴

秘书处成员：葛华平、楼　涛、金海燕、李兰媖、吴伟光

3. 临安示范林合作伙伴委员会

主　　席：王安国

常务委员会：王安国、钱华春、夏玉云、许水森

（二）临安示范林竹业工作实践

1. 开展技术指导和培训

2002—2004年连续三年，临安召开无公害竹笋培育会议，120名科技人员在250个村开展无公害竹笋栽培技术的培训和现场指导。2003—2004年两年间共举办培训班73次，培训农民8368人。

2001年8月，临安示范林伙伴委员会举办食用竹笋和山核桃丰产技术培训。采用请伙伴单位浙江林学院和市林业局专家、教授、高级工程师课堂讲课、现场指导，同伙伴中科技示范户现身说法相结合的形式，给从事竹笋栽培的农民伙伴传授实用栽培技术，解决生产中遇到的实际问题，并组织参观安吉县竹子栽培示范点。

2. 发动示范林伙伴为政府开展决策咨询服务

2002年，临安示范林伙伴委员中的科技人员参与市政府开展的“献金点子”活动，共提出20多条建议，其中伙伴委员王安国的“发展20万株香榧建议”，获得临安市金点子一等奖。

3. 开展科研活动

针对临安森林可持续经营中迫切需要解决的问题，开展生态旅游、雷竹经营和生物多样性保护、地理信息系统、政策支持体系四项科学研究。

雷竹经营和生物多样性保护项目是针对近几年来由于过度开发、不当经营，导致竹林逐步退化等问题开展的研究项目。其具体内容是通过对不同人为干扰下雷竹林水土流失、生物多样性、土壤等状况的调查分析，提出一系列改进对策，并加以组织实施。

雷竹经营和生物多样性保护研究项目课题组开展实地调查　　（布智明 2015 年摄）

4.帮助伙伴单位拓展市场，促销产品

2001 年 3 月 16 日，临安示范林伙伴委员会承办“临安天目山竹笋赴南京促销”活动，杭州临安天目山绿色食品有限公司等 8 家示范林伙伴单位、20 余位伙伴参加。

同年 7 月 9 日至 10 日，组织 20 位伙伴赴上海举办临安市无公害蔬菜新闻发布会。

同年 8 月，组织临安绿色产业有限公司、太湖源白沙村、大峡谷镇、龙井桥等示范林伙伴单位、20 余位伙伴到上海考察市场，开展临安无公害蔬菜促销活动，扩大临安竹笋产品的知名度和市场占有率。

5.与伙伴单位一起开发新产品，提升产品档次

示范伙伴委员会的科技人员与临安竹笋开发研究所一起，开发“益华”脆笋系列新产品 8 个。展示会上，临安示范林伙伴单位同南京有关农贸市场、商场、超市、宾馆饭店建立合作关系。

示范林伙伴委员会带领青峰竹制品公司、天目山绿色有限公司等加工企业参加中国第三届竹文化节，开展产品展销活动。临安有三个竹制品获金奖，其中两个属于示范林伙伴单位。临安示范林伙伴单位三个林产品获浙江省名牌农产品称号，“天目山”牌竹笋获全国农产品博览会金奖和浙江省国际农产品博览会金奖。

6.市竹业协会不定期出刊《竹业通讯》，林业局科技人员编纂《竹子培育技术手册》两本。建立临安竹子示范点300个

（三）临安示范林在国内外的示范作用

1. 国内示范作用

1983 年，临安竹子面积为 43.45 万亩，2004 年达 96.3 万亩，增加 50 余万亩。2004 年竹笋产量为 16.5 万吨，全市农民人均收入 6602 元。伙伴单位之一的太湖源镇白沙村，2003 年农民人均收入 6018 元，2004 年增加到 7142 元。临安通过发展竹林增加农民收入、改善生态环境的做法与经验，给全国山区县市起到示范作用。2000 年、2001 两年中，共接待全国各地前来考察参观者 1500 多人。

2002年8月，国务院农村政策研究室和中国农经学会在吉林长白山举办“论农民增收成功之道”学术研讨会，临安示范林伙伴委员会主席王安国作题为《临安农民增收经验、问题、对策》交流发言，介绍临安示范林建设为农民增收所起的作用。多地要求帮助建设示范林。

2002年11月20日，临安示范林伙伴委员负责人参加浙江省林业技术人员高级研讨班，作“临安林业产业现状、经验、问题、对策”的交流发言，介绍示范林建设促进临安林业产业化进程的经验。

2. 国际示范作用

国际示范林会议代表在白沙村参观
（布智明 2004年摄）

自2000年加入国际示范林以来的两年中，临安示范林共接待9批、25个国家和地区的180多人以及国内1500多位代表参观考察。其中规模最大、时间最长的一次是2002年5月31日至2002年6月13日举办的示范林最佳经营实践和实用技术培训班，实际培训时间长达12天。与竹业有关的讲课内容有临安林业可持续发展概况、临安市竹笋产业发展的主要经验等。与竹业有关的参观内容有青山镇毛竹丰产林、上甘乡农村毛竹利用以及康鑫、西马克公司的竹笋加工厂，青峰公司的竹地板厂，太湖源镇的雷竹速生丰产林等。其间，培训班学员参加临安首届全国森林旅游节开幕式，参观博览会展厅，参加开展示范林发展和森林可持续经营国际研讨会、临安示范林建设的经验交流。各国学员还就如何在各自国家应用临安经验，与当地官员、专家和企业家进行座谈，并探讨与临安企业的合作，充分肯定临安示范林的成功之举。

五、出国考察

1987年2月15日至3月4日，临安罐头厂厂长、县竹业协会理事陈仲德应邀考察日本竹笋生产。1986年，临安清汁笋共出口1700吨，其中临安罐头厂出口1268吨，畅销日本市场。

1992年，临安县竹业协会理事长王安国应邀赴泰国清迈参加第四次世界竹子大会，在会上介绍临安竹产业发展情况。

1999年9月，王安国与中国示范林网络秘书长姜春前等3人应国际示范林秘书长江森邀请，考察加拿大示范林，并在加拿大赫里法克斯参加“加拿大示范林”“国际示范林网络”“国际林业可持续发展”学术研讨会，王安国在会上介绍临安示范林特别是临安示范林伙伴参与竹产业发展实现山绿民富的案例。

2000年4月12日至21日，王安国高工被国际竹藤组织邀请参加GTZ/INBAR国际中国热带地区竹藤发展研讨会。会议由海南和云南林业局承办，由当时的国际竹藤组织副总干事、GTZ/INBAR海南竹藤项目总顾问竺肇华教授主持。参加会议除海南和云南代表，还邀请浙江临安与安吉，福建、广东、四川，印度、菲律宾、马来西亚和尼泊尔知名竹藤名家共100多人参加。王安国作关于临安竹产业发展经验介绍。

同年8月27日至9月15日，在科技部和国际竹藤组织支持下，以竺肇华教授为团长的中国/INBAR专家团前往南美洲智利、厄瓜多尔和秘鲁三国考察当地竹子资源、竹子加工利用和竹子在当地经济发展中的作用。考察团成员有中国工程院院士、南京林业大学竹材工程中心主任张齐生教授、西南林学院副院长杨宇明教授、南京林业大学竹类研究所所长丁雨龙教授和INBAR项目经理Maxim Lobovikov。考察活动受到高度重视。秘鲁农业部部长、副部长，厄瓜多尔外交部、农业部、对外经济合作部、环境部的部长等政府官员听取考察团的报告和建议。考察团在上述三国先后进行7场学术报告，同时还展示了中国的竹产品和科研成果。此外，还举行两场新闻发布会。考察访问引起拉美地区对与中国合作发展竹产业产生了深远影响。自此，各国根据专家建议，开展竹子开发研究、建立示范基地、引进设备建立加工厂等，厄瓜多尔和智利还与临安太湖源竹种园合作开展引进优良竹种试种的工作。

同年9月4日至14日，周玉祥、俞锦章、何钧潮等参加日本福冈2000年新食品、新材料国际洽谈会。

2001年6月11日至7月1日，在中国科技部（MOST）和国际竹藤组织（INBAR）的联合支持下，以竺肇华教授为组长的中国竹藤专家代表团访问东非肯尼亚、坦桑尼亚和西非的加纳。代表团访问三国国家林业研究机构，并考察当地竹藤资源和开发利用情况。代表团对三国的竹藤产业发展提出宝贵建议，包括发展人工竹林和藤林、制定相关政策促进竹藤产业发展、引进优良品种、建立竹藤产业有关的政府部门和全国性协会机构，促进所在国竹藤事业发展。

2002年2月26日至3月12日，在科技部和国际竹藤组织支持下，作为对2001年上述非洲三国访问的后续行动，竺肇华教授率团再次访问加纳，对加纳从政府到地方的利益相关者进行能力建设，帮助当地研究人员清查竹藤资源，并对新建竹加工厂的机械操作进行培训。专家能力建设活动当时除了来自加纳竹藤网络（BARNET）的政府官员和企业家外，还有加纳劳工就业部部长、副部长和国家林业委员会主任，以及工业贸易部、财政部、加纳银行、人才培训中心的官员，联合国工业发展组织（UNIDO）、中国驻加纳大使馆的代表出席。

2002年11月，受国际竹藤组织驻拉美办事处和厄瓜多尔竹协会主席的邀请，中国专家团一行5人再次访问厄瓜多尔，根据2000年访问后对厄瓜多尔竹产业发展提出的建议，提供后续工作的咨询和培训。考察团拜访INBAR拉美办事处、厄瓜多尔研究机构，针对大学和厄瓜多尔竹协会成员作有关中国竹产业发展经验的报告，并针对竹手工艺社区开展竹工艺培训，访问竹子苗圃和竹子加工厂，并对其发展提出建议。专家组特别考察了厄瓜多尔新建的竹种园，查看50个竹种的生长状况，并进一步提出竹种园的发展和竹种利用建议。

2004年4月，由竺肇华教授带队，由许水淼、杨宇明组成的专家组访问孟加拉国，为法国公司竹加工提供咨询。

2005年7月17日至8月6日，竺肇华教授同热带竹开发与利用专家杨宇明教授、竹子加工工程师吴青三人前往哥伦比亚、厄瓜多尔和玻利维亚三国访问，为当地竹产业发展提供咨询和培训。

2006年6月，竺肇华教授、杭州青峰竹业许水淼先生和安吉竹木机械厂总负责人、国际竹藤组织贸易项目部主任 Maxim Lobovikov 一行，前往越南考察当地竹子加工产业并提供技术咨询。竺教授作为 PI 湄公河竹子项目顾问，2006—2012 年间数次访问越南、老挝、缅甸 PI 湄公河项目，同其他中国专家一道，陆续提供咨询和培训服务。

同年 10 月，王安国与竺肇华、太湖源观赏竹种园董事长陈奇梁应菲律宾总统办公室邀请，前往进行竹子考察和现场指导。

2007 年 8 月，在国际竹藤组织的支持下，临安太湖源观赏竹种园与菲律宾竹子基金会达成合作协议，向菲律宾引种 32 种竹子共 5800 多株竹苗，用于该基金会开展水土保持、绿化和扶贫项目。

同年 10 月，受 Oasis 公司邀请，竺肇华教授、杭州青峰竹业的许水淼和西南林业大学的杨宇明教授一道访问孟加拉国，为该公司在当地的竹子扶贫和环境改善项目提供咨询。

2008 年 3 月，王安国与竺肇华应智利农业部林业研究所邀请，前往考察该国农业部林研所引种中国竹苗的试验地，并作现场技术指导。

2008 年 4 月，在科技部的支持下，应智利农业部林业研究所要求，临安太湖源竹种园向智利引种了 27 个竹种。

同年 7 月，在国际竹藤组织的支持下，临安太湖源观赏竹种园与菲律宾竹子基金会达成合同，向菲律宾引种 32 种竹子共 5800 多株竹苗，用于该基金会在菲开展水土保持、绿化和扶贫项目。

应 Prosperity Initiative（PI）邀请，中国竹子专家、陈云华竹手工艺大师、INBAR 终身资深研究员竺肇华教授、林业部竹子发展研究中心丁兴萃教授、中国西南林业大学副校长杨宇明教授，从 2008 年 11 月 22 日到 12 月 5 日先后分别访问老挝万象郊区和越南河内郊区的竹手工加工的农户、工厂和公司，参加湄公河竹子项目研讨会（Mekong Bamboo Workshop）；参观湄公河竹子项目（MB）在越南清化（Thanh Hoa）省的示范基地；参观 PI 和荷兰发展组织（SNV）在老挝华潘省（Houaphanh）的竹子项目，同当地政府官员、项目人员进行讨论，并提交建议。

2009 年 11 月，竺肇华教授前往哥伦比亚参加竹子大会，作有关中国竹产业发展及其对当地社会经济环境作用的报告，受到与会代表欢迎。

2010 年 1 月，受 PI 邀请，竺肇华教授和云南竹子专家杨宇明教授访问老挝和越南，参加 PI 湄公河竹子项目会议，并提供咨询服务。

同年 5 月 9 日至 15 日，竺肇华和陈云华受美国国际开发署资助的亚洲生物多样性保护项目和英国资助的 Prosperity Initiative（PI）邀请，参加竹子大会并为两个项目提供咨询服务。

同年 11 月 21 日至 25 日，竺肇华教授和其他中国专家一行人受 PI 邀请前往越南河内参加全国竹子大会。会议期间中方专家团队为越南农业部制定全国竹子发展规划提出了重要的意见和建议，这些建议被纳入越南竹子发展规划并交由当时的越南总理签字。

2011 年 7 月，竺肇华教授和王安国教授受菲律宾慈桥基金会及菲律宾竹子基金会之邀考察菲律宾竹产业，察看 2007 年引种的竹子情况，并在碧桂瑶市参加菲律宾竹子基金会召开的全国竹业大会，作有关中国竹产业发展经验的介绍，为引种的竹子在菲律宾发挥水土保持和扶贫作用提供中国经验。

2012 年 7 月 12 日至 14 日，竺肇华教授受泰国木材协会邀请访问泰国，参加东盟国家森林产品俱乐部会议。

同年11月22日至30日，竺肇华教授和陈云华工艺大师应GIZ柬埔寨区域经济发展项目（Regional Economic Development，RED）的邀请，赴暹粒考察当地竹产业发展现状，并提出相应建议和意见。2013年6月，为进一步对暹粒竹资源保护和开发提出建议，竺教授邀请云南林科院专家杨宇明教授前往提供咨询和培训服务。

同年12月，在GIZ的请求下，临安现代林业科技服务中心协调云南的热带竹专家和四川的工艺大师前往柬埔寨暹粒，为当地竹子手工业发展和产品开发提供咨询服务。

同年12月5日至16日，竺肇华教授和丁兴萃教授受东帝汶私有产业促进部国务秘书邀请前往东帝汶考察该国竹子产业并提供咨询服务，其间该国第一夫人、政府要员等参加一个竹子种植基地的启动仪式。

2013年9月，竺肇化教授应国际竹藤组织南亚办事处邀请，参加在印度新德里举办的亚洲竹藤大会，作有关竹子开发方面的中国经验的汇报。

2015年3月22日至30日，竺肇华教授和安吉竹产业专家宣涛前往参加由尼日利亚环境部以及科技部原材料研究和开发委员会共同组织的利益相关者论坛，做有关竹开发与利用的报告，并对有关竹子开发部门开展培训和咨询服务。

同年9月16日至22日，市竹文化研究会顾问竺肇华到韩国达阳县，参加由世界竹子组织和达阳县联合举办的第十届世界竹子大会。大会授予竺肇华教授“竹子开拓者奖”。

2016年8月，竺肇华教授、四川竹工艺大师陈云华访问喀麦隆，考察该国竹藤资源，为其竹藤开发和利用出谋划策，并开展竹工艺培训。

2017年9月，竺肇华教授和王安国高工访问菲律宾，对其两个省的竹产业发展提供战略咨询服务。

同年11月，竺肇华教授和四川陈云华大师受邀赴马来西亚参加亚太竹编工艺联盟大会。大会由陈云华大师和来自中国香港地区和新加坡、马来西亚、印度尼西亚、泰国等国的华文报社联合发起，主旨是弘扬中国文化并进行扶贫。

2018年8月26日至9月2日，应肯尼亚、乌干达农业邀请，临安竹产业协会选派“天目笋干”传统制作技艺带头人、临安千茂竹笋专业合作社负责人郭恒峰远赴非洲，开办笋干加工制作培训班和实地指导，帮助肯尼亚、乌干达当地竹产业从业者提高竹笋加工技术。

临安千茂竹笋专业合作社负责人郭恒峰（前排左二）与非洲竹业从业人员合影留念

（朱伟 2018年摄）

同年10月，应菲律宾竹子基金会主席Edgardo Manda先生的邀请，竺肇华教授、金薇女士和西南林业大学孙茂盛老师三人前往菲律宾吕宋岛北部的班诗兰省巴颜邦市，为当地竹产业发展项目提供咨询。该项目由当地一家农业公司实施，是菲律宾竹业基金会的重点扶持项目，也是菲律宾环境与自然资源部重视的全国性示范项目。竺肇华、孙茂盛两位专家考察了苗圃和种植基地，与技术工人和农户座谈；随公司人员查看阿格诺河下游地带的天然竹林资源；参观竹子加工厂；考察附近农村和当地竹藤市场。根据调查情况和现场测量、评估结果，针对存在的问题，中国专家作调研报告，提出建议。之后，中菲专家合作撰写项目咨询报告。报告肯定项目前期工作成果，并提出一系列建议和意见。咨询期间，专家组还受邀前往碧瑶市参观考察，为2017年从太湖源竹种园引进菲律宾的亚热带竹种进行评估。

六、国际科技合作基地

2008年12月1日，科技部国际合作司下达《关于授予第三批9家单位“国际科技合作基地”称号的通知》，临安市太湖源镇人民政府入选。合作基地领域为农林业，法定代表人章登峰，联系人王安国，基地总顾问竺肇华，确定临安市现代林业科技服务中心为合作基地的具体承建单位。基地按照“积极拓展国际科技合作渠道，创新合作方式，提升合作层次，使‘国际科技合作基地’真正成为技术领先、人才集聚的国际化研发基地”的要求，充分利用基地为全国中小径竹第一大镇优势，以竹为媒，扎实开展国际科技合作，努力促进中国正能量声音传播和基地产业发展、农民增收，并带动相关山区的新农村建设。

1. 基地已开展的国际科技合作领域，主要有竹产业、农林业、中医药、生态环境、生态旅游、科技培训、会议论坛。

2. 合作对象：国际竹藤组织、国际林业研究中心、联合国粮农组织、联合国教科文组织、加拿大国际示范林网络、智利国农业部林业研究所、菲律宾竹子基金会、国际生态联盟、澳大利亚墨尔本大学、中国林科院农用林业研究中心、亚热带林业研究所、国家林草局竹子中心、国家林草局干部学院、中国示范林秘书处、中国林学会竹子分会、中国人民大学、北京林业大学、南京林业大学、浙江农林大学，浙江省、市、区林业局以及乡（镇）林业站、林业企业、杭州市临安区竹文化研究会。

3. 基地建立以来取得的主要业绩：通过国际科技合作项目的实施，促进中国正能量声音对外传播；国际科技合作项目的实施，使受训学员、参会代表和国际科技合作基地干部、农民、科技人员更新观念，得到信息，学到技术，实现双赢；国际科技项目的实施，加快国际合作基地成为现代林业科技研发和推广对接的服务平台，促进临安当地和省内外贫困山区县竹笋等非木质林产品产业转型升级、新农村建设和农民增收；国际合作基地成为国内外以竹子为主培训、考察基地。基地建立以来，已接待国外101个国家2000多名外宾和国内28个省、市（区）的100多个山区县3万多人次参观考察。

第三章　标准 专利 品牌

中华人民共和国成立前，竹材度量衡制及计量单位制较混乱，各地计量不统一，不利于竹材的收购、调拨与销售。中华人民共和国成立后，全国竹业计量、标准化管理工作得到重视和发展。

1985 年 4 月，《中华人民共和国专利法》开始实施，县林业系统积极开展专利申请。至 2019 年，临安共获国家专利局授权林业专利 38 项。

临安竹产业品牌是指有一定经济价值的竹产品无形资产，用特有抽象能识别的概念形容其中的差异性。企业为了确立自身产品的市场认可度，往往尽力打造产品品牌，以名优品牌拓展市场，提升市场竞争力。

第一节　标准化

1977—1982 年，毛竹丰产基地建设 52273 亩，渔用大毛竹基地建设 13862 亩。毛竹丰产基地自定标准：清除三头（柴蒲头、竹蒲头、石头），深挖 8 市寸，立竹 160 株，年留 40 株。

1997 年 4 月 28 日，市林业局下发《关于印发〈临安市毛竹发展技术标准〉的通知》，对毛竹新造林、杉木成熟林林地套种毛竹、垦复毛竹林均作出具体规定，林业部门在 9 月底组织验收。

同年，县竹协总结开展科技活动十件事，为搞好农业标准化，编写《雷竹笋早出丰产栽培技术规程》《临安菜竹竹种》《菜竹丰产栽培技术规程》《天目笋干竹林丰产栽培技术规程》四个标准，其中前三者为浙江省地方标准，后者笋干竹林为杭州市地方标准。1998 年四项标准通过审定。

2001 年，以临安市林科所为主的标准起草小组，先后参加省、杭州市和临安市的四个地方标准编制。其中《无公害竹笋》是全省第一个省级无公害林产品系列标准。在天目笋干产业不断发展壮大的同时，笋干产品标准化建设工作也在不断推进。临安市地方标准《天目笋干》等三个林业标准先后起草完成，分别通过专家审定。

2003 年 6 月 15 日至 16 日，国家质量监督检验检疫总局专家组对市竹笋协会提出的“天目笋干”原产地认证申请进行实地评估和认证，8 月 25 日颁发原产地标记注册证。这是临安市首次通过认证的原产地标记林产品。

天目石笋干是天目笋干中品质最好最具优势的品种。2003 年，由市林科所组织实施的“天目石笋干特色示范基地”，通过两年的基础设施建设、品牌建设、科技推广和产业化建设，其经营水平和经济效益达到省内领先水平，基地单位面积产值和效益名列全省前列，为笋干竹经营提供良好示范。同年，天目石笋干基地被授予“杭州市十佳都市农村示范园区”称号。3 万亩天目笋干基地、“郭氏”天目笋干生产基地通过省森林食品基地认证。

2003年，浙江省被列为全国森林食品认证试点省。当年全省有53个基地、20个产品通过首次认证。杭州临安天目山绿色食品有限公司的“郭氏”牌天目笋干入选，同时3万亩天目笋干基地通过浙江省森林食品基地认证。同年，大地食品有限公司在千洪生产的天目石笋干，注册“原乡人”商标，全年生产120吨，产值260万元。

2004年，杭州临安天目绿色食品有限公司“郭氏”牌笋干获评浙江省名牌产品，“郭氏”商标获评浙江省著名商标。

同年，经农业部农产品质量安全中心认证，杭州临安大地食品有限公司的“原乡人之恋”石笋干、杭州临安天目绿色食品有限公司的“郭氏”笋干、杭州西马克食品有限公司的“西马克”笋丝、临安市西天目食品加工厂的“天目峰”笋干等7家单位的7个产品符合无公害农产品标准，获“国家绿色农产品”称号，准予在产品或产品包装上使用无公害农产品标志，有效期为2004年4月至2006年11月。

同年，市林业局与中国林科院合作，承担制定国家林业行业标准2003—LY—006《雷笋生产技术规程及产品质量等级》。针对全市休闲笋干发展较快，质量水平混乱的情况，市林业局与市竹笋加工企业协会共同制定DB 3301/000.1—2004《天目休闲笋干加工技术要求》标准，规范休闲笋干加工技术要求和质量标准。自1998年临安被列为全国林业标准化示范市以来，根据国家林业局要求，全市标准化建设不断推进和完善，临安市主持或为主参加制订的省、市、县级林业地方标准与规范共17个，全市林业标准累计推广面积13.8万公顷，实施标准化管理的区域面积达80%左右。

2005年，先后在太湖源、西天目、千洪等竹笋重点乡镇，取样检测30批次鲜笋，对农药残留进行检测分析，并对结果跟踪指导。在雷竹退化林地和秋笋示范点取土样48个，检测土壤N、P、K有效养分，分析土壤理化性质，对土壤养分进行评价。指导竹农合理施肥，推广平衡配方施肥，提高竹笋品质。此外，还对全市菜竹、笋干竹都市林业示范园区及各类示范基地定点跟踪监测和检测，推进标准化生产，确保食用林产品的质量安全。

在市技术监督局的支持帮助下，市竹笋加工协会与市林科所合作制定《天目笋干加工技术要求》，笋干质量普遍提高。协会再次与市林科所合作制定《天目休闲笋干加工技术要求》，2006年6月3日正式发布实施。

为了推进食品安全，市竹笋加工协会先后支持帮助松友、康鑫、西马克、裕隆、菜篮子等5家企业实施HACCP食品安全管理体系认证，菜篮子公司还进行ISO 9001和9550亩丰蕾笋、健脚笋的有机生产、加工认证。2005年，西马克率先进行QS市场准入制认证，接着先后有28家企业进行QS认证。2006年，针对手剥笋新产品出现的质量问题，协会着手制定《天目手剥笋加工技术规程》，同年11月8日由临安质量技术监督局发布实施。至2006年，全行业已投入292万元资金新建或改建8900平方米车间，投资49万元改造或新建11间化验室，新增土地25亩。上述举措推进竹笋加工纳入清洁型、标准化生产轨道。

2006年，市竹笋加工协会利用产地产品认证、标准化推广项目、农产品质量安全抽查、森林食品跟踪检测等形式，对基地环境、产品质量进行检测监控，对竹笋重点产区进行质量抽样检测。组织和配合抽查竹笋45批次、笋干8批次；产品和基地认证检测13批次，环境检测38批次。食用林产品抽检合格率100%。检测康鑫、万丰竹笋无公害农产品2只，全部合格。

同年，市竹笋加工协会修订省级地方标准《无公害竹笋》，编制完成国家林业局的行业标准《雷竹笋生产技术规程及产品质量等级》。编制完成临安市地方标准《天目手剥笋》，并由市技术监督局颁布实施。

同年新增“文同”牌水煮笋浙江省名牌产品1个，“浙福”牌水煮笋和“竹片”竹地板杭州市名牌产品2个。

天目雷笋、天目笋干、天目手剥笋是临安的特色产品。市竹产业协会会同市质量技术监督局、市林业局、市林科所起草“天目雷笋”“天目笋干”“天目手剥笋”技术标准。根据评审会专家意见，再次修改后，市质量技术监督局于2007年7月16日正式发布。在产品标准基础上，协会通过杭州钱江商标事务所上报国家商标局，申请“天目雷笋”“天目笋干”证明商标以及“天目手剥笋”的集体商标注册登记。国家工商行政管理总局商标局于2007年10月24号正式受理申请。当年临安通过QS认证的山核桃、竹笋加工企业有82家。

2008年，市竹产业协会受杭州市有关部门委托，主持起草杭州市农业标准规范“雷竹笋”系列标准，经专家评审后获得通过。

同年开展天目雷笋品牌推广和营销网络建设，组织企业参加无锡、北京竹笋推介会和义乌（国际）森林产品博览会。

2009年1月，经国家工商行政管理总局商标局批准，临安有9家企业成为“天目笋干”证明商标授权信用单位。

2011年1月，浙江大学CARD农业品牌研究中心发布2010年中国农产品区域公用品牌价值评估报告。“天目雷笋”“临安山核桃”“天目笋干”三个农产品区域公用品牌价值被列入全国百强。其中，“天目雷笋”品牌价值15.85亿元，“天目笋干”11.72亿元，分别排在第61位、第80位。

同年，全市实施竹林、山核桃林生态化治理25995亩。全面完成康鑫公司省级现代毛竹主导产业示范区和红叶、武村两个特色林业精品园区建设。启动实施全国雷竹标准化示范与推广项目，完成测土配方施肥面积10995亩，新申报森林食品基地7500亩、无公害基地2万亩、无公害产品9个。

临安是全国林业标准化建设示范市。至2011年，由临安市主持或参与制订的国家级、省级、市级等竹笋行业标准15个，主持和参加完成的竹笋科研项目获部、省级奖共12项。

2012年建立雷竹退化林改造示范区4个，实施退化雷竹改造21232亩。完成全国雷竹标准化示范与推广项目。申报绿色食品5个，认证森林食品基地5000亩，复证10430亩，复证无公害基地11.1万亩。

2013年，市竹产业协会制定联盟标准，规范笋干加工。笋干当时尚无国家、部级、省级统一的产品质量标准。市竹产业协会会同市质监局起草市竹产业协会联盟标准《笋制品（蔬菜干制品）》，并于 11 月 26 日召开审定会，形成该标准的送审稿。

2014 年，由市竹产业协会联合林业科技推广总站完成修订《菜竹可持续栽培技术规程》，成为浙江省地方标准。撰写《临安市雷竹林经营状况调查》《临安竹笋传统产业的转型、创新与提升》《转型升级促进竹业持续发展》《雷竹笋低价原因调查分析及对策建议》等多篇报告，为市委、市政府和林业职能部门实施宏观决策提供相对准确可靠的依据。参与起草“竹笋安全加工技术示范与推广”“优新经济竹类产业化开发关键技术集成与推广”，制定国家林业行业标准 LY/T 2138—2013“早竹笋生产技术规程及产品质量等级”，修订省级标准 DB33/T 224—2015“菜竹栽培技术规程”，努力推进竹笋的标准化生产。

2016 年，“天目笋干”获评全国百强果蔬品牌。

2017 年 3 月 29 日，中国林科院李忠魁、省林科院宋绪忠到临安调研竹产业标准化作。同年与余杭区合作，共同完成浙江省地方标准《退化早竹林更新改造技术规程》和杭州市地方标准《覆盖出笋早竹林种竹留养技术规程》。

“天目雷笋”品牌价值证书　　　　（朱伟 2018 年摄）

2017 年，“天目笋干”中国农产品区域公共品牌价值评估值为 14. 3 亿元，2018 年超过 15.3 亿元。2018 年“天目雷笋”品牌价值为 22.62 亿元。2019 年 10 月，“天目笋干”通过全国农产品地理标志登记专家评审，正式获得国家农产品地理标志称号。

1997—2017 年临安制定的竹、笋标准一览表

表 5-3-1

序号	标准名称与标准号	主要起草人	发布日期	级　别
1	雷竹笋早出丰产栽培技术规程 DB33/T 211—1997	何钧潮、袁祥海、俞荣林、周华嫉	1997.12.15	省地方标准
2	临安菜竹竹种 DB33/T 223—1998	何钧潮、朱丽萍、唐明荣	1998.1.18	省地方标准
3	临安菜竹丰产栽培技术规程 DB33/T 224—1998	何钧潮、朱丽萍、唐明荣	1998.1.18	省地方标准
4	天目笋干竹林丰产栽培技术 DB3301/T 002　1998	何钧潮、朱丽萍、唐明荣	1998.8.18	杭州市级标准
5	无公害竹笋 第 1 部分：产地环境 DB33/333.1—2001	周　骋、陈建寅、何钧潮、陈天霞、华锡奇、金爱武、肖新方、胡国良、周晓丽	2001.11.8	省地方标准
6	无公害竹笋 第 2 部分：生产技术规程 DB33/333.2—2001	何钧潮、陈建寅、胡国良、华锡奇、陈天霞、周　骋、周云娥、金爱武、柴振林	2001.11.8	省地方标准

续表 5-3-1

序号	标准名称与标准号	主要起草人	发布日期	级　别
7	无公害竹笋 第 3 部分：质量要求 DB33/333.3—2001	陈天霞、陈建寅、何钧潮、周晓丽、华锡奇、金爱武、肖新方、周　骋、胡国良	2001.11.8	省地方标准
8	无公害竹笋 第 1 部分：产地环境 DB33/333.1—2006	周　骋、陈天霞、陈建寅、何钧潮、华锡奇、金爱武、周云娥、肖新方、胡国良、周晓丽、柴振林	2006.1.5 修订	省地方标准
9	无公害竹笋 第 2 部分：生产技术规程 DB33/333.2—2006	陈建寅、何钧潮、周　骋、华锡奇、陈天霞、金爱武、周云娥、胡国良、肖新方、周晓丽、柴振林	2006.1.5 修订	省地方标准
10	无公害竹笋 第 3 部分：质量要求 DB33/333.3—2006	陈天霞、陈建寅、肖新方、周　骋、何钧潮、华锡奇、金爱武、周云娥、胡国良、周晓丽、柴振林	2006.1.5 修订	省地方标准
11	天目手剥笋加工技术规程 DB330185/T 014—2006	何钧潮、俞锦章、丁　敏	2006.11.8	县级标准
12	天目手剥笋（产品标准）DB330185/T 020—2007	何钧潮、俞锦章、丁　敏	2007.7.16	县级标准
13	天目笋干（产品标准）DB330185/T 021—2007	何钧潮、张　慧、丁　敏、俞锦章	2007.7.16	县级标准
14	天目雷笋（产品标准）DB330185/T 022—2007	何钧潮、丁　敏、张　慧	2007.7.16	县级标准
15	雷竹笋（系列标准）DB3301/T 118—2007	何钧潮、丁　敏、张　慧	2007.12.21	杭州市级标准
16	无公害菜竹栽培技术规程 DB33/T 224—2009	何钧潮、张　慧、唐明荣、丁立忠	2009.11.25 修订	省地方标准
17	早竹笋生产技术规程及产品质量等级 LY/T 2138—2013	姜春前、何钧潮、唐明荣、白彦锋、朱永军、沈振明、张　慧	2013.3.15	国家行业标准
18	菜竹栽培技术规程 DB33/T 224—2015	何钧潮、沈振明、林新春、张　慧、张有珍、丁立忠、朱　伟	2015.5.7 修订	省地方标准
19	退化早竹林更新改造技术规程 DB33/T 2065—2017	刘　军、何钧潮、李　辉、邵香君、刘振勇、刘彩凤、张树峰、吴惠媖、任　超、张燕萍、黄建明	2017.12.5	省地方标准
20	覆盖出笋早竹林种竹留养技术规程 DB3301/T 1090—2017	刘　军、余　方、丁立忠、徐昊昱、余兆根、徐　浩、陈　军、汪智勇、唐凯明	2017.12.25	杭州市级标准

说明：本表中，国家行业 1 项，省级 7 项，省级修订 5 项，杭州市级 3 项，临安县级 4 项。

第二节　专　利

1984 年 3 月，全国人民代表大会常务委员会通过《中华人民共和国专利法》，专利法开始实施。以下为 2013—2019 年临安部分企业专利情况。

2013—2019年临安部分企业专利一览表

表5-3-2

专利所有人	类 别	专利名称	专利号	获得时间	有效期
杭州西马克食品有限公司	外观设计专利	包装袋（山珍玉笋）	ZL 2013 3 0568053.X	2013.11.22	10年
杭州西马克食品有限公司	外观设计专利	包装箱（山珍玉笋）	ZL 2013 3 0568054.4	2013.11.22	10年
杭州西马克食品有限公司	外观设计专利	包装组合（山珍玉笋）	ZL 2013 3 0568056.3	2013.11.22	10年
杭州西马克食品有限公司	外观设计专利	罐头盒（油焖笋）	ZL 2014 3 0222273.1	2014.7.4	10年
杭州临安博创农业科技有限公司	实用新型专利	一种用于制作竹笋脆片的膨化器	ZL 2019 2 1415254.4	2019.8.28	10年
杭州临安博创农业科技有限公司	实用新型专利	一种竹笋脆片膨化设备	ZL 2019 2 1414777.7	2019.8.28	10年
杭州临安博创农业科技有限公司	实用新型专利	一种竹笋蒸煮用托架	ZL 2019 2 1424649.0	2019.8.29	10年
杭州临安博创农业科技有限公司	实用新型专利	一种竹笋自动漂洗装置	ZL 2019 2 1414815.9	2019.8.28	10年
杭州临安博创农业科技有限公司	实用新型专利	一种竹笋专用杀菌槽	ZL 2019 2 1414815.9	2019.8.29	10年
杭州临安博创农业科技有限公司	实用新型专利	一种竹笋蒸煮灭菌装置	ZL 2019 2 1425153.5	2019.8.29	10年
杭州临安博创农业科技有限公司	实用新型专利	一种酱类食品生产搅拌装置	ZL 2019 2 1424608.1	2019.8.29	10年
杭州意向竹业有限公司	实用新型专利	箱式折叠方桌	ZL 2008 2 0162063.7	2009.6.17	10年
杭州意向竹业有限公司	实用新型专利	一种深度染色的组合竹板	ZL 2010 2 0243083.4	2011.2.9	10年
杭州意向竹业有限公司	发明专利	一种竹条深度染色工艺	ZL2010 1 0214105.9	2012.6.13	20年
杭州意向竹业有限公司	外观设计专利	办公桌圆弧桌面	ZL 2017 3 0248445.6	2017.12.8	10年
杭州意向竹业有限公司	外观设计专利	餐桌桌面	ZL 2017 3 0255038.8	2017.11.14	10年
杭州意向竹业有限公司	外观设计专利	办公桌桌面斜边	ZL 2018 3 0084154.2	2018.3.7	10年
杭州意向竹业有限公司	外观设计专利	办公桌桌面方型	ZL 2018 3 0085049.0	2018.3.7	10年
杭州意向竹业有限公司	发明专利	一种圆弧办公桌及其切割装置、生产工艺	201811498970.3	—	10年
杭州意向竹业有限公司	实用新型专利	一种无滑轨轴结构及带有该无滑轨抽屉结构的书桌	201822058422.0	2018.12.8	10年

续表 5-3-2

专利所有人	类　别	专利名称	专利号	获得时间	有效期
杭州意向竹业有限公司	实用新型专利	同步升降的电动升降立柱系统	ZL 2019 2 1816691.7	2019.10.26	10年
杭州森瑞竹木业有限公司	实用新型专利	一种竹皮IPAD电脑多功能外壳	ZL 2012 2 0161565.4	2012.12.12	6年
杭州森瑞竹木业有限公司	实用新型专利	一种竹皮锥形杯壳体	ZL 2012 2 0161524.5	2012.12.5	9年
杭州森瑞竹木业有限公司	实用新型专利	一种竹皮杯套	ZL 2012 2 0276462.2	2013.2.6	8年
杭州森瑞竹木业有限公司	实用新型专利	一种竹皮卷管	ZL 2012 2 0342474.0	2013.2.6	9年
杭州森瑞竹木业有限公司	实用新型专利	竹皮箱包	ZL 2012 2 0150489.7	2013.1.2	6年
杭州森瑞竹木业有限公司	实用新型专利	一种竹皮拉杆行李箱	ZL 2012 2 0175407.4	2012.12.5	9年
杭州森瑞竹木业有限公司	实用新型专利	一种竹皮保温杯	ZL 2011 2 0189030.3	2012.2.15	8年
杭州森瑞竹木业有限公司	实用新型专利	一种竹皮垃圾桶	ZL 2010 2 0590338.4	2011.6.29	6年
杭州森瑞竹木业有限公司	实用新型专利	一种竹皮画	ZL 2012 2 0474259.6	2013.3.20	5年
杭州森瑞竹木业有限公司	实用新型专利	一种竹皮组合文件架	ZL 2010 2 0575376.2	2011.6.29	6年
杭州森瑞竹木业有限公司	实用新型专利	一种竹制咖啡壶	ZL 2012 2 0459637.3	2013.3.20	5年
杭州森瑞竹木业有限公司	实用新型专利	一种竹制卷筒纸巾盒	ZL 2011 2 0180793.1	2011.11.30	6年
杭州森瑞竹木业有限公司	实用新型专利	一种竹皮拎袋	ZL 2010 2 0676195.9	2011.10.12	6年
杭州森瑞竹木业有限公司	实用新型专利	一种竹皮手机保护壳	ZL 2012 2 0140120.8	2012.11.21	7年
浙江临安三和园竹盐食品有限公司	发明专利	竹盐的烤熔熏制法	ZL 99109132.9	2002.8.14	20年
浙江临安三和园竹盐食品有限公司	发明专利	烤盐的加工装置与方法	ZL 2014 1 0040643.9	2018.9.24	20年
浙江临安三和园竹盐食品有限公司	实用新型专利	滚筒式烤盐炉	ZL 2014 2 0054633.6	2014.8.13	20年
浙江临安三和园竹盐食品有限公司	实用新型专利	竹盐中温烘烤柴炉	ZL 2013 2 0478909.9	2014.1.8	20年
浙江临安三和园竹盐食品有限公司	实用新型专利	烤盐冷却设备	ZL 2018 2 0451572.5	2019.4.19	20年

续表 5-3-2

专利所有人	类　别	专利名称	专利号	获得时间	有效期
浙江临安三和园竹盐食品有限公司	实用新型专利	烤盐炉及点火控制系统	ZL 2018 2 0451480.7	2019.6.28	20 年
浙江临安三和园竹盐食品有限公司	实用新型专利	九次熔化竹盐高温熔化炉系统	ZL 2018 2 2119932.4	2020.5.22	20 年
浙江聚贤盛邦农业科技有限公司	发明专利	一种碱性生物有机酶肥及其制备方法	2017112567168	2017.12.4	复审
浙江聚贤盛邦农业科技有限公司	发明专利	一种碱性雷竹专用配方肥料及其应用	2017112567187	2017.12.4	复审

第三节　品牌建设

1986 年，县竹笋服务中心提出六条发展竹笋生产的建议，其中第六条是恢复名牌产品天目笋干。建议要从生产方法和加工焙制上提高质量，恢复名誉，争取市场。此外，各地均有传统名品，临目、杨岭等地的“早园凤尖”，上甘、三口等地的“天目挺尖”，於潜等地的“天目焙熄”，均宜恢复发展。还可研发新产品，例如小包装的油焖笋、怪味笋等，采取多种方法加工利用，搞活流通，促进竹笋生产发展。

同年，县竹笋服务中心提出改造笋干林的意见。天目笋干是县域传统特产。全县有天目笋干竹林 17 万亩，年产笋干 500 吨左右。由于长期以来对培育重视不够，笋干亩产只有 3 千克。为了恢复传统特产，要求从改造天目笋干林着手，开展集约经营，加强培育管理，打响品牌。根据石门乡林家塘村经验，笋干林改造可使笋干产量翻一番。为此，特提出在 1987 年产笋以前，全面进行劈山抚育。

1987 年，县竹业协会提出“主产名牌化”，发展县域的名优产品。殷家山毛竹节长，肉厚，韧性好，被誉为“关刀竹”而畅销杭嘉湖和长江三角洲地区；天目笋干有“甲于诸蔬”，“清鲜盖世”之称；县域的雷笋、哺鸡笋，个体粗壮，味道清鲜，深受市场欢迎。对县域名优产品，要不断提高科技含量，改进管理方法，提高质量，占领市场。

1998 年，“西马克”牌山珍玉笋、“天目”牌雷笋以及“三峰”牌和“竹”牌竹胶地板 4 个产品获评浙江省级金奖，“竹浴”牌竹衣系列产品获评省级银奖。

天目雷笋以品种优良、肉厚肥壮、色白质嫩、味美可口、产量高、效益好而深受菜农与消费者喜爱。由临安市林业科技推广总站申报的天目雷笋，获评浙江省 1998 年农展会金奖产品。

1999 年 9 月，“西马克”牌山珍玉笋、“郭氏”牌天目笋干被认定为名牌产品，获评’99 中国国际农业博览会金奖。同年 10 月，国家林业局、国际竹藤组织和湖南省举办的’99 中国文化节国际竹业博览会上，临安 6 家企业参展，“郭氏”牌天目笋干系列、“青峰”牌竹地板、天目发展有限公司的竹艺系列产品获评金奖。同年 12 月在杭州市举办的优质农产品展销暨新技术交易会上，“青峰”牌竹地板、“天目”牌天目焙熄获评杭州市政府金奖。“老毛”牌笋干系列、天目笋干豆、“森之维”牌原汁酱笋、“竹浴”牌竹衣和竹装饰品系列获杭州市政府银奖。同年天目雷笋获浙江省农展会金奖。

杭州东林食品公司笋产品质量优良，赢得外商青睐。1999 年出口笋干 1 吨，成为临安首家进入美国市场的食品生产厂家。

2000 年，郭氏笋干、“竹”牌竹制无尘企口竹地板获杭州市政府金奖。

2002 年，临安市“浙福”牌水煮笋、“天目山”牌菜竹笋、郭氏笋干、西马克笋丝、“临宝”牌天目鲜笋、“天目峰”牌笋干获评省级绿色农产品标志产品。“郭氏”牌商标获评临安市优质农产品杭州市级著名商标。同年，临安市被评为浙江省森林食品基地。

2003 年 6 月 15 日至 16 日，国家质量监督检验检疫总局专家组，对临安市竹笋协会提出的“天目笋干”原产地认证申请进行实地评估和认证。8 月 25 日，颁发原产地标记注册证，这是临安市首次通过认证的原产地标记林产品。

天目石笋干是天目笋干中品质最好、最具优势的品种。2003 年，由市森科所组织实施的“天目石笋干特色示范基地”，通过两年的基础设施建设、品牌建设、科技推广和产业化建设，其经营水平和经济效益达到省内领先。基地单位面积产值和效益名列全省前列，为笋干竹经营提供良好示范。2003 年，天目石笋干基地被授予“杭州市十佳都市农村示范园区”称号。3 万亩天目笋干基地、“郭氏”天目笋干生产基地通过省森林食品基地认证。同年，大地食品有限公司在千洪生产天目石笋干，注册“原乡人”商标，全年生产 120 吨，产值 260 万元。

毛竹、菜竹是市域主导林产品。临安为此加大基地建设投入，实施标准化生产，促进产业化发展，提升主导产业生产水平和产品质量，得到省林业厅支持。2003 年，康鑫 6 万亩毛竹笋基地被列为省森林食品基地，太湖源雷竹笋基地被列为省特色优势林特产品基地。

2004 年，天目绿色食品有限公司“郭氏”牌笋干获评浙江省名牌产品，“郭氏”商标获评浙江省著名商标；杭州康鑫食品有限公司“文同”牌水煮笋获评杭州市名牌产品。

同年，经过农业部农产品质量安全中心认证，杭州康汇食品有限公司的爽口圆笋心、杭州临安大地食品有限公司的“原乡人之恋”石笋干、杭州临安天目绿色食品有限公司的“郭氏”笋干、市竹业协会的“天目山”菜竹笋、杭州西马克食品有限公司的“西马克”笋丝、杭州临安临宝食品有限公司的“临宝”天目鲜笋、临安市西天目食品加工厂的“天目峰”笋干等 7 家单位的 7 个产品符合无公害农产品标准，获“国家绿色农产品”称号，准予在产品或产品包装上使用无公害农产品标志，有效期为 2004 年 4 月至 2006 年 11 月。

至 2004 年年底，全市共有 9 家竹笋加工企业通过 ISO 9000 认证。西马克、康鑫、松友、裕隆等 4 家企业通过 HACCP 食品安全管理体系认证。松友公司水煮笋在日本获得有机食品认证。康鑫公司、天目山绿色公司等 2 家企业获评省级农业龙头企业，康鑫公司获评为第一批浙江省农业科技企业。松友公司实施“走出去”战略，以福建“三和集团”名义获“国家级农业龙头企业”称号。

2005年，临安通过省森林食品基地认证面积52020亩，分别是康鑫公司“文同”毛竹笋4万亩、市竹业协会“天目山”雷竹笋1万亩、万丰公司“万丰”笋干2020亩。通过现场评价、环境检测、产品检测的5家企业分别是申宝、临佳、东升、山妹子、恒利，杭州菜篮子公司通过有机食品认证。

2006年，临目有机笋干、康鑫有机水煮笋、菜篮子有机健脚笋、丰蕾雪菜笋通过有机认证。当年临安有机基地认证面积2.16万亩，其中，康鑫竹笋8200亩，临目东坑笋干竹2000亩，“菜篮子”竹笋9550亩。杭州康鑫“文同”毛竹笋通过无公害农产品认证。通过森林食品基地认证企业2家，森林食品基地认证2个，面积1.34万亩，其中，杭州临安三宝特产加工厂竹笋基地4895亩。

同年，利用产地产品认证、标准化推广项目、农产品质量安全抽查、森林食品跟踪检测等形式，对基地环境、产品质量进行检测监控，对竹笋重点产区进行质量抽样检测。组织并配合抽查竹笋45批次、笋干8批次；基地认证检测产品13批次，环境检测38批次。食用林产品抽检合格率100%。检测康鑫、万丰竹笋无公害农产品各1种，合格率100%。

同年，新增“文同”牌水煮笋浙江省名牌产品1种，“浙福”牌水煮笋和“竹片”竹地板杭州市名牌产品2种。新增三林毛竹合作社、大同竹笋合作社、协禾杨桐柃木合作社林业专业合作社3家。康鑫公司被评为全国经济林产业化龙头企业。

同年修订省级地方标准《无公害竹笋》，编制完成《雷竹笋生产技术规程及产品质量等级》国家林业局的行业标准。市竹笋加工企业协会编制完成临安市地方标准《天目手剥笋》，并由市技术监督局颁布实施。

2007年，完成天目笋干、天目雷笋两个证明商标和天目手剥笋集体商标的申报工作。

2008年，开展天目雷笋品牌推广和营销网络建设，组织企业参加无锡、北京竹笋推介会和义乌（国际）森林产品博览会。

2009年1月，杭州市农办、杭州市质量技术监督局、杭州日报社联合举办“杭州七宝”大型优质农产品评选活动。“杭州七宝”是指七类具有鲜明地域特色、深厚文化内涵、广泛群众基础的优质农产品，分别是茶叶、山核桃、竹笋、蜂制品、甲鱼、有机鱼和酱菜。经评选，临安竹笋被列入“杭州七宝”，其中，“深宝”“世外桃源”“人长久”“天目雷笋”“郭氏笋干”“绿叶笋干”6个商标获“杭州七宝”品牌产品称号。

同年，市竹产业协会创建龙头企业、品牌建设及新产品开发取得新成绩。菜篮子、天目山竹业2家公司获评为省林业龙头企业，亚克西、九仙食品成功申报临安市农业龙头企业。菜篮子公司的“丰蕾”牌产品获评为杭州市著名商标和名牌产品。

同年7月13日，市政府下发批复文件，同意市竹产业协会为“天目雷笋”证明商标注册申请人，并承担“天目雷笋”证明商标的保护和管理职责。

同年，市竹产业协会启动“天目笋干”证明商标的推广使用，协助林业局于5月27日举行启动仪式，授予天目山、绿叶等五家企业为首批使用单位。

同年，市竹产业协会注册的“天目笋干”“天目雷笋”两件原产地地理标志证明商标获国家商标局注册。“临安山核桃”“天目笋干”商标是杭州地区第四件、第五件注册商标。山妹子、大地食品、绿叶食品等5家企业成为首批“天目笋干”证明商标许可使用单位。

2010年，市竹产业协会开展林产品区域品牌提升年活动，组织参加浙江笋竹产品西北行、中国义乌（国际）森林产品博览会等活动。

同年推进“天目笋干”“天目雷笋”两个证明商标的使用管理。4月14日召开证明商标使用管理工作会议，总结推进“天目笋干”使用管理工作。2010年新增4家，共有9家企业使用“天目笋干”证明商标，笋干达460吨，占全市天目笋干总量的13%。选择横畈竹笋专业合作社作为“天目雷笋”的试点单位，帮助指导该合作社从生产源头抓起，控制化肥使用，推广生物有机肥料，提高竹笋品质，逐步打造“天目雷笋”品牌。

同年4月底，市竹产业协会与中央电视台军事·农业频道《农广天地》栏目组拍摄专题片《天目笋干》，以绿叶公司武山基地为拍摄场地，协助拍摄天目笋干从原料采集到成品出厂检验全过程。

2011年1月，浙江大学CARD农业品牌研究中心发布2010年中国农产品区域公用品牌价值评估报告。“天目雷笋”“临安山核桃”“天目笋干”3个农产品区域公用品牌价值被列入全国百强。其中，“天目雷笋”品牌价值15.85亿元，“临安山核桃”12.95亿元，“天目笋干”11.72亿元，分别排在第61位、第72位、第80位。2011年6月5日，中国农产品区域公用品牌价值评估报告发布，临安“天目雷笋”“临安山核桃”“天目笋干”3个农产品区域公用品牌价值跻身全国百强。

同年，市竹产业协会继续推广天目笋干证明商标，该商标使用单位达到10家，笋干总量达到385吨。“天目雷笋”证明商标的试点工作在横畈专业合作社展开。该合作社从天目雷笋品质要求出发，大力推进规模化、设施化、标准化建设，全程控制天目雷笋的生产过程，定点供应市场，取得一定成绩。当年太湖源裕生竹笋专业合作社也加入试点。通过上述两个试点，探索“天目雷笋”证明商标的运作经验。

2012年3月，浙江大学CARD农业品牌研究中心发布2011年中国农产品区域公用品牌价值评估报告，“天目雷笋”“天目笋干”两个农产品区域公用品牌价值进一步提升。“天目雷笋”品牌价值16.95亿元，“天目笋干”品牌价值13.25亿元，分别比上提升1.1亿元和1.53亿元。

同年5月21日，市竹产业协会召开“天目笋干”证明商标工作会议，11家使用单位交流商标使用的做法和经验，分析笋干生产和市场形势，肯定“天目笋干”证明商标的运用对提高笋干质量、扩大天目笋干影响力、促进笋干增值增效的积极推动作用。

中国农产品区域公用品牌价值评估，2013年“天目雷笋”品牌价值为18.98亿元，比2010年15.85亿元提升19.75%；“天目笋干”品牌价值为13.59亿元，比2010年的11.72亿元提升15.96%。2013年，“天目笋干”被列入国家《地理标志产品大典》。

市竹产业协会开展新型林技推广体系建设，推进品牌、标准化和食品安全建设。2013年自检“天目雷笋”鲜笋823个批次，市质量技术监督局抽检22个批次。实施“全国雷竹标准化示范区建设”项目，建立100个农户雷竹林生态经营动态监测观察点。实施“千里富民林道”建设，完成富民林道 307 千米。推进电子商务，配合淘宝中国特色馆——临安馆建设与运营工作。

杭州西马克食品有限公司产品在浙江农业博览会上获得金奖
（杨菊三 2018 年摄）

2016 年，杭州西马克食品有限公司生产的竹笋系列产品获“浙江省名牌产品”称号。

2018 年 11 月，杭州西马克食品有限公司产品在浙江农业博览会获“金奖产品”称号。

西马克公司主营“西马克”牌竹笋系列制品，主要产品于 1999 年获得’99 北京农博会金奖后，多次获省市农博会产品金奖、银奖。

临安从 2003 年开始申报浙江省森林食品基地，先后共有 23 家企业协会获得“浙江省森林食品基地”称号，总面积达 27.0645 万亩。

2018 年，临安拥有“天目雷笋”和“天目笋干”两个证明商标，每年都在全国各地重点进行宣传和推荐，品牌价值快速提升，势头强劲。其中“天目雷笋”被评为 2016 年度中国果蔬产业百强地标品牌、2017 浙江知名农业品牌；2017 年品牌价值 22.62 亿元。“天目笋干”被评为 2016 年度中国果蔬百强品牌；2017 年品牌价值 14.3 亿元。

协会对使用这两大区域品牌的企业和产品进行严格有效的管理，同时帮助企业、合作社开展知识产权保护工作，及时申请注册属于企业所有的商标和品牌，建立网站网店，提升品牌影响力。

2019 年 9 月 24 日至 26 日，临安区报送的天目笋干在当年第一次农产品地理标志登记专家评审会上通过评审并公示，完成天目雷笋中国特色农产品优势区的申报工作。

临安林业产业品牌建设情况表

表 5-3-3

序　号	企业名称	品　牌	获奖情况
1	杭州临安天目山绿色食品有限公司	“郭氏”牌山核桃、笋干	浙江省名牌产品（2007 年复评） 浙江省著名商标
2	杭州康鑫食品有限公司	“文同”牌水煮笋	浙江省名牌产品（2006 新评） 杭州市著名商标 2009 年杭州市出口名牌 浙江省著名商标
3	浙江松友食品有限公司	“浙福”牌水煮笋	浙江省名牌产品（2007 新评）
4	杭州临安三峰实业有限公司	“竹牌”竹地板	浙江省名牌产品（2007 新评）
5	杭州百孚竹制品有限公司	BAMFAX 牌竹地板	杭州市名牌产品（2007 新评） 杭州市著名商标（2009 新评）
6	杭州临安菜篮子食品有限公司	“丰蕾”牌竹笋制品	杭州市名牌产品（2008 新评） 浙江省名牌产品（2009 新评） 浙江省著名商标

杭州意向竹业有限公司商标一览表

表 5-3-4

商　标	类　别	起始日期	到期日期
EM 意向	19 类	2007.7.20	2027.7.20
EM ECOMAX	19 类	2007.7.20	2027.7.20
UPLIFT DESK	20 类	2019.11.21	2029.11.20

第四章　竹病虫害

中华人民共和国成立前，临安有关竹病虫害状况的文字记载极少。之后，随着林业科学技术的进步和人工纯林面积的不断扩大，竹病虫害防治得到高度重视，并陆续采取各种行之有效的防治方法。1977 年，县林业局在横畈公社进行 1.03 万亩毛竹林病虫普查。1981 年经县林业局普查鉴定，全县有森林昆虫 26 目、148 科，约 1000 种，其中天敌 48 种。1984 年 3 月，县森林植物检疫站（下称森检站）成立，与县森防站合并办公。1997 年 3 月 24 日，市林业局下发《关于加强竹笋实施检疫的通知》，要求各有关乡镇、单位做好宣传工作，各经营单位要主动到市森检站办理检疫出运手续。2000 年，市林业局“食用竹病虫害防治”课题通过鉴定，达国内领先水平。

第一节　史载竹病虫害

竹子开花结实，非虫非病，是一种正常的自然生理现象，常在灾荒年发生。竹子开花结实后，一般竹林会出现成片大面积死亡，对竹笋生产来说是一种极大的灾害。近几十年来，雷竹常普遍零星开花，对竹笋丰产造成影响。在生产技术上一般采用及时清除开花竹，减少养分消耗，加强竹林水肥管理，多施氮肥，少施磷肥，抑制减缓竹林开花，促进竹林更新复壮。

辑录各类旧志和当今林业资料，境内古今发生竹子开花结实与较大竹病虫灾害有如下记载：

一、古代与民国

明成化十七年（1481），昌化县竹生花，逾年结实如麦。

明嘉靖十七年（1538）八月，昌化竹生穗，结实如小麦，民采食之。嘉靖二十年（1541），百丈山、马筱山箭竹（玉山竹）开花结实，采而舂得黑色碎米，食之腹泻。

明嘉靖三十五年（1556 年），箭竹生花结实。

明万历三十五年（1607），昌化箭竹（玉山竹）开花结实，民赖以充饥。

清顺治十七年（1660 年）冬，昌化一带竹子生实。

清顺治十八年（1661），夏旱，民饥，赖采竹实及锄蕨、葛根杵粉以济。

民国时也曾数度发生较大竹病虫灾害。民国13年（1924年）《昌化县志》“艺文志”载有孙应龙《咏竹实》诗：“凶岁人皆凤，聊分竹实餐。天心多惠爱，民力正艰难。拟作嘉禾颂，何如麦穗欢。史书休纪瑞，绘作郑图看。”

二、中华人民共和国成立后至2019年

1960—1961年，全县箬竹普遍开花结实。

1966年，县域高节竹普遍开花。

1970年，青山、横畈二公社竹螟为害毛竹1.2万亩，1977年又发生2万亩。1970至1988年，全县毛竹发生竹螟面积达38.15万亩。被害竹结满虫包，竹叶被食尽。竹螟分年为害面积：1970年1.2万亩，1973年0.5万亩，1974年0.2万亩，1977年2万亩，1979年0.8万亩，1980年0.8万亩，1981年3万亩，1982年6万亩，1983年6万亩，1984年5.1万亩，1985年4万亩，1986年3.5万亩，1987年2.5万亩，1988年2.55万亩，1989年2.5万亩。

1977年，临东林业基地测报员对横畈公社1.03万亩毛竹进行病虫害普查，发现受竹螟危害的面积有4540亩，毛竹枯梢病200亩，因竹螟猖獗致使竹林死亡的有1450亩，占该公社毛竹林面积14.1%。同年，青山、横畈等公社发生竹螟危害，受害毛竹2万亩。

1979年，横畈等公社发生竹螟危害，受害面积8000亩。

1980年，临安等县相继发生竹卵圆蝽危害，共计受害面积20.01万亩，严重影响当年新竹生长。

1982年，青山、横畈、临天、三口、玲珑山、上甘、横溪等10多个公社50多个大队发生竹螟危害，受害毛竹、菜竹、杂竹面积4万多亩。

1982、1983两年竹螟为害面积6万亩，受害竹子结满虫茧，叶被食尽，严重影响竹笋、竹材产量。

1986年，县境发现竹舟蛾危害。

1987年，县境发现竹蚜虫危害。

1990年前后，县域雷竹发展迅速，每年都发现一部分竹子开花。

1994年，县域雷竹主产乡（镇）锦城镇、高虹乡、玲珑镇、青云镇等70%—80%雷竹遭受竹小蜂危害。竹叶灰白，无浓绿光泽，竹株生长不良，部分小枝落叶，甚至枯死。有些年份10月也有幼虫危害。为害严重的全株竹叶落尽，甚至枯死。1999—2000年，市境竹笋产区发生竹泰广肩小蜂危害，受害面积4万亩。

1995年，因雨水多，湿度大，雷竹竹蚜大面积发生。蚜虫吸取幼竹新枝液汁，新竹展叶困难。竹蚜成熟后有翅蚜，飞往新的竹株，不断扩展，为害严重。同年入夏以来，三口镇葱坑、三口、秋口、界头、炼川、樟坞等村大面积毛竹林发现竹舟蛾危害，初夏只有部分新竹叶被蚕食，到9月、10月新老竹叶均被吃尽，受害面积四千多亩。

1996年，县域雷竹面积发展快，而病虫害也呈上升之势。主要虫害有竹包虫、介壳虫、竹蚜虫、竹广肩小蜂。

1998 年冬季气温偏高，入春后的三四月多雨潮湿，加上菜竹大面积集中连片栽培，竹蚜连片暴发，面积达万亩以上，经济损失至少 100 万元。

2001 年，锦城、高虹、青云、板桥等竹笋产区发生矢竹斑蚜危害，受害笋用竹林 1.3 万亩。

2002 年，昌化、湍口、於潜等地毛竹发生华竹毒蛾危害，受害面积 470 亩。

2008 年，全市共发生各种病虫害 52825 亩，其中，竹笋禾夜蛾 6600 亩。

2009 年，指南村等地发竹笋夜毒蛾危害，受害面积 2500 余亩，经济损失 30 余万元。

2010 年，青山研口、蒋阳等地卵圆蝽发生，受害面积 500 多亩。

2011 年，全市雷竹林发生竹诊病，危害 3000 多亩，严重地区导致春季竹叶发黄，到秋季大量落叶，严重影响当年竹笋产量。

2012 年，全市雷竹林竹小蜂危害面积达 1000 多亩。

2013 年，部分雷竹林尤其是老竹林丛枝病发生严重，受害面积 800 多亩。

2014 年，全市竹林普遍发生竹蚜虫危害，发生面积计 1 万多亩。

2015 年，竹蚜虫仍发生，部分地区竹林广肩竹小蜂发生严重，秋季覆盖竹园可见到地面上有明显掉落的竹叶，共计发生面积达 3200 余亩。

2016 年，湍口镇湍口村毛竹林发生竹毒蛾危害，发生面积计 300 余亩。

2017 年，部分雷竹林竹蝗、竹小蜂发生，面积约 1500 亩，导致竹林不同程度退化。

2018 年，千洪、太湖源等地雷竹林竹诊病发生，面积 800 余亩。

2019 年，太湖源、太阳等地发生淡竹笋夜蛾危害，受害面积达 1300 余亩。

第二节　森林植物检疫

1984 年 3 月，县森林植物检疫站（下称森检站）成立，与县森防站合并办公。1985 年 1 月起，横畈、青山、乐平、昌化 4 个木材检查组兼检疫哨所，负责运输中森林植物检疫。同年 6 月，又分别在青山、横畈、板桥、青云、横路、於潜、顺溪等乡镇聘用 7 名兼职检疫员，负责当地森林植物检疫。至 1988 年，全县发放森林检疫证 257 份，受检林木种子 5.54 吨，受检苗木 120.47 万株，花卉 16.99 万株，毛料 711.3 吨，竹梢 6553 个，竹秧 8093 株，毛竹 600 株及木本药材 3.99 万株，有效控制森林病虫传播。1997 年 3 月 24 日，市林业局下发《关于加强竹笋实施检疫的通知》。通知指出，近几年市域竹笋生产发展很快，雷竹、高节竹等食用竹已达 16 万余亩。然而随着大面积种植，病虫发生也越来越多，笋夜蛾、竹小蜂、介壳虫等病虫害相继出现，且渐趋严重。根据国家植物检疫条例实施细则（林业部分）第六条规定，竹笋属应施检疫森林植物的林产品。要求各有关乡镇、单位做好宣传工作，各经营单位或货主要主动到市森检站办理检疫出运手续，否则按违章调运处理。

第五章 教 育

第一节 浙江农林大学

一、办学历史

1958年6月，中共建德地委决定创办天目林学院，和省林业厅共同筹办，校址设在临安县城，是一座专业的林业教育高等院校。当年设置林学、森林采伐、林产化学工艺3个系，下设林学、森林工业运输机械化、木材机械加工和林产化学工艺4个专业，招生105名，学制4年。

1959年7月，撤销温州林学院，并入天目林学院。

1960年2月，省委决定，天目林学院与浙江农学院合并，成立浙江农业大学林学系。

1962年贯彻调整方针后，恢复天目林学院，隶属于省人民政府领导，业务由省教委主管。自1961年秋开始，林产化学工艺专业停止招生。

1963年成立院林业科学研究室，配备专职科研人员。1966年9月，经省人民委员会批准并报国务院备案，浙江天目林学院更名为浙江林学院。1966—1976年，林业高等教育事业受到严重冲击。1966—1972年，浙江林学院未招收新生。

1970年，浙江农业大学迁址临安，与浙江林学院合并，浙江林学院改名为浙江农业大学林学系。1973年开始恢复招生。1978年4月，原浙江林学院与浙江农业大学分开，改名为浙江农业大学天目分校。

1979年2月，经国务院批准，恢复浙江林学院建制。同年开设林学、经济林、森林保护三个专业。

1980年5月，为满足浙江竹产业发展的人才需求，省林业厅同意在林学专业77级中增设1个“竹林专门化”班，为全国首例。1981年和1982年竹林专门化班停招，1983年上半年恢复，并从原林业80级抽出部分学生组成竹林专门化80级，学制四年，聘请国内竹类研究专家耿伯介、熊文愈、温太辉、马乃训、张文燕、石全太等为学生授课。

1985年5月，开设竹类栽培与利用专业，学制三年，同时学校为湖南、福建、江西等省开办两年制竹类栽培与利用专科班。

1986年9月，成立林产工业系，原隶属于林学系的竹类栽培与利用专业85级划归林工系，当年继续招生。学制三年。

1994年，竹类栽培与利用专业改名为竹业工程专业。学制三年。1996年停招。

1997年，竹业工程专业恢复招生，学制三年。

1999年，成立浙江林学院竹类研究所，方伟任所长。

2000 年，木材科学与工程专业设置竹业工程方向，学制四年。

2004 年，森林培育专业竹子方向开始招收研究生。

2006 年成立“浙江省竹产业科技创新服务平台”。该平台是全省首批启动建设的 13 个重大科技创新服务平台之一，由浙江林学院牵头，联合浙江省林业科学研究院、中国林业科学院亚热带林业研究所等核心单位，以及竹业基地县、龙头企业共同组建的集源头创新、成果转化为一体的产学研战略联盟，秉承“服务是平台生存之本”的理念，紧扣产业发展需求，集中平台的人才、设备、信息等资源优势，为基地县市、竹业企业提供服务。

浙江林学院积极开展国内外信息交流活动，定期出版《浙江林学院学报》和《浙江林学院通讯》。2010 年更名为浙江农林大学。

浙江林学院　　（布智明 2009 年摄）

2013 年 1 月，由浙江农林大学申报的“竹资源与高效利用人才培养项目”，被国务院学位委员会批准为服务国家特殊需求博士人才培养项目，标志着浙江农林大学已具有博士生招生权和博士学位授予权，林学为可授予博士学位的学科。

2015 年 11 月，浙江农林大学竹业科学与技术实验室成为教育部重点实验室。竹子是浙江省的特色产业，通过大量科研课题的实践锻炼，该实验室培养出一批能够科研创新，获得国家和省部科技奖励的科技队伍；与美国、加拿大、澳大利亚等海内外学术前沿人才合作，带动一批具有国际学术前沿视野和工作能力的学术人才成长。

2016 年，浙江省竹资源与高效利用协同创新中心被认定为浙江省“2011”协同创新中心，由浙江农林大学联合 5 家科研院所和 7 家竹产业企业共同组建。该中心以竹资源为研究对象，围绕竹资源种质创新、竹林高效培育、竹（笋）绿色加工、竹产品智能制造、竹材功能性高值利用、竹林碳汇智能监测、竹林复合增汇技术、竹林生态功能利用等八个重点领域，促进竹资源产业链的全过程、生态化和高值化利用，实现传统竹产业向生物质新材料、新能源和生物产业等战略性新兴产业方向转型升级。

2017 年，省部共建的亚热带森林培育国家重点实验室批准建设。实验室学术委员会主任由中国工程院院士曹福亮教授担任，实验室主任由浙江农林大学周国模教授担任。

二、科研成果

浙江农林大学（原浙江林学院）在竹子科研方面成果丰硕。

1984 年，学院受省科委和安吉县委托，承担“安吉县以竹类资源为主的综合开发”项目中，安吉县浑泥港流域高禹、良朋、南北湖三乡林业方面的全面调研、技术设计以及用材林、薪炭林的示范林试点工作任务。学院抽调 90 余名师生组成林业总体规划、造林典型设计等 12 个专题组，对 3 个乡的林业经济、森林资源、土壤、植被、类型、森林生态等进行全面调研，为该流域的林业综合开发提出科学的依据和切实可行的方案。

1989 年 12 月，该院经济林被确定为省高校重点扶持学科点。学科建设面向本省名、特、优经济树种的良种选育、早实丰产、优质栽培模式及深加工开发利用。科研成果硕果累累，其中的罐藏竹笋新品种筛选及提高发笋率研究，处于国内领先地位，并产生较明显的经济效益和生态效益。

21 世纪以来，该校竹业科研人才济济，成果累累：

（一）竹林培育领域研究与服务。主要内容有竹产业发展规划编制、雷竹等中小径笋用竹可持续经营技术、珍稀观赏竹产业化开发技术、生态环境监测与效益评价、有害生物防治与生物农药开发、土壤和植物样品成分分析测试、竹林培育与利用等方面的培训与咨询服务。

部分技术与成果：竹子园区规划与建设、竹子林下经济、生态环境监测与效益评价、毛竹笋竹林高效经营关键技术集成与产业化、雷竹低产低效林改造关键技术研究与示范、经济竹类新品种选育及快繁关键技术研究与示范、集约经营雷竹林土壤、竹笋质量演变特征及其控制技术研究。

（二）竹木材加工领域研究与服务。主要内容有技术推广与服务、科技成果转化和应用、主动设计科技攻关项目、开展调研服务、相关检测服务。

部分技术与成果：刨切微薄竹生产技术与应用（2007 年度国家技术发明奖二等奖），竹炭生产关键技术、应用机理及系列产品开发（2009 年度国家科技进步奖二等奖），新型木竹材保护剂制备关键技术研究及应用（2011 年度浙江省科学进步奖一等奖），MDF 树脂合成及木质复合材料制造关键技术与产业化（2010 年度浙江省科学进步奖二等奖）、无胶纤维板生产新技术，工程结构集成材的研制与开发，竹木复合大跨度工程结构材生产技术，竹醋液无毒蚊香等。

（三）2000—2019 年浙江农林大学竹业研究成果一览

浙江农林大学竹业研究成果一览表

表 5-5-1

序号	成果登记号	成果名称	第一完成人
1	0726003	大幅面装饰薄竹生产技术与应用	李延军
2	0726004	雷竹产区水体污染特征及其控制技术研究	姜培坤
3	0726005	高效微生物-改性竹炭污水处理技术的研究与示范应用	张齐生
4	09026007	珍稀观赏竹产业化开发关键技术研究	余学军
5	09026008	毛竹新品种选育与快繁关键技术研究	方　伟
6	09026009	特色经济竹类生物技术育种与中试	汤定钦
7	09026010	紫竹快速繁育技术研究与示范	林新春
8	11026001	低产低效竹林综合生产能力提升关键技术研究与示范	方　伟

续表 5-5-1

序号	成果登记号	成果名称	第一完成人
9	11026004	新型木竹材保护剂制备关键技术研究及应用	鲍滨福
10	11026018	竹醋液高效制备、精制技术及系列产品开发	张文标
11	12026007	毛竹笋竹林测土推荐施肥技术推广与示范	金爱武
12	13026015	竹胶板行业技术升级的关键共性技术研究	杜春贵

（四）浙江农林大学竹子相关研究成果获奖情况

浙江农林大学竹子相关研究成果获奖情况

表 5-5-2

奖励名称	成果名称	第一完成人	发证机关	获奖日期	获奖级别	获奖等级
国家技术发明奖	刨切微薄竹生产技术与应用	李延军	中华人民共和国国务院	2007-01-01	国家级	二等奖
国家科学技术进步奖	竹炭生产关键技术、应用机理及系列产品开发	张齐生	中华人民共和国国务院	2009-01-01	国家级	二等奖
国家科学技术进步奖	竹林生态系统碳汇监测与增汇减排关键技术及应用	周国模	国务院	2017-12-06	国家级	二等奖
第九届梁希林业科学技术奖	竹材产品碳足迹与低碳竞争力研究	顾　蕾	国家林业和草原局，中国林学会	2018-07-20	省部级	二等奖
第九届梁希林业科学技术奖	毛竹林生态高效经营水肥管理关键技术研究及示范	宋新章	国家林业和草原局，中国林学会	2018-07-20	省部级	二等奖
第九届梁希林业科学技术奖	竹笋综合利用关键技术的研究与产业化	罗自生	国家林业和草原局，中国林学会	2018-07-20	省部级	二等奖
第九届梁希林业科学技术奖	木竹质板材超声波缺陷检测关键技术及装备	方益明	国家林业和草原局，中国林学会	2018-07-20	省部级	二等奖
第六届梁希林业科学技术奖	竹林资源遥感综合监测技术研究	杜华强	中国林学会	2015-11-20	省部级	三等奖
第六届梁希林业科学技术奖	雷竹可持续经营利用研究与示范推广	桂仁意	中国林学会	2015-11-20	省部级	二等奖
第七届梁希林业科学技术奖	有机/无机协同技术在竹材加工中的应用	沈哲红	林业部，中国林学会	2016-09-26	省部级	三等奖
第七届梁希林业科学技术奖	珍稀观赏竹产业化开发关键技术研究与推广	余学军	国家林业局，中国林学会	2016-09-26	省部级	三等奖
第十届梁希林业科学技术奖	竹林碳汇增长机理、合潜力与政策研究	吴伟光	国家林业和草原局，中国林学会	2019-11-07	省部级	二等奖
教育部科学技术进步奖	大幅面装饰薄竹生产技术与应用	李延军	教育部	2007-01-01	省部级	二等奖
林业部科技进步奖	笋用竹二季高产技术研究	方　伟	林业部	1996-01-01	省部级	三等奖
浙江省科技进步奖	浙江省名特优竹病虫害研究	方志刚	浙江省人民政府	2001-01-01	省部级	三等奖
浙江省科学技术奖	人工林杉木和竹材高值化加工关键技术	钱　俊	浙江省人民政府	2018-03-11	省部级	一等奖
浙江省科学技术奖	有机/无机协同技术在竹材加工中的应用	沈哲红	浙江省人民政府	2017-03-28	省部级	二等奖
浙江省科学技术奖	新型竹重组材生产关键技术与应用	李延军	浙江省人民政府	2015-12-31	省部级	三等奖
浙江省科学技术奖	高性能竹层积材生产关键技术与应用	李延军	浙江省人民政府	2013-01-01	省部级	二等奖
浙江省科学技术奖	新型木竹材保护剂制备关键技术研究及应用	鲍滨福	浙江省人民政府	2011-01-01	省部级	一等奖
浙江省科学技术奖	竹炭生产关键技术、应用机理及系列产品研制与应用	张齐生	浙江省人民政府	2007-01-01	省部级	一等奖
浙江省科学技术奖	刨切微薄竹生产工艺研究	李延军	浙江省人民政府	2004-01-01	省部级	三等奖

续表 5-5-2

奖励名称	成果名称	第一完成人	发证机关	获奖日期	获奖级别	获奖等级
浙江省科学技术奖	竹林生态系统碳过程、碳监测与增汇技术研究	周国模	浙江省人民政府	2012-01-01	省部级	一等奖
浙江省科学技术奖	乡土笋用竹可持续经营原理和技术研究	金爱武	浙江省人民政府	2000-01-01	省部级	三等奖
浙江省科学技术奖	天然竹纤维制备关键技术研究及产业化开发	姚文斌	浙江省人民政府	2012-01-01	省部级	三等奖
浙江省科学技术奖	毛竹林克隆生长机制与高效定向培育关键技术创新	金爱武	浙江省人民政府	2017-03-28	省部级	三等奖
浙江省科学技术奖	绿竹良种繁育及高效经营技术研究	张立钦	浙江省人民政府	2005-01-01	省部级	三等奖
浙江省科学技术奖	毛竹笋竹林高效经营关键技术集成与产业化	方　伟	浙江省人民政府	2005-01-01	省部级	一等奖
浙江省科学技术奖	雷竹可持续经营原理和技术研究	方　伟	浙江省人民政府	2003-01-01	省部级	二等奖
第二十届“浙江省科技兴林奖”	竹材高效展平及其加工剩余物利用关键技术	张文标	浙江省林业局，浙江省林学会	2020-06-15	厅局级	一等奖
第七届“浙江省科技兴林奖”	竹炭生产关键技术、应用机理及系列产品研制与应用	张齐生	浙江省林业厅，浙江省林学会	2007-01-01	厅局级	一等奖
第三届“浙江省科技兴林奖”	竹林高效益经营技术与产业化研究	金爱武	浙江省林业厅	2003-01-01	厅局级	二等奖
第十八届“浙江省科技兴林奖”	竹材产品碳足迹与低碳竞争力研究	顾　蕾	浙江省林学会	2018-04-08	厅局级	一等奖
第十八届“浙江省科技兴林奖”	木竹质板材超声波缺陷检测关键技术及装备	方益明	浙江省林业厅，浙江省林学会	2018-04-08	厅局级	二等奖
第十二届“浙江省科技兴林奖”	竹林生态系统碳过程、碳监测与增汇技术研究	周国模	浙江省林业厅，浙江省林学会	2012-01-01	厅局级	一等奖
第十二届“浙江省科技兴林奖”	毛竹林配方施肥及水分管理技术研究与推广	张爱良	浙江省林业厅，浙江省林学会	2012-01-01	厅局级	三等奖
第十六届“浙江省科技兴林奖”	毛竹林克隆生长机制与高效定向培育关键技术创新	金爱武	浙江省林业厅，浙江省林学会	2016-04-13	厅局级	一等奖
第十三届“浙江省科技兴林奖”	高性能风电桨叶竹层积材生产技术与应用	李延军	浙江省林业厅，浙江省林学会	2013-01-01	厅局级	一等奖
第十三届“浙江省科技兴林奖”	天然竹纤维高效加工成套技术装备研究与开发	姚文斌	浙江省林业厅，浙江省林学会	2013-01-01	厅局级	三等奖
第十三届“浙江省科技兴林奖”	竹林自然灾害防控及快速恢复重建技术	桂仁意	浙江省林业厅，浙江省林学会	2013-01-01	厅局级	二等奖
第十一届“浙江省科技兴林奖”	新型木竹材保护剂制备关键技术研究及应用	鲍滨福	浙江省林业厅，浙江省林学会	2011-01-01	厅局级	一等奖
第四届“浙江省科技兴林奖”	刨切微薄竹生产工艺研究	李延军	浙江省林业厅，浙江省林学会	2004-01-01	厅局级	二等奖
第五届“浙江省科技兴林奖”	毛竹笋竹林高效经营关键技术集成与产业化	方　伟	浙江省林业厅，浙江省林学会	2005-01-01	厅局级	一等奖
第一届“浙江省科技兴林奖”	浙江省名特优竹病虫害研究	方志刚	浙江省林业厅，浙江省林学会	2001-01-01	厅局级	二等奖
浙江林学院科研成果奖	集约经营竹林土壤生物学性质的研究	徐秋芳	浙江林学院	2006-01-01	厅局级	二等奖
浙江林学院科研成果奖	浙江省名特优竹病虫害研究	方志刚	浙江省教育厅	2001-01-01	厅局级	一等奖
浙江省高校优秀科研成果奖	大幅面装饰薄竹生产技术及应用	李延军	浙江省教育厅	2007-01-01	厅局级	一等奖
浙江省高校优秀科研成果奖	刨切微薄竹生产工艺研究	李延军	浙江省教育厅	2004-01-01	厅局级	三等奖
浙江省高校优秀科研成果奖	毛竹林冠层参数及生物量碳储量遥感定量估算模型研究	杜华强	浙江省教育厅	2012-01-01	厅局级	二等奖

续表 5-5-2

奖励名称	成果名称	第一完成人	发证机关	获奖日期	获奖级别	获奖等级
浙江省高校优秀科研成果奖	集约经营雷竹林土壤、竹笋质量演变特征及其控制技术研究	姜培坤	浙江省教育厅	2005-01-01	厅局级	三等奖
浙江省高校优秀科研成果奖	乡土笋用竹可持续经营原理和技术研究	金爱武	浙江省教育厅	2000-01-01	厅局级	二等奖
浙江省高校优秀科研成果奖	珍稀观赏竹产业化开发关键技术研究	余学军	浙江省教育厅	2009-01-01	厅局级	一等奖
浙江省高校优秀科研成果奖	绿竹良种繁育及高效经营技术研究	张立钦	浙江省教育厅	2005-01-01	厅局级	一等奖
浙江省高校优秀科研成果奖	苦竹综合开发利用技术研究	方　伟	浙江省教育厅	2005-01-01	厅局级	二等奖
浙江省高校优秀科研成果奖	雷竹可持续经营原理和技术研究	方　伟	浙江省教育厅	2003-01-01	厅局级	一等奖
浙江省高校优秀科研成果奖	笋用竹二季高产技术研究	方　伟	浙江省林业厅	1996-01-01	厅局级	二等奖
浙江省自然科学学术奖	天然长竹纤维的分离机理及其制备方法初探	张　尉	浙江省科协	2010-01-01	厅局级	二等奖
“中林集团杯”第二届梁希林业科学技术奖	集约经营雷竹林土壤竹笋质量演变特征及其控制技术研究	姜培坤	中国林学会	2007-01-01	社会力量奖	三等奖
“中林集团杯”第三届梁希林业科学技术奖	绿竹良种选育及高效经营技术研究与推广	余学军	中国林学会	2009-01-01	社会力量奖	二等奖
“中林集团杯”第四届梁希林业科学技术奖	毛竹林高效生态培育关键技术集成创新与推广	金爱武	中国林学会	2011-01-01	社会力量奖	二等奖
“中林集团杯”第五届梁希林业科学技术奖	高性能竹层积材生产技术与应用	李延军	中国林学会	2013-01-01	社会力量奖	三等奖
“中林集团杯”第五届梁希林业科学技术奖	竹林生物量碳储量遥感定量估算技术研究	杜华强	中国林学会	2013-01-01	社会力量奖	三等奖
“中林集团杯”第五届梁希林业科学技术奖	天然竹纤维高效加工成套技术装备研究与开发	姚文斌	中国林学会	2013-01-01	社会力量奖	三等奖
2019 年中国产学研合作创新成果奖	竹原纤维高效生产关键技术与装备研发及产业化	姚文斌	中国产学研促进会	2019-12-30	社会力量奖	二等奖
首届梁希林业科学技术奖	毛竹笋竹林高效经营关键技术集成与示范推广	金爱武	中国林学会	2005-01-01	社会力量奖	二等奖

（五）农林大学竹业著作一览

浙江农林大学竹业著作一览表

表 5-5-3

著作名称	主编/著者	出版单位	出版时间	著作类别	ISBN 号
竹林碳汇项目开发与实践	周国模、施拥军	中国林业出版社	2017-06-30	专著	978-7-5038-8960-8
竹林生态系统碳汇计测与增汇技术	周国模、姜培坤 杜华强、施拥军	科学出版社	2017-06-01	专著	978-7-03-051135-5
竹材产品碳储量与碳足迹研究	周国模、顾　蕾	科学出版社	2017-03-01	专著	978-7-03-051152-2
毛竹林结构分析	汤孟平、刘恩斌 仇建习、赵赛赛	科学出版社	2017-02-01	专著	978-7-03-051691-6
竹林生态系统能量和水分平衡与碳通量特征	江　洪、周国模	上海交通大学出版社	2016-12-23	专著	978-7-313-16252-6/S
竹林生物质炭固碳增汇实用技术	张　敏、施拥军、单胜道	中国农业出版社	2016-09-01	专著	978-7-1092-2372-1
绿竹财富	张国良	经济科学出版社	2015-10-01	专著	978-7-5141-5481-8
中国竹文化通论	王长金	江西人民出版社	2014-03-01	编著	978-7-210-06276-9
绿竹丰产栽培技术图册	余学军、吴寿国	中国农业出版社	2013-08-28	编著	978-7-109-18095-6
竹笋安全生产技术指南	余学军	中国农业出版社	2012-01-01	编著	978-7-109-16300-3
竹炭科普文化系列丛书之一——樱花炭语	张文标	浙江文艺出版	2006-09-01	编著	7-5339-2327-8
现代毛竹培育技术及其传播问题和方法	金爱武	中国农业出版社	2006-08-01	专著	7-109-11109-1
竹炭、竹醋液生产与应用	张文标、李文珠、 张　宏、王伟龙	中国林业出版	2006-04-01	编著	7-5038-4354-3
浙江效益农业百科全书——雷竹	方　伟	中国农业科学技术出版社	2004-02-01	编著	7-80119-433-0
浙江效益农业百科全书——哺鸡竹	金爱武	中国农业科学技术出版社	2004-02-01	编著	7-80119-433-0

（六）江农林大学竹业专利成果

表 5-5-4

浙江农林大学竹业专利成果一览

专利名称	所属单位	专利发明（设计）人	专利类型	专利范围	专利状态	专利号	授权日期
一种竹笋中多酚的提取和检测方法	动物科技学院·动物医学院	刘长国	发明专利	国内	专利授权	ZL 201310504273.5	2016.02.10
一种竹叶中多酚的提取和检测方法	动物科技学院·动物医学院	刘长国	发明专利	国内	专利授权	ZL201310504150.1	2016.05.11
电动竹木去稍切断运输一体机	工程学院	杨自栋，李浩瑜（学），邸　雷（学），姚立健，徐丽君，杨秀芳	发明专利	国内	专利授权	ZL201810385824.3	2020.04.10
竹根挖掘机	工程学院	章凯（学），姚立健，杨自栋，倪益华，陈喜庭（学），张培培	发明专利	国内	专利授权	ZL201710902474.9	2019.08.09
一种电动自走探针式竹笋探测标识一体机	工程学院	杨自栋，谢国杨（学），倪益华，倪忠进，李　想（学）	发明专利	国内	专利授权	ZL201710403582.1	2019.02.26
一种疏水性热处理竹材的制备方法	工程学院	张晓春，朱芋锭	发明专利	国内	专利授权	ZL201710357117.9	2019.11.05
大片竹束帘连续热压的重组竹原料单元组坯铺装机	工程学院	宋源普，鲍滨福，倪忠进，张　宏，杜春贵	发明专利	国内	专利授权	ZL201710047450.X	2019.03.01
一种表面负载氧化石墨烯纳米片层的竹材及其加工工艺	工程学院	金春德，王　进（学），孙庆丰	发明专利	国内	专利授权	ZL201710032941.7	2019.07.30
一种负载氧化石墨烯 / 二氧化钛纳米层的竹质复合材料的制备方法	工程学院	金春德	发明专利	国内	专利授权	ZL201710032913.5	2019.04.19
一种温敏性防霉竹材的制备方法	工程学院	杜春贵，刘宏治，魏金光（学）	发明专利	国内	专利授权	ZL201611252973.X	2018.09.28
一种竹纤维长丝重组竹地板的制备方法	工程学院	杜春贵，鲍滨福	发明专利	国内	专利授权	ZL201611206062.3	2019.07.09
一种竹纤维长丝的制备方法	工程学院	杜春贵，鲍滨福	发明专利	国内	专利授权	ZL201611206055.3	2018.04.13
生产三角形竹篾专用刀具	工程学院	于红卫，门全胜，鲍滨福	发明专利	国内	专利授权	ZL201610184552.1	2017.12.26
圆柱体重组竹材生产方法及其成型装置	工程学院	于红卫，门全胜，鲍滨福	发明专利	国内	专利授权	ZL201610187775.3	2018.05.22
一种高温热处理竹束的生产方法	工程学院	章卫钢，李延军，唐荣强（学）	发明专利	国内	专利授权	ZL201610162805.5	2017.10.27

续表 5-5-4

专利名称	所属单位	专利发明（设计）人	专利类型	专利范围	专利状态	专利号	授权日期
原木原竹防护剂及其使用方法	工程学院	孙芳利，方群，鲍滨福，于红卫，杜春贵	发明专利	国内	专利授权	ZL201610105100.X	2017.11.10
竹粉为原料制备碳基超级电容器电极材料的方法	工程学院	陈　浩，沈哲红，俞　帅（学），沈亚伦（学），刘　铎（学），鲍滨福	发明专利	国内	专利授权	ZL201510817186.4	2017.11.17
一种短竹片榫接制备柔性刨切薄竹的方法	工程学院	章卫钢，李延军，牛帅红（学），黄书强（学）	发明专利	国内	专利授权	ZL201510790303.2	2017.08.25
竹条搓拧成丝装置	工程学院	孔璐璐（学），金高慧（学），钱　俊，朱　燕（学）	发明专利	国内	专利授权	ZL201510240160.8	2017.08.15
带多柱塞油缸的木竹曲面板通用模具及压制方法	工程学院	金高慧（学），朱　燕（学），孔璐璐（学），钱　俊	发明专利	国内	专利授权	ZL201510239583.8	2017.01.11
竹段渐进式连续无裂纹展平装置	工程学院	朱　燕（学），金高慧（学），孔璐璐（学），钱　俊	发明专利	国内	专利授权	ZL201410527781.X	2016.03.30
重组竹方料冷压成型联合输送装置	工程学院	倪益华，倪忠进，侯嫔岢，宋源普，金春德，姚立健，黄　冲（学）	发明专利	国内	专利授权	ZL201410477261.2	2016.07.06
一种自清洁环保竹碎料板及其制备方法	工程学院	金春德，杜春贵，王　进（学），李　松，武　斌	发明专利	国内	专利授权	ZL2014 10350482.3	2016.08.17
生物酶木竹材保护剂及其生产与使用方法	工程学院	孙芳利，鲍滨福，张绍永（学），刘彬彬（学），陈安良	发明专利	国内	专利授权	ZL 201410310715.7	2017.01.04
一种陶瓷化重组竹地板的制造方法	工程学院	杜春贵，金春德	发明专利	国内	专利授权	ZL201410215988.3	2016.01.20
带有竹青、竹黄的筒状竹材无应力展平装置及展平方法	工程学院	张　宏，张文标，张齐生（学），余文君（学），沈德长（学）	发明专利	国内	专利授权	ZL 201410072326.5	2016.01.06
一种重组竹刨切单板的制造方法	工程学院	李延军，黄成建（学）	发明专利	国内	专利授权	ZL201410037432.X	2015.10.28
钻孔法降低密度和提高竹材稳定性的方法	工程学院	钱　俊	发明专利	国内	专利授权	ZL201310571555.7	2016.01.13
一种大幅面碳化硅竹材陶瓷板材的制造方法	工程学院	杜春贵，金春德，鲍滨福	发明专利	国内	专利授权	ZL201310339325.8	2016.05.18

续表 5-5-4

专利名称	所属单位	专利发明（设计）人	专利类型	专利范围	专利状态	专利号	授权日期
竹浆粕为原料的高粘度高纯度羧甲基纤维素生产方法	工程学院	金贞福	发明专利	国内	专利授权	ZL2012 10312184.6	2015.01.28
含精制竹醋液的护肤品添加剂及制备方法（护肤品添加剂）	工程学院	张文标，李文珠，方　伟	发明专利	国内	专利授权	ZL200810063386.5	2010.12.15
一种竹木质材料防腐防霉剂	工程学院	沈哲红，鲍滨福，张齐生，马建义，叶良明	发明专利	国内	专利授权	ZL200810059564.7	2009.07.29
原竹拧扭机及其专用夹具	工程学院	钱　俊	发明专利	国内	专利授权	ZL200710068732.4	2009.06.03
竹丝束高效生产方法及其机械与夹具	工程学院	钱　俊	发明专利	国内	专利授权	ZL200710068731.X	2009.12.16
木塑、竹塑复合强化板材及其生产方法	工程学院	钱　俊	发明专利	国内	专利授权	ZL200710066938.3	2009.09.09
竹木丝重组板材及其生产方法	工程学院	马灵飞，钱　俊，傅深渊，俞友明，金永明	发明专利	国内	专利授权	ZL200710066611.6	2010.08.18
竹酚液化物生产方法	工程学院	傅深渊，刘　力，俞友明，钱　俊，马灵飞	发明专利	国内	专利授权	ZL200610052422.9	2008.07.16
竹液化物酚醛胶生产方法	工程学院	傅深渊，刘　力，程书娜	发明专利	国内	专利授权	ZL200610052421.4	2008.11.12
一种竹木质材料防腐防霉剂	工程学院	鲍滨福，张齐生，沈哲红，马建义，方　群，王品维，叶良明	发明专利	国内	专利授权	ZL200610051884.9	2008.12.03
三聚氰胺和竹木酚液化物改性酚醛树脂生产方法	工程学院	傅深渊，马灵飞，俞友明	发明专利	国内	专利授权	ZL200610003946.9	2008.07.16
竹木高压水热液化方法	工程学院	傅深渊	发明专利	国内	专利授权	ZL200610003945.4	2008.05.14
竹木复合层状性能材料及其生产方法	工程学院	钱　俊，马灵飞，俞友明	发明专利	国内	专利授权	ZL200610005669.5	2008.12.10
竹醋液收集器	工程学院	钱　俊，马灵飞，叶良明	发明专利	国内	专利授权	ZL200510137894.X	2008.03.26
一种以导电竹炭为填充料的面状发热材料及其制备方法	工程学院	邵千钧，张齐生，于红卫，张文标，张　宏	发明专利	国内	专利授权	ZL200410099011.6	2009.01.14
一种改进的刨切薄竹及其生产方法	工程学院	李延军，杜春贵，刘志坤，林　勇	发明专利	国内	专利授权	ZL02148338.8	2005.11.16

续表 5-5-4

专利名称	所属单位	专利发明（设计）人	专利类型	专利范围	专利状态	专利号	授权日期
一种户外重组竹地板的制造方法	工程学院	杜春贵，鲍滨福，金春德，于红卫，孙芳利，沈哲红	发明专利	国内	专利授权	ZL201110290903.4	2014.11.05
一种竹帘胶合板模板的制备方法	工程学院	杜春贵，金春德，于红卫	发明专利	国内	专利授权	ZL201110298713.7	2014.0319
一种无污染生产竹纤维的方法	暨阳学院	姚文斌，俞伟鹏，张　蔚	发明专利	国内	专利授权	ZL201110381221.4	2014.07.30
一种麻形竹纤维的生产工艺	暨阳学院	姚文斌，俞伟鹏，张　蔚	发明专利	国内	专利授权	ZL201110163489.0	2014.05.14
一种麻状竹纤维、可纺麻形竹纤维、竹纤维纱线的生产工艺	暨阳学院	姚文斌，俞伟鹏，张　蔚	发明专利	国内	专利授权	ZL201110161025.6	2013.11.06
一种可控竹子茎秆制造纤维的方法	暨阳学院	俞伟鹏，姚文斌	发明专利	国内	专利授权	ZL201110163487.1	2013.11.20
一种麻型竹纤维、可纺麻型竹纤维、竹纤维纱线的生产工艺	暨阳学院	姚文斌，俞伟鹏，张　蔚	发明专利	国内	专利授权	ZL201110161025.6	2013.11.06
用海藻酸钠偶联壳聚糖与竹炭的吸附剂的生产方法	暨阳学院	金首文，李文珠，陈　斌	发明专利	国内	专利授权	ZL201010295480.0	2012.05.09
一种工艺竹纸和工艺竹书籍的制备方法	理学院	周国泉，王悦悦，徐一清	发明专利	国内	专利授权	CN201510257426.X	2016.09.14
一种基于竹胶板的穿孔吸声板及其制备方法	理学院	周国泉，倪涌舟，徐一清	发明专利	国内	专利授权	ZL201510063975.3	2016.11.23
利用活体穿孔降噪竹林构建的降噪林带及其构建方法	理学院	周国泉，倪涌舟，徐一清	发明专利	国内	专利授权	ZL201510035982.2	2019.08.02
半炭化竹丝絮、其制备方法、其应用和由其获得的吸声装置	理学院	周国泉，倪涌舟，徐一清	发明专利	国内	专利授权	ZL201510036009.2	2017.02.22
富含薄荷和竹沥的黄酒生产方法	理学院	郭　明	发明专利	国内	专利授权	ZL201410245238.0	2015.10.28
竹丝梳理机	理学院	戴朝卿，徐云杰	发明专利	国内	专利授权	ZL201410076396.8	2016.06.08
竹粉季铵盐阳离子型吸附材料的生产方法	理学院	李　兵，刘力，王志坤，冯炎龙，郭建忠	发明专利	国内	专利授权	ZL201210537479.3	2014.07.16
竹粉氨基羧酸型吸附材料的生产方法	理学院	李　兵，刘力，冯炎龙，吕健全，郭建忠	发明专利	国内	专利授权	ZL201210537574.3	2014.10.15

续表 5-5-4

专利名称	所属单位	专利发明（设计）人	专利类型	专利范围	专利状态	专利号	授权日期
一种毛竹木聚糖合成关键基因 PeIRX10 的克隆及其应用	林业与生物技术学院	宋丽丽	发明专利	国内	专利授权	ZL201610261714.7	2019.12.24
一种竹笋加工剩余物制备酵素的方	林业与生物技术学院	余学军，郑　剑		国内	专利授权	ZL201610030277.8	2018.06.29
一种竹笋加工剩余物制备固态酵素调味品的方法	林业与生物技术学院	余学军，郑　剑		国内	专利授权	ZL201610030276.3	2018.07.06
版纳甜龙竹 NiR 基因及其应用	林业与生物技术学院	林新春，朱龙飞（学），姬丽粉（学），臧巧路（学），王晓芹		国内	专利授权	ZL201510630594.9	2018.07.06
藓竺竹高效再生体系的建立方法	林业与生物技术学院	林新春，臧巧路（学），王晓芹		国内	专利授权	ZL201510538282.5	2017.07.07
一种利用绿竹花芽进行快速高效再生体系的立方法	林业与生物技术学院	林新春，臧巧路（学），王晓芹，丽　春（外）		国内	专利授权	ZL201510538173.3	2017.04.12
建立版纳甜龙竹芽尖高效再生体系的方法	林业与生物技术学院	林新春		国内	专利授权	ZL 201410041069.9	2015.07.22
一种雷竹笋硬度快速检测方法及装置	林业与生物技术学院	余学军，周　竹，郑　剑，王允祥		国内	专利授权	ZL2013 10434774.0	2015.10.28
一种含竹木醋液的安全驱蚊及其制造方法和用途	林业与生物技术学院	马建义		国内	专利授权	ZL2013 10361468.9	2016.07.06
一种含竹木醋液和精油的养殖场环境健康制剂及其制造方法和用途	林业与生物技术学院	马建义		国内	专利授权	ZL2013 10362591.2	2016.06.08
一种含竹木醋液和精油的直喷式脚气液及其纳米级制造方法和用途	林业与生物技术学院	马建义	发明专利	国内	专利授权	ZL201310362592.7	2015.04.08
用于处理重金属废水的竹笋壳吸附材料及制备方法	林业与生物技术学院	余学军，廖荣俊（学）	发明专利	国内	专利授权	ZL201310292661.1	2016.03.02

续表 5-5-4

专利名称	所属单位	专利发明（设计）人	专利类型	专利范围	专利状态	专利号	授权日期
一种以竹笋加工剩余物为原料制备燃料乙醇的方法	林业与生物技术学院	余学军，王　超，张　帆（学）	发明专利	国内	专利授权	ZL201310292093.5	2015.06.10
混生竹类微繁方法	林业与生物技术学院	杨海芸，王晓芹，李朝娜（学），徐丽丽（学）	发明专利	国内	专利授权	ZL201310269472.2	2016.12.07
一种基于食用菌栽培降解竹篼的方法	林业与生物技术学院	桂仁意	发明专利	国内	专利授权	ZL2013101423085	2014.12.24
一种含竹黄菌的保健饮料及其制造方法	林业与生物技术学院	林海萍，张立钦（外），王勇军	发明专利	国内	专利授权	ZL2012 10220196.6	2016.01.20
毛竹理化复合诱变育种方法	林业与生物技术学院	桂仁意，刘亚迪（外），方　伟，汤定钦	发明专利	国内	专利授权	ZL2012102154626	2014.12.24
飞碟式陆空两栖竹木采伐机	工程学院	杨自栋	发明专利	国内	专利授权	ZL201610091894.9	2017.08.29
一种培养药用真菌竹黄的培养基配方及制备工艺	林业与生物技术学院	林海萍，张　昕，周　湘	发明专利	国内	专利授权	ZL2012 10170572.5	2016.05.25
一种防治竹笋害虫的杀虫剂组合物及其用途	林业与生物技术学院	胡加付，白丽群	发明专利	国内	专利授权	ZL2012 10085081.0	2016.03.02
毛竹种胚培养基及种苗快繁方法	林业与生物技术学院	方　伟，桂仁意，黄丽春	发明专利	国内	专利授权	ZL200610154544.9	2009.06.24
一种含竹醋液的植物营养保护剂及其制备方法	林业与生物技术学院	马建义，张齐生，叶良明	发明专利	国内	专利授权	ZL200410067041.9	2008.10.01
紫竹组织培养基及组培快繁方法	林业与生物技术学院	林新春等	发明专利	国内	专利授权	ZL200810063384.6	2010.12.29
毛竹篼快速清除方法	林业与生物技术学院	桂仁意	发明专利	国内	专利授权	ZL200910097975.X	2011.01.05

注：表中“学”指学生，“外”指校外合作者

三、出国研修

中华人民共和国成立之前，陈嵘等远离浙江故土，先后赴日本、德国、美国，学习日本和西方先进林业科技知识。中华人民共和国成立之初，国家曾派出少量林业科技、教学人员赴苏联和东欧国家留学或研修。自1966年以后，在相当长一个时期，未向国外派送留学生和进修生。直至1976年以后才得以恢复派遣，大多数学成后回国效劳，已成为科研、教学、管理部门的骨干力量。

1990年1月至1991年1月，浙江林学院选派李坚赴英国进修林业科学。1992年10月至1993年9月，选派蒋秋怡赴比利时进修微生物生态学。1994年10月至1995年10月，选派方伟赴日本研修竹类。1995年8月至1998年10月，选派张卓文赴爱尔兰研修林业科学。

四、成人教育

1980年，浙江林学院试招干部班。

1984年开始承办林业经济管理和林学代培教育。从1990年开始，招收有实践经验的林业专科班，学制三年，修完全部课程，考试全部合格，发给大专毕业证书，回原选送的县（市）基层单位工作。分别于1980年、1983年招收林学、林业经济管理干部班学员79名。

1987年办理成人高等函授教育。1993年试办第二专业课教育。1995年试办林业成人高等教育专业证书教学班。

五、干部培训

1960年，省林业厅干部学校迁址临安办学。

1979年5月30日，浙江省革命委员会批准恢复浙江省林业干部学校建制，由原浙江省林业厅干部学校改称，简称省林干校。

2000年，浙江省林业干部学校并入浙江林学院，撤销浙江林业干部学校独立建制。

六、与临安的科技合作

1. 科研活动

1983年，浙江林学院承担“罐藏竹笋品种筛选及提高发笋率的研究”项目，县林业局何钧潮参加并承担临安雷笋项目的研究任务。

由县竹笋服务中心何钧潮负责的毛竹笋材两用林推广试验，从1986年起至1989年，经过四年的科技研究，成效显著。1989年12月1日，由临安县科委邀请中国林科院亚热带林业研究所、浙江省林科所、浙江林学院以及富阳县林业局等单位的竹类研究专家进行现场鉴定，一致肯定该项推广试验时间短，推广面积大，效益明显，在省内同类推广试验中达到先进水平。

1995年12月，《浙江林学院学报》刊出临安市林业局何钧潮与浙江林学院方伟合撰的《雷竹双季丰产高效笋用林的地下结构》一文。通过对雷竹提早出笋的试验研究与雷竹双季丰产高效笋用林的地下结构调查，总结雷竹地下“鞭侧芽三大分布规律”，即活芽二分之一分布规律、垂直分布规律、年龄分布规律，加强对雷竹高产笋用竹林的养分、水分、温度等综合管理，促使竹林提早出笋，并及时进行竹笋采收。

1999年，临安最大的雷竹种植户蒋长富刻苦钻研种竹技术，与浙江林学院、临安市林业局教授专家一起开展配方施肥、地下竹鞭和竹龄结构研究，科学经营，成效显著。其经营的雷竹基地，被杭州市林水局确定为“雷竹丰产栽培技术标准化生产示范基地”，其家庭获评省级“科技示范户”。

20 世纪 90 年代，临安市森林病虫害防治站和浙江林学院有关专家，联合成立“雷竹病虫害治理研究小组”，通过列题研究，基本掌握竹病害规律，摸索出新的防治办法，及时开展群防群治，控制病虫危害，减轻损失。

2010 年 10 月，由临安市林业局和浙江农林大学共同建设的雷竹林碳汇通量观测塔，在太湖源雷竹园区建成并投入使用。该塔是全球首个雷竹林碳汇通量观察塔，装备辐射传感器、光三维超声风速仪、二氧化碳水汽分析仪等科学探测设备，能全自动全天候采集竹林下不同冠层的二氧化碳浓度等竹林生态系统的信息，观测、记录雷竹的固碳功能。

2016 年 7 月 1 日，由中国林学会竹子分会、浙江省竹产业科技创新服务平台主办，杭州临安太湖源观赏竹种园有限公司、中国林科院亚林所、浙江农林大学等单位承办的“2016 中国观赏竹培育与园林化应用高峰论坛”在浙江农林大学举行。来自中国林科院亚林所、南京林业大学、浙江农林大学、浙江省林业厅等 38 家科研院校、企事业单位近 100 位代表与会。

2016 年，临安竹产业团队联合浙江农林大学、安吉县林业技术推广中心，申报获批中央财政林业科技推广示范资金项目《竹林综合效益提升关键技术集成与示范推广》，实施年限为 2016 年 9 月至 2018 年 12 月。

2018 年 6 月 15 日，太湖源镇召开“天目水果笋”标准研讨会。研讨会邀请国际竹藤组织前总干事、资深研究员竺肇华先生，中国林科院亚林所陈双林教授，浙江大学刘志强教授，浙江农林大学叶正钱教授和临安区林业（农业）局、区竹文化研究会有关人员与会。会议主要研讨“天目水果笋”标准，要求打响品牌。

2019 年，临安区竹产业团队与浙江农林大学共同完成《临安区竹产业高质量发展战略规划》《雷竹笋芽萌发的温度要求及控制技术研发》《覆盖经营雷竹林竹鞭上浮原因及防控》等项目。临安区科技局《优良笋用竹引种栽培与示范》项目完成立项。

临安区竹产业团队同浙江农林大学、余杭区竹业协会联合申报的《竹林衰退及冰雪灾害早竹林生产恢复关键技术研究与应用》，获梁希林业科学技术三等奖、浙江省科技兴林一等奖。

2. 合撰科研论文

1991 年冬开始，由浙江农林大学方伟教授指导，在高虹镇高乐村陈大量户雷竹园建立正交设计试验，进行一系列的试验研究，取得显著成效，临安雷竹早出覆盖技术进一步得以完善。何钧潮、方伟等的《雷竹笋用林二季丰产高效栽培技术的研究》一文，刊于 1995 年《福建林学院学报》。

1991 年 11 月 25 日，何钧潮、方伟合撰《临安竹类资源与开发利用研究》，作为浙江省竹类资源与开发利用研究课题成果鉴定材料。文中认定临安竹子种类 11 属 63 种。

汪祖潭、方伟、何钧潮、唐明荣编著的《雷竹笋用林高产栽培技术》，1993 年 4 月由中国林业出版社出版。

1994 年 3 月，何钧潮、方伟等的《雷竹早产高效栽培技术》，获中国林学会竹子分会第一次青年学术研讨会论文二等奖。

1995 年，方伟、何钧潮、黄必恒、井出雄二的《雷竹早出栽培技术的研究》，刊于日本《竹子》杂志当年（13）期。

1996 年 10 月，何钧潮、方伟的《雷竹双季丰产高效笋用林的地下结构》，获临安县科学技术协会 1993—1995 年度优秀论文一等奖。

同月，何钧潮、方伟、沈振明的《雷竹笋用林两季丰产高效栽培技术研究》，获临安县科学技术协会 1993—1995 年度优秀论文二等奖。

第二节　竹文化进校园

2012 年 12 月临安市竹文化研究会成立，至 2019 年，共创建竹文化示范点 16 个。其中有天目山镇对石小学、太湖源镇青云初中、板桥镇中心幼儿园和潜川镇乐平幼儿园的校园竹文化教育。

（一）天目山镇对石小学

2012 年以来，天目山镇对石小学一直以“传承竹�文化，培育博雅少年”为办学理念。该校把临安当地的竹文化和育人理念有效结合，开设 12 个拓展课程，美术课画竹子，音乐课学唱竹歌曲，劳动课学做竹制品，体育课爬竹竿、跳竹竿舞，组织竹文化手抄报比赛等，竹元素融进教室的环境布置，竹文化渗透在对石小学的课堂内外。学校开设竹文化展览室，墙壁上挂满有关中国竹文化的古诗文、名人名言等，桌上摆满各种竹工艺品。

2012 年 9 月，对石小学《竹文化知识与实践》校本教材起用，共为 4 册，三年级第一册，四年级第二册，五年级第三册，六年级第四册，循序渐进，分“竹乡风采、竹乡生态、竹乡制品、竹子神韵、竹子资源”等板块。

2014 年 6 月 28 日，对石小学举办第二届竹文化艺术节，以“竹”为题材，分竹文化小报比赛、竹书画比赛、竹文化知识竞赛、小制作作品比赛、故事比赛、诗歌朗诵赛、文艺节目表演等 7 个部分。

对石小学体育课中的竹元素

（杨菊三 2014 年摄）

同年 9 月 8 日，来自澳大利亚、印度、喀麦隆、哥斯达黎加、哥伦比亚、加纳等 15 个国家的代表考察对石小学的竹文化展示。

2015 年 4 月 17 日，对石小学的《竹文化知识与实践》教材分为 21 课，浙江电视台教育科技频道节目组专题采访报道。小学生笛子合奏、葫芦丝独奏，还有精心制作的竹刻、竹编、微型竹子建筑、竹玩具、竹签粘贴画、竹扇作品，一一搬上荧屏。学生的竹制品还被送到杭州市少年宫展出，受到好评。

2016 年 4 月 20 日，对石小学举办第二届校园“春笋节”，同学们带上自挖的春笋，开展评笋、剥笋、洗笋、烧笋、品笋等活动。5 月 27 日，对石小学举办第四届竹文化艺术节暨庆“六一”活动。同年，浙江省第二届音乐竹竿舞大赛在杭州师范大学落下帷幕，对石小学的竹竿舞代表队取得第三名，指导老师汪晓芸获得创新奖。

为弘扬传统文化，体现“虚心、坚强、向上、奉献”的校园精神，对石小学举行首届“天目竹韵”作文竞赛，全校中高段共有四个班级的学生参加竞赛并评奖。

对石小学在中外友人到校参观访问时，将竹知识、竹工艺、竹音乐、竹舞蹈一一展示，把临安竹文化的宽厚与美雅介绍给来宾，同时也提升了学校的教学品位。《中国绿色时报》评价：“对石小学也因此成为中国乃至世界竹文化教育的一面旗帜。”

（二）太湖源镇青云初中

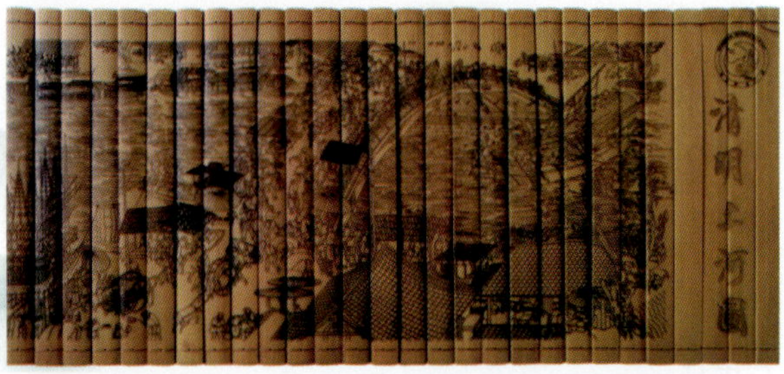

青云中学师生制作的竹简烫画《清明上河图》
（图片由青云中学提供）

2016 年 10 月，市竹文化研究会专家学者到青云中学，协助作出“打造竹乡魅力学校，培育虚心向上学子”的规划设计。同年 12 月，学校向市教科室申报学校主课题《太湖源地域资源的竹文化特色课程群的架构与实施》，并被立项。

2017 年 3 月，该校被市竹文化研究会授予“临安市校园竹文化示范点”称号。

同年上半年，学校开设竹笛拓展性课程。学校科技实验室作为竹文化实践基地，在老师带领下，利用激光打印机制作竹制艺术品。美术老师组织竹文化摄影、书法作品展。下半年，邀请民间老艺人开设竹制品制作特色课程。选派语文、美术老师开设“写竹、画竹”等课程，由此打造“书、画、吹、赏、做”一体的特色课程群。

学校在太湖源观赏竹种园支持下，打造校园竹园，增加品种，供学生欣赏、体验。在学校的走廊、教室布置竹罐盆景，展示竹诗歌、竹绘画，营造竹文化氛围。

（三）板桥镇中心幼儿园

板桥镇竹资源丰富。该镇中心幼儿园以“竹”为载体，注重培养幼儿良好的行为规范、创新思维与实践能力，逐步打造“赏竹、玩竹、品竹”为一体的校园竹文化。

幼儿园师生一起制作竹高跷、竹跨栏、竹推车、竹弓箭、竹花轿、竹球等竹玩具，将之按照走、钻、爬、跳、攀、投等动作发展区进行分类。走进该幼儿园的大厅、走廊、楼梯、活动室、专用教室里，随处可见竹制桌椅、玩具、学习用具、展览架等，全都出自师生之手。学校还组织幼儿和家长一起参加亲子竹制作品展，鼓励利用生活中常见的竹筒、竹叶、竹丝、竹片等，制作出各种新颖、美观的作品。三口分园也注重围绕竹主题开发利用竹玩具。

幼儿园还选择竹器械操、竹子玩具、竹林游戏三大块内容，进行幼儿玩竹活动。其中竹林游戏，则根据不同的季节，在户外竹林里开展。

（四）潜川镇乐平幼儿园

潜川镇乐平幼儿园致力于“一园一品”竹文化的开发与应用，营造温馨和谐的“竹”环境，开展丰富多彩的“竹”活动，创设益智有趣的“竹”游戏，学习竹刚正、坚韧等良好品质，将“竹”融入幼儿园的活动中，让幼儿在玩中学、做中学，在实现以幼儿为本的教学中，提升幼儿园文化品位。

乐平幼儿园的孩子们喜欢用竹制的工具玩沙子

（杨菊三 2017 年摄）

2014 年 9 月，幼儿园改建后操场，促进竹游戏“多元化”发展。

2015 年 12 月，幼儿园又将后操场的种植园改造为“品竹园”，在园中种植龟甲竹、观音竹、唐竹、紫竹、斑竹、花毛竹、美丽箬竹、花秆早竹、罗汉竹、孝顺竹等 10 种不同品种的竹子，通过开展“竹故事汇”语言类活动和“我眼中的竹”科学类活动，引导幼儿会认、会看、会说。会认即认识它是何种竹，有何特征；会看即会区分、会观察竹的生长、习性；会说即知道竹的品性或竹名来历等有关竹的知识和故事，营造竹环境，促进幼儿身心健康发展。

第三节　生产技术培训

中华人民共和国成立前，临安竹业均为个体分散进行，竹产业规模很小，谈不上有目的有组织的技术培训。中华人民共和国成立后，情况依旧如此。虽然互助组、农业合作社、人民公社时期也有涉及竹产业发展的技术问题，但那时“以粮为纲”，极少重视竹业技术提升与培训，同样难成规模，难成体系。改革开放后，为了做大做强竹产业，部署与展开真正意义上的竹产业科学技术学习与培训工作。

一、临安本地培训

1985 年 1 月，县林业局设立竹笋服务中心。2 月，创刊《临安竹讯》，为竹农提供技术、加工、流通方面的信息。4 月 30 日，临安县竹业协会成立，其职能是提供决策咨询服务；通过搞栽培试验，办示范点、技术培训班与《临安竹讯》月刊等形式，向农民提供信息、技术服务；组织运销，开辟市场等。协会向竹农传授雷竹早出笋高产栽培技术，雷竹效益明显，农民主动请技术人员培训技术。

1986年4月，县竹笋服务中心提出六条发展竹笋生产的建议，其中建议配备好一支竹笋技术队伍，从事竹笋生产、加工、经销、信息、培训等。

同年6月，紫水乡组织村主任、村支书等到横塘蔡山村参观竹笋生产，并邀请县竹笋服务中心科技人员讲课培训，鼓励发展竹笋生产，以后各乡争相仿效，前往参观学习。

同年，县竹笋服务中心提出改造笋干林的七条意见，要求从改造天目笋干竹林着手，开展集约经营，加强培育管理。

1987年，竹笋服务中心对新造竹林提出七条管理与技术培训措施。

1992年，临安雷笋早出高产技术研究获得成功，经专家鉴定为“全国领先水平”，即时在三口、临天、高虹、杨岭、青云、横塘等乡镇推广应用5000余亩，普遍获得较好收益。县竹业协会积极开展科普宣传、技术培训，进行产前、产中、产后的全程服务。

县竹业协会工作的重点集中于科学技术的研究和推广应用，主要任务有：全面推广应用雷竹早出高产技术，大力推广毛竹笋用林建设技术，积极推广天目笋干丰产技术，对低产林进行改造。此外，研究竹笋和竹制品的加工利用，开拓新的流通渠道。据不完全统计，1992年，全县各乡、村和农户个人到三口乡参观“雷笋状元”鲍子潮高产竹园达1300多人次，由乡、村出面举办培训班16期，受训2200余人次。各有关乡、村领导纷纷邀请科技人员前往讲授竹笋早出高产科学技术。

同年，全县各地出现雷竹早出高产技术学、用热潮，有20个乡（镇）举办不同形式培训班，3900多人次参加培训，基本掌握雷竹笋早出高产的原理和主要技术，做到边培训，边运用，推广面积由原来的5000亩扩大到1万亩左右。

临安县竹业协会在高虹乡高桥村举办雷竹退化林改造技术培训班　　（许雪珍 1993年摄）

1993年，科技人员进行四项技术革新：改传统的正月种竹为四季种竹；改用二、三年竹苗种植为当年新竹种植；改单层种植为复层立体配置种植；改单一品种种植为适地适竹多品种种植。同时研究推广雷竹笋高产技术，采用“种、肥、水、土、密、温、青、防”八项技术措施，经济效益显著。

同年县域出现“孵笋”热潮。雷竹主产地锦城、三口、高虹、横塘等乡镇推广雷竹早出技术，利用竹叶、砻糠、稻草等进行“孵笋”，高虹、蔡山、横畈专门举办现场培训班，当年覆盖面积超过万亩。

同年，三口乡政府和乡竹业协会举办七期技术培训班，千余人次受训。乡、村领导和专管员、脱产干部等带头示范，引领生产。

同年，东天目乡举办农函大竹笋班，采用结合实际、学用兼顾的教学方法，培育“冬天里的春笋”。

从1996年开始，省林业厅厅长程渭山在临安高虹镇陈家坎村五组谢国良等14个农户、130

亩雷竹林地上搞丰产示范点，组织农户学科学，用科学，在每个生产环节抓好关键技术的科技培训，为示范点农户释疑解难，促使掌握技术要领。1997 年，厅长雷竹示范点春笋大幅增产。

1997 年，县竹协会员下乡下村为竹农与林业干部培训讲课 17 次 950 人次。通过几年来不间断的培训，80%的竹农掌握竹笋栽培技术。县竹协充分利用电视、广播、展览、报刊等进行科普宣传，撰写科技论文、考察报告、科普文章 30 余篇。办好协会刊物《临安竹讯》，到 1997 年刊出总 125 期，印发技术资料 3000 多份，对市域竹农咨询服务 450 人次，帮助联系雷竹种苗 1 万多株。

1999 年 3 月 20 日，林业局副局长唐明荣、总工程师王安国，带领科技人员到三口镇进行科普咨询，3 月 22 日到千洪乡进行科普宣传，把科技信息送到用户。

同年 3 月 22 日至 3 月 24 日，於潜片在千洪、横路、藻溪、太阳 4 个乡镇举办四期竹笋、经济林、病虫防治技术培训班，科技人员为农民讲课。

县竹业协会组织举办的第 5 届科普宣传活动现场
（布智明　2001 年摄）

2001—2003 年，太湖源镇累计举办各类培训班 80 余期，培训人数达 7000 余人次，其中 300 余人获得农民技术职称，涌现出一大批专业大户。夏村朱有荣，1.5 亩雷竹创收 8.2 万元。盛村坞村毛利华连续覆盖九年，亩产竹笋保持在 2000 千克以上，亩产值 1.2 万元以上。横路村徐银华学用科学，高产高效，覆盖雷竹 7 亩，连续多年竹笋产值超 10 万元。

2008 年 5 月，市竹产业协会与市电信局在太湖源举办农民实用电话簿赠送活动，电话簿上印有竹笋标准化栽培、管理技术和主要的病虫害防治技术等。

2010 年，临安举办各类林业技术培训班 102 期，受训农民 1.2 万人次。

临安采用请上来、走下去和拉出去的方式组织各种形式培训考察，组建合作组织，发挥科技示范户作用，由点到面，由小到大，逐步推开，先后建立科技示范户 100 户。2013 年举办培训班 17 期，培训竹农 1029 人次；2014 年举办 15 期，培训 1082 人次，现场指导千余人次。编发“雷竹退化竹林改造与可持续经营技术”资料 2 万余份。

2014 年 11 月 10 日，张象枢教授到太湖源镇白沙村调研，参加在竹种园举办的有白沙村班子成员和各组组长参加的“白沙村转型升级暨森林文化”座谈会，并作辅导报告。

2015 年 9 月 25 日，在太湖源竹种园举办“高品质竹笋种植大户培训班”，全市部分镇街 30 余名竹农参加培训。

2016 年，市竹产业协会开展技术培训讲座 13 次，培训 768 人次。

2017 年 6 月至 9 月，太湖源竹种园先后举办高品质竹笋、香榧、山核桃，新农村建设、美丽田园、绿色经济等培训班 12 期，培训 1471 人次。

同年，市竹产业协会共举办培训班 15 期，培训竹农达 973 人次。发放资料 2000 余份，覆盖

9个镇（街道）。培训内容涵盖“雷竹高效生态化经营”“退化竹林改造”“竹笋高产技术栽培管理”“竹林机械化”等方面。

2018年11月22日，由区林业局主办的农林信息化业务培训班在太湖源观赏竹种园开班，50余位来自全区各乡镇、街道及村的信息员参加为期两天的培训，内容涉及农民信箱、万村联网、信息进村入户、农林信息网及惠农微信平台信息发布等方面。

临安市竹产业协会组织举办的竹林综合效益提升关键技术集成与示范推广培训班现场

（布智明 2016年摄）

同年在太湖源、龙岗、青山湖街道、河桥等地开展技术培训9期，培训780人次。

2019年7月编写并分发《雷竹笋可持续栽培经营技术》。同年在太湖源、龙岗、青山湖街道、於潜、潜川等地开展培训14期共841人次。

二、国内培训

1997年，县竹协理事汪祖潭、会员蒋长富应邀到河北进行雷竹培育技术指导与培训。

2010年4月，临安市对口支援四川省青川县金子山乡建成竹笋基地，共引种雷竹、高节竹等38905株，举办农民笋用竹培训班3期，发放技术资料1000余份，书籍450本，光盘8张。

2013年，省林业厅在临安市启动新型林技推广体系建设试点暨农民技术带头人培训工作。在坚持完善市（县、区）镇（街道）两级林技推广机构的前提下，在各个林业主导产业中确定农民技术带头人，通过连续培训，提高科技文化素质。学员则完成现代林业与新型林业经营模式的理论学习。完成培训后的学员可优先推荐申报农民技师、林业项目及林业各类先进。同年5月、10月分别举办农民技术带头人培训班各1期，18个镇（街道）150名竹笋、山核桃、香榧产业的林业专业大户、专业合作社负责人和林业企业技术骨干参加培训，成为全省首批农民技术带头人。

2015年12月6日至10日，王安国赴海南白沙县指导雷竹种植。2012年，白沙县开始雷竹引种试验，经五年努力试种成功。2015年，又引种临安雷竹2250株，扩大种植面积。

2017年，苏浙皖地区中小径竹笋产业服务站技术与产品直供服务处落户青山湖街道潘联村。竹子专家现场为竹园把脉问诊，40名笋农代表每人拿到两份退化早竹林改造和覆盖出笋种竹留养模式图。

同年6月以来，王安国等已四次赴广西巴马开展科技扶贫工作。深入边远山村开展调查研究，与有关乡、村商讨拟选择发展的竹种、树种；介绍临安通过发展竹子促进山绿民富经验；现场指导种竹；指导编写巴马县竹产业发展规划；帮助引进专家，规划建设巴马国际竹文化园。

第六编　竹与旅游

钱高潮竹雕作品
《太平有象》
（9厘米×5厘米×4厘米）

全景升级·全城热爱
城市珍藏别墅，稀有推出

（1-3、5-6布智明摄）

1. 山区非木资源与竹产业可持续发展国际培训班在杭州临安太湖源观赏竹种园举办
2. 杭州临安太湖源观赏竹种园竹博馆
3. 2011年中国·临安百笋宴美食文化节开幕式现场
4. 首届杭州市竹笋节上的“超级笋锅”（冯新田摄）
5. 杭州市陌上花开旗袍礼仪艺术团在临安区竹文化示范点—白水涧生态旅游区走秀
6. “百宴．百姓．百态”百笋宴上的吃笋群众

特色笋菜

中国的膳食文化可谓博大精深，竹文化同样源远流长，丰富多彩。生活在竹乡的人们将这两种文化巧妙结合，用普通的竹笋烹制出多种家常美味佳肴，形成了传统的竹笋饮食习惯。在此基础上，竹乡临安的烹饪大师们，积极发掘传统竹笋饮食文化，利用多种烹饪技艺，精心创作出琳琅满目特色竹笋，并冠以美妙的菜名，足以开设“百笋宴”，使食客们既饱口福又饱眼福！

山珍素鱼翅

▼在2018临安好家风“百笋宴”暨中国临安竹文化节活动中，“山里山”山庄在现场展示精致的竹笋宴（杨菊三摄）

笋干老鸭煲

油焖佛手笋

东坡御笋

兰花春笋

咸肉春笋

片片蒸情

银装素裹

本版照片除有署名外，均为布智明拍摄

第六编　竹与旅游

第一章　竹生态旅游

在全国范围内，临安较早推出生态旅游。在景区建设中，置有各种竹制娱乐设施：竹秋千、竹滑梯、竹跷跷板、竹摇椅、竹爬杆、竹花桩等。位于横畈的白水涧景区利用竹资源，主打竹品牌，利用原竹林建迷宫、竹屋、竹桥、竹亭、竹门楼，进行竹刻、竹简展示和竹工艺品展销等。位于龙岗的浙西大峡谷中有以竹材料构建的泉水餐厅，用竹筒雕刻的谜语挂于长廊中。2003 年，杭州临安太湖源观赏竹种园在太湖源镇建立，利用竹林环境，推出赏竹、嬉竹、竹培训、民宿等生态旅游项目。太湖源、神龙川等景区也都有竹构建和竹林景观。

第一节　太湖源观赏竹种园文化旅游

杭州临安太湖源观赏竹种园位于太湖源镇高云村，初建于 2003 年。有圃地 1005 亩，竹品种 120 个，为杭州市最大的竹种园、竹专业培训基地。2014 年 4 月 22 日，《杭州竹文化园规划》通过专家评审。

太湖源竹种园主要从事各类珍稀观赏竹种、笋用竹种的引种收集及快繁研究，2007 年辟为旅游区。

1991 年 11 月，“浙江省竹类资源与开发利用研究课题”通过对临安竹种资源调查确定，临安竹子种类为 11 属 63 种（包括变种变型及引种）。其中珍稀野生观赏竹种 18 种。在此基础上，从国内外采集多种竹种。以采集国内竹种为主，来自南方的有四川、福建、湖南、广东等地的竹子，来自北方有河北的竹子。国外竹种来自日本、印度、越南、菲律宾和厄瓜多尔等国，如菲白竹、翠竹、黄条金刚竹、菲黄竹等，在园区内通过驯化正常生长。

太湖源观赏竹种园圆形竹楼　（程志明 2016 年摄）

园区内现有观赏竹 80 多种，品种优良，观赏价值高，为全国各地的园林绿化所青睐。金镶玉竹的秆为金黄色，枝叶为碧绿色，惹人喜爱。有低矮成丛的鸡毛竹，层层叠叠的橄榄竹，龟壳一般的龟甲竹，犹被文身的湘妃竹，有紫竹、花毛竹、青丝黄、罗汉竹、方竹、黄纹竹等，还有世界上最小的竹子——翠竹，在园林工程中可做色块地被。

传统的概念，竹子只能生活在南方。现在，竹种园致力于增强竹子的抗寒能力以适应北方的气候、土壤等项目的研究。从众多的竹种中筛选出耐寒园艺用竹10余种，进行栽培和驯化，以使园艺用竹可以抵抗-20℃的寒冷。天目山具有较强的区位优势，气候垂直差异明显，高海拔地段有利于耐寒品种的适应和生长，也有利于“南竹北移”竹种筛选。

太湖源观赏竹种园中丰富的竹种资源和幽美的环境，吸引众多游客前来游玩 （布智明2015年摄）

园区内还有28种食用竹，如雷竹、毛竹、高节竹、石竹、四季竹等。其中四季竹从春到冬都产笋，且其竹秆韧性好，有多种用途。食用竹的自然出笋期通常是3—5月，科技人员研究成功覆盖技术，实现春笋冬出。此外，竹种园筛选出的四季竹等野生竹种，均可于夏秋季节6—8月出笋，填补市场空白，增加农民收入。

园区内有热带竹30余种，另有30多种竹子专门用于科研。

园区内专辟馆舍介绍临安竹文化史、苏轼与天目山竹文化、临安竹文化研究、临安竹文化单位，进行竹生活用品、竹工艺品等图片和实物展览。

太湖源竹种园建立以来，与中国林科院亚热带林业研究所、南京林业大学、浙江农林大学等科研院校合作，参加多项省科技厅、国家林业局重点项目研究与开发推广项目，在观赏竹繁育、园林专业造景等方面成功开发多项专有技术。竹种园被杭州市确定为中小学科普实验基地、浙江农林大学竹类教学科研实习基地。

竹种园的产品销售以国内为主，也销往国外。2008年，北京奥运会组委会就从竹种园购买鸡毛竹。近些年，重庆、贵州等地都掀起种竹热，每年都要从竹种园购买大量竹苗。由太湖源竹种园运往菲律宾、智利、土耳其等国的竹子，成活率高达80%以上。

2013年6月18日，临安市竹文化研究会在太湖源举行挂牌仪式，太湖源竹种园被列为临安市竹文化示范基地。

第二节 白水涧竹生态旅游景区

白水涧风景区位于青山湖街道横畈白水涧村，1999年开发，原名白水溪风景区、白水源风景区。白水涧是天目山系东北部的森林峡谷，也是天目山脉在临安境内最边缘的一条溪谷，汇入中苕溪，呈西北至东南走向。最高峰北天目山海拔1095米，亦是天目山东北部的最高峰。景区山体古老，历史悠久，有“江南奇山”之称，是集群瀑、翠竹、清泉、奇石为一体的生态旅游景区。白水溪从窑头山奔下，在竹海中形成众多飞瀑深潭，竹屋、竹桥、竹亭、竹门楼等点缀其间。一条古道蜿蜒在竹林之中，将各个景点串集。主要景点有百一公像、天下泉源、悬桥通幽、慕鱼潭、龙潭双叠、奚公堂、竹林迷宫、鉴真古道、仙谷瑶池、白水仙桥等，并有竹刻表演、竹筒展示、竹艺品展销等。

白水涧泓竹飞瀑　　（奚剑平 2015 年摄）

泓竹飞瀑　位于白水涧景区入口处，落差70余米，悬空挂下，注入月牙潭中。高远处清明，深远处重晦，若明若晦，扑朔迷离。飞瀑水珠雨雾，漫天飞舞；银丝缕缕，与翠竹幽篁相映成趣，构成一幅自然、奇妙的景观。

竹林迷宫　占地2万平方米。万竿翠竹中处处设有“机关”，按“白水涧”字形设计迷道。沿迷道设篱笆墙和十二生肖亭，亭内设名人属相牌，是集智慧、文化、趣味、健身于一体的魔幻之宫。

农家乐　位于白水涧景区。十里竹海，叠翠铺绿，飞瀑深潭，蔚为壮观。雨则雾锁云罩，晴则竹海林烟，淡妆浓抹，四季相宜。景区内设农家乐，特色活动有春笋节，桃源撒野春之旅；清凉之夏，登山健身活动；冬日风情探奇游等。常年有竹艺展示、竹刻表演、竹艺品展销、竹筒展示等。特色餐饮有百笋宴、农家米酒、竹筒饭等。农家乐菜馆有白水涧酒家、农家菜馆、奚氏山庄等。

第三节　其他景区竹文化旅游

20世纪90年代初以后，境内推出一批生态旅游项目，其中多有竹文化内容。

浙西大峡谷嬉水滩　嬉水滩有烧箕潭等五滩六潭，依次相连，全长1500米，有“竹筏戏水”“水车接龙”“竹板谜语”等竹文化项目。

柳溪江竹筏漂流　　（程益鹏 2010 年摄）

柳溪筏影　为临安新十景之一，位于柳溪江风景区。柳溪江上承昌化溪、昌南溪和蒲溪三溪之水，下接拦江大坝，江面开合有度，江水缥碧如染。筏行其上，穿白沙银滩，醉老屋倒影，翠竹桑园无韵而诗；舟泛江上，看白鹭翔集，观三峡九曲，青山绿水不墨成画。筏之影，山之影，皆印江流之上；景之美，情之美，均融水韵之中。

泉水餐厅 位于浙西大峡谷嬉水滩景区，为全竹建构的旅游餐厅，2010年改造为大峡谷酒店。

梦笔潭 位于浙西大峡谷老礁溪景区。相传从前有位穷秀才，几次进京试举不中，后知是因为无钱打通关节，被有钱无知的小人偷梁换柱。书生百般无奈之下，决心弃笔从农，把笔投进该潭，对天长叹“看来我今生只能梦笔生花”。“梦笔潭”由此得名。

掷笔峰 位于浙西大峡谷老礁溪河段对面。岩峰突起，落魄书生在此掷笔葬书。顶端有一峰为掷笔峰，中间有一个四方洞口，为葬书洞，溪中的深潭为梦笔潭。

御笔峰 位于大明山风景区悬空栈道旁，是大明山三神峰之一，原名“大明文笔峰”，传为玉皇大帝投笔凡间所成。因岩壁上刻“御笔生花”，因此称为御笔峰。该峰造型独秀，远、近、前、后景致各不相同，景色胜于黄山的梦笔生花。在仙境秘道上行走，御笔峰吞云吐雾、忽隐忽现，更加灵动神奇。

高虹石门树抱竹奇观 高虹镇石门村一条山沟里有一株银杏树，树高10余米，树龄逾百年，树干粗大，树顶已枯，主干空心，但树边枝叶依旧郁茂。银杏树边有竹林，竹鞭钻进老树根，在空干中生出数株毛竹，苍翠欲滴，形成老树抱竹一大奇观，常有游人猎奇寻来，一睹风采。

昌化良源的“树抱竹”奇观
（曹宏光 2005年摄）

昌化良源板栗树“胸有成竹” 昌化镇良源村椥树湾高山上，有一株大板栗树，胸径70厘米，高10米，树龄200年，主干已呈空心状。树洞从顶部冒出12株毛竹，如一把巨伞，矗立在山坡上，成为当地一大景观，常有好奇者登山览景。新华出版社2005年7月第一版《临安古树名木》一书中有图片文字记载。

锦城黄金村八脚山弯竹 弯竹是早竹的变种。因其秆弯曲如蛇形，故又名蛇形竹。弯竹又称富春竹，是春笋中自然出笋最早的一个竹种。弯竹单轴散生，秆高2—6米，眉围12厘米，粗的可达20厘米，节间长15—20厘米。秆环紧缩，节间突出，笋箨光滑，呈红褐色，伴有深黑斑块。传说很久以前，八脚山有一位八脚道人，道力深厚，却和善可亲，常常济弱扶倾。有一天，来了一个妖道，有3000年道行，乃是一条黑蛇精所化。他想要霸占八脚山，便与八脚道人斗法，商定谁赢了服谁。两人斗了三天三夜，终是邪不压正，妖道被降伏。八脚道人用符咒将其镇在八脚山下，让他改恶从善。黑蛇良心发现，变成竹子，造福人类。因是黑蛇所化，故其形如蛇。由于弯竹的特殊形态，成为一种观赏资源，常有游人慕名前来。该竹图文已入选新华出版社2005年7月第一版《临安古树名木》一书中。

中国《耕织图》文化园 位于於潜镇城区北约4公里处，由杭州耕织园农业开发有限公司2016

年投资建设，再现了古代《耕织图》表现的生产生活画面，受到业界和游客的关注。《耕织图》为南宋绍兴年间於潜县令楼璹所绘，是世界上第一部农业科普画册。45幅图中描绘有竹环境、竹建筑、竹农具、竹生活用具、竹玩具等70余处。

昌化南屏公园 位于昌化镇南屏山，因建于北宋熙宁年间的南屏塔而得名。苏轼昌化行曾游此处，写有《自昌化双溪馆下步寻溪源至治平寺二首》，其中有“乱山滴翠衣裘重，双涧响空窗户摇。饱食不嫌溪笋瘦，穿林闲觅野芎苗”句。园中有竹林，再现当年景象，碑亭中立后人书苏轼诗碑。居民和游人尤喜在此寻古赏景。

第四节 竹生态旅游活动

境内数家景区，每年推出竹文化内容的活动，逐步形成品牌。

白水涧欢乐春笋节 白水涧景区利用每年笋季组织旅游活动，定名“欢乐春笋节”。每年3月中旬至4月中旬在景区内举行，为期一个月左右。主题内容有：寻找春笋之王比赛、竹林迷宫有奖穿越、春回白水涧摄影大赛、欢乐农家百笋宴、竹林笨鸡捉回家等一系列与竹文化、笋文化相关的参与性活动，让游客通过挖笋、听笋、尝笋、观笋等活动，真切感受大自然的神奇魅力。

浙西大峡谷婚俗歌舞表演 为游客可参与的互动演艺项目，位于老碓溪婚育文化风情苑内。由一支少数民族歌舞队定点演出，旨在配合婚育文化苑的主题表达，达到活跃气氛、丰富内容的效果。一身侗族装饰的姑娘、小伙与游客一起跳迎宾舞、竹竿舞、抛秧舞、板鞋舞、搓搓舞等。欢快的舞曲里也有“模拟婚礼”表演，“新郎”“新娘”可对拜互敬，互赠“信物”，同入“洞房”。演出台前有观众席，可供游客就座观看。游客在参与婚俗表演时，自愿酌付小费“定情荷包”。

柳溪江漂流 包括竹筏漂流、皮筏漂流和游艇冲浪三种，被誉为“浙西第一漂”。人在筏上顺流而下，水急滩险，惊险刺激。岸上绿竹成荫，桑树连片，芦苇丛生，红瓦白墙镶嵌其中，草滩上有牛羊吃草。中下游南北两岸分别有扁担山、留尖山、笔架山、何上坪等高山，形成典型的“两山夹峙，碧水中流”的地貌特征。山峰相对高差300—600米，山势峻峭。江面宽度在100—200米之间，峡湾相连，深邃幽静，被誉为“浙西小三峡”。景区分别由九龙峡、相公峡、鱼潭峡组成。江水清澈明净，碧水倒映群山。

柳溪江夏日狂欢节 每年6—9月，柳溪江风景区利用夏日游客喜欢玩水的特点，在竹筏上举办狂欢节，有“亲水纳凉、泼水狂欢”“沙滩篝火、冰镇畅饮”“好礼重重、幸运获奖”三大内容，泼水场面独特刺激。

神龙川山野风情节 每年秋季9月举行。

神龙川第二届铜锅节　（布智明 2017年摄）

风情节以挖掘本地旅游文化资源，提供给游客更多的异地民俗文化体验，增添旅游文化内涵为目的。作为神龙川每年秋季的一项主题宣传活动，自 2002 年 9 月开始，截至 2011 年年底，已连续举办十届。每届组合推出不同风情的旅游活动，将民风民俗活动融入游客的参与性活动中。有采野菜、挖冬笋、吃烧烤等农事劳作和山民生活体验活动；有舞龙舞狮、跳竹竿舞、踩高跷、喝秋茶、采秋果、祭山神等民间娱乐活动；有写春联送春联等年俗活动；有手机摄影大赛；还有中秋赏月篝火晚会等，游客在景区游乐活动中体验到浓浓乡风民俗，感受到天、地、人三者合一的和谐美妙。

第二章　竹笋食品餐饮

第一节　竹笋旅游食品

临安为全国最大的竹笋生产基地，自古以来有许多种竹笋食品。旅游业兴起以后，商家和景区或推出传统工艺的竹笋产品，或借鉴创新推出竹笋食用新品种，竹笋产品在众多的旅游商品中独树一帜，颇受游客青睐。

天目笋豆　天目笋豆即为笋青豆，产于东、西天目山周边乡村。每当夏季，村民取优良青豆，采其嫩荚，剥出豆粒，切入笋丝，加上盐、糖、酱油，再添加姜丝、茴香、花椒一类香料，一起烧煮。煮熟后收干汤水，在炉火中烘到八九成干，贮存在瓮里。清康熙年间（1662—1722），传东、西天目寺僧烘制笋豆以款待香客。笋豆干易制易带，青翠可爱，或闲食佐餐，或助酒品茶，满口清香，余味无穷，深受喜爱。后为民间效仿制作，以供游人购买。民国钱文选编纂的《天目山名胜志》载：天目笋豆“色青而大，味浓而厚，诚为他处所不及”。

健脚笋　立夏日，临安民间用大竹篮给孩童称体重，并将笋带壳煨熟，剥壳后让孩子整枝食用，谓可健脚骨，故称“健脚笋”。作家周作人有一首《儿童杂事诗》：“新装杠秤好秤人，却喜今年重几斤。吃过一株健脚笋，更加蹦跳有精神。”在天目山西部一带则有吃小笋豆腐羹的习俗。到了立秋节这天，还要杠秤称人，和立夏日所称之数相比，以验经历炎夏后的肥瘦。旅游业兴起后，吃“健脚笋”、杠秤秤人，一并推向市场。

白水洞鲜竹酒　　（奚剑平 2019 年摄）

白水洞鲜竹酒　由白水洞景区奚剑平和吴周二人，从“竹林七贤”山涛的青竹酒延伸开发而成。据记载，酒神山涛首创把酒灌进竹筒，以芭蕉叶封塞筒口，存放数日成为青竹酒。在此基础上，采用“高压微创工艺”，将原酒注入生长期间的毛竹中“酝酿”。以酒饲竹，以竹沥酒，制成新的青竹酒，名“白水涧鲜竹酒”。该酒经竹体天然净化后，基酒中甲醇等有害成分减少，饱吸天然竹汁中的竹叶多糖、竹叶黄酮、竹叶抗氧化物以及硒、锌、铁、钙、镁等多种微量元素和氨基酸等活性成分。色如琥珀，竹香浓郁，口味甘醇，口感绵柔，分一年陈与多年陈数种。

青竹酒 在东、西天目山等景区附近，山民以40度左右的土制白酒注入生长中的新竹节中，数月后将竹子砍下，将有酒的竹节锯下，成为高档的“青竹酒”，售价每市斤百元左右。该酒口味清香醇厚，故受游客青睐。

竹筒饭 用上好的粳米、美味的竹笋菜肴，加上调料和适量的水，放入新鲜的毛竹筒中，或放在大锅中蒸熟，或放在炭火中烤熟。而后劈开竹筒，有竹之清香芬芳，美味可口。在浙西大峡谷、白水涧、柳溪江漂流等景区都已推出，成为游客喜爱的一种膳食。

石笋干 临安山区竹资源丰富，自然生长状态的竹林每年有新笋长出。从山地里拗取新笋，剥壳烹煮后制作成各档笋干。临安竹品种很多，主要有雷竹、枪刀竹、红壳竹、广竹、水竹、木竹、石竹等，这些竹林里的嫩笋都可以加工成笋干，而其味道鲜美程度以石笋干为最佳。石笋干即以石竹所生的嫩笋制作而成，肉嫩色青，香味浓郁，其售价远高于雷笋等制作的其他笋干。

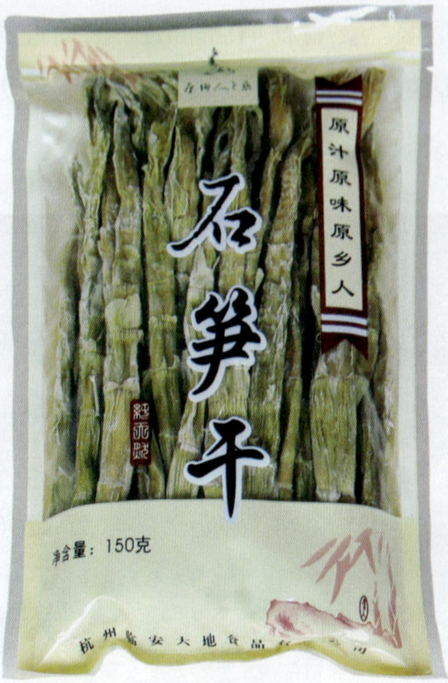

石笋干　　（布智明 2010年摄）

临安鲜笋 临安鲜笋是临安旅游商品的一个新类。随着人民生活水平的提高与交通条件的改善，游客采购时鲜蔬果已成时尚。临安盛产菜竹，食用竹面积与品种都十分有优势。科学栽培食用竹笋的早出高产技术率先在临安发明推广，高虹、青云、天目山等菜竹基地也远近闻名。临安在上海、杭州都辟有竹笋市场，专门供应临安出产的鲜笋及竹笋制品。在旅游购物市场上选购鲜笋，往往新鲜、价廉，挑选余地大。临安农贸市场上供应的鲜笋既有盒装与袋装，也有散装，散装更受游客欢迎。有游客还与农户直接联系，去竹林里现场采购，不仅竹笋新鲜，其亲身参与也让游客获得一份十分珍贵的乡村体验。

吴越十锦 为临安独具特色的旅游菜肴。主要原料：农家竹林鸡、银杏、石耳、豇豆干、鲜笋、石蛙、笋干、昌西豆腐干、本塘河虾、火腿等。制作方法：净鸡过水斩块（带皮鸡脯肉取出另用），将笋干放入瓦煲内作底，将石鸡、豇豆干、石耳、鲜笋、昌西豆腐干、河虾、火腿、笋干尖、带皮鸡脯肉排入瓦煲，加清汤、盐、黄酒、姜等调料，置文火上炖两小时即成。风味特色：鸡香扑鼻，汤汁鲜醇。

第二节 大型特色笋宴

一、“百笋宴”活动

“百笋宴”是在竹笋旺季，由政府部门主办，民间包括餐饮或非餐饮企业以及部分家庭参与，以笋肴为媒，推介临安竹笋产业和旅游产业的一项固定活动，充分体现临安育竹吃笋的历史和竹笋产业的优势。自 2009 年 3 月首次推出以来，一次一主题，至 2019 年共举办 9 次。

“百笋宴”依托临安竹笋产业，挖掘竹笋美食文化资源，最初几届从餐饮企业入手，2016 年开始与“好家风”活动结合一起，让“百笋宴”走进普通百姓生活，成为全民参与的一项固定性活动。

“百笋宴”活动中，各餐饮企业推出以笋为主要食材的豪华家宴：钱王大酒店推出“风生水起宴”，青荷酒店推出“家荷迎宾宴”，交通皇冠假日酒店推出“合家欢”宴，青山湖中都大酒店推出“长福长寿宴”，新五洲大酒店推出“五洲同聚宴”，林大餐饮管理有限公司推出“田园家味宴”，等等。

临安餐饮企业制作的“天目竹韵”主题笋宴

（布智明 2012 年摄）

“百笋宴”菜品从餐饮企业高档豪华菜，到家庭温情的“私房菜”，高、中、低档菜形态各异，一应俱全。在传统竹笋菜肴的基础上，不断开发新品。每次推出的菜品约 300 个。新品多取雅号，增加文化趣味，有“竹报平安”“飞上枝头”“出水芙蓉”“荠菜兰花笋”“印象碧海”“山珍海味”“群英荟萃”“蜜汁咸笋”等。传统菜品有青椒笋尖、腊肉蒸笋、油焖笋、文武笋、咸笋等，还有各镇街推出的以竹笋为原料的农家土菜、民间私房菜、百味野笋煲、油焖春笋、酱焖石笋等。2017 年，临安餐饮行业协会评选“十佳好家风百笋宴消费体验店”。

2010 浙江（国际）餐饮博览会上，临安“百笋宴”获评“中华特色名宴”。2011 年临安获“中国竹笋美食之都”称号。

“百笋宴”活动还提供竹文化传承企业（个人）、竹制品重点企业竹制产品的展示平台，推出旅游特色产品。2017 年，有 30 家企业 100 多件竹制产品展出，如竹文化传承人江安然的竹制礼品篮、饭篮、果子篮等，浙江聚贤盛邦农业科技有限公司研发的“水果笋”，阿农巴巴的笋干等。2006 年始，重庆火锅协会参加临安“百笋宴”活动，四家火锅重点企业代表与临安竹笋产品企业签订产销合同，其中重庆勺天下餐饮文化有限公司和杭州西马克食品有限公司采购对接签约，使竹笋产品的产业链、价值链、供应链得到拓展与深化。

二、历届大型笋宴活动

2002年，青山湖圣鹤山庄厨师娄峰制作的“清风竹宴”，在中国第三届美食节——中国名宴大赛中被评为“中国名宴”。

2006年 4月29日，在临安人民广场举行杭州世界休闲博览会临安分会场中国名茶点评选展示会，杭州临安华易食品实业有限公司休闲笋豆获金奖，三宝食品有限公司天目手剥笋获银奖。

2007年3月20日，临安市举办首届天目百笋宴大比拼活动。活动分天目百笋宴席套餐展示评选和竹笋特色菜评选两个项目。12家餐饮企业参加，59个笋类菜参加特色菜评选，评出金奖8个，银奖4个，特色菜15个。

2009年3月25日，在杭州吴山广场举办2009杭州·临安百笋宴开幕式，菜肴原料均为临安山里的优质竹笋。临安餐饮企业推出10桌宴席套菜和60个竹笋特色单品菜肴，味道鲜美，造型生动。现场还举办一场临安笋干、竹笋等农特产品展销会。会场上，临安贸易局面向杭州市民推出总价100万元的“百笋宴”餐馆消费券。

同年12月25日，临安以竹笋为主的山珍美食火锅节在人民广场举行。

2010年3月26日至30日，临安市政府主办、市贸易局承办“2010中国·临安百笋宴”。新五洲大酒店用直径1.5米大铁锅，炖煮500千克咸肉春笋供市民品尝。20家餐饮企业制作53道竹笋菜肴参加烹饪大赛，评出金奖10个、银奖15个、铜奖16个、优胜奖12个。征集民间竹笋私房菜12道，咸肉干菜笋获金奖。来自杭州、萧山、东阳等地近万人参加美食节，部分游客参加“游临安景，挖天目笋，尝百笋宴”活动。

同年11月19日至21日，在中国浙江（国际）餐饮企业博览会上，“临安百笋宴”获最高奖“中华特色名宴”钻石奖。钱王大酒店“钱王御笋宴”、新五洲大酒店“五洲百笋宴”、大世界酒店“华厨四季笋宴”被评为“浙江名宴”。

2011年4月8日，2011中国·临安“百笋宴”美食文化节在临安人民广场开幕，由市政府主办，市贸易局承办，市餐饮行业协会协办，为期5天。中国烹饪协会授予临安“中国竹笋美食之都”称号。在开幕式上，一口直径3米的“天下第一笋锅”置于活动现场，锅内食材为境内多家餐饮企业提供的250千克春笋、50千克咸肉。各地宾客争相品尝，赞不绝口。

2012年4月，2012中国·临安百笋宴美食文化节由临安市政府主办，市商务局承办，市餐饮行业协会协办，主题是“走进美食之都，共享百笋盛宴”。共展示笋菜98个，主题笋宴10桌，28家餐饮企业和学校参加。

2014年5月9日，在临安人民广场举行2014中国·临安百笋宴美食文化节暨职工技能竞赛。

2016年4月29日，举办临安百笋宴活动，主题为“打造美食品牌，弘扬优秀家风，保障服务G20”。活动由临安市政府主办，市商务局、市文明办等单位协办，并在临安人民广场举行“好家风好味道·2016中国临安百笋宴暨临安市餐饮五项职业技能大赛”和“好竹连山觉笋香”主题活动。

2017年4月27日，由临安市政府主办、市商务局承办、市竹文化研究会协办，以“美丽竹乡、幸福味道”为主题的第八届好家风百笋宴暨竹文化节，在青山湖中都大酒店举办。百笋宴竹文化节上，西马克竹笋加工企业和重庆火锅协会、重庆勺天下火锅食材企业签订年供应3000吨火锅笋的产销合同。

在太湖源竹种园举办的“千人长桌火锅宴”

（杨菊三 2018年摄）

2018年4月26日，由区政府、杭州市商务委主办的“美丽竹乡 · 幸福味道——2018临安好家风百笋宴暨中国临安竹文化节”在苕溪时代广场举行。杭州市商务委以及临安区政府、区商务局、区林业（农业）局、区文明办、区竹文化研究会领导出席活动。

同年12月19日，重庆商务委火锅协会、重庆勺天下火锅食材企业在太湖源竹种园举办重庆火锅节。来自重庆的10位厨王到临安摆开“千人长桌火锅宴”，火锅中配临安“笋美人”笋品火锅料，实现产业交融，将临安竹笋推向重庆火锅。

2019年3月19日，由临安区文明办、区商务局主办，区教育局、区餐饮协会承办的“我的礼堂我的家 · 临安区2019‘好家风百笋宴’”暨杭州厨神争霸赛选拔赛，在临安区湍口镇三联村举办。

三、临安竹笋亮相《舌尖上的中国》

2013年4月，中央电视台《舌尖上的中国》摄制组在天目山镇九思村和天目山景区进行为期四天的取景拍摄，主要反映当地竹笋产业发展和以竹笋为原料的美味佳肴。2014年5月，中央电视台《舌尖上的中国》（第二季）播出临安笋肴，其中重点推荐临安鲜肉春笋、黄泥拱笋、多味笋干等，提高了临安竹笋的知名度和关注度节目播出后，电商临安竹笋订单猛增。

临安“笋美人”最新研制成功薄如纸片（机械刨切）的“火锅笋”在火锅节上精彩亮相

（赵庆元 2018年摄）

第七编　竹与风俗

钱高潮竹雕作品
《枯骨罗汉》
（6厘米×4厘米×10厘米）

1	2	3
4	5	6
7	8	9

1. 百孚竹制系列家具
2. 百孚竹制会议室桌椅
3. 百孚办公室书柜、书桌
4. 百孚竹制茶几
5. 百孚竹制凳子、椅子
6. 清代竹书箱（民间收藏）
7. 百孚竹制眠床及床头柜
8. 意向竹制橱柜、办公桌
9. 意向会客室竹家具

（1–5、7布智明摄，6藏家提供，8、9杭州意向竹业有限公司提供）

1	2
3	4
5	

1. 剥笋（舒升东摄）
2. 毛竹采运（冯新田摄
3. 编制烘笪（洪裕玕摄
4. 制作脚手片（吴文汉
5. 采笋（布智明摄）

第七编　竹与风俗

苏东坡有言："食者竹笋，庇者竹瓦，载者竹筏，爨者竹薪，衣者竹皮，书者竹纸，履者竹鞋，真可谓不可一日无此君也。"南宋於潜县令楼璹绘制《耕织图》46幅，其中绘有各种竹器60余种。天目山多竹，山民生活处处离不开竹子。临安许多生产、生活用具取材于竹，竹乡也有许多竹风俗相沿至今。

第一章　竹与农事

第一节　竹农活

砍竹子　昔时临安山民上山砍竹，都要先祭拜山神。在山脚路口的山神庙中，点上三炷香、一对蜡烛，上供品，跪下叩头，口中念念有词："山公山婆、山神菩萨保佑，保佑我等砍竹平安。"敬山神时不放火炮，免得惊动其他八方神仙。现该习俗已经淡化，极少有人再行祭拜。

山上砍下竹子，不能像木料柴火一样直接溜下来，那样会伤及竹青，以后难以取料。应当将竹子从山上背下来，大的竹子一次只能背上三四根，小的可以背上六七根，捆成梱，根部一端搁在肩上，梢端拖在地上。背到山下后，按鲁班尺号上大小尺寸，然后整齐堆好，等待买家选取。茹志鹃在小说《百合花》中对天目山背毛竹作了描写。

钩竹梢　在初冬农闲季节，山农要带上钩梢刀，上山钩竹梢。钩梢刀为一种专用工具，弯刀镶以长竹柄。钩断的竹梢下坠时速度极快，山农须眼明手快，及时躲闪。钩下的竹丝可以扎笤帚，竹梢管可以做笤帚柄，稍粗的竹管可以拗竹椅。钩下竹梢又可使竹林免遭雪压。

放竹筏　竹筏也称作竹箄、竹排等。《广韵》："筏，大曰筏，小曰桴。"制作竹筏一般选用直径10—12市寸（1市寸≈3.33厘米）竹龄4—5年的大毛竹。冬天采伐下来的竹因含浆少，分量稍轻，也不易蛀。先削去竹青，用炭火烤成中间直、根部稍弯、梢部翘起的形状，然后在头、中、尾凿圆孔贯以坚韧山柴，现在也用钢筋替代。小竹筏用5—6根毛竹，大竹筏则要用10根以上的毛竹串成。竹筏轻浮水面，顺溪流撑篙而下。旧时苕溪、天目溪、昌化溪的水位高，山农采伐竹木柴炭药材等山货，以竹筏载物顺流至余杭、瓶窑、湖州、桐庐、杭州等地出售，俗称"放排"，还可载客。有时竹筏顺流成串。发大水时，有技高胆大带头的竹筏老大站在排头，捏撑篙，喊筏号，绕险礁，奔向太湖或钱塘江。东天目山、青云桥一带有民谣："乌炭白柴送余杭，赚得铜钿换米粮。养儿养囡养爹娘，靠山靠水过辰光。”清郭九会有《漕仓苦雪诗并序》，序云：“临仓设于禹航水次，去县治（临安）五十里而遥。里民输漕，或以竹排，或以肩挑。”诗句有：“几叶竹排撑水面，两囊珠米压肩头。”

唐以前，於潜至分水江的水路不畅，《於潜县志》卷十《名宦》载：“杜咏，贞元中为於潜令，开紫溪河以溉田，又凿渠以通舟楫，民蒙其利。”又载：“绍兴间令邵文炳大兴水利，紫溪下燕尾滩，凿去铦利之石，操舟者无险阻患。元丰、乐平、清涟等塘渐就废坏，悉为浚治修筑。”自杜咏、邵文炳二县令治理河道后，天目溪成为一条航道，除竹木外，也促成天目窑商品瓷通过竹筏运输销售。

旧时，临安几条主干溪流，桥少渡多。渡有船和竹排两种，其中竹排最为常见。过渡竹筏制作稍有讲究。旧时木排与竹排的起走习俗也同于船，撑渡时，头篙撑出，如岸上有人呼叫搭筏，筏工则不会理睬，称作“发篙不回头，回头触霉头”。但是如果看到有扫鱼人等溺水，撑筏人会伸篙相救，叫“救死不救伤”。20 世纪 70 年代后竹筏渐已消失，90 年代后又兴起，演变成竹筏漂流等旅游项目。

头发防春笋鼠害 临安竹农往往用细铁丝将剪下来的头发扎成一条条“长毛虫”形状，再绕到笋的蒲头上，如此可防止春笋遭山老鼠、松鼠等侵害。

敲竹惊野猪 山区种有黄豆、玉米、番薯，为防野猪啃吃，旧时每年初秋时，就会有许多村人上山，晚上常以敲竹梆子来惊吓野猪，保护山中植物免遭糟蹋。

竹浆造纸 临安各地有造纸的习俗，主要生产元书纸和桃花纸，还有蚊香纸、包药纸、乌纸、雨伞纸、羊皮纸等，原材料主要是竹浆，以及百脚皮、纸皮、桑皮、洋桃藤、青檀皮等。2006 年版《临安市志》载：“清代中晚期，汤家湾出现造纸作坊，以桑皮、废纸为原料，制作抄光纸，至 80 年代停止。毛山、双石村则生产毛长纸。”龙岗、於潜等地现仍保留有纸厂的文化遗址。中华人民共和国成立后，於潜兴办国营造纸厂，用的有草、木、竹浆。在天目山西部有临安千洪宣纸厂，生产各类手工宣纸和桃花纸，其厂长为世界非物质文化遗产传承人。宣纸生产的原料有青檀皮、竹浆、木浆等。宣纸的制作工序粗分为十八道，细分则超过百道。先将原材料制成纸浆，用竹帘抄成纸，再刷到炕上烤干，剪裁后整理成张。竹帘是捞纸的重要工具，多以苦竹制作而成，而捞纸是纸浆经抄造成纸的极关键的工序，直接影响纸张质量。纸浆加水稀释，放入一定比例的黏剂（分散剂）成浆料，便可进行抄纸。抄纸是利用竹帘及木框，将浆料荡入其中，经摇荡，使纤维沉淀于竹帘，水分则从缝隙流失。纸张久荡则厚，轻荡则薄。抄纸完成后取出竹帘，需以线作为区隔后重叠，并待部分水分流失，采重压方式增其密度，然后进行烘焙。烘纸是利用蒸气在密封的铁板上产生热度，以长木条轻卷手抄纸，用手刷整平，间接加热使纸干燥。

第二节　竹农具

清康熙二十八年（1689），胤禛（雍正）命宫廷画家焦秉贞仿南宋於潜令楼璹《耕织图》，刊本绘制御制耕织全图，图为册装，46 页，耕织各 23 页，其中多有竹农具，每幅图上端有雍正的题词。

临安山农使用竹制农具颇多，有簟皮、大匾、谷箩、簸箕、茶篮、背篓、竹尺等等。挑谷担柴，喜欢用竹扁担，不会伤身子。重磅的铁锤柄是用多根竹条镶成，有韧劲，弹性好。连锄头也取竹柄，捏在手上滑溜舒畅。山农靠山吃山，有许多的竹农活，砍毛竹、放竹筏、钩竹梢、掏笋、拗笋等。天目山人对竹有付出，更有收获。

谷箩　竹制箩筐，用以盛谷物。有的用竹丝编成，底方上圆，底小肚大，口子略收；有的用竹篾编成，底方上圆，上端为圆柱状。

晒谷簟　晒谷簟以竹篾编成，用以晒谷物等。一般宽丈余，长两丈左右。使用时摊开，用完后可以筒卷放置家中。

摊谷耙　摊谷耙为晒谷专用的耙子，以竹木制成齿耙，镶以长竹柄，在晒谷簟上或水泥地上将谷物摊开，谷耙背面可用于推谷成堆。

制作摊谷耙　　（刘延风 2015 年摄）

竹呱子　用毛竹做成，长约一米许。上半部对分均等破开，下半部不破，保留着竹节。中间两侧削除部分，留下两爿可以捏手的竹条。使用时，左右手各握着一爿竹条，上下弹动，让上端破开处一张一合，发出呱呱之声，以驱赶鸡鸭鸟兽。

响篙　用口径三厘米左右长约一米多的竹管，一端破为数片，另一端保持柱状作手柄。使用时，握着一端抖动，使其发出响声，以驱赶鸡鸭麻雀等。

竹匾　竹匾在境东部又称晒谷匾，西部又称团箕，可以用作晒谷物、豆子、瓜干、菜籽等，也有用作养蚕。一些地方养蚕的匾呈腰子形，称为蚕匾。临安农家一般家中都有多少不等的竹匾。大的直径有一米多，小的约七八十厘米。竹匾也是必备的嫁妆之一，并在出嫁之日担任着重要的角色。姑娘出嫁之日，闺房中搁一张新竹匾，里面放新娘的嫁衣、新鞋。新娘脱掉脚上的旧鞋，赤脚踩进竹匾，然后脱掉身上的旧衣裳，换上新嫁衣，坐在竹匾中。迎亲时，由新娘的兄弟从竹匾中背起新娘送至车轿，新娘的脚不能沾地。如沾地会带走娘家的财气。在夫家，旧时的婚床都为雕花架子床，婚床铺好后，待夜深人静，男方母亲会在新床的帐顶上压一个晒谷匾，垫被上放

竹匾　（布智明 2018 年摄）

一个包袱，意为媳妇进门后“扁扁服服”，顺从婆婆。新婚之日新娘进门后，伴娘会先行检查，掀掉晒谷匾、包袱这两件物品，才让新娘坐上床。还有，小孩抓周也在竹匾中进行。把笔、墨、算盘、铜钱、糖果、胭脂、勺子、锅铲、花朵等物件摆在竹匾里，再把满周岁的孩子抱进去，由孩子在里面爬摸，首先抓到的物件预示孩子未来的命运。

筛子　是一种竹制农具，用细竹条编制而成，圆形，底有细小筛眼。谷筛又叫筛谷汰，眼较粗，用于去掉稻草留下稻谷的工具。米筛又叫格筛，是用于去糠存米的工具，也能作盛物之用。格子粗的为谷筛，用来筛去谷物中的沙石和谷物碎粒。以竹子为架，用绢或细铜丝等绷住底部，格子特细的为粉筛，专门用于筛粉状物质。南宋於潜县令楼璹耕织图诗《筛》：“茅檐闻杵臼，竹屋细筛簸。照人珠琲光，奋臂风雨过。计功初不浅，饱食良自贺。西邻华屋儿，醉饱正高卧。”

迎亲时，新娘轿、车的后面，都要挂上一个米筛，米筛上画有红色的八卦及太极图，被称为八卦米筛。它的用意是八卦有避邪作用，米筛有孔，可以照见邪魔，使邪魔无所遁形。这无非也是为了讨吉利，也有象征繁荣之意，因此有的米筛上写着“百子千孙”的句子。新娘轿、车来到男方家，男家请“好命人”牵新娘出轿，然后要把轿后或车后的八卦米筛取下来，由新郎和“好命人”举着让新娘从米筛下穿过，称为过米筛，意在禳邪。

竹簸箕　（刘延风 2015 年摄）

簸箕　簸箕是用竹篾编成的农具，多用来挑粮食、沙土、垃圾等，在农村较为常见。北魏贾思勰《齐民要术·种槐柳楸梓梧柞》：“至秋，任为簸箕。”唐锺辂《前定录·刘逸》：“我读《金刚经》四十三年，今方得力，就说初坐时，见巨手如簸箕，翕然遮背。”南宋於潜县令楼璹《耕织图》中有诗：“临风细箕扬，糠秕凌风前。”

临安民间又有把手指纹如箕形的称为“箕”，将手指纹如箩形的称为“箩”，民俗中认为十指的箕纹（条纹）和箩纹（圈纹）与命运相关。民谚道：“一箩穷二箩富，三箩卖豆腐，四箩骑白马，五箩六箩开当铺，七箩八箩把官做，九箩十箩享清福。十只箕，满天飞。”

茶篮和背篓　临安东部采茶用茶篮，西部采茶用背篓，茶篮几乎是一种采茶的专门用具，背篓却运用广泛。临安一带的背篓则是长方形的。茶篮灯则是天目山区的一种舞蹈形式。如当地的畲族人一边采茶一边唱着茶歌。有《天目茶歌》流行："清明采茶茶发芽，手提茶篮到山崖。姐采多来妹采少，不论多少早回家。谷雨采茶春将尽，姐在房中绣花巾。两头绣出茶花多，中间绣出采茶人。立夏采茶忙又忙，丢掉茶篮去插秧。插得秧来茶叶老，采得茶来秧又黄。"

竹扁担 天目山区山农多用竹扁担，有弹性，挑谷担柴，不会伤身子。根据不同的分量，可选择使用不同的竹扁担。以较粗的毛竹根端做成的硬竹扁担，可以担二三百千克的担子。担子轻可以用薄竹扁担，晃悠晃悠省力气。

扁担横在地上，妇女不能跨过。俗传用女人跨过的扁担挑担，会生肩毒，一旦患上肩毒，须将那根扁担烧成灰，用青油调敷患处方可痊愈。天目山区有许多扁担的故事，还有许多涉及扁担的地名，如玲珑街道的扁担岭，湍口镇的扁担山，於潜镇的扁担坳、扁担山等。尚不成熟的年轻人，俗称为"嫩竹扁担"，喻担不起分量。

竹竿 打山核桃的竹竿一般有长短两种。长的一般取小毛竹或广竹制成，长5—6米；短的取石竹，长3—4米。以火烤直，用刀削光滑，将多根竹竿捆绑一起，晾干定型，以备取用。旧时放木排有一竿钩，可以扎住圆木在水中拖曳。溪中发大水时，村人用此竿钩捞水中木柴，称"撩大水柴"。

岛石镇村民正在准备采打山核桃用的竹竿

（布智明 2008年摄）

笠帽 又称斗笠。旧时逢下雨天，农夫要出门干活，便赤双脚，披上蓑衣，头上戴顶小笠帽，干起活来手脚可以十分方便自如。南宋於潜县令楼璹所绘编的《耕织图》有诗云："雨笠帽宿雾，风蓑拥春寒"，"解衣日炙背，戴笠汗濡首"。唐柳宗元有诗"孤舟蓑笠翁，独钓寒江雪"。明徐颖琅《石镜山》诗中有句："蓑笠常留衮冕光，担荷亦发龙鸾册。"笠帽是以竹丝和箬叶编成，有大中小三种，是典型的江南农村的雨具，其中小号的又称斗笠。旧时布面雨伞称为洋伞，珍贵少见，油纸伞也是十分难得，山村农家多用笠帽。现代社会里笠帽则少见。有的旅游景区，将其作为工艺品，城市游客往往购买回去挂在家中墙上作为装饰。

耘田面罩 临安西部地区的农户耘田用的是长竹竿柄的耘田耙，而东部则是弯着腰用手耘田，为了避免稻叶戳脸，农户都戴上竹制的耘田面罩。

扎扫帚 传夏代中期，君主姒少康偶见受伤野鸡拖身爬行，得到启发，用鸡毛扎成掸帚，后来又换成竹枝，从而发明了笤帚。少康将於潜一带封给他的一支子孙，将笤帚文化带到境内。竹枝笤帚制作步骤包括削帚柄、破篾、捌竹丝、理竹丝、晒竹丝、烘竹丝、擦竹丝、缚笤帚、整形、紧固等工序。在上甘锦源村，竹枝笤帚制作比较普遍，有许多制作竹枝笤帚的专业户，并以锦源为中心，遍至横岭村、上甘村，以及玲珑街道和板桥镇等地的小块区域。锦源村的竹枝笤帚不仅供应临安周边的区域，而且远销余杭、杭州、上海及北方等地。

扎好的竹丝扫帚　　（盛宪忠 2015 年摄）

农历正月初一为春节，民间传初一是扫帚的生日，因此这一天不动扫帚，不扫宅地，不倒垃圾。如若动用，会扫走运气，赶跑财神，而引“扫帚星”进门，一年难交好运。与扫帚相关的有一个掸尘的习俗。掸尘又称扫尘。每至农历十二月（又称腊月）初，家家户户就着手准备过年。有一桩事情少不了，即掸尘。一般选在腊月廿四祭灶日前后，也有选初八或十七日。用新鲜的竹枝扎绑成“尘帚”，将积在楼板、墙壁、椽梁上的灰尘掸下来，以示去旧迎新，干干净净过新年。竹帚用后，在谢灶及请年祇时作送神引火之用，烧的时候爆裂有声，亦有送旧迎新之意。有的人家还要扫烟囱灰，也有请上八府过来打工的人，专门替人扫烟囱灰，将灰拿回家可作上等肥料。

第三节　竹家具

临安竹家具最多的是竹椅、竹躺椅、竹眠轿、竹方桌、桌凳、竹榻、竹床、竹帘、竹书架、竹花架、竹衣架、竹箱、竹轿车、竹如意等，现在农家大多还有。竹子性凉，竹椅、桌凳、竹榻在夏天坐着躺着尤其舒服。炊具中则有筲箕、笊篱、竹饭勺、筷子、筷子筒、吹火筒、火夹，还有许多人家的菜橱也是竹制的。

竹嫁妆　山村习俗，女儿出嫁的嫁妆中就有竹编器。民谣道：“紫竹林，木竹林，撑到岳家接丈人。”竹编嫁妆有烘篮、针线篮、箪箩、果子篮、果子箩、淘米筲箕、火熜等。一般要请篾匠进家门，要花几十个工。从山里取最好的竹子砍下来，取成篾或丝料，拿一些篾丝染成黑色，然后编织喜庆吉祥的图案和文字，有八盘花的，有十二盘花的，还有二十四盘花的。其工艺粗细表明新娘的身份。此习俗沿袭至 20 世纪 80 年代后逐步淡出。

篾席　篾席是最典型的寝具，也有人称作“簟”，这在篾匠活中最见功夫。可以取略小一点的毛竹，剪裁得当，匀好条子，敲好剑门，取四层篾，刮好，便开始编。篾的宽度以鲁班尺为标准。鲁班尺略短于市尺，有四根寸的，即显得粗糙，多取六根寸的，讲究的人家甚至用十二根寸的，能编出许多花样来。比起现在的麻将席，篾席要精致得多，感觉也要舒服得多。

竹摇篮　摇篮为篮，多用竹制，悬挂于梁或安置于车上。多地有此俗，临安也有。《戒庵老人漫笔·摇篮》载：“今人眠小儿竹篮，名摇篮。郭晟家塾事亲曰：‘古人制小儿睡车，曰摇车，以儿摇则睡故也。’摇车即摇篮。”

菜篮　临安一带用的菜篮为腰子篮，乃农家妇女割菜、摘瓜等常用之具。篮子为椭圆形如腰子，扁平长柄，整体形状优美。境域东部的篾较疏，显得单巧，西部的篾密而结实，不同于“杭州篮”，篾虽细却未刮过，篮子深，只讲实用，形状和工艺都显得粗糙。旧时畲族中有习俗，家境困难者生下儿女（一般为女儿），便将小孩放在菜篮里，到夜深时将篮子挂在无儿女人家的家门口，让其领养，称作“菜篮囡”。南宋於潜县令楼璹《耕织图》中有诗：“吴儿歌采桑，筠篮各自携。”

蒸笼果大　蒸笼是用竹片和竹篾等编成的蒸食物用的器具，果大则是以竹片和竹丝编成的蒸架。竹蒸笼是东方饮食文化的奇葩，有汉将韩信行军，制作蒸笼的传说。但经考古证明，早在远古时代，人们已使用竹来制作各种用具，而在周代就有用竹具蒸食的记载。蒸笼的制作方法为，先将竹子去青，劈成宽度 6 厘米左右的竹片，然后拼接扎定，中间以竹条串成蒸架，盖顶以篾片编成，两边镶上竹节而为提耳。

蒸笼　（布智明 2019 年摄）

竹火夹　厨房用具，夹柴火进出灶膛用。取保留篾青的竹爿，中间削薄，以火烘烤，拗成 U 字形。

竹筷子　临安人平时用的筷子多用竹子削成。取料锯段，剁成竹条，刮青去黄，一头成圆，一头为方，方头上还削个钻石帽。

用筷子有很多的讲究，不可用筷子去叉馒头或别的食品，不能用筷子去推饭碗、菜碟，不能用舌头去舔筷子，不能举着筷子在菜碟间来回转。不能将筷子调头使用，那是颠倒乾坤。不可将筷子插在饭碗里，因为只有在为死人上供时才这样做。不能在夹菜时滴滴答答流着菜汁，那叫“泪筷”，应该拿个小碟接着。不能举着筷子和别人说话，更不能将筷子去点别人，因为这是对对方不礼貌。不可以敲筷子，也忌用筷子击盏敲碗，因为叫花子讨饭时才敲碗，是不吉利的。拿捏筷子也非常讲究，就是两根筷子必须平行，认为交叉捏筷，会有是非，要是有小孩子交叉着捏了，老人就会用筷子头敲他的手。山民为防锅结底，在锅中先放两根筷子，再将菜放下，下面就不会焦底了，这是筷子的另类功能。

女儿出嫁的嫁妆中也会有筷子，新郎伴郎到新娘家吃饭时，也作兴偷几双筷子以求吉利，因为筷子谐音“快生儿子”，可以讨彩头。“筷”又含“快乐”之意，因此，在除夕之夜，餐桌上往往放上新筷子，以祈好运。人们还爱将筷子塞进大树的树洞之中，以求平安快乐。20 世纪 50 年代，锦城横潭村一棵大枫树被风刮倒，村人发现树的空洞内塞满了竹筷，竟有几箩担。天目山的莲花峰有一建于元初的大觉正等禅寺的遗址，门前原有两棵巨大的白果树，树径达 3 米。20 世纪 80 年代，这两棵树被砍，底部的树洞中也发现了几担竹筷。来寺院烧香拜佛的香客，中午用斋后，便将竹筷插进树洞中，寄托人们“快乐”的祈愿。

族居临安的畲族，婚礼较为简单，但有一种歌唱的特色。如新郎需要筷子，则要唱《筷子歌》：

“各种酒菜摆上来，唯独不见两根柴。口水一直往下流，不知有筷没有筷。”如此种种。梳妆打扮后的新娘，在离开娘家前，要到厅堂中间“溜筷子”和吃“千斤饭”。这时，桌面上放着两把筷子，一满碗饭。新娘一手拿起一把筷子，交叉着递给站在身后的哥哥，哥哥接筷后，从新娘的腋下把筷子放回到桌上。然后，新娘低头弯腰把那碗饭衔上三口，吐在桌上的手帕里，由哥哥包好手帕，装进新娘衣袋带到夫家去。据说，新娘带去千斤饭之后，年年都能养一头千斤重的肥猪。

吹火筒 为农家助燃之器。一般取一截杯口大毛竹梢头，长60—70厘米，打通中间的竹节，在最后节片上穿个小眼。点火后，对竹筒吹气助燃，烧柴灶时特别管用。山民遇到腰痛或扭伤之类，取竹火筒烘热，在患处来回滚动按摩，有一定疗效。

竹梆 以一节毛竹筒制成，用木棒敲击可发出音响。旧时临安村庄夜晚多用竹梆等敲更，一是报时，二报平安，三防火烛，四惊窃盗，五为报警。

筲箕 （冯益民2015年摄）

筲箕 为淘米用具，也盛剩饭。临安居家中都用此具。除了淘米，也盛剩饭。剩饭在农家中称为饭娘，旧时农家主妇焖烧米饭，多要掺和些剩饭，这样饭会显得多一些。“筲”另有一意，即盛筷之具——筷筒。过去盛筷之具也多为截竹而制。

竹筒水壶 取毛竹一两节，削去竹青，去除中间节片，上方钻一小洞，做一木塞。外出干活用作盛水器。

菜竹筒 旧时山民取竹一节，削去竹青，在三分之二处截断，做成雌雄口。长头盛饭菜，短头为盖，上山干活随带，今已少见。现旅游景区有一活动项目“竹筒饭”。取竹筒剖开，将饭菜等装入蒸熟，售与游客。饭食中含有浓郁的竹之清香。

水老鼠 又称水枪，是少年儿童时代的玩具，以竹管和一布条做成的活塞构成，灌水可喷至十数米远。

水竹管 为舀水的勺子。

竹笕 山农家里多靠山泉，常常用全根的竹管或对半而开的竹爿将泉水接到家中，可谓是最原始的自来水。唐代姚合有诗《天目山僧院泉》：“泉眼高千丈，山僧取得归。架空横竹引，凿石透渠飞。洗药溪流浊，浇花雨力微。朝昏长远看，护惜似持衣。”唐代，天目山僧人就用这种竹管接入山泉水。唐李群玉有《引水行》诗：“一条寒玉走秋泉，引出深萝洞口烟。十里暗流声不断，行人头上过潺湲。”也描写竹管引水。徐志摩《天目山中笔记》记载禅源寺的“庙身的左边右边都安着接泉水的粗毛竹管，这就是天然的笙箫，时缓时急地掺和着天空地上种种的鸣籁”。

竹尿壶 以竹筒三四节，去除中间节片，作夜壶用。

老烟筒 学名“烟杆”，本地人称为“老烟筒”。旧时临安山区男人抽土烟，尤以昌北为盛。

家里种烟，刨成烟丝，取一杆竹烟筒，腰上别烟袋，还有火刀、煤纸等。闲暇时，用火刀打燃煤纸，往老烟筒里装上烟丝抽烟，成为成熟男人标志。烟具中最看重的是老烟筒。烟筒有两种，一种叫“拷榔佬”，用带根的细竹管制成，打通内节，在竹蒲头上钻个孔，这种烟筒比较简单。另一种叫“朝天佬”，烟孔朝上，选用竹子十分讲究，烟杆往往采自深山老竹，连根而取，打通内节，下端镶上金属烟斗，上端或镶一玉制烟嘴。烟杆长短不一，长至人高，短至数寸，常用的一般为尺余。用长烟筒吸烟，烟味较为和淡，火气小。烟筒用久了，呈古铜色，锃亮发光。天目山区的习俗，男客上门，除泡茶以外，主人还会将烟筒和烟袋递给客人。还给一只火熜，内有炭火，点烟用。或者给一根媒纸，让客人抽袋烟。烟袋中装的多半是自制的黄烟。山民外出时也有带老烟筒作打狗或防身用的。使用老烟筒的习俗从何时开始难以考证。后来随着香烟的普及，已很少有人再用老烟筒抽烟。

竹扇　临安居民多用竹扇来纳凉驱蚊。竹扇有用篾编镶竹柄的，有用竹丝圈绷上绢布再镶竹柄的，也有用麦秸秆编成扇面再镶竹柄的，多为山民自制。用竹丝圈绷上绢布的团扇还常常描上山水花鸟，往往为有钱人家用。还有纸折扇，也为常用之物。竹扇居家之物，常常执在手中或挂在腰上，临安一带至今还流传歌谣《十把扇子》。

竹茶盘　竹质茶盘是端茶敬茶之具，旧时只有大户人家使用。其外形自然雅致，工艺精致，为历代文人所推崇。因竹子喜水，所以茶盘可以时常保持薄水滋润。

据记载，天目山和尚道潜不远千里去彭城探望苏东坡。东坡在逍遥堂中设宴招待来宾，把道潜请上首席。许多宾友私下议论，怎么把个乡间和尚请到上座？苏公佯装不闻。席间，有歌妓马盼盼托一竹茶盘前来索诗，众客思忖半日，未觅得好句。苏公道：“今天参寥不留下点笔墨，令人不可不恼。”遂遣马盼盼到道潜跟前。众人见这乡间和尚被一个妖娆女子纠缠，都等着想看笑话，让和尚出洋相慰藉自己心中那段莫名的妒忌。而道潜却不卑不亢，提起笔来一挥而就，题为《子瞻席上令歌舞者求诗，戏以此赠》：“寄语巫山窈窕娘，好将魂梦恼楚王。禅心已作沾泥絮，不逐春风上下狂。”苏东坡见之大喜：“我尝见柳絮落泥中，私谓可以入诗，偶未收拾，遂为此老所先。”众人听了，莫不惊讶万分，再不敢对天目僧人道潜有丝毫轻慢。

竹如意　竹如意有两种。南方农村常用的“竹如意”，是一种精巧的床上取凉用具，山民管它叫“竹婆娘”，书名雅称“竹奴”“青奴”“竹夫人”“竹姬”，又有称作“竹几”“竹夹膝”的。有的取整段毛竹，中间通空，周围镂孔，可以通风，置于床席之间，搁臂憩膝，或是搂着睡觉。有的是以竹青篾编成长笼，花样十分讲究，有篱笆纹、梅花纹、葡萄纹、水草纹等，精致细巧，玲珑剔透。还有的选用乌竹编就。北宋苏轼《送竹几与谢秀才》一诗：“留我同行木上坐，赠君无语竹夫人。”黄庭坚的《竹夫人诗》道：“我无红袖添娱夜，正要青奴一味凉。”使用前，将它放入水井中，让井水浸透，取上来揩干，放在床上，拥抱着这“竹如意”，便可散尽身上暑气，进入甜蜜梦乡。

另一种“竹如意”，为灵芝形头镶上竹柄的艺术品，可按摩搔痒。唐代天目山僧皎然有一首《赋得竹如意送详师赴讲》：“缥竹湘南美，吾师尚毁形。仍留负霜节，不变在林青。每入杨枝

手，因谈贝叶经。谁期沃州讲，持此别东亭。”

竹篦子 竹篦子有两种。一种称篦箕，是一种梳头工具，中间有梁，两侧有齿，一侧齿极密，另一侧稍疏，也有单面的，多为竹质，有的还饰以彩色花雕，精美的篦子也是一件艺术品。《说文解字》：“栉，梳篦总名也。”梳多为木制，齿疏故作“梳”；篦多为竹制，齿密故作“篦”，为临安居民常用之物。过去卫生条件较差，头发易沾尘或生虱子，用篦子来去除头发上的虱子、尘渣和头屑。20 世纪 80 年代后，随着生活环境的改善，临安居民已很少有人用篦子。篦子出现很早，传为春秋时吴国囚犯陈七子发明，后世尊其为祖师。秦汉时期的墓葬考古中就发现有实物。另一种竹篦子为 1 尺（1 尺≈0.33 米）多长的竹片，可敲击，天目山高峰、中峰等高僧常用“竹篦子”的话题度人。

烘篮 临安西部一带有一种火缸，形同水缸，不是放在厨房而是放在厢房卧室，不是用来盛水而是盛火。因为有了火缸，客人上门，不仅可以登堂，还可以入室。几条矮凳围着卧室里的火缸，随手提起埋在火缸里的铜茶壶，给客人冲上一杯热茶，再斟上一盅土烧（酒），拼两盘花生栗子山核桃，薯片糖枣冻米糕，甜蜜蜜暖呼呼的。民间的待客之道十分简朴，却显得亲热有加。火缸通常要用竹篾打个护套，一方面保护火缸，另一方面又使得火缸变得漂亮起来。最漂亮最讲究的还是火缸上面罩着的烘篮，简直是一件艺术品。烘篮白天拿开，晚间罩上可烘衣衫被子。这是嫁妆中分量最重的，让女儿带到婆家。这里面包含着女家的一种体面，包含着父母对女儿嫁过去后小两口的生活红红火火、和和美美的祝福，也是让夫家可以有炫耀自豪的本钱。篾匠可以在这件器具上让自己的手艺发挥得淋漓尽致。

十八盘烘篮　　（布智明 2014 年摄）

烘篮的制作工艺：取上等毛竹，用竹刀剖成长篾片：一寸（约 3.33 厘米）的宽度可剖 14—15 根，再用刮篾刀把篾片刮成正面稍凸背面平坦状。用墨汁把篾片的二分之一长度染成黑色。然后编织花席，花席图案一般由“福、禄、寿、喜，花卉、花篮，田字、万字”等 18 个不同图案和各种花边组成。最后把花席紧扣在用竹片编织的搓铃形内框外周，用稞藤、竹片固定。花烘篮上的花多取材于民间喜闻乐见的吉祥图案，古色古香，庄重美观，制作讲究，耐看实用，显得典雅吉祥，富有天目山民间地方风格和高雅的装饰韵味。

竹火熜 火熜外壳以竹制为主，内有铁盆，上有烘罩。火熜也是竹嫁妆中必有的。与普通的火熜相比，嫁妆中的火熜尤为精致，不但篾丝细，还会打出一些花样来，再附铜罩和铜火筷，显得金贵雅致。临安西部地区气候较冷，有民谚：“头九二九，相逢不出手；三九四九，冻煞老黄牛。”山民一入冬就提个火熜御寒，不分老少，人手一个。2001 年，临安衣锦小学排演舞蹈节目《竹乡欢歌》，以竹火熜为道具，获杭州市金奖，获浙江省银奖。

簟箩　以竹篾编成的有盖的方形篮子，有的还编上个龙凤双喜之类的图案，十分精致。旧时寿礼都用簟箩盛放，有桂圆、荔枝、麻酥糕、砂糖等果子包，有鸡蛋、索面等，礼品上压红纸和柏树枝，且用红扁担挑去。

以火熄取暖的村民　　（许晓明 2005 年摄）

针线篮　临安西部称作麻篮，一般为圆形浅口的竹编篮，形似脸盆，分内外两层，内用细篾编织，外用篾丝编制，大多无柄。为女工器具，往往作为姑娘出嫁时的嫁妆，也是婚房中的装饰品。姑娘出嫁时，母亲将剪刀、直尺、针、线、顶针等放入针线篮内。临安女孩子从小练习，女工活大多样样拿得起，针线篮往往伴随女人的一生。做针线篮的工艺十分复杂，竹篾和竹丝都剖得极细，一部分还要染上颜色，以竹篾编织成“福、禄、寿、喜，回龙、梅花、菊花、牡丹”等花纹。编好后，还要上一层漆，颜色略带红。

提篮　是昌北山区农民给亲戚朋友送寿礼、送添丁喜礼和丧礼时，用来盛放礼品的专用竹制品。提篮上圆下方，适合手提，所以被称为“提篮”。提篮的方形四面篮体上，各编织着篆体字“福、禄、寿、囍”，意味着幸福美满、健康长寿、喜庆盈门。提篮上的文字、图案美观，象征着美好。

天目山景区的竹轿　　（布智明 2004 年摄）

竹眠轿　古人称为笋舆、篮舆，又称作竹兜、滑竿，是一种供人乘坐的交通工具，形制不一，都以竹制成。讲究的四壁皆为篾编，两侧有窗，半截门帘，横搁木板，可置纸笔。简单的就是加上抬杠的竹躺椅，上有布篷可遮阳挡雨，由两人抬着行走。20 世纪 30 年代，徐志摩等来天目山都乘眠轿。80—90 年代，邵逸夫、安子文、画家叶浅予上山也乘眠轿。90 年代后，东西天目山多处景区都提供眠轿服务，以供游客代步。在明代徐嘉泰《西天目山志》中有陈继畴的一首诗《从西化城寺望天目》，诗云：“不浅登临兴，篮舆伤晚晴。村村皆竹色，日日是山程……”又苏轼诗《宿海会寺》中有句：“篮舆三日山中行，山中信美少旷平。”

《宋书·陶潜传》：“潜有脚疾，使一门生二儿举篮舆。”因此推测当年陶渊明隐居天目山，日常活动也都是用此竹轿。竹轿到宋代已经较为讲究，《宋史·舆服志》载：“旧制，舆檐有禁。中兴东征西伐，以道路阻险，诏许百官乘轿，王公以下通乘之。其制：正方，饰有黄、黑二等，凸盖无梁，以篾席为幛，左右设牖，前施帘，舁以长竿二，名曰竹轿子，亦曰竹舆。”苏轼到临安来乘的篮舆就是这种。明代的《剪灯馀话·卷四·洞天花烛记（於潜秀才遇仙记）》云："文信美随即答应与他们同去，果然见有一乘没有轿厢的竹轿等候在道旁。文信美坐上以后，抬去如飞，顷刻之间就到了句曲山华阳洞。使者和文信美一同进去。洞主头戴王冠，身披丝绢衣服，手持笏板，出来迎接。"这里所描绘的竹轿较为简单。

《法苑珠林》取《冥祥记》中的一则故事：宋时，天目山人李清，在桓温大司马府担任参军，忽然得重病，回到於潜家中，不治而亡。过了一夜却又活了过来。说起前夜有官家使者两人抬竹轿接至一座殿宇，遇到已死三十余年的老乡阮敬，老乡帮其回到人世间，回程则是骑青竹杖而返於潜。

在民间灯会中，也往往用竹眠轿抬神像。太湖源镇东天目梅家村原来在七月十三至十五举行土地庙会，历时三日。其中有抬土地菩萨巡游一俗，叫作"出会"。先让土地菩萨坐在无顶的竹眠轿上，椅子前方绑有一张供桌，沿路休息时，让路边的山民上香拜供。四人起抬，另四人跟在左右，随时更换人手。

竹杖 一般指竹制手杖，临安西部山民又称作"竹拐棹"。还有一种"禅杖"，乃是佛教禅门之中，在坐禅时用以警睡之具。《释氏要览》中说："禅杖，竹苇为之，用物包一头，令下座手执巡行，坐禅昏睡，以软头点之。"用这种"禅杖"触击坐禅者，不会感受痛楚，但能苏醒精神，防止座中入睡。

实心竹杖甚名贵。唐代释皎然有诗《采天目实心竹杖寄赠李萼侍御》："竹杖裁鲜碧，步林赏高直。实心去内矫，全节无外饰。行乐聊自扶，持危资尔力。初生在榛莽，孤秀岂封殖。干雪不死枝，赠君期君识。"

以方竹制成的竹杖较名贵。清乾隆二十四年（1759）《临安县志·卷四·物产》中记载临安有方竹，清光绪《於潜县志·卷十八·食货志》记载於潜有方竹，乾隆《洞霄宫志》记载洞霄宫有方竹，《西天目祖山志·卷八·生殖》中记载天目山也有方竹。

竹杖中还有一种叫丧杖，又称哀杖或哭丧棒。临安习俗，在出丧时，子孙辈穿素衣、系草绳、登麻筋草鞋。孝子手里要持一根青竹管，称丧杖，又称哭丧棒。原来此杖长 1 米，主要用于孝子拄扶。因孝子过度哀伤，身虚体弱，行走困难，设杖以扶持，后来逐渐演变为长尺余，上绕白纸。在送葬上山仵作封墓后，将丧杖置于坟前。

山中习俗认为竹梢棒是蛇的娘舅，蛇最怕的就是竹梢棒。临安山农春夏上山，多提梢杖，可以借力支撑身体，也可打草惊蛇，让蛇先行溜走，以免伤人。又提竹棒竹杖走村穿巷时，则可赶狗。

竹竿 晾衣竹竿，取洋毛竹等细一些的竹竿，截取 4—5 米长，刨平节突。再取 6 根约 2 米长的竹竿，串成 2 个三脚架。临安居民晴天在院子内，长竿搁在三脚架上晾晒衣服和其他杂物。

旧时，天目山一带的村子里多饮用井水，在古井旁，都靠着一根打水的竹竿，竹竿带根，根部镶一短木。村人用竹竿钩住水桶灌满水，提上井口，然后担回家。

竹竿舞，又称竹杠舞，是临安畲族流行舞蹈。竹竿舞豪迈洒脱，热烈奔放。持竿者姿势有坐、蹲、站三种，变化多样。在有节奏、有规律的碰击声里，跳舞者要在竹竿分合的瞬间，敏捷地进退跳跃，而且要潇洒自然地做各种优美的动作。当一对舞者灵巧地跳出竹竿时，持竿者会高声地呼喊出“嘿！呵嘿！”表示赞叹。如果跳舞者不熟练或胆怯，就会被竹竿夹住脚或打到头，持竿者便会用竹竿抬起被夹到的人往外一倒，并群起而嬉笑之。善于跳竹竿舞的小伙子，往往会博得姑娘们青睐。现在临安旅游风景区也借此作一活动项目。

竹旗杆　旧时，处在交通要道上的村镇店铺，都会在门前立一竹竿，竹竿上挑着红红绿绿的酒幌茶幌，招引来往客商打尖歇脚。还有茶亭之类，往往是村人行善积德，特设免费茶座，给路人行方便。

巧竿　农历七月初七，山农在庭院中立根竹竿，上面设一莲花座，谓巧竿，并以酒食饼饵祭拜牛郎织女，意为乞巧。

竹火把　旧时临安山区照明多用竹篾，外出也拿一支竹篾火把以方便行走。一般是砍直径3—4厘米的小竹，一人持竹置于石块上，另一人手持斧头将其捶烂，然后捆好，丢在池塘里浸泡十余天，捞起后晒干便可用。

灯笼　临安有一定身份人家使用竹丝油纸灯笼，圆筒形，大小不一，加一柄可手提。多用细竹篾或竹丝做成骨架，外面糊上白色绵纸，里面放置蜡烛。外面糊的绵纸上往往写上族姓，如“河间郡，全城世家”就是表明是姓章的，“陈留郡”则是姓阮，“颍川郡”则是陈姓。《武林梵志·卷五》载：“在无门洞……宋有高僧慧开字无门者居此，故因师名云。当淳祐理宗时，召问法要称旨，命师求雨救荒得效，赐号佛眼。而师嗜静，隐于此山。师法躯短小，每登座说法，必假重墄，学者窃掩口胡卢。师因命工凿后山成像，约高丈余，且誓曰：‘愿后有身伟不减此。’师既迁化。宋景定四年岁癸亥十一月，钱塘孙某妇李氏，梦一僧持灯笼寄宿，自云慧开道人。翌日遂产男子，异相非凡。逮长，身长九尺有奇，神仪挺异，具大人相。出家受具足戒，是为中峰和尚，于时咸识为无门祖师后身，斯象征也。”

竹鞋垫　旧时临安妇女手工做布鞋，都喜以毛笋壳衬底。在落雪下雨天，山农多穿毛笋壳草鞋上山干活。出门时，用毛竹节垫鞋，即用毛竹对剖开成两爿，破口朝下，扣几道绳槽，用绳子绑在鞋底，可增高避水。

第二章　竹俗与文娱

第一节　竹民俗

烧烽篷　　（天目山管理局提供）

天目山烧烽篷　天目山禅源寺历史上有“烧烽篷”帮助众生祈福的习俗。据传，此习俗始于明代万历年间（1573—1620）。有一年，临安地方夏秋无雨，五谷皆枯，百姓吃树皮草根度日。来年县衙倡令百姓养蚕，却又遭瘟疫。传竹炭花可作蚕花，预防蚕瘟，助蚕茧丰产，西天目禅源寺的僧人乃首开义举，除夕举行“烧烽篷”仪式，为民众祈福。后逐步演化为山农和寺院共同的习俗。

每年从年初一开始，看山和尚每天上山取一根毛竹，竖在棚子里，一直到除夕，共取三百六十根毛竹。大年三十吃过年夜饭，就将搬至禅源寺山门口广场的竹子，搭成一个大烽篷，再披上柏枝或柳树枝。天目山区的山农会从十几里甚至数十里外赶来，多达几千人，场面非常热闹。吉时一到，由主持者宣布烧烽篷祈福活动开始，诵读祈福文，然后将烽篷从中间用干柴点燃。此时寺中僧人身披袈裟，双手合十，围着烽篷经行，念诵《观世音菩萨普门品》。诵经毕，赠送福礼。接着由当地龙灯、马灯、狮子灯队舞灯，象征龙飞凤舞，马到成功，飞黄腾达，然后敲响祈福钟声。“烽”谐“丰”音，烽篷燃烧即将过心时，会向某个方向倒坍，预兆来年这个方向财运亨通，年成会特别好，寺中僧人化缘也要选择这个方向。烽篷燃尽后，山农会纷纷争抢烧剩的竹炭。有的在烧烽篷时许愿求子，取回竹炭放在床下，来年有添丁之喜；有的取回家作“蚕花”，可以消除蚕病；有的取回家放在堂厅，可以辟邪。以下几种民间活动均为天目山“烧烽篷”的组成部分，或可助势。

“烧烽篷”一俗延续300多年，1941年日本侵略军飞机轰炸禅源寺，该仪式停止，60多年后又重兴。

月亮桥竹马舞　天目镇月亮桥村泗部竹马舞已有数百年的历史，“文化大革命”中一度停止，2001年又重新恢复。泗部竹马舞曲调欢快，舞姿优美，有浓郁的民间地方色彩。2003年获临安市元宵灯会银奖，2004年获市“吴越风”元宵灯会金奖，并参加2004中国杭州西湖博览会。竹马分马头和马臀两段，以竹子扎成骨架，糊上彩纸，内可置灯烛。舞者前装马头，后置马臀，旧时仅为春节期间活动，现则每逢喜庆节日，竹马舞都会出场表演，也是“烧烽篷”活动中的主要表演队伍，寓有庆太平、庆丰收、纳财福、五谷丰登、马到成功、飞黄腾达之意。

俞家九龙灯　俞家村位于西天目山脚，村里的九龙灯已有数百年历史，“文化大革命”中一度停止，21 世纪初恢复。俞家九龙灯由 1 条大龙，8 条小龙组成。大龙长 30 米，分 12 节，以竹子为骨，绸布做龙皮，头尾为绿色，身子为黄色，由 14 名精壮汉执舞。小龙每条长 2.5 米，也以竹子为骨，绸布做龙皮，分绿、蓝、红、黄、黑、白诸色，龙头下巴处安一块小木板，板上装有一根 70 厘米长的木棍，一人一条龙，由 8 名年轻女子执舞。表演时，由红、绿相间的龙珠引大龙、小龙忽左忽右，忽高忽低，或摇头，或摆尾，或盘旋，或纵跳，腾挪飞走，五彩缤纷，节奏欢快。旧时为春节时表演，是“烧烽篷”活动的主要表演队伍，现每逢喜庆节日都出场表演。

九思双狮　九思村原名九狮村，村里原有九狮灯，村因此得名。20 世纪 40 年代初，改九狮灯为双狮灯，即一雌一雄，颜色为一青一红。除有两只狮子，还有四牌灯。表演时先由四牌灯站好四点，锣鼓响，双狮冲进场内，摇头摆尾，绕场一圈。表演有“开四门，金元宝，剪刀花，凹六角，上顺肩，双连丝，生小狮，嬉小狮”诸阵式。狮舞扑闪腾挪，纵跳翻滚，极具阳刚之气，也是“烧烽篷”活动的主要表演队伍。

洞霄宫烧烽篷　旧时洞霄宫有烧烽篷习俗，肇始于何时无从查考。每年农历大年三十夜晚，由洞霄宫准备好场地，所有殿堂灯火通明，神像前供上香烛，并准备茶水和许多红漆果盘，里面装糖果。宫中道士在道长带领下，恭候在门口。附近几个村村民将准备好的燥毛竹段抬来殿前广场，架空搭好。吃过年夜饭后，村子里的锣鼓队和器乐队绕遍全村，村人跟随来到洞霄宫，在宫中道士的引领下，进入大殿广场。锣鼓队和器乐队摆好架子，吹拉弹唱，众人围着一张张桌子坐下，品尝宫中提供的瓜子、花生、寸金糖、白麻片等，欣赏乐曲鼓点。将到深夜时，点燃竹篷。毛竹受热开节，火焰中发出噼噼啪啪的爆裂声，活动进入高潮。到火堆熄灭散场，有的村人捡一些竹炭回家，作为辟邪之用。1937 年为最后一次。3 个月后，洞霄宫和村庄遭日寇侵犯，成一片废墟，习俗再也没有得到恢复。

健脚笋　境内立夏有食新茶、樱桃、青梅、蚕豆、鸡蛋、立夏饼、蚕豆糯米饭和“乌米饭”之俗。东中部以竹笋取全枝煮熟，西部一带吃小笋豆腐羹，名为“健脚笋”，传食此笋可以保持脚力强健。立夏日忌坐门槛，中午时大人小孩均要称体重，以免“疰夏”，防止消瘦。

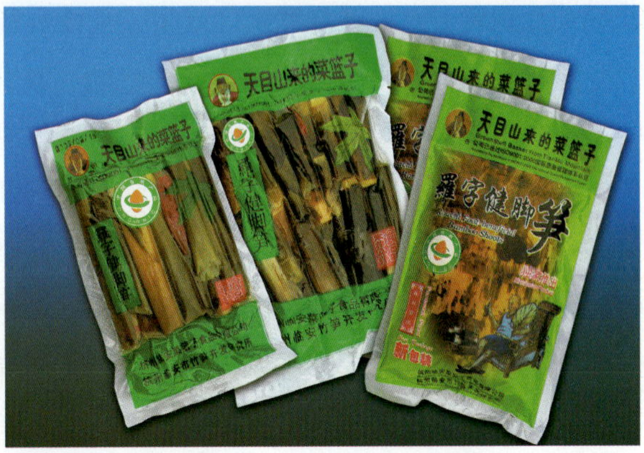

即开即食型健脚笋　　（布智明 2006 年摄）

端午粽子　端午裹粽子习俗遍及境内，城乡花样风味不一。定亲或成婚的女婿要给丈人“送端午”，其中有粽子。女儿出嫁第二年，端午节前岳母携粽、扇、手帕到女婿家，称“望端午”。亲邻煮粽子并鸭蛋相馈赠。

浪广粽子节　在清凉峰镇浪广村，每年二月初二，家家户户包粽子祭祀土地神，求丰年足岁。传说在很久以前，浪广村灾害不断，民不聊生。有一年二月初二，土地神显灵，告诉村民，浪广村节气迟，种植也要往后推，未出苗的土地可以重新种过。山民们按土地神所教的方法，每年春季，先帮邻村播完种，然后回村种地，又采用补种——“种过”的方法，果然连年丰收。因“种过”谐音“粽果”，以后逢农历二月初二，每户人家就包粽果供奉土地神表示感谢，久而久之便成习俗，流传至今。

天目箬米 箬竹上结的籽称箬米，形如米仁，俗称“箭箬米”，可以食用，口感好。箬竹平常不结籽，往往在灾荒之年才结籽。天目山民逢灾年往往上山去采箬米充饥，传为菩萨山神帮助山民度过饥荒。开过花结过籽的箬竹第二年会枯死。20 世纪 50 年代末 60 年代初，天目山一带的许多箬竹都结了籽，山民纷纷上山采摘，然后磨成粉，许多人依靠它度过了三年困难时期。据南京林业大学教授周芳纯《中国竹诗词选集·中国竹文化概要》记载：“1960—1962 年，正值灾荒之年，浙江天目山区，箬竹大面积开花结实，年产竹米 100 万—150 万千克。”

请紫姑 境内正月十五夜有迎厕神（又称紫姑、坑三姑娘）习俗，其主要道具为竹畚箕、竹糠筛、竹筷等。先以竹丝竹篾扎成纸人，在其头上插花，置厕所迎祝。两姑娘点上香烛至厕，焚香拜祭，口中念：“坑三姑娘请上轿，今天是元宵节，天是晴，路也平，请你去看灯。”或念：“丈夫不在家，大妇已出门，小姑可出嬉。”抬畚箕（意为轿）到家中正堂，堂中奠设酒果，或在地上或在桌上铺一层沙子或白米，摊平。由两姑娘抬着一糠筛，抬时要带浮力，用筷一端插在糠筛孔中，另一端向下刚刚接触到沙子或大米。占卜的人问话，可问今年收成好不好，女孩的婚姻如何等，以糠筛抖动筷子画出的字纹符判定吉凶。问毕仍送回原厕，据传如不送回厕中家里会发出怪声。该俗天目山有一些地方也称接糠筛姑娘，一些地方演变成抬水井姑娘、唐山姑娘等。传说紫姑姓何名媚，字丽卿，寿阳人。唐武则天垂拱三年（687），寿阳刺史纳之为妾，为大妇曹氏所嫉，正月十五日夜，被杀于厕中。上帝悯之，命为厕神。南朝宋刘敬叔《异苑》卷五载：“世有紫姑神，古来相传是人家妾，为大妇所忌，每以秽事相次役，正月十五日感激而死，故世人以其日作其形，夜于厕间或猪栏边迎之。”明徐嘉泰编纂《西天目山志》载徐渭《天目山三首》诗其一《瓦观音》：“铁浇罗汉已成尘，瓦铸观音又一新。见说前村披木叶，青裙夜降紫姑神。”

竖竿观影 正月十五夜，临安一些地方农家在庭院竖长一丈的竹竿，等候月亮升起到天空正中，观察竿影的长短，以预测新一年的农林收成。

摇竹娘 正月十五元宵节，到夜深时，当地竹农便让小孩单独走入竹林里，选一株去年长出来的健壮的新毛竹，双脚并立竹前，在双手高举过头之处，扶着竹竿摇动，一边摇一边唱：“摇竹娘，摇竹娘，侬长我也长，旧年是侬长，今年让我长，明年侬我一样长。”俗谓竹神竹娘能够帮助孩子长得高大结实。临安一带汉族、畲族都有此俗。昌化一带念词略有不同：“竹哥哥！竹哥哥！今年是你长，明年是我长，后年两人一样长。”

收鬼箭 境内山民遇到身上某处突然疼痛，就请巫婆或神汉收鬼箭。堂前放供桌，上点一对蜡烛，焚一束清香，巫婆（神汉）左手拿铃，右手拿桃木剑或菜刀，口中念咒语：“一请天上雷公剑，二请地下泰山剑，三请云头剑，四请庙神剑，五请地王剑，求请东方青地剑，北方白地鬼神剑，当中铃铃黄地剑，一天一百阴阳剑，三十六剑宋江剑，六十四剑八卦剑，七十二剑杨令剑，修神四季鬼剑，四季平安剑，太上老君急急如律令。”如此反复数遍，据传即能治愈。境东部又有咒语：“第一箭天上是神箭，第二箭地势太岁箭，第三箭过路箭，第四箭四十七个阴阳是火箭，三十六个阴阳箭，七十二个神鬼箭，鬼箭床箭似存神，一年四季保太平。头戴铁巾加一个，身穿九身八卦衣，脚穿铁皮铁草鞋。手拿金刚箭，腰里青色柴发带，拔出一神箭，斩断一神箭，拔出一鬼箭，斩断一鬼箭；拔出一床箭，斩断一床箭。我奉太上老君意，急急如律令。”

昌化一带另有两种方法。第一种方法用七根竹筷捏成一束，用筷头捅痛处，念七遍经：“辟七星头戴七颗星，七十七颗星头戴金盔，身穿蟒袍九龙衣，拔出九龙宝剑，斩了神鬼箭。”然后用烧酒反复搓擦。第二种方法在疼痛处用手指敲49下，换个座位，然后去菜园地，划去表土，在土上写个“田”字，念七遍咒语：“鬼箭射中有药医，田字中间摸把泥。”抓七小撮泥，泡水喝。此术多为心理暗示。

笃筷子　境内许多山村，如有人突然身体不适或某部位疼痛难忍，山民认为是撞鬼了，便请人来作法。把三根筷子合在一起，大头朝下，用手扶好笃在碗上，用少量水从筷子头上慢慢淋下，口里念念有词，念到三根筷子能独自站立，就确定患者确实是撞上鬼，作法的人随即拿一把刀放在碗边，口里吆喝让鬼快走，当三根筷子倒下时，表示鬼已离开，患者就平安无事了。

竹爿问吉　旧时在境内西部一带有一项“保稻熟”民俗活动。在农历七月十五前选一个晴天，道士和村民一起完成接神、引兵、召将、祭兵、游船、讨、安慰、开大旗等程式。其中“讨”即求问吉凶，以两个半块四五寸长形似水牛角的竹根，由道士合在手心，口中念祷词，然后双手松开让竹根落下地，两半平面朝下，为阴，不吉利；两半平面朝上，为阳，中平；一阴一阳，大吉大利，叫“放”或“胜”。“不放不胜”，道士得重新扔一次，直至有“放”或有“胜”。这项活动的最后是“开大旗”，以一根粗竹撑一面大红纸旗，竹顶插上粗重柏枝，壮汉数名轮流举着满场跪走，每人跪走1—2圈，锣鼓急点，爆竹齐鸣，众人“号——号——”呐喊。数圈后，众人开始抢撕大旗，撕到者为吉利。直到大红纸旗撕完，活动结束。这一习俗在20世纪50年代后淡出。

求签　是一种卜问吉凶的形式，其签和签筒都为竹制。在临安一些庙里，往往有签筒，签筒中一般有100根竹签，上面标明签号和签名，分上上、中平、下下等类。在神像前烧香跪拜，并双手摇动签筒，跳出一签，以签号、签名、签诗解签，预测吉凶。一般佛教寺院极少有求签的。

藻溪镇上肇村有应先生庙和墓。农历六月廿七日为应先生生日，到场烧香叩拜求签医病者众多。有病者点燃三支清香，向应先生神像跪拜，插上香，双手捧起签筒，心中默念自己身体什么部位有病，请求应先生治病。然后双手摇签筒跳出一签，按签号，到签架上对号取药方，可凭方配药治病。

祭竹神　农历二月初八和十二月初八祭祀竹神。临安一些地方过去在这两天要举行一系列活动。人们把三根竹子搭在一起，放在三岔路口，供上面条等供品。

竹神有多种说法。有一说竹神是家庭里的福神，农历十二月初八，他悄悄地从后门外出，因此要在房后设祭。农历二月初八，他赚足钱从正门归来，所以要在房前设祭。晋代临安干宝所著

《搜神记》中记载有一个故事："临川陈臣家大富。永初元，臣在斋中坐，其宅内有一町筋竹，白日忽见一人，长丈余，面如方相，从竹中出，径语陈臣：'我在家多年，汝不知，今辞汝去，当令汝知之。'去一月许日，家大失火，奴婢顿死。一年中，便大贫。"竹神在，家中大富，竹神一走，家道立即衰落。

临安一带并未发现或有记载专门供竹神的庙宇。

竹蕈治疮 小儿口腔生红疮，临安山区有的地方用霉烂毛竹上长出的小竹蕈，用小火炖汤喝，食之二至三天即可痊愈。

放爆竹 天目山区的民众喜欢热闹，凡年节庙会、婚丧嫁娶、企业开张、工程竣工、大型活动等等，都要放爆竹。清康熙《昌化县志》中记载："除夕，悬挂先像于中堂，以申瞻慕，长幼团聚欢饮，张灯炽炭鸣爆竹。"

爆竹的来历有个说法：传说"年"是一种妖怪，每逢岁末之时出来吃人。有一次出来吃人，看到了一个穿着红肚兜的小男孩，它便吓得掉头就跑；又听到火中竹爆之声，更是吓得瘫倒在地。由是人们知道这"年"怕红色，又怕爆竹之声。因此以后每逢岁末，人们便在家中挂红贴红，后来又演变成对联和"福"字；又取竹置火中裂爆，后来又发明了"爆竹"，就是以纸包裹火药制成形如竹节之物。有了这几件"护身符"，终于能够躲过"年"的祸害了，因而名之"过年"。岁末过后，大家相互道喜"过年"，意乃逃过"年"祸了。

竹图案 境内居民常用一些含有竹子的图案，装饰门罩砖雕、门窗木雕、马头墙，更常见的是把竹画挂在厅中，或以竹画作为贺礼，以寄托吉祥如意的愿望。常用竹画有以下几种。

"竹梅双喜"：图案为竹、梅和一对喜鹊。竹和梅寓意"青梅竹马"，比喻夫妻恩爱，婚姻美满。两只喜鹊则寓意"双喜临门"。

"华封三祝"：常画三根竹子，配以其他饰物，以三竹表意"三祝"。"三祝"典出《庄子·天地》："尧观乎华。华封人曰：请祝圣人，使圣人富，使圣人寿，使圣人多男子。""华"为古地名，"封人"为古代官名、掌典守封疆。"华封三祝"的故事说的是尧帝来到边疆一个叫华的地方，封人给他献上三个美好的祝愿：寿多、福多、子孙多。

"芝仙祝寿"：画上灵芝、水仙、竹子、寿石，天目山人祝寿时常送此画。古以灵芝能使人驻颜不老，水仙花有"仙"字，竹表"祝"，石表"寿"。

第二节 竹娱乐

临安民间灯彩 临安民间灯彩历史悠久，内容丰富。有动静之分，静灯以红灯笼、猜谜灯为主作静态观赏，动灯则是以彩灯为道具作舞蹈表演。长期以来，元宵观灯已成乡俗。动灯类民间灯队甚多，有临安水龙、吴越双狮、天目狮子灯、天目俞家龙灯、天目月亮桥马灯、太阳五凤朝阳、湍口变狮、乐平蚕龙灯、潜川手狮、岛石红狮、马啸滚灯、河桥鱼灯、龙岗彩凉船、板桥钱氏灯会（红毛狮子）、青山龙腾狮跃、玲珑龙飞凤舞、潜川马灯、杨岭花灯等。旧时这些灯都用竹子扎成。县城元宵灯会自1984年恢复以来，年年都有活动。2000年后举办数届森博会“吴越风”广场文化艺术节，挖掘创新一批具有地方特色的灯彩精品，先后有数十支灯彩表演队参加杭州市或浙江省的民间艺术展演活动，并出席中国国际民间艺术节展示。临安水龙和吴越双狮等都曾应邀出国表演。

元宵灯会　境内元宵节有上灯习俗，正月十三上灯，正月十八落灯。正月十五，旧时先祭神庙并在各街市悬挂花灯。相传宋初时元宵灯节为三夜，钱王纳土归宋后添为五夜。“文化大革命”时一度停止，20世纪80年代初恢复。现传承创新26个灯种，100多支灯队。灯会之灯笼，灯队之道具，形制丰富，多以竹条制成。《武林旧事·灯会》载：“有贵邸尝出新意，以细竹丝为之，加以彩饰，疏明可爱。穆陵喜之，令制百盏，期限既迫，势难卒成，而内苑诸珰，耻于不自己出，思所以胜之。遂以黄草布翦镂加之点染，与竹无异，凡两日，百盏已进御矣。”

临安水龙　即中国水龙。2001年，市文化干部程行以三口镇秋口村龙灯队为基础，根据吴越国王钱镠兴修水利，发展农桑，使吴越富甲东南的史实与传说而创作。灯队有舞龙19人，鼓乐7人。龙身17节，长50米，主要材料原为竹子。龙首魁伟，眼、鼻、嘴、腹、脊、尾皆配可控发光装置。阵式分金龙出世、金龙变水龙、水龙变龙舟三部。通过游龙跳龙、巨龙腾飞、龙鱼漫游、龙卷巨浪、龙斗旋涡、化为龙舟等舞式，展示金龙出世、戏水搏浪、吸水聚气、普降甘霖、风调雨顺、五谷丰登，集中国“龙”之精、气、神于一体。舞式遒劲多姿，表演气势恢宏，色彩斑斓绚丽。2003年，应邀赴法国参加尼斯狂欢节表演。2004年，获第十三届全国“群星奖”和国际民间艺术节金奖。

临安水龙在杭州宋城参加杭州市民间艺术展演　（陈洁 2004年摄）

吴越双狮 太湖源镇梅家村传承表演。20世纪30年代初为红毛狮子灯，后改为绿毛狮，灯形制作材料旧时均以竹条为主。90年代创新命名为“吴越双狮”，鼓乐伴舞，16阵式。2003年出演法国尼斯狂欢节。

申明竹制马灯 源于明代工艺，已有500余年历史。《唐昌方氏宗谱·世选方公传》载：方世通出生于清道光己亥（1839），方世选出生于清道光乙巳（1845），两兄弟为跳马灯主演，后传于子方国恩及孙方正生。清咸丰年间竹制马灯遭毁。至同治十二年（1873），申明村方以钰考中第一名拔贡，重兴灯艺。光绪初年重办马戏衣帽等，恢复竹制马灯表演，每逢闰月年春“竹马戏游，迎灯焕彩”，后定每八年出一次灯。1940年按户自愿资助，更新服饰道具。1946年出灯两次，1949年后停止出灯。1956年，方文金制作赤兔马一匹，参加嘉兴专区民间艺术会演获奖。“文化大革命”期间停演。1986年重新恢复，并成立申明灯会，确定每四年出一次灯。

扎灯 即扎龙灯。临安山区有龙崇拜的习俗。逢节日尤其是春节，都要闹龙灯，因此龙灯甚多。龙灯的骨架多以竹子扎成。旧时扎龙头之竹必须是“偷”来的，事先上山选好十年以上的老毛竹，到了夜晚去砍倒背回，在竹根处须放一个红包，还要鸣炮而回，被“偷”者也引为吉利。然后将竹破开，劈成竹条，按形状扎好龙头和龙身，龙头部分先用两小方红纸把龙眼障住，待上灯日开龙眼。旧时正月十三上灯，也有初八上灯，十八落灯，往往都有一套祭龙仪式，各地大致相同。锦城横街龙灯从前的龙头和龙尾都是用竹篾编成的，上灯日由族长带队到村旁护龙寺内接龙井旁举行仪式，请寺内僧人诵经，请龙附体，由住持蘸接龙井水擦龙眼，谓“龙开光”。随后每个舞龙人喝一碗接龙井中的水，方可开始舞龙。在青山街道横畈有一支巾帼竹叶龙队，充分体现了竹乡之特色，又打破常规，以女子表演，十分罕见。龙灯一般到了正月十八落灯日，送老龙到村子的水口，开锣喝道，燃放鞭炮，将龙盘起，每人点一支香，跪拜，然后焚烧老龙。事毕返回，休锣息鼓。现今的龙头往往从专业商店购得，造型精致，龙皮也是取用精致面料做成，一般都使用若干年后才更换，对以前的习俗略作改进。

孔明灯 孔明灯过去流行于临安全境。用竹条扎好灯架，然后用25张或48张桃花纸糊成大灯，内置猪油、矿烛或松明，下挂60—120只小灯。搭起高台，用竹竿挑起孔明灯头，点燃孔明灯，抽掉挑竿，大灯连带小灯徐徐飞上天。为防引起山火，因此只选在下雪天放。在昌北箕山有每年放孔明灯习俗，至今仍然流传。锦城的人民广场也放此灯，延续此俗，但业已改造。

花竹棍舞 又名打莲湘、花棍秧歌。流行于於潜、昌化一带。花竹棍长约1米，直径约2.5厘米，中间1—2节凿空，穿进若干铜钱，竹棍两头扎上彩绸。花竹棍舞都由身着民族服装的年轻姑娘表演，人数不限，单独一人也可表演，人多可列队表演。表演时姑娘穿上红、黄、绿色民族服装，头戴红色兔耳帽，脚穿八爪鞋，鞋前饰有杨梅球。每人手持一根竹制花棍，随着花棍舞动，内中的铜钱发出“嚓嚓”的声音。花竹棍动作有敲肩、敲足尖、敲足背、敲脚跟、旋转等，前拍后挡边唱边舞。队形变化有直队敲、回头敲、绕圈敲、抽花敲等。此舞蹈适应不同的场地表演。20世纪50年代，昌化县文化馆和於潜县文化馆都曾举办花竹棍舞培训班。1950年，龙岗镇群干村自发建立一支业余花竹棍表演队，常至附近村庄表演，20世纪60年代初曾参加昌化地区文艺会演并获奖。

鹞子　临安一带称风筝为鹞子，放风筝已有2000余年历史。鹞子也是人类最早的飞行器。以竹制架，糊上纸，制成风筝，以线牵尾，每年农历二月，趁风放飞，是一项相当普及的娱乐运动。清代高鼎有《村居》一诗："草长莺飞二月天，拂堤杨柳醉春烟。儿童散学归来早，忙趁东风放纸鸢。"这纸鸢便是鹞子。

高跷　是汉族传统民间活动之一。《山海经》中有关于"长股国"的记述，可能就是指兴盛踩高跷习俗的地域。天目山也有以竹制高跷的习俗。取带根之竹，取下半截，在竹节上方凿洞串上横档。一般在春节期间孩子玩耍，或是灯会期间穿插表演。

竹管枪　取一截细竹管，管尾打一孔，中间一段镂去小半，也打一孔。尾部孔中插上一根有弹性的厚篾片，弯过来插在中间的孔中，安上小石子，顶出竹片，利用竹片的弹性，将石子弹出竹管，往往可射出五六米远。又有童子做成机关枪模样，以竹为枪管，中间安上一个四角的竹块，插上摇柄，可连续发出嘎嘎之声。

水枪　取一段带有一个竹节的小竹筒，长七八市寸（1市寸≈3.33厘米），在一端竹节的中间用钻子钻一个小孔，再用一根长约一市尺（1市尺≈0.33米）的竹棒，在竹棒的一头缠紧一些破布条，刚好能塞进小竹筒。左手拿着射水筒，把有节一头放入水中，用右手拿着竹棒，向上抽动，将水从竹筒有孔处吸入竹筒内，竹筒吸满水后，拿起射水筒，用右手将木塞往竹筒里面推，筒内水受压力便从筒前竹节处的小孔射出，射程可达10米左右。

其他竹娱乐　年轻的山农好逞能，常常相互赌力。或举石担（竹竿两头套打孔的圆石），以最重者或举起最多次者为胜。或以大簸箕担装上重物，用硬竹扁担挑起，比谁担的分量重，强者往往能担起三四百千克的担子。或两人各捏住扁担的一头，分别向左右拧，比谁的腕力大。或在田头以扁担搁在两只大簸箕上，以跃过者为胜。在竹林中也有比赛爬竹竿，以快为胜。2013年4月7日，於潜镇田干村举办竹文化节。

第三节　竹歌谣

临安山区有许多歌谣与竹子有关，如《跌赌歌》："七月跌赌七秋凉，蓑衣笠帽都当光，赤膊拖鞋赶赌场，游湖跌赌是风凉……十二月跌赌蜡梅开，前背竹筒后背袋，竹筒垫头稻草盖，自己想想真懊悔。"《劝郎歌》中有两句："过了三年打莲花，两块竹板由你敲。"《送郎歌》中有一段："送郎送到金竹岭，手捺金竹哭淋淋，千年阿哥莫变心，万年毛竹莫倒根。"而《十把扇子》唱出了爱情的咏叹。

十把扇子

一把扇子七寸长，一人扇风两人凉。
两人凉来情义长，想煞家中少年郎。
二把扇子扇面黄，一面妹来一面郎。
情郎看妹妹看郎，两人情深不能忘。
三把扇子骨子轻，一面兔来一面鹰。
老鹰追兔兔赶鹰，两人恩爱一条心。
四把扇子四角遮，一面鱼来一面虾。
一面金鱼来戏水，一面草虾往上爬。
五把扇子五月五，小妹约郎过端午。
小妹与郎并肩坐，两人一道吃粽果。
六把扇子六朵花，情哥爱妹妹爱他。
情哥爱妹年纪小，妹爱情哥一枝花。
七把扇子七月秋，情哥拉住小妹手。
叫声哥哥放了我，被人看见妹害羞。
八把扇子八根丝，上面题着两首诗。
一首写的相思苦，一首写的苦相思。
九把扇子九重阳，送给情哥身边藏。
夏天扇来凉风起，冬天扇来暖洋洋。
十把扇子玉坠红，留给妹妹扑蚊虫。
扑了蚊虫高高挂，等到来年再扇风。

农夫吟

竹片当灯照，葛藤当粮草，
柴枝当棉袄，走路弯着腰。

竹筏谣

乌炭白柴送余杭，赚得铜钿换米粮。
养儿养囡养爹娘，靠山靠水过辰光。

哭　谣

王祥为母哭寒冰，
三娘哭进磨坊门，
孟仲哭竹冬生笋，
孟姜女哭倒长城，倒长城，
可算四哭四古人。

我与竹哥一样长

竹哥哥，竹哥哥，
今年是侬长，
明年是我长，
后年两个一样长。

背笋壳

囡囡背笋壳，背到外婆家（“家”读作“姑”），
外婆呒是（不在）家；背到舅婆家，舅婆菜园里摘冬瓜；
冬瓜滚下坑，舅婆泪泱泱。

一箩麦

一箩麦，两箩麦，三箩四箩打荞麦，
噼噼啪，噼噼啪，噼啪，噼啪，噼噼啪。

等情哥

钻进门前竹子果，手攀竹子等情哥。
别人问我望什么？我数竹子有几棵。

将将走（刚刚会走）

将将走，买箬帚，
三年过，自会走。

火萤虫

火萤虫，焰焰红，
姐姐桥头里等阿侬，
毛竹窠里点灯笼，
点到西，点到东，
点到山上日头红。

萤火虫

萤火虫，夜夜红，夜到红椿树上点灯笼。
灯笼亮，买小羊。
小羊几时来，初七初八来。
端个达子（什么）来？端个麻糍粽子来。
公一块，婆一块，大大小小分一块。
还有一块放在格橱里，囡（女）婿归来偷偷吃掉。
一火筒两火筒，敲得囡婿钻狗洞。

武林班

武林班，粪桶甩，刀枪毛竹爿。

走到台上一声喊，台下都逃散。

剩落一副馄饨摊。

天目山区有一些村是畲族集聚区，保留畲族对歌的习俗，男女恋爱歌谣中也有以竹作比兴的，下面两首就是天目山畲族的对歌。

山上青竹长

山上青竹根根长，不知哪根可做梁？

村里妹子个个好，不知哪个情意长？

裁竹筒

一把锯子裁竹筒，裁开才知里头空。

先头当侬是君子，个么（现在）晓得是懒虫。

三竹拐

耕田抲梭哈，大腿露括括。

馄饨狗吃嗒，拎起三竹拐。

第四节　竹谚语　竹谜语　竹对联

一、竹谚语

“鲇鱼佬爬竹竿”：鲇鱼身上滑，竹竿也滑，譬喻某件事有多艰难。苏轼有诗《梅圣俞诗集中有毛长官者，今於潜令国华也，圣俞没十五年，而君犹为令。捕蝗至其邑，作诗戏之》，有句：“诗翁憔悴老一官，厌见苜蓿堆青盘。归来羞涩对妻子，自比鲇鱼缘竹竿。”这个毛国华在於潜住的时间长了，用一句天目方言自嘲，被苏东坡用在诗中，十分贴切。欧阳修《归田录》：“其（指梅圣俞）其初受敕修《唐书》，语其妻刁氏曰：‘吾之修书，可谓猢狲入布袋矣。’刁氏对曰：‘君于仕宦，亦何异鲇鱼上竹竿耶！’”

“百尺竿头，更进一步”：原为佛家语，比喻道行、造诣虽深，仍需修炼提高。后来演变为成语，比喻虽已达到很高的境地，但不能满足，还要进一步努力。宋释道原《景德传灯录》卷十：“师示一偈曰：‘百丈竿头不动人，虽然得入未为真，百尺竿头须进步，十方世界是全身。’”宋朱熹《答巩仲至书》）：“故聊复言之，恐或可以少助百尺竿头，更进一步之势也。”

“千日胡琴百日箫，半夜梅花（唢呐）哇哇叫”：说明学习各类乐器的难易程度。

“腊煮笋羔，大人道便是”：原意是腊月要煮春笋是不可能的，但大人说了，就顺着他，不要违逆。比喻大人说的话即便错了，小辈也不要说“不是”。宋代高僧赞宁《笋谱》中记载：“（天目）有新妇，不得舅姑意，凡所须索，必昔时而逆意。其妇善，承须不违所要，皆巧图，与夫求变而付舅姑，无以取责姑。一日岁暮而索笋羔，妇答即煮供上。妯娌问之曰：今月中何处求笋？妇曰：且膺为贵，以顺攘逆责耳，其实何处求笋？姑闻而后悔，倍怜新妇。故又谚曰：恭敬不如从命，受训莫如从顺。”

“竹笋出土——节节高”：形容事业节节攀升。

“一个篱笆三个桩，一个好汉三个帮”：强调做一件事只有团结协作、齐心协力才能最终成功。英雄也需要有帮手才能完成大业。

“一根竹竿容易弯，十根纱线难拉断”：一个人的力量再强也会遭到挫折，弱小者团结起来也会有无穷的力量。

“一根筷子容易拗，十双筷子弯不了”：强调团结的力量。

“千条扁担能搬山，万根竹竿能顶天”：形容人多力量大。

“苎麻搓绳拉不断，毛竹成捆压不弯”：团结才有力量。

“东村西村，竹子连根；东家栽竹，西家有笋”：强调邻里要和睦相处。

“人有志气竹有节”：鼓励人们树立信心，拼搏到底。

“竹子是一节一节长出来的，功夫是一天一天练出来的”：形容要循序渐进，一步一个脚印，稳扎稳打。

“竹林里挂灯笼——高风亮节”：形容道德品质高尚。

“外甥打灯笼——照舅（照旧）”：形容按照原来的不作改变。

“黑漆皮灯笼”：灯笼本为桃花纸糊成，可以透光，皮灯笼再涂以黑漆，便难见光亮了，形容无知胡扯，也形容社会腐败黑暗。明代陶宗仪《辍耕录·阑驾上书》：“又歌曰：官吏黑漆皮灯笼，奉使来时添一重。”

“灯笼壳打老婆”：形容不痛不痒。

“竹梢头上出孝子，筷子头上出败子”：形容孩子不能娇生惯养。

“剖开毛竹合勿拢”：形容木已成舟，泼水难收。

“掼掉青竹棒，忘记长弄堂”：形容好了伤疤忘了痛。

“床头有箩谷，死了有人哭”：讽刺社会势利之现实。

“生柴不如青竹，曼娘（继母）不如亲叔”：形容继母不亲。

“竹竿”：送给瘦高个的绰号。

“烂竹洞里出好笋”：形容艰苦的环境里却培养出了出类拔萃的人才。

“嫩竹扁担”：形容年轻人尚未成熟，挑不起担子。

“老烟筒”：形容此人老油条习性不改。

“老竹蒲头”：形容此人不容易对付。

“出气筒”：比喻无原因和理由而被别人当作发泄愤恨和怒火的“工具”。

“木竹火筒——不开窍”：火筒竹制，中空可助燃。木竹为实心竹，不能通也，形容人迟钝。

“敲竹杠”：形容敲诈勒索。传旧时鸦片走私常将毒品藏在竹节中，官府衙役来检查时不说破，只是敲敲竹杠子，暗示走私者行贿。

“竹棒当鼓——敲竹杠”：形容敲诈他人。

“空竹管”：形容说空话大话，缺乏诚信。

“脸皮像个毛笋壳”：形容脸皮厚，不知羞耻。

“毛笋壳罩面孔——不要脸皮”：形容不知羞耻。

“竹枕头——里头空”：形容华而为实。

“晾竿抹不着”：形容溜之大吉，躲得很远。

“一根竹篙拷翻一船人”：形容四面树敌，打击一大片。

“癞痢头打伞——无发（法）无天”：形容胆大妄为。

“破雨伞，里笃出”“阳伞角子里戳出”：形容内部不团结。

“人穷志不短，伞破骨子好”：形容身处逆境志不移。

“剖开的毛竹合不拢”：形容一旦伤了感情，关系难以愈合。

“竹篮打水一场空”“竹篮打水上山峰——一场欢喜一场空”：都是比喻白费力气，劳而无功。唐代天台国清寺僧人寒山有诗：“我见瞒人汉，如篮盛水走，一气将归家，篮里何曾有？”

“鸭笼鸭笼，两头脱空”：形容想兼顾两头，结果两头落空。

“狗咬粽子——解不开”：形容没本事。

“三十晚上借蒸笼——不是时候”：形容请人帮忙不看时机。

“贼勿空手，笤帚畚斗”：形容盗贼的习性。

“馒头放进蒸笼——盖了帽了”：形容好到极致。

“喝水拿筷子，摆摆样子”：讽刺形式主义。

“处暑下雨烂谷箩”：形容多雨水，谷子难以晒干。

“不图今年竹，但养明年笋”：形容不图眼前利益，从长计议。

“不种今年竹，哪有来年笋”：形容没有付出就不会有收获。

“竹叶青”：形容此人心似毒蛇。

“弄堂里背毛竹”：形容处理事务直来直去，不会灵活圆转；也形容性格直爽。

“外头是根竹，里头节节都不通”：形容表里不一。

“竹筒倒水——一咕咚到底”“竹筒子倒豆——精光”：都是形容不保留隐情，把话全部说出来。

“竹筛舀粥——漏洞百出”：形容做事情缺乏周密考虑，结果错误百出。

“旗杆上吊灯笼——高明”：形容处事高妙精明。

“园内毛竹园外笋——外甥”：以幽默的方式介绍人物的关系。

“三月三　水笋毛笋暴醮醮，清明下雨到立夏”：通过水笋毛笋在三月初三这一天结满水珠的现象，来判断此年季春雨季尤其长。

“一年青，二年紫，三年不斫四年死”：说明形容紫竹的生长规律。

“云头上徽州，笠帽雨伞都可收。早上乌洞洞，中午晒煞老太公。”昌化一带气象变化的规律。

“乌云过徽州，雨伞笠帽都高搁。”昌化一带气象变化的规律。

“雾露罩山顶，蓑衣笠帽拿来等。”临安气象变化的规律。

“梅里寒，没竹竿”：黄梅季节天气寒冷，预示有大水。

“吃了端午粽，还要冻三冻”：说明气候变化。

“吃了端午粽，棉袄勿可送”：说明气候变化。

“虹低日头高，晒死毛竹梢。”临安气象变化的规律。

“六月小，晒煞高山老竹梢”：形容季节特征。

“南风南，火筒越吹越是红；小暑南风十八朝，晒得南山竹也叫”：农历六月和小暑节气时的南风预示将出现高温干旱天气。

“竹山无大病，治虫防病最要紧。”说明竹治虫防病的重要性。

“阳山油茶阴山竹”：讲油茶喜阳竹喜阴，阴山的竹会长得更好。

“三月三，毛笋早笋齐崭崭”：三月春天来了，万物萌生，竹林都在此时抽出竹笋。

“甘蔗越老越甜，竹笋越嫩越鲜。”说明拗笋需趁早。

“露头一寸，掘起一斤”：形容雷笋深埋土中的特征。

“三年桃子四年李，雷竹二年能见钱”：形容竹林经济回报快。

“竹笋秤杆长，孵蚕勿问娘”：说明观笋知孵蚕之时已到。

“竹子开花，活人搬家”：形容竹子开花即死。

“水浇潮，孵笋好。底肥足，孵笋粗”：孵笋的窍门。

“若要笋头多，竹山铺牛屙”：强调竹山施肥的重要性。

“竹园翻得勤，多挖一担笋。竹园翻得早，明年笋有保。若要笋出早，地要浇浇潮”：皆为种竹经验。

“正月种竹竹成林”：种竹之时令。

“种竹怕春分，播杉怕谷雨”：强调种竹下限之时令。

“春雷隆隆响，半夜笋翻床”：说明春笋喜雨。

“清明雨水多，出笋满山坡”：说明春笋喜雨。

“春雨连，笋满园”：说明春笋喜雨。

“秋天多雨笋旺，春天多雨笋大”：说明秋雨和春雨对竹笋生长有利。

“正月种竹，不分东南西北”：正月种竹可不分地段。

“竹娘养得早，竹笋出得早”“头肥放得早，来年雷竹发芽早”：要想早点吃到竹笋，应该提早施肥，养护好竹林。

“栽竹不摇，运竹不背，种竹不敲”：说明种竹的要点。

“栽松勿松，栽竹勿筑”：种竹的忌讳。

“种竹无时雨后移，去鞭两尺记东西”：种竹移竹的要点。

“树怕孤，竹怕疏”：种竹之要点。

“枫是竹子的命，松是竹子的病”：注重竹子生长的环境。

“泥土薄薄摊，出笋满箩担；泥土培过节，小笋没得吃”：竹子培土的经验。

“好笋不挖，差笋不留”：养护竹林的要点。

“春不砍竹，夏不伐木”：养护竹林的要点。

“春砍竹，虫蛀空；冬砍竹，不生虫”：强调冬天砍竹的重要性。

“六月砍竹，儿哭娘哭”：砍竹的忌讳。

“白粉不消，切莫开刀”：砍竹的忌讳。

“公孙不相见，母子不分离，存三去四莫留七”：砍竹之要点。

“吃六谷糊、住箬竹屋”：是对旧时天目山区竹农艰苦生活环境的一种写照。

“竹筒瓦，竹编门，篾黄火把当明灯”：描写旧时天目山区竹农的艰苦生活环境。

“有山皆有竹，无竹不成山”：形容临安的竹资源丰富。

“临安三件宝，茶叶笋干山核桃”：临安最有特色的三种土产。

“千竹万竹，子子孙孙享福”：形容竹子对农家的重要。

“家有千棵竹，三代都享福”：形容竹子对家庭经济的影响。

“竹子一条龙，吃穿不愁穷”：鼓励发展竹子经济。

“一人种竹，十年成林；十人种竹，一年成林”：形容人多力量大。

“门前一片竹，油盐酱醋有着落”“做得赤膊，不如种竹”：竹子有相当好的经济收益，天目山人是有深切体会的。以此农谚勉励大家种竹护竹，以竹养家。司马迁《史记·货殖列传》：“渭川千亩竹，此其人皆与千户侯等。”与之相较，天目山人说得更加实在一些。

“造屋先栽竹，嫁囡送根竹，分家留片养老竹”：形容竹子与家庭经济的关系。

“房前屋后种满竹，三年五年换新屋。”形容竹的经济效应好。

“种田搭搭手，全靠扎笤帚”：说明山区竹农以扎笤帚为主业。

二、竹谜语

笔无毛，个个相连。（打一字。谜底：竹）

小时能吃不能用，老了能用不能吃。（打一植物。谜底：竹）

小时包包扎扎，大时披头散发。风来摇摇摆摆，雨来稀里哗啦。（打一植物。谜底：竹）

小时青青腹中空，长大头发蓬蓬松，姐姐撑船不离它，哥哥钓鱼拿手中。（打一植物。谜底：竹）

君子之交。（打一竹名。谜底：淡竹）

二王个个有文采。（打一竹名。谜底：斑竹）

爹蓬头来娘蓬头，生个儿子尖尖头，儿子长大也蓬头。（打一植物。谜底：竹笋）

头戴尖尖帽，身穿节节衣。年年二三月，出土赴宴席。（打一植物。谜底：竹笋）

头戴尖尖帽。身穿节节衣，碰上一场雨，出来笑嘻嘻。（打一植物。谜底：竹笋）

青竹竿，顶南山，剥了皮，吃心肝。（打一植物。谜底：竹笋）

身披鱼鳞皮，嘴尖肚子空，年年二三月，钻出泥土中。（打一植物。谜底：竹笋）

鸿雁两行伊人别。（打一字。谜底：笋）

两个聚会方别君。（打一字。谜底：笋）

个个未别方为群。（打一字。谜底：笋）

君当缄口为上策。（打一字。谜底：笋）

秋波噙泪向君前。（打一字。谜底：笋）

一山空横竹径斜。（打一字。谜底：笋）

伊人去后依修竹。（打一字。谜底：笋）

岩下生新竹。（打一竹名。谜底：石笋）

一根竹管尺八长，开了七个小圆窗，对准一个小窗口，吹阵风来把歌唱。（打一乐器。谜底：笛子或箫）

有位竹姑娘，身体细又长，嘴巴七八张，陪人把歌唱。（打一乐器。谜底：笛子或箫）

两个无尾猴。（打一乐器。谜底：笛）

高山顶上一蓬葱，一日需要拔三通。（打一食具。谜底：筷子）

眠则俱眠，起则俱起，贪如豺狼，赃不入己。（打一食具。谜底：筷子）

两个兄弟一般长，越过围墙偷菜秧。（打一食具。谜底：筷子）

兄弟双双，身体细长，只爱吃菜，不爱喝汤。（打一食具。谜底：筷子）

生来臂两条，专把油水捞，擅长挑肥瘦，也会戳鼓捣，本性贪无厌，油头又滑脑，若要他不动，除非已吃饱。（打一食具。谜底：筷子）

一只老猢狲，一日敲三顿。（打一生活用具。谜底：淘米筲箕）

竹搭城墙一寸高，里头兵马乱糟糟。左推右搡打一仗，赤膊的逃脱，穿衣的抓牢。（打一农具。谜底：竹糠筛）

青壳田鸡活剥皮，糖砂蘸蘸好食饥。（打一食物。谜底：粽子）

有眼无珠肚内空，恩爱夫妻不到冬。（打一寝具。谜底：竹婆娘）

梧桐叶落伤离别，荷花出水再相逢。（打一寝具。谜底：竹婆娘）

千只脚，万只脚，站不住，靠墙角。（打一用具。谜底：笤帚）

忆当年，生在深山，青枝绿叶；叹如今，来到人间，面黄肌瘦；经过几多风波，受尽几番折磨；莫提起呵莫提起，若提起，无非点点泪滴江河。（打一竹具。谜底：竹篙）

一个接一个，个个在劳动。（打一用具。谜底：竹竿）

先到“紫水”，后到“藻溪”，翻过“竹岭”，见过“太阳”回家。（打一家庭事务。谜底：洗晒衣服）

两棵树中等。（打临安一古寺名。谜底：竹林寺）

简历。（打一古代史书。谜底：《竹书纪年》）

阮籍目，林逋妻，子猷宠，伯乐顾。（打一成语。谜底：青梅竹马）

扯下华篇制笤帚。（白头格，打一成语。谜底：斯文扫地）

扁担作字两头看。（打一成语。谜底：始终如一）

岩下溪边吹竹笛。（打一工业词语。谜底：石油）

三人口中吞扁担；一夫胯下骑太阳。（打一字。谜底：春）

竹林高高僧住处。（打一字。谜底：等）

高高山上一根竹。（打一字。谜底：篙）

毛竹。（打一字。谜底：笔）

小小扫帚，一手拿牢。白石缝里，天天打扫。（打一生活用具。谜底：牙刷）

青竹竿，顶簸箕，下面躲着一窝麻母鸡。（打一植物。谜底：芋头）

水里生，水里长。簸箕大，没四两。（打一植物。谜底：荷叶）

在娘家清清秀秀，到婆家面黄肌瘦。最怨恨懒惰小姑，常把我日晒夜露。（打一生活用具。谜底：晾衣杆）

未肯上京考功名，只在深山度光阴。未出土时先有节，到凌云时总虚心。（打一植物。谜底：竹）

生在深山细叶搂，来到凡界只拉手。讲话不清楚，常将耳朵扭。（打一乐器。谜底：胡琴）

能使妖魔胆尽摧，身如束帛气如雷。一声震得人方恐，回首相看已成灰。（打一吉庆物品。谜底：爆竹）

青枝绿叶少开花，农家院里常见它。历经风雨显劲节，刚正不阿有人夸。（打一植物。谜底：竹）

张生坐等一寺空。（打一字。谜底：竹）

三、竹对联

东天目山韦驮殿中对联（载于民国初年《东天目山志》）

法界仰巍峨对上方莲座香浮应瞻花雨飞红竹云现紫；

径山严锁钥听远壑松声涛卷当是西湖月满东浙潮来。

笑指深林，一犬眠竹下；

闲看幽户，孤木立门中。

清凉峰镇同山村大祥门门亭联：

积玉千箱不及仁义二字；

读书万卷唯有忠孝双全。

雪里白梅，雪映白梅梅映雪；
风中绿竹，风翻绿竹竹翻风。

解缙联：
门对千竿竹；
家藏万卷书。

莫嫌雪压低头，红日归时，即冲霄汉；
岂道土埋节短，青尖露后，立刺苍穹。

短棉花，纺长线，织大布，包小脚，走南走北；
弯竹子，划端篾，打圆圈，箍扁桶，装东装西。

郑板桥联：
咬定几句有用书，可忘饮食；
养成数竿新出竹，直似儿孙。

李鱓联：
有竹人不俗；
无兰室自馨。

傅山联：
竹雨松风琴韵；
茶烟梧月书声。

入土先有节；
凌云仍虚心。

石头解性真吾友；
竹子虚心是我师。

悠怀得春气；
修竹引清风。

虚心竹有低头叶；
傲骨梅无仰面花。

根生大地，渴饮甘泉，未出土时便有节；
枝云横梦，叶拍苍天，及凌云处尚虚心。

墙上芦苇，头重脚轻根底浅；
山间竹笋，嘴尖皮厚腹中空。

屈屈伸伸，雪压千屋犹奋直；
潇潇洒洒，风来四面又何妨。

劲节生来瘦，高松老去刚；
竹青怀素志，梅龙秉芳心。

为天地生春，抚长终存古绿；
与松梅做伴，洁身共避寒心。

竹笋出墙，一节须高一节；
梅花逊雪，三分只是三分。

千古虚心尊此老；
九州高节拜先生。

宜和竹论虚和实；
不与谁争高与低。

山色不随春老；
竹枝长向人新。

劲节生来瘦；
高材老去刚。

竹影扫阶尘不动；
月华潜泮水无痕。

君妃二魄芳千古；
山竹诸斑泪一人。

简华联：
阶下香风嬉竹影；
窗前素月剪梅花。

竹林春回还是绿；
梅花到时自然香。

被称为“竹主任”的谢渭文家中对联：
种竹似培佳子弟；
拥书如拜小诸侯。

唐学林联：
观翠竹追求谦逊品节；
闻香兰仰慕高雅情操。

唐学林联：
水能性澹为吾友；
竹解心虚即我师。

唐学林联：
半亩梧竹秋先到；
一榻琴书梦亦香。

太湖源观赏竹种园门楼对联

正面（赵庆元）：
绿竹献瑞太湖源，
翰墨飘香文化园。

背面（宓国贤）：

荟萃华夏千竹秀，

源润高云万笋春。

太湖源观赏竹种园门楼　（顾李俭 摄）

第八编　竹与艺文

竹诗文

竹散文

竹诗词

竹故事

竹与艺术

书画

摄影 摄像

电影 电视剧

竹乐器 竹歌舞

竹艺术品

竹非物质文化遗产代表性项目

省级非物质文化遗产代表性项目

杭州市级非物质文化遗产代表性项目

临安区级非物质文化遗产代表性项目

其他非物质文化遗产

竹报刊

《临安农科报》

《临安竹业简讯》

《天目竹韵》

《今日临安》专版

钱高潮竹雕作品

《寿星》

（8厘米×7厘米×20厘米）

新栽瘦竹小
园中石上凄凄三两丛竹又不高峰又矮
大家谦退是家风
郑板桥
雪山印象
雪山印象

1. 超级笛子（演奏:蒋国基）（布智明摄）
2. 尺八（布智明摄）
3. 浙江省非遗项目马啸滚灯（周玉龙摄）
4. 方志恩书画《君子之交》
5. 金晓海竹画《雅韵》
6. 许尚勤画意摄影作品《瘦竹》
7. 竹龙表演（临安区竹文化研究会提供）
8. 虞福来钢笔画《竹滤溪水水更清》
9. 於潜民间文艺表演队表演《临安响竹》（布智明摄）

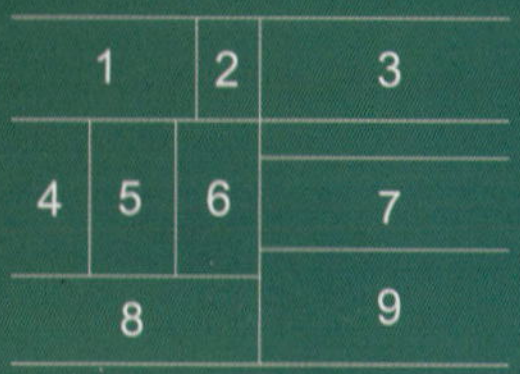

1. 浙江省非遗项目作品昌化竹编画系列之《南湖红船》
2. 浙江省非遗项目作品昌化竹编画系列之《毛泽东主席》
3. 浙江省非遗项目作品青柯鸟笼
4. 收藏级竹雕工艺品：双螭、鼻烟壶、寿星、《弈棋》笔筒
5. 三口竹编日用品果篮
6. 昌化竹编日用品果盘、白水涧竹简、堰口竹衣系列

（1–6布智明摄）

1	2
3	4
5	6

第八编　竹与艺文

第一章　竹诗文

第一节　竹散文

一、古代文献节录

（一）竹赋

惟坤灵之播育，何备物之实繁。伟兹竹之标挺，得造化之清源。契道含灵，表贞示节。叶森散以翠错，茎鲜修而琼洁。尔其何风流畅，万汇昭陈，杨葩晔其密苑，荑柳蔼于通津，不郁复以启曜，但葳蕤而有筠，亦未知为异也。至如杀气凌厉，凝霜萧瑟。览平楚之苍茫，窥众林其如失，冒冰霜之涸沍，逾青荧以郁密，则殊可重焉。故《诗》曰如苞，《书》称厥贡，猗兹淇园，美彼云梦。昔在轩后，肇官阴阳，俾伶伦于珊嶰谷，伐修竹之珍篁。裁六律以协气，调八风而顺常。然后成竽籥以备乐，其声滥而弥长。笙镛以间，鸟兽跄跄，谅自然之纯粹，曷群材之可方。若乃渭川千亩，山阳数林。会稽方润于碧玉，罗浮比色于黄金。上默默以云翳，下泠泠而风吟。祛赫曦之燠景，纳凄清之凉醺阴。王子所以啸咏，嵇生为之幽寻。名嘉宾及令友，畅绿醴与鸣琴。美游盘之逸趣，清寂寞之远心。若乃夹沧江、倚丹崿，蓄水雾之沉沉，摇岩烟之漠漠。湘妃有挥涕之感，楚谣兴防露之作。或挺鼓吹之嵚崟，或垂天门之磅礴，皆鸾凤之所翔集，孔翠之所栖托。岂独婵娟于广汉之壤，亦有璀璨于蓬莱之峰。结实珠粒，敷花紫茸。拂皓絮以飞雪，摧绀茎以韵钟。固列仙之攸玩，匪吾人之所从也。亦有化雉吴国，成龙葛陂，容人筼筜，育虫桃枝。一笋鸣其胤嗣，三节获乎婴儿。荣灯缵以感孝，茂窗棂以表奇。篲冢坛以尘灭，环石床以阴滋，皆灵变之谲怪，良难得而备知。尔其众汇非一，则有簟簩筋簹，篍筒䉀竿。筅箬箛篳之肃矗，龙钟云母之扶疏，箬箭浮色以缥燠，笿篖粹文而绣抒。方志之所遗载，山经之所阙书者，安可得而详矣。靡不劲坚其性，葱蒨厥色，不规而圆，不操而直。故高皇制冠以宝位，孝文剖符以表职，博望侯传于大夏之外，穆天子树于玄池之侧。推此类以弥广，匪斯文之可极也。（选自唐吴筠《宗玄先生文集》，明正统刻《道藏》本）

（二）钱王射潮

《捍海塘志》钱惟演谨按：曾王父武肃王以梁开平四年八月捍海塘，怒潮急湍，昼夜冲激，版筑不就，表告于天云，愿退一两月之怒涛，以建数百年之厚业。祷胥山祠云：“愿息忠愤之气，暂收汹涌之潮。”函诗一章，置海门山以达海神。遂命将督率兵卒采山阳之竹，使矢人造为箭三千只，羽以鸿鹭之羽，饰以丹朱，炼刚火之铁为镞。既成，用苇敷地，分箭六处，币用东方青九十丈，南方赤三十丈，西方白七十丈，北方黑五十丈，中央黄二十丈。鹿脯、煎饼、时果、清酒、枣脯、茅香、净水各六分，香炉布置。以丙夜三更子时属丁目上酒三行祷云：“六丁神君，玉女阴神，从官兵士，六千万人，镠今斋洁，奉清酒枣脯，伏望神君歆鉴。镠以此丹羽之矢射蛟灭怪，涸海枯渊，千精百鬼，勿使妄干。唯愿神君佐我助我，令我功行早就。”祷讫，明日，命强弩五百人以射涛头，人用六矢，每潮一至射一矢，及发五矢，潮乃退。钱塘东趋西陵，余箭埋于候潮通江门浦滨，镇以铁幢，誓云：“铁幢坏，此箭出。”又大竹破之为器，长数十丈，中实巨石，取罗山大木，长数丈植之，横为塘，依匠人为防之制，内又以土填之，外用木立于水际，去岸二丈九尺，立九木，作六重，象《易》既济、未济二卦，由是潮不攻沙，土渐积，岸益固也。（选自《松梦寮诗稿》卷三）

（三）洞晨观记

余杭洞晨观，盖洞霄宫流也。前面玉几，侧挟安乐山，苕溪支港环出其后，故为邑人陈季卿居。传记所载：季卿遇终南山仙翁，以竹叶为舟者。（选自宋邓牧《洞霄图志》）

（四）陈季卿

陈季卿者，家于江南。辞家十年，举进士，志不能无成归，羁栖辇下，鬻书判给衣食。常访僧于青龙寺，遇僧他适，因息于暖阁中，以待僧还。有终南山翁，亦伺僧归，方拥炉而坐，揖季卿就炉。坐久，谓季卿曰：“日已晡矣，得无馁乎？”季卿曰：“实饥矣，僧且不在，为之奈何？”翁乃于肘后解一小囊，出药方寸，止煎一杯，与季卿曰：“粗可疗饥矣。”季卿啜讫，充然畅适，饥寒之苦，洗然而愈。东壁有《寰瀛图》，季卿乃寻江南路，因长叹曰：“得自谓泛于河，游于洛，泳于淮，济于江，达于家，亦不悔无成而归。”翁笑曰：“此不难致。”乃命僧童折阶前一竹叶，作叶舟，置图中渭水之上，曰：“公但注目于此舟，则如公向来所愿耳。然至家，慎勿久留。”季卿熟视久之，稍觉渭水波浪，一叶渐大，席帆既张，恍然若登舟。始自渭及河，维舟于禅窟兰若，题诗于南楹云：“霜钟鸣时夕风急，乱鸦又望寒林集。此时辍棹悲且吟，独向莲花一峰立。”明日，次潼关，登岸，题句于关门东普通院门云：“度关悲失志，万绪乱心机。下坂马无力，扫门尘满衣。计谋多不就，心口自相违。已作羞归计，还胜羞不归。”自陕东，凡所经历，一如前愿。旬余至家，妻子兄弟，拜迎于门。夕（夕原作侧，据明抄本改）有《江亭晚望》诗，题于书斋云：“立向江亭满目愁，十年前事信悠悠。田园已逐浮云散，乡里半随逝水流。川上莫逢诸钓叟，浦边难得旧沙鸥。不缘齿发未迟暮，吟对远山堪白头。”此夕谓其妻曰：“吾试期近，不可久留，即当进掉。”乃吟一章别其妻云：“月斜寒露白，此夕去留心。酒至添愁饮，诗成和泪吟。离歌栖凤管，别鹤怨瑶琴。明夜相思处，秋风吹半衾。”将登舟，又留一章别诸兄弟云：“谋身非不早，其奈命来迟。旧友皆霄汉，此身犹路歧。北风微雪后，晚景有云时。惆怅清江上，区区趁试期。”一更后，复登叶舟，泛江而逝。兄弟妻属恸哭于滨，谓其鬼物矣。一叶漾漾，遵旧途至于渭滨，乃赁乘，复游青龙寺，宛然见山翁拥褐而坐。季卿谢曰：“归则归矣，得非梦乎？”

翁笑曰："后六十日方自知。"而日将晚，僧尚不至。翁去，季卿还主人。后二月，季卿之妻子赍金帛自江南来，谓季卿厌世矣，故来访之。妻曰："某月某日归，是夕作诗于西斋，并留别二章。"始知非梦。明年春，季卿下第东归，至禅窟及关门兰若，见所题两篇，翰墨尚新。后年季卿成名，遂绝粒，入终南山去。（选自《太平广记》第七十四卷）

（五）俞烈

俞烈字若晦，杭之临安人。祖彻与张九成、凌景夏齐名。贡辟雍，弗果行。烈少警敏，淳熙八年试礼部第一。十五年以太学录转对，论浙西围田为运河及民田之害，乞精选郎官与漕臣按视开复。孝宗曰："如此，则是受水之地狭，当如卿言。"遣官相视。迁太学博士。光宗即位，转对乞酌咸平、元祐之制，日轮讲读官内直，以备访问。又论三省批送文字，文移回复；为胥吏请求之资，乞操纵伸缩，权在朝廷，无为旧例束缚。绍熙改元，进国子博士。庆元三年为秘书郎。年余出守嘉兴，上供及额即止，恐贻后害，不肯增缗钱以受最赏。六年为司封郎官，论民闲义役官司不得干预，乞下敕令所公共详定。寻借户部尚书差充接送金国吊祭使，除起居舍人。明年二月，护金使元颜充绝江，充曰："好个大堑。"烈曰："此谓天堑，国信往来幸无风耳。"充曰："舟大何恐？"烈曰："江流湍迅，舟大不足恃也。"词未既，风起涛惊，舟为俯仰，金使皇惧。寻充报谢使。嘉泰四年，除秘书监，寻除中书舍人，论驳不挠。

永州祁阳县旧有韩两府祖墓，有邻近于其墓禁内伐竹十五竿，以盖墓篷。法司先引律盗人墓木者杖一百，继以观望侂胄，嫌于太轻，辄引持杖窃盗法。烈驳奏，忤侂胄论，去家居五年。嘉定初知庆元府，镇以清静。移知镇江府。时淮民流移充斥，多方拯救，孩提弃掷，募为鞠养。至春，民思归业，厚为津遣。郡有大夹冈、小夹冈，乃漕运路，雨余泥深，牵夫失足，辄堕数十尺下，烈为甃之，始无陷溺。岁旱河涩，烈命平江水入里河，舟行无留。

权吏部侍郎，乞浚练湖，通漕广溉。兼中书舍人，未尝惩往事少屈勋戚滥恩，貂珰佚罚。宫掖夤缘干请，多格不行。寻兼侍读、真除吏侍进读《通鉴》。至唐景龙中，斜封墨敕，因言中宗不用太宗制度，不由中书审复门下审读，人主当以为戒。又读孝宗圣政，至郊祀不买象事，拱而言，淳熙以前郊祀必用象，孝宗超然远览，以为大礼初不系此，唤回买象使臣，可谓达礼之本矣。以六年卒官，号盘隐居士，有《盘隐诗编》《掖垣制草奏议》《北征》等集。（选自《咸淳临安志》卷三三）

（六）李清

宋李清者，吴兴於潜人也。仕桓温大司马府参军，督护于府。得病还家而死，经夕苏活。说云：初见传教持信幡，唤之，云公欲相见。清谓是温召，即起束带而去。出门见一竹舆，便令入中，二人推之疾速如驰。至一朱门，见阮敬，时敬死已三十年矣。敬问清曰："卿何时来？知我家何似？"清云："卿家异恶。"敬便雨泪言："知吾子孙如何？"答云："且可。""我今令卿得脱，汝能料理吾家不？"清云："若能如此，不负大恩。"敬言："僧达道人是官师，甚被礼敬，当苦告之。"还内良久，遣人出云："门前四层寺，官所起也。僧达常以平旦入寺礼拜，宜就求哀。"清往其寺，见一沙门，语曰："汝是我前七生时弟子，已经七世受福。迷着世乐，忘失本业，背正就邪，当受大罪。今可改悔。和尚明出，当相佐助。”清还先舆中，夜寒□冻，至晓门开，僧达果出至寺。清便随逐稽颡，僧达云：“汝当革心为善，归命佛法，归命比丘僧，受此三归，可得不横死。受持勤者，亦不经苦难。”清便奉受。又见昨所遇沙门，长跪请曰：“此人僧达宿世弟子，忘失正法，方将受苦，先缘所追，今得归命，愿垂慈愍。”答曰：“先是福人，当易扶济耳。”便还向朱门，俄遣人出云：“李参军可去。”敬时亦出，与清一青竹枝，令闭眼骑之。清如其语，忽然至家。家中啼哭及乡亲塞堂，欲入不得。会买材还，家人及客赴监视之，唯尸在地。清入至尸前，闻其尸臭，自念悔还，但外人逼突，不觉入尸，时于是而活。即营理敬家，分宅以居。于是归心三宝，勤信法教，遂作佳流弟子。（选自《法苑珠林》第一百十四卷）

（七）游径山记（宋·蔡襄）

山西峰之北数百步，兀然巨石，屏张笏立，上下左右可再十尺，划而三之，若“川”字隶文，曰“喝石岩”，其传甚神。并岩披谷，修竹茂密，尝以锲刀刻竹两节间，成“景祐三年十二月十五日”字。［选自清康熙十四年（1675）《临安县志》］

（八）临安海会寺殿记（宋·蔡襄）

杭州临安县海会寺，梁大同中始作，号曰“竹林”。及五代正明之初，吴越王又新之。王，县人也。少尝往来里中，困甚。已而跨有全吴，名贵地大，私自省所从来，岂非有阴相我者耶？且竹林最得山水佳处，因大治之，益广前制。当是时，吴中浮屠居虽百千数，无是伦者。大中祥符间，例易天下寺名，遂赐今额。天禧五年冬十月，火通夕而墟，其徒散去。

总持僧有明愿，思惕然以兴废为己务，每说与众曰：“吾师之法，或资于塔庙，福报之来，称其所出。今殿适谋始，而大家力饶，不能厚施，异时名氏不齿篆载，反索气于后人，其可乎？”于是盛仁俊、张从实先输而倡之，从而和者数十百人，以元一盛、张兼管，度材砻石，暨茨陛级之役，积费钱三千万，役一十年而后已。既成，列像其下，鼓钟其中，会合邑子而落之，墟者复庀、而散者复集。钱氏以一国之资基之于前，有明以一己之志继之于后，可谓能且勤矣。庆历三年正月十五日记。（选自《莆阳居士蔡公文集》第二十卷，宋刻本）

（九）跋蔡君谟书海会寺记（宋·苏轼）

君谟写此，时年二十八。其后三十二年，当熙宁甲寅，轼自杭来临安借观，而君谟之没已六年矣。明师之齿七十有四，耳益聪，目益明，寺益完壮。竹林桥上，暮山依然，有足感叹者。因师之行，又念竹林桥看暮山乃人间绝胜之处，自驰想耳。（选自《苏东坡全集》）

（十）於潜僧绿筠轩（宋·苏轼）

可使食无肉，不可居无竹。无肉令人瘦，无竹令人俗。人瘦尚可肥，士俗不可医。旁人笑此言，似高还似痴。若对此君仍大嚼，世间那有扬州鹤？

子瞻入潜诸作率调笑诙谐，非关正作，本拟删除，恐人不解，反为口实，姑存之。特识其下，使观诗者毋为前人所欺也。［选自清康熙十二年（1673 年）《於潜县志》］

（十一）此君轩记（宋·洪咨夔）

轩旧隶寂照精舍，东坡以倅杭行县，为赋“不可居无竹”之诗。龙兴初，徙于县治衮绣堂之东。

开禧间尝重建。宝庆元初，避上嫌名，桐江方侯熙易以“此君轩”，仍用坡诗。晋王徽之语也。

君者，有德位之尊称，自万乘至子男百里之国皆称君。以君名县斋之竹，其尊与君百里等。然竹之君以德言，百里之君以位言，知君之所以为德，则优于君百里矣。《易》之震，为敷、为蕃鲜、为苍筤竹。其于时为春。春物之生，敷而蕃鲜莫竹若。孤根峭直，不数岁被山而云，戴角茧栗，曾几崇朝，已干霄而槊，生意勃勃乎其不可御。故观造物生生之德，亦莫竹若也。侯政成心休，日与君对，念吾民生齿之数能如君之蕃乎，生养之具能如君之阜乎，襁褓鞠育能如君日夜所息欤？沆瀣俱升，黄发婆娑，能如君什伍相依，少长相扶，老岁月、饱风霜而无憔悴之色乎？以君之生，观民之生，侯于此不徒名也。吁，人未哺，吾不可以独饫；人方瘰，吾不可以独腴。对此大嚼，奚心哉？说诗者“以意逆志”可也。绍定元年正月日，里人洪某记。（选自《洪咨夔集》上册 浙江出版联合集团 浙江古籍出版社 2015年1月）

（十二）登天目山记（明・王亮）

西数武，扳崖而上，为白云窝，山邃景幽，诸峰可把玩。又上里许，平坡百步，竹屋数楹。一僧自闽中来居之，诵《法华经》数千卷，经岁余矣。风雨不蔽，破衲之外，都无长物。蒲团禅座，烧竹以敌寒威，余趺跏可晷，正如江北之热圹然耳，亦吴越中希睹也。［选自清康熙十四年（1675）《临安县志》］

（十三）游东天目山记（明・王在晋）

寺右百余武，有回光庵、洗眼池，取水净眼，懵目能明，为昭明遗迹。路旁有平顶松，枝如结束。再上为白云窝，旧名“西寺”，竹径绝佳。（选自清康熙十四年（1675）《临安县志》）［选自清康熙十四年（1675）《临安县志》］

（十四）天目游记（明・黄汝亨）

是午至，即从西溪行。石径中竹树溪荡，所过饶野趣，便与市喧迥绝。径亦自野间，行八九里许，有竹十余林，俱密阴浓翠，日影不得下。渐近山渐佳，左右俱岩岫，曲折幽绝，溪流齿齿，从涧中下，声砰磕从屐齿间出。从池而上为白云窝，旧名西寺，竹色亦佳。又自松径上为分经台，即昭明分《金刚经》三十二分处。四面无竹树，皆砂碛草蔓。行六七里许，从西北磴道上十余里，曲折盘薄，大都以竹居胜，绿阴翠霭，时时拂披襟带，鸟语颇清，多不似两天目顶寥绝无鸟声。日未夕投中峰南院宿，从院背小径仍行竹间，翠阴郁秾，林林千立，天光从竹隙入，余从来看竹无此地幽畅也。前有放生大圆池，中深三四丈许，亦竹翠所绕。起仍转竹丛中，有灵鸡冢在焉。迤折十余里，大都岩岫涧泉相错落，间以竹色，不似西径竹树居胜。［选自清康熙十四年（1675）《临安县志》］

（十五）临安纪游（明・张京元）

过溪皆行竹中，密若芦苇。山益近，竹益深。度可三十里至洞桥，为径山寺界。两僧迎，因令夹舆行，指问冈峦竹坞，一一能答，询寺远近，尚在五里外。

盘旋度竹，浓雾陡合，四顾杳然。回看山下白云涌起，茸茸缕缕，如兜罗绵积成银海。海中青螺点点，荇藻浮沉。盖下方诸山在云雾中，时露峰尖，倏隐倏现，顷刻万状，几尽云物之变，真是得未曾有。绕大慧塔又数盘，得一池正圆，四围修竹。池北垒石为级，竹里残碑为端禅师塔，镌至正间谕祭文。池故放生处，池在诸峰间，深可三四丈，水蓄不流，雨不溢，旱不涸，亦灵踪也。又上为寂照庵，新刻书本藏板贮焉。右转竹丛中有灵鸡冢，国师钦禅师说法，此鸡时时谛听。师往长安，长鸣三日而死。信宿径山，殊尽雨笔云峦之胜。西转数盘，一静室旧名西殿，今称白云窝，内奉大士，松疎竹密，万籁阒然。又自松径西上，旁临陡崖，泉声乱鸣下流，即曩所仰观瀑布，今俯视又数十百寻矣。［选自清康熙十四年（1675）《临安县志》］

（十六）游玲珑山记（明·李应征）

更上为合涧泉，潺湲如奏丝竹。傍有罗汉松，苍叶老干，大可合抱，云是坡公手植。尚忆往者箕踞其下，摩沙久之，如昨日耳。（选自清康熙十四年（1675）《临安县志》）［选自清康熙十四年（1675）《临安县志》］

（十七）游九仙山记（明·李应征）

溪流受束始激，而琤琤有声，是名花坑。竹林松扉，渡溪桥而右，则山麓矣。两崖群峰，俯临深谷，青松交荫其上，若飞鸟之赴林。菖蒲寒花蔓生被石，不见水流，微闻其音。［选自清康熙十四年（1675）《临安县志》］

（十八）西径山双林寺重兴碑记（清·释道忞）

由天目绵亘数十里而盘踞者，为西径山。山开平壤，而绿疏青锁间，见层出于青松翠竹之间者，为双林寺。［选自清康熙十四年（1675）《临安县志》］

（十九）游西径山记（清·陆文焕）

约三里至十锦亭。西上，路缘莎径，或循涧曲耳。溪水铮琮声，游人在深篁密筱中，不知日影之下也。［选自清康熙十四年（1675）《临安县志》］

（二十）东坡林记（清·章起彪）

邑治西云数百武，有池焉，曰东坡池。水清莹可烛须眉，多白莲，清芬袭人衣裾。迤逦而上，石齿杂错，莎草环织，非策扶老着不借，即倾仆不能前。两旁苍松翠竹掩映，凌霄、藤萝相缠络，圆者如球，屈者如蚖，缭绕蹊径间。行人相携，缘莎扳磴，如人云霄中，时有松声竹影，谡谡离离而已。

林下一溪流碧，商艇野航往来络绎，牧竖渔童徜徉沙渚，觥筹交错，裸臂欢呼，亦山林之勝概也。亭两旁败棕参差，蓬头突鬓有似奇鬼攫拿状。偶焉清风飒然，松竹切切相摩戛。［选自民国十三年（1924）《昌化县志》］

（二十一）重建东坡亭记（清·魏墀）

亭在山冈，高不逾十仞，清池澄源，幽禽响谷，古松疏篁，苍翠欲滴，高山叠陵，稠林远树，宏敞可喜之状一目可尽。［选自民国十三年（1924）《昌化县志》］

（二十二）长春桥亭碑记（明·吴之瑗）

岁丁酉，行生即捐资百金，建长春桥亭，为安憩之所。越明年，倚山驱石，复建楼阁数楹，下祀汉寿亭侯，上设三元。洎白衣大士像，且匾其阁为三元。释子焚修其中，钟鼓声殷殷日震也。

稍折而上百余步，松筠兰茝，萦带轇轕。［选自民国十三年（1924）《昌化县志》］

（二十三）千顷巾子山重建禅庵记（明·汪应蛟）

置庵外田园、竹木、茶丛，悉庵僧力垦手植，本土居民并不预焉。［选自民国十三年（1924）《昌化县志》］

（二十四）甲子山记（清·张芬）

自许由庙西经牵犊山而北，有岭焉，名曰长风，相传为许由舒啸处。岭上双杉夹立，苍郁婆娑，盖千百年物也。逾岭而南为甲子山，盘曲幽峻，沿冈数里，忽尔开明，平远豁畅，群峰环锁，高下参错，俨若画家布置造化于此，殆有神工以俟高贤之栖寄者。友人许子次璧居之，植竹万竿，种梅百本，编五加以成篱，莳黄精以代糗。田可耕，池可钓，而早暮有自，集之禽声。寒暑有递，新之花果。［选自民国十三年（1924）《昌化县志》］

（二十五）游玉屏山记（清·章起龙）

攀藤葛而上，及山腰，有横石可坐憩。视其下，飞鸟横过如掷梭。峭壁砧碢，堑壑万仞，益复目明，心怛不自己已。其岭外隆中，圩若所谓燕窝然。精舍数椽，隐翁方南衢筑以避世，后施为兰若。僧寮龛座依岩崖凹凸为之，栏楯卵榫参差嵌石齿间。堂庑杂沓，楼阁纷缪，户牖几莫可辨。千松万竹，掩映遮拂，凉沁肌骨，无复知有炎熇者。［选自民国十三年（1924）《昌化县志》］

（二十六）丁当洞记（清·王守矩）

呼僧讯之曰：离此数十步，有丁当洞，投以石，铿然有声响，数刻而止。风日晴和时，有白虹紫霞，气如游丝，缕缕从洞口吐纳，既乃直上幽篁松柏间。［选自民国十三年（1924）《昌化县志》］

（二十七）岿崿山记（清·张昆玉）

由坪逾岭而下，中分上下二坞，松篁蒙翳，间列阡陌，恍疑桃源别洞，游屐亦罕至矣。［选自清光绪二十四年（1898）《於潜县志》］

（二十八）绿筠轩赋（清·何鲲）

余于终相极壮之岁，假馆潜州。斯地多坡公遗迹，一树一石，余芬尚存。官署衮绣堂东，相传为绿筠轩故址。篔筜掩映，清风萧萧，景傃曩哲，恍若可接。主人以蓬瀛之选，谪尹是邦，丝桐自张，载怀有斐，披榛拔韭，葺亭于斯，颜曰“绿筠”，从其溯也。

尔乃东阁，怡情虚堂，小拓一室，皆龙相随，有鹤止水，提壶微波，展箔古意松芝，贤人杜若。剪仲蔚之蓬蒿，开幼舆之丘壑。

明月入座，薄烟生庭。铺金琐碎，戛玉珑玲。遮草争色，隔花送馨。葳蕤写碧，密翳垂青。居能避俗，对或忘形。按曲而鸾箫乍谱，浇书则蝶梦初醒。三竿两竿，十步五步，鸟去声留，亭新院故。淡淡夕阳，濛濛晓雾。虾须帘子，翠色潜通。鹿眼笆篱，香根善护。羌窈窕兮含姿，亦萧疏兮表度。

至若和风三月，春光渐阑。杨花扑地，清露溥溥。禅谈玉版，爱赠琅玕。苏劳古简，紫箨高冠。貓头突兀，凤尾檀栾。白石俱进，粉痕欲残。寄生夜长，云母晴看。直参檐瓦，微倚阑干。托幽怀于丛薄，书个字于林端。君子成町之乐，儿童参篆之欢。胜地追随，嘉宾莅至。彼美芳踪，此君高致。绿晕天低，阴移日迟。篃簬搜才，苍筤卜志。陋鄠杜而怀音，仁山嵇而托思。铁冠之余韵犹存，玉局之风流不坠。春去兮秋来，叶落兮花开。惟贞筠之可久兮，知仙吏之亲栽。池馆兮楼台，倾圮兮污莱。惟斯轩之重辟兮，恒仰止而徘徊。［选自清光绪二十四年（1898）《於潜县志》］

二、现代竹文选辑

现代竹文均选自临安区竹文化研究会主办的《天目竹韵》，分人文遗韵、竹乡风情、笋竹艺苑、史事传说四个部分。

（一）人文遗韵（篇目：《漫谈临安的竹文化》《〈耕织图〉与竹文化》《临安食笋之风源远流长》《临安食笋之风的文化意蕴》《随园主人袁枚与天目笋》《临安在上海百年老店——金杏记》《一竹通天下——北京国家大剧院竹乐器竹文化展示巡礼》）

1. 漫谈临安的竹文化（顾彭荣）

中国是公认的世界竹类植物的起源地和现代分布中心之一，堪称“竹的故乡。”中国也是世界上竹类品种最多的国家，据文献记载，有39属500多种，而且分布广泛。东至台湾、南至海南、西至西藏纳宗以南地区、北至黄河流域，历史上均曾为竹类分布区，含福建、湖南、浙江、四川、江西、安徽、广东、广西、云南、贵州、河南、陕西、江苏、台湾14个省（区），其中浙江、江西、安徽、湖南4个省最多，占全国竹林总面积的60.7%，修篁茂密，枝杆挺拔，四季青翠，凌霜傲雪，备受中国人民喜爱。临安于1996年3月被林业部命名为“中国竹子之乡”，2006年10月再次被命名。竹以及竹产品同几千年来临安经济社会发展密切相关，同时被逐渐“人化”，进入人们的生活之中。

自古以来，随着临安人民生产实践活动的深入发展，竹的“人化”和“文化化”的程度不断拓展与加深，不断满足临安人民的生理（生存）、安全、社交、尊重、求知、审美、自我实现等不同层次的需要。在生产工具、生活用具、饮食、建筑等方面，在地方文化演进的历程中，竹由器物文化向观念文化扩展，内化、隐化到人的心灵深处，成为人们寄寓情感和理想的审美对象，成为体现理想人格的象征物。竹在精神文化领域，直接表现了临安人民炽热而虔诚的宗教情感、清淡逸远的审美趣味、坚贞而有韧性的人格理想及其文化意识。竹早就已经演化为临安地方文化的一个重要符号。

临安竹文化的内容，包括竹文化景观与竹文化符号两个方面。

竹文化景观是指人化了的竹所显示出来的临安地方文化的性质，或者说是临安人为了满足衣食住行的生活需要、生产需要、书写需要、审美需要等有意识地用竹创造的景象。竹文化景观既表现出临安人的心理倾向和特点，又反映了临安地方文化进化的程度。竹作为竹文化景观的构成要素，是物质的，但它所展示的效果却是精神氛围性的，是临安人民内在精神的外化形式。

食笋是临安竹文化景观构成部分之一。据《诗经》《禹贡》等文献记载，竹笋至迟在西周时期即已成为佐餐佳肴，此后相沿不衰。临安竹笋品质特好，味道鲜美，有烤（烧）、煨（炖）、蒸、熬、炸（炮）、焯、炒、焙、爆等多种烹饪方式，以竹笋烹调出的菜肴多达一百余种。其“咸肉春笋”这一传统名菜早在1956年即被浙江省认定为36种杭州名菜之一。据中国糖酒网报道，临安是江南最大的菜竹笋基地，杭州市场上有一半以上的竹笋主要来自临安。2011年4月8日，临安举办“2011中国临安百笋宴美食文化节”，各餐饮企业纷纷亮出绝活，“咸肉春笋”则备受欢迎，“中国竹笋美食之都”也落户临安。竹不仅可以充饥果腹，满足口舌之好，而且被赋予浓厚的文化内涵，倾注了重农耕文化传统的临安人对于竹文化格外厚爱的感情。

竹制日常生活器物是临安竹文化景观构成部分之二。竹材被临安人民大量援用来制作成各种各样的日常生活器物。竹制炊饮器具有竹甑、蒸笼、筲箕、砧板等炊具，竹盘、竹碗、竹筒、竹桶、竹箸等盛具，竹筷、竹勺等餐具，茶匙、竹荚、竹炉等茶具。竹制服饰有竹笠、竹衣、竹鞋、竹屐等。竹制消暑用具有竹枕、竹席（含麻将席）、竹扇等。竹制家具有竹床、竹榻、竹椅、竹凳、竹桌以及竹箱、竹帘、竹筒等。竹制玩具有竹龙、竹马、竹蛇、风筝等，还有各式各样的竹杖。竹制日常生活器物的制作工艺、形制、大小及使用制度，构成一幅别致的临安人生活风俗图和临安地方文化景观，体现了临安人生活艺术化的日常情趣。

竹制生产工具是临安竹文化景观的构成部分之三。农业、手工业、畜牧业和渔业等临安传统社会的主要产业都有竹制生产工具。在临安古代生产中，无论是简单工具还是复杂工具，竹都是生产工具的一种重要制作材料。在农业中，竹制农具贯穿整个生产过程，播种、中耕、灌溉、收获、装运、脱粒、晒谷、烘烤、扬谷、舂谷、扬米、贮藏等，都离不开竹制品。在手工业中，竹制生产工具渗透到造纸、制茶、纺织等各个部门。在渔业中，竹制渔具有筌、罾、鱼笼、鱼篓、钓竿等。南宋於潜县令楼璹的《耕织图》分为耕图与织图两大部分，耕图21幅，织图24幅，共45幅。每幅配有五言律诗1首。耕图自“浸种”至“入仓”，织图自“浴蚕”至“剪帛”，涉及各个生产环节。其中记有大量竹制生产工具，一直沿用至今，足以表现出临安人民认识自然与改造自然的智慧、勇气和理想，显示了临安地方文化对待自然因地制宜的现实理性精神。

竹建筑是临安竹文化景观构成部分之四。临安先民最早的一种居住形式是“巢居”，其后逐渐演变为“干栏”，其主要建筑材料之一即竹材。改革开放前，生活水平低下，临安人以竹编壁为墙，或作椽梁，或作竹瓦，或作竹地板。改革开放后，临安人居住条件大为改善，青山绿水间，座座别墅洋楼蔚为大观，为了追求新颖别致，大量竹制民居点缀其间，特别多见于“农家乐”，有竹房、竹舍、竹馆、竹屋、竹楼、竹阁、竹轩、竹斋、竹棚等。生态旅游景区的竹亭、竹宫则与周围环境和谐组合。临安白水涧风景区因地制宜，增添鉴真古道观竹景、竹筒书法赏竹艺、竹香腐干品竹鲜、竹筒米饭闻竹香等参与性项目，特色鲜明。临安竹建筑体现了临安人以农立国的生活观念、尚俭归朴的生活情趣、和谐空灵的审美理想。

竹制交通设施和工具是临安竹文化景观的构成部分之五。在繁复多样的中国交通设施和运输工具中，竹是一种重要的营造材料。在临安，竹制交通设施有各种各样的竹桥，有的还在竹桥上覆以竹棚；竹制水上运输工具有竹筏和竹船；山地人力运输工具有竹轿，现今成为旅游景区内接送游客上下山主要交通工具。竹制交通设施和运输工具一方面显示出临安人坚忍不拔的生活意志和极富想象力的创造精神，另一方面也表现了临安传统文化的等级观念和追求平稳的文化心态。

竹制书写用具是临安竹文化景观的构成部分之六。临安人自古即有耕读传统，长期使用的主要书写工具是毛笔。毛笔笔杆的主要制作材料就是竹子，宣笔、湖笔、湘笔等名笔的笔杆均由竹制成。早在商朝末年周朝初年，竹即开始成为中华民族的书写材料。直至南朝时期，流行了约两千年的竹简才被纸所完全取代。至迟在唐朝中叶，竹就作为书写材料之上品竹纸的加工原料。此外，竹还可制成笔帽、笔筒等文化用品。竹制书写工具和书写材料是促使汉字书写艺术化而形成书法艺术以及形成中国画画法的一个重要动因，渗透着中华文化的审美趣味和文化观念。

竹制工艺品是临安竹文化景观构成部分之七。工艺品兼具实用与审美两种功能，既是物质生产技能的集中体现，又显现出文化性格与审美追求。直至今天，竹编、竹帘、竹席、竹枕、竹篮都是优秀的竹编工艺品。临安三口工艺竹编厂创办于 1972 年，是一家出口外向型企业，中国竹编工艺行业的龙头企业之一。该厂历经三十年创业，生产的纯真手工艺竹编产品已非常精练和成熟。产品采用天然的优质翠竹，独特的民间工艺，由专业工艺设计师精心设计，加上民间工匠手编精漆而成，工艺精湛，造型玲珑多变，色泽光亮。产品具有防水、防腐、耐用、不变形等特点，是适合时代发展的传统绿色环保产品。生产的竹编工艺品种类齐全，款式新颖，主要有各类动物、手花器、花盆套、篮子、盘子、盒子、野餐箱包、仿古制品、天然黑竹制品及各种食品包装盒、服装包装盒等，产品销往欧美、日本与东南亚市场。竹雕刻工艺品到明代中叶，艺术方臻成熟，大师频出，杰作多多。竹雕题材广泛，品种繁多，除了笔筒、竹杯、竹屏风、竹扇骨、竹盒等兼具有实用性的器物外，竹根雕等纯观赏性的作品亦不少。近年来，随着科技的不断发展，临安有的竹雕工艺厂在原来的手工加工基础上进行大胆设计与开发，引进国内外最先进的激光加工设备，借助高科技技术，运用最具有传统特色的加工工艺，对竹雕文化产业进行再次开发，真切地再现了古人的思想和睿智，使其更具欣赏和珍藏价值。临安竹制工艺品源于自然，师法自然，表现了临安人娟秀细腻、清新淡雅、柔和婉约的审美趣味。

竹制乐器是临安竹文化景观构成部分之八。竹是中国民族民间乐器的重要制作材料，甚至常用“竹”代表管乐，用“丝竹”代称音乐。竹笛、竹箫、竹号、笙、竹板等各种竹制乐器琳琅满目，从而构成临安地域特色浓郁的音乐文化景观。特别是现今，临安民间文艺活跃，处处莺歌燕舞，吹拉弹唱，急管繁弦的演奏无论是渲染气氛还是配合表演绝对不可或缺。竹制乐器体现了临安人对待自然的“天人合一”或“天人协调”的态度，亦显示了临安传统民间音乐简明、优雅的特征。

临安竹文化景观构成部分当然还有，例如竹荪是极受人们喜爱的美味山珍，竹实是历代救荒的重要作物原料。竹还具有特别的医用价值，其叶、实、根及茎秆加工制成的竹茹、竹沥，都是疗疾效果显著的药用材料，竹黄、竹荪也是治病的良药。以上八点，只是笔者择其要者概括而成，荦荦大端，亘古不绝，震烁当今。

文化符号是指一定的社会环境用于较稳固地象征某种特定意义的事象。竹被临安民俗文化赋予象征宗教观念和思想人格、表现审美情感和审美理想的功能，临安人的内在情感观念常借竹而得以象征与表现，因而竹成为临安民俗文化的一种重要符号。

竹宗教符号是临安竹文化符号之一。中华文化在战国时期开始把竹神圣化和非凡化，对之加以崇拜。人们常崇拜竹以祈求得子或求子健康成长，以驱病延寿。彝族、傣族、景颇族等少数民族，视竹为本民族源出的植物或搭救其祖先性命之物，作为本民族的祖先和保护神进行祭祀，竹成为一种图腾。临安自古也有像少数民族那样把竹视为祖先和保护神进行祭祀的，称之为“树神”、“竹神”。还有，将“竹”字为孩子取名，寓“生命常青”意。竹宗教符号象征与支撑着临安人虔诚而庄严的宗教情感、对现实的态度及对未来的热望。

竹文学符号是临安竹文化符号之二。竹早在远古时期，即被当作原是歌谣的描绘内容，其后《诗经》《楚辞》《汉乐府》《古诗十九首》等先秦两汉的文学作品对竹和竹制器物均有大量描绘。南朝时期，伴随着山水诗的出现，以竹为中心意象的咏竹文学诞生。此后，历代文人墨客对竹吟咏不断，创作出大量咏竹文学作品。北宋大文豪苏轼的“可使食无肉，不可居无竹。无肉令人瘦，无竹令人俗”诗句写的是於潜绿筠坪、绿筠轩景色，“饱食不嫌溪笋瘦”诗句写的是昌化溪边景色。从现存临安、於潜、昌化三县旧县志中，载有相当数量的咏竹诗文，各个种类的竹、生长在不同环境中的竹、四季更迭之竹态、阴晴雨雪之竹姿，尽入诗怀。竹之挺拔修长之姿、常青不凋之色以及竹的摇曳之声和清疏之影，无一不被临安人做过淋漓尽致的描写，并借以象征与表现虚心、高洁、耿直、坚贞、思念等情志和思想，显示出清新淡雅、幽静柔美的审美特征。

竹文字、竹绘画符号是临安竹文化符号之三。从汉字中竹部文字的情况来分析，也可看出中国竹子利用的古老历史。古人从形态上认识开始，把竹子进行加工，制成物品，又以“竹”字衍生出竹部文字。随着人类对竹子的认识不断提高，竹类利用日益广泛，而竹部文字也必然随之增加。《辞海》（1979 年版）中共收录竹部文字 209 个，历代各类字典收录的也很可观。而诸如“竹报平安”“青梅竹马”“日上三竿”一类的成语也都包含着与竹子有关的有趣典故。这些竹部文字和成语涉及临安社会生活的各个领域，一方面反映了竹子日益为人类所认识和利用，另一方面反映几千年来，竹子在临安的工农业生产、文化艺术、日常生活等多方面起着重要作用。中国绘画画竹始于唐朝，至五代十国时期中国画的重要一科——墨竹画即已问世，北宋文同、苏轼等人开始大量画竹，完善了画竹艺术。清朝涌现出倾毕生精力于竹的画家——郑燮。临安虽说自古没有专事画竹的知名画家，但热心于画竹的画家代不乏人，从正直、高洁、孤傲、坚贞、抗争到直爽达观、体恤民情等意义，画家们都借画竹得以象征与表现，并构成别具一格的简淡逸远的绘画风格。竹在临安人的日常生活领域中作出了极为重要的贡献，展示了竹文明的风采。因此，竹与人类生活的关系，正如苏东坡所述：“食者竹笋，居者竹瓦，载者竹筏，炊者竹薪，衣者竹皮，书者竹纸，履者竹鞋，真可谓不可一日无此君也。”

竹人格符号是临安竹文化符号之四。竹在临安地方文化中被人格化，成为象征临安人的人格评价、人格理想和人格目标的一种重要的人格符号。竹的盛行与儒家、佛家均有关系。儒家，白居易的《养竹记》说得最清楚：“竹本固，固以树德。君子见其本则思善建不拔者。竹性直，直以立身。君子见其性则思中立不倚者。竹心空，空以体道。君子见其心则思应用虚受者。竹节贞，贞以立志。君子见其节则思砥砺名行，夷险一致者。夫如是，故君子人多树之为庭实焉。”佛家，因为竹心空空，正是佛教概念“空”和“心无”的形象体现，也就格外对竹子青眼有加。如苏轼写临安的《洞霄宫》诗中有“青山九锁不易老，作者七人相对闲”句，这“作者七人”即竹林七贤，这七贤虽是真实人物，“竹林”却是假借佛教的虚拟名词，其意义比附于世尊当年说法的“竹林精舍。”中国传统文化的主干——儒家和佛家设计出两种迥然相异的人生道路和人格理想，皆与竹有关：建功立德与遁迹山林、刚正奋进与淡泊自适。这迥然相反的二元人格标准构成了临安人传统理想人格系统。

中国竹文化主要由竹文化景观和竹文化符号两部分构成，这两部分之间尽管性质不同，却是互相依存、彼此渗透，用理论化的语言言之，即中国竹文化系统由竹文化景观和竹文化符号两个子系统构成，子系统之间既相互区别，又相互联结、相互作用。总而言之，竹文化景观与竹文化符号既互相区别又互相联系，共同构成了临安竹文化的有机整体。

竹文化景观与竹文化符号之间的相互渗透、相互作用，在北宋文化奇人苏轼身上得到十分明显的体现。史载他四次到过临安，两次到过於潜，一次到过昌化，留下近50首歌咏三县山川风物的诗作。作为文学家和画家，他写下大量咏竹文学作品，在画竹上自创一派；作为一位历经坎坷的政界人物，常以竹人格符号的意指自励、自解；作为一个食人间烟火的人，他又赋予食笋和竹制日常用品以文化意义，道出“可使食无肉，不可使居无竹；无肉令人瘦，无竹令人俗”的名言，在苏东坡心中，竹文化符号与竹文化景观浑然一体、融合无间。

竹园美景遮不住，万紫千红又一春。当今，临安大地处处涌动着现代农村的浓浓气息，正焕发出勃勃生机。至2010年年底，临安的竹林总面积达98.7万亩，在全国，其规模仅次于安吉县。竹农15万人，竹子共有11属63种。拥有省级竹子现代示范区1个、杭州市级园区2个、本级园区（基地）82个，竹笋年产量24万吨，竹笋总产值达20亿元。全市共有鲜笋交易市场12个，太湖源镇竹笋交易市场年成交额突破5亿元。竹笋加工企业185家，加工产品14个系列，加工产值15亿元，其中竹笋农业龙头企业20余家（省级以上13家），荣获省级名牌产品、省级著名商标的竹笋产品6个，成功注册并推广使用“天目雷笋”“天目笋干”两个著名商标，临安市也由此成为全国最大的竹笋生产、加工、集散地。全市有竹材加工企业129家，年加工竹材1000多万株，产值4亿多元。以省级加工龙头企业三峰、青峰竹制品有限公司为代表的加工企业，生产出的竹地板、竹刨切单板、竹炭、竹醋液、竹家具、竹工艺品、竹建材、竹农具、竹筷竹签等系列产品名扬海内外。竹产业在临安农村经济中占有举足轻重的作用，农民致富的希望在山，潜力在竹。临安山清水秀，竹波万里，作为临安竹文化研究的竹文化景观与竹文化符号两个方面，不仅属于理论界，而且还属于现实生活；临安竹文化不但属于临安几千年的过去，更属于现代化临安的未来。（选自2013年4月《天目竹韵》总第1期）

2.《耕织图》与竹文化（赵庆元）

《耕织图》是南宋绍兴三年（1133）楼璹任於潜县令时所绘制。楼璹（字寿玉，宁波鄞县人，生于1090年，卒于1162年），在於潜任内体察民情，关心民事，深入农村出入农家，与农夫织妇谈论种田、植桑、缫丝纺织等经验和技术。他深感农民劳作之辛苦，用画笔描绘了当时农业生产和手工纺织的场景和图像，并配以诗文说明。楼璹绘就《耕织图》呈献朝廷，得到南宋皇帝宋高宗的召见和嘉奖，从此仕途光明，绍兴五年（1135）升任邵州通判，二十五年（1155）知扬州，累官至朝仪大夫。《耕织图》由于其“绘图以尽其状、诗文以尽其情”，生动地描绘了耕织详细的生产过程，加上宋元明清历代帝皇的推崇、摹绘和宣传，起到了普及农业生产知识、推广耕织技术、促进社会经济发展的巨大作用。它不仅是於潜历史文化的记录，也是中华农耕文化的瑰宝，《耕织图》被誉为“中国最早完整记录男耕女织的画卷”“世界首部农业科普画册”。

《耕织图》是楼璹对於潜农业生产仔细观察体验，凭其高超的绘画艺术而作成的，它为后人研究农业特别是农具和织具留下了无法从文字资料中得到的珍贵资料，如浸种、灌溉、收割、簸扬、植桑、养蚕、缫丝、纺织等图，形象地反映了当时的农业生产面貌，其记载的许多耕织知识和生产工具甚至一直沿用至今。楼璹的《耕织图》真迹现已失传，但在其影响下，宋代以后都有其摹本，特别是清代康熙、雍正、乾隆朝模仿楼璹《耕织图》多流传于世。根据康熙二十八年（1689）宫廷画师焦秉贞仿南宋《耕织图》和乾隆间宫廷画师冷枚根据楼图重绘的《耕织图》，不但让我们看到了古代於潜先进的农桑生产蚕织技术和农夫织妇的辛苦，还为我们留下了江南水乡多竹、用竹之景象，传递着浓郁的竹文化竹知识。

《耕织图》所描绘的农村自然环境、房屋背景、农具织具、生活用具等都有丰富的於潜竹文化情景。如耕图《筛》“茅檐闻杵臼、竹屋细筛簸”，织图《分箔》“桑拓添浓绿、竹间快活吟”中，展现了许多竹林竹屋竹凉棚、竹箩竹筛竹畚箕，竹筐竹匾竹簟皮、竹箔竹篮竹桑篓，处处有竹和竹的器具。据对46幅《耕织图》研究分析和统计，有描绘竹环境、竹建筑物、竹农具工具、竹生活用具和竹玩具等五大类71种。

第一，竹环境（4种）：大片竹林、房前屋后竹园、门前景观小竹丛、溪边小竹。

第二，竹建筑物（9种）：竹茅屋、竹茅屋牛栏、竹篱、竹栏杆、竹台门、竹凉亭（篨）、竹篾凉棚、竹撑杆布凉棚、瓦房上竹篾防风簟。

第三，竹农具工具（38种）：耕图中有筠篮、牛鞭、竹齿耖、竹篓、竹柄料勺、竹扁担、篾箍（粪桶、冲米桶）、秧筐、秧马、大畚箕、戽水竹垫、防雨竹席、三脚架、叉竿、竹竿桔槔、竹销龙骨水车、竹连枷、竹丝笤帚、竹筛、竹背篓、畚斗、大匾、竹大筐、筛谷簟、竹抬杠、篾砻、竹柄钉耙。织图中有收蚁小匾、圆蚕匾、蚕箔、上簇箔、桑篮、桑叶（茧）箾、茧篮、整经竹竿、打梭竹棒、篗子、竹梭子。

第四，竹生活用具（17种）：竹杖、竹笠帽、竹圈笠、箪篮、竹扇、竹纸伞、竹帘、竹屏风、竹榻、竹椅、竹凳、吹火竹筒、竹晾衣竿、竹三脚晾架、竹编青油灯、竹纸灯笼、竹尺。

第五，竹玩具（3种）：牧童箫（尺八）、竹片风车、竹皮货郎鼓。

《耕织图》46幅及配诗文，其中耕图23幅、织图23幅，几乎每一幅都融入竹环境和竹制品。

耕图第一幅·浸种

“溪头夜雨足，门外春水生。”在春天来临之际，农夫卷裤拽袖用篰篮（带盖的竹编篮篓）盛上稻谷种子，浸入屋前溪中，在竹篱前，老者拄着竹杖观看农夫浸种，祈盼着新的一年收成。

耕图第二幅·耕

“绿野暗春晓，乌犍苦肩赪。”春耕时节，农夫高举着用小竹子做的牛鞭（牛呼梢）在牧牛耕田，大水牛套着牛轭拉犁奋力向前，牛后人扶犁赶牛，在竹林桑柘间的田野上辛苦耕田。而楼璹心系农事，“我衔劝农字，杖策东郊行”，拄着竹杖来到东郊乡间田头劝农春耕。

耕图第三幅·耙耨

“雨笠帽宿雾，风蓑拥春寒。”在春雨绵绵阵阵春寒中，农夫戴竹笠披蓑衣，拿着小竹子做的牛呼梢（牛鞭），站在耙上赶牛耙田，把犁翻起来的泥块压碎耙平。

耕图第四幅·耖

“巡行遍畦畛，扶耖均泥滓。”水田在耕耙之后，农夫举着牛呼梢（牛鞭），用竹齿耖赶牛耖田，将水田耖平。

耕图第五幅·碌碡

“翩翩转圜枢，万顷平如掌。”在竹林竹茅屋边的田畈中，农夫头戴竹编遮阳斗笠，使牛用碌碡（滚动的平田农具，亦叫滚耙），将泥块打成糊状，使田水平如镜，以利栽秧苗。

耕图第六幅·布秧

“旧谷发新颖，下田初播殖。”稻谷种子浸种催芽后，两个农夫用竹篓盛着秧谷子来到秧田，认真仔细播种。远处竹篱竹茅屋中农家小孩也来帮忙，吃力地肩扛一小竹篓秧谷子送到田埂边，身后小狗儿欢叫着跟随，一幅春播希望的画面。

耕图第七幅·初秧

“春工正当时，下种看期度。”播下的秧谷子露出了秧苗针叶。在春光明媚时节，楼璹趁着公务之闲带着孩子，手拄竹杖来到竹篱竹茅屋农家，访农家疾苦，问农夫农事，看秧苗初长。

耕图第八幅·淤荫

“田田皆沃壤，活活流膏乳。”已耕作平整的农田，在插秧之前，农夫纷纷用竹扁担挑着竹篾箍成的粪桶，用竹柄料勺向自家田中泼粪施肥，打足底肥。

耕图第九福·拔秧

“清晨且拔濯，新秧初出水。”清晨，几位农夫来到秧田开秧门拔壮秧，有的头戴竹笠在拔秧，有的用竹扁担、竹畚箕、竹筐装秧、挑秧。田塍边一个农夫腰间插着竹扇似乎在吆喝着什么，一幅喜拔新秧的场景。

耕图第十幅·插秧

“溪南与溪北，笑歌插新秧。”溪边竹丛，一座小桥相连，南北两拨头戴竹笠的农夫在各自田中欢快地插下新秧。画面中没有出现的楼璹见到农夫插秧辛苦，想到浙东地区用秧马（竹编木底的插秧工具）如何将插秧的技术传授教习给於潜农村？诗中写道：“我教插秧马，代劳民莫忘。”

耕图第十一幅·一耘

“去草如去恶，务令尽陈根。”稻田苗长草也长，几个农夫头戴遮阳竹笠，腰插竹扇低头弯腰在耘田拔草。田水太少，田边两个农夫用木桶穿绳将溪中水戽入稻地，用竹簟垫在田埂上，以防水冲坏田埂。远处柳荫下，牧童骑在牛背上吹着竹箫（尺八，一种南宋时流行于天目山地区的竹管乐器）放牧水牛。

耕图第十二幅·二耘

“解衣日炙背，戴笠汗濡首。”日近中午，四个跪着耘田的农夫汗下如雨，饥肠辘辘。两位主妇一个手提竹篮碗筷，一个竹扁担挑着“壶浆与箪食”临近田头；一个农夫翘首以盼，希望快点到来能去田边竹凉亭中喝水进食。奈何主妇带着小孩走路不快，而小孩手持竹风车玩具步履蹒跚，另一携篮妇人手指农夫耘田方向，似乎在对主妇说他们在等着用饭。

耕图第十三幅·三耘

“农田亦甚劬，三复事耘耔。”苗壮稻拔节，四个农夫戴着遮阳竹笠在耘三遍田。竹篱茅屋处走出举着竹扇遮阴的老农来，“喜见苗薿薿”，期望有个丰收年景。

耕图第十四幅·灌溉

“何如衔尾鸦，倒流竭池塘。”时至六月天热，稻田需水量大，农夫架起三人脚踏龙骨水车在竹凉亭（蘧蒢）下车水，而另一农夫用竹桔槔吊桶舀水灌田，弯腰佝背地累得竹笠竹扇都丢在一旁，恨不得把池塘水舀干来抗旱救苗。

耕图第十五幅·收割

“田家刈获时，腰镰竞仓卒。”水稻成熟之时，戴笠农夫弯腰割稻，有的用竹扁担将稻梱挑起或背起。四个小孩争向田中拾遗穗，一孩竟抢不到，倒在田里撒泼。田主人撑着遮阳竹纸伞来到田头察看割稻。

耕图第十六幅·登场

“禾黍已登场，稍觉农事优。”田间水稻割后打捆，凉在竹竿三脚凉架上，农夫用竹冲杠挑禾登场，场上农夫用竹叉竿叉起稻捆堆叠成垛，还用竹簟盖好防雨水。老农一手握竹杖，另一手用竹扇扇背，翘首观看高高稻垛，丰收在望的欣喜溢于言传。

耕图第十七幅·持穗

“持穗及此时，连枷声乱发。”农家竹茅屋院前来打场，稻禾铺一地，打稻与翻禾，叉杆竹连枷，打落一地金。竹畚箕竹箩筐，盛起稻谷黄，孩童来场边，倒茶又端水。“黄鸡啄遗粒”，一幅打场图。

耕图第十八幅·舂碓

“村舂响相答，地碓劳蹴蹋。”月亮初上茅屋，农夫在竹灯笼的微光下，脚蹬地碓舂谷，也有用竹篾箍成的冲米桶，用手举杆冲米。有的抬谷箩、用竹畚箕竹丝笤帚、用大匾小匾取糙米添稻谷。孩童扶着冲米桶帮忙，农依窗看着舂碓加工稻谷，似乎闻着了醉人的稻米香气。

耕图第十九幅·筛

“茅檐闻杵臼，竹屋细筛簸。”竹林中的农家忙碌着舂谷冲米，院场上农夫用竹簟、竹筛、竹箩、竹筐、竹大匾等竹器工具在筛米去粗糠。有的用竹畚箕竹丝笤帚，扫起散落的米或糠；农家小孩腰插竹风车玩具，双手急忙地想赶开啄米抢食的鸡群。画图中表现不同的是，在竹帘遮阴下，“西邻华屋儿，醉饱正高卧。”

耕图第二十幅·簸扬

“临风细簸扬，糠秕凌风前。”茅屋竹篱前，农夫用竹簟垫地，用竹畚斗在竹大匾中畚起糙米，高高举起，临风扬米，糠及谷秕随风飘去，留下的是渐起的米堆。“短裙箕帚妇，收拾业已专。”用米斗竹升量着糙米，计算着收成。孩童在米筐边“把玩玉粒园”，似乎在对娘要求烧食白米饭。

耕图第二十一幅·砻

“推挽人摹肩，展转石砺齿。”南宋於潜农村稻米加工除碓舂外，还有用砻碾米的先进加工工艺。一人用竹畚斗添谷，三个农夫推竹篾编制的石齿圆砻，砻谷成米；两个农夫分别用竹编圆糠筛在筛米。远处农夫用竹杠抬着满箩的稻谷前来加工，石砌墙外妇人抱着小伢儿在观砻谷成米。一幅稻米加工作坊的场景。

耕图第二十二幅·入仓

“天寒牛在牢，岁暮粟入庾。”冬天农闲，牛关进竹茅棚牛栏，村头有数人在晒太阳闲聊，而佃农用竹扁担挑或肩扛盛满稻谷的竹箩筐，前来田主家仓房交租谷，竹升斗量之后倒入仓中。“却愁催赋租，胥吏来旁午。”作为县令楼璹“悯农”，深切体会到佃农繁重的赋税和租谷负担，更恨胥吏不合时宜进村催缴，他替佃农“输官王事了”那种无奈表示怜悯。

耕图第二十三幅·祭神

“当年后稷神，留与后人祭。”一年农事辛劳之后，将屋檐下竹箩竹筐竹匾、竹柄农具收拾整齐。正屋墙上贴着后稷之神像，供桌之上五谷供品，明烛高烧，农夫孩童在竹簟上跪着祭拜，老农拄着竹杖也慢慢跪地拜神，期盼来年神佑丰登。楼璹在此幅图中用诗赞颂了“歌谣遍社村，共享升平世”的太平盛世。

织图第一幅·浴蚕

“农桑将有事，小雨浴蚕天。”春日江南燕南归之时，竹林农家农妇消洗蚕具，竹制收蚁小蚕匾中蚁蚕萌生。竹凉架外竹栏杆，小溪春水荡漾，一幅春来育蚕图。

织图第二幅·二眠

“吴蚕一再眠，竹屋下帘幕。”蚕屋竹篱外，“雨过桑沃若”，屋内蚕妇将采来的一竹篮嫩桑叶切细，放入小蚕匾中饲养，竹制蚕架上层层放着小蚕匾。蚕妇似要将卷起的竹帘放下，而自家小儿拽娘衣裙吵着要抱，只得将邻家小孩送还其娘怀，再去“下帘幕”以防蚊蝇入室。

织图第三幅·三眠

“屋里蚕三眠，门前春过半。”蚕妇日夜辛勤饲蚕，竹蚕架上竹匾中蚕已三眠，一名蚕妇在竹榻上“偷闲一枕肱”小睡起来，另两名蚕妇悄悄对话，剪烛窗下。

织图第四幅·大起

“盈箱大起时，食叶声似雨。”槛外竹丛竹栏杆，室内竹架竹蚕匾，满匾大蚕食叶沙沙如雨声，蚕妇竹篮竹篓盛桑，忙添新桑叶，“蚕妇忙如许。”

织图第五幅·分箔

“三眠三起余，饲叶蚕局促。”蚕大分箔（一种木板为框、竹片为底的长方形蚕具），茅檐竹篾遮阴，棚下老妇在指教俩年轻蚕妇如何均匀分箔，屋外竹林竹径中俩蚕妇唱着吴歌越调“竹间快活吟”，携孩儿拎桑篮缓缓归来。

织图第六幅·捉绩

“麦芽雨初足，蚕老人愈忙。”麦黄时节蚕也老了，根据蚕老程度，农妇秉烛连夜挑捉蚕宝宝，以分批次养育老蚕，用小竹匾从竹箔中挑出迟老之蚕，放入另箔饲养。农妇们直忙得“颠倒着衣裳”，可喜农家小儿低头弯腰从竹篮竹篓中取桑叶帮忙饲蚕。槛外池边粗竹栏杆，门外成片竹林在夜风中摇曳，满幅竹林农家育蚕场景。

织图第七幅·采桑

“吴儿歌采桑，筠篮各自携。”春蚕大起之时，用桑叶量亦大，农夫用扁担挑着竹篰来到乔木桑树下采桑，农家孩儿自告奋勇，各携采桑竹篮爬上桑树，采摘桑叶为父分劳。还有那黄鹂鸟，饱食桑果儿，在桑树间鸣叫。

织图第八幅·上簇

“撒簇轻放手，蚕老丝肠暖。”草屋蚕房中，农夫抬着竹编簇箔轻轻摆放，老者拄着竹杖坐在簇箔旁指教着整理上簇，蚕老了快要吐丝结茧，希望上簇“会看茧如瓮”，结出大茧好茧。

织图第九福·炙箔

“初出结网虫，遽若雪满箔。”已上簇的蚕儿吐出白丝如雪盖竹箔，蚕妇端着竹蚕匾将迟老之蚕去上簇。门外池塘竹栏杆边，老妇用竹扇扇着火盆，扇去烟气扇旺炭火，仿佛在对蚕妇讲：正在结茧的蚕儿怕寒冷，快放下保温布门帘，要将火盆搬入蚕室增温，让蚕儿吐丝有个适宜的温室环境。而一旁竹榻上“得闲儿女子，因卧呼不觉。”任凭一旁蚕妇扯叫就是赖着不起。

织图第十幅·下簇

“晴明开雪屋，门巷排银山。”晴好天气，蚕家打开结满雪白茧子的蚕簇房下簇收茧，收下满满茧篰的茧子。农夫蚕妇“邻里两相贺，翁媪一笑欢”，互相拱手抱拳道喜获得蚕茧丰收。邻家收茧的夫妇在竹栏杆前摆着三只大茧篰，用木杆秤在称茧收茧，秤杆打得一划两平，买卖公平，穷家农夫等着钱用，无奈现下簇现卖茧子。

织图第十一幅·择茧

“大茧至八蚕、小茧止独蛹。”竹篱笆围就农家院，门前用竹竿撑起遮阳帘子，农夫蚕妇将下簇的茧子进行分拣，按类（独蛹、双宫、黄茧等）放入竹茧篰、竹篓和竹筐。两个孩儿一立一坐竹椅，手趴桌上观父母择茧，似乎在说“新茧下穿新衣。”“衣帛非不能，债多租税重”，楼县令深切体会佃农之艰难。

织图第十二幅·窖茧

"陶器固封泥，窖茧过旬浃。"春茧下时农活忙，门外邻家农夫头戴竹笠背着竹柄锄下田。屋内农夫用竹茧簖、竹篓称茧，分别将茧子倒入陶器中。"盘中水晶盐，井上梧桐叶"，撒盐盖叶，最后用黄泥封口，密封储藏茧子，待到农闲时再开窖缫丝。

织图第十三幅·练丝

"连村煮茧香，转轴头绪长。"在竹屋茅檐下和竹凉棚中，织妇缫丝忙。一名农妇从竹篓中取茧入小筐，将茧倒入煮茧锅中，另一名农妇坐在煮茧灶旁竹凳上，用草帚向沸水茧锅中捞出剥茧抽丝，挂上竹竿过丝架连上竹籰子，在手工缫丝。可喜小儿用竹火筒向煮茧灶膛吹火，弯腰弓背帮烧火。

织图第十四幅·蚕蛾

"得偶粉翅光，散子金粟园。"蚕蛾破茧成蝶，蚕妇用竹匾育蛾配偶，用竹丝草帚驱蛾下籽，"种嗣期绵绵"，以待来年再繁荣。

织图第十五幅·祀谢

"此邦享先蚕，再拜丝满目。"蚕事完毕，缫成新丝，蚕农喜悦，祭祀蚕神成为一种祈福的仪式。在竹林茅屋之中，竹竿凉丝，竹凳堆丝，供桌上蚕神牌位、三络好丝、香烛供奉，蚕农蚕妇虔诚跪拜，以期蚕神保佑蚕业兴旺。

织图第十六幅·纬

"弄水春笋寒，卷轮蟾影斜。"竹竿篱笆竹台门，农家丝织坊中，竹凳上堆着竹籰子，地上四只竹籰子牵丝上车，竹木制成的"雷车"，在织妇手中摇动并丝成纬，月影西斜，织妇还在辛劳纺织。

织图第十七幅·织

"青灯映纬漠，络纬鸣井阑。"高高的竹篱笆墙内纺织作坊之中，用竹木做成的织机前，在竹制青油灯和微弱的烛光下，织妇手脚并用，用竹梭子织帛，而老妇小女依着竹栏杆陪伴着织工。

织图第十八幅·络丝

"辛苦夜未眠，败座灯明灭。"夜晚，农家破败的竹茅屋内，织妇在竹制青油灯下忙着用手工将竹籰子上单丝复摇，以成络丝。屋外的织妇手拿烛台，走在池塘边竹栏杆边，哭闹小孩牵住织妇衣裙，不让娘去夜纺。为何紧张地日夜络丝？"向来催租瘢，正为坐逾越"，害怕以往交租税逾期被打伤痕累累，佃农只好催着妇人抓紧络丝，"输官趁时节"，尽快缴完租和税。

织图第十九幅·经

"素丝头绪多，缓步交来去。"农家院中，芭蕉树下，池塘竹栏杆边，织妇摆起竹木制成的整经摇车，上百只竹籰子整齐排列，牵经丝结入手摇牵经车，一人手摇，二织妇前后把关整理经丝。两个伢儿不在竹遮阴下避暑，却用芭蕉叶垫地，手拿着竹扇仰躺于经线之下戏玩，看娘摇车整经丝。

织图第二十幅·染色

“染得色鲜明，多是天工巧。”残瓦破屋上复竹簟的染坊内，十来只大染缸一字排开，一人手拿竹竿不停搅动染色液，一染工双手握住络丝在反复染色。院外竹丛竹径隔着竹栏杆，院内三脚竹凉架边，染工擎竹竿穿起已染色的络丝在晾晒。“因为五色形，不继何人晓”，染工代代相传染色技艺，方才有鲜艳的色彩。

织图第二十一幅·攀花

“殷勤抛锦宇，曲折续回文。”在高大的织锦作坊竹遮阴棚里，一织女手脚并用，将经纬色丝与花本勾连整理，主织妇在竹木构造的手工织机上一手握竹打经棒，一手拿竹梭子来回打经抛梭，纺织着美丽的云锦。槛外老者一手拄竹杖、一手摇着竹皮货郎鼓，逗着伢儿；农妇手牵小儿端茶送水来作坊，一幅织造技艺和欢乐的画图。

织图第二十二福·剪帛

“低眉事机抒，细意把刀尺。”院内秋菊竹栏花架，檐下撑起竹编凉棚，三三两两织妇在验看织品，用竹尺丈量长度，剪去次品、毛头，将帛成匹。

织图第二十三幅·成衣

“银针透锦丝，金剪冲娇绿。”富家瓦屋竹遮阴棚下，槛外池塘竹栏杆边，妇人娇娃手抱锦帛，叫来裁缝师傅做新衣。“长短在工人，宽窄凭尺数”，一老裁缝竹尺量、剪刀剪，另一裁缝穿针走线在缝衣。小伢儿手擎竹风车在一旁嬉闹，似乎想着新衣裳。

以上四十六幅耕织图和配诗，每幅穿插写竹、画竹和咏竹，南宋於潜县令楼璹在推广耕织技艺的同时，是否还向后人着意地传递着竹乡的竹文化？

《耕织图》和诗，以今天的语言表达，是一部图文并茂的农业技术推广图书，是竹乡於潜地区因竹制宜的竹器制造和应用的耕作纺织画册（其中很多竹工具生活用具一直沿用至20世纪50、60年代，有的甚至沿用至今）。其所蕴含的地方竹文化，是现在学习、研究、传承和弘扬的历史珍品，值得我们进一步去挖掘和探究。

自唐宋以来，千年的耕织文化随着历史积淀和传承，在不知不觉之中渗透进现代农民的意识，於潜人继承了楼璹《耕织图》中描绘的“男耕耘女蚕织”的传统。20世纪90年代起，九里桥的粮食高产示范畈一直成为临安市的乃至全省的先进典型。种桑养蚕缫丝织绸曾经是於潜镇和东南片的主业，“家家机杼声、户户卖丝绸”，仅藻溪镇上就有上千台织绸机，而且藻溪丝绸市场红极一时，丝绸产品远销国内外。20世纪80、90年代低丘缓坡“三线开发”，种竹卖笋又成延续至今的支柱产业，竹乡竹笋给竹农带来快速致富。全市上百万亩竹林，其中雷竹45万亩，临安已成为“江南最大菜竹园”。天目竹韵，翠竹摇金，临安百里画廊、十条精品线上竹产业、竹科技和竹文化在演绎着新的历史篇章。（选自2015年6月《天目竹韵》总第8期）

3. 临安食笋之风源远流长（顾彭荣）

在博大精深的中华饮食文化中，有一奇特的构成要素——竹笋。食笋是指食用笋的方法以及由此衍生的食笋文化。中国历代都有相当浓厚的食笋文化，大量的文人墨客通过无数的诗文表达对食笋的热爱。中国人食笋历史久远，《诗经》时代（公元前 11 世纪至前 6 世纪），竹笋就成为食物："其蔌（sù，菜肴）维何，维笋及蒲。"意思是：有哪些菜？竹笋和香蒲都是。至商代，竹笋已成为席上珍馐。此后，食笋之风日盛，并进而形成一整套精致细腻的加工技术和烹饪技术，集中而突出地表现了中华民族的饮食文化心理，凝聚着中华文化的丰厚意蕴。

临安是"中国竹子之乡"，其食笋之风，则源远流长。临安什么时候开始有竹这一嫩茎类植物，史籍未有记载。1983 年五六月间，浙江博物馆有关专家考察西天目山华严洞，发掘出晚更新世（年代测定为 126000 年—10000 年前）动物化石 15 种，特别是以竹为食的大熊猫的化石，佐证天目山竹子的生长历史，可以一直推溯至数万年前的晚更新世时期。也就是说，临安先民很可能在数万年之前即已食笋了。

循着历史的轨迹，笔者将临安食笋之风的历史粗略分为几个发展时期。只是临安在唐宋以前几乎找不到可以参考的资料，唐宋以后的资料也十分有限，故只能参考有关文献，勾勒出一个大致的轮廓，有的则以相邻区域的史实作为佐证。

先秦两汉时期：食笋之风的发轫期。

这一时期，作为嫩茎类植物的竹笋，其食用价值已被人们所认识，竹笋的采集面扩大，竹笋的加工烹饪技术有了初步的发展。据《诗经》《禹贡》等文献记载，竹笋至迟在西周时期即已成为佐餐佳肴，此后相沿不衰。竹笋是宴请嘉宾的珍馐，还成为祭祀鬼神的祭品。《周礼》规定"加豆之实，笋菹（zū）鱼醢（hǎi）。"即规定在豆笾（竹制食器）中盛放"笋菹"和"鱼醢"，用以祭祀。"笋菹"，是用菹法加工而成的竹笋，就是腌笋；"鱼醢"就是用鱼做成的鱼酱。

春秋战国和秦汉时期，人们对竹笋的实用价值有了更清晰的认识。秦汉间经师缀辑而成的《尔雅》明白无误地指出："笋，竹萌也，可以为菜肴。"由于封建制经济的勃兴，人口骤增，竹笋的需求量也大增。这一时期，出现了南笋北运的状况。这是因为北方笋资源不丰、竹笋供应不逮所致。南笋北运，一种是以贡纳方式北运，主要满足王公贵族燕享和祭祀之需；另一种以贩运贸易方式北运，竹笋已成为一些人家必不可少的菜食。

魏晋南北朝时期：食笋之风的形成期。

东汉末年至南朝刘宋初年，北方除了很短一段时间得以稍安外，大多数时间里兵连祸结，迫使北方人口连绵不断移往江南地区。在这一大背景下，南方丰饶的竹资源得到了广泛的开发，竹笋被大量的采撷，促使食笋之风悄然兴起。晋代戴凯所著的《竹谱》一书中，曾介绍过 70 多个竹子品种及不同竹笋的风味。在宫廷饮膳中，竹笋主要成为直接满足帝王口腹之欲的日常菜肴。在世家大族，竹笋不失为上乘佳肴。在寒门庶族和广大贫苦人民中，食笋主要为了果腹。这一时期，士大夫阶层掀起了一股崇尚简约清淡、超然绝俗的风气，反映在饮食方式上，便是粗食淡菜。竹笋因之而超越功利的身份，成为人格追求的一个佐证。这在南朝梁代故鄣（今安吉）人吴均的《山中杂诗》中得到了充分表露："绿竹可充实，女萝可代裙。山中自有宅，桂树笼青云。"意思是他愿意在深山中购屋，以竹笋为食，以女萝为衣，何苦在尘世中追名逐利呢？吴均这一思想，对后世士大夫阶层的食笋观产生了一定的影响。

唐宋元时期：食笋之风的勃兴期。

这一时期，中国古代经济中心逐步南移，江浙一带得到大规模开发。而饮食资源开发中的一个方面就是竹笋的大规模采集。竹笋的开发力度远非前代所能比拟，从而促成了食笋之风的勃兴。

唐宋时期，食笋之风已在全国普及，尤其在江南，处处散发着竹笋的芳香，竹笋是许多农家生计所赖的常食菜种。南宋诗人杨万里号诚斋，“诚斋诗注”有言：“临安人食笋自十月至（次年）四月”，是说临安人一年之中差不多有七八个月有笋吃。

食笋之风成为士大夫的一种时尚，竹在他们的诗文中，已变成一种高雅脱俗的人格符号。北宋熙宁六年（1073）二月，苏轼自富阳经新城（今富阳新登），作《新城道中二首》诗，中有“西崦人家应最乐，煮葵烧笋饷春耕”句，描写的就是西山一带人家煮葵（一种蔬菜）烧笋，给在从事春耕生产的人送饭的情景，自然清新，活脱朗润，充满了生活情趣。新城毗连临安，临安农家也当是“煮葵烧笋饷春耕。”该年春夏间苏轼巡行於潜，作著名的食笋诗《於潜僧绿筠轩》，中有“可使食无肉，不可居无竹。无肉令人瘦，无竹令人俗”句。绿筠轩在今於潜中学内侧。筠，为竹的青皮，借指竹。苏轼倡导以竹为伴，假若只是对竹笋狂嚼烂咽，饱餐一顿，不想使居室四围绿竹成丛，那么世间哪有高雅脱俗、风节亮丽的人呢？苏轼写於潜绿筠轩旁的竹，实际上是歌赞那些执着追求、不随流俗、刚劲不阿、品行端庄之士，也是他自身品格的写照。有这样一段趣事：以墨竹画扬名当时的文与可与苏轼是表兄弟。一天，做临川太守的文与可正与家人一道吃煨出的竹笋，忽然收到东坡寄来的一首诗，诗中有“想见清贫馋太守，渭川千亩在胸中”之句。文与可自知东坡是在讽喻自己食笋时太贪嘴，“不觉喷饭满案（桌子）”，便立即联想到了东坡著名的食笋诗《於潜僧绿筠轩》中“可使食无肉，不可居无竹。无肉令人瘦，无竹令人俗”句。苏轼在临安的第二首食笋诗就是著名的《自昌化双溪馆下步寻溪源，至治平寺，二首》，该年春夏间巡行昌化时作。诗中有“乱山滴翠衣裘重，双涧响空窗户摇。饱食不嫌溪笋瘦，穿林闲觅野芎（xiōng）苗”句。写沿溪拗野笋，不嫌溪笋瘦，穿林觅芎苗，闲情自横生的情景。综观以上苏轼在临安的两首食笋诗可知，他并未停留在食笋这一纯物质活动的描述上，而是将自己的心性情感投注于其中，反映出他虽屡遭贬谪，却保持着豁达率性的人生态度；虽屡经磨难，而矢志不渝的伦理价值取向和自得其乐的生活方式。

只能素食的僧侣阶层对竹笋更是情深意切。竹笋之于僧人犹如茶叶一样，是不可缺少的食物。宋代德清僧人赞宁（919—1001）为佛教史学家，五代吴越时，与钱氏一族中多人交往亲近，有著作多种行世，《笋谱》为其中之一，记有80多个竹笋品种。僧人食素，笋乃蔬中至珍，且竹与佛教颇为相通，僧人爱竹之幽静、竹之气节，这也许是赞宁著此书的一个缘由。《笋谱》全书一卷，约万字，共分五章：一之名、二之出、三之食、四之事、五之杂说。其中也记载天目山笋：“天目笋，五月生，尽六月，其笋色黄，出天目山，端午后方采鬻，旱岁则无。”《笋谱》中还记载了赞宁与一位天目山旧友的交往：“愚著物类相感志，常寄书问天目旧友，问山中所出。僧嗜笋，却回诗云：‘山中人事违，天眼中修定。我本无根株，只将笋为命。’”天目山又名天眼山。诗意是：我常住在山中修习禅定，与俗世间人事相违。我本是出家人，没有其他的嗜好，就是爱吃笋，把笋当作自己的生命。“只将笋为命”，将竹笋在僧侣饮食生活中的重要性一语道尽。赞宁曾来临安，夜宿洞霄宫，留有《居天柱山》诗一首。

由于食笋之风的勃兴，竹笋需求量剧增，有力刺激了竹笋的生产和销售。天目山区的竹笋因其香脆细嫩而成为一方之特产，饮誉遐迩。北宋初，天目笋已大量进入市场。赞宁《笋谱》就记载天目笋色黄，出产于天目山。而一些商人，还将竹笋运到无竹或少竹之地出售，谋取厚利。至南宋，临安即出现专门的竹笋市场——笋市。

明清时期：食笋之风的炽盛期。

明清时期，食笋之风更盛。其主要标志是种（采）笋业和制笋业作为一个独立生产部门崛起，以及竹笋作为大宗商品被贩运到更广阔的区域。为何明清时临安竹笋益多？这与所处的地理环境有关。据清康熙十四年（1675）《临安县志》：“第（只是）临山多田瘠，炊米半仰给于苏湖（苏州、湖州），而物产自茶桑薪竹之余，别无长物可恃。”笋业关系临安人口饥饱生计，不能不重视，故渐渐地种（采）笋业，越出了自给自足的小农经济范畴，而具有很浓厚的商业化和专门化的色彩。换言之，临安小农种植和采掘的竹笋除自家食用外，主要是为了投入市场，收采后大批量地售往苏州、湖州、松江各地。除了人工种笋外，更大量的则是到附近山中或其他产竹地采收竹笋。据清嘉庆《於潜县志》卷九《风俗》记载，於潜甚至出现“就山设厂采笋”者，亦即客商直接在於潜产地设厂收购竹笋。种（采）笋业的兴盛带动了竹笋加工业的发展，明正德、嘉靖间，天目笋干已为人们所称道。清康熙后，西天目禅源寺香客游人争相购买，声誉鹊起，每年天目笋干产额不下三四千担，运销沪杭。

明代临安竹产业兴旺，士大夫阶层中的嗜笋者也越来越多，这在他们的诗文中有充分的记叙。试举例如下：

明代徐嘉泰《西天目山志》载陈继畴《从西化城寺望天目》诗，中有 “不浅登临兴，蓝舆伤晚晴。村村皆竹色，日日是山程”句，是说乘着竹轿走在天目山路上，看到的是“村村皆竹色”，可见其时境内竹之多。

明程嘉燧《余杭至临安山水记》载：“……明日，舁（yú）蓝舆过（余杭）城之西门，道左见溪水甚清深，问舁夫，云是苕溪，从天目来。……稍前竹益绵密，路屈曲竹中，如行甬道。竹光娟娟袭人，有沟水带之，或鸣或止，与竹声乱，錝铮可听。几十余里，径折竹穷，复与溪会，溪益深阔。……溪左皆平沙广湿，松竹深秀，桃柳始华，时见人家隐林间。估客乘筏顺流下，悠然如行镜中。”文中描叙余杭至临安数十里间，青竹摇曳，娟秀如画。

其他如明张之采《东天目山志・考》：“径山乃天目之东北峰，分东西两径，多野竹，间以青松。”言临安径山一带野竹甚多。明黄汝亨《天目游记》：“径山从西北磴道上十余里，曲折盘薄，大都以竹居胜，绿荫翠霭，时时披拂襟带。天光从竹隙入，从来看竹无此地幽畅也。”而明袁宏道《天目山游记》：“头茶之香者远胜龙井，笋味类绍兴破塘而清远过之，七绝也。”言天目山笋清远味美，冠绝他类。（建议仍保留）

清代临安诗文中也多有记载。清康熙十四年（1675）临安知县陆文焕《游西径山记》：“偕之入山门，水声云气，竹籁松风，迥隔尘境。”清盛经三写於潜《松塘庵》一带景色，有“平分修竹千竿翠，绝胜桃源万树红”句，“平分修竹千竿翠”，尽写修竹青翠、蔽日穿空的旺盛景象。《於潜八景诗》之一：“村坞有人翻麦陇，闾阎无吏扣柴关。词清讼简民风厚，绿竹乌台相对闲。”乌台即御史台，古代监察掌管的官署。言当时词清讼简，民风淳厚，连遍野的绿竹和监察长官的御史台也无所事事、悠闲自得了。太平盛世促进生产力的发展，于此可见。

竹笋种植、加工、销售的兴旺，反映出临安食笋之风的炽盛。有什么样的生活方式，就必然有什么样的生产方式与之相适应。种（采）笋业和制笋业的崛起，就是适应食笋之风的盛行而出现的。

清宣统二年（1910）《临安县志》卷一《风俗》载：“四月八日，俗传浴佛（注：浴佛节）。采楝叶染米做饭曰乌饭。立夏日，取笋苋为羹。”在临安乃至南方很多地区，立夏要吃鲜笋。民间往往取全支竹笋煮熟，名为“健脚笋”，寓意像春笋一样健壮有力，能走远路。这一风俗虽仅在清代的县志中有记载，笔者以为可以大大提前至少千百年，甚至可以认为自临安先民食笋之日起，即已逐渐形成这一节俗。

明清时期，临安竹类品种丰富，旧志多有记载。清康熙十二年（1673）《於潜县志》卷之三《财赋志·土产》，记载“竹之属”：“曰茅竹、金竹、紫竹、水竹、凤尾竹。”同年《昌化县志》第三卷《版籍志·物产》，将笋放在“蔬之属”第一位。“竹之属”则有“金竹、石竹、水竹、苦竹、猫竹、广竹、毛竹、罗汉竹、孝顺竹。”清康熙十四年（1675）《临安县志》卷之六《田赋志·物产》，记载“竹类”有“毛竹、方竹、筀竹、水竹、苦竹、猫竹、紫竹、斑竹、石竹、凤舞竹、罗汉竹、慈竹、胎竹。”

这一时期，临安笋产品质量上乘，深受市场青睐，社会声誉佳美。清乾隆二十四年（1759）《临安县志》卷四《物产》：“笋。万历旧志：‘春曰早笋，夏曰鞭笋，冬曰冬笋，其余茅笋、石笋、广笋，称名甚多，四时不乏味，特甲于诸蔬。’”又载：“冬笋。俗名潭笋，毛竹所生产，南乡者美，质坚味鲜，不似钱塘法华寺者，质脆而味淡。苏人每岁必至此买之。”又载：“青笋干。产黄洞（横渡）、东坑者佳，即早笋、石笋所制，和盐煮晒为脯，经年不坏。维扬（扬州）、姑苏（苏州）以为蔬中珍品。”上述历史记载中的“四时不乏味，特甲于诸蔬”“质坚味鲜”“蔬中珍品”等，都是对临安竹笋“清鲜盖世”的真实写照。至于如何制作天目笋干，清光绪《於潜县志》卷十八《食货》有较完备的记载。

近代以降：食笋之风的赓续期。

近代以来，食笋之风并未因社会制度的更迭而转向，也未因欧风美雨的侵蚀而减弱。临安人民对竹笋保持着一如既往的嗜爱，食笋之风在饮食生活中得到完整的保留与赓续。据民国8年（1919）《昌化县志》载，此时昌化县的竹子品类甚多：“竹之属：金竹、石竹、水竹、苦竹、猫竹、广竹、箬竹、罗汉竹、孝顺竹、紫竹、早竹。”旧志中还有一些珍贵竹种的记载，如曲竹、筏竹、瑞竹、绀箬等。民国年间，临安县西乡乌龟背（今横溪境内）所产哺鸡笋以其肉白肥嫩、清香可口而在沪杭颇负盛名。

特别是用鲜竹笋腌制的天目笋干，成为终年不断的食物，除自己食用外，主要还是作为商品出售，以换取日常开销。民国时期笋干佳品迭出，主要有“早园凤尖”“天目挺尖。”“早园凤尖”产于临目、杨岭、东天目等地，焙制考究，蜷如虾形，色黄亮滋润，味清香鲜美。“天目挺尖”又称“白蒲头”，产于三口、上甘等地，长不逾4寸，粗如拇指，色翠黄，肥嫩清鲜，食之无渣。於潜的传统品种有焙熄、肥挺、秃挺、小挺、统挺等，品质以焙熄为佳。

采集竹笋是一样重大的农事活动。每年“立夏”前后，山区竹笋已破土而出，男女老幼成群结队，挑着吃穿用的物品，进山采笋，月内结束。“若高山深谷，离村较远，就山设厂，捋笋煮之”，顶风冒雨，不分昼夜，辛苦异常。旧有民谣《长工怨》，内容涉及拗笋：“太阳下山星满天，东家看我比狗贱。起早拗笋上峰尖，抹黑砍柴在山涧。挣得几文汗水钱，还要等到年夜边。”民国19年（1930），临安有笋厂千余家，於潜亦千余家，昌化数十家。大厂每年出货约百担，小厂只有三四担。当年出口新加坡。民国22年（1933）临安县产笋干6000担，於潜县5500担，昌化县100担。当时每担笋干可换大米10多石（1石=50千克），价值50—70元。抗战期间，食盐紧缺，运销困难，产量骤减。民国37年（1948）临安县销售笋干约1000担，於潜县约2000担。

中华人民共和国成立以后：食笋之风的创新期。

中华人民共和国成立以后，天目笋干产量增加。1950—1988年，全县年均产笋干451吨，其中1987年826吨，为历史最高产量。20世纪50、60年代，天目笋干成为统购物资，供销社派员下乡收购，严格掌握质量标准，每百斤用盐不超过15千克。1956年，天目笋干首次展销广交会，颇受外商青睐。香港《经济导报》称“天目笋干清鲜盖世。”天目笋干主要产区为西天目、千洪、横路，次为临目、石门、杨岭、东天目，马啸、颊口、石瑞、白牛尚有少量生产。

改革开放以后，农村特色经济发展迅速，竹笋及其加工制品成为农民主要收入来源，且随着人民生活水平的不断提高，食笋之风随之日甚，笋制品出现了多种创新产品，市场供求日趋旺盛。

临安是“中国竹子之乡”、全国竹笋基地。至2015年，全市拥有竹林面积6.7万公顷，年产竹笋22.34万吨。竹笋年收入超千万元的乡镇街道有太湖源、横畈、高虹、西天目、千洪、青山湖、玲珑、锦城、藻溪、板桥、於潜等11个，超百万元的村150多个，超万元的户13000户，超5万元的259户，超10万元的14户。全市15万户农户中，60%以竹业为主要收入。

临安的笋产品主要有鲜笋、笋干、水煮笋、多味笋丝等。

鲜笋：20世纪80年代起，临安利用丘陵缓坡地种植菜竹（主要品种为雷竹、高节竹），普遍推广竹笋高产高效经验，引导发展菜竹生产，春笋冬出，产量大幅增加，季节优势转换成价格优势，形成一大特色产业。菜竹面积每年以700公顷的速度增加。1983—2001年，菜竹面积从2180.67公顷增至12666.67公顷。2015年竹林面积为6.7万公顷。

笋干：笋干为临安传统名产，主产于天目山周围乡镇，统称“天目笋干。”20世纪90年代笋干生产有较大发展。2001年开始，临安建立万亩天目笋竹丰产栽培科技示范基地，进行科学管理、标准化生产，全面提高笋干竹产量、质量和经济效益，推动竹产业化建设。至2015年，临安年产天目笋干3680吨，年产值超过5000万元，居全国之首。

水煮笋：从20世纪80年代起，打通鲜笋供应沪杭等大中城市、水煮笋外销日本等地的流通渠道，临安菜竹笋加工业迅速兴起，品种有油焖笋、腊油肉笋、糖醋笋、雪笋、酱笋、咸笋等。1999年3月8日起，市竹笋协会将产品实行网络销售。2002年起水煮笋加工量继续增长。目前，在临安100多家笋加工企业中，加工经营毛笋罐头的有16家，加工高节笋罐头的24家，年加工各类笋罐头70万罐（12500吨），出口水煮笋50万罐（9000吨），仅浙江松友食品公司出口的水煮笋就占全国出口量的1/4。临安已成为全国水煮笋加工销售集散中心。

多味笋丝等系列茶点：改革开放后，临安茶楼业逐渐兴起并发展。临安历来是中国茶都杭州茶点采购的重要基地，山核桃、笋干、青豆等一系列风味独特的茶点享誉杭州乃至长三角地区茶楼市场，临安茶点逐渐成为一个新兴产业。天目多味笋丝、多味笋条、多味笋尖、有机健脚笋、手剥笋等笋产品加工业迅速发展，为茶点产业带来商机，也为农副产品拓展了更为宽广的市场空间。目前临安有竹笋干加工企业13家，软包装笋丝加工企业23家，年加工天目笋干2500吨。以加工竹笋等副食品为主的锦城、於潜加工基地已形成一定规模。

食笋之风带动了笋宴美食，成为临安竹文化景观构成部分之一。临安竹笋有烤（烧）、煨（炖）、蒸、熬、炸（炮）、焯、炒、焙、爆等多种烹饪方式，以竹笋烹调出的菜肴多达一百余种。其“咸肉春笋”这一传统名菜，早在1956年即被浙江省认定为36种杭州名菜之一。据中国糖酒网报道，临安是江南最大的菜竹笋基地，杭州市场上有一半以上的竹笋主要来自临安。2011年4月8日，临安举办“2011中国临安百笋宴美食文化节”，各餐饮企业纷纷亮出绝活，“咸肉春笋”则备受欢迎，“中国竹笋美食之都”也落户临安。竹不仅可以充饥果腹，满足口舌之好，而且被赋予浓厚的文化内涵，倾注了重农耕文化传统的临安人对于竹文化格外厚爱的感情。

在长期的中华民族历史进程中，食笋之风从始至今久盛不衰，具有惊人的赓续力、持久力和创新力，超越了时间的局限，与华夏子孙相生相伴、果腹怡情。从这个意义上说，食笋之风乃是哺育中华民族繁衍生息的丰厚特质，乃是中国竹文化一个鲜亮的标志。（选自2018年5月《天目竹韵》总第19期）

4. 临安食笋之风的文化意蕴（顾彭荣）

2018年4月，笔者撰有《临安食笋之风源远流长》一文，今日续写《临安食笋之风的文化意蕴》，二文分别从食笋及其文化两个方面阐述临安的食笋之风。

在中华文明史上，诸如社会形态的变迁、生活方式的转变等事象，人们均能从缓缓的历史变迁中感受得到。然而食笋之风从古到今却久盛不衰，似乎超越了时间的局限，而与我们整个民族相生相伴，成为中国的一种文化现象。

那么，临安食笋之风又何以久盛不衰，其包含的文化意蕴有哪些呢？这个问题比较复杂，笔者试从以下几个方面作点阐释。

（一）临安食笋之风的形成，与竹类资源的丰饶密不可分。

中国是盛产竹子的国家。据统计，全世界有竹类植物60属、1000余种，中国占了30多属、500余种，而临安则有11属、63种。

临安为亚热带季风气候，雨量充沛，温度适宜，竹类资源丰富，明清时期的旧志和文人的诗文中有充分的记叙。

明张之采《东天目山志·考》："径山乃天目之东北峰，分东西两径，多野竹，间以青松。"言临安径山一带野竹甚多。明黄汝亨《天目游记》："径山从西北磴道上十余里，曲折盘薄，大都以竹居胜，绿荫翠霭，时时披拂襟带。天光从竹隙入，从来看竹无此地幽畅也。"而明袁宏道《天目山游记》："头茶之香者远胜龙井，笋味类绍兴破塘而清远过之，七绝也。"言天目山笋清远味美，冠绝他类。

清代临安诗文中也多有记载。清康熙十四年（1675）临安知县陆文焕《游西径山记》："偕之入山门，水声云气，竹籁松风，迥隔尘境。"清盛经三写於潜《松塘庵》一带景色，有"平分修竹千竿翠，绝胜桃源万树红"句，"平分修竹千竿翠"，尽写修竹青翠、蔽日穿空的旺盛景象。《於潜八景诗》之一："村坞有人翻麦陇，闾阎无吏扣柴关。词清讼简民风厚，绿竹乌台相对闲。"乌台即御史台，古代掌管监察的官署。言当时词清讼简，民风淳厚，连遍野的绿竹和监察长官的御史台也无所事事、悠闲自得了。太平盛世促进生产力的发展，于此可见。

清康熙十二年（1673）《於潜县志》卷之三《财赋志·土产》，记载"竹之属"："曰茅竹、金竹、紫竹、水竹、凤尾竹"。同年《昌化县志》第三卷《版籍志·物产》，将笋放在"蔬之属"第一位。"竹之属"则有"金竹、石竹、水竹、苦竹、猫竹、广竹、□竹、罗汉竹、孝顺竹"。清康熙十四年（1675）《临安县志》卷之六《田赋志·物产》，记载"竹类"有"方竹、笙竹、水竹、苦竹、猫竹、紫竹、斑竹、石竹、凤舞竹、罗汉竹、慈竹、胎竹"。

除鲜竹笋外，特别是用鲜竹笋腌制的天目笋干，成为终年不断的食物，除自己食用，主要还是作为商品出售，以换取日常开销。民国时期笋干佳品迭出，主要有"早园凤尖""天目挺尖"。建国以后，天目笋干产量增加。改革开放以后，农村特色经济发展迅速，竹笋及其加工制品成为农民主要收入来源，且随着人民生活水平的不断提高，食笋之风随之日甚，笋制品出现了多种创新产品，市场供求趋旺。

至 2015 年，临安拥有竹林面积 6.7 万公顷，年产竹笋 22.34 万吨，竹笋总产值达 20 亿元以上，是江南最大的菜竹笋基地。竹笋年收入超千万元的乡镇街道有太湖源、横畈、高虹、西天目、千洪、青山湖、玲珑、锦城、藻溪、板桥、於潜等 11 个，超百万元的村 150 多个，超万元的户 1.3 万户，超 5 万元的 259 户，超 10 万元的 14 户。全市 15 万农户中，60%以竹业为主要收入。1996 年临安被命名为"中国竹子之乡"，2011 年被授予"中国竹笋美食之都"称号。

临安人世世代代生活在被竹子包围的环境中，逐步发现哪些竹笋可食，哪些不能食用。每一代人都从上辈那里承袭了有关竹笋食用功能的知识，又在一个基本相似的环境中去验证和丰富这种知识。通过一代代人的口耳相传，食笋知识得到传承、丰富和发展。也就是说，临安拥有丰富竹资源的自然环境，为世世代代的临安人提供了可食用的竹笋，才使得食笋之风的形成以及久盛不衰成为可能。

（二）食笋之风久盛不衰，离不开农耕文明这个大背景。

农耕社会是只靠原始的农业耕作而赖以生存的社会。农耕社会的基本特征是自给自足的自然经济，具有狭隘的地方性，彼此闭塞。农本经济可以发展到较高水平，包括手工业、商业以及市集、城镇等等。各个以农为本的地区之间，也可以发生不同程度的交往，并且发生不同程度的影响。但是，只要还是以农为本，总不能彻底改变各个民族和地区之间的闭关自守的状态。农业社会始终是中国传统社会形态，个体小农是基本的生产单元和消费单元，小农家庭的食物只有在自己生存的极有限的一个地域内寻求到，除了自己的土地上生产的食物以外，必须寻找可供使用的所有资源，以补充生计。这就决定了中国广大小农选择食物资源时，具有很强的拓展性和包容性。

临安属于山区，农家基本上生活在被一个个山头相互分隔的山弄里，交通阻塞，交往困难；临安山塘极少，溪流湍急，鱼类资源极有限，只有到山上去找，而漫山遍野各品类可食的竹笋，当然成为临安先民采撷的目标。明代徐光启的《农政全书》共六十卷，分十二门：农本、田制、农事、水利、农器、树艺、蚕桑、蚕桑广类、种植、收养、制造、荒政，分类引录了古代的有关农事的文献和明朝当时的文献，并包括与农业有关的政策、制度、措施、工具、作物特性及技术知识。该书中将竹笋归入“荒政”条记述，也就是将竹笋视为“度荒”的食物，广大农民于“荒年”不得不上山采笋食用，以保全生命。以后随着商品经济的发展，部分小农才将竹笋拿到市场上出售，这就促进了食笋阶层的扩大，官宦阶层食笋者日渐增多。因此可以说，是小农食笋层为食笋之风的形成与久盛不衰奠定了坚实的基础，官宦阶层食笋者对食笋之风的推动与扩大也值得肯定。

（三）食笋之风的久盛不衰，与临安人的饮食方式和传统文化的某些特质有密切关系。

临安人饮食文化一个显著特点是一餐饭划分为饭和菜，是饭菜的复合体。饭是谷物或其他淀粉类食物，菜是蔬菜和荤腥。菜的制作原料多种多样，可视地域、季节、丰歉、贫富的不同而随时变换，从而决定了临安饮食文化具有很强的包容性，完全能包容、吸纳竹笋进入临安饮食谱系，这是其一。其二，临安饮食文化特别注重色香味，味是菜的灵魂，讲求所谓的“鲜”，而竹笋就具备这样的特点。竹笋制作的菜肴鲜笋嫩黄，笋丝金黄，色泽明快，味道鲜美，脆嫩爽口，很适合临安人的口味。

秦汉间经师缀辑而成的《尔雅》明白无误地指出：“笋，竹萌也，可以为菜肴。”晋代戴凯所著的《竹谱》一书中，介绍了70多个竹子品种及不同竹笋的风味。在宫廷饮膳中，竹笋主要成为直接满足帝王口腹之欲的日常菜肴。在世家大族，竹笋不失为上乘佳肴。在寒门庶族和广大贫苦百姓中，食笋主要为了果腹。唐宋时期，食笋之风已在全国普及，尤其在临安，处处散发着竹笋的芳香，竹笋是农家赖以生计的日常菜种。南宋诗人杨万里号诚斋，“诚斋诗汁”有言：“临安人食笋自十月至（次年）四月”，是说临安人一年之中差不多有七八个月有笋吃。明清时期，临安笋产品质量上乘，深受市场青睐，社会声誉佳美。清乾隆二十四年（1759）《临安县志》卷四《物产》：“笋。万历旧志：‘春曰早笋，夏曰鞭笋，冬曰冬笋，其余茅笋、石笋、广笋，称名甚多，四时不乏味，特甲于诸蔬。’”又载：“冬笋，俗名潭笋，茅竹所生。产南乡者美，质坚味鲜，不似钱江法华山者，质脆而味淡。苏人（苏州人）每岁必至此买之。”又载：“青笋干。产黄洞（横渡）、东坑者佳，即早笋、石笋所制，和盐煮晒为脯，经年不坏。维扬（扬州）、姑苏（苏州）以为蔬中珍品。”上述历史记载中的“四时不乏味，特甲于诸蔬”，“质坚味鲜”，

“蔬中珍品”等，都是对临安竹笋“清鲜盖世”的真实写照与合理褒奖。至于如何制作天目笋干，清光绪《於潜县志》卷十八《食货》有较完备的记载。现天目山食用鲜竹笋有20多个品种，主要有雷笋（早笋、早园笋）、毛笋、石笋、篌竹笋、红壳笋、高节笋、乌哺鸡笋、白哺鸡笋、尖头青笋、水笋、毛金竹笋、淡竹笋、木竹笋、刚竹笋等。笋期则有早、中、迟。天目山竹笋壳薄肉肥，色白质嫩，鲜中带甜，清香松脆，闻名于世。

临安日甚的食笋之风带动了笋宴美食，成为临安竹文化景观重要构成部分。临安竹笋有烤（烧）、煨（炖）、蒸、熬、炸（炮）、焯、炒、焙、爆等多种烹饪方式，以竹笋烹调出的菜肴多达一百余种，其“咸肉春笋”“咸肉笋干老鸭煲”两种传统名菜名闻遐迩，“中国竹笋美食之都”称号也落户临安。竹不仅可以充饥果腹，满足口舌之好，而且被赋予浓厚的文化内涵，倾注了向来重视农耕文化传统的临安人对于竹文化格外厚爱的感情。

（四）食笋之风的盛行，与中国人在饮食生活上注重延年益寿的心理以及佛教、道教有着内在的联系。

长寿的因素众多，但饮食无疑是很重要的一环。东汉许慎《说文》曰：“笋，竹胎也。”竹笋是竹子从土里长出的嫩芽，故说“胎”，清淡、鲜嫩。其药用功能，《本草纲目》有详细记载：诸竹笋“消渴，利水道，益气，可久食。利隔下气，化热消痰爽胃。”其中，苦竹笋“消渴，明目，解酒毒，除热气……治出汗中风失音”；竹笋能“益气力，消腹胀”；淡竹笋能“消痰，除热狂壮热，头痛头风，并妊妇头旋，颠仆惊悸，瘟疫迷闷，小儿惊痫天吊”；冬笋使“小儿痘疹不出，煮粥食之，解毒。”有“药食同源”“药膳同功”做基础，所以竹笋契合了中国人想通过吃一道菜，就治百病、能长寿的心理。

竹笋嫩脆鲜美、清香爽口，自古就有“素食第一品”之誉。就现代营养学、药物学而言，竹笋因具有维生素A、B1、B2、C及荷尔蒙等成分，营养价值极高，其中蛋白质至少含有18种不同成分的氨基酸。此外，竹笋为低热量食物，多食无身体发胖的顾虑。竹笋含量最多的纤维素，更可促进肠胃蠕动帮助消化，防治高脂血症、高血压、冠心病、肥胖病、糖尿病、肠癌及痔疮等病症。而且竹笋由数层外壳所包，无农药残毒，是名副其实的“自然健康食品。”

在中国人眼里，竹笋“根生大地，渴饮甘泉”，“得土而横逸”，吸天地之精华，生命力无比旺盛，比如用“雨后春笋”一词形容勃勃生机等。中国人善于比附性思维，自然会联想到吃了竹笋就可以身体健旺。著名作家周作人《儿童杂事诗》中就有“吃了一株健脚笋，更加蹦跳有精神”句。临安人在立夏这天一定要吃“健脚笋”，天目山西部一带则有吃小笋豆腐羹的习俗。至今，“健脚笋”已成为众多临安笋制品企业中的外销“拳头产品”。

僧人与茶是好朋友，禅茶一味。僧人有不吃荤只吃素的戒律。僧人与笋，也是密不可分。一般而言，江南古寺藏深山，寺周多有大片竹林。笋是甘甜之味，僧人平日里吃笋，亦是品它的鲜甜。宋代僧人赞宁，俗姓高，浙江德清人，出家于杭州龙兴寺，卒于宋太宗至道二年（996），谥圆明大师。他汇总历代传统及文字记载，撰写了中国最早的一部竹笋专书《笋谱》。李时珍评价这部书曰：“（竹笋）凡六十余种。其所产之地，发笋之时，各不相同。”第一部竹笋专著《笋谱》诞生于一位僧人之手，正有力说明食笋之风与佛教的内在联系。

道家和道教也推崇竹笋的养生功能。《宝剑上经》说："服日月之华者，欲得恒食竹笋。竹笋者，日华之胎也，一名太明。"所谓"服日月之华"，是道教的吸纳术，练此术者要常食竹笋这种重要素食。这部道经的作者，传说为杜冲，他是老子的再传弟子。实际上是东汉、曹魏时的道士所作，是一部养生学专著。

竹笋为养生珍品的观点，受魏晋玄学家推崇。玄学是魏晋时期的主要哲学思潮，是道家学说一种新的表现方式，故又有"新道家"之称。玄学起源、形成并成熟于魏晋都城洛阳，竹林七贤、金谷二十四友，实际上都是以谈玄论道为主题形成的文化团体，而食笋、酗酒、赋诗，则成为他们主要的活动方式。

（五）竹笋在古代被当作尽孝道的食品。每当长辈生病需要笋，或非产笋季节想吃笋，亲人总是想方设法搞到，献于榻前。

竹笋在中国古代是"孝道"的象征。这源于孙吴时"孟宗献笋"的传说："（孟）宗母嗜笋，冬节将至，时笋尚未生。宗入竹林哀叹，而笋为之出，得以供母。皆以为至孝之所致感，累迁光禄勋，遂至公矣。"孟宗是二十四孝之一，成语"哭竹生笋"的主人公。"孟宗献笋"这段古文的大意是：孟宗少年时父亡，母亲年老病重，医生嘱用鲜竹笋做汤。适值严冬，没有鲜笋，孟宗无计可施，独自一人跑到竹林里，扶竹哭泣。少顷，他忽然听到地裂声，只见地上长出数茎嫩笋。孟宗大喜，采回做汤，母亲喝了后果然病愈。后人有诗云："泪滴朔风寒，萧萧竹数竿。须臾冬笋出，天意报平安。"从此以后，竹笋超越了食用、治病的功利性范畴，跻身到了精神文明层面，成为人们表达孝道的载体。古时武汉长春观东边一片竹林，传说《二十四孝》中的"孟宗哭竹"的故事就发生在这里。所以这里一直有个"孟宗祠"。"文化大革命"的时候被毁坏了，至今未建。宋代僧人赞宁《笋谱》中也载有多则竹笋与孝道的故事。

孝是中国传统文化的一个特质，它不但影响着中国人的饮宴礼俗、饮食心理，如入席以长幼、尊卑、亲疏、贵贱排座次，长辈没有动筷小辈就不能动筷等，还影响到对食物的选择。凡能传达孝道的食物都被视为珍馐而身价百倍，如人参、当归等，都曾因为能尽孝而久享盛誉，而临安人也向来有对长辈送上几斤鲜嫩笋干以表达孝道的传统。应该说，由延寿祛疾引发出来的竹笋"孝"的意蕴，应是食笋之风久盛不衰的一个深层次的因素。因此，清康熙十二年（1673）《昌化县志》第三卷《版籍志・物产》中，就有"孝顺竹"这一名称。

（六）中国士大夫崇尚俭朴的心理，也在一定程度上推动了食笋之风的盛行。

中国士大夫阶层多为地方守令或高级幕僚，他们与上流社会有着千丝万缕的联系，与下层民众联系也较多。这一阶层的饮食方式，对整个社会的饮食风气产生了重大的影响。中国士大夫中的不少人深受儒家、道家思想的熏陶，追求一种恬淡自适的生活，在饮食生活上素有崇尚节俭的风气。

竹以虚而有节、疏疏淡淡、不慕荣华、不争艳丽、不媚不谄的品格，与古代圣贤们的"非淡泊无以明志，非宁静无以志远"的高尚情操相契合，因此古人有"君子比德于竹"之名言。

魏晋时期，士大夫阶层掀起了一股崇尚简约清淡、超然绝俗的风气，反映在饮食方式上，便是粗食淡菜。竹笋因之而超越功利的身份，成为人格追求的一个佐征，这在南朝梁代故鄣（今安吉）人吴均的《山中杂诗》中得到了充分表露："绿竹可充食，女萝可代裙。山中自有宅，桂树笼青云。"意思是他愿意在深山中购屋，以竹笋为食，以女萝为衣，何苦在尘世中追名逐利呢？吴均这一思想，对后世士大夫阶层的食笋观产生了一定的影响。

食笋之风成为士大夫的一种时尚，竹在他们的诗文中，已变成一种高雅脱俗的人格符号。北宋熙宁六年（1073）二月，苏轼自富阳经新城（今富阳新登），作《新城道中二首》诗，中有"西崦人家应最乐，煮葵烧笋饷春耕"句，描写的就是西山一带人家煮葵（一种蔬菜）烧笋，给在从事春耕生产的人送饭的情景，自然清新，活脱朗润，充满了生活情趣。该年春夏间苏轼巡行於潜，作著名的食笋诗《於潜僧绿筠轩》，中有"可使食无肉，不可居无竹。无肉令人瘦，无竹令人俗"句。苏轼写於潜绿筠轩旁的竹，实际上是歌赞那些执着追求、不随流俗、刚劲不阿、品行端庄之士，也是他崇尚节俭的自身品格的写照。苏轼在临安的第二首食笋诗就是著名的《自昌化双溪馆下步寻溪源，至治平寺，二首》，诗中有"乱山滴翠衣裘重，双涧响空窗户摇。饱食不嫌溪笋瘦，穿林闲觅野芎（xiōng）苗"句。写沿溪拗野笋，不嫌溪笋瘦，穿林觅芎苗，闲情自横生的情景。综观以上苏轼在临安的两首食笋诗可知，他喜食竹笋，视节俭为美德，始终保持着恬淡自适、豁达率性的人生态度。

综上所述，食笋之风乃是临安以至中国的一种意蕴丰富的文化现象，它既体现着临安人乃至中国人特有的饮食方式和饮食心理，又折射出中国传统文化的许多亮点。食笋之风吹拂着的不仅是竹笋的阵阵芳香，而且也是中国文化的浓郁气息。（选自 2018 年 8 月《天目竹韵》总第 20 期）

5. 随园主人袁枚与天目笋（张爱萍）

袁枚，字子才，号简斋，晚年自号仓山居士、随园主人、随园老人。钱塘（今杭州）人，祖籍浙江慈溪。清代乾嘉时期代表诗人、散文家、文学批评家和美食家。

清乾隆三年（1738），年方二十四岁的袁枚考中举人，次年高中进士，随之进入翰林院，成为一名庶吉士。

后任沭阳（今江苏省宿迁市沭阳县）、江宁（今江苏省南京市江宁区）、上元（今江苏省南京市上元县）等地知县。不惧权势，循章尊法，政声斐然。但袁枚深知仕途起伏、前路艰险，早早作出人生抉择。

清乾隆十四年（1749），袁枚的父亲去世。他时年三十四岁，以父亡丁忧，奉养老母为由，辞官不干。

袁枚的后大半生与随园结缘。随园，在江宁县小仓山，即今日南京市广州路一带，原先叫隋园。据考证，这隋园很可能就是《红楼梦》中那座集千红万绿于一处的大观园的原型。

袁枚到江宁任职时，隋园已荒台废垣、破败不堪，但他十分中意，用三百两银子把园子买下。之后，把隋园以"隋"与"随"的谐音，改名为随园。他别开生路，活出另一番有滋有味的人生。就在随园的人来人往中，他嗅到了不一样的大商机，决定在园子里开饭店，给游客提供餐饮美食。

饮食单就不一样。整个单子从饮食的“须知单”“戒单”开始，到“海鲜单”“特牲单”“杂牲单”“羽族单”等，再到“点心单”“茶酒单”，从头至尾，面面俱到，样样齐全。这份餐饮单集成了一本书，就叫《随园食单》。

除了做餐饮，袁枚还写书卖书，除了《随园食单》，还有《子不语》等。《子不语》是类同于《聊斋志异》的一本书，记叙民间的奇闻趣事。袁枚创作大量诗文，以至于文坛将他与纪晓岚合称“北纪南袁。”

袁枚对故乡杭州依然有着深深的眷恋，让袁枚念念不忘的，当然也少不了家乡味。

在他所著的《随园食单》中，除了家乡肉、龙井茶、绍兴酒之外，还多次书写天目笋：“天目笋多在苏州贩卖，其中篓中盖面者最佳，下二寸便掺入老根硬节矣。须出重价，专憭其盖面者数十条，如集狐成腋之义。”说的是天目笋到达江苏后多数在苏州售卖，笋篓里盖在面子上的最好，下面的就以次掺好了。要想吃到好笋，就得舍得花大价钱买篓面上的几十根，多买几处，拢合起来，就像集腋成裘一样。

除了教人怎样购买天目笋，还有如何烹饪天目笋，菜名叫煨三笋，“将天目笋、冬笋、问政笋，煨入鸡汤，号‘三笋羹’。”所谓问政笋，说是杭州笋，实际产于安徽歙县问政山。将三种嫩笋放在鸡汤里文火慢煨，其味鲜美无比。

嘉庆二年（1797），随园老人以年八十二岁高龄去世。

在临终前，他不忘嘱咐儿孙，“能洒扫光鲜，照度庋置，使宾客来者见依然如我尚存”，也就是说要儿孙们把园子打扫得干净敞亮，东西按照原来的样子摆放整齐，让宾客来人看到熟悉的景象，能感觉他还在。

袁枚儿孙继续经营随园数十年，然而在清末太平军的战火中又一次被摧毁，化为焦土满目与黄茅漫坡。如今在南京，随园、百步坡的地名还在，但早就物是人非。钱塘才子袁枚和他的王国都成了如烟往事。（摘自张爱萍《才子袁枚与他的美食王国》）

6. 临安在上海百年老店——金杏记（王玲萍　黄韵）

太湖源镇浪岭金家头村有一户金姓人家，清代末年在上海开了一家以销售笋干为主的金杏记山货行，以良好的产品质量和商业信誉蜚声上海滩，20世纪80年代，该店还被上海市人民政府列为百年老字号店。

浪岭这一带是天目笋干的主产地之一，当年临目、安吉通往临安都要翻越浪岭。浪岭是交通要道，也是临安竹笋产品主产地和山货集散地，小竹遍野，有数万亩。得天独厚的地理环境，造就了这里竹笋的天然品质。

金杏记的创始人金庭芳生于1865年，1924年去世，享年60虚岁。因这里群山环抱、古树参天，尤以银杏居多，故金庭芳的小名叫金杏生。金庭芳幼时家境贫寒，其父因将租田契约误写卖田契约，被别人骗走家中的几亩薄田，吃够没有文化的苦头。其母在非常困难的情况下，省吃俭用，做一些笋干山货买卖，供儿子读书。金庭芳不负众望，发奋努力，考中秀才。他秉性和善、厚道，乐于助人，深受当地百姓信赖。中试后不愿走仕途，决意弃学从商，经营土特产。经商资

消费品，而是有内涵有意蕴的可塑之物，经过高温高压的胶合再加上技术处理以后，就成了竹皮，成了一块可以随意剪裁的“布料”，故而，可以薄如纸，厚如糕，可以随心所欲地转弯，可以无所不能地代木，并且不裂，不翘，耐磨，耐腐蚀，是真正的环保产品、绿色产品。

中国绿色碳汇基金会秘书长李怒云和副秘书长苏宗海十分看重赵正治董事长的竹皮开发，曾几次莅临展摊前，与老赵一起探讨竹子如何向高深产业发展这一课题。其中一位还当场拨通电话，将赵正治的“竹皮作品”推介给北京彩虹文化发展有限公司的副总。寻求合作而苦无门路的杨爽副总经理，马上赶到了国家大剧院，与赵总一见如故，相谈十分投机，还一起共进了午餐，后又坐车到公司办公室商谈，并敲定了一些合作项目。赵正治是个雷厉风行的人，他二话不说，也当场拿起电话，特事特办地要求厂里两天内做出样品，趁自己在北京还得再待几天的空当，相约杨爽面呈“作业。”

在“竹皮”中摸爬滚打15个年头的赵正治，在竹品的开发和创新上，独领风骚，故而，在北京展演的几天里，他的摊前总是人来人往，大伙围着这朵“奇葩”，问长问短。有的人提的问题很家常，有的人提的问题很离奇，对此，赵正治总是用那句说过几十遍的话作答：“只要是木材、塑胶能做的，我都能够生产出来。”这次他带来的竹皮手机壳和家庭药用箱、学生文具盒就是一个例证。到2019年为止，他已开发了200多个竹皮新品，有36个申报国家专利获得成功，产品90%以上远销美国、韩国、欧洲、澳大利亚等36个国家和地区。其中“创切微薄竹技术”获得教育部“大幅面装饰微薄生产技术研究与应用”科技进步二等奖。

杭州森瑞竹业有限公司以“竹导潮流”为品牌文化，将竹皮做成了一种产业，引领着环保、健康的竹子消费新潮流。

竹篾织美景

展室内的灯光比较柔和、淡雅，但抬眼就能看到的，一定是那幅挂在墙上的硕大“工笔画。”这幅长逾5米、宽为1.2米的作品，俨然就是唐时的《后宫美女嬉戏图》，内中的6位佳丽，头簪花髻，脚移莲步，与灰鹤相随，与宠物相逐，回眸一笑中，弄出万种风情。如果不挑破的话，谁也不会相信，用竹篾编织出来的画卷会有如此地撩人。

这是四川眉山云华竹旅有限公司带给我们的惊喜。老板陈云华无暇进京，此次是由他的夫人张保珍代为传言的。

眉山是大文豪苏东坡的故乡。苏东坡嗜笋如命，爱竹如子，在做杭州太守时，曾数次到临安、於潜一带造访问政。他的名句：“宁可食无肉，不可居无竹。无肉令人瘦，无竹令人俗。”就是在当时於潜的绿筠轩作的。而今，苏东坡的家乡竹技竹业发挥和传承得那么好，让人禁不住感慨万端。

张保珍告诉我们，云华公司已经创办三十多年了，利用本地丰厚的竹笋资源，以做高端的旅游产品为主。说着，她扬了扬手中的竹篾，又向我们介绍：这是慈竹，墙上这幅画用的就是这种材料。慈竹柔软、细腻、坚韧、拉力强、筋道足，一根竹条能够剖成十几、二十几片，然后设计，取样，编织……眼前这幅独具匠心的作品是由陈云华、张保珍、李永和三人花了大半年的时间共同织成的。

接下来，张保珍还陪着笔者，在不远的展点观看了其他的几幅作品，一幅是《平安宝贵》，一幅是《兰亭序》，还有一幅是《隐形观音》。让人迷恋的是那幅《隐形观音》，乍一看，是一张青黄相染的席子，只有从不同的侧面，才能见着真佛的影子。

最近，这家公司又推出了一款竹编坤包系列新品，带给你的当然是最时尚最自然的美。

竹乐奏和谐

在整个展厅中，竹乐器的份额所占的比重最大。国内能够采集到的样品统统都收罗来了，世界各地能够打探到的竹乐精品也同时被请进了这个高雅的艺术殿堂。

本次展示的竹制乐器来自亚洲、非洲、南美洲等世界竹产区的许多地方，涵盖了乐器的不同种类及非遗项目、专利项目等，充分体现了竹乐器的广泛、多样、独特及最新成果。这次分气鸣乐器、膜鸣乐器、弦鸣乐器和体鸣乐器四个层面展示。

气鸣乐器是以空气为激振动力发声的乐器。它历史悠久，分布广泛，种类繁多，音色优美，常见的有笛、箫、簧、笙，等等。当年，用葫芦丝吹奏的一曲《月光下的凤尾竹》，那柔美的曲调，动听的旋律让多少人如痴如醉！这次展演的还有中国少数民族地区的芦管、芦笙，所罗门群岛的排箫，阿拉伯地区形如竖笛的耐伊等。

弦鸣乐器是以赋予张力之弦的振动为发声源的乐器。一般分拨弦、拉弦、击弦三种。如我们平常见到的京胡、湖南花鼓戏中的大筒，还有古筝、柳琴、双排弦箜篌、五琵琶等。我在展厅中见到一排排的胡琴，都是竹子的捷足先登，小时候我也制作把玩过，看着十分亲切，其中一把大的，足有一个成人那么高，挂在墙上，挤去了半壁。

膜鸣乐器是以绷紧的弹性薄膜为声源体，通过敲击、摩擦等方式使其发声的乐器。鼓是它的主要范本。

体鸣乐器是以一定形状的发声物质为声源体，在不予变形或附加张力等自由状态下受激发声的乐器。如羌族口琴、天桥快板、菲律宾竹音叉等，都是它的非遗传承。

在这个竹乐大观园内，我们识见了同是竹乐器的口笛，长仅有几厘米，而一种名叫“低音格隆布”的竹乐，则有三四米长，大海碗般粗细，横在那里，竹筏子一般。

幽篁腾碧浪，一竹通天下。这次展览，将世界各地的竹乐器以及中国“竹子之乡”的竹工艺竹精品汇聚在一起，以实物、图片、视频等展示形式，呈现给广大群众，为推进竹产业，弘扬竹文化搭建了良好的绿色发展平台。（选自 2014 年 8 月《天目竹韵》总第 5 期）

竹乡风情

（篇目：《天目竹赋》《绿海听涛》《故乡的翠竹》《绿竹曳摇太湖源》《临安竹子天下秀》《竹，是有文化的》《白水涧竹韵》《“绿色聚宝盆”里的“科技正能量”——记全国科普惠农先进单位临安太湖源观赏竹种园》《情系白水涧》《竹叶入党申请书》《故乡的翠竹》《青山湖竹语》《横岭竹海古道行》《竹乡古道》《山名有竹映美景》《竹外一枝斜更好》《种竹读书》

《竹篾照明，点亮童年的岁月》《买笋记》《咏竹》）

1. 天目竹赋（简华）

鸿蒙初构，浮玉涌轮，托出龙孙绕凤池；乾坤斗转，天目开象，装点琅玕扶瑶台。

天目竹史久矣。熊猫食竹，万载化石。许由箕山洗双耳，巢父白牛饮晚溪。彭祖公篯竹得姓，天竺僧驮经揭谛。干令升搜神记竹，郭文举餐食竹米。南山有屋有竹有菊，靖节乘舆乘月乘诗。唐僧皎然采竹作杖，太子昭明煮笋分题。唐陈季卿化竹叶为扁舟，传在大涤；晋许远游藏金丹于箬下，见者稀矣。梅林之黄犬，衔管报平安，辟杭徽古道；赞宁著《笋谱》，腊月煮笋羔，记天目旧俚。吴越婆留，采竹天目，铸箭罗城，射潮钱堤。写竹帛以投湖；得竹册而授衣。天目清笋馋太守，万顷绿筠织卿诗。

天目竹景浓矣。天目哺箨龙，浮玉润黄鹃。青龙山下，双清溪边，郁郁蓊茸，翠笼生烟。和风拔苞节，骄阳吐苍翠；萧瑟萦枝叶，霜雪伸芽鞭。仙之人兮，无竹不驻；彩之凤兮，匪竹不餐。竿似青剑，梢惹碧天，雏鸣叶絮，蝉甯枝连。结瑞竹于锦左，化游龙于竹鞭。心虚竿直，君子比德于竹；轻烟漫纱，婵娟剪影于帘。

天目竹韵神矣。或欲雨欲霁，或气清月朗。变幻莫测青虹，纷至沓来云苍。乾达婆、紧那罗，仙之人兮腾云驾雾，天之乐兮遏云绕梁。抚斑竹云笛，吹尺八仙簧；步宫商徵羽，舒广袖霓裳；捧天目茶碗，品甘露琼浆。桃花源里无觅处，仙人顶上听华章。呜呜啘啭，恰似一曲黄粱，久久飘香。

天目竹禅妙矣。狮子正宗禅寺，历代高僧，依竿栖云。皓月空庭孤雁，疏星淡云轻风。天竺台上，韦驮三洲感应；紫竹林中，观音千手法生。植青筇于阶下，扫婆娑于殿门。但听萧萧之声，尽是广长舌哉；且观青青之色，无非清净身也。高峰竹篦，弟子解开迷梦；菩萨慈悲，箬米救护苍生。

诗云：

一竿天目压千树，万顷修篁织梦枝。
黄土不曾厚此物，拾来都是醉人诗。

（选自 2018 年 1 月《天目竹韵》总第 18 期）

2. 绿海听涛（寿芳）

20 世纪 80 年代，伴随着中国改革开放滚滚春潮的澎湃涌动，一个有着数千年历史却又几番沉浮、历经沧桑的产业悄悄地走进了临安千千万万的农户家庭。它打开了山区农民脱贫致富奔小康的金色大门，使农民的生活发生了翻天覆地的变化，也使这个有着悠久历史文化的古老山城重新焕发了青春，成为一方生态优越、经济发达的热土，这就是——竹笋。

从“江南第一菜竹园”到“中国竹子之乡”，祖祖辈辈的憧憬和梦想在这里得到了最好的诠释。竹笋这只深山里飞出的金凤凰终于以崭新的姿态走出了大山，去拥抱无限广阔的天地。

江南第一笋

“可使食无肉，不可居无竹。无肉使人瘦，无竹使人俗。”宋代大诗人苏东坡对竹作如是评说。古往今来，竹子不仅是文人墨客灵感的源泉，也是人们餐桌上世代相传的宠儿，在人们的生活中占有重要的一席之地。尤其是在当今返璞归真的新潮流中，竹笋因其绿色无公害的特性，格外受到人们的垂青。

在临安，郁郁葱葱的山峦连绵起伏，层层叠叠的绿凝重得仿佛要滴落下来，这就是被誉为“第二森林”的竹林。临安地处浙西北天目山区，具有典型的亚热带季风气候，气温适宜，雨量充沛，土地肥沃，是竹林生长不可多得的风水宝地。在这无边无垠的竹海里，生长着冬笋、毛笋、雷笋、哺鸡笋、青笋、石笋、红壳笋、广笋、鞭笋及野生枪刀笋、水笋等四、五十种天目竹笋，色白质嫩，壳薄肉肥，鲜中带甜，品质特好，四时不乏，甲于诸蔬，不同凡品。其中雷笋更是蔬中珍品，其味鲜美无比，堪称“山珍”，被人们公认为“江南第一笋。”

早在汉唐时代，临安就有以笋为佳蔬的记载，宋朝以来，天目笋干也已为世人所称道。清康熙后，西天目禅源寺香火鼎盛，香众游客争相购买，从此声誉鹊起，笋干佳品有“早园凤尖”“天目挺尖”等。1956 年，天目笋干首次进军广交会，就以其色泽青绿黄亮、香气清馥芬芳、滋味鲜嫩可口、包装古朴典雅的独特风格，倍受客商青睐，当时《香港经济导报》称“天目笋干清鲜盖世”，一时轰动港澳，名噪海内外。

笋出笋长，任其自然。自古以来，山民们靠天吃饭，竹笋蕴藏的价值并没有被发现，只是“植于园林，足资家食”，翠竹青青，却依然饿殍遍野。

中华人民共和国成立以来，在党和政府的关心下，竹笋业才得到了发展，但由于受到交通、科技等诸多因素的制约，进展非常缓慢。据记载，从解放初到 70 年代末，天目笋干的产量始终徘徊在 500 吨左右，鲜笋则以自食为主，基本上仍处于自给自足的自然经济状态。一面是绵绵的山林。一面却仍然是摆脱不了的贫困，声名煊赫的“江南第一笋”并没有给农民带来实实在在的经济利益，犹如一个未经发掘的宝藏，有待于人们去发现，去认识。

找准结合点

“九山缺水一分田”，这是对临安地理地貌的真实写照。在 3000 余平方公里的土地上，绝大部分是山地，其中 50%以上是丘陵缓坡。在人们的观念中，山区从来就是与贫困紧紧联系在一起的。山区农民要致富，地方经济要发展，出路在哪里？人类无法改变自然，但是可以利用自然，征服自然，高山给交通通信带来了阻碍，但山上却有着丰富的物产和矿产资源，靠山必须吃山，这才是一条明智而可行的发展道路。有识之士说：“山上都是宝”，就看你能否慧眼识珠。只有充分发挥临安山多林茂的优势，把那些被搁置已久的潜能统统发挥出来，才有可能走出贫穷落后的浓重阴影。

临安的决策层敏锐地意识到，要带动一方经济的发展，必须找到一个经济效益、生态效益、社会效益的最佳结合点，那就是——林业生产。

80 年代初，市（县）委、市政府及时将工作重点转移到开发农业建设上来，当时的县委办主任谢渭文带领一班人不辞辛劳，踏遍了临安的山山水水、沟沟壑壑，许多农民至今还记得，那些年，老谢主任的身影时常出现在村头、山边或自家的火塘边，一面亲切地拉着家常，一面仔细地了解当地的农业生产情况。

科学的决策来自民主的论证。立足于本地实际，着眼于长远利益，“上促青山、下稳良田、突破中间（丘陵缓坡）”的“三线作战”方略应运而生，市（县）委明确提出：“经济翻番，山挑重担，竹肩一半。”“全县建好十万亩菜竹笋基地”，并根据农业区划成果，运用系统工程原理，对现有农产品和市场需求进行逐一分析预测，决定选择具有较好市场发展前景的竹子、山核桃作为农业综合开发的突破口，确立了“东竹西果”的发展战略，由此揭开了全民动员开荒种竹大会战的帷幕。

藻溪镇蔡山村原先是一个穷得叮当响的小山村，农户利用田边地角、房前屋后种植竹子，大力发展庭院经济，使过去的“死地”“废地”变成了“活地”“宝地”，既美化了环境，又增加了收入。1987年，这个村庭院经济收入户均达到3000多元，老党员季朝林感慨地说：“远方的肥田，不如近处的石塔。”老季早在八十年代初就开发石塔山，一年石化，两年风化，三年钞票有得花，昔日的荒山，如今上层青松挺立，中间翠竹涌动，下边果树成荫，成了名副其实的“宝山”。

庭院经济的春风吹绿了临安的土地，道道山坡如雨后春笋般地铺满了青青翠竹，尝到了甜头的农民信心更足、干劲更大了。1982年，全市（县）产鲜笋仅0.24吨，到1990年，原有的3.3万亩菜竹已发展到10.5万亩，产量达2万多吨，产值由原来的82.4万元飙升到3000多万元，被人们誉为“江南第一菜竹园”。

向纵深挺进

小富即安不是临安人的性格，他们想得更多的，是如何把农业综合开发引向深入，以竹笋为突破口，发展地方经济，走上致富奔小康的康庄大道。

为使农业综合开发和发展“东竹西果”化为农民群众的自觉行动，市委、市政府相继出台了一系列相关政策。在基地开发上实行“统一规划，连片种植，分户经营，谁种谁有，长期不变”，在资金投入上实行“政府扶持引导，银行贷款支持，农民投资经营”，开发初期市财政每年拿出100万元用于扶持、培植规模基地；对有一定规模的竹、果基地，农行、信用社在贷款上给予优先安排，新造竹林连续5年给予每亩150元贴息贷款，大大激发了广大农民开发农业资源、培育竹果支柱产业的积极性和创造性。

1990年2月，临安县《十万亩菜竹综合配套技术开发示范》项目被国家科委被列入国家级星火计划。1993年6月，该项目顺利通过了国家级验收，标志着菜竹综合配套技术开发已达到了一个崭新的水平。

与此同时，市委、市政府大力倡导建立笋竹等十大商品基地示范点和“三线作战，主攻中间，前促生产，后促流通，形成合力，协调发展”的新三线作战方略，坚持生产、加工、流通三大环节并举，主攻农特产品加工这个中间环节原则，以加工促流通，以流通促生产，逐步形成了“产供销一条龙，贸工农一体化”的开发农业产业化新格局。

作为开发农业主导产业的林业生产，也从单一的毛竹用材林向毛竹笋竹两用林转变，既抓大竹，又抓小竹；既抓竹材，又抓竹笋；既抓加工，又抓流通，对全市70万亩竹林实行区域化布局、高标化培育、一体化经营、科学化管理、持续化发展，取得了显著成效，竹林面积从 1983 年的 43.5 万亩增加到 70.3 万亩，森林覆盖率从 64.1%提高到 71.3%，竹笋成为临安农村经济的支柱产业。

然而，要真正致富农民，仅仅局限于向山林要效益是不够的，更要在农副产品深度加工、提高附加值上动脑筋、做文章。多样化的竹类品种使丰富多彩的竹类加工产品生产成为可能，形成了鲜笋、笋干、竹胶板、竹凉席、建材、工艺制品、家具、农具、纺织器材、造纸及竹副产品加工等系列化规模经营，益华、西马克、礼遥、天目、青峰等各类加工企业迅速崛起。据统计，全市已建成各类竹子加工企业 150 多家，拥有固定资产 6500 万元，固定职工 3550 人，初步形成了一个基地办工厂、工厂办基地， 基地 — 工厂 — 市场农民四结合的竹业产业化雏形 。全市 90%竹材进行了加工， 竹枝、竹叶、竹梢、竹材都得到了充分的利用， 加工下脚料、竹粉等加工制成竹胶木粉，使竹子得到了全竹利用。

露水的光芒

晨星渐隐，东方吐白，三五成群的竹农或挑着担，或推着车，从四面八方汇聚到一起。这里，林林总总的竹笋堆得小山似的，让人目不暇接。驾轻就熟的贩笋专业户络绎不绝地前来交易，三言两语，过磅、交钱、搬货、走人，生意就成了，干净利落，绝不拖泥带水。当太阳冉冉地升上天空时，整车整车的竹笋就踏上了远“嫁”他乡的征程，这个喧闹而井然有序的市场如同黎明前草叶上的一颗晶莹剔透的露珠一般悄然消失了。这，就是被竹农们亲昵而又形象地称为“露水市场”的竹笋交易市场。

在高虹、在横塘、在三口……这样的“露水市场”随处可见，不但数量众多，而且标准规范，尽管是由农民自发形成的，却可以称得上是真正上档次的市场。

和任何产品一样，竹笋要实现其自身的价值，产、供、销三个环节必须环环相扣，缺一不可。随着市场经济的发展，竹农逐渐意识到，临安竹笋只有从一家一户自给自足的小农经济的小圈子里跳出来，主动融入市场流通，把丰富的物产资源优势转化为看得见、摸得着的经济优势，才有可能使竹业生产真正纳入健康发展的良性循环轨道。

针对这一状况，市（县）委、市政府走贤访能，问计于民，征求对流通的意见、建议和要求，组织工商、财税部门开辟交易市场，并制定优惠政策，鼓励个体贩销户“八仙过海”，参与市场竞争，使这种方式成为竹笋销售的主渠道，为竹笋流通注入了强大的生命力。于是，一大批专业竹笋贩销户应运而生。在竹笋旺销季节，丈夫长驻上海、杭州等大中城市搜集信息、联系销路，妻子、孩子和老人则留在家中负责收购竹笋，丈夫一天三个电话，向家中报告最新市场信息，妻子则根据丈夫从远方提供的价格和质量要求收购竹笋，往往是上午一个电话，晚上鲜嫩优质的竹笋就迅速送到了客户手中。这种以新型通信设施为依托的供销方式，便捷、高效、省时省力，架起了农户和消费者之间的桥梁，已被愈来愈多的农户所接受。

由于竹农全方位的参与，临安已形成了纵横 50 余公里、规模空前的竹笋大市场，直接参与流通的人员多达 3000 余人，在竹笋供销的高峰时期，平均每天动用各类车辆 200 余辆，日销竹笋 1000 多吨，雷笋、高节笋、天目笋干及竹材制品不仅流向国内市场，而且漂洋过海，远销日本、港澳台和东南亚。目前，全市已建成大规模的竹笋市场11个，西天目乡成为全国最大的笋干集散地，年销笋干320余万斤，销售额达1600多万元。

如今，早上还躺在竹园里的竹笋，晚上已成为日本东京都宾馆里的美味佳肴，这样的故事在临安已不再是天方夜谭，漫山遍野的翠竹终于变成了山区农民取之不尽、用之不竭的“绿色摇钱树。”

科技的翅膀

皑皑的白雪使绿色的竹海银装素裹，分外壮观。正在冬眠的山地被一群荷锄而至的竹农们惊醒了。但见银锄飞舞之处，一株株竹笋破土而出，那玉白的颜色和粗壮的身姿犹如一支支象牙，煞是可爱，欢声笑语和着串串汗珠撒落在江南第一菜竹园肥沃的泥土里……

“冬天里的春笋”，这个几代竹农梦寐以求的幻想，在今天的临安变成了现实。

捷报频传：

1992年1月上旬，三口镇珠坞村鲍子潮的0.41亩菜竹园中就已开始产出雷笋，比传统的出笋时间硬是提早了一个季度，仅一季竹笋收入就达1.3万元。1993年底，他的竹园再创奇迹，产笋1.5吨，产值达2.02万元；

高虹镇高乐村陈大量经营的6.6亩竹园，其中5亩雷笋，1.6亩洋毛笋，1993的共出笋8.584吨，创产值7.6万元；

高虹镇陈家坎村徐建忠的6亩竹园，共收入6.6万元，其中0.9亩早出高产雷笋收入就达4.13万元，售笋最高价达到每千克36元；

在竹笋主产区锦城、高虹、三口等12个乡镇中涌现了一大批依靠竹笋致富的佼佼者：10个乡镇竹笋产值超千万元，50个村竹笋产值超百万元，3400个农户竹笋收入超万元，全市有25万农民脱贫致富奔小康。

尝到了高产高效甜头的竹农们高兴地说：这都是大力推广“雷笋早出高产覆盖新技术”的结果啊！

早些年，临安的竹笋发展是零散的，往往缺乏规划和科学栽培，竹农们手捧金饭碗却要讨饭吃。1992年春，全市（县）第一届科技大会隆重召开，会上提出了科技兴农的新方略，它标志着临安农业科技时代的到来。市（县）委、市政府经过多方调查考证，逐渐形成了一条依靠科学育笋、早出高产、高产高效发展竹业生产的新思路，并围绕这一思路开展了一系列的服务工作：

市（县）里成立了竹笋服务中心和竹业协会，具体帮助和指导农民改进育笋技术。他们几经摸索，实施了四项技术改革：改平面种植为立体种植，改单一品种种植为多竹种种植，改正月种竹为四季种竹，改两、三年竹苗种植为当年竹苗种植。并在竹农中大力推广种、肥、水、土、密、温、青、防等“八字法”育笋技术。

竹笋建设也得到了财政、金融、供销、科研等部门的大力支持，各乡镇都制订具体的发展规划，指派专人抓竹笋基地建设。

正确的指导思想、优惠的政策措施、实在的经济利益极大地激发了竹农学科学、讲科学、用科学的积极性。数以百计的信函飞到三口镇珠坞村，向鲍子潮讨教春笋冬出的奥秘；一批批慕名登门拜师学艺者蜂拥而至；宣讲科学种竹育笋的培训班座无虚席。一些乡村和农户还主动与有关部门建立联系，聘请高级工程师王安国等人担任顾问，指导他们攻关。

寒冬腊月，竹农们不再打扑克、搓麻将，而是四处奔走，争相购进砻糠和竹叶，给尚在孕育中的笋宝宝盖上一层温暖湿润的被子，以促壮芽早发。

智慧加汗水换来了成功，年底就开始有雷笋相继问世了。由于鲜笋上市早、质量好，能卖出好价格，一锄头下去就是数十元的进账，高产高效变成了现实。据统计，一亩竹园实施覆盖技术，平均收入可达7500元，比普通竹园提高了整整10倍。

花香引得蜜蜂来，江苏、安徽、福建等10多个省的竹农和来自世界40多个国家的学者、专家纷纷前来学习、考察、取经，一位联合国粮农组织的专家在考察了高虹镇的竹笋生产后，惊讶地说："这真是世界上最高效的农业啊!"如今，在临安各地，科技种竹育笋已蔚然成风。一些家庭在子女长大分家时，老人们将家具、房产都分了，就是不分竹园，他们说："养儿防老，不如种竹防老。""送烟送酒不如送科技，给钱给物不如给片绿。"

良好的经济效益带来了良好的社会效益：五保户的生活有保障了，修桥铺路、造学校也有钱了。竹笋成了竹农的"养老保险"，家庭纠纷也少了，农民们由衷地说："是科技给临安竹笋插上了腾飞的翅膀。"

山还是过去的山，林却已不再是过去的林，昔日农民致富的"拦路虎"，如今已成了巨大的"绿色金矿。"

统计数据表明，1997年，全市竹林经济林综合收入7亿多元，占农业总收入的52%，农民人均收入4050元，其中30%来自竹果收入，农业经济和农民生活有了日新月异的变化。

竹业的发展也带动了全市林业经济的全面启动，先后获得了全国绿化造林先进市、乡村林场建设先进市、经济林建设先进市、世行造林先进市、林业宣传工作先进市、林业站建设先进市、全国造林绿化百佳市等七项全国桂冠，又被中国林业部命名为"中国竹子之乡"和"中国山核桃之乡"，并被列为全国山区综合开发试点市和全国生态示范区建设试验区。

一业兴则百业旺。1995年，临安进入了全省首批小康县（市）行列，1996年12月顺利实现了撤县设市。从此，一个崭新的临安在天目山麓迅速崛起。竹笋，这只山窝里飞出的金凤凰，正迎着初升的太阳，向着灿烂的明天，振翅高飞。（选自1998年临安市改革开放20周年征文选集《大潮颂歌》）

3. 故乡的翠竹（陈利生）

青山不可无绿水，野花不可无蜂蝶，江南不可无翠竹。何尝不是呢？你瞧我们天目山区，成片成片的竹林把一个个山村装扮成了绿色的世界，一株株袅袅婷婷的翠竹伸向天际，如绿色的剑鞘，直冲云端。清风徐来，竹的清香直抵我们的鼻息，沁人心脾。

第一次走进真正的竹林，我还是14岁的懵懂少年。那个坐落于清凉峰山脚的叫鸠甫山的小村，以盛产毛竹出名。那年，我和父亲去走亲戚。我是第一次去那个村。放眼远望，漫山遍野都是青葱的竹林。竹枝摇曳，姿影婆娑……第一次映入眼帘的那片绿色，竟让我喜爱至极！

走进亲戚家屋后的那片毛竹林，空气里弥漫着带有泥土芳香和竹子清香的混合味，特好闻。这是我第一次近距离亲近毛竹林。那是一片怎样的竹林呀，青翠挺拔的竹们，正舒展长臂，挽起一片浓郁的青纱，临风起舞。沙沙有声的竹叶，欢快地在耳旁舞蹈，是那样的悦耳动听。置身其间，是那样的宁静。走着走着，竟在竹林中发现了一株大笋，那个高兴劲呀，至今难忘。

细观那竹子，刚劲、清新、蓬勃。一年四季，暑尽寒来，仍绿荫葱葱，犹如一个个活泼的小姑娘，亭亭玉立，百般柔情，却不哗众取宠，更不盛气凌人。都说翠竹虚心劲节，朴实无华。何尝不是呢？那万竿修竹，甘于孤寂，不求闻达，却有着志行高洁的品质。

都说竹的浑身都是宝，一点不假。我们的日常生活，又何曾离开过竹？竹可以做成各种各样的物品——小巧精致的竹篮能盛放物品，坚实的竹椅让人坐着安稳、舒心，精制的竹席又是盛夏必不可少的，竹制的钓鱼竿虽不是金贵之物，但却颇受垂钓者的青睐。竹箫、竹笛，是竹之灵性的吟唱。是竹，把我们的情感融化在这一个个优美的音符之中。

众所周知，天目笋干，是我们临安的“老三宝”之一。笋干炖老鸭，还是一道特色菜呢。临安的小笋品种多样，水笋、早笋、雷笋、青笋、红壳笋、花斑笋应有尽有，其中最鲜的要数石笋。春天里，吃油焖笋、腊肉烧春笋、毛笋烤咸菜。尤其是杭帮菜中，一锅腌笃笋上桌，众人喝彩。冬天里，也有冬笋吃，风味独特。至于以冬笋和荠菜为馅做成的春卷，更是春节期间人见人爱的佳肴。

每当春雷滚动，新笋就悄悄地在沉睡的土地中萌发了。一场春雨过后，一支支竹笋破土而出，直指云天。当春风拂去层层笋衣，竹笋们便像一个个水灵的少女，亭亭玉立在明媚的春光里。鲜嫩的竹笋是我最喜的食物。腊肉炖春笋，是那样的清香，曾为我们的餐桌增添了几许亮色。

临安被人称作是“江南第一菜竹园。”据统计，全市竹林面积达百万亩，近年竹产业总产值达 31.2 亿元，其中竹笋产量 23.5 万吨，居全国之首。临安，真是名副其实的“中国竹子之乡。”

让竹笋进入菜谱的功劳，我们不能不提到一个文人以及他的诗。

“可使食无肉，不可居无竹。无肉令人瘦，无竹令人俗。人瘦尚可肥，士俗不可医。”这是苏东坡对竹的一往情深。相传这首名为《於潜僧绿筠轩》的诗，便是这位大学士在我们临安的首创。1073 年（北宋熙宁六年）春，苏东坡出任杭州通判时，从富阳、新登，取道浮云岭，进入於潜县境“视政。”当时於潜县令刁璹热情接待了这位上司，并下榻在镇东南的金鹅山巅“绿筠轩”中。一天，在寂照寺出家的於潜僧慧觉禅师拜见苏东坡，与他一起谈佛论经。苏东坡博学多才，又自称佛门居士，谙熟佛学，使慧觉十分钦佩。两人在“绿筠轩”临窗远眺，只见满目皆是茂林修竹，苍翠欲滴，景色宜人。苏东坡情不自禁地连连叫绝。慧觉禅师见此，知苏东坡已被眼前的绿竹景色所倾倒，就故意逗道：“苏学士，房前屋后栽几株竹子，我们於潜自古以来如此，不过点缀一下而已。”苏东坡摆摆手道：“此言差矣，门前种竹，绝非点缀而已，此乃高雅心神之所寄。我这儿有一首诗赠你。”于是，他即兴挥毫，写下了这首《於潜僧绿筠轩》。一直以来，这首诗被人称作是历代文人将竹视为名士风度的最高标识。

苏东坡与我们临安的竹似乎颇有缘分。相传他被贬杭州时，多次来临安。有一次走进昌化南屏山上一个寺庙，正是鲜笋上市时节，和尚烧了一锅“腊肉炖石笋”招待贵宾。苏东坡尝后击节赞赏，于是，就有了那首有名的《自昌化双溪馆下步寻溪源，至治平寺》：“乱山滴翠衣裘重，双涧响空窗户摇。饱食不嫌溪笋瘦，穿林闲觅野芎苗。却愁县令知游寺，尚喜渔人争渡桥。正似醴泉山下路，桑枝刺眼麦齐腰。”这是南屏之幸，昌化之幸，更是临安之幸。

竹，自古以来与梅、松一起，被称为“岁寒三友。”竹子虚心、有节、坚韧、常青，象征着谦虚、节气、坚贞、操行，历来为人们所赞颂。文人爱竹，不单是爱它的秀美，更因它那不畏严寒、刚正不阿的性格，正是文人雅客毕生所追求的。

因此，竹的文静高雅，与文人墨客便有了不解之缘。“不用裁为鸣凤管，不须截作钓鱼竿。千花百草凋零后，留向纷纷雪里看。”白居易道出了竹子淡泊清高，凌云奋发的品性。“绿竹半含箨，新梢才出墙。色侵书帙晚，阴过酒樽凉。雨洗娟娟秀，风吹细细香。但令无剪伐，会见拂云长。”这是杜甫笔下竹的不俗风骨。“咬定青山不放松，立根原在破岩中；千磨万击还坚劲，任尔东西南北风。”这是郑板桥的咏竹名句。“新篁才解箨，寒色已青葱。冉冉偏凝粉，萧萧渐引风。扶疏多透日，寥落未成丛。唯有团团节，坚贞大小同。”元稹把新竹的优雅和坚贞表现得淋漓尽致……能得到如此的美誉，人们自然而然地更喜欢竹了。

若说梅令人洁，兰令人幽，菊令人淡，莲令人清；若说松令人傲，柳令人柔，枫令人豪爽，梧桐令人高远；那么，竹，便是集山川岩骨精英秀气于一身。竹在荒山野岭中默默生长，无论是峰峰岭岭，还是沟沟坎坎，她都能以坚韧不拔的毅力在逆境中顽强生存。尽管长年累月守着无边的寂寞与凄凉，一年四季经受着风霜雪雨的考验。

修竹千竿，情牵历代文人；丹管一支，写尽人间春色。竹是一首无字的诗，竹是一曲奇妙的歌。竹是四季田野里的音符。

院子里种上一丛竹子，在带给我们绿色的同时，也给生活增添了一份雅致。

一夜春雨，千竿新竹。桃红李白，柳影婆娑，怎抵得十里篁竹勃勃生机，一片青翠无限风光。或低矮数寸，或高直数丈，皆不媚不俗，不卑不亢，凛凛然有君子之风。

如今，虽身居闹市，远离乡野，但故乡那片绿意盎然的竹林，永远摇曳在我的梦中。（选自2013年4月《天目竹韵》第1期）

4. 绿竹曳摇太湖源（赵庆元）

江南春早。农历新年上班的第一天，省委常委、杭州市委书记黄坤明到临安太湖源竹种园赏竹问竹，对竹种园的生态经营理念、科技创新思路、密切百姓利益的做法，以及顺应现代竹业发展趋势的可持续经营策略和以竹种资源为核心的多功能复合效益协同发展模式，给予充分的肯定和赞赏。回顾竹种园的创业历史，展望未来发展蓝图，竹子之梦已飞翔在吴越大地的青山绿水之间。

竹子畅想

临安是“中国竹子之乡”，竹林面积近百万亩，是临安林业的主导产业。有菜竹、笋材两用竹、观赏竹和野生竹类，竹的资源丰富还很有特色。二十世纪八九十年代以来，临安竹业迅速崛

起，突出抓菜竹、毛竹、笋干竹的经营和发展，取得了以竹富民的好效益。在竹业大好形势下，如何实现竹林可持续经营，这成为教授级高工、林业先进工作者王安国思考的主题。2002 年，他通过参加全国竹子会议和考察到的情况，分析了竹子发展趋势，即竹子要传承和发展生态景观，美化环境的作用，园林绿化，“岁寒三友”松竹梅，花卉“四君子”梅兰竹菊，自古以来，都离不开竹，而现代城市绿化只注重木本为主，而轻视了有深远文化底蕴和观赏价值的景观竹子，而且很少见到用竹子绿化，有的也是用普通笋用竹密植道路绿化带，究其原因是没有好的景观竹，发展高中低矮不同空间、不同类型的观赏竹子去点缀园林、靓丽城市是一个潜在的产业；竹笋一般集中季节性上市，如何做到全年四季有鲜笋，尤其是夏秋季节上鲜笋，是一个从竹种资源上寻找产业链延长的课题；提高鲜笋品质、退化竹林改造，优良竹种替代等，又是涉及市场需求和农民增收致富的重大课题。陈奇梁等以一个企业家的敏锐目光，心领神会地迅速投入竹种园的项目建设中去。从溪东畈的三十亩竹种园开始，通过十二年的艰苦创业，发展成一千余亩面积，集生态、经济、社会效益于一体的“太湖源观赏竹种园”和“现代林业科技服务中心”。竹子的畅想已演绎出优美的乐章。

竹子寻觅

竹子品种繁多，中国有 500 多种，全世界有 1200 多种，临安只有 63 种。竹种园引种的主要竹类是珍稀观赏竹和优良笋用竹。这就需要先在国内进行采集或引进。竹种园充分利用国际竹藤组织、中国林科院、国家林业局竹子研究中心、浙江农林大学等科研单位和大专院校的科技合作，取得竹种资源的支持和网络信息支持。在此基础上，陈奇梁等团队南下闽粤赣、西去滇川湘，风尘仆仆地到全国竹子产地去收集良种，但有的珍稀竹种如龟甲竹、橄榄竹、鸡毛竹引种引不到，他们就进深山竹海自己去找野生的。2003 年，王安国的女婿陈奇梁放下企业，背着还年幼的女儿奔走临安、安吉百万亩毛竹林中，去找龟甲竹。这种毛竹的变异竹子，很是稀罕，正如竹子专家所言：“十多年前在日本有个说法，一株龟甲竹可以换一辆本田的汽车，在日本如果院子里看到有棵龟甲竹种着，就说明是个大户人家。”龟甲竹越高大，价格成倍增。这是件可遇而不可求的事，他下决心去找。功夫不负有心人，最后终于找回了二十来棵竹苗。又如为了出省找橄榄竹种，他和浙江省农林大学的老师三次去福建，在第三次开车两天三夜在大山里转，来回跑了两千多公里才如愿以偿，竹大拿不回来，只好取来竹鞭和小苗。橄榄竹叶子翠绿，株型挺拔，观赏价值高，已发展到 5—6 亩地的竹林。外出找竹种的酸甜苦辣都尝过，寒冷湿热、风餐露宿甚至车祸都经过，最危险的是到福建浦城，车撞断电线杆，飞车到田中，车毁了，他最着急的是救人，幸好车上 2 名博士，1 名硕士未受伤，花去 3 万来元修好车再去找竹种。找来竹种引种试验有成功也有失败，如找来方竹、香竹、邛竹，由于立地条件和气候条件等不适应就没有成功，其中方竹引种试验失败损失 20 多万元。通过失败也总结出经验和数据，为下一步的引种做好准备。通过不懈努力，竹种园共收集到 120 多个优良竹子品种，为园区规模化发展和可持续经营打下了坚实的基础。

竹种繁育

竹种园有了全国各地的备选优良竹子，但来自不同气候、地理条件的散生、丛生、混生竹类，需要引种试验和野生竹类驯化，特别是南方热带丛生竹类在临安冬季难以过冬。为此，竹种园建起1300多平方米的温室大棚，400余平方米的标准隔离种植区，专门用于引种试验驯化和繁育。珍稀观赏类竹种，通过引种繁育，迅速形成规模，如“美丽箬竹”从引种三小丛，现已有几十亩，发展成为全国最大的种源，它色泽翠绿有利于水土保持、公路绿化，需求量大，每年销量在几十万盆，每亩地美丽箬竹竹苗产值有12万多元。观赏竹中有高的花毛竹、中的黄纹竹、金镶玉竹，低的辣韭矢竹，矮的地皮类鸡毛竹等几十种，为园林绿化增色添彩。珍稀的有龟甲竹、佛肚竹、黄秆金竹、花秆早竹等，观赏价值高。如龟甲竹原是毛竹林中的变异品种，竹农眼中看其成不了材砍掉淘汰的竹。陈奇梁从临安、安吉深山竹海中找来，进行驯化和繁育，从原来20来棵变成现在600多棵的种竹资源。原是养在深山无人识，现是一株身价上万有人买。但他现在不卖，他认为人家要花高价买去当珍品种植，好东西要先把它成林，竹种园自己要先漂亮起来，龟甲竹已成竹种园的镇园之宝。

目前，优良笋用竹种，已筛选繁育了四季竹、黄甜竹、乌哺鸡竹、白哺鸡竹、水竹、水桂竹、刚竹、红竹、五月季竹等三十多个品种。如“四季竹”既是观赏竹，又是笋用竹，它弥补了沪杭地区5—10月夏秋季无笋期，现在不仅冬天有春笋，还夏天有鲜笋，使临安竹笋真正达到了“四季有鲜笋。”同时还抢救了濒危食用笋种——富阳乌哺鸡竹，繁育了味道好耐盐碱的水桂竹。通过实施“耐寒园艺用竹筛选”，适宜北京等北方种植的20多个竹子品种，为南竹北移提供了技术依据。竹种园被临安市确立为竹子种苗繁育研发中心。

竹子科教

太湖源观赏竹种园以珍稀观赏竹和优良笋用竹种质资源收集、保护、种苗繁育为主，同时进行现代竹业研究，使之成为科技培训、推广，农村人才培养，竹子园林设计、绿化工程，国内外科研合作与交流，以及科普教育等多功能一体化的农业园区。园区先后被授予“国际科技合作基地”“国际示范林中国网络临安项目伙伴”“浙江省远程教育教学实践基地”“杭州市农村实用人才实训基地”“杭州市农村科普示范基地”“杭州市农业科技孵化器”和临安市“现代竹业技术培训基地”“生态环境教育基地”等殊荣。2011年，被中国科协评为“科普惠农兴村计划先进单位”。园区运用现代竹业科技服务平台，与有关国际组织、国内科研单位和大专院校合作，承担了30多项国内外竹子科技项目。举办培训班120多期、培训学员7000多人次，培训数百名竹子栽培实用人才；在国际交流上，为48个国家900多名国际竹子培训班学员进行了培训。还与智利、菲律宾、卢旺达等国达成合作协议，派员指导发展竹笋或提供竹苗。2007年，王安国、陈奇梁先后考察和指导菲律宾种竹，出口无土培育竹苗5000多株，在陈奇梁指导下移栽成活率达90%以上，受到菲方总统办公室主任的热情接待和赞扬。2009年，王安国到智利指导种竹和竹产业发展规划。2013年，卢旺达农业部长到竹种园考察，将麻竹、美丽箬竹、细叶龙竹、青皮竹、马来甜龙竹五种竹苗引去种植。竹种园成为科技部和林业部对外交流合作的窗口和基地，成为亚非拉

“南南合作”机制的一种成功创新，“给予鱼不如授人以渔”的好范例。同时，园区还成为中西部地区的参观、培训基地，接待2000多人次参观考察。园区响应国家科技扶贫的号召派出科技人员到重庆、湖南、四川、陕西、海南等地进行技术指导发展当地竹子产业，其中帮助海南白沙县发展了十万亩竹子。将临安的竹子科技推向全国、走向世界。

竹业惠农

太湖源观赏竹种园，通过合理流转农民土地使用权，将高低不平的山垅地、烂塘田改造成园田化标准的沟渠路塘配套的园地，已建立起一千多亩的种苗繁育基地，当地农民参与到园内工作，获得了经济实惠。园区和临安市现代林业科技服务中心、太湖源竹笋科技示范户发起成立“高云竹笋专业合作社”，合作社为120多户社员培训竹林管理、测土配方施肥等技术，解决雷竹退化、竹笋品质下降的难题。按照中医看病理论，运用生物有机肥，实施针对性的测土配方施肥，使竹林复壮、笋的质量提高，竹农收入显著增加。如示范户张志明一块1.7亩的退化竹林经改造，三年来年亩产达3000多千克，年收入在5万多元。合作社还与上海益微生物工程有限公司合作，办起生物有机化工厂，供应测土配制有机肥料，供应农户竹笋用肥。园区和合作社教技术、供肥料，与竹农利益紧密相连，在统一生产技术规程的基础上，向国家工商局申报了“太湖源头”商标，统一包装和收购采用该技术生产的竹笋，向市场销售，提升了经济效益。采用生物有机肥测土配方施肥技术，竹笋中的硒、钙等人体所需要的微量元素含量明显高于其他竹笋。竹笋粗壮、基本没有老篰头，生吃口感甜脆，誉为“水果笋”。杭州市黄坤明等领导品赏后连声称赞可以生吃的“这个笋好吃”，还招呼大家品尝。这一技术的突破，解决了临安雷竹退化、产品质量下降、农民增收难的问题，找到了临安竹笋可持续发展之路。

竹种园选育出优良笋用竹，及时将科技转化为生产力，努力为农民增收致富着想。例如能弥补临安夏秋季无鲜笋的四季竹，园区大力推广，向农民提供竹种，不仅解决退化竹林的替代品种，而且笋质口感好，受到竹农和市场的欢迎。目前已推广四五千亩，亩产值在5000元左右，使夏秋季竹农增收，使沪杭市场有了鲜笋供应。

竹子文化

走进竹种园，那一个个竹子品种，无论其观赏性和实用性，都有其历史文化脉络或背后的故事。恰似进入竹文化的园地。斑竹仿佛诉说着潇湘二妃千滴泪洒竹林，形成点点斑痕的古代故事；观音竹、佛肚竹、罗汉竹又与佛教文化扯在一起，竹佛渊源久矣；众生竹中象孝顺竹、笋依母竹、生生不息，如孝子奉母；黄金竹、金镶玉竹，似乎招摇着财富广进；挺拔的刚竹，让人想起戚继光砍去竹梢，让浙江兵勇用“狼筅”作兵器大败倭寇；还有那花竹、紫竹、五彩竹，绿竹曳摇、竹影婆娑，好如在以紫竹制成的琴笛笙箫等江南丝竹伴奏之下舞蹈，像上演一出多彩缤纷的舞剧。如今，那美丽箬竹等观赏竹，绿化道路、装扮城市又和“美丽中国”“生态浙江”联系在一起。那“孟宗哭竹”寒天求笋孝母，到如今临安“冬天里的春笋”、四季笋、“水果笋”的现实故事，是否已成为脍炙人口的文化美味佳肴。

竹种园漫步赏竹，细细品竹，耳边仿佛响起千年前的杭州太守“竹神”苏轼的话：“可使食

无肉，不可居无竹。无肉令人瘦，无竹令人俗。”使人油然而起敬竹、爱竹，颂竹的冲动。二年前的春天，管竹苗老领导走在竹种园，心随境生，由此而提议开展“临安竹文化研究”，王安国等人积极响应，着手筹备，争取到市委、市政府和市林业局的全力支持，于2012年12月成立了“临安市竹文化研究会”。集中了一大批爱竹人士，以此为“大本营”和平台开展竹文化研究。竹种园入驻竹文化载体，将大大提升“太湖源观赏竹种园”的文化品位、生态文明品位和生态旅游品位。文化是产业的灵魂、是软实力，这不仅引领园区向更高层次发展，还必将带动临安竹子产业的可持续经营和新的发展。

竹子梦想

竹种园在新的历史时期也有自己的“中国梦。”园区计划以生态学和生态经济学原理作指导，以观赏竹为主，结合相关园林绿化、名贵树种和花卉植物，用美学和园艺核心技术，发展以竹为主的景观，建设休闲、养生配套设施发展生态旅游，挖掘历史的、传承传统的、创新现代的竹文化和竹产品，建设临安的竹文化展示和活的竹科普基地，为临安竹产业转型升级起示范带头作用。也就是从竹种园的基础上建成“东坡竹文化生态观光教育示范园。”

这个“竹子梦想”，重点弘扬竹文化，引入生态观光、延长产业链，研发竹科技，着力科普教育，服务竹产业，树立起临安竹子之乡的竹文化品牌基地。项目设想用四年时间（2013—2016年），投资6500万元，以现代农业园区的理念规划建设种苗繁育区、农业生产区、科技展示区、培训教育区、景观游览处、游乐休闲区、竹文化展示区和管理服务区等设施配套齐全，科技含量较高、品位独特的生态文明园区。

目前，竹子种苗繁育用2000平方米现代化的钢构阳光大棚已建成，着手准备把信息化、自动化的装备搞上去，把国际、国内珍稀名贵观赏竹种和优良笋用竹种陆续引进来，建成一流的竹种繁育基地。园区农业生产标准化的配套基础设施正在施工，园区聘请国内高级竹子专家，引进国内先进的亚热带典型的山地竹林生产设备和检测仪器；在引进人才的同时采取内培、委培、交流等多种形式，加强和提高员工队伍整体素质，为园区发展打造好技能水平一流，具有自主创新能力的团队。园区积极开展国内、国际交流，在人才、科技、种苗等方面采用引进来、推出去的方式进行合作，让科技人员充分发挥潜能、人生出彩，使园区成为具有国内、国际良好影响力的现代农业观光示范园。

在春光明媚下的竹种园“竹海藏春”园铭石前，满头银发精神气足的王安国对作者说：“我想把苏东坡请进来！”“苏轼一定很想来，千年前他在临安赏竹品竹、写竹咏竹，留下歌颂临安绿竹的千古名句：‘可使食无肉，不可居无竹。无肉令人瘦，无竹令人俗。’千亩竹种园千姿百态的神韵，那他还不如痴如狂，还不与你十分投缘？！”在大家谈论中，说到竹种园“竹子梦”的“形”已具规模，要在“神”和“魂”上再做功课，“竹神苏东坡！”“把像塑起来，把诗刻上去”，“上帝是人们造出来的”，“文化是灵魂，驻入活起来。”这时，竹种园的“竹子梦”似乎更加清晰起来，激起王安国无限遐想，他仿佛一下超越时空，与受邀远道而来手擎邛竹杖的杭州老太守、眉山苏东坡，漫步竹林幽篁间，请竹神评竹论竹，谈竹笋美味佳肴，讲山水玲珑胜境，说古今人生哲理，那高雅豪放超神脱俗之风直使竹林婆娑娑婆。表示于境于情于诚，不管他人“似高似痴”闲话，“我本无家更安住、故乡无此好湖山。”欣然应允入园志同道合地一起去执着追求中国竹子梦想。（选自2013年4月《天目竹韵》第1期）

5. 临安竹子天下秀（徐江森）

临安竹子文化源远流长

临安自古盛产竹子，种竹食笋赏竹历史悠久，源远流长，蕴含了丰富的竹文化。据《浙江省林业志》记载：“1983年5月，考古工作者在临安西天目山朱陀岭华严洞挖掘出大熊猫、中国犀、东方剑齿象等15种古动物化石骨，经浙江省自然博物馆鉴定，化石距今约2万年。熊猫主要食料是箭竹，由此可以断定，早在约2万年以前，浙江天目山区已有丰富的竹资源。”而“中国古代竹子分布最早记载见于《尚书·禹贡》，距今也只有4700多年历史。”可见临安竹子历史之悠久。

北宋熙宁六年（1073），苏东坡任杭州通判时，从富阳、新登取道浮云岭，进入於潜“视政。”当时於潜县令刁璹，与苏东坡同榜进士，交情甚笃。苏东坡到了於潜，刁璹热情接待了这位上司。参加接待的还有前任县令毛国宝，以及县尉方君武等。当时，苏东坡下榻在镇东南的金鹅山（现於潜中学后山）上的“绿筠轩”中，那时山上到处茂林修竹，景色宜人。一天，於潜镇郊的西菩寺惠觉禅师拜见苏东坡，与他一起谈论佛经。苏东坡博学多才，又自称佛门居士，谙熟佛学，使惠觉十分钦佩。两人在“绿筠轩”临窗远眺，但见满目皆是苍翠欲滴、悄然挺立的秀竹。苏东坡情不自禁地连连叫绝。惠觉禅师见此，知苏东坡已被绿竹倾倒，就故意逗他：“苏学士，房前屋后栽几株竹子，我们於潜历来如此，不过点缀一下居室而已，有什么可大惊小怪的！”“此话差矣！”苏东坡摆摆手说：“门前种竹，绝非点缀而已，乃是高雅心神之所寄。我这儿倒有一首好诗赠你。”说着他即兴挥毫写了“可使食无肉，不可居无竹。无肉令人瘦，无竹令人俗。人瘦尚可肥，俗士不可医。旁人笑此言，似高还似痴。若对此君仍大嚼，世间哪有扬州鹤。”苏东坡这首颂竹诗，可以说家喻户晓，人人皆知了。后来被编入《苏东坡文集》。

临安竹子资源十分丰富

临安天目山是中国散生竹中心产区。据明万历《临安县志》记载，竹的品种就有26种。全市现有竹林面积百万余亩，有本地乡土竹种10属55种〈引种19属96种〉，竹种资源十分丰富，尤以杂竹最多，居全省之首。居《浙江省林业志》记载：“天目山区的东西苕溪流域是杂竹最集中分布区，杂竹林面积43.4万亩，资源均超过全省一半以上”，又载：“1993年，临安市建成菜竹基地15万亩，年产竹笋5万吨，产值2.4亿元。菜竹已成为临安农村经济的支柱产业和江南最大的菜竹园。”

现在全市有毛竹基地32万亩，雷竹等菜竹基地48万亩，还有高山笋干竹基地20万亩，是江南最大的菜竹笋基地。已建成省级竹子现代示范区1个，杭州市级园区9个，市级园区（基地）82个，经营面积近60万亩。

在临安3100多平方公里的土地上，有100多万亩各类竹子。竹，宁静而典雅，身居其中的临安人，开门见竹，睁眼是竹，闭目养神还思竹。竹，成了临安人生活中密不可分的一部分。

“临安竹子天下秀。”1991 年以来，已有 17 个国家和地区 117 名官员、专家和全国 27 个省、市、自治区 800 多个县、市 6000 多人次到临安考察竹业建设。1996 年 3 月，临安被林业部命名为“中国竹子之乡。”2003 年 9 月，第八届“中国竹子之乡”联谊会在临安举行。来自全国十大竹子之乡的 130 余名代表参加会议，国家林业局领导到会祝贺。2000 年 10 月，竹子可持续经营及竹子加工技术国际培训班在临安举办，25 个国家 60 多名中外代表到青云、横畈、三口等乡镇实地参观竹子栽培和加工技术。2005 年临安承办和协办国际竹子培训班 4 次，28 个国家 153 名官员、学者参加培训。1996 年 7 月 2 日，《中国林业报》（《中国绿色时报》前身）以《临安竹子甲天下》的通栏标题，介绍了临安的竹业建设。

国家林业局公布全国 30 个竹子之乡，临安（杂竹）、安吉（毛竹）名列前茅，素有“世界竹子看中国，中国竹子看浙江，浙江竹子看临安”之美称。现在北京故宫博物院还珍藏着一座用翡翠制成的竹子盆景，这是乾隆皇帝八旬寿辰上群臣敬献的一件珍宝，据说竹材还是天目山提供的。

临安竹子故事广为流传

临安笋竹的故事很多。在离临安市不远处有一座山寺——径山寺，山门外长着一片竹林，那青翠的竹竿上有一道道黄色花斑，看了让人十分奇异，传说这和苏东坡有关。

那是东坡即将辞别杭州，最后一次来寺的时候，主持和尚拿了笔墨请他题诗写字。苏东坡刚写好“众峰来自天目山，势若骏马奔平川”两句，突然飞来一只山鸡，在窗前的竹林里鸣叫“苦苦苦”。苏东坡听到山鸡啼叫，触动了心中隐痛，就把手中的笔掷向窗外。那笔飞出时，刚好碰在一根竹竿上，笔上的水渍就溅开了，落在好几根竹竿上。苏东坡诗没有写完，就下山回去了。但那些留在竹竿上的印记一直没有褪掉，而且越来越多，很像金丝。后来人们就把那些竹叫金丝竹。现在，天目山金丝竹上的斑块是否和苏东坡有关，不得而知，但苏东坡来过临安，到过径山寺，是有史可查的。

还有“天目笋干”的故事，这和历史上萧统太子也有关。萧统（501—531），南梁昭明太子。为葬母事，受宫监鲍邈之谮，不能自明，遂愤不见帝，带近臣崔、张两丞来东天目参禅。而此时正值拗笋忙季，天目山僧人都上山，连崔、张两丞也跟着上山拗笋。全寺上下，只留萧统一人。老和尚有些不放心，临走还再次叮咛萧统，要他及时给锅中的笋添柴、添水和放盐。萧统在他们上山半个时辰后，把两个锅子所煮的笋，放了盐、加了水、添了柴，心想让它煮着，再过半个时辰添水也来得及。于是就专心致志地写起书来。一直到午时边，老和尚和崔、张两丞每人都背着一袋沉甸甸的笋踏进厨房，几双眼睛同时注意两只煮笋大锅。只见一缕缕青烟从锅中袅袅上升。老和尚与崔、张两丞几乎同时揭开锅盖，见两锅鲜笋都已干燥，笋已干了，成了“笋干。”老和尚倒是毫无责备之意，哈哈大笑起来说：“我年年苦思冥想，总想把鲜笋当作寺院里常年都能吃的菜肴，可是一年年过去，除了每年腌制部分咸笋外，别无他法。今天倒好了，真是太子福分大，有缘千里来，居然给本院创出了能吃半年的常菜——‘笋干’”！这就是“天目笋干”第一次制成的“毛坯”，也就是历史上所传说的《萧统无意创笋干》的故事。

临安竹子工艺起步较早

临安在20世纪70年代，农村社队竹器加工业就开始兴起。1972年创建三口工艺竹编厂，有职工80人，固定资产30余万元，主要有飞禽走兽、水上动物等工艺制品，以及各种面包篮、花盆套、花篮等50个品种，远销中国香港及美国、日本和法国、意大利等10多个国家和地区。建厂16年，累计创汇540万元，上缴税金30余万元，实现利润15万元，是县内最早的出口创汇企业。曾获得轻工部授予的创新奖。现在，板桥镇三口村在“文化礼堂”内开辟了竹编工艺品陈列室，将各种动物造型，以及家居用品的竹编工艺，整齐有序地摆放在陈列室里，使三口竹编工艺品得到了很好的保存。1978年，龙岗渔具厂、上甘竹编厂先后建成。1985年，在马山乡建立临安木竹开发实验厂，是本县生产竹编胶合板第一家厂。2005年以后，竹材加工业兴起，产品有竹地板、竹衣、竹炭等，远销日本、韩国、马来西亚、欧美等地。

临安笋竹加工蓬勃兴起

20世纪80年代以来，临安笋竹加工蓬勃发展。现在全市笋竹加工企业185家，其中年产值超亿元的企业4家，千万元以上的企业25家，加工产品共14个系列，500多个品种，加工产值近20亿元，出口创汇9000多万美元，是全国最大的水煮笋和天目笋干加工销售中心。目前，仅浙江松友食品公司一家企业，出口的水煮笋就占到全国出口量的四分之一。品牌创建有新突破。127家企业通过各类质量认证，7个产品获省级名牌产品。2011年，“天目雷笋”品牌价值16.95亿元，“天目笋干”品牌价值13.25亿元。10余个产品、16万亩竹笋基地通过无公害农产品认证。并积极拓展竹笋外销市场，鲜笋市场从江、浙、沪拓展到北京、东北、西北等地区。

长江绕郭知渔乡，好竹连山觉笋香。今年4月，“浙江笋竹产品齐鲁行”活动在山东省济南市举行，副市长周玉祥带领临安参展队参加了此次推介活动，临安竹笋及竹子系列产品唱响齐鲁大地。我市参加此次活动的共有12家企业，有天目笋干、竹纤维、竹工艺品等100余个品种现场展示和销售，其中西马克食品有限公司与杭州康江食品有限公司还在现场与当地企业签订了经销合同，签约金额1000万元。

竹子增收惠及竹农

竹子是临安人民的重要生活来源。可食的鲜竹笋就有雷竹、早竹、毛竹、石竹、篌竹、红竹、高节竹等20多个品种，其中以雷竹笋为代表的竹产业已经成为我市农村的第一大支柱产业。竹子被誉为临安农民的第一棵“摇钱树”，在临安农民的心中，竹子不仅是美丽家园的象征，更是富裕生活的来源。2011年，全市竹产业实现总产值31.2亿元，其中竹笋产量23.5万吨，一产产值达到8.34亿元（2012年一产已达9亿多元），竹笋总产值达到22亿元。涌现出15100个竹笋万元户，202个竹笋5万元户，13个竹笋超10万元户。产区13万竹农近五成的收入来源于笋竹产业，在笋竹上的人均收入高达6300元。“竹子一条龙，吃穿不愁穷。”竹产业是临安林业经济的一个层面，是临安竹文化的重要内涵，也是竹农致富的“聚宝盆”。（选自2013年7月《天目竹韵》第2期）

6. 竹，是有文化的（许茂华）

市里成立了竹文化研究会，机关里原先熟识的几位有所专长的老同志，参与到了竹文化研究的行列。说茶文化，可能大家一下子就容易接受，中国的茶文化是源远流长，一杯飘香的清茶里，细细端详一下，里面全是银须飘然的古代长者，底蕴深着呢！而司空见惯的竹子，被戴上文化的桂冠，似乎一下难以反应过来，但就笔者这点浅学薄识，还真的要说一句，竹和茶一样，也是文化深厚、源远流长的。不说李白、杜甫、苏东坡他们对竹子的咏叹，让竹子以劲节虚心的形象传颂于世，单就我们现在日常生活里，皆有竹子如影随形的渗透和影响。衣，有竹纤维为原料的鞋帽服饰；食，餐桌有四季鲜笋相佐；住，有冬暖夏凉的竹楼；行，有漂流之筏、有助游客爬山登顶的竹轿；娱则横笛竖箫，还有拉出高亢激越戏曲的京胡呢！无论从历史渊源还是眼下竹子产业的开发盛景，竹是有文化的。即以书简为例说事，你想，还能有哪一种植物，像竹子一样对人类的文明产生如此深远的影响！作为一个以“竹子之乡”命名的地方，把竹子搬进文化的典雅之堂加以研究，是很可以大有作为并值得我们期待的。

对某一事物，冠于文化的象征，大抵是人们把该事物人格化了。竹子的满目青翠、四季常青为人称颂；其咬定青山，生命力特强为人称道；其节实腹空被喻之为人的贞洁虚心，这些都为历代文人墨客所津津乐道。以我的一点点形象思维，有段时间，我总把竹子和松柏并列起来看：则松为男，竹为女；松柏是硬汉顶天立地，如鲁迅；竹子如侠女，以柔为刚，如秋瑾。这样有觉不甚妥当，竹子傲立于群山，挺拔干练，凌霜傲雪也理应是沉稳踏实有担当的男子汉形象。自古以来，历史长河中可在男子后面加上汉的英雄伟人数不胜数，但从人物性格、行事作风、术业专攻来看，似有阴阳、刚柔之别。成吉思汗、文天祥、岳飞之伟岸，若巨松擎天，大有天塌下来舍我其谁的气概；汉高祖、诸葛亮、孙逸仙之智谋，似苍竹迎飓，总有波涛压顶柔掌力推之豪情。这样说，对自古风流人物绝无褒贬之意，只是把松竹拟人化一下。特别把竹子喻为谦谦君子的形象，意欲推崇人性中的优秀基因：纯洁、正直、内敛、沉稳和谦和，希望更多人以竹子为榜样来陶冶情操。我很喜欢郑板桥的《竹石》：“咬定青山不放松，立根原在破岩中。千磨万击还坚劲，任尔东西南北风”；但更喜欢先烈方志敏的《咏竹》：“雪压竹头低，低下欲沾泥，一朝红日起，依旧与天齐。”因为诗中的竹子更具柔中有刚，刚柔兼备的品性。

竹文化的内涵非常丰泽，就像一坛陈年老酒，不打开则已，一打开则满屋盈香，从何采撷都觉难于举箸。满山遍野皆是竹，一根竹鞭全成亲。盘根错节，纵横交错，乱中却有序，会理则不乱。竹林寻冬笋，不会者东掏西挖，七坑八洼，可能气力耗尽，仍竹篮空空而归；能者察言观色，东边瞅，西比画，小锄点到即藏笋渐露，靠功夫，省体力。何能入此“老翁滴油”般境界，当自小在竹林里跌打滚爬，功到自然成。竹的繁衍，可说是最直观的生命现象，代代相接，血脉相通，躯离根连，至死不渝。人之呱呱坠地，当有一刀相剪，断了你与生母的生命相接之链，而竹子的生命相通之带——竹鞭，却始终母子相随相长，直至老去。这样看，竹在繁衍新生命上，似乎比人更有情有义。我又傻乎乎地呆想了：我们研究竹文化，是否也可以如沿鞭寻笋般，依据山坡阴阳，竹劲强弱，枝条走势，先找准研究的方向。研讨中，既有综合性，理论性极佳的振聋发聩之作，让人思索考量，以研究指导当下；又有蜻蜓点水般的清新小品，让人赏心悦目，读后眼睛一亮，有点启示和感怀。研究之形，可以散扩无拘，但文化之神当贯穿始终，有点形散而神不散的味道。

市里有了竹文化研究会，我把这个信息和画家金晓海作了交流，金可是纯粹从天目山走出去的青年画家，现已有省美术家协会会员头衔。他胡须飘逸，修长消瘦，说画家更像个老中医。因自小在吴马村周围的竹林里长大，把兰、竹画得是活灵活现，加上大家陆抑非导师指点，其水平上了档次。其中一幅竹子的水墨画已挂在人民大会堂的大区会客厅，画作名“高风亮节”，寓意有点深邃呵。我不谙绘画，但看其影印本的这幅照片，七八棵毛竹形态同中有异，风姿各展，竹节明朗，枝干挺拔，大气而不失雅致，看竹下春笋，蓬勃向上，充满生机和活力。天目山的竹子，走进了神圣的人民大会堂，我作为天目子民之一，都觉得有点自傲。电话里，我冒昧地代表竹文化研究会的尉进秘书长，诚邀金画家来临方便时，安排个小型讲座，我说：“你就以二十多年绘画中痴竹、迷竹、画竹的经历，讲讲你对竹文化的理解，题目就叫：竹，是有文化的。”金绘画专注，但性格外向，不假思索便一口应承：“好滴，好滴，竹，是杜（大）有文化滴。”他用夹生的杭州话与我交流，但言语间充满着对家乡、对竹子、当然还有兰花的热情洋溢的痴爱。他若应邀来讲课那一天，我是无论如何要去听一听的，因为自从和金认识，我总纳闷：他这样一个生性活泼至今仍充满着孩童般情趣的人，怎么一旦画起竹子和兰花来，就可以全神贯注，目不斜视，数天里足不出画室呢？真神了，我觉得金就像扎根的竹子，咬定在青山里了。此时我又在乱揣摩，总想着他画竹时一定是胸有成“竹”，且那竹一定已经不再是植物学意义上的竹子，而是文化之竹了。（选自 2013 年 4 月《天目竹韵》第 1 期）

7. 白水涧竹韵（杨菊三）

（一）

白水涧是浙江省临安市的一个原生态景区。那里绿竹摇曳，翠浪滚滚，空气清新，古道幽深，是一个觅静休闲的好去处。

估摸得出一棵树与一棵树的距离，推测得出一道山与一道山的空间，但当我的心被白水涧那铺天盖地的竹海掀起的时候，眼睛由不得地湿润了。

这是苏东坡嘴角跌落的诗句，这是郑板桥画中遗存的墨痕。翠竹护着溪，溪水环着竹，在波翻浪涌间，缀成完整的乡村图景。

是竹径通幽吗？是飞瀑探险吗？这里的每一个山坡都站着生机，这里的每一条沟渠都淌着绿韵。

是小桥流水吗？是桃园溯源吗？这里的每一个细节都沾着情分，这里的每一种粗豪都释着负累。

这是白水涧的竹，这是白水涧的泉，优雅着苍茫中的日月，美丽着艰涩中的生灵！

（二）

挽起一片云头，织起一片清凉，这就是白水涧的竹；

耐得一分寂寞，容得一分喧嚣，这就是白水涧的泉。

竹随泉流摇曳，泉从竹林穿越，相互依傍，相互照应，相互在这优雅的环境中生儿育女。

竹站在崖上，因势而长，常常编出一些绝路逢生的故事；水沉落岩底，蓄势待发，每每弄出一阵震耳欲聋的声响。

竹径通灵，这是天然之奇，不需要一点点的矫揉造作；飞瀑走壁，这是自然之貌，不需要一丝丝的斧凿之举。

白水涧就是白水涧，有碧泉的拥戴，有幽篁的出挑，有野蕨的奉迎，有苔藓的镶翠。故而，一年四季皆是蓬蓬勃勃，春夏秋冬都是欢欢欣欣。

（三）

竹育着笋，水发着力。

那是春天的号角，那是蓬勃的生机；那是春天的写生，那是充沛的能量。

沐着风，浴着雨，就让它无畏地长上去，长上去，长旺山里山，长到云天外；

蘸着水，凝着露，就让它优雅地走下来，走下来，走向楼外楼，走到餐桌边。

笋芽芽，笋尖尖，那是最时新的乡土风物；笋串串，笋棒棒，那是最本真的乡村记忆。

白水涧的笋自然，环保，不带一点污秽浊气；

白水涧的笋肥硕，鲜嫩，不沾一丝苦涩寒光。

这是苏学士青睐的佳肴呀，这是郑板桥倚重的美味呀。

白水涧的笋名噪亚非拉！

（四）

白水涧还是一个能够唤醒乡愁的地方。

不要问山麓的奚姓老土著，徽式马头墙；不要问山间的千年溪柳树，百岁常青藤。

它的水澄澈，清亮，就是通往我家乡的一碧万顷；

它的竹腰圆，体壮，就是挽住我童年的绿荫婆娑。

山道亦是古道，石阶上还留存着当年鉴真和尚倔强的体温；

风声也是歌声，峡谷中还回荡着昨日山里妹子甜润的嗓音。

小时候我们常常一起到这里采蕨，掘笋，捡蘑菇；如今光阴老了，我们依然来这里观山景，赏山雾，任凭自己在云舒云卷中升上去。

小时候我们常常一起到这里赛跑，比武，躲猫猫；如今日子碎了，我们依然来这里找回忆，拾旧梦，任凭自己在潮涨潮退中矮下来。

一段抹不去的乡愁，在白水涧有了印证！

（五）

旅游开发，让白水涧多了更大的底气。

一切从竹，一切由水。竹的龙灯舞起来，水的滑梯架起来，让一切主张悉数朝着竹的方向，循着水的思路；让一切实践都由笋的出类拔萃起兴，让泉的飞短流长调停。

竹编的篱笆，使人忽地多了抒发乡情的冲动；竹牵的吊床，使人忽地有了回家的感觉；竹设的迷宫，使人忽地生发出灵性幻境的缥缈。

溪水有时平缓，岑寂得如同一位处子，映照得出两旁的翠竹，头顶的蓝天；泉流有时激越，喧哗得如同一场闹剧，冲撞得崖壁发亮，峡谷震荡。

颇有修养的白水涧，以自己的容貌悦人，以自己的个性张扬，一步一步地走向未来，走向辉煌！（选自 2015 年 12 月《天目竹韵》总第 10 期）

8.“绿色聚宝盆”里的“科技正能量”

——记全国科普惠农先进单位临安太湖观赏竹种园（金轶润）

地处天目山区的临安市竹类资源非常丰富，是中国著名的“竹子之乡”。全市有竹林面积近 100 万亩。临安有“东竹西果”之说，主产区 15 万户竹农近 60%的收入来源于竹产业。当地农民与竹为伴，以竹为生，一望无际的竹园既是他们的生产乐园，更是他们的精神家园。丰富的竹类资源，催生了一批专业从事竹产业的科研机构和企业，临安太湖源观赏竹种园就是其中的典型代表。

临安太湖源观赏竹种园创建于 2003 年 5 月，是一家集观赏竹和优良笋用竹种质资源收集、保护、种苗扩繁和现代竹业技术研究、推广、农村实用人才培养，以及竹子园林设计、绿化，国内外科研合作与教学、科普等为一体的综合性多功能现代农业科技示范园区。近年来，园区充分利用自身的资源和科研优势，致力于科普惠农、科技扶贫、科技外交等活动，吸引越来越多的人到竹种园参观、学习、游览、考察。2011 年竹种园被评为全国科普惠农先进单位。

走进园区，仿佛置身于竹子的王国：夹道迎宾的美丽箬竹，通身碧绿的橄榄竹，竹竿遍布龟壳纹理的龟甲竹，各式各样的竹子这里都有。对游客而言，竹种园是立体的、生动的“百科全书”；对于周边的农民来说，竹种园是他们的“聚宝盆”；而对一些西部欠发达地区和发展中国家的人来说，竹种园又给他们送去了脱贫致富的新希望。

科普惠农增产增收

邵观夫是太湖源镇横徐村的普通村民，已有 24 年的种竹历史，在当地算得上是“经验”丰富的竹农。可是在 2006 年，邵观夫却发现自己的经验已无法解决竹林严重退化等问题。其中一块已种植了 22 年的雷竹林受病虫害和养分失衡、土壤板结等困扰，留养母竹很困难。想要增产就必须投入 5000 元左右的费用，并需要 5—6 年才能产生经济效益，这对邵观夫来说，竹子多一年休整期就多损失一年的收入。

他抱着试试看的心态找到了竹种园的高级工程师王安国等专家，在他们的指导下调整竹林密度、使用生物有机配方肥料，每年加客土 700 担等，经过 3 年的修整，竹林长势良好，重新开始产生经济效益。到 2012 年，邵观夫的雷竹林有了亩产 3000 千克、收入 5 万元的喜人成果。

作为一家集竹产业科研、科普、经营于一体的企业，近五年来竹种园举办了竹业技术培训班 84 期，培训学员 3860 人次，现场技术指导 103 次，指导农户 518 户，并培养了许多同邵观夫一样的竹笋生产大户。其中“雷竹林土壤生态修复及竹林养分补充技术”在全市多个竹笋重点产区推广，面积近 1.2 万亩，该技术使每亩竹林减少 100—200 千克化肥，并能降解竹林土壤农药残留，为市场提供了高品质竹笋。

据王安国介绍，所谓高品质竹笋是指生态、优质、安全为一体的竹笋，只有环境、水、土壤等达到优质条件才能产出外观好看、味道独特、营养丰富、市场售价高的高品质竹笋。退化雷竹林生态改造等技术推广后，因竹林经营过度而面临的留养母竹困难、雷竹林退化等问题也得到有效解决，促进了当地竹产业的可持续发展。

这些科研成果的推广应用，也生动诠释了科技的重要性和当前农村、农民与技术创新的相关性，让竹农深切体会到“绿水青山就是金山银山”的含义。同时，园区也经常性举办形式多样的科普活动，提高农民对“科技是第一生产力”的认识，以科技创新推进了竹产业转型升级。

园区采用授课和现场指导相结合、走出去与请进来相结合的办法，先后在太湖源镇青云、夏村、高云村等 16 个村开展“高品质竹笋栽培技术”等培训并建立科技示范基地。园区还借鉴工业孵化器办法培养了 100 多名以竹子生产为主的农村科技示范户，许多示范户又牵头成立相关专业合作社。为农村竹产业经营体制改革培育了一批示范典型。

各大专院校、科研院所研发的成果首先在竹种园小范围试验，中型试验进入合作社，之后逐步推广到科技示范户，广大农民则向示范户学习。各村示范户还主动召集或上门给村民上课，达到了立竿见影的效果，较好地解决了农业科技成果进村入户难题。

竹农在接受培训后还可获得《高品质竹笋生产技术》等科技资料和小册子，内容涵盖高品质竹笋市场需求、高效栽培技术、病虫害生态技术防治等。册后还附有竹农的典型案例，深入浅出地向林农讲解如何生产高品质竹笋。五年来，单是科普小册子就发放了 12000 多册。

中国林科院亚林所、浙江农林大学等科研院校与园区达成了多项科技合作协议，其共同研发的项目科技成果可以在第一时间内得到转化，科技作为第一生产力直接服务于农民，实现竹农增收、产业增效。

科技扶贫授人以渔

海南省有个白沙县，位于该省中西部，是少数民族黎族的聚居地，属国家级贫困县，主要经济收入来源于甘蔗、木薯、橡胶等农作物。自 2005 年起，王安国受邀担任白沙县的农业技术顾问，每年要赶赴白沙县两次以上，为当地规划、发展竹产业，迄今已指导白沙县发展竹子 8 万余亩。

麻竹高约 10 多米，其竹竿笔直，竹叶宽大，竹笋呈淡青色，适宜种植于福建、广东、海南等气候温暖地区。白沙县元门乡翁村建立的麻竹示范点已有七八年历史，2012 年成立竹笋专业合作社及创办竹笋企业后，为当地带来可观的经济收入，长势良好的竹林亩产值达 2 万元左右。据了解，在橡胶产业产值下降的情况下，竹笋产业迅猛发展的势头对当地农民的经济收入起了支撑作用。竹种园还与白沙县林业局合作引种雷竹，2015 年由小范围试验扩展为 30 亩试验地，共计引种雷竹苗 2250 棵。相较于麻竹笋，雷竹笋的口感更为爽脆，味道更加鲜嫩，如果中范围试验成功的话，雷竹很有可能成为白沙县的一株“摇钱树。”

尝到竹笋产业带来的甜头后，许多像海南白沙县一样的欠发达地区专门委托竹种园在临安举办培训班。培训对象为乡村干部和林业科技干部，他们在接受竹业技术培训后再对当地农民进行培训。近几年，竹种园已专门为欠发达地区举办林业产业技术培训班 12 期，受训人员 800 余人次。

园区一直贯彻“以东带西”的扶贫战略决策，坚持“授人以鱼不如授人以渔”的帮扶方式，努力将“输血”型扶贫转变成“造血”型扶贫，成为浙江省内欠发达山区县、中国中西部山区县和少数民族地区的培训考察基地或结对帮扶基地。据统计，全国有28个省、区（市）的500多个县、5000多人次来园区进行参观、考察、培训。

园区科技人员还多次到广西百色、重庆忠县、四川青神、陕西汉中等地开展科技服务，上门指导100余次，培养了一大批农户。王安国说：“与贫困县结对，到当地发展竹产业，通过产业的发展和人才的培养，帮助脱贫，这才是我们科技扶贫的最终目的。”

四川省青神县在竹种园接受多次培训后，已在当地开展雷竹种植试验。当地气候、土壤适宜雷竹种植，虽然竹笋质量还欠高，但经过筛选后的自然笋还能卖到每斤6—7元的。

王安国前往青神县为农民上课，教授他们病虫害生态控制技术、高品质雷竹笋生态高效栽培技术。破旧的玻璃棚内挤满了来听课的农民。这个靠外出打工，种植价格低廉蔬菜、柑橘维持生活的革命老区，对于能给他们产生经济效益的竹产业充满期待，截至2015年，该县已种植了1万亩雷竹。

以竹为媒增进国际交流

2015年8月下旬，喀麦隆驻中国大使带着相关部委官员和生产地区省长共计10人到竹种园参加培训。代表团一行参观了园区内“竹类植物对温室效应的相应机制研究”、观赏兼笋用林高效可持续培育基地、竹种收集区等项目，对园区内丰富的竹种资源以及“高品质竹笋栽培技术”等兴趣浓厚，当场提出与园区在喀麦隆新辟麻竹试验地的合作意向。

其实，像喀麦隆一样希望从园区引出竹种到本国种植搞试验的国家并不是个例。园区自成立以来先后接待了56个国家、2156名学员和外宾参加培训、考察，承办了2次“国际山区综合可持续发展研讨会”。竹种园科技人员还应邀到智利、菲律宾指导发展竹产业，与菲律宾竹子协会达成合作协议。园区与智利农林部合作，将临安的高节竹、雷竹等十几个品种的竹苗运往智利种植；在菲律宾海拔800米的土地上，种植了大片雷竹试验林。

围绕中国“一带一路”的建设构想，园区在农林领域与多国开展深度合作。向东南亚、非洲、拉丁美洲等欠发达国家提供林业技术服务，分享临安竹农通过竹子富起来的经验，以及山区运用林业可持续发展政策将绿水青山转变为金山银山的实际案例。同时介绍了中国因地制宜的土地政策、资金扶持政策为农民脱贫致富形成的有益经验，在世界范围内推广了“临安模式。”

通过国际合作交流，促进了发展中国家竹产业的发展，更使发展中国家和部分发达国家加深了对中国的了解，对外传递了中国正能量，较好地实施了科技外交。

在引进来方面，园区学习国外新的理念、新的技术并结合临安等地的实际，促进可持续发展。占地2100多平方米的热带竹种收集区收集了各类珍稀观赏竹、笋用竹种170余种，其中有部分观赏竹来自世界各地。

未来，园区将本着“创新、协调、绿色、开放、共享”理念，以生态、生产和生活“三生共赢”为目标，依托科技进步和竹文化创意，促进临安竹产业转型升级，为临安林业产业增效、农

民增收、新农村建设提供更好的科技服务。（选自2016年6月《天目竹韵》总第12期）

9. 情系白水涧（陈利生）

白水涧，一个多么富有诗意的名字！带着几多向往，我们踏进了这个清凉世界。一条渐行渐窄的山路，曲曲折折游进了深山。行至景区门楼，一幅水墨丹青的“山村小景”便徐徐展开在眼前：一条小溪环村而流，飞珠溅玉，哗哗有声，宛若一条白练，山村因此愈显得窈窕；有三二村妇正在浣衣，水花鸣溅，不时有“咯咯咯”拉家常的笑声溅落在溪水边……远处，青山如黛，竹海茫茫，荡出一波波绿浪……竹影摇曳处，忽闪粉墙一角；再看，又跳出几多乌瓦。三三两两的村居高低错落，透露出一派平和的景象。

看着这一切，人就微微有点醉了，于是信步往前走。过了悬桥，便听到有飞瀑鸣响在山谷里，如钲歌鼓角。来到面前，竟是“龙潭双叠”：两挂瀑布临空飞舞，飞银碎玉，飘飘洒洒……水至岩脚汇成一泊，顿时酿成一种洋洋洒洒的风度。水深而绿，绿者成镜，如梦般的笑靥；吹漾的清风，带来了袅袅的雾意，竹鸟的娇啭，在山间响起，尽是蒙蒙水意……山因水而名，更因水而秀。人在水雾里，映在透体的水镜里，影子闪成墨影，情趣盎然，陡然如醉……

沿山涧溯流而上，两旁秀竹遍地，翠枝连峰。林梢上面是绵绵的薄雾，薄雾后面尽是缠绵柔缓的叠嶂。身处幽篁之间，可以静静地去端详它，它却如谦虚的贤哲，只是默默地站立。山风不息地款款吹拂。风再大一些，掀起竹梢的波涛，涌向天边。不然，怎么叫竹海呢？当然更多的时候它们是恬静安然的，一如现在亭亭的样子。

凝望竹林间那不倦的“山涧白水”，日夜涤荡着山体的污垢，不为山势所屈，谁言柔水无骨？只有不腐之流水，从容自闲，这可是天上之水啊！山愈高，林愈密，水愈清……用手去触摸，掬一捧山泉入口，有如抚摸柔滑的肌肤，柔嫩直沁指心，流淌全身。

白水涧是自然的，也是厚重的。今日，居住在白水涧的山民以奚姓居多，据说他们的祖先医士出身，好游山水，人称“百一公”。明洪武年间，百一公发现白水涧这个“山明水秀，翠竹林烟……家敦古朴，户尚忠良”的世外桃源后，举家迁徙至此，采药行医，世代繁衍，以为乐土。置身于白水涧那竹的怀抱，古朴的村庄，我们能寻觅到一代又一代的奚氏人奋斗的足迹，那茫茫竹海，似在向我们诉说那个千年不老的传说……

走在鉴真古道上，脚踩光滑可鉴的碎石，脑海中依稀浮现出山野村夫在夕阳里拖拉毛竹的身影；穿过时空的隧道，我们分明看到了鉴真和尚当年为东渡日本在此留下攀登的足迹……其实，历史就在这些碎石竹林间，只要我们能够静下心去倾听，就能听见天地耳语。在这条佛心之路上，我听到了真正的“梵音”。

面对纤尘不染的修竹，我突然生出一个可笑的念头：在哪个清风明月之夜，泉水叮咚，秋虫唧唧，静静的白水涧引向我们走向苍茫……翠竹万竿，化作了疏疏朗朗的倩影，浓浓淡淡的水墨画。此刻，发出梦呓的是谁？是沉睡的大山？是清朗的月光？还是不甘寂寞的鸟们？不，是丝竹，是白水涧那数也数不清的万竿修竹。竹子本来就是古人用来作管乐器的材料呵！沉浸在那空明的月夜，鲜活起来的，还有我们自己。我们知道明天无价，知道清风无价，更知道造物的美意！

这个世界，总有一些事物会让你感动。而静静的白水涧，连同那生生不息的勤劳朴实的奚氏人，没有理由不让你感动！远离城市的喧嚣，汇聚自然之灵气，使山水变得生机勃勃，隽永深远。白水涧在你的怀抱里，我们难道还会有私心杂念吗？（选自 2015 年 2 月《天目竹韵》总第 7 期）

10. 竹叶入党申请书（卞良根）

最近，我在学习习近平总书记“七一”重要讲话。他强调说：“我们党已经走过了 95 年的历程，但我们要永远保持建党时中国共产党人的奋斗精神，全党同志一定要不忘初心、继续前进！”此时，使我想起了 35 年前“七一”前夕，1981 年 6 月 30 日《人民日报》发表的《一份竹叶入党申请书》的一篇文章，说的是云南景颇族自治州一位名叫石锐的年轻共产党员在转组织关系时，从当地组织部门档案柜子里见到他阿妈的一份竹叶入党申请书（一包竹叶，竹叶中还包着一根坚硬的竹根）。组织上告诉他：“当时，我们也不理解她的意思，照你阿妈的解释‘竹根象征她的心，用竹叶包裹起来交给组织，表示她的心、她的生命全交给了党’。你阿妈是这样说的，也是这样做了，她是景颇族人民的好带头人。”当石锐听着并见到他阿妈这一份竹叶入党申请书时，眼眶里早已滚动着热泪。他知道他阿妈是老党员，为景颇族人民的解放和社会主义建设事业艰苦奋斗一生，干在实处，走在前列……回想起景颇人的祖先没有自己的文字，视竹子为最珍贵的信物，以竹叶、竹根传递入党申请，表达自己对中国共产党的伟大信仰。这个生动故事使我的心灵为之震撼，它从精神层面反映了景颇族人对竹叶、竹根的赏析已深入到对竹子的高贵品行，深入到人的伟大心灵，内化于心、外化于行，象征景颇族人如千千万万棵竹子生长在中国大地上，根连根，心连心，不怕狂风暴雨，各族人民团结在中国共产党周围走社会主义道路的坚强决心。

今天，我们学习习近平总书记“不忘初心、继续前进”的讲话精神，就要牢记我们党从成立起就把为共产主义、社会主义而奋斗确定为自己的纲领，就要坚信党的根基在人民，就要筑牢与人民群众生死相依的血肉联系。办好中国的事情，关键在党。我们党就要保持党的先进性和纯洁性，着力提高党的执政能力和领导水平，着力增强抵御风险和拒腐防变能力，不断地把党的建设新的伟大工程推向前进。（选自 2016 年 9 月《天目竹韵》总第 13 期）

11. 故乡的翠竹（唐学林）

家乡是一个竹的海洋，连绵十余里群山拥翠。房前屋后以雷竹、石竹、洋毛竹为主，远处的山崖涧壑全是毛竹。远远望去，绿涛汹涌，颇为壮观。

毛竹有极强的生命力，不论在山岗贫瘠的土壤中还是在山岩石缝间，只要有点泥土，它的根鞭即能穿过，从而诞生新的生命。它那不屈的风骨，飒飒的风韵，亭亭玉立在山间。这苍翠欲滴的竹林，是一种贴近生命的本源，是一种真实的原生态，他与山水风物和谐地融为一体，是大自然的一个有机组成。

众所周知，并非所有的竹子都能受人们悉心照料，也不是所有的竹子都能在肥沃富饶的土地上扎根，它们有的注定被安排到荒山野岭，面对万丈深渊默默地生长，尽管它们长年累月守着无边的寂寞与凄凉，尽管它们一年四季饱受风霜雨雪的折磨，尽管它们也渴望生长在山清水秀的地方，可现实如此，它们也无怨无悔，在逆境中倔强地生长。

竹子凭借着与生俱来的坚韧不拔，能做到在经历无数次折磨与挫折后，变得更加挺拔、清秀。无论出于哪一种环境，它们都有同样的典雅，同样的清新，同样的坚韧，它们生命的开始都是在竹笋破土的那一刻。

春天，这里一排排的翠竹生机盎然、拔节有声、清新馨香、蓬勃茁壮、青翠欲滴。漫步其中，阵阵春风拂面，呼吸着春天的气息，听着竹子摇晃而发出的天籁，令人心旷神怡。炎炎烈日的酷夏，面对似火骄阳，那青青的竹叶，细细的竹枝，一根根、一丛丛在风中摇曳，楚楚动人，清秀挺拔。当微风徐徐吹来，平静的竹林会泛起此起彼伏的涟漪，似湖面微波荡漾，又似少女柔姿翩翩曼舞。当人们避开火热的太阳走进竹林，顿时会有一种清凉潮湿的气息扑面而来。月白风清的时候，竹子又尽显自己的千姿百媚。幽幽的竹林，既有活泼少女般的俏皮形象，又有妩媚少妇般的含蓄庄重。秋雨沙沙，竹子像一个穿着绿裙的少妇，含蓄地微笑着，优雅地立在你面前。这时候，很多的树都脱掉了节日的盛装，显得枯瘦无神，荒山野岭也没了夏日蓬勃的生命气息，唯独翠竹还是那样青碧，那样富有朝气，它们在尽情地释放着自己的魅力。到了冬天，坚贞不屈的竹子给人们更加完美的形象，它不惧严寒，傲迎风霜，清瘦的傲骨不需要选择生存环境，不管是岩缝峻岭还是平原沃土，它都会顽强生存，把坚韧不拔的精神呈现给人们。

竹，没有牡丹的高贵，没有君子兰的娇气，没有玫瑰的引蝶浓香，更没有茉莉的诱人清雅，但它朴素大方，不炫耀，不卖弄，因而不为人们所注意，在姹紫嫣红的春天，则更引不起人们的青睐，但它独特的美，却吸引了许多文人墨客，成为他们的爱物。

古往今来，文人雅士们画竹、赏竹、写竹、问竹、忆竹、品竹……青青翠竹吸引了无数文人墨客争相诵咏，有关竹子的诗词歌赋数以万计。他们写竹的姿态，写竹的性情，用竹以咏志。竹在诗词歌赋中充分展示了风采。“宁可食无肉，不可居无竹”，这句诗道出了东坡先生的爱竹之痴。

文人爱竹，不单爱它的秀美，更爱它的高洁。竹子那刚正不阿的性格，不畏风霜严寒的坚贞，正是文人学者毕生的追求，也是做人的根本所在。

竹子清新、飘逸、恬淡、高雅，它不喧闹、不张扬，总是以挺拔的身姿，浓浓的绿色和坚韧向上的精神给人以鼓舞和启迪。

竹子没有柳树的依依随风，也没有桃花那妩媚的浓艳，更没有昙花独领风骚于一瞬的精彩。竹，以其鲜明的个性，顽强的生命力和独有的谦谦君子之风赢得许多文人的赏识和喜爱。炎炎夏日，久居城市的人们，如果约三五知己来竹乡，住上个把星期，每天清晨或者夕阳西下时分，在这纯天然的氧吧里呼吸清新的空气，在山间小路慢慢散步，或沿着环绕古村的小道沿溪而行，一定会油然而生“岁月静好”之感。（选自 2017 年 9 月《天目竹韵》总第 17 期）

12. 青山湖竹语（毛士火）

郁达夫过竹乡

从杭州沿杭昱一级公路西行，车到青山湖第一个隧道口，就可以看到上方“中国竹子之乡——临安”几个大字。透过车窗，但见茫茫竹海，车在竹海里穿行，仿佛置身于翠竹的重重怀抱之中。当年郁达夫等人西游临安，车子也是穿行在翠竹桃花之中，只不过原先的一段老杭徽公路，如今已处在青山湖库区之内了。

鹤山头位于青山湖内鹤山脚北侧，因为地处灵溪（发源于界头青树岭）与横溪（发源于上甘横岭）两条河的交汇处。交汇处地名双江口，然后在公山潭汇入苕溪，水陆交通十分便利，鹤山、锦里、亭子等地都是竹乡，毛竹占了竹农经济的半壁江山。当时没有什么企业，只是凭着地处苕溪边水运码头的便利，砍竹撑竹排把毛竹贩销到平原水乡去，是一项收入不错的副业，故而鹤山头一带的"撑排佬"倒有不少，有的甚至常年以此为业。这一带的竹木资源均从双江口运到杭州，再通过大运河运送到全国各地，自古以来就是一个乡村集镇，县志上均载为鹤山镇、鹤川乡、鹤山乡。

民国 12 年（1923）12 月，杭徽公路临安至化龙段动工，至次年 11 月 10 日竣工，在石亭子、鹤山头设车站。自此，原本在苕溪北岸的杭徽官道逐渐为杭徽公路取代。随后，杭徽公路逐步延伸至於潜（1930 年）、昌化（1933 年）。民国 22 年（1933）11 月 26 日，杭徽公路全线通车。次年 3 月 29 日，杭徽汽车公司邀请郁达夫、潘光旦、林语堂等名士，乘汽车游览沿途名胜。郁达夫《西游日录》有记载："三月二十九日，星期四，晴……车到临安之先，在一处山腰水畔，看见了几家竹篱茅舍的人家，山前山后，茶叶一段段地在太阳光里吐气。门前桃树一株，开得热闹如云……"郁达夫所叙的车上所见，是在未到临安之先的山腰水畔，即依山傍水的鹤山头一带。那时的竹乡，钱不多毛竹多，所以竹农住的房子，以毛竹为原料居多。郁达夫看到"几家竹篱茅舍"，其实这一带竹农住的基本上是竹篱茅舍。他们从杭州到临安来，在磨石坑过公山庙，就到了鹤山头。鹤山头东面有个施家湾，山湾里毛笋早笋都刚刚露头。竹篱茅舍之间，是一畈茶山和栗子树，村口几户人家，桃花盛开，正是茶忙时节，山乡农人个个忙碌，如此美景也无暇顾及。花开无人赏，闲煞门前一树花。郁达夫见此佳境，信手写就《临安道上》野景一诗："泥壁茅棚四五家，山茶初茁两三芽。天晴男女忙农去，闲杀门前一树花。"诗中赞叹临安道上风光，即鹤山村风光。当时，杭徽公路从磨石坑，到灵溪头，再到施家湾、鹤山头，转弯到鹤山坞、牧家桥，沿途几个弯道，两边都是竹子，路旁山上的毛竹弯下身来，两边的毛竹梢头几乎碰在一起。当时公路窄，人坐在车里，好像毛竹都要向自己压过来一样，犹如在看毛竹山的立体电影，但见林木掩映，山花烂漫，秀色可餐。难怪郁达夫对临安道上鹤山头的佳景念念不忘。

鹤山头东面的灵溪头，是灵溪汇入南苕溪的地方。相传葛洪炼丹，在此"浴丹沙之水"，连水也有了灵气，故水名灵溪，山为灵山（《临安县志》语）。

他们在杭徽公路乘车，正逢桃花盛开，溪边垂柳与漫山的毛竹相映，竹影婆娑，桃红柳绿，蓝天白云，绿水青山，琴鹤相随，何等美妙！鹤山村依山面水，双江口竹木码头直通余杭，土地平旷，村人勤劳，是鱼米之乡。1958 年被评为临安县的粮食状元，县里奖给鹤山村的青壮年每人一件印有"粮帅"字样的汗背心。

1964 年，青山水库蓄水，鹤山头沦入青山湖底。青山与临安之间，要在青山水库大坝摆渡乘轮船，每人次单趟一毛钱。1967 年，杭徽公路凿山开道，依然是在毛竹丛中蜿蜒，从磨石坑沿水库南侧，穿过鹤山半腰，再加高牧家桥。

1994 年 6 月动工兴建的杭昱一级公路，穿过毛竹山挖隧道，建青山湖大桥，1995 年竣工通车。2005 年，杭徽高速公路建成。它们都同竹乡结下了不解之缘。琴山与鹤山之间，竹影摇曳之中，同时有三条公路三座大桥相通，成为青山湖上最为雄伟壮丽的景观。当年杭州太守赵抃命名的“琴鹤相随”真是名副其实了。

修篁隐瑞竺

临安青山湖畔八百里养生园景区茂林修竹，古街宛然。周边翠竹环碧，紧贴青山湖的一条沿山竹径，更是把游人带进一种远离尘世喧嚣、返璞归真的境界里。景区里除了彭祖遗迹，还有千年古刹瑞竺寺。古刹四周，苍松古木，尤多的是竹子。毛竹、哺鸡竹、早竹之类是人工栽植的，而水竹、枪刀竹等各类野生小竹，从湖边游船码头到沿湖堤岸，满目皆是。瑞竺寺的山门和围墙，在修篁掩映中，闪着金光。游人老远就听见隐隐的古刹梵音，一眼就瞥见竹海深处露出的黄墙黛瓦。

据《咸淳·临安志》载：“殊胜院，在县东一十里（县治在西墅），旧名瑞竹，天福四年（939）建，治平二年（1065）改今额。”北宋诗人王安石、南宋诗人孙锐等都与殊胜院高僧有交往并赋诗给他们。又据宣统《临安县志》：“殊胜寺，治东七里（县治已移东市太庙山）安义乡，晋天福赐额瑞竹，宋治平改额，洪武初重建。”

瑞竹寺建于后晋天福年间（936—942），始称殊胜寺；此时正是吴越国第二任君主钱元瓘时期，北宋英宗治平年间（1064—1067）改称瑞竺寺；正因禅师在殊胜寺出家，元世祖忽必烈在位时，曾请正因禅师入禁说法。因机语相契，世祖大悦，遂授予他圆明通应之号。正因禅师住山期间，经常率领其弟子开展救济灾民的工作，深得广大民众的爱戴，殊胜寺因此香火大盛。明代洪武初重建，有相当规模，明清两代香火旺盛，名播四乡八里。据传历代共有 480 位高僧在此出家。寺西北即为古迹五柳桥。当地传说，东晋陶渊明弃官归隐，曾在瑞竺寺西侧山湾筑室而居，并栽有五棵柳树，自号为“五柳先生”。五柳村跨集贤水上的桥也因此得名“五柳桥”。现为临安市文物保护单位。

抗日战争期间，政府曾将寺院征用，作为红十字医院，救治伤员、难民。20 世纪 50 年代之初，瑞竺寺被拆迁去建县招待所。1964 年青山水库建成后，香路断绝，寺院废弃。当地陈家坞两个生产队的社员在庙基断垣残壁中遍植竹、桑之类，古寺更是被竹海湮没。

复建后的瑞竺寺，坐北朝南，背山面水。寺后山峦绵延，茂林修竹，花草果木，四时景色，变幻无穷。古刹在竹海葱茏中重绕梵音。

瑞竺寺前，青山湖一碧如镜，有白鹭翩跹，鱼翔清波。翠竹环碧，夕阳如火，映照黄墙黛瓦。瑞竺寺现有建筑：山门、天王殿、大雄宝殿、禅堂、斋堂、寮堂、茶室、客堂等。并正在扩建观世音菩萨圆通万佛殿。

瑞竺寺北侧，从八百里景区西大门一直沿竹木萧森的旧时杭徽官道向西，名瑞竺湾，栽有大片北美池杉，现已成林。池杉喜水，淹于水中不受影响。水漫杉林，荡舟穿行其间，竹海、碧波、绿杉、白鹭、蓝天，相映成趣。杉在水中长，舟在林中行，名为“水上森林”，是青山湖独有景观，游者无不称奇，它还能放出负离子，空气格外清新，让人流连忘返。

站在瑞竺寺眺望湖对岸，修竹摇曳的笔架山（亦名元宝山）像照壁一样矗立，术士称南方三星。宣统《临安县志》称："笔架山，三峰秀插，恍如云笔。"今兀立青山湖西南侧，濒水耸峙，翠竹环碧，更觉旖旎。笔架山在青山湖西南岸，圣山东北，海拔 102 米。青山环湖绿道首期就是在竹影婆娑的圣山和笔架山北侧蜿蜒向西的。

瑞竺寺的复建，同八百里古民居的新生一样，是文化的传承。古刹梵音，晨钟暮鼓，为湖光山色更添一景。当青山湖绿道擦过竹海环抱的瑞竺寺，千年古刹在竹影婆娑中变得更加动人。

茂林藏古寺，修篁隐瑞竺。

百踏步竹径隐旧事

乘车从杭昱一级公路向西，车到青山湖，迎面就是一条隧道，上方写着"中国竹子之乡——临安"。隧道口立着临安市有关部门和青山湖街道培育发展毛竹基地的标示牌。排山隧道和鹤山隧道两侧，连绵千亩茫茫竹海，是青山湖街道的高产高效毛竹基地。

两座隧道之间，原本是一条山涧，现在已经被填平做了路。山涧边有一条卵石古道，是从铜炉里通到鹤山头的，全长约 2.5 里。古时候锦里、铜炉里的竹农，砍下毛竹，沿着这条卵石道路，背到鹤山头双江口的船埠头，扎成竹排，沿苕溪撑竹排运到余杭，可以转道大运河运到更远的地方。

虽然现在杭昱一级公路、杭徽公路、杭徽高速公路三条公路填没了沿山涧的古道，但是再往下，荒山细竹丛中，那条小山涧的西侧，古道遗迹仍在，人们依然可以从隐没在竹径里的古道追寻往事的依稀痕迹。

这条古道最险最陡的地方叫百踏步，就是如今杭昱一级公路两座隧道中间处，从那里到下面的杭徽公路，垂直高度三四十米，原本是卵石古道的一百多级踏步，故名。人走在这里最险、最累，何况还背着毛竹，竹梢拖在后面碰到石级，就更加危险了。世世代代的竹农，在这险峻的百踏步讨生活，尝尽了艰辛。一提起百踏步，竹农都胆战心惊。如今三条公路填没了古道，百踏步已经逐渐淡出了人们的视野。不过，在杭徽公路北侧沿青山湖那个大沙场东，沧桑的古道似乎仍在向人们倾诉它的陈年旧事。

百踏步西侧是鹤山，东侧是排山。西侧的鹤山半腰，怪石嶙峋中，又有一条小山涧，小山涧的青石山坳里，因为背阴又潮湿，长有一种草药，叫天宁。这种长在高山石壁上的草药，这里独有，所以人们叫其为天宁坑。不过叫到后来，被叫作千人坑了。

百踏步古道到了平缓的山脚（今堆沙场），东侧的山叫枭山，枭就是猫头鹰。枭山上有一座古墓，三四百年了，墓包仍在，但墓前石案桌、墓碑、墓道石板等，均已被人取走。墓主人姓张，是枭山脚下灵溪头村里的大户，枭山也是张家的，卵石古道到山脚边，因为无桥，张家的竹山和山地必由此过，张家在山溪上建了一座石梁桥，后来人们称之为张家桥。

灵溪头与鹤山头，都是古村。鹤山自宋代有记载以来，都是乡或镇的所在地，有一条古街，半里多长，东、西有寨门，南边贴山，北边是灵溪。灵溪发源于山口青树岭，在鹤山双江口汇合横溪，在公山脚汇入苕溪。溪边的古村就叫灵溪头。

灵溪头除了张家，还有史家，史家主人是县学秀才，后来在鹤山镇公所里做事。史家乡绅在

当地有号召力。

今杭徽公路两侧全是毛竹，竹山上有一处名史家湾。张家桥和百踏步古道沿途全是各类竹子，有哺鸡竹、红笋竹，也有各类野生的小竹。毛竹、小竹、竹笋干，都通过水路运到下游水乡，成为山乡竹农的一项副业收入。

清朝咸丰、同治年间（1851—1874），兵荒马乱，盗贼蜂起。当时县衙在各乡镇组织民团，类似于武装民兵，保卫家乡。鹤山以史家乡绅为首，组织民团操练，日夜巡逻，遇险情鸣锣为号，互相救援。

鹤山位于水陆交通要冲，贼寇往返于徽杭之间，必从这里过，烧杀尤甚。灵溪头史家率民团拒贼，贼兵势众，又久经征战，民团全体殉难。贼寇窜入村庄，见人就杀，房子烧光。逃到竹山避难的幸存者，连掩埋尸首都来不及。大兵之后又逢大疫，幸存者也都染疫而亡。所以鹤山、灵溪头、牧家桥、黄家庄、殳家头一带，没有一个是当地原住民，全是 1864 年匪患平定后从外地迁居的。后来县里修志时，无人能讲出当地殉难者的名姓，县志就无法记载。当时 10 多万人的临安县，战乱后仅幸存 8000 余人。清宣统《临安县志》只记载着一个在别处拒贼死难者的姓名："王昌林，鹤山镇人，击贼何村堡（今临安城东），剖腹塔山（功臣山）下。"贼寇何其残忍！

茫茫竹海展新姿，竹径古道隐旧事。

笔架山上翠竹映绿道

笔架山下翠竹环碧的青山湖绿道首期（样板段）是 2015 年年底动工修建的，各种花卉次第开放，婆娑的竹影荡漾在青山湖的碧波里，夕阳晚照，湖面上仿佛闪烁着点点金光。

笔架山位于钱锦大道 17 孔桥的东边，笔架山临湖的北侧毛竹连片，山的南面则是泥山湾村的民居。民居掩映在翠竹丛中，游人漫步至此，但见竹木葱茏，沿着竹经蜿蜒，似乎猛然发觉，自己恍若进入世外桃源。

笔架山又名元宝山，海拔 102 米。清宣统《临安县志》称其"三峰秀插，恍如云笔"。从湖对面科技大道边的五柳桥或瑞竺寺向南望，笔架山尤为壮观。首期样板段环湖绿道沿笔架山和圣山临湖的山脚曲折蜿蜒。徜徉在青山湖绿道上，移步换景，游人莫不感叹翠竹环碧的巨大感染力。

笔架山、圣山脚下的环湖绿道沿湖竹木环绕，湖畔除了毛竹，还有枪刀竹、水竹等野生细竹。出笋时节，游人除了欣赏翠竹以外，还可以顺道拗一把野笋，那真是既饱了眼福，又饱了口福，真是一举数得呀。笔架山翠竹映绿道，绿道坎下临湖，枪刀竹、水竹以其顽强的生命力，迎风挺立。湖面清风徐来，修篁随风摇曳，游人陶醉在春风里。

绿道首期西入口处建有钱王像和古城墙。钱王像高 8.5 米，为镂空造型。钱王像周边的古城墙，特别用了 4756 块老砖砌成。这些砖都是专程从婺源、休宁、歙县等古徽州的乡村采购来的，每一块砖的纹路都很讲究。例如有的砖上刻着"忠"字，有的则是刻画了两条草龙……距此百余米，有临安市文物保护单位——建于清代的独山桥。

原本在湖边废弃的水井、蓄水池，被巧妙地用来改建成栈道和观景平台的基座；湖边废弃的民房，被艺术性地改建成观景平台；甚至连湖里打捞上来的老树桩，因其造型颇有特色，竟成为石岩下驿站里的新道具，往往引得游人多瞄一眼，流露出欣慰的微笑。

湖边泥山湾本名吴山湾，村道就叫吴山路。建青山水库时，鹤山独山畈村的移民就近向南迁移到吴山湾高处安家，即今泥山湾村。村民在屋子前后栽下哺鸡竹、早竹，在笔架山沿湖栽下毛竹，将民居掩映在翠竹丛中。而这几只小山包土层薄，毛竹直径多数不粗，植株却很密。它们北临青山湖，阳光照射少，但生命力极强，短短几十年，竹子已是群山吐翠，湖山相映，竹影婆娑，湖中游鱼往来，穿行在波光粼粼的竹影丛中嬉戏，怡人的情趣油然而生。

绿道的空间布局匠心独具，将毛竹山上的清清泉水笕来，沿着竹片，叮叮咚咚，流入一口石磨，再从石磨流入一只石臼之中，清冽可人，是天然的矿泉水。这石磨、石臼也是百余年前的旧物，配以古藤青苔，别有一番沧桑韵味。

在水笕石磨小筑斜对面，立着临安市人民政府的一块标牌，上写：浙江极小种群细果秤锤树保护点。文字介绍说，落叶灌木，花色洁白，秋叶金黄，因果实细长而得名。由于生态环境被破坏等原因，其生存面临严重威胁，是浙江省重点保护的濒危植物。

沿绿道两侧栽有30多种绿化植物，加上绿道边原有的水杉和“土著”植物，共有绿色植物50余种。春有樱花、海棠，夏有八仙花，秋有芙蓉、木槿，冬有梅花、山茶……一年四季，群芳争艳。沿途格调各异的驿站、栈道、观景平台、钓鱼台……令人目不暇接。

笔架山东侧的圣山，本名孙山。孙山南坡建有三国时东吴的孙吴大帝孙权的庙宇，又称为圣武大帝庙。相传孙权到过孙山，见山南一片平地，动员当地民众平整土地建成梯田，孙权还给予资金支持。民众感念孙权关注民生，在孙山南坡立庙纪念。庙基遗址1992年建了圣鹤山庄。

如今孙山上都成了别墅区，而绿道则在山脚另辟蹊径，翠竹映绿道，湖山添新景。

在翠竹环碧的笔架山亲水平台里小憩，微风拂面，但见山清水秀，置身于竹木掩映的青山湖，景不醉人人自醉，无不感叹竹子之乡的无穷魅力。（选自2017年6月《天目竹韵》总第16期）

13. 横岭竹海古道行（毛士火）

横岭，是一个广义的地域称呼。锦南街道南部的几个村，对外都通称为横岭。与三口相连的群山，也是横岭支脉。岭两头东侧的横岭脚自然村，属于板桥镇上钱村，再一里，是莲蕊窝。横岭村的几条山溪，都属于钱塘江水系，往三口方向汇入富春江。

锦南街道横岭村，离县城15千米，地处高山之巅，竹海苍茫，层峦叠翠，修篁摇曳，竹木荫翳。原本交通不便，仅有一条竹海石级古道对外沟通，如今公交车直通县城。

横岭有大横岭和小横岭之分。小横岭在长春桥东南约1.5千米之处，海拔270米，岭为南北走向，全长1.5千米，属于上甘村，因岭较小，故称小横岭。小横岭表土为黄壤，全是毛竹。

大横岭在长春桥以南2千米之处，海拔320米，全长1.5千米。乾隆《临安县志》记载：“横岭山，治南三十里，土黄，故名。”后谐变为横岭，竹海连绵。这条岭，属锦源村范围，岭为南北走向，岭体由石灰岩构成，石级古道穿行于竹海间，直至山顶。横岭以南，水向南流，入富春江，横岭以北，水向北流，横溪发源于此，入苕溪，属太湖水系。

横岭遍山竹海，山顶却是平川，空气格外清新。山农于斜坡种植茶叶，因日照充分，品质尤佳，被作为御茶贡品。清宣统《临安县志》载：“黄岭山，每年额贡御茶二十斤，勒碑于仪门及观音岭。康熙二十二年（1683）奉文折征，每斤价钱六分，共银三两二钱解司。”

清代文人周淑写有一篇《横岭石门记》，文中说，登上竹海横岭之巅，南望富春，岗陵起伏，北瞻天目，峻岭崇绵。张虚静曾炼丹其下。晴日，可远眺数百里，山川城色如在眼前。咸丰间，洪杨创乱，有新城典史某，督兵拒贼，驻守岭巅，燃竹叠石，贼不得上者数四，故横岭石门实在是锦南一方之险要。明代景泰间（1450—1457），横岭东南横岭脚莲蕊窝章文，考中进士后累官至御史大夫，常经此去临安县城。竹海间有石门高数十丈，石下一窍如注，山泉淙淙。但石门狭窄，人可过而轿马难通，章文命石工爆破，使险峻山道如城门一般。今过其下，犹见危石岌岌似欲坠。

横岭登山古道数千石级，在竹海中曲折蜿蜒，竹制品和黄烧纸背负下山，粮食日常用品背负肩挑回山，都十分吃力。今已有公交车直通横岭周家头。登山古道垂直距离不过百余米。车行道上，在竹海中盘旋穿行数千米，乘客连连惊叹。

清乾隆、宣统《临安县志》均载有横岭地名。南宋咸淳间（1265—1274）属临安县庆仙乡，明代仍之，清代为庆仙二图。民国初属凤庆乡，民国34年（1945）属锦南乡至解放。1950年为甘山乡横岭村，1958年为临安公社横岭、周家、沈家生产队，1961年为上甘公社岭西、周家头、沈家头生产大队，2008年三村合并为锦南街道横岭村。村域面积5.6平方千米，耕地面积15.87公顷，山林面积489.93公顷，1200人口。

横岭村委会驻地许家头，许姓世居，明初就已建村。

周家头为周姓世居。据《周氏宗谱》记载，元代就已建村。人口有400余。

郜家头，郜姓世居，明代建村。钟家头，钟姓世居，清代建村。

杨家堰，昔有堰坝，杨氏建造，俗名杨家凹，姓氏以吴姓居多。

沈家头，沈姓世居，清代建村。岭西头，村居横岭西端，清代建村，罗氏居多。沙坑头，清代建村，陆氏居多。

半岭，村居于横岭之半，清代建村，张姓居多。

如今，竹海古道串起了处于岭顶的美丽乡村，成为“慢生活”的靓丽风景线。

发源于横岭大坑坞之水称横溪。东北流经深湖里、长春桥、樟村，至上畔纳流坞坑水，又东北流经市坞，穿过琴山北侧，在鹤山双江口与灵溪汇合，在公山潭汇入苕溪。水库建成后，在琴山注入青山水库。全长16千米，河床平均宽3米，最宽处5米，最狭处1米。流域面积56.8平方千米。横溪古时又名琴山水。

横岭村周氏民居为临安区文物保护点，1945年新四军某部住宿经此去三口，攻打新登。村里另有吴氏民居亦为文物保护点。

竹乡横岭远离喧嚣，受战争侵扰少，古树名木多，竹海丛中有民宿、农家乐四五家，被称为最佳慢生活体验地。（选自2020年12月《天目竹韵》总第27期）

14. 竹乡古道（毛士火）

之一：竹乡古道

青山湖公山西侧，有一片蓊郁的翠竹，那里人迹罕至，县志上记载的公山潭就在这片翠竹下方。潭边一条石板古道，古道边各类竹子随风摇曳，倒也成为沿途一景。古道之半，建有一座石制亭子，清代县令曾在此赋诗。古道两端十多里没有人烟，这亭子供行人中途歇脚，亦可在此观赏公山潭奇景。

公山位于青山水库大坝南端，海拔 310.3 米。清宣统《临安县志》载："公山，治东南十二里，高两千一百丈，周二十八里。"大坝北端的母山（姥山）海拔 171 米。清光绪《杭州府志》（民国版）卷二十七载："姥山，高一千五百丈，周二十里。姥山与公山对峙，县中四溪汇流于此，昔有仙姥酿百花酒沽于此，因名。"

古道沿途，全是各种各样的竹子，有野生的水竹、枪刀竹，还有不少苦竹，也有人工栽植的早竹、哺鸡竹，还有石竹、红笋竹、广竹。这些竹子，出笋的时节先后错落，农家作为菜竹食用，可以连续两个月吃到鲜笋。苦竹笋是不能食用的，但竹子笔直，可以搭棚架之用。鲜笋吃不及，就把这些竹笋制成笋干，便随时都可以品尝了。

古道从公山北麓的太平万寿禅寺开始，经过野驴湾，即今水缘山庄一带，再经公山潭，直到公山庙，与通鹤山头、亭子头的大道相接，全长六七里。其中经过公山潭的这一段特别险峻，是在岩石上凿出来的石阶。清宣统《临安县志》载："公潭，在公山麓，水势盘旋，约深五六丈，下有母潭。"公山潭位于苕溪急弯处，溪水东流至此猛撞山岩而折回北到姥山，姥山四溪汇流，"乃一县之水口山也。"因为姥山处于苕溪扼一县之"水口山"的地理位置，所以青山水库大坝选址时，被选为大坝北端坝基。母潭，位于今青山水库隧洞处。

公山潭水势盘旋，终日咆哮，人闻之胆战心惊，然而在如此险峻的，悬崖上却凿出一条石级古道，依山凿级，险峻处凿石为磴，山坡地伐竹取道，再铺上石板。行人累了，既可在亭内歇脚，还可远眺南苕溪逶迤而来的壮丽景观。

古道沿途原先是一片野生荒竹，并无道路。前人上山砍柴伐竹，勉强踩出一条野猫路。后来，人们在野猫路边栽了竹，逐渐成林。便利之处是：人们只要把竹子砍下，笔直的竹子可以一直溜到山脚的公山潭。砍竹人有分工，有人负责溜竹，有人负责把溜下来的竹子捆扎成竹排，然后沿南苕溪撑着竹排运往余杭或者更远的地方。山虽陡，因为近苕溪，倒也省下了不少背毛竹的力气。

相传公山古道为俞琳所建。俞琳是明代亭川（今亭子头）人，成化二十三年（1487）考中进士，正德年间（1506—1521），因功而累官至工部尚书。其娘舅在公山东侧的章家边。俞琳每次回乡，总要在章家边作短暂停留，去拜望舅舅。可舅舅是小户人家，接待一餐中饭，就要花费全家一月的开支。俞琳给饭钱，舅舅又不收。俞琳是个孝子，过舅舅家而不入又于礼不合，便拿出因功奖励之资，从太平万寿禅寺始，经野驴湾、公山潭，到公山庙，在荒山竹丛中凿石开道，修筑了一条宽两尺、长六七里的沿山古道。自此，俞琳返乡不再经章家边，而是到太平万寿禅寺（太平万寿禅寺原址在今青山陶土矿内）烧香后，从这条沿山古道直接擦过公山潭，经鹤山回亭子，不必再去叨扰舅舅。而这条公山古道，惠及乡人数百年。俞琳去世后，葬于今青山湖大桥西端的琴山西坡半腰，占地约2500平方米。墓由封土和神道组成，墓前三级平台，神道设多级台阶，每平台均约1000平方米。至今石兽、石翁仲尚在，但均已残损不全。位于金装岭大道上（今青山湖大桥西端处）的俞琳石牌坊毁于抗日战争的烽火年代。《临安县志》载："工部尚书俞琳墓，治东南八里琴山。"

1964年，青山水库建成蓄水，这条古道连同公山潭，一起沦入青山湖底。

古道下方公山潭的峭壁上有两扇类似木板般的石门，传说门内通龙宫。水库蓄水后石门被淹没，但踪迹尚存。待到环湖绿道开通，库内水浅时，人们徜徉在翠竹环碧的公山潭边，一可探寻古道遗踪，二可欣赏道旁各类竹子次第绽露笋芽的倩影，三则近水楼台，顺手在道旁拗一把野笋回家尝鲜，从视觉、触觉、味觉各个角度，留下对公山古道边的美好记忆。

之二：再过竹乡

天目山南北两侧的临安和安吉，都是全国著名的竹乡。重峦叠嶂突兀奇俏，茫茫竹海一望无际，那一次沿古道翻越天目山，云雾之中竹海路，至今记忆犹新。

天目山的毛竹以粗壮挺拔见长，且绵亘几百里，郁郁葱葱无尽头。竹乡的山民，世世代代以竹为业，各类竹制品层出不穷。如今，竹地板代替木制品，畅销于市场，而且还以竹子为原料，制成纤维毛巾——竹子的市场前景更为广阔。

见识天目山的竹海，源于一次徒步翻越天目山。那次我们住在报福镇某村。这是一个清新的竹乡山村，宁静温馨。村里的水，是从天目山上流下的，毫无污染，清澈见底。我们有事没事总爱到村边的堰坝上淌水嬉戏，数那水底的鹅卵石，看小鱼在石缝间捉迷藏。当时我想，要是陶渊明在那儿住过，写的就会是《天目山记》而不是《桃花源记》了。

三天后返回时，我们做了一个徒步翻越天目山的尝试。事先问了当地人，说天目山两侧自古以来，前人就修建了石阶大道贯通南北。我们带着粽子，揣着地图，沿着石阶古道攀登。一路上但见修竹摇曳，奇涧怪石，险峰深壑。俯视，峭壁深千尺；仰望，高处不胜寒。沿途有不少古寺荒庵的遗址散落其间。我们边欣赏边攀登，明明看去这座山的顶峰是最高的了，可是，待上了顶峰，才知道前方云雾缭绕中隐隐约约，还有更高的山峰在等待我们去攀登。如是者再三。就这样，一步一步"量"完了六十里山道到了临目溪口。回过头去看看，才发现我们走过的路途是多么的遥远！我是第一次领略了天目山的奇和险，也涌上一股成就感。

如今天目山南北修筑了好几条公路。不久前，我又去了一趟竹乡——经临目太湖源到了亚洲最大的抽水蓄能电站天荒坪。汽车在当年卵石旧道上盘旋，峡谷碧泉在翠竹掩映中时隐时现。天荒坪抽水蓄电站上水库与下水库之间落差有600多米，令人叹为观止。

相传天荒坪本名天皇坪，乃是玉皇大帝巡视下界时驻跸流连之地。但是，尽管竹海葱茏，天帝垂青，终因山高林深，交通闭塞，地老天荒，"天皇"沦为"天荒"。

竹农背毛竹的强体力劳动让人望而生畏，但今日竹乡的盘山公路穿行在云雾缭绕之中，毛竹就近装车，劳动强度大大降低，昔日山脊岙底的石阶古道依稀可辨，然而在现代化的交通面前，它已经成为历史的陈迹。竹乡今非昔比，玉帝倘若旧地重游，也会为人类创造的奇迹而赞叹不已！（选自 2016 年 9 月《天目竹韵》总第 13 期）

15. 山名有竹映美景（帅军武）

人有人名，国有国名，村有村名，山有山名，这一个个“名字”是人与人、国与国、村与村、山与山之间的区分，是各自独有的称呼；这一个个“名字”，蕴含着人类的智慧，彰显了人类的文明，体现着一种特质鲜明的“名称”文化。

我的家乡地处浙西边缘，是十分偏远的深山区。据说，五百多年前，老祖宗刚迁居来的时候，村的四周都是原始森林，村的中间是一个大坑，坑的周围藤蔓丛生。祖先们以愚公移山精神，劈山凿水，改田造地，开荒种粮奋斗不息，并在原先的葛藤坑上，挖地基，造楼房，慢慢发展成了如今有 150 多户、近 500 人的自然村。我们这个小山村的村名，有史以来便被称呼为“葛藤坑”。小时候，每当听到长辈们讲述这个村名的来历时，我都会感到很新鲜，很有趣。

我们这个小山村竹资源丰富，竹品种繁多，有的山就因竹而有了特殊的地名，那些美丽的地名，在我的心灵里留下了抹不去的记忆。

包粽子的箬叶，大家都不会陌生。而在我们家乡的土语中，箬叶叫“金箬”。我们这个小山村里，有那么一座山到处是石块、石壁，也许这样的环境适合箬竹的生长，石缝里长出的箬竹特别茂盛，整座山头都长满了箬竹。因此，这座山的便被称呼为“金箬塆”。此山也因满山飘扬着青青翠翠的箬叶，四季常青风光无限，惹人喜爱。

另外还有一座山，下半山的山沟两边，也都长满了箬竹，长势也十分旺盛；上半山却都是毛竹、早竹和其他杂竹和树木。也许是山不能同名，虽然这座山的箬竹占了优势，成了“山主”，因为山如果同名，就让人分不清“此山那山”。智慧的祖先没有让“金箬塆”这个地名重复，把同样长满了箬竹的另外这座山，取名为“金竹塆”。虽然这两座山的名称，只有一字之差，“此塆那塆”却让人分得清清楚楚、明明白白。

水竹是我们当地的一种小型竹、野生竹，虽然水竹派不上什么大用处，可是水竹笋却是野笋中的上品，既鲜嫩又可口，笋香浓郁惹人喜爱。距离我们村庄有 6 里路程之遥的一座山，山上长满了水竹，形成了一座颇有水竹特色的山。自古至今，这座山就自然而然地被人们称呼为“水竹坞”。每逢雨后春笋出土之际，村里人都要到这座山里去采水竹笋，久而久之，“去水竹坞，采水竹笋”便成了村里的一种习惯，一道风景。

葛藤满坑成村名，翠竹遍山映美景。我们这个小山村竹茂林荫，山清水秀，风景如画，资源丰富，是当地首屈一指的富裕村，美景村，文明村。或许是经过什么评比，或许是当地百姓公认，在“小小昌化县，大大十二都（即昌北山区）”曾经流行着这样的顺口溜：“一金州二岛石三乔岭四葛藤。”那时候金州属于浙江，在十二都范围之内。金州环境优美，风景秀丽，是十二都最美丽乡村，所以被排在了首位；岛石是十二都政治、经济、文化的中心，并且山景美、水清秀、人友善，排名第二理所当然；乔岭是乔岭脚的简称，如今是仁里村的一个自然村。乔岭脚山林资源丰富，自然环境优美，还有好多名胜古迹。十二都有一百多个自然村，葛藤坑能脱颖而出，名

列前茅，凭的就是茂林修竹绿水青山，竹影清风景观美丽，自然生态惹人喜爱。（选自2020年12月《天目竹韵》总第27期）

16. 竹外一枝斜更好（南柯子）

住所正对着大学的南大门，校园内遍植银杏、松柏、杜鹃、翠竹等花草树木，倒像是小区的一个超大后花园。往里走约三百米，穿过五洲广场，便来到校内的人工湖——东湖边。

东湖的西北坡种有大批梅树，蜡梅、红梅与白梅。蜡梅开花最早，往往在春节之前就已怒放，淡淡的黄色并不起眼，若不细看，还以为是树上没有掉光的黄叶。不过她的香气却是最浓的，从冷冽的空气中远远扑进鼻来，仿佛在弥补颜色之不足。而红梅与白梅，还只是一朵朵花苞。若待红梅与白梅盛开，多半是春节之后了。这时节气已是立春，她像是刻意躲过了最冷的三九严寒，才敢冒出头来。江南地气偏暖，立春之后即使有雪，也是随下随化，枝头和地面难得积攒一点。而蜡梅早已悄然隐去，像是功成身退的范蠡和张良。

天气晴好的时节，春梅竞放。整座临安城都骚动了，人们纷纷拥入学校赏梅，遛狗遛娃的、嬉笑打闹的、拍照留影的，有的还攀折花枝，来来往往热闹非凡。一眼望去，但见大片的深红、大片的淡白，重重叠叠地压在枝头。阵阵暖风熏得游人欲醉，虬枝似乎也不堪重负，抖落下万千花瓣随风乱飞，片片花雨飘洒在行人的鬓发、脸颊、脖颈、肩头……有的坠入绿水清波间，随着涟漪跌宕起伏，仿佛那无可奈何的人生。

一群大白鹅也嘎嘎叫着，从湖心小岛游过来凑趣。这个小岛是在新校区建校之初，由湖中疏浚的淤泥堆积起来的，约五丈见方，形成一个与世隔绝的孤岛。岛上种满花树，一年四季蓬蓬勃勃，春来更是遍布繁花，成为大白鹅的天然别墅，简直羡慕煞人！可惜只能远望而不能走近，不由让人徒生出几分“人不如鹅”之叹。

大白鹅是学校重大历史事件的见证者，它们见证了学校由“学院”升格为“大学”，又由“省普通大学”升格为“省重点大学”的全过程，每年迎来送往了一茬又一茬的学子，是见过大阵仗的，因此俨然以学校的主人自居。见到游客，它们不仅毫不露出怯色，反而叫得更欢，提醒对方不要吝惜手中的饼干、面包和薯片等零食。我远远地避开了。我总以为，作为群芳中的高洁隐士，梅应是不喜热闹的。一大群人乱哄哄的来，也品不出梅的真正韵味。

梅须在月下独赏，后花园里备一壶美酒，举杯邀明月，对影成三人。或在寒冷刺骨的夜晚，与二三知己围着一只烧得正旺的小火炉，坐在炉上的水壶咕噜噜地叫起来，主人便拿它去沏茶待客。一阵清风拂来，摇碎了斜月投向窗棂的疏影，也将那暗香时急时徐地送进窗内。

当然，雪是必不可少的，梅若是缺少雪的陪衬，就像疾风中少了劲草、严霜中少了贞木，便失去了梅的独特风骨——宋代诗人梅卢坡不是说过么：“有梅无雪不精神，有雪无诗俗了人。日暮诗成天又雪，与梅并作十分春。”

莫非是我要求太高？因为冬天实在是太寂寥，寒风呼啸，万花凋残，连万物之灵长的人也不多见，似乎跟着冬眠了。只有梅敢于冲寒而出，独占鳌头，有花可开、有香可嗅就不错了，我还有什么可挑挑拣拣的呢？

然而不久前，我却意外地欣赏到梅在月与雪之外的另一种芳姿。那天清晨，我步行到学校食堂吃早点，途经一条竹林夹道的小径，不经意间抬眼一望，满目青翠的细长竹叶间，竟俏生生地斜插着一枝红梅！昨夜的露珠在花瓣上颤颤欲滴，反射出晨曦的七彩光芒，显得我见犹怜。

那是一个幽独娴雅的女子，斜倚着修竹细细寻思。她有些孤高，不愿为了蜗角虚名蝇头微利而精心装扮，与群花争宠；又似有些幽怨，难道美丽的青春就这样无人欣赏，黯然地归于尘土么？在进与退之间，有时候竟是如此难以取舍！

我与她默然相对。倏地，只觉颊上一凉，方才回过神来，原来是一枚晶莹剔透的晨露，像她的泪——或许这才是梅的本来面目吧！（选自 2020 年 5 月《天目竹韵》总第 25 期）

17. 种竹读书（方金华）

那日，书房里透进明朗阳光，一时心情豁然，便搁脚翻书。读到苏东坡《於潜僧绿筠轩》诗："宁可食无肉，不可居无竹。无竹令人瘦，无竹使人俗。人瘦方可肥，人俗不可医……"有感竹子在苏东坡心里，何等之珍贵器重！竹，普通，南北常见，为何独独文人们爱竹？自古以来，文人清高，是为通病。他们看重的是竹子的气节。但往往社会对"高风亮节"是不屑一顾的，人们大多随波逐流，而文人们往往又不肯人云亦云，命运大多不济。大才子苏东坡也无法逃避，若不是王安石力保，恐命不保。解缙也因立太子之事，最终被贬。文人总是忧国忧民，自命不凡。

屋前的院子里，有花坛年久荒废，只长了些杂草和几株旱也不枯涝也不死的水杉。孩儿还小，常钻进去，往里面捉虫抓蝶，也常常被野蚊叮咬，疼痒不已，在我们父母面前哭喊着撒娇。心里疼爱，就想起何不种一些竹子，既可添些景色，吃些鲜笋，还可让小儿在里面安全玩耍。便访得几棵竹子，砍去竹梢，留些竹枝，种下。未想次年春天，小笋破土而出，似出浴的女子纤瘦却亭立。不出几年遂成竹林。竹子直直地远离凡尘，高高地伸向天空。她只与天空对话、沟通，把凡尘的纷杂，凡尘的庸俗，凡尘的悲欢离合，编成一篇文章，对天堂叙述，却不会把天空的深邃、奥妙告诉人间。人世间太多纷杂，也太多浊气，她不改秉性，不愿与人世间这些凡夫俗子为伍。她是智者，更似禅者，用以身说教的方式，向人们畅述做人的道理、人生追求的真理；做人的气节、做人的刚正不阿、做人的坦荡情怀。看得懂就懂了，看不懂就随你们而去，也不强求。

我爱书，受古今文人影响。读书之余还写作，想有朝一日当个作家，故"邯郸学步"，自恃清高，也学种竹，但此竹非彼竹，没了她身边真正的文化环境，竹子再多，也是庸俗。

竹子对于文人，如荷对于官人。如今的官人，已少了荷花出淤泥而不染的品行，多了世俗的逢迎。同样，如今的文人，似乎也少了竹子的虚怀若谷、挺拔坚韧的气质。文人也好，官人也好，都是人，是人就不免凡尘俗气，吃喝玩乐。便做出形形色色违背天性的事情，于是便有"规范"加以遏制。人总有天生的弱点，弱点需要时时修正。所以，自古至今那么多的名人，都用竹子和荷花的诗句、警句来教化人们，是因为"人之初性本善，性相近习相远"了。"昔我十年前，与君始相识。曾将秋竹竿，比君孤且直。中心一以合，外事纷无极。共保秋竹心，风霜侵不得……"白居易在《酬元九对新栽竹有怀见寄》里，清清楚楚地道出竹子的至清至直。竹子是不会被社会的纷杂、自然的风霜所奈何的。寒冬白雪，竹子与梅花何等相似。待到百草枯萎千花凋零的时节，竹子的孤傲挺拔和万绿不竭的秉性，就充分体现出来了。

在中国，竹与梅、兰、菊并称花中“四君子”，它以中空、有节、挺拔的特性，成为文人所推崇的谦虚、有气节、刚直不阿等美德。三国时期曹魏正始年间（240—249），嵇康、阮籍、山涛、向秀、刘伶、王戎及阮咸七人，先有七贤之称。因常在山阳县（今博爱一带）竹林之下喝酒、纵歌，肆意酣畅，世谓七贤，因为这七个贤人是常在竹林里面活动的，用竹林来反映七个文人的人品，又用七个人的文采附丽在竹子身上，人文同自然交相辉映，后称“竹林七贤”。竹子在人们眼中是何等的平常，然当士子走进这平常的竹林，竟产生了文化史的奇观，产生了政治史的奇迹，产生了心灵史的奇谈。

自幼生文心，立志当文人，到中年，却感习文不如习武。习文手无缚鸡之力，习武，路见不平，可怒发冲冠，凭一己之勇，大吼一声，打就打了，出口气，荡气回肠，也算与“懦夫”撇清了关系。但打人违法，要进笼子，总不是好事。又觉习武不如仕途，仕途有气场，或前呼后拥，或左右逢源，万事你帮我衬，终归受益匪浅。我却盐油不进，非我行我素不可，自以为不求别人，大可无欲则刚。其实活得并不比人家好，还是身边的“俗人”更潇洒，比俗人过得还不如的文人，你就比“俗人更俗”！文人也别刻意与社会间筑起一道坝堰，人各有各的活法，更是各有所长，好在现今像我之类打着文人“幌子”的人，性情改变了很多，不会像古文人那般顽固不化。以我为模样可端详出一二：十几根竹子，稀稀拉拉，竹不成林，皆因养竹吃笋的俗气。在社会上生存，除非神仙，难免不沾俗气，但还亏我现实之余，花了点时间读书，动了点心思思考。

爱上竹子，是为心性。近年已改脾性，边种竹吃笋，边吃笋看书，修身养性，学会了放下。人只要能够放下，世间雅俗皆能包容。每年春季四月，众笋破土而出，穿着一身黝黑中透出嫩黄的衣裳，头顶伸展五六片碧绿的尖叶，睡醒似的张开眼，小心翼翼地审视充满雾霾的天空。我也小心翼翼地弯腰细察，对于一早邂逅的惊喜，舍不得掰回家让舌尖过把瘾。有了笋，便担忧过往行人或邻居下手，常常悉心看护。此时，盼望雨天。遇上雨天，三两天不注意，笋变戏法般长到一米多高，那时，笋成为竹子，成不了美食，人们无奈。而今，竹已成林，有鸟雀栖息，这片山水便活了。

居住之地，有竹为伴，就有了“门对千棵竹，家藏万卷书”的底气。想起明朝解缙借对门财主的竹林写春联的故事，起码，自觉门前之竹，归属自己，比贫困的解缙富足多了。但也正是我比解缙多了点物质上的东西，使自己缺乏了太多的功力，至今一事无成。正所谓阴阳调和成自然，得失之间莫过问！拥有自己小竹林和几千卷藏书，该知足了，知不足的该是，闲暇我还要看多少书，看书之余，门前竹能给我带来些什么样的思考？这才最重要。（选自 2018 年 8 月《天目竹韵》总第 20 期）

18. 竹篾照明，点亮童年的岁月（唐学林）

“月斜风淡竹青青，简屋昏灯黯画屏。梦里不知村落改，依然夜入旧门庭。”

这首诗是我对儿时老屋的怀念，尤其是老屋那颗昏黄的灯火，总会在我脑海里浮现。

我的童年是在那老屋里度过的。童年时天真烂漫，无忧无虑，没有牵挂，是人一生中最快乐的时光。在老屋昏暗的“灯光”下我们兄妹一起读书、一起写作业、捉迷藏。冬天的夜晚围着火炉偶尔听妈妈讲故事，妈妈慈眉善目，记忆力极强，肚子里像有数不清的故事，有的情节曲折，离奇，常常听得我们如醉如痴。但在那微弱的灯光下最难忘怀的还是母亲为我们一家缝补衣服的情形。当日落西山之时，母亲像往日一样，忙完了白天的活计，吃过晚饭，收拾完毕，她总会在那“灯光”下做些针线活，寒冬腊月，夜深人静，这一活计一如既往，直至她满头银丝，佝偻着身姿为止。

试想这个世界上要是没有火种，没有东西照明那该怎么样呢？好在我们的祖先很早就学会了“燧石取火”，使古老而原始文明迈出了一大步。但照明用什么呢？可想而知过去不像现在，夜晚走在大街上灯火通明，回到家中随手一按开关，屋明亮如白昼。可以前哪有这种条件，从我略懂事开始，我们家的照明是用竹篾的。小时候家里穷，吃口重，上有爷爷奶奶，下有我们兄妹六人，全靠父亲一个正劳力和母亲支撑这个家。这个家又处在那除了山还是山，极其闭塞的穷山沟里，为了节省几个油钱，山民们夜晚基本上都以竹篾照明。家乡的深山里有的是长竹，爷爷拣那最老的，竹皮呈暗红色的毛竹砍回家，锯成 2 米长短的段子，然后纵向劈成一公分左右厚的篾片，再放在水中浸泡十天半月，捞出后晾干晒燥，晚上即可以用来照明了。篾片照明家里需备一个铁的三角叉，其下端有个一人高的木柄，将木柄固定在一个木砖上或石块上，使之能移动又不会翻倒即可。再把篾片点燃，嵌在铁叉上，待一片燃完再换一片，方便简单。

儿时听奶奶讲，抗日战争时期，由于日寇封锁，老百姓生活必需品奇缺，食盐、煤油、火柴等等生活用品要到余杭三墩去挑，俗称挑“三墩担”。我爷爷与人结伴曾挑过“三墩担”，一路上以国民党兵痞为首的路霸横行，为躲避他们收税、抢劫、扣货等五花八门的敲诈，白天不敢行走，到晚上才挑着担子走，从家乡到余杭三墩往返 200 余里，试想一路上要吃多少苦？那时候老百姓最基本的生活用品都成“宝贝”。煤油断源，其时晚上照明用的就是篾片，奶奶常说那时候要是没有篾片，这黑灯瞎火的，晚上这日子怎么过呀？篾片照明为山区人民带来光明，带来希望。可以说在困难时期，在人类还未走向高度文明前，是竹子帮了山乡百姓大忙，难怪英国学者李约瑟说“东亚文明乃竹子文明”此话不无道理。

有两则成语说明古人晚上寻找光源读书的故事，“囊萤映雪”说的是晋人孙康小时家贫，无钱买蜡烛，冬夜映着雪光读书。另一名车胤也家贫，他夏夜纱囊盛萤，借萤火虫的微光读书。由于勤奋好学，后来都成了饱学之士，孙康做到御史大夫，车胤为吏部尚书。后以“映雪囊萤”形容夜以继日，苦学不倦。“凿壁偷光”根据《西京杂记》卷二，西汉大文学家匡衡幼时凿穿墙壁引邻居之烛光读书，终成一代文学大师的故事，两则故事虽然说明人之刻苦勤学的重要，但愚以为光明更重要，没有光明将一无所有。唐代书法家颜真卿的《劝学》诗读来颇有感觉：三更灯火五更鸣，正是男儿读书时，黑发不知勤学早，白首方悔读书迟。若没有“三更灯火”后面岂不是一纸空文。

那个年代毛竹篾片不仅用于室内照明，室外照明用的也是它。如若晚上有人出门办事，就需要走夜路，那时又没手电筒什么的，靠的即是“火把”。“火把”是以多根篾片扎成一手握大小粗的“把”点燃照明赶路。火把点明赶路需谨防星火脱落引起火灾。小时候常听说因火把使用不慎引起火灾，特别是荒郊野外之处，天干物燥之时更应小心。但那时也没有更好的照明器物，人们也不得已而为之，相比之下竹篾用于室内照明安全多了，室内没有风，火在人在，人去火灭。

后来人们生活条件渐渐好转，照明虽还没有电灯，但有的人家已使用煤油灯，可使用煤油灯照明毕竟需用煤油，况且亮度也与篾片相差无几。为了节省煤油钱，山区人们还是习惯于用毛竹篾片照明，我想这也因山区毛竹资源丰富又无需花钱之故吧。记忆中小时候家里虽有煤油灯，但奶奶舍不得用，夜幕降临点燃篾片，嵌在铁叉上，既不用花钱又迎来一屋光亮，母亲照样能做家务、针线，我们也能读书写字。

但任何事物都是一分为二的，这是唯物辩证法，篾片照明虽则实惠，使用年代久远，但使用不当弊端难免，灯火应摆放在避风处，并远离干燥柴堆草垛，以免火星脱落引起火灾。

笔者 8 岁那年秋天，家里曾险遇一场火灾，至今想来仍记忆犹新，心有余悸。山里的秋天比平原来得早，每年临近秋分已北风萧瑟，寒意袭人，与往常一样，山里人早早地准备越冬的衣被。众所周知使用年久的棉絮结板不保暖，每到秋收过后，农村里时而有穿村走巷的棉花匠为农户弹棉花，那年秋天奶奶说要请弹棉花的师傅来家，弹制家里已使用多年的棉絮。其时邻舍隔壁来加工的很多，一整天下来，还有几条棉被未加工完，吃了晚饭，弹絮师傅说要加夜班，明天已定好另一家的活计。就这样点燃多枝篾片，将屋里照得如同“白昼”，继续白天的活计。临近午夜，也许是一屋子的人瞌睡难当，抑或是人们根本未意识到火灾即刻降临。突然一颗火星落在棉絮间，转眼引燃正在加工的棉花，试想棉絮燃烧何等之快，眼看灾难临头，说时迟那时快，只见父亲敏捷地卸下大门板压向燃烧的棉絮堆，上窜的火势被压住了，大家再用水七手八脚地泼尽余火，总算避免了一场灾难，化险为夷，也算有惊无险。记得我当时吓得瑟瑟发抖，妹妹也吓得哇哇大哭。后来我家老房的两块大门板朝里的一面烧得焦黑，每每看见就会想起当时的情景，父亲说让它按着吧，也好为我们常敲警钟。直到老房拆除，那两块门板才退出历史舞台，但那惊险的一幕从未在我的脑海中淡忘。

后来我想这能怪篾片照明吗？要知道安全隐患无处不在，煤油灯就安全吗？电灯也有短路着火的危险。关键是人们要有安全意识，生活中要认识到安全的重要性。

与古人相比真庆幸自已幸运，有篾片照明至少不用以萤火虫与雪的映照来读书了。同时也庆幸自己出生在山区，周围有用之不尽、取之不完的毛竹，城里的孩子没有篾片的照明，他们晚上怎么办？难道也去捉萤火虫吗？抑或是凿破墙壁偷别家之光。不禁想入非非。

随着时光的流逝，新农村建设的不断推进，儿时的老屋早就不复存在了，但曾伴我度过童年的那颗摇曳的竹篾灯火，却常在心中萦绕，它照亮我的童年，每每想起许多往事、趣事、仿佛就在昨天。（选自 2018 年 12 月《天目竹韵》总第 21 期）

19. 买笋记（唐学林）

清晨，大街上还是静悄悄的，可菜市场已是人头攒动，热闹非凡。商家的吆喝声、摊主的叫卖声、顾客的讨价还价声此起彼伏，声音一浪高过一浪。

现今生活条件好了，家庭经济宽裕，市场上又有充足的货源，南北干货、新鲜时蔬、鸡鸭鱼肉、山珍海味琳琅满目，令人眼花缭乱。可是人都有同感，不知吃什么好？

“今天买点什么菜呢？”隔壁的王大妈挎着篮子在菜场里转来转去，嘴里自言自语。看见我满腹牢骚地说：“而今世上什么事情最难，要数买菜了，要吃得环保、无污染，又要荤素搭配。这每天早晨的买菜呀，真是难煞我了。”看着她一脸茫然的模样，我也深有同感：现今吃什么，怎么吃才对身体有利，确实是一大学问。

就我本人而言，从小就喜欢吃笋，这一嗜好至今未改。现在春笋冬出，寒冬腊月就有春笋上市，这真的是饱了喜好吃笋的人之口福。就笋而言，其出于泥土深处，它外壳坚硬，不带污染，是让人放心的绿色食品。于是我对大妈说：“阿姨，你看今天的笋怎么样？”大妈沉思片刻：“对，还是笋好，家里除老头子牙齿不大好外，其他几个都喜欢吃我做的油焖笋、腊肉炖笋，尤其是我那小外甥，常说外婆的油焖笋好吃。”

笋确是菜中珍品，不仅质嫩味鲜、清脆爽口，还含有丰富的蛋白质、胡萝卜素、氨基酸等对人体的必需成分，它还低糖、低脂肪，能有效地起到减肥、促进肠道蠕动等功效，俗称“刮油菜”。对于高脂肪人群，常食鲜笋确有一定疗效。我俩边说边走向卖笋的摊位。

见我们俩走来，摊主们纷纷招手：“笋便宜卖了，鲜嫩粗壮，都是自家雷竹林里早上刚挖的，快来呀。”叫卖声争先恐后。虽是隆冬腊月，但鲜笋已随处可见，白嫩的外表，新鲜欲滴的姿态，着实叫人喜欢，价格都在每斤 25 元左右。

这时我们看见那不远处的墙角下，一大爷身边放着两袋笋，他不像别的摊主那样不停地叫卖，看见我们走来只是憨厚地笑笑。只见他的笋两头尖尖，中间胖乎乎的，还带有泥土的芬芳。“这笋不错，大爷多少钱一斤？”我问。“25 元，都是我自己山上的黄泥笋，要不称点吧。”看老人满是风霜的脸上印着岁月的残痕，粗糙的双手证实了自己的身份，地道的庄稼人。

我从他的袋子里拿出 5 支笋，王大妈同我一样也拣出 5 支，大爷用老式秤杆分别为我们过了称，我的 2.6 斤 × 25 元=65 元，王大妈的 2.3 斤 × 25 元=57.5 元。可是付钱的时候却遇上了麻烦，老人家没有微信，而我身边也没有现金。于是求助于旁边卖豆腐的女老板，大爷随手将笋放在卖豆腐的电子秤上。卖豆腐的摊主不知道我们已算好价格，以为找她来借秤的，就随口问多少钱一斤，然后按了按电子秤说：2.45 斤共 61.25 元。这下尴尬了，大爷望着我一副窘态，不知说什么好。但我不认为大爷是那种故意玩弄短斤缺两坑害顾客的摊主。他用的是老式长杆秤，当然没有现代化的电子秤灵敏度高，于是安慰他，“大爷没事的，我还是照你称的数量付钱。”接着我扫了卖豆腐摊主的微信，并给她看了，付清了原来的价钱。这时王大妈也不由自主地将她买的笋放在电子秤上，要豆腐老板给核实一下。谁知她的 2.3 斤又成了 2.4 斤。王大妈人也实在，一定要补给大爷 2.5 元差价，可大爷说什么也不要。“要是收你的差价，这不是明显成了我在玩弄蒙骗手段吗？我年纪这么大了，笋又是自己的，何必呢？做人道德良心放在第一位。”“看来我的木杆秤也得换一换了，免得产生误会。”老人还在羞愧地自言自语。

临行老人一定要往我袋里塞进一支笋，说是补我差价。我是无论如何也不要。他说你不拿去，我晚上会睡不着的。看老人家一脸茫然的样子，我有些犯难，对于一个人的尊严，我们不能侵犯。为维护大爷的尊严，于是我收下了那支笋，老人脸上也终于露出了微笑。

菜市场大门外雨雪交加，朔风彻骨，但人心里却是暖融融的。（选自2020年5月《天目竹韵》总第25期）

20. 咏竹（青云中学学生 潘鑫宇）

绿翡裹山，山无边。只闻林中雀鸣，鸣声婉转悠扬。山间石路，路旁翠竹，绿而晶晶然如镜匣之新开。竟见片片落叶，叶落如飞蝶，妙哉！美哉！远雾覆林间，涧泉响叮咚。吾循声望泉，然无果，徒以竹蔽之，甚是可惜。

妙竹，隐山之贤者。君中有竹，竹表正直。君中有竹，竹意高升。君中有竹，竹定青山。（选自2018年1月《天目竹韵》总第18期）

（三）笋竹艺苑（篇目：《有感于百笋宴·竹文化节》《天目冬笋 味贯古今》《“蔬中第一珍”引领舌尖上的临安 钱王大酒店以笋为原料制作的各式佳肴》《鬼斧神工显竹韵——钱高潮的竹根雕艺术》《青柯鸟笼》《竹器厂的那些事》《与竹结缘 靠竹致富——崂山人与毛竹的故事》）

1. 有感于百笋宴·竹文化节（尉进）

从2017年开始，区竹文化研究会作为协办单位，参与了区好家风家庭百笋宴暨竹文化节活动。今年又继续参与。从而为百笋宴拓展规模，丰富内涵，打响品牌，扩大影响，发挥了积极作用。笔者看了《天目竹韵》会刊的2期相关信息，感受颇深，感到文化节呈现了3个特点：

一是竹文化与百笋宴融合，为临安餐饮文化增添了新色彩。以好家风家庭冠名的百笋宴已连续办了3届，应该说成果显著，声誉鹊起，广获点赞，被誉为“中华特色名宴”“天下第一素食”，成为竹文化百花园中的一朵鲜艳夺目的奇葩。尤其是随着区竹文化研究会的加盟，竹文化的热情融入，进一步为百笋宴增光添彩，使这一竹笋餐饮文化盛宴，更符合弘扬竹文化的理念，在内容上更突出餐饮文化的内涵，在规模上更显示多部门跨区域的合作共赢特色，在作用上更揭示了竹产品的精神、形象和品牌的三大价值，在宣传上更昭示了“美丽竹乡、幸福临安”“弘扬竹文化、打造中国竹笋美食之都”的主题。使广大群众更明确和理解举办百笋宴的目的意义，进而增强对这一活动的亲和力和吸引力，从而为百笋宴增强新活力，提高了竹文化整体价值，使之成为临安对外宣传的一张金名片。

二是竹笋餐饮食品与竹制工艺品的融合，为临安竹文化集中展示提升了水平。竹笋餐饮佳肴是百笋宴的一个亮点，随着产品链的逐年延伸，品种的不断增加，产业文化面的逐步拓展，产业产品所蕴含的文化元素不断汇聚，反映在软实力的水平上也随之提高。同时，竹编竹制竹雕工艺品的加盟，使更多产品登台亮相，使之在更广阔的展台上显示了竹文化的靓丽风貌。去年文化节上，亮相的家庭私房菜120余只，龙头企业餐饮15桌，名厨大师特色菜20余只和30多家提供的各具特色的竹制品。今年内容和规模进一步扩大，有13名餐饮大师名家到现场办精品宴席，更富有质量和风采。全席共有300余只具有独特创意造型的餐饮菜肴，更有气场和热度。

与此同时，杭州竹文化园参展的竹藤中式全套客厅家具，森瑞竹工艺品、昌化竹篮、三和园竹盐、青柯鸟笼、竹娟书籍等展品，尤其是金诺农业“水果笋”等新产品，可谓多姿多彩、琳琅满目，吸引了更多人来一饱眼福。

三是区内区外企业的融合，为临安竹笋产业发展开拓了新途径。在去年百笋宴·竹文化节上，凸显了一个活动的新亮点：经竹文化研究会的搭桥和牵线，企业间内外互动，签约联动，合作共赢。临安西马克食品公司与重庆火锅协会、勺天下火锅食材企业，签订了600万斤火锅笋的产销合同。今年在续签的基础上，又催生出临安清源竹笋专业合作社联合社与杭州富阳大自然食品公司、安徽宁国新拓乡味源农产品开发公司签订了2019年竹笋采购协议。既为临安竹笋食品开拓了新的销售渠道，促进了一、二、三产融合发展，又为火锅文化融入临安创造了难得机遇。与此同时，竹文化节还搭建了竹笋产品网络资源对接平台，为活动中涌现出来的好食材、好餐饮企业产品、精制竹工艺品等，打通或连接了买家，并提供策划、包装、品牌塑造等方面服务，为这些产品打响品牌进而打造成“网红”创造了良好条件。还有更可喜的是今年会上，临安餐饮协会首次发布了“十佳百笋宴消费体验店”，并授了牌。这凸显了餐饮企业在弘扬餐饮文化中的主体作用，为餐饮业发展开拓了广阔前景。

总之，竹文化与百笋宴的密切结合，深度融合，不仅开创了百笋宴的新局面，更为竹文化节活动积累了新经验。从举办百笋宴·竹文化节活动本身作用来说，还是从更高一点乡村振兴战略实施目标任务来看，笔者以为“百笋宴·竹文化节”这篇重头文章还刚刚动笔开篇，还得深入做下去，抓深抓好。要不断追求新目标，树立新理念，办出新特色，摸索新经验，取得新成效。为此，有3个问题应进一步认识和把握好。

1. 要从振兴乡村战略高度充分认识竹文化融入百笋宴的重要性。习近平总书记说：“一个国家、一个民族的强盛，总是以文化兴盛为支撑的，中华民族伟大复兴需要以中华文化发展繁荣为条件。”文化是一种软实力，软实力是一种能力，它能通过吸引力而非威逼或利诱达到目的。国际金融危机提醒我们：以文化论输赢。不少有识之士就提出，在这样的时候是不是要考虑如何把中国人自身的内涵、精神、文化传出的使命。足见当今文化的重要性和一定阶段的迫切性。竹文化是一种产业文化，其含义是以文化的方式展示（产品）文化软实力，其核心是要创新形象，以显示产品亲和力、影响力的特点。所以文化软实力着重体现产品精神、形象和品牌的3个重要价值，最终实现市场经济价值。

中央提出的乡村振兴战略，是在决胜全面建成小康社会、全面建设社会主义现代化国家的重大历史任务。它对新时代现代农业和新农村建设，提出了新的目标任务和更高要求。我们面临的是一种新机遇、新理念、新形势。这完全适应广大农民对幸福生活的追求和期盼。临安是江南最大菜竹基地，竹产业是临安农业“龙头老大”。培育发展和弘扬竹文化，是竹产业硬实力发展到一定阶段后，对文化软实力的客观需求，体现出竹产业创新发展的新形象，提升了竹产品的文化品位和价值，并通过“咏竹”“塑竹”和“研竹”的具体实践，彰显它对促进竹业生产力发展、推动乡村振兴的实际成果。实践证明，乡村振兴仅仅依靠餐饮业一枝独秀是不够的，必须依靠竹子整个产业的全面振兴。竹文化融入百笋宴是竹产业发展的内在要求，不仅突破了局限于竹笋餐饮业“小天地”，而在更广阔的平台上实现多元产业（产品）的结合和一、二、三产业融合，实现了竹笋餐饮文化、火锅文化、竹编文化、竹工艺品文化等的有机融合，实现了跨区域（临安、富阳、宁国、重庆）的联合和合作共赢，为多地农民增收致富打开了广阔天地。因此，临安竹产业发展和竹文化弘扬，是临安乡村振兴的重要内容，要把竹文化与百笋宴的进一步融合，作为临安乡村振兴的一项重要使命和任务。

2. 要突出产业这个重点，进一步提升竹产品文化价值。产业是乡村振兴的重点。百笋宴·竹文化节的主角也是产业产品，就是餐饮食品。它是百笋宴品位和质量的重要体现。“百笋”桌上的每只佳肴，都融入了百余户家庭尤其是一批企业、名店名师的理念、技艺和智慧，蕴含着丰富的竹笋文化元素，显示出其中丰厚的软实力。所以做大做强产业（产品）不仅是弘扬竹文化题中之意，更是乡村振兴的客观要求。当前要重视抓住办宴办节的契机，总结经验，从开发精品着手，创新理念和办法，增强工作力度，使竹产品融入新技术，注入新元素，扩大新品种，把百笋宴·竹文化节推上一个新的台阶。

在此基础上，要发挥百笋宴·竹文化节的载体作用，进一步增强它的辐射力，扩大它的区域影响力。当前最有利的机遇是借助旅游业外出推介宣传旅游、举办美食展的机会，策划如何输出竹笋餐饮文化，把百笋宴·竹文化节办到全国去，让城市里居民在自己的居住的地品尝到临安山区的美食佳肴、特色竹笋食品。把百笋宴打造成临安同各地交流合作的平台，收获从精神、形象价值到品牌、经济价值的综合效益，提振临安的竹文化美誉度。

同时，还要与重庆火锅协会进一步加强合作与对接，不仅要推进竹笋尤其是“笋美人”企业新研制成功的机械削切薄片“火锅笋”的销售，让全国更多居民品尝到天目山的鲜笋，更让临安鲜嫩的笋片笋丝融入城市火锅中去，成为一道美味的食料，促进火锅文化更兴旺起来。进而达到以竹文化助力竹产业，助力临安乡村全面振兴，建设美丽幸福新临安的目的。

3. 要抓住人才这个关键，建设一支优秀“塑竹”队伍。弘扬竹文化，发展竹产业，既要重视“咏竹”“研竹”，更要抓好“塑竹”这个重点。前者指的是对竹子品质、地位、功能、作用等的颂扬、评价，对竹文化研究会工作的研究；后者是对竹子及其竹笋进行加工，尤其是工艺化加工。其中餐饮业就是对竹笋工艺化加工的一个产业，制作成各具特色的名菜佳肴。而每只菜所蕴含的文化价值高低，取决于生产制作者的思想素质和技术能力的高低。如烧出一只品位高的名菜，没有高超的技艺是办不到的。应该看到，目前临安竹子加工这一块还比较薄弱，拿得出给别人看的精品还较少，不少精品布局小而散形不成规模，对外缺乏吸引力。主要原因还是人的素质问题，在竹子加工系统还缺少一批“塑竹”精英。像板桥镇（三口）在二十世纪六七十年代竹编工艺品就异军突起，办起了竹编工艺品厂，成为浙江省外贸出口的重要产品基地。当时就是因为有一支优秀竹编工匠队伍。后来老的退休了，新工匠接不上，一个产业就衰落了。

俗语说："业由才旺，事由才兴。"当今世界的一切竞争归根结底是人才的竞争。因此，抓人才不仅是临安深化竹文化、振兴竹产业的关键，更是乡村振兴的关键。当前要抓好两个要点：一是培育竹笋餐饮业优秀人才，把着力点放在餐饮企业上，坚持数量与质量并举，培育一批有中级以上职称的烹饪技艺较高的名厨大师。其中要选拔几个能撑起餐饮业一片天地的领军人物，为全区竹笋餐饮文化振兴进一步打好业务技术基础。同时要加强对好家风家庭优秀烹调手的有计划有部署的培养。每届由各家庭送上的菜肴，须经专家评选，确保其"百户"整体质量的逐步提升。二是要培育竹编、竹雕和竹加工工匠优秀人才。要大力弘扬工匠精神，强化对优秀工匠的培训力度。主管部门要通过调查摸清全区竹子加工现状，全面掌握竹编、竹雕、竹制工艺人才的实际情况。在此基础上按照竹工艺品开发、发展要求，制订规划，作出部署，落实措施，有步骤有计划地开展对竹工匠的全面培训。通过专业培训，形成一支有一定水准的竹子工艺品加工队伍，以适应乡村振兴的发展要求，带动产业走上规模化、生态化、科技化、工艺化之路。（选自 2018 年 8 月《天目竹韵》总第 20 期）

2. 天目冬笋　味贯古今（卞良根）

历代名人对冬笋的赞美

国人喜食冬笋始于何时？如果从三国时期孟宗孝母哭竹生笋故事算起，距今至少有 1600 多年历史了。冬笋是中国人民的传统美食，它鲜嫩爽口，营养丰富。古往今来，许多文人名家与竹笋结下了不解之缘，他们中有人荷锄种竹，居必有竹，有人赋诗咏竹笋，有人挥毫画竹笋，有人对竹笋更是情有独钟。唐代著名诗人李商隐，在北方一次宴会上吃到鲜嫩清香的冬笋，知道是刚从江南毛竹林中挖来的，物以稀为贵。此时的冬笋在山东於陵贵重得像黄金，于是十分感慨，他在《初食笋呈座中》一诗中云：

嫩箨香苞初出林，於陵论价重如金。
皇都陆海应无数，思剪凌云一寸心？

北宋大文学家苏轼，这位酷爱修竹、不可居无竹的美食家曾发出"食者竹笋，不可一日无此君"的感叹！苏轼仕途坎坷，曾被贬黄州。他在《初到黄州》一诗中就有"好竹连山觉笋香"的名句。说的是诗人看到了黄州满山翠绿的毛竹林，就好像闻到了冬笋的鲜美和清香这样一种独特的意境。元人刘美之《续竹谱》中有"猫儿竹（指毛竹），其笋甚甘美"的记载。清人郑板桥爱竹成癖，居必有竹，一生画竹、咏竹、写竹、种竹、养竹，曾留下了"江南鲜笋趁鲥鱼"的名句。清代戏剧家李笠翁一语道破，则认为冬笋是蔬食第一品，若笋肉合烹，必食笋而遗肉。在近代，出生浙江安吉中国竹乡的书画大师吴昌硕竟发出了"客中举有八珍尝，哪及山家野笋香"的感叹！

天目冬笋的采挖和选购

冬笋唯一不同于其他笋类，就是因为它深藏不露。有人说，它是一位羞答答的"闺阁千金"，从萌发笋芽到发育壮大，整个秋冬季节总是不露声色地藏在地下。所以笋农寻挖冬笋是一项花力大而技术性很强的农活，不内行的满山掏一整天也掏不到几棵冬笋；内行的，不需要远跑，围住

长笋的竹，一掏就是一“潭”，所以笋农又把冬笋称作“潭笋。”在天目竹乡，每当“霜降”过后，荷尽菊茂之时，深藏地下的天目冬笋也开始悄悄地肥硕起来，笋农便会上竹山寻根觅迹，请她出山。会挖冬笋的笋农告诉我们：毛竹有休养生息之年，冬笋有大小年相隔。要想挖到又多又好的冬笋是有诀窍的，挖冬笋的诀窍，全凭各自的经验，综合起来，有“找、寻、踏、养”四字诀。一找，要找到三四年生的壮龄母竹中枝叶浓密、叶色比较深绿并带有几片黄叶的孕笋竹，在它附近浅挖竹鞭，当发现竹鞭上根须发达、竹鞭向地下伸去的地方，大多数能找到冬笋。二寻，要寻觅那些开枝低、竹枝粗，最下层竹枝双开叉的大毛竹，这样的竹子往往长的冬笋多。三踏，在竹林中，用脚踩踏土壤松软，发现地表泥土松动或者开裂的，在裂缝里有一个中心，并向四周延伸，这里肯定有冬笋，轻轻扒开就可以取笋。四养，有的笋农会在离年节尚早的时候找到一些较小的冬笋，当时不直接挖取，把自己带去类似竹签的东西插在笋周围做好留养标记；这样一方面作留养标记，另一方面可以告知其他笋农此笋已经“名花有主”了。这种约定俗成的规则一直被天目笋农遵守着。一般到春节临近，冬笋市场价上扬之时，才把已经长大了的冬笋挖出来，斤两又足，价格又好。

至于冬笋的选购，老底子杭州人都知道，挑冬笋一定要本地的黄泥笋才好。它不仅鲜嫩中带甜，切起来也干净，不掉碎末。例如2014年杭州年货节的天目冬笋都是从临安海拔600米高的毛竹山上挖出来的，消费者一看，笋箨上的黄泥都还润湿着呢！据清乾隆《临安县志》记载：“冬笋产南乡者美，质坚味鲜，不似钱塘法华山者质脆味淡，苏人每岁必至此买之。”今人选购冬笋要选枣核形的，即两头小、中间大，驼背鳞片，略带茸毛，壳黄肉淡白色，鲜嫩水灵，无外伤者为佳。

数款冬笋烹饪家常养生菜肴

寒冬时节，被誉为“山珍”的冬笋成了人们餐桌上的“上宾。”冬笋比春笋鲜嫩可口，被人们称为“笋中皇后。”中医认为，冬笋味甘、性平，有“利九窍、通血脉、化痰涎、消食积”等功效。冬笋所含的丰富纤维素和多糖物质，能促进肠道蠕动，既有利于消化，又能预防便秘，还具有一定的抗癌作用。因此，人们爱吃冬笋，更多的不仅因为它的味道鲜美，营养丰富，而且是由于冬笋产自深山毛竹林中的地下鲜品，它的生长环境可算得上真山真水真空气，原生态、纯天然、无污染，可谓笋中之冠。

下面推荐四款冬笋传统养生的烹饪之法：

（1）冬笋肉丝。

主料：净冬笋150克，猪腿肉150克。

调料：植物油、盐、白糖、生抽、水、淀粉、鸡蛋清一只、鸡精、料酒适量。

做法：①冬笋洗净切丝（如火柴梗粗），猪腿肉洗净切成冬笋丝一样粗细。把肉丝放入小碗中，加盐、鸡精、蛋清、干淀粉和少量清水拌匀上浆。

②炒锅烧热，将油入锅，下肉丝爆炒断生后，盛盆中待用；冬笋丝入油锅煸炒后，烹黄酒、下生抽、盐、糖及少量鲜汤，再下肉丝、加鸡精、用水淀粉着腻，起锅装盆。

此菜肉丝鲜嫩，冬笋鲜脆。

（2）炒雪笋。

主料：熟冬笋 200 克，雪菜 50 克。

调料：盐、料酒、水淀粉、鲜汤、菜籽油、麻油各适量。

做法：①冬笋切成笋片，雪菜切成细末。

②将炒锅烧热，放油烧成五成热后，放雪菜、冬笋下锅煸炒。再下料酒、盐、待煸透后，加鲜汤，用水淀粉着腻、淋上麻油，出锅装盆即成。

此菜清香爽口，鲜美开胃，为冬令佳菜。

（3）冬笋、香菇烧菜心。

主料：熟冬笋片 50 克，水发冬菇 50 克，菜心 200 克，水发黑木耳 10 克。

调料：料酒、生抽、盐、葱、姜末、味精、白糖、干淀粉各适量。

做法：①菜心、黑木耳洗净备用。冬笋、香菇切片，葱切豆瓣丁。

②将炒锅烧热，加芝麻油，先放下姜末炸一下，然后放入葱末、盐，随即将冬笋、香菇、菜心、黑木耳一齐放入锅内炒几下，再烹入料酒、生抽、白糖、鲜汤、味精、用淀粉勾成薄芡，装盆即可。

此菜色香味俱佳，入口清鲜。

（4）土鸡冬笋煲。

主料：农家土鸡半只（约 500 克）、冬笋 300 克。

配料：水发香菇 30 克、老姜 5 克、香葱 1 棵。

调料：黄酒、盐、白胡椒粉适量。

做法：①土鸡洗净，冬笋鲜嫩部分焯水后切成旋刀块，香菇切成片、香葱打结、老姜拍破。

②将土鸡放入砂锅中，加入冷水用大火烧沸后，撇去汤汁表面浮沫后加入冬笋、香菇、姜、黄酒、葱结，再次沸腾后改成小火炖至熟透，加入盐、白胡椒粉即可食用。

此菜清鲜，有较高的滋补功效。（选自 2018 年 1 月《天目竹韵》总第 18 期）

3. “蔬中第一珍”引领舌尖上的临安　钱王大酒店以笋为原料制作各式佳肴（王雯娟　金凯华）

江南的春天，阳光和煦，万物生机勃勃。在春雨的滋润中，被誉为“素食第一品”“春天菜王”的春笋纷纷萌出。“好竹连山觉笋香”，春笋、雷笋、马蹄笋、毛笋……眼下笋的种类最为丰富，正是食笋的好时节。

北宋大文豪苏东坡有名言“宁可食无肉，不可居无竹”，还留下了“饱食不嫌溪笋瘦”的诗句，赞美临安竹笋“百吃不厌”。同时代著名词人黄庭坚也挥毫写下了《食笋十韵》一诗，大呼“一束酬千金，掉头不肯卖”。小小的一盘竹笋，引得文人墨客纷纷折腰，也为“竹笋宴”增添了不少文化的气息。

千变万化惟“鲜”是举

“笋可以说是食材中非常富于变化的，刀工处理上可以切成末、丝、条、丁、块，也可以是整条的，烹饪手法上蒸煮炖焖炒炸烧一应俱全，最妙的是它的味道，搭配咸肉渗透的是鲜咸味，搭配豆腐草猪肉就是农家风味，搭配酸汤又有了川菜的麻辣，它本身没有味道，只有鲜味，搭配不同的原料产生出千变万化的‘鲜’。”我市餐饮协会会员、钱王大酒店餐饮部厨师长舒国华介绍说。

富于变化的笋，可以毫不费力地演绎出一桌竹笋宴的诱惑，引领春季“舌尖上的临安。”比较传统的菜肴有腌笃鲜、春笋炒蒲鱼、笋干老鸭煲、油焖春笋等。腌笃鲜属于杭州名菜，把春笋、土火腿、千张结、河蚌肉一锅炖，其味鲜美无比。

热爱餐饮行业的舒厨也研究出几款笋的创新吃法，挑逗食客的味蕾。像酸汤笋末豆腐丸子，酸汤属于川菜的烹调手法，也是当代餐饮的潮流之一，结合临安的农家竹笋、豆腐，完成了一次地域的饮食交融。另一新菜明笋三杯鸡翅，结合的则是台湾、潮州的传统烹调手法，在临安竹笋中吃出台湾三杯鸡的口味来。而冰草鲜虾笋尖沙拉更为大胆，中西合璧，将冰草、笋与色拉结合在一起，滋味爽口香甜，让食客分分秒秒穿越在中西餐的味觉里。

俗话说，“清明螺，赛肥鹅。”现在正是螺蛳最为肥美的时节，咸笋焖螺蛳、荠菜春笋也是不容错过的时令菜。

食笋文化佳话多多

我市是全国出产笋最多的地区之一，食用笋历史悠久，鲜嫩可口，历史上众多来过临安的名人墨客，留下了不少与竹笋有关的佳话。

“千里迎宾宴”“功成名遂宴”“婆留家宴”……在往届的“百笋宴”中，以钱王传说为主题的佳肴层出不穷，传递着浓厚的吴越文化特色，可见钱王文化的渗透。如钱王大酒店，软装布置凸显钱王文化，衣锦厅取意于钱王衣锦还乡的故事，墙壁上饰有《钱王锦归图》；“一剑霜寒十四州”，3 楼 14 个包厢名字取自吴越国管辖的 14 个州名，每个包厢根据当时每州的风土人情进行装饰。在钱王大酒店，一桌竹笋宴，吃到嘴里的是满满的文化风情。

而传说昭明太子萧统游历天目山期间，无意间创制出笋干；明朝开国皇帝朱元璋屯兵大明山千亩田，开发出笋干豆腐丸子给士兵补充营养，有了这些佳话佐酒，对着美味的竹笋大快朵颐之际，唇齿间飘香的还有浓郁的文化气息。

大厨指点健康吃笋

竹笋味道鲜嫩，其本身的营养价值也很高，含有充足的水分、植物蛋白，大量的胡萝卜素和维生素，以及钙磷铁等人体必需的营养成分和微量元素，其中含量较高的是纤维素和氨基酸，而春笋味甘性寒，还有药用价值。对于如此美味，当然不能因为烹饪等误区，影响它的口感和营养价值，舒厨就为市民指点一二。

“传统的东西能够流传千年自然有它的道理，像老百姓家里传统烧笋的方式就很可取，在营养各方面保持得很好。”不过，舒厨建议市民一定不要放味精，“笋本身就很鲜了，味精反而起破坏作用，也不够健康。”

而对于笋蔀头，舒厨发现市民往往会丢弃不用，他感觉很可惜：“竹笋全身都是宝，笋蔀头可以用来吊汤，用吊出来的汤烧菜烧肉，味道非常鲜美。”

如果市民想体验全方位的竹笋的“诱惑”，舒厨所工作的钱王大酒店推出了竹笋宴，设计制作了几十个与笋有关的佳肴，清明节起一个月，每样菜均以特价出售。另外，微信与酒店进行互动的话，还有机会获赠油焖春笋一份让你畅快享用呢！（选自 2014 年 5 月《天目竹韵》总第 4 期）

4. 鬼斧神工显竹韵——钱高潮的竹根雕艺术（陈利生）

在石雕领域，钱高潮的名字很响亮——作为国家级非物质文化遗产项目（鸡血石雕）代表性传承人，是获中国玉石雕刻大师、中国石雕艺术大师和工艺美术大师三顶桂冠的雕刻大师。然而，他的竹根雕艺术，却鲜为人知。

有缘一睹钱高潮的竹根雕艺术作品，让我着实震惊。一根根粗糙的竹篰头，经他独具慧眼“化腐朽为神奇”，变成了一件件精美的艺术品。

钟情竹雕　痴迷寻“宝”

20 世纪 70 年代初，临安县上溪公社政府利用当地丰富的昌化石资源办起了石雕厂，钱高潮因从小聪慧，尤其对书法、绘画、雕刻等艺术痴迷不已。特别是对文物颇有研究，擅长制作那种仿古的人物雕件，被选定为上海进出口公司担任仿制文物的重任，长期为他们供货。开始几年，经营还是相当不错的。

那年月，还是计划经济时代，石雕行业及其作品销售受到了很大的影响。1980 年，厂子关门人员解散。然而，钱高潮有幸被浙江省地矿厅领导邀请去当老师，一当就是 5 年。让他感到欣慰的是，当老师那几年，既培养了很多雕刻方面的人才，自己的学养又得到了极大的提升。

这时，钱高潮又遇到了一个伯乐——时任临安县县长的马时雍。马县长一个电话，把尚在省城工作的钱高潮请回了临安，让他回家乡办厂带学生，传授石雕技艺，为弘扬临安的民间艺术出智出力。领导诚邀，钱高潮毅然返乡。

钱高潮的老家在风光秀美的浙西大峡谷源头。在充分利用当地昌化石资源雕刻各种工艺品的同时，还经常会接触一些奇形怪状的竹根、树根，每次，钱高潮都会为那些天然奇美的纹理和内敛深藏的生命所感动。看得多了，钱高潮又激发起了创作的冲动。

是不是可以开一家竹根雕工艺美术品厂呢？钱高潮灵光一现。临安作为中国竹子之乡，漫山遍野到处都是竹子。于是，他看中了价格低廉的竹篰头做原料，独辟蹊径开始了竹雕生涯。

伴着依稀的晨光，一个人的身影常常在山林深处出没，耐心搜寻。这样一个画面，会让你想到什么？是采药者在寻找山间的灵芝？还是淘宝者在搜索什么宝藏？

其实都不是。这只是一位艺人在寻找枯朽的竹根。他想要的东西，在许多人眼里，是一钱不值的废物，最多也就是个能生火的竹篰头而已。但在钱高潮看来，却是创作的源泉，灵感的寄托。这个竹雕艺人已无法数清，有多少个这样的清晨，他拂过挡路的树枝，艰难地行走于一条条布满荆棘的山路。

材料的优劣，非常重要，它会直接关系到作品的质量。好的根材应该是形状奇特，结构富有变化，质地坚韧细腻，色泽纯净光洁，纹理清晰美观。材料是根艺创作的基础，富有美感的材料能够激发作者的想象力和创作欲望。

为了寻找理想的竹根，他几乎走遍了临安每一个产竹的角落：青山、三口、洪岭等乡镇，甚至邻县安吉，他都去过。“竹根就是地下宝藏，每次找到好材料时，我的心情不亚于找到鸡血石。”老钱说，为了找到好材料，他常常“铤而走险”。

施艺奏刀 匠心独运

万事开头难。一开始，钱高潮因对竹根物理及化学特性了解不足，“竹雕”产品常常会遇到霉变、虫蛀等问题，市场行情不是很理想。为了研究防虫蛀技术，钱高潮尝试了各种方法，终于摸索出一套竹料防腐技术，实现了竹雕的“不朽”。

回忆起那段经历，钱高潮说：“煮的这道工序，需要放盐、醋等处理，对防腐防蛀是关键，我不知试了多少遍才成功。”经过防霉、防蛀、防裂处理后，还要抛光、打磨，一件作品才算正式完成。

竹的根部又长又大，质地紧密而坚韧，周围丛生着密密的须根。钱高潮说，采集竹根也很讲究技巧，就像是挖文物啊！带有须根的毛竹篰头牢牢地扎根在坚实的泥土里，直径范围可达半米，竹根出土后，再细细除去竹篰头上的须根，使其显示出竹纤维的天然纹理。

比如竹根，不同的产地，其特性、形状也不一样。有的根直，有的根弯；有的竹节间的隔膜空，有的隔膜实心。哪里的竹子长势较好，哪里的竹子适宜雕刻，他都了如指掌。

察、挖、削、琢、刻……钱高潮手中的小小雕刀游刃有余，尽情挥洒。在昌北的群山里，钱高潮以从未有过的火热激情投入竹根雕之中，凭借自己在书法、绘画和仿古雕刻中所具有的艺术眼光，一点点摸索，一遍遍实践。没有参考资料，就到书店去淘；没有现成的师傅，就到外地去学习观摩。“搞艺术创作最忌讳闭门造车，故步自封，还是要多向别人学习，才能开阔视野，达到更高的境界。”谦虚的钱高潮如是说。

他在竹雕艺苑中展翅飞翔，作品也渐渐被市场认可。上海商人很喜欢明末清初那种风格的竹根雕工艺品。他们先后找了浙江象山、福建仙游等数家竹根雕加工点，在看到钱高潮的雕刻技艺后，高兴地说终于找到了，指定要其定做。

一件件普通的竹根，让钱高潮迸发出了极大的创作热情，被他施艺奏刀，赋予了新的生命。

钱高潮说，竹根雕成工艺品后，附加值就高啦：一根竹根成本 10 元，雕成了艺术品，利润可达 50 倍、100 倍，甚至 200 倍。所以，竹根雕搞得好，是大有可为的。

慧眼识材 妙手点化

钱高潮认为，工艺美术品的创新，除了追求新材料、新工艺以外，关键是造型要新颖，题材更要新。因此，他雕的东西不光只停留在技术层面上，更多的是体现思想、情感和文化内涵。他的文房清玩等题材的作品，最大限度地利用了根材的纹理，雕刻得相当精到，充分表达了艺术语言，突出了神韵、意境和审美特征，趣味十足。

将石雕的手法融入竹雕的技巧中，也算是钱高潮的独创。刀法精巧，求新求变。他说，创作很多时候源自“顿悟。”他观察飞鸟游鱼、山水草木，有感于心，于是信手拈来，便成一件佳作。

试看那件《东山报捷图》笔筒：采用高浮雕技法，以山崖屏障为界，将画面分为两部分。山壁右侧为曲径幽林，古松插壁，垂荫如盖，松下三位老者围石桌而坐，谈笑自若，正在对弈。三位侍女立于老人身后，手持莲花，相顾低语。山壁左侧树高林深，峡谷重叠。两骑士高举信旗，争先恐后，策马奔驰在谷道林间。尤其是谢安那胸有成竹的神态，表现了运筹帷幄、落子必胜的信心，与策马疾奔的信使形成一静一动的鲜明对比，既有各自的独立性，情节上又互相呼应，使两部分构图连成一体。

浙江省美术评论研究会专家张所照称，钱高潮竹雕的题材、内容、形式均符合人们的审美情趣，有些作品，还特别得到文人的青睐，体现出了浓厚的地方特色，具有形式多样、题材广泛、造型丰富的特点。他创作的题材几乎涉及社会和自然的多个领域，如人物、山水、花鸟、器皿、把玩等等，对古代人物的表现更是淋漓尽致。

每一件竹根雕，无不是钱高潮的呕心沥血之作。呈现在我们眼前的，有双层南瓜、葫芦等植物，鸟禽鱼虫等动物，荷叶水洗、松针笔洗、鼻烟壶等文玩，可谓种类繁多，琳琅满目。《二竖牧牛》神形兼备，蕴巧思于其中。《春江水暖》，鸭子的羽毛栩栩如生，细细凝视之下，整件作品显得细腻而温情。

欣赏之余，我不禁为自然造化与人工巧思的完美结合而感叹。其实，艺术品也像璞玉一般，可遇而不可求啊。

作为一名竹雕艺术家，不仅有一双妙手，还要有一双善于发现美的眼睛。比如雕一只鼻烟壶，看似很小巧的一个玩意，工艺难度却不小。竹根的横切面，布满了许多坚硬的竹筋。这就要求在施刀时讲究“顺势而为”。必须尽量找那种隔膜小的竹材，这就需要相当的“眼力”啊！

钱高潮的竹根雕多次在省市、全国的竹工艺品博览会上获金奖。他的许多作品，吸引了各地的商人和文化人慕名前来购买。每次有人求购，钱高潮都有点难舍。

他从大山走来，带着大山赐予的礼物，带着自己的艺术梦想，一路前行。可以说，游走于竹雕和石雕之间的钱高潮，实现了两个领域的并驾齐驱。（选自 2014 年 8 月《天目竹韵》总第 5 期）

5. 青柯鸟笼（章清浩）

在锦城街道青柯村俞家头，有这么一群专做鸟笼的工匠，走起了个性化定制路线。在广告营销铺天盖地的当下，他们显得很另类：不开门店、不打广告、不批量生产，根据每个客户的个性化需要进行极其精细的手工制作。这种个性化经营在江浙沪一带的玩鸟圈子里几乎无人不知，尽管他们做出的鸟笼数量有限，但对质量的要求非常高，一个精致的鸟笼等价于一辆中档轿车。在青柯村，从事鸟笼制作的有30多人。他们中资历深的已经从业30年，带出了不少徒弟。随着经济发展，人们生活水平的日益提高，养鸟的人越来越多，鸟笼制作也日渐红火。青柯村鸟笼加工业经过20多年的沉淀后，迎来了发展的春天。

一只鸟笼等价于一辆轿车

青山悠悠，大树华盖。素以生态文明著称的青柯村坐落于天目山南麓，翠绿山头白云绕，清澈小溪鱼儿跃。人间仙境般的村落孕育淳朴的人们，淳朴的民风也为青柯村带来了新的发展机遇。

“文化大革命”初期，南宗鸟笼的集大成者颜金虎流落到青柯村。善良的村民好心收留了这个陌生人。“文化大革命”结束后，两手空空的颜金虎为报收留之恩，把自己的独门秘籍传给了青柯村的父老乡亲，于是南宗鸟笼在青柯村发扬光大，成了青柯村民发家致富的一个特色产业。据颜金虎的得意门生、现任青柯村鸟笼专业合作社理事长的江红星介绍，在做鸟笼的江湖圈中，声名赫赫的有以天津为代表的“北笼”，以广州为代表的“广笼”，还有一个就是以苏杭为代表的“南笼。”临安笼已是南方笼业的代表。因为青柯鸟笼走的是高端路线，讲究手艺精致，从业者做鸟笼讲的是慢工出细活，卖的也是个手艺，所以业内对青柯鸟笼评价非常高。自然售价也较高，生活类鸟笼一只能卖几千元，而一只精致的收藏类鸟笼最高能卖到近20万元，相当于一辆中档轿车的价格。如今，青柯村制作的临青牌鸟笼已成为国内数一数二的大品牌，笼子广销全国各地，北到东三省，南到台湾岛都有临青鸟笼的客户群。

订单排到了三年后

青柯鸟笼之所以价格高，是因为这种纯手工制作的鸟笼不仅讲究取材，而且十分注重加工工艺，另外，对任何一个出售的鸟笼都承担终身保修。

“做一个鸟笼至少一个月时间，是个精雕细琢而成的慢活，从选料到成品需要经过近30道工序，这对手工制作者的要求很高，没有耐心不行。”江红星说，首先根据需要选准尺寸，用砍刀劈成小料，然后用手工刨，处理好尺寸，用沙皮打光，再将小料的表面做成弧形。

处理完毕，用台钻对每根小料打孔，这是唯一需要电器的活。在十几二十年前，给小料打孔则需要手工，古老的手钻现在早已被机器代替。

小料上的孔只有针眼大小，方便穿丝。穿丝是用刀片或拉丝板拉制而成的，每根穿丝长20—30厘米，粗细如琴弦。在小料的首尾两端还要做出榫头，便于小料之间相互连接。

如果不用雕刻图案，做成素笼，就可以直接组装成鸟笼。组装鸟笼的弦是用蚕丝和棉花做成的，和乐器上用的弦一样，非常有韧性。

如果客户需要，则要在这些小料表面用刻刀雕刻花纹和图案。小料上可以雕刻罗汉图、回纹、花脚、双龙戏珠、花鸟虫鱼等，具有很强的观赏性和艺术性。

因为工艺复杂，青柯鸟笼的年产量相当有限，每个加工者一年能生产10个鸟笼已经非常不容易了。江红星告诉记者，目前，他家没有一个现成的鸟笼，往往鸟笼刚做好，自己还来不及细细把玩一下，心急的客户就登门取走了。如今，他三年后做的笼子均已被人下了订单。虽然有的客户拿到鸟笼得等好几年，可这些客户却并未因此而心存不快，在他们看来，只要拿到青柯鸟笼，花再多的时间等都值得。

做鸟笼让他住上了小洋楼

今年37岁的江红裕师承江红星，也是青柯村里制作鸟笼的佼佼者。因为身体残疾，曾开过残疾三轮车，1998年起，因为跑运输辛苦却收入不高，想改行，可是患残疾的他又不能去工厂上班，在无计可施下便跟着江红星学习制作鸟笼。

"开始的时候很苦，每天不停地看，看会了再自己动手练。"江红裕说。他刚学做鸟笼的时候，青柯鸟笼并没有多大名气，制作工艺也没有现在这么考究，一个笼子只卖几十元，而且还要自己送到杭州、上海等地找人卖。因为价值不高，学习的积极性也相对要小，学了一年多才算出师。

考虑到这种传统模式发展前景不大，青柯村于2000年前后果断地在原有基础上对青柯鸟笼的制作手法和工艺进行了改革，转而走精细化的道路。在选材上，独有海拔高于500米的5年生成年毛竹才能作为临青鸟笼的制作材料。在工艺上，结合浮雕、镂空雕、暗调等手法，力求尽善尽美。鸟笼做好以后，临青鸟笼不再走市场，而是通过中间人将鸟笼交到客户手中。这一做法使得临青鸟笼从一件普通的工艺品升级为一件具有独特工艺的高档艺术品，成为当今不少鸟笼藏家珍贵的收藏品，其经济价值也呈几何倍地增长。

这一变革也让初出茅庐的江红裕一下子找到了发家致富的秘诀。江红裕说，做鸟笼的成本不高，整套制作用具花5000元左右，竹子原料的成本很低，每年只需要1000多斤竹子，两三千元；而现在每只鸟笼的售价少则几千元，多则几万元，一年下来，起码也有近十万元的收入。

前不久，江红裕将旧的平房推倒，重建了一幢总面积400多平方米的三层新楼房，花了十五六万元，加上装修的10万元，这近30万元的开销全部是他做鸟笼赚到的积蓄。

江红裕说，如今，村子里有六七十户人家，做鸟笼的有十三四户，其中两个人是童家头的，其他人全部是我们俞家头的。而村子里率先盖起小洋楼的基本上是做鸟笼的这些人。

因为有了鸟笼，这群普通的手艺人，找到了自己独特的致富之路，也让房前屋后不起眼的毛竹成了临安人又一大摇钱树。

师者云集，临青鸟笼已成绿色新产业

好的产品自然不乏市场，好的手艺同样不缺门人。尽管制作这种鸟笼是件相对枯燥乏味的手艺，可学习者却并不少，不少还是刚出学堂的年轻小伙子。

据江红星介绍，如今他已收了5个徒弟，最小的徒弟江泽平今年刚满25岁，却已是小有名气的手艺人，并且带了自己的徒弟。

记者在江泽平家看到，身高1.85米的小伙子正拿着锉刀对竹片进行打磨，边上一个年纪相仿的年轻人正有模有样地学着刻花纹。

这个年轻人叫李鹏飞，平时在高速公路收费站从事收费工作，一有空就跑来跟着江泽平学习制作鸟笼。李鹏飞说，临青鸟笼已成了远近闻名的工艺品，他在惊叹临青鸟笼细致的制作工艺的同时，萌生了学习的念头，便找到了同学江泽平，让他当了自己的老师。

学做鸟笼，有人为学手艺，有人却看到了鸟笼制作的巨大前景。师承郑惠平的徐燮坤今年已是32岁，家住太湖源镇，原来从事手机销售和维修生意，经商多年来收益不大。两年前，他看到了临青鸟笼光明的发展前途，毅然关闭了自己的小店，一心跟着郑惠平学习鸟笼制作，如今已小有所成，不久就能出师单干。

如今，青柯村鸟笼已申报为杭州市非物质文化遗产，促使这一传统的老工艺继续发挥新的生命力，走出一条依托绿色新产业、实现经济新发展的路子。（选自2014年11月《天目竹韵》总第6期）

6. 竹器厂的那些事（简华）

在临安的方言中，玲珑片是把篾匠和竹匠分开的，篾匠专指以竹篾编织各种器具的匠人，竹匠则指以圆竹打制桌椅床柜的匠人。昌化一带往往统一称作竹匠，或把打桌椅床柜的称为椅子匠。我年轻时在临安光明竹器厂待过。我们那个厂子里有篾匠也有竹匠，是“双管齐下”的。

鲁班的笨徒弟

据说鲁班有一个没出息的徒弟，几年学下来，木工活竟然还是一窍不通。师傅看他实在笨得可怜，狠狠心还是将他逐出了山门。这徒弟是个南方人，无奈回到老家。山上的树挺高挺大的，可他却是一筹莫展。总得要有个生计吧，这徒弟就在山上砍下一些竹来捣鼓，捣鼓捣鼓便捣鼓出一些名堂来，后来竟另辟蹊径，辟出篾匠这一门手艺来。这徒弟对师傅的绝情也不计较，仍然尊鲁班为先师。所以后来的篾匠竹匠们供的是鲁班像，用的也是鲁班尺。

只是因为在鲁班那里没出师，篾匠的地位仍然卑下。到了大户人家做工，众多手艺人之中，便排在倒数第二，地位大概仅高于裁缝，吃饭时便是坐在下手的，跟坐在上横头的那些鲁班门下的正宗弟子木匠、泥水匠相比，自然生出几分惭愧来。过去的东家都不敢怠慢泥水木工的，要是有得罪之处，心眼小的就会在活上做点手脚，或在隐蔽处画点什么图案，会给居家带来灾祸。譬如说画个往外撑的船什么的，再念点咒语，居家今后就会不聚财甚至原有的财也会流散的。而对篾匠却全然不用担心，他们不会做手脚也做不了手脚。

篾匠的工具相对简单，钩头刀、平头刀、刮刀、剑门、篾舔、锯、钻、泥鳅刨，一块围布，还有那把鲁班尺，比起泥水匠木匠来则要轻装得多。别看这篾匠地位低下，但手里头的活却一点也不含糊，工具少，花样精却来得个透，按现在的话说就是技术含量很高。从前学这门手艺，都是三年徒弟，四年“半作”，七年后才能自立门户，独自去闯荡江湖。师傅带徒弟，规矩也很多。比方在雇主家里吃饭，徒弟得先给师傅盛好饭，然后自己才能动手。捧饭碗两肘挨着腰，不可两手叉开，要低着头看着自己的饭碗，不能左顾右盼，只夹靠近自己的那碗菜，尤其师傅的筷子没夹过的菜碗，徒弟是不能去动的。师傅放下饭碗，徒弟就不能再吃了。因此，徒弟要没有几下吃饭的基本功，往往要饿肚子。不过，碰到好的师傅，他会慢慢地嚼，等你吃饱了，他才咽下最后一口饭。我的饭量特别大，幸亏这些规矩在我的师傅那里已经全免了。我见过篾工们认真地吃起饭来，那速度确实惊人。

学篾匠的一般要早，十二三岁入门，因为篾匠的大部分作业是蹲着进行的，等年纪稍大一点，腿骨腰板硬了再来学这活，就难以适应。“文化大革命”中，躲过了上山下乡，我终于落入此道，成了鲁班没出息的徒子徒孙。因我的腰腿特别硬，干起这活，真是有点受尽折磨的感觉。蹲了那么十来分钟，非得站起来伸会儿胳膊踢会儿腿不可。为了这一点，老遭师傅呵责，差点儿就逐出师门。由此，自己也变得十分自卑。都是大老爷们，我咋这么笨头笨脑，笨腿笨腰的？我知道自己是永远也成不了竹匠男的。我的那些个师兄、师弟因为入道早，有一身童子功，便没有此等苦恼，蹲着和坐着一般的自在，在工场里猫下来就是老半天，好像还挺享受的，让人好生羡慕。在这个圈子里，大都文化不高，识不得几个字的。像我这样读过两年初中的便算是凤毛麟角了。因为这个原因有时候也受到了一点关照。

篾工的生活

我那个厂子不算大，连厂房带食堂宿舍道地也就那五六亩地，七十多人吃喝拉撒全在那里面。条件有些儿艰苦，因此常常接受“十八把篾刀起家”的革命传统教育。厂里头有个大池子，那是浸毛竹的。竹子冬天砍下来的叫冬竹，春天砍下来的叫春竹，厂子里用的竹子，一般都取冬天砍下来的。竹子处于休眠状态时，就不太会遭虫蛀。这时要根据材料用途锯成不同长度的段状，打通竹节，放进那个大池子，浸在水中。这些个竹子可沿用至来年入冬，不会“燥”去。平时还好，到了严冬时，下池子取竹就够遭罪的。池子里的水放得剩一膝盖，卷起袖子裤腿下池子，上面有冰，下面有竹节片，扎人痛。用一篷竹丝将竹子擦干净，然后推上岸。两个钟点下来，手脚都红通通又僵又麻，不听使唤了。师傅生起一盆火，就凑在火炉边烤，把人给慢慢烤回来。

圆竹段要将其对劈开。这是个力气活，十寸十二寸的竹，管壁都有一指头厚，剖起来还真得费点劲。先用钩头刀对半钩开个口子，然后拿刀或是竹梢一鼓作气往后拉，随着一串节奏很强很震撼的爆裂声，圆竹便裂成了两半。我想，原来这就是“势如破竹。”心中便琢磨这成语的始作俑者应该就是个篾匠。跟重工业的车间隆隆交响比，篾工车间里的声音绝对是轻音乐。劈篾时清脆的节奏、刮篾时的尖丽音符、编篾的沙拉、破竹的空洞之声都是十分悦耳的。

在冬天，竹子会变得残酷起来，拿在手里就像拿着块冰似的。劈篾时全凭拇指肚的感觉，到此时也显得有点麻木了。竹子在池子里浸得时间长了，劈最后那层篾时，咬在嘴里，就有股酸味儿，令人想呕。俗话说六个月小六个月大，到了夏季，便是篾匠们的光鲜日子了，可以不必遭受炎日的逼晒，躲在屋里，清凉的竹子，清凉的刀尺，编出来的席子、篮子是清凉的，嘴里哼着的小曲也是清凉的。

厂子里干活不同于在私家，成批的活儿多，什么畚箕、茶篮、簟皮、大匾、石子箩等诸如此类，有的时候赶季节，供销社的会上门来盯着你的活儿。有位戴眼镜的瘦高个，当过什么报的总编的，牛棚没去派到了供销社跑业务，说说是个臭知识分子，却谦恭得很，师傅或师兄弟们都不讨厌他，和他扯几句笑话，他总是笑笑，也不多言语，让人感到神秘却生出几分莫名的敬意来。

我们这厂子整天开着门，本是无闲人上门的。可那天，却突然有一班“天仙”下凡了，那是县剧团的演员，来车间里体验生活。说要学几招地道的编茶篮的把式。立时，师傅徒弟手中的活儿都停了下来，围在工场门口看热闹。那些个姑娘心灵手巧，跟着陈姨也就比画了几下，便心领神会，嘻嘻哈哈地告辞走了，来也匆匆，去也匆匆，让几位“牛郎”师兄发了两天呆。

篾匠师傅

厂子里有几位师傅会细活，据说都是祖上传下来的，能够把篾劈得细如发丝，然后编成各种美丽的图案。有一位还编了幅万岁图，送到了北京出尽了风头。过了那最严酷的时代，篾席、烘篮或是簟箩等，内中也作兴编个龙凤双喜之类的图案，那几位做细活的师傅便大出风头。有几个晚上，一位何师傅便点起个200瓦的大灯泡，架起一副老花眼镜，但见青丝一根柔指轻绕，左右双手上下翻飞，就几个夜晚，一只女孩子出嫁时用的针线篮便完成了。中间是两朵黑牡丹，边上有一圈回龙纹，口子用白藤细细地扎了一圈，底部还镶上了两个小抽屉，精巧细致，实足也是一个“美人”，叫人赞叹叫人羡慕又叫人嫉妒。

“这东西怎么编出来的？”

“这有啥稀奇？人都要编出来了。”

于是我听到了这样一个带有几分凄清的故事：传说宋代江南有一位姓胡的篾匠，手艺高超，但人长得奇丑，娶不到老婆。后来他就用竹篾编织成了一个竹女人，大如真人，惟妙惟肖，冬天裹上绒布，夏天直接搂着，天长日久，这“竹夫人”都显得油光锃亮了。临终前，胡篾匠还让人做了一座双穴墓，在墓碑上刻上自己和妻胡氏竹夫人的字样，交代他的侄儿，让“竹夫人”与自己一起下葬。

还有一位陈师傅，打的“腰子篮”式样灵巧，结实耐用，远近闻名，得一不易。其子是我师兄，终于求得一件，喜不自胜。平时舍不得用，挂在梁间，时时取下玩赏一番。近水楼台先得月，学篾匠的我比外人就多一些竹的用具和寝具。篾席是最典型的寝具，活儿中也是最见功夫的，我的功夫不到家，便央求张师兄帮我，取了一根小一点的毛竹，剪裁得当，勾好条子，敲好剑门，五根寸的，取四层篾，刮好，便开始编。厂子里有几位手艺好的，不但编得整齐，还能变出许多花样来。我乃实用主义者，这些就免除，没用两个工夫，张师兄便帮我完工。躺在上面，丝丝凉意直沁心骨，真是享受。

都说木匠爱树，篾匠爱竹。我隔壁间有位佐师傅，就是个爱竹如命的，竹子在他手上绝不肯浪费一点，取料长短相间，几个竹的梢头还是要削成竹签的。那一日，他从灶间捡回一根竹丝条，过来递给我。我便抢白恐怕不是我的。他把竹丝和我的一堆竹条比了比竹节，一声不吭放下便走了。我顿时闹个大红脸，心里也忐忑不安，以为他会用以小见大的常用手法，在众人面前说教一番的，却一直没有听他提起此事。可越是这样，越让我感到那根竹丝的分量，以至影响了我一生的生活态度和习性。

花竹车间

闲着的时候，我也去隔壁的花竹车间，这里是拗椅子的。那花竹的花纹可不是天然的，是普通竹沾上黄泥放在炉子上烤出来的。那泥点子是甩上去的，便透出几分自然的韵味。椅子背中间有块黑色竹片，刻上字或花以作装饰。我喜欢画画刻刻，便自告奋勇去找了些图案来，依样画葫芦，在那块黑竹爿上刻上些龙、虎、菊花等。不多久，便烦腻了。于是找一些奇形怪状的竹节，做成笔筒香炉的，刻一些浮雕。一次遇到一截三角的竹根，取两节，下端雕上三个老虎脚，上端的三个面。一面刻上一个嫦娥奔月的图案，另外两个面分别刻上一句诗：“从今若许闲乘月，拄杖无时夜叩门”，陆游的，告成以后，好不得意。又花了两月时间，以深浮雕在竹管上刻上一条吐水盘龙，用作笔筒，虽无刀工之法、造型之巧，却是敝帚自珍，至今还置于案头。

篾匠学了一年多，笨手笨脚的，还是入不了行。后来，厂子的日子越来越不好受了，开始慢慢转行。我们这帮鲁班没出息的徒子徒孙也转行了，再后来又淹没在社会转型的大潮中……

老厉书记

老厉书记是十八把篾刀之一，在竹器厂里当过监委的头，也当过管委的头。管委的头就是厂长。管委和监委往往是轮换的。“文化大革命”前就是书记负责制了，老厉便是书记。“文化大革命”时，小厂的书记厂长也成了走资本主义道路的当权派，他被打倒了。后来建立厂革命委员会，要抓革命促生产，他结合进革委会，当了主任，但大家还是叫他厉书记。不久又是书记负责制了，他便名正言顺又当了书记。那年代，手工业集体企业日子统统难过，头年竹器厂亏损 2000 元，接着一年是亏了 7000 元。这个数字挺严峻的，老厉书记因而“压力山大”，便寻思着“吃一回螃蟹”，把“手工业”的“手”字去掉一些，便八方打听，四处奔波，搞出了一条无线电元件的生产线，立马将厂子扭亏为盈。虽然，他却差点成了“脱轨转向”的坏典型。

厂子越来越红火了，但他毕竟是鲁班弟子出身，又是个性情中人，虽然知道凭竹匠的“巧手”编不出企业的兴盛，却丢不掉十八把篾刀的情结，始终留着工厂的那另一半。有事没事，总爱到那另一半去转悠转悠，与其余的那些篾刀们唠嗑，抓着那些个竹箩提篮的，久久放不下手，按他自己的话，都是手心和手背。在他任上，调进了许多技术人员、大学生、老师等，试图用“巧脑”来维持厂子的兴盛，但是用句套话，“历史的潮流总是不以人们的意志为转移的”，厂子最后还是倒了，连同另一半，那是倒在体制上。手心手背两面的肉都没了，虽然这时他已经退休多年，依旧直着嗓子要骂娘。

篾匠们的生活实在是很平庸的，大概也属于社会的最底层。许多年了，我们开始习惯性地回忆已经走远了的过去，开始审视早已翻过的那一页人生，尽管说那道里的日子有点艰涩，但还是为自己有过这样的一段生活经历而欣慰，甜甜地把勾起来的那些“老照片”装进自己记忆的“文件夹。”（选自 2017 年 6 月《天目竹韵》总第 16 期）

7. 与竹结缘　靠竹致富——崂山人与毛竹的故事（李士根）

临安区玲珑街道有个崂山村（史称牢山村）。据清乾隆《临安县志》记载：俗传钱王驱山，唯此不动。山名乃牢固之意。牢山村也因此而得名。

崂山村东距临安市区 25 公里。村域以山地为主，呈现“七山一水二分田”的村庄格局。土壤肥沃，气候温和，资源丰富，盛产毛竹。村落呈满帆的航船状，四面青山环抱，天目溪支流穿村而过，毛竹青翠，水库碧绿，空气清新，风景秀丽，是玲珑街道清洁乡村长效村。

村域面积 3.92 平方公里，山林面积 2937 亩，耕地 293 亩；常住人口 759 人，共 245 户，有 10 个村民小组；2015 年农民经济总收入 4070 万元，人均收入 22991 元。村民主要经济来源于竹制品加工、外出务工经商等。

在毛竹葱茏的初夏，笔者走访崂山村，寻访与竹有关的故事。翻开封存的记忆，一件件一桩桩，记忆犹新，仿佛昨天；一项项一幕幕，鲜活灵动，历历在目。

笔者撷取了当年崂山村民为实现小康梦，“与竹结缘、靠竹致富”的故事，以飨读者。

双手编织电灯梦

1963年的7月1日，刚过完党的生日，老书记黄全根在党员干部大会上动员大家说："办电要一大笔钱，钱从哪儿来？靠我们崂山村每一位村民的手中劳动挣来。崂山山上有的就是毛竹，崂山人人人都会编畚箕，我们就编畚箕卖，把卖畚箕的钱积攒起来买电线，买变压器。利用秋冬农闲，大家一齐动手，争取明年明明亮亮过劳动节。用自己双手实现'楼上楼下，电灯电话'这个梦想。"

老书记他说干就干，组织起了崂山村副业队，办起了村竹器厂。上半年抓生产，下半年搞副业。充分发挥崂山盛产毛竹的优势，发动群众编毛竹畚箕，出售批发给供销社。全村男女老少200多人齐上阵，就连村里的四五个盲人也参加了副业队。别看他们双目失明，通过能工巧匠手把手地教，崂山盲人编畚箕成为崂山一绝。他们编畚箕不但快，而且质量好，有些明眼人还编不过他们。那时编一对小毛竹畚箕才七角钱，一人一天只能编三四元钱。崂山村民特别齐心，把这一元一角一分编畚箕的钱，全部筹集到村里，作为办电的经费。聚沙成塔，积水成河，崂山人就这样用自己的双手，一分一分积攒起几十万块，买来变压器，买来了电线。

原崂山村大队长朱家良回忆说，他15岁就跟着舅舅黄生山学竹编，由舅舅给他劈好篾，给他编好畚箕屁股，然后手把手教他编。为了多编畚箕多卖钱，晚上编到一两点钟是常有的事。舅舅点起油柴火，有时把水里浸泡过晒干的二簧篾捆到柱子上，点起来照明。因为人困疲乏，有时靠在柱子上睡着了，那竹黄篾火把燃尽了，把柱子都烧焦了，人被惊醒后，又揉揉眼睛继续编。

1963年12月28日，是崂山最难忘的日子。老书记黄全根得知消息，崂山村买来的电线已经装到了，便召集村民一起去搬运电线。那天下午五点不到，马永山提了面铜锣，一边走一边敲一边喊"大家快集合——去化龙搬电线啰——"，响亮的锣声与喊声响彻崂山的山山湾湾。这像是一道命令，男人立马放下手中的活计，妇女停下了做菜做饭，有的刚端起饭碗也没顾得上吃，统统赶到了村子中间，不到十分钟，就集合了一百七八十个人。大家顾不得彻骨的呼呼北风，像过节似的，兴高采烈地跑步向化龙奔去。到了化龙，天色已暗，看着这几十盘亮闪闪的高压线，直径一米半的电线盘，每盘都几千斤，大家一齐动手，推的推，拉的拉，往化龙收购站运（装电施工指定地）。崂山村民回忆起那场面，那气势，那股子齐心合力的场景，至今都仍热血沸腾。

第二年，1964年4月10日，崂山村通上了电。崂山人用勤劳双手编织起"电灯电话，楼上楼下"的梦想。

走乡串村播诚信

崂山人从记事起，就知道崂山的祖辈挑着毛竹畚箕，翻山越岭，走乡串村叫卖。崂山人的毛竹畚箕不偷一根篾，不少一根竹丝，几代人传承着崂山人勤劳质朴的品质，崂山毛竹畚箕的美誉度也传遍临安山山乡乡。

村民朱家法回忆说，他从小跟着父亲就学会编毛竹畚箕，1965年成家后，他利用农闲晚上时间编毛竹畚箕、扎扫把。第二天，天蒙蒙亮起来，扒上几口饭，再用毛巾裹些饭团或六谷饼、番薯之类，穿上赤脚草鞋，挑上10对毛竹大畚箕，七八把扫把，还带上竹丝刷把、蒸架等竹器品，一担就足有一百二三十斤，踏着先辈的足迹，走乡串村叫卖。

往西跑，从於潜走上埠溪、下埠溪、地风山、方圆铺，再转到千洪、后渚桥、绍鲁、交口，穿越冷水坞经射干回崂山时，天已经墨黑了。一个来回就要跑一百七八十里。

往东跑，从化龙走夏禹桥，翻岭到富阳，转新登再到三口、板桥，穿井里，翻公山岭到青山，经横畈、高虹，再翻岭到袁家坞、前庄，越显岭脚、硖石、金头回崂山，一天要走 200 多里。一边走乡串村，一边吆喝“卖畚箕噢——卖箬帚——，卖畚箕噢——卖蒸籠架——”，从早叫喊到晚，嗓子都喊疼了。口渴了就向人家讨口水喝，有时没有人家，就舀起山泉水来解渴。从早到晚卖得好，一天能卖到十二三元，那时候拿着这十二三块钱，真的比现在拿到一千块还味道啊。

崂山人从晚稻上岸开始，就编毛竹畚箕卖。几代人诚实守信，勤劳吃苦，崂山毛竹畚箕的美誉度不仅传遍临安、也传遍富阳等周边的山山乡乡，崂山人民串乡走村叫卖的是毛竹编织品，展现的是诚信品质。

村民马儿元回忆说，他十五六岁起就跟着大人拉着毛竹畚箕出门叫卖。朝东方向，走化龙、金头、硖石，到钱皇铺，再经新溪、临安、横潭、西墅街，到长桥，再回孟家坞、前庄里，穿显岭脚回崂山。

朝北的方向翻义坞岭，经水口、童村畈、青云桥、郜溪桥、郎口外佃村、里佃村到畈龙，再经光辉、潘村、碧淙翻毛谷岭回家。

1959 年秋天，他 16 岁下半年，跟着王忠保拉了一独轮车毛竹畚箕，一车装 20 对毛竹大畚箕，后半夜一两点钟出门，拉到余杭七八点钟，一路叫卖，一对毛竹大畚箕换十斤大米，一共换了 200 多斤大米，用 2 只麻袋盛好扎紧，一边装 100 多斤，装在独轮车两边。拉到临安长桥头，那时长桥是木桥，夏天涨大水常常冲了桥板，就用两根杉木搭作的临时便桥。16 岁的他力气小又不会拉独轮车，拉着 200 多斤米，从两根木头的便桥上过，一滑一侧，连人带车倒进桥下溪水中，他跳下溪水中，挣扎着把大米背上岸，全身已经湿透了，再把独轮车拉上岸，重新装好米拉回家来晒干。那时候崂山粮食不够吃，常常吃不饱饭，这米多珍贵啊。

马儿元的母亲也没拜过师傅，劈篾编毛竹畚箕的活做得比男人好，马儿元从小是妈妈教他编毛竹畚箕、扎扫帚的。成人后他带了两个徒弟，到杨岭、众社岭、小岭坑、上峰、下峰都去扎过毛竹扫帚。到一个地方，就没白天没黑夜地做，一天要扎 300 把毛竹扫帚，练就了三分钟扎一把毛竹扫帚的功夫。他扎的毛竹扫帚拉到化龙、青云桥、杨岭供销社去卖，都给他开甲级品级的价。

马儿元感慨地说，一生勤勤劳劳过来，从小 13 岁就看牛、割牛草，小手上哪有一寸好肉啊，全是血肉模糊。吃过的苦头不知多多少少，但从来不怕吃苦。改革开放后，过上了甜蜜幸福的日子，从心底里感谢共产党，感谢改革开放。

肩膀挑出致富路

崂山盛产毛竹，满山满岗全是葱绿粗壮的毛竹林，只因不通公路，毛竹运不出山，不能转化为崂山人的财富。1968 年，黄全根为首的村干部带领群众背起洋镐、山锄，开始了村道公路的艰苦工程。从化龙到崂山，翻山越岭，绕湾跨涧，肩挑背扛，一担担挑，一块块搬；遇到坚硬的石头就打炮眼，炸药爆破，一寸寸挖，一尺尺开。中午带着冷饭团，口渴了就喝口山泉水。不知磨破了多个手掌血泡，不知挖损了多少把洋镐山锄，挑破了多少担毛竹畚箕，穿烂了多少双解放鞋，崂山人记不清了。

经过两冬两春的奋战，1972年，终于开通了从化龙到崂山的4.5公里乡村公路，从此结束了崂山没有公路的历史。崂山的毛竹源源不断地从这条公路上外运，一时间各地客商蜂拥般地来到崂山，崂山的毛竹生意做得红红火火。崂山人勤劳坚韧，筑就起致富的康庄大道；崂山人顽强拼搏，实现了勤劳致富的小康梦。

50年代末60年代初，崂山人靠自己的勤劳双手，充分利用满山满岗的毛竹资源，聚积财富，建起了临安周边第一座大礼堂，组建起崂山村自己的越剧团、马灯队，每年年三十，全村村民聚集在村大礼堂，观看着崂山人自编自演的春晚。

崂山这个不知名的竹乡小山村，在老书记黄全根的带领下，取得了巨大而翻天覆地的变化，成为临安县乃至杭州市、浙江省乡村十年巨变的典型，被《浙江日报》报道。上级还指派时任村团支部书记的马永山，赴县、市、省城各学校单位宣讲崂山巨变。（选自2019年7月《天目竹韵》总第23期）

（四）史事传说（篇目：《中国佛教里的竹》《非洲种竹记》《一枝新竹出省外——临安竹农蒋国庆志在湖北播洒一片绿荫》《天目竹禅》《虚竹与尺八》《萧统与“天目笋干”》《竹林寺与竹林桥》《洞霄宫里竹高跷》）

1. 中国佛教里的竹（蓝晓光）

摘要　佛教是中国古代文化很重要的组成部分，竹子也是中国古代文明的一大象征。佛典里，“青青翠竹，总是法身”；禅诗里，“竹径通幽处，禅房花木深”（唐·常建）、“修篁半庭影，清磬几僧邻”（唐·姚合）。竹与禅高度融合。佛教始祖释迦牟尼有“竹林精舍”，大慈大悲的观音菩萨有“紫竹林”，宋僧赞宁写过竹子专著《笋谱》，清竹禅和尚画出了传世的墨竹。大量史料告诉人们，竹的文化，竹的文明，同样也与中国佛教结下了不解之缘。限于篇幅与学力，本文仅通过中国佛教里的竹，深入理解中国竹文化的博大精深，寻觅中国古人们“不可一日无此君”的真谛。

（1）佛教诗画里的竹

佛教的传入，是中国文化史上的一件大事。自唐代中叶以降，禅宗特盛，而其他佛教宗派渐衰，禅宗成了中国佛教的代称。禅宗思想的盛行，使许多文人士大夫把作诗与参禅紧密地联系起来。当禅宗“无我”的思想、“空”的思想渗入中国的诗歌创作，禅与诗便密不可分，产生了以禅为主题的诗歌形式——禅诗。因此，禅诗是佛学思想境界的一种表现形式，也是中国古典诗歌中的一个组成部分。

禅诗里的竹有很多，涉及禅理、禅境和禅趣三大类，正所谓“诗思禅心共竹闲，任他流水向人间”（唐·李嘉祐）。如南朝·梁·刘孝先《草堂寺寻无名法师诗》中的“竹风声若雨，山虫听似蝉”；南朝·陈·江总《经始兴广果寺题恺法师山房诗》中的“竹近交枝乱，山长绝径深”；唐·柳宗元《晨诣超师院读禅经》诗中的“道人庭宇静，苔色连深竹”；唐·施肩吾《幽居乐》中的“无妨数茎竹，时有萧萧声”；宋·道潜《灯花偶书》中的“竹窗催梦雨，兰宝对禅灯”；宋·王安石《钟山即事》中的“涧水无声绕竹流，竹石花木弄春柔”；元·萨都《赠白云》中的“时从修竹里，相伴一僧还”；元·王沂《赍浑法轮寺阻雨四首》中的“野衲穷年静爱山，白云一坞竹千竿”；明·慧秀《仙岩山居》中的“花竹殊无恙，茅茨未有邻”等等。这里，我们暂且不谈竹诗与佛教的关系，只是通过几位在中国诗歌发展史上起过重要作用的诗人和僧人的作品，来证实竹意、竹境、竹趣在禅诗中的存在。

南朝谢灵运曾参与改译过《大般涅槃经》，他把佛理与山水相结合，开一代诗风，在中国诗歌史和佛教史上都有着深远的影响。谢灵运归隐在会稽（今浙江绍兴），作为江南一大特色的竹子也就融入了谢诗。他的《从斤竹涧越岭溪行》就是一首由眼前景物触发的哲理诗，诗中将山水、竹林刻画与庄禅佛理结合起来，令人回味无穷。“白云抱幽石，绿筱媚清涟”“连岩觉路塞，密林使径迷”等许多名句，也都是即眼前之景而发，真实描绘了自然景象，于平常之中透出一股清新的活力和美，并表现着深奥的佛理。

中国山水诗的集大成者王维，也是佛教禅宗在文学上的代表人。在他的诗中，不再有自然之物与主体的自我分离，人与物一起融入了一种自然本真的状态。王维一生酷爱竹子，也写过不少以竹为题的禅诗，如《竹里馆》《斤竹岭》等。《竹里馆》堪称是以禅理通于诗歌的力作。“独坐幽篁里，弹琴复长啸。深林人不知，明月来相照。”诗人独自坐在既幽且深的茂密竹林中弹琴舒啸，只有静静地泻淌着清辉的明月与诗人为伴，如此空闲自得，尘虑皆空！这正是诗人觉悟禅理之后的“无念”“自性清净”心境的艺术表现。禅宗认为个体只要“无念”，对尘世的一切都不再执着，就会“自性清净”，不会为是非、得失、功过这些俗务而苦恼，达到绝对自由的“佛”的境界。

引禅入诗，在理论上开了先风的是皎然。皎然作为一个诗名最大的诗僧，特别推崇他的十世祖谢灵运，他的诗多表达禅理和禅趣。《宿法华寺简灵澈上人》云：“至道无机但杳冥，孤灯寒竹自青荧。不知何处小乘客，一夜风来闻诵经。”在他的笔下，孤灯寒竹无不闪烁着佛光禅影，蕴含的是“即性即佛”“顿悟成佛”的禅理。

苏轼是一位写禅诗的大作家，也是咏竹写竹的大师。在他的禅诗中，有许多写竹的名句，如“劝客眠风竹，长斋饮石泉”；“欹枕落花余几片，闭门新竹自千竿”；“普慈寺后千竿竹，醉里曾看碧玉椽”；“已从子美得桃竹，不向安期觅枣瓜。”他的《赠龙光长老》《器之好谈禅，不喜游山，山中笋出，戏语器之可同参玉版长老，作此诗》和《送佛面杖与罗浮长老》三首禅诗，皆“因竹以寓禅也”（赵次公），堪称以竹为题的禅诗精品。“斫得龙光竹两竿，持归岭北万人看。竹中一滴曹溪水，涨起江西十八滩。”诗篇由两棵岭南大竹而发，赋予竹子以无比神圣的荣光，表达了诗人对禅宗以无限虔诚与崇尚。他说，我将这两棵大竹带回岭北，将会有成千上万的人们来瞻仰；竹节中所含的每一滴曹溪圣水，也会在西江十八滩涌起万顷碧涛。“丛林真百丈，

法嗣有横枝。不怕石头路，来参玉版师。聊凭柏树子，与问箨龙儿。瓦砾犹能说，此君那不知。”诗人首先借竹生新笋，竹有横枝喻佛门法嗣、佛教派系，又将竹笋称作“玉版”“箨龙”，以“参”“师”两字把上山找笋蒙上了宗教灵异的光环，最后告诉人们，竹笋知法，是禅师。“十方三界世尊面，都在东坡掌握中。送与罗浮德长老，携归万窍总号风。”此诗记述了送佛面竹杖给罗浮山禅寺长老之事。苏轼借竹杖喻悟禅心得，送的是竹杖，更是其悟禅心得。

黄庭坚的一首《题竹尊者轩》，更是以竹喻禅的佳品。竹尊者轩，为僧人广慧道杨。诗人为之题诗，取“竹”字义，用佛教之典，很切合题旨。“平生脊骨硬如铁，听风听雨随宜说。百尺竿头放步行，更向脚跟参一节。”全诗句句离不开竹，可是，句句又暗喻竹尊者其人，将竹子完全人格化了。展现在面前的，是一个有着铮铮傲骨、自由洒脱、刻苦修行、善于创新的艺术形象。

与禅诗相比，禅画里的竹要逊色多了。但是，对竹文化而言，同样也不可小视。作为中华美术一个专门画题的墨竹，起源于唐代，究竟是哪位画家所创，说法不一，但其中有两种说法与佛教有关。一是起源于初唐敦煌壁画，如322窟《说法图》中，有在佛身后面做背景的墨竹形象。但只因它很幼稚、粗拙，在画中作背景陪衬，未能单独成画。另一种说法是，“传墨竹始于摩诘”（诸升《青在堂竹谱》）。王维（摩诘）曾为开元寺画过丛竹，造型很美。苏轼见到该画竹的石刻后说：“门前两丛竹，雪节贯霜根；交柯乱叶动无数，一一皆可寻其源。”用竹独立成画已是事实，但是否墨写不能肯定。

历代僧人写竹也相当盛行。唐代画家梦休，为成都昭觉寺僧人。他的一幅《雪竹图》写巨石倒影下，落叶数片浮水面，旁一枯枝亦倒影。北宋画家惠洪，为筠溪石门寺僧人，所画梅竹颇负声望。南宋杭州上竺寺书记若芬、灵隐寺僧人智融等，也善写墨竹。元代能写墨竹的僧人画家有溥光、觉隐、方厓等。觉隐的竹石画具有洒脱之韵，李晔评他的画说：“以努气写竹。善竹枝纵横，如矛刃错出，有饰努之象耳。”方厓是元末吴中重居寺僧，多竹的江南寺庙，使他有很多时间对竹的形态情貌进行周密观察体会。他的墨竹，如传世的《竹石图》，是苏轼重神韵表达，而又注意形象和笔墨的一家。

明末清初，僧人写竹达到了高峰，主要代表人物是原济、八大山人和大汕。原济（石涛），集前人之大成，在形象、笔墨、神采、意境等方面达到了新高峰，为墨竹开辟了一个新纪元。他的《兰竹当风》《竹石图》《兰竹坡石》等作品，使人感到动势，感到力量，感到美的韵律和丰富的内涵。八大山人也是一位杰出的写意画家，他的墨竹画，如《竹石图》《墨竹》等，简练奇异，狂放纵恣，寓意深刻，用极小的笔墨，表达出复杂的事物。大汕是广州长寿寺僧，学识广博。他的墨竹，碎中见整，杂乱中见飘扬，笔墨流畅，变化丰富，很具特色。现存作品有《墨竹图》等。

清代善写墨竹的僧人也很多，其中最为著名的是虚谷和竹禅。虚谷虽不是专画墨竹的画家，却塑造出古拙冷峻的墨竹形象。他的《竹》《竹石》《墨竹》等作品都是以冷峻的笔法来写竹之清和竹之刚的。竹禅和尚的墨竹，是属于不拘成法、敢于创新的一家，拿他自己的话说：“画竹本无法，无法法亦法。悟得画三昧，何用种种法。”在他的画中，竹的形象在似与不似之间而神情完备，竹意与禅理、竹趣与禅趣、竹境与禅境达到了高度的融合。

（2）寺庙园林里的竹

“竹林精舍”是古代印度佛教的最初五精舍之一。传释迦牟尼在王舍城弘扬佛法时，中印度迦兰陀村有一长者追随释氏，对其说笃信不疑，一心向佛，遂将竹园献给释迦牟尼作为说道之处。释迦牟尼即在竹林中设立精舍，广收门徒，说道度民，后世号为“竹林精舍。”

无独有偶，中国四大佛教名山普陀山上的“紫竹林”，则是中国佛教中观音菩萨修炼得道之地，也是道场的发禅地。《西游记》中称赞观音菩萨是“兰心欣紫竹”（见第八回）；观音胜境是“紫竹林中啼孔雀”（见第十八回）；当孙悟空来到紫竹林拜见观音时，菩萨却“自入竹林里观玩”，“盘坐衬残箬，玉手执钢刀，正把竹皮削”，最后，织了个紫竹篮儿，用于擒拿通天河妖怪（见第五十回）。现今，普陀山还保留有“紫竹林”这一景点。

作为佛教创始人的释迦牟尼，和中国佛教中最熟悉的观音菩萨，特意选择幽静、清雅的竹园讲佛法，做道场，不能说是一种巧合，说明竹子作为一种“法身”，已深深融入了中国佛教。现在很多竹种的名称也还带有浓重的佛教色彩，如体态和蔼的是观音竹，竹节像弥勒佛肚的是佛肚竹，竹竿基部如十八罗汉的是罗汉竹，烟雾缭绕中诞生的是紫竹，僧人手中捏出的是方竹，以及贵州的梵净玉山竹，四川的金佛山方竹，湖南君山的圣音竹等等。

竹境通于禅境，是中国寺庙园林常用的以竹造景的主要原因。最典型的是有关“竹林寺”的艺术构思。明代著名旅行家徐霞客曾在《游庐山日记》中写道：“访仙台后石上书‘竹林寺’三字。竹林为匡庐幻境，可望而不可即；台前风雨中，时时闻钟梵声，故以此当之。时方云雾迷漫，即坞中景亦如海上山，何论竹林。”山西省平陆县的古八景中，有一个“竹林晓钟。”竹林就是竹林寺。传说唐朝睿宗时，有个和尚名智兴，发现了一个奇特的地方，没有竹子枝棵，而地上却有竹影，细观之还仿佛见到一位老人。后在此建寺，因有竹影之盛，取名竹影寺，也叫竹林寺。竹林寺的景致，一在于竹景，二在于钟声。关于竹影，寺内的墙壁上曾有这样一首诗：“夜静人无语，风吹竹有声。披衣开户看，原来是春风。”现存的一块元代碑文上还刻有“竹林胜境，天下具闻”，可见当年竹林寺香火之盛。耐人寻味的是，竹林寺内的竹子只是一种“匡庐幻境”。按照佛教说法，竹之名相不过是藏识中熏习所染因缘和合的幻象，既非竹来眼里，也非眼到竹边，只是一心所在。也就是说，无论是否有竹林，只要心到，竹境总是存在，竹境总能通于禅境。

实际上，在中国寺庙园林绿化中，竹子的应用非常广泛。唐·段成式《酉阳杂俎》记载：“北都怀童子寺有竹一窠，才长数尺，相传其寺维纲每日报竹平安。”后人便以“竹报平安”指平安家信，也简称“竹报”。北京，位于竹子分布的最北缘，但寺庙栽竹却极为普遍，仅《长安客话》和《帝京景物略》，就记载了近20处，其中以潭柘寺、碧云寺水泉院、卧佛寺和龙华寺为胜。如潭柘寺，“亦以山名寺，周围多修竹”，“冬夏常青，悦人心目，不减江南之趣”（明末《明一统名胜志》）。康熙和乾隆游寺所题赐榜和书联中均提及竹子，如“松竹清泉”和“暗水流花径，清风洒竹林”（乾隆四年《潭柘山岫云寺志·名胜古迹》）。又如碧云寺水泉院“前临荷沼，沼南修竹成林，疏疏潇碧，泉由行间流出。岩下琢宝为屋，正对竹林”（《长安客话》卷三《碧云寺》）。《帝京景物略》卷六《西山上，卧佛寺》对寺内竹景的描述更为生动："观音石阁，其南岸皆竹，竹皆溪周而石倚之，燕放难竹，至此林林亩亩，竹丈始枝，笋丈犹箨，竹粉生于节，笋梢出于林，根鞭出于篱，孙大于母。"

竹径通幽，是寺庙园林常用的造园手法。九华山上有"闵园竹海"，普陀山上有"紫竹林"，峨眉山万年寺内翠竹丛生，天台山国清寺门外修竹夹道，四川乌龙寺山道两旁竹林茂密，江苏兴福寺内行径通幽，北京红螺寺内有"御竹林"，台湾开元寺中有七弦竹。云栖竹径是杭州西湖主要的风景名胜之一，径长800多米，路宽3米多，弯弯曲曲地穿行于浓密的高达20余米的毛竹林中，借地形起伏，溪涧涓流及亭、谢、树木的布置，形成"夹径萧萧竹万枝，云深幽壑媚幽姿"的竹径景观。走完竹径，便到了云栖寺。寺初建于五代，北宋治平二年改为栖真院，明代弘治年间院废，隆庆五年禅宗莲池大师始复寺院，恢复旧名。清康熙帝玄晔，南巡时题诗刻石，乾隆帝弘历题后殿额为"修篁深处。"

"辋川别业"是王维禅思的地方，也是中国私家园林的典范，对后私家园林建筑有着重要影响。王维赋予园林中的竹子以宗教色彩，提示我们对古典园林中布置的竹子要多一层理解，即除了竹具有点缀景点的功能和象征文人品格的意义外，竹子还象征对佛教的信仰。弄清竹的这一层象征意义，我们对狮子林和留园中几处竹子的布置就会予以重新认识。狮子林初建即为佛寺，南部有一小阁，周围密植竹林，其取《洛阳伽蓝记》："永明寺房厂，连亘一千间，庭列修竹，檐拂高松"之意，题名"修竹阁"，实以效仿洛阳古寺，借重名声。留园东端，"亦不二亭""伫云庵""参禅处"原为园主参学禅道之处，植有竹林一片，精心养护，那里氤氲着佛教气氛，游客驻足竹林，微风乍起，万竿摇空，滴翠匀碧，顿觉心灵澄澈，感受异于别处。所以狮子林和留园这几处的竹子只能看作象征园主对佛教的信仰。

（3）寺院素斋里的竹

中国人民在烹饪中使用竹子特别是竹笋的历史悠久，《尚书·禹贡》篇的"厥包桔柚"，《齐民要术》引用《东观汉记》云：马援至荔浦，见冬笋名苞，包通苞，亦是冬笋。随着历史的发展，竹笋已被誉为"蔬食第一品"，在"素食三霸"和素菜"四大金刚"中双榜齐名。与中国素菜的发展一样，佛教有力地促进了竹笋菜肴的发展，竹笋也大大丰富了素斋的花色品种。

两晋时，佛教传入中国。按佛教经典，佛徒戒杀生而讲究素食，并运用中国特有的素食原料，创制了带有中国特色的素斋。作为中国素食主要原料之一的竹笋，也随之融入了素斋。南北朝梁武帝萧衍以帝王之尊崇尚佛学，终身吃素，客观上起到了积极倡导素食的作用。唐代，除僧侣外，不少世俗之人长年在家持斋把素，素斋渗入民间，民素，官素，素斋开始了相互渗透融合。宋代的素食之风尤为盛行，竹笋菜肴更是得到空前的发展。宋高僧赞宁写了一本食笋的专著《笋谱》；另一位著名高僧济颠和尚还写下《笋疏》一诗，称竹笋为黄金，即"拖油盘内煿黄金，和米当中煮白玉"。以寺院为起点，开创了"素菜荤作"的先河。竹笋因易于雕琢而被视为主要制作原料。明清是中国古代素食全面总结的时期，烹饪技艺日益精湛，特别是寺庙"香积厨"的"释菜"，在做工上有了很大提高，竹笋菜肴在素斋中占有了一席之地。

谈及竹笋与素斋，就不能不谈北宋僧人赞宁。他所撰写的《笋谱》一书，成为中国古代一部重要的食谱和竹笋专著。赞宁，姓高，号通慧大师，出家杭州灵隐寺为僧。《笋谱》全书两卷，分名（名称）、出（产地）、食（吃食）、事、杂说五类目，介绍了近100种笋的产地、特性、食疗、多种加工吃食方法和饮食典故、各地食俗等，其中以笋的加工及吃食方法尤为详细。如在谈到笋干制作与吃法时说："将大笋去尖锐头，中折之，多盐渍，停久曝干，多将小笋蒸后，以盐酢焙干。凡笋宜蒸，味全。今越竹笋，为美味也。"

寺院素斋中，以笋作馔，花样百出，品种繁多，其中不乏名菜名点。《中华饮食文库·中国菜肴大典（素菜卷）》就收录了110只竹笋素斋，其中以笋为主料的25只，以笋为配料的85只。竹笋品种以冬笋为主，其他有春笋、鞭笋、玉兰片等。竹笋素斋的主要特点是清香味鲜、质脆可口。25只以笋为主料的名菜中，浙江寺院有：烧皮笋、象牙雪笋、干炸冬笋、炒玉兰片、糟烩鞭笋、紫竹莲池等，安徽寺院有荠菜冬笋、明苔春笋、兰花春笋、菊花冬笋、清馨鞭笋等，上海寺院有白玉笋翅、山珍献寿、春江先知等，广东寺院有玉版参禅、桃仁冬笋、豌豆尖笋羹等，四川寺院有凉拌峨笋、炒三鲜等，广西寺院有金钩玉片、金钱吊葫芦等，江西永修云居寺有虾子菱角笋，辽宁锦江奉国寺有菊花冬笋，福建福州鼓山寺有干煸冬笋尖，湖北武汉归元寺有烧双冬等。

凉拌峨笋的特点是麻辣鲜香，为峨眉山万年寺凉菜。此菜取鲜嫩竹笋500克去壳，切去老根，放入开水锅煮至断生，捞起晾干水，斜切成片，装入盘中，码盐片刻。再取碗一个，放入盐2克、酱油10克、醋8克、白糖5克、红油20克、麻油10克、花椒粉1克、葱花5克兑成味汁，浇在竹笋上拌匀即成。

普陀山普济寺以玉兰片为主料制作炒玉兰片享誉四方。取水发玉兰片250克洗净，切成小薄片，放入开水锅烫过，沥干水；熟面筋100克切成薄片。再将炒锅置旺火上，添上熟菜油100克，烧至六成熟，加精盐3克，放入玉兰片翻炒，再下熟面筋片，加味精1克，胡椒粉1克炒匀，用湿淀粉25克勾芡，盛入盘中即成。此菜笋子嫩脆，咸鲜可口。

九华山甘露寺名菜清馨鞭笋，以鞭笋为主科，配以瓜片茶，蒸制而成。制法是：鞭笋1000克去壳洗净，切成4厘米的长条块，放在漏勺内，在开水锅烫一下。瓜片茶叶10克放入杯中，先用开水冲进，随即倒去水，再冲进开水盖好浸泡5分钟。炒锅置旺火上，添入清水750克，放入笋块，加精盐5克、料酒15克、冰糖1.5克烧开，倒在大汤盅内，放入姜2片，浇入熟花生油15克，上笼用旺火蒸1小时左右，待笋肉由白变象牙黄即可出笼，拣去姜片，加味精1.5克，胡椒粉0.5克，再滗出茶叶汁100克倒入大汤盅内，用手勺将汤调好即成。此菜汤清见底，色碧绿，笋肉鲜嫩，清馨味醇。

干煸冬笋尖，以冬笋为原料干煸而成，福州鼓山寺制作此菜享誉四方。制法是：冬笋尖200克切成1.8厘米长、1厘米宽的块，用刀拍扁，放在盆中，加酱油10克、麻油15克、味精2.5克、料酒5克、五香粉0.5克渍10分钟。炒锅置旺火上，添上花生油500克，烧至五成热时，将冬笋尖下锅炸至八成熟，炒锅移到小火上，5分钟后再移回旺火上至炸熟，滗去油，加味精2.5克、白糖 1 克、芝麻 5 克、精盐 1 克翻炒片刻，起锅装入盘中即成。此菜色呈酱红，香脆味美。

（4）结论

竹子与佛教结下的不解之缘历史悠久。竹文化和佛教文化相互渗透，互为融合，共同发展，均成为中国古代文化的重要组成部分。竹子与佛教结缘，我认为原因很多，但主要有三个：

第一，中国是世界竹子分布的中心。悠悠五千年，竹子与中国人民的生活劳动息息相关，与灿烂的古代文化艺术结下了不解之缘，中国古代成为“竹子文明的国度”。丰富的竹子资源，秀美的竹林景观，广泛的竹子用途，辉煌的竹子文化，为确立竹子在中国佛教中的“法身”地位奠定了坚实的物质基础。

第二，谢灵运、吴道子、王维、白居易、苏轼、黄庭坚、郑板桥等一大批文人士大夫，以及皎然、赞宁、济颠、石涛、八大山人、竹禅等一大批诗僧艺僧，即熟知佛理、精通佛典，又爱竹咏竹、写竹用竹。经过他们等人的提炼，竹子在古代诗画等文学艺术中象征着高雅、淡泊、幽静，这与佛教超尘脱俗、远离世态、空灵无我的境界完全一致，从而为竹子融入禅理、禅趣、禅境提供了完整的理论依据。

第三，竹全身是宝，给人民群众带来了福利和方便，群众熟悉它、喜欢它。竹的文学艺术作品也时常与人民群众的感情相通，群众能理解，会欣赏。这样，在佛教向民间流传的过程中，为竹子与佛教的结缘打下了广泛的群众基础。

第四，对佛教徒来说，竹子具有特殊的象征意义。节与节之间的空心，是佛教概念“空”和“心无”的形象体现：竹叶发出的飒飒声，一些大师看作是神启的信号。“竹林精舍”和“紫竹林”的传说则使竹在佛教界身价百倍，被看作圣物，出现在所有的佛教寺庙中。居士、信徒也在家园中引种竹子，表达对佛教的信仰。（选自 2018 年 5 月《天目竹韵》总第 19 期）

2. 非洲种竹记（赵庆元）

洛贡河横贯非洲，发源于中非共和国的热带雨林，河水向西流入乍得湖。她的主流又是乍得与中非、喀麦隆国家的界河。1994 年中国援乍得农业项目之地——邦戈尔垦区就位于河北边。我们的专家楼选址在省政府以西 500 米的一片树林中，这片林地的树龄均在 200—300 年左右，西北边是高大的非洲红木和芒果树。林中空地约有 5 亩，据当地土著人说原是法国殖民者建过养马场，这些芒果树大概是那时人工种植的。专家楼建之前专门作了风水堪舆，在不破坏一棵树的前提下，选择坐北朝南偏东 12° 方向建造，而楼大门前 10 米偏西处刚好有一棵枝繁叶茂的“凤凰树。”每当雨季来临时，“凤凰树”开出朵朵红花，既遮门庭之荫，又增添开门见红花绿叶之彩。我们很好地利用了原有树林环境，使得专家楼大部分时间处于树荫下。而其缺点是左手“青龙”方向太空缺，东边只有三棵 20 多米高的光杆木棉树。于是我们在东边建了一排坐东朝西的物资仓库和车库，但还是感觉东南处这片空地该充实一下。

如何快速地弥补这一风水缺陷？对于来自浙江天目山百万亩竹海竹乡的我首先想到的是种竹，可是乍得处于非洲北部，没有竹种资源。一次，我在垦区规划放样时偶然发现机修站后有一丛竹，给人以十分惊喜。但这几十杆竹被白蚁造起的“蚁山”堆住，已处围困之中。这丛孤竹，据守站黑人讲是“台湾农耕队”在70年代种的，20多年了就是发不起来。我与高级农机工程师老毛一拍即合，他调来推土机手Ciaell（虾儿）和推土机，把“蚁山”推掉，挖出竹来。这种热带丛竹没有竹鞭，只有个篰头，我们也未曾见过。但欣喜的是总算有了竹苗，我们将其移入专家院，挖穴定植，浇水施肥，一棵棵打三角斜桩固定支撑，种下了十几株竹苗。同时去喀麦隆拉各斯水电站（中国援建，广西水利工程局承建，为喀麦隆北方最大的水电站），从大坝下的垦区挖来几十株香蕉苗（原种是从中国带去的）种上，经大家精心培育，成为专家院的一片美丽风景。

这些竹苗与蕉苗在雨季（4—10月为雨季）移植，几乎全部成活，由于专家组成员像关心照料孩子一样浇灌，那竹苗如从孤苦困境中解救的孤儿，一下进入了条件优越的环境。洛贡河边在水之滨，氤氲水气晨露滋润着杆杆修竹，原来竹叶枯燥的“黄毛丫头”，变成了亭亭而立的舞女，在朝阳晨风中舞之蹈之婆娑作响。到了第二年的雨季，香蕉苗一而二、二而四地萌发，形成了一片蕉林。那紫色的花苞开始崭露，日见日大，逐渐垂下，供人欣赏。勤杂工阿尤吧（Aiouba）情不自禁用手去抚摸。有人见之，说：不可以摸她，摸伤了花苞结不了香蕉。

这时的竹子，从篰头边三三两两地破土而出，冒出了笋尖，好似初生的婴儿见风就长，一夜就蹿长十几厘米。来自浙江竹乡的专家最熟悉竹子和最爱吃竹笋，每天数着竹笋出土根数，看着粗壮的笋就“喉咙里头翻跟斗”，期望着早点吃上鲜笋。尽管此时我们在专家楼以西开辟了5亩菜园，播下带去的菜籽，青菜芥菜大白菜、青椒茄子西红柿、黄豆黄瓜丝瓜和冬瓜南瓜长满园，自己吃不完还不定期地向大使馆、医疗队和中资企业送菜。蔬菜品种虽多，但大家还是对这些鲜笋馋涎欲滴，几乎个个都问我“组长，几时好挖笋吃笋？”

“五一”节前，陆续长出了几十根笋。清晨，我和厨师（上海人）范师傅去挖了30来厘米长的十几根笋，青灰色的笋壳很硬，用菜刀削皮剥笋，雪白的笋质地较硬，由于笋不多，让范师傅切成薄片，加上自己腌的“雪里蕻”做“笋片雪菜汤。”我笑着对厨师说：“小范，你不能先偷来吃！”“组长侬放心，阿拉保证勿会先吃笋，要吃大家一道吃。”待到中午就餐，13个人围着一桌十来个菜、中间一大盆“笋片雪菜汤”坐定，不约而同地将筷子伸向汤盆中的笋片夹来吃，待到送入口中吃起来，13个人又不约而同地喊出道“苦哇！”

这时大家埋怨起范厨师：“小范，介苦的笋你不先尝一尝？”“阿拉向组长保证过勿偷吃笋，只尝了下汤的咸淡，倷侬好怪俄！”

非洲人苦，连笋也苦。我这才知道非洲丛生竹的笋也有苦笋，可观赏而不能尝也。而且竹材性刚而脆，不能剖细篾编篮儿，只能开粗篾编粗筐，竹丝也脆而易折，做不了扫把。在邻国喀麦隆难怪有着大量的丛生竹而没有竹产业，也许需要帮助他们竹种改良和提升。

到了1995年10月，一片蕉林挂下一串串一米多长的香蕉，煞是诱人。可是援乍农业项目已接近竣工移交，我们将回国，怕吃不上香蕉，有的灵机一动，砍下一串埋入稻谷中催熟。一个星期之后，翻出来剥开香蕉，味道还是生涩的。虽吃不上香蕉，这将给没有香蕉只有芭蕉的乍得引进了中国优良的一片香蕉林。

离开的车轮已经启动，“再见蕉林，再见竹林！再见洛贡河！”给乍得留下的是一片粮田绿洲，

留下了蕉（交）朋友、竹（作）贡献的中非情谊。（选自2015年12月《天目竹韵》总第10期）

3. 一枝新竹出省外——临安竹农蒋国庆志在湖北播撒一片绿荫（叶志达）

提起蒋国庆，临安的竹农和致力于雷竹产业发展的热心人，都会想到他是全国劳模、雷竹带头人蒋长富的儿子。俗说“将门无犬子”，蒋国庆果然是青出于蓝胜于蓝，一枝绿竹出省外，在湖北崇阳县，崛起万亩翠竹，播撒一片绿荫，为开发雷竹产业，精准扶贫，甘洒热血，以小小雷竹，开创了一番事业。

自2006年，蒋国庆继承父母应聘为崇阳县雷竹产业技术人才，传播育竹技艺后，成为扎根他乡并有所建树的浙江人之一。他有“三招”：

一是种好竹，育好人。

蒋国庆13年来，咬定青“竹”不放松。先是独自承包桂花泉镇桂花村雷竹230亩，建立雷竹示范基地，继而又带领浙江笋农十余人，承包竹山1000多亩，建立崇阳县长富雷竹生产合作社，带动社员46户和20户贫困户40多人，种竹1600多亩，并为38户贫困户解决82个劳动就业岗位，使每户平均年收入增加18000元，雷竹种植户最高年收入达20万元。目前，浙江人承包的雷竹面积已扩大到3000余亩，年产鲜笋300万斤。合作社有雷竹6000余亩，年收入达2300万元。特困户汪谋新，家有两个儿女上幼儿园，老母70多岁，贫病交加。2009年起，蒋国庆鼓励他种雷竹10亩，并安排他在合作社边工作边学育竹技术，月收入2000多元，年分红3000元，至2017年顺利脱贫。由此，吸引了许多外省打工农友，都纷纷返乡种竹致富。

二是孵好笋，领好头。

蒋国庆师承父母，冬天里育出春笋来。每年10月，就利用谷壳、竹叶等在竹林中孵育雷笋，11月始产笋，收入可观。农历年边，笋价高达每斤30—40元，高峰期可产冬笋2万—3万斤，春笋达8万—10万斤。2018年，长富雷竹生产合作社荣获“咸宁市楚菜食材企业（基地）”称号。被湖北省林业局授予“林业产业化省级重点龙头企业”殊荣。他本人增选为咸宁市人民代表，被崇阳县委组织部聘为桂花村党总支第一书记。小小雷竹，竟然掀动了大产业，在咸宁市乃至湖北省起到了引领和示范作用。

三是开好“路”，建好“园”。

蒋国庆深知，打开销路，是雷竹产业持续发展的关键所在。为了开拓武汉雷笋销售市场，他携母亲在街头烹煮春笋，免费品尝，从日销千斤到现今可销10万斤。继而又开拓重庆、成都、深圳和江、浙、沪沿海地带，以崇阳为中心，建立起“全国雷竹笋贸易市场”和网上淘宝平台，目前鲜笋已销往全国10余省市和大型商业超市，成为向外地输出销售的雷竹大县。

蒋国庆深深领略到“人民代表”不仅是一份荣誉，更是一份担当与责任。他遵照习近平总书记“不忘初心、牢记使命”的教导，一边为当地“三农”捐赠水泵10台、课桌椅50套、洗衣机5台、取暖桌30张、捐资修公路和慰问天城、沙坪、肖岭等乡镇福利院老人，累计捐款达10万余元。一边积极参与和实施县乡村振兴战略，以雷竹示范基地为载体，建设高标准、高规格、高收益的千亩雷竹园，开发生态观光农庄，打造集“产、加、销、游、食、购”于一体的桂花泉田园综合体。目前在政府的扶持下，已建成竹文化接待中心，雷笋冷藏加工工厂，民宿餐饮园，百竹观赏园，还建荷池鱼塘 20 亩，浇筑观光步行道 2000 米，沥青路面环山公路 2600 米，新种雷竹 7 万株，现代地球仓酒店（20 方）4 座。

同时，蒋国庆还积极履行人民代表职责，倾听群众呼声，聚力脱贫攻坚战，参加市、县及浙大等各种专题培训和代表行动 10 余次，提出建议 6 条，多次陪同或带领市、县、镇、村领导赴浙江临安、安吉参观考察雷竹产销情况，交流经验。

蒋国庆舍小我顾大家，已 18 年不回家过春节，连家父建造新屋和奶奶过世都未能尽职尽孝。他扎根湖北育竹扶贫的事迹，广被两地报刊传颂，深受当地干群喜爱，凸显了一名共产党员的优秀品质。（选自 2019 年 7 月《天目竹韵》总第 23 期）

4. 天目竹禅（王建华）

竹是佛法的写照，它的直挺、中空、气节、常绿、柔韧无不显示与佛法的契合。所谓“竹径通幽处，禅房花木深”，“青青翠竹尽是法身，郁郁黄花无非般若”是也。元代大书法家赵孟頫奉敕撰并书的《天目山大觉正等禅寺记》中就有句：

翠竹黄花尽真如体，白云青嶂咸大觉场。

《广雅》：“竺即竹也。”而王念孙疏证：“竺、竹同声字。方言有重轻，故又谓竹为竺也。”而竺也指佛教，竺法即佛法，竺书即佛经也。五代金华僧人贯休《夜雨》诗有句：“闲吟竺仙偈，清绝过于玉。”历代僧人也多以竺为姓的，东汉时白马驮经来中国的就有一位叫竺法兰的，《西天目祖山志》和《东天目山志》都有记载：“汉明帝永平中，摩腾、竺法兰以佛经西至天目。”东晋的竺法旷则是天目山的开山祖师。印度古译名为“天竺”，也可能与古印度多竹林有关。《天竺山志》载：“东晋咸和初，慧理来灵隐卓锡，登武林警曰：‘此乃中天竺国灵鹫山之小岭，何年飞来此地耶？’由此，山名‘天竺’，峰称‘飞来’；后人把峰南所建各寺称“天竺寺”，分上、中、下三竺，慧理遂成灵檞、天竺开山祖师。”虽然杭州的三天竺得名于西印度僧慧理，但历史上同样有名的还有从竹乡中走出去的五代的吴越国钱王和宋代於潜僧人辩才。

杭州天竺与从临安走出去的五代吴越国钱王也极有缘。五代时，吴越国王钱镠在下天竺寺建造了“五百罗汉院”，并请了高僧在此弘法。上天竺寺也是钱王时代建造的。五代后晋天福四年（939），有僧人道竑在天竺白云峰下结庐。一天夜晚，见一山洞中有祥光，走过去一看，原来是一根奇木。遂请名匠雕刻成观音像。天福十二年（947），吴越国王钱弘俶即位，据说曾梦见白衣大仕求其修建住所，寤而有感，故遍访湖山诸寺，而认定上天竺神木观音感梦，于是在上天竺开路，建“观音看经院”。这是上天竺寺院最早的名称。后汉乾祐年间（948—950），僧人从勋自洛阳奉佛舍利至寺，将佛舍利安放在观音雕像顶上。《武林梵志·上天竺》中说“妙相咸备，昼放白光，士民崇信。”

这是一段真实的记录，在 20 世纪 50 年代末 60 年代初，天灾人祸导致全国范围内饥荒连连，那两年，天目山一带的许多箬竹都结了籽，形如米仁，俗称“箭箬米”，可以食用，人们纷纷上山采摘，然后磨成粉，许多人依靠它度过了艰难的岁月。据南京林业大学教授周芳纯《中国竹诗词选集·中国竹文化概要》记载："1960—1962年，正值灾荒之年，浙江天目山区，箬竹大面积开花结实，年产竹米100万—150万千克。"据说，箬竹一般约一百年才会开一次花，开过花结过籽的箬竹第二年都死了，当地老百姓都说是韦驮菩萨显灵来拯救苍生。在天目山国家级自然保护区中，以天目命名的有天目箬竹，国内外采自西天目山植物模式标本的有阔叶箬竹、浙江柳叶箬、华箬竹、光叶华箬竹四种。在天目山禅源寺，有一位禅师以箬为名，称为古箬禅师。清代《西天目祖山志》中载："古箬禅师名行卓，世居汉阳，西乡张氏子。幼孤，母姨抚育成立。年十三投江夏修静寺湛白禅宿薙落，二十受具涉讲肆，继参大觉老人（玉琳国师）……"

在竹根雕中，最多的、最具神采的就是达摩祖师的造型。竹编中最美，最精致的是那竹编佛塔。佛门中常见的法器——禅杖，又叫香板，原本是竹制成。竹中有一罗汉竹，又名布袋竹、佛肚竹，其植株较矮，竹竿幼苗为绿色，老竹则呈橙黄色。节间短而膨大，好似弥勒佛之肚，又好似叠起的罗汉，故此得名。《乾隆临安县志·卷四物产》记载："杭州府志临安出罗汉竹，万历旧志：罗汉竹出九仙山。"在清凉峰国家级自然保护区中，现也有野生状态的罗汉竹。还有观音竹，在临安旧志中也有记述。

像我们中国江南一样，竹筏也是古印度人渡河的主要工具，释迦牟尼佛在讲经中，也曾将佛法比作竹筏，《金刚经》中云："如来常说，汝等比丘，知我说法，如筏喻者，法尚应舍，何况非法？"竹的"空"与"直"的特征也与佛教相应。佛教有"空门"之称，空门则有我空、法空、有为空、无为空等。"空"是佛教追求的一种境界，王维有句："一生几许伤心事，不向空门何处销。"竹的中空似乎就是寓示着这种哲理。"直"也如是，《维摩诘经》中说："直心是道场，无虚假故。"乃是真诚心也。

在《续比丘尼传》中记载了宋时南昌妙住庵的比丘尼黄心的小传。黄心，南昌马氏女，乳名瑙儿。幼年从父问字，明敏绝伦，兼娴女红。爱弄管弦，每潜邻闽习之，畏家庭谴责也。年十三，慈父见背，依母针黹度日。寻嫁茶商季某为妻，季因事得罪，遂为南昌知府某所得。越一年，知府亦陷于法，心遂辗转为妓。一日，有一老尼容止甚丑陋，故犯心舆，婢从呵之，不去，心遂搴帷审视，若故相识者。尼见心，蓦然喝曰："尔不忆如来座下失声一笑时耶？"心闻言，顿悟前生，方欲酬答，尼已不见。心既归，遂屏谢游冶，即日觅得妙住庵，依师出家，盖嘉定十二年四月八日也。时琼管紫清真人白玉蟾方访道入浙，在洞霄宫修道，恰巧留滞南昌，闻知其事，大为叹美。赠以诗曰：

如今无用绣香囊，已入空王选佛场。
生铁脊梁三事衲，冷灰心绪一炉香。
庭前竹长真如翠，槛外花开般若香。
万事到头都是梦，天倾三峡洗高唐。

有又赠以词曰：

豆蔻丁香，待则甚，如今休也。争知道本来面目、风光洒洒底事？到头惊凤侣，不如弹脱鸳鸯社。好说与几个正迷人，休嗟讶。纱窗外，梅花下，酒醒也，教人怕。把翠云翦却，缁衣披挂。

柳色已参弥勒了，赵州要勘台山话。想而今心似白芙蕖，无人画。

黄心之师为得道高尼，年已八十余，度弟子十余辈。尝曰："余最后弟子尚未来。"及心发道意，使者方至门，尼即遥呼曰："汝之来意，我已预知。令彼速来。"使者惊骇返报，心乃剃度受戒。未久，其师付以衣钵，溘然圆寂。心为庵主之后，终日潜心修道，望者蔚着，四方叩法席者逾三百众。斋寮静室，鳞次栉比，更兴大愿，铸铜钟一口，重四万八千斤。因冶经八易，愦不成形，心自计愿力不虔，乃有此失。遂于九次舍身入炉，钟竟圆满。

20世纪40年代末，有慧定法师在玲珑山卧龙寺内讲经，恰逢灵隐寺的方丈释大悲（1891—1971）来玲珑山，便赠慧定法师一联：

两个空拳握古今，握住后还须放手；

一条竹杖担风月，担到时也要息肩。

大悲题"竹杖担风月"，可以歇歇也。大悲方丈真也大悲。在《颂古钩钜》中载："严阳一物　严阳尊者问赵州：'一物不将来时如何？'州云：'放下着。'严云：'一物不将来，放下个甚么？'州云：'恁么，则担取去。'"于是，严阳于言下大悟。二者是否一辙？（选自2016年6月《天目竹韵》总第12期）

5. 虚竹与尺八（赵庆元）

"6·5"世界环境日，首届中国绿色碳汇节"绿韵·竹乐器暨竹文化艺术展"在北京国家大剧院隆重举行。开幕式后参观展览。世界各地的竹乐器，中国四个竹乡——浙江临安、安吉，福建永安，四川长宁的竹文化竹工艺品汇聚在国家最高表演艺术殿堂向人们生动展演。其中北京竹乐团代表讲解"竹乐天籁·世界竹乐器。"展现中国作为世界最大产竹国制作的竹乐器丰富多彩，如中国竹笛，最长近四米，几人抬着吹，短到几厘米的可以口上含着吹；讲解竹乐器分气鸣乐器、膜鸣乐器、弦鸣乐器、体鸣乐器几大类；同时展示世界各产竹国形态各异的竹乐器。在讲日本乐器时说："这三套是日本著名的竹乐器，这是龙管，这套是日本龙笛，价格很贵，大约要两万人民币。这支是日本尺八，价格更贵，要三万元左右。"此时笔者忍不住插话："尺八是中国古代竹乐器，是从中国传出去的。"讲解者连忙接茬："对对对，是遣唐使带去的。"笔者又说："尺八在日本民间传播，那是南宋时浙江临安天目山和尚虚竹和四位吹箫居士带去尺八，随日僧心地觉心东渡日本才得以传播的。"

寄竹

西天目山，钟灵毓秀，千岩万壑金碧堆叠，灵粹滋孕代生异人。汉有道教之大宗的张道陵，出生于此，修炼多年；东晋升平间竺法旷为天目山佛教开山始祖，后有洪湮、高峰、中峰明本至清代玉林国师，开禅宗临济宗之中兴祖庭。儒教有梁萧统在此编《文选》，宋有洪咨夔"闻履阁"藏书，近代有"天目书院"。西天目山现佛教兴旺繁盛于世。今单说南宋年间，西天目山脚竹林茅舍之中诞生一男娃，母分娩即亡，婴号哭不止，父抚儿无法制之，抱门外折竹枝握在其手，哭声竟戛然而止，其儿手摇竹枝一脸欢笑。其父向着竹林竹神再三拜谢，起儿名为"寄竹"，即时请来香火祭拜，抱儿三跪九叩正式成礼为竹林寄子。寄竹之父乃一介山民，忙时务农，闲时扮作道士，与一群乡村道士吹呐打谯，为乡间村民作白事（丧事）或道场，以挣些铜钿养家糊口。寄竹也似一棵新竹，在风雨苦难困境中茁壮成长。但终因营养不足，长得脑袋大而个儿不高，人却绝顶聪明。见同村富家孩子上学，他跟随而去，在双清庄（西天目山脚，现禅源寺位置）的私塾窗外偷听课文。读书稚童尚不熟课文，他却能讲得头头是道，授课塾师啧啧称奇。寄竹也随父去做道场的农家混饭，捡起尺八箫管也随队吹得像模像样。古时道教音乐的工尺谱是口口相传，教过几遍寄竹就烂熟于心。待长成十三四岁时，在西天目山儒、佛、道三界混迹厮闹，成为人见人爱的“小开心果儿”。但天有不测风云，人有无妄之灾，本因身体瘦弱的寄竹父亲，由于积劳成疾，弃儿而去。寄竹一下成为孤儿，只剩那小小三间茅舍和四周满山遍野的竹林陪伴着他。

虚竹

据《西天目山志》载：“虚竹，华僧，西天目山无门慧开禅师的弟子。”此时的寄竹犹如西天目山上的野生梅花鹿，到处乱窜觅食，幸好有好心村民和道观寺院舍饭，但常常还是饥一餐饱一顿。一日来到天目莲华峰北“无门庵”，见到无门慧开禅师，长揖不拜，直嚷嚷道：“明明此庵有门，为何取无门庵来？”禅师笑道：“无门即有门，寄竹心无竹。”寄竹听此偈语，如醍醐灌顶，幡然醒悟，于是双膝跪地，口称师父收我为徒儿啊。无门慧开禅师见此后生虽顽皮，尚可教，也诚心收其为徒，请其起来，来到佛堂，按佛教收徒仪式收其为徒，并说：“今赐法号予你为‘虚竹’，其名意义你可知否？”“知道，知了。竹青翠刚直，虚心有节，坚忍不拔，风度潇洒。师父要我成为中空虚心之弟子。”“善哉，善哉！与佛有缘，我会将衣钵传授予你。”于是，虚竹在天目莲华峰无门庵中，独角龙王池畔，潜心佛学，两载之后禅业大进。无门慧开与虚竹，将“尺八”箫管吹奏与禅乐器配曲融入修禅，弘扬佛法，名声大噪。宋淳祐七年（1247），宋理宗赐号无门慧开为“佛眼禅师”，并邀去杭州住持栖霞岭保宁寺。无门慧开从西天目去杭州以后，偶卓锡西湖北山，有山峆岈如砺，忽雷震，划然出泉，甘洌澄若重渊，遂以“黄龙洞”呼之。受理宗之诏，又创建黄龙洞护国仁王禅寺（现杭州黄龙洞浙江省艺术学校内，还保存着护国仁王禅寺旧址）。佛讲“缘起”，无门慧开和虚竹师徒应该是省艺校师生的祖师爷，此处也应是虚竹和四位吹箫居士东渡日本的出发地，即现今“尺八”吹奏艺人的祖庭。时为南宋京城临安（杭州）名声显赫的禅寺。佛教宣扬“真、善、美、慧”，但尽是单调枯燥的佛理教义是难以吸引人的。名山宝地的宏伟寺庙，曼妙庄严、慈眉善目、服饰华丽、雍容华贵的菩萨，以及笑口常开以礼迎客的和尚僧尼，无疑大大吸引了广大信众。《法华经》曰：“先以欲勾牵，再令入佛道。”而杭州护国仁王禅寺既有南宋皇帝的抬举，又有尺八等乐器吹奏伴乐参禅（如同今日的寺院放音响的效果），念佛的梵音与尺八时而穿云裂帛，高亢如歌，时而抑扬顿挫，细若诉说，以此组成的法事场景，前所未有，吸引了万千信徒。虚竹执掌尺八的禅音乐与无门慧开高僧的禅学在这里精湛地得到结合，是佛教本土化的突出表现。特别让偏安一隅“直把杭州作汴州”的王公贵胄，享惯江南丝竹、西湖歌舞的文人墨客更是如痴如醉。由此掀开了南宋时江南佛教鼎盛的一页。

传竹

南宋时的杭州，虽有北方金戈铁马的威胁，但还维系着表面上的繁华。“三秋桂子、十里荷花”，从柳永的咏杭州《望海潮》词中可见街市繁华，湖山秀美，江海壮丽和民康物阜，杭州是当时东方的美丽都城。而西天目山佛教活动此时也处于鼎盛时期，吸引了国外高僧纷纷前来参禅问法，其中日本为最，日本僧人视西天目山为祖庭和临济宗发祥之地。《西天目山志》记载：“宋淳祐九年（1249），日僧心地觉心，入西天目莲华峰参拜无门慧开禅师。”后随师到杭州护国仁王禅寺深造，而语言交流开始也只有大脑袋、小个儿的虚竹拎得灵清，师父派虚竹与之为伴，刻苦好学的虚竹也正中下怀，好学日语。虚竹陪同心地觉心云游东西天目山、径山、天台山、育王山等前后六年。期间，虚竹边学日语边与心地觉心交流，日语水平提高很快。虚竹也代师向心地觉心传授佛理禅义，答疑解惑，成为其知交学长。心地觉心终获无门慧开禅师的真传，于宋宝祐三年（1255）秋起程回国，临行前心地觉心向师父提出要求，请师兄虚竹去日本，协助兴办禅宗道场。禅师即问虚竹“愿意东渡否？”正沉浸在别离之情困扰的虚竹满心欢喜地答应：“弟子愿往！”“那你再挑选四位吹箫居士同去，以弘扬佛法。”二位弟子能结伴而行，更加高兴，谢过师父。无门慧开禅师送与衣钵经书，还以唐韦庄诗送之——“扶桑已在渺茫中，家在扶桑东更东。此去与师谁共到？一船明月一帆风。”以祝愿弟子此去一帆风顺。

虚竹带着四位吹箫居士和“尺八”，随心地觉心横渡波涛汹涌的大海，历尽艰难险阻，来到日本和歌山县由良兴国寺。兴国寺是日本名刹，寺后的山峰与西天目山极为相似，就是连山上的树木植被及寺院建筑风格都与西天目山差不多。虚竹因此视他乡为故乡，安下心来，并努力协助心地觉心创办禅宗道场，使日本佛教禅宗兴盛起来。心地觉心遂成为日本法灯派开山祖师。但心地觉心圆寂后，身为华侨和尚的虚竹感到在兴国寺失去了知音和依靠，于是单身一人携带“尺八”浪迹天涯，好似现代的游走艺人，走遍日本的山山水水，也将“尺八”的制作、吹奏技艺传播到日本民间。日本镰仓时代佛教兴起，虚竹来到日本京都，受众信徒拥戴，创建“京都明暗寺”，成为日本普化宗的开山祖师。

虚竹和尚开创的普化宗，其普化之名是中国唐代高僧之名号，临济宗的杰出代表。据说当年普化高僧游走街头弘扬佛法，摇着铃铛唱道：“明头打，明头来也；暗头打，暗头来也。”这就是虚竹和尚创建明暗寺和普化宗的来历和传说。据记载：在佛教鼎盛时期，日本国内竟有一百多座取名‘明暗寺’的寺院，而皈依“普化宗”，并善吹“尺八”的僧侣，甚至超过五百之数。由此可见，虚竹和尚对日本临济宗佛教影响之深之广。虚竹是将中国竹尺八制作和吹奏技艺传到日本的鼻祖，圆寂后长眠在日本土地上（墓在京都宇治，建在“九江庵”的遗址上，还立了一块具有中国特色的竖在龟形基石上的墓碑）。

竹乐

《辞源》载：“尺八，乐器名。通考谓之箫管，即今之单管箫也。吕才制尺八，凡十二枚，长短不同，与律谐契。见《唐书》。”唐代尺八，竹制有六个指孔，加一个敷竹膜的孔，竖吹。这是一种宫廷乐器。至唐玄宗李隆基时（旧时伶人尊李隆基为梨园祖师，入行要拜祖师像），乐器、乐曲和歌舞达到了鼎盛，有御制《霓裳羽衣舞曲》《紫微八卦舞曲》等，还有著名乐师如李龟年等。“安史之乱”乐师散落民间，也将尺八制作和吹奏技艺传播民间。唐末宋初道教盛行，又将尺八作为道教乐器广为运用。如道教称为八仙之一的吕洞宾即以箫管为道教法器。尺八到了民间，为便于吹奏和携带就向质朴、实用和原生态方向发展。如用竹膜需取好的竹膜，碰上阴雨天潮湿就吹奏不了。到了南宋虚竹和尚时，尺八制式就变成五孔，前四后一，就没有膜孔。而天目山满山遍野的竹林，寻觅制作尺八的竹材很容易，小竹子篰头不深，竹鞭很浅，拽住摇几下就可拔出，砍去须根和锯去竹篰头的实心部分，然后通穿竹节就可开孔和吹的一头开歌口，制成了一支原生态的尺八箫管。旧时天目山区的道士和民间艺人丝竹乐器都是这样自己制作的。如做二胡，剥了张蛇皮板上钉钉晒干，裁段竹筒削去外缘成六角，蒙上蛇皮，配上竹竿和弓弦，就是一把简单的二胡。聪明的孩童，砍根青竹做成短笛，吹得林山竹海都回响。

虚竹和尚将尺八这种大众化的乐器东渡传入日本，并开创日本佛教普化宗，将尺八作为佛教法器，把尺八吹奏融入修禅，亦称为吹禅，并将所传授的尺八称之“普化尺八”。普化尺八与现在的箫不同，采用半月形外切口（箫是内切口），五个孔（前四后一），使得一部分音必须配合沉浮技巧才可吹出（通过抬头低头，使得气流角度的改变产生的音高和音色也随之改变）。这使尺八的声音可高可低，音域宽广，音色可震耳欲聋，也可细腻如丝。这就要求吹奏者有相当高的把握能力。虚竹还创作了尺八乐曲《虚灵曲》和《铃慕曲》等，其音乐自然流畅，古朴深邃，至今盛名不衰，为日本吹奏艺人必修的古典乐曲。

现代尺八是从普化尺八改进而来，主要从选材、内壁填充、加工曲线等方面的技术进步，实现尺八的音准、性能和最大优化而已。其特点是精确符合现代律准，共鸣泛音层次丰富。这样达到既能吹奏古典乐曲，也能演奏现代乐曲。但万变不离其宗，其外形还是那天目山山民以前那种“老烟管”的模样。

6. 萧统与“天目笋干”（盛中成）

天目山区是笋干的主要产地。天目笋干以清香可口，味道鲜美而驰名天下。

早在南北朝时，梁武帝有个儿子，叫萧统，后被立为太子。他幼小聪明，五岁时就遍读了《五经》。有一年，他母亲去世，在商议家事时与父皇发生争执。太监鲍邈之陷害，使他受到父皇的指责。他是个刚强的人，就毅然离开了这个是非之地，游历天下名山大川去了。

这一日，萧统来到山清水秀的天目山麓。走啊，走啊，迎来的是葱绿的竹林，他将这枝小竹捏捏，那枝摸摸，感到十分喜爱，不知不觉进了竹林深处，迷路了。幸亏这时候，看到远处有一茅屋，便放开步伐，朝茅屋那边走去。一进茅屋，见有一个老和尚，盘坐莲花座，捧着经书在默念。萧统不便打扰，就在一旁等待。闲着无事，走过去，走过来，再走过来，走过去，来回踱着轻步，走个不停。

大约过了一炷香的工夫，老和尚收好经书，打了个哈欠，才慢慢地站起来，自言自语道：“唉，太深奥了！”老和尚所说的深奥，一点也不假。经书用词深奥，那时候又没有标点符号，不知读到哪个字为止。

萧统接过经书一看，是一本《金刚经》，便说："师父，我给你圈点注释一下，这样读起来方便，意思也好懂了。"老和尚一听，能帮自己把经书圈点注释，自然开心。他想：这青年既是客人，又是我的先生，我该下山办点小菜，好好招待一番。便笑嘻嘻地对萧统说："施主，你为我分经注释实在太好了。我有点小事急需下山一趟，你一边分经，锅里的笋请照管照管，我去去就来。"老和尚在灶内添了几块木柴，就匆匆下山了。

老和尚一走，萧统就摊开经书，一句话一个圈圈，一句话一个圈圈地圈点起来。哪知，圈点的活儿一上手，把锅里煮的笋早忘记得一干二净。当想到锅里有笋在煮时，揭开锅盖一看，笋已煮得干干的了。"呀！笋干了。"笋干就这样被叫出名来。

萧统皱起了眉头。一边想，一边撕着笋干。撕啊，撕啊，石桌上撕满了一大堆。他想：这么干的笋怎么办呢？转念一想，还是回到锅里再煮一煮吧！

老和尚回山来，萧统又想起了锅里的笋，忙揭开锅盖，一看，愣住了，手里拿着锅盖呆痴痴地站在那里。原来，萧统在笋干回锅的时候，只抓了一把笋干，而水加得多，所以，成了满满一锅汤哩。老和尚一看，也呆了一呆。他想：这一锅汤，怎么个吃法？又一想：既然一锅汤，不妨尝一尝再说。他尝了一口，啧啧嘴，高兴地说："汤真鲜！比吃笋还好呢。"萧统也尝了一尝，果然清香可口，味道蛮鲜。笋干可泡汤，就一传十，十传百，被传开了，并成了人们夏季喜爱的佐餐佳品。

从此，每逢笋期，在山上，你搭个茅棚，他搭个草屋，把原来任其自生自灭的鲜笋，烘制成笋干。鲜笋烘笋干，十斤烘一斤，就变为千斤鲜笋一担挑，四季都有鲜笋尝。直到现在，在笋干泡汤时，人们总喜欢把它撕撕开，不仅吃起来方便，而且汁味也容易出来。所以，笋干其实还是昭明太子萧统发明的呢。（选自 2014 年 11 月《天目竹韵》总第 6 期）

7. 竹林寺与竹林桥（赵庆元）

临安城北西墅街东头，有一片紧邻南苕溪的风水宝地，昔日苕溪主流经竹林桥出〔民国十一年（1922），大暴雨，山洪暴发。甘棠堰上螺蛳塘村 13 户全被冲毁，城东长桥冲坍，南苕溪主流由竹林桥改道至思古桥，即现临天桥〕。苕溪两岸竹林掩映，前畈、后畈、保锦山下，岳庙前乌珠（龟）背上，直至新溪桥都是成片竹林。旧时"临安十景"之一的"苕溪水涨"景点，也就在西墅街东南。竹林桥上看水涨。春夏之际，"天目之水汇流于此，每当山水暴涨，洪波巨浪，卷银舞雪而来，江潮怒涌，天鼓振闻，虽广陵涛不过是。"解放初，这里有"一桥一祠一寺"遗址，即竹林桥、高家宗祠、竹林寺（海会寺）遗址。先说"竹林寺"。这与南朝梁武帝（502—577）笃信佛教，广建佛寺有关。梁武帝萧衍弃道归佛，宣布佛教为国教，以护法人主自居，还亲自登坛演讲佛经。在他的倡导下，贵族朝臣转相附和，下至百姓大多信佛，甚至有全家为僧尼的。南方佛教盛达于顶点。临安的佛教兴起，还与梁武帝长子萧统（天监元年立为太子）有关，萧统（501—531）以葬母丁贵嫔（526），被宫监鲍邈之谮，不能自明，遂愧不见帝，带了随从崔、张二丞，自建康（今南京），泛舟太湖，溯苕水而上，至朗山（今西墅）竹林埠（至解放初竹林桥下水深二三竹篙，尚通舟筏），弃舟登岸，见此商贾往来，人烟稠集，风景独好。边游边行，寻溪之源

到阳山坞口（太子庙），结茅为庐，取汲六朝文字遴选之，为《文选》三十卷，取《金刚经》分三十二节，遂心血以枯，双目俱瞽。禅师志公，取东天目崖边石池水洗之，并加以悉心调养，一目复明。又于西天目取太子庵泉水洗之，双目皆明。昭明太子身在天目深山，却时时刻刻想念建康父皇。思念之情，传到建康，帝感悟之，遣人迎回。太子还朝，宝志禅师送之，迎驾兵马居跸朗山（西墅）恭候太子，此时夕阳西下，清风送暖，竹林摇曳，婆娑作响，似作挽留状。太子与志公道别，指临埠竹林幽篁道："此竹林与佛有缘，赠禅师为弘法之行舍。"宝志禅师说："善哉！善哉！我佛如来，讲演佛法，本起竹林，请太子赐名'竹林寺'如何？"萧统精通佛理，竹林与佛缘自然分晓，连声说好。

萧统太子为何说名为"竹林寺"好，因竹与佛教缘源有关。佛教的创始人是释迦牟尼，二千五百多年前出生在北印度。一个释迦族的青年王子、印度迦毗罗国国王净饭（Saddhodana）长子，名字叫悉达多（Siddhartha），舍弃继承王位，出家创立佛法，人们又称他为释迦牟尼佛，意思是释迦族的圣人。释迦牟尼开始时行走弘法，居无定所，到摩揭佗国的王舍城时，见城外有一片竹林，频毗娑罗王（Bimbisara），献给佛和僧众居住，称为"竹林精舍"，从此有了演讲佛法的场所，佛教的第一所"大学。"一王舍城南的灵鹫山（Grdnrakuta），也是佛和弟子说法的地方，茂林修竹之中，佛说法致天花乱坠，竹影婆娑。从此竹与佛缘深矣。印度和中国南方以丛竹居多，繁殖迅速，恰似佛法生生不灭，又似众僧集聚生息。自佛教传入中国始（东汉明帝永平十年，即公元六十七年，佛涅槃一千年），对佛僧住所皆称"丛林"（寺庙），如观世音菩萨道场称谓"紫竹林。"从此，中国式的佛教竹随佛生，佛荫竹林。佛法的根本原理是缘起论，"缘起"即"诸法由因缘而起"，一切现象的生起，都是相待的互存关系和条件，否则就不能生起任何一个事物和现象。这如僧人（僧是清静的意思，要求六根清净）参禅打坐需要有安静的环境，竹林之中静坐修行，如沐高风亮节，竹影婆娑，舞之蹈之，又领略佛理之愉悦。竹子咬定青山不放松的精神又可悟出锲而不舍一心向佛之理念。竹与佛的因缘细加推敲，还会有更深更广的意义。所以萧统太子与宝志禅师一拍即合，定名兴建"竹林寺"。

太子还朝奏请武帝，兴建竹林寺院。中大通三年（531），太子春寒游园，落水得病，卒后，寺院建成。武帝思念太子，于大同年间（535—546）赐名"竹林寺"，同时在东天目山建起昭明寺上、下禅院（今昭明寺钟楼曾存梁大同年万斤铜钟，铸有铭文"敕赐东天目昭明禅院"）。"竹林寺"借用佛教第一所"大学"竹林精舍之名，与佛与境十分贴切，其位于徽杭古道中，水路之起点，商贾、货物东去北上之要津，自然香火旺盛。竹林寺和昭明寺统一由宝志禅师住持，僧人弟子多达三千，成一时之丛林名寺。梁大通元年，天竺僧达摩来中国，从广州登临，一路北上行脚弘法，曾驻锡"竹林寺"，后去建康见梁武帝，帝供为圣僧。

唐会昌五年（845），武宗灭佛，毁尽天下寺庙，竹林寺院亦遭损毁，僧尼并勒归俗。后"竹林寺"的重建和扩建，与吴越国王钱镠信佛，以及钱氏三世五王的重视密不可分，吴越文化得到发展，佛教兴盛是其中突出的。唐天复二年（902），钱镠在"竹林寺"旧址拓建寺院，面积达百余亩。还在苕溪岸边寺院前建玉石经幢一对，七层浮屠高约六丈，每层刻有栩栩如生的佛像为座，七级经幢柱身六面，刻有楷体经文，刻工文字精美绝伦，“乙亥岁，暂归故里，遍及胜因，以功臣山之奇峰，岁崇禅室，观竹林寺之湫隘，重构莲宫，半载之中，庄严俱毕。”钱王还聘高僧释景霄主持竹林寺，新建寺庙庄严，佛法远播，四方信佛之人，如川奔海会，声誉大盛。

再说竹林桥。其桥名与“竹林寺”的引申和上下游大片竹林的环境相关，所建年代应是吴越时期。吴越经济发展，政局稳定，以钱王筑海塘建苏、杭城的魄力，在衣锦还乡之时，发都兵建衣锦城池、恢复竹林寺的同时，修桥铺路，造福乡梓，那是不足挂齿。“竹林桥”九孔，100余米，拱形桥，中孔特大，高、宽约12—13米。桥面宽6—7米，可通双向车道，南北桥头各有两对大石狮，桥中四个柱上有两两相望石狮四只，其余柱上刻有荷花柱头，栏板均采用整块石板，应是临安最精美又坚固的石拱桥。竹林桥的建成沟通了临安南、北乡的交通，还为徽杭古道更畅通、为衣锦城的日后繁华打下基础。竹林桥北，商行林立，桥南铁、竹、木、酱、酒等作坊众多，桥下溪中舟筏停泊往来（据记载，可通二十斛舟），桥西北竹林寺暮鼓晨钟，梵音阵阵，站于竹林桥上，观夕阳西下，农家屋顶炊烟四起，暮山苍翠，正如苏轼所言：“乃人间绝胜之处，自驰想耳。”

苏轼（1037—1101）字子瞻，号东坡居士，四川眉山人。北宋熙宁四年（1071）六月，进士出身的苏轼任杭州通判，在杭期间四次来“海会寺”（宋大中祥符元年，例易天下寺名，竹林寺被改名为海会寺）。苏轼精通佛理，深研禅学，与海会寺高僧有明法师交往密切，甚至参加佛事活动。佛老思想使他遇事达观、超脱，心胸旷放、开阔，亦因文人的气节使他与统治上层格格不入。他爱竹、敬竹、写竹，最有名的诗《於潜僧绿筠轩》：“可使食无肉，不可居无竹。无肉令人瘦，无竹令人俗。人瘦尚可肥，俗士不可医。旁人笑此言，似高还似痴。若对此君仍大嚼，世间那有扬州鹤。”他将文人人品、士大夫的气节与竹作了拟人化的比喻。他来临安，喜居竹林寺（海会寺），与高僧促膝而谈禅；喜上竹林桥，看翠竹暮山抒洒脱豪放心怀。苏轼在竹林寺也留下了诗二首《宿海会寺》及《海会寺清心堂》和《跋蔡君谟书海会寺记》。苏轼的诗讲求有为而作，其艺术的观点主张“神似”，不赞成“形似”，如在《文与可画筼筜谷偃竹记》中“画竹必先成竹于胸中，执笔熟视，乃见所画者，急起从之，振笔直遂，以追其所见，如兔起鹘落，稍纵则逝矣。”文同画竹，“胸有成竹”，苏轼评“此竹数尺耳，而有万尺之势。”一代文学大家对竹的魂韵探究深刻，对竹文化与佛理的关系、与为人的关系剖析透彻，但正因如此，他的诗遭宵小之妒，因“乌台诗案”下狱，直到元祐四年（1089年），冤狱昭雪，被任杭州知州，这时的苏轼已五十四岁，再来临安，竹林寺（海会寺）有明禅师早已作故。世事沧桑，物是人非，名师知音已去，唯感慨系之。苏两度杭州为守，为杭州经济文化发展，为百姓生计做了不少好事，但终因不合统治上层，谪居海南，再度起用之时病逝于返京途中，其人生道路曲折坎坷，但文学成就如巨烛照人。

竹林寺（海会寺）的历史也如同东坡居士的人生坎坷，几度毁兴。宋天禧五年（1021），寺遭火灾尽毁，众僧散，唯有明法师留，坚定兴废，以一人之力，号召信众，十年努力，重建寺院，（故此得到蔡襄、苏轼尊敬）。元至正十二年（1352）又毁，明洪武十六年（1383）又重建，明嘉靖四十年（1561）终毁（乾隆《临安县志》载：明嘉靖进士，西墅人高时，任刑科都给事中，掌团营，丰裁益俊，邑有海会寺僧众且富，强悍莫撄，时疏其不法，奉诏毁之）。竹林寺（海会寺）只剩下钱王建的两座经幢，东边一座清光绪年间被雷击所毁，西边一座在解放初列为省级文物作重点保护。竹林寺百余亩的断壁残垣在公元1958—1965年被临安陶土矿和临安丝绸厂对半（以围墙为界）分之。坐落在丝绸厂缫丝车间东头的西经幢也在公元1966年8月被丝厂造反派炸毁。从此竹林寺（海会寺）的历史遗迹全毁。寺可毁，佛法不灭。2003年西墅村及信佛民众捐资又建起了“海会寺”，而今又有新的规划，在大朗山水库上大湾建设新的海会寺。盛世兴佛。不久，新的“海会寺”定会将竹林寺的佛法和香火传承下去。斗转星移，沧海桑田，临安陶土矿和临安丝绸厂也已成历史，全部拆去搞房地产。“春天华府”高楼拔地而起，能寻找到的遗迹，仅存高家宗祠大门前千年古银杏树一棵。

竹林桥上游“凡九水合流，南北诸山夹峙而来”，因洪水损毁而屡次修建，清乾隆《临安县志》记载：明宣德七年，县主簿张昇修建，县令方早完工；崇祯元年洪水坏，七年高金评（乡绅）修，随坏，十六年郑允珍（乡绅）为首重修，改为八洞（北一洞填去砌驳船埠街岸）。清康熙四十七年，高宗芩重修，乾隆六年坏，十七年，县令董钧经开始修，二十年，县令赵民洽、乡绅罗应伟、郑荃、胡士伟等合力修成。这次修成之后，竹林桥如彩虹跨苕溪，桥弓矢高于前畈、后畈的地面，最大的洪水也不会没到桥洞，只会向前、后畈泻去，故经数百年不跨坍，却因20世纪60年代，西墅划为工业区，将石拱桥拆平，改为目前默默无闻，埋在平平柏油路下的小桥。竹林寺、竹林桥已被历史湮没，只剩下两边无竹、有名无实的“竹林街。”城市绿化，园林点缀，是否考虑多种些竹，而且成本省繁殖快，竹影婆娑，街景更美，也使“中国竹子之乡”更趋实至名归。（选自2013年12月《天目竹韵》总第3期）

8. 洞霄宫里竹高跷（印振武）

从清朝末年起，洞霄宫村民自发组织起一支高跷演技队，名叫“拱秀坊高跷队”，取自“九峰拱秀”的牌楼题额。所使用的道具几乎全都用竹制造，故又称为“洞霄宫里竹高跷。”

到20世纪30年代，第一代高跷队员已经年老，他们从宫里、九峰两个村里挑选胆大心细、年轻力壮的小青年作接班人。在村中一处较平坦地方用毛竹围成一个圆圈，初学者手扶竹圈，爬上竹梯，再踏上也是用竹制成的高跷。高跷分低、中、高几档，先学低档，等学到行走自如后，再逐步升高，最高达一丈六尺（约5米）。高跷上的人，行走中途无法停下，必须不断踏步。在城镇街道上行走，走累了可靠在街边二层楼房窗台上，或干脆坐在窗台上休息。

民国二十四年（1935）3月底，余杭镇南庵寺活庙菩萨生日，邀请洞霄宫里竹高跷进镇参加庙会。其时，新一代表演队员已经熟练，他们有陶阿金、董妙金、丁渭南、范云梦、项重英、项钖坤、严瑞金等16人，除宫里、九峰两村人外，还有附近桥头村1人，白泥山村2人。这支队伍十分庞大，每个竹高跷队员配备2人扶持。由于人与竹高跷缚在一起，上下比较麻烦，所以在路上行走时，每人配备两根粗细适当、比较结实的竹竿当作拐杖支撑，或者干脆由两个扶持人将竹高跷连人竖起来，再用竹拐杖撑住，定神片刻后方能开始表演。另外，还配备丝竹乐队 8 人，箫、笛、唢呐一应俱全，乐器亦都是竹制成，吹吹打打十分威武、雄壮。

这支由 56 人组成的竹高跷队伍从洞霄宫出发，浩浩荡荡，先到中泰后殿村去接菩萨。早有从余杭镇上来的八个人负责抬菩萨。这一来，这支队伍又增加到 64 人。

一个人站立在高达 5 米的竹高跷上行走，十分不易。进城后，他们还要表演各种简单的戏文。16 位竹高跷队员平均年龄在 16 岁左右，最小的只有 13 岁。他们事先就穿戴好戏曲服装，演出的戏文根据现场需要而定，大多又与竹有关，如：竹林七贤、竹叶渡江、钱王练竹兵、彭祖献竹鸡等。那天，余杭城中万人空巷，大家都拥挤在街道两旁观看，不时传出阵阵叫好声。表演结束后，余杭市民纷纷围住竹高跷队员，询问这样、那样的有趣事儿，还相约三年后再办庙会时能再次欣赏到洞霄宫里竹高跷的高超技艺。

谁也没有料到，这次庙会是高跷队最后一次表演。三年后的 1938 年，万恶的日本鬼子窜入洞霄宫。宫里村人知道不妙，全都逃进毛竹山上躲了起来。鬼子们见抓不到人，就纵火焚屋。强盗们将各家各户家中的晒谷簟卷起竖直靠在房屋上，点上火焚烧。火势迅速蔓延，一连烧了九十多户人家，几乎烧光了整个村庄，连这些竹高跷、竹拐杖、竹圆圈、竹乐器及所有戏曲服装都付之一炬。从此，再也见不到洞霄宫里竹高跷表演了。（选自 2018 年 5 月《天目竹韵》总第 19 期）

第二节　竹诗词

一、古代竹诗

山中杂诗三首（选二）

南梁·吴 均

山际见来烟，竹中窥落日。鸟向檐上飞，云从窗里出。

绿竹可充食，女萝可代裙。山中自有宅，桂树笼青云。

（《类聚》《诗记》八十二卷）

采实心竹杖寄赠李萼侍御

唐·释皎然

竹杖裁碧鲜，步林赏高直。实心去内矫，全节无外饰。行药聊自持，扶危资尔力。初生在榛莽，孤秀岂封殖。干雪不死枝，赠君期君识。（《全唐诗》）

题僧院引泉

唐·姚合

泉眼高千尺，山僧取得归。架空横竹引，凿石透渠飞。洗药溪流浊，浇花雨力微。朝昏长绕看，护惜似持衣。（《全唐诗》）

送僧入马头山

唐·贯休

马头宝峰，秀塞寒空。有叟有叟，真隐其中。无味醍醐，亦非般若。白趾碧目，数百潇洒。苦竹大于杉，白熊卧如马。金钟撼壑，布水喷瓦。芙蓉堂开峰月入，岳精踏雪立屋下。伊余解攀缘，已是非常者。更有叟，独往来，与我语。情无刚强，气透今古。竹笠援补，芒鞋藤乳。北风倒人，干雪不聚，满头霜雪汤雪去。汤雪去，无人及，空望真气江上立。（《全唐诗》、民国《於潜县志》）

九锁山十咏之凤洞

五代·王易简

凤兮尔何来，翽翽鸣高岗。山风度玉箫，竹实丰糇粮。至今嶙峋石，如作毛羽祥。深溪阻造极，悬磴聊褰裳。踟蹰不忍下，树杪青天长。（元《洞霄诗集》）

村家

五代·钱弘俶

竹树参差处，危墙独木横。锄开芳草色，放过远滩声。雅子当门卧，鸡雏上屋行。骑牛带蓑笠，侵晓雨中耕。（《全唐诗》）

赋竹寄李和文公

宋·钱惟演

瘦玉萧萧伊水头，风宜清夜露宜秋。更教仙骥旁边立，尽是人间第一流。（《全宋诗》）

怀旧居

武夷仙坛接里闾，琴堂水阁半凌虚。竹林旧享铜盘食，门巷今容驷马车。楚国大言登宋玉，汉家答诏用相如。未知笳鼓归何日，空锁鳣庭春草疏。《全宋诗》

於潜僧绿筠轩

宋·苏轼

可使食无肉，不可居无竹。无肉令人瘦，无竹令人俗。人瘦尚可肥，俗士不可医。旁人笑此言，似高还似痴。若对此君仍大嚼，世间那有扬州鹤。（《全宋诗》）

闻钱道士与越守穆父饮酒送二壶

龙根为脯玉为浆，下界寒醅亦漫尝。一纸鹅经逸少醉，他年鹏赋谪仙狂。金丹自足留衰鬓，苦泪何须点别肠。吴越旧邦遗泽在，定应符竹付诸郎。（《全宋诗》）

新城道中

东风知我欲山行，吹断檐间积雨声。岭上晴云披絮帽，树头初日挂铜钲。野桃含笑竹篱短，溪柳自摇沙水清。西崦人家应最乐，煮葵烧笋饷春耕。（《全宋诗》）

山村五绝（选二）

竹篱茅屋趁溪斜，春入山村处处花。无象太平还有象，孤烟起处是人家。

老翁七十自腰镰，惭愧春山笋蕨甜。岂是闻韶解忘味，迩来三月食无盐。（南宋《咸淳临安志》）

竹

今日南风来，吹乱庭前竹。低昂中音会，甲刃纷相触。萧然风雪意，可折不可辱。风霁竹已回，猗猗散青玉。故山今何有，秋雨荒篱菊。此君知健否，归扫南轩绿。（《苏诗补注》）

自双溪亭步寻溪源至治平寺二首（选一）

乱山滴翠衣裘重，双涧响空窗户摇。饱食不嫌溪笋瘦，穿林闲觅野芎苗。却愁县令知游寺，尚喜渔人争渡桥。正似醴泉山下路，桑枝刺眼麦齐腰。（南宋《咸淳临安志》）

净土寺

鸡鸣发余杭，到寺已亭午。参禅固未暇，饱食良先务。平生睡不足，急扫清风宇。闭门群动息，香篆起烟缕。觉来烹石泉，紫笋发轻乳。晚凉沐浴罢，衰发稀可数。浩歌出门去，暮色入村坞。微月半隐山，圆荷争泻露。相携石桥上，夜与故人语。明朝入山房，石镜炯当路。昔照熊虎姿，今为猿鸟顾。废兴何足吊，万世一仰俯。（南宋《咸淳临安志》）

慧觉孜禅师绿筠轩

宋·道 潜

绿筠萧萧含爽籁，幽姿冷落人难爱。壁间但有谪仙词，声名自到江湖外。当年创轩非壮观，局促帘栊日亏蔽。一朝经画有底难，推倒墙头了无碍。坐挹西南十里山，彩翠浮空屹相对。开池凿圃增气象，佳致真为一方最。鸟声鸣春春渐融，兰芽蕙茁初蒙茸。我来正值新雨定，弄日吹香闻座中。主人散策邀我步，池南池北聊从容。会待龙孙添夏荫，借君此地眠清风。（南宋《咸淳临安志》）

题东坡墨竹赠官妓

小凤团笺已自寄，谪仙重扫岁寒枝。梢头余墨犹含润，恰似梳风洗雨时。（《宋诗纪事》卷九一）

夏日山居六言十首（选二）

苦笋争抽豸角，枇杷竞吐骊珠。午饭松间睡足，茶瓯满泛云腴。

纨扇轻裁孤月，竹簟冷织双纹。呼取凉襟幽吹，拂开乱眼浮云。（《全宋诗》）

松　轩

松台开孤定，褰帏纳夜凉。婵娟依翠竹，无语过东墙。（清光绪《於潜县志》）

寄东坡昆仲

江南十月天未霜，木梢冉冉犹青苍。烟沙篁竹媚两岸，亭午气候如春阳。吴樯楚柁自纷扰，花鸭鸬鹚殊未忙。深湾野浦望不剧，苇间隐隐闻渔榔。黄昏无云桂魄满，一川秀色倾银潢。何人隔岸弄长笛，吹风渡水声悲凉。兰台故人天一方，美景乐事谁相将。船窗欹枕夜未央，杳杳孤云空飞扬。（《全宋诗》）

王悦道桃竹轩

余杭门西山迤逦，岌岌千峰插天起。穷幽摘胜过三邑，随处云林皆可喜。迩来杖策到君家，始觉溪山逢骨髓。争流万壑会目前，竞秀千岩对窗几。丹枫洗雨秋斋余，白鸟出没岚光里。主人韵胜无尘埃，翠竹红桃相映栽。良辰樽酒凭谁共，月友云朋自往来。（南宋《咸淳临安志》）

同柳戒之夜过三学院

宋·晁补之

岁月寻溪过佛斋，溪边石藓湿芒鞋。虚窗独卧听松竹，半夜一山风雨来。（《全宋诗》）

耕织图诗

宋·楼璹

筛

茅檐闻杵臼，竹屋细筛簸。照人珠琲光，奋臂风雨过。计功初不浅，饱食良自贺。西邻华屋儿，醉饱正高卧。

二　眠

吴蚕一再眠，竹屋下帘幕。拍手弄婴儿，一笑姑不恶。风来麦秀寒，雨过桑沃若。日高蚕未起，谷鸟鸣百箔。

分　箔

三眠三起余，饱叶蚕局促。众多旋分箔，早晚碓满屋。郊原过新雨，桑柘添浓绿。竹间快活吟，惭愧麦饱熟。

采　桑

吴儿歌采桑，桑下青春深。邻里讲欢好，逊畔无欺侵。筠篮各自携，筠梯高倍寻。黄鹂饱紫葚，哑咤鸣绿阴。

纬

浸纬供织纴，寒女两髻丫。缱绻一缕丝，成就百种花。弄水春笋寒，卷轮蟾影斜。人间小阿香，晴空转雷车。（清光绪《於潜县志》）

题清音亭

宋·凝神斋高士 徐冲渊

人间丝竹竟哇淫，只有清流解洗心。试论此山泉石看，茂林修竹胜山阴。（元《洞霄诗集》）

游大涤

宋·赵与杼

九锁闭仙关，长歌入翠峦。青松飞羽盖，修竹动琅玕。雪霁千岩瘦，云深六洞寒。客来尘虑息，一笑倚栏杆。（元《洞霄诗集》）

绿筠轩

宋·张 镃

旧在於潜寂照寺，今移立县治之东竹间，凿小池植莲。为赋两绝。

按图得此已欣然，胜趣何尝有变迁。一把香茅千个玉，不妨邂逅揖苏仙。

气韵非关竹有无，莫嫌清荫杂芙蕖。官居不俗从何得，窗下风翻未尽书。（《全宋诗》）

九折岩二首（选一）

宋·张声道

酒送钟声随晚照，雨添竹色荐新凉。栏干烛影水波静，帘卷杯深荷度香。（《全宋诗》）

玲珑山　嘉定元载浴佛日，同胡彦德、何经叔游玲珑山，次东坡先生韵

宋·黎民瑞

倚岩松古势如龙，峭拔层峰翠入空。九折湍泉珠散漫，绕蹊斜石玉玲珑。青环木杪山藏寺，碧拥亭高竹逗风。策杖共寻坡句读，登临清赏兴无穷。（清《两浙金石志》）

既离洞霄遇雨，却寄道友

宋·周文璞

凡骨何堪得再行，渴心犹要谒通明。惊闻竹树连山雨，疑有风雷暴地声。鹿啖黄精知岁久，人逢青箬便神清。重来只要斋盂饭，副以堂堂枸杞羹。（《南宋六十家小集》《全宋诗》）

绿筠轩观坡翁诗刻

宋·韩 淲

野寺余诗石，谁移榜县斋。闲来得寻句，小立为兴怀。人俗真难疗，言高不可埋。窗前有疏竹，大嚼对吾侪。（《全宋诗》）

钟惠叔转示赵临安西山堂诸公诗刻，随喜二首

宋·洪咨夔

两峰高峙玉，五亩秀含滋。细柳未眠种，修篁方醉移。雨将云出谷，水引月归池。动静天机密，何人共一卮。（《全宋诗》）

朵颐常逐逐，观复自休休。静昼青竹笋，深春黄栗留。觉圆熏穟直，梦破茗华浮。为问连山易，床头好在否？（《全宋诗》）

东山怀谢傅，用礼灭翁韵

金堂石室旧徜徉，被发依然下大荒。月送婵娟华落蕊，云移缥缈湿疏篁。桓伊筝外深情酒，幼度棋边定力香。往古来今开阖眼，楼头吹面朔风凉。（《全宋诗》）

谒新学因登绿筠轩

宋·顾　行

峰顶平于掌，千山似列垣。近连夫子庙，昔号此君轩。老树龙鳞偃，华榱凤翮骞。名区开圣域，俎豆万年尊。（清光绪《於潜县志》）

题石室庵前竹上

宋·雪崖道士　朱真静

十年身与鬼为邻，曾见岩花几度春。莫怪柴门终日闭，怕将尘事恼闲人。（元《洞霄诗集》）

晚步上清宫，坐栖真者久之（用合溪韵）

宋·钱　时

坏砌颓檐竹数竿，一方深绿照人寒。此时别有真消息，不用清流引激湍。（《全宋诗》）

百丈寺竹所

向来百丈有清规，此日山中肯者谁。檐外萧萧群玉立，不由客子不题诗。（《全宋诗》）

送钱竹岩宰常熟二首（选一）

宋·释居简

无日游天竺，新除问补陁。两回抽竹策，一语定弦歌。悬应如虚谷，灵通岂祝鮀。只依彭泽样，条具不须多。（《全宋诗》）

宿天目山西净行寺

有山有石又有竹，竹里僧窗皆面山。沆瀣弗胜和玉屑，可能来隐碧孱颜。（《全宋诗》）

翠扫参寥旧居小楼

小楼却立青林端，有水有竹仍有山。微风徐来皱池面，浓翠淡扫开烟鬟。九冈献状飞蜿蜒，悠然赴壑挽不还。玄珠湛影不走盘，岚浮雾煖相萦环。曲阑巧当环抱间，爱山聊复倚曲阑。亦有零瀣供朝餐，崇朝挂眼双孱颜。（《全宋诗》）

代人挽竹岩钱长官

绝笔走龙蛇，光寒瘴水涯。赋宁为问鹏，骚不反怀沙。孤老半岩竹，春归三县花。诛奸埋古铁，英识欠张华。自注：同官为吏侮，公以智戮之。（《全宋诗》）

游大涤栖真洞二首（之一）

宋·杨 栋

宝祐乙卯（1255）十月，久晴，眉山杨栋，弟履之，偕史靖伯、杜午，成都邓寅，携小儿淦，泛清苕，宿洞霄。明日，游大涤栖真洞，归舟带月，泊市桥，灯火未阑也。东阳取阴真君丹诀，名贝都监新楼。

山峨来夹案，泉急自穿渠。密记东阳诀，高题上帝居。牙儿藏宝箧，山子走篮舆。曲折巩衡转，溪坳可结庐。（元《洞霄诗集》）

壬午昌化道中

宋·李曾伯

暑雨祁寒路两经，二童一马影竛竮。檐花夜滴溪添绿，云叶暮横山减青。箬笠芒鞋今古道，竹篱茅店短长亭。未妨老子登临兴，解却征鞍且暂停。（《全宋诗》）

寄题九仙俞君竹屋

宋·方 回

竹绕屋之外，屋中人定贤。戛风疑有客，搅雨不妨禅。勿起青奴想，毋垂玉版涎。新梢添秀色，长日照吟编。（《全宋诗》）

游洞霄宫二首（选一）

宋·黄常吉

乔松苍竹带烟霏，木拱彤檐蔼翠微。虚谷玲珑遗凤响，行云蒙密护龙归。繁花结绣迷樵径，灵飘药香满客衣。更欲支筇遍诸顶，可怜无策驻残晖。（《全宋诗》）

赠竹庵先生

宋·唯斋何昞

巾盂肯复听斋钟，隐处何妨作退翁。一榻但留诗轴伴，万缘都付酒杯空。松颠舞月归巢鹤，竹下敲门采药童。风定云眠人不到，倚阑凝目看飞鸿。（元《洞霄诗集》）

大涤洞天留题

宋·胡 键

拔脚红尘到蕊宫，眼前物物是诗筒。云关左右转九锁，天柱西南边一峰。正喜斋厨供笋蕨，更寻药圃觅芝芎。飞仙何在应怜我，指出灵丹绀箬丛。（《诗渊》《全宋诗》）

回憩翠蛟亭

宋·孔元忠

引领篮舆上翠微，众山回首觉平低。栖真洞口云初合，大涤峰头日未西。新笋暗抽穿木叶，古藤虬结跨沙堤。蛟亭雨后泉声急，万鼓喧豗拥涧蹊。（《诗渊》《全宋诗》）

游洞霄栖真洞

宋·张 炜

笋舆摇兀到山前，就宿栖真古洞天。老木倚风清鹤唳，湿云拖雨护龙眠。尘凡夐出几千仞，足迹经由已半仙。至此岂容闲咏笔，重来知复是何年。（《全宋诗》）

绍兴已巳游洞霄

宋·杨 偰

青山九锁隔凡缘，福地潜通小有天。古洞落花春寂寂，空山乱石水涓涓。金丹翠箬藏千岁，芝草琅玕定几年。惆怅何时谢尘事，山中长作地行仙。（元《洞霄诗集》）

大涤洞天留题

宋·陈按留

支径萦纡路似穷，疑非琼馆洞霄宫。虽烦绿野诸公领，谁到青山九锁中。栝隐又深千嶂月，笋将犹欠一枝筇。道人欲识岩栖处，因鹤东来问漫翁。（《诗渊》）

大涤洞

元·郭景星

天柱一峰众山尊，秀气结为青瑶琨。神剜鬼刻积万劫，划然岩下开一门。门前有石更奇伟，击之清声随手起。我来秉炬洞中游，仰视石屋平如砥。阴森逼人肌骨寒，壁上玄乳滴未干。行行路转不可往，若有虎豹当其关。出门日射西山里，杉风萧萧吹客耳。篮舆少憩清音亭，一杯满酌丹泉水。（元《洞霄诗集》）

梅花百咏　茅舍梅

元·中峰明本

数椽草屋延清客，竹作疏篱护玉葩。不是玉堂无分到，且和明月到山家。（《天目山名胜志》）

题苍玉轩

元·盛经儒

虚中耽习素，种竹渐成林。避暑频移榻，吟风或抱琴。晴光分午影，凉气集秋阴。更爱庭前鹤，飞鸣和好音。（清光绪《於潜县志》）

游洞霄

元·张斯立

同伯祥理问，威卿郎中祐之，都司从右丞相公游洞霄，归途得鄙语，呈一山桂林。

松竹阴阴石径斜，小桥流水傍山家。本因省敛观风教，不为偷闲赏物华。偶向洞霄寻胜境，恍如瀛海泛仙槎。肩舆莫道归来速，明日城中趁早衙。（元《洞霄诗集》）

陪吾子行游大涤

元·王 济

从君纵幽讨，肩舆入穹林。藉此一束书，为我隆冲襟。翩然游大涤，雪泉快幽寻。荧荧竹间灯，雨窗坐鸣琴。二客话通夕，一笑倾素心。及此山中人，抱独空长吟。信宿幸小留，出山红尘深。（元《洞霄诗集》）

送西秦张仲实游大涤洞天（之十）

元·仇 远

天柱峰高锁翠微，瘦筇苍藓旧相知。云埋树脚藏深洞，竹引泉声过别池。仙去岂无遗迹在，君游却恨十年迟。松花酒熟须拼醉，多看青山胜赋诗。（元《洞霄诗集》）

环翠轩 为江文初题

明·史 谨

文初先生住天目，种竹千竿绕茅屋。高者昂然拂霄汉，低者森然护帘幕。座中浑无尘俗气，深处自有鸾凤宿。先生曳杖时吟眺，苍雪无声落乌帽。百年世事了无闻，三伏炎光岂能到。醉坐石磴如巢云，襟怀不异长庚老，嶰谷篔筜眼中小。（清光绪《於潜县志》）

天目山下椽竹

明·邵经济

岩前寒篠叶如掌，岩下修篁宿林莽。宿莽经春剪不开，修篁搏雪还萧爽。黄冈竹楼名古今，柯亭缘笛无知音。安得登楼跨黄鹤，翛然吹笛凌玄阴。（《泉厓诗集》）

由立玉亭过西方庵五首之一

明·释大壑

溜筧曲通绝壁，溪藤斜络悬崖。石室夏无暑至，洞门时见云埋。（《天目山名胜志》）

题与与园

明·黄鼎象

旧识萃勋里，初登与与园。曾无车马迹，惟见竹林繁。地割南溟景，人涵北极恩。披衣辞社县，杖策入仙源。洗浣云泉冷，翩跹月树翻。辟荒盘鸟道，凿牖俯川原。复阁风占角，曲池水浸轩。乱花扶坐卧，积翠老寒暄。石骨争松怪，台端弄塔尊。人工难造作，天巧自乾坤。酒为青山酿，书惟素业存。寿星高竹祖，族谱长桐孙。课子聊相问，观空了不言。太玄嘲尚白，至道得真元。七曜悬丹灶，五云挂石门。新诗无子美，疑是浣花村。（清宣统《临安县志》）

东　山

明·陶望龄

竹梢藤蔓冷僧扉，门外苍松忽减围。斫药更谁悲远志，摘花犹得访蔷薇。落潮渔艇晚初阁，上浦风帆健欲飞。丝管暮年陶写尽，谢公何日复东归。（《列朝诗集》、清宣统《临安县志》）

谒昭明庵

明·章嘉桢

禅林天下称萧寺，惟有兹庵真姓萧。地以分经成净土，池开洗眼在清霄。层岚叠巘围寒翠，竹韵松风共寂寥。见说读书台几处，离离荒草野烟飘。（《武林梵志》）

双林过访沈观顾先生

明·黄汝亨

五亩高人宅，萧然似竹林。因风过水曲，拨棹入花荫。拂尘尘容净，衔环夜色深。休文千载后，旷世此抽簪。（《寓林诗集》）

宿天目竹房

为问山藏寺，因过竹隐僧。翠华纷几席，云气下棱层。函丈分初月，巢经朗一灯。坐深清籁寂，相对得心澄。（《寓林诗集》）

狮子禅寺

明·蒋　梁

乘闲来古刹，�树拂清劳。界静尘无迹，龙归钵有云。琼花空外落，天籁寂中闻。安得长吟在，相期驻夕曛。（清乾隆《杭州府志》）

同刘别驾登天目山

明·朱文成

扶舆自椒麓，攀登上层巅。晓日山含翠，清秋景吐鲜。枯松犹了偈，蜕塔已忘筌。钜石开仍合，幽云散复连。日斜登閟阁，会胜访高贤。杯动明河影，人同水竹涟。千岩秋月映，万壑晓钟

悬。尔我颇好道，逢君祇论元。剧谈昏欲曙，归插日中天。为赠观风客，频香荡目前。（《天目山名胜志》）

登西天目

明·释大香

下界闻晨梵，中峰到午餐。林香附鸟散，石气逼人寒。水自厨头出，山从杖底看。潜虬惟古洞，化鹤自空坛。崖险青丈千，云闲白一团。焙茶供别寺，担笋下层峦。草屋时烦葺，苔阶不易干。竹深风习习，松偃露溥溥。绝顶留余兴，悬知翠几盘。（《列朝诗集》）

晓入玲珑山寺

明·宋云龙

侵晨上古寺，初日照高林。曲砌盘幽径，清流迎梵音。松阴怡野性，竹影淡禅心。万籁此俱寂，双莺和素琴。（《玲珑山志》）

有《湖山叙游》

明·刘 暹

伯莘移席玲珑

雅有耽奇癖，今朝雨复晴。丹霞围翠幄，碧涧奏鸣筝。绕径苔痕紫，开樽竹叶青。醉眠山月晓，不觉暮云横。（《玲珑山志》）

潜阳八景之绿筠秋籁

明·章 皞

潜溪兰若傍，绕户森修竹。每到秋风生，清音满轩屋。（清光绪《於潜县志》）

登绿筠轩

明·祝 銮

忆昔东坡判郡时，绿筠轩里旧题诗。风流肯羡扬州鹤，滋味还甘玉版师。百岁篔筜根尚在，千年尘俗士堪医。於潜令比河阳令，种竹栽花不费赀。（清乾隆《杭州府志》）

登绿筠坪，见东坡先生残碑有感

明·潘 沐

叠巘重峦列万重，亭亭徐步见仙踪。崔巍古寺依修竹，剥落残碑傍老松。一代文名垂大宇，千秋游兴企高峰。挥杯聊赋怀风韵，白昼空山听叩钟。（清光绪《於潜县志》）

绿筠轩寄感

明・谢　超

涉足都成胜，良怀慕古心。清馋罗石供，孤啸拂松吟。野水浮烟淡，遥山积翠深。名贤遗眺在，是处可披襟。（清光绪《於潜县志》）

绿筠轩姚宰竹

明・萧　执

绿筠隐隐翳窗户，此是姚侯读书处。摇空翡翠晚宜人，食实鸾凤晓相语。雅子牵衣惜春露，候卒编篱护秋雨。何当便弃人间事，抱琴走觅湖山住。（《佩文斋咏物》）

藻溪闻笛

明・李元昭

何处秋风横笛鸣，九霄飞落凤凰声。幽人醉卧青山月，唤起一腔湖海情。（清康熙《於潜县志》）

唐昌纪事十二首之竹火笼

清・陈　锦

瓦盆宿火御晨寒，铜筋竹络盘四端。千人胯下挟微热，阳春在脚行团团。山邑箐丛苦卑湿，黄梅风雨无时节。单衣薄袖提筠篮，冬烘直到春月三。红闺玉手薰兰麝，女儿黄竹箱同在。铜瓶暖酒宜黄昏，夜来并作被池温。（《补勤诗存》）

余杭道

自於、昌出山至青山，五柳入余杭界，为武林大道，多桑竹。

青山五柳余杭道，阴浓十里柔桑好。竹鸡历历啼春晓，篮舆戴雨穿幽篠。

钱王故里土花红，六代峰烟战壁空。天目支龙下平地，南朝王气来潜东。

过此鸥凫渐可侣，结筏持竿走清渚。南北高峰两点青，明朝一舸西湖雨。（《补勤诗存》）

游东天目

清・胡　应

篮舆不惜蹑崎嵚，云雾深披知几岑。寒翠远从天半断，海霞流近日边侵。何年又见池浮玉，此世还期地布金。且觅松乔论碑谷，石桥枯木竹龙吟。（《天目山名胜志》）

游玲珑山

清・戴祚升

昔贤常赋此山亭，我亦扶筇入翠屏。出郊但愁民社扰，到岩惟觉寺钟铿。涧鸣松竹苏公韵，花沁烟霞琴女馨。应有九折曾作记，百年和续志廉铭。（清道光《临安县志》）

咏竹实

清·孙应龙

凶岁人皆凤，聊分竹实餐。天心多惠爱，民力正艰难。拟作嘉禾颂，何如麦穗欢。史书休纪瑞，绘作郑图看。（民国十九年《昌化县志》）

竺云山

清·鲍鸿勋

寂寞寒山顶，豪呼意欲仙。烹茶分野席，采药涤岩泉。竹密藏鸠雨，松稠破鹤烟。金经闲一读，高卧可忘年。（《两浙輶轩录》）

晚归同山草堂

清·陈秉谦

历历芳郊春色新，剩余烟火昔成邻。林花风动香迎户，径竹晴摇翠满茵。槛外流泉供洗耳，篱边宿鸟不惊人。竭来行止何须问，短褐烹葵意自亲。（清道光《昌化县志》）

檀山

清·张昆玉

奇峰矗立接朝阳，古树名檀护一乡。地似桃源无俗障，溪连竹径映清光。衣冠落落舒文藻，耕凿悠悠乐井疆。为念山村多旧雨，扶筇时访郑公庄。（清光绪《於潜县志》）

游紫云院 赠圣僧文四首之三

清·宋 楠

子非慧远我非陶，子酌清泉我浊醪。客不繁文真是达，僧无世法尽称高。崖栖已揽中峰胜，井汲仍拟阿假劳。更与疏通山脉出，笑看竹笕落飞涛。（清道光《昌化县志》）

潜州咏怀十首之八

清·陈泰年

隔院丹枫落地飞，深山绿竹吐芽肥。半肩行李秋声壮，携得清风两袖归。（清光绪《於潜县志》）

钱王弩

清·谢启昆

婆留儿，真英武，应斗牛，郁龙虎。东海浪三千，临安民万户。跨江既罗城，筑塘更砥柱。板筑未就江潮生，叠雪楼上翻蛟鲸。彭沙转石功不成，山阳之竹鸿鹭羽。钢铁之镞水犀兵。王怒一呼海水立，潮头不敢相抗衡。王善用兵如用弩，乌殪罗平血衅鼓。王能御敌如御潮，杨花荇叶风潇潇。下楗声震冰夷国，避君三舍伍胥泣。指挥组练十三都，千载盐官尚屹立。鼎沸中原不可收，双手莫挽狂澜流。千里湖山终纳土，曷不弯弓射汴州。（《树经堂诗初集》）

潜阳八景，追和明人元韵八首之绿筠秋籁

清·李　江

玉扃留题处，爱此筼筜竹。清响满秋山，风雨数椽屋。（清光绪《於潜县志》）

净　土

清·骆鍾麟

乱松深竹正啼鸦，锦水平桥落日斜。一抹远岚拖紫绿，数声清磬带烟霞。僧驱老犊晴牵笠，鸟下空山夜散花。已向疏钟参酩酊，拎云随意补袈裟。（清宣统《临安县志》）

出上观音岩至东坞坪

清·张文虎

画山难画云，绘水难绘声。我从云中下，忽见略彴横。石怒阔然立，水激无时平。千折万折逆，七曲八曲并。掀腾海潮沸，喷薄雄雷鸣。而我踏涧石，缓逐流云行。我前云裴裒，我后泉砰訇。回瞻树已失，遥望途仍冥。依依修竹竿，雨濯琅玕青。竹间辟荆扉，塔院才三楹。云收水亦远，我息僧来迎。（《舒艺室诗存》）

潜阳八景诗之天目晴峦

清·冯培元

嵂崒排云出，迢遥入望明。一峰天外翠，万岫雨余清。竹密不知达，松寒觉有声。扶筇向何处，袖手看新晴。（清光绪《於潜县志》）

潜阳八景诗之绿筠秋籁

一碧净于洗，西风飒飒寒。阶泉响琴筑，庭树缀琅玕。凉信来萧寺，秋声满夜坛。柯亭今有约，应截两三竿。（清光绪《於潜县志》）

潜阳八景之绿筠秋韵

清·郑伯埙

金鹅山上眺，数每绿筠坪。坡老题诗处，清风拂袖生。追踪无俗客，入耳有秋声。竹径茶烟起，扬州鹤亦惊。（清光绪《於潜县志》）

潜阳八景之绿筠秋籁

清·陈懿行

不风也是响檀栾，况又清秋爽气漫。剧爱此君医我俗，披襟坪上屡盘桓。（清光绪《於潜县志》）

潜阳八景之寂照闻钟

绿筠坪下梵钟鸣，暮暮朝朝耳可倾。一百八声敲欲尽，碧山无语白云横。（清光绪《於潜县志》）

登甲子山青猗阁

清·张 芬

启户皆苍松，环篱皆翠竹。草阁抗群峰，日夕纵吾目。烟水豁尘情，天地旷樵牧。羁怀夏日长，歌狂神鬼伏。溪寒月未来，何以明幽独。（清道光《昌化县志》）

闻 笛

清·胡 栗

池馆黄昏独步便，谁家长笛倚楼边。山阳落日频年泪，江上梅花五月天。秋竹声音原不改，人情哀乐自相牵。比邻半是他乡客，一夜愁添白发鲜。（清《两浙輶轩录》）

访绿筠轩故址

清·袁 槶

绝少千竿竹，僧庐偶一过。泉声穿石急，苔色上墙多。俗士应回驾，高人此寤歌。门前古柏树，犹恐见东坡。（清光绪《於潜县志》）

晓自西天目中院陟三条岭

清·洪亮吉

笋舆穿松林，飞瀑醒残梦。过溪声乍歇，春梦复分送。飘然三万里，梦压笋舆重。稍稍曙鸦集，山鹊声亦众。朝暾光未透，残月影仍弄。空中盘一线，万木撼天动。却感山神心，裁云作长衖。（《更生斋诗抄》）

和耕织二图诗

清·何太青

浸 种

出种盛筠笼，浅浸溪头水。鸡骨喜占年，岁事今伊始。

簸 扬

掀箕当风扬，倾泻如雨注。几等就中分，上上输官赋。

筛

展转复展转，挥手不停披。从教疵累尽，好待雪翻匙。

择 茧

筐篚纷总陈，团团玉宛转。小姑试手探，笑问同功茧。（清光绪《於潜县志》）

题李耕香广文同年绿筠小隐学斋

清·张 鳞

揽胜名疆阅廿年，谁知僻县拥青毡。境缘旷绝寻三友，兴到潇疏侣七贤。茶灶平分云漠漠，琴床斜透月娟娟。此间奚似筼筜谷，妙趣从教与可传。（清光绪《於潜县志》）

自绍鲁村入天目舆中作

清·贝青乔

夙愿今朝遂，轻身驾笋将。市声随路沓，山趣入云翔。悦耳迎樵唱，清心递梵香。近来诗思溢，多恐负奚囊。（《半行庵诗存稿》）

自题斋壁

绕庐松竹径弯环，尽许幽禽日往还。隐几静听双涧水，卷帘深贮一房山。书摹玉枕纤毫弱，诗愧金荃绮句删。容我此间常养拙，有何尘梦到人寰。（《半行庵诗存稿》）

入九锁山

东南度冷溪，数里入九锁。冈峦气回薄，云曰态婐姬。罘罳展重重，菡萏开朵朵。或如鸾翮振，或作龙尾拖。七峰近钩连，两大遥岌峨。树古莓苔攒，道狭岚翠堕。一坞聚云仍，千家散烟火。翻水碓声急，登谷人语伙。谁绘桃源图，何必笠泽舸。篮舆猨鹤讶，竹杖妇孺歌。万个绿檀栾，中间独行我。（《半行庵诗存稿》）

鸿山八景　山在县南二十五里七都赤石庄

清·沈芝田

双径绿阴

松竹半山翳荟，海樵几辈犹夷。家住翠微深处，人来碧映须眉。（民国十九年《昌化县志》）

竹径薰风

可畏不逢赵盾，生憎幸免王猷。着个蒲团趺坐，披襟镇日勾留。（民国十九年《昌化县志》）

岐亭夕照

清·黄瀛元

亭子连云四壁空，苍茫夜色闪残红。携筇归去柴门晚，十里青山一笛风。（清光绪《於潜县志》）

洞霄宫怀古

清·钱一清

落日照松竹，山中风气寒。我来凭吊古，谁与共还丹。抚掌泉心涩，舞蛟亭翠残。可怜为圃窖，当日尽仙官。（清《两浙輶轩录补遗》）

游大涤洞

清·闻人儒

披襟策杖缘岗入，寻迹中峰到洞天。一路茱萸秋蝶绕，满山竹箭白云连。隔凡石界崆峒杳，涌翠岩深涧水穿。试觅丹砂何处是，箬称无骨伴寒烟。（《洞霄宫诗集》）

洞霄宫二首（选一）

清·蔡环黼

秋气清可娱，幽岩涤襟腑。夕阳催客行，归栖得洞府。人意近上皇，山境入太古。摘采兰蕙丛，剪笋琅玕坞。世味不到山，芳孤香彻釜。凉月侵卧内，捣药闻禽语。曾食仙鼎丹，常年于此处。夜则鸣丁当，昼乃晦毛羽。仿佛青云人，文采不自诩。忽焉谷风号，如潮涌江浦。窗棂影动摇，知有林中虎。云昔晋郭文，乘骑不相忤。不同城市中，见者罗患苦。俄听金竹坪，曙色声钟鼓。起寻无骨箬，微霜白平圃。吾愿此终焉，不必鸾鹤伍。何为山中人，翻思游远所。（《晚晴簃诗汇》）

苏文忠公祠　旧在山翁亭左

清·潘泾

振衣千仞访坡仙，如玉温恭状自然。百代雄文悬日月，一宫清节并山川。绿筠轩下诗题碣，赤壁江中酒载船。学士风流随处在，山亭遗迹仰前贤。（清光绪《於潜县志》）

二、古代竹词

玉楼春

宋·钱惟演

锦箨参差朱槛曲。露濯文犀和粉绿。未容浓翠伴桃红，已许纤枝留凤宿。

嫩似春荑明似玉。一寸芳心谁管束。劝君速吃莫踟蹰，看被南风吹作竹。

（《全芳备祖笋门》《全宋词》）

水调歌头·徐高士游洞霄

宋·张颉

雨后烟景绿，春水涨桃花。系舟溪上，笋舆十里达平沙。路转峰回胜处，无数青荧玉树，缥缈羽人家。楼观倚空碧，水竹湛清华。

纵幽寻，携蜡屐，上苍霞。古仙何在，空余药灶委岩洼。他日倘然归老，乞取一庵云卧，随分了生涯。底用更辛苦，九转炼黄芽。（《全宋词》）

南乡子·竹居

宋·张炎

爱此碧相依。卜筑西园隐逸时。三径成荫门可款，幽栖。苍雪纷纷冷不飞。

青眼旧心知。瘦节终看岁晚期。人在清风来往处，吟诗。更好梅花著一枝。

（《全宋词》）

风入松・赋稼村

老来学圃乐年华。茅屋短篱遮。儿孙戏逐田翁去，小桥横、路转三叉。细雨一犁春意，西风万宝生涯。携筇犹记度晴沙。流水带寒鸦。门前少得宽闲地，绕平畴、尽是桑麻。却笑牧童遥指，杏花深处人家。（《全宋词》）

满江红・己酉春日

老子今年，多准备、吟笺赋笔。还自喜、锦囊添富，顿非畴昔。书册琴棋清队仗，云山水竹闲踪迹。任醉筇、游屐过平生，千年客。

回首梦，东隅失。乘兴去，桑榆得。且怡然一笑，探梅消息。天下神仙何处有，神仙只向人间觅。折梅花、横挂酒壶归，白鸥识。（《全宋词》）

瑞鹤仙

元・张枢

卷帘人睡起。放燕子归来，商量春事。风光又能几。减芳菲、都在卖花声里。吟边眼底，被嫩绿、移红换紫。甚等闲、半委东风，半委小桥流水。

还是，苔痕湔雨，竹影留云，待晴犹未。兰舟静舣，西湖上、多少歌吹。粉蝶儿、守定落花不去，湿重寻香两翅。怎知人、一点新愁，寸心万里。（《全宋词》）

第三节　竹故事

一、竹历史故事

箕山和洗耳滩　上古时有隐士许由，传尧帝要把帝位让给他，他坚辞不受，到昌化的箕山脚下农耕而食。尧帝想让他做九州长官，他听后，就在昌化溪边洗耳，嫌世俗浊言玷污自己的耳朵。另一位隐士巢父，一日牵一头白牛到溪边饮水，问许由洗耳之因，许由告之，巢父就牵着牛走到上游，怕牛饮了许由洗耳之脏水。后世称他们两位为“巢由”或“巢许”。旧时有许由庙、许由亭等建筑，现在昌化镇有箕山和洗耳滩，还有白牛桥的地名。南宋《咸淳临安志》载：“箕山在（昌化）县西北十里，神仙所隐。”又载：“陶唐许由，颍川阳城人，一云阳城槐里人，隐此，号稽留山即今灵隐山。又昌化县晚溪有箕山……今昌化县乃有许由亭，傍又有箕山。”清康熙十二年《昌化县志・卷八・人物》载：“唐虞许由，颍川阳城人，耻不受尧天下，逃隐今箕山、千顷之间。相传为由故居，又有洗耳滩，其上为白牛桥，即巢父牵犊饮流处。后人尝即其地立亭，因名曰许由亭。”民国13年《昌化县志》载：“古尧时，许由曾隐于此山。”明《成化杭州府志》记有无名氏《晚溪许由滩》诗的一残句：“葛井许滩今古传。”《明一统志》记有郑作肃《晚溪洗耳滩》诗一首：“滩声汹涌几春秋，洗耳还须一枕流。耳畔是非无有尽，故庭流水不知休。”南宋钱时也有《许由亭》一诗，诗前小序：许由亭其来远矣，名以名之，非便也，下有白牛桥、洗耳滩，皆当时事，宜揭之以洗耳。诗曰："尧舜相传自执中，一瓢赢得迈高风。白牛桥下沧浪水，应洗人间万古聋。"成语"箕山之节"即谓此典。

李清还阳 《法苑珠林》取《冥祥记》中一则故事：宋时，天目山下的於潜有一人叫李清，在桓温大司马府担任参军一职，督护院府。忽然得了重病，就提出还乡。回到於潜家中，病情加重不治而亡。尸体停在家中，过了一夜却又活了过来。说起前夜经过之事如在梦中：最初见到一位官家使者拿着信幡，对李清说："老爷要召见你。"李清以为是大司马桓温相召，便匆匆忙忙整理衣装出门，见门口停着一顶竹轿，那位信使让他坐上，有二人担着竹轿飞驰而去。到了一座殿宇的朱漆大门前，见到了一位於潜同乡叫阮敬的，此时阮敬已经死去三十年了。阮敬问李清："你什么时候来的？可知道我家的情况如何？"李清说："你家的情况不好。"阮敬便泪如雨下，说道："我的子孙现在怎么样呢？"李清答道："子孙还算可以。"阮敬又对李清说："如果我让你回去，你能帮助我料理我的家事吗？"李清说道："可以，你若能让我回去，我一定不负大恩。"阮敬道："僧达道人是官师，被人敬重，应当向其苦苦求告，放你回去。"过了许久遣人出，说道："门前寺院，是官府所建，僧达道人常在一大早入寺礼拜，宜在寺前等候，见其来便哀求。"李清到了寺前，见到一沙门和尚。和尚说道："你是我前七世的弟子，已经七世享福，迷恋于世间，忘失了本业，背离正道而入邪门歪道，应当要遭受大罪。今你如果能悔改，和尚我明日可以帮助你去求告僧达。"李清应诺下来。此时天寒地冻，李清便躲进竹轿之中。一直等到拂晓，寺院门开，僧达果然来了，李清随即上前叩头求告。僧达便说："你如能革心为善，皈依佛，皈依法，皈依僧，受此三归可以不横死。如能受持精进，亦不会经受苦难。"李清应诺奉受。此时昨夜所遇到的沙门和尚，也长跪在僧达前说情："此人是沙门中的宿世弟子，忘失了正法，才受此苦。由于前世的因缘，今日重新归命于佛法僧，愿您老垂慈愍，放他一马。"僧达答道："李清原本也是有福德之人，可以扶济。"僧达便走进朱门，一会儿朱门中就有人出来，说道："李清参军可以回去了。"此时，阮敬也来了，给了李清一根青竹杖，让他闭上眼睛骑上竹杖。李清听从所言，立即如风驰电掣，不一会儿就到家，只见家中亲属都在啼哭。由于邻里乡亲拥塞堂前，自己却无法进入。恰好有人买棺材回来，家里人以及宾客等都去检视棺材，堂前就剩下李清的尸体躺在地上。李清走至自己的尸体前，闻到一股尸臭，后悔不该回来。但被外人逼突，不知不觉进入了尸体之中。一声长叹，尸体就活过来了，家人及宾客十分惊异。李清记得冥中之事，立即开始帮助营理阮敬的家业，让其子孙个个分宅以居，一一安排停当。自己则从此皈依佛法僧三宝，勤修法教，成为一个虔诚的佛门弟子。

竹叶舟 《太平广记》中录有《慕异记》中一则竹叶舟故事。

陈季卿家在江南，离家十年，欲考进士，立志不中进士不回家，一直滞留京城，以卖字和代书维持衣食。他经常去青龙寺访和尚，有一天遇和尚外出，就在暖阁中等着和尚回来。有一终南山翁，也在等候和尚回来，正拥炉而坐，揖让陈季卿到炉旁。坐了很久，老翁对陈季卿说："太阳已经偏西了，你饿了吧？"陈季卿说："真有些饿了，可是和尚又不在，怎么办呢？"老翁就从肘后解下一个小囊，拿出寸方的一块药，煎了一杯，递于陈季卿，说："马马虎虎可以解饥了。"

陈季卿喝完，觉得肚子已饱，感觉也舒畅了，饥寒之苦已无。暖阁东壁有一幅《寰瀛图》，季卿就去找江南之路，感叹道："能够从渭水泛舟到黄河，到洛水，再到淮河，渡过长江，回到家里，也不后悔无所成就而归。"老翁笑着说："这不难办到。"就命僧童到阶前去折一片竹叶，做一叶舟，放到图中渭水之上，说："您只要注目于这叶舟，就能如你刚才之愿。然而到了家里，千万不可久留。"陈季卿盯着那叶舟很久，渐渐觉得渭水起了波浪，一叶舟渐渐变大，席帆已张，恍惚间好像是登上了船。开始先从渭水到了黄河，把船系在禅窟寺庙下，在南边柱子上题诗道："霜钟鸣时夕风急，乱鸦又望寒林集。此时辍棹悲且吟，独向莲花一峰立。"第二天，到潼关上岸，在关门东普通院门题句道："度关悲失志，万绪乱心机。下坂马无力，扫门尘满衣。计谋多不就，心口自相违。已作羞归计，还胜羞不归。"从陕东行，凡所经历，一如其愿。十余日到了家，妻子兄弟在门前拜迎。晚上又作《江亭晚望》诗，题于书斋："立向江亭满目愁，十年前事信悠悠。田园已逐浮云散，乡里半随逝水流。川上莫逢诸钓叟，浦边难得旧沙鸥。不缘齿发未迟暮，吟对远山堪白头。"这晚又对他的妻子说："我的试期临近，不能久留，应登舟而去了。"于是又吟诗一章赠别他的妻子："月斜寒露白，此夕去留心。酒至添愁饮，诗成和泪吟。离歌凄凤管，别鹤怨瑶琴。明夜相思处，秋风吹半衾。"将要登舟，又留一诗赠别众兄弟："谋身非不早，其奈命来迟。旧友皆霄汉，此身犹路岐。北风微雪后，晚景有云时。惆怅清江上，区区趁试期。"

一更后，陈季卿便登上竹叶舟，泛舟长江而行。兄弟妻子等在江边痛哭，以为其已成鬼物了。一叶小舟飘飘荡荡，循旧路又到渭水之滨。租了一匹马，复游青龙寺，清楚见老翁拥褐而坐。陈季卿道谢道："回是回去了，犹如梦中。"老翁笑道："六十天后你自己就知道了。"而此时天色将晚，和尚还没有回来，老翁便离开了，陈季卿也回到了寓所。两个月后，陈季卿的妻子带着金银和布帛从江南到来，说季卿已厌世了，因此来寻访他。其妻道："某月某日回家，那晚作诗于西斋，还有留别诗二章。"陈季卿这才知道并不是梦。第二年春天，陈季卿落榜东归，到禅窟和关门寺院，见到自己所题两篇诗，翰墨尚新。后年陈季卿考中，功成名就后，便不再进食，入终南山而去。

箭退黄巢　钱镠童年时代，与小伙伴们常常演习军营之事，所用弓箭皆是砍竹制成。钱镠后来投军，东征西战，往往以弓箭取胜。唐僖宗广明元年（880 年），黄巢兵马数万犯临安石镜镇，钱镠以二百兵抵敌。钱镠先带二十名弓弩手，伏在山谷险要之处。黄巢的先头部队逼近临安，走进钱镠的埋伏圈。钱镠率兵躲藏树后，瞅准骑在马上的先锋将军，弯弓搭箭，嗖的一声，正中颈项，立即跌下马来毙命。钱镠这边二十几个人士气大振，箭飞如蝗，黄巢兵马立即乱作一团，又听得四周呐喊不绝，不知这边有多少军马，自相蹂踏，有五百余黄巢兵命归黄泉。余下的一些散兵游勇丢盔弃甲，调转马头，急急落荒而逃。钱镠也不去追赶，听凭其回去报信。钱镠胜了一阵，想道："此乃侥幸之计，一用不可再也。"便对路旁一个老媪说道："若有人问你临安兵的消息，你只要据实说兵屯八百里就是。"这些残兵逃出密林，正好遇上黄巢的大部队，便将林道中遭遇伏兵的事一一禀报，将钱镠兵马形容得如同天兵天将一般。黄巢的将军还不相信，仔细察看林中动静，果然牙旗隐约可见，又传来阵阵呐喊之声，仿佛林中有千军万马似的。这将军不敢轻易造次，又不甘就此退兵，便将路口的老媪抓来。问她临安兵在哪里？老媪实话实说告诉黄巢的将军说："临安兵屯八百里。"黄巢的将军哪里知道，"八百里"乃是一个地名，只道官军四集，屯兵八百里之远。有这么多军队守卫，还是退兵为妙。于是，黄巢的军队便绕路而去了越州。石镜镇躲过黄巢兵的洗劫，连杭州也未受骚扰。这是钱镠指挥的一场漂亮的家乡保卫战，也是军事史上小有名气的一个以少胜多的战例。清张淑郿有诗《钱武肃王故里》赞道："八百军声敌胆寒，果然王气萃临安。婆留古井邻开化，试剑高峰矗大观。千载汗青标事业，一龛香火供衣冠。蛟龙起处空潭在，紫竹萧萧日欲残。"清陈鍇《拜钱王墓》一诗中有句："巢兵百万下五岭，劲卒伏弩敌避影。"

竹筒传书与徽杭古道　早先，翻昱岭关到安徽歙县是徽杭之间的唯一通道。另有一条徽杭古道，是由马啸到绩溪，这条路开发要晚得多。据说这条古道开辟于明代，是抗倭名将、兵部尚书胡宗宪所修，缘起于一条狗以竹筒传递书信事。

胡宗宪（1512—1565），字汝真，号梅林，安徽绩溪人。嘉靖三十三年（1554 年），胡宗宪出任浙江巡按监察御史，不久擢升为总督，管辖七省军务。在杭州，他与家人的书信来往原是通过信使走驿站传递。他有一条狗，从家乡带出，颇通灵性。有一次，他想起晋代黄耳竹筒传书的故事，心想，我何不也试试。就将信件蜡封在一截竹筒中，挂在狗脖子上，告诉它送到老家。此狗竟知主人心意，随即一路奔跑，走的并非官家驿道，而是从颊口折往马啸，翻山越岭，到达龙川。胡宗宪家人从竹筒中取出信件，又将回信放进竹筒，拍拍狗的身体，狗也会意，又循老路奔回杭州。见狗没几天就回来了，胡宗宪起先以为狗半路折回，信未曾送出，谁知摘下竹筒，发现内中竟是家中回信。胡宗宪感到奇怪，这狗怎么走得这么快？后来有一次又让狗送信，后面让人跟着，发现这狗乃是抄近路，翻过海拔 1052 米的马啸岭到达绩溪。由此，胡宗宪就出资修建这条古道。传胡宗宪的外婆家在临安马啸的同山村。胡宗宪父亲是做竹匠的，年轻时来昌化一带做手艺活，结识胡母，爱笃而成婚。婚后，胡宗宪父亲就长住在岳父家。胡母有一次梦见太阳压在身上，后来怀孕。身怀六甲时，经过中堂阶沿进入后堂时，曾发生石阶断裂之事，邻人便都说胡母怀有大贵之人。胡宗宪生下后，童年有一段时光是在马啸同山村外婆家度过的。传他发迹后，无法带外婆到杭州生活，就在外婆家建造一个缩微的西湖景观。几百年后，胡适从绩溪到杭州，走的也是胡宗宪开出来的这条道。在胡适日记中就记载一件事：他十四岁那年跟随二哥去上海求学，从绩溪上庄老家出发，经过江南第一关，到余杭一共走了七天，然后再乘船到杭州。后来有一次到天目山，在老殿还留下一副对联："有几分证据说几分话；做一天和尚撞一天钟。"至今，这条古道仍存。古道经过清凉峰国家级自然保护区，道旁风景秀丽，有飞泉瀑布，怪石嵯峨，并有古桥、古亭等。

高峰竹篦　《中峰三时系念全集》起首有一则禅门公案：中峰和尚听民间讹传官府在选童男女，问高峰禅师："忽有人来问和尚，讨童男女时，如何？"高峰禅师说："我但度竹篦子与他。"中峰听了，"言下洞然，彻法源底。""竹篦子"三字让中峰大彻大悟。曾有人问及高峰关于座下弟子之优劣，高峰道："如义首座（断崖了义），固是茎老竹，其如七曲八曲；惟本（明本）维那，却是竿上林新篁，他日成材，未易量也。"《西天目祖山志》中记载高峰寓居南天竺寺时，误踏折了一根笋，便取而食之。后来就将自己的衣服卖掉来偿还，心中乃安。

洞天花烛记　明代李昌祺的《剪灯余话·卷四·洞天花烛记》记载：元天历二年（1329），浙江於潜秀才文信美偶然出游，半路上，忽遇两位使者，身穿布袍，脚蹬葛草鞋，一起前来，拱手高举向他行礼说："华阳洞主人熏香沐浴虔敬请你去。"文信美匆忙推辞："信美是天目山的粗野之人，华阳洞乃是句曲山神仙居住的洞府。仙凡相隔，怎么能拜访呢？"两位使者说："车乘已准备好，请不必谦让。"文信美即与同行，没几步果然见有一乘没有轿厢的竹轿等候在道旁。文信美坐上以后，抬去如飞，顷刻之间就到句曲山华阳洞。使者和文信美一同进去。洞主头戴王冠，手持笏板，出来迎接，说："承蒙您大驾光临。"于是与文信美叙礼。山珍海味，仙果美酒。原来洞主是请写回书。文信美文思如涌，写完后，十分满意。又留宿，参加婚礼。婚礼中又帮助起草催妆诗，赢得众仙喝彩。又撰撒帐文并唱诵："撒帐东，罗帏绣幕围春风（唐李贺）。红绽樱桃含白雪（唐李商隐），元精耿耿贯当中（唐李贺）。撒帐西，歌舞留人月易低（唐储光羲）。惊起芙蓉睡新足（唐李贺），倚风情态被春迷（唐雍陶）。撒帐南，新人轿上著春衫（唐李商隐）。云髻半偏新睡觉（唐白居易），断肠春色在江南（唐韦庄）。撒帐北，云楼半开壁斜白（唐李贺）。小语低声问玉郎（唐裴谱），春色恼人眠不得（宋王介甫）。撒帐上，两两红妆笑相向（唐崔颢）。淡云轻雨拂高唐（唐李商隐），睡觉不知新月上（唐陆龟蒙）。撒帐下，满山明月东风夜（唐韩偓）。冰簟银床梦不成（唐温庭筠），美酒清歌曲房下（唐李颀）……"众人齐声叫好。文信美还献上一首《洞天花烛诗》："玄黄初分闷灵壤，峭壁穹崖绝来鞅。深严不遣俗人到，窈窕惟宜法宫敞。重重叠叠峙华构，画栋凌霄挂金傍。丈人华盖钧轴相，佐治蓬莱生杀掌。神明自与世人异，婚嫁本无情欲想。阴阳动静含橐籥，示有耦配非惚恍。高闲孰是可作对？震泽尊居百川长。时良日佳车辆多，琼树瑶柯顿成两。烹龙蒸凤设宾筵，考鼓挝钟震霆响。蹇予凡陋忝司笺，利市平分珠与镪。雍容喜得厕衣冠，傧期宁期近屏幌。庭丁络绎进珍馐，座客纷纭杂谈讲。饮河鼷鼠愧盈腹，止鲁鹍鸪惭厚享。幸观花烛献新篇，留与千秋洞天赏。"华阳洞主十分满意，馈送文信美许多礼物。依旧派前二位使者，以竹轿送文信美回到家中。文氏家人见文信美乘竹轿归来，十分惊奇。原来文信美失踪已经半月。当地人知道这件事，都称他们家为"遇仙文氏"，於潜人至今赞不绝口。

陈圆圆隐居洞霄宫　陈圆圆出生苏州农家，本姓邢，名畹芬。因家贫，幼时被卖到武进陈家，改名陈沅。后养父家发生变故，沦为艺伎，为"秦淮八艳"之首。曾被太仓诗人吴伟业千金买得。后被国丈田畹选美带走，送给山海关总兵吴三桂。李自成攻破北京，陈圆圆被刘宗敏霸占。吴三桂引清兵入关，抢回陈圆圆。此后多年，在云南的"平西王"吴三桂反清复明，在衡阳称帝，不久兵败身亡。

因陈圆圆喜竹，吴伟业曾在洞霄宫冲天观四周栽种成片竹林，还写下《圆圆曲》。海宁诗人杨学曾是吴伟业的学生，遵照师嘱，将躲避清军的陈圆圆送至洞霄宫。杨学曾陪其在这里度过了十七个春秋。杨学曾写下《续圆圆曲》，并作一首《洞霄君》："白鹤禅师事渺茫，蓬莱三度见尘扬。几人碧血光泉壤，一代红裙寄禹杭。"自注云："康熙戊午年，滇南打定，籍三桂家，圆圆独不入籍，不知所终。以计自脱于禹杭之洞霄宫，号洞霄君。"诗和注选入仅相距一百年左右的嘉庆朝志书中。陈圆圆道名寂静，字玉庵，号洞霄君，于康熙三十三年（1695）冬离世，享年73岁。杨学曾将其葬于冲天观朝北的山岗上，墓碑刻"洞霄宫寂静仙姑墓。"

竹匠矢愿修石桥 昌化与安徽绩溪交界，两地往来甚多。绩溪也有许多好竹匠好篾匠，常常到昌化一带的农户家中务业，如明代兵部尚书胡宗宪的父亲就是在昌化马啸务业时，被东家相中，招为女婿。胡宗宪的外婆家在马啸同山，从小在同山长大。

在清康熙和雍正年间，有一位叫郑明善的绩溪竹匠在汤家湾一带务业。郑明善为人善良，从小受家庭影响，深信佛法，皈依佛门，持戒甚严。尽管家庭贫困，却是乐善好施。因有一手篾匠好手艺，在昌化一带很受农户欢迎。

汤家湾是昌化的一个大乡，村子由两条大溪夹着，南面一条的叫前溪，溪流比较平缓；北面的一条叫后溪，由昌北流出，一旦遇雨，洪水暴涨，当地人说是后溪有蛟龙出洞，显得十分狂野。两条溪到了下游两里汇成一处，即昌化溪。这里过去没有桥，过溪涉水，洪水说来就来，不及躲防，每年总有几位乡人葬身于溪中。清雍正二年（1724），郑明善有事要到对岸，便脱下鞋子，赤着脚选浅处踩着卵石过溪。开始还好好的，刚走一半，上游有洪流滚滚而来，一个趔趄，便被卷入深潭。郑明善心想该丧命于此，突然感觉似乎有一强壮的手臂拽着他，使他没有沉下。慢慢地，他抓住岸边的树枝，安安稳稳地就上了岸。他知道有护法神相救，上得岸上，纳头便向空中磕了三个头。

这之后，郑明善便发了一个大心，出家削发为僧。并矢愿在他的落水处募建一座石桥。由于他在这一带的人缘厚，不久便募得许多银两。几年下来，一座七孔石拱桥便告竣，取名为"太平桥"，也是为乡人图个吉利平安的彩头。造桥匠人为了防止蛟龙作怪，冲激桥面，便在桥的两头镶上了铁鳗、铁蜈蚣等。传说铁蜈蚣一见有蛟龙出现，便会嘶鸣，蛟龙听到铁蜈蚣的叫声，立即会退回身去，不敢造孽。

郑明善是佛门之人，还在桥头立了数个经幢，让过往行人念声佛号，念句经咒，与佛菩萨结个善缘。几百年过去了，至今，当地人还在念叨这位皈依佛门的篾匠。

天目仙乐 东天目山大仙顶、西天目山仙人顶上，在风清月朗或欲霁欲雨时，经常有箫管琴瑟之仙乐。明万历四十二年徐嘉泰《西天目山志》卷首《天目山纪略》："相传天台雁荡临安，往往多玉室金堂，灵仙瑶草，汉魏诸得道者在焉。其山多产文鸡、翠鸟、角鹿、麀麇，奇松秀竹、仙人白猿、玉瓶沉香三宝藏于岩下，丝桐箫管奏于空中。"明王亮《游东天目山记》："按石而坐，对将军峰、钟磬堂。清风明月之夜，时复闻箫管琴瑟之声，如天乐浮空，然真罕有也。"又清嘉庆《西天目祖山志》中记有"仙乐"一段："古记，常时风清月朗，绝顶有笙箫声；又云欲霁欲雨，夜则闻空中丝竹具举越旦，良验。"清张记有天目山诗《宿狮岩》："云楼千丈跨崖端，独宿挥杯坐所欢。玉柱倒悬新月暗，箕潭遥枕碧霄寒。高僧幻化空留钵，羽客逍遥自炼丹。夜半忽闻天乐动，不知四大在仙坛。”

斑竹坞 临安太阳镇有村名斑竹坞，因生斑竹得名。斑竹，又名湘妃竹，为散生竹。秆高 7—13 米，秆径 3—10 厘米。秆具紫褐色斑块与斑点，分枝亦有紫褐色斑点，为著名观赏竹。秆可以制成竹笛，也可制作其他工艺品。相传古时安徽歙县登科状元郑生荣赴杭州路过该地，用山上斑竹做成笛子，吹出优美动听的乐曲，引来百鸟和鸣。据 2012 年 10 月版《临安市地名志·太阳镇》载：“斑竹位于镇政府驻地北 10.2 千米。原斑竹村委会驻地。清光绪《於潜县志》载有斑竹坞地名。清代建村。”

二、竹神话传说

后羿呼日 在昌北原有呼日乡，现属岛石镇。为什么叫“呼日”呢？传说太阳神有九子，一起高悬空中，光焰四射，由此田地龟裂，禾苗枯焦，人类无以为生。神人后羿弯弓搭箭，射下九个太阳，吓得太阳神一头躲进西山，大地一片漆黑。后羿一遍又一遍呼喊太阳神重返人间。太阳神听到呼唤，从东山钻出，冉冉升上天空。从此，天上就只有一个太阳，而后羿呼唤太阳之地，称为“呼日”。事载 2012 年 10 月版《临安市地名志》。

大义射日和天目挂篮青 在东方蛮远之地，住了一只乌鸦精，生了九只小乌鸦。乌鸦精带着九只小乌鸦飞到这边来了，九只小乌鸦在村头“哇哇”乱叫。百姓实在讨厌，便拿着竹竿将小乌鸦赶走。九只小乌鸦逃回去告诉乌鸦精。乌鸦精一听生了气，你们要赶我们，我倒要叫你们也不得安耽。乌鸦精有千年的修炼功夫，肚子里炼出三斗三升的神火。乌鸦精把神火分给了九只小乌鸦，就带了它们飞到村庄上面，团团圈圈喷火，十只乌鸦就成了十个太阳，把地上晒得滚烫。山上树木死了，地上的五谷焦了，老百姓连喝的水都找不到了。这时从大涤山来了一位叫大义的年轻人，他是九洞仙师的徒弟，有一手神箭法。所用的弓箭都是用天目山的神竹制成。他奉九洞仙师之令，出山来帮助解救天下的老百姓。大义看到天上烈火焚烧，地上一片焦土，知道是这班乌鸦在作孽，就拔出神箭，弯弓搭箭，一箭一个准，把九只小乌鸦统统射落。亏得乌鸦精手段高，逃到一蓬节节生根的青草下，才没有被神箭射中。乌鸦精向大义讨饶，大义就让乌鸦精赎罪，每天带着神火，日里上山，夜里落山，给人类带来光明，让天地万物充满生机。因为山里的这株青草救过乌鸦精的命，心里头蛮感激，也就念了一个咒，叫这株青草离地死不了，放在篮子里挂起来都还能活，算是报这株青草的恩。这种草在天目山区很多，因有顽强的生命力，大家叫它“挂篮青。”意思是这种草离开泥土，挂在篮子中也能存活。事见《中国民间文学集成临安分卷》。

乌排弄与洗炭桥 彭祖是生活在四千多年前的一个传奇人物，姓篯名铿。篯的本义是一种竹子，因与此种竹子有缘而延伸为古代的一个姓氏，可能是女嬇氏在这种竹子边生下彭祖。商纣王时，彭祖到临安的八百里隐居。那时他已经活了七百多岁，看上去还是像个五六十岁的人，力大如牛，身手矫健，当时在朝野都传为奇谈。这消息传到宫廷里，商纣王听到彭祖有此异术，立即派采女去寻找彭祖。

采女是商纣王身边的一个女卿，她少年得道，也有自己的一套养生之术。那时采女也已经二百七十多岁，看上去也只有四五十岁的样子。但她的道行比起彭祖来还是差得很远。采女身受王命，来到民间四处打听，好不容易才打听到彭祖隐居在临安苕溪畔一座山中，并经常去天目山中采药。一路打探，采女来到了百岗岭这个地方。百岗岭下面的村子很大，村里人都显得很年轻，看不到一个老态龙钟的人。采女向他们打听彭祖，他们一个个都笑而不答。这可怎么办呢？采女冥思苦想，终于想出了一个好办法。

再说彭祖在百岗岭，追求的是一种恬淡安宁的生活，终日练功养生，因此一直是深居简出。偶尔出门，也就是上山采些药物而已。这一天从天目山采药回来，一路哼着山曲，路过一条溪，看见一位妇女正在溪中一条竹筏上洗着什么。走到桥上一看，竟是在洗炭，此时一湾溪水已经变黑，一条竹筏也成了乌排了。彭祖看了十分惊异，菜可以洗，衣服可以洗，这炭怎么可以洗？不是越洗越脏吗？看那妇女十分认真的样子，彭祖忍不住哈哈大笑起来：

“我彭祖活到800岁，还没见过有人洗炭。”那妇女一听，起来纳头便拜。说：“你就是彭祖，我找得你好苦呀？”原来这个洗炭女就是采女，洗炭正是用来引起别人注意的计谋。这计谋还管用，真的把彭祖找到了。彭祖很纳闷，“你找我有什么事？”采女就把来意一五一十地告诉了彭祖。彭祖见她一片诚意，也就把养生的一套秘诀传授给她。取到真经，采女高高兴兴地回去向商纣王复命了。

这件事一传十，十传百，满村子里的人都知道了，就把溪上之桥叫作“洗炭桥”，把那条溪弄叫作“乌排弄。”

彭祖花竹　临安八百里有一片奇特的竹子，竹秆上青一圈黄一圈的，人们叫它花雷竹。为什么会长成这种竹子呢？当地人有说：彭祖隐居在临安八百里。有一天，天气特别热，彭祖便多饮了几杯“八百茶。”午饭后，躺在石床上睡午觉，朦胧中有尿急，便翻身下床，到石屋外的竹园里小解。不巧被一根露在外面的竹鞭绊倒在地，摔了个嘴啃泥。好歹身子骨还算硬朗，于是便双手握住竹子，借手之力慢慢爬了起来。由于两手握力过猛，被抓的竹节上竟然留下了两道印记。天长日久，这竹子就变成了青一节黄一节的。更奇怪的是后来的新竹每一节都有此抓痕了。人们便把这种竹子称作“彭祖花竹。”据专家言，这是雷竹的一种变种。

彭祖献竹鸡　彭祖隐居八百里之前是住在大涤山的。古书记载，黄帝成仙为天帝后，人间由他的孙子颛顼继位。颛顼帝有个孙子叫陆终，娶鬼方氏之女女隤为妻，怀孕三年没有生下孩子，而陆终却去世了。女隤着急了，请人用刀剖开左腋下面，生出三个儿子；再剖开右腋，又生出三个儿子。这六个遗腹子中，排行老三的就是彭祖，原名篯铿，乃钱氏祖先。彭祖的母亲女隤生下六个儿子后，就居住在风光秀丽的大涤山中专心抚养。其中，三子彭祖身体很弱，瘦得皮包骨头。女隤请来巫师桃花娘子卜卦，说只有十岁寿。怎么办呢？桃花娘子替女隤出主意，帮她请来阎王身边的判官。女隤做了一桌丰盛的酒菜，把判官灌得烂醉，然后求他为儿子增寿。判官一听，拍拍胸脯说：“这有何难！”当即取出生死簿翻彭祖那页，在十岁的“十”字上加了一撇，变成了“千”字，这一改，彭祖就变成千岁了。若要人不知，除非己莫为。此事被阎罗大王知道了，大发雷霆，立刻将这判官下入十八层地狱，将彭祖的寿命又重新改了回来。当桃花娘子将此事告诉女隤时，女隤急得走投无路，跪下来恳求桃花娘子想办法。桃花娘子果然神通广大，她告诉女隤说："这些天，天帝胃口不开，什么琼浆玉露都尝之无味，天天骂人不止。若能设法办到美味可口的食料，让天帝高兴，或许能让小彭祖增寿。"做娘的为使儿子不至于早夭，绞尽脑汁想办法要讨好天帝。这天，女隤路过一家农户草舍，忽闻一阵香气袭来。原来是这户人家捉到一只野生的竹鸡，煮成汤后竟然香味四溢，尝一口鲜美无比。女隤连忙问清这竹鸡所居之处和捕捉办法后，于第二天带了才五岁的小彭祖起了个大早，一直爬到大涤山顶。那山顶周围是一大片毛竹林，一群竹鸡正栖息在这片毛竹林中。女隤在竹鸡出没的要道上布下弓弩，不多时，果然有一只竹鸡被夹住了。小彭祖飞快跑去抓住了竹鸡。大涤山的野生竹鸡又叫雉，体形略小。女隤把竹鸡拔毛剖肚，在清凉的山泉中冲洗干净，然后放入陶罐里用文火慢炖，直炖得肉质酥烂适口。尝一口汤水，鲜得浑身骨头都酥了。便用最好的盛器装了，让小彭祖亲自送给天帝尝鲜。彭祖本来就是天帝的后裔，所以他可以直通天庭，向天帝献雉。天帝吃后非常高兴，满口称赞道："我从来也没有尝到过如此鲜美的东西！"同时，用手抚摸着小彭祖的头说："真是个懂事孝顺的好孩子！"这天帝一高兴，马上就封彭祖"寿八百！"封令下到阎罗殿，阎王见天帝下旨，哪敢违抗？于是，彭祖就这样顺顺当当活了八百岁。

葛仙翁观音竹　葛洪是葛玄的侄孙，他们都是道教中的著名人物，也都曾在天目山一带隐居炼丹。葛洪（284—364）字稚川，自号"抱朴子"，丹阳句曲（江苏句容）人，尤好神仙导养之法。曾任咨议、参军等职，赐爵关内侯。东晋咸和初选为散骑常侍，固辞不受。在天目山隐居多年，优游闲养，著述不辍，著有内外篇凡一百十六。至今在天目山尚有丹池等遗迹。传说葛洪见当地百姓生活困难，便向观世音菩萨请求帮助。观世音菩萨问"百姓有何心愿？"葛洪说："百姓但求丰衣足食。"观世音菩萨便说："要想衣食足，山上多栽竹！"葛仙问："竹从何来？"观世音菩萨就送了许多竹秧给葛洪。葛仙就把竹秧分给了当地百姓栽种。后来天降大雪，成片的竹林随雪而倒。葛洪又去找观世音菩萨，走到观音殿前，只见门上写着"竹木"二字，葛洪会意，就吩咐百姓在竹林中间栽一些树木，以防竹子被大雪压倒。为了感谢观世音菩萨的恩赐，当地每年送竹到寺院，称作"观音竹"。寺院则在大年三十晚上，将竹子堆在一起，举行"烧烽篷"的仪式，僧人围着烽篷唱诵《普门品》等，为百姓祈福。

葛洪用竹造纸　东晋初年，葛洪三十余岁，夫妻俩来到临安大涤山。葛洪发现大涤山里的住民用杨桃藤和青桐树皮做纸，这种纸薄白柔软，不易虫蚀。有一天，葛洪见山民将藤皮浸泡在水中，便问："为什么要浸泡？"山民们告诉他说："要烂其皮方能做纸。"葛洪又问："要浸泡多长时间？"山民们答道："必须浸泡数日，待其腐烂后方可捣浆做纸。"葛洪觉得如此造纸实在太费时间，产出太少。他经过细细考察，发现这一带还有一样出产，那就是利用灰娘石烧制石灰。通过多次试验，把生石灰倒入浸泡藤皮的水中，石灰遇水化解产生的热量可加速藤皮腐烂。这一发明立刻在当地推广，大大缩短了制作周期。造纸时间缩短后，原料不足又成了问题。葛洪觉得，这大涤山中漫山遍野都是翠竹，如能将这些竹子像树皮、藤条一样利用起来，岂不是取之不尽用之不竭？葛洪将想法同大家一说，大家都说有道理。于是说干就干，除了又高又粗的毛竹难以处理外，凡山中、溪边的水竹、早竹、苦竹、哺鸡竹都可砍下斩断，和树皮、藤条一起用石灰水浸泡。不料，藤与树皮很快烂熟，竹段却收效甚微。正当大家灰心丧气之时，葛洪又对大家说："我仔细观察地势，一条山溪从山里向外流出，水流湍急，如果能从里到外设置多个水碓，将竹段放入，利用由高向低流动之水带动水碓，不用花费人工踩踏，自然就能'啪嗒''啪嗒'响起来，那竹段焉有不碎不烂之理？"于是大家又立刻动手，一下子安装了十八道水碓。葛洪帮助山民改进造纸术取得成功后，不断创新，指导山民用杨桃藤汁加入纸浆，可除去纸筋；加入黄檗作染料，使纸变成金黄色，成了著名的"元素纸"。从此后，水碓造纸成了当地百姓一条谋生之路。当时，在朝中修史的著名学者干宝，特地来会见葛洪，称赞他是继蔡伦发明造纸后的又一次技术改进，为当地百姓做了一件大好事，并将他的事迹编入《搜神记》中。

王羲之留竹联 东晋穆帝永和二年（346 年），许迈来到余杭山"登岩茹芝，渺然自得，有终焉之志"。余杭山即今大涤山，山中大涤洞相传是洞庭西门，潜通江苏茅山华阳林屋。于是，许迈写信给好友王羲之，信中书道："自山阴到临安，多有金堂玉室，仙人芝草，左元放之徒，汉末诸得道者在焉。"王羲之闻说竟有如此仙境，便高高兴兴地来到临安大涤山。其时，正值生机勃勃的春天时节，大涤山漫山遍野竹林茂密，一片绿色，简直是竹的天下。在竹林下，王羲之还见到了诗人王世隆，还有许迈的妻子、吴郡骠骑将军孙庞之女孙秀芝，十分开心。于是，他兴致勃发，随手挥笔为许迈写下一副既通俗又贴切的春联：春风春雨春笋出；新年新岁新竹生。

篮拎婆留 临安石镜乡钱坞垅，村民都是上古时代活了八百岁的彭祖篯铿的后代。钱镠的家住在钱坞垅口，父亲钱宽娶水丘姑娘为妻，婚后不久怀上孩子。钱宽心中不图儿子今后王侯将相惊天动地，只望能知书达礼，孝顺父母，便足慰平生。临产这日，钱宽有事出门，办完后急急往家中赶。远远望着垄口自家房屋火光冲天，难道家中失火？妻子孩子又如何了？钱宽加紧脚步往家冲去。待接近屋舍，火光已无，却见屋顶上趴着一头巨蜥。到了家院，巨蜥却已消失，屋内又传来车马甲兵之声。适逢钱镠的祖母抱着一个男婴走出屋门，见到钱宽，连声道喜。钱宽遇到一连串怪异之事，又见母亲抱着的这个男孩黝黑异常，哭声洪亮粗野，心中起疑，道是妖魔投胎，留在家中，祸害无穷，便夺过襁褓要往水盆里按捺。钱镠的祖母一旁大惊："虎狼也怜子，你怎可把孩子溺死，断了我钱家香火？"便从钱宽手中夺过孩儿道："贵人出生，多有奇异之兆，恐怕是祥瑞也未可知。"她担心钱宽疯劲儿发作，与媳妇水丘氏商量把孩子藏起来。藏在哪里呢？想到后院有井，便细心将这婴儿放在一只大号的竹篮中，用绳索系了，悬放至井中。自己则是足不离院，严加看管。但这并非长久之计，水丘氏决定将孩子送到外婆家抚养。当天晚上仍旧把钱镠装在这只大竹篮里，由祖母拎着竹篮，淌过溪，把小孩送到外婆家。因他这条命是祖母留下来的，大家就叫他"钱婆留"。那口井就叫作"婆留井"，那条溪就叫篮拎溪，后来又变成了"兰陵溪"。

钱王出诗谜 钱武肃王对洞霄宫（当年称作"天柱观"）这个道教中心颇有好感，年轻时就常去游玩，对宫观渐废深感不满，曾许愿"异日贵，当重建。"后因父亲病逝回家奔丧，又一次来到天柱观，答应观中老道不久即来重建。唐昭宗乾宁二年（895），钱王邀请天台山高道闾丘方远即元同先生到天柱山"相度地理，主张教迹"，恢复观基朝南，营建一新，并写下著名的《天柱观记》。在重建天柱观期间，元同先生有个助手名叫郑元章，号正一大师，与元同先生同居天柱山精思院，专门管理重建工程的来往账目。一日，郑元章正在核算账目，钱王与元同先生悄悄走了进来。钱王见郑元章正在认真用算盘计算，便笑着对元同先生说："想起当年吾师洪湮法师教过的一首谜语诗，背给先生猜猜：竹做栏杆竹做墙，只关竹猪不关羊。三个小子来捉猪，吓得竹猪乱撞墙。"（谜底：竹算盘）

竹山叠竹山 北宋年间，洞霄宫外有个叫王强的篾匠，心灵手巧，学了一手好技艺。妻子名叫秋艳，聪明能干。有一天，王强正在劈竹篾，看着自己身边已经编好的各种竹篮、竹筐、饭篮、茶篮……越看越得意，一时兴起，拣了一段木炭，在大门上写了"样样会"三个大字。恰巧，知县大人乘轿来到他家门口，原本想请他做一物具，见门上这三个大字，不禁冷冷一笑，暗想：此人虽然手艺高超，却有些骄傲自大，待我来教训他一下！于是就对王强说："想必你是本领大的人，才敢夸下海口。那好，明天给我做样东西送到衙门来！"王强小心问道："不知大人想要做什么东西？"县官念出一首打油诗来："竹山上面叠竹山，竹山下面有竹滩，毛竹滩下滚龙潭，滚龙潭下火焰山。"（谜底：竹蒸笼）说完补了一句："明天一早必须做好送来。"说完便自顾坐上轿子走了。王强搔着头皮想了半天也想不出来，急得像热锅上的蚂蚁般团团转。妻子秋艳听罢丈夫的叙述，笑着说："这有何难，你赶快去砍一支韧性极好的竹子来！"夫妻俩忙了一晚上终于完成，第二天一大早就送到县衙门。那县令一看，暗暗称赞："果然有本领，是个样样会，马上重赏了王强。"可是他哪里知道，王强全靠他那聪明的妻子秋艳呀！

文武竹 从前，洞霄宫旁的一个村子里住着一个年轻人，靠打柴为生。家里只有一个老母亲，他每天去打柴时，母亲都为他准备一罐冷饭和一点咸菜。年轻人带上冷饭上洞霄宫山上砍柴，早出晚归，中午就坐在一块大石头上吃饭，天天如此。

有一天，这个年轻人中午照例到大石头上去吃饭，不料走近一看，这石头旁坐着两位白胡子老人面对着下棋。年轻人也是个棋迷，他想边看棋边吃饭，多么有趣。可是打开饭包一看，竟忘了带筷子。想用手抓饭，又怕老人笑他粗俗。正在这时，一个老人说："怎么不吃饭？"年轻人回答："筷子忘了带。"另一个老人指指石头下面的一支小竹说："割下来，不就是一双筷子？"年轻人就用柴刀割下这支小竹，三两下就削成了一双筷子。他边吃饭，边看棋。不多时，两位老人下完棋走了，他也吃好了饭，就把筷子一丢，拎着空罐再去砍柴。

他砍着柴，想着心事，觉得今天的饭菜特别鲜美可口，不知母亲给他放的什么卤味。傍晚回到家里问母亲，他母亲回答说："还不是跟平常一样，都是咸菜渍渍。"年轻人听了感到奇怪，他猜想莫不是那双竹筷子的缘故吧！

外章家蚊子只叮竹 罗岭秀才到昌北山坞里讨饭，受到冷遇，只有外章家这个小村子里的人特别友善，给吃给喝。又向村里的大妈借宿，大妈说：借宿可以，只是屋里的蚊子多，侬外乡人恐怕受不了。罗岭秀才住下来，果然有许多蚊子围着他团团转。伊便对蚊子讲："倷不要到屋里来，都到外头叮毛竹去。"蚊子果然听伊话，都飞到毛竹林里去了。从此以后，外章村就有了这个奇特的自然现象，蚊子都在竹林里，不进屋叮人。

方竹的由来 有一种方竹，梢部圆，靠根部下半截呈方形。传大明皇帝朱元璋刚起兵时，被元军追杀。有一次在清凉峰镇的白果村来不及躲避，情急之下就爬上了村子里的那棵白果树，总算逃过一劫。这样躲来躲去，好几次几近末路，于是就有点心志慵懒。那一日吃完饭，他将一双筷子插在土里，口中祷曰：本人倘若还有出头之日，就让筷子生根发芽。天子开金口，老天爷真的让筷子长成了竹。临安确有方竹，清乾隆二十四年（11759）《临安县志·卷四·物产》、清光绪《於潜县志·卷十八食货志》、乾隆《洞霄宫志》、《西天目祖山志·卷八生殖》中都记载有方竹。

竹马引水 传说很久以前，东天目山下住着一位老妇人，因为这一带缺水，人们都要到山冈上去担水吃。这里是临安与安吉两地的通道，岗岭高陡，过往行人常常冒一身大汗，干渴难忍。老妇人便在一座路亭中摆了一缸东坑茶，施给过往行人。一天，来了一位白胡子老人，手中拄着一根竹拐杖，因天气炎热，便走进路亭歇歇。老妇人见有人来，便招呼坐下，倒上一杯东坑茶奉上。白胡子老人啜了一口，连道“好茶”。老妇人便道：“茶是好，可惜水太远了点。”白胡子老人便问：“水在哪里？”老妇人指了指那高高的山冈，说：“我们都要到那山上的泉坑里去取水，如能把那山泉引过来就好啦！”白胡子老人说：“这事也不难，但得要你有愿心有胆魄才行。”老妇人便说：“只要能将水引过来，你让我这老太婆把心掏出来也愿意啊，还怕没愿心没胆魄吗？”白胡子老人便递上竹拐杖，让老妇人骑上。立时，那竹拐杖变成了一匹青鬃马，四蹄腾云，驮着老妇人奔上那山冈尖。老妇人和青鬃马在泉坑口兜了个圈，便走下山来。也奇怪，那山泉似乎有了灵性，跟着青鬃马也下了山。水势越来越大，穿过村庄，穿过田野，不久汇成一条溪流。当地老百姓高兴得不得了，因为这条溪在东坑之西，大家就叫它为西坑水；因为是青鬃马所引来，故西坑水又名马跑泉。那座山冈也因此得名为马尖冈（原文为马冈尖）。按照地质学家测定，这里就是南苕溪的源头，太湖的源头。

竹叶鱼 在临安昌化大明山海拔1489米的牵牛岗山坑里，有一种竹叶鱼。这么高的山上为什么有鱼呢？又为什么称“竹叶鱼”呢？传说在很久以前，正逢兵荒马乱，民不聊生，有一个孝子和母亲一起逃难。为了躲避战火，孝子背着母亲爬上大明山的牵牛岗。肚子饿了，孝子就掏出干粮给母亲吃。母亲身体虚弱，就跟儿子说她想吃鱼。这可把孝子给急坏了，这高山之上，哪里可以抓到鱼呢，但他不愿让老母亲伤心，就硬着头皮答应了。

离开母亲，孝子独自去找鱼。高山之上，小水沟里水都干涸了，哪来鱼呢？下山去吧，若是遇上贼兵，自己丢了性命不算，老母亲也活不成了，怎么办呢？他束手无策，坐在山石上伤心地哭了起来。正在这时，山上走来一位白发慈祥的老婆婆，便问：“你这孩子为何在此啼哭？”孝子就把母亲想吃鱼的事情告诉她。老婆婆听后笑着安慰他说。“这有何难，有水的地方就有鱼，你来！到前面那山坑中去捉就是了。”孝子说：“前面的山坑我已经去过了，连水都很少，哪来的鱼？”老婆婆说：“你跟我来就是了。”孝子跟着走上前，前面有个小水潭，水清澈见底，没有一条鱼。孝子满腹狐疑地看看老婆婆，老婆婆笑了笑，随手抓了一把小竹叶往水潭中一扔，口中念念有词：“竹叶竹叶快快变，孝子母亲要吃鲜。”说也奇怪，这些竹叶立即变成活蹦乱跳、形如竹叶的小鱼，在水潭中游来游去。孝子十分开心，急忙回头向老婆婆道谢，可老婆婆已经不见了。孝子一愣，知道是菩萨显灵来搭救他们母子俩，便跪下身子，向天三拜。母亲吃了这种形如竹叶的鱼后，身子得以康复。

从此，这大明山牵牛岗的山坑里，就有了这种形如竹叶的鱼，人们也就叫它“竹叶鱼”。

五娘潭 昌化溪沿着清凉峰蜿蜒而下，在清凉峰镇夏林山东梅林干的小村旁，有一个深潭，名为“五娘潭”。相传在很久以前，梅林干村子里有五位年轻姑娘，村子里称她们为“五朵金花。”这五个姑娘个个长相俏丽，聪明懂事，脚勤手快，纺纱织布，纳鞋绣花，样样都拿得起，而且人缘也特别好，因此父母钟爱，邻居个个也都喜欢。有一年春末夏初，雨后初晴，五朵金花相约过河去拗笋，于是换了衣服，背上背箩，穿上草鞋，走到村口，卷起裤管，淌过昌化溪，到了对面的夏林山。山上的竹笋又粗又嫩，一会儿，五人都各自己拗了一大棚。此时，西山岙里乌云密布，雷电滚滚，不一会儿下起了倾盆大雨。五位姑娘匆忙下山，走到河边时，河水已开始上涨。五个人就手拉手慢慢地蹚过溪水。正到溪中央，一位姑娘脚下一滑，跌倒下去，因为大家的手紧紧相牵，其他四人也一齐跌倒。加上每人肩上都背着一个装满竹笋的背箩，难以脱身，一个巨浪涌来，将她们一齐卷进了深潭。等到村子里的家人赶到，已经无能为力，五朵金花早已沉没在深潭之中。家人沉痛安葬，为了纪念她们，也为了警示后人，村人就将此潭称作“五娘潭。”

孝顺笋 在昌北龙井桥有一种竹，长出的笋与众不同：笋的根部甜美鲜嫩，而笋尖却是又老又涩，难以下口。相传在很久很久以前，龙井桥住着一家农户。男人不幸中年早逝，剩下孤儿寡母，度日如年。母亲一边拉扯孩子，一边上山劳作，勉强维持生活。他们家的后山有一片小竹林，每年春天都有许多小笋长出来，母亲就去掏笋回家，煮好了，便把鲜嫩的笋尖让给儿子吃，自己嚼那老蒲头。年复一年，儿子渐渐长大，娶了媳妇。待到孙子出世时，母亲已经满头白发，有些老态龙钟了。但儿子媳妇不孝顺，常常虐待老婆婆。春暖花开，他们就让年迈的老婆婆上山去掏笋，把笋烧好了，还是让老婆婆咬那笋蒲头。

一天，八仙之一的张果老骑着他那头毛驴路过这里，看到这对年轻的夫妻和他们的儿子围坐在桌子边吃笋尖，而门口的破凳子上坐着的老婆婆却在啃着笋蒲头，他心里什么都明白了。就走上前，问那对年轻的夫妻：“老婆婆的牙已经松了，你们怎么让她啃那笋蒲头？”儿子和媳妇回答：“老婆子从小吃惯笋蒲头，她喜欢吃。”张果老一听，嘿嘿一笑说：“那好，以后就都让你们吃笋尖，让老婆婆啃笋蒲头，你们可不要后悔噢。”儿子和媳妇点点头。张果老就走到后山竹林中，拔起一根竹笋，口中念念有词，将它掉过头来插回土中，又便倒骑上毛驴，凌空飘然而去，儿子媳妇一家人都愣在那里。从此，这里的竹笋就出了怪，笋尖坚硬，而笋蒲头却很嫩。这对年轻夫妇知道自己做错了事情，连神仙也责怪他们啦。从此以后便改邪归正，孝顺老婆婆。村里人知道了这件事，就把这种笋称为“孝顺笋”。

金竹 在板桥镇牌联村水邱坞，有个山湾叫金竹湾。这里流传着一首谚谣：“金竹湾、金竹湾，九岙十三湾，金银满山湾，肩挑百万担，问你是勤还是懒。”在很久以前，这座山湾里有一幢草屋，住着一对孤儿寡母，母亲希望孩子像竹子一样健壮，给儿子取名金竹。日过一日，儿子

金竹渐渐大了，每天上山砍柴，因家境穷困，年过二十，尚未娶亲。山湾中多有野生动物，娘儿俩与它们友好相处。有小兔子、小松鼠等钻进草屋，他们也总是剩口吃的喂给它们。有一天，金竹上街卖柴，见一猎户提着一只彩翎野雉叫卖。金竹觉得怪可怜的，于是，就将卖柴得来的几文钱从兜中掏出，又将戴在颈项上的一把长命锁取下，一起交给猎户，抱着野雉回到家中。尽管少了家用，又失去了与孩子从小相伴的饰物，母亲还是非常高兴。娘儿俩将系缚在野雉身上的绳子解去，可是野雉却飞不起来，金竹仔细一瞧，原来野雉的翅膀已经被石头击伤，伤口上瘀血成块。金竹母亲懂得草药，于是赶紧爬上山坡拔了一些草药，一面喂食，一面给野雉的翅膀敷上药。就这样，野雉成了金竹家中的一员。经过七七四十九天，野雉的伤终于好了。这一天金竹老早就起床了，走出门，看见一位漂亮的姑娘站在家门口。金竹好生奇怪，这么一大早的，怎么会有陌生人走到这山坞里来，就问姑娘："你迷路了吧？怎么跑到这山坞中来啦。你要去哪儿？我带路送你回家。""您不要奇怪，我本是大涤山的雉神，因为贪玩，不小心被猎户所伤，幸亏您好心相救，才让我幸免于难。这样的大恩大德难以酬报。今天我的翅伤已愈，但身体依然虚弱，还劳请你将我送回大涤山我的家中。""您就是那只野雉，您竟然是雉神？好！我送你回家。"金竹就向母亲禀报，就带着野雉神女往大涤山走去。不久便到了野雉神女的家中，竟然是一座十分豪华的宫殿。宫中拥出许多人，招呼野雉神女。有人进去通报，又有一位贵妇人急急走了出来，原来是野雉神女的母亲。两人抱头痛哭，说起此前的遭遇，唏嘘不已。野雉神女向母亲禀报，道是金竹及他母亲许多好处。末了，表示要去人间嫁给金竹，以偿救命之恩。野雉神女的母亲听了女儿的一番表白，见金竹如此敦厚，又是一表人才，心中也是暗暗替女儿高兴。这边众人将金竹拥入宫中，洗澡换衣，香茶珍果，让个金竹坠在云里雾里。这么多日子与野雉一起，现在却成了女神，还要嫁给他，自然是欢喜得不得了。野雉神女的母亲吩咐下去，张灯结彩，大办筵席，替女儿举办婚礼。宫中又派人接来金竹的母亲。如此数日，金竹娘俩过着神仙般的日子，但是苦人家出身，这等侍候，有许多不自在。金竹提出要回茅屋家中，宫中都无异议。许多金银财宝，小夫妻都拒绝了，唯独宫中有两株竹子，金竹十分欢喜，讨回家中，种在山湾，金枝金叶，还会长金笋。后来，两株竹子长成了一大片竹林，夫妻养儿育女，子孙绵延。到今天，走进山湾，翠竹摇曳，泉水淙淙。因为有金竹这个人，人们就将这种竹子叫作"金竹"，这个山湾就叫作"金竹湾"了。

三、竹故事新编

以下均为临安现代文艺工作者新编的竹故事，以作品反映的时代先后为序。

（一）左慈以竹施法（印振武）

三国时的奇人左慈，早年隐居在临安大涤山天柱岭的石室洞中，在洞里得到了一部天书《九丹金液经》，里面有许多以竹施法的内容，左慈揣摩其中的意思，觉得自己法术大进，能做到别人无法想象的事情。

大涤山左边村庄里有个叫曹胖子的人，得了一种怪病，终日不吃不喝，躺在床上呻吟，说是想吃新鲜的竹笋。然而此时正值严冬，竹园中覆盖着厚厚一层冰雪，哪来竹笋？家人来求左慈施法，左慈到他家竹园中走了几圈，口中念念有词道："借给来年春笋三支！"果然，在众目睽睽之下，从地上雪堆里慢慢钻出来三支鲜嫩的竹笋。众人拍手称奇，病人吃笋后即刻起床行走了。

消息传到曹操耳中，曹操马上派人将左慈召到许昌，设宴招待。宴会上高朋满座，曹操装着想起什么似的说："今日盛会，没有搞到吴地的松江鲈鱼，实在是美中不足呵！"左慈当然知道曹操的心思，于是站起身来对曹操说："这不难办到，请丞相宽心。"他让人端来一盆清水，手里拿一根竹筷子，筷子上缠上一段竹丝，权当作钓鱼模样，将竹丝垂入清水中，转眼间，只听他喊一声："上钩啦！"一条鲜活乱跳的鲈鱼钓出来了。众人齐声喝彩，并要左慈再钓一条大点的，果然又钓出一条，足足有三尺长，鲜活可爱，都拿到厨房去了。这时，曹操又开口道："如此美食，必须要有蜀中的紫芽姜作调料才好。"左慈说："让我出门攀一竹枝当马，骑着到四川去买。"曹操想：此地到四川几千里地，这左慈睁眼说瞎话，定是想借机溜走。于是，他对左慈说："等一下，老夫前几天已派人去蜀地购买几匹蜀锦，你既然要去那里，务必要找到他们，替我吩咐他们再多购两匹带回。"左慈答应了。出门不久，就拿了蜀中生姜回来，大家仔细一检查，果然是那里有名的紫芽姜，命人拿到厨房去，刚好赶上鲈鱼要下锅。

曹操铁青着脸问左慈，有否遇到买锦之人。左慈说："遇到了，已交代他们，约过半个月后将回到都城。"

半个月后，买锦人果然回来复命，并比预定的多买了两匹，回复道："半月前，丞相派人前来传达命令，他是个眇目跛脚、戴藤冠、穿木屐，手执竹枝的先生，手中还拿着生姜呢。"

曹操最忌别人在自己面前要弄机巧，就下令以"妖术惑众罪"捉拿左慈，此时左慈早已回到大涤山了。

曹操派大将许褚引三百军士追擒，远远看见左慈在前方不远处一瘸一拐地慢步而行，许褚飞马追来，却始终追不上。直追到大涤山中，见一牧童赶着一群山羊，明明看见左慈从牧童手中夺过赶羊竹梢走入羊群之中，忙取弓搭箭射去，突然不见左慈人影。许褚猜想定是已化作山羊混在羊群中，于是下令将所有羊统统杀死，并割下羊头，这才满意地扬长而去，向曹操复命。

牧童见满地死羊和羊头，蹲在地上掩面大哭。忽闻有只羊头开口说人话："莫哭，还你活羊。"牧童大惊，待回身时，只见左慈手执竹枝条站在羊群之中，众羊完好无损。牧童刚要问时，左慈已拂袖而去，行走如飞，倏忽不见。

东晋时，葛洪来大涤山天柱岭找左慈，许迈告诉他曾经遇见过，可是葛洪始终未见到，于是将这些奇事记入书中。始安太守干宝来临安，也将这些写入《搜神记》中。

（二）钱镠品笋宴（叶志达）

话说吴越国王钱镠，自平定叛贼董昌后，衣锦还乡，荣耀故里，并选马氏为妃。钱镠喜从心来，称马氏父亲为阁老，俗称马阁老，并册封马阁老故居地为马家头，附近的几个村庄，也沾马阁老的光，被册封为大马、吴马、小马（十八村），连山岭溪流也借此荣光，被唤作马岭、马溪，流传至今。

一日，钱镠与马阁老闲来无事，游历山川，但见眼前一片茂盛的竹林，风光秀丽，便与马阁老及其随员三五人跑将前去，东转西游，爬山过岗，钱王兴致勃勃，全忘了马阁老年高气喘。时过晌午，忽闻远处飘来阵阵香味，才觉得肚皮里已唱起了“空城计”，便吩咐随员，入得竹林深处的一户人家。

这户农家，为马阁老老家马家头的旁边，主人久闻马阁老大名。但见马阁老与一英俊潇洒的年轻人一同前来，便拱手相迎，笑引马阁老等一行在中堂入座。马阁老说明来意，言明想借农家用膳。农家姓竺，闻听马阁老要在家中用膳，便喜从中来，吩咐媳妇上厨做菜。

不一会，媳妇将正在烧煮的一碗菜端上桌来，主人谦逊地说：“不知贵人光临寒舍，竹林人家唯笋做菜，望阁老见谅。”

钱王一闻菜香，竟与刚在竹林中所闻香味无异，便与随员一同品尝。那菜香气扑鼻，一看只是腌肉炖春笋，只见白里透红，与众不同，一时兴起，便脱口吟道：冬藏腌肉炖春笋，白里透红美味渗。

马阁老也是颇有墨水，随口接曰：肉如宦官笋似民，宦民亲似一家人。

正当众人吃得津津有味时，主妇又端一碗菜来，只见碗内春笋厚薄匀称，玉色金黄，热气腾腾，是碗油焖嫩笋。钱王顾不得君王体面，伸筷夹来，率先摄入口中。那竺主人见年轻人风度翩翩，早已心知肚明，便有心奉承贵宾，笑道：“油焖春笋真称心，扪心无愧万民颂。”

钱王见竺主人以菜入诗，并且有歌颂本王之意，便一边品菜，一边唱道：贪得“油”多百姓恨，为官根本是高风。

这句诗道出了做官不能贪得无厌，必须像竹子那样，高风亮节。由此赢得了满桌嘉宾拍手称赞。

那第三道菜，是马兰头加笋丁。马兰头性苦无毒，微涩性凉，农村田塍路边，随处可见，赤茎者犹良，可入药，治妇人淋浊、痔疮、喉痹肿痛。农妇剪来后，洗净去杂，入锅用开水淖起，再用冷水边洗边揉，除去苦涩味，便可调作凉拌菜食用，若加入笋丁，更是极佳菜肴。马兰笋丁，一青一白，味甘香浓，故为农家佳肴。

钱王一见是盘一青二白的凉拌菜，却不知是何佳肴，幸亏马阁老眼尖，一看便是家乡便菜，便脱口解围，说道：马兰苦涩质清凉，炒入笋丁辨青白；为官须是兰和笋，一清二白苦亦香。

马阁老作诗，不但写出了菜肴的主料，更是暗喻钱王，为官要一清二白，这样虽然有时候苦了、涩了，但能得民心，出光彩。足见马阁老语重心长，教婿有方。

言犹未尽，但见主妇又端上一锅汤煲，竺主人随即端上早已红火的泥风炉，将煲往火炉上一放，但见炉火红红，热气腾腾。那煲中便是老鸭与石笋干，其汤滚滚，其味浓浓，直惹得众人口馋涎欲滴。说时迟，那时快，随员中有一位是左丞相，见众人唯菜是赞，吟诗撰句，早已喉咙发痒，便抢先撰得七绝，吟道：笋干老鸭文火煲，笋鲜鸭嫩祛腥臊。浓汤如民鸭似官，为官莫须食民膏。

那钱王听得丞相吟出好诗，正合吾意，便鼓起掌来，与马阁老道：“‘为官莫许食民膏’改个‘为官不许食民膏’，不是更好吗？”马阁老即刻回道：“对，对！为官不许食民膏。”众随

员也随声附和："为官不许食民膏。"

正当众人声浪极高之际，那主妇又端上一盆菜肴，并随口唱道："笋干笋干心肝音，笋干清心肝火清；心清肝清为黎民，赴汤蹈火心甘情。"

钱王见主妇虽着一身粗布褴褴褛，恰是眉目清秀，身材妖娆。不但烧得美味佳肴，还能吟唱好诗佳作，心中想道："此女子定是良家后裔"。便问马阁老："此妇何人？"马阁老有意卖弄关子，说道："圣上：你猜她是何等人氏？"接着又说："这女子姓祝，是烹调天下第一鲜——雉鸡羹的食疗烹调创始人彭祖的堂叔、火神祝融的后裔，不但烹调了得，而且才华出众。"

钱王听得马阁老如此这般的话语，确似自己心中猜想的一样，便招呼这祝氏坐下同饮。祝氏稍作推辞，便落座下方，殷勤献斟家酿白酒，但见众人喝得时唱时笑，手舞足蹈，直至傍晚时分。

钱王那酒量自然了得，酒过三巡，兴致遒劲，与众人道："吾今日高兴，封那翠竹扶摇的这片地方唤'竹园里'，竺家为'竹里馆'，村头的那座石拱桥为'竹林桥'，今日所食的笋宴菜肴为'咸肉炖笋''油焖春笋''马兰笋丁''笋干鸭煲''笋干清汤'。"

从此，便有了这些地名、馆名和菜名，并一直流传至今。

（三）钱王治水创篾笼（胡月耕）

吴越国武肃王钱镠小时候邻居都喊他钱婆留。据说他刚生下来因相貌奇特怪异，其父钱宽想将他丢到井里，亏得婆婆抱起，喂以讨来的乳汁，这样才保住了性命。所以他小名叫婆留，意思是婆婆留住了他这条命根。

小婆留家有二亩水田在锦溪南岸，山洪暴发会将锦溪堤岸冲塌，二亩水田也会塌掉一大块。全家人挑石叠坎，修补塌掉的田角。十一岁的小婆留也日夜搬石，累得腰疼腿酸，吃尽了水患的苦头。

钱镠做了吴越国王后，发展农桑，保境安民，事奉中原，通商海外，使吴越国成为"富甲天下"的好地方。但是每年台风季节，狂风暴雨，吴越国内各地都有洪水冲毁堤坝良田的水灾报告，钱镠看了奏章也每每叹息，心想，对付这水灾也真没有好办法。

有一年，家乡临安知县奏章报告称，苕溪、锦溪洪水肆虐，冲毁良田三百多亩，淹死百姓一百多人，房屋八十多间。并说，锦溪华石岩边的龙王庙也给洪水冲塌了，龙王菩萨随着洪水冲到了余杭大桥头，被当地人打捞上来。真是"大水冲了龙王庙"啊！

这龙王庙的龙王菩萨，钱镠小时候跟随外婆去祭拜过，至今记忆犹新。大凡人都有怀旧情结，钱镠决定到家乡考察一番，看看有什么办法可治理水患。

这一天，春阳当空，紫藤花开。钱镠带着大臣罗隐、将军马绰以及两个兵士轻车简从地来到临安锦城（当时称衣锦军）考察溪流水利。

在华石岩被洪水冲得东倒西歪的龙王庙前，钱镠立定观察，心中伤感：好好的一座龙王庙，大水一冲就被毁了，怎样才能捆住蛟龙，听人使唤呢？

这时，大臣罗隐指点着说："主公，您看，这农夫在干什么？"钱镠一看，只见一位农夫在一畈农田的河流上方，用石头截河筑成一条堤坝，水被挡住，水位提高，引入农田，灌溉禾苗。只是零碎石块易垮塌，农夫用毛竹片不断用大石块压着，使其不易被水流冲塌，这样使蓄水堰坝比较牢固。

钱镠是农家出身，小时候常常挂着竹篓到溪里捉鱼抲虾，竹篓可盛鱼虾，而水漏掉，但它是个容器。如果将竹篓扩大，盛住石头，如长龙一般筑于河岸，或许可抵挡洪水呢。将军马绰赞同说，这办法可以试试。

当晚，钱镠与罗隐在临安衣锦军驻地驿站住下，几经商量推敲，画出了称之为“篾笼”的草图：用毛竹剖成粗条，旋转连接打成长篾笼，其形似民间龙灯。底大上小，塔形层叠于河岸，篾笼中间盛满大鹅卵石。

第二天，钱镠叫来临安知县，命他按图赶制，在锦溪华石岩上段河流堤岸试筑。知县马上派人到南乡山中砍来大批毛竹，剖开制成篾笼，中间填满河中鹅卵石，叠于锦溪华石岩两岸原先冲毁的河岸。钱镠、罗隐、马绰看了，点头称好。

钱镠回杭州没几天，临安西部暴雨，山洪暴发，锦溪黄泥大水汹涌澎湃，似脱缰野马横冲直撞。于是乎锦溪很多河堤又垮塌了，还被冲毁无数良田。唯有华石岩上段锦溪堤岸，因有篾笼垒石保护河岸，没有坍塌损伤。

临安知县快马加鞭将这个篾笼加固堤岸实际效果良好的情况报告钱镠。钱镠大喜，随口吟诵道：篾笼篾笼，毛竹成龙。置放河岸，护堤防洪。佑吾良田，农夫称颂。篾笼篾笼，助吾成功。

从此，篾笼护堤防洪和筑堰灌溉的工程在临安天目山区首先展开，后来还用到了钱塘江的治理上，即“三矢射潮退、打桩沉石笼”，筑起了壮观的钱江堤塘。

钱武肃王创造的毛竹编制的篾笼，在中国古代水利抗洪历史上写下了光辉的一笔。

（四）竹趣（唐学林）

传说罗隐原来是真命天子，因得罪神灵，结果换了一副讨饭骨头。事情的起因也与筷子有关，据说罗隐小时候读书非常聪明，他家离私塾要过一条河，没有桥，来往全凭赤脚涉水，还要经过一座城隍庙。一天下雨，母亲拿着伞正要去接他，罗隐却回来了，母亲问他是怎么过河的？“是一位老伯背我过河的”罗隐回答。“下次过河再背你，要问他家往哪里，我们好谢谢他。”第二天，水尚未退，罗隐又安全回来了。母亲未在家，只有阿婆一人在家，罗隐便将路上发生的事向阿婆汇报，说：“背我过河的老伯说我是贵人，还说他是本乡的土地菩萨。”阿婆听了骂道：小孩不可说‘造话’（谎话）。罗隐说并非‘造话’，还有一件奇事我未说，就是我每次走过城隍庙时，城隍菩萨会站起来的，待我过去便又坐下，天天如此。其阿婆暗想：难道吾孙真乃贵人投胎？便不多言，有意跟罗隐上学，当经过庙宇时，果见菩萨站起又坐下。始信孙儿前程非比一般。

一天吃过晚饭，阿婆在灶间洗碗筷，一心想着孙儿有出息，心里高兴，手里的一把筷子不知不觉地连续戳着灶面，口中自言自语：“灶司菩萨保佑，日后我孙发迹，一定上村斋到下村。”哪知道灶司菩萨耳背，把“斋”字误听成“抓”字，其时阿婆用筷子戳着灶面，又误以为要打他军棍。灶司神立刻逃上天庭向玉帝汇报，玉帝听了也龙颜震怒，着天神将罗隐的骨头换了。好在天神那天动了恻隐之心，只换了罗隐的骨骼，头还是原来的，后来成了讨饭骨头圣旨口。这就是因为筷子戳灶面，犯了忌讳，触怒神灵，导致罗隐换骨的故事。

（五）竹与笋的故事（锦章、江森、元龙）

弯竹的故事

弯竹是旱竹的一种变种，因其形态古怪，竹竿像蛇一样弯弯曲曲，故有人叫它蛇形竹。弯竹非常稀少，临安仅在锦城街道黄金村八脚山下有两三亩面积。据传，很早很早以前，八脚山下有个八脚道丈专行善事，受百姓好评。一天，突然一个面目狰狞的妖道想霸占八脚山，要与八脚道丈斗法，商定谁赢了要服谁。斗了一天不分输赢，第二天接着斗终于邪不胜正，最后八脚道丈赢了。原来妖道是条黑蛇精，有三千年道行，八脚道丈用符咒把蛇精压在八脚山下，要它再修三千年，要为一方百姓做好事，要得到大多数百姓公认已经改恶从善了，才能成正果。从此蛇精化成了蛇形弯竹，每年过了春节就长笋，产量高，价格好，大家称赞发展弯竹前途好。

黄槽竹的来历

在天目山区，分布着一种干绿槽黄的毛竹，人称黄槽竹。毛竹干上为何有绿黄两种颜色呢？这里有一个美丽的传说。

据说在北宋末年的一天，时近中午，一片竹林的主人正忙于为自家的蛇皮岭古道两侧修篁捏油。这时，从岭上下来一个穿着华丽却疲惫不堪的年轻人，他饥肠辘辘，看到竹子上挂着饭罐，禁不住食欲的诱惑，就取下吃了起来。待主人发现时，饭已被吃光了，主人生气地责问之余，只得无可奈何地望着尚未完工的千竿竹子叹息，下午只得饿着肚子干活了。此时，那个偷食的过路人，郑重其事地对竹林主人说：“留下的活由我来完成吧！”竹林的主人半信半疑地走了。第二天他上山一看，竹子的沟槽全变成金黄色了。原来这个偷食的青年就是躲避金兵追逃的康王赵构。据说皇帝开了金口，山神帮了忙，竹的沟槽一夜就变成了金色。

这种黄槽毛竹除了天目山有分布外，在日本、欧洲也有分布。它是一种观赏用的竹，很受人们喜欢。

（六）“竹夫人”传奇（胡月耕）

天目山东麓一带群山中，盛产毛竹、春笋。古时候，在临安与安吉交界的高陆穆公山有一户世代以毛竹剖篾编织农用与日用品为生的篾匠家族。宋朝中期，这户篾匠家庭败落了，原因是老篾匠夏天赶路摸黑回家，在山路上被“五步蛇”咬了，不治身亡。这户篾匠家庭就剩下母子两人，后来母亲又得病亡故，就剩一个十一岁的小篾匠了。

这小篾匠因家境贫困，三岁起就看着父亲剖篾编织，六岁就自已动手学着编织，九岁时，他就会做凉席凉枕竹椅竹桌了，当地人称他为“小篾匠”，他的真名林云鹤反倒没有人记着了。因他人品好，手艺好，山乡老百姓都喜欢他。

小篾匠自从父母双亡后，孤苦一人。他虽然年幼，却很勤奋，到当时县城高陆以及横畈、衣锦城、西墅、余杭、双溪、横湖、临目市岭、白沙、安吉孝丰一带到处做篾匠生活。虽然小篾匠只读了二年书，但他悟性好，肯学习，到有书的人家干活，一有空就看书，五六年下来，他看了很多书，掌握了不少文化和竹工艺方面的知识。

一晃眼，小篾匠十八岁了，虽然干活辛苦，但也出落得相貌堂堂，充满青春活力。有一年春天，在高陆下城一户姓盛的财主家做竹匠活，被盛家十六岁的文雅貌美的盛竹芙小姐看上了。两人相约一起到横畈径山寺游玩。正当春阳高照，万物萌动，春意盎然之时，两个年轻人把持不住，在风笑岭上的山花丛中野合了。

数月之后，盛竹芙小姐的肚子竟然慢慢大了起来。这可急坏了小篾匠，他到山上挖来打胎草药偷偷煎给她吃，但不见效。竹芙的父亲发现女儿肚子大了，怒不可遏，败坏了门风这还了得！严刑拷打逼女儿说出男人是谁。竹芙闭口不说小篾匠姓名，最后竟在父亲严逼下，一头撞死在大门前的石狮子下。鲜血飞溅，如花美女香消玉殒。小篾匠闻听消息，悲痛欲绝，但也无法可施。

人总得活下去。小篾匠依然跑乡走村，为人家做篾匠活，但脑海里天天都是盛竹芙姑娘的身影。他一辈子也忘不了她。

这一年初夏，小篾匠到余杭长乐桥赵财主家干活。这赵财主很懂享受，提出夏天太热，只有竹篾做的东西才凉爽。像篾席，人躺在上面多凉快。所以他说是否编个竹篾枕头，不能太硬，软软的，凉凉的，夏天舒服。小篾匠想这完全可以，就连夜构思设计，花了五天时间打好了一对枕头。赵财主夫妇睡了很满意，还在工钿之外奖赏了小篾匠一些铜钱。

小篾匠想，背上躺篾席凉了，头上枕篾枕凉了，如果胸前抱个竹篾做的筒子，中空通风，这样不是全身凉爽了吗？小篾匠敢想敢干，花了三天三夜，一个精致的半人多长的胸前竹抱筒就编成了。他自己试着抱着晚上睡觉，相当舒适与凉爽。他抱着篾筒做了个甜梦，梦见自己遇见了姑娘盛竹芙，她依然那么美艳动人，两手相携在翠竹丛中游玩，相抱相拥，飘飘然若临神仙幻境一般。

自此，他忽然开悟，如果能用竹篾编织出一个如竹芙一样的工艺品，那我不是又得到了竹芙姑娘？并且可以夜夜陪伴我，使这种快乐相思相随。

于是，小篾匠开动脑筋，巧妙构思，以竹芙姑娘为蓝本，将心血化为智慧，化作对竹芙姑娘真诚的爱。一天，二天，三天，一个月，二个月，三个月。三个月后，一个栩栩如生的竹篾姑娘灿然成形。只见竹篾姑娘通体青黄，柔软光滑，乌发如云，脸如鹅蛋，双目和善，两乳高耸，腰细臀圆，长短适度，胖瘦居中，完全是个竹制美人。

小篾匠见自己的辛勤创造终获成功，抱起竹篾姑娘疯狂亲热，连叫竹芙竹芙我爱你。就这样，小篾匠白天在外打工，夜晚归来陪伴他的“竹芙”爱人。

哪知“世上没有不透风的墙”。小篾匠有个“竹芙美女”的消息被安吉九亩田村凶恶财主“坐山虎”知道了。

“坐山虎”带了家人翻山越岭到了穆公山，找到小篾匠，强行要看看他的“竹芙美女。”当坐山虎强行看了后，不禁赞叹不已。他与小篾匠谈价钱，愿意出三百两纹银买去。小篾匠说，哪怕三千两三万两银子我也不会卖给你的。她是我的生命，是我的宝贝。“坐山虎”见买卖不成，愤然而归。

这“坐山虎”回家想了一个计策，叫手下人趁小篾匠出外干活时，溜进他的住所，将“竹芙美女”用布包好，翻山越岭偷到自己的庄园里。小篾匠回到家里，发现“竹芙美女”不见了，知道一定是“坐山虎”派人来偷走的，就连夜用松明照着，腰插篾刀追到了安吉九亩田。时已半夜，“坐山虎”厅堂里还灯火通明。小篾匠翻墙而入，见“坐山虎”将“竹芙美女”立在厅堂中央，眯着色眼欣赏着这稀世艺术品，不时捻须点头呵呵笑着。小篾匠怒从心底起，一个箭步上前，拔出亮闪闪的篾刀，手起刀落，将“坐山虎”劈死，然后抱起“竹芙美女”翻墙而出。“坐山虎”庄园里的打手被惊动，一路追赶小篾匠。因山路险峻，小篾匠在冷坞顶不到的地方不幸跌落山崖，一命呜呼。抱着的“竹芙美女”也破碎溅落，不复存在。

“竹芙美女”后来民间流传为“竹夫人”，成为夏天竹制中空的圆形凉爽工具。但工艺水平太过粗糙。当年小篾匠创作的真人美女般的竹夫人，没有高手能创作出来。人们期盼何年何月顶尖竹篾大师能将“竹夫人”复制出来，使世人一览其绝美风采。

（七）竹隐相府（毛士火）

苕溪北侧的竹海平坦处，有一个村落，地名叫相府里。相府里毛竹山上有一条小溪汇入苕溪，苦竹、篌竹交叉混生。

相府里之得名，源于宋朝。

北宋靖康二年（1127）金兵南侵，占领汴京（今开封），宋徽宗、宋钦宗父子以及皇室宗亲全都沦为金人的阶下囚。宋徽宗的第九个儿子小康王赵构，借机逃出金营，在商丘即位做了皇帝，传檄各地速速勤王。当即有义乌人宗泽等一班忠臣赶来保驾。

金邦闻讯，随即又兴兵南下。宋高宗赵构慌慌张张南渡长江，在杭州落脚，改杭州为临安府，偏安于半壁江山。金兵追来，他又匆匆向临安（今杭州）西部的洞霄宫躲避。

洞霄宫里山道弯弯，竹海葱茏，空气清新，是个道家修身养性的胜地。不过，临时避一避金兵的追捕，竹海深处也可暂隐一时，安全不成问题。

胆小的赵构，想在洞霄宫竹海驻跸，但山坞里地形狭窄，人马和办事衙门如果都设在山坞里，就会显得拥挤，施展不开。犹疑之间，他见汪家埠这个地方，陆路有杭徽官道经过，水路在苕溪有船埠，无论水路陆路，运送物资粮草都十分便利，是一个水陆两便的商埠。于是请来一位相士，相度地理，在江家埠西北选择一处开阔之地，准备一建相府。

相府的位置坐北朝南，背后有左右两座竹木茂密的山头环抱，可以驻军拱卫相府，于是命一位将军带兵驻守在东边山坡下。西北面的山头绵延到美女山、石壁山，那山头竹涛阵阵，似凤凰开屏，既美丽又险峻。于是，东边的山头得名将军山，西北的山头名为凤凰山。

将军山和凤凰山的南面是苕溪，竹林掩映；东面是开阔平地，各类竹子与滩涂上的猴竹、苦竹林连成一片，村庄民居，东一家，西一户，散落在翠竹丛中，房前屋后是食用竹，两座山上细竹夹毛竹，一片苍翠。

将军山以东的平坦之地，规划建造皇家办事衙门。再往东，竹林掩映中有一座广化寺，寺的周围栽满各类竹子，从外面走进去，竹径通幽，竹木萧瑟，晨钟暮鼓，香客云集。寺内有一口水井，很深，井水清洌甘甜。历代相传，当初挖井时，挖井人在井底听到地层底下传来鸡啼声，有人当场就说，这是地底反面的村庄里人家的鸡在叫，这井挖得太深了。要是挖通地层，井水会漏光的，于是就挖到这么深为止。即便如此，这井深度仍然有千百尺。有人测试过，用一根棉纱线绑住一块石头，沉入井底，需用去一斤棉线，方能沉到最深处，故此井称为“斤线井。”

相府里西侧的竹山下有一座尼姑庵，庵址遗迹尚存。地名师姑坪，成为自然村的村名。

相府里的地名叫得久了，演变成音近的“相坞里”。但最终，相府并没有建成，因为地名风水被人破掉了。

当初将军山可以驻军设防，凤凰山地势险要，易守难攻。后来，有人在相府北面的山坳里，开出一条山岭通道，宽约 1 米，用鹅卵石镶嵌，长约两里。翻过曲曲弯弯的山岭，可以通到竹园、白坟头。这竹园村的得名，也因为这一带周围全是竹海环抱。

这道山岭的形状，像一张攀拉开的强弓之弦，从将军山看过去，弓箭头正对着凤凰山顶，于是把这道岭叫作“攀弓岭”。这么一来，地名相连，就叫作“将军攀弓射凤凰”，破了相府的风水，失去了屏障。

凤凰承受不住锐利的弓箭，逃到北边个竹园村的一座山头想暂避一时。常言道，落毛的凤凰不如鸡。谁知那山叫做“鸡笼山”，凤凰不仅变鸡，还被关进鸡笼，永无出笼之日。

今攀弓岭已经拓宽拉直平整，浇上柏油路面，可以通汽车，不再是当初攀弓之状。岭头的毛竹林，阳光斜射，金光闪烁，已成为竹海一景。原本竹木掩映的广化寺，在岁月冲刷中，仅剩遗址。广化寺在杭叉集团厂区东侧，与余杭区交界处，寺内的斤线井已经填平。

从相府向南通到汪家埠 02 省道老杭徽公路的道路叫相府路，相府里有公交车通县城。2018 年设立相府社区。

（八）杨梅湾竹道（毛士火）

杨梅湾是个小地名，古时因杨家、梅家居住在河湾而得名。位于坎头村的最东边，与余杭区的竹园村相连。杨梅湾的地域，四分之三属余杭区的竹园村，四分之一属临安区的坎头村，洞霄宫村也有土地在杨梅湾。

杨梅湾在整个杭徽古道全程中，是属于最荒凉偏僻的一段。古道两侧全是猴竹和苦竹，各宽几十米，面积有几百亩，人如果误入其中，往往辨不清方向，找不到出来的路，其实也根本没有路。但见竹林深处黑黝黝一片，亮光都很少。

虽说古道正中是青石板，两旁镶嵌鹅卵石，有两米宽，但是古道两侧茂密的猴竹和苦竹都向道路中间弯过来，结果，道路成为像圆洞门似的竹拱隧道，很少能见到阳光。这一段荒凉的竹拱古道，绵延三四里没有人家，同路的人少的话，有点阴森森的感觉，心里往往不踏实。

这杨梅湾，千百年来，就是强盗出没的地方，单身客商从余杭回临安，或从临安到余杭，随身钱财物资往往遭劫，稍有反抗，就有生命之虞。

客商通常是临安去余杭的多，把茶叶笋干山核桃花生之类的山货运往余杭。运货的是骡驹子队，物资挂在骡背两侧，一队有十多匹二十匹，骡的头颈上挂有铃铛，老远就能听到骡驹子队伍的铃铛声。

货运队伍的客商，往往几个人合伙，而且自身也有点儿“三脚毛”的拳脚功夫。俗话说，没有金刚钻，不揽瓷器活，指的就是他们这样的走南闯北跑江湖的人。

明清时期，有了木制的独轮车，减轻了原先靠人工肩挑背驮的劳动强度。但硬木制成的车轮没有弹性，与石板地面的摩擦大，石板的损耗也就大，年长月久，在杭徽古道正中的青石板上，独轮车木轮碾过的地方，逐渐形成了一条凹形的槽。现在，杨梅湾的竹林古道上，偶尔还能找到有凹槽的石板。

坎头村相府里的翁家，先祖是宁波人，后来移居海盐，有一家辗转到相府里落脚，有四五百年了，成为当地的大户人家。翁家家谱上的堂名叫雨金堂，盛名盐官（海宁、盐官注册）。

清代咸丰（1851—1861）、同治（1862—1874）年间，兵荒马乱，竹林环抱的杨梅湾，盗贼出没的频率就更高了。相府里翁家自发成立了一支类似于地方民兵组织的几十人的护村队伍，保卫家园。有一次，几个散兵贼寇到村里抢劫，被护村队伍发觉，盗贼慌不择路，逃进杨梅湾竹林，翁家人熟悉地形，把他们抓获，押送到余杭县衙门（坎头村本属余杭，1958 年划入临安）。县政府奖励给相府里翁家 18 杆抬枪（砂子枪）。

抗日战争时期，日本侵略军多次经过杨梅湾竹林，到坎头村烧杀抢掠，相府里翁家的徽式大房子就是被日本鬼子烧掉的，坎头村许多明清徽派好房子，都被日本强盗烧为灰烬。还杀死了好几个来不及逃走的村民。

2019 年 92 岁的陈万生说，他的外婆家是余杭镇上人，日本佬来了，外婆带着孙子逃难到坎头村女儿家。日本鬼子到了坎头，发现了躲在屋后竹窠里的小脚老太，把她拎出来推进池塘淹死，孙子逃得快，钻进竹林深处，才捡得一条命。翁家一位小媳妇，娘家是上洪村人。日本鬼子到相府里，她从家里挟出两张陪嫁丝绵被逃难，日本鬼子在后面追，她把两张丝绵被披在背上向山上逃，鬼子开枪射击。等她逃到山上，才发现披在背上的丝绵被，有几十个子弹洞，幸亏子弹无法穿透两层丝绵被。

（九）乾隆皇帝品笋干（杨锦森）

传说乾隆皇帝曾三下江南，游过天目山，在天目山他不仅命名了“斩石碑”，封了“大树王”，还品尝了天目笋干哩！

那天，乾隆皇帝在禅源寺方丈的陪同下，游览了天目山。说也巧，这天正值二月十九，是观音菩萨的生日，进山拜佛的人特别多，在人群中乾隆看到一个上百岁的老人，身体非常健朗，走路也不用拐杖，乾隆上前问道：“老人多大高龄？”老人答道：“我已记不得了，只知道我的儿子今年82岁了。”乾隆又道：“请问老人长寿有何秘诀？”老人答：“常以笋为食，基本吃素，天天爬山，适当参加劳动。”乾隆听了连连点头，心里非常高兴。中午到了开山老殿，乾隆邀请老人一起用膳。方丈领会了旨意，备上了一桌素食，有油焖笋、笋丝豆腐、雪菜炒笋片、香仁蘑菇烧笋干、青豆烧焙熄等24道菜，碗碗都离不开笋，中间还有一道清汤焙熄笋。皇帝用膳以品味为主，乾隆尝一碗赞一碗“味道好”“好极了”，当尝了清汤焙熄头时，高叫“清鲜盖世，甲于诸蔬。”又道：“苏东坡诗只写‘宁可食无肉，不可居无竹，无肉使人瘦，无竹令人俗’，朕意再加两句：‘若要不瘦又不俗，常吃笋烧肉’。”乾隆问同桌的老人对不对？老人连连点头：“对！对！对！”

当时陪同乾隆皇帝游天目山的还有杭州知府、於潜知县等，他们投乾隆所好，每年都要向朝廷进贡天目笋干，从而天目笋干的名声也越来越大，后来，凡来天目山旅游、进香的游客都要带些天目笋干回家。

这个故事无史书记载，但乾隆去过天目山，确是事实。

（十）天下第一竹（印振武）

郑板桥的画出名后，时人推崇争求，特别是他画的竹更是一画难求。这一年初夏，板桥同好友黄慎一起到洞霄宫来游玩。他们相约，不可暴露身份，以免有人求画而麻烦缠身。

游罢下山时已近中午，春阳高悬，灼热如火。走到九曲岭下时，见路旁一处竹林深处，掩映一座小瓦舍，瓦舍旁有一座新坟，坟前尚有新燃纸钱，不时飘忽。

原来是孝子在此为先人结庐守墓，郑板桥心中顿生敬意，加上口中渴得厉害，便上前叩门。

门开了，有一小僮迎出，黄慎口快，忙说：“快回你家主人，说是扬州郑……”板桥赶快一使眼色，拦住话头，接口道：“陈安求见。”不一会儿，小僮出来说：“客人有请。”板桥二人随他进入堂前，见一位四十来岁的人，一身素衣，正伏案看书。板桥道：“打扰先生了。我们路过，讨口茶吃。”那人忙起身，命小童奉茶。

板桥二人边喝茶边打量了一番屋内，见这堂前放置一张乌木案几，上面笔墨纸砚齐全，正中墙上挂着一幅水墨画，板桥走进细瞧，哇！竟然是南宋四大家之一的马远名画《踏歌图》。这马远留世作品不多，且遭遇宋末元初兵灾，真迹所剩无几，眼前这幅可以说是稀世珍品了。

板桥觉得此人非同一般，便问道：“先生贵姓？家住何方？为何在此守墓？”

那人回答：“在下姓吴名亮，杭州人氏，世代经商。先考在世时就看中这里风水，去年先考殁后，遵老人家遗愿，特在此置地安葬并守墓三载，以尽孝道。”板桥又问：“看来先生是丹青里家，才会有马远真迹，可是？”吴亮答道：“先考虽是商人，却极喜赏玩字画。受其熏染，在下闲时也好悬上一两幅，虚充风雅。”

原来他既是个孝子，又是个字画收藏家。板桥心想，这画家与藏家犹如鱼和水，于是便亲近了几分，有意提起道：“当今扬州画派佳作多多，先生可有高见？”那吴亮果然了如指掌，以汪近人的万点梅到金冬心的简笔竹，再到李方膺的乱头菊，无一不知，无一不晓。但却独独没有提到他郑板桥的大名，这使得板桥有点坐不住了，便开口问道：“那个郑板桥听说名气不小，不知他的画怎样？”

哪知吴亮竟摇摇头说：“盛名之下，其实难副。都说他的画竹是一绝，我看充其量不过是个会画画的。”

板桥顿时脸色涨得通红，一旁黄慎听了也觉得简直是“当着和尚骂贼秃”，正想发作，被板桥用手一拦，然后耐着性子再问：“何以见得？”

“先生稍待。”吴亮快步从里屋取出一幅画，推开在案上，用手指点道：“你看，这是他的一幅《青竹》，乍看还入眼，细观则不难看出运笔板滞，用墨失度，毫无生气，哪来一绝？”

板桥边听边看，气得几乎昏倒。因为这幅画根本不是出自他手，乃是伪作，真是可恶至极，他砰地拍了一下书案，脱口骂道：“混蛋！”

吴亮一惊，忙问：“陈先生咋的了？”板桥自知失态，忙搪塞道：“唔，这幅画果然不怎么样，此人的确浪得虚名！”“嘿嘿”，吴亮冷笑几声，又道：“先生还请坐，两位慢用茶！”

“不！”板桥生性倔强，哪里受得了这窝囊气？但细细一想，这个吴亮敢直言批评实属难得，性格也有点像自己，但他并不知我的真实身份，如何方能解脱此误会呢？想了想，板桥对吴亮说：“时候不早了，多有打扰。实不相瞒，学生也酷爱绘画，身边又无可答谢之物，权且写生一幅，略表心意，让先生见笑！”

吴亮本是喜画之人，听了自然高兴，忙铺纸研墨，递上毫笔。

只见板桥朝窗外那一丛竹子瞧了几眼，屏气凝神片刻，然后猛然落笔，恰如行云流水，挥洒自如；又似抛珠散玉，点染成趣。瞬间，一簇逼真超脱的绿竹跃然纸上。但见那竹，挺拔向上，骨格清奇，浓淡有致，神韵天成！一旁的吴亮脱口赞道：“神笔，神笔！堪称天下第一竹！”

只见板桥在题款处草就了“郑燮狂笔”四个字样，吴亮大惊道：“啊！原来您就是郑大人？”“正是老夫！”板桥这才因正了名而长长地吁出一口气来。

吴亮连连作揖道：“刚才言语多有冒犯，望乞恕罪。”板桥大笑道：“这不怪你，不知者不罪。再说，那幅画原本不是拙笔所绘，不知是哪个利欲熏心之徒假名伪造？”

吴亮吐口气道：“原来如此。不过，我早闻大人对商人向有偏见，所以不敢上门求画，今日怎么又肯赐画于我？”

板桥正色道：“我见你孝道感人，爱画如命，故才作此画，以辨真伪。再说，生意人中能有先生那样的正直之士，实乃大幸！”

吴亮立刻吩咐小童，快快摆下酒席，并兴高采烈地说：“今日在下得见大人，实是万分荣幸；又得天下第一竹，更是梦中难求。在下要和大人痛痛快快地喝上几杯！”

从此，郑板桥与吴亮成为至契之交，而他的不少名作也多为吴亮所收藏，流传后世。

（十一）金扁担的故事（唐学林）

很久很久以前，河桥扁担山的主峰上有一根金扁担。传说每到傍晚时分抬头仰望，扁担山的山顶上有金光时隐时现。于是引来许多探宝人。他们沿山径小溪爬到林崖深处，但见峰峦叠叠，草木萋萋，流水潺潺，行云片片，林鸟群噪，山谷应声。哪里有什么金扁担？一次，八仙经过扁担山，见山上有人寻找金扁担。赵国舅对铁拐李说："金扁担留在人间总是祸害，世人贪心不足，我们给另藏个地方吧。""藏在哪里呢？"铁拐李问。"就让它藏在柳溪江的溥溜潭吧"赵国舅思忖着说。"那好吧。"说时迟，那时快，铁拐李随即一脚，金扁担沿着山崖的石壁"嗖溜溜"滑入柳溪江的溥溜潭。此潭深不见底，金扁担从此杳无印迹，只有江边石壁上金扁担溜过的痕迹依稀可见。

（十二）竹管医生（帅军武）

很久以前，天目山的一个小山村，有户姓王的人家，父亲名王森，母亲名何花，儿子叫王贵，一家三口和睦相处，虽不富裕，但生活过得也有滋有味。

天有不测风云，儿子王贵十三岁那年，父亲王森在山上砍柴时，不小心从很陡峭的山上滚了下来，腿、手、肋骨多处骨折。那时候，山路崎岖，通行不便，医疗技术落后，农村更是缺医少药。王森虽然没有摔死，却已经躺在床上无法转动身子。当时，王贵和他母亲急得团团转，在实在无计可施、无法可想的情况下，请了位当地的草药医生，给王森吃了些草药，止止痛。

一个家庭的"顶梁柱"丧失了劳动能力，生活不能自理，使这个本来就不富裕的家庭，一下子跌入了低谷。从此，过上了不能温饱的贫困生活。俗话说：穷人的孩子早当家。王贵很聪明、很懂事、很孝敬父母，他的父亲失去了劳动能力后，便挑起了家庭的重担，还经常上山采挖土三七、伸筋草等通筋活血止痛类草药，给父亲服用，减少他的痛苦。他父亲在病床上躺了三年，王贵端屎倒尿、擦身子、送饭递茶，毫无怨言，非常孝顺。王贵十六岁那年，他的父亲离开了人世。真是祸不单行，王贵的母亲因亡夫悲伤过度，也病倒在床上。王贵焦急万分，到处求医问药，因无钱买药，他经常去天目山采挖草药。他的母亲因体弱病重，在病床上躺了一个多月后也去世了。久病成良医。王贵因父母长期患病，学到了一些用草药治病的医术。附近几个村，经常有人找他治病。只要有人找他看病，王贵都是有求必应，很勤快地上山采药，并从来不收钱、不收礼。

王贵对父母的孝敬和给老百姓看病不收钱的事，感动了天目山上的一位神仙。有一次，王贵在天目山给一位腰腿痛的农民采草药时，忽然从半空中飘来一位头发胡子眉毛全白的老人。老人拄着拐杖、捋着胡子问王贵：听说你给穷人看病不要钱？王贵看他好像对自己不收钱有点不相信的样子。便连忙解释说：我自己很穷，穷人无钱看病的苦头我尝过，他们叫我看病是对我的信任、放心，我决不收他们的钱。那位老人听了他的这番话，语重心长地说："你要说到做到哦！我有一个秘方传教给你，你只能帮人治病，可不要拿它赚钱发财哦。"王贵斩钉截铁地向老人保证："你的话我铭记在心，为穷人治疾病、祛痛苦我决不收钱。"老人听了王贵这番表态，便从袖子里取出一根毛笔杆般粗细的竹管，边交给王贵边教他："你用这根竹管的一端对准病人的患处，另一头放进自己的嘴里吹上三口气，病人就会百疾消除。"王贵接过那根竹管左看右看，这根竹管虽然只有一尺多长，中间却有七个竹节，并且两端是通的，所以可以吹气。用这根竹管吹气可以治病，王贵有些半信半疑。当他抬头想再问个究竟时，那位白发苍苍的老人却已无影无踪。王贵这时猛然想起，家里还有人等候着他的草药呢。想到这里，王贵便带着草药和那根竹管，急速下山。

王贵回到家里时，那位腰腿痛的乡亲还在家门口等候。王贵从背篓里取出那根竹管对那位老伯说："我学到了一种新医术，不知效果如何？你让我试试。"边说边用那根竹管对准老伯腰痛之处，用嘴吹了三口气。那老伯顿觉轻松，站起身来，来回走了一圈，高兴地对王贵说："我的腰不痛了！我的腰痛病好了。"王贵这才恍然大悟，原来那位老人是神仙，这支竹管不是一般的、普通的、自然的竹管，是一根神奇竹管。王贵拿起竹管对准他腿病痛之处吹了三口气，大伯原来的瘸腿完全恢复了健康，大伯丢弃了那根拐杖，挺直了腰，伸直了腿，拜谢了王贵健步如飞地往家里奔去。

一根竹管，神奇百怪，轻轻一吹，百病消除。王贵用竹管吹气治病的消息一传十、十传百……从那天起，来找王贵看病的人越来越多，一个个由亲人背着、扶着、抬着来看病的患者，经王贵吹气治疗以后，一个个成了活动自如的健康者。更让人难以置信的是，王贵给人治病却不收钱。这样一来，竹管医生的名气越来越大，越传越远，传到了百里之外的县城。

县城里有个张员外家财万贯，良田万顷，可谓荣华富贵，万事无忧。唯一的一桩心事，就是独生女儿虽然貌似天仙，却因病致残成了瘸腿女人。张员外听说"竹管医生"能治百病，便亲自带领花轿队赶往天目山，迎接这位神医为女儿治病。

立志为贫穷百姓治病，不贪图富贵荣华的王贵，开始也拒绝了张员外的"迎接"。但最终还是被张员外的苦求、利诱所动，上了花轿，告别了有生以来没有离开过的故乡——天目山。

花轿进城途经衣锦街时，街道两旁人头攒动，人们都好奇地等待着传奇人物"竹管医生。"其场景犹如历史上"钱王衣锦还乡"。不同的是钱王还乡时衣衫锦绣，此时花轿里的王贵却是衣衫褴褛，一副穷酸相。

凭着那根神奇的竹管，王贵治好了张小姐的瘸腿。张员外一家喜笑颜开，大摆酒席招待王贵。在酒席上张员外当众宣布："我决不食言，从今天起王贵就是我的上门女婿。"

从那天起，王贵每天都过着花天酒地的生活，与美女张小姐更是形影不离，那根能治百病的竹管便成了张家的赚钱工具。许多贫穷的百姓找王贵治病，都因无钱，被拒之门外。只有那些有权有钱的王孙公子，才能见到王贵并得到治病。

三年后的有一天，张家门外来了位衣衫破旧的要饭者，他口口声声称是王贵的朋友，要王贵给他治病。看门的告诉他："有钱才能治病。"要饭人不慌不忙，从怀里拿出一个金光闪闪的金元宝对守门人说："快去告诉你们主人，只要能治好我的病，钱我多得很！"

一会儿，王贵来到大门口问要饭人："你哪里有病？"要饭人张开嘴巴，用手指指，王贵靠近一看，果然他的嘴里长了个大肿瘤。为了得到那只金元宝，王贵二话没说便拿出那根竹管插进他嘴里吹了吹。奇怪的是王贵使尽力气，却拔不出那根竹管。要饭人此时变了样，并用手指着王贵大声责骂："你当初立志为穷人治病的良心何在？你这个贪富嫌贫忘本的东西，回你老家受罪去吧！”说完后，用那根竹管一吹，一阵狂风把王贵吹回了老家。原来要饭人就是那位神仙。

（十三）竹箩湾的传说（帅军武）

村里有座山叫竹箩湾。山上松树、杉树、柏树等长得密密麻麻，丛林里蜂飞蝶舞、鸟语花香，但毒蛇猛兽活动也很频繁，因此村里人去这座山的也比较少。奇怪的是，这座没有任何品种的竹子，却被称为竹箩山，究其原因，说来还有一段美丽的故事呢！

相传，很久以前竹箩湾村里有位善良的全根伯。全根中年丧妻，又当爹又当妈，辛苦将儿子拉扯大。给儿子娶了亲，没两年就有了孙子，孙子慢慢长大了，全根伯也一年比一年老了。乐享天伦没几年，全根因年迈体虚，突然中风跌倒，从此半身不遂，生活不能自理。儿子、媳妇端屎端尿，擦洗料理了两年，还算孝顺。俗话说久病无孝子。日子一长，儿子、媳妇产生了厌烦，晚上偷偷商量，决定明早把他抬上山丢弃了事。

第二天天还没有亮，夫妻俩就把自己的父亲装进一只破旧的竹箩里，径直往山上抬。抬到了那座毒蛇、猛兽经常出没的山上。夫妻俩刚把竹箩放下，准备返回时，他俩的儿子也赶到了，并比画手势，把竹箩带回去。夫妻俩对儿子说：“破旧竹箩不要了，快回家吧！”儿子却死死不肯：“我要把竹箩带回家，以后你俩不能劳动了，我可以用来抬你俩呀！”

儿子的一番话，让夫妻俩忽然清醒过来，二话没说，背起父亲返回家里，将那只竹箩扔在了山上。从那以后，一家人相敬如宾，生活幸福。

这件事传开来，村里就将这个山湾称为“竹箩湾”。

（十四）叶进春的“竹三宝”（叶志达）

叶进春家住临安锦北街道金马村，解放初期是大马村的一位老村长。满腮胡须，身材壮实，为人老练稳重，和蔼可亲。叶村长早年参加新四军，打过大大小小各种各样的战斗，杀过日本鬼子，打过国民党匪军，还剿过土匪，战绩累累也伤痕处处。他担任村长，无论是走村访户出差开会，身上都少不了“竹三宝”；一竿老烟管，一双箬壳草鞋，一个饭菜竹筒。

叶村长的老烟管，尺许长，磨得红彤彤晶莹透亮，是老竹筱篰头做的。装烟那端，尖而扁平，像眼镜蛇的头，装烟处包着铜皮呈亮。含嘴的那头，还镶着玉石，白而黄亮，与烟杆白里配红，鲜艳分明。据说这是一件战利品，是他从俘获的一个国民党团长手里缴来的，上缴军部时军长赠给他作为奖励。村长每日里嘴不离烟，烟不离身，手里提的是烟杆，腰上别的是烟袋，歇下来就烧上一筒，深吸一口，舒气一通，烟雾腾腾烟尽时，扑哧一吐，烟灰就飞出筒外，这样反复数次，便觉精神百倍。

叶村长出门，总是穿着一双箬壳草鞋，这是叶村长的第二件宝。与众不同的是，他的草鞋是用毛笋箬壳敲软后，搓条成绳，自己编的草鞋。这样的箬壳草鞋，牢固耐穿，舒适合脚。它比用糯稻草编的草鞋还要牢，又比络麻绳织的草鞋省成本，可谓经济实用美观舒适四季皆备。叶村长上山劳作时穿，进山剿匪时穿，开会进城时穿，是行走的最佳搭档，最好伴侣。这样的鞋他每年得穿破二十几双。

叶村长的第三件竹宝，便是竹饭筒。他的竹饭筒比较粗大，呈椭圆柱形，分盖和桶两截。竹桶盖平看呈梯形，上小下大；而桶身是倒梯形，上宽下窄。桶盖桶身对称的两侧，都留着约 2 厘米宽、着竹青的一条棱，中部有个小孔，用来穿苎麻绳，只要两边的绳子一抽，便可合拢盖和桶身，上头作提绳，也可别在裤腰带上。他的竹饭筒做工精细，竹簧纹理清晰。挂在腰上走路时，一晃一晃地，和挂个酒葫芦一个样。那年月，老叶是进山剿匪，进城开会，都全靠它，一筒冷饭加干菜吃得香。

叶进春老村长的三件宝，都是竹具。是竹子伴他干革命，是竹子助他搞生产，是竹子让他养成了艰苦朴素、勤政为民的好作风，是竹子让他继承了中华民族的优良传统。

第二章　竹与艺术

第一节　书　画

历史上与临安相关的竹书画较多，史籍多有记载。境内收藏古书画者，有清郑板桥等竹书画。20 世纪来，临安籍书画家常有写竹、画竹之作，趣味甚高。

一、古代竹书画

赵孟頫为中峰作墨竹《秀出丛林》　元至治元年（1321 年）八月十二日，赵孟頫（1254—1322）为天目山中峰和尚作墨竹《秀出丛林》。现收藏于北京故宫博物院，纵 34 厘米横 108 厘米。

赵孟頫为中峰和尚作墨竹《秀出丛林》

赵孟頫为天目山撰碑　赵孟頫为元代著名书画家，佛教俗家弟子，与夫人管道昇拜天目山中峰和尚为师。曾奉为中峰和尚抄写《心经》，为其作画，更多书信往来，作品收藏于世界各大博物馆。元大德四年（1300），赵孟頫奉敕撰并书《天目山大觉正等禅寺记》，文中有句：“翠竹黄花尽真如体，白云青嶂咸大觉场。”

戴进谢安东山图 戴进（1388—1462），钱塘（今浙江杭州）人，明代画家，以画供奉内廷，官直仁殿待诏。曾以谢安隐居临安东山为题材而作《谢安东山图》，画中谢安引白鹿，携名伎徜徉悠游，其中有侍女手执箫笛。明沈周曾临此画，有沈周自题：“钱塘戴文进谢安东山图，庚子长洲沈周临。”后钤“启南”“石田”朱文方印，作品纵170厘米 横89厘米。由翁同龢后人翁万戈捐赠给上海博物馆。

苏东坡彩笺墨竹 《宋诗纪事》卷九一载，苏东坡曾以彩笺作墨竹赠官妓，参寥（道潜）因之而作《题东坡墨竹赠官妓》诗：“小凤团笺已自寄，谪仙重扫岁寒枝。梢头余墨犹含润，恰似梳风洗雨时。”

苏轼墨竹 北宋熙宁六年（1073），苏东坡到於潜观政，与县令刁璹、慧觉禅师、道潜禅师等在绿筠坪绿筠轩中品茶，东坡写诗一首《於潜僧绿筠轩》，传留《墨竹图》一幅。

绿筠轩图 清康熙《於潜县志》载有《绿筠轩图》，以白描手法，绘出绿筠轩位置及环境。画中有山石松竹，寂照寺则露出一角。

楼璹《耕织图》绘竹农具 南宋绍兴八年至十二年（1138—1142），於潜县知县楼璹绘《耕织图》二卷共45幅，其中耕图21幅、织图24幅，并配诗，进呈宫廷，后由翰林院精摹流传。图中所绘多有竹制农具，诗中也记述竹农具的使用过程。

焦秉贞、冷枚等仿《耕织图》绘竹农具 焦秉贞仿《耕织图》即《康熙御制耕织图》。清康熙二十八年（1689），宫廷画家焦秉贞受命，仿南宋於潜令楼璹《耕织图》绘制《耕织图》一套，共46幅，耕图、织图各23幅，康熙于每幅图制诗一章。图、诗中多有竹具，现藏北京故宫博物院。1933年商务印书馆出版的《东方文库续编》中的《东方艺术与西方艺术》，收有《明清之际中国美术所受西洋之影响》一文，将焦图与楼图作比较，“最为不同者，则焦图应用西洋之透视法以作画是也”“楼图简单朴素，而焦图纤细丽都。”乾隆年间，冷枚仿楼璹《耕织图》，也有竹制农具。现收藏于台北故宫博物院。

何太青《耕织图》绘竹农具 清光绪年间，於潜县令何太青仿南宋於潜县令楼璹之《耕织图》，也绘制了一套《耕织图》，并制成刻石，图中同样绘有多种竹制农具，图末有楼璹和何太青的诗，诗中也记述竹农具的使用过程。此本现收藏在日本东京大学东洋研究所。

何太青《耕织图》

赞宁谱竹图　佛教故事图，为古人所作，姓名年代不详。画中人物释赞宁（919—1001），一说临安人，为北宋初之高僧，受到吴越国王钱弘俶的敬重，曾为两浙僧统，赐号“明义宗文大师”，曾著《笋谱》。

《东西天目山志》中竹插图　明天启甲子年（1624 年）张之采编撰的《东西天目山志》中，载有竹雕笔筒的图案。

二、现代竹书画

龙岗冬色　临安玲珑籍画家、南京艺术学院教授沈涛创作国画《龙岗冬色》，画中妇幼各执一火熜，画家潘天寿题款：“浙西昌化诸县，每至冬令，以竹火熜取暖，妇人孩子亦均人手一只，为浙西山村之特殊风习也。”另有《烽烟满眼》，有画家诸乐三题款。

重九听笛图　程十发绘，作于 1991 年中秋，收藏于西天目山禅源寺。程十发（1921—2007）为中国海派书画家，长期任上海画院院长，在国画人物、花鸟方面有杰出成就。

绣花女　临安玲珑籍画家、南京艺术学院教授沈涛创作于 1963 年，为纸本工笔重彩，画幅尺寸 96 厘米 × 59 厘米。画中村妇坐在江南典型的竹椅上，手执竹花绷正在绣花，旁有一竹针线篮放着各种丝线及剪刀等。简华曾题《沈涛乡情工笔画绣花女》：“道是於潜女，梅时不出行。一篮天目线，手绣竹山晴。”

简华为沈涛国画《绣花女》题字

安全采打山核桃图　为国画形式的安全采打山核桃宣传画，共 12 幅，方志恩创作于 2010 年。境内由政府部门多次印刷在各村张贴并在《今日临安》上发表。淳安县也作为安全采打山核桃的一项措施，在《淳安日报》上发表全图，安徽省绩溪县并在微信中转发宣传。

金晓海竹画　画家金晓海任临安市竹文化研究会顾问，擅长竹画，2016 年有包括竹画等 7 幅作品亮相 G20 杭州峰会。有《清新竹笋》等作品为人民大会堂采用。主要作品有《高风亮节》《清新竹笋》等。

方志恩竹书画　方志恩为省文史馆馆员，曾任临安书法家协会主席，擅长书法、国画花鸟，竹尤见长。主要作品有：《金幼孜题墨竹诗》《录元丁鹤年题画竹诗》《回风一瞬》《疏枝春笋图》《竹蝶山石图》，宣传组画《安全采打山核桃》等。

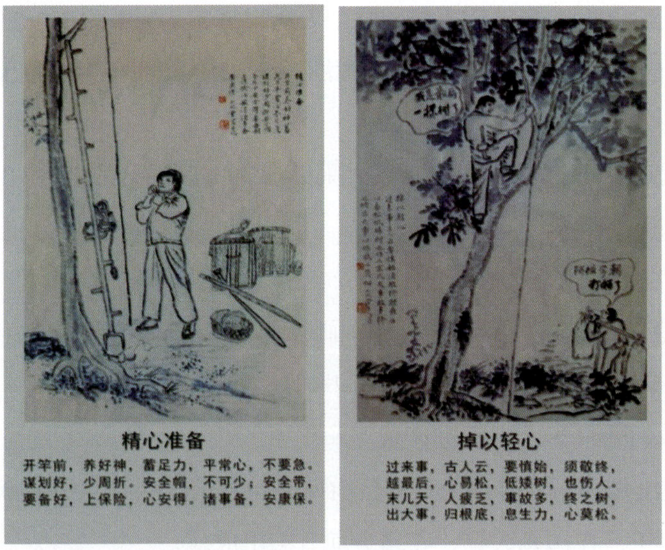

方志恩《安全采打山核桃》图选登

俞志平农民画《山高水长拖竹图》

俞志平农民画　1995年9月1日，俞志平创作农民画《山高水长拖竹图》在北京中国历史博物馆展出，获中国农民书画研究会“中国农村巾帼书画”三等奖。

第二节　摄影　摄像

20世纪20年代和30年代，境内天目山分别出版含竹文化内容的摄影画册，20年代还有竹笋宣传图片。长期以来，天目竹笋受到各级影视部门和摄影爱好者的关注。2015年，临安市竹文化研究会举行首届临安竹子摄影作品征集活动，影响深广。

一、摄影

《中国名胜第十九种天目山》竹照片　《中国名胜第十九种天目山》由商务印书馆于民国12年（1923）初版，民国14年9月再版，内刊天目山图片，其中以竹为背景的有4张，用珂罗版精印，由蒋维乔、黄炎培、庄俞等旅行途中特别摄影，庄俞编纂。

明信片中的“天目笋尖”　20世纪20年代，明信片中印有中国北方集市照片，照片中出现“天目笋尖”的店面招牌。

早期笋干宣传广告　20世纪20年代，出现“余杭周泳丰老店天目笋干”和“余杭周泳丰老店天目早挺”的宣传广告。

《天目胜景》竹图片　《天目胜景》由文华美术图片公司（上海）于民国22年（1933）7月出版，内刊以竹为背景的图片4张，由陈彭寿拍摄编著。

《杭州竹笋图考》　赵大川编著，2012年1月由杭州出版社出版。内有多幅反映临安竹业生产和竹文化的图片，有南宋无款《耕织图》、楼璹《耕织图》清代刻石拓图组照、清雍正像《耕织图》组图、清御制《耕织图》组图等，有20世纪20年代“天目笋尖”明信片，20世纪20年

代“余杭周泳丰老店天目笋干”和“余杭周泳丰老店天目早挺”的宣传广告图片，清河坊天目笋干招牌图片，反映临安竹林练武的图片，浙江林学院1959年校门图片，浙江林学院1962年首届毕业生合影图片，浙江林学院竹笋项目研究成果的组图，并对天目笋干、临安百笋宴等作了专题介绍。

赵大川编著的《杭州竹笋图考》
（图片由区竹文化研究会提供）

科教艺术电视片《天目行》　1987年由陶冶、丁士蹸编导，介绍临安生态优势和合理开发丘陵缓坡的经验。其中着重介绍了临安的竹子生态系统。在农业区划研究的基础上，临安总结和提出了竹子唱主角的“田地山三线开发，主攻丘陵缓坡地，上促青山，下稳良田，贸工农一体化经营的路子。”片中介绍了临安的23万亩毛竹林，17万亩笋干林，7万亩鲜笋竹园的开发经营情况，还介绍了蔡山村的庭园经济，东坑村的贸工林经济等4个开发农业资源。临安竹生态产业的发展，引起了大家的关注。农牧渔业部原部长林乎加，国务院农村发展研究中心顾问石山，林业部原部长、省委副书记陈法文，杭州市市长钟伯熙等相继来临安调研视察。新西兰、西德、日本、法国等许多国家的专家，也纷纷前来参观访问。电视片在临安电视台和省、杭州市电视台播放。1988年2月10日《临安农科报》刊文科教艺术电视片《天目行》简介一文。

首届临安竹子摄影作品征集活动

由临安市竹文化研究会、市林业局主办，市竹产业协会、太湖源竹种园协办。2015年6月15日由主办方在媒体上发出征集文告。征集时间自2015年6月至2016年4月。征集范围为在临安境内拍摄、并能反映临安“中国竹子之乡”特色，有关竹文化、竹子历史传承、竹子生产经营活动、竹子与新农村建设及农民致富等相关内容的纪实摄影作品。作品必须是符合真实性、艺术性和实用性的彩色、黑白照片。可以单幅或组照形式投送。有近四十名作者深入竹乡，创作出近700幅反映临安“中国竹子之乡”风采风情的作品。经评委会评选审定，共评出一级收藏作品5件：汪荣昌《冻米》、刘传山《鸟瞰竹种园》、叶致远《爷爷的手艺》、许尚勤《诗意》、许力强《柳溪江畔》；二级收藏作品10件：章国华《编织》、程益鹏《竹乡晨雾》、汗荣昌《春笋满林生》、王录娟《傲雪》、洪裕玕《竹子之乡》、刘延城《清雅脱俗》、周玉龙《美丽家园》、陈卫国《竹乡人家》、舒东升《生态养殖》、胡剑欢《竹野仙踪》；三级收藏作品20件。

二、摄像

山东潍坊电视台在高虹竹笋市场拍摄专题片《江南第一菜竹园》　　（布智明 1995 年摄）

电视专题片《江南第一菜竹园》 该片为中共中央宣传部统一组织的“百大杯”《今日杭州》采访活动的一部分。1995 年 5 月 9 日至 15 日，中共中央宣传部组织 20 家电视台，拍摄新闻专题片《今日杭州》，其中山东潍坊电视台和福建电视台拍摄专题为临安“江南第一菜竹园”，先后赴板桥、三口、高虹、杨岭、临目等地，拍摄菜竹园的生产、加工、销售，并采访竹业协会会长王安国，高虹乡乡长冯树林，高虹乡陈家坎五组村民孙林平，高虹乡陈家坎村谢国良，板桥珠西村村主任朱常胜，三口乡鲍子潮、三口乡樟坞村民周来虎等人，定名“江南第一菜竹园。”

电视专题片《科技致富笋农》 2006 年 2 月 25 日至 28 日，中央电视台财经频道“科技走进新农村”栏目摄制组，到临安拍摄科技致富笋农专题片。3 月 4 日全国“两会”期间，在中央电视台财经频道播出，时长为 8 分钟。

电视专题片《天目笋干》 2010 年 4 月底，中央电视台军事·农业频道《农广天地》栏目组到临安拍摄专题片《天目笋干》，以绿叶食品有限公司武山基地为拍摄场地，拍摄从原料采集到成品出厂检验全过程，天目笋干名扬全国。

电视专题片《从变异竹子引发的财富》 2011 年 8 月，央视《致富经》栏目组专程到临安太湖源观赏竹种园录制一期《从变异竹子引发的财富》专题节目，变异竹子指的就是龟甲竹。

电视专题片《三和园竹盐》 2012 年以来，中央电视台军事·农业频道多次用法语向世界 20 多个国家作金成燮“三和园”竹盐专题报道，中国科学技术馆以《盐的故事》为专题展出三个多月。

电视专题片《昌化竹编》 2013 年，省级“非遗”项目昌化竹编参展杭州文博会，并拍摄了《昌化竹编》电视专题片。

《舌尖上的中国》之临安竹笋 2013 年 4 月，中央电视台《舌尖上的中国》摄制组在天目山镇九思村和天目山景区进行为期四天的取景拍摄，主要反映当地竹笋产业发展和以竹笋为原料的美味佳肴。2014 年 5 月，中央电视台《舌尖上的中国》（第二季）播出临安笋肴，重点推荐临安鲜肉春笋、黄泥拱笋、多味笋干等。《舌尖 2》的天目山之行得益于“一口天”餐厅老板吴爱国，他将自己摄制的天目山特产视频小样寄给《舌尖》总导演陈晓卿，并介绍天目山的环境和竹笋，导演组立即确定《舌尖 2》的天目山之行。

对石小学竹文化专题采访 2015 年 3 月 16 日，浙江电视台采访临安市校园竹文化示范点对石小学竹文化活动。对石小学竹竿舞和天目山下种文化的大型文艺表演亮相浙江电视台“流动大舞台。”同年 6 月，浙江电视台教育科技频道节目组走进对石小学，采访报道对石小学学生的竹文化活动，包括笛子合奏、葫芦丝独奏，以及精心制作的竹刻、竹编、微型竹子建筑、竹玩具、竹签粘贴画、竹扇作品等。

临安冬笋菜肴 2015 年 11 月，中央电视台科教频道《味道》栏目摄制组到青山湖森林公园、湍口温泉、湍口镇三联村等地拍摄素材，记录临安自然环境、冬笋菜肴等。

电视专题片《味道——记忆中的年味》 2016 年 2 月 8 日至 14 日，中央电视台科教频道播出《味道——记忆中的年味》专题片。临安市笋肴和索面分别在正月初六和初七晚的“寻鲜专辑”年味秘籍专题中播出，两个专辑总时长约 30 分钟。

电视专题片《天目雷笋与外地雷笋的区别》 2017 年 2 月 17 日，在太湖源秧田弄竹笋专业合作社，临安电视台拍摄制作专题片《天目雷笋与外地雷笋的区别》，临安竹笋专家何钧潮分别从品种、外观、品质、口感和培育技术上进行细致的讲解，同时对不同鲜笋制作的菜品进行综合评判。

纪录片《食雷笋》 2018 年 3 月 22 日，中国江苏网《时节》摄制组到临安太湖源镇横徐村取景拍摄《食雷笋》纪录片。

第三节 电影 电视剧

电影《百合花》 著名作家茹志鹃创作的小说《百合花》，描写了 20 世纪 40 年代天目山新四军小战士的故事，60 年代收入高中语文课本。

1981 年，张昕、海音根据茹志鹃小说《百合花》改编为同名电影剧本，由钱学格、张昕导演，崔新琴、葛建军、沈丹萍、赵雍、王玉璋等主演。剧情：1946 年，部队为反击敌人向解放区的进犯，决定攻打敌人占领的某县城。文工团员鲁兰被派到前沿包扎所协助工作，途中遇到一位来自天目竹乡的小战士，当他们到达包扎所时，部队已经开赴前线。鲁兰请小战士和她一起到老乡家去为包扎所借被子。鲁兰和小战士打开借来的被子，被面上绣着百合花，原来这是父母双亡的新媳妇自个儿置办的嫁妆。总攻时，小战士奔赴前线，部队胜利攻入县城，小战士却牺牲了。新媳妇庄重地把那床绣着百合花的新婚被子盖在这位小战士身上。

电视剧《大学生与小篾匠》 1984 年，《临安文艺》第三期刊登县文化馆创作干部王连生的同名小说。1985 年，由八一电影制片厂编剧临安籍的鲍梦梅根据小说改编并导演了电视剧《大学生与小篾匠》，1986 年完成拍摄。1987 年元旦中央电视台播放。

第四节 竹乐器 竹歌舞

竹制乐器起源于上古时期，尧舜时代就有用竹制成箫、笙、竽、笛等，至清代竹乐器已有 60 多个品种。临安出产制笛之紫竹和斑竹，旧志多有记载。宋时有天目尺八，随佛教传播流入日本。境内歌舞演出多有竹道具，并包含竹文化内容。各种民间灯彩多以竹扎成。20 世纪 50 年代曾流行花竹棍舞。

一、竹乐器

天目尺八 尺八为中国古老的吹奏乐器，源于竖篴，因长一尺八寸而得名。也有“竖篴”“箫管”和“南音洞箫”之称。管身竹制，正面开五个按孔，背面开一个按孔，并有膜孔。吹奏方法与箫相似，音色圆润、柔美，较箫音量大。可以独奏、合奏或伴奏。约在东汉时期，竖篴已流传于民间。13 世纪，尺八由天目山僧人虚竹等带到日本，因虚竹创日本佛教“普化宗”，又名“普化尺八”。19 世纪，“普化尺八”传于民间。日本国内现在使用的尺八是从“普化尺八”演变而来。20 世纪 70 年代美国人海山还将尺八从日本带到美国。

尺八形制与箫十分相近，带竹根制作，中通无底，管体一尺八寸，上端内径六分，吹口多做成斜面月牙形，正面开五个孔，背面开一个孔，在吹口和正面音孔间设有膜孔。尺八的选材和制作十分考究，多采用石竹、观音竹等，从齐土的地方切下，将竹节挖通。其吹奏方法与箫相似，但音量较之箫声要大。吹奏时，左右手臂抬起呈半圆形，手指按孔，以嘴吹奏吹孔，通过改变嘴唇吹奏的角度和力度，以及手指按孔的位置，发出不同声调。尺八的音域从 D—♭B。音色圆润柔美、深沉含蓄，又略带凄凉。尺八本身不能转调，要演奏复调性乐曲时，则需选取不同调的尺八。

状元制笛 临安太阳镇有村名斑竹坞，因生斑竹得名。斑竹竿呈紫褐色斑块与斑点，可制竹笛。相传古时安徽歙县登科状元郑生荣赴杭州路过该地，用山上斑竹做成笛子，吹出优美动听的乐曲，引来百鸟和鸣。2012 年 10 月版《临安市地名志》有载。

竹笛　　（陈芝华 2015 年摄）

临安竹制器乐 临安民间多有喜爱器乐者，其中较普及的竹制器乐有笛子、箫、古筝等，多为歌曲、戏曲伴奏，也有器乐独奏表演。全区各镇、街道有民乐队 60 余支，逾 500 人，自娱自乐，长年活动，服务城乡喜庆、丧事。老年民乐队最为普遍。天目艺校长年开展民乐培训，参加省市活动多次获奖。民乐培训机构有青少年活动中心、天目琴行、昌化中学、石镜小学、城南小学等。2005 年“森博会心灵之约”中小学生器乐演奏会集结 600 余人，其中有百人笛子、古筝等演奏。与竹艺活动相关的传统民间乐曲有不少，“昌化大开门”被编入《中国民族民间器乐集成（浙江卷）》，另有“五凤朝阳调”“水龙旋”“龙舟调”等乐曲，具有竹乡特色。

二、竹歌舞

芦山毛竹班 板桥镇上田芦山村的山上多毛竹，旧时芦山村的村民背毛竹到余杭出售。毛竹卖掉后，一班村民便在余杭城里演越剧，笙箫管笛、竹管胡琴、竹管鼓样样都拿得出，在余杭城里小有名气，被称作“芦山毛竹班”。芦山村民还崇尚武术，有红毛狮子；又都喜欢戏剧表演，过去山村中建有戏台、戏厅，十分考究，“芦山毛竹班”就在这里排戏演戏。民国时期临安县长杨维礼做寿时，曾邀请“芦山毛竹班”演出。1949年正式成立芦山越剧团，一直到1966年“破四旧”时，才把戏箱行头、曲谱全部烧毁，芦山越剧团从此消歇。20世纪90年代后，村民迁移至山脚，芦山戏台现移建于青山湖旁的八百里养生园。

《竹乡欢歌》　舞蹈名，由衣锦小学表演。2001年在杭州市少儿舞蹈大赛中分获创作和表演一等奖。

《临安响竹》　乐曲名，以天目踏歌《欢乐竹乡》为基础，以昌化民歌为主旋律修改而成。全曲以竹笛、竹大鼓、竹小鼓、竹竿棒、竹背筒、竹长号等乐器演奏，2006年10月12日参加临安森博会“华夏一绝”民族民间广场鼓乐舞蹈邀请赛全国鼓乐舞蹈大赛，获评金奖。

竹竿舞《相亲相爱一家人》　竹竿舞《相亲相爱一家人》融入浓烈的竹文化元素，以畲族舞蹈形式诠释“生态环保、团结友爱”的主题，是於潜镇对石小学保留节目，曾获2014年临安市中小学艺术节舞蹈表演二等奖。2015年3月16日参加浙江电视台“流动大舞台”的大型演出。曾为亚非欧十六国外宾表演，获得外国友人赞誉。

竹文化表演　对石小学竹文化表演包括笛子合奏、葫芦丝独奏，还有精心制作的竹刻、竹编、微型竹子建筑、竹玩具、竹签粘贴画、竹扇作品等展出。2016年参加在武林广场举行的杭州市中小学艺术节。板桥镇中心幼儿园在2018年5月下旬举办第二届竹文化节，节目有老师表演的《笛中花》《葫芦丝串烧》等，孩子们表演的时装秀《竹间精灵》、竹快板演奏《我爱我的幼儿园》。

第五节　竹艺术品

临安处于山区，竹资源丰富，山区居民尤其重视竹制生活、生产用品，达到了很高的艺术层次。明代张之采《东西天目山志》有竹工艺品画图。旧志记载有境内的竹艺匠人，及其留在民间的竹编、竹刻作品。20世纪以来，一些从事竹编竹刻的企业诞生，并在艺术和经营上取得成功。20世纪50年代初建起临安竹器厂、於潜竹器厂、昌化竹器厂、上甘竹器厂等。其他各乡镇（公社）手工业社也包含竹业。1972年建三口工艺竹编厂，1978年建龙岗渔具厂，70年代至80年代建起上甘竹编工艺厂和甘山竹编工艺厂，1985年在马山乡建立临安木竹开发实验厂，是境内生产竹编胶合板第一家厂。以后还陆续办起临安竹艺厂、横畈工艺竹编厂、杭州森瑞竹木业有限公司、横畈庙下竹器厂、藻溪镇临安竹笋精制总厂、马山临安竹木实验厂、洪岭竹器厂、板桥竹编厂、上甘竹编厂、横畈上潘竹制品厂、横畈立塔工艺制品厂、临安竹木开发实验厂、太阳竹木制品厂、鱼跳竹木厂、夏禹桥毛笔厂等数十家企业。2005年以后，竹材加工业兴起，产品有竹地板、竹衣、竹炭等，远销日本、韩国、马来西亚及欧美等地。有的竹雕工艺厂在原来手工加工基础上大胆设计与开发，引进国内外最先进的激光加工设备，借助高科技技术，运用具有传统特色的加工工艺，对竹雕文化产业进行再开发，许多竹工艺产品深受群众喜爱。

一、竹编

灯彩扎制 临安灯彩兴盛，有各种龙灯、狮子灯、鱼灯、马灯、麒麟灯、犛灯等等，多由竹制，每逢春节等节日期间，常有闹灯习俗。灯彩历史悠久，诸多灯队都始传自明清二代甚至更早。如《唐昌方氏宗谱·世选方公传》所载，清同治十二年（1873），清凉峰镇颊口申明村方以钰考中第一名拔贡，重兴申明竹制马灯灯艺。由村人方世通和方世选兄弟为主演。光绪元年（1875），马灯重制行头。现省级非遗有湍口神兽花灯、马啸滚灯；杭州市级非遗有潜川麒麟灯、湍口凉溪青毛狮子、潜川手狮、临安水龙；临安区级非遗有吴越双狮、河桥白下鱼灯、乐平蚕龙、潜川青龙、白沙鱼灯、南山红毛狮子、湍口犛灯、九狮双狮、潜川鱼灯、湍口二联村睦剧马灯、湍口马灯、古事神灯；其他非遗清凉峰申明马灯、横畈竹叶龙、朱村生态竹龙、横街草编龙。

昌化竹编 昌化竹编已历2500多年，以口授手教传承，主要分布于临安西部昌化地区。当地毛竹资源丰富，昌化民间素有请竹匠篾工制作生产生活必需品的习俗，有“三年不请匠，农家不像样”之谚。明清时代，昌化竹编工艺达到鼎盛，品种多样，加工精细，图饰美观，具有鲜明的地方特色。其中以竹编嫁妆最具代表性。民国《昌化县志》载：“男家通柬送钗钏以为定礼，久之，行聘用竹编木制嫁妆担盒花罩，盛荣饼、束帛、首饰，聘金之类……”最具代表性的有烘篮、火熜、鞋匾等，花饰有“福”“禄”“寿”“喜”多种，图案有8盘、18盘到24盘，每1盘图案，花篾匠就要费1个工。小盘花多视为富有。20世纪80年代后，现代家用电器进入农家，嫁妆竹编工艺传承渐稀，偶有鸟笼等面市，2008年被列入杭州市非物质文化遗产代表性项目名录，2009年被列入浙江省非物质文化遗产代表性项目名录。

竹编毛泽东像 昌西民间艺人陈祥璋等用篾丝编成毛泽东像，作品创作完成于1968年9月，向国庆19周年献礼，被选中后专程送往北京参加展览。

工艺竹衣 由堰口村竹匠朱世荣所创。朱世荣从当地业已失传的古代竹衣传说得到启发，经多年钻研摸索，形成一整套设计、编织工艺流程。经过竹子切割、筛选、清洗、防腐、漂白、抛光等诸多工序，制成竹珠，然后将一颗颗细如米粒的竹珠，连缀成集实用性和观赏性为一体的工艺竹衣。1995年10月，日本国专门派技术人员到堰口，协助朱世荣设计30多种新款式竹衣，参加在日本举办的世界性时装博览会，受到广泛好评，获得较多订单。1999年后又相继开发出挎包、背包、手袋、手机包和比基尼等，产品共有衣帽、鞋、包三大系列100多个品种，销往国内外。

青柯鸟笼 为临安区锦北街道青柯村传承的一种鸟笼制作技艺。活态传承已有上百年历史。制作技艺具“南笼”派特色，融雕刻、镶嵌、竹编于一体。制作技艺大工序有22道，有中药煮料，无榫扎角，笼门窗设暗锁等特技绝活，在鸟笼制作上独树一帜。2010年12月被列入临安市非物质文化遗产保护名录，2014年5月被列入杭州市非物质文化遗产代表性项目，2016年被列入浙江省非物质文化遗产代表性项目名录。

锦源竹编 上甘锦源村今属锦南街道，当地毛竹资源丰富。自清代始，利用上甘锦源当地竹资源编制竹器具。中华人民共和国成立后，建立竹编加工场，许多村民从事竹编制作，主要产品有竹簟皮、竹匾、竹筐等，通过供销社销往外地，成为当地经济支柱。20世纪70年代末至80年代中期，建有上甘竹编工艺厂和甘山竹编工艺厂，制作生活用品和工艺摆件，销往海外。90年代工厂解散，多数艺人改行，剩少数人传承竹编技艺，主要制作生产和生活用品，如竹篮、竹匾、面箩、畚箕、蒸架、凉席、烘榻、筲箕、筛、菜罩等。2017年5月被列为临安市非物质文化遗产代表性项目。

二、竹刻

翡翠竹子盆景　清乾隆年间（1736—1795），高宗皇帝八旬寿辰，群臣敬献一座用翡翠制成竹子盆景，传其中竹材为天目山提供。为北京故宫博物院收藏。

虚竹像　虚竹原为天目山僧人，携竹制天目尺八随日僧心地觉心回日本，后在京都创办明暗寺，成为日本普化宗的开山祖师。所创作的《虚灵曲》《铃慕曲》成为日本学习尺八的必修课。现在日本明暗寺中设有吹奏尺八的虚竹雕像。

东山报捷图竹笔筒　清嘉庆年间（1796—1820），竹刻名家吴之幡以东晋谢安指挥淝水之战为题材，刻制《东山报捷图》。作品采用高浮雕技法，以山崖屏障为界，将画面分为两部分。山壁右侧为曲径幽林，古松插壁，垂荫如盖，松下三位老者围石桌而坐，谈笑自若，正在对弈，其中一人为谢安。三位侍女立于老人身后，手持莲花，相顾低语。山壁左侧树高林深，峡谷重叠。两骑士高举信旗，争先恐后，策马奔驰在谷道林间，向谢安报告淝水大捷。该件雕工极其精美，尤其是谢安那胸有成竹的神态，表现了运筹帷幄、落子必胜的信心，与策马疾奔的信使形成一静一动的鲜明对比，为竹雕艺术之极品。东山为东晋谢安隐居之所，在临安锦城东，《汉书·谢安传》中有记。钱高潮仿吴之幡作品，重新取竹雕刻《东山报捷图》，艺术效果十分完美。

竹刻名家吴之幡刻制的《东山报捷图》笔筒

白水涧竹刻艺术　白水涧毛竹资源丰富，当地人从事竹刻艺术已有数百年历史。白水涧旅游景区的开发，促进了竹刻艺术的流传和发展，出现了一批雕刻艺术家。残疾青年王渊鹏，由河南省博物馆专家路殿忠指导，创作竹简书法，代表作品有书法长卷《澳门基本法》，长70米，共有竹简1375根，3万余字。竹刻艺人方淼鑫，拜师著名竹刻艺术家丁小路，创作出一批“竹刻艺术画”，部分作品参加2000年“西湖博览会”，并参加展卖，被许多国内外艺术作品爱好者收藏。

钱高潮竹根雕　钱高潮为工艺美术大师，国家级非物质文化遗产项目（鸡血石雕）代表性传承人。钱高潮竹根雕以竹篰头为原料，分为采集竹根，除须根，防霉防蛀防裂处理，构思、设计、察、挖、削、琢、刻、打磨、抛光等工序。竹根雕有双层南瓜、葫芦、鸟禽鱼虫等动物造型，荷叶水洗、松针笔洗、鼻烟壶等文玩，种类繁多，琳琅满目。作品多次在省市、全国的竹工艺品博览会上获金奖，吸引了各地商人和文化人的青睐。代表作品有《二竖牧牛》《春江水暖》，仿刻

《东山报捷图笔筒》等。

三、竹工艺企业

三口工艺竹编厂

1972年8月建，以当地毛竹资源为依托，初为杭州西湖竹器厂加工简单的面包盘，同时注重产品开拓，逐步建立从原料生产到加工、产销、服务，再到外贸创汇等产品系列化的经营体系，成为中国竹编工艺行业的龙头企业之一，产品销往欧美、日本与东南亚市场。

琳琅满目的三口竹编工艺品　　（杨菊三 2013年摄）

1974年春季，上海市进出口公司在浙江余姚挑选竹编工艺品，三口选送10件，其中6件送广州国际商品交易会，展出期间外商订货10万只。到1980年，设计创新工艺品1800余种，其中竹编工艺品“鹰钟”，由轻工业部授予“创新奖。”1987年10月，杭州市农经委简报刊发《三口竹编厂实行三大转变，增强创汇能力》一文。

三口竹编工艺引起国际友人和中国驻外使者重视。中国驻法国商务参赞、中国驻美商务参赞及美籍华人宝田公司总裁，在世界各地以广告形式宣传三口竹编工艺品。中日友好协会会员日本青光株式会社社长古屋夫子带客户赴三口参观。中国工艺品总公司香港交易会，选三口竹编工艺厂设计的卡通式竹编工艺鸭，作为交易会“吉祥物”，分送各国商界要人。北京钓鱼台国宾馆派员赴三口挑选竹编工艺品，作为赠送给各国贵宾礼品。

20世纪80年代为鼎盛时期，乡设总厂，职工500余人。13个村都设分厂，全乡从事竹编加工农户800多户，1500多人。1990年10月，东西德统一，三口工艺竹编厂改制为民营企业。生产工艺竹编制品千余个品种。主要产品有雄狮绣球、孔雀、苍鹰、金鱼、鸟罐兽罐、雄鸡、母鸡、雏鸡等各种动物造型，以及插花器、花盆套、花篮组合、野餐箱、面包篮、茶盒、果盒、服装包装盒、竹垫竹席等。竹编工艺品种类齐全，款式新颖，色泽光亮，具有防水、防腐、耐用、不变形等特点。是当时中国竹编工艺行业的龙头企业之一。产品销往美国、日本、法国、东西德、意大利及中国香港等10多个国家和地区。

板桥镇三口村在“文化礼堂”内辟有竹编工艺品陈列室，展出数百件竹编工艺珍品。2009年被列入临安市非物质文化遗产名录。

临安竹器厂　1953年成立，初为临安竹业合作小组，后为临安光明竹器厂，70年代，临安雨伞厂并入。生产各种竹编农具和生活用具，油纸伞，工艺花竹桌、椅、凳、书架等生活用具。70年代后逐步转产无线电元件，竹产业萎缩。

杭州森瑞竹木业有限公司　法定代表人赵正治，竹工艺产品有餐具、杯具、旅行箱，手机壳、U盘壳、眼镜框、手表壳、竹书、竹子自行车。其中竹书每页厚度0.32毫米，一部《孙子兵法》

定价 600 元。公司将 270 多种物品植入竹子的基因，拥有 40 多个国家级外观专利。

杭州临安工艺厂　20 世纪 90 年代建，企业法人为堰口村竹匠朱世荣，生产有纯竹衣、野珠竹衣、木珠竹衣、竹胸罩、竹鞋、竹包、竹门帘等 20 多种系列产品。1995 年生产竹衣 6000 多件，年产值 200 万元，远销日本、法国、德国、美国，创汇 30 万元。竹制工艺背心、竹制工艺服装二项获国家专利。

专记 10　临安伞厂

临安伞厂建于中华人民共和国成立前夕，位于锦北街道竹林村塔水桥自然村。村中是一条石板卵石砌筑的主街，为临安通往余杭的临余古道。伞厂在主街中段的北侧，实木落地长门。伞厂作场为两层木结构楼房，共 10 间，建筑面积约 640 平方米。底层为作坊，上层作晾雨伞半成品之场所。生产竹骨纸雨伞和少量油布面晴雨伞。

厂长金炳奎，技术骨干方贤乔，两人祖籍均为萧山，金顺兴负责修伞、补伞。解放初期为私营厂，1953 年改为临安伞业合作社，有工人 30 余人。1958 年伞厂规模扩大，厂址迁往锦城镇横潭村大会堂对面的大平房，占地面积约 600 平方米，改名为临安制伞厂。公社化时原为横潭大队队办企业，工人多为本大队社员，由原大队妇女主任负责。后并入临安光明竹器厂，由临安县二轻工业局接管，至 20 世纪 80 年代末，伞厂停止生产，厂房移作苕溪农机厂使用。

竹骨雨伞制作工艺繁复，大致为：

一、备料：毛竹截料、剖削竹伞骨料、刨削、钻孔等，木制伞顶、木制伞盘、木伞柄取料、开槽等，裁切桃花纸、准备柿漆、熬制桐油等。二、安装伞骨架：包括面层骨架和内里支撑骨架。三、穿线、扎线：包括伞盘的穿线和伞面沿口 7 道扎线。四、裱糊：用柿漆分三道裱糊桃花纸。五、晾干。六、以下是刷桐油二度、安装木伞柄、竹伞柄烫印厂名标牌、包装成箱。

竹伞是中国民间传统雨具，可张可收，可大可小，可遮阳避雨，也可当作武器使用，戏曲、舞蹈艺术家则把伞当作道具，而有的伞则纯为装饰品，故伞之功能颇多。改革开放后，纸面竹骨伞已很少生产，取而代之的是塑料面或绸（布）面铁制骨架的晴雨伞。

第三章　竹非物质文化遗产代表性项目

2005 年始，各级政府建立非物质文化遗产代表性项目名录，至 2019 年，临安已申报批准与竹相关的非物质文化遗产项目省级 5 项，杭州市级 5 项，临安区（县市）级 15 项。

第一节　省级非物质文化遗产代表性项目

浙江省级非物质文化遗产代表性项目传承人周军胜及其制作的神兽花灯

（图片由区非遗保护中心提供）

神兽花灯　为湍口镇塘溪源村周氏宗族的传统节目。据塘溪《周氏家谱》记载：宋真宗皇帝赐大文学家周敦颐12只花灯，每一花灯以一神兽冠名，神兽花灯由此而来。

神兽花灯以竹篾为主要材料制成。12种神兽形象分别为雄狮捧银球、雌狮侍小狮、白象捧金砖、麒麟侍八卦、獬豸捧双钱、龙马捧双球、狴犴吞元宝、犀牛捧月亮、海马捧太极、犰狳捧仙桃、狻猊捧七星、龙鸟捧金甲。11种花名分别为金鸡对菊、鸳鸯施荷、喜鹊含梅、孔雀向葵花、芙蓉花、百合花、凤凰串牡丹、石榴花、杏花、蔷薇花、木樨花等。

神兽花灯旧时为正月十三上灯，正月十八深夜落灯。上灯落灯均有祭祀仪式，上灯时祭天地，请众神，拜老郎菩萨，落灯举行仪式后便将神灯烧掉。

神兽花灯由12神兽灯和12花名配合，由鼓乐伴奏，在广场或舞台上表演，祈求吉祥平安。灯队按太极生两仪，两仪生四象，四象生八卦，八卦变化成六十四卦的意念，形成原始的、完整的表演形式，具有浓郁的地域特色和质朴的民族风格。表演时，每人持一道具，按次序出场，边跑边舞动道具，按八卦图变换阵形。主要阵式有：开四门、剪刀叉、四角转、双狮抢球、神兽怀堂、缠铁索、海马扫台、文王推车、旋空柱、咬元宝等。花灯所到之处，村人都来迎灯、观灯，期盼带来好运，保佑家宅平安，祈求五谷丰登。

神兽花灯周家历代相传，1840年传入塘溪村，周金生的祖父为第一代传人，周金生的父亲为第二代传人，周金生、周银福、葛水林为第三代传人，周嫩照、周银照、周新龙、周昌相、周水林为第四代传人，周道良、周道行为第五代传承人。每隔五至十年出灯巡游乡里。1966年停办，改革开放后恢复。2007年，神兽花灯被列入浙江省非物质文化遗产代表性项目名录。

昌化竹编　主要分布于临安清凉峰镇及周边地区。当地毛竹资源丰富，居民将毛竹加工成生产、生活用品，提供家用或交易。

昌化竹编已历2500多年，由竹编艺人口授手教，流传至今。从制作原始生产用具开始，逐步融入艺术元素，衍生出生活用具、礼品、艺术品等竹编制品。一般学艺者都在10岁左右，三年学徒，四年半作。原清凉峰镇24个行政村，都有竹编篾匠艺人。1953年，陈祥璋等创建“白果篾业社”，社员达200余人，以邵家村陈祥璋、陈和璋、邵仲佳、王仲德、江安然等为主要传承人。随着生活方式改变，如今昌化竹编艺人已为数不多。

昌化竹编品种繁多，主要分为生活器具、工艺品、人物像三类。以竹编嫁妆最具代表性。民国13年《昌化县志》记载：“男家通柬，送钗钏以为定礼，久之，行聘用竹编木制嫁妆。””竹编嫁妆习俗沿袭至20世纪80年代。据记载，1895年顺溪村艺人姚本源制作竹编达摩佛像，供奉于龙塘山寺院内。1968年，陈和璋、邵仲佳用三个月时间编出附有一副文字对联的“毛泽东”像，送到北京参加国庆献礼，现陈列于北京中南海怀仁堂。陈祥璋、陈和璋制作的竹编果子篮技艺精湛，采用动物、植物、吉祥图案等14种图案。

陈祥璋正在编织竹编工艺品

（图片由区非遗保护中心提供）

2008年被列入杭州市非物质文化遗产代表性项目名录。2009年被列入浙江省非物质文化遗产代表性项目名录。

元宵节上参加踩街活动的马啸滚灯

（图片由区非遗保护中心提供）

马啸滚灯 主要分布在清凉峰镇马啸、玉屏、大鹄、湖门、石长城、浙川、浪广7个行政村及周边。据民国13年《昌化县志》记载，马啸滚灯起源于明代中叶，是当地为迎接孝惠皇太后回乡省亲所制作，至今有600多年历史。孝惠皇太后（当地称邵氏娘娘），是邵家村（今属清凉峰镇新峰村）人。据《明史》记载，邵氏“知书，有容色”，明天顺四年（1460），通过杭州镇守太监推荐入宫。成化年间（1465—1487）为明宪宗生下三个皇子，分别是兴王、岐王、雍王，邵氏晋封为贵妃，深得宪宗宠幸，特恩准在本命年（龙年）回乡探亲，家乡百姓制作滚灯、跳云头舞等夹道欢迎。1519年，兴王之子朱厚熜登基为嘉靖帝，尊称祖母宪宗贵妃邵氏为“寿安皇太后”，赐邵氏之弟邵禧“金书铁券”，今藏浙江省博物馆。

马啸滚灯制作材料以竹木为主，大号灯2只，直径各为2.7米；中号灯4只，小号灯6只，引灯2只。灯队由30余位身着红、黄、蓝、白服装的民间艺人组成。

马啸滚灯为车轮式滚灯，每只灯由2—4人扶持在地上滚动前行，配有唢呐、锣鼓、火铳等。出灯时，由两面大开锣开道，后随行两支火铳、四支火流星及刀叉幡旗等，后面是两只排灯（财神灯、名灯），再是两个大滚灯，随后是篾扎纸糊的如来、观音、八仙等像，高2米许，由独轮车一车载一灯推行。晚上每个车灯还配有一个随引灯。

滚灯每隔12年出一次灯，期间一度中断。1983年重新恢复。1986年参加临安县元宵灯会，2002年在临安市元宵灯会获金奖，同年5月获浙江省第三届广场民间舞蹈展演优秀节目展演奖，2003年获浙江省民间艺术节优秀节目表演奖。

2009年被列入浙江省非物质文化遗产代表性项目名录。

非遗传承人江红星正在制作鸟笼
（程益鹏 2019年摄）

青柯鸟笼制作技艺 青柯鸟笼是临安锦北街道青柯村传承的一种鸟笼制作技艺。

青柯鸟笼制作技艺集传统竹制品制作、雕刻、镶嵌、竹编于一笼，选料考究，工艺精湛，技艺独特，造型典雅，全凭手工完成，活态传承。特别是独创的中药煮料、无榫扎角、笼门窗设暗锁等特技绝活，在传统鸟笼制作上独树一帜，具有很高的地位和影响力，是中国“南笼”的代表性传承基地。

青柯鸟笼制作技艺在青柯村已传承上百年。民国初，青柯人钟雪根从一绍兴篾匠处学会制作鸟笼技术，为青柯鸟笼制作之始。20世纪60—70年代，来水根师从钟雪根，后遇苏州“南笼”鸟笼制作世家颜虎金悉心传授，青柯鸟笼制作技艺从捕猎工具向工艺品转化，并融入“南笼”派特色技艺。来水根、颜虎金共同传授给江红星、方新华、来炯炯等人，并不断创新，在全国崭露头角。20世纪末，江红星传授给俞忠华、江红裕、江红良。方新华将青柯鸟笼制作技艺传授给老家安徽歙县杞梓里镇横山村滩培的方成先、方明生等，而现在青柯村的王彩香、俞本，滩培的方善成等人，成为青柯鸟笼制作技艺的第五代传人。2009年，成立临安临青竹制鸟笼专业合作社。青柯鸟笼制作传承徒弟300多人，技艺传承遍布浙江、江苏、安徽、上海、北京、天津、福建、广东等地。

青柯鸟笼制作技艺大工序有22道。1. 精心选料：选择竹龄5—7年、生长于海拔500米以上地域的毛竹，每支毛竹重在40千克以上，竹节须有20厘米以上。毛竹生长的土壤不能太肥沃，贫瘠地的毛竹质地坚硬。2. 开料精选：拉回家的毛竹，用锯截成20厘米以上的竹段，去除两端竹节，再用刀剖开，挑出无虫蛀、无霉变、无疤痕的竹料。3. 中药煮蒸，晒干后阴凉处存放。将选好的竹料放入锅内，加入中药和水，蒸煮4—5小时，给新鲜毛竹脱水、杀菌、除霉，也防止变形，增加竹料韧性。再在太阳下曝晒数月，使其表面干燥泛白。存放阴凉处一至两年后，再选择无变形、无霉变、无虫蛀、无疤痕的竹料，作为制鸟笼的材料。4. 画线设计：将竹料用手工画线，根据鸟笼大小，选定相应长短的竹料。5. 切割打磨：对竹料进行切割。切割的精确度要求甚高。一般竹丝只有1.2—2.8毫米粗细。切割后再进行手工打磨，无论粗磨还是细磨，打磨后的竹丝要粗细一致，直径误差必须控制在±0.5丝之内。6. 打孔：原先打孔用手牵钻，现在用台钻打孔，误差也必须控制在±0.5丝之内。7. 雕刻：分平雕（12道小工序），浮雕（17道小工序），镂空雕（15道小工序），阴雕（11道小工序）。8. 做头：画线后用锯子做头。9. 拼角：有榫卯拼角和扎线拼角两种方法。10. 扎线：是“南笼”派特有的工艺。扎线后的拼角要保证永久性不松动，鸟笼才牢固。11. 拼内角：工序很精细，稍有不慎，鸟笼就会报废。12. 挫内角：内角拼完之后，精打磨。13. 串销线：固定。14. 打销：固定。15. 嵌线：在鸟笼的竹竿上用金线、银线、骨条、铜线、玉线进行手工镶嵌。16. 做顶：鸟笼的顶部可根据用户要求雕刻饰物和图案。17. 做底：鸟笼底部讲究的是平整实用。18. 做鸟笼的门窗锁。19. 串线组装。20. 抛光：再一次精细打磨。21. 打蜡：用蜡打光，使鸟笼光鲜清新。22. 检验：整个鸟笼组装完成后进行检查测验。

鸟笼的组成：笼框、笼底、笼门、笼顶、配件。鸟笼的基本配件：跳杠，果叉，虫盒，水杯，食杯，挂钩，笼衣，底板，包角扁担，手扣，镶嵌线（金线、银丝、骨条、铜丝、玉线），花边雕刻件。

2010 年 12 月被列入临安市非物质文化遗产保护名录。2014 年 5 月被列为杭州市非物质文化遗产代表性项目。2016 年被列入浙江省非物质文化遗产代表性项目名录。

竹盐制作技艺 竹盐制作的传统技艺，将食盐混合成酵盐装入竹筒，以黄泥封口，置入特制炉子，经九次高温煅烧，渗入竹沥、去除重金属。临安群峰叠翠，环境优美，植被良好，土壤宜毛竹、针叶林生长，黄土所含的多种微量元素正符合竹盐制作所需的标准和要求，是竹盐制作的宝地。

竹盐制作技艺起源甚早，在唐代《新修本草》及明代《本草纲目》中均有竹盐记载。传为唐代寺院僧人发现竹盐制法，作为治病处方而保留，后为家族传承。源自吉林延边，民国初期传入临安。目前所知制作竹盐最早制作人为金凤俊（约 1877—约 1972）。金凤俊出生于吉林延边竹盐世家，有子二人：金龙洙（1894—1980）和金一勋（1906—1989）。1912 年，因苦于延边当地竹料缺乏，二子分别迁徙至韩国西南的全罗道和江浙一带。金一勋在韩国发展竹盐事业，最后成为竹盐制作大师，并著有介绍竹盐的著作《神药》等书。金龙洙一路南下，在浙江临安横畈落户，利用当地丰富的竹木资源，加工制作竹盐。金龙洙后返延边，将技艺传子金成燮。20 世纪 80 年代，金成燮继承父志，到临安横畈创办三和园竹盐食品有限公司，生产制作竹盐，为世界上最大的竹盐加工企业，年产竹盐 1600 余吨，产品 90%供国内消费，并远销韩国、日本。

三和园竹盐食品有限公司的生产车间
（图片由区非遗保护中心提供）

竹盐制作技艺有 60 余道制作工序，主要工序有：1. 选竹伐竹：通常选 3—5 年生毛竹，依照毛竹的粗细、老嫩，截成 25—45 厘米长的竹筒。2. 混入酵盐：将海盐或岩盐粉碎，照比例混合成含有竹沥等物质的酵盐，并在盐中掺入一定比例的水以适合入筒。3. 竹筒“打”盐：将混合的酵盐原料“打”入竹筒。4. 黄泥封口：打入盐的竹筒需用黄泥封口。黄泥一般需取自地表 4 米以下，富含足量的微量元素。5. 入炉摆放：将封好口的盐筒入炉。盐炉很大，炉内宽 2 米，径深 1.8 米，高 1.2—1.6 米。入炉的盐筒要根据竹子的老嫩、长短、粗细，放置在不同的位置，才能使竹子中的有效成分尽可能多地渗入盐体中。6. 小火烘沥：用枫树皮生火，将松枝点燃，以“三分火”将炉板上竹筒内的水分烘干，竹沥渗入盐体。7. 大火烧竹：经历若干小时的小火后，转“八分火”，将已经干透的竹筒也作为燃料，一起煅烧盐体。此时盐体接近熔点，重金属及杂质等开始沉降，并逐渐挥发。8. 猛火去灰：竹筒烧成灰后，需要将炉子烧至“十分火”，猛烈的空气对流会将竹灰从烟囱带走。9. 出炉粉碎：待盐冷却后，将盐体取出炉。由于盐体在炉中发生重熔，需要在去除杂质后，重新加以粉碎。

2014 年 5 月被列为杭州市非物质文化遗产代表性项目，2016 年被列入浙江省非物质文化遗产代表性项目名录。

第二节　市级非物质文化遗产代表性项目

天目笋干制作技艺　天目笋干历史悠久，产于东、西天目山区，以临目东坑、横渡出产者最佳。太湖源镇临目村位于东天目山麓，为国家生态示范区，处北纬 29° —31° ，年降雨量在 1400 毫米左右，年雨日 140—180 天，雨量充足，气候温湿，适宜竹笋的繁衍和生长。

篓装天目笋干　　（布智明 2005 年摄）

天目笋干为临安驰名的老三宝之一，采用天目山的石竹笋和红壳笋等焙制而成。1997 年，天目笋干被推荐为“浙江省地产名品”。

天目笋干的加工制作技艺独特，包括选料、剥壳、蒸煮、烘焙、上堆、复汤、摘头、揉搓、烘干、包装等 10 道工序。1. 选料：须是当地产的石笋、早笋、红壳笋等。立夏前开始，芒种前结束，须风雨无阻天天采笋，以长度不超过 25 厘米、直径不超过 2 厘米者为佳。2. 剥壳：先用利刀切去笋尖壳，随后从上到下纵切一条直线，深达笋肉；剥去笋壳，切去根部。当天采笋，当天去壳，当天烧煮。3. 蒸煮：锅底放篾圈垫，接着萁朝下，将笋放在木甑中，笋梢向内，根部向沿，层层放好。底层加盐 5 千克，各层均加少量盐，最后用盐封顶，每 100 千克笋肉用盐 3 千克。一锅煮笋 800—900 千克，用旺火烧煮。严格控制时间，第一锅为 6—7 小时，中途翻锅一次。煮熟后捞出再装第二锅，用盐量减少四分之一，中途也翻一次锅。总要求：不生、不焦、不烂，色泽好，盐味均匀。煮熟后笋肉由白色变为玉白色，外表油光滑润，笋体变软。笋煮熟后即出锅，然后加水煮第二锅。每煮 2—3 锅要换水一次。4. 烘焙：煮熟的笋捞起后，稍经滤水，放在烘床上烘焙，控温 40℃—60℃，不断翻动，使水蒸发均匀，笋干色泽黄亮，无焦味。干燥程度以手捏笋松而不腻为准，此为毛坯。5. 上堆：把毛坯笋干暂时堆放在较干燥的地方，待笋期结束再进行精加工。6. 复汤：用含盐量 10%的沸水 100 千克，加入 60 千克毛坯笋干，待笋干把盐水全部吸净后，捞起堆放在竹垫上压实，再用塑料薄膜封盖，经 4—5 天，笋干变柔软，以便揉搓。7. 摘头：复汤后的笋干，先摘去嫩头，经揉搓加工、焙干，便成焙熄。8. 揉搓：将摘头后的笋干坯身置于竹垫上，用手工或机械揉搓成球形，老头在内，嫩头在外，绕成四周半的球状，重新放在焙床上烘焙。当焙到八成干时取出，置于洁净石板上，用榔头敲成扁圆形，即为扁尖笋干；也可稍经揉搓，把笋干拉直，剪成统一长度（20—24 厘米），经烘焙，至八成干燥，再用木榔头敲扁。在烘干的过程中不能揉捏，保持笋干笔直的状态。夯直后继续放在烘床上烘，保持笋干形状笔直，即为直尖笋干。9. 烘干：把八成干的笋干，按色泽、粗细、长度、肉质厚薄，分级挑选，重新放在焙床上烘至干燥。10. 包装：传统的包装方法，是用内垫箬叶的竹篓包装，大篓套小篓，每小篓 1 千克，25 小篓合 1 个大篓。现大多采用塑料食品袋包装，其香味不如竹篓包装。

2008 年被列入杭州市非物质文化遗产代表性项目名录。

麒麟灯 潜川镇伍村村有传统麒麟灯队。清光绪六年（1880）从青田县祯埠乡大叫村传入，已有近 140 年历史。麒麟灯以家族传承为主：第一代，伍盛烈（1820 年生）入道教，舞麒麟灯替人祛邪治病，传第二代孙伍显真（1860 年生）。伍显真迁居潜川伍村，在村里逐步形成跳麒麟灯习俗。1930 年，伍显真传第三代儿子伍国卿（1905 年生）。伍国卿把麒麟灯改为红、黄、黑、蓝四只，逢年过节，各家各户来请灯时，红、黄、黑、蓝齐出场，并配以唢呐、锣鼓伴奏。1950 年遭取缔。1965 年，伍国卿将麒麟灯制作方法和舞动套路传给第四代儿子伍德荣（1946 年生）。2003 年得到恢复。

潜川麒麟灯 （图片由区非遗保护中心提供）

麒麟灯制作原用竹篾细铅丝扎制麒麟头，后改用玻璃钢浇制，绘图着色，身躯采用涤纶纺布制作，绘上鳞片，尾巴用苎麻染色而成。新制作麒麟灯分红、黄、黑、蓝四只，每只长 2.8 米、宽 0.8 米，配制 16 块祥云片伴舞，由 30 名年轻女子执舞，表演时用唢呐、锣鼓伴奏。套路为：1.八人挈祥云片踩碎步上场，退至场后一字排开，面朝观众，各将手中祥云片左右旋动作背景；2.四只麒麟分两队从两边快速上场至场中，各反方向转悠一圈；3.表演对蹦、对跳；4.骑走背上；5.跨身；6.嬉尾；7.麒麟送子；8.快速退场。

2004—2007 年间连续四年获临安市元宵灯会金奖，其中 2005 年获中国天目山森林博览会金奖。之后被邀请参加浙西大峡谷旅游景区、桐庐县分水镇表演。

2011 年被列入杭州市非物质文化遗产代表性项目名录。

凉溪青毛狮子 湍口镇凉溪村的传统青毛狮子灯队，约有 200 年历史。据《叶氏家谱》载，

凉溪青毛狮子　　（图片由区非遗保护中心提供）

清咸丰年间，叶家以山上的长绒毛草喂养大肥猪。晚上得梦，此猪是狮子变的。于是家人决定扎青毛狮子灯，祈求风调雨顺，六畜兴旺。用竹篾绵纸扎制狮子头，到山上取长绒毛草做狮毛，以青布做狮身，设计舞蹈动作和武打套路，配锣鼓唢呐等器乐。后又增加生小狮子的环节，组建“黄石合社灯会”，2005 年成立“凉溪村灯会”。

青毛狮子每十年出一次灯。选龙门脚千年大榧树下为青狮点眼开光。开光仪式：先立老郎堂，请老郎仙师下凡，供奉祭拜，吃老郎酒。然后分头行动：扎制狮头、上山拔狮毛，授习武打、舞狮技巧，选吉日，黎明前社众男丁焚香跪拜，宣读疏文。东方现白时，点眼开光，鸣锣放炮，开始舞狮，然后拜神、拜水口和范王殿，接着各地游灯。表演阵式：先进行弓叉、大刀、棍子、月斧对打表演；再由领球员将青狮子领出，表演四套动作：单四门、双四门；乌龙盘紧、寻球抢火；撬水敲背、生幼狮；狮子滚骁、狮子啸天，四角吃球。前后 45 分钟。凉溪青毛狮子足迹遍布湍口各村以及昌化、龙岗等地。建新房、娶媳妇、孩子参加高考的家庭，为祈求招财进宝、早生贵子、金榜题名，接灯时会给狮子披红，请小狮子滚新床，发大红包。舞狮者高唱利市妙语，众人高声喝彩祝福。正月十五闹元宵，正月十八散灯。至深夜，灯会众男丁备祭品、烧元宝、焚香拜送狮神上天。

扎制青毛狮子，需要竹篾、纸（糊青狮子）、青麻布、狮子毛（制作狮身）、弓叉、大刀、月斧、棍、排灯、香灯、花球（篾扎纸糊）、铜铃、锣鼓、堂鼓、唢呐、三鸣火铳等。武术演员的表演服装为绿色绸缎功夫衫，腰扎红丝带，头扎头巾和红绿色杨梅球。跳狮演员服装为绿色武打裤子，配绑狮子毛。

青毛狮子第一代传承人是叶德生父亲，第二代传承人叶德生，第三代传承人叶德桂，第四代传承人叶为路，第五代传承人叶银祥（已故）、杨志海。

2014 年被列入杭州市非物质文化遗产代表性项目名录。

潜川手狮　潜川镇麻车埠村紫溪自然村有潜川手狮灯队。清光绪六年（1880），江山县若干农户应招迁居于此，传承江山软腰狮子祈求在紫溪安居乐业。传承第一代：原江山迁居者，姓名不详，于 1945 年亡故。第二代传承人为同是 1926 年出生的朱炳华和陈来华。第三代为 1940 年出生的方寄湘。

潜川手狮　　（图片由区非遗保护中心提供）

潜川手狮传为南宋宫廷灯艺之一，小巧玲珑，形象独特。每年新春佳节，都要出灯，常与祭祀、庙会、节庆等民俗活动结合。初为一红、一绿两只，长 1.2 米，宽 40 厘米，红为雄、绿为雌。狮体用竹篾扎制，外用白色纱布包裹，纱布上绘图、着色，另取红、绿皱纸剪成丝条，分作红狮、绿狮狮毛。狮子口可张可合，狮肚安装两根尺许长木棒作擎灯把手，由四名精壮汉子轮流执舞。舞蹈阵式有：剪刀阵、馒头阵、狮子饮水、相互翻滚等。

1955 年参加建德专区（时临安属建德专区管辖）灯舞比赛，获评表演一等奖。1966 年被迫停舞。1982 年重新恢复。2001 年改进，狮头改用玻璃钢浇制，凹面凸眼，蒜鼻方口。表演增补蹲步、互斗、追逐、扭身、摆头、群狮斗舞等阵式，由 35 名年轻女子执舞。在临安市元宵灯会上获金奖，在杭州西湖博览会狂欢节获最佳表演奖（最高奖）。至 2015 年，先后多次参加省、市举办的各种比赛，获得诸多殊荣。受邀赴江苏吴江、北京市、上海市表演，中央电视台综艺频道和军事·农业频道都做过专题播放。

2016 年被列入杭州市非物质文化遗产代表性项目名录。

临安水龙　主要传承地在板桥镇及周边，以秋口村为中心。传唐末钱镠五子誉为五虎将，后梁皇帝朱温夜梦五虎要咬皇上，梦醒解梦，以为应钱镠五子，为此召钱镠进京试探。钱镠心知肚明，为表忠心，令打造五只铁笼，召集五个儿子，看谁能最快跳入铁笼中。五子争先恐后跳入铁笼里，钱镠令锁住铁笼押解进京。此举令朱温大为感动，进而册封钱镠为吴越国王，对钱镠五子也各有封赏。临安百姓纪念钱镠五子，分别在锦城、玲珑、青山、亭子、三口等地修建乡主庙。三口的乡主庙坐落于三口至下钱交界的二龙山脚，大殿正中供奉“乡主菩萨”，正是钱镠第三子钱子伦的神像，按金木水火土的排行，钱子伦应为“水星”。当地乡民制作龙头，用一块长五尺的蓝布连接龙颈，以象征“水”。

“临安水龙”应邀在杭州宋城表演　　（布智明 2004 年摄）

当地人将龙头套在头上，蓝布自然披肩，舞动时似水飘动，后演变成“水龙”，并在乡主庙

会上表演。每年九月二十三日为钱子伦的祭日，即庙会日。临安、富阳、桐庐、余杭等地香客都来朝拜进香，请戏班唱三天三夜戏，请道士拜忏。“水龙灯”也自发前来助兴。后以竹片、木棍、纸张、布等材料，制作由十几人到二十几人跳的“水龙灯”，逢年过节也跳。表演有水龙出世、戏水搏浪、盘龙吐雾、普降甘霖等套路，有“节节跳”“金龙遨游”“360度小螺旋”等，编排了“鱼龙漫游”“金龙喷水”“赛龙舟”“龙舟号子”等动作，特别是“节节跳”“龙头窜螺旋”“夹尾戏龙珠”三节动作和阵式，在中国舞龙表演中绝无仅有，为民间舞龙表演增添了三个阵式，既有浓厚的乡土气息，又有高贵典雅的艺术气质。

临安水龙身为金黄色，画鳞片，围圆1.2米，龙体内藏一条长35米、宽1.5米的蓝布，龙头内装有喷水器，共17节，龙身全长50米。表演者上衣为金色无袖衣，配有金色的背带和腰带；下身为蓝色裤子，裤管上饰有白色水浪花。

清道光十三年（1833），金仲远参加“水龙灯”制作和表演，传其子金阿大、再传金志，又传金三，又传金前景（1925年出生）。1966年停舞。1998年俞树彪等恢复组建，发掘创新。

2001年第二届杭州市“风雅颂”民间艺术展演获表演金奖、最佳道具奖。2003年2月应法国邀请，参加法国尼斯狂欢节。2004年9月第七届中国艺术节上，获第十三届全国群星奖。2005年9月获“华夏一绝”全国民间表演艺术大赛金奖。还在26个国家参加的“第五届中国国际民间艺术节”上获国际友谊金杯。2011年秋口村兴建“水龙陈列馆”。

2016年被列入杭州市非物质文化遗产代表性项目名录。

第三节　区级非物质文化遗产代表性项目

2003年2月参加法国尼斯狂欢节表演的吴越双狮

（图片由区非遗保护中心提供）

吴越双狮　太湖源镇东天目村梅家自然村有传统吴越双狮灯。

西晋时，梅福后裔从江西九江迁居该地，称梅家头，建村已有千余年。梅家崇文习武，吴越双狮渊源于此。清末梅家有梅、俞、朱、章四姓，村民在练武的基础上，跳起红毛狮子，逐渐形成习俗。1930年，红毛狮子改为绿毛狮子，并伴有十二花名的花灯。绿毛狮子和十二花灯均以竹、木、布等为材料扎制而成。1960年改称吴越双狮。表演阵式有开四门、剪刀顺、元宝顺、五角顺、里抢水、外抢水、凹六角、凸六角、双绞丝、上肩顺、下肩顺、上背顺、双打滚、打瞌睡、支痒、背水拖草、生小狮子、玩游戏、圆满归帘 16 个阵式。

吴越双狮于 1966 年停舞。20 世纪 90 年代恢复，在原有的基础上创新，增加上肩顺、下肩顺、背水拖草等阵式，双狮配合默契，对称感强。

吴越双狮多次参加临安元宵灯会和重大节庆活动。2003 年 2 月，吴越双狮应邀参加法国尼斯狂欢节表演。

2006 年被列入临安市非物质文化遗产代表性项目名录。

河桥白下鱼灯　河桥镇河桥村白下自然村有传统鱼灯队，已有上百年历史。20 世纪 70 年代前，河桥是码头，过往停泊船只有数百艘之多，船工以青田人居多。距白下 10 里之大柳滩、小柳滩水势险恶，经常发生翻船事故。为祭河神，保平安，船工以鱼灯来祈求平安吉祥。青田船帮张碎彩（1886 年生），精通鱼灯扎、舞技艺，便在白下村里传授。鱼灯每年正月十三上灯，十八散灯。将灯放在祠堂或水口焚烧祭祀，以祈求鱼神保佑水上平安，习俗一直流传至今。

河桥白下鱼灯　（图片由区非遗保护中心提供）

鱼灯制作仿照鱼的种类形状，在 T 式木架上，用细竹篾扎制轮廓，蒙上白漂布，纸糊篾骨，以彩色绘鳞，上留口子，中间插蜡烛或小灯泡照明，下装木柄。数量常年 12 只，闰年 13 只，有时则按季节为 24 只。鱼灯种类有鳌鱼、鲤鱼、鲫鱼、花珠鱼、金鱼、虾米，呈红黄白绿诸色。还有鱼珠、三眼铳、钢叉、牌旗、牌灯、彩旗、花灯、乐队等。一般由 25 人组成。穿古戏服装，包头巾。表演时先由二人提灯笼出场，再由一青年舞鱼珠领灯队左右翻转，头尾形成波浪起伏状，不断变换队形。表演阵式有双开门、十字形，变二路绕剪刀形、8 字形、圆圈形，还有四角形、六角形、帐子阵、白字形、梅花形、跳龙门、鱼散子、谢场等。最后以队尾两只小鱼灯的逗趣表演结束。伴奏音乐以民间打击乐为主，伴有唢呐，也可用电子琴伴奏。忌灯柄靠肩，鱼头朝天。

乐平蚕龙　（图片由区非遗保护中心提供）

2006 年被列入临安市非物质文化遗产代表性项目名录。

乐平蚕龙　潜川镇七坑村有传统乐平蚕龙灯队。传为五代时，当地百姓们为感谢钱王“善诱黎民，拓桑养蚕”的恩泽，每年正月，用“蜈蚣簇”做成龙灯，跳起“蚕龙灯”，以此为俗传承下来。根据这一传承，清代末期七坑村开始舞“蚕龙龙灯”，又称“蚕花灯”。1966 年停舞，

2002 年重新恢复，称“乐平蚕龙”。2003 年作改动和创新，采用米黄色塑料吸管和白色塑料泡沫为材料，做成结满茧子的“蜈蚣簇”作为龙身；用玻璃钢浇制成老桑树蒲头模样，绘图着色做龙头，用篾片、细铅丝扎制成老桑树根须模样，外糊牛皮纸，着色作龙尾。借“桑”字谐音，做成双龙，每条长 30 米，各分 13 节，由 35 名年轻妇女执舞。表演上取双龙共舞，其套路分为出龙、游龙、跳龙节、串龙节、小螺旋、大螺旋、头尾嬉龙珠、蝴蝶形造型等阵式，由村“十番锣鼓”队现场伴奏。舞灯者一律穿蓝底白花大襟衣裤，头戴蓝底色花头巾，脚穿白色元宝口鞋。

蚕龙灯属师徒活态传承，已有 130 多年历史。其谱系：1882 年前无考。第一代 李培荣（1892 年生）；第二代 陆义友（1908 年生），陆孝儒（1908 年生）；第三代 胡关洪（1927 年生）；第四代 陆岳峰（1940 年生），陆义荣（1940 年生），陆义星（1945 年生），郑土根（1935 年生）；第五代 陆旭芳（1966 年生）。

2004 年，参加临安市元宵灯会获表演金奖，同年参加中国天目山森林博览会和杭州西湖博览会表演均获金奖。2005 年，参加淳安县秀水节表演获金奖。

2006 年，被列入临安市非物质文化遗产代表性项目名录。

潜川青龙 潜川镇外伍村有传统潜川青龙灯队。传唐王为魏徵扇风，斩落龙王头颅。龙王夜夜向唐王索要头颅。唐王号令天下，每年元宵节，让百姓扎制龙头，舞动龙灯，为龙王超度，饱飨人间香火。潜川青龙习俗由此故事而来，始于 1885 年，祈求青龙保佑风调雨顺、地方太平。

排练中的潜川青龙 （图片由区非遗保护中心提供）

青龙灯原为篾片扎制，外糊雨伞纸，绘图、着色。龙体上覆盖蓝色粗布作龙皮。龙头与龙体分开，寓龙头斩落之意。龙头上缚 3 米长红绸布一块，为龙头连带接龙体。全长 30 米，分 13 节，每节龙体内均安装蜡烛。配制“回避”“肃静”排灯 2 盏、花篮 4 只、三脚蛤蟆灯 1 盏、虾公灯 1 盏、猢狲灯 1 盏、龙珠 1 个。由 30 多名精壮汉子执舞。套路有四方阵、里龙阵、外龙阵、剪刀阵、元宝阵、老龙翻身、龙饮水、乌龙盘颈等阵式。

1966 年停舞。1984 年恢复，由第三代传承人伍仁义牵头。2001 年参加临安市元宵灯会获金奖，同年参加杭州市西湖龙井茶会表演，获好评。2006 年对青龙灯的制作和表演套路作创新，龙头改用玻璃钢浇制，龙体改为绿色涤纶绸布制作，把龙头、龙体连为一体，分 12 节，全长 28 米。头尾绘图着色，通体碧绿。龙珠改用水晶球制作，由 15 位年轻女子执舞，身着红衣裤，头裹红头巾，腰系金黄绶带。龙舞阵式改为快速上场绕场一周、游龙、串龙节、跳龙节、龙脱衣、龙嬉水、小螺旋、大螺旋、开中门、嬉龙珠、头尾共舞、盘龙等。

青龙灯以家族传承为主，在伍姓家族中已传承四代。1885 年前无考；第一代伍木生（1865

年生），第二代伍柏青（1900 年生），第三代伍仁义（1931 年生），第四代伍一力（1972 年生）。

2006 年被列入临安市非物质文化遗产代表性项目名录。

白沙鱼灯　太湖源镇白沙村有传统鱼灯队。白沙村东邻东坑村，南连临目村，与安吉县天荒坪镇接壤，海拔 510 米，由原龙须山、市岭、白沙三个自然村合并而成。鱼灯起源于清代。其时，这一带未尽天年而病故者多，便请人来扎鳌鱼灯，每年跳灯，祈求岁岁平安，年年有余（鱼），故又称为"太平灯"。

白沙鱼灯　　（图片由区非遗保护中心提供）

白沙鳌鱼灯表演内容与形式：16 条鳌鱼分 8 对，按照颜色配对，依次入场。由持牌引灯人带头，跳四方阵、元宝阵、里外四角阵，并结合舞蹈、游泳等动作，模仿鱼儿在水中游弋。跳灯期间全村人禁吃鱼类。正月十八晚在祖祠焚毁鱼灯，祈祷来年平安。

鱼灯在 200 年前由夏雷福设计编排。夏炳贤为第二代传承人，10 岁时跟父亲一起扎灯，后不定期举办跳灯表演。1966 年停舞，1986 年恢复，参加临安市元宵灯会。2006 年重新扎灯，连续两年参加市元宵灯会。夏阿洪等 30 余人为第三代传承人。

舞蹈服装：舞鱼人员着古装，包头巾。16 条鳌鱼有青、红、蓝、紫、粉、黑、彩等 7 种颜色。鳌鱼身子以竹篾为骨架、外用布或牛皮纸贴糊，内点蜡烛。鱼灯身长 2.2 米，鱼头 77 厘米，鱼身最高处为 37 厘米，尾长 73 厘米，鱼身下有木手柄。

2008 年被列入临安市非物质文化遗产代表性项目名录。

南山红毛狮子　　（图片由区非遗保护中心提供）

南山红毛狮子　於潜镇南山村有传统红毛狮子灯队，从清末始，传承已 100 多年，在当地负有盛名。1966 年停舞。1982 年重新恢复，多次参加临安市元宵灯会踩街活动，并应邀到各地巡回演出。

红毛狮头制作用青篾、细铅丝造型，外包三层红布，每层红布涂一次桐油；直径 80 厘米，重 16 千克。造型生动活泼，眼珠会转，眼睫毛上下能翻动。狮子皮用红布做成，狮身长 2.67 米，高、宽各 67 厘米。狮子毛为染红的苎麻丝。

表演者着黄色对襟衣、黄色小灯笼裤，鞋边粘有红色狮毛。表演由锣鼓开场，四名青年手执刀、枪、棍、剑等器械表演武术，套路有板凳花、盘龙棍、劈刀花、金刚拳等。武术表演退场后，一青年手拿彩色绣球上场，引出狮子至场地中间，将绣球抛向狮子，狮子张嘴接住绣球，表演者后空翻退场。然后表演走四角、剪刀阵、编笆阵、穿廊柱、吸壁、咬柱（两进两退）、搔痒、摆方步、做巢、瞌睡、单滚、双滚、发威、饮水、回营等阵式。红毛狮子由两只大狮子和两只小狮子组成，全身为红毛的是雄性狮子。两人在翻、爬、打、滚等表演中须配合默契，并和其他狮子呼应，充分显示雄狮的勇猛特性，具有较高的武术技艺。

三口竹编竹拎包　　　　　　（布智明 2015 年摄）

三口竹编　临安三口人自古利用竹子编织生产、生活用具。1972 年，三口手工业社办竹编车间，编制面包盘等竹制品。1974 年，上海市进出口公司在浙江挑选竹编工艺品，三口选送吴根泉设计制作的 10 件竹编工艺品，被选中 6 件，送往广州国际商品交易会展出，外商订货 10 万只，开创三口竹编外贸先河。20 世纪 80 年代有各类动物、插花器、花盆套、篮子、盘子、盒子、野餐箱包、仿古制品、天然黑竹制品及各种食品包装盒、服装包装盒等 10 多个大类、1800 多个花色品种，产品远销世界各地。此后工艺日臻完善，成为三口竹编工艺的传承基地。

三口竹编由专业设计师精心设计，采用当地优质毛竹，破成竹篾、薄片、竹丝等，放入大锅中煮，根据设计编织成器物，然后上色、上漆、检验、包装。三口竹编以编织精巧、花色丰富见长。粗细并用，既有细若发丝、薄如羽翼者，又有粗犷豪放、拙中见巧者。

三口竹编《鹰钟》被轻工业部收藏并授予“创新奖”。北京钓鱼台国宾馆选取多件竹编工艺品作为国礼，赠送各国贵宾。“工艺鸭”等许多卡通竹编，作为国际商品交易会“吉祥物”，分送各国商界要人，中央电视台曾作专题报道。三口获得“竹编之乡”美誉，当地政府重视对竹编工艺的传承和保护，辟有三口竹编工艺陈列室。

2009 年被列入临安市非物质文化遗产代表性项目名录。

湍口犟灯　湍口镇岔口自然村有湍口犟灯传统灯队，已有近 400 年历史。明代熹宗天启四年（1624），倭寇侵犯，岔口村方姓祖先方世臣守边平寇有功，受封为兵部尚书，御赐“荣恩”直匾。方世臣返乡祭祖，皇帝御赐八只神兽花灯随行，名为“坐犟神兽伴四时名花之灯”，以光宗耀祖。后人为纪念方世臣，每隔五年扎制八只神兽花灯进行表演，一直流传下来，还将犟灯传承给亲家石室顾氏家族。

湍口犟灯　　　　（图片由区非遗保护中心提供）

犟灯有青狮、白象、麒麟、犀牛、龙马、狴犴、海马、獬豸八只兽灯，扎工精细，色彩鲜艳。

兽体长约 2 米，灯体高 1 米，以一木轮车载一灯。制作辇灯的相关器具：1.红色木制独轮车九辆（一兽一车），行走时可驮，舞灯时可车推。2.由竹篾扎成神奇走兽的躯壳。3.用绵纸、五彩纶头、镶金纸及彩色颜料等糊贴装裱，制成神兽。4.舞灯者身着黄绸对襟衣裤，头扎黄绸头巾。5.鼓乐器材及蜡烛等，现改成电瓶等配备。

制作完后，举行开眼仪式，请道士，祭天地，请众神，拜老郎，全体村民跪拜。祭祀仪式结束后行灯表演。先由彩球作为引路明灯，青狮紧跟出场表演抱球之动姿，依次表演白象祠位、麒麟送子、獬豸扶正、犴神降魔、龙马行雨、喜开龙门、犀牛驱邪、颠马扫堂等阵式。之后，由彩球领头，辇灯鱼贯绕场一周，表演铁索环绕、狮子抢球，然后一字长蛇阵，又绕场一周，展现双双串龙门、四开门、绕元宝、恭喜发财等阵式。最后，以关公骑赤兔马奔前、后、左、右、正、反六方后，结束全场表演。正月十八深夜落灯，有祭祀仪式，焚毁灯具以驱除邪魔，祈求平安吉祥。出灯行灯，各家各户出钱出力。行灯所得除去费用，结余费用都用作村庄公益事业。

辇灯长期传承，1949 年后屡有跳灯。1960 年由方水法、方金法发起，1980 年有张乔林、方玉林发起，1986 年由张林法、方万新发起，2000 年由张昌华、方立新发起，遍游湍口、昌化、於潜、临安等地。2003 年由方华山、方志飞扎制麒麟一匹送市文联陈列。

2009 年被列入临安市非物质文化遗产代表性项目名录。

九狮双狮　天目山镇九狮村有九狮双狮传统灯会。传明代村中有一户蒋姓人家，其子为官清正，恩泽百姓，被朝廷九代封侯。因其功德感动天庭，天降五色祥云笼罩九狮村，云端来了九只狮子向村民道贺。后九只狮子落脚在村周边九座山头上，护卫着村子，九狮村因此得名。村民为报九狮恩德，制作九只狮灯，每年正月初三至十八，挨家挨户跳狮灯庆贺。1940 年，九狮改成一红一青双狮。1966 年停舞。2008 年恢复。

表演中的九狮双狮　　　　（图片由区非遗保护中心提供）

狮头用竹篾扎制，以不同颜色的布粘贴而成。青狮头宽 83 厘米，高 67 厘米，长 83 厘米。全长 2.67 米。青狮用蓝皮毛，红狮用黄偏红色皮毛，青狮比红狮要宽些长些，以藏住小狮子。

表演顺序：四只引路牌灯上场，站四个点位。双狮在锣鼓声中入场，朝不同方向跳跃。绕场一周后，以开四门、送元宝、剪刀花、凹六角、顺上肩、双连丝、生小狮（青狮生小狮，红狮绕青狮作保护状）、玩小狮等表演阵式，完成整个双狮表演。该狮舞、扑、腾、挪、纵、跳、翻、滚极具阳刚之气。雄狮演员穿黄色对襟衣裳，黄色小灯笼裤，鞋子（黄色）边上粘有黄色丝线；雌狮演员服装样式与雄狮演员相似，颜色改为蓝青色。

传承谱系：第一代蒋成炎，第二代蒋文本，第三代蒋金法，为家族传承系列。

2009 年被列入临安市非物质文化遗产代表性项目名录。

浪广粽子节　为清凉峰镇浪广村民间习俗。当地村民包粽子、煮果汤，以祭祀“土地神”。此俗并延伸至唐昌、徽州等地区，至今已有数千年历史。

每年二月初二，按照风俗祭祀“土地公公”。祭祀程序：进场、各礼赞列队进入主祭会场就位、迎土地公婆、安放土地公婆神像至神位、祭拜土地公婆、神降、上香、斟酒、再上香、斟酒、读祭文、身平升、拜祭、送祭词、烧纸、放鞭炮、奏乐、焚祭词、礼毕。此前数日，家家户户开始泡糯米、煮粽叶、切猪肉、剥栗子、磨面粉。粽子主要有五种：糯米粽子、小米粽子、甜玉米粽子、高粱粽子、红豆粽子，统称为五谷粽子，寓意为五谷丰登。粽子形状有四角粽、尖角粽、三子尖角粽、五子尖角粽、七子尖角粽、九子尖角粽，即为用尖角粽连成一串，有大有小，大的在上，小的在下，形状各异，以不同颜色的丝线扎成。九子粽只有母亲送给出嫁的女儿、婆婆送给新婚的媳妇，为馈赠亲友最贵重的礼物。村民通过包粽子、吃果汤和庄重的祭祀仪式，祈求土地神赐福，保佑风调雨顺，田不漏，垄不裂，五谷丰登，仓囤盈满，禽畜健壮，祈求家庭幸福、吉祥如意。

2012 年被列入临安市非物质文化遗产代表性项目名录。

排练中的潜川鱼灯　　（图片由区非遗保护中心提供）

潜川鱼灯　潜川镇青山殿村有潜川鱼灯传统灯队。清咸丰年间（1851—1861），於潜县境人口锐减，地方官员招揽外客到於潜承田落户。有浙南青田船帮迁居此地，置办木船，往返于昌化溪、天目溪至富春江、钱塘江之间，青山殿成为一个重要水路码头，多时停泊船只达百余条。船帮把瓯江鱼灯习俗也搬到青山殿，祈求行船平安，生意兴隆。约在 1884 年前后，青山殿村民拜船工为师扎制鱼灯，自此青山殿村便有了舞鱼灯的习俗。

鱼灯均用篾片扎制，外糊雨伞纸，绘图、着色，灯内安装蜡烛，有鲤鱼灯、鳌鱼灯、青鱼灯、鲫鱼灯、虾公灯等十二盏，闰年加一盏。领头的鳌鱼灯长 3 米，直径 60 厘米，其余灯依次排列、逐个缩小，最小为虾公灯。人手一盏，且行且舞，用唢呐、锣鼓伴奏，由 20 多名精壮汉子执舞。舞动的套路有元宝阵、剪刀阵、四方阵、八方阵、鲤鱼跃龙门等阵式。

1966 年停舞。2010 年重新恢复。在传统的基础上，制作和表演套路均作较大的改进和创新。每盏灯均为 1.2 米长，有鳌鱼灯、鲤鱼灯、黄鳍灯、青鱼灯、鳊鱼灯、鲫鱼灯、虾公灯等 12 种，灯内安装电珠，改由 24 名年轻妇女执舞。舞灯人上身穿白衬衫外罩大红短袖对襟衣，下身穿状如美人鱼裙的大红紧身绸裤，戴头饰，腰系绿色围身巾，脚着白色圆口鞋。鱼灯的表演阵式，增加满天星、原地翻滚、连续游滚、相互穿插、嬉逐蹦跳、鱼跃龙门等。

鱼灯为师徒活态传承，第一代为青田撑船人，名字无考。第二代陈汉成（1930 年生）。第三代陈志峰（1940 年生）。第四代陈伟力（1968 年生）、毛玉芳（1970 年生）。

2010 年，潜川鱼灯受邀参加上海世博会杭州国际文化交流周杭州深山渔村欢乐 GO 大型活动表演，受到好评。

2012 年被列入临安市非物质文化遗产代表性项目名录。

湍口二联村睦剧　湍口镇二联村睦剧历史传承较久，由竹马戏演变而来。睦剧以古睦州（今淳安、遂安）为中心，流行于浙西和徽州地区。晚清从二脚戏竹马班发展到半职业三脚戏竹马班，民国初又发展为职业的三脚竹马戏常班。1949 年定名为睦剧。1910 年前后，湍口镇二联村青坑口自然村成立三脚戏竹马班，白天跳竹马，晚上演大戏，长期在三县周边巡回演出。1960 年后曾排练《君子图》《山伯访友》《三女拜寿》等。1961 年，《年三十夜的风波》获昌化地区文艺会演二等奖。1966 年停演。2002 年恢复，创作排练《母女山村行》《山清水秀二联村》《山村的笑声》等。

2014 年被列入临安市非物质文化遗产代表性项目名录。

湍口马灯　湍口马灯有湍源马灯和三联马灯两支，灯队辐射到湍口、凉溪、沈溪、塘溪源、石室、岔口、迎丰、三联、洪岭、河桥、昌化等地。

湍源马灯由湍口镇湍源村传统灯队表演，传与“泥马渡康王”故事相关。传宋康王赵构曾被土地庙里的泥马驮载渡江，躲过金兵追击。赵构登基后，不忘泥马救驾之恩，请来能工巧匠，用竹子编成竹马，组成一支竹马舞蹈队进行表演。

湍口马灯街头表演　（图片由区非遗保护中心提供）

湍源马灯的传承：据湍源村《吴氏宗谱》记载，清乾隆年间（1736—1795），何华江、吴承堂、洪茂达等组织岩丰社马灯灯会，用竹子扎成竹马，糊上纸，社员穿上戏装，扮成各种角色进行表演。

三联马灯由湍口镇三联村传统灯队表演。根据唐魏徵斩杀孽龙的故事创编，组成一支竹马舞蹈队，有魏徵的马灯，并在人物中增设铁拐李、韩湘子、张果老、吕洞宾、何仙姑、曹国舅、蓝采和、汉钟离八仙的故事。传统习俗，各地龙灯遇上三联马灯要让道。

马灯队的道具和人员设置：两面牌灯各写着“风调雨顺”“马到成功”“国泰民安”“万事如意”。开锣二面、马十三匹、马伞一把、马夫一个、锣鼓队两支各四人、领队二人。一般年份马匹数量为单数十一匹，遇到闰月年则出十三匹马。竹马制作：每匹马前后两节，均用竹篾条制架，外用纸或布糊成，用纸剪成毛须粘上作马毛，用麻皮扎成束状作马尾。表演时，在马首和前后马肚里点上烛火，夜间观看，光彩照人。现经创新，增加“悟空舞棍、悬羊蹄鼓、孔雀开屏、鲤鱼跳龙门”等阵式。

每年出灯前，要先祭拜老郎神君，举行开眼仪式。一般正月初一起开始表演，挨家挨户去拜年。元宵前后最为热闹。正月十八散灯，也举行仪式，把竹马及其他道具全部送到河边烧掉。以后出灯，需重新扎制。

跳马灯时，将马前后两节分别置于演员身前身后。演员一手拿缰绳，一手持马鞭，扮成“桃园三结义”中的刘备、关云长、张飞以及“孔明借东风”和“八仙过海”中的人物。刘备骑白马，张飞骑黑马，关公骑枣红马。游灯开始前，先发帖子，既是贺年，也是通知。接到帖子的人家，要准备糕点、红包及香烛，放于堂桌上，以示恭候，将到时放鞭炮迎接。出灯到某村，有领头人手提灯笼领路，后随四人，两人背牌灯，另两人肩挑大开锣，边走边敲，先朝拜殿庙祠堂，后到农户家中游跳。以牌灯进入堂中，互拜行礼，相互交换发财香，大家走出门外等候马灯队的到来。在锣鼓伴奏和火炮的轰鸣声中，领队举钢叉把马灯队领进农户厅堂，双马并蹄点头叩拜行礼。马灯队根据领队指挥，边跳边变换表演队形，有“退子马”“双退马”“穿铁索”“大 8（发）字”“冲锋马”等阵式，然后行告别礼后退场，留关公枣红马单独闹堂表演“三叩首”“四开门”“扫堂”等，寓灭妖驱邪，保护平安。然后提大刀驾马跳出大堂，农户主人放火炮欢送。帖子收回，表示跳灯表演结束。

马灯表演如遇村民吃饭或者吃夜宵，则一定要表演“喂马”。“喂马”由马夫表演，有喜剧色彩。

2014 年被列入临安市非物质文化遗产代表性项目名录。

古事神灯　　　（图片由区非遗保护中心提供）

古事神灯　由湍口镇塘秀村的传统灯队表演。《塘里村史》记载：塘里自清道光年间（1821—1850），就有个木偶戏班，名为“鸿舞台”。清光绪年间，戏班改革，把傀儡戏的行头盔帽变价出卖，邀请塘垅上龙灯，新购古装大戏行头盔帽，建立徽剧科班，名“春和班”。村中前辈鲁成梁、方大德、汪天寿、郑佑祥等提议，让灯艺和戏剧相融合进行表演。道具用竹篾箍扎、纸糊而成，命名“古事神灯”。自此，塘里即有古事神灯和龙灯，称“神龙巧会，欢聚一堂（塘）”，又称“龙耀中天，神威万古”。灯会规定，每五年出一次灯，两大灯舞轮流举行。

古事神灯一般由男子着古装扮演，以戏剧和灯艺结合演绎古代吉利故事和神话，如《桃园结义》《渭水河畔》《慈航普渡》等，人员和道具根据故事的内容而定制。演出前，灯会要先拜老郎先师，祈求保佑平安。由三门火铳助阵，两面开锣开道，牌灯先行，上书“古事神韵，华夏文明”。再让铜叉、幡旗领路。前后两支锣鼓队敲起欢快的锣鼓，古事的扮演者手拿道具（灯具），按剧目情节依次出场，表演走圆场、元宝阵、剪刀叉、双龙出水、双龙进水、绕单铁索环、双铁索环、连环阵等套路。

古事神灯上台，一般先以踏八仙跳财神开场，音乐伴奏下，福、禄、寿三星宣召（说吉祥语），魁星、财神、麻姑依次上场（福星召魁星曰：“魁星到华堂，珠笔写文章，麒麟送贵子，得中状元郎。”禄星宣财神曰：“财神下界来，银巢金锁开，禄聚满满金，财神进宝来。”寿星引麻姑曰：“麻姑到跟前，酒敬半边天，献银库长生酒，福禄寿喜绵绵”）。最后，由状元夫人圆场团拜。广场和舞台均适合表演，年年一小庆，十年一大庆，小庆演戏恭庆，大庆灯闹阳春。演出以塘秀村塘里为中心，辐射到葛家、秀上、石室、朱贵、塘溪、岔口、桐坑、湍口各村、周边乡镇及邻县淳安等地。古事神灯的表演需 70 人以上。

古事神灯传承靠口口相传，手手相教。灯具制作根据剧目内容和人物，用竹子剖篾扎成，纸糊，精绘，灯内用小蜡烛照明。一般有如意、聚宝盆、寿桃、元宝、酒壶、魁星斗、青锋剑、韦驮鞭、琵琶、龙、伞、扇子、掌扇、牌灯、鱼篮子、护身宝刀、弓箭、净瓶、和合、玉斧、草鞋灯、豆袋等。自 1946 年间断后，直至 2013 年恢复。2014 年春节曾进行巡回演出。

2014 年被列入临安市非物质文化遗产代表性项目名录。

锦源村竹枝筲帚制作技艺　锦南街道锦源村坐落在甘岭山脉和横岭山脉的峡谷盆地中，毛竹资源丰富，是锦源村人生活之源，竹枝筲帚制作是其中之一，并形成筲帚文化。当地人日常家中遇到不吉之事，常以筲帚打扫屋宅庭院，表示扫除晦气，避凶趋吉。“筲帚一扫，邋遢跑掉”为锦源村人的俗语。

锦源村的筲帚制作起于清代末年。绍兴人骆金火迁徙锦源村，带来竹枝筲帚的制作技艺，当时锦源村的年轻人纷纷跟他学习制作技艺，形成家家户户制作竹枝筲帚的景象，竹枝筲帚销往临安、余杭、杭州等地。中华人民共和国成立后，以生产队为单位组建竹枝筲帚制作加工场，骆锦高、于阿毛第二代传人带领一些年轻人规模化制作，产品通过供销社销往外地。20 世纪 80 年代中期开始，又单家独户制作竹枝筲帚，第三代传人有徐建国、林旭宝、吴东法、徐国良等。徐建国还办起竹枝筲帚加工厂，聘请技师，规模化制作，年产量达 20 余万把，产品供不应求。

竹枝筲帚制作有削帚柄、破篾、捌竹丝、理竹丝、晒竹丝、烘竹丝、擦竹丝、缚筲帚、整形、紧固等工序。在锦源村，竹枝筲帚制作比较普遍，有许多制作专业户，并以锦源为中心，遍至横岭村、上甘村，以及玲珑街道和板桥镇等的小块区域。锦源村的竹枝筲帚不仅供应临安周边区域，而且远销余杭、杭州、上海等地。

2017 年 5 月被列入临安市非物质文化遗产代表性项目名录。

锦源竹编器具制作技艺　清末，宁波篾匠张卫兴到锦源村为当地人制作竹编器具，便落脚居住，教儿子张阿友、当地青年俞学荣学习篾匠技艺，竹编器具制作技艺在锦源村得到传承。中华人民共和国成立后，锦源建立竹编加工场，村民从事竹编制作，主要产品有竹垫皮、竹匾、竹筐等，通过供销社销往外地，竹编为当地经济支柱。20 世纪 70 年代末至 80 年代中期，村里有上甘竹编工艺厂和甘山竹编工艺厂，制作生活用品和工艺摆件，销往海外。90 年代工厂歇业，多数艺人改行，第四代仅吴荣华仍从事传承竹编技艺，主要制作生产和生活用品如竹篮、竹匾、面箩、畚箕、蒸架、凉席、烘榻、筲箕、筛、菜罩等。

竹编工艺主要工序如下。1.选料：在冬季选择生长三年以上的毛竹，以阴山竹为佳。2.取料：截料、破条子、削篾、匀篾、破篾、刮篾。3.编制。竹篮：起底、竖墙、收口做脚、支撑、上环。竹匾：做外壳、竖墙、做里子、外壳和里子拼接扎口、镶嵌里隔。面箩：经篾做底、纬篾竖墙、中间编五条篾丝、编上部收口、做撑、旺火烘好安上。畚箕：竹条压成 U 形、套绳、竹丝编织、编沿口、打紧，上环。蒸架：排竹片、旋转编织、锯圆。凉席：编织、收边。烘榻：编织、火烘、竖墙编织、收口、做脚圈。筲箕：排篾、编织、做圈、扎藤。筛：编织外框、做里子、外壳里子拼接、扎藤口。菜罩：做抓手、以青篾圆形编织、火烘篾经、竖墙编织、篾条扎口。

2017 年 5 月被列入临安市非物质文化遗产代表性项目名录。

第四节　其他非物质文化遗产

朱村生态竹龙　青山湖街道朱村根据传统灯队改进创编而成。由 120 名村民同舞起一条长 200 米的生态竹龙，展示朱村人追求绿色生态、追求幸福生活的热情。自 20 世纪 80 年代以来，朱村先后恢复创作“凤辇花轿”“岸龙舟”“龙腾狮跃”等节目，“龙腾狮跃”“猪八戒背媳妇”“临安响竹”等节目曾代表中国远赴捷克参加国际民间艺术节。

横街草编龙　锦城街道横街村黄龙历史悠久，可追溯到五代十国吴越国时代，距今已有千年历史，历经稻草龙—绢龙—竹编龙的发展历程，现为杭州市非物质文化遗产。黄龙的前身“草编龙”具有地方特色。此外还有月亮桥竹马舞、俞家九龙灯等。

横畈竹叶龙　由青山湖街道横畈村传统灯队表演。舞龙阵式有翠竹交映、山姑献笋、笋灯绕竹、竹海成龙、竹龙戏珠、龙拜四方等 6 种。贯穿动作有滚竹龙、慢罗龙、跳龙身、跳龙珠、罗汉龙、跪地龙、跳竹节、躺地龙等 8 种。

横畈竹叶龙　（俞志平 2005 年摄）

第四章　竹报刊

第一节　《临安农科报》

概况　《临安农科报》于1982年3月1日由县农业局、县农学会创刊，初名《临安农技》，不定期，4开4版，由临安县印刷厂铅印。1984年5月易名《临安农技报》，以新闻纸铅印，由杭州日报社印刷厂承印。1985年1月易名为《临安农科报》，由县农业局、县多种经营局、县林业局、县供销总社联办。改为月刊。1988年1月划归县农业委员会主办。报头由时任县委书记管竹苗题写。办刊宗旨为宣传报道党在农村的各项方针政策以及包括竹业在内的生产种植、科技开发、经营管理、科技咨询等内容，当科技兴农的好参谋，做山区农民的好朋友，为农村干部的好帮手。

机构及人员　1988年1月建立编辑委员会，主编先后有尉进、王钦尧等担任，编委有农口系统主要几个单位人员组成，先后有殷光玉、吴祥甫、葛华平、王治新、吕震豪、邵必文、董绍甫、朱其正、韩炳荣、赵弘中、盛小芳、程凯文、章明等。《临安农科报》设事业编制2个（后增加1个），编务先后由何其雄、殷光玉、凌渭忠担任，负责编校工作。1998年2月1日，《临安农科报》并入《临安报》，原《临安农科报》3个编制和2名人员同时划转入临安报社。

版面和栏目　一版为要闻，设有“头版新闻”“要闻简讯”“简明新闻”等子栏目。二版为综合，设有“综合新闻”“临安各地”“政策法规”等子栏目。三版为农技指导，设有“农业与科技”“科技兴农”“农机常识”“农业与气象”“新险种”“服务台”“评论”等子栏目。四版为副刊，设有“天目山副刊”“文化娱乐专版”“摄影专版”“广告通告”等栏目。

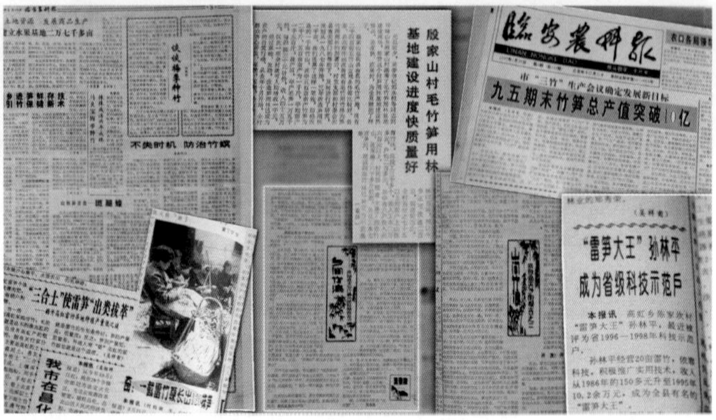

《临安农科报》　（布智明 2019年摄）

报眼上端由电子模拟青山绿水组成刊徽，象征报纸的宗旨和服务方向。中缝刊登广告、小知识等。从办报开始各个版面和栏目就对临安竹文化和竹产业给予了充分关注，有时安排竹文化和竹产业的专版，对临安的竹业发展起到了重要的推动作用。颇受农村基层干部和读者欢迎。

印刷和发行　办刊初期不定期，1988年开始为月刊，每月28日出刊，每期印4万份至5万份，由当地邮局发行。1992年建立自办发行网络，由各乡镇农科站代办发行，每期报纸印数为3万份左右。截至1998年1月，共出刊162期，印数607.18万份。1987年12月30

日取得浙江省新闻出版局内部报刊准印证，准印证代号先后为（浙）02—5101、浙字第03—00012、浙字第03—0019号。

对外影响 《临安农科报》是临安当时发行量最大的一份报纸。1994年被列入杭州市记者协会理事单位。在包括竹产业在内的政策宣传、信息传递、经验交流、产业指导上发挥了重要作用，有效促进了临安竹产业的发展和竹文化的发掘。有许多包括竹业的文章在省市获奖。

第二节 《临安竹讯》

概况 《临安竹讯》由临安县（市）竹业协会、临安县竹笋服务中心联合主办，前期由竹业协会副会长杨元龙主编，后期由竹业协会秘书长何钧潮主编。1985年2月12日创刊，2001年9月20日出刊最后一期后歇刊。一般为每月出刊1期，A4版面油印刊物，每期2000—3000字不等，每期印刷300份。17年总共出刊152期。主要刊登临安竹产业的动态信息，政府有关竹业的重要政策，临安科技人员关于竹业、竹科技的重要论文、考察报告，竹业相关会议纪要，竹农高产经验，竹笋科技普及，各种竹子植保、病虫害防治等。据不完全统计，共刊登重要报道和信息361篇，简讯225条，其中领导讲话4篇，会议纪要和考察报告共21篇，专业论文25篇，经验介绍160篇，工作指导114篇，文艺类5篇。

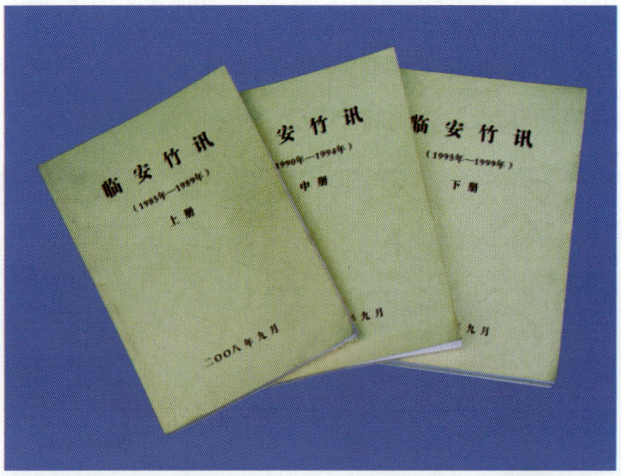

《临安竹讯》（布智明 2019年摄）

办刊宗旨 围绕县委（市委）县政府（市政府）中心工作，及时反映临安及外地的竹业动态，为领导在竹业生产上的决策提供信息。指导基层，为基层单位和农户在竹笋生产和经销业务上提供信息，上传下达，为临安竹业发展推波助澜。

发行范围 各乡人民政府，有关公司，区林业站。县委办、县府办、县科协、县农工部、县区划办、县林业局机关各股科室、县林业局局长、副局长、竹业协会理事。抄送省林业厅、省土产公司、省造林开发公司、省竹制品公司、省竹子研究中心、省竹协、中国竹协浙江分会、省林科所竹类研究室、南林情报室、杭州市林水局。

重要文章 1985年5月3日总第五期《我县竹子生产的形势和任务——汪祖潭同志在竹业协会成立大会上的发言摘录》，1985年5月21日总第六期何钧潮《湖州宁波二市毛竹笋用林考察报告》，1985年8月26日总第十期《石门食品厂、临天竹木制品厂确定派代表参加“中国竹展会”》，1985年11月2日总第十二期《临安县秋季种竹由点到面逐步开展》，1986年3月27日总第十七期《加强抚育管理，使新造竹林，快速成林》，1986年4月10日总第十八期《临安县竹笋服务中心提出六条发展竹笋生产的建议》，1986年10月3日总第二十三期《县农村工作会议后全县掀起种竹热潮》，1986年10月3日总第二十三期《临安县竹业协会在发展竹业生产中，积极活动，为乡村竹农服务》，1986年11月25日总第二十五期《全县竹、笋人均收入70.2元，已与茶叶收入平起平坐》，1986年12月27日总第二十六期《我县各级多方集资扶持竹笋生产，全县今年秋冬共种竹八千三百多亩》，1989年7月25日总第三十七期《临安县毛竹笋用林建设初见成效》，1991年1月30日《临安县竹业协会二届一次会员代表大会会议纪要》，1991年5月20日总第五十六期《中国著名竹子专家周芳纯教授来我县考察竹子生产情况》，1991年6月29日总第五十七期《杨元龙参加全国“第三届竹业学术、竹业新技术、新产品交流展销大会”的汇报》，1991年10月25日总第六十一期杨元龙《临安县天目笋干的历史、现状与前景》，1994年二月二十日总第80期《我县雷竹林大面积遭受竹小蜂的危害》，1994年3月20日总第82期《板桥乡哺鸡竹提早出笋试验有成效》，1994年4月5日总第83期《东天目乡农函大竹笋班学用结合出效益》，何钧潮《对竹林大棚覆盖成败原因的探讨》，1994年4月25日总第84期《高虹乡召开竹笋万元户群英会》，1994年6月15日总第86期《竹农高兴、竹协高兴、领导高兴竹业协会办成了“高兴协会”——县竹协理事会纪要》，1995年3月15日总第95期《雷竹孵笋八大技术问题》，1995年7月20日总第100期《竹协十周年〈临安竹讯〉一百期，竹笋产值从856.5万元上升到1.5亿元，增了十六倍》，1995年12月24日总第105期《竹区农民奔小康的捷径——赴龙游考察毛竹低产林改造情况汇报》，1998年4月25日总第129期《哺鸡竹“夏笋冬出”诀窍》，1998年8月15日总第133期《毛竹生产考察报告》，1998年10月20日总第134期章重奇（浙江林学院）《临安雷竹产业化现状及发展对策》，1998年10月28日总第135期《雷竹覆盖八大技术问题与技术操作》。

对外影响　《临安竹业简讯》自出刊起，得到全国省市林业部门的关注，受到基层竹业单位和农户的欢迎，对临安竹笋产业的发展起到了推波助澜的作用。1986年，《临安竹讯》在全国《竹业信息》中被采用16条，在《浙江林业信息》中刊用20条。省内外诸多山区县市林业部门看到信息后，组织相关人员前来学习交流。

第三节　《天目竹韵》

概况　《天目竹韵》由临安区（市）竹文化研究会、临安区（市）农业农村（林业）局主办，是全国县（市区）级第一本竹文化专刊，受到国内竹业界关注。《天目竹韵》为季刊，每年出刊4期，A4版面，每期64页。自2013年6月创刊，至2019年年底已出刊24期。每期印数550册。

机构及人员　设有《天目竹韵》编纂委员会。2015年前：主任周玉祥，副主任庄鸿章、楼涛、方锐根、王安国，顾问沈者寿、管竹苗，委员丁兴翠、沈月琴、陈双林、高吉亚、唐明荣、黄贤权。下设编辑部，主编尉进，副主编杨菊三、许宝文、赵庆元，成员朱永军、唐剑平、吕华

《天目竹韵》（布智明 2019 年摄）

忠、朱文和，编务盛崔丽。2015 年后：主任周军，副主任王小强、赵庆元、顾晓波、陈奇梁，委员丁兴萃、陈双林、余学军、张有珍、娄敏、俞传梅、陈国平、陈康民、顾李俭。聘请竺肇华、萧江华、蓝晓光、沈月琴、陈勤娟、王安国、尉进、金晓海、方伟、王长金、任敬军为顾问。下设编辑部，主编赵庆元，副主编杨菊三、胡月耕、陈康民，成员顾晓波、张有珍、顾彭荣、王建华、葛华平、顾李俭，编务盛崔丽。方志恩题写刊名。

办刊宗旨 宣传竹文化，服务竹产业，颂扬竹精神，推广种竹、用竹实践经验，为培育、发展和弘扬临安竹文化，促进临安竹产业的可持续发展发挥作用。

版面栏目及发行 《天目竹韵》辟有“工作研究”“竹业聚焦”“竹乡撷英”“竹苑话竹”“揽胜拾趣”“竹讯传真”“竹海短笛”“大事记”等栏目。以竹为主题，选登文艺通讯、诗歌散文、生态科普、经典文摘、理论探讨、杂论小品等各类体裁的文章和图片，内容以反映本地为主，力求知识性、趣味性及可读性相结合，汇聚学者智慧，彰显竹业成果，拓展临安竹文化宣传的广度与深度。发行范围为：区（市）委办，区（市）府办，区（市）农业农村局（林业局），各镇（乡）街道人民政府，区林科所、林业站，全国、省、市相关部门、竹业和竹文化专家，区（市）竹文化研究会、竹业协会理事成员，作者。

第四节 《今日临安》竹文化专版

概况 为更加广泛地宣传临安的竹文化和竹产业，经临安竹文化研究会与《今日临安》报社研究，确定安排版面出刊《今日临安》竹文化专版。专版一般三个月出刊一期，一期为 2 开一个整版，放在第三版或第四版，每年出刊 2—4 期。多在《天目竹韵》出版后，选取其中文章和图片编排，每期刊出 5000—8000 字及图片数张。2013 年 5 月 8 日创版，至 2019 年年底共已出刊 22 期。《今日临安》日发行量为 2 万份。2015 年，建立数字报，点击阅读量多为数百至数千。专版内容包括信息、通讯、报告文学、散文、诗歌，图片等。每期内容由竹文化研究会提供稿样，由今日临安报社负责编校印刷并发行。竹文化专版推出后，受到读者广泛关注，也在业内引起反响。

专版宗旨 宣传临安竹文化，服务竹笋产业，颂扬竹精神，为培育、发展和弘扬临安竹文化，促进临安竹产业的可持续发展发挥作用。

2013—2019 年刊登在《今日临安》上的专版一览表

表 8-4-1

日　期	文章标题	作　者	字　数	图　片
2013.5.8	临安竹子天下秀	徐江森	3680	1
2013.6.18	绿竹摇曳太湖源	赵庆元	5600	1
2013.9.22	临安竹文化景观精彩纷呈	区竹文化研究会	4510	2
2013.12.20	竹子之乡竹导人生 潮流新产业引领新消费	陈利生	5880	3
2014.6.4	板桥先生酷爱竹	白宝璋	1230	—
	古代咏竹诗赏析——竹时馆	白宝璋	2200	—
	编者按	区竹文化研究会	250	1
2014.7.28	虚竹与尺八的传说	赵庆元	5800	1
2014.9.2	鬼斧神工显竹韵	陈利生	3050	—
	一竹通天下	杨菊三	3500	—
2014.11.4	临安地名中的竹文化	顾彭荣	6035	1
2015.1.26	这迷人的竹海	朱文和	1450	—
	竹	郑德希	150	1
	《红楼梦》中咏竹诗	印振武	1765	1
	竹联趣谈	印振武	2000	—
2015.4.1	关于发展临安竹笋餐饮文化的思考	朱文和	3910	1
	临安竹子摄影作品征集启事	区竹文化研究会	850	—
2015.7.10	《耕织图》与竹文化	赵庆元	6810	3
2015.12.17	参加第十届世界竹子大会印象	竺肇华	2650	1
	临安雷竹在海南白沙试种成功	区竹文化研究会	240	1
	苕溪垒笼坝	卞良根	1250	—
	非洲种竹记	赵庆元	1920	—
2016.3.18	浙鄂两崇阳 雷竹情缘长	香山红	1260	2
	竹具杂咏	香山红	5430	—
2017.1.23	我市代表出席第九届中国竹文化节	胡月耕	1150	1
	眉山青神竹故事	赵庆元	3050	2
	竹之语	杨菊三	1730	—
2017.11.3	青云中学校园竹文化建设有新招	厉仁华	830	—
	陈圆圆晚年爱翠竹	印振武	2960	—
	太湖源竹种园 把科技带到农村生产一线	区竹文化研究会	1100	1
	一个具有竹子气节的好官	卞良根	1160	—
2018.2.28	洞霄宫里竹故事（两则）	印振武	2210	-
	东坡爱竹贯古今	白宝璋	3220	-
2019.5.16	修竹树人品自高——品读东坡《於潜僧绿筠轩》感怀	白宝璋	3700	—
	春笋旺 加工忙——访西马克竹笋加工企业	赵庆元	1080	—
	竹笋漫笔	杨菊三	1330	2
2019.11.28	朗朗乾坤大 悠悠翠竹情	白宝璋	3690	—
	心系翠竹 服务林农——记临安区竹子首席专家、教授级高工张有珍	胡月耕	3700	1
2019.5.16	修竹树人品自高——品读东坡《於潜僧绿筠轩》感怀	白宝璋	3700	—

4 竹文化专版

一竹通天下

北京国家大剧院竹乐器竹文化展示巡礼

鬼斧神工显竹韵

浙鄂两崇阳 雷竹情缘长

5 竹文化专版

竹具杂咏

3 摄影长廊

天目竹韵 翠竹摇金

刊登在《今日临安》上的部分专版　　（图片系今日临安数字报截图）

第九编　社团与人物

钱高潮竹雕作品
《荷叶》
（26厘米×8厘米×13厘米）

1. 竹文化示范点—太湖源镇青云初级中学
2. 竹文化示范点—於潜镇对石小学（杨菊三摄）
3. 竹文化示范点—潜川镇乐平幼儿园（蒋鑫丽摄）
4. 竹文化示范点—锦南街道横岭村
5. 竹文化示范点—临安佳良竹笋专业合作社
6. 竹文化示范点— 笋干加工大村於潜镇杨洪村
7. 竹文化示范点—横畈竹笋专业合作社（1、4、5、6、7布智明摄）

1	
2	3
4	5
6	7

第九编　社团与人物

第一章　社　团

第一节　竹业协会

一、临安县（市）竹业协会

（一）1985—1990年第一届理事会

1985年4月30日成立临安县竹业协会（下称县竹协），挂靠县林业局，会员82人，理事会15人，李顺海为理事长，王安国、俞光喜、杨元龙为副理事长，何钧潮为秘书长，宋伶华为副秘书长，并通过《临安县竹业协会章程》。协会宗旨是帮助竹农发展生产，搞活流通，提高经济效益，为竹业产、供、销、加工服务。会员包括有关领导、竹业科技人员、竹农以及从事加工、经销的人员。协会还帮助三口、锦城、高虹、横畈、杨岭、上甘、西天目等竹笋重点乡（镇）建立乡级竹业协会，帮助横畈镇建立残疾人竹业协会。

临安县竹业协会成立大会与会人员合影　　（图片由临安区竹产业协会提供）

县竹协成立后，调查全县竹子资源，向县委、县政府提出“经济翻番，竹挑重担”和“利用低丘缓坡地大力发展竹笋生产”的建议，先后撰写50多篇调查报告与科技论文，为领导决策进行大量的参谋咨询工作。树立大竹子观念。坚持家庭联产承包责任制，调动农民种竹积极性。决定在全县建立10万亩菜竹基地，改建3万亩毛竹笋材两用林基地，开展10万亩天目笋干低产林改造等工作。

1985年9月15日，县竹协举行首届二次理事会通过66人的入会申请，建立5个协会小组，确定会费标准，会商集资办厂等有关事宜。

1988年4月，县竹协获评1987年度临安县科协系统先进协会，李顺海、王安国、何钧潮、余光西、陈仲德、马良宝、葛银万、鲍妙根等8人获评优秀会员和先进科普工作者。同月6日，杭州市科协到吴马村实地调查，对县竹协工作予以肯定。中国竹协浙江省分会在当年《浙江竹讯》第一期以《临安竹协工作有成绩》为题，肯定县竹协在组织建设、科普宣传、购销服务等方面的成绩。

1988年后，协会三次参加全省、全国竹子生产学术交流会。同年9月21日至23日，何钧潮参加在嵊县召开的全国竹类产品学术讨论会，10月10日至13日参加在福建崇安召开的全国竹林资源开发利用学术交流会。11月16日至19日，杨元龙参加省竹子专业委员会在遂昌召开的第三次学术讨论会。协会多篇论文由中国林业科学研究院科技情况研究所竹类情报中心编入《中国竹类文献题录》。

1989年，县竹协获评年度县科协系统先进集体。

（二）1991—1995年第二届理事会

1991年1月25日，县竹业协会召开二届一次会员代表大会，出席代表63人。大会总结上届协会工作，提出“八五”期间竹业生产奋斗目标，进行换届选举，产生第二届竹协理事会，王安国为会长，杨元龙为副会长，何钧潮为秘书长。

1991年6月21日至26日，全国第三届竹业学术、竹业新技术、新产品交流展销大会在南京市科技中心召开，临安有板桥珠西村天竹笋干厂、临安竹艺厂、横畈工艺竹编厂、横畈庙下竹器厂、藻溪镇临安竹笋精制总厂、河桥造纸厂、马山临安竹木实验厂、临安镇西市经营部等8家企业和经营部门25人与会，县竹协和三口乡竹协代表参加学术交流。

县竹业协会继1987年度、1989年度连续获评县科协系统先进集体后，1991年度又一次获评，杨元龙、何均潮、陈立强获评先进科技工作者。

1992年，县竹协工作的重点是科学技术的研究和推广应用，主要任务有：全面推广应用雷竹早出高产技术、大力推广毛竹笋用林建设技术、积极推广天目笋干丰产技术，对低产林进行改造等。

1994年，县竹协根据“三竹”工程推广项目，重点抓好三个示范点建设：高虹乡雷竹早产高效示范点，上甘乡毛竹笋材两用林示范点，临目乡天目笋干低产林改造示范点。杭州市将上述三项列为重大科技推广项目。

1995年，县竹协有会员116人，其中科技人员19人（高级职称2人，中级职称6人，初级职称11人），农民72人，企业家3人，能工巧匠与经销人员22人。理事会13人。从1984年起，临安县科协系统每两年一次的评比，县竹协每次都获评先进协会。1993年，竹业协会参加的国家级星火项目“10万亩菜竹笋综合配套技术开发示范及全程服务合作协会试点”，获杭州市政府星火一等奖、浙江省政府二等奖；1995年理事长王安国主持的乡、村、户绿色企业综合开发项目，获杭州市政府星火一等奖、省政府二等奖。

当年协会抓好三个示范点建设。走村入户进行科技培训、科技咨询服务，加大科技宣传力度。三年来接待县域农民来访280多次，接待省内外代表210多批，计5000多人次，帮助提供竹苗15000多株。

1995年，临安县小竹笋创出大产业。其间，县竹业协会、县竹笋服务中心推行科学种竹，进行四项改革，全面推广种、肥、水、土、密、温、青、防八项高产高效栽培技术，培育出“冬天里的春笋”，使雷笋上市季节提早100多天，经济价值提高十多倍。

至1995年的十年间，县竹业协会得到各部门的大力支持，开展为领导决策、竹农科技、信息流通、生产农资供应等服务，先后进行“10万亩菜竹基地建设”“3万亩毛竹笋材两用林建设”“10万亩天目笋干低产林改造”等科技研究和推广，成功育出“冬天里的春笋”，参与建成江南最大菜竹园，使科技之花结出丰硕成果。十年间，县竹协在生产、加工、流通等方面积极做好全程服务工作，写出50多篇调查报告、科技论文，刊出《临安竹讯》100期，记录临安竹笋发展史、临安各级领导创业史、临安林业科技工作者奋斗史、广大竹农勤劳致富史。县竹协工作受到县政府、上级协会和群众的肯定，从1986年起，连续四届均被评为县科协系统先进协会，并获评1995年度浙江省十佳专业协会，受到省科技协会表彰。

（三）1996—2000年第三届理事会

1996年3月6日，县竹协成立三届理事会，会长王安国，副会长杨元龙，何钧潮任秘书长。

1995年秋冬连旱，1996年全县春笋普遍减产却增收，原因之一，是县竹业协会成功推广“雷竹笋早出高效”技术，并及时将之转化为生产力。“竹农致富，竹协有功”，广大竹农充分肯定竹协引导竹农致富奔小康的作用。

1997年，县竹协的主要工作活动是：雷竹早出高产技术推广，获省林业厅科技进步一等奖，省政府二等奖。笋干竹低产林改造技术推广，当年通过市级鉴定。根据三竹工程项目，重点抓好3个乡级示范基地，10个市级领导示范点，300个科技示范点。此外，还有科技培训与讲座、科普宣传、竹产业化调查研究、学术交流、来访者接待等。当年，秘书长何钧潮二度参加省林学会召开的有关会议。市竹协4次组织参加对中国竹子之乡安吉等县的参观考察。编写“雷竹笋早出丰产栽培技术规程”“菜竹竹种”“菜竹丰产栽培技术规程”“笋干竹林丰产栽培技术”四个标准，其中前三个为浙江省地方标准，笋干竹为杭州市地方标准。临安市竹协贯彻实施《中华人民共和国技术合同法》成绩显著，被杭州市人大、杭州市科委授予先进集体称号。市竹协作为临安唯一的农村技术协会，被省科协列为全省100个农村专业技术骨干协会扶持对象。

1999年12月11日至12日，市林业总站副站长周骋等参加省竹类专业委员会召开的二届四次学术交流会，唐明荣、何钧潮《临安市二十一世纪竹产业发展与对策》一文进行大会交流。

2000年以后协会工作如常进行。至2007年8月10日，临安市竹业协会与市加工企业协会合而为临安市竹产业协会。

一些乡镇也纷起成立竹业协会：1989年5月17日，三口乡成立竹协分会，会员61人。1990年3月，杨岭乡成立乡竹业协会。1995年12月14日，东天目乡成立竹笋协会，会员49人。

二、临安市竹笋加工企业协会

1998年2月9日成立临安市竹笋加工企业协会，前后共10年。2007年8月，市竹笋加工企业协会与市竹业协会实行合并换届，统一冠名为临安市竹产业协会。

临安县（市）竹业协会、竹笋加工企业协会、竹产业协会理事会一览表

表9-1-1

团体名称	成立时间	会　长	副会长	秘书长	理　事
临安县竹业协会	1985.4.30（一届） 1991.1.25（二届） 1996.3.6（三届）	李海顺（一届）、王安国（二、三届）	一届：王安国、余光喜、杨元龙 二、三届：杨元龙	何钧潮（一、二、三届） 宋玲华（一届副秘书长）	一届：马良宝、王安国、李顺海、杨元龙、吴龙福、余光喜、何钧潮、汪诅谭、陈立强、陈仲德、陈来法、郑兴江、徐友明、奚勤儿、葛银万。 二届：汪诅谭、王安国、杨元龙、何钧潮、余光喜、陈立强、梅向阳、徐友明、陈余仁、杨金海、马良宝、骆朝见、陈柏根 三届：刘微、汪祖谭、陈立强、陈官金、郑晓林、柴世民、徐友明、徐建中
临安市竹笋加工企业协会	1998.1.8（一届） 2000.1.10（二届） 2002.1.15（三届） 2004.7.7（四届）	朱霞生（一届） 周玉祥（二、三届） 沈志军（四届）	一届：罗春娥、陈建华、潘智平、袁少华 二届：陈建华、赵逸平、俞传梅 三届、四届：陈建华、赵逸平、俞传梅、汪素莲、郭昭辉、许忠义、吴卫良	叶荣剑（一届） 俞锦章（二、三、四届） 尉进、俞锦章、毛利和、乔勇（一届副秘书长）	一届：郑建政、王根寿、曹火荣、张国林、俞传梅、楼良法、朱长胜、王曙耀、汪素莲、冯根华、葛林华、徐柏山、徐青、汪炳清、御卫林 二、三届：吴卫良、王根寿、陈建华、曹火荣、郭昭辉、章千刚、楼良法、张永强、张高生、赵逸平、王曙耀、袁少华、俞传梅、许忠义、汪素莲、冯根华、周玉祥、黄贤根、俞锦章 四届：吴卫良、王根寿、陈建华、曹火荣、郭昭辉、章千刚、楼良法、张永强、张高生、赵逸平、王曙耀、袁少华、俞传梅、许忠义、汪素莲、冯根华、黄贤根、俞锦章、陈官金、杨国茂、王荣平、何钧潮
临安市竹产业协会（杭州市临安区竹产业协会）	2007.8.10（一届） 2012.3.22（二届） 2017.3.27（三届）	俞传梅（一、二届） 何钧潮（三届）	一届：赵逸平、汪素莲、郭昭辉、杨国茂、陈官金、王荣平 二届：赵逸平、汪素莲、杨国茂、陈炜、陈其东、王荣平 三届：俞传梅、赵逸平、汪素莲、单希雄、陈炜、王海军、罗德法	何钧潮（一、二届） 黄贤根（一、二届副秘书长） 张有珍（二届副秘书长） 朱伟（三届）	一届：吴卫良、王根寿、陈建华、曹火荣、郭昭辉、章千刚、楼良法、张永强、张高生、赵逸平、王曙耀、袁少华、俞传梅、许忠义、汪素莲、冯根华、黄贤根、俞锦章、陈官金、杨国茂、王荣平、何钧潮 二届：俞滨、盛爱萍、陈叶锦、单希雄、余松海、周家顺、甘银海、金雪成、朱春泉、赵正治、叶宝荣 三届：俞一涛、黄永胜、王文舜、胡伟平、罗冠群、曹丽萍、周家顺、陈奇梁、章佳良、邵观夫、赵浩迪、丁江莲、甘银海

（一）理事会

1998 年 1 月 8 日成立临安市竹笋加工企业协会首届理事会，朱霞生为会长，罗春娱、陈建华、潘智平、袁少华为副会长，叶荣剑为秘书长，尉进、俞锦章、毛利和、乔勇为副秘书长。会员 46 人。

2000 年 1 月 10 日成立协会第二届理事会，周玉祥为会长，陈建华、赵逸平、俞传梅为副会长，俞锦章为秘书长。会员 47 人。

2002 年 1 月 15 日成立协会第三届理事会，周玉祥为会长，陈建华、赵逸平、俞传梅、汪素莲、郭昭辉、许忠义、吴卫良为副会长，俞锦章为秘书长。会员 47 人。

2004 年 7 月 7 日成立协会第四届理事会，沈志军为会长，陈建华、赵逸平、俞传梅、汪素莲、郭昭辉、许忠义、吴卫良为副会长，俞锦章为秘书长。会员 49 人。

2007 年 8 月 10 日，市竹笋加工企业协会与市竹业协会合而为临安市竹产业协会。

（二）1998—2007 年协会主要工作

强化协调企业与企业的利益关系，营造发展生产的良好环境。协会以行业内部企业间利益关系上的矛盾和问题作为协调工作的重点，妥善解决矛盾。帮助企业协调解决资金、供水、供电以及扩建中立项、征地、建厂房等方面的困难。帮助企业反映和解决不合理税赋负担、规费、食盐价格、土地征用价格等加重企业负担的问题。及时调解企业之间仿冒商标、产品，低价竞争等矛盾，维护受损方合法权益。

加强信息交流，组织外出考察，帮助企业开拓市场。协会将每年春节前后收集的原料收购价和供求信息、加工预测、市场行情等，及时传递给企业。注重全面调查各企业的库存和需求，促进余缺调剂。重视信息的科学分析，确保信息传递的准确性。组织企业外出参观考察，参加由政府搭台的竹笋产品推介会，帮助开拓市场，获得商机。

推进标准化加工与清洁型生产，打响产品品牌。在市技术监督局支持下，协会与临安林科所合作制定《天目笋干加工技术要求》《天目休闲笋干加工技术要求》。先后支持松友、康鑫、西马克、裕隆、菜篮子等 5 家企业实施 HACCP 食品安全管理体系认证，帮助菜篮子公司进行 ISO 9001 和 9550 亩丰蕾笋、健脚笋的有机生产、加工认证。2005 年，西马克率先进行 QS 市场准入制认证，接着先后有 28 家企业进行 QS 认证。2006 年，协会着手制定《天目手剥笋加工技术规程》，同年发布实施。上述举措促使竹笋加工纳入清洁型、标准化生产轨道。

坚持老产品质量提升与新产品开发并举，鼓励企业创新。小包装系列产品质量优化是老产品提质的主要着力点。协会帮助各企业总结经验教训，寻找差距，优化产品质量，走以质取胜之路。西马克等公司在产品特色、质量品牌和降低成本等方面下功夫，提升市场竞争力和经济效益。同时，把开发新产品列为企业自主创新的重要内容。十年中，协会全力支持企业扩大手剥笋加工，引导企业以创新精神生产产品，开拓市场，提升效益，打响品牌。

内树典型，外树形象，营造行业发展良好氛围。对内，协会总结宣传松友、康鑫、郭氏、西马克、大地、天野等竹笋精加工企业各具特色的经验和做法，促进提升全行业企业档次，实现产品优质、安全、高效的目标。对外，协会主要是做好行业优势宣传，扩大企业和产品的知名度、信誉度。协会在中国林业与木业大黄页、国际竹藤大黄页、3721 互联网上做好广告宣传。协会还利用多次出席省农产品行业协会会议之机，以及杭州、临安二地的有关报刊，宣传临安竹笋加工产销的新成绩，营造行业发展良好氛围。

推行先进经营模式，促进农民增收。十年来，协会把推行“公司+基地+农户”的经营模式，提升产业档次，加快产业化进程，实现企业与农民双赢，作为重要职能和任务。据统计，到 2007 年年底，已有松友、康鑫、郭氏、西马克、裕隆、菜篮子、天野等企业，共建立紧密型或松散型竹笋基地 30 多万亩，联结 5 万多户农户。康鑫公司先后在全市 7 个乡镇 40 个村建立 13 万亩竹笋基地，涉及 8791 户农户、3 万多个农民，公司实行保护价收购竹笋。西马克公司以高于市价的保护价大量收购鲜笋，平抑市场价格，维护农民利益。临安天野食品厂建厂十年来，上交给横路乡大溪村的承包款、雇佣当地劳动力的工酬等，共支付现金 958 万元，其中该村收入达 750 万元，促进当地农民脱贫致富。

十年来，协会连续获评临安市先进社会团体和杭州市农村专业经济协会先进集体，秘书长俞锦章获评为先进个人。

三、临安市（区）竹产业协会

2007 年 8 月 10 日，临安市竹笋加工企业协会、市竹业协会合而为临安市竹产业协会，选举产生第一届理事会，西马克公司董事长俞传梅任会长，赵逸平、汪素莲、郭昭辉、杨国茂、陈官金、王荣平为副会长，何钧潮为秘书长，黄贤根为副秘书长。会员企业 75 家。

2008 年 1 月 22 日，会长俞传梅在市竹产业协会一届二次理事会（扩大）会议上作《凝聚合力，加快推进竹产业发展》的报告，总结 2007 年协会在为会员服务、为行业服务，推动行业发展方面所做的工作：争取政府优惠政策，帮助企业解决展位费；组织企业积极参展，扩大产品交流和拓展市场；精心组织首届杭州竹笋节开幕式及高端论坛，活动有声有色；制定具有临安特色农产品天目雷笋、天目笋干、天目手剥笋技术标准，推进标准化建设。

2008 年，协会以科学发展观为统领，以提高行业素质和做大做强产业为目标，加强以下方面的工作力度：全面提高食品质量安全水平；加强原料的质量控制，保障食品安全；着力解决手剥笋质量、价格等难点问题；加快竹材加工强市建设步伐；召开全市笋干工作会议，促进笋干食品安全和标准化生产，推进“天目雷笋”“天目笋干”品牌建设等。

2009 年，协会协调手剥笋产销；协助市林业局组织企业参加有关展销活动；反映企业诉求和意见，促进企业减负和整改；启动“天目笋干”证明商标的推广使用，龙头企业创建、品牌建设与新产品开发取得新成绩，管理水平和市场竞争力有提高，产品形象有提升，产业化建设和项目申报都有新进展。

2010 年，协会注重调查腌笋产业发展中的难点问题；推进“天目笋干”“天目雷笋”两个证明商标的使用管理；组织有关企业参加省林业厅主办的“浙江笋竹西安行”活动，参加国家林业局、省政府在义乌举办的“第三届中国义乌国际森林产品博览会”。同年 4 月底，协会与中央七台《农广天地》栏目组拍摄专题片《天目笋干》，以绿叶食品有限公司武山基地为拍摄场地，协助拍摄从原料采集到成品出厂全过程。

2011 年，协会做好信息统计工作，继续推进天目笋干证明商标的推广；配合质监部门进行笋干内置式烘房改造，规范引导腌笋生产；协助市林业局组织有关企业参加竹笋产品展销和推介工作。

2012 年 3 月 22 日召开协会换届大会，产生第二届理事会。俞传梅为会长，赵逸平、汪素莲、杨国茂、陈炜、陈其东、王荣平为副会长，何钧潮任秘书长，黄贤根、张有珍为副秘书长。协会企业 73 家。

同年，全市竹笋总产量 21.72 万吨，比上年减少 7.6%；竹笋产值 9.08 亿元，增长 8.95%。其中雷笋产量 13.3 万吨，比上年减少 13.6%；产值 7.28 亿元，增长 2.6%。

全市取得 QS 证的竹笋加工企业 66 家，季节性加工点（户）200 家（户），共加工各类鲜笋 9.027 万吨，其中本地笋 7.023 万吨。主要产品有毛笋水煮笋、调味笋、手剥笋、笋干。市域竹笋加工类产值 8.1 亿元，比上年减少 750 万元，下降 9.2%。具有竹材加工许可证企业 91 家，尚有 76 家正常生产，其中地板类 6 家，初加工类 70 家。青云、於潜二市场共交易鲜笋 6.75 万吨，比上年 7.44 万吨下降 9.2%；交易额 3.7507 亿元，比上年 3.4381 亿元增长 9.09%；平均价格每 500 克 2.78 元，增长 20.35%。

协会继续推进两个证明商标应用推广。2011 年，“天目雷笋”证明商标的试点工作已在横畈专业合作社展开。2012 年，太湖源裕生竹笋专业合作社加入试点。通过上述两家试点，探索“天目雷笋”证明商标的运作经验。经中国农产品区域公用品牌价值评估，2011 年“天目雷笋”品牌价值 16.95 亿元，比上年提升 6.94%。“天目笋干”品牌价值 13.25 亿元，比上年提升 13.05%。

临安有竹材初加工类企业 80 余家。协会会同市林业局产业科、玲珑林业分站以及有关镇（街道），于 2011 年 12 月上旬进行产业调查，基本摸清全市竹材加工企业的规模、地区分布、产品品种规格、加工总量、产值及市场销售情况，有利于政府了解情况，科学决策。

同年通过协会 3A 级评估，促进规范化建设。

2013 年，由于受市场和经济形势影响，协会会员企业的生产和销售都不同程度受到波及，企业生存和发展面临严峻挑战。协会的主要工作：强化信息指导和政策导向作用；收集企业热点、难点问题，进行沟通、协调和对接，进而解决问题；制定联盟标准，规范笋干加工；推进品牌、标准化和食品安全建设。

2014 年，由于持续受国内外市场需求变化和经济增长速度减缓等影响，市域竹产业面临出口订单下降、市场销量萎缩、经营和生存压力加大的严峻形势。协会从以下几个方面开展工作：提供竹笋信息，指导原料收购；倾听企业意见，帮助解决难题；开展农业品牌调查，推进品牌、标准化建设工作；制定“菜竹可持续栽培技术规程”标准，规范生产；为企业、合作社、种植户提供技术指导，开展“杭州市社会化服务”项目、“花旗基金扶贫”项目工作；开展科普培训，加强食品安全建设。

2015年，协会将天目双品牌作为一项重要工作，组织企业和品牌参加各类展会，推进产品的研发和优化，提升品牌硬实力和软实力。积极进行竹鲜笋、竹林地监督检测抽样工作，检测结果

江华和临安县原县长、研究会副会长庄鸿章讲话。会前参观竹文化展馆建设情况。会上表彰2014年6个先进单位和12名优秀宣传员。大会根据中央组织部有关规定，接受尉进辞去研究会副会长兼秘书长（法定代表人）职务，选举赵庆元为研究会秘书长（法定代表人）。

2016年3月25日召开2015年年会，会长周玉祥回顾总结一年来研究会主要的五项工作：精益求精，办好《天目竹韵》会刊；着眼宣传，在《今日临安》出刊四期竹文化专版，与临安文联联合举行《天目竹之语》《竹器百吟》两本竹文化专著的首发式；典型示范，推进竹文化与产业的结合；提升竹文化研究基地太湖源观赏竹种园的建设水平；强化合作，扩大临安竹文化对外交流的影响力。

2017年3月24日召开2016年年会，会长周玉祥回顾总结一年来研究会的主要工作：2016年《天目竹韵》出刊四期；由研究会发起、“临安摄影网”主抓的“首届临安竹子摄影征集活动”成果斐然；在原有9个竹笋专业合作社的基础上，增添太湖源镇秧田弄、太阳镇佳良和青山湖街道横畈三个竹笋专业合作社示范点；进一步做好竹种园基地建设工作；以竹种园和各示范点为基地，以竹为媒，促进中外交流。

同年，依托太湖源观赏竹种园基地的优势资源，举办以美丽田园绿色经济为引领、倡导多产业融合发展的农林实用技术推广和提高农民素质培训班12期，培训学员1471人次，涉及锦城街道的青柯、泥山湾、横街、东门、余村、钱王铺，锦北街道的龙马、集贤、金马、潘山，玲珑街道的东山、玲珑、夏禹桥，太阳镇的武村、太源、上庄、大地、双庙，潜川镇的中间桥、乐平、青山殿、马山、伍村、西乐，於潜镇的绍鲁、光明、潜东、田干，河桥镇的罗山、云浪、泥骆、金燕、学川、中鑫，天目山镇的白鹤，太湖源镇的高云、横徐、堰口、夏村、南庄、众社等9个乡镇（街道）的76个自然村，学员中有村两委班子成员、组长、村民代表，以及种植大户、家庭农场主和农家乐经营户等。

2018年1月8日，会长周玉祥代表市竹文化研究会第一届理事会作工作报告。认为在过去的五年中，研究会围绕“三美临安”建设，紧紧把握“弘扬竹文化、服务竹产业”的宗旨，依靠全体理事和有识之士，在深入挖掘临安竹子历史文化，推进现代竹产业发展，开展中外竹文化交流等方面，取得丰硕成果，展示了临安竹文化的崭新形象。2013—2018年的主要工作：

创建一个竹文化论坛，研究、传承和弘扬了竹文化。诸多理事在学术研究上彰显功力，写出一大批与竹有关的学术文章；出版《天目竹之语》《竹器百吟》；杨菊三的《一竹通天下》被国家级刊物选登。

编好一本《天目竹韵》会刊，促进竹文化交流和宣传。《天目竹韵》会刊自创刊以来共出17期，文章总计500篇，近百万字。为提高会刊质量，多次召开编辑成员会议和《天目竹韵》笔会。同临安摄影家协会联合举办竹子摄影作品征集活动。会刊得到省市区领导和读者的好评。2015年中纪委原副书记刘锡荣阅后评说：“图文并茂，很有特色”。会刊还作为国家林业局、北京大剧院中国竹文化节和中国第九届竹文化节会议的宣传资料，与会领导和专家评价“全国独树一帜”。

抓好一批示范点，彰显竹文化软实力。五年来，创建发展竹文化示范点16个，其中有森瑞竹业竹工艺品、竹书画、竹子自行车等，有西马克竹笋精细加工生产的保鲜笋品牌，有对石小学、青云初中、板桥和乐平幼儿园的校园竹文化教育，有秧田弄、太阳、横畈竹笋示范合作社，有钱高潮、江红星工艺大师的竹根雕刻、竹编鸟笼艺术品，还有白水涧和青山朱村竹歌舞竹音乐。《中国绿色时报》评价对石小学是“中国乃至世界竹文化教育的一面旗帜”。

荟萃一批竹子研究精英，培养一支竹文化队伍。研究会汇集国内顶级竹子专家教授，研究竹文化的学者和竹产业一线的著名企业家和专业科技人员。在众多专家教授和学者带领下，临安竹文化研究队伍不断壮大，竹文化研究工作成果斐然。

提升一个研究基地，打造一个合作平台。杭州临安太湖源观赏竹种园自竹文化研究会成立之初，就作为研究示范基地。五年来竹种园大力实施转型升级，向一、二、三产业全面融合、综合发展；竹种园建立“热带（竹子）风情园”和“天目竹博馆（筹）”等，实现文旅结合；加强竹种引进、培育、繁殖，成为省竹子种质资源库；以现代林业科技服务中心为依托，每年培训一大批农村实用技术人才；指导和抓好高品质雷笋、水果笋和四季笋的基地建设；实施竹子扶贫，帮助海南白沙县、四川青神县、陕西汉中县、广西巴马县试种雷竹和其他适生竹种，进行精准扶贫；结合自身实际，打造省级现代农业园区、休闲旅游精品区和美丽田园以及推进竹产业、弘扬竹文化的综合体；打造一个合作平台，推动中外竹产业、竹文化交流。

2013—2018 年五年来，竹文化研究会以竹种园和各示范点为基地，接待国内科研机构、大中院校师生和青少年参观、培训、实习 4 万多人次，省内外领导调研考察 800 多人次。国际竹藤组织、科技部等也将竹种园作为国际科技合作基地、合作单位，每年开办 2—3 期国际竹子培训班。五年来，对近 40 个国家 450 余名学员安排参观、培训和学习。

在国内，研究会成员走出去上门服务。王安国受聘为海南白沙、四川青神等县的政府高级顾问，指导竹产业发展，开展精准扶贫。2018 年又赴广西巴马，帮助制定该县竹产业发展规划和巴马国际竹博园建设规划。研究会积极参与全国竹文化交流，参加国家林业局、中国碳汇基金会在北京大剧院举办的中国竹文化博览会，以及国际竹藤组织和四川省在眉山青神举办的“中国第九届竹文化节”。

2018 年 1 月 8 日，成立临安区竹文化研究会第二届理事会：会长周军，副会长兼秘书长赵庆元，副会长顾晓波、陈奇梁，常务理事兼副秘书长陈康民。聘请顾问 8 人。国际竹藤组织前副总干事、第十届世界竹子大会获奖者、中国林科院林研所前副所长竺肇华特致贺信。

2019 年，区竹文化研究会出刊《天目竹韵》三期会刊，文章近百篇。抓竹文化示范点建设，16 个示范点各具特色，起到示范带头作用。抓好竹文化宣传工作。开展中外竹文化交流，接待国际竹藤组织、科技部、国家林业局竹子中心人员来访，举办“一带一路”沿线国家培训班 6 批，涉及 33 个国家，近百名学员。加强与浙江农林大学的区校合作。扎实进行《临安竹文化志》编纂工作。

附：临安区竹文化研究会示范点

2013—2018年，创建发展竹文化示范点17个：杭州竹文化园（负责人陈奇梁）、杭州森瑞竹木业有限公司（负责人赵浩迪）、临安区对石小学（负责人王凯）、临安区白水涧风景区（负责人奚剑平）、临安临青竹制鸟笼专业合作社（负责人江红星）、板桥镇中心幼儿园（负责人水舟行）、佳良竹笋合作社（负责人章佳良）、横畈竹笋合作社（负责人罗德法）、秧田弄竹笋合作社（负责人邵观夫）、杭州西马克食品有限公司（负责人俞传梅）、浙江临安三和园竹盐食品有限公司（负责人金成燮）、临安区青云中学（负责人陈建军）、临安潜川镇乐平幼儿园（负责人徐祯）、临安钱高潮艺术竹雕（负责人钱高潮）、横岭村竹产业示范点（负责人周超群）、杨洪村竹产业示范点（负责人吴乾坤）。

临安市竹文化研究会第一届理事会和顾问一览表

表9-1-2

序 号	职 称	姓 名	性 别	单位/职务
1	名誉会长	管竹苗	男	杭州市政协原副主席
2	名誉会长	吴苗强	男	临安市人大常委会主任
3	名誉会长	张金良	男	临安市政协主席
4	名誉会长	李文钢	男	中共临安市委副书记
5	名誉会长	俞灵君	男	临安市人民政府副市长
6	顾 问	许行贯	男	浙江省人大常委会原副主任
7	顾 问	楼国华	男	浙江省林业厅厅长
8	顾 问	沈者寿	男	中共杭州市委原副书记
9	顾 问	张齐生	男	中国工程院院士
10	顾 问	周国模	男	浙江农林大学校长、教授
11	顾 问	竺肇华	男	国际竹藤组织终身资深研究员
12	顾 问	张象枢	男	中国人民大学博士生导师
13	顾 问	萧江华	男	中国林科院首席科学家
14	顾 问	黄海峰	男	北京大学汇丰商学院教授
15	顾 问	陈立柱	男	北京大学国家软实力研究院顾问
16	顾 问	王国华	男	北京工业大学文化创意产业研究所所长
17	顾 问	汪奎宏	男	浙江省林科院院长
18	顾 问	陈勤娟	女	杭州市林水局副局长
19	会 长	周玉祥	男	临安市政协副主席
20	副会长	庄鸿章	男	临安市政协原副主席
21	副会长	方锐根	男	市林业局局长
22	副会长	刘 涛	男	市政府办公室副主任
23	副会长	王安国	男	市林业局原总工程师
24	副会长兼秘书长	尉 进	男	临安市原农经委主任
25	常务理事	黄贤权	男	市文联主席
26	常务理事	高吉亚	女	太湖源镇党委副书记、镇长
27	常务理事	唐明荣	男	市林业局副局长

续表 9-1-2

序　号	职　称	姓　名	性　别	单位/职务
28	常务理事	丁兴萃	男	国家林业局竹子开发研究中心研究员
29	常务理事	陈双林	男	中国林科院亚林所研究员
30	常务理事	沈月琴	女	浙江农林大学经管学院院长、教授
31	副秘书长	赵庆元	男	临安市原农业区划办主任
32	副秘书长	杨菊三	男	中共临安市委宣传部原副部长

临安区竹文化研究会第二届理事会和顾问一览表

表 9-1-3

序号	职　称	姓　名	性别	单位/职务
1	会　长	周　军	男	杭州市临安区林业（农业）局局长
2	副会长兼秘书长	赵庆元	男	临安市原农业区划办主任
3	副会长	顾晓波	男	临安区林业（农业）局农林技术中心副主任
4	副会长	陈奇梁	男	杭州临安太湖源观赏竹种园有限公司董事长
5	常务理事	丁兴萃	男	国家林业局竹子开发研究中心研究员
6	常务理事	陈双林	男	中国林科院亚林所研究员
7	常务理事	余学军	男	浙江农林大学副教授、合作处副处长教授
8	常务理事	张有珍	女	临安区林业（农业）局教授级高工
9	常务理事兼副秘书长	陈康民	男	临安区林业（农业）局干部
10	常务理事	娄　敏	女	杭州金诺影视传媒公司经理
11	常务理事	俞传梅	女	杭州西马克食品有限公司董事长
12	常务理事	陈国平	男	於潜镇教育辅导站干部
13	顾　问	竺肇华	男	国际竹藤组织终身资深研究员
14	顾　问	萧江华	男	中国林科院首席科学家
15	顾　问	蓝晓光	男	浙江省林业厅原总工程师
16	顾　问	沈月琴	女	浙江农林大学副校长
17	顾　问	陈勤娟	女	杭州市林水局副局长
18	顾　问	王安国	男	临安市林业局原总工程师
19	顾　问	尉　进	男	临安区农经委原主任
20	顾　问	金晓海	男	杭州兰亭画院院长
21	顾　问	方　伟	男	浙江农林大学党委副书记
22	顾　问	王长金	男	浙江农林大学法学院院长
23	顾　问	任敬军	男	浙江农林大学教授
24	副秘书长	杨菊三	男	中共临安市委宣传部原副部长
25	副秘书长	胡月耕	男	临安市文联原主席
26	副秘书长	顾李俭	男	太湖源观赏竹种园有限公司办公室主任

第二节　其他涉竹协会

一、临安县林学会

1979 年 12 月成立。首届会员 28 人，理事长李顺海，副理事长黄敏健、徐荣章、王隆护，秘书长徐江森。1983 年理事会换届，理事长李顺海，副理事长黄敏健、王隆护，秘书长徐江森，会员 50 人。1985 年 1 月成立第三届理事会，汪祖潭兼任理事长，副理事长为徐江森、徐荣章、徐荣森，秘书长江胜德，会员 69 人。1988 年 5 月成立第四届理事会，理事长汪祖潭，副理事长徐江森，秘书长何钧潮，副秘书长卢秀姣，会员 72 人。

1979 年，县林学会有 9 名会员参加杭州市林学会，黄敏健任杭州市林学会理事。1985 年参加杭州市林学会人数增至 30 人，汪祖潭任杭州市林学会理事。到 1988 年，全县有杭州市林学会会员 36 人。

1980 年，科技人员王隆护、宋永增、徐荣章加入浙江省林学会和中国林学会，1982 年徐荣森加入，1983—1985 年汪祖潭、高焕彩、施洪宝加入，1988 年徐江森、何钧潮、王安国加入，合计 10 名。

1990 年，县林学会承担课题 58 个，其中部级 4 个、省级 4 个、市级 2 个、县级 23 个、局级 25 个。有 4 个课题获县政府科技进步奖，其中二等奖 1 个、三等奖 3 个，还有 3 个科研项目通过鉴定。主要工作：1.开展技术推广与农业丰收奖活动，在笋用林丰产技术推广方面取得显著成绩，4 个项目获杭州市丰收奖，其中食用竹笋获三等奖。2.撰写论文、科普文章，印发技术资料。1990 年撰写论文、科普文章 103 篇，其中市级以上发表和交流 35 篇。当年获杭州市科协自然科学优秀论文奖 3 篇，其中一等奖 1 篇、三等奖 2 篇。3.刊出《林业简报》13 期，《临安竹讯》10 期，《病虫情报》4 期，印发技术资料 2700 份。当年开展林业技术培训 34 次，受训 1006 人次。培训内容有竹笋栽培、病虫防治、国家世行造林项目设计等。

1999 年 6 月 16 日，省林学会竹子专业委员会委员、临安市林业局副局长唐明荣参加中国竹产业协会在北京召开的“竹产业化、经济、社会、市场研讨会”，提交论文《临安二十一世纪竹产业的发展与对策》。

2011 年 12 月换届，成立第五届理事会，理事长唐明荣，副理事长何钧潮、翁东明、杨淑贞，秘书长沈振明。

2012 年，在横畈、太湖源、高虹、於潜千洪等开展技术培训 500 多人次，农民技术咨询 200 多人次。接待四川、重庆、黑龙江、开化等外地参观学习 100 多批次。论文《雷竹退化及可持续经营典型技术分析》在省林学会四届二次学术研讨会上进行交流。

2013 年、2014 两年主要工作：1.组织会员开展“百名林业科技干部驻村蹲点”活动。尤其是在抗旱救灾及灾后恢复指导工作中，学会科技人员到生产第一线指导抗旱救灾，提出有效应对措施，取得良好成效。2.与临安市科协、杭州市林学会共同合作，举办“临安森林可持续发展与生态文明建设”学术研讨会，邀请省林科院副院长江波研究员为林业干部作“生态文明理念下的林业生态建设”的专题报告。3.发动会员撰写论文、调研报告36篇，编写论文集1本，奖励优秀论文14篇。组织开展竹林等栽培管理技术培训班102期，受训1.2万人次。4.临安是全省首批新型林技推广体系建设试点，市林业局、林学会高级工程师参加全省首批“农民技术带头人”培训班，临安200余林业大户、专业合作社社员、林业企业技术骨干人参加培训。5.与高等院校、科研院所开展林业科研合作，组织实施各类林业科技项目和科技兴林奖。

2015年，市林学会举办各种培训班18期，培训农民2795人次。继续推进新型林技推广体系建设。全年实施各类科技项目多个，与高等院校、科研院所合作实施项目3个，科技兴林奖项目“雷竹可持续经营研究与推广示范”获梁希林业科学技术二等奖。

2016年，市林学会举办各种培训班15期，培训农民2500人次。继续推进新型林技推广体系建设，举办大型“农民技术带头人培训班”2期，其他林业技术培训十多期，重点培养以农民技术带头人为骨干的基层农技推广队伍。实施各类科技项目多个，与高等院校、科研院所合作实施项目4个，其中有竹林砻糠收集吸放机项目。科研和学术成果取得丰收，多篇报告为市委、市政府和林业部门实施宏观决策提供相对准确可靠的依据。参与起草《竹笋安全加工技术示范与推广》《优新经济竹类产业化开发关键技术集成与推广》，修订省级标准DB33/T 224—2014《菜竹栽培技术规程》。

2017年，区林学会举办各种培训班10期，培训农民1500人次。继续推进新型林技推广体系建设，举办大型“农民技术带头人培训班”和其他林业技术培训。实施各类科技项目多个，与高等院校、科研院所合作实施项目2个。科研和学术成果取得丰收。

2018年，区林学会举办各种培训班15期，培训农民1800人次。继续推进新型林技推广体系建设，举办大型“农民技术带头人培训班”2期，其他林业技术培训十多期。实施各类科技项目多个，重点帮助、对接投资主体与研发改进制造单位对竹林砻糠收集吸放机的升级改进。科研和学术成果取得丰收 。参与的“竹笋综合利用关键技术的研究与产业化” 获梁希林业科学技术二等奖 。

2019年，区林学会举办各种林业技术培训班11期，培训农民1200人次。推进和指导实施多个科技项目。开展“一亩山万元钱”科技推广活动，推进实施碳汇林业项目、林业生产智能和数字化提升项目等重大课题。

二、临安县家庭林场协会

1985年1月成立，会员70人。理事长汪祖潭，副理事长王安国、陈然法，秘书长贾金良。1986年经充实、调整，有会员100人，理事长王安国，副理事长陈然法，秘书长贾金良，副秘书长葛华平。

三、临安县花木盆景协会

1984年9月成立，会员18人。理事长汪祖潭，养花专业户许正平、吴金荣任副理事长。1988年有会员20人，理事长郑德良，副理事长吴金荣、王安国，秘书长仇竹清、葛华平。

以上县竹业协会、县家庭林场协会、县花木盆景协会由县林业科技人员和农民技术员、林业专业户等组成。协会宗旨：为山区农民提供信息，促进商品经济的发展；传授技术，交流经验，提高林业科技水平；推进绿化荒山、建设林业基地和美化城乡生活环境等。

第二章　人　物

清末民国以后，官方开始注重林业，各地开始设立掌管林业的专门机构。中华人民共和国成立后，随着社会主义林业建设事业的发展，临安开始涌现一批林业科技人才和劳动模范，对促进当地林产业的发展起到示范引领的推动作用。

第一节　名人传略

已故名人共 8 名，按卒年先后为序。

葛银万（1919—1993）　临安锦北街道金马村吴马人，系临安县第二届政协委员，县竹笋专业户，全县首批“万元户”，县竹业协会理事。

1978 年 12 月中共十一届三中全会后，葛银万是全县最早诞生的竹笋专业户。他在房前屋后、山坡荒地上广植雷竹和果树，1982 年仅 0.7 亩雷竹园，就收获雷笋 1206.65 千克，产值 1206.39 元。他的主要栽培经验是选地种竹、松土施肥、保护竹鞭、合理留竹、不打竹梢。1984 年在县农业农村工作会议上被授予“万元户”称号，1987 年 4 月增选为县政协第二届委员。

在葛银万带动下，吴马村户户建起“雷竹园”，成为全县发展菜竹最早的村，并逐步扩展到周边的大马、马岭、竹林、西墅、龚家、孟家等村。吴马村也因雷笋产销量增大而逐步形成竹笋交易市场，高峰期日上市雷笋达 50 吨。吴马村所产雷笋上市早、产量高，笋体粗壮，名谓“细叶乌头种”（吴马种），上海、杭州等地商家均慕名前来采购。村民致力于雷竹种植与雷笋销售，找到一条雷笋致富的新路子。

葛银万成为雷竹万元户后，经常应邀赴全县各乡镇介绍经验，口授手传，誉满一时。后来，又销售雷竹种苗，向全省各县扩展。他长期自费到外县外省传授雷笋种植技术，广受赞誉。20 世纪 90 年代初在全县农业工作会议上获颁锦旗。

谢渭文（1931—1998）　临安横路乡谢家桥村人。1950 年参加工作，1954 年加入中国共产党，毕业于杭州大学新闻系。历任於潜县文教科副科长，临安县於潜区委秘书，临安县委办事组秘办主任，县委办公室副主任、主任等职，临安县第九届人大常委会委员。1989 年退居二线后任副县级巡视员、县竹业协会顾问、县农业区划研究会理事长。

20 世纪 70 年代，谢渭文和临目人民同吃同住，同甘共苦，改田造地，劈山造林，工作作风务实。

他最突出的贡献是开发丘陵缓坡，推进农业综合开发，发展竹笋生产。他把竹子提到“第二森林”的高度来认识，并从理论上对竹的价值进行深入阐述，引领产业发展。1982 年起，他先后撰写《家家养雷竹　户户有雷笋——天目雷笋产地吴马村访问记》《仲秋时节竹笋肥》《临安千家万户种菜竹》《靠山致富有道——龙上村调查》《庭院经济在开发丘陵山地中的强大作用——蔡山村调查》《颂“第二森林”》《扬“系列开发”》《浅谈竹笋资源开发问题》《毛竹笋用林经济效益好》《开发竹笋新资源——临安县高山夏笋调查》等竹文章，刊发于《浙江日报》《经济生活报》《中国林业》《浙江经济研究》等报刊。

蔡山村是临安县率先发展以小竹园为主的“五小”庭园经济的典型，谢渭文带领县区划办专家长期蹲点，悉心指导，为全县乃至全省、全国开发农业的发展发挥示范带动作用。1982 年在蔡山村蹲点时，与村干部一起踏勘山头，了解情况，果断提出“以庭院为中心，就近连片承包田、地、山”这个深受群众欢迎的良策，引导菜竹异军突起，叩开脱贫致富大门，全村农民收入增长十多倍。退居二线后，他以更多的时间和精力为发展菜竹而奔忙。1992 年，他在西天目俞家进行 30 亩晚期笋试验；同年在临目乡龙须山进行 800 米高山晚笋（卷笋）试验；1995 年在於潜镇南山村进行高山竹种园试验，1997 年在该镇浪岭村搞立体林业试验，帮助该镇方塘村开展低产菜竹林改造，协助设计可滴灌 70 亩竹园的水池，确保竹笋旱季用水。

谢渭文著有《言山集》一书，收集他“言山区经济开发之见，集山区调查研究之得”的文章 52 篇。

1998 年 2 月 14 日辞世。藻溪镇蔡山村全体村民送的花圈挽联上联是：“就近连片分田地山顺民意得民心天大好事”，下联是：“因地因时房前种梅屋后种竹生态农业第一村”，横批：“共产党的好干部、农民的好朋友谢渭文同志千古”。

陈仲德（1932—1998）　小名阿德，浙江绍兴人。20 世纪 80 年代任国营临安食品厂厂长，擅长生产经营糕点食品，也是临安出口毛笋罐头清汁笋的开拓者。一次，陈仲德获悉驻杭日商想从中国进口毛笋罐头清汁笋。他摸清该商机，毅然通过县商业局和外贸渠道直接与驻杭日商代表洽谈，很快达成协议。

1979 年筹建临安食品厂罐头车间。试产期间，日商技术员全程监控，实行标准化加工与清洁型生产同步进行。产品达标以后，1980 年 3 月正式投产，首次生产毛笋罐头清汁笋 111 吨出口日本，创汇 6.66 万美元，随后在玲珑殷家山建立境内第一个出口毛竹笋培育基地。为了扩大出口规模，1987 年 1 月，罐头车间从国营临安食品厂析出，单独建立国营临安罐头厂，陈仲德任厂党支部书记兼厂长，获评经济师职称。1988 年生产清汁笋 2395 吨，销往日本和中国香港地区，创汇 121 万美元。同年，该厂获杭州市政府颁发的创汇金龙杯奖。以后，临安毛笋罐头清汁笋生产从陈仲德的“一枝独秀”转向乡村发展，进而形成规模，出口量随之迅速增加。

李顺海（1929—2004） 临安锦北街道金马村吴马人。1952 年 4 月参加工作，先后担任临安县农林科、县农委农村工作部、县委组织部干事，横溪乡党总支书记、交通局公路运输段党总支书记、临天公社党委副书记、县委农村工作部干部，三口公社、板桥公社、潜阳公社党委书记，县林业局副局长、副局级巡视员，直至 1990 年 7 月退休。在担任林业局副局长期间，兼任县竹业协会首任会长。

李顺海敢于实践，大胆探索。在兼任县竹业协会会长期间，深入产区调查，指导和帮助竹农集思广益，探索育竹育笋经验，努力实现四项技术改革，即改平面种植为立体种植，改单一品种种植为多品种种植，改正月种竹为四季种竹，改两、三年竹苗种植为当年竹苗种植。并以鲍子潮、葛银万、蒋长富等为标杆，大力推广“种、肥、水、土、密、温、青、防”的“八字法”育笋技术，使之形成“依靠科学育笋，早出高产，高产高效发展竹业生产”的新思路，开展一系列服务工作。在李顺海的指导下，理事会以吴马村为“抓手”，打响吴马的三张牌：一是打响葛银万的全县第一位“竹笋万元户”牌，组织参观，作技术讲座，交流经验，推广学习五条育竹孵笋早出高产技术；二是打响吴马村这个全县首个村级“鲜笋交易市场”牌，收售附近十个村的鲜笋，远销杭州、嘉兴、上海等城市；三是打响吴马“细叶乌头竹”的种竹牌，该竹种具有竹竿健壮、适应性广、产量高的特点，种竹普及省内萧山、长兴、常山、玉环、乐清、青田等县及湖北、四川、江西、江苏、安徽、上海等省市。

郭润根（1931—2009） 临安於潜镇人。历任临安县委农村工作部干事、马山公社党委书记、临安纪检委副书记等职。

20 世纪 70 年代，郭润根任马山公社党委书记 7 年，被群众誉为“与竹子结缘的好书记”。他深知竹子是农民的一棵“摇钱树”，是马山人致富奔小康的支柱产业。他身在竹乡，始终把爱竹、种竹、养竹、护竹看作是党和人民的重托。他到马山后办的第一件好事是把乡村公路通到马山竹山脚下。有年正月，他踏雪与干部、村民一起参加青山殿村栽种毛竹，帮助村民结合马山实际修订保护生态的乡规民约。

1972 年的一天夜里，马山发生一起百余株刚上梢毛竹笋被盗事件，郭润根等查实是一个名叫阿陀的社员与其同伙二人所为，二人供认不讳，愿意受罚。如何把盗伐嫩毛竹事件处理好，达到更好的教育效果，郭润根等进行多次酝酿，提出除按毁竹笋每株罚款 2 元之外，搞一次“竹祭”仪式。竹祭分两段进行：第一段观看被盗伐上梢嫩毛竹笋现场；第二段参加马山竹祭，全公社生产队长以上干部进入会场，向被盗伐上样嫩毛竹笋默哀三分钟。竹祭现场挂有“马山公社祭奠被盗伐上样嫩毛竹笋仪式”的横幅。场内贴有“保护生态，人人有责”“养竹、护竹有功，盗伐上样竹笋有罪”等大字标语口号。竹祭仪式使全公社干部群众深受教育，至今仍传为美谈。

阮迪民（1916—2014）　原於潜县八都阮家村（今於潜镇杨洪村）人。祖籍陈留郡（今河南开封一带），祠堂族号“竹林堂”，是魏晋时阮瑀以及“竹林七贤”中阮籍、阮咸之后裔。太平天国时因避战乱逃难至西天目山麓，择地落户形成阮家村。

1937 年，阮迪民投身革命，北上抗日救亡前线。1940 年参与创办《抗战日报》，任地方新闻编辑主任。抗战胜利后，1946 年 1 月，报纸改名为《晋绥日报》。1949 年 5 月随解放大军西进，创办《甘肃日报》。20 世纪 50 年代中期任甘肃省委常委、省委宣传部部长、《甘肃日报》总编。1966 年 5 月在“文化大革命”中被打成“反革命修正主义黑帮”。1976 年粉碎江青反革命集团后获得重生。1977 年 10 月调回兰州，任甘肃省师范大学党委书记、校长。1979 年 12 月至 1982 年 2 月，任陕西省委党校副校长、党委书记、校长。1985 年，以副省级干部离休。

1960 年 1 月，阮迪民赴上海参加中共中央政治局扩大会议，趁中途休息之机返回故里。这是他离别家乡 23 年后第一次返乡探亲，表达对家乡、亲人和故土难以割舍的深情。2010 年再次返乡，鼓励村支书一班人接好父辈的班，依托千顷竹林资源，带领村民走出一条绿色生态农业+生态农宿+文化印记的振兴乡村经济的新路子。留下墨宝“竹都”二字，注释为：“古为军都，名曰八都；今成竹海，堪称竹都。”落款“九五老人，迪民敬书，庚寅八月”。

1998—2010 年，阮老多次回归故里，总是鼓励乡村干部要充分利用生态优势，搞好整体发展规划等。

2014 年 5 月 26 日，被新闻出版文化界誉为“老报人”“老社长”“老校长”的阮迪民因病在西安逝世，终年 99 岁高龄。国家主席习近平送花圈。阮老生前曾说：“竹乡杨洪村是生我养我的地方，我活着为国尽忠，不能留在父母身边尽孝，死后我应该魂归故里，为父母尽孝。树高千丈，叶落归根，我很高兴。”2015 年 5 月 26 日，遵照阮老生前遗愿，其儿女、孙辈护送阮迪民夫妇骨灰回乡，安放在杨洪村公墓。

张齐生（1939—2017）　浙江省淳安县人。1961 年毕业于南京林学院林工系，同年留校任木材工业系人造板教研室教师。1985 年加入中国共产党。1985—1992 年担任南京林学院科研处处长。1991 年晋升教授，同年享受国务院政府特殊津贴。1992 年任博士生导师。同年起担任南京林业大学竹材工程技术研究开发中心主任。1997 年当选为中国工程院院士。2000—2008 年任浙江林学院院长。2008 年 12 月任浙江林学院名誉院长，2010 年 6 月任浙江农林大学名誉校长。历任林业部第三、四届科技委员，中国工程院农业学部副主任，中国工程院科学道德委员会委员，国家林业

集竹笋发展中20则小故事，发人深省。

第二节　竹业名人名事

本节记叙为临安竹业作出重要贡献的名人名事，按其姓氏笔画为序。

王安国　1942年2月出生，临安太湖源镇青云村人，大学学历，中共党员，教授级高工，临安林业局总工程师，享受国务院特殊津贴专家。

1968年毕业于浙江林学院，1980年从安吉县调回临安，在临安林业局从事林业技术研发和推广工作22年。主要参与完成三个方面工作：

一是为临安历届党委政府提供决策咨询服务。22年中为各级领导提供50多条决策建议，基本上被采纳。

二是参与为临安山绿民富培育山核桃、竹笋、香榧三棵“摇钱树”，提供重要科技攻关技术和服务。1986年成立“山核桃十项丰产技术攻关协作组”，他任副组长，经6年努力，其中6项通过专家鉴定。1992年任“山核桃综合丰产技术推广”杭州市重大农业技术推广项目组长，经4年努力，完成综合技术推广2.8万亩，单项推广30.32万亩。增产2771.2吨，增加产值4286.36万元。1996年该项目获省政府科技星火二等奖。

1988—1991年参与“雷竹提早出笋及高产栽培试验”，使雷笋冬出，笋价提高十几倍。

1992年承担杭州市“优良食用笋早出高产技术推广”项目，为技术总负责人。到1996年，累计推广15.5万亩，其中雷竹早出高产技术推广8.5万亩，4万名竹农受益，临安从1995年起，每年有7000农户竹笋收入超万元，其中有的超10万元，1万农户直接从贫困进入小康。

1999年，王安国通过多年调查试点，向临安市政府提出发展20万株香榧、为临安农民培养第三棵摇钱树的建议，被评为金点子奖。他亲自到太湖源镇素云村、玲珑街道高山村、三口镇长命村抓香榧示范点。现在香榧已被临安农民广泛认可，种植数量已达200多万株。

三是参与培育山区生态、生产、生活“三生共赢”可持续发展示范点太湖源镇白沙村。1983年白沙村分山到户后，农民急于致富，乱砍滥伐，森林覆盖率从95%下降到64%。1991年开始，王安国与白沙村挂钩结对28年，帮助引进“三生共赢”的森林可持续经营理念，推广非木质林产品和生态减灾技术。在多方共同努力下，白沙村森林覆盖率达96%，农民人均收入超过5万元，成为国际示范林示范点。

至退休前，王安国共完成科技研发和推广项目30多项，其中25项获奖，6项获浙江省政府二等奖，1项达国际先进水平，项目累计增值14.5亿元。1992—2001年，为农民培训讲课212次，受训农民1.8万人次，现场指导农民1万多人次。他两次获评全国农业科技推广先进工作者，获评浙江省优秀共产党员、浙江省农业科技突出贡献者。

2002年退休，创办杭州临安太湖源观赏竹种园。2006年，他用省政府奖给的20万元建立临安市现代林业科技服务中心。竹种园和林业科技服务中心集聚20多位专家，收集引进200余种优良竹种，成为以竹子为主的林业科技研发和推广服务平台。王安国参与完成18项林业研发和推广项目，获国家林业局梁希科技进步三等奖1项，省科技兴林二、三等奖各2项，杭州市科技进步二等奖1项。举办各类培训班200多期，培训指导农民2万多人次，其中为海南、广西、四川、陕西、重庆等老少边穷地区举办各类培训班52期，并赴现场指导82次，培训指导农民5000多人次，帮助建立各类示范基地2万多亩。太湖源观赏竹种园建立17年来，共接待101个国家2300多名外宾参观、培训和学术交流。王安国也应邀到加拿大、菲律宾、智利等国开展国际科技合作交流。

2003年至2019年，王安国获评全国星火先进个人、省优秀共产党员、省新农村建设带头人"金牛奖"、省绿色先锋、省优秀离退休干部等荣誉，被中国科协推荐为全国百名优秀农村基层科技工作者。

江红星　1969年5月28日出生，临安锦城街道青柯村人，浙江省非物质文化遗产项目青柯鸟笼制作技艺传承人、杭州市民间工艺大师。

改革开放后，江红星经舅公介绍，拜于当代南宗鸟笼制作大师颜金虎门下学艺，终成青柯鸟笼第三代传人中的佼佼者。他认为青柯鸟笼须走精品化之路。他选料精细，选择海拔500米高山5—7年龄生长旺势的毛竹，专人砍伐，就地截料，包裹严实，不使刮伤，又经过药水浸蒸、阴干风燥等多道工序，在一定干湿度要求的室内储藏两至三年后方可材用。

江红星带领青柯一批鸟笼制作者，在南宗鸟笼的基础上，吸收江南文化的细腻特色，将制作、雕刻、镶嵌、竹编集于一笼，独创中药煮料、无榫扎角、笼门笼窗设暗锁等特技绝活。以"小巧玲珑、文雅秀气、美观耐用、品种繁多"为特色，制作精细，雕刻精湛，镶嵌精美，细节精致。雕刻和镶嵌的罗汉图、回纹、花脚、双龙戏珠、五谷丰登、福禄寿禧、花鸟鱼虫雕件栩栩如生，留青雕刻山水、诗词画图案古朴典雅，呈现"玲珑剔透、秀气古朴、美观耐看"的特色，具有很高的艺术性和观赏性。

90年代初，江红星等人鸟笼制作技艺日臻成熟。他牵头组建"临安临青竹制鸟笼专业合作社"。青柯成为中国四大传统鸟笼制作"南笼"派的代表性传承基地。

2010年，"青柯鸟笼制作技艺"被列入临安市非物质文化遗产代表性项目名录。2012年，江红星获评市青柯鸟笼制作技艺代表性传承人、市民间工艺大师、杭州市民间工艺大师。2015年，"青柯鸟笼制作技艺"被杭州市列入非物质文化遗产代表性项目名录。同年获评杭州市青柯鸟笼制作技艺代表性传承人，并获"杭州工匠"提名奖。2016年，"青柯鸟笼制作技艺"被列入浙江省非物质文化遗产代表性项目名录。2017年，江红星获评浙江省青柯鸟笼制作技艺代表性传承人，并被列为杭州"C"类人才。江红星制作的小叶紫檀金丝镶嵌回纹绣眼笼参加杭州市经济圈传统手工技艺大赛，获"吴越天工"艺术奖、首届临安市非遗展金奖，连续两届获临安市政府文艺奖，被授予临安区“天目工匠”称号。

邵观夫 1960年5月25日出生，临安太湖源镇横徐村人。1989年开始从事竹笋种植培育至今，在科技人员指点下，潜心钻研雷竹种植培育技术，通过不断实践与探索，总结出一整套雷竹综合经营管理技术，有竹林病虫害的特性、危害、辨识与有效防治技术；从竹林四季生长特性出发，探索肥水精准管理、催芽分化调控、高效生态覆盖、竹笋品质提升技术；从因地制宜和农户间差异化需求出发，推广应用适地适竹、个性化测土平衡施肥等系列技术。整套技术专业性、实用性和针对性强，很受广大竹林经营户喜爱。

为探索雷竹生产经营中生态、高效、可持续发展之路，邵观夫早在2006年就开始在雷竹林经营中试验运用新技术，新方法，对雷竹产业转型升级进行初步尝试。2014年开始接受系统的科技培训，并把自己学到知识和总结的成功经验、技术毫无保留地传授给竹农。

2014年冬季覆盖中，邵观夫1.1亩覆盖竹园竹笋产量2650千克，收入达6.3万元。致富不忘老乡，邵观夫积极带领周边农户科学开展竹林经营，其中，2014年辐射带动13户农户运用高效生态覆盖技术，在68.8亩雷竹林地产笋161.05吨，产值达303.33万元，成为临安当时冬季雷笋生态高效生产的标杆。为帮助和带领竹农们一起走可持续经营的道路，2013年12月，邵观夫牵头组建临安秧田弄竹笋专业合作社，通过合作社的专业平台，辐射带动更多农户走可持续发展之路。

2006年被市林业局评为临安市林业生态经济双赢示范户和全国绿色小康户，2009年被评为临安市现代林产业科技示范户，2011年被省林业厅评为浙江省优秀林业科技示范户，2015年6月获得“浙江省首批农民技术带头人”称号，2016年被评为临安市竹文化竹笋专业合作社示范户，2019年11月被国家林业和草原局授予“国家级林草乡土专家”称号。

陈奇梁 1971年4月出生，杭州临安太湖源观赏竹种园有限公司董事长、临安高云竹笋专业合作社理事长、中国林学会竹子分会第五届委员会委员、杭州市农合联理事、农民技师。

2003年，陈奇梁以工业反哺农业创办临安太湖源观赏竹种园，全心致力于竹产业发展，把竹种园建成以竹子为主的林业科研和推广对接服务平台。他关心当地竹业发展，先后为临安及周边林农举办高品质竹笋生态高效栽培等培训班126期，培训农民5200多人次。他坚持竹子精准帮扶，先后多次应邀到国内四川、陕西、广西、湖南、浙江等地的贫困山区、革命老区、偏远山区和国外菲律宾等开展竹业技术指导，并首创临安竹子出口菲律宾。他勤奋好学、勇于创新，按照新时代工匠精神严格要求自己，带领团队钻研摸索，破解多项技术难题。多次主持和参与编写地被竹工厂化容器育苗、竹子快繁技术等多项竹子培育新行标。2016年6月，在临安举办的“中国观赏竹培育与园林化应用高峰论坛”上，他作观赏竹在园林中应用的专题报告。同年10月，应邀参加在四川青神举办的全国竹种园联席会，并与参会专家学者探讨交流。

通过18年建设，竹种园已累计提供优质竹子种苗1200万株，接待国内外参观者近25万人次，成为国际竹藤组织培训基地、科技部国际科技合作基地、中国科协科普惠农兴村先进单位、团中央青少年农业科普教育基地、杭州市模范集体、杭州市农村实用人才示范实训基地等。

陈其东　1972 年 10 月出生，临安清凉峰镇浪广村人。2001 年创办杭州百孚竹制品有限公司，厂址板桥镇三口村。该公司是一家从事竹材深加工研发、生产和销售的专业生产制造型出口企业，主要产品是为客户提供客厅、卧室、厨卫和书房等室内可以拆装的 DIY 式竹制小型家具，并提供家具结构及设计方案，年产值 3000 万元。公司始终秉承“勇于创新、开拓进取、追求卓越、诚信敬业”的企业精神，遵循“科学管理、质量创优、服务满意、持续改进”的质量方针，坚持“技术为先、以人为本”的发展理念，不断开拓新局面，成为英国、瑞典、美国、德国等国外行业知名企业的合格供应商与战略合作伙伴，出口产品销往北美、西北欧等地，先后被板桥镇政府授予“规模企业”“自营出口先进企业”称号，获评杭州市农业农村局市级农业龙头企业。

张有珍　1963 年 4 月出生，女，浙江省东阳市佐村镇人。教授级高工、临安区农业技术中心竹产业首席农技推广专家，杭州市第十二届、十三届人大代表，杭州市人大农业专委会委员。

1984 年 7 月，张有珍从浙江林学院经济林专业本科毕业，分配到江苏省徐州市多种经营管理局所属林业特产技术指导站工作。1986 年获评徐州地区优秀共产党员。2002 年奉调至临安市林业技术服务总站，2007 年 6 月任市林科所副所长，与临安的竹业专家、竹农一起，促进临安的竹业发展、竹农致富。

张有珍虚心向临安竹业界专家王安国、何钧潮等，母校浙江林学院方伟、林新春、桂仁意等在全国有影响的竹专业教授，种植经验丰富的当地乡土专家求教，并与他们合作有关科研项目。她在 2012—2018 年五年中培养 4 批 55 名农民竹笋技术带头人，其中邵观夫已成为全国首批竹子乡土专家。她重视科研创新典型的引领作用，创建省级竹子示范园区 1 个，杭州市级示范园园区 9 个，临安区级示范园区 82 个。

2016 年 7 月起，主导聘请浙江农林大学专家教授担任技术顾问，由临安市林业局技术人员、乡土专家组成核心团队，她本人担任首席专家，开发利用大数据平台，开通团队“林技通”APP，交流经验，传递信息。

她带领团队人员、竹业生产大户、竹企业家先后赴江西、安徽、福建、浙江安吉等地考察交流，参加各级竹类专业研讨会。根据竹产业发展需求，提出科研攻关和技术推广项目计划，开展技术指导、培训、咨询，解决竹业生产中的技术难题；开展新品种、新技术、新模式的实验示范，指导建立科研示范基地。

她注重竹业研究，与年轻技术人员在《浙江农林大学学报》《浙江林业科技》《世界竹藤通讯》等科技杂志发表竹业论文 25 篇。完成雷竹可持续经营、退化雷竹林改造、竹林减肥增效等项目 15 项，其中获省部级奖 6 项，杭州市级奖 3 项，协同申报专利 4 项。

何钧潮　1956 年 12 月 5 日出生，临安於潜镇堰口村人。大学本科学历，九三学社社员，浙江省第八届、第九届、第十届政协委员，教授级高工。曾任临安市林业科学研究所所长，市林业局总工程师，市竹产业首席专家。

1982 年 2 月毕业于浙江林学院林学（竹类）专业，分配到临安县林业局林业股主管竹子。1983

年最早总结了雷竹生产七大优势与六项丰产栽培技术。

1983—1986 年，参加浙江林学院主持的国家“六五”攻关项目《罐头儿童食品》的一个子项目“罐藏竹笋良种筛选及加工技术研究”课题。负责临安“竹笋良种筛选及提高雷竹笋发笋率”的试验研究，项目取得重大成效。该项目获轻工部科技三等奖。

1987 年，在横溪马良宝雷竹园进行地膜与稻草覆盖试验，提早出笋取得显著效果。1988 年 2 月 10 日，在《临安农科报》发表文章，首次提出雷竹提早出笋设想与技术方法。

1989 年，主持县科委“雷竹提早出笋及高产栽培试验”项目，在三口珠坞村建立试验基地，鲍子潮等 12 个农户参加，通过两年多试验研究，完成了该项目，全面总结了雷竹早出覆盖温、肥、水三大关键技术。该项目获 1992 年临安县科技进步二等奖、杭州市科技进步三等奖。

从 1991 年开始，积极推广雷竹早出高效覆盖技术，累计临安推广雷竹覆盖面积 100 多万亩，增加效益 80 多亿。与此同时进行了雷竹两季出笋、四季出笋、秋笋覆盖、可持续生态经营及退化竹林改造等试验研究与推广，进行了高节竹夏笋冬出、鞭笋生产、高山栽培的试验研究与推广，还进行了毛竹笋用林、笋材两用林及笋干竹低产林改造等课题的试验研究与推广，试验研究总结了覆盖早出、四次施肥法、双层覆盖法、四季种竹法、四种退化竹林改造模式等十多项创新技术，不断提高笋用竹林的栽培技术与经营水平。

参加工作以来，一直在基层开展竹笋产业的技术培训、技术推广、技术指导等服务工作，一直担任临安县竹业协会与市竹产业协会秘书长工作，完成省市县每年下达的生产项目任务，同时结合临安竹笋产业实际，积极开展科学试验，辛勤耕耘，不断进取，共取得获奖科技项目 25 项，其中获省、部级奖有 9 项；获杭州市农业丰收奖 11 项；开展雷竹品种的试验选育，选出细叶乌头雷竹与弯秆雷竹 2 个雷竹良种。编著出版《雷竹笋用林高产栽培技术》《笋用竹丰产培育技术》《图说食用竹笋高效安全栽培》等专著 8 部。主持起草及主要参加完成制修订省、市、县级竹笋标准 19 个，其中林业行业标准 1 个、省级标准 12 个。发表学术论文 30 多篇。10 次进四川西充县、金川县金子山乡开展科技扶贫救灾，运送雷竹、高节竹等优良种苗，参加民政部减灾中心承办的雷竹培训项目，现场扶贫指导。

主要荣誉：2001—2005 年度杭州市有突出贡献的农业优秀科技工作者，2006 年浙江省农业科技先进工作者，临安优秀农业科技工作者，临安市劳模，享受杭州市政府特殊津贴。

汪素莲　1962 年 7 月出生，临安板桥镇板桥村人。1991 年，汪素莲开始接触竹笋销售业务，不到半年时间就打开北京市场。当年下半年，临安水煮笋厂聘请汪素莲为北京办事处营销部主任，一时货源不足，她四处奔波 20 多天，从福建、江西等地采办 800 多罐水煮笋满足客户需求。

1994 年 9 月，汪素莲辞职创办浙赣闽食品有限公司，在湖南、福建、江西建立罐头笋系列产品加工基地，年销售额达 700 多万元。

1998 年下半年，汪素莲与外商合作，在板桥投资 300 多万元，创办杭州康鑫食品有限公司，引进日本 BCA 型切笋机等先进设备，1999 年年初正式投产，并获得 ISO 9000 质量认证。水煮笋产品出口日本，年产值达2000多万元。

2002年，康鑫食品公司投资900万元，在福建新建一个加工厂，当年完成HACCP论证，产品全部采用真空塑料包装。为了适应外贸罐头笋销售业务需要，当年，汪素莲专程赴杭州进修日语，此后洽谈业务无须翻译。2008年，康鑫食品公司继续扩大规模，在原址上新建厂房、办公楼、职工宿舍、食堂等，职工达100多人。

汪素莲在水煮笋行业经销28年，杭州康鑫食品有限公司多次被板桥镇、临安区、杭州市、浙江省、国家林业系统授予“骨干农业龙头企业”称号。“文同”牌水煮笋被省、杭州市名牌战略推进委员会认定为省、杭州市“名牌产品”。公司多次获评杭州市、浙江省、国家级“食品安全示范单位”。董事长汪素莲被中华全国妇女联合会授予“全国三八红旗手”称号，浙江省巾帼建功和双学双比活动协调小组授予“浙江省城镇妇女‘巾帼建功’竞赛活动女标兵”称号。2007年1月6日，农业部乡镇企业局（农业部农产品加工局）发文：“鉴于您在中国农产品加工业所做出的杰出贡献，特别授予您‘2006年中国农产品加工业十大新闻人物’荣誉称号。”

金成燮　1959年9月生，朝鲜族，吉林省龙井市三合镇南湖村人，系竹盐世家第三代传人，浙江临安三和园竹盐创始人，浙江省与杭州市非物质文化遗产代表性项目竹盐制作技术代表性传承人。2018年被中国轻工业联合会授予“轻工大国工匠”荣誉称号，杭州市C类人才，2019年获临安第二届“天目工匠”称号。

1998年，金成燮创办临安三和园竹盐食品有限公司，位于青山湖街道洪村，系中国第一家经国家工业和信息化部核定的竹盐产业化企业，中国第一家取得国家食盐定点生产许可证资质的民营企业，临安区、杭州市、浙江省三级非物质文化遗产（竹盐制作技术）保护单位，中国盐业协会理事单位、浙江科技学院实习实践基地、杭州市高新技术企业、临安市农业龙头企业与竹盐文化示范点、临安区竹文化研究会竹盐文化示范点。获得省无烟熏味烤热加工新工艺、高效健康竹盐生产新工艺两项科学技术成果，并获三项实用新型专利。2018年3月，金成燮参加在印尼举办的首届国际西玛女王奖暨国际优秀电影颁奖典礼，获得最高奖项——西玛女王奖。

竹盐历史悠久，起源于南北朝时期。竹盐烧制工艺复杂，需选取深山中三年生毛竹，装入优质日晒海盐，用优质松木经800℃高温8小时反复9次煅烧，通过截竹、灌盐、封泥、装炉、控火、煅烧等60多道工艺才能制成。在煅烧过程中，清除天然海盐中的重金属、有机污染物等有害物质，使竹盐成为弱碱性的健康盐。金成燮刻苦研习两代传人和古籍中竹盐烧制工艺，历经20年努力，终结硕果，其女儿金香花和女婿已成为第四代传人。

金成燮让“三和园”竹盐从无到有，从小到大，产品已销往国内近20个省、市、自治区及港、台地区，出口韩国、日本、马来西亚等国家，享誉四海，年产量突破2000万袋。自2012年以来，中央电视台中文国际频道用法语向世界20多个国家作专题报道，国家科技馆以《盐的故事》为专题展出3个多月，国家原相关领导人顾秀莲、杨志海、岪庆国、吕炳奎等都予以关注。“三和园”品牌竹盐不仅作为联合利华、统一、IFF等日化企业的竹盐原料供应商，而且致力于同中盐集团、中石化、中石油等世界500强诸多企业进行战略合作。

金晓海 1963年10月出生，临安锦北街道金马村人。毕业于中国美院国画专业，现为杭州兰亭画院院长、中国民族书画研究院副院长、中南海紫光阁画院院士、中国文联书画艺术交流中心会员、中国美术研究院研究员、中国新华网书画频道艺术顾问、省诗书画之友社理事、省国际美术交流协会理事、省花鸟画家协会会员、中国扶贫书画院副会长。一级美术师、教授，临安区竹文化研究会顾问。

他生长在竹乡临安，随父母育竹挖笋，八岁立志学画，对竹笋情有独钟。他观竹、画竹，长期累积，得心应手。数十年来勤学苦练，许多作品享誉海内外。

他画竹大气奔放。巨幅国画作品《高风亮节》画面上毛笋朝气蓬勃，蒸蒸日上，毛竹刚正坚挺，顶天立地，分别被中南海、北京市人民政府天安门地区管委会、国家机关事务管理局北戴河服务局、中央军委八一大楼收藏，另有一幅在G20峰会时悬挂在西湖国宾馆7号楼会见厅。作品《清新竹笋》石坚竹新，主题鲜明，被北京人民大会堂收藏。作品《清风潇洒》（竹石图）被全国人大机关办公楼收藏。作品《春风得意笋满园》，清风竹影，浓淡得体，秆节分明，潇洒自如。作品《风月兰竹》展示数秆筱竹被大风吹拂而坚强不屈的精神。作品《我亦狂涂竹》，则泼墨自如，风劲竹韧，点出明代徐渭诗“我亦狂涂竹，翻飞水墨梢；不能将石绿，细写鹦哥毛”之内涵。2016年9月，他的竹子、兰花、牡丹等7幅作品，在G20杭州峰会上挂壁亮相。他曾受到多位原国家领导人的亲切接见并合影留念，有的为他题词，有的作品则作为国礼赠送外国元首。

竺肇华 1938年2月出生，临安玲珑街道桥里村人。毕业于兰州大学生物系，分配到中国林业科学研究院，先后担任林科院林研所副所长、国际合作处处长、国际农用林培训中心主任、国际竹藤组织副总干事等职务。2006年退休后仍从事竹藤研究、国际培训和咨询工作。2012年起担任临安竹文化研究会顾问。

研究的主要领域：中国天然次生林改造和自然演替、农林复合模式、泡桐栽培、遗传改良和农桐间作模式优化、非本质林产品、竹产业可持续发展规律、棕榈藤栽培和产业发展、临安山区开发模式等。发表论文50余篇，由他主编出版中英文著作9部。主持或与他人合作的研究项目曾获省部级一等奖1项、二等奖3项、三等奖1项。1978年，“农桐间作综合效益的研究”获国家科技大会奖，1984年，该项目获全国科协二等奖；1987被林业部评为“有突出贡献中青年专家”，1988年受国务院表彰。1992年被人事部授予“有突出贡献中青年专家”荣誉，同年起，享受国务院特殊津贴。1988年，因在开发黄淮海方面作出突出贡献，受国务院表彰。并于1991年、1992年受林业部、科技部表彰。1995年，“泡桐良种选育”科研成果获国家科委“科技进步奖”三等奖。1996年接受中央电视台“东方之子”栏目采访。

竺肇华为推动中国林业对外科技交流合作作出突出贡献。从1983年开始，先后在加拿大国际发展研究中心（IDRC）、国际林业研究中心（CIFOR）、联合国教科文组织（UNESCO）、联合国粮农组织（FAO）开展并主持一系列国际合作研究项目。他主编的英文书籍在国外被广泛应用。

自 1987 年起，由他主持和组织的各种类型的国际培训班计 42 期，来自世界各地 1200 多名专家、企业家和政府官员在中国接受培训。他曾访问 47 个国家并进行学术交流。应有关国家和国际组织的邀请，为美国、澳大利亚等 25 个国家提供咨询或担任顾问。他是总部设在中国的第一个政府间国际组织——国际竹藤组织（INBAR）的组建发起人之一，并担任第一任副总干事，为该组织的筹备、成立作出特殊贡献，被授予终生资深研究员荣誉。1985 年，由于在发展乡村林业和泡桐研究方面的贡献，荣获国际“圣·巴伯·贝克尔树木之人奖”（Man of Tree）。该奖每年在全球范围只评选 1 人或 1 个单位，他成为此奖项的第一位获奖人，并应邀出席在加拿大隆重举办的颁奖大会。由于出色主持国际合作项目，1995 年竺肇华获加拿大总理奖，1996 年获“印度林科院终身研究员”称号，2002 年被美国林学会评为荣誉会员。2015 年，在韩国第十届世界竹子大会上荣获“竹子先锋奖”，加拿大 IDRC 聘请独立撰稿人为他撰写人物传记出版。2019 年，尼泊尔驻华大使代表尼泊尔环境部，任命他为尼泊尔自然保护基金会（NTNC）的董事会成员。

竺肇华心系家乡，同临安王安国等当地专家合作，从 1985 年起，开展一系列有关山地开发的国内、国际合作项目。1995 年起共同推动临安的山区生态旅游、太湖源白沙村示范村发展和临安山区综合可持续发展模式的研究与经验总结，并于 1995 年和 1997 年两次主持召开国内研讨会“山区综合发展战略研讨会”和“充分利用森林资源和发展生态旅游专家论坛”。1997 年、2008 年和 2010 年，在临安组织三次国内、国际山区综合开发研讨会。在 2010 年召开的国际山区综合可持续发展研讨会上，25 个国家的百余位代表出席，系统总结临安山区发展经验，发表“临安宣言”，国内外誉之为“临安模式”。

林汉良 1956 年 8 月出生，丽水缙云人，任当地供销社农资化肥供销科长 20 多年。一次，他发觉临安化肥施用过度，导致土地板结，竹林枯萎，产量下降，决心要为临安竹农解决难题。

2003 年立秋过后，应邀到太湖源镇横路秧田弄自然村，给竹笋科技示范户张炳海、邵观夫等六户竹农讲解如何进行土壤生态修复与使用生物肥，调整失衡土壤。2006 年春节前后，雪灾严重，雷竹成片被压断，产量骤减，可秧田弄邵观夫等六户竹农的试验园雷竹，抗寒能力增强，出笋率明显高于其他竹园。实践验证林汉良的土壤生态修复营养平衡的举措是正确的。

林汉良在邵观夫等竹农的 17 亩试验竹园里获得明显的经济效益，小笋率降低至 30%，总产量从每亩 1500 千克增至 2000 多千克，最高的达 2500 千克，每亩收入达到 5 万元。竹农纷纷前来请教林汉良，听取他的技术讲座。

2006 年下半年，临安市林业局高工王安国与林汉良一起对太湖源镇竹农进行技术培训，王高工讲政府的扶持致富政策、竹林管理，林汉良讲土壤修复、土壤营养平衡。由王高工引荐，特聘林汉良为临安现代林业科技服务中心研究员，加入王安国有关林业科技项目的科研团队。其土壤生态修复雷竹栽培技术，被杭州市列为重大科技攻关项目。

林汉良来到太湖源镇的第三年，横路、畈龙、青云、佃村、夏村等周边村竹农使用他的技术和生物肥料后，雷笋产量普遍增产。用林汉良技术培育出来的雷笋，鲜嫩粗壮，可以生吃，在临安莱市场得到客户验证，天目“水果笋”闻名于临安内外。

林汉良参与研究的“高品质笋用竹种竹资源发掘与开发利用关键技术研究与示范”项目，获评杭州市政府科技进步二等奖、浙江省林业厅“科技兴林”二等奖。

为加快太湖源省级现代化农业园区建设，全力争创国家级农村产业融合发展示范园，林汉良调整规划，实行战略转移，组建“浙江聚贤盛邦农业科技有限公司”。公司下属四个独立核算单位，其中林汉良家庭农场天目“水果笋”示范基地下属有两个园区，一个是高品质雷竹标准化生产示范基地，一个是水果笋现代农业园。公司的“碱性竹笋配方肥料”等 12 个项目已获国家发明专利和新型实用专利。

林汉良依靠技术支撑推动竹产业转型升级，以土地流转增加农民固定收入（每亩 800—1000 元）。实行农旅结合，带动第三产业发展。依托公司平台，建立多方合作机制，建立网络连锁销售渠道。打响“水果笋”品牌，积极开发江浙沪批发市场，减少中间环节，增加农户收入。林汉良扎根临安十六载，被太湖源镇党委与政府授予“首届最美太湖源人”“优秀共产党员”称号，被临安区社教委员会授予“临安区百姓学习之星”，被杭州市教育局评为“杭州市百姓学习之星”。聚贤盛邦获评杭州市农业科技企业，“太湖源竹产业科技培训站”被授予浙江省成人教育品牌。

赵正治　1955 年 10 月出生，临安昌化龙岗人。

1999 年，赵正治创办临安森瑞竹业有限公司，生产竹地板，产品远销欧美，当年创收 200 多万元。公司入驻临安经济技术开发区青山天柱街后，建立现代化竹刨切单板和竹地板生产基地，年产各类竹板材 200 多万平方米。

为满足欧美市场，公司开发出 2500 毫米、2850 毫米、3050 毫米、4000 毫米超长尺寸的竹板材和竹皮，具有良好的强度和韧性，而且多层复压所采用的胶水达到欧洲 D4 防水标准，其甲醛释放量接近 F0 标准，产品广泛应用于包装盒、工艺品、家居用品、时尚电子产品等，90%以上销往日韩、欧美、澳大利亚等 36 个国家和地区。

面对巨大的国内外市场，他深度挖掘中华传统竹文化，结合现代科技，开发出一系列实用、环保的竹工艺礼品、装饰等居家用品。只要是生活中的器具，他都可以用竹皮设计出外包装。他利用碳化技术发明剪竹画，让家乡“临安三宝”土特产包装独具匠心。继而又推出新研究而成的环保竹壳运动水杯，竹壳采用 100%天然竹刨切皮，自然美观，时尚健康。森瑞产品不断推陈出新，涉及日常生活的方方面面；层叠式竹皮文具架、行李箱、组合文件架、竹皮鼠标、竹皮 IPAD 电脑外壳、竹皮药枕套、竹皮卷筒纸盒、竹皮文件夹、竹皮手机壳、竹皮鼠标、竹皮月饼盒、竹皮咖啡壶等时尚、低调、简洁的竹皮制品，典雅而环保，而且都获得国家专利。

公司竹创意产品已有 200 多种，其中专利产品 36 种。公司竹制品套装在第四届中国义乌国际森林产品博览会上获中国创意林业产品大赛优秀奖。森瑞新型竹质复板材获得德国汉诺威 IF 设计奖。竹宝宝高档礼品笔和竹制名片盒，在 2008 年临安国际森林博览会上被指定为馈赠来宾的绿色礼品。“刨切微薄竹技术”获得 2008 年教育部“大幅面装饰微薄生产技术研究与应用”科技进步二等奖。2012 年 6 月 17 日，在第四届成都国际礼品展会现场，森瑞公司以其独具创意的竹木制品引人注目，并以“竹导潮流”为品牌文化，引领环保、健康的竹消费新潮流。

赵逸平 1959 年 10 月出生，临安昌化镇朱穴村人。香港财经学院经济管理研究生毕业，经济师。现任浙江松友食品有限公司和惊石农业集团董事长。

1977 年毕业于昌化中学。1978 年 2 月入伍，1980 年考入南京水兵军官学校，毕业后任该校教员。1988 年转业至临安县政府经济体制改革办公室。1993 年辞职创办经济实体，成立杭州临安罐头食品有限公司，进行竹笋加工贸易，开拓外销市场，2001 年更名为浙江松友食品有限公司。2002 年在福建三明成立三和食品有限公司，后更名为福建三和食品集团有限公司。2012 年成立天津三和果蔬有限公司。2016 年创办惊石农业集团，分别在福建三明、江西井冈山、安徽广德、湖南桃江等全国竹笋资源丰富的 4 个省份建有竹笋加工基地，竹笋产品位居出口日本市场的前列，获评农业产业化国家重点龙头企业、国家高新技术企业、中国驰名商标——栖息园品牌等殊荣。公司是全国最大的水煮笋出口企业。

赵逸平具有丰富的行业经验。经 27 年笋加工经验积累和不断研究，他带领的团队最终研发成功“隧道式”速冻设备制作冰鲜笋技术，完全颠覆传统笋保鲜技术，并以第一发明人身份申请该设备发明专利。旗下企业经过二十余年的快速发展，先后获评为临安市、杭州市农业龙头企业、浙江省外向型农业龙头企业、国家农业产业化重点龙头企业、中国水煮笋理事会理事长单位。其本人多次获评临安市先进 作者、杭州市劳动模范、杭州市“学雷锋标兵”。先后担任浙江省竹产业协会副会长、浙江省竹笋协会会长、三明市政协委员。2003 年当选为中国水煮笋理事会常务副理事长、中国水煮笋协会会长。2006 年 3 月当选为中国水煮笋理事会理事长。现任福建省三明市人大代表、天津市宁河区政协委员，安徽省宣城市广德市政协委员。

姚国成 1961 年 1 月出生，临安玲珑街道锦绣姚家村人。

邻村殷家山有毛竹山 1.1 万亩。2002 年，殷家山竹制品加工厂有许多毛竹蒲头，价格低廉，无人问津。浙江林学院教授向姚国成提供竹炭制品的市场行情与前景分析的信息，建议他将毛竹转化成竹炭，产值可以提高 3 倍。

烧制竹炭技术含量高，首先要有高质量的竹炭窑。炭窑不能漏气，烟道设计要合理，窑内火道要通畅，烧制要“看火头”，窑温要合乎要求。姚国成指派两位村民跟着遂昌县师傅日夜学习。经过一窑窑的试制，基本掌握“看火头”烧制竹炭的技术。

当年姚国成开始创办竹炭厂。每只竹炭窑一次可装毛竹 5 吨，出产竹炭 750 千克。他打造两只竹炭窑，烧制竹炭 10 余吨，以每吨 3000 元通过外贸公司销往日本等地，并申请自行进出口权证。第二年，再打造 8 只竹炭窑，年产竹炭 50 余吨。第三年，姚国成又打造 15 只竹炭窑，年产竹炭 220 余吨，竹炭价格也相应提高到每吨 3500 元，年产值 100 余万元。以后几年，每年出产竹炭 200 吨至 300 吨。

姚国成生产的竹炭，以殷家山三年生毛竹为主要原料，经近千度高温烧制而成，细密多孔，质地坚硬，有很强的吸附能力，能净化空气、消除异味、吸湿防霉、抑菌驱虫等，为国内外客户所青睐。

从 2002 年至 2013 年，姚国成的竹炭生产连续 11 年。后因环保等因素歇产停业，他仍每年从福建等地进货百余吨，以满足新老客户之需。

俞传梅 1954 年 5 月出生，临安太湖源镇杨岭人，西马克食品有限公司董事长，中共临安市第十一、十二次党代会代表，临安市人民代表，杭州市劳动模范。

“西马克”位于太湖源镇杨桥村，是以加工菜竹笋为主的竹笋加工企业，其前身是杨岭乡办企业，专营罐头食品加工。1994 年 8 月俞传梅接手，历经 25 年艰辛创业，办成一家集生产基地、科研开发、加工生产、市场营销为一体的现代涉农企业，获评省农产品加工示范企业、省林业龙头企业、省十佳“妇字号”龙头企业、杭州市级农业龙头企业和临安市（区）先进农业龙头企业。2012 年，“西马克”商标获“浙江省著名商标”称号。2013 年，竹笋系列产品获“浙江省名牌产品”称号。公司主营“西马克”牌竹笋系列制品，现有员工 160 多人，每年收购加工菜竹笋 400 余万千克，年销售额 2000 多万元，年上缴国家税收 130 万—150 万元。公司开发有 13 个系列竹笋产品和 5 个水煮花生系列产品。现有分公司、经销商、代理商 70 余家，遍布全国省市级城市。

西马克公司能稳步健康发展，主要把握好以下方面：

企业植根于竹笋产业，与竹农联结成利益共同体。西马克始终立足于农业增效、农民增收，坚持以公司+基地+农户的产业化经营模式，在周边 3 个镇、14 个村，同 1 万多竹农共建 5 万余亩无公害竹笋基地，形成市场牵龙头、龙头连基地、基地连农户的产业体系。公司定期组织开展技术培训，优先吸纳农村妇女就业，帮助农民发展生产，带动一方经济发展。每年当雷竹自然笋、高节笋大量上市，公司不仅敞开收购，还维持以每 500 克 1.10—1.20 元的保护价收购，往往略高于市场价，让利于民，保护农民育竹产笋积极性。

“西马克”牌竹笋系列产品的原料均来自省无公害农产品产地和省森林食品基地，肉质细嫩、松脆爽口、营养丰富，符合国际市场趋向有机、天然、绿色、环保和安全的食品发展方向。公司建立开放型技术创新体系，与浙江农林大学、临安区林科所建立长期稳定的产学研合作关系，攻克技术难关，成功开发出 9 个新品种竹笋系列产品和 5 个水煮花生系列产品，实物质量和技术要求均达国内同行领先水平，畅销市场。公司主要产品获得 1999 年北京农博会金奖后，多次获省市农博会产品金奖、银奖。2018 年 11 月，公司产品在浙江农业博览会又获评金奖。

加大技改投入，提高生产效率。以前竹笋加工主要靠手工。近几年来，企业加大技改力度，初加工的煮笋、剥笋、分切、装罐都使用自动化和机械化流水线。使用三台套自动剥笋机后，大大节省原来上百人工剥笋的劳动力，仅这一道工序就省去三分之二用工。“机器换人”，提高效率，后道精加工也用上自动切片（丝）机，节省人工成本，更为竹笋食品卫生安全和标准化生产提供保障。

打出品牌，赢得市场。“西马克”牌竹笋系列产品不含任何防腐剂，以生态、绿色食品著称。

不仅保持天目竹笋蔬中第一品的原味，还有酱香味、香菇味、花生味、干菜味、酸辣味、麻辣味等多种不同的味道，而且这些竹笋产品都通过H4CCP食品安全体系认证。西马克“山珍玉笋”早在1999年北京国际农产品博览会上即获评为名牌产品。“西马克”竹笋系列产品多次获评省市农博会产品金奖。其产品畅销国内所有省市大中城市超市，远销欧洲，还成为航空配餐食品。

俞传梅生长在农村，与农民感情深厚。带领“西马克”与白沙村结对，为村里提供资金支持以及生态旅游发展的指导与服务。对于村里的老年人、困难大学生、因病致贫的特困户，她均予照顾与关爱。

俞锦章　1938年6月出生，临安於潜镇人。1959年宁波农校毕业参加工作，历任临安市农业区划办副主任、主任，区农经委副主任，市竹笋加工企业协会首任秘书长。受聘为浙江林学院山区发展研究所特约研究员。获评为临安市委、市政府首批、二批知识分子科技人员拔尖人才，农业部、农业区划委员会授予“农业资源调查和农业区划先进工作者”称号，获省部级、杭州市级多项科技成果奖。

1997年6月，俞锦章参加市农经委组织的调查组，对全市以高节笋为主的竹笋加工现状开展全面调查。同年底成立临安市竹笋加工企业协会，俞锦章在秘书长岗位上一干就是十年。

俞锦章服务于企业，积极沟通银企关系。1998年春，着手解决竹笋加工急需融资的问题，沟通银企关系，取得银行支持，当年对全市竹笋加工企业新增贷款536万元，以解企业燃眉之急。

平时注意收集营销信息，经整理分析后将之传递给有关企业。特别是在鲜笋收购季节，他把每天掌握到的有关省市毛笋产区收购价格及时通报到企业。协会在3721网站注册“笋干”网络实名，搭建企业信息交流平台。多年来，他应用协会的中介职能，先后组织部分加工企业负责人参加赴日本和北京、杭州、温州等地的各种展会；赴萧山、金华等地考察多家省级农业龙头企业，学习先进经验。2005年3月17日至18日，市域12家竹笋加工企业100多个品种赴无锡、苏州参加竹笋产品推介会，使企业打开眼界，获得商机。

针对企业之间出现的产品仿冒、低质、低价竞争等问题，他通过深入调研，认定企业要外树形象必须从内强素质做起，立即汇报情况，请来专家授课培训。协会与市林科所合作，制定《天目笋干加工技术要求》《天目休闲笋干加工技术要求》，2006年6月3日正式发布实施。同年11月8日，《天目手剥笋加工技术规程》发布实施。协会会同质监、卫生、工商等部门，多次开展全面性的行业检查，发现问题及时改进，创造公平竞争环境。

努力为企业维权服务。2003年，西天目乡武山村临安天目食品加工厂“天目峰”系列笋干销往上海等地，被一家外地加工厂仿冒，他帮助查清仿冒产品由来，恢复“天目峰”品牌名誉。改企业加工制笋食盐由含碘盐为普通盐，为企业节约成本48万元。帮助会员企业反映和解决不合理的税负和规费问题，以及多起供水、供电、扩建立项、征地建厂房方面的困难，维护企业合法权益。支持帮助临安整个竹笋行业转向小包装加工，提高经济效益。帮助5家龙头企业牵线搭桥，建立生产基地20多万亩，联结农户4万多户，初步形成产业化经营模式。

俞锦章按照行业协会的秘书长职能，为全体会员企业履行沟通、协调、监督、公证、统计、调研、服务等八大职能，脚踏实地，办了许多实事，受到企业和竹农赞赏。协会多次被评为临安市先进社会团体，2005 年获评杭州市先进农村专业经济协会，俞锦章也多次被评为先进个人。

胡国良　1959 年 2 月出生，临安青山研口村人。1981 年从浙江省丽水林业学校森保专业毕业，即分配到临安县林业局工作。临安林业局（农业局）森林病虫防控首席专家、教授级高级工程师。

36 年来，胡国良一直从事森林病虫害防治、林业科学技术研究、病虫害防治指导与推广工作，从一名普通林业技术员成为一名林业技术学术带头人。在科研方面先后开展“有机竹笋及可持续经营技术研究”“食用竹笋病虫害综合研究”等十多个重要课题和项目，在省级以上杂志发表论文 20 余篇，出版《竹笋病虫害防治》《山核桃病虫防治彩色图谱》两部著作，获省市各类科技奖项 30 余项。

2002—2005 年，胡国良参加杭州市重点项目“山核桃新品种选育及高效培育技术研究”，3 年间共推广山核桃新品种栽培面积 45 万亩，增收 2.4 亿元。在竹笋病虫害防治工作中，他带领课题小组查清临安 64 种食用笋竹种的主要病虫害，首次发现 3 个新种和 1 个中国新纪录，同时对 10 余种主要病虫害的生物学特性和发生规律进行深入研究，提出有效防治方法，填补国内空白。这一研究成果在食用笋竹林中推广，使竹笋产量亩均增幅达 20%—25%。此外，他在松材线虫病防治、天目山柳杉群落复壮与保护、森林病虫害综合防治等方面也积累了丰富的经验。

他一直从事山核桃、竹笋病虫害研究与防治工作，急山区百姓所急，对疫情精准预报和提前预防，排除山核桃、竹笋的病虫害重大灾情，被林农亲切地称为“绿色卫士”。

胡国良先后被授予杭州市级优秀共产党员、全国最美森林医生、全国森林病虫害防治工作先进个人、杭州市科普先进工作者、杭州市优秀科普志愿者等荣誉称号，获浙江省农业科技成果转化推广奖。他还是杭州市新世纪“131”第二层次优秀中青年科技人才人选、浙江省新世纪“151”人才工程第三层次人选。

殷志根　1947 年出生，玲珑街道锦绣村人，曾任玲珑镇殷家山党支部书记。殷家山竹林茂密，盛产优质毛竹。1974 年冬天，殷家山被列入临安县“大毛竹”生产基地。“大毛竹”即为“渔用大毛竹”，20 世纪 70 年代近海渔业生产用作支架张网和围捕，要求离地 5 市尺眉围在 10.5 市寸至 12.5 市寸。百斤大毛竹收购价相当于百斤大米价，市场俏销，前景看好。为鼓励扶持建设大毛竹生产基地，政府给予每亩 50 元现金和化肥补助，殷志根则被列为毛竹生产的先进带头人。

1977 年，全村向国家提供商品竹 2.3 万支，其中大毛竹 5600 支。这一年毛竹总收入达 11 万余元，占全村总收入 70% 以上。

为振兴村级经济，充分利用毛竹资源，殷志根先后到安吉、宁波、绍兴参观先进地区毛竹生产经验，全部恢复村里曾被毁掉的 500 亩毛竹山，立竹量每亩达 180 株，毛竹年采伐量 4 万支，年产竹材上千吨，毛笋 100—200 吨。

1983 年，殷家山创办第一家竹器加工厂，殷志根兼任负责人。引进竹制品及其加工技术，购置竹制品加工机械设备，请来师傅，最先以生产竹筷、食品棒为主。为提高毛竹利用率，深度开发、综合利用资源，后又分别生产肉签、竹枪、毛竹脚手片、扫帚柄、棒冰棍、板刷坯等，为安吉竹席厂等企业提供竹席篾丝、窗帘丝半成品，每天毛竹用量15吨。加工厂每年利用农闲时间生产6个月，年毛竹用量1500吨。

1988年，全村以毛竹为原料的加工业收入共24.5万元。1989年全村仅毛笋一项就收入12.84万元，人均300元。之后，村民殷志钜等三人相继办起三家私人竹制品加工厂，解决村民劳动就业100余人，收入可观。但因竹制品厂毛竹用量大，当地毛竹不能满足村里加工企业原料所需，企业要向周边产竹乡镇采购，成本增加，遂先后停产。1983—1995年，殷家山村竹制品加工企业前后持续十多年时间。

钱华春 1946年2月出生，临安玲珑街道锦绣村人。夏禹桥镇玲珑山林场场长。1989年，该林场被林业部评为全国先进乡村林场，钱华春获评全国劳动模范。

在林业实行“三定”后，临安乡镇林场落实林业生产承包责任制，贯彻“以林为主，多种经营，以短养长”的生产方针，乡镇林场进一步得以巩固。夏禹桥镇玲珑山林场建于1978年，经营面积4475亩。到1985年，全场消灭荒山，共营造人工林4400亩，以杉木为主，其中有竹林、经济林600多亩，并办有竹制品加工厂。据1988年调查，该场立木蓄积量2万多立方米，总产值达365.45万元，实现利润41.63万元。创办十年来上缴税金62.79万元。

钱华春的主要做法是：科学造林，集约经营。发挥优势，以短养长。1988年年初，与杭州天竺筷厂联办竹制品厂，当年产值20余万元，出口创汇12.2万元，实现利税4万元。扶村带户，联合开发荒山。在该场的示范和帮助下，全镇办起4个村办林场和30多个家庭林场，开发荒山3300多亩。夏禹桥镇每年造林2000亩以上，成为全县造林绿化先进镇。实行承包责任制。场内分营林和工业两部分。对营林部分，根据造林、抚育、间伐、护林等不同工种，按山划片包干到组，实行四定（定任务、定质量、定时间、定报酬），定期考核，年终兑现。对工业部分，实行承包合同制，规定任务、产值、利润和上交林场金额。内部实行厂长负责制，对工人实行基本工资加奖金制度。

钱高潮 1956年4月出生，临安昌北上溪人。中国玉石雕刻大师、中国石雕艺术大师和工艺美术大师，国家级非物质文化遗产项目（鸡血石雕）代表性传承人。

临安是竹子之乡，钱高潮有心开一家竹根雕工艺美术品厂，亲自赴石门、青山、玲珑等盛产毛竹乡镇的山山岭岭考察，寻找适合制作古玩圆雕的竹工艺品材料毛竹蒲头，并向竹乡农民按每株10元价格收购。

为了研究防蛀技术，钱高潮摸索出一套煮竹料时放盐、醋等关键处理技术。尤其是竹根部往往又长又大，质地紧密而坚韧，周围丛生须根，不同的产地，其特性、形状也不一样。哪里的竹子长势较好，适宜雕刻，他了如指掌，物尽其用。

为提高圆雕竹根工艺品质量，钱高潮将之经过水煮、气蒸、浸泡半天至一天不等，以充分脱解竹根中的蛋白质成分，让其竹筋、竹丝充分显露。然后将圆雕原制品浸泡在哈巴粉溶液之中，让其浸透吸足，将其用400—2000号不等的沙皮打磨，再用棕刷轻刷让其包浆，使工艺品更具质感，独具竹根特色。

他选材十分讲究。对3年生毛竹竹根与5年生毛竹竹根的缩坯度，采用不同的水煮、气蒸时间，在水中放多少盐，多少醋，都有科学的配比。察、挖、削、琢、刻，钱高潮手中的小小雕刀游刃有余。一个个普通的竹根，经过钱高潮之手，便成为一件件艺术品，身价百倍。

钱高潮的工艺美术品的创新，除了追求新材料、新工艺以外，关键是造型要新颖，题材要更新。他将石雕的手法融入竹雕刻技巧中，刀法精巧，求新求变。创作的题材几乎涉及社会和自然的方方面面，对古代人物的表现更是淋漓尽致。其竹根雕多次在省市、全国的竹工艺品博览会上获金奖。

从1994年到1999年的5年间，钱高潮充分利用临安的毛竹资源，向上海古玩市场提供圆雕竹根工艺制品5000多件。上海古玩市场将其作品销往日本、新加坡等，颇受青睐。

黄永胜 1978年8月出生，临安天目山镇武山村人。毕业于浙江水产学院，1997年参加工作。2004年创建临安祥味源食品厂，任公司总经理。2010年组建杭州祥味源竹笋专业合作社，任负责人。2015年创建杭州璇晶盐务科技有限公司，研发竹盐系列产品深加工。曾在美国杜邦涂料及宝利特油漆从事经营管理工作。现任杭州璇晶盐务科技有限公司总经理、杭州祥味源食品有限公司总经理。

在20年的行业实践中，他将现代企业的先进管理理念融入传统工业企业中，并较早将环保理念运用到各生产环节，总结出适合现代化竹盐行业的先进管理理念，从初期的单一经营模式发展到综合型产业链商业模式，并逐步向多元化方向发展。公司已发展成为集研发、生产、销售、物流配送于一体的综合型企业，年生产竹盐能力8000吨，产品广泛应用于日化产品、医药产品等领域。

蒋长富 1953年11月出生，临安高虹镇崇阳村人，系县、市、省、全国四级劳动模范，退伍军人、农民技术员。曾任村党支部副书记、村主任、村委等职。获评省农科示范户、杭州市优秀种养大户、杭州市农业丰产奖，以及临安市首批科技示范户、林木种子经营户、菜竹生产十佳示范户等，《临安科协》2011年第2期封面人物。

蒋长富科学育竹，精准扶贫，享誉中外，主要表现为“三个一”：靠一枝雷竹创业，摆脱贫困，走上致富路。凭一颗红心扶贫，足迹遍布省内和江西、江苏、安徽、上海、湖南、湖北、云南、四川等省市及越南、日本、马来西亚、加拿大、南非等国家；其妻、儿在湖北崇阳县育竹扶贫20年。用一点墨水著经，总结“五坚持”和“十字”经验。“五坚持”，即坚持以竹为主，多种经营；坚持竹木并举，实行良性循环；坚持科学育竹，竹茂笋丰；坚持人尽其力，地尽其用；坚持共同富裕，表率引领。“十字”，即垂（垂直布局）、水（湿润土壤）、土（松土通气）、养（留养母竹）、防（防病治虫）、管（双管齐下）、攻（主攻单产）、清（清理三老）、盖（覆盖孵笋）、肥（有机肥当家）。其育竹经验，深受竹农欢迎。

蒋长富不忘初心，率先垂范，传经送宝；出资捐物，乐于助人，累计达十余万元。妻子叶琼，全国双学双比女能手、杭州市十佳“妇字号”女能人示范户、临安市“十佳”女能手。常驻湖北崇阳县，被当地干群誉为“浙江专家”“雷竹之母”。儿子蒋国庆，湖北省咸宁市人民代表、崇阳县桂花泉村党总支第一书记、崇阳县长富雷竹生产合作社社长。媳妇沈星星，大学毕业，开辟网上销售。蒋长富一门五党员，科学种竹，精准扶贫，热心助人，其事迹先后在《国际竹藤组织》《中国绿色时报》《经济日报》《浙江日报》《浙江科技报》《浙江林业》《杭州日报》《杭州林业》《楚天都市报》《咸宁日报》《临安报》《今日临安》《临安科协》《临安竹讯》《天目竹韵》等报刊及人民网有近百次报道。

鲍子潮　1950 年 12 月出生，临安三口珠坞村人，小学教师。珠坞村两山夹一弄，日照短，出笋迟。鲍子潮住在一个小山坡上，竹林在住房四周，有雷竹园 4 块，面积 0.38 亩。

1988 年 2 月 10 日，何钧潮在《临安农科报》上刊发一篇《你想叫雷竹提早出笋吗？不妨试一试这些办法》的文章，认为雷竹通过培育管理，采取施肥与保暖等措施，可使出笋提早 20 天甚至 30 天，并提出四条措施。文章发表后，当年下半年即有人行动，1989 年临安有 3 人雷竹提早出笋获得成功。

珠坞村冬季做毛料。1988 年冬，村民将做毛料轧下来的竹叶堆在溪边，碰到溪水冒着热气。鲍子潮路过发现，于是想到如果把竹叶覆盖到竹地里，一定会保温而提早出笋。当年 12 月下旬，鲍子潮用竹叶覆盖两块地，面积 0.19 亩，覆盖前竹园已施入猪垃圾等肥料，覆盖厚一市尺。经一个月左右，到 1989 年 1 月 26 日开始第一次产笋，共挖笋 6 千克，每千克价 6 元。到 3 月 19 日共产笋 322.5 千克，收入 2109.5 元，最高每千克价 8 元。3 月 19 日以后，未覆盖的自然笋开始批量出土。鲍子潮竹园产笋到 4 月 23 日结束，当年合计产笋 893.5 千克，产值 3523.3 元，比竹叶覆盖的前一年收入翻了一番多。1989 年 4 月 28 日《临安农科报》、6 月 9 日《临安竹讯》第二期对此都有报道。

鲍子潮发现毛竹叶是雷竹很好的保温材料，并第一个使用覆盖提早雷竹出笋，其贡献获得县政府的肯定和奖励。

1990 年，鲍子潮 0.38 亩雷竹全部覆盖，2 月 1 日开始出笋，产量 1130.25 千克，收入 4296 元。1991 年 0.42 亩全部覆盖，1 月 8 日开始出笋，产量 1568.9 千克，收入 7211.9 元。

1991 年，县林业局何钧潮带领科研组，对鲍子潮“雷竹提高出笋竹叶覆盖”技术作总结鉴定，并及时向周边村民进行推广。该项技术经县林业局等单位进一步试验、总结，又开发出雷竹双层覆盖两季高产新技术，并在县内外广泛推广应用。

管竹苗　1940 年 11 月出生，临安太湖源镇东天目村横溪人。1956 年参加工作，1965 年 5 月加入中国共产党。历任临安县委常委、农办主任、农工部长，临安县副县长，桐庐县委常委、常务副县长，临安县委常委、常务副县长，临安县委副书记、常务副县长，临安县委书记，杭州市委常委，杭州市政协党组副书记、副主席，并任杭州市新四军历史研究会第二会长、临安市竹文化研究会名誉会长。

管竹苗在临安担任县级领导16年，大量精力集中于“治理荒山、绿化临安”，努力“合力兴县”“绿山富民”。1982年6月，在副县长任上担任县农业区划领导小组组长后，全面部署土地资源调查和综合农业区划林业区划编制工作，确立临安农业“以林为主，农林牧副渔全面发展，农工商综合经营”的生产方针，引导临安多品种竹子等新兴产业的发展。1983年12月，到青云、杨岭、石门、高虹等乡镇调查菜竹尤其是雷竹早出高产技术的推广情况，研究部署如何深化全县10万亩菜竹基地建设，加快科技推广步伐，促使县域竹笋生产的产量产值有较大幅度的增长。到1993年，县域竹笋总产值突破1亿元。1992年8月，调研、总结、推广乐平乡发展竹笋、蚕桑、茶叶、水果等“一村一品”的成果和经验。

管竹苗提出生态农业县建设目标，坚持走生态、社会、经济效益同步发展之路，并确立从原来的“上促青山、下稳良田、主攻中间（丘陵缓坡）”的战略，提升转变到“前促生产、后活流通、主攻加工”的新“三线”战略方针，坚持以加工促流通，以流通促生产，逐步形成“贸工农”融合一体、协调发展的新机制，使开发农业从平面开发上升到立体开发、多层次开发，为以竹材、竹笋等新兴加工产业兴起增添动力和政策支撑。他亲自主持编制1991—2000年《临安县农业综合开发规划纲要》，制定《临安县十大商品基地示范点建设计划》。1995年6月到北京出席全国县域经济研讨会，在会上介绍临安在中共十一届三中全会以来经济社会发展变化的巨大成果，阐述临安从实际出发，提出并实施“合力兴县”方略、“百公里经济长廊”构想和开发农业“新三线”战略等三大内容，构成了全县90年代以来经济发展的基本路子和创新格局。

2010年在杭州临安太湖源竹种观赏园调研时，他提出创建临安竹文化研究会倡议，促成研究会于2012年12月正式成立。

丛 录

钱高潮竹雕作品
《惬意罗汉》
（6厘米×5厘米×11厘米）

浙江省雷竹现代示范园区——太湖源镇万亩雷竹基地一隅（金炳全摄）

可使食无肉
不可居无竹
无肉令人瘦
无竹令人俗
人瘦尚可肥
士俗不可医
旁人笑此言
似高还似痴
若对此君
仍大嚼
世间那有
扬州鹤

宋·苏轼

从 录

古代与近代禁规

明

禁碑

钦差总督军门示：访得流劫婺源等处强贼，俱系各矿场啸聚奸徒，贻害三省，非一日矣。已经提奉钦依调兵剿灭，将各山矿场严加封禁外，今后敢有违禁潜入挖掘者，许经过地方及保甲追捕挐解。如人众，即报官发兵追剿。若容隐接济者，地方保甲人等一体重究不恕。故示。嘉靖四十五年五月初一日立。（《西天目山志》，浙江人民出版社出版，1991 年 6 月版，119 页）

注：嘉靖年间，西天目山南麓朱陀岭开挖银矿。黄汝亨在《天目记》中记述："无论千年之树，摧枝折干"；"双清庄亦为煮矿之场，烟瘴杂起，毒雾四塞；草木黄落，不待秋至"。因而，总督军门在朱陀岭顶红庙边立此禁碑，将各山矿场严加封禁。

清

蟠龙庵《奉宪禁碑》

特授浙江湖州府安吉县正堂刘　　为遵陈宪批勒石永禁事。

嘉庆十三年二月二十七日奉

特授湖州府正堂加五级随带军功加一级纪录十次戴　宪牌本年二月十五日准。

特调浙江杭州府正堂加五级纪录十次广　移开嘉庆十二年十二月二十六日奉。

钦命浙江等处提刑按察使司按察使、总理驿务事、加五级纪录十二次朱　批余杭县通详上民张衡等呈请勒石永禁开设冬笋牙行一案，仰即会议详夺等因移会到府奉经行，据各县采访明确核详，前来本府复会同移议。

查余杭、临安、武康、安吉、孝丰等县，界址毗连，山多田少，居民出息，全赖山竹。甲年冬笋即系乙年春竹，匪徒结党成群，逞强刨掘，侵损山场，殊为民害。若再添设牙行，则变消更易，收买易多。且难保无牙匪勾连，串窃滋弊，设非严立章程，无以清弊源而遏寇风。自应准如所请，在于余杭、临安、武康、安吉、孝丰等县各交界处所一体勒石永禁，使匪徒触目惊心，知所顾忌，盗窃之风，渐次屏除。详奉兵部侍郎兼都察院右副都御史巡抚浙江等处地方、管理粮饷兼理全省营务阮　批据详已悉，仰按察司会同布政司转饬于交界处所勒石永禁，取摹送查。嗣后每届冬令，饬差严密查拿窃笋匪徒，照例究办，并永禁开设笋行，以杜滋弊等因。又奉

钦命浙江等处承宣司布政使加三级纪录十次又纪录三次崇　批如详饬遵,仍候抚宪既司道批示缴。又奉

钦命浙江等处提刑按察使司按察使、总理驿务事加五级纪录十二次朱　批如详会饬各县在于交界处所勒石永禁，取摹送查，嗣后每届冬令该府督饬各县选差严密查拿，如有匪徒窃笋情事照律究办，毋稍姑息。并永禁私开笋行，以杜滋弊，慎毋日久废弛，仍候抚宪既藩司巡道批示缴。又奉

钦命浙江分巡杭嘉湖兼水利、海防、兵备道加四级纪录八次岳　批既据会查明如详勒石永禁，仰即拟具碑式呈察核，仍候抚宪既藩臬司批示录报缴各等因。奉此，除各县一体遵照外，合亟饬遵等因，下县奉此，合行勒石永禁为此碑。仰该地业户保甲并诸色人等知悉。自禁之后，如有匪徒再敢纠众窃掘，并私设牙行，贪值变消，详业户人等，协保扭票，以凭严究，断不姑息。各宜凛遵，毋贻后悔，须至碑者。

嘉庆十三年十月合邑士民毕世煌等三十二人公立。

（《浙江省林业志》，中华书局出版，2001 年 11 月版，第 1260—1261 页）

清

保护天目山禁规

清光绪十三年（1887），於潜县知事颁发禁规，其中有“所有寺中山场，蓄养竹木，或为屏障，或为观瞻，或备寺用，或藉收殖。山脚远近居民，暨在寺僧俗人等，均不准私擅砍斫，侵害枝苗”等语。光绪二十八年，杭州临安县正堂告示，内称：“寺内山场田地无论有无施主，均照定例，由该寺僧管业收花，外人不得霸占，寺僧不准盗卖；寺山培养竹木，为荫庇丛林及修筑本寺之用，不准寺僧无故砍斫与人，并不准远近居民盗砍及强斫柴薪。”（《西天目山志》，浙江人民出版社出版，1991 年 6 月版，119 页）

1985 年，在禅源寺附近建房时，发掘出清康熙间禁碑残块，碑文“其闻先代流规，不许攀枝落叶”字样尚清晰可读。（《西天目山志》，浙江人民出版社出版，1991 年 6 月版，119 页）

临邑各处堰坝，向章四月封堰，蓄水灌田。八月开堰，运放竹木。封堰期内，船簰竹木等项，历今禁止放运，详明各大宪在案。乃有不法之徒，日久玩生，胆敢封堰期内谎称洪水涨发，强运船簰，闯毁堰坝，只知利己，不顾农田，实属昧良已极。兹据士民吴翰章等联名公请示禁前来，合亟出示，勒石永禁。为此，示仰合邑商民及船簰各户知悉，自示之后，如遇封堰，期内无论水势大小，一切竹木船簰，以及柴炭木植各色货物，一概遵章停运，仍俟开堰以后，再行照常放运。倘敢抗违，一经访闻，或被告发，定即按名严拿，从重惩办，决不宽贷。

此因水利有关农田故录一则。

（清宣统二年（1910）《临安县志》卷六第六十八页）

民国时期，有关禁伐护林法令屡见记载。

民国元年（1912 年）9 月，天目山住僧慈寿禀求政府保护。浙江都督朱特发告示

“悉天目山为浙右名刹，载在省志，列代保护。迄今而替民国建始业，奉大总统通令各

庙，统由各该长官按照约法，切实保护，俾佛教人民得享。约法保障等因，由内务部行知到浙在案。据禀前情，应如所请。”（《西天目山志》，浙江人民出版社出版，1991 年 6 月版，119 页）

现代重要政策法规

1. 临安县人民政府（临政〔1984〕214 号）关于林业工作若干政策的规定

2. 中共临安县委（临委〔1986〕41 号）关于“七五”期间综合开发利用丘陵缓坡地的意见

3. 中共临安县委（临委〔1988〕47 号）中共临安县委、县人民政府关于今冬明春开发丘陵缓坡的若干政策规定

4. 中共临安县委（临委〔1991〕45 号）关于印发《一九九一年到二〇〇〇年临安县农业综合开发规划纲要》的通知

5. 临安市计划委员会（临计〔1996〕178 号）关于下达临安市“九五”期间竹林、经济林发展目标的通知

6. 临安市人民政府（临政发〔2003〕10 号）关于加快毛竹产业化发展的若干意见

7. 临安市人民政府（临政发〔2003〕46 号）关于下达毛竹等七个农业产业化项目 2003 年度基地建设指导性计划的通知

8. 临安县林业技术服务总站《临安县十大商品基地示范建设计划》

9. 太湖源镇党委、政府《狠抓菜竹标准化基地建设　实施农产品绿色发展计划》

临安县人民政府关于林业工作若干政策的规定

（临政〔1984〕214 号）

各区公所，乡、镇人民政府：

为了加快临安山区经济建设的步伐，对林业生产的管理体制必须改革。要认真贯彻“山上管严、山下放宽、中间搞活”的方针，进一步改变思想上不够解放、政策上统得过死、经济效益很差、林农实惠不多的状况，走出一条山权和林权一致、造林义务与用材权利一致、保护森林与发展林业一致的新路子，尽快实现木竹产值一亿元的目标。为此，县委、县政府决定：

一、以乡为单位，建立林业管理站。乡林管站由乡长、林业专管员和公安、司法助理员等有关人员组成，并由乡长兼任站长、林管员任副站长。

二、乡林管站的主要职责是:

1. 认真贯彻执行党和国家关于保护森林、发展林业、绿化祖国的方针、政策和指示。贯彻执行国家林业法令和法规，充分调动群众的积极性，有效地保护和充分利用森林资源，做到以营林

为基础，在森林蓄积量不断增加的前提下，大力发展林产品加工业，提高经济效益，疏理流通渠道，繁荣山区经济，使林农尽快地富裕起来。

2. 根据县人民政府下达的木材采伐计划，在林业部门的业务指导下，编制好本乡的木材采伐计划。凡胸径6厘米以上的木材（包括造林片伐林、间伐材、择伐材）均列入采伐计划。生产单位应凭采伐证所指定的山块、树种、数量采伐。

3. 负责将县统一印制的采伐证颁发到户，组织实施木材采伐（根据树木生长规律，木材采伐时间为第一年的九月份至翌年三月份），并组织逐户围量核实采伐量。

4. 接受林业部门对木材采伐计划执行情况的检查和监督。协助林业部门搞好对木材采伐计划执行情况的检查。

5. 负责完成县政府下达的各项林业生产任务和国家木材派购任务。配合林业部门搞好林业生产的技术指导。

6. 负责审批乡村竹木加工厂（须经工商行政管理部门核发营业执照）。核定乡村竹木加工厂的加工计划；负责审批木材及其成品半成品的出运，并开具木材出运证（销售发票和出运证应由县林工商联合公司统一制发）。

7. 为国家代征税收和育林基金，并按时上交有关部门。收费标准：原木出售收取10%的工商税，29%的农林特产税，3%育林基金；成品、半成品出售收取5%的工商税，2%的育林基金；旧房料出售收取6%的房契税。收取的育林基金50%留给乡林管站，全部用于发展林业生产。

8. 负责收取经营管理费。管理费应按全县统一标准（原木出售收取3%，成品、半成品出售收取1%，旧房料出售收取5%），不准向林农重复收取管理费。收取的管理费，15%上交林业部门。

9. 帮助林农选择参加各级林工商组织，推销林产品，组织同外地以木换粮换物，开展联营、加工等活动，发展商品生产，搞活山区经济。

10. 指导各村建立和完善护林制度、护林公约和护林组织。协助有关部门调处山林纠纷，查处乱砍滥伐案件。

三、撤销县设在昌化、於潜、石亭子、横畈的四个木材检查站（目前乡林管站刚组建，石亭子、横畈检查站仍要留守一段时间，待条件成熟时再撤。检查站只检查无证出运）。

四、林业生产的部分管理权限下放后，林业主管部门应更好地发挥自己的职能作用。县林业局要加强调查研究，在林业生产上当好县委、县人民政府的参谋；要积极推广林业生产技术，采取多种形式培训乡村林业技术人才，向林农及时提供林业生产的信息和技术服务；要按国家的森林法规，加强林政管理，检查和督促各乡按时完成国家的木材任务。严格执行木材采伐计划，保质保量完成营林生产任务，积极帮助林农生产和推销林产品等工作。

五、建立“浙江省临安县木竹资源联合开发总公司”。公司的宗旨是促进生产，服务基层，增加效益，还利于民。

六、授予浙江省临安县木竹资源联合开发总公司的权力：允许经营采伐计划内的全部木材和80万担毛竹；允许总公司在县内或县外、全民企业或集体企业干部或职工、居民或农民中，聘请管理人员、技术人员、供销人员及总公司需要的各种人员；允许在全县范围内布点设厂、建立各种分公司；允许统一使用管理现在全县所有的竹木加工厂。

七、国家统派购木材的价格，应按国家规定执行；其他木材及林副产品的价格，均由买卖双方自行商定。

八、要大力加强林业法制的宣传。建立群众性的护林组织、护林制度和护林公约。通过宣传，要使广大群众懂得放宽林业政策的目的是更好地保护森林、发展林业、绿化荒山；是更充分更合理地利用林业资源，促进山区商品生产的发展。各级干部，特别是领导干部，必须进一步解放思想，积极领导好林业管理体制的改革；必须带头执法、守法，成为群众的表率。林业管理成员要坚持原则，秉公办事。不准营私舞弊，接受贿赂。木材的采伐计划不准层层加码。对以权谋私、敲诈勒索的行为，对无证采伐或计划外采伐的破坏森林行为，要按情节轻重，依据《森林法》和乡规民约给予必要的处分。触犯刑律的要依法制裁。

以上规定，希认真向群众宣传，贯彻执行。过去规定凡有与本文抵触的，应以本文规定为准。

附：临安县一九八五年木材采伐计划表

临安县人民政府

一九八四年七月十六日

中共临安县委
关于“七五”期间综合开发利用丘陵缓坡地的意见

（临委〔1986〕41 号）

各区、乡、镇党委、政府，县部、委、办局及县属有关单位：

我县有坡度 25 度以下的缓坡地 94.2 万亩。其中分布在海拔 250 米以下的低丘缓坡地 64.7 万亩；海拔 250 米以上缓坡地 29.5 万亩。党的十一届三中全会以来，全县开发利用丘陵缓坡的进度进一步加快。到目前为止，总共有百分之七十左右得到了开发利用。经济收益达 5500 多万元，占农业总产值的 24.5%。并涌现了一批分层次利用，立体布局，集约经营，综合开发，效益显著的经营模式。同时，还初步建立了一批具有一定规模效益的商品基地。但是，由于受传统观念影响和科学技术、自然条件的制约，我们的开发还不理想，利用不充分，效益也不甚高，突出的问题是：

1. 全县有尚未开发和经济效益很低的面积达 26.1 万亩，占整个丘陵缓坡地的 27.7%。其中不适生或适生低产的经济作物 12.6 万亩。

2. 品种单一，品质较差，管理粗放，撂荒较多，平面经营，利用率低，据测算，1985 年全县丘陵缓坡地的平均亩产值只有 59 元。

3. 星星点点，面面俱到，形不成拳头，形不成基地，形不成较大的商品量。

我县丘陵缓坡地面积多，潜力大，有利于调整农村产业结构；光热资源丰富，土壤肥力较好，有利于种植多种经济作物；立地条件优越，既依村又傍路，有利于生产管理和产品投售。因此，有计划有领导地综合开发利用这块宝地，是广大农民的迫切要求，是进一步开发山区资源、发展商品生产的突破口，是“上促青山，下稳良田”的重要战略措施。县委、县府要求全县各级干部和广大群众，以浓厚的商品经济意识，以科学的态度，以自力更生、艰苦奋斗的精神，同心协力，扎扎实实地行动起来，经过五年乃至更长的时间，把全县丘陵缓坡建设为布局合理，立体开发，综合经营，集约程度高，规模效益好的商品基地，使之成为振兴临安经济的重要支柱之一。为了实现这一目标，特提出如下意见：

一、指导思想和分段实施的要求。

“七五”期间综合开发利用的指导思想，是实现五个“转变”。即从传统经营型向科学经营型转变，从平面种植型向立体种植型转变，从自给型向商品型转变，从“啃肥肉”向“肥肉骨头一起啃”转变，从单纯的经济效益向“三大”效益转变。

“七五”期间综合开发利用的总要求是：坚持改造与开发并举，以发展竹果等经济林为主，用材林、薪炭林为辅的方针，从改造油茶、低产茶园着手，巩固提高现已开发的单位面积产量，重点开发荒山和疏林山，主攻杭徽、於分、藻西三条公路两侧的低丘缓坡。充分利用房前屋后土地，大力发展笋竹、干鲜果和其他经济林。到 1990 年的具体要求是：力争开发利用的面积占丘陵缓坡地总面积的 95%以上，比 1986 年增长 20%以上；平均每亩产值达到 110 元至 130 元，比 1985 年翻一番；总产值达到 1 亿—1.2 亿元，比 1985 年翻一番。

在五年里，新发展经济林、竹林 16.1 万亩，比现有面积增加 74.5%。其中桑园 1.5 万亩，竹林 5 万亩（其中毛竹 1 万亩），桃、梅、梨、杏、李等水果 5 万亩，白果、萸肉、板栗等干果 4.6 万亩。茶叶面积保持稳定，重点是抓好 7 万亩低产茶园的“三改”（改树、改土、改园），增加单产，提高品质。

整个开发计划分三段实施：①今冬明春重点抓三条。一是改造低产茶、果园；二是全面开发利用房前屋后杂闲地和线型地，多种笋竹、鲜果；三是抓好重点基地建设和建立良种苗圃基地。②1987 年至 1988 年，全面改造开发疏林荒山，完成“七五”开发计划的 70%以上的任务，积极搞好商品基地建设。③1989 年至 1990 年,全面完成开发计划。

二、区域布局和“三线”开发的意见。

在布局上，要求坚持“因地制宜，统筹安排”的原则。昌北区以白果、萸肉、方柿为主；昌化区以萸肉、蚕桑、白果、板栗、笋竹为主；於潜区以笋竹、落叶干鲜果、蚕桑为主；玲珑区以笋竹、茶叶、水果为主。各地还应根据自己的实际，积极发展猕猴桃、高山蔬菜、苎麻、药材等名特产品和创汇产品。

对“三线”开发要突出“三个效益”，并以求良好的生态效益为主。具体要求：①杭徽公路两侧，南坡土浅，坡陡，以封护为主，适度利用；北坡土厚，坡缓，要大力发展经济林。临安、於潜、昌化三镇周围要以笋竹、水果为主，建立起镇郊型商品基地。②於分公路两侧，西坡土浅、坡陡，以防护林为主，恢复常绿阔叶林，补植松树，形成针阔混交的薪炭林带，山脚坡地发展蚕桑；东坡土厚，坡缓，宜种笋竹、板栗、水果和桑等。③藻西公路两侧，要为旅游服务，防护为主。东坡土薄、坡陡，以防护林为主，划定相对的和绝对的保护区，恢复常绿阔叶林；西坡土厚、坡缓，以茶叶、水果为主。

三、开发利用的主要途径和有关政策。

综合开发利用的主要途径是：①走庭院经济之路。充分利用农户房前屋后的地间和空间，建立多品种、多层次的农林牧结合的庭院经济；②走大户，联户经营之路。开发面积大、经营内容多，需投入一定劳力和资金的低丘缓坡地，以获取较高的经济效益；③走商品基地建设之路。根据市场的需要，有计划、有领导地建立一批干鲜果基地，笋竹基地，笋竹两用林基地，以及其他商品基地。

在开发利用中，应处理好以下政策：

①自留山、承包地，要在稳定经营权的前提下，实行“统一规划，连片种植，分户经营，定期开发，谁种谁有，长期不变”的方针。对于那些面积过于分散，承包户又不具备经营条件的，可以本着“大稳定、小调整”的原则，在群众自愿的前提下，可以逐步向有经验、有经营能力的农户集中，实行大户经营；也可以采取入股联营的方式，搞联户经营。

②坚持承包合同制，保证政策的严肃性。对那些承包茶、桑、果园后不培育，搞掠夺式经营，造成荒芜的，或者对承包山、自留山，三年中一直“分而不治”的，集体有权收回经营权或给予罚款。对经营得好的，不要犯“红眼病”，要维护合同的严肃性，不完善的可予完善。

③对插花山，可以承包或租赁给山地坐落的村、户进行开发利用。双方签订开发合同，实行比例分成。

④要继续贯彻自己筹一点，乡镇贴一点，国家补一点的精神。在前三年中，每年争取从地方财政以及省、市有关部门补助和县农、林等部门落实100万元左右资金，支援缓坡地的开发改造。积极发挥工商各类企业作用，实行厂农、商农联合开发。农行、信贷部门要安排一定的资金，扶持开发丘陵缓坡。

四、加强科技研究和推广工作。

县科委、科协要把开发利用丘陵缓坡列入“星火计划”的项目,积极配合有关部门抓点做样，推广普及先进科学技术。各科技部门在指导农民调整作物布局中，要尊重自然规律，充分利用地间、空间、时间，坚持适地适材种植，逐步形成比较合理的层次带，要努力推广立体农业如［茶—梨（枣、李），茶—泡桐（杉木），果—瓜—豆，果—食用菌等形式］。或混交种植（如竹木、针阔叶、粮豆、果间套作等形式），做到养地与用地结合，保持水土。同时，搞好粮林牧结合，利用果、桑、茶园养殖家禽，建立良性循环的生态经济结构。要积极引进新的优质良种，搞好品种的改良，抓紧建立种苗基地。林科所要加速繁殖矮干良种，提早结果期，改变大小年。农林技术部门要加强对干鲜果、笋竹和林特果品等的选种、育苗、嫁接、修剪、管理、运输、保鲜、加工等科学技术的推广普及工作。

五、切实加强领导，做好服务工作。

县委、县府决定成立开发利用丘陵缓坡地领导小组。农口各部门要把这项内容作为自己的主要工作来抓，各乡镇也要分工负责，建立相应的班子，集中一定的力量，扎扎实实地抓好丘陵缓坡的开发工作。县级各部门、单位要彻底改变部门单一经营的状况，发挥职能部门的综合功能，从人力、物力、财力等方面加强扶持，做好产前产后的服务工作。经委、计委、乡镇企业局及其所属各工业部门，要根据“七五”期间丘陵缓坡开发实施计划，及时规划好加工业的布局，为产品的加工利用做准备。

县、区、乡都要抓住一两个重点开发项目，搞好开发试点。特别是各乡要选择好一两个村作为综合开发的示范村，以带动各村的全面开发。

要广泛开展宣传、发动工作。各乡、村都要搞好干部的培训，并根据县里的规划方案，制订本乡本村的开发计划。此外，要花力气加强技术队伍的建设。要按区域化生产的要求，对新开发的果、竹等重点产品乡，充实相应的专管员。

中共临安县委　临安县人民政府

一九八六年九月十八日

中共临安县委、县人民政府关于今冬明春开发丘陵缓坡的若干政策规定

（临委〔1988〕47号）

各区、乡、镇党委，各区公所、乡镇政府，县级机关及县内企事业各单位：

根据县委、县府关于“建立开放型的开发农业新秩序”的战略思想和开发丘陵缓坡“走联合之路，抓适度经管，促系列开发，求综合效益”的指导方针，为适应开放县的要求，进一步促进我县的开发农业向纵深发展，特作如下规定：

一、坚持土地公有制，搞活土地使用权。

农村土地。包括耕地、林地、牧池、荒山、草坡、水面以及家庭使用的自留地、饲料地、宅基地等均属村民集体所有。土地使用权的承包者，在承包合同期内，有占有、使用、收益和部分处分权。为搞活土地使用权，在稳定家庭承包制的前提下，在尊重群众意愿的基础上，允许合理流动。

租赁制。由土地使用单位、个人以契约形式向农民租赁土地，创办农副产品生产基地，租赁期视开发项目而定。

股份制。农户自愿将承包土地以入股形式交集体或经济联合体经营，所得利润扣除投资后，按入股土地份额分红。

有偿转让。允许土地使用权有偿转让，允许活立木有偿转让，允许经济作物的承包权有偿转让。

联合制。将农民无力开发的荒山荒坡集中起来，统一规划，统一开发，统一专业承包，按土地份额分红。

二、继续稳定和完善经济作物承包制。

1. 对原承包双方满意的、比较合理的要承认它的合法性，应继续执行，并按承包合同组织兑现。

2. 对手续完备，只是由价格波动、收入过高而引起纠纷的合同，应既承认合同的合法性，又尊重多数群众的意愿，经与承包户反复协商，采取变通办法，适当调整承包基数，加以妥善处理，使群众和承包户都满意。

3. 对内容不完善和条款不清楚的合同，应在尊重原合同的基础上，经过民主协议，予以明确和完备。

4. 对已经期满的承包合同，经过商议，可以续包，也可以招标承包。

三、拓宽横向联合，实行多层次形式合作开发。

要积极鼓励个人、集体、国家各部门多层次联合投资，实行资源、技术、资金、劳力合作开发、城乡联合开发；允许国家行政事业单位、工矿企业、学校等到农村兴办农副产品生产基地；积极创造条件争取县外单位和个人到临安投资开发兴办绿色企业和贸工农联合企业。联合开发的形式允许多种多样。可以用贷款或借款还本付息，产品补偿；可以投资入股，按股分红；可以长期投资联合开发和短期周转。对投资入股联合开发单位和个人，应给予公证，在法律上给予保护。凡是在临安投资入股兴办绿色企业的单位和个人，在收入分配时既可拿现金，也可以拿产品。

四、面向开发农业，发挥科技优势。

1. 科技人员受聘和要求停薪留职去农村承包、租赁、兴办、经营种植养殖业经济实体，经所在单位同意后，除停发工资、奖金补偿外，其他待遇不变，也不影响调资和晋升，工龄连续计算，期满后，回本单位安排适当工作。停薪期限为二至三年，其所得经济收益除依法纳税外，每年交本单位本人原标准工资的20%作养老保险基金和管理费，其余全部归个人。

2. 科技人员要求辞职去租赁、承包、兴办经营开发农业的科技实业和经济实体，经批准同意后，除享受辞职所规定待遇外，国家发给三年标准工资作为开办费（辞职时付50%，第三年视开发项目完成情况再付50%），并保留城镇户口，保留住房3—5年。

3. 科技人员受所在单位选派下乡为开发农业资源进行各种形式的有偿技术服务，所得收益50%交单位、50%归个人。

4. 凡科技人员停薪留职、兼职去本县昌北区各乡镇和洪岭、马啸、石瑞、顺溪、马山、横路等乡从事开发农业的，应鼓励和支持。停薪留职的免缴养老保险基金和管理费，兼职的上交本单位的承包基金和职工福利基金可占收入的10%—30%。

5. 县从农业开发基金中提取一定资金，设立“农村科技推广奖”，对在开发农业资源中作出贡献的科技人员，按贡献大小实行奖励，并发给政府颁发的奖励证书，作为在同等条件下优先晋升技术职称的条件。对在边远山区和创汇农业中有重要贡献者实行重奖。具体奖励办法由农委、科委牵头制定和实施。

五、继续实行对开发丘陵缓坡的经济扶持。

经济扶持的原则是，在保持原来扶持政策连续性的前提下，应有利于发展商品生产，有利于集约规模经营，有利于强化村级经济。

（一）种竹：以村为单位，新种菜竹50亩为起点，以户或联户新种菜竹20亩以上为起点，每亩补助20元。

（二）毛竹林改造笋用林：以村为单位，起点面积100亩，每亩补助20元。

（三）经济林：以村为单位，新种药枣、白果、山核桃、板栗、杜仲、柿子等30亩以上者，每亩补助25元。

（四）水果：以村为单位，凡集中连片20亩以上，每亩补助30元。

（五）茶叶、蚕桑等，由各主管部门商定，给予一定的资金和化肥的扶持，具体办法由各主管部门决定，并行文下达各乡、镇贯彻执行。

（六）竹、茶、桑、果、菜、药等凡具有一定规模的商品基地，农业银行在贷款上给予优先安排，并做到发放及时，把钱用在刀口上。

以上补助资金，由各主管部门会同各乡、镇负责验收后，及时发放。

中共临安县委

临安县人民政府

一九八八年九月二十五日

中共临安县委关于印发《一九九一年到二○○○年临安县农业综合开发规划纲要》的通知

（临委〔1991〕45号）

各区、乡、镇，县级机关各单位：

现将县农业区划委员会、县农业区划研究会《一九九一年到二○○○年临安县农业综合开发规划纲要》印发给你们。

深化农业综合开发，是发挥优势，振兴临安经济的重大课题，是关于全局的一项重大工程。受县委委托起草的这个《纲要》是经过大量调查研究，走访请教省市农经研究方面的专家学者，广泛听取各方面意见的基础上形成的。《纲要》提出的指导思想、奋斗目标和一系列配套措施，对于我们九十年代推动农业综合开发的深入，是很有指导意义的。在当前农村开展的社会主义思想教育中，制订经济和社会发展规划，进行实现第二步战略目标，建设社会主义新农村的宣传教

育，是一项重要任务。请你们在制定规划时结合本地实际，认真研究和吸收《纲要》所提出的思路。

中共临安县委
一九九一年十月十五日

一九九一年到二〇〇〇年临安县农业综合开发规划纲要

序 言

20世纪的九十年代，继续深入开发农业综合开发，是实现我县社会主义现代化建设的第二步战略目标的战略措施，是我县经济稳定、政治稳定和社会稳定的基础和先决条件，也是向广度拓展、深度进军的关键时期，我们应当发奋图强，艰苦奋斗，万众一心，把我县农业综合开发这一有益当代、惠及后人、深得人心的伟大事业，推向新阶段，达到新水平。为此，特制订本纲要，动员全党全民为之而奋斗！

一、前十年的基本估价

（一）80年代我县农村经济建设取得了重大成就。在县委、县府的正确领导下，全县人民团结奋进，坚持了十一届三中全会以来的路线，坚持了改革开放的总方针，推行了以家庭联产承包责任制为主体的一系列政策，农村经济发生了深刻的变化。1990年全县农村社会总产值17.7亿元，国民收入8.33亿元，工农业总产值1613亿元，比1980年分别增长5.44倍、3.49倍、4.06倍。全县农村经济总收入12.53亿元，农民人均生产纯收入1009元，比1980年分别增长6.3倍、6.2倍。

（二）80年代我县农业综合开发，为农村经济发展作了较大贡献。在农业资源调查和农业区划成果运用的基础上，实行了县委、县府提出的“三线作战（田、地、山）、主攻中间（丘陵缓坡）、上促青山、下稳良田，综合开发农业资源”的战略方针，从而极大地调动了农民的积极性和创造性，坚持了年年开发不间断，促进了农业综合开发持续、稳定、协调地发展，取得了明显的经济效益和社会、生态效益，为我县农村经济的进一步发展注入了新的生机和活力，为建设生态农业县奠定了比较坚实的基础。

（三）80年代农业综合开发初创成效的主要标志是：新开发了以丘陵缓坡地为主的新开发面积有60多万亩，培植了多种经济作物100多万亩。上促了青山，森林覆盖率稳中有升，达到64.9%；下稳了粮田，粮食获得较好收成，总产量稳定在19万吨左右。畜牧、矿产、水力资源也得到相应的开发和利用。同时，已开始进入了生产、加工、销售相配套的系列开发新阶段：

——开发和培植了人工用材林60万亩、毛竹林24万亩、鲜笋竹林10万亩、笋干竹林18万亩，山核桃林18万亩、水果林3万多亩、山茱萸林9000多亩、茶园12万亩、桑园3万多亩，以及高山蔬菜和城镇蔬菜基地3000亩等十大商品基地。1990年，十大基地总面积达150多万亩，总产值达2亿元，比1980年翻一番多。其中年产木材12万立方米，鲜笋2万多吨，笋干850多吨，山核桃2000多吨（大年高达5000多吨），茶叶5900多吨，蚕茧1800多吨，水果2000多吨。

——建立和改造了木、竹、茶、造纸、纺织、食品、建材、药材等八大加工体系。1990年，八大加工业产值达到4亿多元，比1980年增长了一倍多。加工企业达1100多家，从事加工的人员达3.5万多人。其中清汁笋、茧丝、茶叶加工出口额达8950万元，比1980年增加3倍多。

——形成和完善了科技、流通、生产资料供应等三大服务网络。截至1990年，全县农、林、牧、副、渔等科技服务网络已不同程度在县、区、乡建立，有国家编制的科技人员400余人，其中工程师以上职称的102人。农副产品的购销渠道基本形成，农民中的购销队伍也较活跃，并涌现了一批农贸市场。1990年全县农副产品收购总额近2亿元，比1980年增长2.93倍。同时，农资供应网点也延伸到各乡、村，农村自我服务的组织也日益加强。

（四）80年代农业综合开发已创造和积累了不少行之有效的经验。其中最主要的经验是:统一认识，思想发动；领导重视，政策启动；抓住关键，科技驱动；典型示范，先进带动；各方支援，服务主动。县委、县府除认真制订“七五”开发规划外，并在实施的过程中，每年基本坚持做到组织一次由各路专家、各级领导参加的科学论证会；在论证的基础上，召开一次全县性的农业综合开发工作会议；会后县委、县府还下达一个实施开发的正式文件，筹措一批开发资金；年终印发一册《资料汇编》。由于这样，我县的农业综合开发具有综合性、科学性以及政策的连续性。

（五）在农业综合开发前进的过程中，也出现了不少新问题。主要表现在“五个关系”尚未理顺：一是广度和深度的关系，存在重广度轻深度的现象；二是长期与短期的关系，短期行为尚未得到解决；三是一般开发与重点开发的关系，重点开发尚未引起重视；四是生产与加工、销售的关系，深度加工跟不上，销售渠道不稳固；五是经济与社会、生态效益的关系，三者发展的同步性做得不够。

二、再开发的潜力分析

（六）“三荒”。至1990年，全县有尚未开发利用的宜农荒地1.7万亩，其中可开发为水田的有2200多亩，旱地的有900多亩，园地的有5000多亩。全县尚未开发利用的荒山有43万亩，其中10亩以上成片的宜林荒山有33万亩。全县有尚未开发利用的库塘荒水2500多亩。

（七）“四低”。至1990年，全县有亩产400千克以下的低产田6万亩；有年生长量在0.2m^3以下的低产人工用材林面积12万亩；有亩产干茶50千克以下的低产茶园7万亩；有产鲜叶800千克以下的低产桑园1万多亩；有亩产仅5千克的低产笋干竹林10万多亩；有亩产仅20千克以下的低产山核桃林10万多亩；有近万亩板栗、近万株白果、近万亩木本药材的产量都很低；还有亩产鲜鱼40千克以下的水库和80千克以下的山塘近万亩。

（八）“五初”。一是木材竹材初加工为深加工，可增值1倍以上；二是茶叶初加工为深加工，可增值50%以上；三是蚕茧初加工为深加工，可增值1—2倍；四是山核桃，笋干、白果、板栗、鲜笋、水果等土特产初加工为深加工，可增值1倍多；五是萸肉、茯苓、杜仲、厚朴等药材初加工为深加工，增值也很可观。

（九）“六个”不平衡。目前的农、林、牧、副、渔各业生产中，不同程度地存在着：产品的产量质量高低不平衡；地区之间发展不平衡；科技推广应用不平衡；产业结构调整不平衡；经营管理水平不平衡；领导工作不平衡等“六个”不平衡。大力做好平衡工作，其潜力之大也是难以估量的。

（十）“七个”薄弱环节。农业综合开发中的七个薄弱环节是：（1）不少农民对党的农村现行政策的稳定性尚有多种疑虑，对资源的开发存在短期行为，影响了投资投劳等。（2）一些地方对开发土地资源亦能致富的思想不浓，不少资源尚未开发利用。（3）农、林、牧之间欠协调，特别是畜牧业发展不快，影响其他各业的发展。（4）农副产品的流通体制欠顺，市场开拓不力，“买难卖难”时有发生。（5）投资的机制尚不稳定，急需的开发资金也不够落实。（6）部门之间、行业之间不够协调，开发中的各种要素尚未有机组合。（7）少数基层领导班子不力，经营管理也不够完善。上述薄弱环节，制约了众多潜力的发挥。

三、1991—2000 年的奋斗目标和指导思想

（十一）奋斗目标。九十年代农业综合开发总的奋斗目标是：力争把综合开发、综合经营、综合效益的整体素质提高到一个新水平。逐步达到山、水、田相互为用，林、农、牧有机结合，农、工、商协调发展，基本建成农村经济全面增长，产业结构日趋合理，生态环境良性循环，社会文明进步，人民生活富裕的生态农业县。主要指标如下：

——生态指标：五年消灭荒山，十年绿化临安。到 2000 年，森林覆盖率达到 75%左右；陡坡地退耕还林，缓坡地梯级开发，水土流失面积大部得到治理；畜牧业产值力争达到占农业总产值的 30%左右；耕地面积保持动态平衡；耕地土壤有机质含量稳中有升；洪、旱灾害有所缓解，环境污染得到基本控制。

——经济指标：全县农村社会总产值比 1990 年翻一番，达到 35 亿元；农村经济总收入比 1990 年翻一番，达到 25 亿元；农副产品收购总额比 1990 年翻一番，达到 4 亿元；农民人均纯收入比 1990 年翻一番，达到 2000 元；人均占有粮食保持在 400 千克；全县人民生活达到小康水平。

——社会指标：全县人口自然增长率平均每年控制在 9%以内；努力发展科技、文化、教育事业，完成九年制义务教育和改革农村中等教育结构，大力培养林、农、牧各专业人才；人口素质和健康水平明显提高，精神生活充实、活跃，社会主义民主和法制进一步得到加强和健全。

（十二）指导思想。为了实现上述奋斗目标，我们的指导思想是：遵循生态经济学的原理，坚持改革开放的方针，实施合力兴农的战略，依靠先进科技的力量，采用综合开发的途径，实现经济、社会、生态三大效益的协同发展。

（十三）为了正确贯彻实施上述指导思想，必须把握如下要点：

——认真贯彻“三线作战，主攻中间，前促生产，后促流通，形成合力，协调发展”的战略方针。即生产、加工、流通三条战线同步开发，并狠狠抓住农特产品加工这个中间环节，以加工促进流通，以流通带动生产，逐步形成“贸、工、农”的新型运行机制，合力提高综合生产能力。

——逐步实现六个转变：由单一的营林向立体开发、多种经营转变；由单一的种植业向种、养、加综合经营转变；由单一的使用常规技术向综合技术推广运用转变；由单一的服务向全程综合服务转变；由单一行业型向配套型转变；由粗放经营型向精细加工、综合利用型转变。

——继续坚持如下原则：广度开发与深度开发相结合，以深度开发为主的原则；统筹规划，实行山、水、田、林、路综合开发、综合治理的原则；因地制宜，实行农林牧副渔全面发展的原则；统筹兼顾，实行重点区域开发与一般区域开发相结合的原则；自力更生、艰苦奋斗、勤俭创业的原则。

四、综合开发的工程

（十四）开发森林资源，建设高标准的用材林基地工程。人工造林，“八五”期间以乡村林场为依托，新造用材林基地 15 万亩，其中速丰林 10 万亩，“九五”期间再新造用材林基地 10 万亩，其中速丰林 5 万亩。改造低产林，“八五”“九五”期间各改造 15 万亩，合计 30 万亩。重点在横畈、三口、堰口、西天目、河桥、龙岗等乡镇组织实施。采取合理间伐、垦复抚育、增施肥料等措施，达到年生长 0.2 立方米以上。同时，积极营造薪炭林。封山育林，“八五”“九五”期间封山育林 40 万亩，其中 30 万亩安排在天目溪、昌化溪、苕溪上游，列为水土涵养林的建设。林政管理，严格执行限额采伐制度，实行以法治林。大力推广节柴灶等办法节约林木。到 2000 年，全县用材林总面积达到 167.9 万亩（其中人工用材林总面积达 85 万亩），比 1990 年增加 24.4 万亩，林木总蓄积量达到 555 万立方米，比 1990 年增长 12%，森工总产值达到 1 亿元，比 1990 年增长一倍多。

（十五）开发竹笋资源，建设和提高四大竹林基地工程。（1）毛竹基地。至 2000 年，新增面积 2 万亩，累计达到 26 万亩，其中“八五”期间在三口、板桥、夏禹桥、青山、洪岭、龙井桥等乡镇建设笋材两用林 3 万亩，“九五”期间再新建 3 万亩，累计达到 6 万亩。通过建设，要求亩增 300 元。全县毛竹立竹量达到 3900 万支，比 1990 年增长 9.2%，产值达到 2000 万元，比 1990 年增长 100%左右。（2）菜竹基地。至 2000 年，新增面积 2 万亩，累计达到 12 万亩，其中以临安东部地区为主的早熟雷竹 4 万亩，以於潜片为主的中熟高节竹等 5 万亩，以中西部地区为主的迟熟刚竹等 3 万亩。并在玲珑和於潜片逐步建立万亩高产、早熟基地，使雷笋在春节前后上市。为改变“夏缺鲜笋”的状况，在西北部地区，利用中山小气候资源，建立万亩高山夏笋基地，其中新建 5000 亩，改造 5000 亩。鲜笋年产量达到 3.8 万吨，比 1990 年增长 60%左右，全县总产值达到 5000 万元，比 1990 年增长 80%。（3）笋干竹基地。至 2000 年，新增面积 2 万亩，累计达到 20 万亩，其中千洪、西天目等乡 5 万亩低产林应重点加以改造，要求亩产笋干从 5 千克增到 10 千克。全县年产笋干总产量达 1500 吨，比 1990 年增长 50%左右，总产值达到 1200 万元，比 1990 年增 80%左右。（4）其他竹林基地。苦竹、黄苦竹、箬竹等工艺用竹要加强培育，适当发展，逐步形成商品基地。上述四大竹林基地的总产值力争达到 1 亿元。

（十六）开发农田资源，改造 6 万亩低产田工程。“八五”“九五”期间各改造 3 万亩。主要措施是：建立排灌配套系统，提高抗旱、涝能力；进行开凿深沟等办法，降低地下水位；实行农科结合，增施有机质肥料，提高肥力；加强科技投入，采用良种良法等。通过改造，亩产分别增加100—150千克。在横畈、景村、龙岗等乡镇逐步建立万亩低产田改造示范工程，要求当年改造，当年见效。在改造的过程中，农业、水利、农机等部门各负其责，通力合作，密切配合。

（十七）开发水资源，建设初级水利化县工程。为从根本上改善防灾基础条件，保持农业稳定增长，满足经济建设和人民生活用水的需要，至2000年，力争把我县建成初级水利化县。其主要任务是："八五"期间全县建成初级水利化乡镇20个，"九五"期间达到80%以上。建成初级水利化县的基本要求是：

——有效灌溉面积（抗旱30天以上）占农田总面积的90%以上，保证灌溉面积（抗旱70天以上）占农田总面积80%以上。

——保护重点村庄（200人以上）和500亩以上灌区的防洪标准达到十年一遇。

——小（2）型（库容10万立方米以上）水库达到设计标准，并在标准内不垮坝。

——各类水利工程配套完整，重点工程（灌溉100亩以上堰坝、主要河道堤防）完好率达80%以上，固定机埠设备完好率达90%以上。

——工程受益范围内的水土资源利用率达70%以上。

同时，华光潭梯级水电站、青山殿水电站等争取在"八五"期间动工，力争动工后三至四年建成投产。今后十年，力争再新建小水电站20座，总装机2万余千瓦。"八五""九五"期间各完成50%。英公、里畈水库的扩建工程和渠系配套工程，在"八五"期间完成，并实行综合利用，提高经济效益。同时要利用好万亩山塘，发展渔业生产。

（十八）开发林间草场和秸秆糠麸等饲料资源，建设畜禽商品基地工程。首先，要稳定养猪生产，继续办好临天、於潜、横溪、板桥、乐平、河桥、龙岗等十多个乡为重点的商品猪基地。同时，进一步发展一批养猪大户。"八五"期间生猪出栏数增加2万头，比1990年增长9.5%；"九五"期间再新增1万头，比1990年增长14.2%。其次，充分利用100余万亩林间草场和稿秆糠麸等饲料资源，以农、林、果场为依托，大力发展牛、羊、兔、鹅等食草畜禽。重点抓好中部丘陵和西部山区的草场资源的开发，加快山羊生产的发展。同时稳定三口、板桥、临天等乡镇的奶牛基地。

（十九）开发茶叶资源，建设高产优质的天目名茶基地工程。以现有茶园为基地，进一步发挥云雾多、湿度大的生态优势，大力开发天目青顶、天目毛峰等名茶生产。"八五"期间，各类名茶产量达到250吨，"九五"期间达到650吨左右。努力建设好临目、杨岭、石门、西天目、顺溪、龙井桥等一批名茶生产示范基地，带动全县各乡镇。同时，加强现有茶园的培育管理，充分利用丘陵茶区的光热资源，进一步加强外销茶的生产，至2000年，全县茶叶总产量稳定在5000吨左右，总产值力争达到4000万元左右。

（二十）开发蚕桑资源，建设种、养结合的蚕桑配套工程。

以中、西部地区为重点，以"百村蚕桑致富工程"为突破口，逐步新建一批滩地桑园、坡地桑、废耕杂地桑，并建立一批种良、质优的高产桑园。"八五""九五"期间，全县桑园面积各增加1万亩，累计达到5万亩左右，比1990年翻一番。推广良种良法，提高蚕茧产量和质量。同时，充分利用我县10万亩自然栎树资源，从中选择条件较好的500亩，进行改造成天蚕饲料林，发展天蚕生产。至2000年，蚕茧总产量达到5万—6万担，比1990年增长80%左右，茧丝总产值达到2亿元，比1990年翻一番。

（二十一）开发果品资源，建设名、特、优干鲜果基地工程。至2000年，以昌化、昌北、横路等地为重点，新建山核桃基地林3万—5万亩，全县累计达到20多万亩。加强科技投入，改造低产老林，克服产量大小年。至2000年，全县山核桃年产量达到7000吨左右，产值达到2000万元以上。同时，建设一批高产稳产的白果、板栗、柿子等干果基地。发展水果应在巩固、提高梅、桃、梨等生产基地建设的同时，有计划、有步骤地建设万亩天目蜜李基地，至2000年，总面积达到4万亩，产值力争超1000万元，比1990年翻两番。

（二十二）开发天目道地中药材资源，建设中成药基地工程。今后十年，对现有近万亩萸肉，杜仲、厚朴、望春花等四大道地名贵中药材，在加强培育管理的同时，还要发动群众，大力发展。种植面积在现有基础上再增加50%。要恢复於术生产，重振於术声誉。同时，茯苓、瓜篓、金银花、黄杨木等也要适当发展。至2000年止，药材和中成药的产值达到1000万元，比1990年翻两番。

（二十三）开发高山气候资源和城镇肥料资源，建设高山蔬菜和城镇蔬菜基地工程。高山蔬菜，要根据市场需要，因地制宜，逐步扩大。今后十年内，面积和产量力争翻一番。城镇蔬菜要适应人口的增加，生活水平的提高，相应增加品种，提高质量。此外，还要适当发展香菇、木耳、平菇等食用菌和水产养殖业。至2000年，各类蔬菜产值要求超过3000万元，比1990年增长60%。

五、农特产品系列化加工的项目

（二十四）木材系列化加工项目。开发木材加工和综合利用，是发展林业、巩固营林成果、提高附加值的主要途径和成功经验。我县木材资源丰富，除年产木材10余万立方米外，还有大量的间伐林和次、小、薪材。同时，加工能力日益增强。现有加工企业已达330多家，胶合板、纤维板以及其他木制品的生产线已初步形成，加工总值已达4000余万元。但仍以粗加工为主，综合利用率、加工能力、经济效益都比较低。今后十年，要以创新的姿态，实行深度加工，开展综合利用，开发系列产品，力争加工产值超1亿元。“八五”期间，木材加工的重点是积极发展人造板生产。要增加投入，引进先进的技术和设备，在巩固、提高现有胶合板、纤维板生产的基础上，有计划地开发刨花板。同时，大力拓宽人造板的加工利用，开发一批建筑材料、工业器材、装饰用材、家具农具以及其他日用品等五大木制系列产品。我县林产化工的生产潜力也很大，应积极开发松香、山苍子油、活性炭等林化产品。实现木材综合加工的主要途径是，以县办纤维板厂、木材加工厂、家具厂等为龙头，以乡村木材加工厂为龙尾，昂起“龙头”，摆响“龙尾”，加强行业管理、逐步形成联合体，实行产、供、销一体化，开发名、优、新产品，打入国内外市场。

（二十五）竹材系列化加工项目。我县竹材资源丰富，有大小竹林52万亩，毛竹蓄积量达3000多万支，年产竹材400万支上下。竹子全身是“宝”，加工前景广阔，增值效益显著。今后十年竹材加工的主要任务是开发和完善八大产品系列：（1）建材产品系列；（2）竹编工艺产品系列；（3）竹浆造纸产品系列；（4）纺织器材产品系列；（5）农具产品系列；（6）家具产品系列；（7）竹材副产品综合利用产品系列；（8）观赏产品系列。上述八个系列产品的总值，力争达到1亿元。“八五”期间，竹材加工的重点是积极建设好万吨竹浆厂，努力提高其生产能力和经营水平，并以竹浆厂为龙头，一方面实行工厂与竹农相结合，建设好竹浆用竹基地，带动竹子生产；另一方面，实行竹浆与造纸业结合，开发工业、农业、文化、食品、装饰、生活等多种纸业系列产品，带动整个造纸工业。我县的竹胶板、竹编工艺品生产已初具规模，有的产品已打入国际市场，潜力很大，应推广和引进先进技术和设备，进一步进行突破，开发出各种名、优、新产品。竹材及其加工产品的产、供、销脱节的问题要尽快解决。其主要途径是建立竹业开发集团，逐步实行生产、加工、销售一条龙。

（二十六）竹笋系列化加工项目。竹笋是我县大宗农产品之一，又是农民致富的一大财源。现年产各类竹笋3.8万吨（毛笋0.6万吨，笋干笋0.8万吨，菜竹笋2.4万吨），总产值近4000万元。“八五”期间，全县各类鲜笋预计可达6万吨。鲜笋产期集中，又不耐存放，产销矛盾日益突出。缓解这一矛盾的主要途径是大力发展竹笋综合加工。通过综合加工，一方面可提高经济效益，进一步促进竹子生产；另一方面又可扩大销售市场，进一步推进“菜篮子”工程建设。今后十年，竹笋加工的指导思想是，以科技为先导，以骨干企业为龙头，以竹笋基地为依托，建立科、工、农相结合的加工体系。在恢复传统加工产品的同时，合力开发优质新产品。并应采取国家、集体、个人一起上的方针，实行多层次、多形式、多品种的系列化加工。“八五”期间，竹笋加工的主要任务是舞好“三个龙头”，开发三大系列产品：（1）以县罐头厂为龙头，开发鲜笋罐头系列产品，如水煮笋、油焖笋、咸汁笋、酱笋等。罐头加工应从毛笋加工逐步走向高节笋加工。（2）以笋干主产区现有加工厂为龙头，开发笋干系列加工，努力恢复传统的焙熄、肥挺、秃挺、小挺、统挺、直尖类等产品。同时积极开发多味笋干、礼品笋干、美味酱笋以及笋干汤料等新品种。并对笋干的尖、肉、衣、头等分别加工和包装，实行综合利用。（3）以县食品厂为龙头，开发笋干旅游食品。将笋切成条、丝、块、片等，经调味配料后，精制成多种蜜饯。同时，积极开发与其他食品混合的雪菜笋干、黄豆笋干、青豆笋干等产品。在开发系列加工的同时，要切实加强行业管理，逐步发展行业联合，并成立开发新产品的研究机构，对保鲜、贮藏、配味、包装等方面进行管理和研究。

（二十七）茶叶系列化加工项目。茶叶是我县一大经济作物，开展综合加工增值，对于发展农村经济关系极大。全县年产茶叶10多万担，是全省产茶重点县之一。同时，我县茶叶外形粗壮，内质浓醇，出口的眉茶，深为苏联、东南亚、西北非所喜爱。但多年来由于初制与精制分割等多种原因，尚未形成整体的综合加工能力，减弱了市场竞争能力。今后十年，茶叶加工的方向是初精制加工一体化。要求双方紧密结合，实行合力兴茶。初精结合的形式可以多样，可以县办精制厂与村办初制厂结合，以县办厂为主体，以村办厂为原料基地，可以乡、镇精制厂与村办初制厂结合，统一管理，各负其责；有条件的也可以逐步实行初精制独立加工。在开发茶叶系列产品上，应“两条腿走路”，一方面发挥我县高山茶内质好的优势，采用传统手工艺和机械等方法加工“天目青顶”“天目毛峰”等高档名茶。另一方面，挖掘低山茶的内质潜力，通过改造设备、运用新技术等措施，进一步提高加工效率和茶叶质量。同时还应对春、夏、秋茶和高山、低山、平地茶各个不同品性茶进行调剂和搭配，保持眉茶出口全年品质平衡，推进出口创汇。

（二十八）丝绸系列化加工项目。发展丝绸综合加工，是我县今后十年经济发展的重点之一。我县具有种桑养蚕的最适优势，茧丝质量的超群优势，联合生产的配套优势，产品销售的地理优势。经过多年的努力，我县的丝绸工业基础较好，有国营和集体缫丝厂5家，有乡、村、户办绸机上万台。今后十年，茧丝综合加工的目标是，逐步实行桑、茧、丝、绸、服系列化生产，逐步达到每深一层次的加工产值翻一番。为此，要切实加强行业管理，走联合之路，形成合力，发挥群体优势，提高整体加工水平。今后加工的重点应放在绸服上，对绸服业要制订发展规划，切实加强领导，组织实施。要引进和推广绸服加工的技术和设备，努力开发绸服新产品。并做到以绸服业来推动桑、蚕、茧、丝的生产和加工。同时，对桑枝、蚕蛹、蚕沙、残桑叶等副产品，要综合利用，开发成药品、食品、饲料等新产品。对户办绸机应积极鼓励和支持，并加以引导，走联合之路，发挥群体力量，使之更为健康地发展。对藻溪等较有影响的丝绸市场，要切实加强建设和管理，进一步提高其知名度。同时开通多种流通渠道，建立起四通八达的丝绸产品销售网络，促使丝绸业的日益繁荣。

（二十九）山核桃系列化加工项目。山核桃是临安的名特产品，是临安“三宝”之一。全县山核桃丰产年可超十万担。山核桃综合加工，改变原果出售是山农盼望已久的事。近年来，经多方努力，山核桃加工已初见端倪。全县加工企业已有十余家，有的产品已打入国内外市场。通过加工，不仅经济效益比原集成倍增长，而且产品深受消费者的欢迎。今后十年山核桃力争半数以上脱壳加工，逐步加工成山核桃仁、山核桃糖、山核桃饼、山核桃酥等系列产品。加工产值比原果增值50%以上。县有关部门要积极筹集资金，筹建山核桃加工总厂，并大力引进和推广山核桃脱壳、脱涩、调味、成型、烘干、真空包装以及贮藏等技术和设备，形成较高层次的加工能力，开发多种名优产品，打入国外市场。在此同时，对龙岗新兴食品厂等现有加工企业，要在资金、技术等方面给予必要的扶持，并进一步加强企业管理，扩大加工能力，提高产品档次和经济效益。并引导现有企业联合起来，形成较大的体系，开展系列化加工。

（三十）天目中成药系列化加工项目。发展制药工业，对于发展我县经济、保障人民健康以及继承和发扬文化遗产等方面都有重大的意义。我县的天目山享有“植物宝库”之称。省卫生厅1980年调查编写的《天目山药用植物志》和县中药材普查办公室1986年普查等资料查明，全县可入药的植物达一千多种。其中被历代医药家所肯定的药效很高的萸肉，年产量达到100多吨。进一步开发中成药加工的前景十分喜人。今后十年开发中成药综合加工总的要求是，以天目药厂为龙头，以中药材基地为依托，以购销部门为纽带，逐步形成农、工、商一体化的经营体制，努力把制药工业发展成我县山区致富的一大财源。对天目山药厂要进一步加强建设，努力提高加工能力，逐步做到与药材产地联合结对。医药公司、供销部门等，要进一步疏通流通渠道以及价格质量等方面的管理。同时，还要依靠医药研究部门和有关高等院校的力量，开发优质产品。

（三十一）肉类食品系列化加工项目。努力发展肉类食品综合加工业，是推动我县畜牧业发展，实行农牧结合，达到良性循环的重要措施。我县年产猪、牛、羊等畜产品达 14000 多吨，淡水鱼 1000 多吨。同时，随着今后畜牧业的发展，畜产品也将逐步增加。为此，应把肉类食品加工业当作一个重要项目来开发。今后十年肉类综合加工应从兴办具有一定加工能力的屠宰加工企业着手，然后根据市场需要，有计划、有步骤地建立多种肉类加工体系，开发系列产品。同时积极开发鸡、鸭、鹅、鱼等熏烤系列食品。为实现上述要求，应在“八五”期间，选择畜禽产品发展较快的於潜镇等地，筹建有冷库设施的肉类切割厂，同时筹建与切割厂相配套的饲料加工厂和畜禽良种场，达到良种、饲料、加工互相衔接、互相促进，把肉类加工提高到一个新的水平。

（三十二）粮油系列化加工项目。进一步提高粮油加工质量，改善人民生活，是全县人民十分关注的大事。全县粮油加工已有一定的基础，有全民和集体的加工企业 140 余家，基本满足人民粮油加工的需要。但企业设备较陈旧，加工质量较差，发展加工业的潜力较大。今后粮油加工业，应在改造现有企业、增添新型设备、提高粮油加工的质量档次的同时，重点放在麦类综合加工上。全县年产小麦近 3 万吨，大多原麦销售，效益较低。从现在起就应着手筹建临安面粉加工厂，争取在近年内建成，年加工小麦能力达到 2 万吨，加工面粉逐步达到一级水平。并相应建设一批面粉系列制品加工厂，达到优质、增值的目的。麸皮等副产品，要综合利用，加工成优质饲料，用于畜牧业发展。

（三十三）其他农产品系列化加工项目。随着农业综合开发的深化，除开发上述农特产品综合加工外，尚有一批很有价值的农产品的加工项目。例如:香菇、蘑菇、金针菇、猴头菇和黑木耳、银耳的综合加工；白果、板栗、柿子等的综合加工；魔芋的综合加工；牛奶的综合加工；蜂蜜的综合加工等。

六、实施规划的关键措施

（三十四）各级党和政府应切实加强对农业综合开发的领导。农业综合开发是全党的一项事业，是政府的一种行为，应把它提到重要议事日程，列为重点工作之一，纳入经济、社会发展计划。思想上要树立远大的战略理想和改造山河的宏伟气魄；组织上配备必要的精干管理机构和人员；作风上要深入实际，抓点做样，定期办好一批生态乡、镇。并对农业资源的状况，开发的重要意义，利用的难易程度做到心中有数，提高领导的预见性和科学性。同时，还要加强对开发项目的管理工作，做到高标准，严要求，搞一片成一片。

（三十五）发动群众，依靠群众搞开发。农业综合开发是一项艰巨复杂的系统工程，它关系到千家万户的切身利益，只有发动群众、依靠群众才能成功。要教育群众克服传统观念，强化全民生态意识，增强综合开发的自觉性。要发动群众，通过总结经验，典型示范，利益诱导等办法，提高开发的积极性。还要依靠群众，坚持和发扬自力更生、艰苦奋斗精神，依靠自己的智慧和力量，战胜一切困难，去争取胜利。

（三十六）不断深化农村改革，继续保持政策的连续性和稳定性。要稳定和完善家庭联产承包责任制，壮大集体经济，建立服务体系，健全双层经营，推动农业综合开发。凡“七五”期间行之有效的有关农业开发的政策，要继续执行，并保持其连续性和稳定性。进一步建立和健全以农民投资为主体，县、乡、村为一体的农业开发投资机制，不断增加地方政府的资金投入。同时，柴油、化肥、农药、农膜等农用生产资料，要给予适当照顾。

（三十七）开发智力，依靠科技。科学技术是第一生产力，又是实现农业开发十年规划的关键。充分发挥科教和技术人员的作用，及时组织科技人员联合攻关，把教育、科研、推广密切结合起来，把科学技术渗述到综合开发的各个方面，争取农业开发技术有新的突破。凡重大项目的开发，都要组织技术人员进行前期科学论证。进一步健全和提高县、区、乡、村的科技网络，使之及时转化为现实的生产力。加强科研机构建设，成立竹笋、山核桃等特产研究所。认真办好各类学校，努力提高农村文化科技水平，为农业开发输送人才。各类学校要逐步增加乡土教育的分量，把学生培养成认识临安、热爱农村、建设家乡的有用人才。

（三十八）努力把乡镇企业提高到一个新水平。我县的乡镇企业在改革开放政策的指导下，异军突起，已成为临安经济发展的一支主力军。把乡镇企业提高到一个新水平，是今后十年农业综合开发走向兴旺发达的重要途径。根据国民经济发展规划，今后十年乡镇企业发展的方向和重点应放在开发利用当地资源、农副产品加工等方面，做到加工促开发，开发促加工，走出一条与农业综合开发协同发展，具有临安特色的路子，为实现我县社会主义现代化建设的第二步目标作出贡献。为此，必须狠抓管理，提高素质，进一步促进乡镇企业创优、创新、创汇、上水平、上质量、上等级。乡镇企业肩负着跨世纪的历史重任，各级党委和政府以及全社会，都应从全局出发，继续从思想上、政策上，从人、财、物等方面给予关心和扶持，促进我县乡镇企业大提高，使之稳定健康地发展。

（三十九）全程服务，合力开发。积极发展社会化服务体系，是深化农业区域综合开发的必要措施。农业、林业、水利、土管、农机、气象等部门，以及财政、银行、物资、供销等部门，都要围绕十年规划的总目标，各司其职，各负其责，逐步建立行政、技术、物资“三位一体”的服务体系，为农业综合开发服务，共同把农业综合开发搞好，方方面面形成和谐的合力兴农交响曲。

（四十）搞好规划，加强农业综合开发的计划性。农业综合开发是一个长期的任务，不能乞求成于一朝一夕，也不能盲目蛮干，要有一个考虑了各方面因素的符合实际情况的整体规划。县各有关部门以及各乡镇，都要认真学习本规划纲要，领会其基本精神和奋斗目标、任务、措施。要组织力量，发动群众，在调查研究的基础上，根据本部门本地区的实际情况，制订本部门和本地区今后十年的农业综合开发规划。通过规划，不仅要进一步激发广大人民群众的积极性，而且要做到上下左右同心协力，使规划具有科学性和可行性。

结语

上述十年规划胜利实现后，我县农村到处是一片欣欣向荣的景象：绿色植被更大、生物产量更多、光合利用率更高、经济效益更好、人民精神面貌和生活水平更佳的社会主义新农村。不仅如此，还走出了一条有临安特色的开发致富的新路，为下个世纪农村经济建设向更高水平发展打下坚实的基础。

一九九一年九月

临安市计划委员会关于下达临安市“九五”期间竹林、经济林发展目标的通知

（临计〔1996〕178号）

各乡（镇）人民政府：

为贯彻市委、市府〔95〕1号文件精神，加快我市竹林、经济林的建设步伐，加快实现“综合开发、富民兴林”的宏伟目标，我市“九五”期间（1997年至2000年）竹林、经济林的发展目标已编制完成，现下发各乡镇。希各乡镇接此通知后，根据各自的实际，结合已经启动的“五大工程”的实施和年度绿化造林计划，迅速编制好实施方案，建立起领导组织，落实好政策措施，确保发展目标的顺利执行。各有关职能单位要统一认识，通力协作，为把我市建设成为一个“山绿民富境美”的新临安而共同努力。

附：临安市1997—2000年竹林、经济林发展目标

临安县计划委员会

一九九六年十二月三十日

临安市人民政府关于加快毛竹产业化发展的若干意见

（临政发〔2003〕10号）

各乡（镇）人民政府、街道办事处，市政府各部门、各直属单位：

我市是中国竹子之乡，全市毛竹面积30万亩。近年来，我市毛竹资源的开发和利用取得了显著的成效，但与先进县（市）相比，仍存在着开发步子不大、单位面积效益低等问题，这在一定程度.上制约了农民的增收致富。发展毛竹产业具有很大的潜力。为此，就加快毛竹产业化发展提出如下意见：

一、统一认识，明确目标，把发展毛竹产业作为拓展农业增效农民增收的重要渠道。

1. 加快毛竹产业化建设是我市农业产业结构实现战略性调整的重大举措，是农业增效和农民增收的新亮点，也是推进生态经济强市建设的有效手段。各级各有关部门要充分认识加快毛竹产业化发展在生态经济强市建设中的地位和作用，树立紧迫感，尽快形成上下一致、齐心协力抓毛竹开发的新局面。

2. 以“三个代表”重要思想为指导，紧紧围绕实现农业增效、农民增收这个主题，坚持以市场为导向，依靠科技进步，走生态保护与开发利用相互协调、资源培育与加工增值并举的道路，全面提升竹林经营水平，提高笋竹经营效益，促进竹产业的快速发展。

3. 通过3—5年努力，全市毛竹面积从目前的30万亩增加到35万亩，平均每亩立竹量从150

支提高到180支以上，毛竹蓄积量从4500万支提高到5500万支，年产商品竹材1000万支，年产竹笋3万吨，竹林资源产值从0.6亿元增加至1.2亿元；积极培植4家年加工产值超亿元的笋竹加工龙头企业，20家超千万元的规模企业，毛竹二、三产业产值从4.3亿元增加至8.8亿元，实现毛竹产业总产值10亿元。

二、搞活机制，加大投入，充分调动发展毛竹产业的积极性。

4. 要进一步稳定和完善竹林承包经营责任制，通过延长承包期，核发林权证，让竹农吃下定心丸，调动竹农开发培育毛竹资源的积极性。在坚持“自愿、合法、有偿”的前提下，鼓励农户采取自愿联合、入股分红、使用权拍卖和有偿流转等方式，实施适度规模经营，提高竹林经营效益。

各乡镇和有关部门要按照“多予、少取、放活”的原则，取消毛竹生产经营中的一切不合理收费，让利于农。市金融部门每年要安排一定的信贷资金，扶持毛竹资源培育和笋、竹加工企业发展。

5. 进一步加大对竹产业的扶持力度。三年内，市政府每年统筹安排100万元专项资金用于扶持毛竹产业发展。对当年毛竹新造林，连片面积10亩以上，经市林业局验收合格，每亩补助80元；对毛竹低产林改造，连片面积20亩以上，经市林业局验收合格，每亩补助50元，具体验收标准另行制订。对笋竹加工龙头企业，享受市财政贴息政策，笋竹加工企业获得省级以上名牌产品（或著名商标）的，由市政府按政策给予奖励。

三、优化服务，强化管理，营造竹业发展的良好环境。

6. 市农办、林业、发计、工业、贸易、科技、外经、技术监督、财政、税务、工商、金融等部门，要密切配合，形成合力，加强对毛竹产业化的指导和服务。

7. 鼓励笋竹加工企业向国外拓市场，到市外建基地，充分利用外地丰富的资源，为我市精深加工和外贸出口提供稳定可靠的原料来源。对外地调入的原材料半成品，实行“绿色通道”政策，各有关部门要降低收费标准，切实减轻企业负担。

8. 市林业执法部门要依法加强林政管理，严肃查处破坏山林案件，切实维护毛竹承包经营者的合法权益。

9. 建立和完善中介组织，鼓励市、乡镇两级成立竹产业协会，切实发挥协会的协调、管理、指导功能。

四、依靠科技，定向培育，着力提高毛竹产业化经营水平。

10. 建立健全林业科技推广网络。充分发挥市林业部门林业科技推广的中心作用，组织重点课题攻关，技术培训，编制规划和技术操作规程等。鼓励和支持科技人员进村入户，上山入林，开展技术开发、示范、推广、承包等，向广大竹农传授毛竹丰产技术，提高竹农经营水平。

11. 要坚持因地制宜，合理布局，实行分类经营，定向培育，加快发展绿色、无公害和有机笋竹原料基地。在立地条件适宜地区，大力推广毛竹冬、鞭笋生产技术，把冬、鞭笋开发作为发展竹产业、提高竹林效益的突破口来抓。

12. 要建立科技示范户，兴办高效笋竹示范基地。在全市范围内建立50户示范户，1万亩高效笋竹示范基地。

13. 开展技术创新，提升笋、竹加工企业档次。坚持引进消化吸收和自主开发创新并举，运用高新技术和先进实用技术加快改造笋、竹加工业，促进笋竹加工由初加工向深加工、精加工方向发展，建立健全质量标准体系，推行清洁生产。

五、加强领导，全面加快竹产业化发展步伐。

14. 市将成立毛竹产业化项目领导小组，加强对毛竹产业化的决策指导。领导小组下设办公室，负责具体组织实施工作。各重点乡镇也要相应设立专门组织机构，落实好人员，抓好毛竹产业发展。要逐级建立领导示范点，帮助解决实际问题，加快毛竹产业化发展。

临安市人民政府

二○○三年二月十一日

临安市人民政府关于下达毛竹等七个农业产业化项目 2003年度基地建设指导性计划的通知

（临政发〔2003〕46号）

各乡（镇）人民政府、街道办事处，市政府各部门、各直属单位：

根据市农村工作会议精神和市政府《关于加快毛竹产业化发展的若干意见》等（临政发〔2003〕10号至临政发〔2003〕16号）文件要求，现将毛竹等七个农业产业化项目2003年度基地建设指导性计划及有关要求通知如下，请认真贯彻执行。

一、2003年目标任务

新发展毛竹10000亩，其中人工基地林5000亩，毛竹笋材两用林建设20000亩。山核桃新增面积16000亩，低改32100亩。

建设1000亩茶树无性系良种示范园；改造低产茶园5000亩；有机茶颁证面积3000亩；绿色品茶颁证面积1000亩。

杨桐、柃木建1000亩示范基地。

绿化苗木面积7000亩，草花（包括高山花卉）面积1000亩。全年花卉苗木种植面积达8250亩。

饲养肉羊98360头，其中出栏53920头；纯种波尔山羊达400头，波尔山羊杂交改良2.8万头。

商品性蔬菜上市面积30000亩，其中：高山蔬菜种植面积14300亩，城郊蔬菜上市面积16000亩。

（各产业2003年度基地建设指导性发展计划见附表。）

二、项目管理办法

1. 成立项目组织，明确职责。各产业都要以主管部门为主成立项目领导小组，分工负责，明确责任。各有关乡镇、街道也要求成立相应的实施小组，及时与各产业项目领导小组联系、沟通，抓好落实。

2. 项目的申报立项。各产业项目领导小组要及时制定项目立项、申报的条件、程序。各有关乡镇、街道、企业大户可根据项目立项条件在 5 月底前分别向农业、林业、花卉办各产业项目领导小组申报立项，经审核同意后按照项目计划认真组织实施。

3. 项目的验收。各产业项目领导小组要制定科学、合理的项目达标标准和补助标准，要建立规范的验收制度，做到扶持政策补助的合理、有效。每年 11 月底前根据项目实施单位的验收申请报告和总结材料，由市农办牵头，会同各项目实施相关部门进行验收，经市政府同意后下拨补助资金。

三、主要工作措施

1. 科学规划，合理布局。各乡（镇）、街道在产业发展中要因地制宜，注重特色，注重规模，科学规划。要狠抓专业村、专业乡镇建设，形成一批有群体规模的特色产业；根据不同的资源特点，通过村户联营，专业承包，集中连片开发，大力推进产业上规模。

2. 依法流转，鼓励开发。在稳定家庭承包经营的基础上，根据“自愿、依法、有偿”的原则，通过租赁、拍卖、承包、入股等多种形式，促使土地使用权灵活而有效地流转；鼓励工商业主投资农业开发，鼓励科技人员以蹲点、承包等多种形式参与产业开发。

3. 加强领导，强化服务。各乡镇、街道、有关部门都要从自身的职能出发，为效益农业发展提供优质服务，市级涉农部门要切实做好政策指导。信息引导、技术辅导和农业产前产中产后的各项服务工作，财政、国土、发计、科技、工商、金融、技监等部门，都要主动为产业发展献计献策，积极支持；宣传部门和新闻单位也要积极做好舆论宣传，促进效益农业更快地发展；司法、公安、工商等部门要强化法律服务意识，及时调处合同纠纷，维护生产经营秩序，切实保护农民利益；各乡镇要尽快制定实施意见，落实好具体的政策措施，切实加强对产业发展的指导，以确保我市各大主导产业的快速发展。

4. 加强考核，激励先进。市政府将根据项目实施的效益进行考核，对完成项目较好的单位和个人进行表彰奖励。奖项具体设置如下：

（1）山核桃、毛竹产业各设一等奖 2 名，二等奖 3 名，三等奖 5 名；

（2）杨桐、花卉、茶叶、肉羊、蔬菜产业各设一等奖 1 名，二等奖 3 名，三等奖 4 名。

各产业发展情况将列入有关部门、乡镇年终业绩考核内容。各产业具体实施意见由农办、农业、林业、花卉办等部门下达。

临安市人民政府

二OO三年三月五日

临安县十大商品基地示范建设计划

根据县委、县府的战略部署，加强十大农产品（木、竹、粮、畜、桑、茶、果、菜、药、鱼等）基地示范点建设，是深化农业综合开发，引导农民奔小康，加快实施我县十年农业综合开发规划的一项重要内容和措施。为把示范点建设成“一优两高”农业的典范，农民致富的样板，并以样板的经验向全县推广，把我县的农业和农村经济推向新的台阶，为我县提前实现小康目标和经济突破百亿大关作出贡献，特制订十大商品基础示范点计划总奋斗目标、指导思想、建设原则和内容：

奋斗目标：通过示范点建设，力争把综合开发、综合经营、综合效益的整体素质提高到一个新的水平，逐步达到山、水、田相互为用，林、农、牧有机结合，农、工、商协调发展，基本建成农村经济全面增长，产业结构日趋合理，生态环境良性循环，社会文明进步，人民生活富裕的生态农业县。

指导思想：遵循生态经济学原理，坚持改革开放的方针，实施合力兴县的战略，依靠科技力量，采用综合开发的途径，实现经济、社会、生态三大效益的协调发展。

建设原则：认真贯彻“三线作战，主攻加工，前促生产，后促流通，形成合力，协调发展”的战略方针，坚持生产、加工、流通三大环节并举，主攻农特产品加工这个中间环节的原则，以加工促流通，以流通促生产，逐步形成“贸、工、农”融合一体协调发展的新型机制，进一步提高农业综合生产能力和经济效益。

建设内容：根据十大农特产各业各自的特点，选定各自具有行业代表性、一定生产基础和经营规模的试点，制订试点建设规划，并根据规划要求组织实施。

竹笋示范点建设计划

一、概况与安排

我县在改革开放政策的启动下，竹笋生产发展势头很猛，从1983年到现在，全县已建成菜竹基地10万亩。还有毛竹24万亩，天目笋干竹18.5万亩，以及其他工艺用竹2万亩，合计54万余亩。竹笋生产的经济效益很高，据1993年的调查，全县各类鲜笋总产量48000多吨（其中天目笋干1000吨，内外销罐头笋1000余吨），全县竹笋总产值超过1亿元，比10年前增加了10倍。

我县发展竹笋生产有得天独厚条件：1.气候适宜；2.山地资源多；3.竹种资源多；4.竹笋品质好；5.交通方便；6.科技成果多。

当前存在的主要问题：除“龙头”没有舞好，尚未形成生产、加工、销售的一体化外，主要是集约程度低，粗放经营，产量不高，特别是天目笋干，全县平均亩产不到5千克；24万亩毛竹平均亩产值不到150元，10万亩菜竹，经济效益不平衡，高的上万元，低的只有百来元，特别是3.3万亩羊毛竹，亩产值还不到100元。

根据1993年至2000年全县竹笋综合发展规划的要求，各类竹林面积要再发展10万亩，总产值要达到 2.5 亿元的奋斗目标。重点抓好科学育竹，提高单位面积产量，提高竹笋质量，提高经济效益。为此，计划抓好一批示范点，达到以点带面，推动全县的同时，总计划是抓好三个示范乡，六个示范村，一百八个示范户。

高虹乡为雷竹示范乡，全乡现有雷竹 6100 亩，1993 年雷笋总收入 450 万元，计划安排 1500 亩早出高产示范林，2100 亩丰产示范林，产笋 2000 吨，到 2000 年，面积扩大到 8000 亩，总产量达 4000 吨，产值实现 2500 万元。

临目乡为天目笋干示范乡，全乡现有竹山 28800 亩，1993 年生产笋干 2000 担，产值 160 万元，产量产值分别比 1991 年增加 88.68%和 174.44%，计划通过年年劈山护竹 1 万亩，并建立 4000 亩高产示范竹林，到 1995 年产量产值各增加 50%，到 1997 年全乡笋干产量达 4000 担，产值 3500 万元，实现人均生产 1 担笋干，人均竹笋收入 1000 元。

上甘乡为毛竹笋竹两用林示范乡，全乡现有毛竹 11600 亩，年产竹笋 348 吨，竹材 3828 吨，产值 1879200 元，计划 2000 亩笋竹两用林，到 1995 年增产竹材 30%，增产竹笋 50%，总产值达 2749200 元，到 2000 年，竹笋亩产达到 100 千克，竹材亩产达到 660 千克，总产鲜笋 116 万千克，竹材 765.6 万千克，总产值达 422.24 万元，比 1993 年增值 124.69%。

二、技术方案

第一，每年每乡举办两期以上技术培训班，同时开展一系列的技术服务活动，为实现本计划，重点推广五项技术：

（一）丰产竹林推广八项丰产高产技术：1.养好母竹；2.施肥加土；3 松土除草；4.水分管理；5.更新老竹；6.适当钩梢；7.防止开花；8.病虫防治。

（二）早出高产推广三大技术：1.温——采用覆盖增温法；2.肥——采用四次施肥法；3.水——采用二次浇水保湿法。

（三）笋干竹林低产改造推广四项技术：1.坚持年年劈山；2.坚持隔年削山；3.坚持年年养竹；4.坚持及时挖笋。

（四）毛竹笋材两用林采用七条丰产技术：1.垦覆松土；2 合理施肥；3.科学挖笋；4.合理留母；5.合理钩梢；6.合理采伐；7.防治病虫。

（五）新发展竹林采用三条技术措施：1.选用良种；2.搭配品种；3.掌握季节。

第二，抓好示范，做到点中有点，以点带面。高虹乡以高乐、陈家坎为雷竹示范村，临目乡以白沙、东坑为笋干示范村，上甘乡以周家、岭西为毛竹示范村，同时每个村又设立 30 个示范户。

第三，建立示范领导小组。竹笋示范领导小组由县林业技术服务总站王安国牵头，参加人员除三个乡分管林业副乡长和林政参加外，何钧潮、杨元龙、程小忠三人分别为雷竹、笋干竹、毛竹示范乡的技术主持人，并吸收示范村、示范户的代表参加。

三、效益分析

本计划的实现，不仅能提高示范乡本身的经济效益，还将保证全县年产竹笋 10 万吨，产值 2.5 亿元；不仅缓解城市居民吃笋难的问题，还能建立相应的服务企业，促进农民进市场，奔小康；

不仅能繁荣农村经济，也能增加地方财政收入。

临安县林业技术服务总站

1994年2月18日

狠抓菜竹标准化基地建设　实施农产品绿色发展计划

太湖源镇党委、政府

太湖源镇地处天目山麓，东临市中心12公里。太湖源镇由原临目乡、杨岭乡、东天目乡、青云镇三乡一镇合并组建而成。全镇总面积241.9平方公里，辖51个行政村，总人口34453人，全镇耕地面积2.79万亩，山地面积30万亩，其中竹林面积9万余亩，森林覆盖率83%。2002年全镇实现农业总产值1.8亿元，工业销售产值30亿元，出口交货值3.8亿元，地方财政收入突破2000万元，农民人均收入5385元。近几年来，相继被命名为省教育强镇、省级生态示范镇、省科技星火乡镇。最近，又被省环保局推荐为“全国首批环境优美乡镇”。

太湖源镇党委政府团结带领全镇人民以“三个代表”重要思想为指导，以实现“农业增效、农民增收、农村稳定”为目标，依靠科技，狠抓菜竹标准化基地建设，实施农产品绿色发展计划，建设万亩无公害竹笋示范基地，推广雷竹早出覆盖技术，提高竹笋在市场上的竞争力，取得了显著的成效。2002年，全镇3.5万亩菜竹，产鲜笋2.59万吨，产值1.27亿元，涌现5060个竹笋万元户，155个5万元户。仅竹笋一项人均收入3770元，占人均总收入的70%。成为太湖源镇农村经济的一大支柱产业。

回顾发展过程，我们认为主要的有以下几条经验：

一、抓科技示范基地园区建设，提高抗自然灾害能力

随着竹笋产业化进程加快，农业园区建设日益受到重视。几年来，镇党委政府积极实施园区工程，通过基地的示范带动，促进全镇竹笋产业的发展。首先在东天目建立了千亩雷竹高效示范基地，大力推广早出高产技术、节水灌溉技术，努力实现丰产丰收；其次是在青云新建了全省第一个万亩雷竹无公害竹笋标准化示范基地，全面采用标准化栽培模式生产，提高竹产品的质量，为市场提供优质竹笋产品。三是全面建设现代化农业示范园区，加大基础设施建设，全镇投入资金789万元，整理土地11058亩，其中70%为菜竹林面积，通过土地整理使园区内渠相连、路相通、树成行，提高园区抗自然灾害能力。使示范园区成为生产要素集聚的“蓄水池”，标准实施的“催化剂”，农民增收的“孵化器”。

二、抓无公害竹笋标准化技术推广，提高竹产品质量

我国加入WTO以后，农产品绿色壁垒日益森严。近年来，镇党委政府按照生态立镇战略的总体要求，编制了绿色农产品发展规划，提出了发展绿色产业，打造临安绿谷，跨越绿色壁垒的思路，为农业应对WTO作出了积极有效的探索。在临安市林业局的帮助下，建立了万亩无公害基地，积极推广无公害竹笋标准化栽培技术，在施肥技术上减少化肥用量，增加有机肥、竹笋生物肥料。2002 年太湖源镇施用上海产久泰生物肥料 150 多吨。通过施用绿色肥料，不仅改善了土壤生态环境，而且提高了竹笋产品的质量。并进一步加强对土样、水样及竹笋产品的监测，各项指标均达到无公害竹笋产品的要求。产品先后出口到日本、韩国等地。由于竹笋的品质好，太湖源镇的竹笋价格，在上海、嘉兴等地的农贸市场比其他地方的竹笋总要高一截，其经济效益也大大地增加。

三、抓农民的科技培训，全面提高农民的科技素质

采用多种形式，开展科技培训，全面提高农民的科技素质。每年年初制订培训计划，以科技下乡、下村活动拉开科技培训的序幕。及时组织农民采用培训班形式集中进行培训，或邀请林业等部门的专业科技人员到竹笋基地进行现场指导；或采用科普展、电视党校、现场会、座谈会、经验交流会、技术咨询、发放技术资料等形式，为农民进行技术培训和技术指导。在培训对象上，首先对村干部、专业大户进行培训，然后对一般农民进行培训，使全镇农民基本达到人均一门实用技术。近三年来，全镇累计举办各类培训班 80 余期，培训人数达 7000 人次，其中 300 余人获得了农民技术职称，涌现出了一大批专业大户。

夏村村民朱有荣，1.5 亩雷竹，创造了 8.2 万元收入的高产高效，轰动全国。

盛村坞村毛利华连续覆盖九年，竹林不衰败，亩产竹笋保持在 2000 斤以上，亩产值 12000 元以上。

横路村徐银华科学加勤劳，高产又高效，覆盖 7 亩雷竹，连续多年竹笋产值超 10 万元。

四、抓竹笋市场品牌建设，提高竹笋产品市场竞争力

近年来，党委、政府针对竹笋市场实际情况，主动邀请上海、北京等市场经理前来考察太湖源镇农产品生产，并主动带领专业大户、销售大户去上海农产品中心了解竹笋等农产品销售情况和顾客反映情况，与上海农产品中心建立合作关系，共建基地。同时又投入大量的资金，在本镇范围内新建了三个建筑面积达 8000 多平方米，拥有 300 余个摊位的竹笋市场，吸引了众多周边乡镇笋农前来交易。2002 年，竹笋市场交易额达 1.9 亿元。

随着信息化时代的发展，政府还在信息网专门开设龙网，把竹笋等农产品信息发布到各地，建立“网上市场”。2002 年，韩国客商通过“网上市场”直接到大湖源镇竹笋市场订购鲜笋，直接出口。

目前，全镇已拥有竹笋等农产品贩销大户 600 多户，镇党委政府围绕培养这支贩销队伍，每年召开科技大会，表彰经营贩销大户和种养大户，并给予经济奖励。对于一些资金一时周转不灵的，政府帮助解决部分支农信贷资金。

几年来，党委政府十分注重打造品牌，利用大湖源镇得天独厚的环境优势，重点抓好天目牌太湖源竹笋，注重质量与信誉，进行分级包装，打造天目牌无公害竹笋品牌，提高了太湖源竹笋产品的市场竞争力。

五、抓龙头企业产品加工，延长产业链，促进竹笋产业可持续发展

近几年来，镇党委、政府把深化农副产品加工、发展龙头企业、延长产业链作为农民增收的重要工作来抓，创造条件，积极开展招商引资，先后相继兴办了益华公司、西马克公司等七家竹笋加工企业。随着这些企业的发展壮大，既解决了竹笋旺季销售等方面的困难，又为当地解决了劳动力剩余问题。据统计，这些加工企业今年共收购鲜笋1400多吨，加工产值1120万元，增加竹笋附加值560万元，同时发放员工工资100多万元。

西马克公司与东方航空公司合作，把竹笋系列产品打入航空配餐食品。

去年，党委政府又引进杭州春风实业有限公司，投资3000万元，新建十条标准化竹笋加工生产流水线，全部采用机械化操作，目前厂房已建成，如全部完成，年竹笋加工吞吐量可达25000吨，这为稳定临安竹笋价格，拓展市场空间，促进竹笋产业化发展，具有积极的推动作用。

太湖源镇已成为临安最大的菜竹笋产销基地，镇党委、政府有信心、有决心做好菜竹笋这篇文章，带领全镇人民，建设一个生态环境优美，经济持续发展的具有竹笋、山核桃、东坑名茶、天目香榧、水果花卉、高山蔬菜等多种特色产业之乡镇，提前实现农业现代化。

临安市《农村工作会议交流材料汇编》

2003年2月

临安竹笋产业与乡村发展评估报告

国际竹藤组织　竺肇华 杨凌云

2003年11月

摘 要

本文通过对临安竹笋产业发展项目1985—2002年进展的系统回顾，以及竹笋产业对当地农民脱贫致富影响评估中所获得的大量令人信服的翔实的数据和实例，可以充分说明竹笋产业对临安农民在增加经济收入、提高教育水平和普及率、改善生活和居住环境、促进农民公平参与有明显的正面效应。

本文还分析了临安能较短的时间内使竹笋产业迅速发展成对本地社会发展有重要影响的主导产业之一的原因有：政府正确的土地承包政策，适度的财政支持，有较完善的科技服务体系，示范户和示范基地建设，有政府官员、科技人员、农户和企业多方参与的非官方组织的发展。

由于上述原因，也奠定了临安竹笋产业走可持续发展的道路。

关键词：竹笋产业、扶贫、乡村发展

关于临安竹笋产业对扶贫影响评估的报告

1. 评估活动及方法

1.1 为什么选择临安

为了进行好“竹藤扶贫影响评估”的活动，我们首先选择了中国浙江省临安县从1985年发展笋用竹及其工业化加工作为第一个案例进行“对扶贫影响的评估”，以便为今后的评估活动取得一些经验。

为什么要选择临安的竹笋产业作为评估的试点？主要理由有以下4点：①这个项目的发展历史十分清楚，项目从1985年当地政府号召发展笋用竹林，到现在已有18年，从资源培育——工业加工——市场开发的过程十分清楚，参与这一项目的主要负责人和专家都能很容易找到，其中大部分还仍然从事竹笋产业的工作。②竹笋产业发展与当地农民扶贫致富、就业、文化教育发展，关系十分密切，效果十分明显，同时还促进其他产业的发展。③当地政府有一系列政策与竹产业发展有关，相关的政府文件、统计资料比较完整，所以搞定量和定性评估都比较容易。④ INBAR1997年成立以来曾在临安开展过一系列国际培训活动，经常有国际朋友到该县访问，竺肇华教授是该县政府的顾问，对该县的竹产业发展情况比较了解，也熟悉那里的政府官员、科技人员和部分农民。

1.2 评估方法

在该县的评估活动中我们采取以下方法进行。

1.2.1 开座谈会

首先是邀请县一级的项目主要参与人，如林业局局长、竹业协会会长、竹笋加工协会、秘书长、林科所所长、林业总工程师等，INBAR方参加的有竺肇华教授和杨凌云小姐。在会上根据原先设计的表1、表2、表3a、表3b、表4的内容，结合临安和竹笋产业的具体实际，重新设计针对县一级水平的问卷。其中包括：项目背景、项目目标、项目期限、项目对象、实施、预算、主要活动、相关文件资料、后续行动、联系信息等10方面54个问题，进行讨论，由于这些参会的人对情况都十分了解，所以很容易达成一致看法。

1.2.2 收集文件和资料

座谈会后参加座谈的成员不仅明白评估目的和方法，而且明白所需的文件和资料，同时他们每人本身就好像一个文件资料库，即使有的文件没有保存，也能提供信息来源。我们感到惊奇的是，不到3天时间，我们就收集到所需的资料，其中包括从1949年至2002年53年该县完整的统计资料。

1.2.3 乡一级调查

乡镇一级政府是负责组织农民项目实施的，县政府的政策要通过乡镇直接贯彻到农村中去，为了实施项目，他们会采取一些具体的措施以鼓励农民积极参与并协调各受益方（Stateholders）的利益。乡镇也是中国各项经济指标的最基层的统计单位。所以我们选择一个有代表性的镇——高虹镇进行更进一步的调查。我们设计的问卷也是针对乡镇一级具体情况的。参加调查的人员包括镇林业站站长，负责农村发展的副乡长，县林业局的工程师等。在临安期间，我们还有幸参加了临安太湖源镇今后10年林业可持续发展规划评估会，其中竹笋产业也是规划的重要内容，使我们更清楚地了解镇一级的发展规划原则和理念。

1.2.4 村一级调查

村民是项目的实施者和直接受益者，所以我们选择了两个典型的村：一个是高虹镇的陈家坎村，另一个村是西天目镇的武山村。参加座谈的有村长、村党支部书记、村民组员及农户代表等。问卷内容集中在与村民经济收入、文化教育、居住环境、贫富差别、不同农产品的投入产出、工厂就业、产品销售、妇女参与等一些与农民直接相关的指标。

1.2.5 加工企业访谈

临安有近50家具有较大规模的竹加工企业，它们是推动临安竹产业发展的主要动力之一，也是向农民提供就业机会的主要基地。我们选择了两家私营竹笋加工企业作为调查对象，有趣的是这两家企业的董事长都是女性，对企业我们调查的主要内容有：主要产品，职工组成、与竹农合作的方式、企业主要经营指标、政府政策、国内外市场、今后发展规划等。

根据以上一些访谈和查阅资料文件，我们已初步具备了提出“临安竹笋产业与乡村发展评估报告”的基本条件。

2. 临安简介

2.1 临安市的基本情况

临安市位于浙江省西北部天目山地区，地理位置为北纬29° 56′—30° 26′，东经118° 51′—119° 59′，总面积3126平方米，山地和丘陵面积占86%，森林覆盖率为74.9%。其中竹林面积5.2万公顷，为中国十大竹乡之一。人口为517307人。

1980年以前，临安是一个以传统农业为主的贫困山区县，1980年的年人均收入仅为270元。那时县主要农作物是稻米，农民利用间歇耕作的方法还种植玉米、大豆等作物。随着人口的增长，人们对食物的需求也越多，耕地面积不断增加造成越来越严重的森林破坏。水土流失严重，每年大面积的可耕地被水冲走。

为了解决由单一作物造成的严重环境问题，使该县人民脱贫致富，根据当地农民有种竹的传统，以供自家生产、房屋需要，同时竹林又能有效防止水土流失的情况，1985年当地政府开始鼓励农民利用山坡上的退化地种植笋用竹（主要竹种为雷竹和高节竹）。自1985年起，临安的竹笋产业从几乎是零开始，今天已经发展形成了全国最大的竹笋生产基地，实现了工业化加工，产品不仅在国内市场销售，还出口国际市场。同时，农民收入大大增长，竹笋经济促进了当地的文化教育和环境建设，人民生活水平明显提高；大面积的退化地得到改造，水土流失得到有效控制。临安人民越来越富有，山区景色秀美，当地生态旅游发展迅速。

2.2 相关统计数据：

我们选择以下一些统计数据，基本可以反映临安从 1980 年特别是从 1985 年(竹笋产业项目开始的一年)以来的人口、工业、农业、文教和人民生活的发展状况，在选择统计数据时，我们比较偏重于农村，因为竹笋人工林在农村，扶贫的对象也主要在农村。

1980—2002 年临安一些重要统计数据发展变化一览表

表 1

项目		1980 年	1984 年	1988 年	1992 年	1996 年	1998 年	2002 年
年末人口（千人）		450.2	466.0	490.2	500.1	507.3	510.3	517.3
人口自然增长率（‰）		4.7	5.6	9.0	6.0	3.4	1.2	0.62
国内生产总值［当年价（百万元）］		204.35	353.97	794.2	1659.06	5844.70	6904.20	9656.33
指数 1949=100		700.9	1208.9	1980.1	3423.4	7359.7	8744.7	12230.48
工业总产值［当年价（百万元）］		161.63	284.69	1169.46	3573.77	11318.68	14341.59	16062.58
农林牧渔总产值［1990 年可比价（百万元）］		142.34	202.58	349.24	506.01	1333.75	1454.68	1624.02
耕地面积（千亩）		317.3	318.8	311.9	302.2	285.5	286.5	—
农民人均耕地面积（亩）		0.71	0.69	0.64	0.61	0.56	0.56	0.56
城镇居民年人均可支配收入（元）		476	714	1476	2475	6934	7364	10675
农村居民人均纯收入（元）		246	714	840	1305	3620	4199	5362
农业牧渔业总产值构成（%）	农业	61.5	64.5	63.3	51.6	40.1	40.4	35.59
	林业	15.8	16.9	14.4	22.6	37.3	40.1	45.64
	牧业	22.1	17.9	21.4	24.7	21.2	18.2	17.94
	渔业	0.6	0.7	0.9	1.1	1.4	1.3	0.83
基础教育普及率（%）	小学入学率	—	—	99.78	99.71	99.98	99.98	100
	小学升学率	—	—	96.45	96.40	98.64	99.57	99.97
	初中入学率	—	—	85.59	95.53	96.97	99.36	99.98
	初中巩固率	—	—	94.18	97.35	98.28	99.99	99.90
	女学生初中入学率	—	—	—	—	—	—	99.98
国内生产总值构成（%）	第一产业	49.6	45.3	32.6	22.7	17.7	16.7	12.6
	第二产业	32.5	33.9	46.5	50.5	57.2	57.4	55.8
	第三产业	17.9	20.8	20.9	26.8	25.1	25.9	31.5

由以上有关临安的统计数据可以得出以下结论：

2.2.1 关于人口

从1980年至2002年，临安的人口增长了14.9%，但自然增长率有明显逐渐下降的趋势，从1980至1989年平均自然增长率为8.25%，而1990至1998平均为4.52%，而从1999至2002年人口平均自然增长率降到1%以下，2002年为0.62%。从2002年起，临安26个行政区中有14个人口出现负增长（基本上集中在农村），增长最快是在本县的两个城镇。由以上可以看出随着经济的发展临安人口过快增长已经得到根本改变，达到出生率和死亡率的基本平衡，另一个趋势也很明显，即农村人口向城市转移。特别是经济相对落后的乡镇。

2.2.2 关于GDP

显而易见，改革开放后从1980年至2002年的23年中，临安经济发展的速度大大加快，1949年至1979年这前30年中，GDP仅增长了60.31倍。而近23年，即2002年比1979年增长了19.36倍(按可比价格计算)。与中国其他地区一样，这是临安经济的高速发展期。

国内生产总值构成发生巨大变化：1949年临安是个纯农业县，第一、二、三产业分别占90.1%、3.1%和6.8%。到1980年第一产业仍占一半（49.6%），第二产业占32.5%，第三产业占17%。到了2002年，一、二、三产业分别为12.6%、55.8%和31.5%，完全改变了以农业为主的经济结构。

2.2.3 农村产业结构也是发生重大变化

从以种植粮食和其他经济作物为主逐渐转变为以林业和农业并重，甚至林业产品产值超过农业产品产值的局面。其中起主导作用的是由于非木质林产品的产值迅速增加，主要竹笋和山核桃的产值增加起主要作用。

2.2.4 农村人均纯收入

80年代初，临安仍然是一个十分贫困的县，农村人均年收入不足50美元，而2002年达到654美元，已经是十分富裕的农村。大部分村民住进了别墅式的房子，2002年户均住房面积206.88平方米，人均住房面积61.45平方米。

2.2.5 百户农村家庭耐用消费品拥有量

该县从1980年以来一直进行这项十分有趣的统计。80年代初表示富有农民的自行车、缝纫机、手表已被现在的汽车、彩电、电话等所取代。统计类似黑白电视、缝纫机、收录机等过时的消费品已无意义。

临安百户人家耐用消费品拥有量一览表

表2

耐用消费品	1980年	1984年	1988年	1992年	1996年	1998年	2002年
自行车	43	103	133	202	180	187	157
缝纫机	29	60	62	68	68	47	—
手表	90	202	217	287	257	247	—
收音机	47	48	50	32	27	25	—
收录机	7	7	15	38	53	55	35

续表 2

耐用消费品	1980 年	1984 年	1988 年	1992 年	1996 年	1998 年	2002 年
黑白电视机	—	15	25	65	57	55	—
彩机	—	—	8	32	55	78	118
电扇	3	36	40	135	193	245	245
洗衣机	—	—	2	23	38	42	58
电冰箱	—	—	—	23	47	52	62
摩托车	—	—	3	8	28	37	73
照相机	—	—	—	5	12	12	15
录音机	—	—	—	—	2	5	5
空调机	—	—	—	—	3	3	17
电话	—	—	—	—	—	—	73
手机	—	—	—	—	—	—	42
影碟机	—	—	—	—	—	—	47

2.2.6 基础教育普及率很高

1988 年该县开始实行 9 年基础教育普及，到 2000 年基本达到男女学生 100%的普及率，农民子女上大学已经十分常见。

2.3 土地及森林资源

临安是个以丘陵和山地为主的县，丘陵和山地占总面积的 86%。人均耕地十分有限，由于加工企业、道路和旅游业的发展占据了一些耕地，另外为了控制水土流失，把一些坡度较陡的农田实行退耕还林，所以在过去的 23 年里，耕地面积总量有所下降，从 1980 年的 21153 公顷下降到 2002 年 19100 公顷。人均耕地面积从 0.047 公顷下降到 0.037 公顷。所以农民的经营方向有逐步从耕地向丘陵山地的林业产品的发展的趋势。由于临安实行了天然林保护工程，大面积的天然林和生态林不允许砍伐，所以政府和农民更加注意非木质林产品的开发，如竹子、山核桃、银杏（*Ginkgo*）、榧（*Torreya grands Fort.*）、茶叶、板栗、药材、野果、野生花卉和野生蔬菜等。

临安的森林覆盖率逐年有所增加，1983 年为 64.19%，1994 年为 71.4%。2000 年为 74.9%有林地面积为 219126 公顷，其中天然林占 67%，人工林 33%，竹林 60667 公顷，占森林面积的 25.4%。临安是个山清水秀的地方，生物多样性十分丰富，有植物种类 3000 余种，为了进一步保护生态环境和生物多样性，建立了两个国家级自然保护区，除实施天然林保护工程外，正在实施生态公益林建设项目。在今后十年内生态公益林面积将占森林面积的 47.6%。

2.4 生态旅游

由于临安的优美环境，从 1997 年起临安开展生态旅游。在短短 5 年内生态旅游取得飞速发展，现已开发旅游景点 13 个，其中有以竹子为主要景观的景点 3 个。2002 年接待游客 235 万人，收入达 12 亿元，已经成为临安一个新兴重要产业。

2.5 农村收入平等状况

2.5.1 地区间农民人均纯收入差异

下表列出 2002 年临安 11 个笋用林主要分布的乡镇年人均纯收入的情况：可以看出乡镇间的差异并不大，由于它们所处的地理位置有很大不同，如西天目乡处在高山地带，加工业的发展程度也不同。

2002 年笋用林主要乡镇农民纯收入比较情况表

表 3

乡 镇	农民人均生产性纯收入	乡镇企业数（个）	企业人数（人）	乡 镇	农民人均生产性纯收入	乡镇企业数（个）	企业人数（人）
玲 珑	5515 元	921	9452	太湖源	5385 元	2916	17913
青山湖	6118 元	1777	7937	板 桥	4658 元	153	3695
上 甘	4661 元	292	2635	溪	4618 元	1638	6229
三 口	4501 元	237	1017	太 阳	5101 元	1367	6872
横 畈	5131 元	870	3116	西太目	4803 元	357	2016
高 虹	5183 元	460	8620	全 县	4864 元	27473	143617

2.5.2 同村不同户间人均纯收入不同比较

我们选择了 4 个以竹笋为主要收入来源的村，统计人均纯收入情况。

户人均收入（平均）情况表

表 4

<table>
<tr><th rowspan="2">户人均收入</th><th colspan="2">长山弄</th><th colspan="2">三 口</th><th colspan="2">查 川</th><th colspan="2">武 山</th></tr>
<tr><th>户数（户）</th><th>人口（人）</th><th>户数（户）</th><th>人口（人）</th><th>户数（户）</th><th>人口（人）</th><th>户数（户）</th><th>人口（人）</th></tr>
<tr><td>合计</td><td>27</td><td>98</td><td>25</td><td>108</td><td>26</td><td>120</td><td>207</td><td>628</td></tr>
<tr><td>3000 元以下</td><td>1</td><td>3</td><td>0</td><td>0</td><td>0</td><td>0</td><td>4</td><td>4</td></tr>
<tr><td>3000—4000 元</td><td>0</td><td>0</td><td>1</td><td>2</td><td>0</td><td>0</td><td>8</td><td>19</td></tr>
<tr><td>4000—5000 元</td><td>0</td><td>0</td><td>0</td><td>0</td><td>0</td><td>0</td><td rowspan="2">62</td><td rowspan="2">188</td></tr>
<tr><td>5000—6000 元</td><td>5</td><td>18</td><td>2</td><td>5</td><td>1</td><td>2</td></tr>
<tr><td>6000—7000 元</td><td>12</td><td>40</td><td>1</td><td>3</td><td>0</td><td>0</td><td rowspan="2">93</td><td rowspan="2">280</td></tr>
<tr><td>7000—10000 元</td><td>3</td><td>12</td><td>10</td><td>48</td><td>19</td><td>94</td></tr>
<tr><td>10000 元以上</td><td>6</td><td>24</td><td>7</td><td>30</td><td>6</td><td>24</td><td>40</td><td>137</td></tr>
</table>

个别比较贫困的家庭即人均 4000 元以下的，其原因有以下几种情况：精神病患者，残疾人，无子女的老人，或有病无劳力，只有 1 人 1 户是懒汉，即使是这些家庭，温饱也都无问题。从以上 4 个村的调查看，村民实际收入大大高于他们向政府上报的数字，如武山村上报人均收入是 5100 元，而实际平均已超过 7500 元。

2.6 竹林及竹产业

临安是传统的产竹县，在 80 年代以后，主要生产用竹是毛竹（*Phyllostachys Pubecsens*）。80 年代以后，临安重视竹产业的综合发展，不仅竹林面积迅速扩大，主要生产用竹不断增加，而且竹材和竹笋加工业也迅速发展起来。特别是以雷竹（*Ph.praecox*）、哺鸡竹（*Ph.vivax*）和石竹

（*Ph.muda*）为主的笋用林发展很快。全县 2002 年竹林面积 60667 公顷，其中毛竹 20,000 公顷，雷竹 15,333 公顷，石竹 4667 公顷。天然竹林 16667 公顷，其中石竹 5333 公顷。2002 年竹材产量 206700 吨，产鲜笋 180481 吨，产值 4.55 亿元。现有竹材加工企业 129 家，年加工毛竹 1080 万株，主要生产地板、竹窗帘、竹签、竹炭、竹纸浆、竹编。竹材 2002 年达 3 亿元。现有竹笋加工企业 47 家，2002 年竹笋加工产值 3.7167 亿元。临安竹加工业较发达，每年需进口部分竹材竹笋，2002 年从其他县和省进口的竹笋约 6 万吨。2002 年临安竹产业总产值为 11.65 亿元。

临安竹林面积增长情况表

表 5　　单位：公顷

品　种	1983 年	1987 年	1991 年	1995 年	1999 年	2002 年
毛竹	1530	15953	16720	18094	19030	20007
雷竹和哺鸡竹	2181	4348	7059	11333	16542	20000
笋干竹种（天然）	11477	12078	13247	14974	16849	16883
其他竹种	—	—	—	4002	4289	4290
合计	28965	32379	37026	48403	56710	61166

3. 临安竹笋产业项目

3.1 项目由来

自 1980 年实行对外开放以来，中国政府提出到 20 世纪末，即 2000 年，国民经济翻两番的目标，当时全国各行业都为实现翻两番出主意。1982 年临安林业局和农业局开展森林资源和土地资源联合调查，在调查到上甘乡时，发现当地农民种植雷竹（*Ph.praecox*）和哺鸡竹（*Ph.vivax*）使农民得到很大收益，当时调查人员很受鼓舞，1983 年他们写出“临安经济翻两番，竹子挑重担”的文章。1984 年又写出“临安的竹子生产及进一步开发利用的建议书”，建议政府在农村大力推广和种植竹林，特别是笋用竹林。1985 年，上述建议被临安政府批准，决定临安逐步建设 10 万亩（6667 公顷）笋用林。所以从 1985 年开始凡适合种植笋用竹的农村都迅速发展起来，到 1991 年笋用竹林面积已达 10.5 万亩。“临安竹笋产业项目”应该是临安竹产业发展的一部分，而且随着产业的发展，项目的任务目标和相应政策都会进行调整，这是一个长期延续产业的项目。

3.2 目标及期限

随着竹笋产业的发展，在不同发展阶段，临安竹产业协会、竹笋加工协会和县林业局都会提出相应建议，要求政府确立更高的目标。如 1985 年至 1994 年的主要目标是建立 10 万亩笋用竹林基地。这项任务已经于 1991 年超额完成。当时竹笋产量已超过 5 万吨。所以到 1994 年，林业局和竹产业协会及时向政府提出建议书，1994 年至 2000 年的目标是年产 10 万吨竹笋系列工程，工程具体内容是：①年产竹笋 10 万吨，每亩产量由 1993 年的 1000 千克增加到 1500 千克；②竹产业产值达到 2 亿元，比 1993 年增加一倍；③全县 30 万竹农人均增收 330 元，具体行动有：办三家竹笋加工厂，建立竹笋包装厂及冷库，建一个鲜笋交易市场，建设高产笋用竹林基地。其实上述第二阶段任务到 1998 年已经全面完成了。

从1997年开始，随着竹笋产量的不断提高，加工和销售又成为项目的重点，所以从1997年到现在的主要目标是促进工业化加工，开拓市场。到1999年，全县已有5000多农民从事竹笋的运输和销售，在全县建立鲜笋市场18个，现有加工企业47家，有效地解决了竹笋销售问题，从2002年起还从别处进口鲜笋，加工后出口。

综上所述：该项目大致可分为以下阶段：

1982—1984年：提高认识，筹备阶段；

1986—1991年：资源培育和政策发展阶段；

1992—1997年：竹笋高产技术推广和加工示范阶段；

1997年—现在年：竹笋加工工业发展和市场开发阶段。

3.3 项目对象

项目实施地区主要集中在临安的东部，因为东部主要以丘陵为主，缓坡中下部地区是发展笋用竹林的适合区，本县西部山较高坡较陡，主要经济树种是山核桃。全县有60%的农民有笋用竹林，约有72500户25万村民受益。加工业和销售市场也主要集中在东部地区。

3.4 项目执行

执行单位：临安县政府，其中包括林业局、国土局、财政局、税务局、工业局、乡镇企业局等相关部门；

实施单位：县林业局、竹产业协会、竹笋产业协会、林业技术推广站、各相关乡镇政府；

项目人员：参加人员有很多，难以列出，这里提供一些关键人员的名单：

唐明荣：林业局副局长；

王安国：竹业协会副会长；

俞锦章：竹笋加工协会秘书长；

何钧潮：竹产业协会秘书长；

周　骋：县林科所所长；

刘　微：高级工程师。

3.5 项目预算

1.笋用林造林补贴（20元/亩）：1986—1988年300万元。

2.笋加工企业政府贴息贷款：1998—2000年150万元×3年=450万元。

3.农民培训费：450万元。

4.政府奖励：300万元。

5.会议、技术指导等活动经费每年约50万元。

3.6 在过去的18年中竹笋产业的进展

临安县自1985年开始较大规模发展笋用林以来至2000年，已经历了18年，以下是所取得的进展。

3.6.1 笋用林面积迅速扩大

1983 年，临安笋用林面积为 1837 公顷，当时农民主要是为了自己食用，在房屋前后小面积种植，到 2000 年笋用林面积已扩大到 2 万公顷，是 1983 年 10.7 倍。请看图 1。

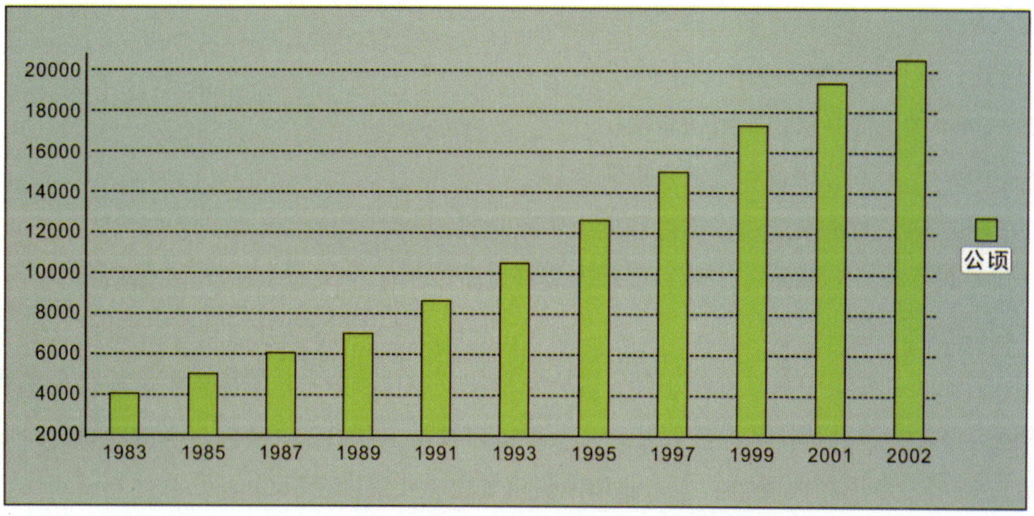

图 1　1983—2002 年临安笋用人工林面积增长情况

3.6.2 竹笋产量的增长

1983 年临安竹笋总产量为 1421 吨，到了 2002 年达到 107150 吨，增长 75.4 倍。这仅包括雷竹和高节竹的竹笋，而不包括毛竹和石竹笋的产量，如果包括毛竹和笋干的话，2002 年总产量为 135250 吨，2003 年达到 144481 吨。请看图 2。

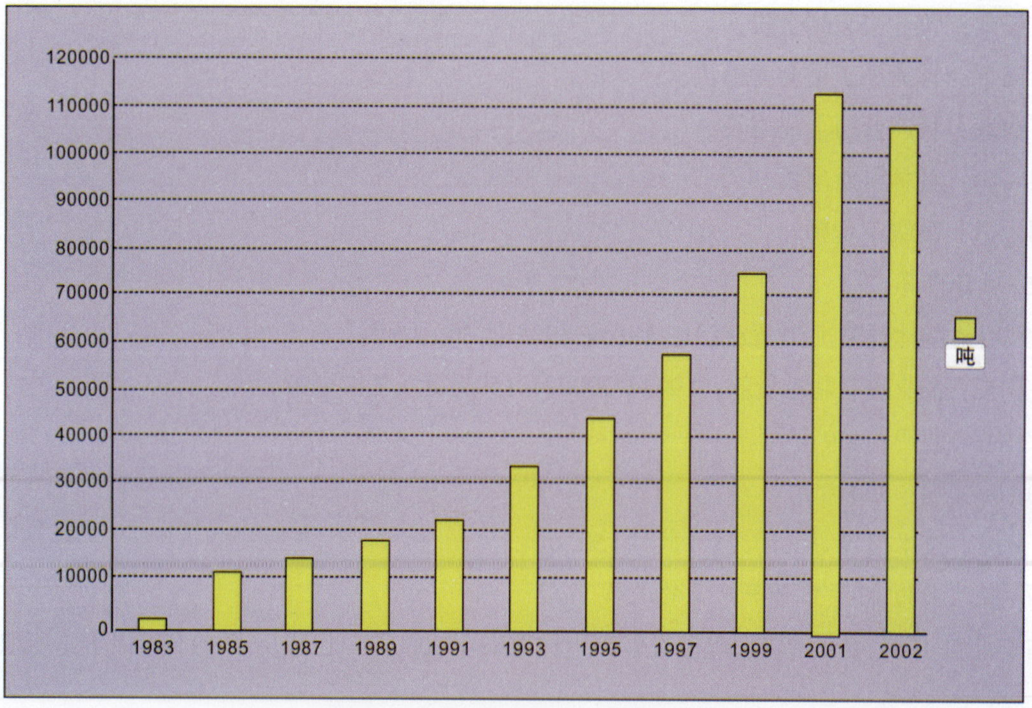

图 2　1983—2002 年临安笋用竹林笋产量增长情况

3.6.3 竹笋产值的增长

在 1983 年临安鲜笋产值为 219 万元，而到了 2002 年增加到 3.2805 亿元，2003 年为 4.1837 亿元，为 1983 年的 191 倍。如果加上毛竹和笋干，笋产值超过 5 亿元。请看图 3。

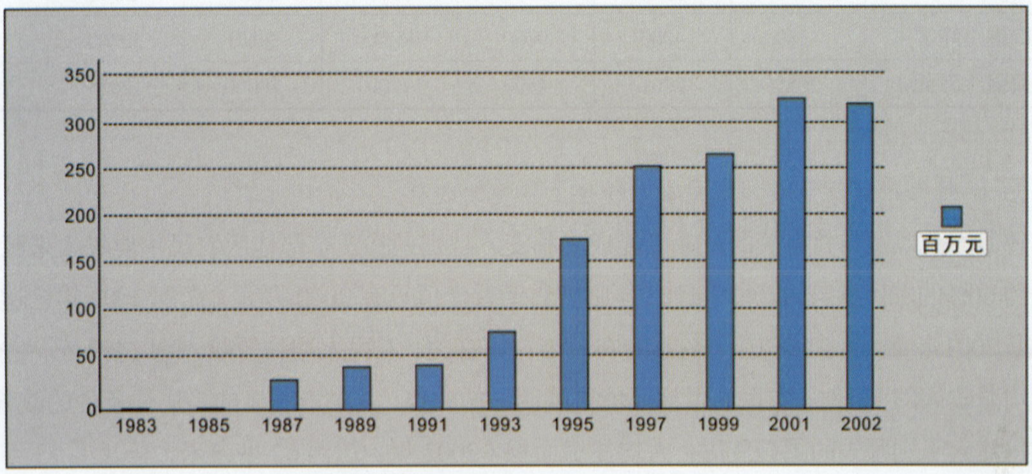

图 3 1983—2002 年临安竹笋产值增长

3.6.4 竹笋的工业化加工

临安的竹笋工业化加工几乎从零开始，到二十世纪九十年代中期，由于临安发展笋用林的成功经验被周围其他县市学习，也开始发展笋用林，在不到十年的时间，鲜笋产量已经超过了当地及周围大城市市场的需求。临安是最早进行工业化加工的县。从 1996 年建立第一家竹笋加工厂开始，到 2002 年已发展到 47 家工厂，年加工能力达到 15 万吨。2003 年，共加工鲜笋 11.48 万吨，由于部分鲜笋直接销到市场，临安的竹笋不能满足当地加工厂的需求，每年只有 4 至 5 万吨鲜笋可供工厂加工，所以每年还需从其他地区进口鲜笋 78 万吨。以下是临安每年竹笋加工产值的增长情况：

1997—2003 年临安每年竹笋加工产值增长情况表

表 6

年　份	1997	1998	1999	2000	2001	2002	2003
产值（万元）	8715	11318	19325	2500	30700	37161	45000

3.6.5 竹笋市场迅速扩大

20 世纪 90 年代初，临安的农民开始认识到开拓市场的重要性，到 2002 年，临安已有专门的鲜笋市场 12 个。另外在政府的支持下，还在上海、南京等大城市建立了鲜笋市场，并开始销往中国北方和香港地区及韩国，并且大量出口加工后的竹笋，主要销往日本、欧美市场。2002 年临安出口加工竹笋 32180 吨，出口额为 1.5 亿元。

1996—2002 年临安每年竹笋出口增长情况表

表 7

年 份	1996	1997	1998	1999	2000	2001	2002
出口量（吨）	1287	4000	9000	15545	2020	30200	32182
出口值（万元）	2655	2761	4500	7700	10000	12655	15067

3.6.6 竹笋产业明显增加农民收入和生活环境的改善

竹笋产业以及与竹有关的产业已经成为临安，特别是临安东部地区农民主要收入来源之一，全市约 60%的农民参与竹产业。1983 年临安竹产业产值只有 2000 万元，而到 2002 年已达到 11.5 亿，据 2001 年统计，其中 10 个乡镇的农民与竹笋有关，农民人均竹笋收入为 1400 元，占该年农民人均总收入的 32.6%。农民的生活环境得到明显的改善，其中最明显的是居住条件的改善，80%的农户建起了别墅式的漂亮住房，人均住房面积（2002 年）达到 62 平方米，普及了 12 年义务教育，并拥有彩电、洗衣机、电话等。请看图 4。

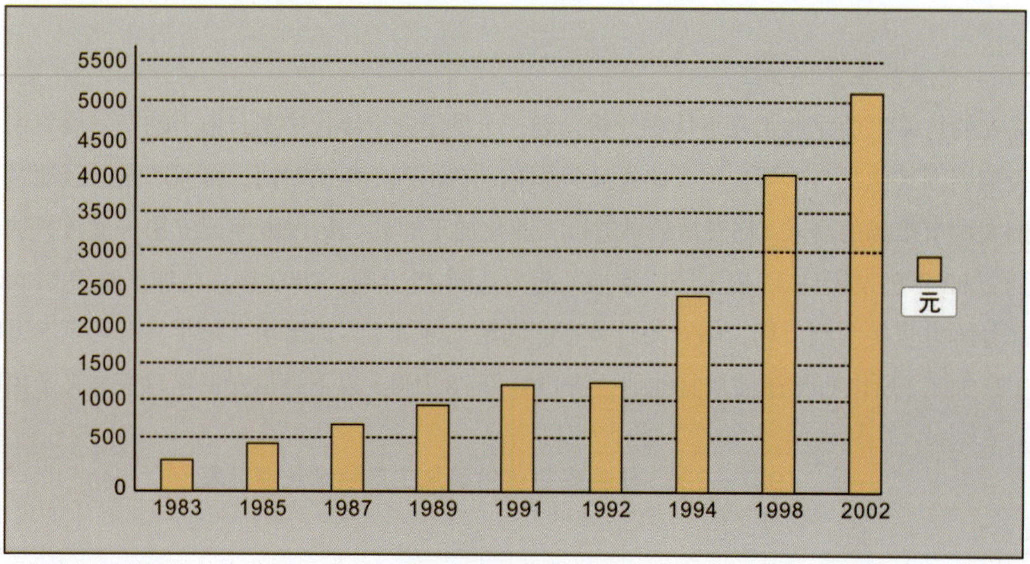

图 4 1983—2002 年临安农民年收入增长情况

3.6.7 竹林对控制水土流失和环境改善

临安 2 万公顷的笋用林，极大部分种植在退化地、四旁荒地和丘陵缓坡地带。在种竹前，这些地方是造成水土流失的主要源头，种竹后不仅改善了土地的肥力，而且减少了水土流失。根据有关研究报道，竹林的保土能力是马尾松林的 1.5 倍，是杉木的 1.3 倍。笋用林的发展改善并美化了临安的生态环境。从 1997 年开始，临安已成为重要的生态旅游基地，2002 年旅游产值达 12 亿元。

4. 临安是如何发展竹笋产业的

4.1 政府：相应的政策支持

中国自从20世纪80年代初实施改革开放政策后，中国人民的生活得到很快的改善，与此同时人们对竹笋的消费也很快地增加，竹笋价格也相应提高。这就引起专家和政府对发展竹笋产业的重视，政府采取一系列政策鼓励农民发展竹笋生产。

4.1.1 中国的土地承包制

中国的土地按法律属国家所有，在改革开放之前，土地大部分由集体经营，改革开放之后，开始实施土地承包制，即把土地的所有权和农民土地经营权分开，根据每个家庭的人口向每户农民分配一定数量的土地供农民经营，在20世纪80年代承包期一般为10年，而到90年代延长到30年。在承包期内农民可以自行决定种植的作物。竹人工林也与农田相似，大部分也由过去的集体经营变成由农民承包经营。对于森林的承包期，一般为30—50年，甚至70年，可以由子女延包或转让给其他个人和公司。

为了鼓励农民种竹，政府允许对竹有兴趣的农民承包退化地和荒地。在开始时只有少数农民有兴趣种竹，政府允许他们承包更多的土地。一年后笋用竹林为承包户增加很多收入，大大鼓舞了其他农户，他们也开始参与承包退化地种竹。

我们以临安的白沙村为例，该村有大量的野生竹（石竹 *Ph.muda*），分布在天然次生林内，在承包制之前，竹林归村集体经营，其实没有采取任何经营措施，村民可以自由地进林子采笋，造成竹林退化，生产力很低。从1984年起，政府把天然林承包给各农户经营，农民在保护天然林的基础上，开始集体经营天然竹林，经过十年的承包，农民平均每人从竹笋中的收入由承包前的200元（1983年）增加到2000元（1993年）。

4.2.1 财政支持政策

在20世纪80年代初，临安政府和专家发现雷竹由于最早出笋，很受周围大城市，如上海、杭州的欢迎，但是那里多数农民还不了解雷笋的高回报率，而对雷竹有兴趣的农民没有能力买母竹。为了鼓励农民发展笋用竹林，从1986年至1988年，政府每年拨出100万元，每造一公顷的笋用林就补助300元以便买母竹。到了第四年，竹林已经可以开始有很好的收益，每公顷的竹笋收入可达9万元，使更多的农民看到了效益，还比其他作物，如水稻、茶叶的效益都高，所以都愿积极发展笋用竹林。当农民都有了认识之后，政府就无必要给予资金支持了，而是把支持的重点转向技术培训。

但是经过10年左右努力，鲜笋的产量已经超过市场的需求。临安政府鼓励当地农民和企业合作，办竹笋加工厂，政府在1995年至1997年每年提供150万元无息贷款促进竹加工业的发展。

由于国内外的竹笋市场都很好，以及政府的支持，现在临安加工的竹笋产品占全国的20%，成为全国最大的竹笋加工基地。当加工业发展之后，政府又把重点支持领域转向笋贸市场的建设，形成一个较好的竹笋销售网络。

由上可以看出，政府的财政支持应在产业发展的不同时期，针对不同时期的难点给予必要的支持。政府财政支持的最大受益者是竹笋生产者——农民。同时又随着产业的做大做强，政府本身也是直接受益者，因为竹产业已经是临安的重点产业之一，也是税收的重要来源。

4.1.3 技术服务和技术转让

为农民和企业及时提供技术服务是政府促进竹产业发展的重要手段，技术服务主要是通过林业局以及基层林业站来实施的。主要有以下形式：

a.技术培训：

临安每年为农民免费各类培训，其中包括培训班、现场指导、电视、广播等方式。

主要培训对象：竹农、村干部、中学生、乡镇林业干部。

培训内容：笋用林早出高产技术、笋材两用竹林培养技术、山区综合可持续开发、天然竹林改造技术、无污染笋用林经营标准、笋用林病虫害防治技术。

1990—2002 年临安有关笋用竹培训班情况表

表 8

年份	培训班次数	参加人数（人）	年份	培训班次数	参加人数（人）	年份	培训班次数	参加人数（人）
1990	17	1180	1995	20	1160	2000	72	2480
1991	21	1208	1996	60	3401	2001	68	3320
1992	26	3808	1997	28	1280	2002	56	3296
1993	36	2760	1998	40	3080	合计	578	33459
1994	46	2006	1999	68	4480			

b.示范户及示范基地：

在大量的培训之后，往往有些农户在应用新技术方面做得很出色，这些农户往往被选为示范户，政府要给予奖励，并正式命名为“示范户”，其他农民可向他们学习成功经验。从 80 年代至 90 年代，临安涌现出 200 个示范户，其中有一个示范户创造了不到 0.5 公顷的土地一季竹笋收入达到一万美元的记录。在当地政府的支持下，通过技术服务，一个面积为 666.7 公顷的有很多农户参加的绿色有机食品笋用林示范基地于 2000 年建成。

c.科技服务合同：

由于很多农民在应用某种新技术时往往担心会造成损失，所以政府鼓励技术人员与农民签订科技服务合同，合同规定双方的责任、利益和义务。如果农民按技术人员的指导操作而造成损失，技术人员将按合同赔偿损失。如果超过了正常的收入，应按合同规定比例和技术人员分享超出部分。这种方式使农民放心受益，也可使技术人员在实践中锻炼并得到经济收益。

政府对于为农民科技服务中表现出色的科技人员也实行奖励，如高级工程师王安国先生，由于他对临安林业发展，特别是竹笋产业发展的特殊贡献得到了市、省和国家的奖励。2000 年获“国家先进农业科技人员”的称号，并受到国家主席和总理的接见。

d.科研及其成果推广：

政府鼓励科研人员到生产第一线进行研究，并积极参与研究成果的推广。评估一个科研人员往往依据其成果的学术水平和该成果在生产中的应用规模、对生产的影响两方面指标。这样一方面可以使科研直接为生产服务，而且也使科学家在参与成果推广中发现新问题。例如：笋用林地覆膜技术是促进早出笋和高产的重要技术，能使雷竹根据需要提前出笋，最早可以比正常出笋期提早 5 个月。这项技术可以避免在很短的时间内鲜笋集中上市而造成供应过剩和降价，例如 1 千克的鲜笋如果在 11—12 月出售，其价格可达 10—15 元。如果在出笋旺季 3 月中旬出售，价格为 1 元左右，甚至更低。这项技术每年能使临安农民增收 1 亿元以上。请看下表。

雷竹早出覆盖技术推广及新增效益情况表

表 9

年份	总面积（亩）	总产量（吨）	总产值（万元）	投产面积（亩）	雷竹早出覆盖			雷竹自然笋			早出覆盖新增效益
					面积（亩）	产量（吨）	产值（万元）	面积（亩）	产量（吨）	产值（万元）	
1991	66182	16435	2497	25300	90	90	45	25210	16345	2452	36.2
1992	77163	14010	2979	37800	1530	920	460	36270	13090	2519	353.7
1993	93697	24775	5650	42300	4545	3750	2250	37755	21025	3400	1840.7
1994	111236	23950	8653	48800	9000	8000	4800	39800	15950	3853	3928.7
1995	125000	34000	13000	60000	10000	10000	8000	50000	24000	5000	7000.0
1996	145000	28000	22000	73000	12000	12000	14400	61000	16000	7600	12904.9
1997	160000	42500	20701	86000	15000	15000	13500	71000	27500	7201	11978.6
1998	175000	41000	21240	100000	20000	15000	15000	80000	26000	6240	13440.0
1999	193133	60040	20912	115000	25384	26440	14192	89000	33600	6720	12288.5
2000	210000	63824	26308	130000	28000	24144	18372	102000	39680	7936	16191.5
2001	225000	88798	28235	145000	34288	33448	21593	110712	55350	6642	19535.9
2002	255000	98375	27591	165000	40000	39000	21060	125000	59375	6531	18970.1
2003	271000	114052	39781	181000	51000	47052	32581	130000	67000	7200	29753.9
2004	294000	120183	49135	199800	57300	53550	40892	142500	66633	8243	37577.3
2005	299000	156955	52323	214100	64100	59443	40398	150000	97512	11925	35299.9
2006	303000	161823	56129	223000	62000	60883	43783	161000	100940	12346	39028.6
2007	304000	203900	52188	235000	65000	82000	38538	170000	121900	13650	33318.9
2008	304000	145300	62055	235000	56000	57000	46161	179000	88300	15894	41188.6
2009	302000	143600	58452	225000	38000	42600	34106	187000	101000	24346	29157.4
2010	302000	165300	68560	225000	57000	70100	50472	168000	95200	18088	44334.6
2011	300000	154400	70928	221000	58000	63700	54788	163000	90700	16140	49044.8
2012	300000	132800	72780	221000	47000	47500	57150	174000	85300	15630	52931.4
2013	290000	159000	76450	225000	52000	69000	58450	173000	90000	18000	53040.0
2014	290000	170000	88590	225000	54000	75900	73540	171000	94100	15050	68785.2
2015	300000	154100	85392	225000	60000	68000	69032	165000	86100	16360	63078.0
2016	300000	129400	75664	225000	60000	57100	59758	165000	72300	15906	53976.0
累计	—	—	—	—	98.1 万亩	104.1 万吨	83.3 亿元	316.5 万亩	163.0 万吨	27.9 亿元	74.9 亿元

从1984年以来，临安市科技人员共进行或推广新技术项目21项，其中获省级奖励的有10项，杭州市奖的有6项。以下举几项获奖课题：

——竹笋罐头新品种筛选及加工技术；

——雷竹早出笋、高产栽培技术研究；

——低产笋干竹竹林改造技术；

——有机竹笋人工林栽培技术标准的制定。

4.2 企业经营模式——公司+农户：

在中国，大多数竹加工企业都是中小型乡村企业，大部分企业主要是从农民逐渐发展起来的。临安有数百家竹材和竹笋加工企业，企业的工人极大部分来自当地村民，估计有15000人左右。其中在竹加工厂工作的，大部分为季节工，只有少部分为长年工，在忙季大约有7000多人，而其中长年加工的工人在2500人左右。竹加工企业的主要经营模式，我们经常称之为"企业+农民"的模式。

例如：临安青峰竹地板厂，加工能力为每年20万平方米，如果从原料到最终产品都在工厂中进行，需要500多名工人，原料利用方面造成大量浪费，因为只有竹竿的26%（竹竿的中下部）适合于竹地板加工。竹竿其余部分可用于其他产品，但除非工厂添加很多其他设备，才能被利用。这对一般竹地板加工厂来说是不可能的，因为不仅要增加投入，而且要增加大量销售人员和技术员。公司采用企业+农户的模式，就是公司与农民签订合同，由村民加工地板厂所需竹条，农民可把竹竿的其他部分卖给竹炭厂、竹帘厂，把废料卖给造纸厂。这种模式不仅降低地板厂用工人数，由500人减少到100人，又增加了原料的附加值，对多方有利。

笋加工企业大多也采用这种模式，一般剥笋壳和杀青的加工工作在农村由农户进行。另一类公司+农民的模式是工厂与农民签订原料收购合同，使农民不会为原料的出售担忧，保护农民的利益。

如康鑫食品有限公司是一家私有企业，它的公司总部和总厂都在临安，但它在福建、江西及本省的其他县设15家竹笋初加工厂，该公司不仅招收200名当地农民作为常年职工，另外还要临时工2400多人。该公司为保护竹农的利益，从2003年开始与临安当地竹农签订产购合同，合同规定，公司将根据农民意愿包收竹农竹笋，按市场价收购，当市场价跌到一定限度时（如毛竹笋低于0.8元/千克时）公司按0.8元/千克收购。现在已有700多户竹农与公司签合同，竹林面积达到5300公顷。

公司+农户的模式不仅为所有的合作伙伴带来经济利益，而且在农民和企业之间建立起相互依赖的关系，同时农民在参与加工的过程中，逐步学到了工业化和市场化的理念。

4.3 多方参与和非官方组织：

临安竹笋产业的工业化和市场化的发展，也与各方面人员的积极参与、共同支持有密切关系。其中临安竹业协会和竹笋产业协会发挥着重要作用。他们分别成立于1986年和1987年。竹笋产业协会是由竹农、竹加工企业、科技人员和政府官员自愿参加组成，协会为他们提供了交流信息、合作和技术培训的平台，而且也为市场调研和促进产品销售方面发挥了重要作用。协会甚至组织会员到日本、欧美进行市场考察，他们还定期出版简讯《竹笋加工信息》和《临安竹讯》，及时向会员和广大竹农介绍新的实用技术、新产品、市场、政府政策、产业活动信息等，以上简讯到目前为止已出版200多期，内容生动活泼，文字简练、深受欢迎。

总之临安竹笋产业的迅速而成功的发展，是与政府正确及时的政策和支持、有效的技术、农民和企业的密切合作、非官方组织的协调和多方共同参与分不开的。

5. 竹笋产业减少贫困——直接和间接影响。

为了更具体地了解竹笋产业对农村脱贫致富的影响，我们对高虹乡，以及该乡所属三个自然村：陈家坎村、西天目村和武山村进行了调查，并与乡林业站负责人、村长和农民代表进行座谈。

5.1　高虹乡竹笋产业发展及其对农民增收的影响

高虹乡是个以低丘为主的农村，全镇人口10422人，其中农业人口为10037人，农户2886户，户均人口约3.5人。该乡农民1990年开始大力发展笋用竹，笋用竹面积由1989年的167公顷增加到2002年的711公顷，增加了4.26倍。竹笋产量由418吨增加到6670吨，增加了12倍。竹笋产值由1990年的180万元增加到2396万元，增加了13.3倍。其中1997年的产值最高，达2618万元，因为当时的市场价格高。到2002年，农村人均竹笋收入为2387元，占当年人均总收入（5276元）的45.3%，户均竹笋收入8754元，如果加上竹竿和枝叶收入，户均超过9000元，该乡2002年竹笋收入达万元以上的有1462户，占总数的50.7%。其中竹笋收入3万元至5万元的有139户，5万至8万元的有19户。由以上可以看出，竹笋已经成为农民的主要来源。竹笋项目启动后的第四年，即1994年，竹笋收入占当年农民总纯收入的比例已从1990年的19.1%上升到32%，到1996年猛增到70.6%。由于竹笋业的发展使农民收入迅速增加，农民从而有资金投入其他产业：如工业、运输和商贸。

从1998年开始，尽管竹笋的收入在增加，但其所占农民人均纯收入的比例在逐渐下降，这一方面说明竹笋对其他产业的拉动促进作用，另一方面说明农村的经济结构的进一步合理化，可以避免单一作物（monoculture）的风险。

5.2　笋用竹林发展对高虹乡陈家坎村生计的影响

5.2.1　对人均收入的影响

陈家坎村是高虹乡发展笋用林较早较好的村，全村由六个自然村组成，共230户，721人。1990年全村只有7公顷笋用林，到1995年发展到53.4公顷，1997年为57公顷，2002年为80公顷。1997年全村竹笋产值为300万元，平均每户13636元，平均每人竹笋产值为4243元。2002年竹笋产值为293万元，人均4064元。全村60%以上的收入来自竹笋。通过与村民座谈，我们发现，政府统计的有关农民纯收入的数字与实际情况有很大差别。根据对该村第二、五、六三个自然村的实际情况调查，三个村共有78户，326人。人均3000元以下的只有1户3人，3000—4000元为0，4000—5000元只有1户2人，5000—6000元有8户25人，6000—7000元有15户44人，7000—8000元有10户36人，8000—10000元有27户137人，10000元以上的为19户78

人。由上可以看出该村人均不足6000元的只有10户共30人，分别只占全村的12.8%和9.2%，而人均7000—10000元以上的共有56户251人，分别占全村的71.8%和77%。所以我们可以得出初步估计，该村村民人均纯收入不是乡政府2002年统计的5197元，而应该是8000元以上。为什么会造成如此大的差距？据村民说，他们不愿把纯收入向政府报高，他们担心报高的话，会引来新闻媒体采访和公开报道，农民不大习惯在电视机露面。以上估计我们还从2002年乡政府另一项统计中得到证实，该项统计说：陈家坎村全村230户721人，当年竹笋产值293万元，有160户竹笋收入超10000元，其中25户竹笋收入为3万—5万元，5户竹笋收入为5万—8万元。

5.2.2　社会公平性

①经济收入、土地资源、教育的平等性：从三个自然村调查数据可以看出，自从发展笋用林，陈家坎村走上了集体脱贫致富的道路，人均年收入3000元以下的只有1户3人。按临安政府规定，人均在3000元以下的农民作为扶贫对象。但全国的贫困标准是800—1200元，各地标准不同。该户相对较贫困的原因是残疾人，孩子有病，缺乏劳动力所造成的。但是吃、穿、住都没有问题。政府对这样的农户有很多扶持政策，如：孩子上学免费，减免税收，每年一次性特殊补贴等。

该村没有出现贫困群体，是由政府的公平性政策决定的。首先是土地分配的公平性，所有土地的分配都是按照家庭人口作为基数的，所以每户享受的土地资源是相对公平的，但是土地合同签订之后，各户又发生许多不同变化，如自然死亡，出生孩子，到城市居住，转向工业生产等等，各户享受的土地资源也发生差异。但是这些占有资源差异的产生并不是通过占有他人资源的手段生成的。

农民在享受教育和技术培训方面都是同等的，因为在举办培训班时，每户都可参加，是免费提供的。但是对于一些技术熟练、在新技术推广过程中表现出色的，政府将提供更多培训机会，使他们能对其他村民起示范和技术指导作用。

②男女的平等性：本文前面已经提到临安9年制义务教育几乎达到100%，男女享有同等的权利。从男女劳动分工看，三个村的调查结果如下：

陈家坎村第二、五、六三个自然村男女劳力分工比例一览表

表10

工　种	竹笋栽培	竹笋销售	竹笋加工	工业生产	农　业	运　输	建　筑
男女比例（%）	60/40	40/60	50/50	37/63	50/50	100/0	70/30

由上可以看出，男女对各工种的比例是根据工种性质来决定的，而没有性歧视的因素。参加工厂工作的女性比男性多，这是因为高虹乡的节能灯工业很发达，工厂中的女工明显多于男工。

但是在某些方面仍有一些封建意识的残余，如参加培训班时往往是男人多于女人；多数农民，包括农村妇女，生孩子前希望生男孩子等现象。

5.3　竹笋对陈家坎村农民生计的重要性

5.3.1　作物结构变化

1990年前，陈家坎村主要的经济来源为茶叶、水稻、油菜籽和竹笋，而从推广笋用林后，产品结构发生很大变化。以下是土地利用情况变化。

陈家坎村主要作物用地变化情况一览表

表11

年份	粮食作物（公顷）	茶叶（公顷）	油菜籽（公顷）	蔬菜（公顷）	笋用林（公顷）	其他作物（公顷）
1990	112.5	21.5	6.5	6.0	7.0	17.7
1995	100.9	13.3	6.7	10.0	53.3	22.2
1997	94.1	6.7	5.3	6.7	56.7	6.8
2000	78.3	5.3	10.0	6.5	63.3	2.7
2002	—	—	—	—	80.0	—

从上表我们可以看出，该村土地利用发生了有趣的变化：粮食、茶叶以及其他作物种植面积逐年明显减少，油菜籽和蔬菜保持较平稳状态，笋用林面积迅速增加，到2002年已经成为该村最重要的作物。

5.3.2　为什么会发生这样的变化

对农民来说，最主要的因素是笋用林的经济效益高于其他作物，它投入少，产出多，劳动力可以从水稻、茶叶等劳动密集型的作物中解放出来，从事工业、销售和运输等其他产业。通过与三个村的农民座谈，得悉水稻和笋用林投入产出的简单比较。

笋用林、水稻投入产出情况一览表

表12

作物		投入（元/公顷）		产出（千克/公顷）				产值（元/公顷）				合计	纯收入（元/公顷）
		劳动日	资金（元）	竹笋	竹竿	稻谷	稻草	竹笋	竹竿	稻谷	稻草		
笋用林	覆盖	300	30750	22500	4875	—	—	81000	1706	—	—	82706	51956
笋用林	未覆盖	105	1650	13500	4875	—	—	21600	1706	—	—	23306	21656
水稻		150	2250	—	—	6750	3750	—	—	7020	1500	8520	6270

说明：资金投入是指对肥料、农药、竹林的覆盖物的投入。

由上表可看出，采用覆盖技术的笋用林，经济效益是水稻的8.3倍。未覆盖的笋用林，是水稻的3.45倍。而且竹林大部分种在退化地上，水稻田一般是村里最好的地。所以农民开始放弃种植水稻，而种笋用林的。但是为了粮食安全，政府还是一再提醒农民，不要占用粮食地种竹，并保持作物结构的多样性。当然作物结构变化，还与乡、村工业的发展有关，特别是年轻一代对工业化生产的兴趣在逐渐增加，而对艰苦的农业劳动的兴趣减退。1998 年该村从事工业生产的共 28 人，到 2000 年增加到 126 人，占全村劳动力的 28.6%。

5.3.3　竹笋对家庭生活的影响

通过与村民代表座谈得知，从 1995 年起，竹笋已经成为村民现金收入的最主要来源，以及蔬菜（竹笋）的重要来源，成为村民建房、子女教育、工业投资和耐用消费品的主要资金来源。竹笋对上述消费的贡献率分别为 90%、80%和 85%。三个自然村彩电、洗衣机、电话、冰箱、摩托、空调、汽车、电脑的农户普及率分别为 94.9%、84.6%、96.2%、75.6%、87.2%、9.0%、7.0%、4.0%。实际上有的家庭彩电、电话、摩托已超过一台。如按台数计，它们已超过 100%。

5.4　竹笋产业对农民就业的影响

5.4.1　竹笋加工

正如前面所谈到的，临安现有笋加工企业 40 多家，年加工能力为 14 万—16 万吨，极大部分工厂的职工都是来自本地，根据对两个竹笋加工厂的调查，一家年竹笋加工为 1 万吨的厂，需雇用季节工（每年 3 个月）为 400 人，长期工为 100 人左右，临安仅竹笋加工厂，每年需季节工 6000 人，长期工约 1500 人。

5.4.2　竹笋销售

临安每年产鲜竹笋约 18 万吨（包括各竹种的竹笋），这些笋需要大批人员进行从农户到市场和到工厂的营销活动，在农户和市场间建起桥梁。据估计，临安有约 5000 农民从事竹笋的销售和运输。另外全临安建立了 16 个竹笋市场，这些市场也需有人管理，也为当地提供了一些就业机会。

5.4.3　带动其他产业

由于竹笋产业的发展，也带动了许多其他产业。如包装业、运输业、机械设备和基本建设等其他产业的发展，又为当地人新增就业机会。根据初步估算，临安的竹笋年总产值已超过 7 亿元（包括鲜笋和加工产值）。其中大约 30%的产值是靠拉动其他产业获得的。

1999—2002 年高虹乡 GDP 和竹笋产值变化一览表

表 13

年　度	GDP	增　长	竹笋产值	增　长	竹笋占 GDP
1999	0.9766 亿元	—	0.2018 亿元	—	20.67%
2000	1.083 亿元	10.9%	0.2168 亿元	7.4%	20.02%
2001	1.7270 亿元	59.5%	0.2580 亿元	19%	14.94%
2002	1.9519 亿元	13.02%	0.2820 亿元	9.3%	14.45%

5.4.4　竹笋产业在当地的重要性

临安 2002 年的国内生产总值（GDP）为 96.56 亿总，其中农业收入为 12.106 亿元。其中鲜竹笋产值为 3.2805 亿元，占农业产值的 27.1%。前面已经提到，临安有 60%的农产参与竹笋生产，对这 60%的农户所在地区而言，竹笋产值占农业收入的 45.17%。这其中不包括 3.5 亿元的竹笋加工产值。我们可以这样认为，竹笋产值尽管只占临安 GDP 的 7%左右，但是对农民来说是他们的主要收入来源，大约 40%的农户 70%左右的收入来自竹笋产业。但是随着竹笋产业促进农民资金的原始积累，使他们有能力向其他产业投资，必将拉动其他乡村工业的发展。例如：高虹乡从竹笋产业起家，促进了其他乡村工业的发展，特别是节能灯加工工业的发展，使该乡 GDP 总量迅速增加，竹笋产业的总量虽然增加，但在 GDP 中所占比例相对减少。应该说这是当地产业结构的进一步优化，对当地可持续发展是有好处的。

6. 临安竹笋产业的机遇与挑战

6.1 临安政府对今后的产业，包括竹产业的发展战略

2003 年 3 月，临安政府制订了加速林业发展的总体规划，发展规划对临安至 2007 年的各项林业发展目标，其中包括林业产业体系、生态体系、森林资源保护、科技投入、政策支持体系等作了详细规定。在林业产业体系建设中包括八大产业工程项目。其中竹产业占两项——毛竹产业 10 亿元工程和竹笋产业 8 亿元工程。关于毛竹 10 亿元工程，规划规定到 2007 年毛竹面积将从 2001 年的 20000 公顷增加到 27333 公顷。培育目标都是笋材两用的，产值将从 2001 年的 4.9 亿元增加到 10 亿元（包括竹笋）。关于竹笋产业化工程（不包括毛竹笋），规定 2007 年鲜笋产值将从 2001 年的 3.3 亿元增加到 5.1 亿元，加工产值（不包括毛竹笋加工）达到 3.2 亿，总产值达 8.3 亿。如果包括毛竹笋的产值，预计到 2007 年，临安的竹笋产业产值将超过 11 亿元。总之，临安的竹产业将从 2001 年的 9.5 亿元增加到 2007 年的近 20 亿元。规划对每个乡镇的任务、相应的科技、资金投入以及优惠政策支持等都作了详细规定。

在有关政策支持方面，有许多有利于竹农的规定，如：竹林承包期由过去的 30 年延长到 50 年。政府每年拨 100 万元扶植竹林培育。对新竹林，每公顷由政府补助 1200 元，对低产竹林改造，政府每公顷补助 750 元。在全县建立 667 公顷毛竹笋材高产示范基地和 50 户示范户，对他们加强科技服务，以此来带动全县竹资源建设。另外对于投资企业也有一系列优惠政策。

由此可以看出，临安的竹产业将要迎来一个新的发展高潮。广大竹农将有新的发展机遇。

6.2 临安竹笋产业面临挑战

竹笋产业的进一步发展面临很多限制因素：

6.2.1 受气候和其他自然灾害的影响

竹笋的产量受当地当年的气候影响很大。如 2001 年夏到 2002 年春是当地数十年不遇的干旱，导致了雷竹、毛竹和石竹的竹笋减产，2001 年雷竹和石竹笋的产量分别为 114798 吨和 29375 吨，而到 2002 年春，产量分别减少到 107150 吨和 20000 吨。

同时由于长期采用竹林覆盖技术，造成竹林退化加快。又加上大面积竹种十分单一，全县 20000 公顷笋用竹林中雷竹一个种占了 76.7%，病虫害的危害日趋严重。

6.2.2 市场价格逐年下滑

随着临安的产业发展，农民迅速致富的经验推广，竹林面积迅速扩大，产量迅速提高，导致市场价格由 1995 年的平均价格 10 元/千克，下降到 5 元/千克，虽然它比其他作物的效益仍然高

出许多，农民还是愿意多种竹，如何采取应对措施，是面临的严重挑战。

6.2.3 缺少高效、无污染的示范基地

临安的竹林大多是各农户分散小规模经营，在信息流通，技术培训和营销方面都存在困难，特别是目前还缺少高产高效、无污染的大面积示范基地，使农民的经营水平再大大提高一步是当前的重要任务。

6.2.4 竹笋加工产品单一，拓宽市场受到限制

临安的竹笋加工技术还相当落后，品种十分单一，毛竹笋大部分（85%以上）都加工成水煮，雷竹笋大部分（80%以上）以鲜笋直接销到市场，而石竹笋大部分（90%以上）加工成笋干出售，而一些市场受欢迎的小包装多味笋和笋丝产量很小，市场宣传不够。

市场拓展的力度不够：临安的水煮笋极大部分出口到日本一个市场，鲜竹笋主要依靠上海、杭州以及这个地区的大中城市，而长江以北广大地区销量很少。

6.3 临安竹笋产业可持续发展的对策

6.3.1 加强对新加工技术和新产品的研发

临安目前正以几个经营较好、较大型的竹笋加工企业作为新技术新产品的研发基地，与大学和研究单位合作开展研究，这些企业称为“科技龙头企业”，争取在短期内研发出一批适销对路的新产品。同时针对竹笋保鲜技术的难题进行联合攻关研究，以延长竹笋的保鲜期。

6.3.2 进一步开放竹笋市场

在竹笋销售过程中，存在着当地人垄断市场，外地经营户受排斥的现象。政府准备出台政策，欢迎外地人来临安经营竹笋，拓宽市场。逐步培养一批国际营销人员和国外销售基地。

6.3.3 巩固和发展竹笋专业合作社

把农民进一步组织起来，使他们有更多机会共同参与技术培训、市场营销，提高竹林和竹笋产品的经营水平。提倡加工企业与竹农直接签订产销合作合同，企业为竹农提出最低竹笋保护价承诺，使竹农的利益受到保护，使企业能有可靠的原料供应。同时通过专业合作社，扩大高效、高产、无污染竹笋生产基地的规模，以此带动广大竹农提高竹林经营水平。

6.3.4 调整竹林结构

避免单一。不同功能的竹林，如材用竹林、笋材两用竹林、笋用林、观赏竹林、水土保持竹林应有合理的比例。就竹种而言，大型竹、中型竹、小型竹也应有合理的比例，应以最大效益为主要目标，而不应以扩大竹林面积为主要目标。

国际山地综合可持续发展研讨会《中国临安宣言》

2010年9月24日

背景

2010年9月20日至24日，国际山地综合可持续发展研讨会在中国浙江临安举办。研讨会的目的是讨论临安山地可持续发展模式的成功经验和可复制性，分享来自世界各地的经验，并寻求该模式应用于更广泛地区的途径。来自亚洲、非洲、拉丁美洲、欧洲和北美洲的25个国家的超过100名代表，包括发展实践者、大学和政府研究人员、政策制定者、企业家和投资家等，参加了研讨会。

宣言

鉴于：

1. 山区面积占全球总面积的20%，且蕴藏着丰富的资源，包括森林、矿产，世界上许多淡水资源来自山区。

2. 山区森林对生态系统服务，保护生态多样性且对缓解和适应气候变化发挥着至关重要的作用。

3. 山区是大多数贫困人口的居住地，他们的生活和生计依赖于山区的资源。世界上17%的人口（总人口大约9亿人）居住在山区，他们的生活直接取决于他们栽培、采收、加工和销售农作物、牲畜、鱼类和林产品的能力，以及他们根据各种条件变化，适应生产和市场的能力。

4. 山区是自然灾害易发地区，目前对森林的破坏和森林退化现象在许多发展中国家十分普遍，对当地居民的生计和全球环境的影响不断增加。经济和人口同时增长，加大了对土地、水、森林和生物多样性利用的压力。

5. 新千年生态系统评估计划和其他全球性和地区性的研究都不容置疑地证实了全球可持续发展正面临着危机。

6. 经济、环境和社会平衡发展的、有效的、可持续的山区发展模式，将能够帮助世界各地的山区人民改善他们的生活和环境。

7. 中国的69%陆地是山区，在全国592个贫困县中，山区占490个（83%）。促进这些地区的农村经济、环境和社会可持续发展是中国政府最关注的问题之一。

本研讨会全体代表赞赏临安的成功可持续发展模式，原因是其所取得的如下成就：

1. 全县森林覆盖率达到了76.6%，不仅增加了森林的生产量，而且恢复了生态和经济发展，使当地人均GDP从1985年的297美元增长到了2008年的6268美元；

2. 60%林地实现了承包经营，大大促进了非木质林产品和林业产业的发展，使临安的贫困率从1980年的60%降低到了2008年的1%；

3. 当地人们的45%的收入来自非木质林产品，避免了对林木的砍伐和林地退化，从而改善了生态系统功能，保护了生物多样性；

4. 对水资源的保护与合理利用，促进了当地的生产，提高了健康和卫生水平；

5. 确保可再生能源的广泛应用，例如小水电、太阳能和生物能源，从而减少了温室气体的排放和对气候变化的影响；

6. 通过利益相关者/机构的多方参与，改善了偏远地区的投资和贸易环境及相关服务，使经济快速、全面发展；

7. 在农村地区提供现代城镇基础设施，包括住房，避免了农村人口的外迁，有利于地区的长期、健康发展；

8. 通过政策和体制创新，技术创新和医疗保险，促进了环境友好型产业、生态旅游的发展，提高了该地区的管理水平，加强了各方面利益相关者的联系、交流与参与；

为实现联合国千年发展目标及公约所做的承诺，我们迫切需要临安这种可持续发展的模式，因此，各国与会代表共同作出了如下决定：

1. 通过多种渠道在中国和世界其他地区广泛宣传临安模式，使其他面临类似发展困境的地区受益；

2. 继续研究、创新和推广该模式，以应对未来新的挑战；

3. 通过国内外渠道为相关研究、技术转化和培训提供资助；

4. 感谢临安市政府、各大院校、研究机构和国际组织、农民示范户和企业家、科学家和技术人员、政府官员，他们的辛勤付出和不断创新，为临安这一独特的发展模式的建立和成功实施作出了不可估量的贡献。

5. 所有利益相关者将共同制定实现本宣言内容的、可操作的战略计划。

主要参考文献

宋元之际，长兴周淙修纂《乾道临安志》、南宋淳祐十二年（1252年）施谔修纂《淳祐临安志》、南宋咸淳六年（1270年）缙云潜说友（字君高）修纂《咸淳临安志》（世称“临安三志”），对于研究南宋时杭州及浙江乃至整个南宋的竹子生产和文化均有重要的参考价值。

常熟陆文焕主编：《临安县志》清康熙十四年（1675年）、二十年（1681年）。

杭州市临安区地方志办公室、杭州市临安区档案馆编：清康熙十四年（1675年）《临安县志》点校本，浙江古籍出版社，2019年12月。

绛州赵民治、临安许琳主编：《临安县志》清乾隆二十四年（1759年），清光绪十一年（1885年）重印。

长沙彭循尧，临安董运昌、周鼎主编：《临安县志》清宣统二年（1910年）。

临安县志编纂委员会编：《临安县志》，汉语大词典出版社，1992 年 12 月。

临安市地方志编纂委员会编：《临安市志》，方志出版社，2010 年 12 月。

蒋光弼、张燮、李江主编：《於潜县志》清嘉庆十七年（1812 年）。

于尚龄、王兆杏主编：《昌化县志》清乾隆十二年（1747 年）。

陈培霆、许昌言主编：《昌化县志》民国 13 年（1924 年）。

明释广宾辑、清释际界增订：《西天目祖山志》清光绪二年（1876 年）。

钱文选主编：《天目山名胜志》（重印本）民国 24 年（1935 年）。

西天目山志编纂委员会编：《西天目山志》，浙江人民出版社，1991 年 6 月。

重修西天目山志编纂委员会编：《重修西天目山志》，方志出版社，2009 年 12 月。

浙江通志·天目山专志编纂委员会编：《浙江通志·天目山专志》，浙江出版联合集团、浙江人民出版社，2016 年 8 月。

临安林业志办公室编：《临安林业志》，中国林业出版社，1992 年 10 月。

浙江省林业志编纂委员会编：《浙江省林业志》，中华书局，2001 年 11 月。

张连伟主编：《中华大典·林业典》，江苏凤凰文艺出版社，2014 年 12 月。

杭州市林业志编纂委员会编：《杭州市林业志》，中华书局，2015 年 4 月。

临安县政协农业委员会编：《临安农村种养高产技术》，1992 年 12 月。

董丕振编著：《科学种竹与育竹》，科学普及出版社，1993 年 7 月。

刘金主编：《观赏竹》，中国农业出版社，1999 年 7 月。

杭州市农业经济委员会编：《效益农业一百例》，2000 年 1 月。

临安市农业经济委员会编：《效益农业一百例》，2000 年 1 月。

马乃训、张文燕主编：《中国珍稀竹类》浙江科学技术出版社，2007 年 6 月。

赵大川编著：《杭州竹笋图考》，杭州出版社，2012 年 1 月。

简华编：《天目山竹之语》，浙江天目书院、亚太国际出版有限公司，2012 年 6 月。

王长金主编：《中国竹文化通论》，江西人民出版社，2014 年 3 月。

诗文高泽民、绘画董连元：《竹器百吟》，临安市竹文化研究会，准印证号（浙）1501107. 2015 年 11 月。

方伟、桂仁意、马灵飞、金爱武、林新春、余学军、马良进、钱俊等编著：《中国经济竹类》，科学出版社，2015 年 12 月。

何钧潮、王为宇编辑：《无公害毛竹笋用林经营技术》杭州康鑫食品有限公司、临安示范林伙伴委员会编印。

陈双林主编：《高品质竹笋生产技术》，杭州临安太湖源观赏竹种园有限公司、临安市现代林业科技服务中心、中国林业科学研究院亚热带林业研究所编印。

（清）王文诰辑注：《苏轼诗全集》，中华书局重版，1982 年。

潘庆平主编：《临安知识词典》，中国农业科技出版社，1992 年 12 月。

陈庆雄、陈绍年、郑水坤、王联道编：《临安县供销合作社志》，1994 年 9 月。

玲珑山志编纂委员会编：《玲珑山志》，汉语大词典出版社，1995 年 10 月。

临安市农业区划志办公室编：《临安市农业区划志（1980—1997）》，1997 年 12 月。

蔡涉主编：《青山湖志》汉语大词典出版社，1998 年 11 月。

临安市土地资源管理局主编：《临安市土地志》，大地出版社，1999 年 9 月。

临安市农业局主编：《临安市农业志》2000 年 5 月。

余杭俞金生编：《洞霄宫诗选》，浙江文艺出版社，2000 年 12 月。

临安市水利志编纂委员会编：《临安市水利志》，河海大学出版社，2001 年 11 月。

杨达寿、章胜利主编：《世外桃源白水涧》，青海人民出版社，2003 年 2 月。

清凉峰自然保护区志编纂委员会编：《清凉峰自然保护区志》，吉林人民出版社，2006 年 5 月。

临安市文化志编纂委员会编：《临安市文化志》，方志出版社，2008 年 10 月。

胡月耕主编：《临安民俗》，文化艺术出版社，2010 年 8 月。

昌化镇志编纂委员会编：《昌化镇志》，方志出版社，2010 年 11 月。

朱晓东编著：《物华天宝——吴越国出土文物精粹》，文物出版社，2011 年 9 月。

徐映璞编纂、郭沈准缮校：《玲珑山志》，1963 年编就，2012 年 4 月影印。

临安市地名志编纂委员会编：《临安市地名志》，方志出版社，2012 年 10 月。

朱晓东主编：《临安印记——临安市不可移动文物调查实录》上下集，西泠印社出版社，2012 年 12 月。

临安市茶文化志编纂委员会编：《临安市茶文化志》，方志出版社，2016 年 8 月。

简华编：《天目禅闻》中国文学艺术出版社，2017 年 6 月。

张群、寿屹峰主编：《档案见证改革开放 40 周年》杭州市临安区档案局（馆）、杭州市临安区新闻传媒中心编印，2018 年 12 月。

叶志达编：《枫言蜂语》，浙江天目书院、亚太国际出版有限公司，2019 年 10 月。

其他：《临安统计年鉴》《临安年鉴》《天目竹韵》《天目烽火》《天目山》《天目茶谭》《临安旅游资讯》等。

后 记

盛世修志，彰显后人。为了接续、弘扬临安竹文化悠久的传统，使之不断增添新的元素、新的色彩，积蓄新的力量，2019 年 1 月起，临安竹文化研究会在临安宏大的竹产业、厚实的竹文化基础上，顺势应时，守正创新，着手组织编纂《临安竹文化志》，历时三年，付梓面世。

修志必须占有大量翔实的资料，但由于朝代兴替、人事盛衰的沧桑之变，临安古籍所载有关竹资料只是片言只语。中华人民共和国成立后的资料，由于体制、单位、人事变更等多种原因，散佚颇多，想要寻找临安大地竹业的历史印记，发掘档案背后的历史事实，困难颇多。编纂者秉持“以人为本”的科学发展观，以人类生存、产业发展、生活改善作为社会进步的根本标准，指导对历史资料的取舍与运用。

志稿编纂始终遵循编委实施、专业人士修志的分工原则。其间，得到社会各界的广泛关注和大力支持。临安区农业农村局上下齐同，专人负责，多次协调，尽力满足资料需求。国际竹藤组织副总干事暨终身资深研究员竺肇华，中国林学会竹子分会会长、浙江省林业厅原总工程师蓝晓光，中国林科院首席科学家萧江华，浙江农林大学原副校长、竹子研究专家方伟等，以及临安区委宣传部、区财政局、税务局、文化和广电旅游体育局、气象局、地方志办公室、档案局、图书馆、太湖源观赏竹种园等众多单位，有关的竹笋、竹材加工企业，积极提供各类文字与影像资料。各界人士关注始终，赐以厚爱，可谓俊才云蒸，怀珠抱玉，使我们接受了许多新信息与新诠释，颇受教益。竺肇华、蓝晓光、萧江华，杭州市委原副书记沈者寿、杭州市政协原副主席管竹苗、浙江农林大学教授余学军等，临安区农业农村局局长、区竹文化研究会会长周军，区农业农村局教授级高工、竹子专家王安国、何钧潮、张有珍等，从纲目设置、谋篇布局、史实确定、内容取舍等方面多次提出修改意见，对重点资料一一考订核实，对志稿文字多处润色，芳香永留。中共临安区委宣传部、区社会科学界联合会十分支持，资助志书的编纂。《临安竹文化志》编纂前无先例可循，反复核校，迭经修改，数易其稿，三度评审。因此，志稿的编纂完成，可谓是融汇众家，归于一统。如此广泛的社会关注，足可为临安竹业增辉、志坛壮色。在此，向有关单位和各界人士一并致以诚挚的谢忱。

《临安竹文化志》共分九编，分编主笔。顾彭荣：卷首以及第一、二、三、四、五、九编；王建华：第六、七、八编。顾彭荣统领全稿，连缀成文。葛华平司职美编，杨菊三等负责校审，盛崔丽承担编务工作。

文传百代，纸寿千年。人类历史上很多智慧经验、文明创造，最后都是依赖“出版”这种形式得以保存，实际上我们一起承担了赓续临安竹文明薪火的重要职能。古人云：“抚今追昔，究论兴衰治乱之由。”现在，志书编就，我们愿借此与广大读者一起，一如既往地加强竹文化的发掘与传承，努力提高竹文化品位，使知往鉴今，经世致用，服务当代，惠及后世。

文章千古事，得失万人心。凝聚众人心血的志书出版问世，编纂者才算是苦尽甘来，欣慰有加。创修《临安竹文化志》工程浩大，史料繁杂，时间跨度长，涉及面广，我们虽艰辛备尝，竭尽努力，但沧海遗珠，在所难免。殷切期望有识之士匡谬正误，不吝赐教。

编　者

2022 年 4 月

图文提供单位及提供者

图文提供单位（排名不分前后）

杭州市临安区农业农村局、杭州市临安区商务局、杭州市临安区供销总社、杭州市临安区档案局（馆）、中共杭州市临安区委党史研究室、杭州市临安区文化和广电旅游体育局、杭州市临安区文化馆、浙江农林大学、杭州临安太湖源观赏竹种园

文字资料提供者

（以姓氏笔画为序）

马闪闪、王为宇、王安国、王建华、王玲萍、王高林、王雯娟、毛士火、卞良根、方志恩、方金华、帅军武、叶志达、印振武、朱 伟、朱文和、朱其正、刘 波、许茂华、李士根、何钧潮、寿 芳、杨元龙、杨菊三、沈振明、张有珍、张爱萍、邵香君、陈利生、陈康民、周菊敏、金凯华、金铁润、金晓海、赵大川、赵庆元、胡月耕、南柯子、俞志平、俞锦章、骆朝建、顾李俭、顾彭荣、徐卫南、徐江森、钱宇汀、奚勤儿、唐学林、诸葛瑾、陶林富、黄 韵、黄贤根、梅爱君、盛中成、章清浩、尉 进、葛华平、蓝晓光、虞福来、潘军强、潘鑫宇、

封面钢笔画《竹乡印象》系临安籍中国美术家协会会员俞志平之作
扉页临安竹文化志字样系集苏东坡书法